U0612586

清史镜鉴

部级领导干部清史读本

第十三辑

国家清史编纂委员会
文化和旅游部清史纂修与研究中心　编

国家图书馆出版社

图书在版编目（CIP）数据

清史镜鉴：部级领导干部清史读本．第十三辑／国家清史编纂委员会，文化和旅游部清史纂修与研究中心编．—北京：国家图书馆出版社，2022.12

ISBN 978-7-5013-7369-7

Ⅰ．①清…　Ⅱ．①国…　②文…　Ⅲ．①中国历史-研究-清代-干部教育-学习参考资料　Ⅳ．①K249.07

中国版本图书馆CIP数据核字（2021）第188369号

书　　名　清史镜鉴——部级领导干部清史读本·第十三辑

著　　者　国家清史编纂委员会
文化和旅游部清史纂修与研究中心　编

责任编辑　景　晶

出版发行　国家图书馆出版社（北京市西城区文津街7号　100034）
（原书目文献出版社　北京图书馆出版社）
010-66114536　63802249　nlcpress@nlc.cn（邮购）

网　　址　http://www.nlcpress.com

排　　版　北京文雨信来科技发展中心

印　　装　河北三河弘翰印务有限公司

版次印次　2022年12月第1版　2022年12月第1次印刷

开　　本　850×1168（毫米）　1/16

印　　张　17.75

字　　数　250千字

书　　号　ISBN 978-7-5013-7369-7

定　　价　68.00元

序

清朝是我国历史上最后一个封建王朝，统治中国长达268年之久，其前期在发展经济文化、巩固国家统一、加强民族团结等方面甚有功绩。中叶以后，内外矛盾尖锐，外敌入侵，国内动荡，政治日益败坏，其失误和教训，实足发人深省。清亡距今不足百年，离我们时间最近，对我们的现实生活影响较大。“今天的中国是历史的中国的一个发展”，要根据中国国情，建设中国特色社会主义，就要学习和研究历史，特别是离我们今天很近的清史。

新中国成立后，为了弘扬文化、传承国脉，党和国家领导人十分重视清史纂修，曾成立相关机构进行筹备，但由于种种原因，修史之事，几起几落，一直未能启动。2002年8月，中央领导作出纂修清史的重大决定，相继成立了清史纂修领导小组、清史编纂委员会，清史纂修工程，于焉肇始。

清史纂修不仅具有重大的学术价值，还和现实生活有着密切的关系，它不是网罗奇闻逸事，不是观赏陈迹古董，不是“发思古之幽情”，而是和时代脉搏的跳动息息相关。中国封建社会发展缓慢，延续了两千多年，到了清代，它具有什么特点？它的经济、政治、文化发展到了怎样的高度？清代众多的历史人物应该怎样评价？清代很多扑朔迷离的事件真相如何？为什么古代中国一直处于世界的先进行列，而到了清代却愈来愈落后？在统一多民族国家和整个中华民族发展史上，清朝统治的268年究竟处于什么地位？应该对其如何评价？如果没有外国的侵略，中国将会沿着什么方向发展，发展的前途可能会是怎么样？这些都是此次清史纂修所要研究和揭示的重大问题。

清史编纂工作自2002年启动以来，在党中央、国务院的关心下，经过海内外专家们的鼎力合作和辛勤努力，目前已有大批阶段性研究成果相继产生。在有计划、按步骤推进清史纂修的同时，为了更加全面、广泛、客观地反映纂修中取得的重要成果，及时将其应用于我国新时期新阶段社会主义现代化建设，充分发挥清史纂修在资政、存史、育人等方面的重要作用，经清史纂修领导小组副组长、文化部副部长周和平同志提议，在清史纂修领导小组办公室诸同志的努力下，于2006年7月开始编发《清史参考》。刊物集学史和资政于一体，兼顾资料性和时政性，择要刊登在清史纂修中形成的部分科研成果。内容大致涉及典章制度、名人史事、轶闻掌故、档案文献、学术争鸣、资料考证等，力求如实反映三百年清朝历史的真实面貌，给读者以较丰富、较切实之清史知识。

历史是已经逝去了的人和事的记录，是各个国家和民族的文化创造。人有反思往事的感情，有寻根问先的愿望，有从自身的经验教训中学习的天赋。人类在不断前进，但每一代人都是在前人的基础上进行创新，不断前进的。这就形成了文化的传承和历史的延续，形成了历史、现实、未来之间相通的无穷无尽的长链。现实深深植根于历史之中并通向遥远的未来。历史研究可以帮助人们在过去的远景中认识自己，并为未来的创新指点方向。历史学虽然不能像应用科学那样快速而直接地取得实用效益，但它的功能是长期的、巨大的。人类如果忘记了自己的历史，将会在现实和未来中迷失方向。历史学是传承文明、陶冶心灵、提高素质、建设社会主义精神文明所必需，也是了解社会、掌握国情、管理和建设国家、进行战略决策所必需。

《清史参考》创刊后赢得了较好的社会反响。办刊两年来，共有50余位专家在《清史参考》刊发文章。《清史参考》的作者，大多为清史纂修工作的项目承担者，也有一些是清史编纂委员会的骨干专家，都学有所长，是各自研究领域的佼佼者。所载文章不仅有很强的学术性，还多富深刻的现实意义，具有一定的参考价值，且篇幅短小、风格朴实、文字流畅、可读性强。应该说，对于现阶段社会上流行的种种“戏说”清史的文艺作品，能够起到一定的校正作用，用真实的历史史实来教育青年，教育大众。这本身也是历史学家们理应担负的一种社会责任。

近日，欣闻国家清史纂修领导小组办公室计划将《清史参考》结集出版，以扩大清史纂修的社会影响，使刊物资政、存史、育人之价值泽及社会、服务学界、繁荣文化，心喜之余，略缀数语，以为序言。

戴　逸

2008年7月28日

目　录

社会

人物

生态环境

“新清史”评议

清王朝的兴亡隆替

顾　春

公元1911年10月10日，响彻在武昌上空的隆隆炮声，不仅宣告了清王朝的覆亡，更宣告了中国历史上长达2132年封建帝制的最后终结！这是中华民族继往开来的重大事件，是古老中国走向新生的历史转折。从此，中国进入了一个新的时代！

登临历史的高岸，回看清代的历史，作为中华民族悠久历史的重要组成，清代的历史正如波涛汹涌的黄河、长江，既波澜壮阔、雄伟壮观，又九曲回肠、气象万千，给我们留下了十分丰富和宝贵的历史遗产。

一、空前的国家统一

中国自古以来即是多民族统一的国家。自商周以来，通过授民、授疆土和东周东迁，北方地区从黄河中下游地区到陕西渭水流域的东西部经济文化得到了发展，国土得到了开发，孕育了大一统的国家观念和民族意识，诞生了华夏民族，创造了高度发达和早熟的中华文化，建立了统一的秦汉帝国。之后，伴随着多次民族大融合和北人南迁，南方的政治、经济和文化快速发展，南北方的交流不断加强，国土规模不断扩大，从而为隋唐以后的国家统一创造了条件。历史表明，自西周分封诸侯到秦始皇统一全国，后历汉唐宋元明清诸朝，多元一体的中华民族共同体不断发展，统一的多民族国家更加巩固，大一统的政治格局和各民族的团结、日益融合始终是古老中国和中华民族历史发展的主脉，中国的统一时间之长无与伦比，为世界所仅见。

（一）开疆拓土

清顺治元年（1644），清军入关、迁都北京，开启了清代统一的历史进程。面对着激烈而复杂的民族矛盾和阶级矛盾，清朝统治者通过血与火的残酷战争，在顺治年间相继平定了李自成、张献忠的农民军和南明的弘光、隆武、永历等政权，在康熙初年基本实现了大陆的统一，再建了“大一统”的多民族国家格局。为保卫边疆和巩固国家统一，清朝统治者与各种地方割据势力和外侵之敌进行了一系列艰苦卓绝的政治和军事斗争，从平三藩、收台湾到抗击沙俄入侵，从粉碎罗卜藏丹津叛乱到平定准噶尔和大小和卓，在极为落后的交通和通信条件下，组织了一次次规模浩大的军事远征，其跋山涉水之远，登峰攀岩之险，冲踏流沙之难，横越绝漠之艰，远迈既往、令人惊叹，为维护和巩固国家统一作出了重大贡献。

在历经百余年的开疆拓土和顺康雍乾诸朝的苦心经营下，清王朝至乾隆年间登上全盛的巅峰。我国的疆土和海域所及，东接太平洋，西至葱岭，西北至巴尔喀什湖以东以南广大地域，北至西伯利亚，东北至黑龙江以北的外兴安岭和库页岛，西南至西藏达旺，东南至台湾及其附属岛屿，南至南海诸岛，陆地面积达1300多万平方公里，成为当时世界上最大的国家。

（二）励精图治

为实现和巩固全国统一，清朝统治者建立了一系列有效的制度，进一步加强了中央集权。通过设立军机处，进一步集中了皇帝权力，大大提高了处急应变效率和解决重大机要事务的能力。通过密折奏报制度，使督抚、藩臬和驻防将军等封疆大吏相互监督和纠察，不断加强中央对地方的控制。通过建立八旗兵重点驻防与绿营兵广布遍置相结合的军事制度，使成千上万的驿站和递铺彼此相连、四通八达，形成了从中央到地方、从内地到边疆的严密而快速反应的军事系统。通过财政上严格实行奏销审计制度，削弱了地方财权，使财权更集中地归于中央。通过这些措施，清朝基本消除了历代王朝曾出现的宰相擅权、宦官干政、外戚篡夺和地方割据等危害中央集权的隐患，使国家的统一达到了传统社会的新高度。

（三）稳定边疆

在处理边疆和民族问题上，清朝也取得了新成就。边疆和民族问题，始终与中国传统社会的治乱兴亡紧密相联。在中国历史上，游牧渔猎民族与农耕民族之间的矛盾和冲突反复出现，边疆地区的民族对抗和战争史不绝书。秦汉之匈奴，南北朝之匈奴、鲜卑、羯、氐、羌，唐之突厥、回纥、吐蕃，宋之契丹、党项，明之蒙古、女真，都与中原王朝发生过多次和大规模的政治对抗和残酷战争。

面对疆域不断扩大、边疆和民族问题更为复杂的新情况，清朝统治者在“首崇满洲”的同时，突破华夷之防，倡导天下一家，抛弃了明王朝歧视少数民族、把边疆民族地区视为边患的落后思想，采取各种有效办法协调民族关系、缓和民族矛盾，不仅稳定和巩固了边疆，更使边疆的少数民族成为保卫边疆和维护国家统一的重要力量。

清朝统治者立足边疆地区各民族的生产生活方式和宗教信仰习俗，根据各个地区、民族的不同情况区别对待、分别建制。在政治和管理体制上，或立将军、或定盟旗、或依伯克，或驻大臣，或改郡县。建立“年班”“围班”制度，密切与边疆民族首领和上层贵族的联系。在经济上，鼓励屯垦，兴修水利，发展农牧业生产。特别是在18、19世纪，清朝的移民实边政策不断推进，流向边疆的中原人口逐渐增加，不仅促进了边疆开发，使边疆地区的生产方式由以畜牧业为主向农、牧、工、商多种经济形式转变，而且使东西部的联系更加紧密。在军事上，设官驻兵，筑城戍守，兴修驿路，多置驿站，广设卡伦，不仅加强了边疆的军事力量，更加强了内地与边疆的联系。面对清朝晚期的外敌入侵和边疆危机，清廷又在故土新归的新疆、孤悬海外的台湾、满族发源的东北先后建立行省。这些行之有效的边疆政策，使广袤的边疆地区在政治、经济、文化等方面与内地联结成不可分割的整体，奠定了疆域辽阔、人口众多的大国地位，在更大规模和更高水平上巩固了中华民族的团结和国家统一。

二、民族关系的新进步

明万历十一年（1583），努尔哈齐以13副遗甲起兵，标志着满族（女真）的兴起。朝气蓬勃的满族（女真）在努尔哈齐、皇太极的带领下，先后统一了建州、平定了海西，之后又以“七大恨”伐明，通过萨尔浒等一系列战役不断大败明军，并在统一辽东地区之后，剑锋直指中原。在入关前的61年中，只有数十万人的满族（女真）通过创设八旗制度，全面提高了本民族的组织、动员能力；积极学习汉族文化和蒙古族文化，在政治、经济、文化等方面快速进步；善于妥善解决内部争斗，保持了本民族的团结和凝聚力；按照满族体制将其治下的汉族和蒙古族编入八旗，扩大了满族统治的政治基础和军事力量。在清朝入关前，满族已快速完成了民族发育，并在本民族内部统一的基础上完成了辽东地区的多民族统一，从而实现了从小到大、由弱变强，一跃而起成为一支与明朝相对抗的新生政治力量。

（一）较成功地处理满汉关系与多民族的关系

在满族完成民族发育的同时，我国境内的其他少数民族也基本完成了各自的民族发育，并形成了相应的社会组织、管理制度、生活习俗和宗教信仰，这就为清朝入关、实现全国性的多民族统一和重建中华民族共同体创造了条件。同时，清朝所开启的统一进程又是与极为复杂的民族关系紧密交织和联系在一起的。在这些复杂的民族关系中，最主要的是两对关系，一是满族与汉族的关系，二是满族与其他少数民族的关系。

作为长期居于中国政治舞台中心的汉族，与以少临众的满族相比，不仅在人口、政治、经济和文化等方面占据绝对优势，而且传统的华夷之别观念根深蒂固，民族差异非常大。在汉族眼里，满族既是异族更是夷狄，而汉族才是长期居于政治舞台中央的正统，这就决定了清初的满汉冲突必然是以残酷的战争作为开场。在统一中原的过程中，清朝统治者曾实施剃发、易服、圈地、投充、逃人法等野蛮弊政，并残暴镇压奋起反抗的汉族人民，给广大的汉族人民造成巨大灾难。但在干戈渐息、天下初定后，逐渐调整民族政策，并做出按照世代相沿的中国政治文化道统统一和统治全国的历史选择。清朝统治者以儒家文化为治国方略，积极学习和弘扬以儒家思想为代表的汉文化，尊重和维持汉族地区原有的基本政治制度和生产生活方式，成为汉文化和儒家道统的继承者和弘扬者。

在政治权力分配和任官制度上，建立满汉复职任官制度，中央六部及院、寺堂官均满汉并设而以满官领之，从而既平衡了满汉权力，又使大权归于满洲。通过选举制度笼络和联合汉族官僚和知识分子，将科举入仕的汉族士绅纳入统治集团，并与之结成政治联盟和利益同盟。在意识形态和文教政策上，大力推行稽古右文、崇儒重道，缩小民族隔阂，减少文化冲突，构建满汉民族共同的核心价值观念和政治文化认同。清朝的这些汉族政策虽然具有时代、阶级和民族的局限，难以实行真正的民族平等，但确实缓和了满汉矛盾，促进了满汉民族的交流，使中国传统社会继续沿着固有的方向前进和发展。

在满汉关系上，满族长期侵淫于汉族文化，在思想观念、生活习俗和语言文字等方面逐渐汉化，汉文化也受到满族等其他民族文化的滋养而更加发展。到清朝中叶以后，满汉关系发生重大变化，民族敌视和对抗渐趋缓和，满汉文化逐渐得到了满族和汉族人民的双向认同，这对于提高中华民族的凝聚力和巩固统一多民族国家具有重要意义。

在清代，数十个少数民族生活栖息在半数以上国土的边疆地区，是稳定和巩固边疆的最主要力量。有鉴于明末九边烽火连天的历史教训，清朝统治者极为重视边疆少数民族地区的治理。清朝号称中外一体、天下一家，按照“修其教不易其俗，齐其政不易其宜”的基本方针，正视民族差别、尊重文化差异，贯彻礼法并用，实施恩威并举。在中央设置和完善理藩院，总理蒙古、西藏和回部等少数民族事务。面对不同地区、针对不同民族因俗立法、因时制律，清朝民族法条的数量之多、领域之广、科目之细、成效之著，远迈历代前朝。通过驻军、屯田、改土归流等措施，对少数民族地区实施了比历代王朝更加直接而有效的管理，努力实现声闻四达、政令畅通。

（二）促进了民族融合和国家统一

清朝统治者的这些行之有效的民族和边疆政策，不仅促进了边疆地区的经济和社会发展，而且推动了全国各族人民的相互交往和民族融合。全国各族人民在长时间的杂居共处中，联系日益紧密，交往日益频繁，在生产生活方式、思想价值观念和国家民族认同等方面日益接近，满汉等全国各族人民逐渐从民族偏见和对抗中摆脱出来，在民族融合的进程中共同缔造着中华民族共同体。

历史表明，中国的民族融合与中国的统一相为表里、如影随形，古代中国统一的历史，同时也是中华民族不断走向融合的历史。中国统一历史格局的形成与中国历史上古代民族的多次迁移及民族间的频繁往来和长期融合密切相关。在中国历史上出现的诸多民族历经绵延不断的杂居、交流和融合，逐渐形成了你中有我、我中有你的多元统一体。伴随着清王朝对边疆地区的有效管辖和边疆内地的相互交流，大批汉族和其他中原民族流向边疆，部分边疆民族也迁入内地，双向的民族流动空前地加强了边疆民族与中原民族融合的深度和广度，增强了中华民族的向心力、凝聚力和战斗力。正因为如此，在近代以来的一百多年里，中国虽狼烟四起，边患频仍，屡遭帝国主义的野蛮侵略，但中华各族人民在爱国主义的旗帜下风雨同舟，共御外侮，与侵略者展开一次次殊死搏斗，用生命和热血捍卫了国家独立，实现了民族解放。

三、中国传统社会的最高峰

伴随着中国的空前统一和民族融合不断发展新格局的形成，中国的传统社会也迎来了最后一个繁荣时期，这就是从康熙二十三年（1684）开始的持续时间达110余年的康乾盛世。

自秦汉以来，在中国的传统社会中，统治阶级往往要面对和处理三个最主要的问题，即阶级矛盾、民族矛盾和政治上的中央高度集权与小农经济极端分散之间的矛盾。其中，前两个矛盾是传统社会的共性，后一个矛盾是中国传统社会所特有的个性。这三大问题的矛盾运动，构成了中国传统社会的治乱分合和王朝兴替。

（一）清前期处理三大问题的举措

当历史进入清代以后，这三大问题又表现出新的特点，特别是在民族矛盾上，清代前期主要表现为满汉矛盾，在后期则转化为帝国主义和中华民族的矛盾。

在清代前期，清朝统治者较好地处理了这三大问题，推动社会不断向前发展。在阶级关系上，承继明朝基本制度而损益之，通过科举制度等名利之具牢笼知识分子，团结和联合汉族地主阶级和士绅阶层，充实政治力量，扩大统治基础；惩治贪腐，荡涤积弊，推行耗羡归公和养廉银等制度，遏制官僚阶层盘剥百姓；对赋役制度实施重大改革，制定国民两便的赋役规则，堵塞私派加征，特别是先后推行“盛世滋丁，永不加赋”和摊丁入亩、士民一体当差等政策，益贫损富、打击豪强，调整了农民和地主、士绅阶层的经济关系，缓和了阶级矛盾，保护了农民利益。在民族关系上，平衡满汉和其他少数民族的关系，推动各民族和平相处和民族融合，成为中国历史上最重视民族关系和处理民族关系较好的王朝。

在处理中央高度集权与小农经济的关系上，严立纲纪，整顿吏治，提高中央权威，抑制政治腐败，保证政治清明和社会稳定；贯彻以农为本、劝课农桑的重农政策，废除圈地、投充等弊政，招徕流亡，奖励垦荒，轻徭薄赋，蠲免钱粮，减轻人民负担，调动农民生产积极性；针对危害既久的黄淮水患，组织大规模地治河导运，实现了黄淮百年安澜、漕运畅通，减轻了人民的生命财产损失；推广种植玉米、番薯、马铃薯等高产农作物和先进的种植技术，促进了农业生产，农业产量得到较大提高。这些在顺康雍乾诸朝相继推出和实施的一系列政策，体现了统治阶级的励精图治、刚健有为，展示了中国人民的巨大智慧和力量，促进了清代政治、经济、文化的不断发展，把中国传统社会推进到一个新的历史阶段。

（二）传统社会的最高峰

作为中国传统社会发展的最高峰，康乾盛世疆域空前辽阔、经济繁荣发达、文化成就巨大。在疆域和人口上，陆地国土达1300多万平方公里，人口超过3亿，占当时世界人口的2/5，是明朝最多人口数的3倍，为清初最少人口时的6倍。在经济发展上，耕地面积达10.5亿亩，粮食年产量超过2000亿斤，人均年粮食达到680斤；国内商业贸易十分繁荣，全世界超过50万人的十个大城市，中国所据有六；国库财政储备充足，白银多年保持在6000到7000余万两，最高年份至8000余万两；国内生产总值和工业产量占全世界的三分之一，经济总量位居世界第一。在文化建设上，凭借强大财力，大力推进编书修典事业，所修典册类别之全、数量之巨、卷帙之繁无愧空前待后，其中的万卷类书

《古今图书集成》和七万余卷的丛书《四库全书》包罗宏大，丰富浩瀚，充分展现了高度发达的中华古代文明，是对中国古代优秀文化的系统总结。而伟大的文学名著《红楼梦》则以其恢宏的格局、深邃的思想、卓越的艺术造诣，成为中国传统社会的百科全书，登上了中国古典小说的巅峰。

四、走上曲折艰难的近代化道路

从世界历史的长河看，清朝与历代王朝有一个很大的不同，就是不断地面对西方近代化的挑战。清朝兴起的17世纪，西方资本主义的发展方兴未艾，全球历史的帷幕已经拉开。清朝灭亡的20世纪初叶，中国推翻帝制，走向共和，不断融入世界。清朝站在中国走向近代的历史门坎上，它既是旧时代的终结，又是新时代的肇端，一部晚清史，既是中国人民历尽苦难，蒙受巨大民族牺牲的屈辱历史，同时也是中国人民曲折前行，不断走向近代化、走向新生的奋斗历史。

（一）世界的近代化巨变

17世纪中叶，当清朝统治者挥戈入关、饮马长江，完成统一中国大业之时，当时的中国人认为这不过是王朝更替的故事，而丝毫没有意识到外面的世界正在发生着急剧而深刻的社会变革，更没有意识到在200年后的鸦片战争中，帝国主义侵略的狂风骤雨会惊涛拍岸，并最终冲决封建帝国的大堤。

而在世界的另一端，西方的资本主义正在爆发式地加速前进。在清军入关的1644年，哥伦布发现美洲已历一个半世纪，航海业和通信工具的渐趋发达，打破了不同地域间的民族隔绝，并为资本主义的扩张准备了条件。当人类进入18世纪后，资本主义的发展不仅实现了从量变到质变的历史性大飞越，更推动着传统社会大踏步地快速跨入近代社会的门槛。在这期间，英国发生了产业革命，法国发生了启蒙运动和资产阶级革命，美国历经独立战争而诞生。这些伟大的历史事件快速送别了农业社会，迎来了工业化和近代化。18 世纪以来的西方近代化浪潮激荡全球、震撼世界，资本主义的大发展打破了古代世界的彼此隔绝，促进了分居世界各地的不同国家和民族间的经济和文化交流，从而使人类的历史真正地变成了世界史。

（二）艰难的应变与曲折的近代化之路

在西方资本主义大发展的同时，中国的资本主义因素也如沙漠绿洲，萌蘖初生，潜滋暗长。作为封建主义的对立面，中国的资本主义和近代化，受到了强大的封建制度、传统势力的顽固抵抗和打击压制，帝国主义的侵略，又如雪上之霜，中国的近代化就是在这种极为复杂而特殊的环境下迈出艰难步伐。西方的近代化是通过工商业的兴起、市民阶层的形成和产业革命的推动来实现的，而中国的近代化却是在中国逐渐沦为半殖民地半封建社会，清王朝内外交困、陷入巨大统治危机的形势下，由统治阶级通过新政的形式组织和推动的。在鸦片战争后，清廷先后遭受了三次沉重打击：第一次是发生在 19 世纪五六十年代的太平天国农民起义和第二次鸦片战争，第二次是 1894 年的中日甲午战争，第三次是 1900 年的八国联军侵华战争。这三次打击所带来的影响之深、变化之巨都是空前的：太平天国农民起义和英法列强的坚船利炮，孕育了洋务运动；甲午战败的奇耻大辱，催产了戊戌变法；而《辛丑条约》的城下之盟，则迎来了辛亥革命，中国从此一步步地走上近代化的道路。

在第二次鸦片战争的硝烟渐去之时，为“剿发捻”和“勤远略”，清朝统治者终于在19世纪60年代打起改革旗帜、开启洋务新政。在奕䜣、文祥等朝廷大僚和曾国藩、李鸿章等地方大吏的推动、组织下，洋务新政以自强求富为号召，以创办近代军事工业为起点，继之以民用工业并渐次展开：成立总理各国事务衙门，总揽外交和洋务新政。以“官办”的方式创建了江南制造局、金陵制造局、天津机器局和福州船政局等19个近代军事工厂，为陆海两军生产军火和舰船。以“官督商办”等方式开办了轮船招商局、开平煤矿、上海织布局、汉阳铁厂等20余家民用工业，涉及航运铁路、煤铁开采、机器纺织、电报电讯等许多领域。创办京师同文馆和各类军事学堂等新式学校并选派留学，培养人才以供新政遣用。新式海军更是从无到有，其中规模最大、实力最强的北洋水师共有舰船105艘且技术先进、实力较强，规模之大位居世界第六、远东第一，是洋务新政的最集中代表，一如皇冠上璀璨的明珠，被清廷视为洋务新政的最大成果。

就在朝野上下普遍认为三十余年的洋务新政成果丰硕，同光中兴富国强兵之际，1894年的甲午中日战争不仅使北洋水师歼于一击，更彻底粉碎了清廷虚幻的复兴之梦。泱泱中华惨败于“蕞尔岛夷”和割让台湾、赔偿白银两亿两的奇耻巨痛，使朝野上下受到极大刺激和震动，引发了深刻的思想解放，汇聚成一股巨大的强烈要求“大变、全变、骤变”的变法洪流。于是，在1895年春，以康有为的万言书和紧随其后的数百举人“公车上书”为标志，维新变法序幕由此拉开。在康有为、梁启超等维新派积极鼓吹救亡、变法的推动下，经过全国各地陆续出现的各种学会、报刊的思想、舆论酝酿，维新变法终于迎来了它的高潮——戊戌变法。1898年6月，光绪帝颁布《明定国是诏》，全面推行新政。在政治上，广开士民言路，鼓励保荐人才，调整裁撤机构，提高行政效率。在经济上，设立商务局、农工商局等机构，支持兴办近代企业，整顿厘金弊政，保护商业发展，奖励发明创造。在军事上，裁汰老弱，整顿改革八旗、营勇，扩充海军、筹办团练。在文教上，废除八股，改革科举，兴办学堂，倡导西学。戊戌变法的快速全面推进，深深触动顽固官僚的切身利益和重农抑商的传统观念，快速激化了帝后矛盾，使这场持续103天的改革以谭嗣同等六君子喋血菜市口而宣告失败。暴风骤雨般的戊戌变法虽然以失败告终，但它启迪了人们的思想，开启了政治改革的闸门，成为之后清末新政和辛亥革命的大潮先声。

伴随着战败求和的庚子事变，中国进入了20世纪。这个极为惨痛的世纪开端，标志着灾难深重的中国的阶级和民族矛盾空前激化。不断的主权沦丧、国土割让、巨额赔款使中华民族面临着生死存亡的危机时刻，极大地刺激了中国人民的深刻觉醒，全面进行政治改革以拯救危亡成为全民族的共同呼声。

伴随着反帝反封建的民族觉醒，在清朝专制政府之外，主张推翻清廷的革命派和主张尊君重民的立宪派相继登上历史舞台，逐渐成为影响历史发展进程的重要政治力量，推动着新世纪的历史车轮不断加快前进的步伐。为维持摇摇欲坠的专制统治，慈禧太后不得不在1901年重新举起改革旗帜，以"新政"之名实施其血腥镇压的戊戌变法的大部分主张。1905年之后，内外交困的清廷以预备立宪为主旨，陆续推出一系列改革举措，并曾在前期给立宪派带来巨大政治希望，但清廷的虚以立宪、实则专制，使大多数立宪派从失望到绝望直至心向革命。

而以孙中山为代表的革命派自19世纪末即矢志革命，先后组织兴中会和同盟会，提出了著名的三民主义革命主张，深刻揭露了清廷压迫人民、丧权卖国的极端腐朽本质，组织了一次又一次的反清活动和武装起义，付出了巨大牺牲。革命派以掀翻天地的斗争精神，百折不挠的坚强意志，不断宣传革命、发动革命，革命形势渐由星星之火而成燎原之势，终于迎来了武昌起义的爆发和辛亥革命的胜利。辛亥革命的胜利，标志着中国由军事近代化、经济近代化走向政治近代化，是传统社会和现代社会的分水岭。

五、在内外交困中走向灭亡

在康乾盛世的辉煌巅峰，中国已经迎来了踏浪而至的西方资本主义，而乾隆五十八年（1793）的英国马戛尔尼使团来华即是其标志性事件。乾隆帝等统治者对外面的世界了然无知，更没有意识到世界一体化的进程波涛汹涌，不可阻挡，依然沉睡于天朝上国的酣梦之中，并以“天朝物产丰盈，无所不有，原不藉外夷货物以通有无”拒绝了英国提出的扩大贸易和通商要求，从而关闭了通向世界的大门。伴随着闭关自守、固步自封和国内社会矛盾的深化，清朝很快从盛世的巅峰跌落下来。在鸦片战争以后，帝国主义的一次次野蛮侵略和不断爆发的大规模农民暴动，使中国的民族矛盾和阶级矛盾日益激烈、空前复杂，清王朝由此开启日之将夕、悲风骤至的衰世进程，进入四海穷困、内乱渐起的多事之秋。

（一）由盛转衰

早在乾隆朝的后期，因土地兼并、贫富分化和人口膨胀所引发的社会矛盾和零星民变已暗流渐涌、此起彼伏，至嘉庆元年（1796），终于酿成持续九年半、遍及五行省的白莲教农民大起义，成为清王朝盛极而衰的转折点。五十余年后，咸丰元年（1851）爆发的太平天国运动，更是摧枯拉朽、荡涤一切，历时14年，横扫17省，成为中国和世界历史上规模和影响最大的农民起义，给予清朝的腐败统治以沉重打击，充分展示了中国农民的伟大力量。作为传统社会的大多数，中国的农民阶级处在社会的最底层，一家一户、自给自足，生产生活方式十分简单和脆弱。在人给家足的承平时期，这些默无声息的农民如同顺服羔羊，仿佛一盘散沙，似乎毫无力量，被统治阶级称为草民。但是，统治阶级的横征暴敛和阶级压迫一旦使他们难以为命、揭竿而起，并有效组织起来，这些苦难的农民便如雄狮出笼、猛虎下山、火山崩射，爆发出任何势力都难以阻挡的惊天力量，深刻影响着历史发展的进程和方向。

为镇压白莲教起义，清廷阵亡副将以上高级军官400余人，消耗白银2亿两，相当于全国财政的4年总收入。为镇压太平天国，清廷面对腐败的八旗绿营和财政危机，不得不实行兴办团练、自筹军饷政策，使地方的厘金自征自用和兵为将有、将由帅选得以公行。随着湘军、淮军的崛起和汉族督抚势力的坐大，清廷逐渐在任官、财政、司法、军事等方面权落屏翰（省级大员），政治格局由内重外轻向内轻外重转变，清廷权威和专制统治发生严重动摇。在清朝后期，面对从白莲教、太平天国到义和团的一次次农民大起义，清朝统治者不从澄清吏治、抑制贫富分化入手来缓和社会矛盾、挽救统治危机，而是扬汤止沸地血腥镇压那些抗暴图存的苦难百姓，继续维持专制统治，这不仅充分暴露了其腐朽没落的统治本质，也使自己付出巨大代价，不断陷入更为严重的经济危机和统治危机。

在内乱不止的同时，以道光二十年（1840）的鸦片战争为标志，各个帝国主义列强也自西徂东，相继大举入侵，严重侵害了中国的国家主权和领土完整，攫取了极为巨大的特权和利益。帝国主义列强逼迫清廷签订了1000多个不平等约章，侵略之手如水银泻地，无孔不入地渗透到中国政治、经济、外交、文教等各个方面；侵占和掠夺中国领土约174万平方公里，并通过租界等形式，把中国领土划为列强的势力范围；勒索大量赔款，仅《马关条约》和《辛丑条约》即赔款约12亿两白银，相当于当时清廷全年财政收入的十倍之巨。帝国主义的野蛮侵略和疯狂掠夺给中华民族带来了空前的民族灾难和巨大民族牺牲，使中国一步步沦为半殖民地半封建社会。

（二）从飘摇走向绝境

面对农民起义和帝国主义入侵的双重打击，清朝陷入内外交困的统治危局。为应对统治危局，清朝统治者先后实施了一系列改革和自救举措，但这些举措不断受到腐败吏治的严重侵蚀和顽固势力的阻挠反对，而作为改革的谋划和组织者，清廷的核心领导层墨守祖宗成法，固守既得利益，缺乏全面改革的勇气、决心和智慧、力量，最终使清王朝从风雨飘摇迈入灭亡绝境。

在清朝后期，吏治腐败愈演愈烈，大小官僚不仅因循疲玩、苟且懈怠，而且贪污成风、贿赂公行，横征暴敛、中饱私囊。这些专制痼疾和陋习沉疴陈陈相因、积重难返，使国家机器运转失灵、政令不行、效率低下、内耗纷起，给清朝统治造成重大损害，也使统治危机日益加剧，社会更加黑暗。

在统治者被迫学习西方的改革之路上，更是不断受到顽固势力的猛烈抨击和坚决反对。顽固势力不是某个派别和集团，而是遍及朝野的巨大惯性力量，是传统社会意识形态的总代表。在长期的历史进程中，中国的华夏文明以其高度发达和早熟而自立于东亚，影响着周边，从统治阶级到普通百姓，无不认为中国的文明声教举世无双，泽被天下。当近代化的新生事物渐次来到中国时，便受到了极为强大的传统势力的顽固抵抗，面对着冥顽不灵、深闭固拒的顽固势力，各项改革都被迫而起、阻力重重，每个新生事物都只能曲折而生、匍匐而行。比如，在洋务新政已举办数年后的同治五年（1866），因京师同文馆要招收举人、生员和翰林院官员入馆，就被社会上的顽固势力攻击为“未同而言，斯文将丧”，官居大学士并名称一时的理学家倭仁也以“立国之道，尚礼义不尚权谋”上奏反对。中国第一批官费留美学生于1871年出国学习后，便不断受到“用夷变夏”的猛烈抨击，三批留美学生不得不中途停学，全数撤回。铁路本是先进的交通工具，为修筑铁路，洋务派与顽固势力曾先后进行了三次大规模论辩，愚蠢的上海道还在光绪二年（1876）将英国人在上海修筑的铁路以28万两白银的高价购回、就地拆毁。如果从英法美三国领事于1863年向李鸿章建议承修铁路始，到1889年初慈禧太后下决心修建铁路止，期间竟达26年之久。这些事件充分说明了中国走向进步的改革之艰、步伐之重。

更为致命的是，在清朝灭亡前的72年里，清朝的历任最高统治者和核心统治集团未曾洞察到中国正经历“三千年未有之大变局”，对资本主义的大发展和近代化历史潮流缺乏全面清醒的认识和因时而变的有效应对，继续按照祖宗家法和传统治术维持统治。正因为如此，自鸦片战争后，为抵抗侵略和挽救危机，清廷虽相继实施了一系列的改革，但这些改革，从谋划到组织，或被动应变，或投机短视，从未进行过立足长远的总体规划和深思熟虑的周到安排。比如，洋务新政的改革不仅发生在鸦片战争20余年后，而且是由奕䜣和曾国藩等贤王能臣来发起和组织实施的。戊戌变法则是在甲午战败的特殊历史背景下，由康有为、梁启超等维新派推动、光绪帝所组织的，而真正控制清廷大权的慈禧太后，却做着事后裁定是非的旁观者。清末新政则是在八国联军蜂拥而至，清朝统治摇摇欲坠之际，为应对日益强烈的改革呼声和立宪派的不断抗争而采取的权变之策。清末新政是清廷维持统治、挽救危亡的生死时刻，是历史留给统治者的最后机会。但清廷统治者身陷生死危局而不自知，厝火积薪、麻木不仁，鼠目寸光、利令智昏，不能顺应历史潮流，不能满足人民期望，不少改革名曰新桃实为旧符，甚至成立皇族内阁，开出历史倒车，最后只能在广大人民的愤怒声讨和武昌起义的枪炮声中被赶下历史舞台，踏上不归之路。

1911 年 10 月 10 日武昌起义后，中华民国于 1912 年 1 月 1 日在南京成立，在随后的 2 月 12 日，清廷被迫发布清帝退位诏书，标志着长达 268 年的清王朝的终结和辛亥革命的胜利。辛亥革命的胜利，使中华民族彻底告别了封建帝制，开启了走向共和的历史新征程，古老的中国从此翻开了新的历史一页。

作者简介

顾春，男，1965 年生，山东博兴人。北京师范大学博士，文化和旅游部清史纂修与研究中心副主任。著有《来源·争论·特性——陆九渊教育思想三论》《陆九渊教育思想研究》《人之为人》等。

雍正帝如何反腐与整饬吏治

王志明

清雍正朝（1723—1735）为期13年，在“康乾盛世”百余年中为时短暂，但具有扭转康熙末年吏治废弛、开启乾隆新政的重大意义。在野史和民间传说中，雍正帝多是以篡位、残杀、严酷的形象出现，这与民国以来反满、反专制的社会思潮有关。自20世纪八十年代改革开放以来，中国学术界、思想界对雍正帝的正面评价渐多，特别是《雍正皇帝》电视剧所塑造的雍正帝反腐形象，更是获得人们的广泛认可。

在中国大一统历史上，王朝建立之初一般尚能刑清政简，与民休息，但到后来道德影响力递减，贪官污吏丛生，财政危机，政治不稳定。财政与王朝的治乱兴衰关系尤为密切，如王安石变法、张居正改革、雍正帝整饬吏治，解决财政问题都是其重要目标。为化解危机，王朝中期一般都有较大规模的整饬与改革，如王安石变法是在北宋开国100余年后，张居正改革是在明开国200余年后，雍正帝改革在清开国70余年后。较之王安石、张居正，雍正帝的改革最有成效，雍正帝改革后清王朝延约190年，王安石变法后北宋约延90年（北宋灭亡没有内部革命的因素），张居正改革后明朝约延70年。雍正帝改革的成功，根本原因在于君权神圣，王安石、张居正只是依托君权行改革，反对者势力大，尤其是张居正死后险遭鞭尸，人亡政息。此外，雍正帝注意平衡各派势力，而王安石、张居正则是不遗余力打击反对派，这也是改革成败的要因。

一

雍正帝以反腐、整饬、改革著称（我们今天所说的“改革”具有变革政治、经济等体制的含义，雍正朝语境中的“改革”主要是指改正错误）。反腐是关键，吏治整饬后各项改革能顺势而为。

雍正帝厉行改革，但只做不说，从不打改革的旗号，对前任统治者康熙帝赞誉有加，上台时曾说：“我皇考临御以来，良法美政，万世昭垂。朕当永遵成宪，不敢稍有更张。”（《清世宗实录》）雍正帝大动干戈反腐、整饬，主要是因为康熙帝留下的帝王基业已经受到贪官污吏的破坏。康熙帝以宽容大度著称，深受士人好评，但他在位61年，年老懈怠，吏治松弛，“清官”日少。由于腐败和“宽纵”，雍正帝继位时财政危机十分严重，户部库存银短少，各级地方政府的银两和粮食库存也都严重不足，社会和政治危机随时可能爆发。

库银和粮食亏空，是传统财政思想造成的。中国历代统治者标榜“仁政”，国家规定的税率很低，以显示“轻徭薄赋”“与民休息”，表面上看国家吸取能力不强。由于财政不充裕，给官员的报酬也就不高，如清代县令年薪只有45两银。县令一般还聘请幕僚和各种协助人员，他们的薪酬也是由知县自掏腰包支付。为维持开销，即使“清官”也需私自征派、侵蚀，朝廷也默许他们这样做，如广东提督万际瑞告发碣石镇总兵陈良弼勒索每对渔船8两银，雍正帝“颇不以为然”，还教训万际瑞要爱惜历练之员（雍正《朱批谕旨》，《四库全书》）。这种制度是让皇帝和朝廷做好人，让官吏做坏人，百姓只反贪官不反皇帝。但中饱超过一定限度时即表现为“腐败”，过度的腐败会造成国库空虚，吏治废弛，影响政治稳定，必须整饬。当皇帝整饬腐败时，更能得到百姓的拥护。

二

雍正朝整饬亏空和腐败，各种措施都很得力。其一是官僚人事大调整。因为官僚之间的利益关系盘根错节，特别是都对上级行贿，如江苏巡抚吴存礼亏空45万余两库银，分送给219人，其中包括大学士5人，部院尚书、侍郎30人，王公贵戚14人。官员各种形式的“借”“挪”公款都不准备归还，各类克扣、盘剥、勒索所得钱财也都是利益共享，进行人事大调整对打破关系链、利益链是必要手段。刚继位半年，雍正帝就更调直省的巡抚10人，各省主管经济工作的布政使被大量撤换（刘凤云《雍正朝清理地方钱粮亏空研究》）。整饬具体省份时，府县中下级官员也被大量撤换。如杨文乾受皇帝委托查福建钱粮期间，知府、同知、通判以及知州、县令各官共80员（不含台湾府），因题参革职、勒令解任、改教职、休致等去任者多达50余员。雍正朝人事调整的另一特点：钦差、特派、“空降”官员到地方任职。钦差和特派的官员，多是皇帝信得过的猛吏，反腐很得力。这些人员往往不以“特派”的身份出现，而是以铨选形式到地方临时性任职。如整饬福建时，核心人物是“藩邸旧人”、福建布政使沈廷正，以及宠臣杨文乾，他们受皇帝旨意不遗余力打击福建全省官僚，在整顿后迅速调离。为突破地方官的关系链，雍正帝还将不少郎中、员外郎、御史、给事中等各部院的朝官空降任职地方知府。县级单位太多，200余府级单位便于掌控，这也是加强中央集权、反腐整饬的手段（王志明《雍正朝京官与地方官双向任职分析》）。

雍正朝整饬亏空和腐败的第三大措施是严格审计，注重用密折沟通信息。雍正帝特设会考府负责审计中央各部门，地方审计则由督抚大员负责。会考府由怡亲王允祥等负责，权高各部之上。在雍正帝支持下，会考府不畏权贵，秉公奏销，还查出户部亏空250万两银，责令由尚书到主事各级官员分赔。地方审计表现最积极的为河南巡抚田文镜，因审计反贪得力，后调任山东巡抚，主持山东的审计和整饬工作。审计和反贪极机密，一般多是用密折沟通信息。臣僚和百官通过正规渠道上奏的报告手续繁琐，且不少是假大空的官样文章，雍正皇帝为了解下情，鼓励臣僚具折直接向自己汇报情况，私密性极强，故称“密折”。皇帝在密折上须用红色朱砂颜料批注意见，通常又称“朱批谕旨”。雍正朝为时不长，但所存密折数量超过其他清代帝王，密折所涉反腐记录和皇帝的指导意见内容很多。

三

雍正帝反腐在有清一代最为彻底，其反腐力度在大一统历史上也很罕见，但反腐的最终目的是维护政治稳定，不会因反腐而破坏既有政治资源，因此宽容和默认了不少腐败现象，并非如时下历史反腐题材的文学作品所虚构、宣扬的那样完全彻底。

雍正帝反腐的让步政策主要表现在以下三个方面，其一是宽免案发时间久的事件。雍正帝上台后的前三年打击腐败力度最强，当取得一定反腐效果、有一定的震慑作用后，见好就收，不少康熙朝发生的贪腐案件得到宽免，雍正五年（1727）以后赦免事例逐渐增多。雍正八年皇帝披露自己的政策底线："若果人心知儆，旧习渐除，令朕可以施宽大之政，乃朕之至愿也。此意系朕于元年二月间即屡向左右大臣等密言之者。今观各省吏治虽未必能彻底澄清，而公然贪赃犯法及侵盗钱粮者亦觉甚少。是众人悛改之象与朕期望之意相符，不至于不可化诲，亦可以遂朕宽宥之初心矣。"但雍正四年以后胆敢再犯者不准宽免，关系到军务钱粮等要案虽在雍正三年以后也不豁免。所谓"远年承追之项"，从历史记录看主要是康熙五十一年（1712）前的欠项。京师仓场亏空十分严重，雍正帝曾责令康熙六十年仓监督分赔以前数十万亏折米石。在六年底雍正帝取消了这一追查令，甚至将那些已经赔补的"照数给还"。

让步第二大表现是优先宽免功臣后代的贪腐事件。如柳国勋在任湖北驿盐道时，扣存工料工食银等 14000 余两为己有，雍正七年因其"先世效忠殉难"豁免。雍正帝还特别强调，嵇曾筠父、钱以垲祖，以及赵申乔、杨宗仁等人都是功臣，"其任内一切应赔银两"皆宽免，不由其子孙赔补。并命通查八旗功臣之后犯案者，共查得 62 员，名下应追未完银两共 54 万、金 500 两、米 1721 石，皆用内库银两照数拨补代为完项，本来拟流放、监候、妻子家属入辛者库等罪者也概行宽释。所谓"内库"为皇室专用银库，皆取之于民，用内库银还项完全是笼络示恩。雍正朝后期对功臣后裔更为开恩，如雍正十年大学士马尔赛贪赃败露时，雍正帝念其为勋臣世家，多次为他"暗为消弭"，不仅暗销数万两赃银，还"赐币金以固其操守"。

让步第三大表现是保全有才能的官员。王士俊是雍正帝赏识的人才，他在广东肇高雷廉道任内隐匿羡余银两，署广东总督阿克敦上奏要求革职追查，雍正帝知情后说"向来各处税银为地方官隐匿私用者，相延已久，乃通省之小弊"，并责备阿克敦不为国家爱惜人才。据福建巡抚常赉告发，宠臣杨文乾在广东巡抚任内私设海关收税，又匿报侵吞国家海关税银，并勒索外国商人和国内出洋贸易人员，非法所得30余万两银。对这样的巨贪雍正帝不加刑罚，反在批判教育后还指派他到福建省清查历年已久的粮食亏空案，居然成为领导福建肃贪的首要人物。雍正帝还因儿子才能而宽免父亲追项，如山西按察使蒋泂为雍正帝赏识的能吏，其父蒋陈锡应追赔银230余万两，雍正帝大为豁免，仅赔20余万两了结。蒋泂谢恩时，雍正帝激励他说："勉励为国家柱石之臣，有以利益社稷苍生，方为不负朕之格外施恩耳。"

此外，雍正帝向文武百官让步的事例也很普遍。如八旗武官以兵丁生活需要名义向国库借钱不还是普遍存在的现象，雍正六年规定凡数在2000两以下者一概宽免，这项恩免政策使武官受益颇广。镶红旗和镶蓝旗为保护本旗贪官的既得利益，抗拒、拖延清查案件，雍正帝于七年命犯案者认罪检讨，一概免追。雍正十年，雍正帝对八旗官吏和民人"远年之案"进行大范围赦免。雍正帝在登基之初，曾命怡亲王允祥清查户部亏缺250余万两银，但只追还十之一二。允祥奏请以"余平饭银"（京官的一项生活补贴）陆续代为完补，到雍正八年陆续补完十之八九，其余皆宽免（王志明《雍正反腐败的政治极限》）。

四

反腐和整饬使雍正朝其他各项改革有了坚强的政治和组织保障。雍正朝改革力度大，乾隆朝逐渐将这些改革常态化、制度化，为清朝稳定奠定了基础。雍正朝改革全方位，除耗羡归公和养廉银制度外，其他重要的改革有财经领域的摊丁入亩，行政领域的改土归流，政治领域的军机处设立和皇位继承"密建皇储"

等，影响都很深远。耗羡归公和养廉银是制度防腐的重要措施，也是向官僚让步的体现。所谓“耗羡”也是朝廷许可的。州县官员在征收地丁银散碎银两时，须按规定成色和分量重新熔化打造上交，其中的损耗另征，即“火耗”。漕粮征收、保管和运输过程中也有损耗，如雀啄鼠啃即为“鼠雀耗”，运钱人力支付即为“脚耗”。征收“耗羡”无统一标准，各地相差很大，如山西省正税1两火耗达三四钱，河南、山东多达8钱。这些耗羡为州县官的“小金库”，自肥外也有办公开销、巴结上司、沟通左右等支出。雍正二年实行的“耗羡归公”规定由国家统一标准征收“耗羡”，以省为单位，州县所征皆上交省库国库，这样州县官即使多征也不能自肥，对百姓搜刮有所减缓。耗羡归公后，再按标准公开发给各级官员费用，即所谓“养廉”。这样，督抚、道府、州县各官的实际收入大增，如知县的养廉银有的高达2000余两，是正俸四五十倍。归公的“耗羡”一部分也用来抵补地方亏空，这样国家的财政有了保障，官员的腐败又有所抑制，可见此项改革利国利民。因地方官养廉银较多，京官竞相到地方任职，此为雍正朝以后清代选官的一大特点。

耗羡归公和养廉银制度稳定了官僚队伍；摊丁入亩沿袭了唐两税法和明代一条鞭法，目的是保障财政；改土归流使云贵地区深度整合到中央政府；军机处架空了内阁，加强了皇帝的决策权；“密建皇储”保障了皇权的平稳过渡。这一切改革都利于皇权和中央集权的加强，使秦以来大一统帝国的政治运作模式更为完善。

结　语

雍正帝反腐与改革为“康乾盛世”奠定了基础，但也突出了专制、人治这一传统政治的弊端，挫伤了官员的行政主动性，官员的依附人格更突出，地方政府的积极性也受到打击。雍正朝对西方文化的接受程度反不如康熙朝，禁止天主教传播，对民间信仰也有很多限制，而且屡兴文字狱，限制绅士的社会活动空间，这一切严重摧残了思想和社会活力，是乾隆朝以后的中国缺乏创新动力的重要因素。

从世界眼光看，雍正时代现代西方文明方兴未艾。英国早已完成了“光荣革命”，洛克的民主政治理论在西方世界已有广泛的影响，雍正帝在位前后英国已经由第一任首相罗伯特·华尔波尔执政（1721—1742）。俄国彼得一世去世后，继任女皇叶卡捷琳娜一世（执政时间为1725—1727）还继续着学习西方的改革。法国虽然还处于“绝对国家”时代，但教会和封建主势力、司法系统的权力制约着王权，资产阶级正在兴起，宫廷对各种思想也有较大的包容度。同时代的雍正王朝在思想和社会包容度方面还不如康熙朝，这种极权、专断、人治的政治传统在乾隆朝以后的时代有过之而无不及，成为近代中国社会转型的巨大阻力。

作者简介

王志明，男，1964 年生，安徽枞阳人。历史学博士，现任上海财经大学马克思主义学院教授。研究方向主要为清代政治制度史。著有《雍正朝官僚制度研究》《清代职官人事研究》《清代乡居进士与官府交往活动研究》等。

宣统政局与清王朝覆灭

李细珠

清王朝以宣统朝而终，这是辛亥革命的结果。然而，何以清王朝于宣统三年（1911）在革命的冲击下迅速覆灭？这与宣统政局的演变相关，本文拟对此略做解释。

一、宣统政局的形成

宣统政局的形成可以追溯到光绪朝末年的丁未政潮，而光绪三十四年（1908）底光绪帝和慈禧太后相继去世则成为清末政局转换的机枢。

1. 丁未政潮与奕、袁集团的鼎盛

1907 年的丁未政潮，是光绪末年清朝统治阶级内部两大对立派别争权夺利的斗争。其中一派，领衔者庆亲王奕劻于 1903 年成为首席军机大臣，袁世凯则以直隶总督兼北洋大臣而权倾朝野，所谓“庆邸当国，项城遥执朝权，与政府沆瀣一气”（刘体智《异辞录》），奕、袁勾结形成当朝一种显赫势力。与此同时，朝中还存在另外一种势力，以深受慈禧太后宠信的军机大臣、外务部尚书瞿鸿禨为首，以两广总督岑春煊为奥援。慈禧太后惯用的统治术，即是凌驾于各派冲突之上，操纵其间，利用矛盾，保持自己的权势，每每以此维持政局的稳定。然而，当这种平衡术稍有倾斜，则预示着政局动摇和政潮突起。

丁未政潮正是因为慈禧太后对权势日重的奕劻不信任而引起，结果出人意料，奕劻、袁世凯先发制人，致使瞿鸿禨被罢军机大臣、外务部尚书，岑春煊由刚任20余日的邮传部尚书被放两广总督，旋被借故而罢。奕、袁集团因此而权势至于鼎盛，这是垂暮之年的慈禧太后不得不深以为患的。

丁未政潮之后，慈禧太后采取了一系列抑制奕、袁集团势力再度膨胀的措施。首先，调载沣入军机处，以分奕劻的权力，然而载沣谨小慎微，才具平庸，不是奕劻的对手，徒成为“伴食中书”而已。其次，去掉袁世凯直隶总督兼北洋大臣之职，调袁为军机大臣兼外务部尚书，实为明升暗降之法；同时又调张之洞入军机处，对袁加以牵制。显然，由丁未政潮开始，奕劻、袁世凯集团已成为威胁朝局的力量。

2. 帝、后去世与载沣集团的形成

1908年11月，光绪帝与慈禧太后相继去世，晚清政局由此开始大转换。

首先，载沣之子溥仪继光绪帝之后而为皇帝。光绪帝病危之际，继统人选问题内外注目，近支溥字辈中年长的恭亲王溥伟颇为活跃，自以为如立长君，便当然有分。然而，慈禧太后根本没有立长君的打算，奕劻、袁世凯也认为立长于己不利，这便使溥伟的幻想破灭。因此，便有慈禧懿旨三岁的溥仪入承大统为嗣皇帝，即宣统帝。

其次，载沣为监国摄政王。载沣性格懦弱，遇事优柔寡断，做一个承平时代的亲王尚可，若来主持国政，应付事变，则实难胜任。慈禧太后之所以属意载沣，皆因皇族近支之人，只有载沣好驾驭，肯听话，所以先令其为军机大臣，加以历练。溥仪继位，乃父载沣便当然地被封为监国摄政王。慈禧太后本来想通过载沣来操纵朝政，“著摄政王载沣为监国，所有军国政事，悉秉承予之训示，裁度施行”（《宣统政纪》）。然而，慈禧太后很快去世，载沣便以监国摄政王身份总理朝政，独揽大权。

再次，为了对付权势显赫的奕、袁集团，载沣周围聚集了大批皇族亲贵，形成了载沣集团。载沣自代宣统帝为全国陆海军大元帅，任其胞弟载洵为海军大臣，载涛为军谘府大臣，紧抓军权；同时，调整各部院大臣，多以皇族亲贵充任。这样，在与袁世凯集团争权夺利的斗争中，形成了以载沣为首的皇族亲贵集团。

宣统政局就是在载沣集团与奕劻、袁世凯的争斗中形成的。

二、宣统政局的演变

宣统政局的演变可分两个时期：载沣时期和袁世凯时期。

1. 载沣时期（1908 年 11 月—1911 年 11 月）

载沣摄政监国时期，或明或暗地始终贯穿着载沣集团与奕、袁集团的斗争，同时夹杂着皇族亲贵集团内部的争权夺利，载沣集团与地方督抚和立宪派的关系更是日趋紧张，政局动荡不安。

载沣摄政伊始，即大力加紧中央集权，排除异己，任用亲贵，集权于皇族。自 1906 年官制改革与 1907 年丁未政潮以后，清王朝惯于使用的满汉平衡权术已经出现极大的倾斜。光绪末年，京师有谚云：“近支排宗室，宗室排满，满排汉。”（刘体智《异辞录》）慈禧太后晚年的扬满抑汉集权皇族的政策，在载沣摄政期间很自然地得以继续发挥。当其时，权倾朝野的袁世凯是载沣最主要的政敌。虽然在慈禧太后去世前袁已被解除北洋军政大权，但他在北洋军中遍布着亲信，近畿陆军将领以及几省的督抚，都是袁所提拔，或与其有秘密勾结。他们“只知有宫保，而不知有朝廷”。首席军机大臣奕劻也被重金收买以为奥援，完全听袁世凯支配。因此，实际上当时的军政大权已操诸袁世凯之手。

于载沣而言，监国摄政王将徒具虚名，大权旁落，袁世凯非去不可。由于载沣生性懦弱无能，犹豫不决，杀掉袁世凯的主张遭到奕劻、那桐、张之洞的反对，最后只是以“足疾”令袁世凯“回籍养病”，解除其一切职务。袁世凯既被驱逐出朝，载沣集团即将矛头对准奕劻。先拿“奕劻心腹”陆军部尚书铁良开刀，将其放为江宁将军，远离中枢，此举却未能撼动奕劻首席军机大臣的职位，致使袁世凯返回河南之后，仍在暗中操纵朝局，日后能够东山再起。

在与奕、袁集团争斗的同时，载沣加紧集权皇族。然而，这个所谓载沣集团并不是铁板一块。载沣不能像慈禧太后那样成为权力中心，因而难以控制皇族亲贵，以至于形成“政出多门”的局面。皇族亲贵们的矛盾主要表现在权力分配上。

在载沣摄政期间，朝廷与地方的关系日趋紧张，矛盾愈演愈烈，主要表现在立宪运动中载沣集团与地方督抚和立宪派的矛盾。载沣摄政期间继续自1906年以来的预备立宪政策，这给各省谘议局为中心的立宪派以很大期望。立宪派多次发动全国性国会请愿运动，得到地方督抚的支持，二者在立宪运动中合流，与朝廷的关系却日益紧张。1911年5月，清廷推出“皇族内阁”。直省谘议局以皇族组织内阁，不合君主立宪公例，请另行组织，呈请都察院代奏，奉旨不允。清廷政治已不可为，与立宪派的矛盾更是不可调和。此后，立宪派转向革命，地方督抚不愿效忠，亦是自然之理。

2. 袁世凯时期（1911 年 11 月—1912 年 2 月）

1911 年 10 月，武昌起义爆发，以载沣为首的满族王公亲贵束手无策，袁世凯被起用。11 月，出任清朝内阁总理大臣，载沣退归藩邸，不预政事。此后便是袁世凯挟持清廷与革命党议和，一批皇族亲贵如良弼、铁良、溥伟、善耆、载洵、载泽等集结为宗社党，企图挽救垂死的清王朝。袁世凯与革命党人合作刺杀良弼，在“铁血”面前，宗社党不得不败下阵来。良弼被炸死后，“亲贵丧胆，逊位议定”。1912 年 2 月 12 日，袁世凯借革命势力逼迫清帝退位，宣统政局以袁世凯的最后胜利而结束。在袁世凯与满族亲贵争斗的同时，立宪派由于对清政府的失望而转向与革命派合流，成为反政府势力，最后推翻了清王朝统治。

综观宣统政局的演变，可以看到，在清末的最后三年中，各方面的明争暗斗非常激烈。立宪派和革命派与清政府斗，摄政王载沣与袁世凯及立宪派和革命派斗，结果各派均归失败，成功者只有袁世凯。载沣处置袁世凯，仅以“开缺回籍养疴”；而袁世凯对付良弼，则是置之死地而后快。载沣之懦弱，满族亲贵之无能，袁世凯之强横，昭然若揭，自然影响了宣统政局的演变。

三、宣统政局的特点与影响

1. 政局动荡不安

宣统政局表面上相对稳定：载沣摄政监国，袁世凯退隐在籍，皇族亲贵各安其位。但是，这种表面稳定现象背后隐伏着严重危机，一是朝廷与地方的关系紧张，矛盾日益激化，主要表现为立宪运动；二是地方上革命党人的活动，尤其是经常性的武装起义。因此，就整个宣统政局而言，由于立宪运动与革命运动蓬勃发展直到最后合流，致使政局动荡不安，以至于清王朝覆灭。

2. 权力处于失控状态

载沣摄政后，由于资历浅，年纪轻，生性懦弱，庸碌无能，其他皇族亲贵也大都是无能之辈，汉族重臣袁世凯权倾朝野，一朝罢斥，政治重心便失去了平衡，权力核心呈现失控状态。朝中派系林立，各自争权夺利，这是铁腕人物袁世凯得以乘机崛起的重要原因。与此同时，朝廷对地方督抚失控，离心力增大，使得武昌起义以后各省督抚多各自逃命，几乎未有形成有效抵抗。

3. 皇族亲贵擅权，满汉矛盾激化

载沣摄政期间，加强皇族集权，尤其是少壮亲贵们充斥朝廷，占据显要权位，不断明争暗斗。正如徐世昌所说："清朝之亡，并不是亡于革命党，而是亡在一班所谓'小爷们'身上。"(《天津文史资料选辑》)满族亲贵把持中央，汉族重臣接连遭到排挤，满汉矛盾更加激化。武昌起义后，民族矛盾更表现在袁世凯集团与宗社党的斗争上，同时，"反满"无疑成为辛亥革命一个颇具号召力的口号。

武昌起义原本并不足以撼动清王朝的统治，"鄂垣兵变，仅一小部分，……彼系乌合之众，人心未定，收复不难"（陈夔龙《梦蕉亭杂记》)。然而，满族王公亲贵早已自坏长城，不得不听任武昌起义的星星之火成燎原之势，正所谓"革命之事，乃诸王之自革而已"（刘体智《异辞录》)。由宣统政局分析可知，宣统时期清王朝本身隐伏着各种危机，大厦将倾之时，加以革命的撞击，清王朝便覆灭了。可以说，这正是宣统政局演变的必然结局。

作者简介

李细珠，男，1967年生，湖南安仁人。历史学博士，中国社会科学院近代史研究所研究员、博士生导师。主要研究中国近代政治史、思想史、台湾史。著有《晚清保守思想的原型——倭仁研究》《张之洞与清末新政研究》《地方督抚与清末新政——晚清权力格局再研究》《变局与抉择：晚清人物研究》《新政、立宪与革命：清末民初政治转型研究》。

从明清衙署看官不修衙之说

张世明

建筑是一定的民族心态、文化背景的反映。中国古代建筑，无论是金碧辉煌的宫殿，还是平民百姓的寻常屋宇，一般都具有沉静幽思的情调和呈现出冷静而自制的内向形态，在具体建造上利用围墙有效地分割为内部与外部空间，体现出布局上的内聚性。中国古代州县衙署的建设也体现着情理法三者形塑的空间结构。从情理角度而言，州县衙署修建大多根据《周礼·考工记》的设计思想进行布局，同时受风水理论影响。衙署作为一方或一座城市的主宰，按照风水观念，通常都位于城市中央，即所谓“正穴”之所在，古人有“京都以朝殿为正穴，州郡以公厅（大堂）为正穴，宅舍以中堂为正穴，坟墓以金井为正穴”的说法。按照“吉地不可无水”的观念，衙署应该接山近水，建于高阜之处，这样才有居高临下控制全局的含义，同时亦能防患水灾。此外，中国的政治文化也有“南面”的传统，历代帝王的统治之术被称为“南面之术”。《易经》即云：“圣人南面而听天下，向明而治。”古代天子、诸侯、卿大夫及州府官员等升堂听政都是采取坐北向南的式位，中国历代的都城、皇宫、州县官府衙署一般来说都是南向的。穴是聚气的焦点，南向为正，居中为尊，隐喻的是“居中而治”之意，故又有“衙门口朝南开”之说。在俗谚“八字衙门朝南开，有理无钱莫进来”中，衙门朝南开，指的是方位；旧时官署大门都是呈八字形，此乃官衙定制，故是之谓也。至于“有理无钱莫进来”一语，其寓意颇丰，一是指打官司须交诉讼费太昂贵；二是指“衙门深似海”，官场险恶叵测，关系盘根错节，一般平民百姓是打不起也打不赢官司的。这种坐北朝南、居中而治的设计思想，要求主体建筑必须集中在一条南北中轴线上，自南而北依次为照壁、大门、仪门、戒石亭。戒石亭的左右通常为六房。衙署主体建筑由大堂、二堂、三堂等构成，是长官及其所属人员办公的地方，佐贰官、属官不能位于中轴线上，而只能居于东西副线上，以彰显身份地位的尊卑。此外，衙署建筑尚需体现“文左武右”“前衙后邸”等设计思想。在风水学中，公堂属皇气，是至阳之地。东南为巽地，较为尊贵，故寅宾馆多设县衙仪门东南。而地方衙门的监狱之所以都设在大堂西南仪门之外，就是因为按照《易经》及八卦学说，这一位置属于“坤位”，即所谓“阴之极”，故称为“南监”。

在明代初年，中国古代地方州县的官衙建筑格局发生了一个显著的变化，即：明初太祖颁行了地方衙署建设应遵循的范式。据洪武《苏州府志》载，这一规制与前朝的主要不同在于“府官居地及各吏舍皆置其中”。洪武初年，名臣王祎在《义乌县兴造记》中记载曰：“今天子既正大统，务以礼制匡饬天下。乃颁法式，命凡郡县公廨，其前为听政之所如故，自长贰下逮吏胥，即其后及两傍列屋以居，同门以出入，其外则缭以周垣，使之廉贪相察，勤怠相规，政体于是而立焉。命下郡县，奉承唯谨。”李志荣据《永乐大典》等史志资料记载和对八个衙署案例的实地考察断定，明初衙署依式修盖是全国性的。这样的建筑格局反映了朱元璋惩前元之旧弊、力图整顿吏治的思想。虽然受历史遗留下来的衙署格局的影响或者限于经济条件，各地并不一定完全符合新的规制，但大多数衙署均四周以高墙与外界相隔，构成封闭性空间。

清承明制，但亦表现出较大的改造。据李志荣研究，这种改造的原因主要在于，清代地方官员设置简化，机构裁并，使原来曾经存在的僚属办公和住宅被废弃，而又由于主任官员的权力较明代有所扩大，在机构裁并腾出来的土地上，建设供主任官员使用的花厅和供其幕客居住的宅院遂成为重要的新建置，特别是主任官员的后宅在衙署中的地位日益显著。内乡县衙自顺治时期以来布局的变化就是这一过程的一个明证。从法律史角度来看，清代州县衙署正是形成封闭的空间后，才出现在诉讼中通门子的现象，并且比比皆是，围绕州县衙署形成包括茶馆饭歇之类诉讼产业链条，各色人等麇集于此，或打探消息，或乞书状纸，或商谈交易，不一而足，甚至在附近开药铺也能大发利市，因为上衙门受审挨板子者就是其刚性需求的消费群。

长期以来，中国就流行着“官不修衙、客不修店”的民谚，其最早始于何时已经难以稽考。客人住店仅系羁旅暂时憩息，对客店不拥有所有权而仅具有限时段的使用权，基于“临时观念”和缺乏经济利益，自然不热衷于帮房主修店，亦无修店的义务。在明清流官制度下，“铁打的衙门流水的官”，州县官员任期甚短，流动性大，即使能够任满而迁，至多也不过三年五载，何况为官一任三年，大多数不能终其一任，宦途匆匆，衙门修得再好，也不能跟随官员搬走。“我躬不阅，遑恤我后”，只有愚不可及者才费心劳神修衙，为他人饰美屋，让别人捡现成便宜，因而清代“官不修衙而修志”的倾向非常明显。胡适在与为官一任勇于张罗建设的熊希龄交往过程，就谈及明清时期官不修衙这种不成文规矩的原因：是时，作为清官，整天忙于政务，无暇顾及修衙之事，也不忍心因此而加重了百姓的赋税徭役；而作为贪官，与其修衙，既操心，又费力，何如白花花的银子装了自己的腰包舒服。此外，州县官职务一般只是官员仕途上的一级台阶，把台阶擦得太亮在州县官们看来并无必要，普遍感觉犯不上为修衙而大兴土木，甚至认为热心修衙的官员会被钉在这个职位上，殊非不利“指日高升”的吉兆。受到风水理论的影响，官员们普遍认为，衙门建筑讲风水，前人既是请了堪舆家“相地”之后建造的，后人不能随意改动，改动则不利于官。在当时，各级衙署规格皆有差序格局的定制，多大尺寸的衙门里，坐着多大的官，如果把衙门修得很大，修得与官位不相称，那便是僭越违法，弄不好甚至会脑袋搬家呢！修衙门就会靡费钱粮，轻则官声不好，重则容易造成亏空。所以，官箴书中每每提醒官员对衙署不可过于修饰，但取门户牢固、墙壁坚完而已。例如，《钦颁州县事宜》第一条“到任”中讲到，初登仕籍的州县官，最应该崇尚节俭，而只有那些俗吏才以到任为荣，将衙门重新修饰一新，轿、伞等另行置办，所有陈设，务求华丽，恣行糜费，铺张扬厉。一切装饰完毕后，长官扬扬入署，快意当前，不知此举派累行户，苛敛里民，已种下他日祸患。因此，释褐方新的官员在到任之前，一定要禁止修衙，严切发谕，禁止铺垫，使得吏胥不敢借名暗诈，侵蚀分肥。这就是说，如果官员上任伊始就修缮衙门，往往与朝廷所倡导的节俭美德相背离，以致先声狼藉，民口难防，官员往往会因此落得坏名声。按照雍正二年（1724）定例，州县官员等修饰衙署而肆行科敛扰累小民者将依据科敛律治罪，这样便堵住了官员通过摊派修衙的通道。

而且更为重要的是，在清朝刚性财政体制下，实行耗羡归公以后，养廉银实际包含了薪金补贴及地方杂项支出两部分，因此清政府不希望在养廉银之外另拨款项修缮衙署，只允许州县衙门动用闲款，但必须在三年之内从其养廉银中坐扣。其中省级衙署修缮，因其养廉银丰厚，仍不许动用闲款。地方州县政府不仅如瞿同祖所说是一人政府，而且在财政上公共性中潜含着私人性，州县官养廉银受益人是官员个人，除了不得不用于修葺官衙之类公事之外，能够多省一两银子就会多一两银子落入州县官员的个人腰包。这样把养廉银一旦固定下来，要修衙必须官员自己掏腰包，只有傻瓜才会为修衙之事取怀而予，与后世喜事兴功的地方官员为了面子政绩建设所谓“景观政府”花的是国库公帑迥然不同。这种真金白银攸系的大关节乃是清代“官不修衙”的真实原因所在。乾隆三十年（1765）定例：各省官员衙署为办公之所，观瞻攸系。除现在完整、并近年动项建盖者仍令自行黏补外，其实系年久坍塌、必须购料修理者，准予借动闲款，各按旧制酌量兴修，计其岁入养廉，分年扣还。道府州县丞倅等官，修理衙署，准其借动闲款银两，道府不得过一千五百两，州县丞倅不得过一千两，首领佐杂不得过二百两。道府州县限三年，丞倅佐杂限四年，于应得养廉银内扣还。

事实上，当时县镇城关的许多公益性工程，诸如铺路、修桥、兴学、建庙，率多由政府倡导，士绅乡民有钱出钱，有力出力，挺身任事，竭诚以赴。对绅商而言，架桥铺路利泽桑梓，而且事竣之后可以建凉亭、立块碑刻以彰显善行，垂令名于后世；而修建文昌阁之类对自家子弟的科场文运也无疑是积德行善的广种福田之举。但是，官府衙署既不是自己住的，而且住在里面的人说走就走，并非一直可以巴结依靠，所以在这种情况下通常将自己的钱袋捂得严严实实。如此，州县衙署的修建资金倘若带上“捐助”的标签，十有八九都逃脱不了“科派”的干系。这点是有案可据的。清代《刑案汇览》就记录了若干此类案例。例如，光绪七年，山东临朐知县严家正，因筹备书院经费及修理衙署，科罚县民沈文泗等银钱，归入公用，虽非侵吞入己，究属任性妄为，案发后，以非奉上司明文，因公擅自科敛所属财物，以坐赃论处，就地革职。

清代四川著名的盐号协兴隆的陕帮掌柜权力极大，待遇极厚。黄植青等《自流井李四友堂由发轫到衰亡》载："掌柜的一切应酬费以及他雇佣的抬轿子大班，都由号上开支。掌柜应酬时穿戴的衣服、帽子也由号上提供，但鞋子却自备，因此有些陕帮掌柜的帽子和衣服尽管全新又极漂亮，而鞋子却补了又补，疤上重疤。"这种令人忍俊不禁的怪现象其实并不是陕帮商人俭啬、不喜欢奢侈所致，否则不会"帽子和衣服尽管全新又极漂亮"，而是与官不修衙事异理同，应该从制度设计上加以分析。

此外，地方官员修建衙署不仅所需实繁，费由己出，而且必须确保工程质量，否则出力不讨好，将被追究责任，承担赔修之咎。《钦定大清会典事例》卷一三六载："凡官员豫借廉俸兴修衙署，系旧料移建他处，或全行拆卸、另行建盖者，于工竣后，保固十年。限内有些小损坏，现任官自行黏补。遇有坍塌倒坏，令后任查明前修原案、估计工料，详明上司，委勘切实，著落原办官照数赔缴，并将委验出结之员，报部参处，照不行查明给结例，罚俸一年。"正是这样，号称"清代第一廉吏"的于成龙自述顺治十八年（1661）始任广西罗城知县时县衙残破不堪的情景云：上任后县衙"无大门，无仪门，两墀茅草一如荒郊。中堂草屋三间，东边隔为宾馆，西边隔为书办房。中间开一门，入为内宅，茅屋三间，四围俱无墙壁。哀哉，此一活地狱也，胡为乎来哉"！

当然，官不修衙也会带来一些负面影响。乾隆元年，上谕云："各省州县，……设有六房。即附于州县公堂之左右，使经制胥吏居处其中，既专一其心志，亦慎重其防闲，立法最善。乃闻近年以来，多有六房倾圮，不加修葺。胥吏栖身无所，往往挟其卷牍，收藏于家。每遇急需检阅之案，无以存贮，悉以胥吏之口为凭。而隐匿抽换之弊，不可枚举。前后印官虽心知其弊，而因循苟且，或修理无资，遂沿习而不知整理。此亦有关吏治之一端也。著各省督抚通行所属州县，验明六房屋宇，或有未备者，各于旧基，如式建造，将一应案牍慎密收藏，并分别号件，登记总簿，以备稽考。傥胥吏换班，有私带文卷出署者，从重治罪。若本官失察，一并议处。其修造之费，著该督抚藩司于本省公用银内确估给发。”乾隆年间，云南等省试图将修缮衙署的费用固定化，列入地方财政支出，但被否决。乾隆四十八年，陕甘总督李侍尧在分析“官不修衙”的原因时，一针见血地指出：官员之所以将衙署视同传舍，甚至朽坏不堪，也不愿动支修葺，就是因为人情各顾其私，恐将来坐扣竭蹷。据史料记载，内乡县衙在咸丰年间遭捻军奔袭毁于兵燹，知县章炳焘在光绪年间为了修建内乡县衙的诸多集资方法中就包括“赢捐输罚”。凡是到县衙打官司的人，赢了官司就要捐出一点钱，输了官司则须承担罚款。这种做法的确在今天看来不无乱收费、乱摊派的嫌疑，但在当时似乎又别无良策，不得不尔。章炳焘后来丢官，就是有人控告他“大兴土木，穷奢极糜”，这恰恰又证明了清朝官场经年累月形成的规矩是不可违抗的。

作者简介

张世明，男，1966 年生，四川内江人。中国人民大学法学院及清史研究所双聘教授，博士生导师。著有《法律、资源与时空建构：1644—1945 年的中国》等。

清代皇帝上谕的督办制度

刘文鹏

上谕俗称“圣旨”，是古代皇帝日常发布命令、指示的文书。其形式多种多样，既包括皇帝特发的指示性命令，也包括皇帝在臣工题本、奏折上的批示。在中国古代君权至上的政治和行政体制中，上谕的落实与执行一般都比较严格，否则一旦某官员被证明“违旨”“抗旨”，轻则革职处分，重则性命难保。但这并不能排除很多官员在上谕的落实方面存在拖延、阳奉阴违、弄虚作假等问题，所以如何督查皇帝旨意的真正落实，显得非常重要。清代在维系国家大一统方面成效卓著，很大程度上归功于全国政治和行政系统在执行皇帝上谕及各项中央政令方面的效力，而且清朝也摸索出一套比较严格的上谕督办、落实制度。由于清代留下了比较完整系统的官方档案，使我们能够清楚地看到这种上谕督办制度是如何发挥作用的。

清代上谕类型和颁发途径

清朝皇帝上谕的发布程序以雍正时期为界，前后有所不同。雍正以前，清朝基本仿效明制，以内阁为政本之地，皇帝上谕的起草、发布都通过内阁完成。具体而言，内阁大学士根据皇帝旨意，撰拟草谕，皇帝阅示后，发给中央各部院执行。同时，对于各部院大臣、各省督抚等上奏的题本，由内阁汇总后，内阁大学士对每个题本提出处理方案，报皇帝圈阅批准，再由内阁下发执行。若皇帝不同意内阁大学士给某题本的票拟意见，则不予批红，将题本折一下后掷还内阁，此时题本称为折本。当折本积累到十余件时，内阁官员会在皇帝御门听政时将折本一并拿到朝堂上，皇帝就每一个折本事务听取内阁大学士、学士、部院大臣们的意见，做出最终的决定，形成上谕，下发相关部门执行。这是清代皇帝上朝处理政务的主要内容。但最晚在康熙前期，另外一种上行文书——奏折，逐渐推广使用，开始潜移默化地改变原有的上谕发布程序。

奏折最初极具机密性，由康熙帝专门授权某官员奏报某种事务，皇帝在密折上的批示，更属密谕，外人无从知晓。而且，康熙时期的密折并没有缴回和存档制度，基本就靠皇帝自己的记忆力。但实际上，得到皇帝授权的官员全力执行尚唯恐不及，也就不用担心这种密谕得不到落实了。如康熙帝御驾亲征准噶尔部时，留太子在京城监国，但太子在京城的一举一动，都会有官员用奏折向皇帝密报。又如，大学士熊赐履为江南士人领袖，七十多岁退休后回到南京，不久去世。但他在南京的日常起居、与人交往，甚至患病后用药情况，死后的财产情况，皇帝都从密折渠道全部知悉。

雍正七年（1729）军机处成立后，军机大臣作为亲信重臣，协助皇帝处理奏折，并垄断了几乎所有上谕的起草。由此，上谕开始分为两种，一种是“明发”，即由军机处将根据皇命起草的特旨上谕或皇帝同意明发的奏折，交给内阁，由内阁颁发相关部院执行，称作“内阁奉上谕”。同时，题本的批发仍如以往。另外一种是“廷寄”，即不经内阁转发，而以“军机大臣奉旨”的名义，由军机处将上谕或朱批奏折密封，交兵部捷报处，以每日四百里或六百里或八百里的速度马上飞递，直接寄往各地督抚、将军、大臣，以保证其机密性和高效性。雍正以后，通过批阅奏折而直接给各地官员发指示成为上谕的常用形式。或由皇帝直接在奏折上以朱笔批示，称朱批奏折。或者皇帝觉得某奏折所奏事关重大，在奏折上批示“另有旨”，再由军机处根据皇帝的旨意专门起草一份上谕寄给该官员。通常，这种上谕的起草分三种情况，第一种由皇帝向军机大臣口授旨意，军机大臣随后回到军机处，向军机章京转述，由军机章京笔走龙蛇迅速起草，然后再由军机大臣拿给皇帝审阅，皇帝若无异议，则由军机处直接封发。第二种，若皇帝觉得有不妥之处，则用朱笔在纸上修改后，军机处将带着朱笔痕迹的上谕即刻封发。第三种则是皇帝对某奏折所奏事务拿不准时，常交军机大臣讨论、议复。但这种讨论常为口头的，因此，当军机大臣的议复意见获得肯定后，军机处会将皇帝交办议复过程简练写出，最后注明：“本日奉旨：依议。钦此钦遵。”皇帝阅示后封发。

因此，清代的地方大员可以通过两个渠道收到皇帝的上谕：一是内阁渠道，包括由军机处转交内阁下发的明谕、奏折，或是通过上奏题本得到的批复。如大赦、巡幸、谒陵、经筵、蠲免及高级官员的除授降革、重大案件的处理结果等国家大量的常规性事务，内阁分类下发中央各部院衙门，各部院再将这类上谕、题本，通过各省的驻京提塘发给各省督抚等官员。二是由军机处直接寄发的“廷寄”密谕，或是通过上奏奏折得到的批复，多为机密性谕旨，其内容大都是告诫臣工、指授兵略、查核政事、责问刑罚之失当等。奏折的呈送由地方大员派专人进京到紫禁城东华门呈送，得到批复后，仍由送折人由京城直接带回。

严密的上谕存档制度

清代为了保证上谕被准确无误地执行，建立了严格的存档制度。首先，对内阁来说，所发上谕均留满、汉文底稿，并注明抄录者、翻译者的名字，以明确责任。内阁下发的题本，由六科给事中抄发各部院后，原件送回内阁留存，以便查对。所以清代保留了基本上完整的内阁大库档案，其数量汗牛充栋。

其次是六科存档。凡有题本下发，都察院六科给事中抄录后存档，以便核查，被后世称为六科史书，其体系完整，数量庞大。

第三是军机处存档。对于奏折，雍正帝继位后，一改康熙时期奏折文书散乱无序的状态，建立起一套严密的军机处存档制度。皇帝首先下令各地封疆大吏将以往康熙时期所有的朱批上谕、奏折全部缴回皇宫，个人严禁存留。之后，各省官员每到年底都要把这一年接到的朱批上谕、奏折全部缴回至军机处收存。此外，军机处所经手的全部谕旨、朱批奏折等，下发之前，都由军机章京抄录，按月存档，成为军机处录副档案，这是目前留给后人最为齐全的清宫档案。所以，现存的军机处档案分为朱批奏折和录副奏折两大类，有上千万件之多。清代宫廷档案之完整，世界罕见，对研究历史的重要性，可与敦煌文书相媲美。

上谕存档制度的建立和完善，便于内阁、军机处核查上谕的执行，避免在各环节抄录错误或有意篡改之弊，或是拟旨大学士及其他内阁人员出现失误。如光绪三年（1877），山西巡抚曾国荃题奏归化城客民耿姓毒毙田郭氏一本，批示“将余依议奏”，但内阁在将题本翻译成满文时，竟将批示翻译成“余依议”，意思大相径庭。由于程序严密，此种舛误很快被发现并上报，结果内阁相关中书、侍读以及没有看出错误的大学士等一系列官员都受到处分。

严格的上谕督办制度

清代上谕及中央政令的督办与落实，分两个层级，一是常规性的督办，由都察院所属科道官员负责。二是专门性督办，由内阁中的专门机构与皇帝钦定的大臣负责。

（一）常规性督办

按照规定期限对各部院落实上谕的情况进行稽查，是都察院所属科道官员的重要职责之一。清初即已经明确规定，上谕经内阁发给中央各部院后，各部院据此制定文件发给各省执行，之后必须在一定时限内将落实情况向内阁做专门回复，方为最终完结此事，否则便属“未结”，即没有落实上谕。

清代的都察院掌握监察大权，下设六科给事中和监察御史。所谓科道官：科，即吏、户、礼、兵、刑、工六科给事中。道，即对应全国行省的十五道监察御史。六科为传统意义上的封驳、谏议机构，类似唐宋时期的门下省，负责对中央拟下发的谕旨、文件进行检查、审校，若有不当之处，则可以封驳。明清时期门下省的谏议大夫等官员改为六科给事中，在政令程序上，他们位于内阁与各部院之间，上承内阁，下启各部，分别对口监察内阁发给六部等中央部院的政令。即“凡科抄，给事中亲接本于内阁，各分其正抄、外抄而下于部”。理论上，若六科给事中不同意，上谕就无法发出，亦无法执行。

六科给事中不仅掌管政令发布，还要督查政令的执行。《清会典》载：给事中负责“掌发科抄，稽察在京各衙门之政事，而注销其文卷”。这里所说的“注销其文卷”，就是每个部院衙门将所办之事，每月两次造册，送到稽核之科、道注销。按照法定期限，一个部院把一个政令执行完毕后，该科就把这件事的文卷注销，是为“已结”。若这个部院在规定期限内未能完成中央政令，则这件事仍是“未结”，该科就需要向皇帝禀报，并对无故逾限、未能按时落实上谕的相关官员进行参劾。

按照清代的规定：吏科负责稽核吏部、顺天府，户科负责稽核户部，礼科负责稽核礼部、宗人府、理藩院、太常寺、光禄寺、鸿胪寺、国子监、钦天监，兵科负责稽核兵部、太仆寺、銮仪卫，刑科负责稽核刑部、通政使司、大理寺，工科负责稽核工部。

同样，都察院所属的监察御史也有类似职责，“掌稽察在京各衙门之政事，……若掣签、搭饷、刷卷、磨册、勘工，则道各分其职”。

由以上内容可以看出，清代将朝廷日常政令的执行、督办置于都察院科道官员监督之下，按说应该很有效果。但实际上，这种常规性监察与督办在很多时候作用有限。究其原因，一则虽然科道位列九卿，专责纠弹，可独立言事，但他们仅为五六品，而中央部院长官、地方督抚多为从一品、正二品大员，这种级别上的反差让他们多是谨言慎行。二则各地各省总是能有很多逾限的理由，省、部之间的官员又存在着利益关系。仅从陋规角度来说，各省官员每年要给各部官员，甚至书吏各种名目的好处，过节有节费，夏天有“冰敬”，冬天有“炭敬”等，即使科道官员也难以自洁。例如，道光十一年（1831），竟查出有六科书吏将某一未完成之事，在注销时，通过更改日期，改为完成。只是此事被查出参劾，得到纠正。设想是否还有很多类似的作弊没有被查出的？所以，仅仅依赖这种常规性督办还不能完全解决中央政令的及时落实问题。于是，雍正时期，为强化皇帝上谕、中央政令的落实，又逐渐建立起了一套专门性督办制度。

（二）专门性督办

专门性督办是指由内阁和皇帝指派的大学士等高级官员直接督办上谕的落实，以解决以科道为主的常规性督办工作的不足。这种专门性督办机制由两个机构负责。

一是内阁稽察房。雍正帝继位后，在力行改革的同时，一直努力纠正康熙晚年以来官场因循疲玩、官员怠政懒政，一些中央部院办事拖沓缓慢的状况。雍正五年，清朝在西北有与准噶尔蒙古部的战争，在西南有大规模改土归流的展开，国家军政事务一浪紧似一浪，需要各部院高效运转。可是雍正帝发现很多上谕发布后，久久不见部院大臣回奏，于是他下令在内阁设立稽察房，专门监督各部院按时落实政令。当时议定：除步军统领衙门、八旗、内务府自行稽查具奏外，各部院衙门每月均需将“一切事件，声明已结未结，送阁汇奏”。“将朕特旨交与各该处一切事件，俱著查明具奏”。稽察房每月将关于上谕已经完成和未能完成的情况汇总后，由内阁于月终向皇帝汇奏。稍后又规定：内阁、科道对各部院衙门办理应奏事件迟延者，有权究参。

相对于都察院所属的科道，内阁稽察房的设置意味着内阁直接介入上谕的督办落实，不仅提高了督办部门的权威，而且，由于内阁本身就是上谕，包括皇帝所发的各种特旨的下发机构，所以对事情来龙去脉非常熟悉，更加便于督办。雍正帝借此机会，又专门下令压缩中央各部办事期限，吏、礼、兵、刑、工等衙门，原来需要二十日完结的，改为十日完结。户部事件原来需要三十日才能完结的，改为二十日完结。

可以看出，雍正帝通过设立内阁稽察房，强化了对中央各部院落实政令的督办力度。但他强化政令落实的脚步远未停止，三年后，另外一个更为权威的上谕督办机构成立。

这就是第二，稽查钦奉上谕事件处。在雍正帝看来，如果没有级别足够高的官员专司稽察督催，各部院衙门、地方大员对上谕的落实仍然是有缓有急，参差不齐。稽察房职权有限，八旗、步军统领等都不在其稽查范围之内。为此，雍正八年，雍正帝下令在内阁设立稽查钦奉上谕事件处，专门负责稽察中央各部院、八旗是否按照时限落实上谕的问题。按其规定，各部门接到上谕或者带有皇帝朱批的奏折后，都要抄录一份给稽查钦奉上谕事件处，由该处按照规定时限进行稽察，每月二十五日，该处将各部门落实上谕的情况造册注销。对于无故逾限的官员进行参奏。即使某部院衙门这个月没有接到皇帝的上谕，也要向该处报告情况。每年年底时，该处将各部院中未能完结的事项汇总向皇帝奏报。在这其中，雍正帝还专门将八旗遵奉上谕的督查纳入稽查钦奉上谕事件处的管辖之下，尤其是八旗官员补授方面奉到的上谕，也要按月抄录报送该处，然后每三月将所抄录的上谕造册汇总，由该处调取八旗中所存的原始卷宗，逐一核对上谕的落实情况。

八旗是满族人起家的根本所在，由皇帝直接控制，其管理也相对独立于国家机构之外，都察院很难对八旗官员实施监察。雍正帝此时将八旗遵奉上谕的情况统一纳入内阁之下进行稽察督办，既表明该部门的权威性，也显示出清朝对八旗的管理深度国家化的过程。乾隆五年，乾隆帝再次下诏重申和强调稽查钦奉上谕事件处对八旗所奉上谕的稽查权，进一步巩固了这一制度。

在管理方面，稽查钦奉上谕事件处不设专官，由皇帝从内阁满汉大学士及各部院尚书、左都御史中特旨简派兼领该处之事。下设委署主事一人，由满人担任。又下设行走司官，汉四人，掌稽查事件。又设供事五名，于各部书吏内考取。他库尔什八名，于八旗马甲内挑补。从后来实际运行情况来看，兼管此处的内阁大学士、尚书、左都御史等往往都是皇帝所倚重之大臣，可谓位高权重，在朝廷极具发言权。而且乾隆以后，愈至晚清，清廷对此事愈发重视，一些名臣如董诰、曹振镛、穆彰阿、孙家鼐、贾桢、王文韶、李鸿章等，都曾以内阁首辅大学士身份兼管稽查上谕之事，而军机大臣世续还属宗室。相比而言，清朝派重臣监管上谕督办，其权威性大大超过科道。

即使到晚清，清廷仍然在不断强调督办上谕的效力。咸丰十一年（1861），在清军与太平天国起义激战正酣之际，刚刚垂帘听政的慈禧太后以同治小皇帝的名义发布上谕，重申各部院接上谕后必须在十天内回奏落实情况，而对于要求某部院速议的上谕，则需七日内回奏。要求内阁稽察房和稽查钦奉上谕事件处严格按照时限稽查，若有逾限或遗漏情况，查明责任者，严厉参处。

总之，清朝在上谕的督办、落实方面，制度严，威权重，在很大程度上保证了有清一代中央的权威，这在清代大一统国家维护方面具有重要意义。宣统三年（1911）五月，辛亥革命爆发之前，清廷进行内阁官职改革，稽查钦奉上谕事件处被裁撤，旧有的上谕督办体制宣告结束。

作者简介

刘文鹏，男，1972生，河北宁晋人。历史学博士，中国人民大学清史研究所教授，主要研究方向为中国古代政治史。出版《清代驿传及其与疆域形成关系之研究》《盛世背后：乾隆时代的伪稿案研究》等专著。

清代漕粮海运与社会变迁

倪玉平

清朝定都北京后，继承明制，继续通过运河等水道，从江浙等富庶诸省向京城运送粮食，以供京城之需。运来京城的这些粮食被称为漕粮，每年之数约300万石。这些漕粮成为保证京师粮食供应和保持物价稳定的重要手段，并在清代的政治生活、经济生活中占有非常重要的地位。漕运分为河运与海运两途，清代前期实行漕粮河运制度。嘉庆道光以后，河漕制度开始遭遇巨大危机和挑战，弊端重重，逐步向海运过渡。晚清时期，海运成为漕粮运输的主导方式，并带来政治、经济与社会方面的系列变化。

一、漕粮海运带来了政治上的变革

为顺利运漕，清初设置了一套完备而庞大的漕运官制：漕运总督驻淮安，统领漕政；各省粮道，监督漕粮征收和起运；征收漕粮由州县官员负责；河道总督和各省督抚负责催攒漕船；漕粮抵京通，又设仓场侍郎、坐粮厅、大通桥监督等官员；具体的漕运事务，则由数量庞大的运丁来承担。

随着江浙漕粮海运的进行和湖广等省河运漕粮的停止，漕运总督变得无所事事，故主张将其裁撤的呼声渐高。光绪二十四年

(1898)，维新派人士开始在政坛上崭露头角，他们力主废除漕运总督。康有为建议立即“停废漕运，尽裁漕官，其卫所官兵，或改充巡警，或改充屯田”。随后，光绪帝颁布了对漕运体系进行清查的文书，废除全部漕运机构，相关人士均交各省处理。不过，随着维新变法的失败，所有被撤的漕运机构都得到了恢复。

光绪三十年，张謇建议裁撤漕运总督，但在徐州建省。经过政务处议复，朝廷发布上谕表示同意，将漕运总督一缺即行裁撤，改为巡抚，仍驻清江，照江苏巡抚之例，名为江淮巡抚，辖区则包括江宁布政使所属之江淮扬徐四府及通州和海州两个直隶州。不过，裁漕运总督而设立一江淮巡抚，从本质上讲并无太大差别，不久即招来反对呼声。翰林院侍读学士恽毓鼎将苏淮分不分省的调查意见上报，其中主张不必分省和立即撤掉江淮巡抚的共有 74 件，主张保留的只有 7 件。两江总督周馥也上奏，认为分设行省不如改设提督合适。经此波折，政务处最终决定，江淮巡抚一缺毋庸设立，改淮扬镇总兵为江北提督，旧有漕标（清代漕运总督所属的绿营兵，专掌催护粮船事宜）官兵即作为提标（各省提督直辖的绿营兵）。自明代以来就一直存在的漕运总督最终退出历史舞台。与此同时，与漕粮体制关系极为密切的粮道及其他官员也开始纷纷裁撤。湖北粮道改为施鹤兵备道，山东粮道则因为在任的粮道周开铭因病出缺而乘机裁减。

运丁是河运漕粮官僚体制的基层人员，清廷以运丁为中心，形成了以漕船和屯地为特色的配套机制。其中，漕船保持 6300 只左右的水平，运丁 65000 余人，屯地 700 余万亩。随着漕粮海运的进行，这种依靠国家资助的制度失去存在的理由。

咸丰七年（1857），清廷统一要求将河运漕船变卖。在逐步解决漕船的基础上，清廷又着手处置屯田的问题。光绪二十七年，刘坤一与张之洞建议将屯田全部改为民田。他们认为，民间购买屯田，既享世业之利，又除运军编审之累，受益极多。更重要的是，若每亩酌加报效银 2 分，总计各省屯田 25 万余顷，岁可增银 50 万两。随着各省的相继清理，所有漕运屯田最终都转化为民田，河运漕粮的最后一项重要特征也随之消失。

二、漕粮海运加速了近代以来的经济区域转移

我国传统社会的商品交换水平不高，水运作为最先进的运输方式，无疑是联系各地经济交流的重要手段。由于大运河在最发达经济地区的联系和沟通作用，使得运河沿线融为整体，江淮鲁豫等内地经济连成一片。清代漕船出运，每船可附带一定数量的“土宜”（免税土产货物）：顺康时为 60 石，雍正年间增至 100 石，乾隆年间改为 126 石，嘉庆时则增加到 150 石。以每年出运漕船 6000 只、每船携带“土宜”150 石计，则嘉道年间，漕船每年所带的免税商货多达 90 万石。这对于清代运河经济带商品经济的发展和全国物资的交流，具有重要的意义。而改行海运后，运河北段的航运价值基本丧失，运河沿岸城镇失去赖以繁荣的政治条件和地理条件，随之衰落。

山东临清位于卫河与会通河的交汇处，每届漕运，“帆樯如林，百货山积”。经过数百年的发展，临清商业“遂勃兴而不可遏”，势力范围北至塔湾，南至头闸，绵亘数十里，“市肆栉比，有肩摩毂击之势”。然而，由于海运地位的确立，清政府再也没有花大力气对运河进行整治，致使运河日浅，河道渐涸，河床渐为居民开垦，“向之南北孔道，悉变为膏腴良田”，商业大受影响。因漕运而兴起的商行更是“倒闭无余”，与当初的繁荣形成鲜明对比的是“满目劫灰，元气不复”。

江苏的情况也不例外。高邮为淮南运河要冲，因漕运而“帆

樯南北，日夜灌输于京师者居天下之七八”，商业发展“颇极一时之盛”，甚至连高邮城外的运河两岸，也有大小12个集市，以供漕船往来时的商品交流。海运之后，往来船只减少，当地商业受到沉重打击。有人统计，当地服装业在其兴盛时，“城内彩衣街凡数十家，城外东台巷十数家”，而漕粮海运后，大都衰落下去，“阖城不过十余家而已”。淮阴地处黄河与洪泽湖的交汇处，城墙为清乾隆时所筑，名清江浦，濒临运河南岸，在清代建有船厂和漕仓。海道未通以前，为南方诸省北上舍舟登陆之要道，“帆樯林立，盛极一时”，但因漕粮海运，河运失效，“商业遂一落千丈”。

漕粮海运使得运河经济带受到沉重打击，构成了运河带经济区衰落的最直接和最重要的原因。另一方面，它对于沿海经济带的兴起，则起了推波助澜的作用。上海地处海疆，因地理关系，居民操航业者甚多。由于海运“均以沙船承其乏”，而清政府为招徕沙船，又规定可以免税携带土宜，使得沙船在此时间内得到空前的发展，船只数量大为增加。沙船在对漕运“独专其利”的同时，还促进了南北商品交流，致使“一时生涯鼎盛”；富户之由漕运起家者，也以上海“为独多”。而轮船招商局创办后，海运漕粮渐次转入招商局手中，但招商局的总部也设在上海。作为漕粮海运的起运地，频繁的漕粮运输与商品货物的交流，对当地的发展当然会有促进作用。

天津是海运的终结地。漕粮海运后，每当漕船到津之际，清廷都钦派大臣，前往验收漕米和收购余耗，江浙粮道也亲自前来交兑，使得围绕验收工作而来的剥船（即驳船）、水师、经纪人等，云集一时，而政府又规定运船可在天津出售及购买免税货物，这都大大有利于天津的商品交易。

浙江宁波的例子更为显著。浙江首次海运漕粮，受雇的“北号”商船约130余只，其中一家单独派船6只以上的就有11家。当时为“南北号”服务的甬江码头的秤手、斛手、杠挑力夫、修船、制蓬、打索的工匠甚至有一两万人。由于承运的商船不仅可以获得数十万两银子的运费和数万石的耗米，而且每次可获二成免税货物；抵津卸空后，船只又可前往辽东装载油豆等北货南归，所以获利颇多。在高额利润的吸引下，许多宁波航海商人和船号，纷纷拿出所有积蓄甚至变卖产业，投资海运事业。为确保南北航路的畅通，免受海盗袭击，“南北号”集资7万元，购买轮船“宝顺”号，自行为漕粮海运武装护航，并多次剿匪成功，声名远播。可以说，正是由于漕粮海运，宁波在晚清才获得飞速发展。

三、漕粮海运直接推动了中国交通工具的近代化

漕粮海运，在改变运输路线的同时，也导致了漕粮运输工具的重大变化，即由适合于内河航行的船只，变为适合于海洋航行的船只；由原始动力推挽的剥船和推车，变成为机器动力的火车运输，这种变化，对中国交通运输工具的近代化，具有重要的示范意义和推动作用。

漕粮海运既导致传统官解官运的河运漕粮体制的崩溃，也导致河运漕船业的衰落，加之太平军对漕船的征用和战争的破坏，使得河运漕船大部分被毁，以致于当清政府想恢复河运时，竟然找不到可以利用的船只。而随着漕粮海运的进行，沙船的重要性为更多人了解。19世纪50年代以前，沙船是一支担负着漕运和南北物资交流的庞大帆船队伍。我国东北、山东牛庄和登州的大豆向来都是用沙船运往上海，转销东南各省，这种“豆石运输”是中国沿海的传统大宗转运贸易。承运豆石的沙宁船在道光年间

约有3000余只，在咸丰年间有2000余只，船工水手多达10余万人。

第二次鸦片战争后，清政府被迫签订《天津条约》和《北京条约》，给予外国航商更多优待，并正式“许开豆禁”。1862年到达牛庄的外国船只仅86艘，27747吨；三年后即增加到274艘，91118吨。大量外国轮船夹板涌进牛庄港，使该埠沙船进口量减少三分之一以上。沙船所承担的大宗豆石贸易被外商夺走，中国沿海木帆船面临严峻的局面。曾经盛极一时的沙船业逐步衰落，资本“亏折殆尽”，船只数量从道光年间的3000余号，降为同治年间的400余号，沙船业遭到毁灭性的打击。

在此情况下，轮船招商局应运而生。漕粮海运是轮船招商局创办的直接动因和赖以立足的经济前提。招商局的成功，打破了外商航运业的垄断，挽回了部分航运权利，造就了中国近代第一批航海专门人才，开创了航运业的先河。由于有轮船招商局的示范作用，光绪时一些华商开始在内河开办航运，轮船企业不断涌现。光绪十六年，清廷承认这一事实，允许“另定专章，奏准暂时雇用”。此后，更多企业开业，出现了“汕潮揭轮船公司”（1890年）、“鸿安轮船公司”（1890年）、“南汇行号”（1893年）、“伯昌轮船公司”（1893年）、“恭安轮船公司”（1894年）等。这些轮船企业虽然规模小，而且大多兴废无常，但它们毕竟是中国近代民族轮船航运业的先驱。

《辛丑条约》签订后，清王朝的财政体系完全崩溃。鉴于铁路已成，为节省开支，署两江总督周馥奏准，“海运米石运抵塘沽，改由铁路火车径运京仓交兑，所有增给剥船户耗米价银，及加给剥船户津贴银两等款，停止开销”。这样，出于财政考虑，清政府终于接受了他们原来所不愿接受的铁路运输，而漕运也逐渐有了河运——海运——部分铁路运输的转变。

随着铁路作用的推广，铁路参与漕粮运输的程度也进一步加深。江苏省征收的漕粮，“向来多由无锡雇船运沪”，但到了光绪三十三年，“因沪宁铁路告成”，经两江总督端方与江苏巡抚陈夔龙奏准，他们将三十二年份的江苏漕粮，先拨十万石，由火车运至上海，结果“试行车运，颇臻妥善”，效果很好，“自应推广”，此后，又规定每年车运“以四十万石为率”。联系到当时我国铁路事业发展的艰难和曲折，以及铁路运输所具有的节时、省费等特点，可见漕粮对于促进中国近代铁路事业的发展，也是有积极作用的。

作者简介

倪玉平，男，1975 年生，湖北汉川人。历史学博士，现为清华大学人文学院副院长，历史学系教授、博士生导师，教育部青年长江学者（2018 年度）。在《中国社会科学》《历史研究》等刊物发表学术论文数十篇，出版《清代财政史四种》、*Customs Duties in the Qing Dynasty, ca. 1644 – 1911* 等专著。

西藏活佛转世的金瓶掣签制度

伍媛媛

近些年来，十四世达赖喇嘛对其转世问题不断发出怪论。2008年11月，达赖喇嘛在印度达兰萨拉召开“流亡藏人特别大会”时，提出结束达赖转世的谬论。2014年9月7日，达赖喇嘛在接受德国媒体采访时蛊惑说，他将是最后一位达赖喇嘛，达赖喇嘛这一宗教制度将会伴随第十四世达赖喇嘛而终结。2016年4月8日，达赖喇嘛在接受英国广播公司采访时更是妄称转世制度“现在已经过时”。2018年4月26日，美国参议院通过决议，称认定第十五世达赖喇嘛的职责只属于第十四世达赖喇嘛的私人办公室官员，中国政府对这一宗教活动的任何干预均无效。2019年3月，达赖喇嘛又放厥词，说他去世后，下一世达赖可能会在印度产生，其他由中国认定的下一世达赖都不会得到认可。

十四世达赖喇嘛对其“身后事”种种奇谈怪论的背后，暗藏的是达赖的政治野心和图谋。即想借此给世人造成“达赖喇嘛的转世问题，只有达赖本人才能决定，与中央政府没有丝毫关系”的印象，进而使达赖集团将来能继续掌控达赖喇嘛的名号，并将达赖转世作为分裂中国的工具。对此，外交部发言人指出，达赖喇嘛活佛转世系统已经有几百年的历史，第十四世达赖本人也是按照宗教仪轨和历史定制寻访认定，报请当时的中央政府批准的。因此，包括达赖喇嘛在内的活佛转世都应该遵守国家的法律、法规，遵循宗教的仪轨和历史定制。殷殷沧桑史，足可为真凭。历史表明，达赖喇嘛转世应当遵循宗教仪轨、历史定制和中国法律法规，不是由谁说了算，更不是由任何不相干的外国说了算。清朝乾隆时期所确立的金瓶掣签制度不容改变。

一、确立金瓶掣签制度的历史必然

唐宋以来，西藏地方与历代中央政府一直有着密切的政教联系。元明时期，西藏成为中央政府直接管辖的地区。在这相当长的历史时期，无论中央王朝的帝王如何更替，西藏地方首领无不向中央政府朝贺纳贡并接受中央政府的册封，由此来合法管理西藏的地方事务。

清初，为实现华夏一统，清统治者积极争取和团结蒙藏各部落。清政府清楚地认识到达赖、班禅对于蒙藏地区的安定，对于边陲的巩固所起的作用举足轻重，因而大力扶持和保护黄教，提高达赖、班禅的地位，希望藉达赖、班禅对蒙藏民族的宗教影响，促进蒙藏地区的社会稳定。为此，清政府派驻藏大臣赴藏“照看达赖喇嘛，镇抚土伯特人众”，与他们共同办理西藏政务，并“于照料之中，寓以防守之意”（《清高宗实录》）。同时，为加强对西藏的管理，自顺治十年（1653）顺治帝首次册封达赖喇嘛，及康熙五十二年（1713）康熙帝首次册封班禅额尔德尼这两大活佛名号以来，两大活佛系统转世的确认，均由中央政府监督执行，历世达赖、班禅的转世灵童（即呼毕勒罕），都要报请中央政府批准认定，已成为历史定制。而乾隆年间针对活佛转世所设立并世代相沿的“金本巴瓶”掣签制度（简称“金瓶掣签”）则是中央政府完善驻藏大臣职权，加强对藏管理的重要举措。

活佛转世是藏传佛教界中的一件大事。从宗喀巴创立黄教以来，达赖喇嘛之呼毕勒罕一世、二世出自后藏，三世出自前藏，四世出自蒙古，五世出自前藏，六世出自里塘，皆非一地一族。班禅及各大呼图克图（见文末名词解释）亦然。但到了清朝前期，蒙藏地区的大喇嘛圆寂之后，吹忠（降神师）“或受贿恣意舞弊，或偏庇亲戚妄指，或达赖喇嘛、班禅额尔德尼暗中授意，令其指谁”（《番僧源流考》），以致呼毕勒罕“或出自族属姻娅，或出自蒙古汗王公等家”（《清高宗实录》），几乎成为世袭之制。这些徇情妄指、营私作假的弊端引起了清廷的重视。乾隆帝为了防止蒙藏上层贵族利用活佛转世之机夺取宗教权力，防止大喇嘛与蒙藏世俗势力联合操纵权柄，决意对蒙藏地区的活佛转世制度予以改革，重新厘定大活佛转世灵童的确定办法。具体办法是，颁发金本巴瓶一件供奉“于布达拉大昭，凡达赖喇嘛、班禅额尔德尼、哲布尊丹巴呼图克图，及西藏、蒙古各处已出数辈之呼图克图大喇嘛圆寂后，将报出之呼毕勒罕数人名字、生辰，缮签入奔巴金瓶内，令喇嘛等唪经，驻藏大臣监看，掣出一人以为呼毕勒罕”（嘉庆朝《清会典》）。如果遇有吹忠四人仅指出一名转世灵童，则须将有转世灵童姓名的名签和另一个没有名字的空签一并放入瓶内，“若对众掣出空签，则名签之呼毕勒罕并非确实”，仍不能认定，借此来规避“传统妄指之弊”（中国第一历史档案馆藏，乾隆五十七年十月二十二日福康安奏折）。

所谓金本巴瓶，意即金瓶，藏语称瓶为“本巴”。根据清宫内务府造办处档案记载，乾隆五十七年（1792）七月初一日，正在避暑山庄的乾隆帝发出制作金本巴瓶的旨令，造办处立即遵旨画样制作。九月十一日，金本巴瓶制作完毕。十二月初一日，大将军福康安奏报，“御前侍卫惠伦、乾清门侍卫阿尔塔锡第恭赍金本巴瓶来藏”，于十一月二十日供奉于拉萨大昭寺内。当时

“济咙呼图克图率领各寺呼图克图、大喇嘛及噶布伦以下番目，远出祇迎”，“达赖喇嘛率领僧众，梵呗齐宣，极为诚肃……感戴难名”，表示“嗣后惟有钦遵圣旨，指认呼毕勒罕时虔诚诵经，于大众前秉公拈定，庶使化身真确，宣扬正法”，乾隆帝朱笔御批“好事”（中国第一历史档案馆藏，乾隆五十七年十二月初一日福康安奏折）！此后，认定活佛转世的金瓶掣签制度便成为国家定制。西藏活佛转世这一宗教事务被纳入国家典章法规范畴，通过宗教仪轨和法制手段，把大活佛转世灵童的认定权收归清朝中央政府。应该说，乾隆年间确立的金瓶掣签这一定制，牢牢地将西藏的宗教管理权置于中央政府的监督之下。这一制度既是规避活佛转世中种种弊习进而整饬藏务的必然之举，更对稳定西藏的政治秩序和巩固国家的统一具有历史性的深远意义。

二、金瓶掣签制度的仪轨及权宜处置

金瓶掣签制度创立之后，掣签仪式一直由中央政府掌握，每次掣签均由中央政府钦派大员前往或由驻藏官员监督执行。自乾隆时期确立金瓶掣签制度，从清朝历经民国，直到中华人民共和国，在西藏地区先后产生了6位达赖喇嘛，4位班禅额尔德尼。其中在中央政府派员主持下通过金瓶掣签确认的有6位，分别为达赖喇嘛3位：道光二年（1822）掣签的第十世达赖喇嘛楚臣嘉措、道光二十一年掣签的第十一世达赖喇嘛凯珠嘉措、咸丰八年（1858）掣签的第十二世达赖喇嘛成烈嘉措；班禅额尔德尼3位：咸丰七年掣签的第八世班禅额尔德尼丹白旺修、光绪十四年（1888）掣签的第九世班禅额尔德尼曲吉尼玛、1995年掣签的第十一世班禅额尔德尼吉尊·洛桑强巴伦珠确吉杰布·白桑布。另有4位或鉴于其聪慧敏睿灵异卓著，或鉴于其能述及前世之事或识别前世圣物而免予掣签，包括嘉庆十三年（1808）坐床的第九世达赖喇嘛隆朵嘉措、光绪五年坐床的第十三世达赖喇嘛土登嘉措、1940年坐床的第十四世达赖喇嘛丹增嘉措，1949年坐床的第十世班禅额尔德尼确吉坚赞。

通过对金瓶掣签产生的6位达赖、班禅的确认过程来看，金瓶掣签的仪轨主要包括以下三个步骤：

第一，寻访灵童。在清朝皇帝任命的摄政活佛或总管扎什伦布寺事务的扎萨克喇嘛主持寻访灵童后，由摄政召集僧俗官员会议，确定数名候选灵童，报给驻藏大臣，由驻藏大臣转奏皇帝批准举行金瓶掣签。皇帝御批同意后，将确定的候选灵童接到拉萨，并经驻藏大臣和各大呼图克图看验，认为确有灵异后，方能举行掣签。

第二，金瓶掣签。掣签前，先将金本巴瓶从大昭寺迎到布达拉宫供有康熙帝牌位和乾隆帝僧装画像的萨松南杰殿，由大呼图克图率三大寺及布达拉宫南杰扎仓僧众（确定班禅转世灵童时还有扎什伦布寺僧人）诵经祈祷七天或九天。掣签之日，驻藏大臣和各大呼图克图、僧俗官员集会，由一名驻藏大臣将书写好的名签放入金瓶。在众僧的诵经祈祷中，由另一名驻藏大臣摇动金瓶，掣出一签，宣读掣中者名字，并交给在场汉藏官员传阅。同时，还要取出未掣中的名签传阅，以示书写及掣出的名签真实无妄。掣签结果由驻藏大臣上奏皇帝，得到皇帝批准后，驻藏大臣向转世灵童宣读圣旨。至此，金瓶掣签的全部程序才算完成。需要说明的是，金瓶掣签的地点原定在大昭寺内。嘉庆三年，八世达赖喇嘛将乾隆帝僧装像供奉在布达拉宫三界殊胜寝殿内。自此之后，清代5位达赖喇嘛和班禅额尔德尼的转世灵童都是在布达拉宫“高宗纯皇帝圣容前行礼，缮签入瓶，诵经祈祷”（中国第一历史档案馆藏，光绪十四年正月二十八日文硕奏折），掣签而定。

第三，坐床典礼。这是达赖、班禅等活佛所特有的升座继位仪式，由皇帝指派大员主持。坐床大典的地点，达赖喇嘛在拉萨的布达拉宫，班禅额尔德尼在日喀则的扎什伦布寺。以光绪五年第十三世达赖喇嘛土登嘉措的坐床典礼为例，先期由清帝钦定坐床日期，赏给“黄轿、黄车、黄鞍、黄缰”（军机处上谕档，光绪五年三月二十一日）。届时，转世灵童身穿黄缎长袍，头戴黄缎尖帽，足蹬黄缎高靴，先到乾隆帝的“圣容”前，行三跪九叩礼，跪听宣读敕书。“读毕，望阙三跪九叩，恭谢天恩”。朝廷大员与转世灵童互递哈达贺喜，并赠予清帝赏赐的佛珠、黄缎等物。随后“饬令扶持升坐，僧俗大众挨次行礼，该呼图克图率领僧众，敬诵吉祥经咒毕，大设筵宴，坐床礼成”（中国第一历史档案馆藏，光绪五年六月二十三日松溎奏折）。这时候，转世灵童才正式成为活佛。

从档案文献记载来看，即使是免于掣签的4位达赖、班禅，也必须先将转世灵童呈报中央政府，经中央政府派员查验批准认定后方能坐床。譬如，嘉庆十三年，对第一个免于掣签的转世灵童九世达赖，嘉庆帝特别强调“此系仅见之事，且征验确凿，毫无疑义。嗣后自应仍照旧章，不得援以为例”（军机处上谕档，嘉庆十三年二月初九日）。这说明免于掣签不足为制，是特例，金瓶掣签是定制。

对于不加征考、擅自奏请免于掣签者，清中央政府均予以拒绝和坚决制止。如嘉庆二十四年，第九世达赖喇嘛圆寂之后，访得里塘灵童一人，驻藏大臣玉麟向朝廷奏报说，藏中僧俗人等求定达赖喇嘛呼毕勒罕，请求免于掣签。嘉庆帝明确降旨：“从前自达赖喇嘛以及各呼图克图圆寂后，各处呈报呼毕勒罕出世，每多附会，争端渐起，弊窦丛生。皇考高宗纯皇帝洞烛其情，设金本巴瓶缄名掣定之制，睿谟深远，自当万世遵行。”（军机处上谕档，嘉庆二十四年三月十六日上谕）嘉庆帝就里塘幼童谈到，其所述灵异，只出自该处僧俗人等之口，何足征信？若贸然听信其言，定为达赖喇嘛之转世灵童，与从前指定一人又有何异？嘉庆帝指斥“玉麟等于第穆呼图克图率众呈请时不严行驳饬，辄代为陈奏办理，实为错误”，要求将“玉麟、珂实克均著传旨申饬”，并进而提出，此次里塘幼孩，亦不必驳退，即作为入瓶签掣之一，仍行寻访，总须再得其二，方可将三人之名一同缄封入瓶，遵照定制封名掣签。

三、金瓶掣签制度的历史意义

金瓶掣签制度的确立，是清朝中央政府实现华夏一统、加强对蒙藏地区管理的历史决断。这一制度的实施和世代相承，不仅防止了藏传佛教内部的纷争，纠正了既往的积弊，而且有利于稳定西藏的政治秩序，维护国家的团结和统一，有其深刻的历史意义。

其一，金瓶掣签制度是中央政府对西藏行使主权的重要表现。这一制度否定了由吹忠降神来指定活佛转世的传统办法，改变为由掣签来决定，究其实质是清朝中央政府认定活佛转世的权力。在这一制度中，确立了自达赖喇嘛、班禅额尔德尼等大活佛圆寂后，从转世灵童寻认、金瓶掣签均按照中央政府所确定的仪规并由驻藏大臣监督实施，掣签程序和法规报皇帝批准后方可生效。以上诸项提高了中央政府权威，强化了中央政府对宗教的管理权。

其二，金瓶掣签制度规范了藏传佛教活佛转世制度。乾隆年间，西藏地区为争夺活佛转世屡出祸端，这是设立金本巴瓶掣签制度的最直接原因。这一制度不仅确立了以掣签决定达赖、班禅转世的定制，而且详细规定了掣签方法，使整个掣签仪式有序合规。

其三，金瓶掣签制度有利于西藏的社会稳定。由于金瓶掣签制度遵循了藏传佛教仪轨，符合藏传佛教的基本教义，因此为藏传佛教各派、上层贵族世家和信教群众所诚心拥护。这一制度将活佛转世的认定权从西藏地方集中到中央政府，既防止了西藏上层贵族夺取宗教权力而尾大不掉，也避免了历史上教派内部、教派与世俗贵族势力争夺转世权力而发生的矛盾甚至战乱，从而达到“卫藏安，而西北之边境安；黄教服，而准、蒙之番皆服”（魏源《圣武记》）的目的。

其四，金瓶掣签制度厘清了中央政府与西藏地方的关系。中央政府对历世达赖、班禅的册封，是西藏政治和宗教活动中的大事。每次册封，清朝皇帝都要正式颁降敕谕、发给印册、赐以名号和物品，使达赖、班禅在西藏发布文告、行使政教职权时具有合法性和权威性。而历世达赖、班禅也把请求中央政府册封和批准继位，视为巩固自己政教地位和行使合法权利的标志。作为西藏地方的政教领袖，达赖和班禅在得到中央政府册封后，都要按照惯例通过年班堪布喇嘛向皇帝上书请安谢恩，表达自己的恭顺之心，定期汇报从政从教及执行朝廷政令情况，并沿袭元明两朝做法，派遣使团向皇帝进贡方物。中央政府和西藏地方政教领袖之间建立的这种主属关系，在有清一代相延不断。

名词解释

大呼图克图：清朝中央政府对藏族、蒙古族地区上层大喇嘛的封号，其在藏传佛教中的地位仅次于达赖喇嘛和班禅额尔德尼。

作者简介

伍媛媛，女，1981年生，安徽宁国人。历史文献学博士，中国第一历史档案馆编研处副处长，清代宫廷史研究会理事兼秘书。主要从事明清档案编纂研究。出版专著《清代补史艺文志研究》。

戴逸：一生只为修史来

姚晓丹

有的时候，回忆会一直往前走，甚至越过千山万水，来到一个明媚的夏日清晨。

“那天是我小学毕业的日子，同学们都去了典礼现场，我没有去，我躺在藤椅上看一本叫《天雨花》的小说。这是一本弹词小说，全是人物对白。”即使过去这么多年，中国人民大学一级教授、清史研究所名誉所长、国家清史编纂委员会主任戴逸依然对当年的情景记忆犹新，这是他一生奋斗的起点。

“我没有去典礼，因为我没有毕业。我不爱功课，只爱听故事、看戏文、看连环画，至于演义故事、武侠小说种种更是不在话下，全校只有我和另一个同学没有通过考试，毕不了业。我正看小说入迷的时候，那个同样没毕业的同学忽然跑到家里叫我，他大喊‘戴秉衡（戴逸原名），快跟我去学校，打仗了，学校同意咱们毕业了’！”说到这里，戴逸先生露出顽皮的微笑。

全面抗战爆发了，在少年心性里，他从此能毕业了，却不知道，国家的苦难才刚刚开始。小学毕业后，由于战事的蔓延，戴逸一家搬入了上海租界。国难当头，流离失所，戴逸目睹种种风暴洗礼，开始发愤读书，从此名列前茅。只是，他仍旧偏爱文史。

中学毕业后，他考入了上海交通大学，学习铁路管理。两年后，峰回路转，因为抗日南迁的西南联合大学返回内地，在上海招生。已经念大二的戴逸反复思量，决定从头开始，报考北京大学历史系。这一考，漫漫的读史修史之路就开始了。

考入了北京大学，戴逸用了一个词“心花怒放”。因为这里有太多书了，“很多古书，我连见都未曾一见，就这样整整齐齐全都放在北大图书馆，只等我翻开。我太高兴了，一天到晚就在图书馆泡着看书。”

在北大，戴逸还接受了新思想的洗礼，在一次次学生运动中，他的心向党组织积极靠拢。在北大读了两年书之后，由于和党组织的关系，他被国民党政府通缉，要被送往特种刑事法庭。他的老师胡适听到这个消息，打电话为他保释，他收到了一张写着“保释在外，听候传讯”的通知，恢复了自由。

“跑吧，我要赶快去解放区。”他找到了在学生运动中单线联系的介绍人，从此戴秉衡改名“戴逸”，从北大穿越封锁线去了石家庄，跑到了当时的华北大学，这就是中国人民大学的前身。从此，戴逸再也未曾离开中国人民大学。

向记者讲完了自己求学的奋斗故事，戴逸接着讲自己与清史结缘的故事。由于喜爱历史故事，他在新中国刚刚成立时就出版了一本书叫《中国抗战史演义》，这本书还是章回体的。“当时还没有人写抗战史，我的处女作就捡了个漏。”戴逸笑着告诉记者。

“这不能算是一部历史著作，只能叫通俗读物。之后，我开始了严肃的治史过程，1958 年，我编写了《中国近代史稿》，成为高校的近代史教材。”戴逸说。也正因此，他受到了史学界的关注，历史学家吴晗当时正在编写《中国历史小丛书》，建议他把目光从近代史转向清史，开始修订清史的工作。

由于历史原因，这项工作走走停停，但戴逸对清史的研究却从来没有停下。即使是在中国人民大学停校的几年，运动风潮四起的时候，他还写了《1689 年的中俄尼布楚条约》。“当年没有人愿意研究清史，因为一说到清朝，就和民族的伤痛联系在一起。五次对外战争，每次都割地赔款，损失惨重。提到清朝，似乎就是腐败的代名词。”戴逸说，“但是，我国本来就有易代修史的传统，以史为镜，可以知兴替”。

清史的资料在当年同样充满变数，连原始档案都差点被毁。上百年的档案由于宫内库房的倒塌差点儿被直接送往造纸厂，“当年很少有人懂得这些文件的重要性，外国人也没有兴趣，终于在一次次浩劫中幸存了。在运往造纸厂的途中，被人以 4000 块大洋的价格买了下来”。

2002 年，国家清史纂修工程启动。十几年来，戴逸和编纂清史的工作人员把清史分为通纪、典志、传记、史表、图录五个部分，完成了 105 册送审文稿共计 3000 余万字。

戴逸从清朝的起源讲起，“女真族的一支建州女真”，一直讲到近代史的跌宕起伏，讲到今天的新生活。他讲到了乾隆时期我国 3 亿人口，占世界 GDP 总量的三分之一。讲到了近代史“每战必败又屡败屡战”的民族精神。

“这是受欺负的历史，又是启蒙的历史、觉醒的历史、奋斗的历史。历史是由人民书写的。”戴逸说。讲到这里，采访也接近尾声了，张自忠路的平房门外，阳光正好，这故事仿佛穿越了 300 年的时光，有些沉甸甸的。

作者简介

姚晓丹，女，1983 年生，河南周口人。光明日报教育部记者。本文原刊发于《光明日报》2019 年 3 月 25 日综合新闻版，本书修订后予以转载。

引领新中国清史研究的经典之作

——再评郑天挺教授《清史简述》

朱诚如

郑天挺先生是中国老一辈著名历史学家，他的研究领域涉及中国古代史的诸多领域，尤精于明清两朝历史。北京大学孟心史先生是中国用近代科学方法研究清史的奠基人，郑天挺先生在孟心史先生铺设柱础之上，构建了新中国清史学大厦，以其独创性的研究将清史研究推向了一个新的学术高度，并引领新中国清史研究的发展方向。百年清史学术史表明郑天挺先生是海内外公认的清史研究领域泰斗，一代学术宗师。郑先生著作等身，清史更是其学术高地，前有《清史探微》，后有《清史简述》均为建国前后的经典之作。

《清史简述》是1962年郑天挺先生在中央党校讲课的记录稿，1980年由中华书局出版，立即在学术界产生了广泛的影响，特别是清史学界，先生的许多学术创见不仅令人耳目一新，且得到学术大家们广泛认同，引领新中国清史学研究的发展方向。

1982年12月，老一辈著名历史学家白寿彝先生主编的《中国通史》清史卷在北京师范大学召开编委工作会议，白先生出席讲话，并亲自参加讨论，我有幸承担清史卷综述即康熙朝至道光朝（鸦片战争前）20余万字的撰写任务。因为与会八位编委中我最年轻，所以由我承担会议记录和会议纪要的整理工作。会议结束后，我用了两天工夫整理完会议纪要。当我将会议纪要面呈白寿彝先生时，我特别向白先生提出如何撰写清史综述问题。他说郑天挺先生的《清史简述》是新中国第一本唯物史观指导下的开创性的清朝历史纲要，要我读深、读透，然后再着手编写大纲。经过反复学习，深入理解，最后我撰写了一篇书评：《一本简明而富于创见的清代史——评郑天挺教授的〈清史简述〉》，发表于1983年6月《史学史研究》（第三期）上。2005年7月中华书局再版《清史简述》（图文本）时，可能因为是《清史简述》1980年出版后的第一篇书评，将其作为附录一并出版。这也是后学的荣幸。

郑天挺先生的《清史简述》高屋建瓴、言简意赅、内容翔实、创见颇多。我在书评中归纳为四点：一，高度概括，重点突出；二，不囿旧说，颇多创见；三，中外上下，比较研究；四，提出了许多值得进一步研究的新问题。36年后，我重读郑天挺先生的《清史简述》及先生其他一系列清史研究著作，检视自己当年那篇书评，回望70年来明清史研究的历史进程。先生1962年一本六七万字的讲稿，以其宏阔的视野、远见卓识、博大精深，浓缩了有清一代的二百多年的历史，填补了新中国建国以来清朝断代史的空白，是用唯物史观指导概述有清一代历史的经典之作。其后半个多世纪，清史研究的鸿篇巨著，大部头的清朝断代史从几十万字到数百万字，都为清史研究水平的推进，作出了历史性的贡献。但是，我们认真检视，不难发现，先生当年根据自己几十年研究，而提炼和归纳有清一代的历史走向和时代特点、人物评析和制度研判、民族关系和思想文化的解读，仍然是学界遵循的基本格局。尽管学术界这些年在诸多学术问题上多有争议，甚至反反复复，但是后来大都又回归到认同郑天挺先生当年的创见。无论从史料的挖掘、史实的研判、理论的解析，先生高屋建瓴的眼光，深邃的洞察力，其远见卓识，即使到了21世纪初的今天，无论从传统史学的深度、广度，还是从唯物史观指导下中国现代清史学的高度，郑天挺先生的奠基和开拓之功不可没。

郑天挺先生《清史简述》中的许多独创性的研究，经过半个多世纪清史学界研究和挖掘，今天更加显示了先生的远见卓识，提升了我对《清史简述》学术价值的认识，胪举数端作为重读的新见。

第一，《清史简述》明确提出鸦片战争前的清朝历史是中国多民族统一国家的巩固和发展时期，并作为这一时期重要的时代特点。先生指出今天我们所继承的多民族统一国家的疆土基本是清朝时期奠定的，这一时期各民族经济、文化联系进一步加强，特别是边疆和中央政府的关系以及对中央向心力比前代有了进一步的加强。这样大的国家的建立和巩固是各族人民共同努力的结果。他提出"向心力"的理念是对清朝民族关系深入研究的高度提炼，是对清代边疆和中央政府关系最形象的比喻，并从唯物史观出发，充分肯定各族人民在国家统一过程中的历史贡献。各民族人民的民心，决定了对中央的向心力。清朝是中国封建社会最后一个王朝，又是一个少数民族入主中原建立的多民族统一的国家，这个王朝的历史走向或历史主线是什么？郑天挺先生高屋建瓴地指出是多民族国家的统一巩固和发展。他以明代辽东以东的东北边疆地区为例，尽管明朝政府自明初开始设置了奴尔干都指挥使司，并先后设置了380多个卫所，并以少数民族自己的首领去管理。但由于路途遥远，鞭长莫及，只是定期派官员巡视，并没有对其所属的基层组织直接派官吏去管理。但是，到了清朝完全不同，不仅仅因为东北边疆是其祖宗肇兴之地，更是多民族统一国家的一部分。所以自清初开始，从上到下，其统治的触角延伸到边疆民族地区的社会基层，应该说到康熙时期《中俄尼布楚条约》的签订，从根本上奠定了中国东北的疆域，这是清王朝对中国历史，对多民族统一国家的历史，作出了彪炳中华民族历史史册的伟大贡献。此外，先生对清朝为维护国家统一，对边疆民族地区破坏国家统一的少数民族上层人物所进行的军事斗争，给予了准确的评价。他认为当时如果不进行战争就会使国家的统一遭受破坏，是为了巩固统一而不得不进行的战争，正是这些巩固统一的战争，奠定了统一的多民族国家的基础。我们今天清史学界大家一致强调清代对国家统一巩固和发展的历史贡献，不仅是历史的结论，也是现实的观照。57 年前的郑天挺先生就能根据清史的深入研究，运用唯物史观进行分析，敏锐地提出这一远见卓识的结论，我们不能不由衷地感佩！

第二，《清史简述》明确提出了不同民族之间的文化交融对多民族国家统一巩固和发展的重大历史作用。这是郑天挺先生对清代民族关系研究的重大贡献。众所周知，清代的民族关系是一个相当复杂的问题，我国民族多、差异大、发展不平衡。满汉关系、满蒙关系、满汉和各少数民族的关系、各少数民族之间的关系，以及地域、宗教各种复杂因素交织一起。如何把握，理出一条主线非常重要。先生正是从把握清朝处理民族关系的全局，提出不同民族之间的文化交融在其中的重要历史作用。对于清入关前的历史，先生认为是清朝历史不可分割的一部分，他称之为关外期。他明确指出：满族是祖国大家庭的一个组成部分，长期以来，在我国东北聚居和发展，入关前的满族只是在辽东局部地区实行统治。这就从根本上界定了清入关前与明中央政府关系，是一家人，满族是大家庭成员；入关前其政权是明王朝统治下的少数民族政权，是多民族国家治理下的一部分；其与明王朝争夺统治权是兄弟阋墙，并不是异民族入侵。其次，他进一步指出满族是新兴的民族，新兴的民族是活跃的，具有新的生命力，总是要求发展的。这就肯定了在多民族统一国家治理下，新兴民族发展的必然性和合理性，新兴民族是历史发展的产物，其不断地发展壮大，受中原地区先进封建文化的影响，其对中央的内向力也不断增强，在其要求发展的过程中，有过纠纷，甚至战争，但最终都成为中华民族大家庭的成员。此外，郑天挺先生独有创见地提出满族和汉族之间交融关系，对满族社会历史发展的重要作用，即民族融合的进程推动清王朝封建化的发展进程。随着满族先祖从东北边疆不断南迁，进入汉族居住区，特别是进入辽东以东，面对数倍于自己的汉人，以及先进的汉族封建文化，他们逐步加快吸纳汉文化的进程。先生将入关前，特别是进入辽东以后的29年，满族和汉族之间文化交融称为汉化，并将进程分为三个阶段。即初期十年左右，对汉文化有些抵触和反对，特别是贵族阶层反对汉化；中期也是大约十年左右，满汉文化竞争消长时期；后期即定都沈阳以后，汉化的进程大大加快，满汉民族之间的交融日益频繁，满汉文化交融的过程是满族向高度封建化汉民族学习的过程，也是提升和推进满族社会封建化的进程。多尔衮是入关前后清王朝的核心人物，郑天挺先生又以多尔衮为例，他认为在满洲贵族中，多尔衮是汉化较深的一个，入关前他就和文化水平较高的汉人接近，特别是一些政治人物，如范文程、洪承畴等，他所以接近这些人，一是汉族先进文化的吸引，二是他意识到将来面临汉区广大汉族官民，必须用汉人的办法来统治汉人。正是这种满汉民族间的文化交融和影响，所以多尔衮一入北京就提出“法明”的主张，即要沿袭明朝政策和制度，用汉人的制度和政策来管理汉区。这就是为什么入关前，清朝就将汇编明朝政令的《大明会典》翻译成满文而加以利用。郑天挺先生从多民族国家大一统的高度，来分析满族自身发展的历史进程，并把满族和汉族之间的文化交融作为清入关前历史一条基线，来解读满族政权的封建化进程。郑天挺先生这些独到的创见得到学界的普遍认同。这也是先生对清入关前史研究的重要贡献。

郑天挺先生对于清朝入关统一全国以后，加强地方，特别是强化边疆地区各民族对中央向心力的措施，给予充分肯定。特别是康熙、雍正、乾隆时期，始终注意民族政策问题，密切了中央与各民族之间的关系。与此同时，先生也明确指出，清朝统治不可能实行平等的民族政策，清初的圈地、剃发、逃人法，以及对边疆地区用兵过程中的失误，都曾引发民族矛盾的激化，延缓了国家统一的历史进程。但从整个清朝历史进程，清王朝对国内各民族关系的处理，作出了超过前代的贡献，强化各民族之间的文化交融是清王朝对中国历史的一大贡献。

第三，郑天挺先生对于“康乾盛世”以及康熙、雍正、乾隆的评价，特别是对雍正帝的评价，更是慧眼超群。在当时一片贬斥帝王将相的大背景下，也是承担一定风险的。先生指出康乾盛世奠定了国家的疆土，这是历史性的贡献；推动了经济的发展，特别是滋生人丁永不加赋和摊丁入亩，使人口增加，耕地面积扩大，手工业发展。尽管他提出了乾隆时期经济这样高度发展的条件下，中国为什么还没有进入资本主义社会的疑问，但实际上先生是充分肯定这一时期经济发展对社会历史进程的重大作用。对于整个康熙、雍正、乾隆时期这130多年的历史发展，对这个时期的盛世，史学界一会儿过高评价，一会儿全盘否定，先生也提出疑问。但是综观全书对于“康乾盛世”，对于康熙、雍正、乾隆三帝他是给予充分肯定的，可能是那个时期学术界对于人物评价标准的争论所致。特别是对雍正帝的评价，那个时期几乎是众口一辞，认为是暴君。先生认为雍正时期重大的政治制度改革即军机处的设立，革除了过去官员资历深、经济富、年岁老，偏于保守，缺乏朝气的弊病，起用年富力强的亲信，提高了办案效率，强化了皇权，促进了专制主义中央集权的进一步发展。先生认为雍正帝做了13年皇帝，对自己的职务毫不懈怠，做到了“今日事今日毕”，光批的公文就印行了《上谕内阁》一百五十九卷，《朱批谕旨》三百六十卷，都是雍正帝亲手批的，没有印行的还有很多。作为一个封建帝王，能做到这一点，是很不容易的。这在当时已经是很高的评价了。正是开了这先河，才有后来学界对雍正帝比较公允的评价。

上述三点，为在旧评基础上读《清史简述》新的一得之见。36年前我在《一本简明而富于创见的清代史——评郑天挺教授的〈清史简述〉》前言中认为：“这是建国以来第一本用马克思主义理论指导概述有清一代历史的专著，其学术价值不仅在于填补了解放后清朝断代史的空白，而且更重要的是开拓了我国清史研究的新路，为大部头的清朝断代史的问世奠定了一定的基础。”回顾半个多世纪中国清史研究的学术历程，我们在先生开拓的我国清史研究的新路上不断创新前进，大部头的清朝断代史在先生奠定的基础上一部又一部。用一句俗语“吃水不忘掘井人”，郑天挺先生对新中国清史研究的开拓和奠基之功，将永远被我们铭记。

今年是郑天挺先生诞辰120周年，南开大学举办“纪念郑天挺先生诞辰120周年暨第五届明清史国际学术讨论会”，国内外明清史著名学者云集，南开诸公盛情邀请我大会致辞演讲，思之再三，作为后学，当念宗师开创之功，故作此再评，谨以志念先生学术伟业。

郑天挺先生功力深厚、博学严谨，一代宗师之作，不敢妄评。后学陋见，敬请方家教正。

作者简介

朱诚如，男，1945年生，江苏淮安人。曾任辽宁师范大学校长、故宫博物院主持院政副院长。现任国家清史编纂委员会副主任、《明清论丛》主编、北京大学历史系教授、博士生导师。主要著作有《清代皇嗣制度》《康雍乾三朝史纲》《管窥集·明清史散论》等；主编《清朝通史》《中国皇帝制度》等。

明清档案中的陆上丝绸之路

李国荣

陆上丝绸之路，传统意义上讲，是古代横贯亚洲连接欧亚大陆的商贸要道。西汉时期汉武帝派张骞出使西域，开辟了以都城长安（西安）为起点，经中亚、西亚，连接地中海各国的陆上交通线路。这条通道被认为是古代东西方文明的交汇之路，而中国出产的丝绸则是最具代表性的货物，因此自19世纪末，西方学者开始称之为“丝绸之路”，作为一个专用概念，被广泛认可使用，产生世界性的影响。中国第一历史档案馆档案揭示，明清时期的陆上丝绸之路并不仅仅是传统的自新疆西行亚欧的一条线路，而是分为四条线路，即东向过江之路、南向高山之路、西向沙漠之路、北向草原之路。

一、陆上东向过江之路

这条线路主要是指横跨鸭绿江与朝鲜半岛的经济文化交流。中朝两国在地域上唇齿相依，隔江相望。明清时期，朝鲜是东亚地区与中国关系最为密切的藩属国，不仅有相沿成例的朝贡道路，也有定期开市的边境贸易。明崇祯四年（1631）正月初三的礼部题稿，非常明确地记载了从京师经辽阳东行再渡鸭绿江陆路至朝鲜的贡道。清乾隆九年（1744）四月二十三日户部尚书海望呈报中江地区朝鲜贸易纳税情形的奏折，则详细记载了朝鲜在中江采购的物品种类包括绸缎、丝帛、灰貂、棉花、毡帽等等，且有“在边门置买货物”“朝鲜人等不纳税课”的特殊优惠规定。这件奏折还记载了朝鲜为请领时宪书（当时的年历）而派遣使者的情况。又如，道光二十一年（1841）十月十五日礼部尚书色克精额的题本，反映了清政府对会宁、庆源边境贸易的管理，其中详细开列了兽类毛皮贸易的准许清单，“凡貉、獾、骚鼠、鹿、狗等皮，准其市易；貂皮、水獭、猞猁狲、江獭等皮，不准市易”。

二、陆上南向高山之路

这条线路主要是从四川、云南、西藏等地出发，到达东南亚、南亚地区的经济文化交流，其中与安南、缅甸、印度、廓尔喀等国交流比较频繁。兹举数例。乾隆五十七年十二月初一，大将军福康安等大臣有一件联衔奏折，内容是与廓尔喀商议在西藏地区进行贸易通商之事，其中记载了清政府确定的对廓尔喀贸易基本原则：第一，允准贸易。“廓尔喀业经归命投诚，准其仍通买卖”。第二，官府统办。“所有贸易等事，竟应官为办理，不准噶布伦等私自讲说”。第三，确保公平。“一岁中酌定两次四次，予以限制。驻藏大臣仍不时稽查，亲加督察。该处银钱，亦可公平定价，不致再有争执”。乾隆五十八年八月初二，署理两广总督郭世勋上奏说，安南除在原定通商贸易章程中规定的高平镇牧马庯和谅山镇驱驴庯设立市场之外，又在谅山镇花山地方设立市场。经查，花山地方确实交通便利，且人口稠密，利于双方贸易。郭世勋认为，安南“因地制宜”添设花山地方市场确是可取，并提议在贸易章程中正式添设。可见，清代中越边境贸易是十分频繁的。光绪三十一年（1905）十二月，署理两江总督周馥向外务部递送咨呈，主要陈述了南方诸省种植的本土茶叶受到从锡兰、印度进口的茶叶冲击，将会导致茶商破产、茶户改种、本土茶叶被排挤出市场。经派员到锡兰、印度对英国人种植茶叶的方法进行考察，发现“我国茶叶，墨守旧法，厂号奇零，商情涣散，又好作伪，掺杂不纯”，如此局面必无法与进口的锡兰、印度茶叶相抗衡。同时还提出了“设机器厂，立大小公司”等应对措施。这里提出了如何在对外贸易中保护和改进民族产业的问题。

三、陆上西向沙漠之路

这条线路是传统意义上丝绸之路的延续，它在漫长的中外交往史上发挥了巨大作用。自汉代通西域以后，中原与西北边疆的经济文化交流一直存在。唐中期以后，海上丝绸之路兴起，宋明两朝更因为不能有效掌控西域，西北的中外官方交往受到很大限制，因此学界对这条丝路的研究也往往详于唐以前而略于后。但事实上，有清一代，尤其是乾隆二十二年彻底平定西北边陲后，逐步恢复西部贸易，中亚许多与新疆接壤的国家开始与清政府建立往来，并派出使者前往北京。乾隆二十七年，爱乌罕（今阿富汗）汗爱哈默特沙遣使进京朝见，沿途受到各地督抚的热情接待，而乾隆帝在接见使者时，得知爱哈默特沙抱恙在身，还特意赏赐药品及药方。正是在这种积极友善的氛围中，清政府与中亚诸国的来往呈现良性化的态势，这条古老的丝绸之路再次焕发出勃勃生机。从清代档案可以看到，清政府长期从江南调集丝绸布匹经陕甘运至新疆地区，用来交换马匹等物，当时新疆地区主要的通商地点在塔尔巴哈台、喀什噶尔、伊犁等地，贸易对象除了当地部落，还有哈萨克、俄罗斯、浩罕等国。乾隆二十二年十一月二十八日，陕甘总督黄廷桂上奏，哈萨克等地“为产马之区，则收换马匹，亦可以补内地调拨缺额”。由此可知，乾隆朝恢复西部贸易，一个重要目的是要获取哈萨克等地的马匹。乾隆二十四年十一月十一日，驻乌鲁木齐办事三等侍卫永德的满文奏折，主要内容就是呈报与哈萨克交换马匹及所用银两数目的详情。清政府与哈萨克贸易中，十分注意哈方贸易需求，如在绸缎的颜色方面，哈萨克人喜欢青蓝大红酱色和古铜茶色等，乾隆帝谕令贸易缎匹“悉照所开颜色办解”。在这期间，西北边陲的民间经济文化交流也很频繁，从清廷屡次颁布严查私自买卖玉石、马匹、茶叶等货物的谕令中，可以看出民间商贸活动是广泛存在的。

四、陆上北向草原之路

这条线路主要是由内地经漠北蒙古草原、中亚草原与俄罗斯等国的经济文化交流。在清代，俄皇多次派遣使团来华商谈贸易事宜。康熙时期，清政府在北京专门设立俄罗斯馆，以安置俄国使团和商队。雍正年间，还曾派出官方使团参加俄皇即位典礼。由于清朝分别在康熙和雍正年间与俄罗斯签订了划界及贸易条约，尼布楚、恰克图、库伦等地获得了合法的贸易地位，传统的草原丝绸之路进入了鼎盛时代。现存档案中有一件康熙三十八年（1699）正月十二日俄罗斯的来文档，是俄国西伯利亚事务衙门秘书长致送清朝大臣索额图的咨文，其内容就是奉俄皇旨令派遣商帮至北京贸易，恳请予以优待。康熙五十八年十一月三十日，俄国西伯利亚总督切尔卡斯基致函清廷说：俄国皇帝已得悉若干俄国商人在贵国经商确有某种越轨举动，嗣后俄商一概不容有任何损害中国政府之行为，如有任何俄国属民为非作歹，定予惩处。同时，恳请允准派往商队，照旧放行，允其进入内地直至北京。这类有关日常贸易纠纷的档案内容，说明中俄贸易已经呈现常态化，也从一个侧面反映了当时中俄贸易的广泛和深度。档案还记载，乾隆四十三年，理藩院侍郎索琳作为钦差大臣前往库伦办理与“鄂啰斯”商人交易事宜，面对俄罗斯商人改变贸易地点和减少交税等情况，索琳草率下令关闭栅门断绝贸易。乾隆帝对他擅自做主关闭贸易通道很是愤怒，当即将其革职。可见，乾隆帝对中俄贸易还是很看重的。一史馆现存的俄商来华贸易执照、运货三联执照、货物估价清册、进出口货物价值清单等档案，更详尽反映了当时中俄贸易的规模和内容。

作者简介

李国荣，男，1961 年生，辽宁建平人。中国第一历史档案馆副馆长、研究馆员，《历史档案》杂志社社长，中国档案学会档案文献编纂学术委员会主任，清宫史研究会秘书长，国家社科基金项目评审专家，全国档案领军人才。主要著作有《清朝十大科场案》《实说雍正》《帝王与佛教》等 14 部，担任国家清史纂修工程《典志·科举志》所附《科场案》项目主持人，电视纪录片《清宫秘档》总撰稿、《故宫》清宫档案总顾问。

明清档案中的海上丝绸之路

李国荣

海上丝绸之路，一般说来是指从南海穿越印度洋，抵达东非，直至欧洲的航线，是古代中国与外国交通贸易和文化交往的海上通道。该路以南海为中心，所以又称“南海丝绸之路”。因海上船运大量陶瓷和香料，也称“海上陶瓷之路”或“海上香料之路”。海上丝绸之路的起点主要是广州和泉州，历史上也曾一度被称为“广州通海夷道”。中国第一历史档案馆档案揭示，明清时期的海上丝绸之路并不仅仅是传统的自南海下西洋的一条线，而是可以分为东洋、南洋、西洋、美洲四个方向。

一、海上东洋之路

这条线路主要是与东亚各国之间的经济文化交流。东亚是明清时期朝贡体系的核心地区，自明初开始，朝鲜、琉球与中国延续了长达五百余年的宗藩关系及朝贡贸易。日本虽游离于朝贡体系边缘，但与中国也一直保持着密切的贸易往来。一史馆档案中有一幅彩绘地图，上面墨笔竖书——《山东至朝鲜运粮图》。经考证，这是康熙三十七年（1698）十二月十五日侍郎陶岱进呈的。从图签可知，这是一幅从山东向朝鲜运送赈济粮米的地图。

当时朝鲜连年饥荒，此图应是在运送赈济粮米到朝鲜后，为向朝廷呈报情况而绘制的。该图所示船只，从山东沿着海路将粮米运到鸭绿江，再转运上岸，这是清代北洋海域海上交通的鲜活例证。康雍乾年间，清廷曾鼓励商船前往日本购运洋铜，中日间的海上贸易迅猛增长。雍正九年（1731）三月初三江苏巡抚尹继善有一件奏折，请求派员前往日本采办洋铜，其中谈到“采办洋铜商船入洋，或遇风信不便，迟速未可预定”。他同时奏报朝廷，正与各省督抚广咨博访，细心筹划，“通计各省需办之铜”。可见当时前往日本采购洋铜的数量不少。档案记载，明清时期北京的国子监专门设有琉球官学，琉球国中山王“遣官生入监读书”，乘船到闽，然后登陆北上京师。琉球国派遣官生留学，在明清两朝一直没有间断，这反映了明清时期海上丝绸之路文化交流的一个侧面。

二、海上南洋之路

这条线路主要是与菲律宾、泰国、新加坡等东南亚国家的经济文化交流，以朝贡、贸易、派驻领事与商务考察等事务居多。东南亚各国是明清朝贡体系的重要组成部分，自明初以来，逐渐建立了对中国的朝贡关系。清政府一直鼓励沿海福建、广东等省从暹罗、安南等东南亚国家进口稻米，以纾解粮食压力。乾隆八年（1743）九月初五，乾隆帝传谕闽粤督抚，“米粮为民食根本”，外洋商人凡船载米粮者，概行蠲免关税，其他货物则照常征收。光绪中期以后，在驻外使臣和地方督抚的奏请之下，清政府对南洋地区事务日益重视，先后选派官员前往考查商民情形。光绪十三年（1887）十月二十四日两广总督张之洞的奏折，就是呈报派遣官员前往南洋访查华民商务情形。从这份档案来看，调查殊为细致，认为小吕宋（马尼拉）华人五万余人，“贸易最盛，受害亦最深”，“非设总领事不可”；槟榔屿则“宜添设副领事一员”；仰光自英据之后，“为中国隐患”，“宜设置副领事”；苏门答腊华民七万余人，“宜设总领事”等。由此，晚清政府在南洋各处先后设立了领事组织，处理侨民事务，呈递商务报告。清廷也多次派遣官员随舰船前往东南亚游历考察，光绪三十三年七月初三直隶总督袁世凯的奏折，便是奏报派舰船前往南洋各埠巡视，当地侨民“睹中国兵舰之南来”，“欢声雷动”。一史馆档案中，还有《东洋南洋海道图》和《西南洋各番针路方向图》，是清政府与东南亚各国交往而绘制的海道图，图中绘有中国沿海各口岸通往日本、越南、老挝、印尼、柬埔寨、文莱、菲律宾等国的航线和需要的时间，并用文字说明当地的物产资源，是南洋区域海上丝绸之路的鲜活体现。

三、海上西洋之路

这条线路是传统的海上丝绸之路，主要是中国与西亚、非洲、欧洲通过海路的经济文化交流。明清时期，随着西方大国新航路的开辟与地理大发现，以及借助于工业革命的技术成果，海上丝绸之路已由区域性的海上通道延伸为全球性的贸易网络。明永乐三年至宣德八年（1405—1433）间，郑和船队七下西洋，遍访亚非30多个国家，是中国古代规模最为宏大、路线最为长远的远洋航行，是海上丝绸之路在那个时代一个全程式的验证活动，也是海上丝绸之路发展史上的一次壮举。一史馆所藏明代《武职选簿》，就记载了跟随郑和下西洋船队中的随从、水手等人物的情况。清初实行海禁，康熙二十三年七月十一日的《起居注册》记载，这天康熙帝召集朝臣商议解除海禁。次年，清政府在东南沿海创立粤海关、闽海关、浙海关、江海关四大海关，正式实行开海通商政策。由此，清代的中国通过海路与英国、法国、德国、意大利、比利时、瑞典等国的经济文化交流日益频繁。法国的“安菲特里特号”商船、瑞典“哥德堡号”商船、英国马戛尔尼使团纷纷起航来华。对西洋的科技、医药及奇异洋货等，康熙、雍正、乾隆几个皇帝都是极感兴趣，康熙帝要求“西洋来人内，若有各样学问或行医者，必著速送至京城”，并下令为内廷采购奇异洋货“不必惜费”。大批在天文、医学、绘画等领域学有专长的传教士进入皇宫，包括意大利画家郎世宁、德国天文学家戴进贤、主持建造圆明园大水法殿的法国建筑学家蒋友仁等。值得一提的是，乾隆二十九年，清宫西洋画师郎世宁等绘制《平定西域战图》，次年海运发往西洋制作铜版画，历经种种波折，在12年后由法国承做的铜版画终于送到乾隆帝眼前，这是海上丝绸之路演绎的一起十分典型的中西文化交汇佳话。档案中还有大量外国商船和贡船遇难救助的记载，如乾隆二十六年九月十五日广东巡抚托恩多的奏折反映，有瑞典商船遭风货沉，水手遇难，请求按照惯例抚恤救助。这说明明清政府已经形成了一套关于维护海上贸易秩序的措施与政策。

四、海上美洲之路

这是海上丝绸之路最远的线路，其航线最初是从北美绕非洲好望角到印度洋，再过马六甲海峡驶往中国广州，后来也通过直航太平洋经苏门答腊到广州。明万历元年（1573），两艘载着中国丝绸和瓷器的货船由马尼拉抵达墨西哥的阿卡普尔科港，这标志着中国和美洲贸易的正式开始。从此之后的200多年，以菲律宾为中转的“大帆船贸易”是中国和美洲之间最重要的贸易渠道。乾隆四十九年，美国“中国皇后号”商船首航中国，驶入广州黄埔港，船上装载的西洋参、皮货、胡椒、棉花等货物全部售出，然后购得大量中国茶叶、瓷器和丝绸等商品。次年，“中国皇后号”回到美国时，所载中国商品很快被抢购一空。中美航线的直接开通，开辟了两国互易有无之门，促使中美之间的贸易迅速发展，道光二十三年（1843）闰七月十二日两江总督耆英等人的联衔奏折记载，“各国来粤贸易船只，惟英吉利及其所属之港脚为最多，其次则米利坚（美国），几与相埒”。这说明当时的对华贸易，美国仅次于英国。在美洲的开发和经济发展中，华侨及华工也作出了一定的贡献。道光二十八年美国加利福尼亚州发现金矿，急需大量劳动力进行开采，大批华侨及华工涌入美国，拉丁美洲国家也在华大量招工。光绪元年七月初十李鸿章奏报说，华工像猪仔一样运送美洲，澳门等处就设有“猪仔馆”。光绪七年中国与巴西签订《和好通商条约》，第一条就约定“彼此皆可前往侨居”，“各获保护身家财产”，从而为巴西在华招工提供了合法性。除了经济上的贸易往来，中美两国在文化上也相互交流，清末的“庚款留学”即是其中之一。宣统元年至三年（1909—1911），清政府共派遣三批庚款留美学生，为近代中国培养了一大批著名人才。从馆藏赴美留学生名录可以看到，后来成为清华大学终身校长的梅贻琦、中国现代物理学奠基者之一胡刚复、新文化运动倡导者胡适等均在其列。

《湖北天门熊氏契约文书》的学术价值

谢贵安

一

每一次史料的大规模发现和整理，都会带来一次历史学的巨大进步。自晚清民国以来，非常态文献（地下发掘和民间发现之文献）时有惊人的发现，1899 年（光绪二十五年）安阳殷墟甲骨文被王懿荣等发现，1900 年敦煌文书被王圆箓等发现，分别形成了影响世界的甲骨学和敦煌学。20 世纪后半期，简帛文献不断问世，特别是楚地简策，呈现出成批发掘和发现的奇观，引起海内外考古学界和汉学界的重视，形成世界性的热门显学。20 世纪 50 年代，徽州文书在屯溪被发现，约 20 万件从宋代到民国的契约、账册、信札等文献引起海内外学界的极大重视，促进了徽学和区域社会经济史等研究的重大发展。在上述轰动世界的大发现中，不乏湖北人的贡献，像敦煌文书的发现者王圆箓就是湖北麻城人；而楚地简策的出土地，大部分都在湖北荆州和荆门，多由湖北考古工作者发掘和整理。其实，在这些为世所知的文献之外，还有一宗关涉湖北的非常态文献值得重视，那就是湖北天门岳口上堤的熊氏契约文书。这宗持续时间长（从清康熙初迄于民国）、内容丰富且出自同一个家庭的契约文书，为他处罕见，构成了该文书的最大特点，从而具有独特而突出的价值。它的整理与出版必将带来长江中游社会经济史和清史、民国史等研究的充实和发展。

经过主编张建民、副主编唐刚卯等专家的努力，这宗家族原始文书和文献已被整理成《湖北天门熊氏契约文书》一书，上下二巨册，120 余万字，纳入《国家清史编纂委员会·文献丛刊》，由湖北人民出版社于 2014 年出版。是书收录了清代天门县岳口镇的熊维贤直系后代的各种经济生活文书。据三楚堂《熊氏宗谱》记载，天门岳口上堤熊氏原籍江西临江府新淦县，明永乐年间有熊子清、子洪兄弟迁居湖广襄阳府光化县双沟镇，正统初年再迁景陵县小堤市，后分居横林（虎岭）等地，约在清初，有（子）洪系四房瑞公之后熊维贤一支迁居岳口镇，定居上堤街一带，在经济活动中，产生并保存下大量的土地和房屋基地买卖、土地租佃和典当、金钱借贷和商贸经营等诸多方面的文书，具有重要的史料价值。

长江中游的主要地貌是江汉平原，由于河湖纵横，形成了颇具特色的堤垸（yuàn）农业生产面貌，对此，《湖北天门熊氏契约文书》收录的岳口熊氏契约文书中，尤其田地买卖、田地租佃契约中，有充分体现。无论水田还是白田，亦无论田地买卖还是租佃，所见契约大部分都言明田地坐落于××垸，田地租佃契约则大多还要强调每年堤垸岁修，佃户应该帮出堤夫的问题。在契约中出现较多的垸名如虎獐垸、陶林垸、南湾垸、陈昌上下垸、高作垸、白湖垸、皇田垸、新堰垸、荷湖垸、洪积垸、西汉垸、莲台垸等。其中，田地买卖契约出自高作垸的最多，共有 161 契，田地租佃契约出自陈昌上下垸的最多，共有 74 契。据张建民教授在该书前言中所称，“契约文书中出现的不少堤垸名称，为方志等地方文献所未载，其间不无大小堤垸的分合，堤垸数量的消长，堤垸与河湖相对位置的变化，水田白田的转换，诸多信息无不有助于堤垸农业史、水利史、环境史研究的深化”，对于长江中游社会经济史的研究与开发有重要的史料与参考价值。

该书收录的不少契约，还同时指明了田地所属的方位和地名，透露出当地的社会基层组织的结构。如陶林垸南三狮团、陶林垸南一北狮团、陶林垸南三付团、陶林垸南三叫团、陶林垸一北狮团、虎獐垸方三小堤团、陶林垸狮陶二团、陶林垸一北陶团、西汉团南湾垸、张团义合垸、张团代家垸、石团新堰垸等，这里所说的“团”，就是天门县基层乡里组织“里”下面一级的名称，“里”之下分设“团”，堪称天门县的地域特色。即使在江汉平原，相邻州县之编制或设置、名称亦不统一，尤其垸与团之结合，值得关注。由于垸之大小不一，“垸”与“团”之辖属关系有别，加之民间书写表述亦难划一，故有“团”在“垸”前者，亦有“垸”在“团”前者。将契约文书所载田地坐落与地方基层组织编设沿革联系起来，无疑有助于对相关问题的理解和把握。据乾隆《天门县志》记载，县境所辖除了城内外坊厢外，还有6村25里，其下统团360个。熊氏契约文书则有助于加深里团问题的研究。《湖北天门熊氏契约文书》中这些颇具地方特色的文书和信息，是其他史籍所罕见的，具有难以取代的史料价值。

二

中国传统史学不乏上层社会的政治史，但缺乏关注下层民众的社会史。也正因为如此，清末民初梁启超高举“新史学”大旗，反对以二十四史为代表的专门书写帝王将相的“旧史学”。其新史学的主张，一是强调用进化的方法研究历史，二是倡导用社会学（群学）的方法书写历史，从而开启了中国史学的近代转型。中国史学若要实现转型，就要增加社会史的分量与内容，而这就仰仗相应的社会史史料的支撑。当今的档案管理已步入正轨，未来书写社会史和微观史，不乏史料，但怎样在古代史如清史领域实现社会史的书写，就必须拓展史料的来源，挖掘民间的非常态文献。而《湖北天门熊氏契约文书》正好可以支撑下层社会史的撰写，成为实现中国古代史领域史学转型的绝佳资源。

历史学的转型、深化和发展，有赖于深入而细密的微观研究，特别是微观社会史的研究，但这种研究向来被视为畏途，主要障碍皆缘缺乏具体而丰富的史料。无论是国史还是方志，甚至在较大篇幅记录社会经济的典章制度史，都因事涉宽泛而难以“具体而微”，不易聚焦于某一微观事象；家谱虽有补充国史和方志阔略的功能，有助于对某一家族进行系统而微观的研究，但家谱中的夸饰、攀附和侧重谱系的偏颇，令其史料价值大打折扣。集中而成系统的家族文书档案，可以解决上述问题，但长期以来，极少在一个家族内发现大量保存完好的原始文书。众里寻它千百度，张建民、唐刚卯教授等人将深藏在湖北省博物馆的湖北民间契约文书整理成《湖北天门熊氏契约文书》出版，终于在清史和社会经济史领域增加了一个能够承担微观史学探索任务的史料支持。

众所周知，中国史学以发达完善著称于世，但中国史学主要是以政治为主题的国史、方志和文人所著的野史相对发达，至于以社会经济生活史为主题的微观历史和以基层社会为对象的乡村历史，因为史料的匮乏，常付缺如。与此不同，在西方政教二途的传统社会结构下，各封建国家极少有设官修史的现象，其政治史的史料远不如中国丰富，但其基督教所重视的教区教民的日常生活史料，则相对丰富而完备。1320 年，时任帕米埃主教的雅克·

富尼埃作为宗教裁判所法官，来到法国南部一个牧民小山村蒙塔尤办案，在调查、审理各种案件的过程中，记录下该村居民的日常生活、个人隐私以及种种矛盾、冲突等。这些珍贵而具体的社会史史料，为年鉴学派第三代史学家马纽埃尔·勒华·拉杜里所发现，据此撰成了世界史学名著《蒙塔尤》，书中复原了该村居民的生活、思想和习俗的整体面貌，并以小见大，折射出 14 世纪法国社会的基本特点。反观中国，要想写出像《蒙塔尤》这样的史著，比较困难，盖因微观史料相对缺乏。《湖北天门熊氏契约文书》所录民间文献，出自湖北天门县岳口镇一个熊氏家庭。一个家庭存留下来归户明确、持续时间长达 270 年——自康熙十年至民国二十九年（1671—1940）的契约文书，而且内容丰富——涉及土地买卖、房产基地买卖、土地租佃、土地典当、商贸经营、借贷诸多方面，总数多达 1835 件左右，可望从某一侧面复原天门熊氏经济交易活动的大体面貌，弥补中国古代微观社会史史料稀缺的遗憾。利用天门熊氏文书，不仅可对湖北天门熊氏家庭进行个案研究，还可借此透析清代、民国湖北地方社会乃至整个中国基层社会的特点。正如主编张建民教授在该书前言中所说，是书的整理出版，“提供了一宗由家庭而宗族，由宗族而地方，甚或在更广阔范围内考察社会变化的相对系统、完整的史料”。因此，《湖北天门熊氏契约文书》的整理与出版，对于细化历史和深化研究，有重要的史料价值和学术意义。

三

摆在我们面前的《湖北天门熊氏契约文书》整齐、美观和适用，但它却是整理者经过艰难的努力和勤勉的工作，才形成这种面貌的。民间文书向来都十分散乱，乃至有破损现象，要进行整理，需要黏合其破碎，确定其年代，划分其类别，尤其更要归户。此前这宗文书被视作“湖北天门熊氏契约文书”，经过张建民教授的整理鉴别，就发现其中夹藏有部分非天门岳口熊氏的契约文书，如书后《附录·天门黄氏契约文书》等，沿革明确的归户无疑将提升契约文书微观社会史研究的独特价值。

通过对文书的梳理，并与《熊氏宗谱》等文献相印证，张建民确定了与这宗契约文书直接相关的熊氏的基本世系：第一代为熊维贤，师哲之子，迁楚七世祖，字官卿。由横林虎獐垸迁居岳口镇。配马氏，生子二，长策，次篇。熊策生熊如璟，如璟生熊华山，华山生熊国震、熊国咸、熊国豫，国咸生熊锦阳，锦阳生熊光吉，国豫生熊开阳，开阳生熊亨坦，亨坦生熊秩南，秩南生熊纪骐。这就使得契约文书有了时代划分上的可靠依据。

该书在编纂上，灌注了编纂者的良苦用心，形成了许多重要特点。

首先，是为每一件契约文书取个名字，方便建立目录。编者遵循简明易懂的原则，为每件文书酌拟名称，主要内容包括立契时间、事主、事由、契约的性质、标的物以及文书种类等基本要素，以简体汉字表示。特别注意用一些特殊的文字加以区别，如经官钤印之契约，标题用“××赤契”表示，以别于未经官钤印之白契。对于原契所载的立契年月日的书写方法，将原有文书中的俗写和代称，一律改写为标准的月份，如“冬月”改为“十一月”，“腊月”“虫月”“蚏月”改以“十二月”等。

其次，将所有的文书分类后编号，如“一—〇〇一 康熙十年九月二十日君锡卖田契”，一是指田地买卖契约，“〇〇一”是第一件文书；再如“五—〇〇四 嘉庆二年一月六日熊益泰号会票二”，五是指典当借故贷等契约，“〇〇四”是第四件文书；“会票二”是指这件文书是第二份会票。这样一来，时代清楚，条理分明，极便于使用。

其三，在收录文书时，既将文书打印成铅字，使其简明易晓，同时又保留文书固有的形貌特点。因此，编者基本上遵照文书原有的形貌特征，竖排，原件中如果一行下面出现数行并列的情况，则打印时也作如此处理，这对于当前的办公软件来说是很难处理的，必须插入“文本框”才能实现，可谓“自找麻烦”。原件中如果是繁体字，打印时就用繁体，如果是简体字，打印时就用简体，如果是民间俗书，则跟着照录，遇到一些民间数字的习惯性书写，虽然打印很困难，仍“依样画葫芦”，尽量保存民间文书的原始信息。如果契约中有缺字现象，则用□表示，绝不轻易以意改之。文书中若有印铃，以及原文中数字有修改处，则用注释加以说明，如第214页“一一三七九 道光十二年十一月二十九日钱思忠等卖田赤契”下标注注释符号［一］，在文尾注明“钤有朱文天门县印，契中一方，骑缝印左右各一方”，在正文“共乙亩零三厘”下标注注释符号［二］，在文尾注明“此处数字有修改”，这就忠实反映了文书的原始面貌和信息。

综上所述，《湖北天门熊氏契约文书》拥有史料价值和编纂特色等多种学术意义。无论是对清史和民国史研究，还是对长江中游社会经济史研究，其史料价值都无可取代；无论是促进中国史学由上层政治史向下层社会史的转型上，还是适应史学研究的微观化和细密化趋势上，其学术价值亦罕有其匹。

作者简介

谢贵安，男，1962年生，湖北襄阳人。武汉大学历史学院教授、博士生导师。主要研究领域为中国史学史、历史文献学和明清文化史。出版《中国实录体史学研究》等专著多部。

无锡华氏与近代教科书

吴海涛

古城无锡，是我国近现代工商业的发祥地之一，也是清末民国教育事业最先昌盛的地区，曾被誉为近代“全国教育模范第一县”，涌现出大批人才。在近代教科书的编译和出版史上，可以见到大批无锡人的身影。有人做过统计，1898 年至 1949 年间，参加过教科书编写的无锡人有 500 多位。其中，无锡荡口镇的华氏家族是格外醒目的。

华蘅芳（1833—1902），近代著名数学家、翻译家和教育家。受父亲的影响，从小就热爱数学。10 岁开始，常读中国古代算经。至 20 岁，已学过《周髀算经》《九章算术》《孙子算经》《张丘建算经》《测圆海镜》以及明清以来的数学著作。之后，又悉心钻研了一批西方近代数学著作，熟悉了近代数学的一些原理及其运用方法。受华蘅芳影响，他的胞弟华世芳也自学成才，走上了专攻算学的道路。无锡“二华”成为清末中国数学史上耀眼的双星。

华氏兄弟成年之后，曾经受到曾国藩、李鸿章等晚清洋务派重臣的欣赏和拔擢，供职于安庆机械制作所、上海江南机器制造总局等近代官办企业，施展他们的数学特长。在此过程中，他们与一批活跃于江南洋务运动中的英美学者如傅兰雅、玛高温等人结识、交往，英文水平也有所提高，并开始尝试翻译西方近代科技书籍。同治七年（1868），江南制造局内设立了翻译局。华蘅芳与近代科学的先驱李善兰、徐寿和傅兰雅等人都进入该局，专注译书和研究。之后的数十年里，华氏兄弟主要精力一方面在书籍翻译，一方面在教育，先后在上海格致书院、天津武备学堂、湖北两湖书院和自强书院、江阴南菁书院等多地担任教师。而兄弟二人在近代史上的最大功绩，则是他们参与编译、著述的一系列数学及其他各类科技教科书，因为它们积极助推了近代科学在中国的普及和传播。

华氏兄弟先后翻译的西方教科书很多，大致有《代数术》《微积溯源》《代数难题解法》《三角数理》《算式解法》《决疑数学》。其中，《决疑数学》由华蘅芳与傅兰雅二人共同翻译，决疑即是今天应用广泛的“概率”（“Probalitity”）。这也是西方概率论第一次引入中国。在编译之时，华蘅芳已经意识到这一数学理论将在国家未来建设中发挥重要作用，在“总引”中他表示：决疑理论（概率论）的应用广泛，能用于国家治民，或民自治，或兴起风俗，改定章程；可“代替占卜”，估测人口，指导人寿保险，预求判案准确率以及统计邮政、医疗事业中某些平均数等。的确，今天用概率论解决国民经济和社会发展问题作用巨大。我们自然不会忘记百余年前把概率论引入的先驱——华蘅芳。

除了自己擅长的数学领域之外，华氏兄弟的教科书译著范围还涉及地质学、矿物学、航海、气象、天文学等。当时的中国，很少有人能够直接阅读这些领域的西方书籍，译介是必不可少的一个桥梁。而华氏兄弟都有良好的传统文化修养和扎实的西学功底，他们追求译著文义“明白晓畅，不失原书之真意”，文笔雅洁，概念表达准确，后人称赞“足兼信、达、雅三者之长”，所以他们的译著非常受欢迎，也对当时中国的科学启蒙发挥了积极影响。由华衡芳、玛高温译的《地学浅释》一书，是我国最早引入的西方地质学书籍，首次向中国介绍了赖尔的地质进化均变说和达尔文的生物进化论。康有为曾将该书推荐为青年必读书。鲁迅在南京矿路学堂求学时，就是使用《地学浅释》作为教材，他把全书抄了一遍，连715幅插图都一一描了下来。

在翻译工作之外，华氏兄弟也把自己的研究成果著述问世。在华蘅芳的《开方别术》等著作中，他提出求整系数高次方程的整数根的新方法——“数根开方法”，同时代的数学家李善兰评价此法“较旧法简易十倍”。在《数根术解》等著作中，他讨论了“筛法”，还用诸乘尖堆法证明了费马素数定理与欧拉证法相似。他的数学成就倍受当时数学界的赞誉。华蘅芳所著的《华氏学算笔谈》一共12卷，由商务印书馆出版。该书论述了数学理论、数学思想和学习数学的方法，是华氏个人多年研究和一线教学的心血凝结。这部独具特色的书在19世纪90年代再版多次，被许多学堂和书院当作数学教材，以致“东南学子，几乎家有其书”。弟弟华世芳也有《恒河沙馆算草》《勾股三角》等著作传世。

兄弟二人在晚年都潜心于基础教育事业。华世芳于光绪三十一年（1905）任上海南洋公学总教习。华蘅芳则在晚年返回了故乡无锡，在当时江南著名的竢（sì，等待）实学堂教授数学。他“口讲指画，务以浅显之理达精奥之思”。有时，他故意把算题做错，学生们说“先生错了”，他就叫学生到黑板上来改正。他一面笑呵呵看着，一面摸着胡子说：“吾垂老矣，做算术就不及你们了！”

也许是乡土风气使然，华氏家族后来从事教育事业的人非常多，包括史学家钱穆先生儿时接受启蒙教育的荡口镇果育新式小学，也是华氏家族出资兴办的，教员中有相当一部分来自华家子弟。而在华氏兄弟之后，这个家族还有很多人继续从事教科书编撰事业。限于资料佐证缺乏，我们很难完整梳理出他们之间确切的亲属关系，但都来自无锡荡口镇华氏一族，却是可以确定的。

华循，生平不详。1903年前后，我国第一部近代教科书“蒙学教科书”系列由上海文明书局出版发行。这部教科书包括文法、经训修身、中国历史、外国地理等23个种类。其中的动物、植物、矿物3种教科书的编著者就是这位华循先生。学者毕苑认为，其中的《蒙学动物教科书》为晚清动物教科书中视野开阔、科学严谨、编撰精良、笔法简洁的精彩之作，具有良好的口碑和市场。该书“据日本理学博士丘浅次郎所定名类及其次第”。根据编著者对于日本教科书的熟悉情况，大致可以推测这位华循先生应该是当时日本留学归来者。这在那个时代的江浙地区几乎成了一个潮流，而华氏一族留学日本者尤多。

华申祺、华文祺兄弟，均为留日背景的先进知识分子，生平不详。1906年，由上海文明书局出版发行的《中学生理卫生教科书》，是清末最早的生理卫生教材之一，封面编著者为“无锡华申祺、华文祺”。开篇的“译例”阐述：此书是日本医学博士吴秀三最新出版著作，适合于我国当时中学、师范及女子高等学校，故急为翻译。而1919年由中华书局出版的《中华中学动物学教科书》，编著者则为华文祺，编辑大意说“本书编辑，以日本丘浅次郎所著之订正近世动物学教科书为根据，采集东西洋各集，补其缺漏，汰其繁芜”。这与上文清末华循所编译《蒙学动物教科书》所依据的日文原著是同样的。在民国教科书出版史上，直到30年代后期华文祺先生依然活跃着，主要擅长于生物学科。如翻开中华书局于1938年出版的《新学制课程标准初中植物教科书》，编著者为华汝成、校订者即为华文祺。而与其合作的另一位华家子弟——华汝成，之后多次单独出现在40年代中华书局出版的动物学、植物学以及生理卫生学科教科书的编译者一栏，相信也一定和无锡荡口华家有着深厚渊源。

在民国上海商务印书馆庞大的教科书编辑阵容里，还有两位均擅长数学科的无锡华家成员。一位是华襄治，他几乎参与编撰了20年代前后所有商务版小学算术、珠算等教科书，资历较老。另一位是华桂馨女士，她所编著的《初学代数学》1924年初版于商务印书馆。这部教材是她丈夫胡敦复先生在她去世一年后根据遗稿整理出版的，并做了序言表示纪念。胡敦复，乃是近代有名的数学家和教育家，无锡人氏，留美博士，上海私立大同大学的创始人（其实胡敦复及其胞弟胡刚复、胡明复都是留美博士归国，并且都参与了20年代民国新学制教科书的编撰，说是无锡另一教科书家族也不为过）。胡敦复的夫人华桂馨亦出自无锡荡口华氏家族，早年曾留学日本。只是不知道上述两位擅长数学的华氏，是否与他们的同族前辈华蘅芳等人有着更近的关系。

另据钱穆先生《师友杂忆》记载，他在荡口镇私立果育小学就读时，音乐兼国文教师华倩朔（著名画家华君武的伯父）亦是留日归国的华氏优秀子弟，通音乐、书法、绘画，且能吟诗填词，曾编纂唱歌教科书由上海商务印书馆出版向全国发行，畅销了一二十年。更可贵的是，教科书中的歌词全部由他本人撰写，尤其是他所写的西湖十景歌，歌词浅显，意境深远，全国传诵。惜笔者未曾得见这部早年的音乐教科书，可能尚在散佚之中。

晚清民国的半个多世纪里，在教科书编辑出版事业上有过突出贡献的荡口华氏家族成员，可能还大有其人，惜不能一一搜罗殆尽。仅以目前所述诸位华氏，已能窥见文化积淀深厚的江南无锡一地，人才之辈出，对近代中国文化贡献之可观。

作者简介

吴海涛，男，1973 年生，四川南充人。人民教育出版社媒体宣传部主任。

雍正帝的防火意识

李国荣

走进紫禁城，不论是登上三大殿台基，还是来到东西六宫，随处可见又粗又高的铜缸和铁缸，统计其数，总共308口，算得上是明清皇宫的一个特殊景观。然而，这数以百计的大缸并不是养鱼栽花供人观赏的，而是用来贮水救火的一项实用性很强的宫中防火措施。皇宫防火是大事，历朝皇帝都强调再三。清代的雍正帝不但关注宫中防火，对官衙和民间防火也很注意。这里且看看他是如何重视防止火灾的。

一、宫中防火

清代皇帝居住的紫禁城，宫殿毗连，又全是中国传统的木结构建筑，宫中消防安全的重要性不言而喻。早在幼年时代，胤禛就耳闻康熙十八年（1679）太和殿因人为失火被烧的惨状。直到他20岁时，即康熙三十六年，太和大殿才在废墟上重建起来。这件事给雍亲王留下了极深的印象。故此，雍正帝对宫中防火事宜抓得很紧，曾谕令“紫禁城内每年冬令禁饬火烛”，并经常告诫宫内人员“宫中火烛最要小心”。

雍正帝要求，宫中的房屋建筑要进一步增加防火构造。清代皇宫分前朝和后宫两部分，前朝是皇帝办公区，后宫是帝后生活区。不论是前朝，还是后宫，都设有防火墙。雍正帝认为，这些防火墙固然重要，但也还有漏洞。据《国朝宫史》载，雍正五年（1727）十一月，雍正帝发现乾清宫两侧的日精门、月华门向南一带的围房后面有做饭值房，便对值房人员说："虽尔等素知小心，凡事不可不为之预防。"不久又发现做饭值房时常有火星儿在房檐处飞闪，便即刻降旨：速将围房后檐改为风火檐，即使是十二宫中的大房，有靠近做饭小房之处，也一律改成风火檐。这里的风火檐，又称封护檐，主要特征是梁头或斗栱等木构件不暴露在外。根据雍正帝旨意，总管内务府大臣责成造办处将宫中临近做饭之处的房檐，全部更改为封护檐式样，"以昭慎重"，防患于未然。

清宫有一支专职消防队伍叫火班，昼夜值班。雍正时规定，火班人员由步军校 2 名、步军 40 名，内务府所属护军 8 名、披甲人 20 名、苏拉 20 名，銮仪卫校尉 10 名，共 100 人组成。按规定，火班人员必须是"年力尤为强壮""操演技艺娴熟""妥固整齐者"。由总管内务府衙门负责，每年春秋两季进行两次实战演习，平时"按期派往该班，令其更换，以备防范火烛"。每日，火班由"该班司官内管领等管辖稽查"。

为使紫禁城内火班建制固定化，雍正帝对内务府官员说："紫禁城里该班人内作何分派，及派出之人俱在何处住班之处，尔等区划，永远可行之。"（《总管内务府现行则例》）在紫禁城内西北部的咸安宫前墙西有块空地，内务府在这里盖了 25 间板房，作为火班值宿住所。

当然，偌大的紫禁城，只靠百十号火班人员防火是远远不够的，为此规定，所有在宫内值班的官员、侍卫兵丁也都有"戒火"之责。据雍正七年统计，宫内值班官员、侍卫兵丁共 1288

名，值宿点37处，每一个值宿点都配有“应用防火器具”。这样，专职的火班和值宿的官兵便组成了一个规模庞大的紫禁城防火网络。

这里出现一个问题，紫禁城的火班及千余名侍卫兵丁，都处在皇宫的外围区域，平时王公大臣要入内廷都极其不易，更何况那些普普通通的兵丁，倘若内廷的东西六宫发生火情等突发事件，将如何处置？显然，这牵涉到祖制和不可逾越的宫规。雍正帝明白火患非同小可，感到有必要将内廷太监组织编队，使其适应指挥管理，以应付突发火情。为此，雍正五年十一月颁发谕旨：“旧年造办处太监等抬水救火，虽属齐集，但少统领约束之方。可将宫内太监编集成队，每队派头领一名，每十队立总头领一名，不但救火，即扫雪、搬运什物用人时，只须点某头领，彼自齐集所属，同往料理。纵使人多，各有头领点查约束，必不至于紊乱。”（《国朝宫史》）如此一来，内廷禁区一旦发生火情，便可由太监头领指挥普通太监和火班侍卫人员进行扑救，不至因手忙脚乱而没了章法。不难看到，雍正帝对宫内防火的每个细节，都是煞费苦心的。

另外，京中大臣和八旗官兵也有入宫救火之责。宫内万一发生火灾，总管太监须立即打开宫门，放外臣从最近路线入宫灭火。八旗官兵更要迅速参加救火，并有明确分工：东南失火由正蓝、镶白两旗赴援，西南失火由镶蓝、镶红两旗赴援，东北失火由镶黄、正白两旗赴援，西北失火由正黄、正红两旗赴援。

雍正帝还大力强化紫禁城内的防火设备。康熙时期，随着火枪火炮等西洋武器的制造，清宫制造了一种西洋激桶。雍正五年二月，雍正帝看到宫内防火力量空虚，存有漏洞，于是提出：与外边相比，“紫禁城内更属紧要，理应特行派人防范火烛”，明确规定紫禁城内“额设激桶8架”。这种激桶，其主体是一个木制的水箱，水箱的内里挂有一层锡皮。水箱中央立有将军柱，将军柱支撑着杠杆压梁，压梁连接着将军柱两侧的两个活塞。当使用时，把水箱灌满水，两人用力压动杠杆两端，两个活塞轮番内外压水，由顶端的管道射向大火。这种激桶的构造比较复杂，压力也较大，可以把水喷射几米高。今天，在北京故宫还保存着这种激桶，它通高1.54米，水箱长0.69米，宽0.59米，深0.44米，而且，灌上水还能照样使用。

在清宫，除按雍正帝的旨令确保8架激桶之外，还有铁锚、斧镢、长杆铁叉子、长杆钩子、长杆麻刷、蜈蚣梯子以及大小水桶、扁担、绳索等各种消防器具，分布在乾清门、东华门、西华门等几个要害部位，常备不懈。

雍正帝为消除紫禁城火患所采取的一系列防范应急对策，对后世产生了积极的影响。据《总管内务府现行则例》载，紫禁城的火班官兵，在乾隆、嘉庆和光绪年间，先后多次增添。特别是嘉庆十九年（1814），拟定了《紫禁城内及圆明园火班章程》，数年后又制定了《紫禁城火班章程》。可以说，紫禁城在此后没有发生像明朝那样频繁的火灾，是与雍正帝重视宫中防火分不开的。

二、官衙防火

雍正帝认为，中央部院和地方官署衙门均为要害部门，对火灾应立足于防。为此，他特别强调各衙门的夜间值班。雍正七年，吏部文选司档案库房因无人值宿，一场大火烧掉大量衙门档案。事后，雍正帝除对失职官员严行处分外，更制订了必要的防范措施，要求各部院衙门存贮档案之处，此后一律委派笔帖式等官，轮班值宿巡查，以防疏失。京师五城衙门，专管人命、窃盗、斗殴、词讼等事件，在公务活动中形成的档案浩繁而重要。为使各城衙门能有相应的人员值班，雍正帝将原来每城只设 2 名笔帖式，增改为 4 名笔帖式，明确指示他们要轮流值宿。

对火灾中的失职官员，雍正帝严惩不贷。雍正十年十一月二十三日夜，刑部的河南司、陕西司失火，延烧了江西等 6 个司，焚毁房屋 55 间，房内案卷均被付之一炬。这场火灾又一次暴露了京师部院衙门在防火救火方面的漏洞，大火从三更着起，特设的京城八旗值班救火大员中，镶白旗副都统甘国璧于四更才赶到，镶红旗副都统尚崇璧更是姗姗来迟，在五更火势已得到控制时才到现场，至于其他各旗大员，则根本就没有露面。另外，刑部下设的 14 个司，按规定都有当月值宿人员，而火灾发生这天，14 个司只有 3 个司有人在岗。事情发生后，在雍正帝的过问下，吏部、刑部“分别严察”，将“怠玩疏忽”的官员一一查处，分别革职降调，“以示惩戒”。

布政使司为一省钱粮总汇之衙署，关系非小。雍正十年正月十四日夜，住在衙署内的福建布政使潘体丰一家入睡后，内堂灯火外延，引燃了房屋顶棚，由于闽地房舍多为板竹构造，火势很快蔓延开来。潘体丰急忙起床携带印信退到库堂，派家人仆役向总督、巡抚告急求援，但因夜静人稀，督抚各衙重重封锁，等敲开大门请来援兵，布政使衙署内堂及相接连的 83 间大小房屋已荡然无存。潘体丰就此呈递专折，深刻检讨“疏忽之咎”。雍正帝批示“当知戒慎”，命他认真“自省”。

雍正帝还试图通过改善官署办公设备，来防范火患。过去，各部院衙门的书吏科房多无专柜，档案文件堆积在木架上，一有火烛，极易起火。在臣工的建议下，雍正帝命各部院书吏科房一律以柜代架，将文件纸札整理好存贮在柜内，一定程度上减小了火情隐患。

一般说来，火灾初起时，水若方便，可以即刻扑灭。可是，京师各部院以往没有盛水器皿，一旦发现火情，往往束手无策，等到调来火班兵役，火势已旺，损失严重。有鉴于此，雍正帝命各部院衙门分别置备大铁箍木桶 2 至 4 个不等，要求各部院堂官具体负责此事，相度妥善地方安放，并要经常查问，安排衙役专门料理，以保证桶内的水每天都是满的。每到严寒时节，为了防冻，则令各衙门暂设几个小水桶，每到晚上，将水注满，移放到司官值宿屋内，权且备用，春天以后，仍用大木桶。有了这套设备，初起之火易于扑灭，即便一时不能熄灭，也可减小和控制火势，等火班来到很快扑灭。

三、民间防火

对于民间，自然不能像宫中、官衙那样，通过加强值宿等措施来防止火灾。在雍正帝看来，民间火灾难保其无，重要的是要备有防火器具，以减小火灾损失。雍正六年，雍正帝下谕天下各府、州、县官员，命令他们注意防火，置备水铳等救火器具。可是，“地方官员奉行不力，于紧要救火水铳等项器具，多不置备，纵有置备，亦不过草率塞责，因循怠忽”（《宫中档雍正朝奏折》）。这种状况，在地方接连发生的一些火灾中，越来越暴露出来。

雍正十一年四月初六日，湖南常德城北门内青阳阁地方有民户失火，由于房舍密集，救火工具不足，大火竟烧毁兵民房屋 1048 间。雍正帝得知后，气愤地说：“朕屡有谕，令地方预设救火之具，地方官不实力奉行，何也？”同年七月十二日，常德城小西门一带再次失火，烧毁民房 258 间。湖广提督张正兴上报后，雍正帝批示："火灾何能保其必无，但预备息救之策为要。"并说"外省多忽略此举"，指令地方在防火上要"如京城步军一例防范"。

雍正十一年五月十九日夜，台湾县西定坊水仙宫地方有个店铺失火。台湾总兵苏明良、道员张嗣昌、知府王士任等要员，闻讯后立即赶往现场，指挥扑救，但因水铳等救火器具一无所有，致使火势得不到控制，竟将附近店房300余间接连烧毁，救火兵民无奈，只好拆毁大火前方的11间房舍，以截断火路。巡台御史柏修、林天木把这场火灾情形和扑救不力的情由上报朝廷，并提议应进一步严谕地方官员，将水铳等项救火器具置备齐全，以备急用。雍正帝阅后批复说，折中所言与他本人所想"不约而同"，指出："防火之备，不但台湾，凡所属地方，皆应督令实力行之。"

在这段时间里，雍正帝就防火之事，再次颁发谕旨，命各省总督、巡抚严行查明，尚未置备救火器具的地方，立即置办，并逐一造册，具结呈报。为保障这一措施能确实得到执行，要求各府、州、县每年都要委派专门官员查点一次，必须保证救火器具足数。如果仍像从前一样并不置备而捏饰虚报或上下隐徇，一旦发现，立即交部严加议处。这个严明具体的谕令，在一定程度上得到了执行。

从《点石斋画报》看晚清社会对摄影技术的接受心态

崔建飞

《点石斋画报》旬刊是晚清最受大众欢迎、最富影响力的新闻画报。它由《申报》馆创刊于清光绪十年（1884），至光绪二十四年终刊，以图文并茂的形式生动反映了晚清社会百态和大众心理趣味。

近代摄影技术作为西学东渐的一个重要内容，自1842年7月传入中国后，不断融合发展，从公共传媒、科技进步、商业发展、百姓生活等诸多方面，深刻影响了中国社会的发展。从《点石斋画报》看晚清社会对摄影技术的接受心态，有助于我们深入了解乃至直观目击摄影技术在中国传播的早期历史，从一个侧面观察中国近代以来社会发展、科技进步的历程。

新式石印机器于1878年自西方引进，促进了作为中国新兴公共媒体的新闻画报雨后春笋般诞生。这些画报以《点石斋画报》为典型代表，其图画部分由画家根据新闻时事创作，如《点石斋画报》的吴友如，《时事画报》的高剑父，都是著名的绘手。1904年3月时政杂志《东方杂志》创刊号利用铜版照相印刷技术，首次将摄影照片刊登在刊物上。1920年上海《时报》馆利用铜版照相印刷技术，出版了第一份以发表摄影照片为主的新闻画报《图画周刊》，从此中国新闻画报的面貌发生重大改变，以摄影图片为主取代了以画家绘图为主，后者渐次衰落，前者迅速发展，并逐渐形成了以《良友》《北洋画报》为代表的新的画报群体。聚焦《点石斋画报》中对摄影技术的报道描述，这种自前浪中看后浪之波兴、自母体中看新胎之孕育的历史观察，有利于我们更生动、更细致地体味近代中国科学技术新陈代谢、革故鼎新并促进社会嬗变的过程。

《点石斋画报》中明确以摄影技术为描述对象的，共有19篇34幅，据中国文史出版社2018年6月出版的《点石斋画报》合集，以发表时间顺序，录列如下：

1.《奇形毕露》，甲集第38页

2.《孤拔真相》，丁集第54页

3.《番舆异制》，此篇为组图，共16幅，己集第46—61页

4.《冯军门像》，己集第98页

5.《汉口租界英领事馆悬灯图》，癸集第99页

6.《波臣留影》，丑集第30页

7.《刘军门小像》，寅集第73页

8.《岑宫保小像》，辰集第34页

9.《张孺人小影》，巳集第18页

10.《英皇子像》，申集第43页

11.《蜃楼妙景》，酉集第2页

12.《侏儒留影》，戌集第75页

13.《书堂留影》，戌集第88页

14.《倭王小像》，射集第55页

15.《倭后》，射集第64页

16.《褒鄂英姿》，数集第1页

17.《火会成图》，信集第33页

18. 《离妇苦衷》，利集第 108 页

19. 《映照志奇》，贞集第 65 页

综察上述 19 篇 34 幅内容，可以看出晚清社会对摄影技术的接受心态，具有三个鲜明的特点。

一、以“恢眼界、资学识”为目的，对摄影技术持欢迎态度，抱浓厚兴趣

已集《番舆异制》组图反映的，是颜永京牧师 1885 年在上海举行的一次摄影图片展示活动。共展示图片“一百数十幅”，内容为国内外名胜风景、民风习俗以及奇闻轶事。画报在附文中说明，选择其中 16 幅“凡足以恢眼界、资学识者”，委托画家以摄影图片为依据绘制发表，分别介绍了中国、印尼、印度、埃及、非洲法属殖民地、意大利、英国、西班牙、美国、日本以及赤道航海生活、苏伊士运河风光等。画报还特绘了“观影戏一图”，反映这次展示活动的盛况。

组图附文记载：“光绪十一年十月望日之夜，颜君永京出其遍历海外各国名胜画片，为影戏于本埠之格致书院，与观者人输洋蚨五角，集资全数赈两粤山东各沙洲灾民。”从“观影戏一图”看，活动现场男女观众颇多，座无虚席。虽是义展，但就“洋蚨五角”的不菲票价而言，这次照片展示很受民众的欢迎，具有强烈的吸引力。

《番舆异制》而外的其他 18 幅图片附文，均不同程度地表达了对摄影照片的欢迎态度和浓厚兴趣。

二、极为重视摄影照片的实证功能，客观上反映了对摄影画报的期待

甲集之《奇形毕露》附文开头便对摄影技术赞赏有加："自泰西脱影之法行，而随地皆可拍照。尺幅十里，纤细靡遗，人巧夺天工，洵非虚语也。"接着叙述故事：有人在洋泾桥下乘舟，不慎将30元银洋掉落河中，岸上一伙人见财起意，遂赤体下河，形成捞摸哄抢之势。最后附文道："有业照相者，见人头如蚁，携镜箱杂稠人中拍一照去，丑态奇行，活现纸上，正无俟温峤之然犀已。"这种立此存照、确凿证据的态度，同样在叙述外国故事时表现出来。戊集之《侏儒留影》，讲述一位名叫士甸尼的欧洲人到非洲考察，在某地箐深林密处，发现了一个"短而小者，长仅二尺余"的侏儒族群。士甸尼感到新奇，便引诱一些侏儒，欲携回欧洲。侏儒们在路途中不断病毙，士甸尼意识到迁其异地的想法不可行，便"出其摄影法，为之各照一小像，释之去"。摄影术的实证功能，尤表现在对转瞬即逝风景的摄取，酉集之《蜃楼妙景》叙述：宁波近海蟹浦地方，一日凌晨发生海市蜃楼景象，楼台人物，变幻无常，笔者便产生使用摄影术的向往："倘得善摄影法者，携具而往，为之一一照出，诚一幅天然画图也。"

对摄影法实证功能的看重，明确体现在《点石斋画报》对绘画内容可靠性的强调上。申集之《英皇子像》绘有英皇幼子像，附文特别注明："维时印有照片，戎装伟貌，奕奕有神。本斋取而摹绘之，以慰都人士之瞻仰之心云。"癸集《汉口租界英领事馆悬灯图》同样强调依据照片临摹的真实性："彼处租界亦举行灯会，特携照相具，在英领事署前摄取真景，嘱登入画报，以供

众览。本斋重违其意，照样临摹，列于篇终，借为后劲焉。”

丁集之《孤拔真相》、己集之《冯军门像》、丑集之《波臣留影》、寅集之《刘军门小像》、辰集之《岑宫保小像》、巳集之《张孺人小影》、射集之《倭王小像》《倭后》、数集之《褒鄂英姿》等，均一一申明所绘以摄影照片为据。

新闻画报借助对摄影照片的临摹，向读者强调其所绘图画的真实性与可靠性，是19世纪中叶中外新闻画报的共同现象。1860年9月29日法国《画报》杂志发表一组11幅版画作品，便注明是根据法国贵族圣－普列斯特（Saint-priest）伯爵在中国所拍照片而制版的。1861年11月9日，法国《环球画报》也以同样的方式发表了路易·李阁郎（Louis Legrand）的关于中国风景的摄影作品。

中外新闻画报借摄影照片为“后劲”，强调其报道真实性可靠性的声明，客观上反映了对摄影画报诞生的强烈期待。1880年3月4日，美国《纽约每日图画报》利用照相铜版印刷术新技术，印出世界新闻史上第一张印在报纸上的照片《棚产区风光》，以其成本较为低廉的优点，突破了把照片印于公共传媒的瓶颈。随着中国商务印书馆引进照相铜版印刷术出版《东方杂志》，上海《时报》馆出版新闻画报《图画周刊》，中国画报进入“铜版时代”。由此形成新闻画报以摄影图片为主的传统，影响至今。

三、对摄影技术的便利性及其广泛运用表示赞赏，同时维护“中体西用”的人文立场

除了上面提到的30多张照片，《点石斋画报》还以颇为赞赏的笔法，描述了摄影技术的便利性及其在百姓生活中的诸种运用。信集之《火会成图》，描述上海法租界当局为其救火队员拍

摄合影，附寄国内向法国国王请赏，“他日者图陈殿陛，万里外事如在目前，赏赉之颁，当可预卜”。戌集之《书堂留影》，讲述欧洲某国有座花木明秀的书馆，忽有两位陌生女郎到访，向教师索花，并参观书馆墙壁上的各幅挂像。数日后二女又来，一女对教师说：“特上届来时，曾有吾兄玉照，今已无之，不知何故撤去？”教师忙问其兄是谁，女笑答曰：“吾兄非他，当今皇上也。”后来公主专门派使者到馆“赠以皇像屏一架”。利集之《离妇苦衷》，也同样讲述外国人的轻喜剧。说是一位住在香港的西妇，因为丈夫回国久无音讯，便去照相馆照相，“妇坐定，俟伙将揭镜，突出六门手枪向太阳穴，欲自轰击”。照相馆伙计以为她要自杀，争着前去夺枪，西妇笑着解释，她只是想拍一张欲自杀的照片寄给丈夫，催逼他速归罢了。不论合影请赏、书馆挂像，还是寄像催归，画报都表达了对摄影术便利性、丰富性的欣赏趣味，前两幅还不惜赞词，溢美之至。

特别值得玩味的是贞集之《映照志奇》，叙述1898年德国海因里希亲王（亨利王子）访华的情形。附文称亨利王子特命随从携带照相器具，到北京天坛、地坛、西山诸名胜大加拍照，但在一座特别建筑前发生故障：“唯照国子监大成殿时，初拍迷漫不清，只见白气一团；再拍，则变为黑气，仍一无所睹。德藩异之，遂作罢论。”国子监大成殿是孔庙的主建筑，乃中华文化的核心儒家思想的象征，为供奉孔子神位、皇帝祭孔行礼之地。先进的西方技术在“中体”核心面前“迷漫不清”，运转不灵，铩羽而归，《点石斋画报》对这一细节大加渲染，固有猎奇志异之嫌，但其维护“中学为体，西学为用”人文立场的用意，也自然流露出来。1898年张之洞刊行《劝学篇》，系统阐述了“中体西用”观点，在晚清中国影响甚巨，《映照志奇》的描述，以奇趣隐喻的方式，迎合并表达了当时社会的主流思想。

总而言之，《点石斋画报》以图文并茂、直观目击的形式，清晰地表现了晚清社会对摄影技术的接受心态，即在“中体西用”的思想框架下，对摄影技术“恢眼界、资学识”的作用，对其实证性、可靠性和便利性、丰富性的优长，在欢迎赞赏、积极接纳的同时，也对不断进步的传媒、印刷等科学技术和丰富多姿的生活，抱有更大的期待。

作者简介

崔建飞，男，1963 年生，安徽合肥人。1985 年毕业于南开大学历史系。现任文化和旅游部清史纂修与研究中心主任，国家清史编纂委员会常务副主任。著有《追忆锦瑟蝴蝶》《水浒启示录》等。

从《艽野尘梦》看清末秘密会党对军队的渗透

郑永华　史文锐

1936年，人称“湘西王”的陈渠珍（1882—1952）撰写了一本被后世誉为“奇人、奇事、奇情、奇文”的《艽野尘梦》（艽，qiú，荒远，此处“艽野”代指青藏高原）。该书描绘了清末西藏的自然山川、社会实况，也详细记录了清末秘密会党在军队的活动情况。当时入驻西藏的清军主要由内地抽调而来的川军组成，其中有很多即为“袍哥”，亦即哥老会成员。武昌起义爆发的消息传到西藏后，正是在军中会党成员的主导下，驻藏清军发生内讧，史称辛亥“拉萨事件”，对鼎革之际的西藏局势产生了重要影响。对此学界尚有不同认识，有学者认为“拉萨事件”是辛亥革命的组成部分，具有资产阶级民主革命性质。但也有学者认为，整个事件不过是清军中的哥老会首领以抢掠资财为目的、并导致西藏局势严重败坏的“兵变”。作为事件亲历者的陈渠珍，在《艽野尘梦》中详细叙述了入藏清军中会党的所作所为。通过该书，不仅有助于我们了解清末发生在西藏边陲的这一重要历史事件，也可以借以窥测清末秘密会党对军队的渗透。

一

宣统元年（1909）英军入侵西藏，主持政教事务的十三世达赖先向清廷求援，随又恐清军入藏后不撤，令藏地军民阻截。其时清军已集结成都，毕业于湖南武备学堂的陈渠珍上《西征计划书》，随被任命为援藏军一标三营的督队官，进藏抗英平乱。陈渠珍在工布江达、波密等战役中表现英勇，升任管带，与其他清军一起驻扎于波密春多寺（今波密县倾多镇倾多寺，为西藏著名“桃花沟”的中心地带），亲眼见证了入藏清军“兵变”时哥老会成员的表现。

据陈渠珍回忆，在拉萨兵变之前，驻藏左参赞罗长裿前赴波密出任协统，以节制诸将。上任途中，罗长裿就听其参谋周春林谈道：“哥老会势力，已布满全藏，军队尤甚。前此败退鲁朗，乃军队不服从官长命令，而惟彼中会首意旨是从，致有此败。今兵气益鸮张，官长拥虚名而已。我军远屯塞外，脱有事变，危险不可言矣！”罗长裿为清末乙未科（1895 年）进士，虽然出身文职，但学贯中西，通晓军事，其父罗信南又为湘军中的重要将领，因而对湘军中哥老会的危害素有所闻。故他在拉萨听到哥老会之名即“深恶之”，此次受命到前线统领入藏诸军，在参谋多次提醒下，遂决意对军中的哥老会“严加整顿，以除后患”（《艽野尘梦》）。

不久发生的偶然事件，促使罗长裿将其设想付诸行动。当时驻守春多的清军排长王雨膏，因处罚部下违纪兵士稍有“失当”，被军中哥老会组织得知，即由一清军正目（相当于班长）出面在郊外“传堂”，责以跪刑。罗长裿从所居春多寺楼上望见军中的排长竟然向一位班长长跪不起，迷惑不解，遂派参谋前去查问。

周春林回报说，这是军中哥老会在执行“帮规”。罗长裿闻讯大为震怒，认为堂堂军队之中，“排长处罚一士兵，而正目挟哥老会之力，竟可使排长长跪，尚成何军队耶”！下令严查军中的哥老会组织。不久，他便得知入藏清军“官兵入会者，已占全军百分之九十五。其总公口为‘聚集同’，分仁义礼智信五堂，以川人刘辉武、甘敬臣等为首领，即彼中正龙头也。本营（即陈渠珍管带之营）军需张子青副之。其重要首领，共十三人。其时甘、张等六人驻德摩；余七人驻波密”。罗长裿侦知其情，决意痛加惩处，遂于1911年12月27日“遣马弁持密札往德摩，令管带保林执甘（敬臣）、张（子青）等六人杀之。驻波密首领七人，则密令（周）春林五日后捕杀之”。罗长裿自以为两处同时动手，布置妥帖，万无一失。未料突起的变故，不仅给他本人带来杀身之祸，更导致整个西藏局势亦因之大坏。

恰在此时，武昌起义的消息通过《泰晤士报》传递至拉萨。波密军中哥老会成员得知其讯，很快哗变：“次日午刻，炮队队官湛某，亦四川驻防之旗人也，忽被士兵杀之。继而官长被杀戮、被殴辱、被驱逐者踵相接。盖今晨已得拉萨密信，各部纷纷扰动。”当日深夜二更，发动兵变的哥老会又围攻协领所居春多寺，罗长裿连夜逃至陈渠珍营中，狼狈躲避。此时他捕杀哥老会首领的密札尚未暴露，但清军统帅的权威已顷刻瓦解。《艽野尘梦》记录了一个细节：“后一护兵，为（罗）长裿携一狐裘至。兵士某，即前夺之，曰：‘我辈寒甚，参赞无需此矣！’”可见其概。随着事态的发展，哥老会的气焰愈发高涨。陈渠珍记称：“时军队解体，哥匪横恣，三五成群。在余室内，亦明目张胆，‘对识’叙礼。其首领，即贱如夫役，亦庞然自大。众起立，余亦起立。众敬礼，余亦敬礼。号令无所施，权谋无所用，听其叫嚣，天日为暗。”入藏川军随即失去控制，甘敬臣、张子青等哥老会头目前赴拉萨，“将谋大举”。变乱的哥老会成员则终日躁动，“但闻拉萨来人甚多，不时秘密会议，内容无从刺探。终日乱兵呼朋引类而至。余虽深恶痛恨之，亦不可如何也”。管带陈渠珍因与营中军需官亦即哥老会副龙头张子青素有交情，近侍司书、卫士亦多会党中人，故未受伤害。但作为协领的罗长裿，则很快噩运降临。不久，离军避居的陈渠珍得其司书驰马相告，谓“参赞（罗长裿）已被（哥老会）义号赵本立、陈英等勒死于山下喇嘛寺矣”，并嘱咐陈渠珍早做“戒备”。少顷，陈英即率军中哥老会气势汹汹地来到陈渠珍居处，“入门，即大言曰：‘罗长裿阻挠革命，已杀之矣’”。陈渠珍心中惊恐，“一时不能答”，稍后始称大家身处藏境险地，“此耗传出，恐于我军不利”。陈英等声称“我等与长裿同命。彼不死，我等首领不能保”，同时又谓“革命事重，推公出而领导。请明日即行”，要陈渠珍立即前赴拉萨。陈渠珍“唯唯应之”，随又“默念参赞被杀，余日与豺虎为伍，能幸免乎?！不觉泪下”。陈渠珍此处仅叙罗长裿被勒死，但其实况则要惨烈得多。据后人回忆，哥老会中的某位首领搜寻到罗长裿之后，“以绳缚之，系马尾后，鞭马曳行，凡数十里，至喇嘛寺，罗已气绝矣”，随又将其尸体焚毁，其惨其酷，可谓见者惊心。

二

罗长裿因前任协统钟颖入藏时“毫无营规”，决意乘波密平定之机查禁哥老会，很大程度上实属整顿入藏清军的要举。但付身藏事、有平定波密之功的罗长裿，竟因此遭遇奇祸，入藏清军亦因之解体，正是辛亥之际秘密会党在清军中严重渗透的缩影。哥老会是以下层游民为主的结社组织，与天地会、青帮并称为清代有名的“三大会党”。哥老会大约于清代中期在长江上游地区兴起，在四川境内多称“袍哥”。其后随着船工、水手的活动，逐渐向长江中下游地区的两湖、江浙一带发展。晚清时期，哥老会又渗入到以镇压太平天国起家的湘军体系中，并随着湘军的驻防与裁撤蔓延至全国各地。据曾国藩记载，早在咸丰末年，哥老会就已在湘军各营“相习成风，互为羽翼”（《曾文正公批牍》）。时人估计，湘军“勇丁入会者，亦十之三四”（《辟邪纪实》）。同治五年（1866），户部尚书罗惇衍曾奏称：“各营勇纷纷拜会，名曰江附会（即江湖会），又一名帼老会（即哥老会），其匪首则称为老帽，出入营盘，官不敢禁。”（《清实录》）左宗棠因此感叹说：“自顷啯噜变为哥老会匪，军营传染殆遍。”（《左宗棠奏疏续编》）虽然早在咸丰八年（1858），曾国藩就在湘军营规中禁止结盟拜会，“兵勇结盟拜会，鼓众挟制者严究，结拜哥老会、传习邪教者斩”（《曾国藩全集》）。同治六年，左宗棠又奏上《拿获会匪正法片》，随经清廷颁谕：“嗣后军营武职人员，如有入会为匪……现系充当勇丁，即照勇丁一律科罪……其游勇随营勾结为匪者，无论有无官职，获讯确实，即行正法。”光绪十七年（1891），军机处又寄发上谕：“各省哥老会匪，最为地方之害”，“著各直省将军、督抚，严饬地方文武，随时留心，实力查缉”（朱批奏折，湖广总督张之洞、湖南巡抚张煦奏）。次年，清廷正式颁发《严办会匪章程》，不断加大查禁力度。但由于各种因素的制约，尤其是查禁过程中“专主内严外宽之说，但问其有罪无罪，不问其是会非会”（《薛福成选集》），查禁哥老会的效果大打折扣。以致到清末时，哥老会在军队中的渗透情况更加严重。如陈渠珍营中的哥老会成员张子青，即利用其担任军需官的机会，不仅优待伤兵，结纳人心，同时“凡官长兵夫过往者，子青遍交欢之。挥金如土，供应极丰。于是藏军（指入藏清军）

识与不识，皆慕其名。士兵尤倾向”，一跃成为军中哥老会的副龙头，也成为军中一呼百应的实权人物（《艽野尘梦》）。

正是借助其在军队中的巨大影响，包括哥老会在内的秘密会党，也在清末鼎革的社会变动中发挥出重大的历史作用。史料记称：“长江一带，凡充当兵丁之人，亦大半来自会党。”（《新世纪》1903年第42期）这自然引起革命党人的积极关注。湖北科学补习所就专门设有负责新军工作的干事，不断将青年学生、会党成员输送入伍，以努力扩大新军中的革命因素。后人回忆，贵州新军中的初级军官和士兵，“百分之九十以上都是袍哥阶级”（《贵州辛亥革命资料选编》）。云南新军步兵第73标、第74标中的目兵（兵卒中的小头领）和中下级军官，甚至“没有不参加哥老会的”（《云南文史资料选辑》）。陕西新军中，也有很多人是会党成员。其中辛亥革命前一年建立的哥老会通统山，在坐堂大爷张云山的积极活动下，初开山堂就吸收了一千多名哥弟，“其中绝大部分是新军士兵”，几乎占到新军总数的四分之一。陕西哥老会还在新军中建立起自己的独立系统，“标有‘标舵’，营有‘营舵’，队有‘队舵’，以联系他们的哥弟”（《陕西辛亥革命中的哥老会》）。陕西会党因此成为当地反清革命的主要力量。会党首领通过“三十六兄弟歃血结盟”、林家坟会议，与革命党人结成联盟，陕西各地遂以武昌起义为号角，“一时泉涌风发，如铜山西崩，洛钟东应，关中四十余县，数日之间，莫不义旗高揭矣”（《辛亥革命纪事》）。被会党严重渗透、驻扎于昆明附近的新军第73标、第74标，则成为云南“重九起义”的主力军。贵州省城首先发难的陆军小学和新军营，其骨干绝大多数也都是哥老会成员。其他活跃在四川、湖南、湖北、江西、山西乃至内蒙古、新疆、西藏等省军中的会党势力，同样积极投入反清武装斗争之中，为各省革命的发动与独立，立下了很大功劳。

学者指出，清代中后期，名目繁多的会党组织在各地迅速涌现，“绵延数百年，遍及廿余省，会员之众，实难数计，声势之盛，撼地震天，而以旧民主主义革命时期达到最高峰”（魏建猷《中国会党史论著汇要》前言）。会党与新军之间的关系，成为辛亥革命史上的重要内容。清末新军中有不少人属会党成员，或出身于会党。流落江湖的许多会党头目也曾为营伍中人，或与军队联系紧密。会党和新军之间互相渗透，兼有会党、新军两种身份者渐成普遍现象。武昌起义爆发后革命高潮的迅速形成，与各地会党对军队的渗透是分不开的。正是在此意义上，学者认为，相当数量的清朝新军和防营士兵加入会党，产生了重要的社会影响，成为“清王朝君主专制制度大厦的支柱行将摧折的信息”（陈辉《关于辛亥革命时期长江会党的几个问题》）。这些情况值得后人深思。

作者简介

郑永华，男，1968年生，湖南邵阳人。北京市社会科学院历史所研究员，著有《清代秘密教门治理》《姚广孝史事研究》，主编《北京宗教史》等。

史文锐，男，1969年生，山西阳泉人。中共北京市朝阳区委党校副教授，著有党史、党建以及北京历史文化方面的论文多篇。

清末民初体操教材：民族危机之际的救亡图存

胡　滨

光绪三十年（1904）颁布的《奏定学堂章程》是中国现代意义学制的开始，其中规定体操科是中小学生必修的课程，标志着现代意义上的学校体育进入了中国，而这一变化与当时的民族危机有着极为密切的关系。

一、社会背景

第一次鸦片战争以后，帝国主义不断入侵中国，特别是八国联军侵华之后，中国更处于被列强所瓜分的境地，19 世纪 60 年代开始的洋务运动就是清政府图谋自救的一项举措，但甲午战争的战败表明了洋务运动的失败。同时，严复翻译的《天演论》所提出的“弱肉强食”“适者生存”“优胜劣汰”的社会达尔文主义更使国人深感危机。1902 年，蔡锷、蒋百里等人提出了军国民主义的思想，并极力主张在学校实施军国民教育，认为“一学校即一军队，一国家即一军队，苟使全国国民皆知军事之乐，则不怕敌之乘风破涛而来”。军国民主义的思想一经提出就风靡全国，并被岌岌可危的清政府所接受。资产阶级民主革命派也将军国民主义奉为自己的革命方针之一，并将之作为反抗清政府封建腐朽统治，对外收复国土，对内抑制军阀割据的重要手段。民国第一任教育总长、教育家蔡元培更是明确提出“军国民教育就是体育”。于是，“救亡—尚武—体育”的军国民教育思维模式就成为体育课的主导思想，具体表现为兵式体操成为体育课的重要内容，军事训练取代了体育锻炼，以培养学生获得军人的精神和素质，进而提高全体国民的军事素养，从而达到全民皆兵的目的。因此，各种军事游戏、兵式体操的教材内容也就成为清末民初体操教材的重点，在人物形象上也较多地采用了身着军服或操衣的形象。

二、从效法东邻到弘扬民族文化

清末的兵式体操教材大多翻译自日本。由范通吉编译，震东学社于1906年出版的《兵式体操教科书》就是翻译自日本教材《兵式体操法》。该书共有十一编。从整体上看该书包含有普通体操和兵式体操的内容，因此译本序言认为“是书有徒手入门而柔软而器械，则粹然体育书也；先合小队由小而大而野外对抗演习则行军制度亦罔勿赅周”。书中普通体操的内容不仅能够发展学生的体能，还是为了给军事训练奠定基础而设计的。例如，在第二编“各个教练”中，首先介绍徒手队列练习的内容，然后就进入到持枪队列行进的内容；在第三编“柔软体操”中，首先介绍了上肢、下肢和全身的基本体操以及跳远的内容，然后就进入到持枪演练和持枪跳跃的内容；等等。除了在普通体操的基础上发展军事技能，该书还编写有刺刀术、部队教练、野外演习、野外要务、对向演习、初等战术、射击术等内容，基本涵盖了步兵军事训练的各项内容，因此，日本本乡联队区司令官在原书序言中写道：“是书一出，令当代教育家易于了解兵式诸教练之要领，则谓为良著。”

民初的体操教材中，在编写方式上从以翻译为主走向了自主编写，而且注重与中国的实际情况和教学需求相联系，大多为参考日本教材进行修改后重新编写。既有与体操教材混合编写的，如中华书局1913年出版的《中华高等小学体操教授书》，专门列有“兵式教练”一章，包括有徒手各个教练、持枪各个教练、分队教练、小队教练等内容；也有单独成书的，如商务印书馆同年出版的中学教材《共和国教科书兵式教练》，该书“参考步兵操典、射击教范、野外要务编辑而成的适合于学校教科，而军国民应有之智识技能的军事体操教材”，分为单个教练、连教练、射击术、野外警戒、礼节5章。

这些兵式体操教材对于清末民初的学校教育产生了深刻的影响。著名作家叶圣陶先生曾回忆自己童年求学于苏州公立第一中学时，就接受过严格的“兵式体操”的教育。不仅在兵操课上进行真刀真枪的操练，“每人一支一响后膛枪，一条皮带，皮带上附有两个子弹匣，一把刺刀挂在左边”；还在校园旁校场进行野战对抗练习，“午后第五时体操，至王废基操野战。二十余人为大队，作夜卧于小桥畔；派步哨五队，每队七人，往各处要路紧守，不令敌人乘隙劫营；又令十人分为三队，作敌人来劫营者”；甚至还远足到常州、无锡、南京、杭州等地来模拟行军打仗，“一队有队长，一小队又有小队长。步伐听军号，归队、散队听军号，吃饭听军号，早起、夜眠听军号”。在军国民教育的熏陶下，少年时代的叶圣陶获得了健全的体魄，养成了“苦练”和“实干”的精神、开阔的心胸、昂扬的气质、坚毅的品格，甚至还立志“从军”，想持枪驰骋沙场，与列强“背水一战”。他在年届不惑时想起这段生活时还写到：“轻快的枪杆背在肩上，耳闻凄清的军号声，使我悠然神往了。”

在民初鼓吹军国民主义思想的背景下，不仅使军事训练进入了学校课堂，还加速了中华民族传统体育——武术的发展。在学校教育领域，最具代表性的是马良发起创编和推广的《中华新武术》。马良不仅自身习武，而且还参照兵操练法，编制了新式武术法，并邀请一些武术名家共同参与改编和教授，在此基础上发起编辑武术教材，最终定名为“中华新武术”，分为《率角》《拳脚》《棍术》和《剑术》四科。1916 年教育部委派许禹生、孔廉白等人进行考察后建议将《中华新武术》作为学校教授武术的参考用书。1918 年，该套书的上编 4 本由商务印书馆出版。次年，经国会辩论，最后通过了“中华新武术”为全国学校正式体操的决定，并通令全国实行。“中华新武术”是从各种武术套路中抽取典型的技击动作进行归类整理并重新编排，比较适合进行集体教学和操练，能够强健学生体魄，增强学生技击和军事能力，因此受到教育界的欢迎。此后“中华新武术”还被加入了传承、弘扬民族文化，凝聚民族情感、振奋民族精神的价值目标。

三、体操教材中的军事游戏和歌谣

游戏是初小体操教学的重要内容，在清末民初体操教材中，采用了大量的军事游戏对学生进行教育，甚至将游戏和歌谣结合起来培养学生的尚武精神，建构学生的军国民思想。例如，清末学部图书编译局编写《初等小学体操教授书》中就有将军传令、传送密信、暮夜进军、角力、攻夺鱼雷、攻夺炮台、海军大战、步兵队大战、工兵队竞走、辎重队竞走等大量军事游戏。在民国初年，还出版了专门的军事游戏教材。例如，1916 年出版的《作战游技法》，专门收集、整理、编写了 50 个军事游戏，其内容“专以军事为主，兼及关于国耻”，涵盖了陆军、海军在训练、战争中多个方面的活动，并重视激发学生的爱国主义精神，供国民学校三四年级和高等小学校一至三年级教学使用。此外，由王怀琪编撰的《实验拟战游技》，经教育部审查后批准用作高等小学校及国民学校、师范学校用书，审查认为该书“在锻炼上可收活泼强健之效果，在训练上可得从顺勇敢诸美德……寓国家思想于游戏之中，发扬军国主义使儿童得之于不知不觉之际”。

在游戏教学活动中，常常会让学生结合歌谣进行游戏。清末学部编写的教材中将杜甫的《前出塞（第六首）》列为军歌，让学生游戏过程中吟唱。这首歌唱道：“挽弓当挽强，用箭当用长。射人先射马，擒贼先擒王。杀人亦有限，列国自有疆。苟能制侵陵，岂在多杀伤。”将中华民族的军事哲学思想潜移默化地渗透给了学生。而在《表情体操法》教材中设计有 50 个唱歌游戏，“所采用之歌词半属于武事的慷慨激烈，方能唤起儿童兴味”，同时配合歌词编排体操动作进行练习。其中该书中第一个游戏是“体操”，在游戏活动中所配歌谣唱道：“男儿第一志气高，年纪不嫌小，哥哥弟弟手相招，来做兵队操。兵官拿着指挥刀，小兵放枪炮，龙旗一面飘飘，铜鼓咚咚敲。一操再操日日操，操得身体好，将来打仗向前跑，男儿志气高。”此处就是借用了中国近代音乐史上最早的学堂乐歌《男儿第一志气高》的歌词。

四、高潮与衰落

在日本提出了企图灭亡中国的《二十一条》之后，全国掀起了大规模的爱国运动，纷纷提出要加强军国民教育，加强军事训练与体育。1915 年，“全国教育联合会”提出《军国民教育实施方案》，建议：小学校学生宜注重作战游戏；师范学校及各中等学校之体操课时间内，宜于最后学年加授军事学大要；等等。

1916年，陆军部还受委托编写了一套《中学兵式训练》教材，各中学校被要求购买该书进行体操课教学。但这些提倡军国民主义的思想和做法，并没有把中国从半殖民地半封建社会中拯救出来，中国依然是军阀横行，依然受到列强的欺辱。

此后，伴随着新文化运动的发展、自然主义体育思想的传播以及体操教学中出现的实际问题，有识之士开始对军国民教育进行反思。教育界、体育界开始提出废除兵操的主张。例如，蔡元培在1916年从欧洲考察回国以后，就不再将体育和军国民教育相提并论；体育教育家徐一冰认为"体操一科，与生理学、心理学有密切关系，断非无教育无知识之一二兵士可以能胜任也"，并建议"学校体育，亟宜革除兵式教练一门"；青年毛泽东在《体育之研究》一文中指出体操课是"教者发令，学者强应，身顺而心违，精神受无量之痛苦，精神苦而身亦苦矣"。于是，体操教材也发生了相应的变化。1917年出版的《中学新制体操教本》中没有再详细介绍兵式体操的内容，仅要求"参酌本国之步兵操典行之"，同时提出学校的兵式体操教学应该与军队的军事训练有区别，其目的不应是为了教授学生全面掌握具体的军事技能，而更多的是通过兵操的锻炼，培养学生勇猛顽强、沉着果断、遵守纪律、注重合作等品质。1923年，北洋政府仿效美国学制制定和颁布了新学制，正式把学校的"体操科"改名为"体育科"，剔除兵式体操的内容，而改为以田径、球类和游戏为主。从此，体育教材的发展进入了新的历史阶段。

作者简介

胡滨，男，1975年生。人民教育出版社体育编辑室主任，副编审。

近代上海市民与戏剧文化

曾　澜

近代上海戏剧文化从审美趣味、观演空间到传播媒介都呈现出与市民阶层的密切关联，经历了从社交到教化的功能转型。上海市民戏剧文化公共空间的建构既是适应环境的结果，更是近代戏剧艺术自觉和文化自醒的表征。

近代上海戏剧文化是随着移民群体的大量涌入和上海娱乐空间的商业化建构而迅速丰富和繁荣起来的。晚清以来，南北各地的众多剧种和戏剧表演人才纷纷涌入上海，上海剧坛囊括了昆曲、京剧、越剧、淮剧、粤剧、绍剧、锡剧、扬剧，以及评弹、滑稽等十几个剧种，各剧种之间既相互竞争，呈现出不同的唱腔流派和表现形态，又兼收并蓄、融合创新，形成独特的海派特征。戏曲活跃的同时也带来观演场所的兴盛，“京剧风行，戏园斯盛”（海上漱石生《上海戏园变迁志》，《戏剧月刊》1928 年 9 月第 1 卷第 1 期）。据统计，从 1867 年京剧入沪至 1911 年，上海正式的营业性戏园有 120 家，造就了“大小戏园开满路，笙歌夜夜似元宵”（晟溪养浩主人《戏园竹枝词》，《申报》1872 年 7 月 9 日）的剧坛盛况。上海成为近现代戏曲活动在南方的中心，有“梨园之盛，甲于天下”（黄式权《淞南梦影录》）一说。

戏剧文化在近代上海的中心地位不仅表现在戏剧演出市场的

活跃，更体现在戏剧文化空间的市民化转型，这种转型以戏剧功能从社交到教化的转变为显著表征。

一、戏剧审美趣味的转向

近代上海市民这一阶层的崛起亦是上海戏剧审美情趣由雅趋俗的过程。清代上海盛行昆曲，“沪上昔日盛行昆曲，大章、大雅、鸿福、集秀尤为著名。鸿福班中之荣桂、集秀班中之三多，俱称领袖”（王韬《淞隐漫录》）。昆曲是文人雅趣的典范。清末民初，市民逐渐代替文人士大夫成为近代上海戏剧文化消费的主体，热闹喧嚣、喜乐快感、滑稽夸张式的娱乐偏好使得他们对昆曲精微细腻的水磨调、风雅绮丽的文辞以及“雅致”的美学取向敬而远之。代表文人士大夫趣味的昆曲与市民趣味渐行渐远，在上海剧坛越来越被边缘化，不再受到近代戏剧市场的青睐。

与昆曲没落相反的，则是京剧在上海梨园中的辉煌。同治六年（1867），京剧正式南下上海，在英籍华人罗逸卿建造的“满庭芳”戏园登台演出，得到了上海市民的极大青睐。据姚民哀《南北梨园略史》记载，沪人初见，趋之若狂，多以看京剧为时尚。至光绪初年，京剧已成为上海最具影响力、观众最多的剧种。为京剧专设的戏园、茶园等娱乐空间也竞相开放，戏曲从宫廷和达官贵人的私宅迅速走向了普通的市民大众。此后，京剧取代了昆曲，成为上海剧坛转型的方向标。

京剧之所以能够在上海剧坛独领风骚，是因为京剧出自民间，继承的是中国民间文化传统，更能适应清末民初戏剧舞台大众化、通俗化的趣味需求。相较于昆曲“语言曲调与今异”，“使人生厌”，皮黄和梆子这些剧种“人皆能知之，故遂意感人”（陈去病《论戏剧之有益》，《二十世纪大舞台》1904年9月第1

卷第1期）。京剧的唱词运用了民间叙事文学的文体，并辅之以相匹配的板腔体及伴奏乐器，营造出豪放而热烈的气氛，造成文场刚烈、武场喧闹的演唱场景。在形式上，京剧凸显曲折离奇的情节，并配以极尽奇幻巧妙的机关布景，追求时尚新潮的戏装；内容上则配合近代戏剧改良运动，编演时装京剧，将市民命运和时事生活编入剧目，如《宋教仁遇刺》《枪毙阎瑞生》等。这些改良使得京剧呈现出浓厚的市民气息，迎合了当时上海戏剧消费市场追新求异、戏剧场面景观化的市民审美趋向。一些比京剧更具草根性的地方剧种如沪剧、淮剧等纷纷效仿京剧，迎合这股市民化的审美风向，逐渐在上海站稳脚跟，成为民国时期上海戏剧文化的重要构成部分。昆曲的式微和以京剧为代表的地方剧种的梨园盛世，意味着近代以来文人士大夫美学趣味一统天下的文化秩序的解体，而以京剧为代表的地方剧种渐次开始了向市民文化身份的转型。

二、“新舞台”：从社交到教化

戏剧改良运动推展了上海戏剧文化空间的功能转型，下面以新式剧场和戏剧报刊二例简要介绍。

上海新式剧场出现之前，戏剧的观演空间主要是茶园。茶园由戏园更名而来，其饮茶看戏的观演模式沿袭了中国“宴乐观剧”的传统习俗。茶园内设有专门的三面观敞口式戏台，虽与观众区相隔离，但观演空间并没有明晰的边界。演唱空间被观看空间三面包围，不仅戏台前方的廊柱阻碍了部分观看者的视线，而且观看者大多是应社交的需要依茶座而坐。且在观演空间里，观众可点戏，艺人亦需受招伺酒；观众席间欢声笑语，而戏台之上演员也可随时终止表演，召唤检场上台送茶水；“长三幺二之摩肩擦背而来者，亦且自鸣其阔绰，轿班娘姨之辈，杂坐于偎红倚绿之间。更有各处流氓，连声喝采，不闻唱戏，但闻拍手欢笑之声”（《中西戏馆不同说》，《申报》1883 年 11 月 16 日）。台上台下的往来互动模糊了观演空间的边界。此外，茶园以茶水计费，戏剧演唱是为了招徕更多的客人。因此，茶园看戏行为在很大程度上是社交行为的附属。

更为重要的是，茶园呈现出来的观演空间仍然构筑在清代等级观念之上。茶园座位是依社会等级来安置的。达官贵人的官座在二楼，类似包厢，普通百姓只能坐一楼的散座、池座。每个座位都表征了自己的社会等级和相应的审美趣味。而且，戏剧艺人地位非常低微，时而被召唤陪伺饮茶，他们的演唱活动和知名度仍依赖于达官贵人的提携与赞助。可见，茶园虽然是商业化经营，但是并未走向专门化，它实际上是一个多功能的社交场所，戏剧的审美功能仍然依附于茶园社交这一主要的社会功能，是晚清等级观念借由戏剧观演空间向社会日常生活的渗透与强化。

1908 年 10 月，夏月珊、夏月润兄弟在上海十六铺建造了中国第一个仿照日本镜框式舞台的新剧场——新舞台。新舞台的建立，标志了上海传统观演空间现代化转型的开始，亦是上海戏剧文化的教化功能在剧场空间维度的呈现。它不仅在建筑空间上打破了戏台依附于茶园的从属性，而且构筑的观演空间凸显了戏剧的艺术自立和社会教育功能，拓展了上海戏剧文化的公共空间。

新舞台与茶园的不同之处在于，它把三面敞开的带柱戏台改建成为半月形镜框式舞台，演唱台面拓宽，可以使用各类软硬布景；采用了当时最先进的声、光、电技术；取消了台前立柱，观看空间里排椅代替了茶座，并自前往后呈梯状逐渐增高，观看视线可以畅通无阻。废除了茶园案目制，实行售票制；观看空间内取缔了一切与观剧无关的诸如喝茶、谈生意等行为，剧场内“观者洗耳恭听，演者各呈妙计”（《中西戏馆不同说》，《申报》1883年11月16日）。如此，观演空间各自独立，彼此互不越界。观演分立的剧场空间建制把看戏提升到与听戏并重的地位，使得传统的以听戏为辅、社交为主的戏剧活动转变为戏剧审美活动。表演者及其表演舞台构成整个观演空间的视知觉中心，观众能够在暂时达成一致的观看氛围中形成某种默契的集体观剧心理，从而实现观演两端无论是在艺术传达方式上还是情感交流空间内平等的主体地位，以至于最终形成观演之间的情感认同。这种基于平等主体之上达成的情感认同是戏剧艺术得以自立并实现其教化功能的前提。

新舞台不仅促进了戏剧艺术的自立和表演体系的完善，也推动了近代戏剧空间从一般性的社交娱乐空间向具有教化意味的公共空间的转型。新舞台是迎合戏剧改良运动的舞台实践需要而诞生的，因此它在很大程度上成为改良运动的宣传平台。新舞台建成之后，对剧目内容进行了很大的创新和变革，上演了一大批表现现实生活、反映重大社会政治问题的时装新戏，如《赌徒造化》《黑籍冤魂》《黑奴吁天录》《宦海潮》等，“或唤起民族主义思想，或讽刺社会现状，取材颇有新意”（胡怀琛《上海的学艺团体》，《通志馆期刊》1934年3月第1卷第4期），具有鲜明而强烈的政治色彩，激荡着民族主义和爱国主义精神。如《黑籍冤魂》即是一部揭露鸦片罪恶的时装连台本戏。该剧目的上演引起了鸦片贩子的怨恨，但是扮演烟鬼的夏月珊并不为所动，反而在舞台上大声宣布：“我们不怕恐吓，毒要抗，《黑籍冤魂》要演，绝不退让。”（梅兰芳《戏曲界参加辛亥革命的几件事》，《中国戏剧》1961年第6期）为了宣传的需要，这些新戏在唱词上采用方言，说白多，唱功少，“演戏的目的是从爱国思想出发，鼓吹革命，所以在戏里是有长篇演说”（高黎痕《谈解放前上海的话剧》)。这种夹杂演说的表现方式在当时不仅大受欢迎，甚至还引起了表演角色的变化，出现了所谓的“言论派老生”“言论派正生”的角色，即表演中经常发表鼓动性言论的角色，“颇合当时观众的心理”(《新舞台之爱国新剧》，《申报》1911年4月17日)。当时就有人这样描述潘月樵在舞台上的巧舌如簧：“马相伯演说似做戏，潘月樵做戏似演说。”(《上海掌故》)

在新舞台的带动下，上海建造了一批新式剧场，如“大舞台”“新剧场”“新新舞台”“天蟾舞台”等，旧式茶园逐渐退出历史舞台。这些新式剧场在当时戏剧改良界人士的努力下，被开拓为上海戏剧文化的公共空间，具有明显的社会教化意义，体现了当时上海戏剧界人士的文化自醒和政治自觉。

三、戏剧报刊的教化功能

与新型剧场以情感认同的方式教化市民不一样的是，近代戏剧报刊以戏剧改良为武器直接参与社会事务，具备鲜明的警世、教化功能，堪称上海戏剧文化公共领域的起点。戏剧界改良直接与启蒙救国的政治需求相匹配，其目的就是通过戏剧来启蒙民众以达到救国的目的：“现今国势危急，内地风气不开，……惟戏曲改良，则可感动全社会，虽聋得见，虽盲可闻，诚改良社会之不二法门也。”(陈独秀《论戏曲》，《新小说》1905年第2卷第2期)近代上海戏剧报刊的创办即是戏剧改良开辟的更具有公共性和教化意味的公共空间。

作为当时主流报刊之一的《申报》对戏剧报刊的创办无疑有着重要的典范性意义。《申报》创刊于1872年，它虽然不是戏剧专报，但发行量大，影响深远，关注戏剧时间远早于戏剧专报。《申报》创刊不久就开始关注戏剧，最早的戏剧类文章以竹枝词形式出现在1872年5月18日这一期："自有京班百不如，……金桂何如丹桂优，佳人个个懒勾留，一般京调非偏爱，只为贪看杨月楼。"《申报》还大量刊载了戏曲类广告以及对近代上海戏剧戏园、剧目、演员及舞台表演等方面的评论。这些评论促进了上海剧场及剧场制度的改革，号召戏剧界人士从删除淫戏、力去陈腐、注重社会情状、提倡国家思想四个方面对戏剧进行改良（济民《改良戏曲谈》，《申报》1921年3月31日），极大推动了近代上海戏剧的改良运动。早期《申报》对戏剧的关注标志着近代上海戏剧的传播方式进入了一个崭新的阶段，报刊成为上海戏剧文化建构的另一大教化空间。

维新运动之后，上海戏剧界开始出现戏剧类专刊。1904年陈去病、汪笑侬等人创办了中国报业史上第一份戏剧专业方面的刊物《二十世纪大舞台》丛报，刊物的宗旨即："以改恶俗，开通民智，提倡民族主义，唤起国家思想为唯一之目的。"（陈去病、汪笑侬等《招股启并简章》）柳亚子在《发刊词》中亦表达了同样的政治主张："今所组织，实于全国社会思想之根据地崛起异军，拔赵帜而树汉帜。他日民智大开，河山还我，建独立之阁，撞自由之钟，以演光复旧物推倒虏朝之壮剧、快剧，则中国万岁，《二十世纪大舞台》万岁。"（《二十世纪大舞台》1904年10月第1期）《二十世纪大舞台》在内容上以戏剧为评判时局的主要武器，刊登了汪笑侬、孙寰镜等人创作的《安乐窝》《鬼磷寒》《拿破仑》《新上海》等新编的剧作，以此来激励戏剧改良和社会变革。如《安乐窝》即由女丑扮演，批判了西太后不仅反对变法、阻碍社会进步，而且还穷奢极欲、丧权辱国的罪状。

《二十世纪大舞台》一经问世便传播至诸如汉口、苏州等城市，甚至远销至日本东京、新加坡等地，广受读者欢迎："夫申江为中原之重心点，舞台为申江之重心点，陈君佩忍、汪君笑侬等，为舞台之重心点，其关系顾浅鲜耶？……采采流水，蓬蓬远春，此曰大舞台之进步也。吾崇拜之，吾将率四万万同胞，合掌欢呼，崩角稽首而崇拜之。”（崇鼎《崇拜“大舞台”》，《二十世纪大舞台》1904年10月第1期）香港同盟会机关报亦对《二十世纪大舞台》推崇备至：“戏剧司教育权之一大部分，渐为吾国有心人所公认。是故优界改良之运动，颇有其人。而最得风气之先者，为上海一埠。……刊行优界杂志一种，每月二卷，每卷二毫。其中精神高尚，辞藻精工，歌曲弹词，自成格调。读之令我国家民族之思想，悠然兴发，不能自已。”（香港《中国日报》：《绍介“大舞台”》，《二十世纪大舞台》1904年11月第2期）由此，《二十世纪大舞台》以改良为核心，为当时的戏剧艺人和社会仁人志士提供了参与社会、评判现实的机会。

作为近代上海戏剧改良运动的先驱报，《二十世纪大舞台》出版两期后的被迫停刊表明了近代中国戏剧文化转型的艰难。尽管如此，该报刊所倡导的戏剧改良观念以及民族主义精神，开辟了近代上海戏剧文化的公共领域，为后来持续葆有公众关怀的各类戏剧报刊提供了典范。之后，一些类似的戏剧报刊陆续创办。1910年的《梨园杂志》与1913年的《歌场新月》均以启发民智、移风易俗为办刊宗旨。新剧在上海戏剧舞台崭露头角并大受欢迎之后，上海新剧公会1914年创办了《新剧杂志》，专门研究新剧艺术。同年9月，《俳优杂志》创刊，就旧戏与新剧展开讨论。此外诸如《剧场月报》《戏剧丛刊》《鞠部丛刊》《春柳》等报刊，就戏剧理念的变革、戏剧艺术的完善和社会生活、时事政治等发表各方不同的见解，表达了近代戏剧界人士对当时社会时政和国家命运的关切。

近代上海戏剧不仅在审美上以市民趣味为取向，更是通过新型剧场和报刊传播的方式构建了上海戏剧特有的文化公共空间，在一定程度上实现了戏剧从单纯社交到审美、教化的功能转型，且其教化功能随着民国时期戏剧艺人日益增长的文化参与、政治表达和民族关怀而更为凸显。

作者简介

曾澜，女，1976年生，江西万安人。复旦大学艺术人类学博士。上海社会科学院文学研究所助理研究员。主要研究方向为戏剧人类学。

清代移民户籍管理措施与移民新趋势

褚宏霞

清代的户籍制度是沿袭明制而“参以国制”（《清史稿》），户民主要分隶于民、军、商、灶籍。为严格控制社会人口，清代对隶属民、军等籍的户民实行了严格的编审制度，各色户民编入严密的保甲组织。但随着人口的增长和清代管控疆域的扩大，尤其到了清朝中后期，人口流动更加频繁。为管理和控制移民，清政府因时而变，采取了一系列的措施，对规模日隆的移民潮加强了管理。

一、清前期移民的户籍管理措施

清前期为恢复社会经济，曾一度允许人口在一定范围内迁徙，以调节地区经济发展所需的劳动力。对于流寓在内地省份贸易谋生的人口，清代的基本政策是：如果户民在寄居之地置有坟庐逾二十年者，则“准入籍出仕”，客民在内地贸易，“或置有产业者，与土著一律顺编”（《清史稿》）。此外，在处理移民附籍时，有时还依据移民在某地的居住年限以及家室情形。总的来说，清前期对内地省份流动人口的户籍政策主要有三种：

第一种，招抚回籍，即某地出现人口外流时，以优厚的招徕措施吸引人口回流原籍地。明末清初的战争造成大量人口流转迁徙，一些地方人口空虚，严重缺少经济发展所需的劳动力。在这种情况下，清廷积极鼓励地方官员招引旧籍归业，并妥善安置。四川地区在战争中遭受较大破坏，为尽快恢复经济发展，清廷于顺治十年（1653）规定“四川荒地，官给牛种，听兵民开垦”（嘉庆《四川通志》），意在招抚本地户民归籍；十七年，顺治帝令贵州督抚，如果流民归川，不得阻拦。为尽快招流民归籍，康熙三年（1664）准许拨给回川流民口粮舟车，七年又采取了奖励措施：“见任文武大小各官，有能捐资迁移四川流民归籍，每百家以上者记录一次，四百家以上者加一级，五百家以上者加二级，六百家以上者加三级，七百家以上者不论俸满即升。”（《大清五朝会典·康熙会典》）同时实施优厚措施和奖励政策以吸引户民归籍。

第二种，授田为业，安插入籍。清廷在对某一地区招民复业的同时，也采取鼓励措施，实施积极的移民政策。对四川进行招抚旧籍的同时，清廷也允许外来移民入川垦荒。康熙十年，川湖总督蔡毓荣鉴于川地人少地多的情况，奏请放宽条件，对于入川垦荒的携眷贫民，延长初始征税年限，议准垦田五年，征税后准其入籍（《清史稿·蔡毓荣传》）。经官方鼓励、招徕的户民，清廷于雍正六年（1728）施行按户授田之法：“以一夫一妇为一户，给水田三十亩，或旱地五十亩。如有兄弟子侄之成丁者，每丁增给水田十五亩，或旱地二十五亩，若一户内老小丁多，不敷养赡者，临时酌增，俱给以照票，令其管业。”（《清世宗实录》）土地开始征税年限定为三年或者五年。官方制定的优惠政策，极大地吸引了湖广等地的移民。这些在官方鼓励下进入川地开垦的民众，不仅获取了永业之地，且在安插入籍后，取得了与当地户民一样的科考等权利。

第三种，间接落籍。外来移民，不能直接安插入籍时，清廷会采取一种间接方式：先将移民单独归入一类户籍，再正式落入地方户籍体系。江西、浙江等各府县在明代时迁移来大量闽粤贫民。这些人以种麻、冶铁等业为生，因搭棚居住，所以被称为棚民。清前期为解决棚民问题，着力将其编入户籍，并为避免土客冲突而新设了棚籍。顺治五年，江西总兵、前明将领金声桓在南昌起兵反清。清廷平息起事之后，以编牌甲、造册入籍的方式将地方2400余户棚民分别纳入宜春、分宜、萍乡、万载四县民籍（康熙《宜春县志》）。雍正三年规定，江西各县棚户照保甲例，每年按户编册，责成地主并保长出具保结送州县官稽查。有情愿编入土著者，准许，而且二十年后可以参加科考（《清世宗实录》）。这些编籍的棚民加入的是有别于土著居民的棚籍，棚籍只表示清廷对迁居事实的认可，只有编入土著才算完成真正入籍。不过，福建、浙江地区的棚民落籍有些不同，先入保甲，入籍则需顶替原户（绝户）之户籍（光绪《清会典事例》）。嘉庆二十年（1815），清廷针对浙江省的棚民规定，租种地亩超过二十年，且有田产庐墓、娶有妻室，则准许入籍，年份未久却娶有妻室者，待过二十年期满准呈明入籍（光绪《清会典事例》）。

二、清中后期的移民潮

清代中期，社会稳定、经济繁荣，进入盛世时期，但也面临新的人口问题，即人口的急剧增长与疆域拓展带来人口流动高峰。同时，人口的流动出现了与前朝历代不同的新动向，即内地人口大规模、多方位、多形式地向边疆地区迁移，且迁徙地域广阔，持续时间长达二百余年之久（华立《十八世纪中国的人口流动与边疆开发》）。清代中期的人口流动之所以呈现出此种特点，与清代特殊的时代环境密切相关。

其一是内地人口急剧增长所带来的社会压力。明末清初的战乱使得人口锐减，但经过清初数十年的休养生息，社会经济逐渐好转，人口也开始逐渐增长。“康乾盛世”时期，内地人口增长速度极快，乾隆六年（1741），人口数达1.4亿，到乾隆末年已至3亿，而到嘉庆末年全国人口数达3.5亿多（梁方仲《中国历代户口、田地、田赋统计》）。人口的快速增长与土地资源、生存环境形成矛盾，并逐渐恶化。康熙时期，“太平日久，人口滋生多至数倍”，农业所产却无法供应人口增长之需求，导致米价不断上涨。人口稠密的直隶地方更是“米价腾贵，民多乏食”，康熙帝谕旨发京仓、通仓之米赈济，却难以解决实质问题，地少人多所造成的社会压力越来越大（《清圣祖实录》）。到乾隆时期，由人口增长所带来的生存压力更大，其时“各省沃土皆已开垦”，可垦之地已无多，“一人耕种而供十数人之食”（《清高宗实录》）的局面日益严重。在生存压力的推动下，内地的过剩人口便向外发展，以寻找适宜的生存空间。

其二是疆域的拓展。清代的疆域十分辽阔，北起库页岛东北部，东到台湾，西达葱岭，西南由喜马拉雅山到云南地区，尽在清朝统治之下。与内地地狭人稠形成明显对比的是这些边疆地区地广人稀。如内蒙古地域辽阔，近120万平方公里的土地上，仅生活着百余万以游牧为生的蒙古族；新疆面积达160余万平方公里，天山南北适宜耕种的肥沃土地不少，却只有少数的蒙古、维吾尔等族人口。内地生存压力的增大与边疆地区巨大的生存空间，成为促使人口迁移的推力和拉力。正是在这两种因素作用下，内地人口流向边疆地区成为18世纪人口流动的主导趋向。

自清中期开始，内地人口持续且较有规模地迁往新疆、内蒙古、东北、台湾等边疆地区。乾隆中期，清廷统一天山南北后，制定了积极的移民实边政策，由此陕甘等省份的贫民纷纷前往新疆认垦土地，谋求新生活。清初曾允许内地人口进入辽东地区，未成规模。自康熙后期始，内地犯禁留居蒙地和东北的汉族移民不断增加，虽然乾隆时期颁布禁令，但移民浪潮已成。清后期，随着清廷禁令的松弛，内地人口大规模的迁居蒙地、东北。康熙二十二年平定台湾后，清廷为加强对台湾地区的控制而实行了封禁政策，限制广东、福建等地民人渡台垦殖，却难以阻止闽粤因人口压力导致的偷渡入台。雍正时期，清廷允许在台居住的汉民可以搬眷后，台湾人口开始大幅度增长。乾隆二十九年，台湾开禁，汉民入台没有了法律限制，由此出现移民台湾的高潮。

清代内地人口持续、较有规模的流向边疆地区，在推动边疆社会经济发展的同时，也促使清廷在边疆地区逐步确立了户籍管理制度。而户籍制度的建立，不仅表明清廷对边疆人口管理体制的改变，更表明清廷对移民身份与定居事实的法律认可。

三、清中后期的移民户籍政策及其意义

有清一代，尤其清中后期，北部一线的新疆、内蒙古、东北地区是接收内地移民最多的边疆地区，在人口迁移的时间长度、迁移规模、地域范围方面都远超前朝历代，因此清政府对这些地区移民的户籍政策比较有代表性。

清政府对新疆、内蒙古、东北地区的移民态度不一。面对日益汹涌的移民潮，以及移民在迁居地的落居事实，清政府承认或默认了移民行为，并采取相应的户籍管理措施，将移民纳入了地方管理体制。

新疆地区，自乾隆二十四年统一天山南北后，各类移民人口纷纷进入新疆，包括绿营驻防官兵及其眷属、遣犯及其眷属、普

通户民、商民。清廷为增加新疆的民籍人口数量，对这些不同移民群体的入籍采取了相应的政策。官方大规模的组织性移民，从乾隆二十六年始，持续到乾隆四十五年。这些户民，被分批护送，妥善安插在乌鲁木齐等处，户籍也从原居住地被政府直接平行移到了新疆的迁居地。清政府积极鼓励绿营兵丁眷属落籍，要求驻防地的地方官直接将其安排落入民籍，使他们"携眷永居……将来子弟多添设土户"（光绪《清会典事例》）。遣犯是一类特殊性移民群体，可以通过服役三五年，期满转入地方民籍。清末，随着形势的发展，清廷对遣犯转入民籍的条限有所放宽，遣犯在待遇、安置方面与普通户民趋于一致。对于自发性移民，清廷规定地方官员按户拨给土地，发给执照，待土地升科时，将户民落入民籍。此外，移民的落籍在地域上还存在差异。道光之前移民主要集中落籍于北疆地区，南疆在道光十年（1830）后方有移民以升科纳粮的方式落户，而且因为户民垦地的升科年限一般早于北疆，所以南疆的内地移民在入籍时间上要早于北疆移民。

内蒙古地区，由于蒙地特殊的人文环境，清廷采取人口封禁政策，禁止内地人口的迁入。因此汉族移民落籍蒙地的过程比较特殊，先取得蒙地定居权，再以纳入府厅县的方式正式落籍蒙地。移民定居蒙地的方式有多种，或举家迁居，或与蒙古人婚配，加入蒙籍。不过，多数汉族移民还是以获取土地永耕权的方式留居蒙地，或承垦官方直属土地，或以契约方式从蒙民、汉族揽头手中获取土地永耕权。商民以商而居，有的还在蒙地转而从事农业耕种，以此成为蒙地居民。清政府对这些在蒙地定居的汉族移民的户籍措施是随着时代的变迁而改变的。光绪十年（1884）时，清政府对归化城土默特、察哈尔地区原纳入七厅的居民，改纳抚民厅管理，至此这些地区的移民才取得了户籍。而热河、卓昭二盟地区，定居下来的移民在乾隆中期厅制改为府县时，由寄居转入府县户籍体制，有了正式的民籍身份。光绪时期，清廷改变了蒙地的人口封禁政策，实行积极的移民政策，于是内地移民合法承垦蒙地，清廷也将移民纳入府厅县的户籍体制内。

东北地区作为清朝“龙兴之地”，清廷在不同时期实行了不同的移民政策。清初积极招徕移民入籍，清中期以封禁政策阻止汉族移民迁居，清后期转以移民实边政策招徕移民落籍。在清初、清末时期，清政府积极鼓励移民落居东北，所以应招而来的移民，都被纳入新设州县的户籍体制；在封禁时期，清政府限制移民进入东北，但在移民定居事实下，又不得不采取清查升科、就地安插，或附籍他县等措施将移民重新纳入户籍管理体制。

从新疆、内蒙古、东北三地移民的落籍情况可见，清政府在不同时期采取的移民政策，使得不同移民以不同方式落籍迁居地，重新加入了国家户籍体制。移民在迁居地的落籍意味着转换了客民身份，由“客”到“主”，具有了分享入籍地资源及科考等权利。对边疆地区来说，移民落籍不仅增加了地区户籍人口，改变了人口结构，还带来了社会变革。随着边疆移民社会的逐步形成、发展，以及地区农业、商业、城镇经济的迅速发展，清廷逐渐改变了对新疆、内蒙古、东北地区的统治政策，将内地的行政管理体制——府州县制移植边疆社会，使边疆地区最终在清末完成了内地化与一体化的进程。

作者简介

褚宏霞，女，1983 年生，山东临沂人。历史学博士，中国社会科学院博士后，主要从事清代边疆民族史、中国边疆历史与现状问题研究。

一个不应漠视的历史人物

——康熙朝之名儒重臣陈廷敬及其《午亭文编》评议

王俊义

愚以为凡要研究康熙帝及康熙朝之政治历史文化，陈廷敬则是一个不应漠视的历史人物。因康熙帝在位六十年，而陈廷敬则在其朝中任职五十余年，几乎与康熙朝相始终。且历任中央工、户、刑、吏各部尚书直至文渊阁大学士；他还长期任经筵讲官，入直南书房，为康熙帝讲经论学，与康熙帝亦师亦友，深得康熙帝之器重与信任。同时，他又领衔编纂《明史》《清一统志》《康熙字典》等传世典籍，其本人对理学、文学亦造诣深厚，是当时之著名诗人。终其一生，既从政又治学，勤恳辅佐康熙帝治国理政，为康熙时期之社会发展及政治、思想、文化建设卓有贡献，无疑是康熙朝之名儒重臣，故受到康熙帝及朝野上下的高度评价与赞扬。但自晚清以降，却长期淡出人们的视线，受到不应有的漠视。因有学者概括其遭遇谓“生前宦达显赫，死后文名寂寞”（任茂棠主编《陈廷敬研究丛书序一》）。是否果真如此？具体情况如何？今天，我们应该如何评价陈廷敬这类历史人物？颇值得研究思考。笔者因厕身清史研究有年，最近又有缘阅读了王道成先生点校的陈氏之诗文集——《午亭文编》，拟就上述问题谈点浅见。

一、从政兼治学终生，乃辅佐康熙治国理政的有功之臣

由于陈廷敬早就淡出人们的视线，今天的读者大多对之较为陌生，欲对之进行实事求是的评价，首先有必要对其生平经历、仕途升迁、为人行事略作介绍。

陈廷敬，字子端、樊川，号说岩、月岩、午亭等，山西泽州（今晋城）人。生于明崇祯十一年（1638），逝于康熙五十一年（1712）。出身世代书香门第，幼承庭训，喜赋诗作文，钻研程朱理学。顺治十五年（1658）中进士，选庶吉士，十八年授检讨，从此步步高升。康熙八年升国子监司业，掌管国学政令，九年升弘文院（不久改为翰林院）侍读，十一年充日讲起居注官，十五年转任内阁学士兼礼部侍郎，旋被升为翰林院掌院学士，仍一直兼任日讲起居注官，虽然康熙二十二年停止经筵日讲，但作为内阁学士的陈廷敬仍任经筵讲官，每逢春秋两季进行经筵大典，他都要向皇帝进讲。康熙帝曾多次表彰陈廷敬“进讲甚为精详，实于学问政事大有裨益”（《康熙起居注》）。康熙帝晚年在回顾自身的学习经历时还说：“朕政事之暇，惟好读书。始与熊赐履讲论经史，有疑必问，乐此不疲。继而张英、陈廷敬等以次进讲，于朕大有裨益。”（《康熙起居注）表明熊赐履、张英、陈廷敬都是让他受益颇多的经筵讲官，唯其如此，陈廷敬才得以长期入直南书房，并继张英之后，成为康熙帝的近臣之首。对此，有的清史学者评说：“陈廷敬和康熙之间的密切政治关系，在一定程度上深刻影响着清朝政治的发展。”（高翔《陈廷敬述论》）

陈廷敬从康熙二十三年起任都察院左都御史，掌全国风纪之

责。继而又任工部、户部、刑部及主管全国文职官员任免的吏部尚书，直至康熙四十二年任文渊阁大学士，成为赞理机务、表率百僚的宰辅之臣。在此过程中，尽职尽责，为辅佐康熙帝治国理政，屡屡上疏或进表，诸如《制钱销毁滋弊疏》《劝廉祛弊请敕详议定制疏》《请严督抚之责成疏》《请议水旱疏》及《云南荡平贺皇上表》等（见《清史稿》及《清史列传》中的《陈廷敬传》），大都针对社会长期存在的弊端，就发展生产、倡俭惩贪、察吏安民、赈灾救荒、国家统一等方面，提出切实的建言和改革主张，既利国又便民，有助于社会安定和促进社会经济发展。

陈廷敬在历任各部尚书与大学士的同时，又参与或领衔编纂康熙朝的各种文献典籍，诸如《世祖实录》《太宗实录》《明史》《清一统志》《康熙字典》《佩文韵府》等。且并非只挂空名，而是做了切实的工作，如康熙二十一年，决定恢复《明史》编纂，时原任总裁叶方蔼去世，康熙帝即令："此缺著陈廷敬补。"（《康熙起居注》）据长期担任《明史》总裁官的王鸿绪回忆，"臣回籍多年，恩诏重领史局，惟大学士张玉书为监修，尚书陈廷敬为总裁，各专一类，玉书任《志》，廷敬任《本纪》，臣任《列传》"（《清史稿·王鸿绪传》）。又如康熙二十五年决定纂修《清一统志》，任命了多位总裁官，时任大学士的明珠请示："此内专委何人？"康熙帝当即明示："著陈廷敬、徐乾学专理。"（《康熙起居注》）正如大学士张玉书所说："比年词馆诸臣，奉诏编校典籍，上念非公莫可总其成。"（张玉书《张文贞公集》）而陈廷敬也确不负康熙帝重望，为《一统志》的编纂尽职尽责，花费极大精力，并取得实效。再如《康熙字典》的编纂，康熙帝原本是将此重任交由张玉书和陈廷敬二人负责，但一年后张玉书病逝，此事只能由陈一人承担。《明史》《康熙字典》等，都是康熙帝倡导文治方面具有标志性的工程，而陈廷敬都为之作出了重大贡献。

陈廷敬在忙于政务、编纂各种典籍的同时，又始终不废读书治学，勤奋著述，在文、史、经、哲各领域都留下大量著作，尤长于诗。据不完全统计，他留世的诗作有2760首，又有解说杜甫诗作的《杜律诗话》；于史方面则有《汉书》《后汉书》和《三国志》涉及的历史事件与历史人物的史评；在经学方面，有专门阐释儒家诸经——《诗》《书》《易》《礼》等经典的多卷《经解》。

陈廷敬身为宰辅，位高权重，却不恋栈，其七十岁时，即呈奏请辞。但康熙帝则以“机务重地，良难其人，不必求去”而拒辞。直到康熙四十九年，他第四次请辞时，康熙帝才不得不允准说：“卿才品优长，文学素裕，久侍讲幄，积有勤劳……览奏以衰老乞罢，情词恳切，著以原官致仕。”（《山西通志》）然而，刚过半年，同朝之大学士张玉书病逝，另一大学士李光地也患病，康熙帝遂又下令陈廷敬，仍“暂到衙门，办理事务”（《康熙朝实录》），直到康熙五十一年四月病死于任上。他的去世，康熙帝极其哀痛，不仅下令隆重治丧，还亲笔写了挽诗“世传诗赋重，名在独遗荣”，又有祭文“盖在仕籍者五十余年，而秉忠贞者恒如一日”，高度评价其为“文章宿老，辅弼良臣”（《康熙御制诗文集》）。

综观陈廷敬一生，确为辅佐康熙帝治国理政而鞠躬尽瘁，是对康乾盛世的形成与发展大有贡献的有功之臣。然而，对于这样一位历史人物，有关史籍与论著的记载与评价，在其生前与死后却有很大的演变与落差。

二、有关史籍和论著对陈廷敬评价的历史演变

前文提到有学者将陈廷敬的人际遭遇概括为：“生前宦达显

赫，死后文名寂寞。”这种概括从历史的长时段来看，反映了一定的社会现象，但似乎过于笼统，并不十分准确。因这种情况的出现有一个历史演变过程。在陈廷敬死后的相当长时间内，上至皇帝，下至王公大臣及文人学士对他仍有很高评价，文名并未寂寞。

康熙帝在陈廷敬生前与死后，都对他有很高评价，称赞其人品“器资厚重，品诣纯深”；认为其学问“经史淹通”，“深通儒术”；肯定其诗作“清雅醇厚，非积字累句之初学所能窥”。陈去世后，康熙帝既写挽诗，又撰祭文，甚至评价他“是极齐全的人”（陈廷敬《午亭山人第二集》）。

与陈廷敬同朝的几位大学士，在陈生前与死后对他评价亦很高。李蔚称赞他“以学膺简拔，袖然被擢为官僚首，盖极稽古之荣也”（李蔚《陈廷敬北镇集序》）；张玉书说“上之所以眷倚公者，久而益深。而公之所以勤劳事上者，亦久而未艾，君臣相得，昔人谓之千载一时”（张玉书《张文贞公集》）；李光地在陈生前对之就多有赞誉，在其死后还特写了《墓志铭》哀悼他“五十余年，功名始终，全德元老，旷代罕同”（李光地《说岩陈公墓志铭》）。

作为诗人的陈廷敬，其诗作在其生前与死后都广受赞扬，当时的诗坛盟主王士禛说：“自昔称诗者，尚雄浑则鲜风调，擅神韵则乏豪健，二者交讥，惟今太宰说岩先生之诗，能去其二短，而兼其两长。”（王士禛《渔洋诗话》）清代学者从清初到晚清曾编有多种诗选，大都选录有陈的诗篇与点评，如清中叶沈德潜编的《国朝诗别裁集》，不仅收有其诗，还评赞曰：“品质朴茂，风调音节，俱近唐贤。”

乾隆年间编纂的《四库全书》与《四库全书总目》，也录有陈的著作，且高度评价其“生平回翔馆阁，遭际昌期，出入禁闼几四十年，值文远昌隆之日，从容载笔，典司文章，虽不似王士禛笼罩群才，广于结纳，而文章宿老，人望所归，燕许手笔，海内无异词焉”（《午亭文编》卷首提要）。

在清朝编写的各种史传类图书，诸如《清实录》《康熙起居注》《清史列传》《清史稿》等图书中，都翔实记述了其生平经历及从政与治学的业绩。直到晚清的一些文集与笔记中，还称赞陈“处脂不然，清操肃然”（陈康祺《郎潜纪闻四笔》）。这些史实都表明陈廷敬可谓“生荣死哀”。至于人们所说的其死后文名寂寞，则是到晚清以降，在各次社会转型的激烈变革中才出现的。

1840 年鸦片战争后，中国社会发生了重大转折，清朝的统治由盛转衰，在帝国主义列强的侵略下，割地赔款，丧权辱国。许多有识之士，为救亡图存，掀起一次次社会变革思潮，从经世致用，到变法改良，直至爆发以推翻清朝统治为目标的辛亥革命。在各种变革思潮中，无不把批判锋芒，指向腐朽的清朝统治。尤其是在辛亥革命运动过程中，一些资产阶级革命家、宣传家，高喊“驱除鞑虏，恢复中华”的口号，一再揭露清朝在“扬州十日”“嘉定三屠”中的野蛮屠杀，痛骂满族统治者为“爱新觉罗诸贱类异种”，斥骂乾隆帝“淫掠无赖”，光绪帝是“载湉小丑”（谭嗣同《仁学》等）。这其中难免夹杂有“严华夷之辨”的华夏正统观，但影响深广。甚至连鲁迅先生这样伟大的历史人物，都把满族视为有别于中华民族的外来民族，满族统治下的中国是“失去全国的土地，大家十足做了二百五十年奴隶”（鲁迅《算账》），既然把包括康熙帝在内的整个满族贵族统治者视为“贱类异种”，那么作为康熙帝“辅弼良臣”的陈廷敬自然是清朝统治者的工具和帮凶，岂止是文名寂寞。

及至民国初年的新文化运动，倡导“科学”“民主”，提倡白话文，反对文言文，批判为封建统治服务的纲常伦理及孔子、朱熹等儒家代表人物，这在推进中国走向现代化进程中，无疑有重大启蒙意义。但也不容否认，新文化运动也有偏激片面之词，如“打倒孔家店”的激烈口号，另如提倡“文学革命”的陈独秀，甚至鼓吹“打倒雕琢阿谀的贵族文学”，批判“陈腐铺张的古典文学”，陈廷敬作为清初儒学的主要代表人物，又是“和诗以鸣盛”的台阁体诗派领袖，自然属于批判对象。

待至1949年中华人民共和国成立，这是中国历史上具有里程碑意义的伟大转折。建国伊始，百废待兴，党和政府在大力恢复经济、改善人民生活的同时，也十分重视思想文化教育，在学术思想领域重视对文化遗产的批判继承。但不容否认，在实践中却长期存在“左”的偏向，特别是“十年浩劫”期间，当时，除“无产阶级文化”外，一切中外传统思想文化，都被称之为“封、资、修黑货”，陈廷敬这个清代封建统治营垒中的名儒重臣，理所当然地是批判打倒对象，斯文扫地。

总之，自晚清以来，“五四”以降，陈廷敬一直是个被漠视的历史人物。从清末迄今出版的百余种文学史著作中，大多一字不提其名，甚至连专门的《清诗史》也很少提及，1984年人民文学出版社出版的《清诗选》，选录了清代诗人150多名，却未收陈廷敬一首诗作。如此这般，久而久之，他自然文名寂寞，受到漠视，直到前些年才有所改变。

1978年，我国进入改革开放的新时期，在“解放思想，实事求是”的思想路线指导下，学术研究也逐渐冲破禁区。陈廷敬这个历史人物重新浮出水面。至20世纪90年代初，在陈的家乡重新修缮了其故居“皇城相府”，且被列入全国重点文物保护单位，陈廷敬作为旅游热点的历史人物，进一步受到各方面关注，尤其是山西省还成立了陈廷敬研究会，开展各种活动，举办学术研讨会，组织《陈廷敬研究丛书》，陆续出版了《陈廷敬大传》《陈廷敬史实年志》等，这些论著，依据史实，详细介绍了陈的生平事迹，阐述了他在政治、经济、学术思想等各方面成就，肯定他"是一位政治家，又是一位文学家、思想家"，为铸造"康乾盛世作出了突出贡献"（《陈廷敬大传》卷首）。这些研究成果推动了陈廷敬研究，使之再度进入学术界视野。

山西与晋城当地在对陈廷敬开展学术研究活动的基础上，又进一步筹划重新点校出版陈廷敬的诗文集——《午亭文编》，并得到国家清史编纂委员会的支持，将之列入《文献丛刊》出版项目。清史编委会主任戴逸先生还特为该书写了《序》。《序》文指出"康熙皇帝曾任用一批汉族文人学士，赐以高官，委以重任"，"参与国家要务，陈廷敬亦在其列"。进而列举史实，说明"陈很注意民生国用和转移社会风气，是一位勤政爱民的官员"，"是辅佐康熙皇帝的得力大臣"，《序》文又特别指出，包括《午亭文编》"在内的清人诗文集是一笔极为丰富的历史文化遗产……是研究当时政治、经济、文化、社会极有价值的第一手资料"（《午亭文编》卷首）。笔者认为《午亭文编》点校本的出版及戴逸先生所写《序》文，对于研究陈廷敬及清代历史文化，都很有意义和研究参考价值。

拙文之所以详细勾勒梳理陈廷敬的生平，及各种史籍论著对其评价的历史演变，是想借此进一步分析，人们对陈廷敬的评价，在其生前与死后为什么会有颇大的差别，从学术研究的角度考察，学术界在史学研究和人物评价方面，是否存在思想认识与研究方法上的误区？评价陈廷敬有哪些值得注意的问题？

三、客观、公正、全面评价陈廷敬的几个问题

我们在总结汲取已往研究中经验教训的基础上，欲对陈廷敬进行客观、公正、全面的评价，很有必要妥善处理以下几个问题。

其一，要正确认识清朝及康熙帝在中国历史上的定位。

中国封建社会的历史发展到明清之际，出现了重大的历史转折，明清易代，建立了以满洲贵族为主体的清王朝。清朝既是中国封建社会的集大成和总结时期，又是中国近代社会的开端，当代中国的政治、经济、文化及外交与边疆民族等，都与清朝密切相关。因而清朝在中国历史发展进程中有重要地位和影响。

满族原本是偏居辽东一隅的一个少数民族，其在明末逐渐统一了族群内部各部落后，又锐意进取，击败了腐朽的明王朝，至1644年（顺治元年）入关，定都北京。顺治帝顺应历史潮流，继续进行统一征战，重视汉族文化，力图改革满洲原有落后习俗，但遭到满洲贵族集团内部顽固守旧势力的反对，致使其以历史悲剧而告终。康熙帝少年继位，迅速铲除复旧势力，进一步吸收汉族文化，以儒家学说为治国理政的指导思想，发展社会经济，平定三藩，击败沙俄侵略，保卫边疆领土，进一步推动国内各民族的统一团结，开创了史称的康乾盛世，从而成为中国历史上一代开明君主。康熙帝之所以能彪炳史册，首先取决于其勤奋好学，励精图治，知人善任，勤政爱民，具有治国理政的雄才大略。同时，也和他周围有一批忠诚能干、精心辅佐其治国理政的文臣武将密切相关。陈廷敬则是其中突出的一个，他赤诚协助康熙帝五十余年，亲历、亲闻、亲为康熙一朝的许多重大政治历史事件，或以词臣身份撰文，写诗赞扬表彰，而载入史册，或身居

宰辅之位，参与研究决策，为康熙帝进行的文治武功，献出毕生精力。因而，我们在高度肯定康熙帝历史地位与成就的同时，也应该肯定陈廷敬的历史贡献。

至于清中叶之后，清朝统治由盛转衰，沦为半封建半殖民地，那则是当时国内外的形势变化使然，应由当时清朝的统治集团来承担罪责，而不能由死去多年的康熙帝和陈廷敬等历史人物负责。

再者，也不能因为清朝皇帝都是满族，康熙帝也不例外，而将之视为夷狄另眼相看。中国自古以来就是一个多民族国家，清取代明，与其他时期的改朝换代无本质不同，不能在华夏正统观念的支配下，无视康熙帝及清朝在中国历史上的地位和贡献。同时，也不能因陈廷敬辅佐的康熙帝是满洲人而对之漠视。长期以来，人们之所以对清朝及陈廷敬的历史定位和贡献不能正视，就因为存在思想认识上的误区。

其二，对封建社会统治阶级的上层人物，应置于特定的历史条件下进行具体分析，不能一概而论。

依据唯物史观的阶级斗争与阶级分析理论，在封建社会中农民与地主是两大对立阶级。农民大众是被剥削被统治阶级，其反抗地主阶级压迫、剥削的斗争是进步的、革命的；历朝历代的封建皇帝及其王公大臣，是地主阶级的代表，他们对农民的剥削、压迫及其反抗斗争的镇压是落后的反动的。总体而论，这种论述符合历史实际，也基本反映了历史发展规律。不过，在实践中运用这种理论时，却不能机械化、绝对化，因为客观历史错综复杂，千变万化，即使是同一个人也往往有正负两方面的表现，因而不能笼统地说，凡是封建皇帝及其王公大臣都是反动的，都是阻碍历史前进的。从实际情况看，封建社会中统治阶级的上层人物，在历史上的表现和影响也各有不同，对于历史上的人物和事件，都应将其置于当时特定的历史条件下，进行实事求是的具体分析。事实表明，在长期的封建社会中，也确有一些封建帝王及其辅佐者，能顺应历史潮流，在历史发展中做了有利于社会进步、国家发展、造福人民的事情，有其重大贡献和影响，也应给予历史的肯定。

笔者在思考这些问题时，注意到曾经创作《康熙大帝》等长篇历史小说的二月河先生，他根据自己的创作实践，总结出评判历史人物的几条标准："一、在中国历史上，是否对国家的统一和民族的团结作出过贡献；二、在发展当时的生产力，调整当时的生产关系，改善当时人们的生活水平这几个方面，是否作出贡献；三、凡是在科学技术、教育文化、发明创造这些方面作出贡献的就予以歌颂，反之就给予鞭笞。"（《光明日报》2019 年 1 月 3 日《同气连枝骨肉亲——从二月河给冯其庸先生的一封信谈起》）而康熙帝在这几方面都作出过卓越贡献，所以他理直气壮地进行了《康熙大帝》的创作，终于通过艺术形象把康熙帝这个历史人物的作用和贡献呈献给读者。笔者很赞同二月河先生的上述论说。同样，陈廷敬作为康熙帝的宰辅重臣，与康熙帝一样在国家统一、民族团结，发展科技文化、改善人民生活方面做出历史贡献，也理所当然的应给予肯定，不能因为他是封建统治阶级中的上层人物，而漠然视之。

其三，陈廷敬以自己特有的身份，在传承中华传统文化、弘扬儒家思想的时代价值方面作出独特贡献。

中华民族历史悠久，文化灿烂，是世界上民族文化从未中断的文明古国，其重要原因就在于自古以来就有修史的优良传统，曾编纂有作为传承文明的载体的各种史书，代代相传。历代还有不少学士与民间文人，创造了诗、词、歌、赋与戏剧、小说，绽放异彩，使中华文化经久不衰。陈廷敬作为词臣，又长期出入南书房、翰林院，凭借这种身份，在传承中华传统文化方面，做了大量有益的工作。他作为经筵讲官，在给康熙帝讲解《四书》《五经》等书过程中，向其阐释了儒家的“仁政”“民本”“大一统”等思想学说，使康熙帝进而结合社会实际，在制定政策中予以实施，这实际上就是在治国理政中，弘扬儒家思想的时代价值。此外，陈廷敬以自己渊博的学识，主持编纂了许多重要的文献典籍，特别是他作为总裁官、总阅官而编纂的《明史》《康熙字典》《佩文韵府》，更是史学和文字音韵领域不可取代的珍品巨著，传之千秋，嘉惠后人。然而，过去在各个时期的社会转型过程中，或片面强调为当时的政治服务，或过于突出意识形态的差别，忽视一些文献典籍的恒久价值，致使陈廷敬在这方面的贡献，湮没不彰。因此，我们今天在评价陈廷敬时，尤其应重视他在这方面的独特贡献。

其四，陈廷敬亦有明显的不足和局限。

康熙帝曾称赞陈廷敬“是极齐全的人”，亦即说是个完人，这显然是过誉之词。其实，生活在任何社会现实生活中的人，都受时代条件、思想认识、知识格局和个人修养方面的限制而有缺点不足，陈廷敬也概莫能外。他作为康熙王朝的大臣要员，无论是从政或治学都受忠君思想支配，其对康熙帝可谓忠贞不二，他的诗文中，充满了对康熙帝的颂扬与感恩，不免有歌功颂德的阿谀奉承之词；再者其一生出入宫廷四五十年，从未做过地方官吏，对黎民百姓的生活也缺乏深入了解。同时，中国传统的士大夫，大都具有经世情怀，即使是为官也以做谏臣为己任，铁骨铮铮，敢于直陈帝王的缺失。而陈廷敬作为一个重臣、近臣，很少发出批评性的谏言。他本身虽然清正廉洁，不结党、不营私，但与其同朝的大学士高士奇、徐乾学都有结党营私、贪污纳贿劣迹，陈廷敬对他们的情况虽有了解，但为明哲保身，却不上奏、不揭发。对此，同为大学士的李光地，就曾尖锐批评陈廷敬是“但知趋避，自为离事保全”（李光地《榕村语录·续集》）。另外，他虽然以研究经学特别是程朱理学而著称，但其研究和撰述，大都是根据经筵讲官的需要而作，缺乏精深的学理性、创造性论述，在这方面与同时代的熊赐履、李光地等著名理学家相较，显然逊色。总之，陈廷敬死后“文名寂寞”，除社会原因外，与个人的局限亦有关。因而，我们今天要客观、公正、全面评价陈廷敬，绝不能忽视其局限与不足，要避免为贤者讳、尊者讳而对其评价过高。

四、点校本《午亭文编》的学术文化价值

陈廷敬作为一代政治家、文学家、诗人，并在经学、史学及语言文字学领域均有深厚造诣的学者，其本身有不少著述留世，这是我们研究陈廷敬最重要的第一手原始史料，欲对之进行客观、公正、全面的评价，最重要的则是依据史实，详细占有史料，尤其是认真研读他本人的著作。令人欣喜的是如前文所述，几乎囊括其绝大部分著作的个人诗文集——《午亭文编》，在列入国家清史编纂委员会的《文献丛刊》后，经中国人民大学清史所资深教授王道成先生点校，已由人民出版社于2017年出版。笔者通读该书后，深感这是一部有较高水平，具很高学术价值的文献整理之作，具体而言，其有如下几点突出特色：

其一，搜集齐备，首尾完整，为研究陈廷敬及康熙朝的历史文化提供了珍贵的史料。

点校本《午亭文编》，全书达百万言，共五十卷，包括陈廷敬所著之乐府，古今体诗、赋、各种杂著，以及奏疏、史评、书信、序跋，和人物评传、墓志、碑铭与专著——《杜律诗话》

等。除正文外，还附录研究参考资料，包括《清史列传·陈廷敬传》《四库全书总目提要》和《简明目录提要》，及《午亭文编》的有关序跋，还有当代学者编著的《陈廷敬年谱简编》等，既为研究陈廷敬提供了其个人的著作，也提供了研究参考资料。足见其搜集齐备，首尾完整，编辑得当，为研究陈廷敬提供了丰富而全面的重要史料。

由于陈廷敬是康熙时期的名儒重臣，亲身经历了康熙朝许多重大事件，参与研究和决策，且留下记载这些事件的各种奏疏，及有关平定三藩、平定噶尔丹、康熙南巡的诗文著作等，对研究康熙朝的政治、经济、历史文化提供了大量重要史料。总之，点校本《午亭文编》为研究陈廷敬及康熙朝的历史文化提供了珍贵史料，乃是其首要的学术文化价值。

其二，选择了《午亭文编》存世之最好版本，制订有规范的《凡例》，纠正了底本与其他版本的讹误。

迄今存世之《午亭文编》有四种版本，即康熙四十七年本、乾隆四十三年本、《四库全书》本，及当代学者马甫平先生的《午亭文编》点校本。其中，康熙四十七年本的书稿，是由陈廷敬亲自审定，再由其门人林佶编辑、缮写、雇工刊刻，最后由其子陈壮履校雠的木刻本；乾隆四十三年本，则是其家乡后人利用康熙四十七年原刻本重印的木刻本。这是因为原刻本在社会上流传较少，加之陈廷敬去世后，家道衰落无力重印，而且收藏于家中的刻本又被贼人偷走卖给书商。后经地方官发现，视为珍宝赎回，筹资重印。此本除增加了主持重印者所写之《跋》，说明来由外，与康熙四十七年本几乎完全相同；《四库全书》本，是经过四库馆馆臣删改后的手写本，对原著中不合时宜的诗文多有删改，且削去原刻本之《总目》及相关之《后序》《后记》。王道成先生在认真对照比较几种存世版本的基础上，认为康熙四十七年本内容完整、错误较少，校刻相对精良，也最能反映陈廷敬著作的原貌，因选择该版本为底本，与《四库全书》本及其他本互校，致使整理工作达到了事半功倍之效。

由于古籍文献整理工作涉及面广，是项复杂繁琐、工作量大、困难又多的工作，即使选择了好的版本为底本，也不能一蹴而就，没有规矩不能成方圆。因此，在启动整理时，必须制定科学规范的《凡例》。所订《凡例》既要能涵盖解决整理过程涉及的各种问题，又要精确、简明、条理清晰，以便读者阅读。难能可贵的是王道成先生具有丰富的文献整理经验，其所订《凡例》既符合古籍整理工作的常规，又能结合《午亭文编》的具体情况，甚便于整理工作中操作遵循，在全书点校工作中，纠正了底本和其他本存在的脱、衍、讹、倒之文。对于底本中出现的古体字、异体字、俗体字、假借字、避讳字，以及生僻难认字等，一一纠正，或改为常用的繁体字，或予以必要的说明。同时，对于底本及其他本中存在的有争议的问题，整理者也能旁征博引，详加考证，表明自己的看法，并用校记加以论证说明。所有这些都大大有助于读者的阅读。

其三，整理者学风端正，治学态度严谨踏实，历经十年，九易其稿，终于使全书的点校“整体质量达优”。

王道成先生虽然是学养深厚的老教授、老专家，但其对全书的整理点校工作，仍谦虚谨慎，一丝不苟，尽可能精益求精，其在接手这一项目后，曾反复阅读《午亭文编》的各种版本，又大量涉猎陈廷敬的有关材料，历经十年，九易其稿。最终完成整理工作。在该项目的中期评审和结项时，评审专家给予很高评价，均认为“从整理上说，点校水平较高，准确认真”，“通读全部样稿，未发现漏点、错点、破句的问题，点校者态度认真，责任心强，可看到录入时繁简字体转换过程中出现的问题，均加以注意，并一一进行改正，整体质量达优”，终于使得这部点校本《午亭文编》超越了现有各种版本，成为目前最为完整、最为准确，具有较高学术价值和学术水平的文献整理著作。

当然，在充分肯定《午亭文编》点校整理工作的同时，笔者也感到全书有值得改进之处。主要是整理者在通过点校实践之后，应该说是对陈廷敬深有研究的专家，理应对全书的整理工作撰写一篇较详细的《前言》，对陈廷敬的生平经历、成就局限及其著作内容与流传情况作应有的评价。还有陈廷敬在亲自审定康熙四十七年的50卷《午亭文编》之前，在康熙三十六年还曾自编有80卷的《尊闻堂集》，并请友人姜宸英等撰写了《序言》(姜宸英《湛园集》)。但此集是否正式刊刻问世？与康熙四十七年本之《午亭文编》有何异同？本书整理者，似有必要根据自己的考订做些介绍，以助读者。然而目前的点校本《午亭文编》，除卷首有戴逸先生言简意赅的《序》外，而整理者本人则仅有《凡例》，既无《前言》，也无《后记》，难免使读者若有缺失之感。

最后，需要说明的是，拙稿在撰写过程中，吸收参考了王思治、阎守成先生主编的《陈廷敬与皇城相府》及任茂棠先生主编之《陈廷敬研究丛书》研究成果，特致诚挚感谢！同时，本文难免有不妥、不周甚至错误之处，恳请道成先生及广大读者批评教正。

作者简介

王俊义，男，1937年生，河南封丘人。中国人民大学清史研究所原所长、教授，中国社会科学出版社原总编辑。长期从事清代学术思想文化的教学与研究，主要著作有《清代学术与文化》

（合著）、《清代学术与文化史论》（合著）、《清代学术探研录》、《俊义文存》，并主编有《传统文化与现代化》《炎黄文化与民族精神》《中国近代思想家文库》等十余部。

曹雪芹家世与吉林乌拉的历史渊源

高振环

一

康熙四十九年（1710）来华的意大利传教士马国贤，曾参与康熙帝主持的《皇舆全图》的测量和绘制。在其后来所著的《清廷十三年：马国贤在华回忆录》中，他无意中记下了东北地方向皇室进贡方物的情景：“寒冷期，即十月到三月，北方鞑靼地区给首都送来大量的猎物，主要有牡鹿、野兔、野猪、野鸡和鹧鸪……”

康熙五十一年冬天，一个朝鲜使团前往北京贸易，随团使者金昌业将沿途见闻逐日记载，日后汇为《老稼斋燕行日记》一书。一路颠簸，走过盛京（今沈阳）城时，恰好腊月初八，东北最冷的日子。金昌业看见，“盛京以后，路中车马益多，而向西（进京）去者尤多。獐、鹿、豕及贡物所载之车，皆自宁古塔（宁安）乌拉地方来，趁岁时入京者。又一胡（满人）背负黄袱，骑而在前，三十人随去而皆骑马，其中亦有带弓箭者。其后有大车十一辆，重载而去。每车插一小黄旗，书‘上用’二字。问之，乃乌拉地方进贡之物”……

这里，马国贤和金昌业闻见中的东北特产风物，其实皆来自打牲乌拉总管衙门。顺治十四年（1657）时，清廷即在吉林市北郊的乌拉街地方建立了这一辖于内务府，“不受他处节制”，“专为采捕本朝各坛、庙、陵寝四时祭品而设”的打牲机构。衙门领有22处广袤千里的采贡山场和64条采珠江河，每年按职司则例，有月贡、岁贡、皇帝寿庆的万岁贡等。贡品则在百种以上，诸如东珠、人参、鳇鱼、鲈鱼、杂色鱼、山韭菜、稗子米、铃铛米、松子、白蜜、蜜脾等，凡东北特产，几乎无所不包。

近年，红学研究者的一个重要发现是：曹雪芹妙笔运化，以挪移之法嫁接之术，传写了吉林打牲乌拉为皇室采奉贡物的历史影像。作品第五十三回“宁国府除夕祭宗祠，荣国府元宵开夜宴”，叙写贾珍年前终于迎来黑山村乌庄头乌进孝贡送的年货和祭品。大小车辆，贡品繁多，乌进孝一一誊写清单，有大鹿30只，獐子50只，狍子50只，野猪20个，鲟鳇鱼200尾，各色杂鱼200斤，熊掌20对，鹿筋20斤，上等银霜炭1000斤，柴炭3000斤，此外又有各色杂粮各色干菜，以及野鸡、汤猪、活鹿等。

若将《吉林通志》、记录打牲乌拉总管衙门历史的《打牲乌拉志典全书》和《清稗类钞》等书所记“吉林属岁贡方物”与之对照检索，可见乌进孝呈送的贡物大多产自吉林乌拉地方。从清单不难看出，方物特产不过是择要胪列其中，獐狍野鹿黑熊乃长白山特产，鲟鳇鱼非嫩江、松花江、黑龙江莫有，银霜炭、柴炭也是东北柞木炭、桦木炭别称。“各色粮谷”“各色杂鱼”“各色干菜”不过是形形类类吉林特产如稗子米、铃铛米、小黄米……白鱼、鲤鱼、鲫鱼……及山韭菜、贯众菜、黄花菜、河芹菜的笼统概括。这个庄头姓“乌”，来自“黑山村”，名字叫作“进孝”，“乌”者何意？“黑山村”何意？“进孝”又是何意？

研究者已经考订：这分明是在以隐喻之法暗写吉林的打牲乌拉总管衙门。“乌”即乌拉，“进孝”即是按例呈贡。“黑山村”是另一种强调，意谓贡品来自远通黑龙江的松花江畔乌拉地方。“黑”亦“乌”也。草蛇灰线，明明暗暗，迹而不显。而另一隐证是运送贡品走了一月两天，正暗合打牲乌拉衙门向京师皇室呈送贡品所费时间。

二

更深入地检索这些暗箱，我们会发现，曹雪芹前世今生关于吉林乌拉的记忆，潜隐为其写作《红楼梦》的情节背景，他以艺术的天才织工剪切生活的经纬，写出了划时代的鸿篇巨制。

曹雪芹的“今生”当然没有来过吉林乌拉，可是，他的“前世”，这里是说他的父祖，与吉林乌拉确有着枝缠蔓结的关系。

最耀眼的记忆自然是雪芹的祖父曹寅随康熙帝东巡吉林乌拉了。这是康熙二十一年春天的事情，平定“三藩”之乱后，康熙帝立即将关注的目光投向东北，部署开辟吉林至黑龙江的大驿路，为两年后展开的雅克萨保卫战做战略安排。迤逦数里的巡行队伍中，曹寅身为御前侍卫，得以随侍皇帝左右。

驻跸打牲乌拉衙门期间，康熙帝曾访问耆老，询以网鱼采珠等打牲之事。东巡的一大要务是告祭长白山。生息于白山松水和龙江之畔的满族始终视长白山为神山，爱新觉罗家族更将长白山奉为“肇迹”的祖山。康熙十六年，即曾派内大臣吴默纳往访长白山。这次，康熙帝二月十五日从北京出发，三月二十五日到达吉林，未及进城，便在城外隆重举行望祭长白山大典。燔柴燎烟，焚香颂祝，行三跪九叩大礼。东巡的队伍中，又有词人纳兰性德。曹寅与其同为御前侍卫。在断戟犹存的叶赫遗墟，在“风声雷动鸣金铁”的龙潭山城，纳兰都留下词作，为其婉约的词风注入关东塞外的苍凉慷慨之气。

那时，曹寅之父曹玺正做着江宁织造。此行的八年之后，他将去江南执掌苏州织造。打牲乌拉总管衙门与江南三织造同属内务府，同为皇家内廷服务，一个采桑织绸供衮服之需和器物之用，一个呈贡方物特产作宫廷膳食、赏赐及宗庙祭祀之用。江南与东北虽远隔千里，却时时声气相通。曹寅这次随康熙帝东巡是家族罕有的荣宠。吉林乌拉方物的丰饶，望祭祖山的煌煌大典，关于大荒长白的古远传说，以及北地的种种风情，在岁月的洪波中都沉潜为家世的记忆图谱，在家族命运史上打下深刻烙印。而家族的这些历史经历，必然影响到曹雪芹日后的创作。有研究者因此推论，《红楼梦》开篇写甄士隐一梦通灵，言那绛珠仙草生于“大荒山无稽崖青埂峰”下，则又是一个文学性的暗寓。“大荒”实指爱新觉罗家族视作祖山的长白，长白山古名“大荒”；“无稽”乃“窝集”谐音，满语森林之谓，满民族世代生息之地；“青埂”则隐喻“大清之根”，乃爱新觉罗家族肇迹兴王之地。而这些，依循曹雪芹“前生”的记忆图谱寻觅探索，可明显见出先世经历的生活影响。

三

康雍之交，本是多事之秋，曹家不意竟遭遇一桩人参官司，最后也牵扯到吉林打牲乌拉。

清初，朝廷便将人参全部垄断于皇家之手，实行专采专卖。所采人参除御用、御药房入药、后宫服用及赏赐官员外，剩余则交由江南的织造府售卖，换取银两作别项开支。康熙四十八年曾有谕旨：“将库存人参除留二百斤外，其余着发曹寅变卖，所得价银俟伊冬季回京时带来可也。”

康熙六十年，庄亲王允禄府中茶上人（茶房管家）桑额从曹家手中一次买得总价3100两银子的人参，数量不小。当时，桑额并未一次结清参款，只说稍缓即付。曹家也未加意追索。王府中的茶上人，说话怎能虚诳？

雍正帝继位，大刀阔斧整顿财政，惩治贪污，追索亏空。雪芹的舅祖父李煦这时已73岁，做了几十年织造官，即因亏空等事被锁拿系狱，最后流放吉林打牲乌拉。在戍地“敝衣破帽，恒终日不得食。与佣工二人相依为命”。仅两年便病饿而死，“死时亲识无一人在侧”。到了雍正四年（1726），桑额拖拖拉拉还欠着曹家参款1315两。在追索亏空的逼迫之下，曹家也不得不抓紧讨债。

在北京的曹家仆人吴老汉，几乎天天到桑额处催讨。不料这桑额竟生出歹心，恼怒之下，找到世交索柱，一番密议，找来索柱哥哥的家人萧林，指使由萧林出头反诬吴老汉赖账不还；又买通索柱的表弟，正做着捕人番役的蔡二格到时抓人。一切设计停当，这日，桑额见了吴老汉，只说恁长时间让老汉奔波，真正过意不去，要领老汉到一熟识的医家看病。老汉身正有疾，也不知是计，就跟着桑额出来，七弯八拐，到了一处路口，萧林恶狠狠跑上前来逼债，老汉待要辩解，捕人的番役蔡二格不知从哪里钻出，不由分说抓了老汉就走……

曹家丢了人，探访很长时间，才知吴老汉被黑心的桑额诬陷逮入大狱，欲去衙门里告状，可是跟王府家中人打官司，纵使有理，也千难万难。更何况曹家此时已是寒林之鸟，惊恐不已。雍正帝此前在御批中就曾申饬继任的曹頫“原不成器”。这时又因贡奉的皇室御用缎品粗糙，甚为不满，将任江宁织造总管的曹頫和苏州织造总管孙文成均罚俸一年。冬末，曹頫应召入京，大着胆子将此事奏报皇帝，虽然雍正帝心内已预有整治曹家的谋算，还是十分恼怒，皇城之内，包衣人不明不白竟被诬陷下狱，毕竟伤损天子威严。

冤案很快得到彻查。雍正帝谕批：将桑额枷号两月，鞭责一百，然后发往吉林打牲乌拉，充作打牲丁。也就在次年，雍正帝以“行为不端，织造款项亏空甚多”为名，下令抄没曹家。其时，曹雪芹已经出生。虽然年纪尚小，但家族命运的倾覆变化，一定在生命深处引发震荡。祖父赋诗的乌拉，舅爷流放的乌拉，恶人桑额遣戍的乌拉，方物贡品源源不断输往京师的乌拉，这些都足证曹雪芹家世与吉林乌拉的确有着千丝万缕的联系。

四

如果循着枝蔓纠结的家世继续向前追溯，曹家与东北、与吉林乌拉实有着更为深远的根系渊源。

红学家周汝昌先生考证：曹家的亲谊多是金枝玉叶之身，皇亲贵胄世家。曹家在明末迁入辽宁铁岭。明清鼎革之际，曹家归属正白旗，随后纳入内务府。当时，以汉人归属旗籍的又有长白山中的佟佳氏，祖居佟佳江（今白山市浑江）一带。两家因为同属旗下“包衣人”，也就结下世谊。佟家有女嫁汗王努尔哈齐，又有女嫁与世祖顺治帝，后封孝康章皇后。顺治帝患天花薨逝，继位的康熙帝玄烨就是孝康章皇后所生。清宫定例，新皇子诞生，都要由乳母抚养。依例乳母多从包衣旗人的妻子中筛选。选择何人做乳母，皇子生母意见当然重要。因为曹、佟两家的世谊，皇后指认的多位乳母中，就有曹玺之妻孙氏。这些乳母中，孙氏与玄烨相处最久。当时，天花是劫夺儿童性命的厉疫。玄烨曾感染天花，幸赖孙氏等乳母的悉心调护，才挣脱死神的追逐，只在脸部留下几个麻痕。玄烨因此视孙氏为亲人。因已出过天花，玄烨也才得以继承皇位。登基之后，即特授曹玺任江宁织造，又封孙氏一品诰命夫人。

终康熙一朝，曹家之倍受优渥，自是不比寻常，曹玺死后，康熙帝命其子曹寅接任织造总管。康熙帝第四次南巡，就住居江宁织造府内。这时孙氏已 68 岁。虽几十年过去，康熙帝见了仍十分熟悉，亲热呼称“此吾家老人也”！看到庭院内萱花盛开，瑞气盈门，康熙帝趁兴挥毫题匾“萱瑞堂”，又给孙氏丰厚恩赏。

曹玺有二女，长女即由康熙帝指婚嫁为平郡王讷尔素嫡福晋（正夫人），讷尔素乃努尔哈齐之子、大贝勒代善五世孙。日后生子福彭，曾为定远大将军。

曹玺的另一个女儿则嫁给了长白纳音部的富察氏。其家也堪称文化传家。早在努尔哈齐时代，这一家族就追随创业。族内有额色赫、额色泰两兄弟，皆有文采。额色赫曾与人合作，将《三国演义》译为满文，作为八旗将士的军事教科书。曹玺的这个女儿就嫁与额色赫之弟额色泰。额色赫有孙付鼐，雍正时官至兵部侍郎。因为隆科多一案牵连，谪戍黑龙江。这个付鼐也是一身铮铮硬骨，听闻诏令，“负书一簏”，率然徒步而行，在边外苦寒之地，只带一个家僮“斧薪自炊”。其子昌龄，最是爱书，不羡人金山银山，惟乐坐拥书山，有藏书一万余卷。曹家落魄时，雪芹在这位表叔处读得了许多天下奇书。而祖姑丈付鼐遇赦后，也必从东北为曹雪芹带回很多故事。

五

爱新觉罗家族定鼎北京之际，在“从龙入关”的迁徙队伍中，又有乌拉地方籍属索绰络氏的都图，其父布舒库，世居松花江畔吉林乌拉地方。这里是扈伦四部乌拉部故地。因为身壮如石，膂力超人，顺治因此赐以石姓。石家先归睿亲王多尔衮旗下，后来也入内务府，与曹家亦属世交。都图之子永宁、富宁却都酷爱文学，住居北京朝阳门外六里屯东石家花园。兄弟二人就因应地望分别自号“东村”“东溪”。这时，却有一位奇人寄寓石家，这人就是迭遭两次文字狱的安徽桐城方氏家族的方观承。顺治十四年，因南闱科场案，方拱乾、方孝标父子被流放宁古塔；康熙五十年，又因南山集案，方登峄、方式济父子流放卜魁（齐齐哈尔）。方观承乃式济之子，史传称其“翰墨大才煌煌”。石家兄弟久慕其名，请他来家里做了西席（老师），教授子弟进业修学。

老平郡王讷尔素死后，福彭袭封。这位福彭也是一身奇气之人，傲视权贵，爱才重才，尤爱与沉于下潦的英才逸士相交游。他久闻方观承才名，却一直无缘得见。后来几经周折，终在盛京相遇。畅谈之余，方观承挥毫为福彭作巨幅绘画，可当时身体极度羸弱，竟晕倒画案之下。福彭急急掘得园中栽植的人参，亲自煎汤喂服，观承苏醒，见平郡王亲执汤匙，不由感激泪下。以后福彭擢任定远将军，即奏观承为记室，随军远征西北。

从亲谊叙论，福彭乃曹雪芹大表兄。曹家遭祸以后，少年曹雪芹即入平郡王府读书。此时，方观承已受福彭礼聘从石家来到王府担任西宾（首席教师），也就成为曹雪芹真正的启蒙业师。方观承从征西北后，雪芹由表兄福彭荐引，得入宗人府官学服役。虽然年资不高，却因才气过人而聘作西席。在这里，曹雪芹得识一生的挚友敦诚、敦敏。兄弟二人乃努尔哈齐迎娶的乌拉大妃阿巴亥所生武英郡王阿济格之后。阿巴亥乃扈伦四部之乌拉部部主布占泰兄满泰的女儿。努尔哈齐死，阿巴亥被逼殉葬。遗下三子阿济格、多尔衮、多铎，三人日后虽在定鼎江山的霸业中为王前驱，结局却甚凄凉，多尔衮生前显赫，死后立遭贬黜；阿济格为弟弟多尔衮送葬途中，遭郑亲王济尔哈朗密捕，很快死于狱中，而抄家之后，宗籍也被削夺。在家族命运沉浮颠簸的漩涡中，兄弟二人也养成了狂放不羁的性格。官学里，几回回看过雪芹的诗文画稿后，愈感情怀相契，情趣相投，“爱君诗笔有奇气”，心中为之倾倒，从此成为一生的肝胆之交。曹雪芹从黄叶村去城郊访敦诚，二人相见，就在小酒铺内慷慨对饮。敦诚有诗记之：“曹子大笑称快哉，击石作歌声朗朗。知君诗胆昔如铁，堪与刀影交寒光。我有古剑尚在匣，一条秋水沧波凉。君才抑塞倘欲拔，不妨斫地歌王朗……”想那情景，曹雪芹一双大手拍着老酒缸的石板缸盖，放歌高唱，其声琅琅，二人的深情于此可见。

阿济格又有一小女，嫁于明珠，纳兰性德即其所生。虽然贵为公子，纳兰却厌恶仕途，自谓“德也狂生耳，偶然间，淄尘京国，乌衣门第”……道其实乃狂生，不过误生豪门公侯之家。难怪乾隆帝说《红楼梦》是写明珠家事，宝玉便是纳兰。

这样一种家世，这样一脉亲谊，这样一些世事的沧桑变迁，纡曲缠绵，都牵连着吉林乌拉。尽管隔着时间的风雨，可是一缕缕织缠得如此繁密，一脉脉铺陈得这般厚重。无疑，曹雪芹家世与东北、与吉林乌拉根连脉结的渊远联系，确为其创作《红楼梦》提供了广阔的社会生活背景。

作者简介

高振环，男，1950年生，吉林省吉林市人。曾供职于吉林市江城日报社、中国经济导报社，主任记者。现为吉林市政协文史研究员。出版有《吉林掌故旧闻录》等。

从《越缦堂日记》看李慈铭读正史

阚红柳

清末同光年间才望倾朝的学者李慈铭，积四十年心力所记《越缦堂日记》，集其治学之大成，与翁同龢《翁同龢日记》、王闿运《湘绮楼日记》、叶昌炽《缘督庐日记》齐名，并称为晚清四大日记。《越缦堂日记》（以下简称《日记》）除对清咸丰到光绪近四十年间的朝野见闻、人物评述、名物考据、书画鉴赏、山川游历以及北京等地的社会风貌等内容有翔实记述外，还录有李慈铭本人的诗词、骈文作品，以及大量的读书札记。李慈铭的读书札记仿《四库全书总目》之例，撰写书籍介绍及评论，内容涉及经史百家。本文拟研究和分析李慈铭的读史札记，以正史的阅读这一视角展示晚清文化生活的一个侧面。

一

李慈铭曾说，“余自十一岁后喜窥史书”，“生平所不忍自弃者有二：一则幼喜观史”，“二则性不喜看小说”。学者王标曾根据由云龙《越缦堂读书记》对李慈铭所读之书进行初步统计，其中，史部书（不包括二十二史）计 213 种，仅次于集部书，诸史之中汉唐以前 16 种，宋明 61 种，清 136 种。

笔者根据《日记》及由云龙所辑《越缦堂读书记》，统计了李慈铭对正史的阅读情况，他自咸丰六年（1856）三月初一日始，到光绪十三年（1887）十月初四日止，共阅读二十一部正史：《史记》《汉书》《后汉书》《三国志》《晋书》《宋书》《南齐书》《梁书》《陈书》《魏书》《北齐书》《周书》《隋书》《南史》《北史》《旧唐书》《新唐书》《旧五代史》《宋史》《金史》《明史》。就《日记》所见，正史之中，李慈铭做过读史札记者为上述21部，另据日记的其他内容显示，二十四史中的其他三部《新五代史》《辽史》和《元史》亦在李慈铭的阅读涉猎范围之内，可以说，李慈铭遍读二十四部正史。就读史札记而言，有清一代，乾嘉时期的赵翼为研究正史的著名学者，所著《廿二史札记》包括《明史》《旧五代史》，实际上应是“二十四史札记”。李慈铭所作札记，涉及二十一史，实为继赵翼之后有清第二人。从时间上来看，李慈铭最早阅读正史是在咸丰四年（1854），其时正当风华正茂的青壮年，而最晚的时间则为光绪十五年（1889），距病逝仅5年，前后历时达35年。

二

读书，因人而异；读史，亦因品味及习惯等个性差异而展现出不同的风貌。从“日记”记载看，李慈铭所读的正史中，翻检最勤者当属《史记》《汉书》，阅读的时间前后相连达二三十年，而《陈书》《梁书》《周书》等则仅在日记中只提及一次。李慈铭亦自称：“予于诸史自《两汉》（指《汉书》《后汉书》）《元史》外，以《唐书》致力为多，次则《晋书》《五代史》《明史》矣。又次则《三国志》《南史》《宋史》矣。”二十四部正史之中，以“书”冠名者，李慈铭对《陈书》评价较低，“八书中以此及《北周书》为最下”，“而八书中尤要者，《宋》《隋》两书；次则《魏书》《南齐书》《梁书》。盖五书皆详赡有体例，符玺刊落较多也”。

李慈铭读史，喜欢秉烛夜读，《日记》读史札记部分多次出现“夜读”的字样。读之兴来，深夜方眠，如“夜阅《金史》，至三更后始寝”，甚至，“夜阅《宋史》，至四更方睡”。夜阑人静，历史的场景扑面而来，难免触景生情。咸丰十年（1860）九月十六日，李慈铭夜读《新唐书》，“夜风雨更稠，窗外落叶相搅，檐溜紧续，客怀愈伤”，时值李慈铭于京城捐报郎中未果，贫困潦倒之际，失落感伤和历史人物的坎坷际遇产生了共鸣。当然，除了夜读之外，李慈铭读史亦有终日阅、昼阅等情况，而心境亦有所不同：

> 亭午坐窗下看《唐书》（指《旧唐书》）元德秀传，风来倏然，秋气满怀，觉紫芝之高行，冥若有会，一时尘襟，洗涤殆尽。旋阅《张巡传》，又觉凄然以厉，庭柯振动，有金戈铁马之思，境生情耶？情生景耶？终年读书，此境殊不多遇。

窗下观史，超然忘我，完全进入历史的场景，又是另一种意趣。李慈铭不仅在家中读，甚至在行旅之中，也随身携带史书，以便时时展读。同治八年（1869）五月二十七日，李慈铭在“舟中读《晋书》”。而次年秋闱，李慈铭经多次乡试最后考中举人。可见即便在准备科考的重要阶段，他仍不能忘情于读史。

李慈铭读史的时间安排显得颇为随意，有月初读者，亦有月中、月末读者，一部史书的阅读，可能长达一二十年，亦有飞速浏览者。李慈铭自称，“余资质驽弱，日不能尽书一寸”，据读史札记所见，李慈铭每日读史多为一卷、两卷、三卷。但也有终日读史，一日尽数十卷者，如同治元年十一月十七日，“夜阅《宋史》，至四更方睡。计是日阅《理宗本纪》五卷、《度宗本纪》一卷、《瀛国公纪附二王》一卷、《后妃列传》二卷、《宗室传》三卷、《忠义传》七卷、《文苑传》二卷，共得二十六卷”。《宋史》以繁芜著称，李慈铭一日读二十余卷，当与此有关。同为正史，《汉书》以难读著称，光绪元年（1875）十一月初四日，李慈铭“终日阅《汉书》”，但所阅仅为《地理志》而已。

李慈铭既读史，亦校史，凡目之所及，讹误之处，均一一更正。读《后汉书》之时，李慈铭在咸丰八年日记中误认为：“袁安之玄孙闳，以奉高之字称于世，见《郭泰传》及《黄宪传》。而闳传但云字夏甫，不言奉高，然则东汉人已有二字者矣。”通过前后多次阅读，并查证其他史料，到咸丰十一年李慈铭始得知，古人无二字，奉高为袁阆之字，遂为此前的失误痛心不已：

> 予于各史自谓于范书（指《后汉书》）最留意，乃亦未曾检出，看书卤莽，深可愧汗。自来读史者亦无人纠及，诗文家遂相承用，以奉高为袁闳。夫古人无二字，闳传又言其恬静不事交游，后遂居土室不出，固与《黄宪传》中所言不符。顾非经洪氏（指洪颐煊在《读书丛录》中指出，奉高为袁阆字）指出，世无觉者，甚矣读书之难也！

三

李慈铭读史、治史始终贯彻着经世致用的宗旨。他在阅读正史的同时，亦评史、论史，发表个人见解和主张。晚清学者之中，李慈铭号称“狂生”“性狷介，口多雌黄”“议论臧否不轻假借苟同”（平步青《掌山西道监察御史督理街道李慈铭传》）。在《桃花圣解庵日记自序》中，李慈铭曾这样冷静地剖析自己的性格：

> 先生秉生于冬，冬气寒，故性冷，得气于秋，秋令肃，故性傲，惟冷惟傲，故所值多阻而鸣穷，穷则思通。冬者，春之孕也，先生生冬之末，春气融结胚于灵根，故其才肆，其情深。

既狂，又傲，这样的性格同样展现在李慈铭的读史札记中，他对历代正史的点评有褒有贬，狂态尽现，傲气十足，但其中确有不少公允客观和犀利之论。前四史之中，李慈铭推崇范晔之《后汉书》，称："自汉以后，蔚宗最为良史，删繁举要，多得其宜。其论赞剖别贤否，指陈得失，皆有特见，远过马班陈寿，余不足论矣。"不过范晔亦有失误之处："大抵南朝自刘宋以后，不甚讲考据。范蔚宗《后汉书》足称良史，又承武子家法，最重郑学，而《后汉书》中有三事之失，关于学术不浅。郑君传不举其所注《周礼》而载其《孝经》，致历齐及唐，辩论不决，此一失也。《儒林传序》称《熹平石经》为古文篆隶三体书法，致古今聚讼，此二失也。《卫宏传》言宏作《毛诗序》，致宋以后人集矢《小序》，此三失也。"陈寿之《三国志》固然有其长处，但读过《吴志》之后，李慈铭认为："承祚固称良史，然其意务简洁，故裁制有余，文采不足。当时人物，不减秦汉之际，乃子长作《史记》，声色百倍，承祚此书，闇然无华，范蔚宗《后汉书》较为胜矣。《晋书》《南北朝史》又专务文藻，而笔力不及，宜马班之高视千古也。"对学界一向推崇的前四史，李慈铭能毫不客气地指摘其短，予以客观论定；而对因繁芜铺陈而为后人疵病的《晋书》以及《宋书》《齐书》，他却有不同的看法，承认其存在的合理性：

> 《晋书》世多诋之，以其芜而尚排偶也。然骈骊行文，自六朝至五代，诏策诰诫，无不出此，是当时所尚，即为史体矣，安见论赞之必须为散文乎？《南史》之改并宋、齐诸

> 书，诚多未善。于《宋书》所载朝章国故，刊落尤多，《南齐书》中关系之文，亦多删削。惟其与氏族连合为传，则别有深意，殊未可非。盖当时既重氏族，而累经丧乱，谱牒散亡。北朝魏收《魏书》犹多子姓合传，南朝则沈约、萧子显、姚思廉等，专以类叙，于兄弟子姓，分析太甚，李氏故力矫之。其书本为通史之体，与八书各自行世，故先以四代帝纪，次以四代后妃，而各代列传，又皆先以诸王，其诸臣则有世系者皆联缀之，以存谱学。盖欲考时代先后，则区分类别，自有本书，固并行不悖者也。大凡古人著述，须细细推其指，不可率尔讥之。

不囿于古人之偏见，以六朝时期的文字风尚客观论定《晋书》使用骈文的是非问题，李慈铭之见解表现出实事求是的客观精神，广受学界赞誉。王式通序曰："余惟史、汉、宋、齐、梁、陈、后魏、后周、北齐诸书，自汲宋以还，异本杂出，真伪纠错，疑似互淆，非修学好古之士湛思钩考，莫能究厥异同，而其义例之大，著录之繁，亦将藉以折衷考断，固不独鱼鲁豕亥之细有所谡正而已。先生（指李慈铭）于学无所不为，自谓平生致力莫如史。故凡诸史经诵读者……精训诂，通假借，参引众说，搌钲豪芒，每举一谊便辄理解，发隐疏滞，良云勤矣。"（王式通《越缦堂读史札记》序）这些展示了李慈铭一生读史所得的札记，为后世留下了宝贵的文化遗产。

作者简介

阚红柳，女，1973年生，辽宁朝阳人。历史学博士，中国人民大学清史研究所副教授。研究方向为清代学术思想史、历史文献学。

蔡元培为何要删改《越缦堂日记》

黄显功

清末学者李慈铭的《越缦堂日记》为"晚清四大日记"之一。在作者生前，该日记即蜚声士林，死后经蔡元培整理出版，《越缦堂日记》更是风行海内，毁誉不绝，成为引人瞩目的清末日记文献。

李慈铭（1830—1894），原名模，字式侯，后更名慈铭，字爱伯，号莼客。晚署越缦老人。浙江会稽（今绍兴）人，著名藏书家、学者，文史造诣深厚，著述甚富，最令人称道的则是其积四十年心血而成的《越缦堂日记》。李慈铭在洋洋数百万言的日记中，对朝廷政事、文史考订、诗文著述、日常生活、人物月旦等皆有详说，论事评人往往率性直言，特别是读书心得所记内容尤为丰富。《清史稿》本传说："慈铭为文沉博绝丽，诗尤工，自成一家。性狷介，又口多雌黄。服其学者好之，憎其口者恶之。日有课记，每读一书，必求其所蓄之深浅，致力之先后，而评骘（zhì，排定）之，务得其当，后进翕（xī，和顺）然大服。"其狷介之例主要是《越缦堂日记》中的人物月旦之语（见文末名词解释），成为人们诟病李慈铭的内容。

李慈铭逝世后，李氏后人和蔡元培、缪荃孙、沈曾植等人积极为《越缦堂日记》的出版而奔走联络，历经曲折，终由蔡元培亲自整理后由商务印书馆于1920年出版《越缦堂日记》五十一册。1936年再由商务印书馆推出了《越缦堂日记补》十三册。前后出版的日记均以影印形式出版，蔡元培对其中文字作了删节。蔡究竟删了什么？为什么删节？我检视了《越缦堂日记》稿本与商务印书馆版影印本，结合蔡李两者的交往，感到蔡元培所删《越缦堂日记》与李慈铭涂改自写日记皆有原因，不宜妄加非议。

《越缦堂日记》稿本大多分藏于上海博物馆和上海图书馆，是蔡元培整理影印时的底本，保留着当年他亲笔书写的签条。（上海博物馆已于1984年11月将日记51册退还原收藏者）上海图书馆所藏稿本共十五册，记事起于咸丰四年（1854）春三月十四日，讫于同治二年（1863）三月三十日；并附《大事记》，起讫时间为从道光九年十二月二十七日（李慈铭出生）到咸丰四年二月（重抄稿增补至十一月）。其中有重抄《甲寅日记》一册，《丙集下》传录本一册。《甲寅日记》《庚集中》《庚集下》《庚集坿辛集上》《辛集上》《辛集下》《壬集》书衣及《乙集》卷端均有作者自记，《庚集中》书衣有周星誉题记。分装两个云头式锦裱函套中，是上海图书馆装具最考究的稿本日记。这十五册稿本日记时见李慈铭涂抹改易的墨迹，蔡元培的删除签条偶有所见，现录之如下（以下蔡氏签条按张分列）：

《乙集》咸丰五年正月初八日：第十二行去“畜产”二字。

《乙集》咸丰五年正月初十日：第一行、第二行均去“畜产”二字。第三行去“蝮”字。第四行去“畜产”二字。

《乙集》咸丰九年十一月二十二日：第九行去“之谦”二字。

《庚集中》咸丰十年三月十八日：第六行去“厚川”二字，又去“淳”字。

《庚集末》咸丰十年十月二十一日：第九行去“慧妹慧妹”四字。

《庚集末》咸丰十年十一月初二日：第一行去“素无赖喜导人为讼不齿于乡”十二字。第三行去“适是为暴”四字，又去“皆阴险诈”以下十七字。第四行全去。第五行去“耳”字。

《庚集末》咸丰十年十一月二十七日：第四行、第五行均去“宝田”二字。

《庚集末》咸丰十年十一月二十九日：第八行去“愔弱疲敝”四字。第九行去“皆粥饭僧之罪人也”八字。

《辛集上》咸丰十一年二月初一：第二行去“五楼五楼”四字。第四行去“五楼”二字。第九行去“五楼”二字。

《辛集上》咸丰十一年五月二十一日：自第三行“王素为害乡”至第五行“可诫也”全去之。（此处蔡笔误，应为第二行）

《壬集》同治元年九月叙言：第一行去“蜮”字，去“季贶”二字。

《壬集》同治元年十月二十三日：第四行去“季尪”二字。第五行、第六行去“叔云”二字。

《壬集》同治元年十一月二十四日：第六行去“蜮”字。

蔡元培在上列签条需删的文字旁均划圆圈加注提示，商务印书馆在出版时对此皆作留白处理，以致人们非见原稿而不知原貌，引发后人想象。虽未对《越缦堂日记》全部检阅，但从现存的部分蔡氏手书签条来观察，所删文字主要是谩骂之辞和指称名字。从表面看，蔡元培是在以编辑的角色进行文字的加工处理，实际上其中蕴含了他对李慈铭深厚的感情。

李慈铭与蔡元培均是从绍兴步入京城的晚清进士。蔡元培对李慈铭这位乡贤前辈满怀敬意，而李慈铭对蔡元培的才学也颇为赏识。在他们两人的日记中均有交往的记录。光绪十六年（1890）蔡元培赴京参加会试时，慕名拜访了李慈铭，蔡元培在《自写年谱》中曾写道："莼客先生是我在徐氏（指徐友兰家）的时候常常读他的诗文与尺牍，又常听杨宁斋先生讲他的轶事，所以到京后，最崇拜的自然是他了。"而李慈铭对此次相见也在《郇（xún）学斋日记》中记下了："同邑新举人蔡元培来，……蔡年少知学，古隽才也。"（闰二月十三日日记）光绪二十年四月廿八日，28 岁的蔡元培被光绪帝授予翰林院编修后次月"应李慈铭之请，教其嗣子李承侯，塾课每月讲《春秋左氏传》十余行，每旬课试帖诗一首。当时，李兼主天津问津书院，并代其评阅该书院课卷"（高平叔《蔡元培年谱长编》）。从李慈铭死后，蔡离任塾师而"移居南半截胡同之山会邑馆"（蔡元培《自写年谱》）判断，蔡应是住家教师，虽然仅有半年时间，但彼此关系密切，间有作诗唱和与邀饮。此为蔡元培阅读李氏日记提供了便利。《蔡元培日记》中从光绪二十年六月初七日（7 月 9 日）起始见"读《郇学斋日记》甲"的记载，也有人借阅李氏日记的记录。对于李慈铭逝世，蔡元培十分伤感，在当时致陶濬（jùn）宣的信中云："越缦先生榇（chèn，棺木）已于前五日回南，凌晨往送，惟见吴、鲍两先生而已。翟公死生之感，羊昙（见文末名词解释）知己之痛，百感交集，黯然销魂。"（《蔡元培年谱长编》）李蔡之间的同乡师谊情分，使蔡元培对《越缦堂日记》尤为推崇，也深知李慈铭出版的愿望，并为之尽心效力，从"光绪甲午之冬，先生去世未久，其子承侯受沈君子培之敦促，欲先刻日记，属余分别签识，付钞胥写之，甫竣，承侯即携以南归，未及校”（蔡元培《刊印〈越缦堂日记〉缘起》）。直到1919年“五四”之后，蔡元培被迫离京南下杭州时，与商务印书馆落实出版方案后，再次亲任审稿编辑之责。据李慈铭《孟学斋日记》甲集叙言：“先生本意，自甲寅至壬戌十四册（家藏者实只十三册，沈悦名君寄来半册，尚缺半册也），取其考据议论诗文踪迹稍可录者，分类舂（nǐ，聚集）之，以待付梓，而其余则未可公布。”由此可见李慈铭的设想是出版选编本，其余“或投之烈炬，或锢之深渊，或藏之凿楹”。他自知“平生颇喜骛声气，遂陷匪类而不自知。至于接牍连章，魑魅屡见，每一展阅，羞愤入地”。于是，李慈铭在世时对所写日记开始“更编甲乙之次”，涂改早年的失当之语。据他在光绪二年二月初六日的日记所载：

偶取庚申《日记》检一事，因将其中怒骂戏谑之语尽涂去之。尔时狎比匪人，喜骋笔墨，近来暂一翻阅，通身汗下。深愧知非之晚，然言之玷尚可灭，弁之愆不可磨。幸清夜自思，犹知依循名义，拘牵绳检，无大过于身。今去此谰言，便觉心目为之一快，附记于此，以警将来。

《越缦堂日记》上涂改的墨迹随处可见，这也正说明日记只是有待定稿的草稿。但李慈铭却常将日记借与他人阅读，在当时已被传抄，因此，对于李慈铭的《越缦堂日记》誉之者给予了由衷的敬佩，非之者也发表了讥讽之言。刘体仁对李慈铭在日记中的骂人之语特作了如下概括：

谓左湘阴（指左宗棠，湖南湘阴人）为“耄昏”，李高阳（指李鸿藻，直隶高阳人）为“要结取名”，阎朝邑（指阎敬铭，陕西朝邑人）为“兽心狗冠之徒”，张南皮（指张之洞，祖籍直隶南皮）为“佥壬祸首”，张丰润（指张佩纶，直隶丰润县人）为“妄人”、为“宵人”，陈闽县为“轻险之士”。又谓南皮、丰润为“鼠辈”，闽县之劾张靖达为“狐埋狐搰”，王湘绮为“江湖佹客”，吴窸斋为“吴下书画清客”，赵扬叔为“妄子”，于晦若为“风狂”，周星诒兄弟称为“周蜮”，犹以为有怨也。(《异辞录》)

蔡元培十分清楚《越缦堂日记》的状况和李慈铭对日记的处理方法，也了解社会上对日记的批评意见。在《越缦堂日记》的出版过程中，他虽然采纳了钱玄同等人照原稿影印的劝告，但还是作了必要的文字处理，这与李慈铭生前涂改文字的意图正有相通之处。如果天假人寿，李慈铭也许还会继续涂改他的日记。

蔡元培 1919 年 7 月在杭州整理《越缦堂日记》时曾作《读〈越缦堂日记〉感赋》，由衷地表达了对师辈李慈铭的尊崇：

卌年心力此中殚，等子称来字字安。岂许刚肠容芥恶，为培美意结花欢。史评经证翻新义，国故乡闻荟大观。名士当时亦如鲫，先生多病转神完。

《越缦堂日记》出版后，蔡元培曾表示：“有此结果，后死者之责，稍稍尽矣。”在此，我们不难理解蔡元培删改李氏日记的一片用心了。

名词解释

月旦之语：此即古例之月旦评，东汉末年由许劭兄弟主持的对当代人物或诗文字画进行品评、褒贬的一项活动，常在每月初一发表，故称“月旦评”。

羊昙：东晋时期名士、音乐家，太傅谢安之甥，名列江左十贤之一。谢安去世后，羊昙大醉，路过西州，恸哭而去。世以此典言痛失知己。

作者简介

黄显功，男，1961年生，籍贯南京。上海图书馆历史文献中心主任，研究馆员。兼任上海市古籍保护中心副主任等。有专著《纸色斑斓》《月下掩卷——史林学步集》。

《清史稿》对孝钦（慈禧）太后传记的处理

孙 昉

如何处理孝钦太后（即慈禧）叶赫那拉氏的传记是民国初年清史馆无法绕开的问题，也是当时诸多学者所关注的问题。民国政府宣布开设清史馆编修清史后，清史馆内外的一些学者就是否单独为孝钦立传这一问题，阐述各自的主张。清史馆最终确定将孝钦列入后妃传，从而否决单独为孝钦立传的主张。清史馆总体上由赵尔巽、缪荃孙等逊清遗老所主持，因而最终形成的《清史稿》基本上立足于美化清朝统治历史，敌视反清起义、太平天国和辛亥革命的立场。尽管如此，《清史稿》编修者对孝钦长达四十余年的专权并无肯定之处。出于维护清朝历史总体形象的原因，编修者没有直接表露对孝钦专权历史的否定，而是采取多种隐晦的手法来加以间接表达。不为孝钦单独立传即属此种隐晦的寓贬于述手法。同时，在后妃传中，将孝钦与孝庄太后、孝圣太后（乾隆帝之母）、孝贞太后（即慈安）加以对比，以暗示孝钦缺失于后妃之德。并在一些相关人物如荣禄、奕䜣、孝定太后（即隆裕）的列传中，对孝钦把持朝柄、宠信宦官李莲英的行迹予以贬责。这些散见于《清史稿》不同部分的文字，实际上表达出这样一种认识——清朝覆灭与孝钦专权有着不可分离的因果关系。

《清史稿》如何从体例和行文上深含贬义地处理孝钦传记是一个值得探究的问题，目前对这一问题尚有较大的研究空间。笔者在立足前人相关研究成果的基础上，探讨这一问题，敬请方家指正。

一、对孝钦传记体例问题的热议

1914年3月9日，袁世凯签发大总统令，批准成立清史馆，开修清史。民国政府宣布开馆编修清史的消息，很快引起了社会各界的关注。在熟读纪传体史书的学者们看来，编修清史不仅将沿用二十四史的纪传体，而且也是纪传体正史系列的收尾之作。张宗祥就指出："清史为结束二十四史之史，清以后史体例如何自当别议。"（张宗祥《张记》，朱师辙《清史述闻》）言外之意，未来的中国史书编修将不一定采用明显带有帝王本位性质的纪传体。

在这种共识的基础上，一些人士就编修体例的具体问题陈述自己的主张。其中，如何处理孝钦的事迹，是否要为其单独立传，是讨论比较热烈的问题之一。

众所周知，辛酉政变后，孝钦利用身为穆宗载淳生母的身份，取得与孝贞太后钮祜禄氏共同垂帘听政的权力。孝贞死后，孝钦更是大权独揽，成为光绪时期的实际最高统治者，直到光绪三十四年（1908），孝钦在确定由溥仪继承德宗载湉的皇位后，才瞑目而逝。仅仅三年之后，她的侄女孝定太后就在辛亥革命的风暴中，带着宣统帝溥仪黯然宣布退位。如此紧密的时序关系很自然地使人们把孝钦专权与清朝覆灭置于一个因果关系中。

无论是在时人还是后人心目中，长期专权，操控穆宗和德宗两帝的孝钦可比肩于西汉之吕雉和唐朝之武则天。如果对孝钦事迹讳而不书，无异于掩耳盗铃。由此，围绕如何处理孝钦传记这一问题，形成以下两种主张：

其一，为孝钦单独立本纪。

在二十四史中，《史记》和《汉书》为吕雉特立《吕太后本纪》和《高后纪》，《旧唐书》和《新唐书》均以《则天皇后》之标题为称帝的武则天开立本纪。因有这些先例，所以有学者建议为孝钦太后单独开立本纪，即《孝钦本纪》。梁启超即持这一主张：

> 有议为孝钦后立纪者，援汉唐吕武之例，欲尊之而反以为罪之耳，且汉史不帝少帝，房州已成藩服，以古例今，云胡相侔，若纪孝钦，则穆德两朝，宁非闰位，况孝贞并帘，亦垂一纪，绌此申彼，抑何称焉，揆诸史例则无稽，衡以名分则不安，谓宜率旧，无所骋奇。至于孝钦治效，系有清与亡，专篇详载，史所应尔，则班书元后前事可师，宜别为孝钦立传，不以侪诸后妃，孝贞、孝定，咸为附传，庶符史实，且惬人心。（梁启超《清史商例第一书》，许师慎编《有关清史稿编印经过及各方意见汇编》）

在梁启超看来，长期操控权柄的孝钦太后不同于深居后宫、不问政事的后妃，而且曾和孝钦共同垂帘的孝贞太后以及孝定太后，也不宜列入后妃传中，而应附之于《孝钦本纪》中。为此，梁启超这样解释不将孝钦、孝贞和孝定列入后妃传的理由：“前史率皆有后妃传，有清内治最严，自显庙两后外，率皆不与国事，故拟惟立孝钦一传，而以孝贞、孝定附之。”

袁励准和王桐龄也主张单独立《孝钦本纪》，而且进一步指出应当正视同治和光绪两朝的大政方针由孝钦裁决的史实：

> 孝钦皇后临朝四十余年，依史记吕后，前汉书高后，旧唐书则天皇后，新唐书则天圣武皇后例，当列入本纪，依后

汉书和熹邓皇后，宋史章献明肃刘皇后，宣仁圣烈高皇后例，当列入列传。……列孝钦于列传，则穆宗、德宗两朝大政，皆无所附丽，似觉未安，可否名从其实仍列孝钦于本纪。（袁励准、王桐龄《上纂修清史管见书》）

朱希祖也支持为孝钦立本纪的主张，同时他也考虑到此议可能令编修者感到为难，为此他提出比较灵活的处理办法，即编修者既可取法于《史记》的《吕太后本纪》，亦可取法于《旧唐书》和《新唐书》的《则天皇后》：

后妃之宜即纪亦传，各衷壹是，元史于传外，更为后妃立表，盖修史者，于元代位号，莫辨混淆，故表以明之，若清则后妃往往无事可记，固由满汉之隔阂，亦由宫闱之严肃，除孝钦后外，择其可传者传之，余则悉载于表。至孝钦一后，用史汉之吕后例，抑新旧唐书之则天后例，则别由拟纪传者定之矣……（朱希祖《拟请清史宜先修志表后记传议》）

直至1922年，当时清史尚在编修期间，热议已过，仍有学者关注孝钦传记体例之事。柳诒徵就在当年发表的《清史刍议》一文中，建议取法班固的《汉书》，为孝钦单独立传：

孝贞孝钦，同时垂帘，孝钦老寿，以覆国脉，或援雉罂，拟列本纪，推之孝贞，亦当并载，扬此抑彼，得毋矛盾，吕既废帝，武又称尊，孝钦视之，尚有未逮，苟求前例，当仿班书，后妃传后，特标元后，新法之变，拳匪之祸，述载后传，略于德纪，清室之亡，狱有归矣。（柳翼谋《清史刍议》，《史地学报》，1922年）

通观上述持此主张者的对清立场，他们对清朝并无眷恋之情。梁启超曾是孝钦下令通缉的对象，虽然曾身为保皇会领导人之一，但是民国后，已经与依然拥护清朝的康有为分道扬镳，并积极参与民国政界活动。袁励准出身于翰林，对民国并无仇视的情绪，曾亲笔为大总统府的正门题写“新华门”的匾额。秀才出身的王桐龄任教育部参事。朱希祖亦出身于秀才，受聘于清史馆时，正担任北京大学预科教员，后来在新文化运动和五四运动有比较活跃的表现，曾给《新青年》和《晨报》撰稿，并支持采用新式标点符号。柳诒徵更是不属遗老之列。

可以说，就这些提议者的行迹和思想表现而言，他们与志图复辟的遗老群体毫无交集可言。他们之所以主张为孝钦单独立传，是从孝钦长期专权这一尽人皆知的历史事实出发，而非出自对孝钦的正面评价。

如果此议被清史馆采纳并加以落实，则未来的《清史》将有一篇《孝钦太后本纪》，与二十四史之首的《史记》中的《吕太后本纪》遥相呼应。后人也就很自然地将《孝钦本纪》与《吕太后本纪》加以对比，洞悉内中幽微。

其二，不为孝钦单独立传。

也有一些学者不赞成为孝钦单独立传，但是他们反对的理由和处理的办法都不尽相同。

清史馆纂修朱钟琪就明确反对为孝钦单独立本纪的主张，而主张将孝钦列入后妃传。在朱钟琪看来，如果为孝钦单独立传，将会带来如何处理孝贞传记这一问题。他在《拟修清史目例》中如是陈说：

> 穆德两朝，皆皇太后垂帘时代，或有谓孝钦应入本纪，不特援引吕武，拟非其伦，且穆宗时，两宫训政，既纪孝钦，将置孝贞于何地，自以仍入后妃传为正，其钦奉懿旨，均应列之两朝本纪。

张宗祥认为，孝钦专权期间，同治和光绪两帝先后在位，并且曾经两次归政，而汉惠帝病死后，皇位空悬一个月，直到吕后立少帝，所以孝钦和吕后还是有所区别的。基于这一认识，张宗祥认为不宜效仿《吕太后本纪》之先例，而为孝钦单独立本纪：

> 孝钦擅政，实亡清室，庚子之后，德宗蛰居瀛台，母后独握朝柄，若仿迁史之例，则亦一吕太后，而宜入本纪者也。然吕太后本纪，马迁创例，虽未尽当，而惠帝既亡，自是年秋八月戊寅，至九月辛丑，数日之间，共主未定，发号施令一由吕后，以视孝钦于德宗初立之际，则两宫听政，庚子之后，仍以垂帘之名诏天下，虽实权在握，名则不居，且穆宗崩后，未尝一日无君，与吕后实不同矣。如谓政所自出，则宋史中，宜先为慈圣、宣仁等作本纪……（张宗祥《纂修清史办法》）

纂修吴士鉴认为，单独为孝钦立本纪，将与同光两帝的本纪有所冲突，为此他建议在穆宗和德宗本纪中叙说孝钦专权的史实："至若孝钦皇后垂帘训政四十余年，与宋之宣仁先后同轨，历年懿旨，其关于用人行政者，仍当著之帝纪，以彰深宫训政之实，其关于后德者，则当记于本传。"（吴士鉴《纂修体例》）

上述三人均非遗老。朱钟琪曾任候补道员，协助山东巡抚杨士骧经营《山东官报》，并任山东农工商总办，与段祺瑞的干将徐树铮关系不睦。张宗祥系光绪二十五年秀才，曾任教于浙江高等学堂。浙江光复后，张宗祥供职于浙江军政府教育司。临时政府北迁后，张宗祥就任教育部视学。吴士鉴曾任翰林院编修、江西学政、资政院议员。清亡后，除参加编修清史外，吴士鉴着力研究传统金石学，不问政事，直至1934年病卒。

二、列孝钦于"后妃传"——清史馆的裁决

从这一讨论过程来看，关于孝钦传记的讨论以及产生的分歧

并未掺杂眷念清朝与否的冲突，相反，上述两种主张都完全承认孝钦专权这一史实，并且毫无讳掩之意。

造成分歧的原因在于孝钦专权完全贯穿同光两朝始终，故不可在孝钦传记和同光两帝传记中有所偏倚。若是均为孝钦、穆宗和德宗立本纪，这将是一大突破，因为二十四史中的本纪，均在时序上有先后。司马迁《史记》撰《吕太后本纪》就略去汉惠帝、前少帝和后少帝的本纪，直接上承《高祖本纪》，下接《孝文本纪》。《旧唐书》是将《则天皇后》列于卷六，即本纪第七，而将中宗、睿宗的传记列于卷七，即本纪第八。《新唐书》也采取和《旧唐书》类似的体例，尽管篇章安排稍有差别，将则天皇后和中宗的事迹列于卷四，即本纪第四，而将睿宗、玄宗列于卷五，即本纪第五。对编修清史者而言，绝不可能略去穆宗和德宗的本纪，而单立《孝钦本纪》，而且也很难效仿《旧唐书》和《新唐书》，因为武则天先后废黜中宗和睿宗，并直接称帝，孝钦生前则无称帝这一举动，也未能成功废黜德宗，而且穆宗和德宗生前也都有亲政经历。更为重要的是，清代的实录和起居注是以皇帝日常政务活动为轴线来记载的，所以绝不可能将穆宗和德宗摈除于清史本纪之外。

同时，还有一个对孝贞传记的处理问题。孝贞与孝钦先后两次垂帘。虽然孝贞远远不似孝钦热衷专权，但是其具有文宗正后的身份，对孝钦有所遏制。因而，如何妥善处理两宫太后传记的体例问题，也让编修者颇感棘手。

总之，对孝钦传记的处理问题不可不谓慎重，是对清史编修者史德、史识和史才的考验。

尽管围绕孝钦传记体例问题的讨论十分热烈，但是前所述及的梁启超、袁励准等人，都无法起到决定性的作用，清史编修的体例最终是由清史馆总阅于式枚和缪荃孙等人拍板决定。于式枚的主张十分明确："今日修史，惟专仿《明史》，不必高谈皇古也。"（朱师辙《模仿明史》）由于《明史》内中没有类似《吕太后本纪》那样单独撰写太后本纪，所以于式枚的决定实际上否决了梁启超等人所希望的《孝钦本纪》方案。于式枚所拟列的目录，为清朝十二代皇帝立纪，即每帝一纪。张尔田的回忆可以证明："体例未定，建议蜂起，梁启超所言尤繁夥，然多不中义例，卒从荃孙之议，而略加通变……"王钟翰还加注释说："梁启超曾主孝钦本纪，未用其说。"（王钟翰《记张尔田讲清史稿纂修之经过》）

忙于政治活动的梁启超未再继续关注清史编修工作，也未见他对于式枚等人的决定有何异议。但是，在一些编修者看来，于式枚和缪荃孙简单以《明史》为样板的做法实属呆板。朱师辙在回忆中甚为不满地说："尝与馆长论修史体例，未省，仅采于式枚、缪荃孙等六人之议，仿《明史》撰修。"

清史编修工作由逊清遗老主导是造成《孝钦本纪》之议被否决的重要原因。虽然清史馆是由民国政府发起组织，编修清史人员多系前清士大夫，但是他们对民国的态度和立场并不一致。有的编修者已经对清朝毫无眷念，并供职于民国政府，如袁励准、王桐龄、张宗祥等。有些编修者眷念清朝，在编修工作中倾注对清朝统治的美化。赵尔巽充任馆长，于式枚和缪荃孙等人确定编修体例，就充分说明逊清遗老对编修清史的主导方向的操控。编修过程中的人事变动和稿件采纳情况也从另一种角度说明遗老群体对清史编修工作的影响。袁励准所撰写的列传，无一被采用。朱希祖后来被清史馆辞退。简而言之，清史编修从锣鼓登场到草草收尾，伴随着经费日艰，人员凋零，还有愈加浓厚的眷念清朝色彩。

在编修清史中维护清朝的形象是赵尔巽、于式枚和缪荃孙等人心目中的职责所在。但是孝钦专权是晚清时代不可否认的事实。为此，清史馆对孝钦传记的处理就显得格外谨慎。清史馆中的遗老大都经历同光时代，对孝钦的专权和为人有着程度不一的亲身感受。深受传统教育影响的遗老都恪守夫为妻纲的训条，自然对孝钦难以持有好感。然而，如果专门开立《孝钦本纪》，则无异于把孝钦比作吕雉。同时，对孝钦的褒贬过于直白，反而在一定程度上承认清朝国祚日薄，并证明民国承续大统的合法性，而且也有损于“今上”即溥仪继承皇位的正统性，自然这不是清史馆遗老们所期望的。

由于孝钦系女性，曾是咸丰帝奕詝的皇贵妃，这种身份就给纂修者提供了一条解脱困境的道路，即只需把孝钦的生平事迹放在“后妃传”中叙述，而不必单独给她立传，从而免却了将孝钦类比于吕雉的尴尬。

那么，《清史稿》中包含孝钦传记的“后妃传”究竟系出自何人之笔？

曾经参编《清史稿》的朱师辙称，“后妃传”由纂修张尔田撰写，而且《清史稿》中的“后妃传”大致保存了张尔田供稿的原貌。朱师辙又引夏孙桐之语说，协修吴昌绶在后期曾校阅张尔田的“后妃传”，“今史稿中后妃传即据初稿改纂者”（朱师辙《撰述流弊第五》）。

1939 年，方苏生提出另一种说法：“清史馆纂辑后妃列传，闻由吴昌绶氏草创，张氏（即张尔田）继之，考订增补，退为此书。”（《清列朝后妃传稿订补》，《辅仁学志》）这种说法与朱师辙之说完全颠倒。张尔田曾任刑部主事，辛亥后以遗老自居，后来曾在北京大学、燕京大学任教。吴昌绶系光绪二十三年举人，曾任内阁中书，辛亥后出任司法部秘书，以藏书而闻名，不属遗老之列。

1946年，学者李权（即考古学家李济之父）又提出第三种说法。李权称，《清史稿》中的“后妃传”和“诸王传”系邓邦述、奭良、金兆蕃三人执笔，然后由金梁复辑。（李权《清史稿管见》，《东方杂志》）邓邦述系邓廷桢侄孙，是当时著名的藏书家。奭良是满洲镶红旗人，赵尔巽表侄。金兆蕃，曾支持戊戌变法，辛亥后曾在财政部任佥事。金梁，满洲正白旗人，系清史馆校刊总阅。三人中，奭良和金梁比较眷念清朝，敌视民国。如果李权之说属实的话，则“后妃传”的最后定稿由身为遗老的金梁所执行。

虽然三种说法分歧较大，但是可以肯定的是，《清史稿》中的“后妃传”绝非出自一人之手，而且编修者在“后妃传”中用曲折的笔法，对孝钦予以贬抑。下篇将细读“后妃传”来探知编修者对孝钦事迹的叙述和评价。

三、“后妃传”中对孝钦的寓贬于述

2400余字的孝钦传记在《清史稿》“后妃传”中篇幅居于首位。该传记简要叙述了孝钦的出身、入宫、两度训政，直至病亡的生平，内中包括辛酉政变、甲申政潮、戊戌政变、己亥建储等重大事件。而“后妃传”中的这段文字也就成为《清史稿》中唯一的孝钦传记。通观《清史稿》“后妃传”对孝钦生平的叙述，指摘、贬抑在全文中处处可见，仅是明暗不一而已。

旨在铲除肃顺、端华等八位辅政大臣的辛酉政变是孝钦实现操控朝政的第一步重大行动。“后妃传”如是叙说这一血腥的宫廷政变：

> 是时，怡亲王载垣、郑亲王端华、协办大学士尚书肃顺等以文宗遗命，称“赞襄政务王大臣”，擅政，两太后患之。

> 御史董元醇请两太后权理朝政，两太后召载垣等入议，载垣等以本朝未有皇太后垂帘，难之。侍郎胜保及大学士贾桢等疏继至。恭亲王奕䜣留守京师，闻丧奔赴，两太后为言载垣等擅政状。九月，奉文宗丧还京师，即下诏罪载垣、端华、肃顺，皆至死，并罢黜诸大臣预赞襄政务者。授奕䜣议政王，以上旨命王大臣条上垂帘典礼。（赵尔巽《清史稿》）

虽然文中认为这些顾命大臣“擅政”，但是又叙述他们“以本朝未有皇太后垂帘”，阻止孝钦联合孝贞干政，显然暗中指出孝钦和孝贞的垂帘训政于典无据。

光绪十年的甲申政潮是孝钦排斥恭亲王奕䜣，利用醇亲王奕譞进一步独揽大权的重大事件。“后妃传”如是叙说：

> （光绪）十年，法兰西侵越南。太后责恭亲王奕䜣等因循贻误，罢之，更用礼亲王世铎等；并谕军机处，遇紧要事件，与醇亲王奕譞商办。庶子盛昱、锡珍，御史赵尔巽各疏言醇亲王不宜参豫机务，谕曰：“自垂帘以来，揆度时势，不能不用亲藩进参机务。谕令奕譞与军机大臣会商事件，本专指军国重事，非概令与闻。奕譞再四恳辞，谕以俟皇帝亲政，再降谕旨，始暂时奉命。此中委曲，诸臣不能尽知也。

值得注意的是，该文没有回避当时赵尔巽上疏反对奕譞主持军机这一史实。身为清史馆馆长的赵尔巽对这段事关自己身后名誉的文字不会不加以寓目。这段文字对孝钦在国难当头之际，大幅度变更军机处人事安排，暗中巩固自己权柄的做法的贬斥也就昭然可见了。

“后妃传”对孝钦修葺颐和园和大搞六旬祝寿这两件备受诟议的事件也着墨较多：

> 同治间，穆宗议修圆明园，奉两太后居之，事未行。德宗以万寿山大报恩延寿寺，高宗奉孝圣宪皇后三次祝釐于

此，命葺治，备太后临幸，并更清漪园为颐和园，太后许之。既归政，奉太后驻焉。岁十月十日，太后万寿节，上率王大臣祝嘏，以为常。十六年，醇亲王奕譞薨。二十年，日本侵朝鲜，以太后命，起恭亲王奕䜣。是年，太后六十万寿，上请在颐和园受贺，仿康熙、乾隆间成例，自大内至园，跸路所经，设彩棚经坛，举行庆典。朝鲜军事急，以太后命罢之。

虽然未道及孝钦挪用海军衙门经费修造颐和园之事，但是从字里行间不难看出编修者对孝钦不顾财力维艰，大造园林，又在甲午战争前夕大肆祝寿这一系列行径的指摘。

孝钦和德宗的帝后党争纠结于光绪时期的朝政。“后妃传”对帝后之争演变为戊戌政变的过程叙述比较简略：

上事太后谨，朝廷大政，必请命乃行。顾以国事日非，思变法救亡，太后意不谓然，积相左。上期以九月奉太后幸天津阅兵，讹言谓太后将勒兵废上；又谓有谋围颐和园劫太后者。八月丁亥，太后遽自颐和园还宫，复训政。以上有疾，命居瀛台养病。

从引文中“上事太后谨，朝廷大政，必请命乃行”一语来看，编修者认为德宗对孝钦并无失恭之处，并指摘孝钦对德宗意图变法“意不谓然”，同时用“讹言”一词否认德宗谋劫孝钦之事。自然，编修者对孝钦第三次训政之举是持否定态度的。

编修者进而叙述孝钦直接制造“已亥建储”：“（光绪）二十五年十二月，立端郡王载漪子溥儁继穆宗为皇子。”这段简短的文字已经表明孝钦本人是破坏秘密立储家法的责任人。

对孝钦从庚子国变仓皇出逃西安到宣布实行新政这一不堪睹视的过程，编修者的叙述更为平淡：

二十六年，义和拳事起，载漪等信其术，言于太后，谓为义民，纵令入京师，击杀德意志使者克林德及日本使馆书记，围使馆。德意志、奥大利亚、比利时、日斯巴尼亚、美利坚、法兰西、英吉利、义大利、日本、和兰、俄罗斯十国之师来侵。七月，逼京师。太后率上出自德胜门，道宣化、大同。八月，驻太原。九月，至西安。命庆亲王奕劻、大学士总督李鸿章与各国议和。二十七年，各国约成。八月，上奉太后发西安。十月，驻开封。时端郡王载漪以庇义和拳得罪废，溥儁以公衔出宫。十一月，还京师。上仍居瀛台养疴。太后屡下诏："母子一心，励行新政。"三十二年七月，下诏预备立宪。

一个感情用事、推诿责任的孝钦在这段文字中也就显而易见了。

德宗与孝钦在一日之内先后崩逝，外界一直议论纷纭，多认为孝钦对德宗常年卧病，以至过早去世有不可推卸的责任，甚至认为孝钦有谋害德宗的嫌疑。

《清史稿》编修者叙说虽然未敢对这疑案有所断定，但是把孝钦和德宗从病重到崩逝，紧密置于一个叙述框架内，从而留下很大的猜测空间：

三十四年十月，太后有疾。上疾益增剧。壬申，太后命授醇亲王载沣摄政王。癸酉，上崩于瀛台。太后定策立宣统皇帝，即日尊为太皇太后。甲戌，太后崩，年七十四，葬定陵东普陀峪曰定东陵。

换言之，这段收尾文字并没有否定外界对孝钦促成德宗之死的怀疑。

编修者还通过对孝贞传记的叙述来反衬孝钦的专权。"后妃传"对孝贞生平的叙述相当简略，全文如下：

孝贞显皇后，钮祜禄氏，广西右江道穆扬阿女。事文宗潜邸。咸丰二年，封贞嫔，进贞贵妃。立为皇后。十年，从幸热河。十一年七月，文宗崩，穆宗即位，尊为皇太后。是时，孝钦、孝贞两宫并尊，诏旨称“母后皇太后”“圣母皇太后”以别之。十一月乙酉朔，上奉两太后御养心殿，垂帘听政。同治八年，内监安得海出京，山东巡抚丁宝桢以闻，太后立命诛之。十二年，归政于穆宗。十三年，穆宗崩，德宗即位，复听政。光绪七年三月壬申，崩，年四十五，葬定陵东普祥峪，曰定东陵。初尊为皇太后，上徽号。国有庆，累加上，曰慈安端康裕庆昭和庄敬皇太后。及崩，上谥。宣统加谥，曰孝贞慈安裕庆和敬诚靖仪天祚圣显皇后。

孝贞对权力不甚热衷，与孝钦的强势作为形成鲜明的对比。然而在这段简短的文字中，却着力叙述孝贞下令处斩被孝钦宠信的宦官安得海之事，其指摘孝钦之意不言而喻，也包含对孝贞果断从事的褒扬。

从咸丰十一年（1861）至光绪七年，孝贞和孝钦共同垂帘长达二十年，虽然孝贞基本上不与孝钦相争，但是孝贞的存在，对孝钦是明显的约束。这一情景见之于孝钦传记中：

> 十一月乙酉朔，上奉两太后御养心殿，垂帘听政。……同治初，寇乱未弭，兵连不解，两太后同心求治，登进老成，倚任将帅，粤、捻荡平，滇、陇渐定。
>
> 十二年二月，归政于穆宗。
>
> 十三年十二月，穆宗崩，太后定策立德宗，两太后复垂帘听政。……用御史陈彝奏，黜南书房行走、侍讲王庆祺；用御史孙凤翔等奏，黜总管内务府大臣贵宝、文锡；又罪宫监之不法者，戍三人，杖四人。一时宫府整肃。

这段明显褒扬色彩的文字明显不同于孝钦传记中的其他部分，表面上是对两太后垂帘的肯定，实际上暗示如非孝贞在旁约束孝钦，断然不会出现“同光中兴”的局面。

“后妃传”对孝钦与穆宗孝哲皇后阿鲁特氏和德宗珍妃他他拉氏关系的紧张也予以直书。穆宗死后不久，孝哲即突然死亡。“后妃传”有如是之语暗示孝钦对孝哲之死难辞其咎：

> （光绪）二年五月，御史潘敦俨因岁旱上言，请更定谥号，谓：“后崩在穆宗升遐百日内，道路传闻，或称伤悲致疾，或云绝粒賈生，奇节不彰，何以慰在天之灵？何以副兆民之望？”太后以其言无据，斥为谬妄，夺官。五年三月，合葬惠陵，上谥。宣统加谥，曰孝哲嘉顺淑慎贤明恭端宪天彰圣毅皇后。

珍妃是唯一深受德宗宠爱的妃嫔，而珍妃与孝钦关系长期不睦是众人皆知的事实。珍妃最终被孝钦下令沉井而死。“后妃传”对珍妃的生平记载同样极为简略，但是却毫无遮掩地揭示孝钦下令处死珍妃之事，没有用含混的“薨”之类的字眼：

> 恪顺皇贵妃，他他拉氏，端康皇贵妃女弟。同选，为珍嫔。进珍妃。以忤太后，谕责其习尚奢华，屡有乞请，降贵人。逾年，仍封珍妃。二十六年，太后出巡，沉于井。二十七年，上还京师，追进皇贵妃。葬西直门外，移祔崇陵。追进尊封。

可见编修者对孝钦残忍的谴责也得到了充分的表达。

“后妃传”对孝定太后也不置褒词：“德宗孝定景皇后，叶赫那拉氏，都统桂祥女，孝钦显皇后侄女也。光绪十四年十月，孝钦显皇后为德宗聘焉。十五年正月，立为皇后。”暗示隆裕太后生前本非德宗宠爱之人，而是凭借与孝钦的姑侄关系，才得以勉强成为德宗的正后，同时也批评孝钦一手遮天，干预德宗大婚。

“后妃传”的赞论更是直接将孝钦与孝庄、孝圣予以对比，并加以评论：

> 世祖、圣祖皆以冲龄践祚，孝庄皇后……当时无建垂帘之议者。殷忧启圣，遂定中原，克底于升平。及文宗末造，孝贞、孝钦两皇后躬收政柄，内有贤王，外有名将相，削平大难，宏赞中兴。不幸穆宗即世，孝贞皇后崩，孝钦皇后听政久，稍稍营离宫，修庆典，视圣祖奉孝庄皇后、高宗奉孝圣皇后不逮十之一，而世顾窃窃然有私议者，外侮迭乘，灾祲屡见，非其时也。不幸与德宗意恉不协，一激而启戊戌之争，再激而成庚子之乱。晚乃壹意变法，怵天命之难谌，察人心之将涣，而欲救之以立宪，百端并举，政急民烦，陵土未干，国步遂改。综一代之兴亡，系于宫闱。呜呼！岂非天哉？岂非天哉？

可以说，这条赞论把编修者对孝钦为政不当的直斥推到了最大限度。

四、在其他人物传中对孝钦的补充叙述和指斥

《清史稿》有四百多卷，与孝钦同时代的重要人物大都有传记。这些人物的传记为编修者补充叙述孝钦的事迹另外开辟了空间。而这些补充叙述的文字中，又同样透露出编修者对孝钦的评价。

孝钦生前宠信或重用的人物孙毓汶、荣禄等。在孙毓汶传中，就记述："初，醇亲王以尊亲参机密，不常入直，疏牍日送邸阅，谓之'过府'。谕旨陈奏，皆毓汶为传达。同列或不得预闻，故其特权特重云。"在荣禄传中，直接叙述荣禄在己亥建储事件过程中对孝钦的迎合："时太后议废帝，立端王载漪子溥儁为穆宗嗣，患外人为梗，用荣禄言，改称'大阿哥'。"同时还叙述孝钦极度宠信荣禄之史实："荣禄久直内廷，得太后信仗。

眷顾之隆，一时无比。事无巨细，常待一言决焉。”显然，编修者认为孝钦能得以长期专权，与孙毓汶和荣禄这些后党中坚的支持密不可分，也暗中批评孙毓汶和荣禄唯知效忠孝钦，对皇帝却不尽人臣之责。

对于敢于和孝钦面争庭论的延煦，编修者予以褒扬。光绪十二年，德宗和孝钦拜谒东陵。当时，孝钦不愿意对孝贞的陵寝行跪拜礼。时任理藩院尚书的延煦坚持要求孝钦行跪拜礼，“面诤数四”。孝钦为此十分恼怒，在场的官员也大为失色。最后，孝钦不得不“跪拜如仪”。为此，《清史稿》称赞延煦：“起家贵介，以文词受主知，而立朝大节侃侃无所挠，士论伟之。”同时，也可以看出编修者对孝钦违背典制的指斥。

孝钦生前不顾财力艰困，大修颐和园。此事深受时人非议。《清史稿》在廖寿恒传中，引其奏疏之语：“至于宫廷土木之工，内府传办之件，事属寻常，最易导引侈念。伏愿皇太后崇俭黜奢，时以民生为念，俾皇上知稼穑之艰难，目染耳濡，圣功自懋。如是，则慈闱教育，更胜于典乐命夔。”《清史稿》对户部尚书阎敬铭劝阻修园之事更是着力记载：“光绪十一年……时上意将修圆明园，而敬铭论治以节用为本，会廷议钱法，失太后旨，因革职留任。”表面上看，修复圆明园工程（即后来的颐和园工程）之议出自德宗，实际上系孝钦本意，故阎敬铭对德宗的劝谏，实为劝阻孝钦，因而违忤孝钦被罢职。编修者不无叹惋地写道：“敬铭初欲得君专国政，为势所限，终不能行其志，世尤惜之。”这实际上也是表达了编纂者们对孝钦生前专擅朝政大权，耗费国帑修建颐和园之事的不满，同时也深深惋惜德宗未能亲行君权。

在汪鸣銮传中，编修者表达了对孝钦同意割让台湾的不满：“和议成，日人坚索台湾，鸣銮力陈不可，称上意。……忌者达之太后，故抑扬其语，太后信之……”随后，朝廷就以皇帝谕旨将汪鸣銮予以革职，永不叙用。显然，编修者指认孝钦是造成甲午之败，对日赔款割地的祸首。

对于孝钦宠信宦官李莲英之史实，《清史稿》也有所贬斥。在薛允升传中，通过记述薛允升拒绝李莲英为犯法太监请求之事，来指斥孝钦宠信纵容宦官。光绪二十二年，有太监李苌材和张受山聚众“击杀捕者”，被严旨交付刑部议处。身为刑部尚书的薛允升负责处理此案。李莲英为这两名太监说情，孝钦亦有网开一面之思，“以例有‘伤人致死，按律问拟’一语，敕再议”。但是薛允升坚持不为所动，并曰：

> 李苌材等一案，既非谋故斗杀，不得援此语为符合。且我朝家法严，宦寺倍治罪。此次从严惩治，不能仰体哀矜之意，已愧于心；倘复迁就定谳，并置初奉谕旨于不顾，则负疚益深。夫立法本以惩恶，而法外亦可施仁。皇上果欲肃清辇毂，裁抑阉宦，则仍依原奏办理。若以为过严，或诛首而宥从，自在皇上权衡至当，非臣等所敢定拟也。

最后，将张受山处斩，李苌材判处斩监候。

此外，编修者在廖寿恒传中，还通过引用廖寿恒的奏疏之语来表达对孝钦宠信宦官的批评：“根本之计，责在宸躬。步不离正人，乃可薰陶德性，拟请皇太后、皇上，御前太监务取厚重朴实之人，其有年纪太轻、性情浮动者，屏勿使近。并请懿旨时加训饬，凡一切浅俗委琐之言，勿许达于宸听。”

五、《清史稿》出版后各方面对孝钦传记的评价

1927 年，仅剩十四名编修者的清史馆终于结束了清史编修工作。遵照馆长赵尔巽临终前的嘱咐，清史馆将编修成果以《清史

稿》为名，予以付印。

《清史稿》尽管是仓促而成的未定稿，但仍称得上是中国传统正史修撰的“收官之作”。围绕《清史稿》对孝钦传记的体例以及评价，各方面看法不同。由于当时争议多集中于是否要查禁《清史稿》这一关系民国正朔的政治性问题，更加之《清史稿》在当时流传不多，价格比较昂贵，许多学者未能细读，所以对已经出版的《清史稿》的孝钦传记体例及评价的议论远远不及清史馆成立之初。

还在清史馆决定将《清史稿》付印之前，治学谨严的夏孙桐就认为此举实属仓促，“但求速成以塞责”。他还特别指出，咸丰、同治两朝列传尚未定稿（夏孙桐《上清史馆长论清史稿现尚不宜付刊书》）。显然，夏孙桐认为包括孝钦在内的咸同两朝人物的传记叙述及评价仍有推敲的必要。

1929 年，故宫接收委员会委员马衡、吴瀛、沈兼士、俞同奎、萧瑜五人要求封禁《清史稿》，并开列十九条罪状。“体例不合”与“反革命”“藐视先烈”“不奉民国正朔”等罪状并列（马衡、吴瀛《请严禁清史稿发行文》，《华北日报》）。

1935 年，国民政府行政院认为：《清史稿》对“清历代帝后失德者，均讳略不载”（傅振伦《清史稿评论》，《史学年报》）。换言之，国民政府从官方的角度批评《清史稿》没有深刻揭露孝钦专权的事实，而予以隐讳。显然，国民政府未能深察《清史稿》对孝钦曲折批评的笔法。

也有学者肯定《清史稿》将孝钦列入后妃传中的体例比较得当。傅振伦认为“今本书慈禧入传，而以其大政入德宗纪，实合史法”。但是傅振伦仍然批评《清史稿》编修者掩讳孝钦幽禁德宗之事，为此他不无讽刺地说：“夫德宗幽禁，妇孺共晓，讳曰有疾，是有所忌讳耶，抑沿国史记注之误耶？”并且认为《清史稿》记载孝钦沉井珍妃之事，“讳出走为出巡，失其真矣”。

李权在《清史稿管见》中认为，“后妃传于孝钦颇多曲笔”。并认为“德穆两纪，均系孝钦专权，援《史记》吕后本纪之例，标孝钦本纪，亦无不可。然穆宗享祚虽短，亲政以后，尚能自主，德宗则无时不受制于孝钦”。

一篇署名为“前人”的文章《清史稿回忆录》则认为“慈禧失德，后妃例难详记”，但是又肯定将孝钦之事“分见臣工列传，既未为讳”（《逸经》，1936 年）。

尽管《清史稿》对清朝予以美化，但是毕竟清朝已经是前代之朝，清史馆成员对溥仪小朝廷复辟的希望愈来愈渺茫的现实也是有所认识的。因而他们在《清史稿》中对清朝历史的得失也做出相应的总结。如在《高宗本纪》中，以如是之语批评已经身居太上皇之位的弘历对皇权的贪恋：“嘉庆元年正月戊申朔，举行授受大典，立皇太子为皇帝。尊上为太上皇帝，军国重务仍奏闻，秉训裁决，大事降旨敕。宫中时宪书用乾隆年号。”在赞语中以“惟耄期倦勤，蔽于权倖，上累日月之明，为之叹息焉”之语，表达对高宗晚年耽于十全老人之功，不思进取的委婉批评。傅振伦也以此例承认《清史稿》尚存直笔，并且肯定“后妃传”论赞中对孝钦奢侈，与德宗相争，酿成庚子之乱的批评。

结　语

毫无疑问，《清史稿》中的孝钦传记，其可读性无法与《史记》的《吕太后本纪》相比。但是，我们可以看出，《清史稿》编修者对长期专权的孝钦并无赞誉之情，并且对如何安排孝钦传记的体例和行文，的确是大费苦心。从最终确定的体例和行文来看，编修者处处贬抑孝钦，将其列入“后妃传”中加以叙述，并在其他相关人物的列传中，明暗不一地指斥孝钦误国败政之举。由于当时遗老心目中的“今上”——溥仪是遵照孝钦生前的懿旨而得以登基为帝，故清史馆中的遗老不能尽情恣意地大放笔墨来指斥孝钦，只能采用“春秋笔法”来表达他们的认识和评价。换言之，清史馆对孝钦传记的处理已经是尽其所能了，毕竟《清史稿》的多数编修者深受传统教育，又局限于遗老心态，而对清朝并无眷念之情的编修者又无力改变《清史稿》的立场。所以，后人也就不会去苛责《清史稿》没有出现一篇与《史记》的《吕太后本纪》首尾呼应的《孝钦太后本纪》了。

作者简介

孙昉，男，1973年生，陕西西安人。历史学博士。商务印书馆编辑。主要从事清史、文献学研究。

清代皇木采办与森林生态环境变化

蓝　勇

一、皇木采办自清初持续到清末

清代皇木采办对西南地区生态环境产生一定的影响。虽然顺治十四年（1657）朝廷便下诏“禁止官民采用楠木”，实际上只是将皇木采办的主要对象楠木置于中央朝廷的统一控制之下，以利于以后为营建宫殿陵寝采办。从康熙六年（1667）开始，清朝便开始了大规模的皇木采办，时断时续一直到清末。

康熙六年至八年，因改建太和殿，四川巡抚张德地在四川遵义（后改隶贵州省）、马湖、重庆和成都四府，采办皇木（嘉庆《四川通志》；《清圣祖实录》康熙六年六月己亥）。二十一年至二十四年，因重建太和殿，刑部郎中洪尼喀、吏部郎中昆笃伦、浙江巡抚赵士麟、工部郎中龚爱、图鼐、湖广巡抚石琳、户部郎中齐穑、四川巡抚姚缔虞又在四川遵义、马湖、重庆和成都等地采办皇木。

雍正四年（1726）至十一年，为建陵寝，四川巡抚宪德在四川崇庆州、雅安县、灌县、汶川县、屏山县、广元县、洪雅县、犍为县、眉州、丹陵县、井研县、宜宾县、纳溪县、巴县、南川县与贵州遵义县、桐梓县、镇安州、仁怀厅、绥阳县采办皇木。

乾隆七年（1742）至十四年，为建陵寝，四川巡抚硕色与纪山，又在四川崇庆州、雅安县、灌县、汶川县、屏山县、广元县、洪雅县、犍为县、眉州、丹陵县、井研县、宜宾县、纳溪县、巴县、南川县、酉阳县与贵州遵义县、桐梓县、镇安州、仁怀厅、绥阳县等地采办皇木（嘉庆《四川通志》；王澈《清代采办楠木史料选》）。十五至十六年，为建陵寝，陕甘总督尹继善等在贵州桐梓县石笋溪、平头山采办皇木。二十四年，为建陵寝，又在贵州桐梓县石河观、夜郎坡采办皇木。三十年，为修热河行宫和圆明园，四川总督阿尔泰、布政使五诺玺在屏山县高竹坪、黄螂、李子坪与雷波厅多宝山等地采办皇木。三十二年，为建天坛，四川总督阿尔泰在云南永善县洗马溪、沙河、朋兴沟与四川雷波厅多宝山、大崖洞等采办皇木。三十四至三十五年，为修热河行宫，四川总督阿尔泰在云南永善县鱼焦坪、雾露沟采办皇木。三十六年，四川布政使刘益、大学士阿尔泰采办皇木。四十八年，为修地坛，在越嶲厅与峨嵋县交界处福基山采办皇木。

嘉庆三年（1798），为修天坛，在云南永善县燕子岩等地采办皇木。七年，为修天坛，四川提督勒保在永善县洗马溪、花蛇溪、干沙坝、高崖老林采办皇木。十年，为修天坛，在四川太平厅玛瑙山采办皇木。十二年，为维修天坛，在四川太平厅白森坪采办皇木。

道光二年（1822）至三年，为建昌陵碑楼、陵寝，四川总督蒋攸铦与陈若霖在西昌县楠木坪、麻缆湾与越嶲厅牛心山、芍乌山以及打箭炉厅明正土司地采办皇木。

同治十三年（1874），为修圆明园，四川总督吴棠等在四川等地采办皇木。

二、皇木采办越来越难

清代皇木采办以巨大楠木、杉木为主，清初采办地区仍十分广大，涉及南方的四川、贵州、湖北、湖南、江西、浙江、江苏、福建等省区，同时还进一步向南扩展到广东和广西两省。从乾隆初年开始，实际上巨大楠杉采办的地区仅局限在四川、贵州和湖北、湖南省的少数地区。清末则传统采办皇木的叙州和遵义两府已无大木可采，只有在川滇交界的越巂厅、西昌县和永善县等一隅及川北太平厅采办，显现采办皇木对生态环境影响在空间上的演变过程。

由于大木资源的日见枯竭，清代每次采办大木的数量比于明代已经相形见绌。康熙六至八年，张德地上疏报告四川仅采办到楠木 80 株；不久康熙帝就下诏停采。康熙十四年至二十一年，四川应采办楠木 4503 根、杉木 4055 根。但因资源枯竭而采办艰难，地方官员不断上疏力求减免，故免去了所有杉木和 1800 余根楠木，只采办 2663 根楠木；但实际上到康熙二十五年只解运了 400 根，不久康熙帝便下诏“着停止川省采运”。康熙二十六年四月又谕工部免四川解送楠木。雍正六年至十一年，四川又采办楠木 1738 件半。乾隆七年至十四年，在四川采办的楠木有 2028 件。以后每次采办的大木数更少了，每次的采办数量最多一百多件或株。道光二年至三年，因建昌陵碑楼和陵寝，不顾当时的实际情况，要求四川采办楠木、柏木达 417 根，共 673 块，杉木 1417 根半。但经过全力深入到川西地区采办，仍有 26 根不符要求；楠木、柏木则是在偏僻的打箭炉厅明正土司之地采伐到的。据同治年间四川总督吴棠奏折，道光时四川采办的 1417 株杉木因不适用而免办（蓝勇《明清时期的皇木采办研究》）。由于资源枯竭，皇木采办越来越艰难。

明代的皇木采办主要是有目的的重点采办；清代由于楠、杉等大木资源的日渐枯竭，采办往往是地毯式的搜寻采伐，造成了历史上分布甚广而成林面积较大的楠木资源的枯竭。明清时期皇木采办的主要对象是樟科楠木属（Phoebe Ness）、桢楠属（Machilus Ness）和冷杉等大木。这些树木生长缓慢，成林更是十分不易，一遇毁灭性的采伐，恢复起来更是难上加难，对生态环境的影响明显。

三、皇木采办影响生态环境

清代的楠木、杉木等大木资源在皇木采办过程中受到了致命的摧残。乾隆时，四川产大木的山场砍伐已尽，穷山邃谷亦无不遍加搜寻。酉阳州原系苗疆从不采办之区，亦加委办，但很难采得合式大料（《甘肃巡抚黄廷桂为川省采办及未获之楠木数目事奏折》）。康熙二十二年，采办皇木于叙州府，空手从县城到楠木采办地往往都要行十天左右；到乾隆时其地楠木已更稀少。清末雷波厅一带数百年盘错之大木，已斩伐无余。铜仁府的楠木和杉木在乾隆时已砍伐殆尽。正安州、绥阳县、桐梓县的楠木亦难采得。嘉庆八年，为采办皇木，屏山知县李师曾在川境各老山内遍加搜寻，并无合式大树，直至云南所属永善县地方，才采到19根符合要求的（《四川总督勒保为于云南永善县采获楠木并运送事奏折》）。到道光时，兴文知县余炳虎在四川各大山中搜寻半年之久，才在偏僻的西昌县、越嶲厅、打箭炉厅找到（《四川总督蒋攸铦为暂留闻补丁忧之知县经理采楠木事奏折》）。南川县清代以前山多楠木，但清代后期楠木已很少成林者。康熙时，四川宜宾县仅有的一株楠木和庆符县仅有的数株也列入了采办之例。道光时，江北厅所产皆不合要求，不足供皇木之用，但采办者也要来采办。

经过清代的皇木采办，西南各地的野生楠木林大多荡然无存，原始杉木林也十分少见。以前采办皇木重地，四川屏山、宜宾县与云南永善县等地的低海拔地区多演变为耕地和次生中幼林，高海拔地区则退化为高山草甸地区，真正成林的野生楠木仅见于四川省峨眉山和云南省东南的开化府一带。由于成林面积十分狭小，林相残破，已难以作为一种森林来看待了。除此之外，只是在个别名山的寺观和私家大院周围还有一些人工楠木林。

作者简介

蓝勇，男，1962年生，四川泸州人。西南大学历史地理研究所教授、所长。有专著《中国历史地理学》等。

清代四川森林生态环境及其变化

蓝　勇

一、清前期森林生态环境状况

清初战乱以后，四川城乡田土荒芜，经济凋敝，社会残破，实际人口在60万人左右（刘洪康《中国人口·四川分册》），全省平均人口密度每平方公里仅1人上下。雍正年间夔州府人口密度3.37人/平方公里，乾隆四十八年（1783）也仅8.09人/平方公里；整个三峡地区人口密度也只12.17人/平方公里（蓝勇《长江三峡历史地理》）。

林木丰茂　清初，人口大幅减少，大量田亩荒芜，因而使林木复茂。盆地内平原和浅丘地区尽管主要是农耕垦殖区和城市生活区，但许多城市也鞠为茂草，村疃尽变丛林，杂树成林，灌莽塞衢。

成都府城中杂树蓊郁成林，青羊宫一带尽成汙莱，山麋野豕交迹其中；武侯祠成为樵采之地（王沄《蜀游纪略》）。荣昌县城蒿草满地。南充一带地旷人稀，森林甚富。川东诸州邑遭乱既久，城中杂树蓊荟成林。康熙十一年（1672）王士禛自巴阆经成都至眉州千余里，见名都大邑鞠为茂草，显现出清初四川盆地城市生态环境之荒芜性。

传统垦殖区此时也多为灌丛、茂林覆盖。温江县一带榛榛莽莽，如天地初辟。重庆府丛山荒邑需要伐木除道。潼川府一带沃野千里尽弃，田中树木如拱（方象瑛《使蜀日记》）。三台县秋林驿处在深箐中。丘陵地区的井研县长山岭林箐深密，有远人迁家至此，三年还无知晓者。地处盆地周边山地的安县遭战乱，人民绝迹者数十年，山深林茂，乔木阴森。清初雅州森林故道尽为老木，藤萝纠结，虎豹蹄迹纵横。长宁县清初城郊多丰草茂林。

虎患严重　在上述森林条件下，清初四川虎患酷烈，出现了近三千年来最大的一次生态回归蛮荒状态。全省大多数府州蒿莱满目，狼虎成群。许多荒城遗民仅几百家，每天均有人为虎所害，甚至有县内之人数日俱被食尽的事例。故费密《荒书》记载当时“州县皆虎”。

成都平原是受战乱影响较大的地区，顺治年间成都城内草木蔽覆，麋鹿豺虎纵横民舍，连蜀王府也有野兽聚集（王培荀《听雨楼随笔》）。汉州、新都县一带是虎迹遍街；新津县也是虎迹纵横。

重庆府是四川社会经济较为发达的地区，但当战乱之后，几无遗民，一时群虎白日出游。康熙四十三年，巴县缙云山、綦江县以南诸山虎群出没频繁。康熙四十三年、乾隆三年均出现了虎闯入重庆府城区的事件。故康熙年间张安弦《江涨》一诗中称，重庆一带“村荒虎豹哀”。

川北地区在明末清初是主要战场，饱受战争摧残，据说有时群虎出山一下可达上千只（赵彪诏《谈虎》）。顺治年间，盐亭县城外濠沟间四虎为害。康熙十九年虎入三台县城；康熙初年王士禛记载盐亭县富村驿为豹虎窝，窗外荒山吼声四起；三台县建宁驿多虎，人们日高结伴始敢行。陈奕禧也记载三台县终夕群虎逐鹿，鸣声绕床不绝。这都显现当时生态环境的原始荒凉状况。

四川盆地丘陵地区是传统农业垦殖区，历史上农业较为发达，但经过战乱的影响，也是虎患大作。清初一知县到荣昌县城上任，只见蒿草满地，到了晚上被群虎阻拦，被攫食五人（顾山贞《客滇述》）。川南沿长江一线受战乱的影响，城市郊外多为茂林丰草，虎患酷烈，长江边老虎往往数十成群鱼贯而行。富顺县数年断绝人烟，虎豺昼夜游于城乡村落之间。营山县人民稀少，虎患大作，昼夜为害，欲耕作必集多人方敢偕作。乐山县凌云山上也是虎迹交错于路上。

嘉庆《宜宾县志》载明末清初樊曙《越溪记》一文称：

> （越溪）其禽则花眉、文雉、箐鸡、白鹇、醉老、春哥、打鱼、啄木以及夫水鹤、鹭鸶、鸳鸯、鸂鶒，靡不集于溪中。其兽则群熊、诸獾、山羊、水鹿、老貜、豪豕、松鼠、竹牛，亦有独角之羚，三蹄之虎，祭天之獭与豺，靡不藏于溪畔。其木则奇松、怪柏、建木、杉条、紫荆、白杨、山桃、橡栗，珍果十二、翠竹十二，悉乔繇于溪之旷土。其草则芳兰五种，大药百丛，菌、笋、芹、蒿可侑食，荷、菱、葛、蕨可疗饥。有七里之香、九节之蒲、黄茅、白苇、红蓼、绿莎，悉衍茂于溪之水涯与山阿。当其春夏，锦绣迷空，青苍挂壁；及夫秋冬，烟横绝壑，风动残林，而鸟语兽声，四时不歇，悦耳怡神，形形色色，各有天然图画焉。

越溪处四川盆地南部宜宾县浅丘地区，明末清初有虎、熊、豺等野生动物生存，实际上是明清之际的生态常态情况，是清代初年到嘉庆年间四川盆地浅丘地区生态环境的典型景观。

从华南虎生存的基本生态条件和清初四川盆地虎患的范围及酷烈程度来看，清初四川盆地原经长期垦殖开发之平坝区中，灌木林和次生林覆盖率可能一度恢复到50%以上。

二、清中叶森林生态环境的变化

经过康熙、雍正、乾隆、嘉庆年间的发展，四川人口急增，城乡社会经济得以恢复，农业垦殖在恢复明代规模后，即向山地开发。但到清中叶，四川盆地内丘陵地区仍有一些大型野生动物生存，显现了当时盆地内开发强度在地区上的不平衡，盆地周边一些山区森林茂密，仍为较多的大型野生动物生存提供了必要的生态环境。

成都平原地区桤木密布江干河畔，蓊蔚可爱。地处丘陵地区的阆中县在咸丰年间森林资源还比较丰富，柏木在山谷间多有大至数围者，桑则处处有之。江北厅一带城北十余里就可砍伐栎（青冈）木为薪材，远一点的地方甚至可以采到大的栎树。乐至县由于县令胡丕昌的禁伐和劝植，城周一里竹木秀丽，崖谷到处种植柏、桐、杉、梓、桑、橡等树，有的大可达数人围者，形成其他州县不常见的景象。

盆地内一些丘陵地区普遍还有大量小型野生兽类出没，一些地区还有猿、猴、虎、豹、豺、野猪等大型兽类动物。邛州、乐山县、三台县、宜宾县、江北厅、开县、东乡县、邻水县等地仍有虎迹出没；野猪、豹子、鹿、猿猴、熊等动物也十分常见。江北厅还有通臂猿、金线猴、长尾猴等数种灵长类动物。盆地内开发深入的程度还有限，对自然植被和野生动物的影响也是局部的，有的地区仍保持森林生态环境。

清中叶，四川盆地四周山地虎、豹、豺、狼、熊、猿、猴、鹿等大型兽类动物出没无常，森林生态的特性仍明显。

在这样的生态环境下，通江县森林占地七成有五，宕江呈现清澈现底水清石见的状况。太平县在嘉庆以前仍是老林未开的地区，参天古木所在不乏，故嘉庆十年（1805）曾经在太平采办皇木。宣汉县一带则弥望青葱处处可见，康熙年间也曾采办皇木，杨泗山杯子坪清末时仍留有皇木老林。

屏山县为采办皇木的重要地区。乾隆前，每年五六月间，金沙江涨水，大量枯木朽株从各溪壑随涨而下，散布江岸。越嶲厅乾隆年间森林茂密，也曾是采办皇木之地。道光时已经是近山采伐殆尽，惟巉崖绝壑人迹罕到之处，间或有之；而建昌县直到咸丰时杉板仍为全蜀之冠。雅州府一带呈现阴崖垂瀑，古木悬萝，山林胜景不断的景象。

在咸丰、同治年间，酆都县长江南岸森林密布，林木连抱者数以千计。在道光时，忠州一些地方仍是古木萧森，显现了生态环境的原初性。嘉庆、道光时期，石砫厅林箐阴森，猿猴尤多，许多山脉绵亘五百里都是青翠插空，林木丰茂。由于山多大树，虽然有流民不时进山采伐种包谷，加上采伐薪材和房屋建筑用材，仍有大量余木抛弃道旁，日久朽腐，甚至有大数十围者。云阳县与开县、大宁县间还有未开的老林，人烟稀少，山谷幽深，树木苍蔚（严如熤《三省边防备览》）。在嘉庆、道光时期，涪州建造房屋还率以柏木为柱，显现山地常绿乔木的丰富。

川西北地区在清中叶森林受到人类活动的影响还较少，懋功直隶厅多是高树翳天，章谷屯四围苍翠，绥靖屯松冈环列。

三、清末森林生态环境的变化

盆地内森林生态环境变化地域上的不平衡　清末四川盆地内的经济开发在广度和强度上都有所增强，但生态环境变化在地域上的不平衡仍十分明显。同样位于丘陵地区的井研县、荣县、仁寿县与绵州、南溪县、阆中县、遂宁县、南充县、垫江县，开发的深度就相差较大，因而森林生态环境变化的程度也就相差较大。

井研县西北饶林木，城厢街坊居民爨薪均仰其供给。荣县城北五至十五里之间在清末仍是森林阴森，傍晚传为鬼窟，怪禽雨啸，夜禁行人；有的地方群山如墨，号为老林，一担之薪柴不值百钱。仁寿县半月山古柏蓊郁参天，皆数百年物。

绵州则是人烟稠密，屋宇鳞次，林木所出，不足供民生日用之需，只好沿涪江到龙安府一带大山取材，浮筏于川，将大量杉、柏、椿等木转运到绵州城。筠连县凌云关一带清初是深林密箐之地，但光绪时期生聚既繁，垦辟几尽。阆中县则早在咸丰年间就人烟益密，附近之山皆童，薪柴大多来自数百里外。光绪时遂宁县森林只分布在寺观名胜之地。清末南充县许多昔日山林已经童秃。老君山本是翠柏丛茂，至清末所余柏树已寥寥无几；大林山已经是童秃无材木；大方山旧日松柏参天，但已山秃泉涸了。垫江县当平行岭谷地区，一山一槽相间分布。清中叶两山尚林木蓊翳；但光绪年间人烟稠密，已是两山童童。

部分山地森林生态环境依然良好 清末，四川盆地四周部分山地虎、豹、豺、狼、熊、鹿、猿、猴等大型兽类动物出没无常，森林生态的特性仍明显，森林茂密状况和大型野生动物种类与清中叶相比变化并不明显；显现人类垦殖虽日益加剧形成高潮，但主要影响只及于靠近大江大河两岸的山地，对山地内广大腹地的影响十分有限。因而，清末盆地周围山地森林仍较丰富，灾害性水土流失虽然出现，但并不是十分严重，川西、川南、川东南地区尤其如此。

川西北彭县、安县、什邡县、绵竹县地当四川盆地丘陵与山地过渡地带，森林生态环境在清代一直保持良好。清末彭县白水河两岸大杉成林，仍是材木所出之地；什邡县森林大半皆浓荫矗立，高插云天，大者数十围，小亦数围；安县一带从康熙年间开始招垦并砍伐森林，但直到光绪年间仍有一定面积的森林生长；绵竹县西南还有豹、熊、狼、豪猪、鹿、野猪、猴等大型野生动物，有的数量太大，损伤人畜粮谷，猎人多取皮革为皮货。

川西南雷波厅、屏山县、马边厅一带，明代就开始采办皇木，清代仍然如此。清代初年雷波厅山林孕毓既久，所产巨木良多，宫室桥梁用材悉取资于此。经百余年，虽使许多盘根错节树龄长达数千年之巨木遭到砍伐；但直到光绪年间，许多地方仍是香杉楠木大达数十围，蔽荫干霄，取之不竭。故仍有许多人设立山厂采办木植，随木之大小，制为器用，或采集为筏，由金沙江运至叙州府城售卖，颇获厚利。

黔江县，不少山地不是“古木参差”，就是“古木葱箐”。秀山县山地也多是“古木丛翳”“古木丛阴”的景观，其中平阳盖绵亘百五十里，翠峦复云，有的地方则是绝少人迹，留有古木千章，林木不可胜用。涪州有的山地也多是“古木翳蔽”。大宁县后乡一带箐密林深；万顷山广数百里，多产大木。綦江县山地葱葱郁郁，有的松林绵延不啻数百里，有的则为山林蓊郁之地。

冕宁县，拱头山上多猿猴，千百成群，林木茂密。广元县，山高林密，特别是两角山豹狼成群，野猪亦多，采樵畜牧，往往遇害。

川西一带清末森林茂密。打箭炉厅有山皆树，苍翠蔽天，特别是折多山麓有老树千章；河口县东部沿无量河两岸南北二百余里，多森林；稻成县南北四百余里，森林不断；巴安府仍多万年老林；得荣东从桑披岭，南至养古山，森林不断，而金沙江边杂树弥漫，苍翠蔽天。

中国边疆治理研究的当代价值

马大正

中国是一个有着悠久历史的文明古国，不但拥有辽阔的中原腹地，而且拥有广袤的陆疆和海疆，中国边疆是统一多民族中国十分重要且不可分割的组成部分。多元一体的中华民族就是在这片土地上生息繁衍。勤劳勇敢的各族人民共同创造了灿烂的中国历史，其中也包括边疆地区发展的历史。

一、研究的意义

在历史的演进中，统一多民族中国和多元一体中华民族是相互依存、相互促进、同步发展的，并成为世界发展史上一道独特的风景线。而促使这种同步发展成为可能、成为现实的一个重要动因，就是极富中国特色的边疆治理政策（可简称为“治边政策”）的实施。

中国历史上无论哪一朝哪一代，都面临着边疆问题，统治者也都为巩固自身统治而制定治边政策，展开边疆经略和边疆治理。治边政策是实施边疆经略和治理的指导方针与具体措施，而治边思想则是制定治边政策的重要前提之一。治边政策的正确与否，边疆经略和边疆治理的成败得失，治边思想是否符合时代潮流，不仅直接影响一朝一代的兴衰存亡，而且对于作为整体的统一多民族中国的形成、发展也产生重大影响。

边疆治理的基本任务是守住一条线（边界线），管好一片地（边疆地区），实际上包含着物与人两个要素。可以说通过治边政策实现边疆经略和边疆治理是一项针对人和物综合治理的社会系统工程。边疆治理内涵十分丰富，主要者至少有：治边大战略、边疆地区行政体制、中央和地方的管理机构和运作机制、边防（国防）、边境管理、民族政策、宗教事务管理、文化政策、教育政策、社会整体发展、经济开发、周边外交等。

二、学人的共识

承载着千年传统、百年积累的中国边疆研究，又经历了始自20世纪80年代以来的近40年探索，随着中国边疆和周边热点问题频现，中国边疆研究也随之不断升温，在学人的共同努力下，传统的中国边疆研究实现了两个突破：一是突破了仅仅研究近代边界问题的范围，开始以中国古代疆域史、中国近代边界沿革史和中国边疆研究史为研究重点，促成了中国边疆史地研究的大发展；二是突破了边疆史地研究范围，将中国边疆的历史与现状相结合，直面当代中国边疆（当然离不开边界线外侧的周边诸国）面临的新状况、新问题，将基础研究与应用研究有机地结合，从而将中国边疆学的构筑提上研究的议事日程。在此研究发展的大背景下，中国边疆治理和治边政策研究，特别是中国古代治边政策研究得到了长足的发展，取得了可喜的共识，择要可作如下归纳：

一是，中国古代治边政策自秦汉时期初具规模，经隋、唐、元、明诸一统王朝的充实、完善，到清朝形成了完整体系。清代治边政策可谓集中国封建王朝治边政策之大成，是中国特殊国情的特定产物，具有历史的继承性、地域的广阔性、内涵的多样性、影响的深远性四个特点。

二是，历史上的治边政策具有鲜明的阶级属性，它的直接目的是为一朝一代的政治利益服务，但从统一多民族国家发展大趋势的背景观之，其历史的积极作用不言而喻。简言之，其一促进了多民族国家的统一与巩固；其二协调了民族关系，推动了多元一体中华民族的演进；其三有序展开了边疆地区的经济开发，推动了边疆与内地政治经济一体化进程。

三是，研究中国的边疆政策，应重视治边思想的研究，要充分认识到中国古代“大一统”思想在中国古代边疆形成过程中的影响和作用。鸦片战争以前，古代中国曾四次出现大一统局面，其中有两次是由汉族统治者完成的，而另外两次则是边疆少数民族入主中原后完成的。汉唐两代致力于完成统一大业，把中国各地区各民族孕育的大一统要求变成现实。元朝统一规模比汉唐更大，疆域也更加辽阔，元朝所创建的多民族国家的大一统，对中国历史的发展影响是十分深远的。满族建立的清王朝，对统一多民族国家作出的历史贡献尤为重要。此前历史上任何时期对疆域版图的有效控制，都比不上清朝。清政府对边疆经略首先实现了国家大一统，进而对边疆地区实行全面治理和地区性开发。

四是，清代的边疆政策未能正确应对由内边防务到外边防务为主的根本性转变。古代中国疆域之边有“内边”“外边”之分。统一时期的边疆经略和治理，通常是指中央政权对控制薄弱的边疆地区所采取的防范和治理措施。割据时期的边疆治理，通常是指在政权与政权之间的对峙地区和对边疆地区所采取的防范措施。古代中国历史疆域内的大小政权的“边”，可称之为“内边”。明代以前的治边主要是指边疆内部的纷争和割据，明代以后，情况发生了变化。明代的倭患持续了近200年，随着西方殖民主义崛起，1840年（清道光二十年）的鸦片战争，西方殖民势力用大炮打开了中国的大门，使我国沿海地区和东北、新疆、西藏、云南、广西等一些边疆省区的外患日益突出，出现了边疆全面危机的严重局面。西方殖民主义者的入侵，可称之为“外边”之患。应该说，自明代以降，在中国内边防务问题依然严重的同时，现代意义上的边防，即外边防务问题开始提上议事日程。可清朝统治者面对边疆防务这种变化的形势，仍沉迷于治理“内边”的传统治边政策而不思也不会防备外患，致使前期治边政策的辉煌很快成为明日黄花。清后期治边政策的全面破产，是清朝丧权辱国、割地赔款的一个重要因素。认真研究清代治边政策的成败得失，对于维护国家统一、边疆安定都具有重要的现实意义。

三、当代的启示

以史为鉴，经世致用，是中国史学的优良传统。研究历史必须面对现实。研究中国边疆史，以及边疆史中很重要的内容边疆治理和治边政策时，同样要面对现实，当前中国边疆面临的现实是什么呢？简言之，一是发展面临良好的机遇，二是稳定面临严峻的挑战，从此意义上以下六点启示值得思考。

1. 中国作为统一多民族国家，边疆是国家不可分割的一部分，边疆的发展，关系到国家发展的大局，边疆的稳定，关系到国家稳定的大局。内地和边疆，对于统一多民族国家来说具有同样重要的地位，“宁失千军，不失寸土”这个古训至今仍有现实意义，从边疆的特殊战略地位来看，在国家的总体治理中，对边疆地区应给予更多的重视，更多政策上的倾斜。习近平总书记提出“治国必治边”的战略含义即在于此。

2. 处理好发展与稳定的辩证关系。广义的边疆治理，包含管理和开发两个方面，开发即是经济发展、文化繁荣，这是保证边疆社会稳定的基础。中国历代有作为的中央政府，如汉、唐、清在治理边疆时均注意到这一点，并取得了成效。但封建王朝毕竟有极大的历史的、阶级的局限，如清政府在边疆地区重“稳定”、轻发展，出于阶级私利有意识地保护落后，以利统治，致使边疆地区长期处于落后状态，这也是历史事实。邓小平同志曾说过：发展是硬道理。他还说：稳定压倒一切。这两句话当然是指全国而言，但是用在边疆地区更有针对性。所以为了边疆地区的稳定，必须使边疆地区有较快的发展。

3. 中国独特的历史传统之一，中央政府的权威是维系统一多民族国家的重要因素，甚至可以说是最重要的因素之一。边疆治理要依靠实力，或者说是综合国力，实力既包括有形的军事力量，也不可轻视无形的中央政府的权威。中央权威包含两层含义：有形的，就是政权的统治系统，无形的，就是权威本身的文化、思想的号召力、凝聚力，唐太宗被各族共推为“天可汗”可视为一例。从中国历史上看，边疆地区发生动乱，往往是在中央政府的统治能力下降之时。中央政府权威很高，统治就有效，边疆地区即使有乱，也难成气候，影响不了全局。历史经验告诉我们，要维护边疆地区的稳定，必须维护中央的权威，必须强化中央对边疆的管控力。

4. 历代边疆政策的治理形式，如中央集权，因俗而治，民族的事由民族的人来办等，都有可供借鉴的成分，值得后人在创新的基础上予以认真总结和发扬。如历代民族政策中的因俗而治，就是尊重民族的传统、特点，不轻易予以改变，民族的事情让民族的头面人物来办，这些在历史上已被证明是行之有效的，当然也要认真总结“因俗”过度的教训。因此，对历代边疆政策的内涵与外延，要认真总结，要刻意创新。

5. 国家利益高于一切，要在增强民族凝聚力、国家向心力上多做些事。边疆民族地区，特别是一些与内地文化有较大差异的边疆地区，存在着自身特征，简言之：一是地缘政治上的孤悬外逸；二是社会历史上的离合漂动；三是现实发展上的积滞成疾；四是文化心理上的多重取向。这些特征的存在，对于民族凝聚力和国家向心力的增强而言，具有消极影响是不争的事实。历史上如此，现实生活中也不例外。对此，应突出统一多民族国家这个主题，千秋历史铸成的民族向心力、凝聚力是统一国家的基石。要让国家利益高于一切深入人心，成为各民族人民的行动准则。

6. 边吏是否善政关系到边政是否得当。边疆地区远离统治权力中心，且情况复杂，边吏素质更应优于内地，无数历史事例告诉人们，应变过度会使事态人为扩大，而过缓消极，本想息事宁人，往往适得其反。边疆的事情，有的时候瞬息万变，牵一发动全身，对于边疆大吏，中央应授以更多的便宜之权，该决断时要给他们以决断权，清朝历史上这样的例子就很多，今天我们依法治疆，但执法者仍然是人，首先是边疆地区的各级官员。

总之，对于中国古代治边政策这样一个在一定程度上牵动历史发展全局的重大问题，进行微观与宏观相结合的研究是必不可少的。历史的局部、细部考察得愈清晰、愈准确，对于由局部、细部构成的历史大厦的整体认识，才愈有可靠的依据。但是，我们不应该满足于史学的微观研究，还必须对中国古代治边政策进行宏观的考察。应该从宏观上，亦即相对地从整体的意义上，去考察历史进程的内在联系，以便寻觅出寓于历史事实中，隐于历史现象背后的更深一层的历史本质，唯有如此，方能揭示出与古代治边政策发展的内在规律及其在促进统一多民族国家的形成和发展中的历史作用。

四、研究需深化

面对当前中国边疆的新问题、新挑战，边疆治理研究面临深化与拓展的重任。当代中国边疆治理和治边政策研究应给以更多的关注。每一个认真的治学者深知，资料是研究得以深入的基础，而研究内容的深化、研究视野的拓展则是研究能否创新的保证。

我以为如下五端应予重视：

一是，传统研究内容的深化。

20 世纪 80 年代以来，中国学者对中国古代边疆政策进行了系统研究，取得了可喜成绩，但诸如朝贡体制、藩属制度，不同历史时期、不同边疆地区的治边举措及其影响，封建割据时期不同政权间的应对政策，中国传统边疆观、治边观等仍有深化研究的空间；从宏观上总结从秦到中华民国边疆治理实践的经验、教训和当代启示尚待研究者上下求索；边疆治理运作机制的宏观与微观、纵向与横向研究也尚未引起研究者更多关注。

二是，古今打通，中国治边政策研究不能仅止于 1911 年清朝覆亡，或 1949 年中华人民共和国成立。

长期以来由于资料收集困难，研究禁区林立，研究者往往却步于当代中国边疆研究，其中包括当代中国边疆治理、边疆政策以及当代边疆观、治边观研究。随着中国边疆研究的深入，依托历史、面向当代研究边疆已成大势，因此，将中国治边政策研究古今打通应成为研究者共识并努力实践。当代中国治边政策因以往研究基础相对薄弱，加之复杂的现实不断向研究者提出新问题，以下一些内容应成为研究中首选之题：如古代（王朝国家）

边疆治理与近代（民族国家）边疆治理的异同；当代边疆治理中的发展与稳定、开发与生态环境保护、边疆多元文化的冲突与协调、民族认同与国家认同、边疆地区社会管理、地缘政治与边疆地区的涉外关系、边防与边境管理、边疆治理与边吏素质等。

三是，中外边疆治理的比较研究。

纵观世界各国，其边疆地区与中国最有可比性的，唯有俄罗斯和美国，因此，将上述三国从历史到现实的边疆治理、治边政策进行比较研究很有必要，而比较研究的前提是将从俄罗斯帝国到苏联时期对西伯利亚和中亚地区的开拓与开发，美国对西部边疆的开拓与开发进行扎实的个案研究。概括了国外边疆治理的基本模式，总结了国外边疆治理的经验和教训，才有可能将中国治边政策、边疆治理放到国际比较的视野中进行更深入的研究。同时，还应着力进行新航路开辟至今西方边疆理论的研究，以期揭示西方边疆理论的发展脉络和演变进程，并对500余年间的主要观点进行重点探讨。

四是，研究方法的多元化，是研究创新的必要手段。

长期以来中国治边政策研究属于历史研究范畴，因此，研究者大都是史学工作者，随着研究的深入，面对复杂多变的边疆现状，显然仅仅依靠史学研究方法是远远不够了。因此，引入政治学、社会学、民族学、人类学等诸多学科的理论和方法于研究已成大势，唯此才能开展对中国边疆政策古今打通、中外比较的全方位、多层面的研究，并将研究推向新的高度和深度。这种研究方法的发展趋势，也进而印证了从中国边疆研究展开到中国边疆学构筑进程的客观需要。

五是，鉴于中国边疆政策研究是一个研究难度大，且具有敏感性的研究课题，从推动研究的组织者视角言，有两点需要重视。

其一，要理顺研究与决策的关系。研究与决策有着密切关系，但不应将两者等同。研究的结论虽是进行正确决策的重要因素，但不是唯一因素。研究的最高原则是科学的求实，而决策的基本出发点是维护国家的根本利益。在研究与决策中，决策者是矛盾的主要方面，在正确处理两者关系时，决策者需要有更多的政治家气度与远识，应该为研究者进行实事求是研究提供更有利的条件和保证。当然，研究者也应发扬中国边疆研究的爱国主义和求实精神的优良传统，为政治家、军事家的正确决策提供扎实、可靠的研究成果。

其二，在研究中坚持学术与政治分开、历史与现实分开的原则。中国疆域历史和现实中存在诸多难点和热点问题，这些难点与热点问题的出现，原因是多方面的，归纳起来主要有：研究层面原因。由于历史情况复杂，史籍记载多有歧异，引起研究者们探求的兴趣，此类难点、热点问题，可以通过深化研究进而逐步解决。政治层面原因。这一层面原因又可分为正常的和不正常的两类。所谓正常的，是指不同国家出于国家利益的考虑，要建立本国的历史体系，强调自己国家历史的悠远、维护独立传统之辉煌。对此，即便有悖历史的真实，可以求同存异，以宽容之态度待之；所谓不正常的，是指个别国家或个别团体、个人出于狭隘民族国家利益考虑，不惜故意歪曲历史事实，并将历史问题现实化、学术问题政治化，通过被歪曲的历史事实，煽动民族主义狂热，制造事端。对此，我们则应讲明历史真相，有利、有理、有节，据理力争，决不姑息迁就。上述原因是相互交织、互相影响的，情况十分复杂。对此，我们应本着国家利益高于一切的原则，保持政治警觉，潜心深化研究，对一些有争议的问题，在坚持学术问题与政治分开、历史问题与现实分开的前提下，倡导和而不同，增信释疑，求同存异，在学术的轨道上心平气和地展开讨论。

同时，更重要的是负有推动、组织学科发展使命的一线领导者，应心怀学科发展的全局，及时制定有可操作性的举措，并能取得实实在在的社会效益（指学术著述出版和成果的决策参考率）。非此，就不能称之为是一个合格的领导者，因为这样的领导徒有其名而无其实，没有能尽到守土有责的历史责任。

作者简介

马大正，男，1938 年生于上海。中国社会科学院中国边疆研究所研究员，博士生导师，国家清史编纂委员会副主任。主要著作有《马大正文集》《边疆与民族——历史断面研考》《中国边疆研究论稿》《中国边疆治理通论》《热点问题冷思考——中国边疆研究十讲》《当代中国边疆研究（1949—2019）》《中国边疆学构筑札记》《新疆史鉴》，主编《中国边疆经略史》《中国古代边疆政策研究》《卫拉特蒙古史纲》等 50 余种。

坚守国人历史文化认知的底线

马大正　刘姗姗

对中国历史文化认知是重大原则问题，是国人文化认同、国家认同的重要基础之一。对此，我国历史上许多有识之士有过精辟阐论。清代龚自珍曾言：“欲知大道，必先为史。”“灭人之国，必先去其史。”

我们的先辈为今人留下了两项举世瞩目、无与伦比的历史遗产：幅员辽阔的统一多民族国家和人口众多、多元一体的中华民族。这是中国不同于世界上任何一个国家的特殊国情，也是每一个中国人历史文化认知的核心内容，这些都是大道理、大前提。有了这样的历史文化认知，大道理就能够管住小道理、大前提就能够管住小前提。我们要通过长期、扎实的研究，努力使这些大道理、大前提深入人心，成为中华民族的共识。

一、中国特色的两大遗产

统一多民族的中国，是经过一个漫长而曲折的发展过程后大致定型的。自先秦时期起，在现代中国领土范围内开始形成一个核心区域，这个区域大致在黄河中下游至长江中下游一带。在这个中心区域建立政权的既有华夏，也有夷狄；既有汉族，也有少数民族。在国家的发展进程中，边疆地区的发展是其有机组成部分，全国范围的发展状况决定了边疆地区的发展水平，边疆地区的发展状况对全国范围的发展也产生了重要影响。

多元一体的中华民族，既是一个民族共同体概念，又是一个国族概念。“多元”指统一多民族国家形成过程中各民族所具有的“个性”和“特质”，即各民族在语言、地域、经济、文化心理等方面所具有的多样性和表现形式上的特殊性；“一体”指各民族在共同发展过程中相互融合、相互同化所形成的民族共同体的共同特征和“一体化”趋势。这种由多元到一体的特点在中华民族形成过程中自始至终都存在着：首先是分布于黄河流域的多个部落互相融合形成华夏族；然后是北狄、东夷、西戎、南蛮等多种族群融入华夏族形成汉族；汉族出现后对周围众多民族产生强大的吸引力，成为中华民族的凝聚核心，各民族在政治、经济、文化等多方面密切联系，不断融合，形成你中有我、我中有你、谁也离不开谁的一个整体，最终形成中华民族。中华民族有两个值得重视的特点：一是多元中的本土特点。中华民族尽管是由众多民族经过数千年的不断融会而形成，但这些民族无论是历史上已消失的民族，还是现实生活中存在的民族，都是在中国这块辽阔的土地上土生土长的民族，即使有些少数民族的祖先具有外人的血统，也是在中国境内与其他民族的融合中形成的。二是凝聚力强。历史上中华各民族之间虽然有冲突和战争，但交流和融合是主流，各民族在共同生活、共同斗争中形成一个整体，在抵御外侮尤其是近代帝国主义列强侵略和瓜分时，中华民族的凝聚力不断升华并空前释放出来。

两大历史遗产是中国与中华民族生生不息的强大原动力，是物质与精神的有机结合、互补互促，并成为每一个中国人的宝贵精神财富。因此，我们应开展对两大历史遗产的宏观与微观相结合的研究，并将研究成果普及于国民教育之中。

二、“新清史”的挑战

“新清史”的提法源于美国，是20世纪90年代在美国中国史研究中兴起的一股学术潮流，以哈佛大学教授欧立德（Mark C. Elliott）、耶鲁大学教授濮德培（Peter C. Perdue）、匹兹堡大学教授罗友枝（Evelyn Rawski）、德克萨斯大学教授路康乐（Edward J. M. Rhoads）、达特茅斯学院教授柯娇燕（Pamela Kyle Crossley）等人为代表。总体而言，“新清史”呈现几个基本特征：1. 强调清朝是少数民族建立的“非汉”的“征服王朝”，主张划清与中国历史上汉族王朝的界限；2. 强调清代满洲的族群认同和对满洲特色的研究，反对满族被“汉化”的说法；3. 提倡以族群、边疆等视角和新的理论框架来重新审视清代历史；4. 提倡采用满语、蒙古语、维吾尔语等文献研究清史。

“新清史”提出最初，影响仅限于中美历史学界内部，但其所设置的一些命题、提倡的一些观念牵涉到我国历史上边疆地区的诸多敏感领域。他们把清朝的边疆经略看作是类似近代西方帝国主义的海外殖民行为，把清朝对新疆、西藏等边疆地区的统一，一概斥为“侵略”“扩张”，给清王朝贴上早期殖民帝国的标签；夸大“满洲”元素，强调清朝统治与历代汉族王朝的区别，强调清朝统治中的非汉族因素；对“中国”“中国人”以及“中国民族主义”的基本概念和基本准则提出挑战，并对“中华民族”及国家的认同提出质疑。

这些理论倾向具有很强的煽动性，即使研究者没有主观政治倾向，但实际上践踏了国人历史认知的红线，挑战了国人历史认知的底线，若任由这些观点扩散，确实会对我国边疆地区的稳定产生外部干扰。更为严重的是，“新清史”的上述主张很容易被今天国内外的极端势力所利用，成为他们粉饰自身分裂国家行为的“学理依据”与“思想资源”。

三、坚守国人历史文化认知的中国话语权

面对“新清史”学理上的挑战，我们应采取冷静审视的态度，认真对待、深化研究、妥善应对。弘扬两大历史遗产是国人的历史文化认知的基础，要有效“发声”，抢占舆论制高点，坚守国人的话语权。

为此，如下五端应予重视：

第一，现在所谓的“新清史”热潮，因其研究中触及当代中国国家认同以及边疆、民族等敏感议题，通过“出口转内销”的形式传入国内，迎合了某些热点，从而形成一股引人关注的潮流。据我们了解，“新清史”流派在美国的中国学研究中仍然属于小众群体，人数不多，被誉为“美国新一代中国研究最有影响的历史学家之一”的霍普金斯大学教授罗威廉（William T. Rowe），2014 年 5 月在我国史学杂志《清史研究》中发表的《在美国书写清史》一文中指出，美国的清史研究模式呈现多样化，上述几人只是其中之一，更不能代表主流。即使在“新清史”内部，意见也不统一，通常被视为“新清史”流派的柯娇燕就曾公开声明自己对“新清史”研究持保留意见（2014 年 9 月 1 日《中国社会科学报》）。客观而言，“新清史”流派毕竟包裹着“学术性”外衣，具有较强的专业性，引发的争论基本仍局限在学界内部，尚未向更广泛的社会大众层面扩散。我们应该采取“冷处理”方式，不能替他们人为“造势”，不应再燃火加薪、推波助澜。

第二，尽力将“新清史”相关论争纳入到正常学术轨道，以学术化方式解决。我们应该坚持将历史与现实分开、学术与政治分开的原则，提倡双向理解、有效沟通，在互相交流中增信释疑。“新清史”流派的几位代表人物大多具有在中国学习、工作的经历，今后对于这一部分学者，应该以礼相待、以理服人，而不能拒人于千里之外。但我们也必须意识到，双方差异的背后，有着不同的学术环境、文化背景以及民族历史的传统，正由于这些不同，才产生了不同的问题意识和研究理念，语言与翻译也是制约双方深层次沟通的重要因素，学术研究的进一步深入与交流之路将会非常曲折和漫长。

第三，“新清史”流派的代表大都来自美国高校，或是美国中国学研究的重镇。近期的“新清史”热潮也在一定程度上推动了清史研究的国际化进程，对国内的清史研究也提出了更高的要求。这些事实提醒我们，史学研究需要一个更国际化的视野，我们应该下大力气培育本土的优秀学者，不仅拥有深厚的学术素养，同时还能熟练掌握外语，运用西方所熟知的表达方式，在国际学术领域有效“发声”，进而引领学术潮流。

第四，“新清史”学人提出的一些问题确实是清史研究中无法回避的重要内容。我们应进一步加大在清代边疆、民族诸领域的研究力度。从目下研究现状看，对“新清史”研究的“破”中来看，不乏有新意、有深度的文章，但总体看来“破”的力度依旧不够，“破”的角度在未来还可以继续挖掘。要做到正面应对“新清史”，精确了解西方学者的学术逻辑，以及在写作过程中做到自身逻辑完整，讨论有理有据，而不仅是就事论事，打打擦边球。我们认为，在研究中应掌握大局，在事关全局的问题主动发声。统一多民族中国和多元一体中华民族这一极具中国特色的两大历史遗产应成为研究的重中之重。“大一统”政治思想和实践、中华一体发展的历史轨迹，以及“边疆内地一体化”“中外一家”“夷夏之防”等都应成为研究的重点命题，拿出宏观与微观相结合的研究成果。

第五，清朝统治者是满族，满语在清朝被视之为国语。清朝给我们留下大量的满文档案资料，其中所包含的信息，有时甚至会改变我们之前对某些问题的认识。中国的清史学界早已形成共识，近四十年来取得了可喜进展。在这一方面，“新清史”研究者提出的重视少数民族语言、文字资料的见解有一定可取之处。现在满语在中国已经成为一种濒危的语言，除了少数专家学者掌握满文文字之外，满语在现实生活中已经基本消失。我们在下一阶段工作中，应继续加强对满文、蒙古文等专门人才的培养力度，努力提升中青年学者使用少数民族语言研究清代历史的能力。

总之，“新清史”研究者虽然一直标榜自身研究的学术性，但其一些理论与观点确实具有很强的蛊惑性与煽动性，不仅对我国传统的“大一统”和“多元一体”历史观形成挑战，更容易被国内外分裂势力所利用，从而消解中国当今对边疆地区管治的合法性，潜在的政治危害不容忽视，需要高度警惕。我们应该防止其对我边疆民族问题造成负面影响。

作者简介

刘姗姗，女，1985年生于安徽。中国社会科学院中国边疆研究所博士后，文化和旅游部清史纂修与研究中心助理研究员，主要研究中西关系史、边疆史地。

清代满人汉化浅议

杨益茂

民族融合是世界历史趋势。在一个多民族国家内，民族融合不仅是国家政权稳固的重要条件，更体现着人类共同的发展趋向。清王朝曾是一个空前强大而稳定的国家政权，同时也是一个民族融合的熔炉。其中，满洲“汉化”则是一个重要现象。尽管当时的满洲统治者讳言此事，后世有的研究者也各执一端，但是历史事实却不可辩驳的证实了这一趋向。

一、夺取政权、入主中原的需要

在清朝夺取政权、入主中原的历史上，人们往往看到的是满洲八旗的骑射武功，而忽视其对待汉人的政策及对汉文化的利用。这显然是重要的缺失。

《孙子兵法》曰：“知己知彼，百战不殆。”这是战争的基本规律。实际上，满洲在崛起东方之际，人员不多，地域不广。为了发展壮大，它一方面积极与蒙古联姻，取得蒙古贵族的同情与好感，争取了一支颇为强大的同盟军；另一方面则不得不打“汉人”的主意。因为，无论从地域或人数比较，汉人比满人都占有绝对的优势。何况明王朝是在推翻蒙元王朝基础上建立起来的，以汉人为主体的政权呢？为了进军和统治中原，清朝的统治者不得不对他的主要对手采取“模仿”“利用”乃至“学习”的政策。

如果说，努尔哈齐在世时，已经感到汉人及其文化的重要，但在政策上还多是对汉人奴役、掳掠的话，那么在他的儿子皇太极执政时期，已经开始大幅度调整对汉政策。皇太极当政后，开始采用“参汉酌金”“开科取士”，广泛招纳汉人知识分子，“以汉制汉”，协助其研究和制定对汉政策。

诸如，翻译汉文化典籍，学习汉人统治经验，逐步改变较为原始的满洲旧习。皇太极主政时期，开始仿汉制，建太庙，追尊列祖，祭告山陵；定御前仪仗、宫殿称谓；定礼仪、制定各类文书制度；又在军队中倡导尊崇汉代名将“关羽”，并在军队驻地立“关帝庙”，奖励其忠勇精神；同时，大力招纳、改编汉人军队为“汉军八旗”；启用汉人知识分子辅政，逐步改变政权的组织结构等。

当腐朽的明王朝处于人民造反，风雨飘摇之际，清廷当机立断，采用范文程、洪承畴等汉人谋臣的建议，利用李自成等占领北京、推翻明王朝政权的时机，打着为朱氏明王朝“复仇”的旗号，迅速出兵，占领北京。在一定程度上采纳了缓和满汉矛盾的政策和策略：礼葬明朝皇帝，暂缓对汉人“剃发”、争取汉人人心，最终打败李自成；出兵西进追剿、南下攻掠，迅速占领南京等江南地区。因此，如果正视历史，不难看出：清廷得以崛起东方，占领中原，是与学习汉人文化，成功采用“以汉制汉”的政策息息相关。

二、学习与整理汉文化典籍

从占据东北一隅到入主汉人为主的中原，以至控制全国；从专事战争掳掠到经邦济世，力求社会稳定；从一个人数不多的部落到成为统治全国的统治集团。这是中国经历的一次巨大变革。为稳定政权而应对这种激烈的、全面的巨变，满洲统治者逐步采取汉人可以接受的思想和方式进行统治。

在文化方面的重要标志，是对以孔子为代表的儒学及其政治制度采取极为尊崇的态度，将其作为极为重要的“精神武器”和文化“法宝”。这里，不涉及对于儒学的评价问题。

清入关前的满洲，长期处于较为原始的生产、生活处境，其统治民众的方式，仍然是以血缘为中心，以家族、部族或出猎队伍的方式进行，远没有中原地区文化建设的长久与深厚，更没有专制统治方式及经验的成熟与完整。因此，当满洲统治者入主中原，取代明王朝的时候，以明王朝为代表的统治文化和统治方式，就自然成了他模仿、学习的对象。为此，他们自然而然的，并非情愿的将学习中原地区的儒家文化及其专制制度作为重要课题。

早在满洲刚刚成立“金”政权时，统治者已经开始对孔子和汉人文化表示出极大的兴趣。有传说，努尔哈齐曾经将他的儿子皇太极偷偷送到北京，直接接受汉文化教育和熏陶（卫匡国著，戴寅译《鞑靼战纪》）。传教士卫匡国写道：“1636 年鞑靼国王天聪死了。他的儿子崇德继位……这个皇子在掌权之前就已经崭露头角，他的仁慈和宽宏超过了所有的鞑靼王。当他年轻的时候，他的父亲把他送到中国，秘密地住在那里，学习中国的生活习惯，教义和语言。当他当上中国皇帝的时候，他改变并远远超过他的先辈们的一切做法。”这显然是清最高统治者主动学习中原汉文化的重要表现。卫匡国是耶稣会意大利传教士、汉学家。明清鼎革之际来华，对中国历史文化有较高造诣，虽然他的记述有不准确的地方，如将“天聪”作为努尔哈齐的年号，但是他对皇太极的记载则有一定的参考价值。

据《清实录》记载：崇德年间，皇太极曾遣大学士范文程祭祀孔子，并以颜子、曾子、子思、孟子配享，表现了对于孔子极大的尊崇。顺治元年（1644）即以孔子六十五代孙孔允植袭封衍圣公。第二年即尊称孔子为“大成至圣文宣先师孔子”。九年九月，顺治皇帝亲赴太学释奠（古代设置酒食以奠祭先圣先师的一种典礼）先师孔子，行两拜六叩礼，听讲易经、书经。其后，康熙、乾隆皇帝“南巡”多次到山东曲阜拜谒；康熙皇帝甚至到孔庙行三拜九叩礼，书“万世师表”匾额，悬大成殿；雍正皇帝还为孔子实行如帝王一样的避讳（雍正三年十二月：从礼部议，为避孔子讳，除祭天于圜丘之丘字不避外，凡系姓氏，俱加偏旁为邱字；如系地名，亦改为邱，读“期”音）。乾隆三十二年（1767）重修太学、文庙。御制碑文称“三代以前之教，非孔子不明；三代以后之教，非孔子不立”（《清高宗实录》），一再表示出对汉文化的尊崇、喜爱和利用。

清军入关后，清廷进一步在政权建设、宫廷建设、财政、文化、宗教、民俗等诸多方面，较为全面的利用和学习汉人经验和文化，并长期将汉字作为清王朝官方的主要文字。重要文献，如奏疏、碑文、档案等一般都要用满汉文字或满汉蒙三种文字书写，足以说明清王朝对汉文化和汉字的重视。这些举措为清廷在中原站稳脚跟，再向各方扩展打下了基础。

特别重要的是，存留至今，保存完好的汉字文化典籍——《四库全书》等，是皇帝亲自组织搜集、编撰和刊行的。

此前，康熙皇帝执政时期，曾组织编辑《渊鉴类函》《康熙字典》《古今图书集成》《历象考成》《数理精蕴》等，表现了当时统治者急于了解、学习汉人文化的需要。乾隆皇帝执政时期，不仅他本人对汉族文化极为尊崇，吟诗作画、舞文弄墨，名噪一时；更为重要的是，以国家政权的力量，组织人力，广泛搜集、整理汉人历史文化典籍，编撰《四库全书》。尽管他为了稳固自己的统治，对不利于满洲形象的文史作品进行查勘、禁毁，在中华文化史上造成了极大伤害，但还是整理、保留了大批汉文历史文化作品。这无疑体现了清代最高统治者的文化导向。

三、适应中原生活环境

就满洲族群整体而言，入关以后，生存、生活环境发生巨大变化。尽管满洲统治者进入北京，将原来居住的汉人等赶走，自己单独居住；尽管清廷在全国军事要地设置八旗驻军，对各地民众，特别是汉人予以监视；尽管清廷统治者费尽心机在各地将“满洲”与汉人居住区实行区域隔绝，建设“满城”。特别是满洲统治者不仅强调要将满洲民众与汉人隔离，并一再宣称要满洲保持“满语骑射”的传统。但是，历史证明，这一切都是徒劳的。

实际上，满洲民众是生活在中原“汉人”的“汪洋大海”之中。他们入驻中原，需要汉人的理解和帮助，才能得以生存和发展。为此，他们不得不了解和熟悉汉人传统习俗和文化、加强与汉人的交流。例如，他们需要的大量粮食，要依靠汉人，也要逐渐懂得“农耕”。这就迫使他们逐步抛弃以往的所谓渔猎、抢掠等“传统”习惯，学习和熟悉农业，采取中原汉人的生活和管理方式。尽管当时清统治者对满洲和八旗人口采用“国家”供给制度，予以“豢养”，但事实证明终归不是长久之计。

再如，“打天下”可以靠八旗“骑射”，但是“治天下”则不灵。他们不得不汲取中原地区汉人的统治方式，学习儒家的治国理念。这样，学习中原汉文化就成为迫切的历史任务。更为重要而普遍的是，满洲民众出于生产、生活和“管理”的多方面需要，不得不与汉人打交道，不得不与汉人做买卖，不得不学习汉语、汉字。因此，汉人的生产、生活、交往方式、生活习俗和管理方法等，必然慢慢地浸染满人。这一切，绝不是靠行政命令或设立一座“满城”可以隔绝的。不仅不能隔绝，实际上双方的联系和交流越来越多、越来越密切。满洲则越来越潜移默化的“汉化”。这是历史发展的趋势，是任何当政者不可能阻断的。不仅不能阻断，相反许多方面他们反而顺应了这一趋势。

举例来说：标示人类自身繁衍或血脉传承的“辈分”问题。这在汉人居住的中原地区早已是约定俗成。每个汉人家庭，无论贫富，大体在本身传承上都会制定自己家庭的辈分标示，防止出现“五服”内或近亲婚配问题。这是人类自身保证后代健康和智力发展、完善的大事。至今，如果查看汉人民国以前制定的“家谱”或“族谱”，基本都是按“辈分”来记述每个人的姓名或主要事迹。但是，满洲历史上是不大讲究这些的。直到满洲入关后，逐步了解、学习汉人的做法后，才开始仿学汉人，标示自己的“辈分”。

以皇室为例：康熙皇帝在位时，开始为他的后代制定统一的下一代“辈分”，即“胤”字。再下一代用“弘”字。此后，相沿不变。乾隆皇帝规定以下的“绵”“奕”“载”；道光时期规定“溥”“毓”“恒”“启”等。

皇室带头，下面的八旗贵胄相应仿学。据满洲《马佳氏族谱》所载，道光二年（1822）升寅在修谱序文中介绍了该家族拟定的十六字“文熙启秀/积庆开先/忠诚绍世/谦惠延年”为该族十六辈分用字。目的在于“按代依字命名，或满或汉，总以本字冠首，名字既免重复，辈行亦易分晓”。强调“自族谱中第三世祖之十四代，即以‘文’字排起，毋得紊乱。凡我同宗，其遵守之”（《清代满族家谱选辑》之《马佳氏族谱》。该族谱初修时间不详。二修于道光二年。该族与费莫氏同源，为满洲望族）。

此外，不少满洲人，后来也改为“汉姓”。如马佳氏，祖上最出名的是“图海”，其后相继有升寅、邵英等。他们家族本以初居地“马佳”为姓。后来也仿学汉人，冠以汉字“马、麻、金、凤”等汉字姓（《马佳氏族谱》）。于此可见一斑。后来，包括皇室“爱新觉罗”等，在辛亥革命时期，为避免政治变革可能出现的危害，也变更为汉人的“金”姓。

再以“丧葬”为例。古代不同地区、不同民族、部落均有不同的丧葬方式。满洲崛起东方，丧葬方式基本为“火葬”。这一点从皇室丧葬方式即可以看出。清入关前直至顺治皇帝，其丧葬均为“火葬”。但是，到康熙皇帝已改为“土葬”。

乾隆皇帝即位后，干脆以政令的方式，“下旗民丧葬禁令”。该谕令称：“古之葬者，厚衣之以薪，葬于中野。后世圣人易之以棺椁。所以通变宜民，而达其仁孝之心也。本朝肇迹关东。以师兵为营卫，迁徙无常。遇父母之丧，弃之不忍，携之不能，故用火化。以便随身捧持，聊以遂其不忍相离之愿。非得已也。自定鼎以来，八旗、蒙古各有宁居，祖宗墟墓，悉隶乡土，丧葬可依古以尽礼。而流俗不察，或仍用火化。此狃于沿习之旧，而不思当年所以不得已而出此之故也。朕思人子事亲，送死最为大事，岂可不因时定制，而痛自猛省乎？嗣后除远乡贫人，不能扶柩回里，不得已携骨归葬者，姑听不禁外。其余一概不许火化。倘有犯者，按律治罪。”（《清高宗实录》）其实，这正是满洲学习、仿照中原汉人风俗的重要表现。其后，满洲丧葬习俗大变，由“火葬”变为“土葬”，正是这一谕令的结果。正因为如此，在今天的北京以及八旗驻防地区得以保存了大量满人，特别是满洲权贵的墓地。同时，也反映了清廷统治者入关后心态的变化与调整。

此外，满洲人在日常生活中，几乎是时时刻刻不得不同汉人打交道。从日常生活所需要的粮食、蔬菜乃至柴米油盐；到实现统治所需要的汉语、文字；再到军事装备所需的各类军用物资，几乎都需要汉人。因此，汉人的生产、生活方式，乃至服装、观念、宗教信仰等，无一不影响着入主中原的满洲人。他们依据自己的需要，择善而从，也就不断调整和改变着自己的生产和生活方式，乃至观念、习俗等。尽管统治者一再强调并费尽心机要保持满洲的“国语骑射”等传统，但是在现实生活面前，却显得那么“苍白无力”。

有一个小例子颇能说明问题：

《大清会典》记载，乾隆二十四年选秀女时，乾隆皇帝竟然当场发现一些送选的秀女公然违背“满洲”传统，穿戴“汉族”服装。这对于“满洲”皇帝来说，是可忍孰不可忍。于是他发布上谕，称：“此次阅选秀女，竟有仿效汉人装饰者，实非满洲风俗。在朕前尚尔如此，其在家时恣意服饰，更不待言。”此后，他又相继发现有的秀女竟戴一只坠子（满洲习俗，要一耳带三钳），甚至出现“缠足”的习气。为此，皇帝一再发上谕，强调保持满洲习俗。由此可见，准备入选宫廷的“秀女”尚且如此，其他八旗人员的变化已经可想而知。

四、民族融合是历史发展趋势

以上记述，展示了一种趋势。尽管清廷最高统治者想用各种权势及方法反对、阻止，但生活在中原地区的“满洲”仍然在“潜移默化”中汉化。有些人企图抗拒、阻止乃至否认这种变化，是不符合实际的。事实上，清朝统治期间，正是中国各民族加强了解、沟通，相互影响、渗透、加强融合的时期。期间，清王朝依靠强大的军事、政治实力，实现了空前的统一。当时，各民族之间，不排除有矛盾、冲突甚至征战，但是在清王朝控制和主导下，民族融合还是主流。其中，“满洲”统治者，极力想保持自己的传统，强调“国语骑射”，强迫广大汉族民众剃发、易服、乃至要求汉族官员学习满文，适应“满洲”统治方式和生活方式等，使不少汉人“满化”；另一方面，广大满洲民众也在积极、主动、普遍的学习汉族及其他民族文化。满洲汉化只是其中的一种表现。各族民众整体上是走向新的融合。在这种民族融合中，民众“择善而从”，其中中原地区“汉族”文化则占有巨大优势。尽管“满洲”统治者一再强调保持自己的文化传统，企图以此保持政权的稳定和长久，但是社会的发展，人类的进步则是不以某一民族或统治者的主观意愿为转移的。

马克思在1853年7月22日撰写的《不列颠在印度统治的未来结果》一文中预言：“野蛮的征服者总是被那些他们所征服的民族的较高的文明所征服，这是一条永恒的历史规律。”（《马克思恩格斯选集》第二卷）满洲汉化的过程，再次呈现和验证了这条规律。

民族融合不是单向的，而是相互的，双向的或多向的。经常是你中有我，我中有你，互相借鉴和学习。其结果，一般是较为先进的文明取得优势，得到较多的共识和采纳。事实上，清代满洲汉化的同时，汉人也在汲取满洲文化。同样，其他的民族也在这个民族熔炉中得到熏陶。马克思1857年在《〈政治经济学批判〉导言》中，曾再次提到民族征服问题，进而将民族间的征服及其结果归纳为三种。他说：“所有的征服有三种可能。征服民族把自己的生产方式强加于被征服的民族（例如，本世纪英国人在爱尔兰所做的，部分地在印度所做的）；或者是征服民族让旧生产方式维持下去，自己满足于征收贡赋（如土耳其人和罗马人）；或者是发生一种相互作用，产生一种新的、综合的生活方式（日耳曼人的征服中一部分就是这样）。”（《马克思恩格斯选集》第二卷）清代的民族征服和民族融合，应当说走的是第三种，即民族相互融合的道路。满、汉及其蒙古、藏、回等各民族正是在相互征战、角逐及生活中，相互了解、渗透、模仿、学习，取长补短，共同进步，共同铸造和升华了中华文明。

应当指出，在“满洲”“汉化”过程中，清朝统治阶层及其统治的支柱——八旗确实在逐步“腐化”，逐渐失去了往日的“朝气”。他们日益贪图权势、追逐声色犬马和骄奢淫逸的生活享受，加深了与广大民众的矛盾，日益失去民心，特别是广大汉人的信任。尽管有的满洲统治者，如早期的努尔哈齐和中期的乾隆皇帝，都一再将满洲统治阶层的腐败、无能，归罪于满洲的“汉化”，否认专制体制和专制权力造成“腐化”的作用。他们实际上是将满洲“汉化”与“腐化”混为一谈。既不符合事实，也极欠公允。应当看到，正是满洲统治者的腐化、堕落，加深和激化了官民矛盾，最终导致了人民起义，埋葬了清王朝。这是在研究满洲“汉化”时应当予以分辨的。

作者简介

杨益茂，男，1948年生，天津市人。中国人民大学历史系教授。主要研究清史、台湾史及方志学。合著《中国近代史料学稿》《中国方志学纲要》《台湾——历史与现状》及清史等论文多篇。

超越"汉化论"与"满洲特性论"：清史研究能否走出第三条道路？

杨念群

一、"新清史"与"传统清史"研究路径的差异

以往的中国史研究基本上是以"朝代更替论"作为阐释的框架和基础，把汉、唐、宋、元、明、清等统一王朝的交替变化作为叙事的主流线索，那些分裂割据的历史时期则被视为支流。"异族"王朝要想获得统治合法性，必须经过汉文明的熏陶，才有资格融合进"中国"的版图，此即"汉化说"。照此逻辑，清朝理所当然地在"汉化"的历史脉络中扮演着一个接续传统的角色。

近些年来，"新清史"提出的观点却改变了清朝在传统朝代脉络中的位置。他们认为，满人作为一群智慧远超前代的征服精英，摧毁了长城的隔离功能，改变了汉人政权对"中国"的狭隘定义。清朝并非遵从以往汉族统治的传统，而是娴熟地运用了"满洲特性"。

"新清史"观点和以往的清史研究相比大致有以下三点区别：

首先，"新清史"强调"断裂"，传统清史强调"延续"。

“新清史”认为，清朝比明朝在更多的制度运作方面有所创新，比如：军机处提高了统治效率，密折制度加强了君主集权，八旗驻防使得众多汉人染上了异族色彩，内务府与明代的内廷制度有着本质区别，清宫中的萨满教和藏传佛教的礼仪也是明代宫廷中所缺失的（罗友枝《清代宫廷社会史》）。

其次，“新清史”强调族性“区分”，传统清史强调文化“涵化”。

以往的清史研究认为，满人统治的成功完全建立在对汉族文化的汲取之上。“新清史”则认为，满人对广大疆域的拓展和有效统治，恰恰是依靠区别于“汉化”的所谓“满族特性”，包括娴熟骑射、通习满语及节俭之俗，还有如敬天法祖的国策等，欧立德称之为“满洲之道”。同时，还在于兼容其他族群的信仰和习俗，即是柯娇燕所说“皇权的共时性表达”。

第三，在空间安排上，“新清史”强调清朝对“东—西”轴向广大疆域的控制，有别于传统清史以“南—北”纵向区域为主轴的叙事框架。他们突出强调了内亚腹地的重要性，但在以往的王朝史框架里，这片区域仅被视为以“中原—江南”为核心的“中国”区域的边缘地带，并把长城看作界定草原游牧和农耕文明的物质象征。拉铁摩尔首先打破了这种对立公式，认为内陆和边疆地区处于一种互动补充而非截然对立征伐的交往状态，长城只是划分定居农业和狩猎畜牧业的相对界线（拉铁摩尔《中国的内陆亚洲边疆》）。

这种内亚视角却经过“新清史”的借鉴和深化，颠覆了以中原—江南为纵向主轴的清朝历史叙事模式。过去的史家习惯以是否占据“中原”和递进攻取“江南”的纵贯层次，勾画中国历史地图和解读统治的合法性。但南宋偏安一隅的局面催生出了“文化涵摄说”，认为金人从地理上攫取汉人据有之地，不足以证明其统治合法，必须经由宋儒发明的思想“道统”对其文明开化的程度加以认定。

这种以文化优势置换地理优势的言说策略，显然是作为金人后裔的满人所深深厌憎的。乾隆帝年轻时即作《长城说》一篇，有意消解长城强制隔离南—北文明的族群划分意义，也与上引拉铁摩尔的阐述一致，希望在更广大的内亚视野中定位清朝的统治。这种历史叙事传统，被“新清史”所继承。

在过去的历史观中，“清朝”和“中国”的概念是重叠在一起的，是中国大一统历史观的实践后果。但在“新清史”看来，“清朝”和“中国”却有可能是两个完全不同的概念，甚至必须加以分离。因为清朝早已突破了以长城界限，以平等的心态瞩目于西北内亚地区，并赋予其与对江南统治同等重要的意义，故对清朝统治的再研究也许能够改变对“中国”内涵的历史定义。

二、“新清史”研究的盲点之所在

“新清史”认为，以汉族的历史观为主体建立起来的“中国”认同是近代民族主义话语想象出来的结果。在我看来，“新清史”把“中国”观念形成的时间大大推后了，犯了时代错置的错误，毋宁说近代的反清言论只是宋代以来夷夏之辨正统观的自然延伸。钱穆的《国史大纲》谈及明朝立国时，仍使用“扫除胡尘，光复故土”等古旧字眼，在《中国历代政治得失》书中把清朝视为部族政权，其撰史动机完全可以看作宋朝以来夷夏之辨观念在近代的一种映射，只不过隐喻针砭的对象从历史上的旧夷狄变换成了西洋东洋新夷狄。

清朝在多大意义上与传统“中国”的形态构造相叠合，还是从根本上就应该区分界定为两个对立的概念，不能仅依凭某个短暂的历史时期出现的现象加以认定，而必须置于更为长远的历史流程中进行分析。从表面上看，清朝帝王强化了大一统的历史内涵，更强调疆域扩展和有效控制的重要性，击破了宋明以来流行的夷夏对峙的历史模式，似乎这套叙述策略迥异于有关“中国”的传统界说。其实，这是一个极大的误解，其谬误在于把宋明以后以夷夏之辨为核心理念构造的历史观当做了历史上唯一的“中国”叙述模式，同时也把近代民族主义者对传统夷夏观的再度阐释看作是对“中国”概念的唯一陈述。这样一来，所谓“中国”的论述就被裁剪压缩成了“宋”（明）与“清”关于“中国”内涵的理解激烈对峙的历史，甚至被简化成清朝坚持族性独立的见解与近代反清思潮相互对抗的历史。

“新清史”没有看到或者是故意忽略，在宋代以前中国历史的演变还存在着一个漫长的民族融合过程，这种民族融合与宋代强调民族差异与对抗的历史话语是相互接续的，但又是颇为异质的，不可混为一谈，它们共同构成了“中国”观念形成的合法性资源。清朝帝王固然致力于破除宋代夷夏之辨对大一统观念形成的阻碍作用，却并未否认，宋代以前早已出现过从先秦三代一直延续到汉唐的多元民族共存的中国观。

汉唐两朝特别是唐代以包容不同种族的多元文化而著称于史，这已为陈寅恪先生的研究所证明。唐代甚至是“胡化”与“汉化”交融并存，很难分出哪种涵化力量更具优势，而是处于高度杂糅的混合状态。傅斯年做《夷夏东西说》，更是把中国历史的早期叙述置于东西方向的移动脉络中进行重构，这很容易使人联想起雍正帝曾在《大义觉迷录》中引用孟子的话来描述“夷”的多变身份。

由此可知，即使是近现代学者如钱穆、陈寅恪、傅斯年，也是分别从不同的“中国”叙述中获取解读历史真相的资源，而并非一味固守某种僵化的历史观，更不用说清朝皇帝在建构正统观时采取了多么复杂多样的叙说策略了。并非对宋朝夷夏观的批判就一定意味着其必然要逸出“中国”叙述的其他脉络，或者似乎必须采取清朝所独有的异样正统观念。

因此，不能说清朝破除了宋代中国观中夷夏之间的对立就意味着其彻底放弃了对“什么是中国”这个问题的传统理解，我更愿意视之为是对宋代以前中国观的一种复归。清朝皇帝恰恰有一个从最初崇尚宋朝的理学道统到返回三代、汉唐以寻求合法性资源的过程。康熙帝以传承宋代理学道统自居，在文化身份上较为认同南宋朱子学，通过纂修《性理大全》、祭祀朱子为十哲的方式确认了自身对理学的尊崇。乾隆帝表面上虽延续了康熙帝崇尚宋明理学的国策，却有意从汉代经学入手重构清代的文化权威体系，深层用意显然是想绕开已在士人思维中扎根定型的宋明中国观，建立有别于士林理学的帝王经学。

所以，不能因为乾隆帝和一些士人一样讥刺宋朝为“陋宋”，也不能因为清初统治者高度重视满洲特性的发明与维系，强调对西北民族族群身份与宗教的尊重，就忽略了其对历史上另外一系中国观的阐发与推崇，从而有意把“清朝”与“中国”直接对立起来，希图另外构造出一个崭新的“想象共同体”。清朝皇帝的历史观不可能脱离以往朝代所规定的若干前提限制，建立起一种脱离“中国”叙述的所谓内亚世界观体系，也不可能完全从族群认同的角度出发，按照满洲族性或满蒙联盟的路径建构自身统治的合法性，其最终仍然按照儒学所构筑的自三代经过汉、唐、宋、元、明沿袭下来的政治思维路径，构筑自己的正统性基础。

清朝实际上延续了以往朝代的许多政策，比如对儒家经典中“敬天法祖”意义的诠释与实施，虽然融入了不少满人特性，却恰恰强化了汉人传统中的许多要素，如只有在清朝才真正实现了

"敬宗收族"的整体社会规划，成功延续了明代才逐渐渗透到基层的宗族控制社会的功能。这与康熙年间在更大范围内推行《圣谕十六条》所规定的内容有关。《圣谕十六条》当时有汉语方言本、满文、蒙古文等多种文字的版本，说明在保持多民族语言特色的外貌下，清朝实施的核心价值恰恰传承的是宋明以来的儒家理念。又如，清帝对"教化"重视的程度几达于极致，形成了独特的教养观。乾隆帝对儒家"教养"的含义有连篇累牍的阐发，并对在官僚实施的具体基层治理过程中如何操作有相当明确的指示，其谕令的密度和诠释深度均远超于宋明两代，足见其对儒教政治文化浸淫之深及参悟之透。

三、清史研究出现第三条道路的可能

要避免"新清史"与汉化论的二元对立，就需要对各自论题的弱点展开辨析。既要避免"新清史"把疆域史研究核心化，以消解"中国"传统叙事的极端倾向，也要回避汉化说固守宋明夷夏区隔的界线、过度排斥边缘族群声音的偏颇之论。清朝立国的成功应被视为是针对传统中国不同核心与边缘地区状况进行了一体两面的合理布局，才实现了有效的治理局面。中心与边缘二者之间是一种辩证统一的关系，而非绝对相互隔离的对立态势。由此理解出发，或可避免盲目落入以边缘（内亚—东北）解构中心（中原—江南）的后殖民论说陷阱，同样也可避免出现故意以僵化的文化同一性（汉化）的论述排斥边缘多样性的极端情况。

清朝皇帝所实施的政策既延续了传统"中国"的文化同一性，同时又把边缘民族的文化融入了自身的治理框架之中，丰富了其统治手段。例如，"新清史"总以为对蒙古、满洲特性的重视是清朝皇帝的一大发明，与以往朝代对"中国"观念的理解没有什么直接关联。实际上，乾隆帝多次提出要返回三代、汉唐，其目的就是要反复申明，自己并没有把所谓满洲特性剥离出"中国"传统叙述而自成一系的意思。正好相反，他恰恰是想通过这个反向迂回的解读途径，把满洲历史重新置回到大中国的叙事中，最终消解了宋明夷夏之辨持续窄化"中国"观念的倾向。

清史研究走出第三条道路，绝非是要躲回旧有中国史叙述的陈旧套路中去而不图自新，也非想随意附和清史世界化的浪潮而随波逐流，别出心裁地为清朝设置一个新的内亚主体。应看到，以中原—江南为纵向主轴的文明线索，自汉唐宋元明以来一直延绵不绝，不仅逐渐构成了中国作为政治与社会共同体的基本轮廓，同时也是文化认同的核心价值地带之所在，也是清朝作为异族入主政权最终选择以确立自身统治合法性的核心区域与文化认同中心之所在，这是一个无法否认的历史事实，而绝非想象出的一个所谓无法证明的虚幻共同体。

一个突出的例子是，当讨论清朝应接续哪个朝代作为正统传承线索时，乾隆帝毫不犹豫地选择了以汉、唐、宋、元、明一脉为大清应该接续的正统线索，并在《评鉴阐要》等钦定史书中反复申说其价值和意义。即使清朝皇帝总是表现出其多维、多面的形象，但首先明确自己是生活在中原—江南纵向主轴之内人口密度极大之汉人群体的君主，其次才是东西横向侧轴内的满、蒙古、回、藏等区域民众的君王。如此格局的形成具有一种历史的内在规定性，不是通过断裂的想象就可以轻易更改的。

相对而言，要兼容传统中国史与"新清史"的叙事同时不失其有效性，不如更多地借助古典历史文本中自然形成的语汇作为讨论问题的基本工具。比如"大一统"，就是康熙、雍正和乾隆帝使用相当频繁的一个古典词汇。清朝是历史上真正实现了大一统的朝代，宋明疆域不整，故羞于奢谈一统，元代疆域虽大，却缺乏对绵延广大领土的实际控制力。直到清帝自信地使用大一统一词，才真正表达出一个容纳多民族共存的整体“中国”形象。清朝的大一统论述全面涵盖了东西横向与南北纵向历史发展的整体格局，其解释的包容度绝不是仅仅强调东北—内亚历史走向的人类学族群理论所能胜任。

再如“文质之辨”，早在先秦时期即已出现，但在清初异族征服和遗民反抗的语境下，被赋予了更为复杂的含义。其中不仅包括满人如何适应江南士人的奢靡风化的行为，以及汉人如何对待满人的节俭朴拙之风等问题，也必然涉及“新清史”所关注的有关族性冲突与融合的相关议论。

“新清史”受西方有关帝国形成理论的影响，把清朝对西北地区的战争看作一种殖民征服，类似于西方对全球殖民地的占领和治理。加上清朝时期和世界史的进程发生了有机的联系，也渐被纳入早期近代的解释框架下予以认识，意即清朝已出现了类似欧洲近代变革的一些要素。这些论述同样犯了过度诠释的毛病。把清朝的平准等战争与近代西方资本主义殖民的动机和做法混为一谈，显然是一种后殖民想象。因为清朝的战争理念是建立在传统大一统观念基础之上的，与建立在工业化时代的资源掠夺和社会控制之上的殖民逻辑毫不相关。如果把不同历史状态下的战争动机和规划设想生拉硬扯到一起，寻求其根本不存在的所谓相似性，同样是一种时代误置。

最后，可以讨论一下有关“汉化”的问题。“新清史”认为，过去的清史研究过度强调满人对汉人文化的吸收，弱化甚至取消了满洲特性在统治过程中所扮演的角色。其实“汉化”二字的使用确实值得商榷。陈垣先生当年撰写《元西域人华化考》时，摒弃“汉化”而改用“华化”，自忖这样的说法更能体现中华文化在历史发展过程中对多民族因素的包容品格。在何炳棣与罗友枝的那场著名辩论中，何先生就举出安禄山叛乱之后唐代听任东北地区"野蛮化"，张开双臂欢迎中亚、西亚音乐，舞蹈，食物，魔术，杂技，马球，服饰和异域新兴宗教的大量涌入，初唐人还掀起了学习突厥语的热潮，以此说明"汉化"故有力量的强大。不过他的论述却有些自相矛盾，他本想借此说明这些现象体现出了汉族开放博大的胸怀，其实却恰好证明，唐代文化处于一种高度混合杂糅的状态，并非单向的"汉化"所能解释。

使用"汉化"一词更容易被理解为是一种单纯的种族论叙述，似乎任何外来民族只能单向接受汉民族的文化熏陶。如果改用"华化"一词则无问题，因为"华化"代表的是一种民族多元共同体的交融过程，至少在相互遭遇时呈现出双向交流的局面，是不同文明多向交流的结果，而非单一的种族对其他民族的单向文化塑造。

概括而言，"新清史"确实对传统的清史解释提出了有力的挑战，提醒我们不要仅仅从汉族文明的发展角度去衡量作为异族统治的清朝所具有的若干特点。但当"新清史"步向极端，力图建立起一种脱离传统中国历史叙事的新的清史体系时，其论述就很值得商榷。我认为，清史研究若要走出第三条道路，就应该摒弃狭窄汉化论中的民族主义成分，同时也拒绝用突显满洲族性的方式想象出另一种族群理论，以解构中国传统历史的叙述逻辑，而是兼采两者的优点予以涵化优容，寻求最为合理的创新性解释。

作者简介

杨念群，男，1964 年生人。历史学博士，中国人民大学清史研究所教授，博士生导师，长江学者。研究方向为中国思想文化史和中国近代社会史。主要著作有《儒学地域化的近代形态——三大知识群体互动的比较研究》《中层理论——东西方思想会通下的中国史研究》《再造“病人”——中西医冲突下的空间政治(1832—1985)》等。

"新清史""共时性君权"理论反思

王美珏

"新清史"学术流派兴起于20世纪90年代。其代表人物有美国学者罗友枝、柯娇燕、欧立德、路康乐等。概而述之,"新清史"有如下特征:一是强调对满文、蒙文、藏文等少数民族史料的运用;二是强调清朝统治中的"满洲因素"及内亚诸民族对清朝的影响;三是试图割裂清朝与历代中原王朝的关联,将其视作一个有着更加辽远疆域与多样民族的帝国。事实上,"新清史"并不"新"——它与日本20世纪三四十年代以来"征服王朝"理论在一定程度上具有相似性,以致"新清史"并不能与上述早期日本东洋史研究划清界限。基于此,我们在肯定"新清史"对既有清史"定论"带来新思考的同时,更应对其研究中出现的偏差、错误,从学理层面予以讨论。近年来,柯娇燕的"共时性君权"理论曾引起国内外清史学界热议。本文希冀对此一理论再作反思。

一、何为"共时性君权"理论?

"共时性君权"理论,滥觞于20世纪30年代。苏联学者符拉基米尔佐夫曾提出:"满清皇帝对中国人是一个支配者——皇帝，但对蒙古诸侯则不然，是一个继承成吉思汗直系之权利的封建君主。”（符拉基米尔佐夫《蒙古社会制度史》）后经柯娇燕进一步凝练、提升，此理论才为学界所熟知。

柯娇燕认为：“清朝皇权在于它的表达方式，我称为‘共时性’（汉语为‘合璧’，满语为 Kamcime）。即清朝的法令、实录及纪念物都是精心设计的……它体现出多元文化结构中的共时性表达方式。”具体而言，她强调清朝统治下的各大人群——汉族、满族、蒙古族、藏族和信仰伊斯兰教的少数民族，彼此之间在政治、经济、文化上缺乏深度交往，甚至在分布空间上也被清朝君主有意识地深深隔离，其中又尤以汉族和其他几大人群的关联最为疏远。清朝皇权这一象征符号，遂成为联结各大区域及人群的唯一纽带——清帝是内地汉人的天子、皇帝，是满洲旗人的汗王、族长，是蒙古各部的可汗，是文殊菩萨化身的转轮王，是清真寺的保护者等，并以不同身份对不同区域施以平等的、各不相同的统治策略（柯娇燕《半透明的镜子：清代帝制意识形态下的历史与认同》）。这便是所谓的“共时性君权”理论。

目前，国内学界对“共时性君权”理论的探讨，主要是以清帝的多重形象问题为驳斥重点。第一，清帝更为看重来自汉地的“天子—皇帝”形象，并将其作为一种“自称”，在公开政治活动中大量使用；第二，清帝将“文殊菩萨化身的转轮王”等形象视作“他称”而接受，且更多用于“私”之场合；第三，相较于“合璧”，“同文”才是清帝最为强调的政治信念与终极理想。而且，汉、满两种语文在使用中有着明显的优先性，并非“毫无差别的平等呈现”（钟焓《清朝史的基本特征再探究——以对北美“新清史”观点的反思为中心》）。

然而，我们对“共时性君权”理论的反思不应止步于此。还需对其另一立论基础予以审视——清帝“分而治之”的封禁政策下，内地汉人是否真的同边疆民族区域的人群在关联上最为疏远？二者是否真的在政治、经济，特别是文化层面缺乏深度交流？

二、正视清代封禁政策

解决这一问题，绕不开对清代封禁政策的再次讨论。柯娇燕及其他“新清史”学者，一再强调清朝治下的内地、边疆人群存在巨大隔阂，并着重体现清帝主观意识层面的“有意为之”。其表述背后，对清代封禁政策存在理解性偏差——清帝出于不同目的封禁东北、蒙古区域（封禁东北，可独占东北人参、貂皮等，又可维护满洲旧俗，还可用作退守之处；封禁蒙古，可阻止蒙汉接触，维持蒙地旧俗），确实对边疆与内地的诸多交流产生了不同程度的阻碍，但意识到这种差异却不代表可以任意偏离史实且将其无限“放大”。

首先，封禁政策只是清统治者维护“大一统”的策略、手段，而非最终目标。顺治元年（1644），清朝以非汉民族身份入主中原，并逐步形成前所未有的稳定疆域。这种构建于广袤疆域之上的“大一统”，显然为清帝实行差异化民族政策提供了可能与前提，实际上也成为其多元治理的终极目标。也就是说，清帝对边疆区域“从宜从俗”“分而治之”，以及有意将内地与边疆人群隔离开来，实则是为了更加有效地维持统治。这在“多元型帝国构造”理论中也有所体现——“利用内地汉人对北方民族的恐惧感对其进行牵制，以便维护自己的统治”（高月《清末东北新政研究》）。它为封禁政策提供了传统思维之外的另一重解释。总之，“封禁”只是策略，一旦时移势迁，调整抑或放弃也绝非不可能。清末“封禁”之演变，恰恰证实了这一点。

其次，封禁政策由顺康初行，到乾嘉转严，再至咸同松动、光宣解禁，大体历经了一个“由松至紧、由紧至松、最终取消”的过程。这就决定了我们可以有所侧重地进行表述，却不能因此走入以偏概全的误区。“共时性君权”理论，显然将目光聚焦于“封禁”厉行时期，却选择性忽视与规避“封禁”过程中的松动，以及最终禁令废止。梳理史料可知，清代“封禁”在实际执行中一直表现出一种“禁中有弛、弛中有禁”“时禁时弛”的矛盾性、反复性特征。其中，既有禁令本身存在缺口，如许贸易之人、孤身佣工等验明出关，又有内地流民在生存压力下迸发出的强大冲击，当然也有清帝因时因地的调整，如乾嘉诸帝允许流民在灾荒年份出关等。迨至清末，受边疆危机的影响，封禁政策更是在朝野上下的一片呼声中被彻底废除，并代之以移民实边、兴办教育为主要内容的新政举措。

毋庸讳言，在封禁政策的演变过程中，清帝也会有一个心理调适的过程——从坚持边疆封禁到认可既成事实，再到主动进行整合。可以说，封禁政策连同清帝对其认知，皆非一成不变。而“共时性君权”理论，显然有“管中窥豹”之嫌。

三、清代边疆与内地的交流与融合

在“封禁”之下，清代边疆与内地的联系并未真正中断，而是以不同的潜流方式仍在继续。清中后期，受内外时局影响，以及边疆民族区域近代转型的内在需求，双方的交流互动愈加频繁，所谓禁令也就沦为一纸具文。现以东北、蒙古地区为例，稍示说明：

清前中期，囿于封禁政策，内地汉人出关受阻。但是，此间进入东北的汉人（顺康时曾招民开垦），尤其是清政府大量派拨东北的“流人”（有罪见徙者）与“站人”（供东北边台、驿站驱使的三藩余部），都为当地复合型文化注入新的汉文化元素。后因水旱灾害等自然环境变迁与人地矛盾激化等社会环境变迁，特别是边疆危机之下的新政推行，内地汉人大量进入东北地区。可以说，东北农耕经济的发展、商业活动的繁荣，以及当地在语言文字、风俗习惯、宗教信仰与文化教育方面所显现出的满、汉融合现象，都堪称双方交往密切之佐证。

就蒙古地区而言，很早便有“雁行人”（前往蒙地春去秋回式劳作的内地汉人）与“旅蒙商”（进入蒙地经商的内地汉人）的存在。当然，他们也是封禁政策下的特殊产物。他们由最初学蒙古语、习蒙俗，到后来长期定居蒙地、迎娶蒙妇，使得内地民人在蒙地，特别是靠近长城一带，形成星罗棋布的汉人村落。源自汉地的生产方式、生活方式，也随之在蒙古社会“复刻”，并出现彼此融合的情形。时至清末，以振兴蒙务、启牖蒙智为主要内容的“变通旧例”，更是标志着蒙地封禁政策的彻底破产。

随着清代边疆与内地的交流日深，所谓双向隔离状态也慢慢消解——政治、经济、文化等各个层面大体呈现出“相向而行、融合发展”的基本趋势。具体而言，农耕经济在边疆经济结构中的比重攀升，以及边疆与内地的商贸往来密切，使得边疆经济与内地经济“一体化”的趋势加强；清后期以来，“行政建置的内地化和在更高、更广意义上的全国政治一体化已经不是个别现象，它已经成为一种历史发展的趋势”（张永江《清代藩部研究——以政治变迁为中心》）；清代内地汉文化进入边疆民族区域，与当地文化互相影响，最终形成“你中有我、我中有你”的“互融并存”发展趋势。而且，在此过程中，原先以“族属”为标志的文化特征也逐步地向以“地域”为标志的文化特征过渡。上述正是对“共时性君权”理论见“异”不见“同”的有力辩驳。

尤须一提的是，我们必须警惕“共时性君权”理论的现实政治意图。事实证明，清亡后“合满、蒙、汉、回、藏五族完全领土为一大中华民国”（《清帝逊位诏书》），是包括清统治者在内的全体中华民族的必然选择。前述内容，对反思“新清史”学术流派“共时性君权”理论的错误，对把握“中华民族多元一体格局”，都具有重大意义。

作者简介

王美珏，女，1988年生，山西长治人。历史学博士，中国人民大学清史研究所博士后。主要研究方向为清代边疆民族史。

清帝阙里祭孔与清前期统治合法性的确立

孔　勇

清朝的统治思想和治理实践，向来是清史研究中的重大课题。传统“汉化论”认为，清朝统治的成功源于充分吸收和利用了汉文化。“新清史”则强调了清朝的“满洲特性”，并将边疆地区与中原汉地并立起来。本文选取清帝亲祭阙里孔庙这一极富象征意义的文治举措作为切入点，重新考察清朝确立和巩固自身合法性的历程，借以反思“新清史”的相关论述。

一、历代祭孔和清前期统治者对孔子的认识

作为儒家学派创始人，孔子早在去世之初便受到后人的追念和祭祀。但最初的祭孔仅限于鲁国一地，且以家祭为主，影响并不广泛。沿至汉高祖十二年（公元前195）十一月，刘邦自淮南过鲁，开启了帝王亲至阙里祭孔的先例。汉武帝时“罢黜百家，独尊儒术”，正式确立儒家学说为治国的指导思想，孔子的地位得到进一步提升，尊孔、祀孔活动也由此成为各时期治国理政的重要举措。西汉以降，计有东汉光武帝、明帝、北魏孝文帝、唐高宗、后周太祖、宋真宗、清圣祖、高宗等十余位君主相继前往阙里致祭，祭孔的仪制和等级总体上呈现出愈渐提高的趋势。

举行祭孔仪典的同时，各朝也先后追谥孔子名号，对孔子的谥封先后经历了“尼父”“先师”“先圣”“文宣王”“至圣文宣王”等名号变迁。嘉靖九年（1530），明世宗改制孔庙祀典，追封孔子为“至圣先师”，孔子作为“先师”的身份被确定和延续下来。与此相伴，孔氏嫡裔的封号亦多有调整，如两汉时期的“褒成侯”“褒亭侯”，魏晋南北朝时期的“奉圣亭侯”，唐代的“文宣公”，以及确立于北宋仁宗至和二年（1055）、废止于1935年的“衍圣公”等。

无论祭孔、封孔，还是敕封孔子嫡裔，其意均在于借助孔子的“儒宗”身份，把“道统”和“治统”统一起来，为君主集权政治服务。正如元人曹元用所说：“孔子之教，非帝王之政不能及远；帝王之政，非孔子之教不能善俗。教不能及远，无损于道；政不能善俗，必危其国。”（《阙里志》）换言之，通过统治者的阐扬，孔子之道以及孔子本人都有机会获得流播和尊奉。同时，孔子之道又能为皇权提供合法性支持和稳定之制。

满洲入关前后，统治者对汉文化和儒家思想的认识经历了由浅入深的变化过程。早在关外时，努尔哈齐等人便开始辨析“中国”“华夷”等概念的含义，反对传统“华夷之辨”观念对少数民族政权的贬抑和排斥。入主中原之初，清廷一面采取武力手段镇压反抗，一面贯彻文治方略，以确立文育教化的长久统治之计。顺治元年（1644）六月，摄政王多尔衮遣官祭孔，首将尊孔态度表明。十月，以孔子第六十五代孙孔胤植袭封衍圣公。次年六月，多尔衮谒京师孔庙行礼。清廷的这一系列举措，其目的在于安抚人心、消释汉人疑虑和敌对情绪。

冲龄（幼年之意）即位的康熙帝，对儒家思想尤其程朱理学颇为信服。康熙十年（1671）二月，清廷重开经筵讲学，此举延续至康熙五十六年，前后举行凡六十次。借此，康熙帝得以时刻学习传统经籍和儒家文化，并通过对儒家经典的阐发，重释了“治统”与“道统”归于君主一身的必要性和正当性：“朕惟天生圣贤，作君作师。万世道统之传，即万世治统之所系也。”（《清圣祖实录》）

雍正帝于雍正五年（1727）七月颁谕：“孔子以天纵之至德，集群圣之大成，尧、舜、禹、汤、文、武相传之道，具于经籍者，赖孔子纂述修明之。”若无孔子之教，“势必以小加大，以少陵长，以贱妨贵，尊卑倒置，上下无等，干名犯分，越礼悖义”。几年之后，雍正帝还就孔子学说与帝王统治的关系作了概括：“至圣先师孔子，以仁义道德启迪万世之人心，而三纲以正，五伦以明……圣人之道，其为福于群黎也甚溥，而为益于帝王也甚宏。宜乎尊崇之典，与天地共悠久也！”（《清世宗实录》）

弘历即位之后，继续崇儒重道，礼奉先师，并先后数次亲祭阙里孔庙。乾隆十三年（1748）首次阙里祭孔之后，御制碑文就强调了此举的意义：“至圣先师孔子，天纵圣仁，躬备至德，修明六籍，垂训万世……道法之精蕴，至孔子而集其大成。后之为治者，有以知三纲之所由以立，五典之所由以叙，八政之所由以措，九经之所由以举，五礼六乐之所由以昭。”乾隆帝之论，既有对父祖尊孔思想的延续，也隐隐透露出对“治法”的瞩目和偏重。

综上，清前期统治者已认识到，征服中原汉地离不开对汉文化的提倡、吸收和利用，故对儒家学说以及孔子本人均保持了足够尊奉的态度。通过此举，既能稳固人心，争取汉人士大夫的支持，更重要的则是承继历代王朝正统，为清政权的合法性增加砝码。

二、从康熙帝到乾隆帝：阙里祭孔仪典代增隆重

作为孔子诞生之地，“阙里”具有非同寻常的意义。乾隆帝

为《阙里盛典》所作序文即称："曲阜阙里为圣人之居，灵爽之所式凭，崇德报功，于斯为巨。"倘能亲登阙里孔庙，观车服礼器，聆金声玉振，自然会肃然起敬。

（一）顺康临雍视学

清朝初年，祭孔主要是遣官致祭，地点也多就近选择在京师孔庙。顺治九年九月，世祖亲自视学，六十六世衍圣公孔兴燮等人入都陪祀，并获赐貂冠朝服等物。十七年世祖视学时，孔兴燮亦应诏率族人入都观礼，亦获丰厚赏赐。顺治朝视学祀孔主要突出了衍圣公的陪祀作用，借此宣示祭孔活动的正当性。

康熙时期，京师祭孔与阙里亲祭相结合，使祭孔仪制进一步提高。康熙八年四月，圣祖首次视学释奠（古代设置酒食以祭奠先圣先师的一种典礼），行二跪六叩礼。同时，谕礼部赐宴六十七世衍圣公孔毓圻，并赐袍服和银两。旋又允准国子监祭酒王士禛所奏"祭从生者，天子祀其师，当用天子之礼乐"（《清史稿》），意在进一步提高祭孔规格和等级。此建议，在其后康熙帝亲祭阙里孔庙时得以采纳。

（二）康熙帝亲祭阙里

康熙二十三年，清朝已相继平定前明势力，平定三藩，统一台湾，基本实现了国家统一，故将重点转移至国家治理上来。九月二十八日，康熙帝启程南巡，体察民情，详知吏治。过山东，登泰山，渡黄河，临镇江，至江宁，谒明太祖陵。回銮途中，十一月十七日驻跸曲阜，旋于次日亲行祭孔大典，使得此次南巡在"体察民情"之外，增加了"稽古右文"的深刻蕴义。

正如康熙帝所说："阙里为圣人之域，秉礼之邦，朕临幸鲁地，致祭先师，正以阐扬文教，振起儒风。"礼部制定祭孔礼仪时，本拟仿照京师视学之礼，皇帝服龙衮，具仪仗，向孔子行二跪六叩之礼。但经讨论，把原定的二跪六叩改为三跪九叩。在孔庙大成殿行礼毕，康熙帝听取孔氏后裔进讲《大学》和《易经》。听讲后命大学士王熙宣谕衍圣公孔毓圻等人曰："至圣之道，与日月并行，与天地同运。万世帝王咸所师法，下逮公卿士庶，罔不率由。"（《康熙起居注》）

在孔毓圻等人导引下，康熙帝观览孔庙，并赐予具有皇权象征意义的曲柄黄盖，以示恩惠。此外，还优赐孔氏后裔，免除次年曲阜赋税。随后，康熙帝前往葬有孔子及其后裔的孔林，步行至孔子墓前，奠酒三爵。

康熙帝主动虔祭有德无位的先师孔子，昭示出消除满汉畛（zhěn）域（界限、偏见）进而安抚、统治华夏的治国理念。这种文治策略，无疑较武力更能增强清朝继统立基的合法性。

（三）乾隆帝八次阙里祭孔

乾隆帝在位六十年间，曾八次亲至阙里祭孔，分别是乾隆十三年、二十一年、二十二年、二十七年、三十六年、四十一年、四十九年、五十五年。其中三次是在南巡回銮或前往南巡的行程之中，其余均为专程往祭。单就频次而论，无疑为历代帝王亲祭阙里之最，足可看出其重视程度。

乾隆帝八次亲祭阙里孔庙的相关仪节，多是仿效康熙帝先例：在孔庙大成殿行三跪九叩礼；至孔林谒孔子墓，三酹酒之后行三拜礼。除此，乾隆帝还屡诣少昊陵、周公庙，祭祀先圣先王。之所以反复践行，一方面如乾隆帝自称他对孔子景仰之忱，积有日矣，所以要亲至阙里，致祭先师；另一方面，尊孔、祭孔也是对父祖崇儒重道思想的贯彻和延续，所谓"皇祖圣祖仁皇帝甲子之岁，东巡阙里，躬谒殿庭，盛典奝皇，垂于册府。皇考世宗宪皇帝，追晋王封，鼎新庙貌，崇敬诚切，瑞应章显，实由心源孚契，先后同揆。惟圣人能知圣人，所以跻海宇于荡平仁寿之域也”（《清高宗实录》）。除此，更深层的用意则是以之示范天下，收服人心。

不仅皇帝亲祭阙里，清廷还频频遣官祭孔。史载“国家有大典大庆，若鼎革，若登极改元，若时巡，若升祔，若上徽号，若庆圣节，若武功告成，若祷祀百神，以及赠谥更封，增损祭秩，必遣官诣阙里祭告焉”（孔继汾《阙里文献考》）。清廷崇儒重道，并频繁祭孔，势必会消除传统“华夷之辨”观念带给清朝的不利影响，进而稳定清前期的政治环境。

对比清前期统治者的尊孔言论和实践，不难看出其中异同。相同之处在于，清朝延续历代崇儒重道的统治理念，阐述孔子思想价值，开展大规模的祭孔活动。这也奠定了有清一代的统治重心和基础，即以儒家思想进行教化和统治的文治之策。不同的地方则有两点：首先，祭孔场所的不同。清入关之初近四十年间，统治者主要是在京师视学祭孔，直至国家基本完成统一和安定后，康熙、乾隆二帝改为亲自前往孔子诞生地——阙里进行祭祀；其次，在礼仪规制方面，京师祭孔是行二跪九叩礼，阙里祭孔则变为行三跪九叩礼。从根本上讲，清代统治者的祭孔活动是逐渐提高祭孔规制，提升孔子地位。

三、清帝阙里祭孔的成效

（一）孔氏后裔的观感变化

以衍圣公为代表的孔氏后裔，随着清帝崇儒重道、祭祀孔子等举措的贯彻施行，历代衍圣公对清廷的观感经历了从“惶恐”

到“认同”直至“服膺”的变化过程。

顺治元年九月初，衍圣公孔胤植代表孔府向清廷上呈《初进表文》，内中所用“阙里竖儒”“趋跄恐后”等自我贬抑之词，反映了相当一部分汉人士大夫面对“异族”入主中原时的普遍观感，究其根本则是传统的华夷大防。直至顺治九年，顺治帝视学释奠礼成，此种疑虑才渐获冰释。应召赴京陪祀观礼的衍圣公孔兴燮即说：“今上开国之九年，采廷议，举临雍，礼示天下……礼成，中外欣欣。”（孔德成《孔子世家谱》）深感顺治帝此举令士林振奋，天下崇尚。

康熙二十三年，康熙帝亲祭阙里，行三跪九叩礼。在衍圣公孔毓圻看来，康熙帝此举展现出“与天同体，与圣合一”的恢宏气象。祭孔礼成，康熙帝周览孔庙古迹，每有感触，时发追思。对此，孔毓圻也认为：“经圣恩一顾，从此祖庙增辉，书之史册，传之万世，仰颂皇上尊师重道，匪直臣一家之荣幸。”（孔毓圻《幸鲁盛典》）

参与清帝亲祭阙里次数最多的衍圣公，是七十一世孔昭焕。他自乾隆八年袭爵，至四十七年病逝，期间经历了乾隆帝前六次阙里祭孔，感受尤为深刻。乾隆帝首次亲祭阙里后，孔昭焕感念说：“臣虽年幼无知，敢不夙夜黾勉，聿思光训，虔戴君恩。”（朱批奏折，乾隆十六年正月二十九日，孔昭焕奏为蒙恩召见并恩赐御制七言诗谢恩事）即使在晚年，仍不时想起乾隆帝屡祭阙里的种种场景，所谓“遭遇盛时，崇儒重道，銮辂巡方，六莅阙里，皆得瞻陪大典，叨受恩须”（录副奏折，乾隆四十七年九月二十三日，孔昭焕奏报因病难以供职恳恩替袭事）。

若从清帝礼奉先师并优渥圣裔的角度去理解，孔氏后裔的感念之词确出自其心底的拜服，不能尽以“谀慕”二字视之。对清帝来说，加恩孔氏后裔当然源于对孔子学说的重视。因此，清帝与孔氏后裔之间实为互相依存和衬托的关系。

（二）从臣僚士大夫的回应看清朝合法性的确立

在清帝亲祭阙里的活动中，参与观礼者包括了诸多王、公、大学士等大臣，以及地方文官知府以上、武官副将以上等臣僚。即使是皇帝京师视学，规模也极为宏大。因此皇帝祭孔崇儒的效果获得更大范围的传播。

康熙帝亲祭阙里后，衍圣公孔毓圻等人编纂了《幸鲁盛典》一书，收录了臣僚士大夫的“踊跃颂扬”之作。仔细分析，这些作品多是从康熙帝兼作君师、治道合一的层面铺叙展开，说明了皇帝亲祭孔子的深蕴所在，对确立和巩固清朝合法性不啻为最好的注脚。大学士明珠和王熙即说：“我皇上德位兼隆，心契圣学，躬备至道，作君作师，以立人极。是以尊圣重道，典礼隆备，度越千古。”掌院学士孙在丰和侍读学士高士奇，强调了皇帝对阐扬先师之道的关键作用：“皇上躬诣阙里，盛举仪章，正以宣扬圣化，烝育群生，凡有血气，莫不感发。诚海内向风之自，亿载太平之基，不独孔氏子孙感沐皇恩已也。”

康熙帝亲祭阙里并非只是孔氏之恩荣，还能够表率士林，振起儒风。翰林院编修徐元正进一步阐发说：“皇帝于孔氏，既崇其先，厥后宜赉……此治与道偕隆，君与师兼作。盖非孔氏一家之私荣，直邦家之庆而史册之光也。”刑部尚书张玉书则将康熙帝此举形容为“天章云藻，照耀宇宙，载籍以来所未有也”。

君师兼作的意义，实相当于将“治统”与“道统”归于君主一身，进而合政治权力与文化权力为一体。康熙、乾隆等皇帝亲至阙里祭孔，无异于以政治“治统”来获取以孔子为表征的文化“道统”。对此，保和殿大学士兼礼部尚书王熙在一首长诗的开篇即称：“帝德开尧舜，王风懋禹汤。渊源归夫子，统绪属今皇。”同在礼部任职的左侍郎王泽弘也作诗说：“帝纂三皇统，儒遵百世师。后先原一揆，授受若同时。”

清帝亲祭阙里孔庙，之所以能够获得众臣拜服，不仅在于礼制逾常和态度诚敬，还与其本身对汉文化的谙熟密不可分。这颇能打消汉人心底对“异族”统治者的疑虑情绪，使其君师身份更具正当性。如户部左侍郎蒋弘道形容康熙帝：“千秋文教讫遐荒，俎豆前陈阙里堂。道继唐虞真统绪，星躔奎壁大文章。”以此为基，才能达到“尼山绝业今重振，文教从兹沛万方”的功效。与此相似，伴随着频繁亲祭阙里，乾隆帝一面在经筵讲学时辨析、重释先贤先儒对治道关系的阐释，一面下旨编纂《四库全书》等文化巨典，借此消除不利于统治的言论，进而重新获得对儒家经典的解释权，确立清王朝统治的合法性。

总之，从康熙到乾隆帝，清朝统治者不断抬高孔子地位，提升祭孔仪典，优渥圣贤后裔，并先后数次亲祭阙里孔庙。这些举措，逐渐扭转了清朝自入关以后所面临的满汉紧张局势，笼络和团结了汉人士大夫群体，消弭着满汉畛域和华夷界限，巩固了君主集权的政治统治。

作者简介

孔勇，男，1988年生，山东曲阜人。中国人民大学历史学博士，现为山东大学历史文化学院讲师。研究领域主要为孔庙祭祀、孔府档案等方面，已在《文史》《清史研究》等刊物发表论文多篇。

后　记

清史纂修工作自2002年启动以来，一大批新的科研成果相继产生。为发挥清史纂修在资政襄政等方面的作用，我们从2006年7月开始编发内部资料《清史参考》（周刊），择要刊登在清史纂修和研究工作中形成的部分科研成果。其内容包括典章源流、名人史事、资料考证、学术争鸣等，力求如实反映清代的政治、经济、文化、社会等各方面情况，为有关部门和领导同志提供参考。

2008年，我们将已刊发的《清史参考》结集出版，取“以史为鉴”之意，定名为《清史镜鉴》。之后每年一编，先后出版了《清史镜鉴》的前十二辑。现将2019年的《清史参考》合刊为《清史镜鉴》第十三辑。我们将所收文章进行了分类，对文中的生僻字词酌加注释，并重新校订了原文。

《清史参考》编发十三年来，得到了许多读者的关心指点，也得到各地清史专家的大力支持，值此《清史镜鉴》第十三辑出版之际，谨表示衷心的感谢！

国家清史编纂委员会

文化和旅游部清史纂修与研究中心

2020年1月

古希腊罗马哲学原典集成

主编 王晓朝

西塞罗全集

修订版

书信卷

[古罗马] 西塞罗 著 王晓朝 译

人民出版社

"古希腊罗马哲学原典集成"
丛书要目

第1册

《苏格拉底以前的哲学家残篇汇编》

《色诺芬哲学著作选》

第2—4册

《柏拉图全集》

第5—8册

《亚里士多德全集》

第9册

《伊壁鸠鲁学派著作残篇汇编》

《斯多亚学派著作残篇汇编》

《学园派著作残篇汇编》

《物性论》(卢克莱修)

《塞克斯都·恩披里柯著作集》

第10—12册

《斐洛全集》

第13—17册

《西塞罗全集》

第18册

《古代诺斯替主义经典文集》

第19—20册

《普罗塔克哲学著作集》

第21册

《哲学文集》(琉善)

《沉思录》(马可·奥勒留)

《爱比克泰德著作集》

《神学要义》(普罗克洛)

《论风格》(德米特里)

第22册

《塞涅卡哲学著作集》

第23册

《九章集》(普罗提诺)

目录 Contents

西塞罗书信简介

西塞罗有大量书信留存至今，译成中文约78万字，中译本全集将它作为一卷（全集第五卷）出版。中译者在此简略介绍它的编排情况。

中译本全集书信卷的主要内容是“致阿提库斯的信”，收有西塞罗写给阿提库斯的信件426封，按时间排序编号，时间跨度从公元前68年至公元前44年。阿提库斯全名提多·庞波纽斯·阿提库斯（Titus Pomponius Atticus），他与西塞罗有姻亲关系，他的妹妹庞波尼娅（Pomponia）是西塞罗弟弟昆图斯的妻子。这些书信在娄卜丛书中分为四册刊印（第22、23、24、29册）。

这些书信经常提及西塞罗的家人和亲戚，简介如下：

特伦提娅（Terentia），西塞罗之妻，出身富裕的贵族家庭。多年来婚姻堪称美满，但在西塞罗从流放地返回后，夫妻关系紧张，原因可能和财产问题有关。他们于公元前46年离异。据说特伦提娅活到103岁，离婚后两次再婚。

图利娅（Tullia），西塞罗之女，特伦提娅所生。约生于公元前76年，死于公元前45年2月。前后结婚三次。她为西塞罗所钟爱，她的死令西塞罗悲伤万分。

马库斯（Marcus），西塞罗之子，特伦提娅所生。生于公元前65年，曾在布鲁图的军中服务。后来屋大维当政时担任过占卜官，公元前30年担任过执政官，后任小亚细亚行省总督。

昆图斯（Quintus），西塞罗的弟弟，大约比西塞罗小两岁。像西塞罗一样担任过各种公职，公元前 61 年至前 59 年任小亚细亚行省总督。死于公元前 43 年。他和西塞罗关系密切。

庞波尼娅（Pomponia），昆图斯之妻、阿提库斯之妹，约公元前 70 年结婚，公元前 45 年离婚。夫妻关系不佳，西塞罗的信中有许多地方涉及他们的家庭困难。

小昆图斯·西塞罗（Quintus Cicero），昆图斯和庞波尼娅之子，生于公元前 67 年末，天资聪颖。

盖乌斯·卡普纽斯·庇索·福鲁吉（Gaius Calpurnius Piso Frugi），图利娅的第一任丈夫，公元前 67 年订婚，公元前 62 年结婚。公元前 58 年担任财务官，死于次年。他似乎是一名好女婿，西塞罗在信中赞扬他在艰难时候的忠诚。

富里乌斯·克拉西佩（Furius Crassipes），图利娅的第二任丈夫，公元前 55 年结婚。数年后离异。

普伯里乌·高奈留·多拉贝拉（Publius Cornelius Dolabella），图利娅的第三任丈夫，公元前 50 年结婚，公元前 46 年离婚。但是西塞罗在他离婚后仍旧与他保持良好关系，直到他与安东尼结盟。多拉贝拉是一名浪荡公子，凯撒党人，公元前 44 年担任执政官。公元前 42 年自杀以躲避卡西乌斯的追捕。

伦图卢斯（Lentulus），图利娅之子，生于公元前 45 年 1 月，夭折，仅活了几个月。

普伯莉丽娅（Publilia），西塞罗与特伦提娅离婚以后与普伯莉丽娅结婚，但数月后又离婚。

中译本全集书信卷的主要内容还有“致友人的信”。“致友人的信”共汇集信件 435 封，最初是由西塞罗的书记员提罗（Tiro）保存和编排。在娄卜丛书中分为三册刊印（第 25、26、27 册）。这部分信件共分为 16 卷（Book），按收信人汇集，不按统一的时间顺序编排。最早的一封信（X.7）是公元前 62 年西塞罗写给庞培的，该年是西塞罗担任执政官的次年；最晚的一封信

（Ⅻ .10）是西塞罗写给卡西乌斯的，写于公元前 43 年，该年是凯撒遇刺的次年，几个月后西塞罗本人被杀。严格说来，这部分书信被称做“致友人的信”是不恰当的，因为它把一些西塞罗的朋友写给西塞罗的信也包括在内。这些书信的时间跨度从公元前 62 年至前 43 年。近段时间是罗马共和国历史上一个极为重要的时期。这些书信生动地描述了当时发生的一系列重大事件，表达了写信人的各种不同观点，具有重要的史料价值。

中译本全集书信卷还包括“致昆图斯的信”、“致布鲁图的信”、“竞选手册”、“致屋大维的信”，在娄卜丛书中刊印集中于第 28 册中。

“致昆图斯的信”共有书信 29 封，分为三卷，主要是西塞罗写给他的弟弟昆图斯的信，含有一些昆图斯的回信。

“致布鲁图的信”共有书信 26 封，是西塞罗写给马库斯·布鲁图（Marcus Brutus）的，通信时间为公元前 43 年。

“竞选手册”是西塞罗的弟弟昆图斯写给西塞罗的一封信，谈论竞选执政官的问题。昆图斯本人在书信结尾处称这封信为“竞选手册”（Commentariolum Petitionis），由此得名。写作时间约为西塞罗参加公元前 64 年执政官竞选期间。

“致屋大维的信”的收信人是屋大维，具体写作时间不详，约写于西塞罗被安东尼追杀（公元前 43 年 12 月 7 日）之前，屋大维与安东尼结盟（约公元前 43 年 11 月）之后。这可能是西塞罗在世的最后一封信。

致阿提库斯的信

[1]

西塞罗致阿提库斯，公元前68年11月，于罗马。[①]

你了解我就像了解你自己，你比大多数人能更好地评价我的堂兄卢西乌斯之死给我带来的悲伤有多深。从他那里我得到了一个人的仁慈和魅力能给另一个人带来的所有快乐。所以我不怀疑你也非常悲伤，因为你能感受到我的忧伤，而且你本人也失去了一位亲戚和朋友，一个拥有优秀品质、乐意为他人服务的人。他衷心热爱你们俩，他听我说起过你们。

你的来信提到你妹妹。我有多么焦虑她自己会告诉你，我的弟弟昆图斯作为她的丈夫应当感觉得到我的着急。想到昆图斯还在火头上，我给他写了一封信，把他当做我兄弟来平息他的怒火，把他当做比我年轻的人给他提建议，把他当做一名走上歧途的人来责备。从那以后他给我写了好几封信，使我感到自信的是事情已经走上正道，就像我们所希望的那样。

关于信件的传递，你责备得有理。庞波尼娅从来没有告诉我可以把信交给谁，再说我们这里没有人去伊庇鲁斯，我们也没有听说你在雅典。至于阿库提留[②]的生意，在你离开以后，我一返回罗马就已经解除了对你的委托。但是事情变成现在这样，不要着急，我猜你完全能够做出判断，我宁可让佩

---

① 西塞罗的书信有许多没有署明写信日期和地点，这里的日期和地点是编纂者根据书信内容判断的。西塞罗本人署的日期位于每封信的结尾处。

② 阿库提留（Acutilius），不详，仅在此处和第4、9封信中提及。

都凯乌[1] 写信给你，提些建议，而不是由我自己来写。真的，考虑到我老是听阿库留斯唠叨，我敢说他的谈话风格是你非常熟悉的，在我自己都不愿听他发牢骚的时候，我不应当把他的满腹牢骚写信告诉你，那样做太冗长了。但是，我的责备者，让我告诉你，你的信只有一封到了我手里，尽管你有更多的时间和更多的机会给我写信。

你说，即使某个心境不佳的人[2] 和你在一起，我也必须把他哄得高兴起来。我明白你的意思，也没有怠慢，但他却是不可思议的沮丧。我没有忘了恰当地对他提到你，但我感到自己必须决定在什么范围内按你的意愿去表达。如果你向我解释他们，那么你会看到，在我不想比你本人更加关心此事的时候，我也不会比你本人更加不关心此事。

关于塔狄乌斯的事，他告诉我，他听你说不用着急，因为这项地产通过长期使用已经属于他了。我们感到惊讶的是你对此一无所知，因为通过实际使用并不能从一项合法的、受监护的地产中拿走些什么，据说这是那位姑娘的态度。

我很高兴你在伊庇鲁斯购买了地产。是的，只要不给你自己带来太多的麻烦，就请你接受我的委托，办理其他任何适宜在图斯库兰做的事情。这个地方是我摆脱所有烦恼和辛劳的栖息地。

我们等着昆图斯在任何时候回来。特伦提娅的风湿病犯了，很严重。她非常喜欢你、你的妹妹、你的母亲，她要我送上她对你们的爱，还有亲爱的小图利娅对你们的爱。照顾好你自己，照顾好你对我的爱；你要确信你对我的兄弟情谊一定会得到回报。

---

① 佩都凯乌（Peducaeus），西塞罗的管家。

② 指卢西乌斯·卢凯乌斯（Lucius Lucceius）。

[2]

西塞罗致阿提库斯，公元前 68 年，略迟于 11 月 23 日，于罗马。

你抱怨我是一个漫不经心的通信者，我不会向你提供进一步的解释。想想你自己吧，你有那么多时间，在这方面却慢条斯理。

在你心中已经设计和建造完成的拉比利乌在拿波勒斯的房子，被马·封泰乌斯用 130,000 个罗马小银币买下了。我要你知道这件事，因为它可能和你的计划有关。

在我看来，我弟弟昆图斯已经像我们所希望的那样与庞波尼娅和好了，现在和她一道待在阿尔皮诺的庄园里。和他在一起的还有一位学者德修斯·图拉纽斯。

我们在 11 月 23 日失去了我们的父亲。

这几乎就是我必须告诉你的全部。如果你顺利找到任何确实适宜在教室里讲授的东西，我希望你不会让它们溜走，你知道上哪儿[①]找。我对我在图斯库兰的地方感到非常高兴，在到达那里的时候我自己感到非常满意。让我知道你正在做和打算做的所有事情的全部细节。

[3]

西塞罗致阿提库斯，公元前 67 年 2 月 13 日之前，于罗马。

我写这封信都是为了你的母亲，我没有忘记她。我已经安排在 2 月 13 日支付给卢·辛西乌斯 20,400 个小银币。如果你能看到我已经得到你说你已经替我购买的并会尽快为我准备停当的那些东西，那么我会非常感谢。请费神想想怎样为我建一个图书室，这是你答应的。等我有了闲暇，我就可以在那里享受一番，我的这种希望能否实现全部依赖于你的仁慈。

① 西塞罗在图斯库兰庄园的一部分，称做“学园”。

[4]

西塞罗致阿提库斯，公元前 67 年 2 月 13 日之后，于罗马。

一切都像我们所希望的那样。昆图斯和我正在照料你的母亲和妹妹。我和阿库提留谈过了。他说他从他的代理那里什么也没听说，他也对这场争执的产生表示惊讶，因为他（代理人）已经拒绝对你进一步的要求提供保证。所以，关于塔狄乌斯的生意你已经有了结果。我看到塔狄乌斯非常感恩，也非常高兴。我们的那位朋友① 确实是一位非常优秀的人，他对我非常友好，但对你非常恼火。如果我知道你把这件事看得那么重要，那么我能判断我应当在什么范围内施加影响。

按你早先的来信，我已经支付给卢·辛西乌斯 20,400 个小银币购买那尊麦加拉雕像。我对你的那些青铜头的潘太利石柱② 已经相当着迷，你写信跟我说过它们，所以请你把它们送来；这些雕像，以及其他你认为有助于装饰这个地方的、与我的热情和你的嗜好相适应的东西，都请尽量快、尽量多地送来，尤其是你认为适合装饰教室和柱廊的。我对收集这些东西热情很高，帮助我是你的义务——其他人对我的帮助也许是责备。如果伦图卢斯③ 的船没有空，那么就把它们装到你认为适宜的船上去。

我亲爱的图利娅要你给她买一样小礼物，她要我做保证人。我已经决定尽快加以拒绝，而不是等着付钱。

[5]

西塞罗致阿提库斯，公元前 67 年 3 月或 4 月，于罗马。

---

① 指卢凯乌斯。

② 原文为“Pentelic herms”，是用潘太利山产的大理石雕成的上有赫耳墨斯头像的方形石柱，古希腊用做路碑或界碑。潘太利山（Pentelicon）邻近雅典。

③ 可能指伦图卢斯·斯宾塞尔（Lentulus Spinther），公元前 57 年任执政官。

你的信能到我手里的真的很少，尽管旅行者为了你到罗马来比旅行者为了我到雅典去要容易得多，你知道我在罗马比我知道你在雅典要确定得多。这种不确定性使我现在这封信比平常要短，由于不确定你在哪里，所以我不想我们亲密的闲聊落在陌生人手里。

我在焦急地等着你写信来告诉我的麦加拉雕像和潘太利石柱。凡是你认为适合在学园里摆放的同类东西，不要犹豫，把它们送来，相信我的钱包。你知道我有多么着迷。特别适合在教室里摆放的东西就是我想要的。伦图卢斯答应了让你用他的船。请你小心照料。

叙依鲁斯要求你带来有关“祭祀欧谟尔普祖先”[①] 的消息，在他的要求的带动下，我也向你提出这样的请求。

[6]

西塞罗致阿提库斯，公元前 67 年，约 5 月，于图斯库兰。

我当时在我图斯库兰庄园里——这正好回应你的“我当时在凯拉米库”——不管怎么说我当时在那里，你妹妹派了一名男仆从罗马把你的一封信送给我，告诉我有人会在这个下午与你一起离开。这就是为什么我要写封回信给你，为什么时间紧只能写封短信。

首先，我要告诉你如何取悦我们的朋友[②]，甚至带他一起回来。我曾经自愿这么做过，但我会更加热心地开始，迫使他更坚强，我想我从你的信中已经看到你的希望有多么真诚。我确实想要你明白他受到了严重的冒犯。但在我能看到的范围内，由于这件事的背后没有其他严重的原因，所以我充满自信，他会像一名朋友那样行事，就像我告诉他的那样。

是的，如果你会在你最方便的时候，把我的那些雕像和赫拉克勒斯石

---

① 此处引述出处不知，可能指厄流息斯秘仪。显然阿提库斯知道需要何种消息。

② 指卢凯乌斯。

柱，以及你能发现的那些你知道适宜安放在何处的东西都装上船，尤其是你认为适合安放在体育场和教室里的东西，那么我会非常感谢你。事实上我正坐在这个地方写信，所以这个地方在提醒我。另外请你给我带一些浮雕来，我可以安装在小门厅的灰泥墙上，还要带两个雕花的石头井栏。要注意，不要把你的图书室嫁给任何人，无论你能找到多么热心的追求者。我正在把我捡来的麦穗都存起来，用来支付这个图书室的费用，为我的老年做准备。

至于我弟弟，我感到确定的是，事情正在朝着我一直希望的方向发展。有许多这方面的迹象，至少你妹妹正在期待有一个孩子。

关于我的竞选，① 我没有忘记我曾把它交给你，和我在一起的我们共同的朋友都期待你回来，但绝不是召唤你；我告诉过你不要来，因为我明白，你当前要做的事情比回到这里来帮我选举更重要。所以我希望你能感受到这一点，尽管你已经为了我的事被派往希腊。我的态度是公正的，在我将要取得的胜利中你不仅在场，而且责任重大。所以你会发现这一点，你也会从别人那里听到。

小图利娅正在把你告上法庭，而且不许担保。

[7]

西塞罗致阿提库斯，公元前 67 年 8 月，于罗马。

在这件事情上我以前就很积极，而且是自愿的，但你的两封出于同样目的的信是一个强大的刺激。再加上来自撒路斯提乌斯的不断的鼓励，让我尽力设法恢复你和卢凯乌斯旧有的友谊。我能做的都做了，但我失败了，我不仅未能重建他对你的感情，而且甚至未能弄清他的感情为什么发生改变。他确实炫耀过他在生意上的公正，还表示过其他一些我知道甚至在你离开之前就已存在的不满，但他心底必定还有更深的不满，这些东西不会被你的来

---

① 竞选执法官。

信、我的调停、你个人的努力——不仅是你所说的话，而且是你那熟悉的老脸——轻易消除；也就是说，只要你认为这样自找麻烦是值得的，就像你会接受我的建议，亦与你自己的好心相符，那么你肯定会这样做。你会感到奇怪为什么我现在显得如此悲观，在给你写了前一封信后，我期待他能按照我说的去做。但实际上，你几乎难以相信我发现他的态度比以前更加固执，火气比以前更大。但是，你的返回能治愈它，或者其他什么东西会成为受谴责的对象。

在你给我写前面一些信的时候，你假定我已经当选了，你几乎不明白一名在罗马的候选人当前有多么焦急，不知道各种各样的不公正给他带来的苦恼。无人知道选举将于何时举行。但你会从菲拉德福那里听到所有这方面的消息。

请尽快把你为我的学园弄来的东西送来。想到这个地方，更不要说它的实际用处了，就会给我带来巨大的快乐。记住，不要把你的书交给任何人。把它们留给我，像你以前说过的那样。我对它们的巨大热情正在燃烧，也有对其他所有东西的厌恶。难以置信的是你在那么短的时间里发现了它们，可糟糕的是，你要在更短的时间里离开它们。

[8]

西塞罗致阿提库斯，公元前67年末，于罗马。

我不得不告诉你，你的祖母去世了，既因为想念你，又因为担心赶不上拉丁节送供品去阿巴努斯山。我期待着卢·邵费乌斯给你送去一篇悼文。

我期待你1月份返回，有这样的流言，或者是你在给其他人的信件中这样说的——关于你何时返回，你在给我的信中什么也没说。

你替我弄来的雕塑已经在卡伊塔卸下。我还没有看到它们，一直没有机会离开罗马。我派人送去了运费。你花了那么多的精力给我弄来这批便宜货，我非常感谢。

你经常写信给我，想要缓和与我们的朋友的关系。我做了尝试，用了我所知的各种方法，但他可叹地与我疏远。等你回来后，你会从我这里知道对他的怀疑，尽管我希望你已经知道了。我不能劝他与撒路斯提乌斯重修旧好，尽管处于难堪地位的是他。我告诉你这一点，因为撒路斯提乌斯曾经指责我有负于你。根据他自己的亲身体会，他发现我们的朋友不那么容易和解，有了他的努力，我就不需要代表你去努力了。

[9]

西塞罗致阿提库斯，公元前 66 年上半年，于罗马。

你让我们对你返回的希望不断升高。最近，我们以为你已经在路上了，只是到了 7 月份希望突然破灭。事情既然如此，如果方便的话，我认为你应当按你说的时间回来。到那时你就会在这里参加昆图斯的竞选[①]，隔了那么长时间以后你会见到我，你会解决与阿库提留的争执。佩都凯乌也要我说这件事。我们想，可以期待你终于可以解决这件事了。作为中间人，我过去和现在都听你的支配。

在罗马，我处理盖·玛凯尔[②]一案赢得了广泛的赞扬，真的到了非同寻常的地步。尽管我对他有好感，但我从他被定罪而赢得的民众的热爱远远超过他被判无罪而从他那里得到的感恩。

我非常感谢你所说的雅典娜方柱。[③] 它是适合我的学园的一件装饰品，因为赫耳墨斯是所有这种地方的普遍象征，而密涅瓦尤其适合这个地方。所以，请你用它和其他物件来美化那个地方，像你许诺的那样，越多越好。我还没有看到你早先送给我的雕像。它们现在放在福米埃我的家中，我正在准

---

① 竞选市政官。

② 即盖乌斯·李锡尼·玛凯尔（C. Licinius Macer），历史学家、反元老院的政治家、演说家卡尔伏之子，被控犯有勒索罪。西塞罗作为执法官担任法庭主席。

③ 原文为“Hermathena”，头部为雅典娜（密涅瓦）神像的方形石柱。

备去那里。我会把它们全都弄到图斯库兰去，如果有剩余，就用来装饰卡伊塔。[①] 保存好你的书，别对我绝望，我能使它们成为我的书。如果我做到了这一点，我会比克拉苏还要富有，也可以藐视任何人的庄园和牧场。

[10]

西塞罗致阿提库斯，公元前 65 年，略迟于 7 月 17 日，于罗马。

在至今能够预见的范围内，有关我的候选人资格[②] 的情况如下，我知道你对此非常感兴趣：只有普·加尔巴正在游说，他正在获取一位善良的罗马老人的回答，“不”，清楚而又不加掩饰。人们一般认为，他的这种不成熟的游说倒不如说是在帮我忙，人们普遍拒绝他，理由是我对他们负责。所以，当这些话到处流传，我的许多朋友都清楚了的时候，我希望从中得到某些好处。当辛西乌斯说你的男仆带着这封信离开的时候，我正在考虑开始我的竞选活动，也就是说 7 月 17 日战神广场正在举行保民官选举。我的对手显然有加尔巴、安东尼乌斯、昆·考尼费昔。当你读到最后这个人的名字时，我想你会笑或者哭。现在做好准备，拍一下你的额头：有些人认为凯索尼乌也会站出来！至于阿奎留斯，我不期待他这样做。他说了他不会参加竞选，以身体状况不佳为借口，又声称他的君权高于法庭。[③] 如果喀提林的陪审团发现太阳没有在中午闪耀，[④] 那么他肯定会是一名候选人。我不认为你会等着我继续写帕里卡努和奥菲狄乌的情况。

当前，候选人[⑤] 凯撒[⑥] 被认为肯定能当选。另一位执政官可能会在塞耳姆斯和西拉努斯中间产生。他们朋友很少，名声很差，似乎绝对不可能与

① 指庄园，西塞罗的庄园位于福米埃和卡伊塔之间。

② 指竞选执政官的资格。

③ 这些话是讥讽的。

④ 喀提林被指控在阿非利加犯了勒索罪，被判无罪释放。

⑤ 指竞选公元前 64 年的执政官。

⑥ 即卢西乌斯·朱利乌斯·凯撒。

图里乌斯相比，但只有我一个人这样想。在我看来，最好的结果是塞耳姆斯和凯撒一道当选，因为他看起来和其他候选人一样强大，否则他有可能留下来到我可以参选的那一年参加竞选；他是弗拉米纽斯大路[①]工程的监理人，到那时他的工作肯定完成了。如果现在就把他与执政官凯撒联系在一起，我会很高兴。这就是我对当前候选人情况的主要看法。我将尽一切努力完成一名候选人的所有义务，也许高卢在选举中会占有很重的分量，我将于9月法庭休庭期间去担任庇索[②]的幕僚，到1月份再返回。等我弄清了贵族们的态度，我会写信给你。我希望其他人一路顺风，至少是相关的地方竞选者。你必须对其他集团做出回答，因为你离它不远，我指的是我们的朋友庞培的集团。告诉他，如果他不打乱我的竞选，那么我不会受到冒犯！[③]

好吧，情况就这样了。但我有些事情要告诉你，并且非常希望能得到你的原谅。你的舅舅凯西留斯被普·瓦里乌斯骗走了一大笔钱，他正在打官司，控告瓦里乌斯的堂兄卡尼纽斯·萨堤鲁斯，因为瓦里乌斯把骗来的东西都交给了萨堤鲁斯。其他债权人还有卢·卢库鲁斯、普·西庇阿、卢·庞提乌斯，如果赃物能够索回，他们期待着能够接收。凯西留斯要我为他出庭控告萨堤鲁斯。他第一个注意的是卢·多米提乌，我是第二个。多米提乌对我和我弟弟昆图斯的竞选很有帮助。我当然希望不仅保持我和萨堤鲁斯的友谊，而且保持我和多米提乌的友谊，我获得成功的希望对他的依赖远远超过其他任何人。我把这些情况都向凯西留斯做了解释，同时要他明白，如果争执只发生在他本人和萨堤鲁斯之间，那么我会满足他的希望。然而，由于事情涉及所有债权人，这些地位较高的人无须任何人的帮助就能轻易获胜，而凯西留斯却无法做到这一点，所以我建议他合理地考虑我要尽的义务和当前的地位。我有这样的印象，他在考虑我的建议时不以为然，或者不那么有君

---

① 意大利北部的一条大路，从罗马通往阿里米努姆，显然是在修建或改进。

② 盖乌斯·卡普纽斯·庇索，公元前67年任执政官，时任山外和山南高卢行省总督。

③ 西塞罗担心庞培会自己出来竞选。

子风度，从那时起，他就完全切断了和我们的友好联系，而这种联系的开始仅在几天以前。

我请求你的原谅，请你相信我，这样做使我能够避免很大的麻烦，在一件最能影响朋友的名声的事情上，控告一位用他的力量给了我各种各样支持和服务的朋友，这种感觉不是很好吗？如果你采取不那么仁慈的看法，那么你可以假定我的候选人资格遇上了绊脚石。我想即便如此，我还是应当得到原谅，“因为我既没有隐藏公牛，也没有屠杀野兽……”[①] 你知道我现在玩的游戏有多么重要，不仅要保持老朋友，而且要得到新朋友。我希望你现在就能明白我的观点——我确实在急你所急。

我对你送来的雅典娜方柱非常高兴。它被明智地摆在那里，整个大厅就像它脚下的供品。多谢！

[11]

西塞罗致阿提库斯，公元前 65 年，略迟于上一封信，于罗马。

我荣幸地通知你，我有了一个小儿子，卢·朱利乌斯·凯撒和盖·玛基乌斯·菲古卢斯成了执政官。特伦提娅很好。

从我上次读到你的信，又过了很长时间。我已经把我的前途详细写信告诉了你。当前，我正在为我的竞选伙伴喀提林[②] 辩护。我们有了一个我们想要的陪审团。如果他被判无罪，我希望他能更好地与我一道竞选。但若结果相反，我会理智地忍受。

我需要你尽早到家。在国外有许多人相信你的那些高贵朋友在选举中会反对我。帮我把他们争取过来，你显然很有价值。所以 1 月初务必在罗马，像你已经安排了的那样。

---

① 荷马：《伊利亚特》第 22 卷，第 159 行。

② 参见第 10 封信注释，由于某些原因，西塞罗改变了主意。

[12]

西塞罗致阿提库斯，公元前61年1月1日，于罗马。

这位透克里斯[①]是一辆阴间的、慢吞吞的马车，高奈留还没有回到特伦提娅那里。我想我必须求助于康西狄乌、埃克西乌、塞利西乌——至于凯西留斯，连他自己的亲戚都不能从他那里拿到一个小银币，更不要说一个月拿百分之一了。但是返回我正在说的事情，轻率、狡猾、难以合作，我从来没有遇到过像他这样的人。“我正在派一位平民”，“我已经给提多送信去了”。全是借口和敷衍。但也许会有一小块银子。庞培的贴身保镖公开告诉我，庞培将要废掉安东尼乌斯，同时会有一名执法官在公民大会上提出动议。情况就是这样，我不可能为这个家伙辩护而不失去信誉；[②]公众的舆论，无论是上层还是民众，都无法忍受。我也不能去管这件事，这是主要的。还有一件事，我必须请你代我处理。我有一名被释放的奴隶，一个彻头彻尾的无赖——我指的是你的账房和委托人希拉鲁斯。翻译瓦勒留对我说起过他，叙依鲁斯也写信说了他听到的事情，情况如下：这个家伙和安东尼乌斯在一起；而安东尼乌斯在征收金钱时，习惯于说一部分是为我征的，我派了我的这名释放奴隶来看守我们共同的利益。我要被气昏了，尽管我不相信。但肯定有这样的议论。调查整件事情，发现到底是怎么回事；如果你能处理，把这个流氓赶出这个国家。瓦勒留说是格·普兰西乌说的。我把整件事完全交到你手中，看里面到底有什么名堂。

人们一般都认为庞培是我的好朋友。他与缪西娅离婚得到了同情的认可。我想你可能听说了阿庇乌斯之子普·克劳狄的事情，他穿着女人的衣服去盖·凯撒家中参加国家祭祀，被几名女仆打了一顿，狼狈逃窜——真是一幅壮观的场面。我想你肯定会感到哀伤。

---

① 盖·安东尼乌斯与西塞罗一同担任执政官，此时是马其顿的总督，许诺借给西塞罗一笔贷款。透克里斯可能是中间人，但这个名字（词义为特洛伊妇女）可能是虚构的。

② 西塞罗实际上在公元前59年为他辩护，但输了官司。

其他我就没有什么要告诉你的了。实际上，我在写信时心里也很悲伤。我的诵书员索西塞乌，一位讨人喜欢的年轻人，死了。这件事对我的影响可能超过一名奴仆之死会带来的影响。我希望你能经常给我写信。如果你不知该写什么，就把你头脑中浮现的任何事情都写下来。

1 月 1 日，当年执政官是马·美萨拉和马·庇索。

[13]

西塞罗致阿提库斯，公元前 61 年 1 月 25 日，于罗马。

你的三封信现在已经到了我手中，第一封是马库斯·高奈留递交的，我想你是在切斯塔贝奈[①]交给他的，第二封是你在卡努西乌姆的房东交给我的，第三封是那艘船“在他们松开缆绳的时候”发送的；委婉地说，所有三封信不仅撒着礼貌的盐，还因为有着爱的标记而有差别。在信中，你向我提出了挑战，但我宁可慢一点做出答复，因为我找不到可靠的送信人。很少有人能在替人带信时不通过翻阅来掂量它的分量的。我不确定每一名去伊庇鲁斯的旅行者是否都在去你那里的路上。因为我想，你在你的阿玛塞亚[②]的祭坛上献祭以后，很快就会出发，去包围西徐亚人，我指的是你去参加安东尼乌斯的军队，尽管我不确定你会在伊庇鲁斯待多久。所以我不敢把这些多少有点秘密的信交给阿该亚人或伊庇鲁斯人。

自你离开我以后，有些事情很值得我写信，但我一定不能冒着信件被丢失、开启或截获的危险。首先你要注意，我在元老院会议上并非第一个发言，阿洛布罗吉人的调解者被安排在我前面——对此人们在元老院大厅里低声发出抱怨，而我本人并不感到遗憾。因为这样一来，我就没有义务对一个任性倔强的人表现礼貌，也可以自由地坚持我的政治立场，反对他的想法。

---

① 切斯塔贝奈（Tres Tabernae），地名，字义为“三间小旅馆”。

② 阿玛塞亚（Amalthea），希腊神话中的仙女，幼年宙斯的保姆。

再说，第二个发言和第一个发言地位几乎相当，而能否得到执政官的青睐一般不会过多地束缚人们的倾向。第三个发言的是卡图鲁斯，要是你感兴趣的话，霍腾修斯是第四个。执政官[①] 本人表现得萎靡不振，在不恰当的时候毫无理智地发出某种轻蔑的冷笑。他的噘嘴比他的妙语还要可笑。他在政治上怠惰无为，疏远理想主义者，而他们既无意愿使他有所作为，又不敢使他成为危险分子。然而他的同事值得称赞，是一位热心的正义捍卫者。此时他们之间的差异还是微小的，但我担心某种东西会像传染病一样传播。我想你已经听说了，凯撒的住处在举行国家祭祀的时候，一名男子穿着女人的衣服混进去，在维斯太贞女重新举行仪式以后，昆·考尼费昔（由他带头，你认为他是我们中的一位）在元老院提出了这个问题。元老院下令给维斯太贞女和祭司团，由他们宣布这一事件是亵渎圣明的。然后根据元老院的法令，执政官发布了一道公告。凯撒给他的妻子[②] 送去了离婚通知。情况就是这样，庇索失去了友谊，因为普·克劳狄正在试图推翻他本人提出的那道法令，并且正在向元老院提出一项关于宗教事务的法案。至今为止，美萨拉仍在坚持一条强硬的路线。这位最诚实的人抵抗了克劳狄的动议，使之搁浅。残暴的匪帮正在形成。我本人，尽管我很像莱喀古斯，[③] 也在每日里变得软弱。加图在强迫和敦促。总之，我担心，由于这位最诚实的人的疏忽，由于无赖们的抵抗，这些行动会给国家带来巨大的悲伤。

至于你的那位朋友[④]（你知道我指的是谁吗？你写信告诉我，这个人在不敢继续批评的时候就开始了赞扬），他对我表示最高敬意，展示他对我的爱，通过他表面上对我的赞扬，不难看出他在底下隐藏的妒忌。笨拙、啰嗦、琐碎、肮脏、怯懦、虚伪——但我会在另一个场合谈论更多的细节。尽管对这个问题我还谈得远远不够，但了解送信者的行径的我已经快要不敢把

---

① 指马·帕庇乌斯·庇索。

② 庞培娅，人们认为克劳狄与之有奸情。

③ 莱喀古斯是斯巴达立法者，这里指采取严厉措施。

④ 指庞培。

谈论这种事情的信托付出去了。

执法官们还没有举行决定任所的抽签。这件事拖了下来，还是像你离开时那样。我会把你要的关于密塞努和普特利的地形放到一篇将要发表的演说中。我注意到“12 月 3 日”是一个错误。你赞扬我的演说中的一些事情，让我告诉你一个很好的观点，尽管我以前不敢这样说；我向你保证，它们在我看来比从前具有更多的、你赞扬的阿提卡风格。我已经在给麦特鲁斯的那本书中做了一些添加，也会给你送一本去，因为我想使你成为一名修辞学的爱好者。

还有什么消息我必须告诉你？噢，是的，执政官美萨拉花了 13,400,000 个小银币购买了奥洛尼乌的房子。你会感到奇怪，这件事跟你有什么关系。只是在这桩买卖以后，我开始考虑要好好地讨价还价，人们开始明白，由朋友资助购买地产是合法的，值得尊重的。透克里斯是一辆阴间的、慢吞吞的马车，① 但我对他仍旧抱有希望。请你把那边的事情都处理完。希望我的信不受监视。

1 月 25 日，当年执政官是马・美萨拉和马・庇索。

[14]

西塞罗致阿提库斯，公元前 61 年 2 月 13 日，于罗马。

我担心跟你说我有多忙，这种滋味不是最好的，但实际上我日理万机，很难从紧迫的事务中忙中偷闲，找出时间来写信，哪怕是写几行字。

我已经向你描述了庞培的第一篇公开演讲——没有给穷人带来安慰，也没有给无赖带来利益；另外，富人没有高兴，老实人也没有感动。所以——就像霜冻。然后是一位不负责任的、被执政官庇索呵斥过的保民官富菲乌斯要庞培出来在民众大会上讲话。这件事发生在弗拉米纽斯杂技场，正好在集

① 参见第 12 封信。

市日民众聚集之时。富菲乌斯问他，在执法官主持的案件中由同一位执法官挑选陪审团是否正确，这是元老院规定的克劳狄亵渎神明案的审判程序。庞培回答说，非常正确，他在所有事情上都始终坚持和极为尊重元老院的权威。

后来，执政官美萨拉在元老院里问庞培对这桩亵渎神明案和元老院的公告怎么看。庞培说了一番话，赞扬元老院的所有法令，他正好坐在我旁边，对我议论说他希望自己已经对这些问题做了充分的回答。当克拉苏看到庞培由于赞成我担任执政官而从民众中赢得某些声誉时，他站了起来，用极为赞美的话语发表讲话，他扯得那么远，说正是由于我他拥有了作为一名元老院议员和一名公民的雕像，获得了他的自由和生活。无论何时他看到他的妻子、房子，或者看到他出生的这座城市，他就好像看到我馈赠的礼物。简言之，他的通篇讲话都是火、剑，等等，就好像我以这样或那样的方式修饰我的演讲。（你是他们的阿里斯塔库，知道我的色彩盒）真的非常惊人。我坐在庞培旁边，能看到他的不安，无论是因为克拉苏获取了可能应该属于他的声誉，还是因为明白了我的成就足以使元老院愿意听他们的赞扬——另外一个人也在赞扬，他没有那么多的理由要对我所写的荣耀庞培的文章表示尊敬，因为这是以他的损失为代价的。这一天的工作使我非常接近克拉苏，不仅可以相当高兴地接受庞培的供奉，而且得到了多少有点拐弯抹角的允许。

至于我本人——诸神啊，我该如何在我的新听众庞培面前展示我的风采！如果辞藻、句子、论段、排列都听从我的召唤，那么在那个场合它们确实都来了。总之，我博得了全场喝彩。为什么不呢，在这样的论题上——我们这个等级的尊严、元老院和骑士之间的协和、意大利的统一、垂死的卖国阴谋分子的残余、平抑粮价、国内的和平？你现在该知道我在这样的论题上如何高谈阔论。想必你在伊庇鲁斯也能听到回响。

罗马的局势处在这样一种状态：元老院像战神山，无比坚定、严峻、勇敢。就在要把元老院以法令用语撰写的公告向公众宣布的那一天，长着山羊胡子的年轻人蜂拥而至，整个喀提林匪帮以“库里奥小姐”为首，要求拒绝这项公告。执政官庇索，这一提案的提出者，发表讲话，反对这样做。克劳狄的暴徒占据了通道。选票散发了，但没有任何“赞成”。加图突然走上讲坛，给执政官庇索一个惊人的训斥，如果可以把这样的术语用于一篇给人留下强烈印象的、强大的、事实上完美无缺的演讲。和他联手的还有我们的朋友霍腾修斯，以及其他许多诚实的人，法伏纽斯的贡献尤其惊人。在理想主义者重新振作起来时，公民大会解散了，元老院召集了会议。所有人投票通过一项法令，指示执政官敦促民众接受公告。庇索表示反对，克劳狄跪下来求情，而提议拒绝接受公告的库里奥只得了 15 票，另一边倒有 400 多票。情况就是这样。然后，富菲乌斯表示了否定的意见。克劳狄发表了可怜的演讲，其中充满对卢库鲁斯、霍腾修斯、盖·庇索和执政官美萨拉的辱骂和攻击。对我他只是指责说“我本人完全知道情况”。元老院决定，在法令提交到公民大会之前，不讨论执法官任职的行省、派遣使者等项事务。

罗马的事态就是这些了——尽管还有一件事我可以提及，对我来说这件事相当诧异。美萨拉是一位优秀的执政官，勇敢，坚定，有责任心；我是他赞扬、尊敬、模仿的对象。另一位执政官只是一个有待救赎的恶人；他很懒惰——昏昏欲睡、无知、游手好闲的懒汉，但在性情上又如此呆板，自从发表了那篇赞扬元老院的公开演讲，他掉过头来反对庞培。当然了，他在所有诚实的人中间变得极为不受欢迎。他的行为有很多是他和克劳狄的友谊在推动，同情加上颠覆性的活动。他对行政官员毫不仁慈，除了富菲乌斯。我们有许多好保民官，尤其是考努图斯，他是加图的模仿者。总之……①

现在转到私人事务上来。透克里斯兑现了他的诺言。你这一方，请解除我对你的委托。我的弟弟昆图斯在阿吉勒图用 725,000 个小银币购买了那所房子剩余的四分之三，他正在试图出售他在图斯库兰的地产，如果可能的话，购买帕昔留斯在罗马的房子。我已经和卢凯乌斯和好了，他显然是一个竞选狂，我要全力以赴。让我得到你的报告，尽可能详细地叙述你在干些什

① 此处原文有缺失。

么，你去了哪里，还有那边的情况。

写于 2 月 13 日。

[15]

西塞罗致阿提库斯，公元前 61 年 3 月 15 日，于罗马。

你将听说亚细亚① 落到我最亲近的兄弟手里——我不怀疑传闻会比我们任何人写的信更快地把消息带给你。所以现在要记在心里，我们总是渴望发光，我们俩在爱希腊方面都是出了名的，由此也为了我们国家的缘故，我们惹来了厌恶和敌意。所以，准备行动起来！尽你最大的力量，使我们俩都能得到最普遍的赞扬和热爱。我会在一封交由昆图斯本人带给你的信中更多地谈到这一点。

请让我知道你对我委托的事情做得怎么样了，也让我知道你自己的事情。② 自从你离开布隆狄西，我就没有收到你的信。我急于知道你的近况。

写于 3 月 15 日。

[16]

西塞罗致阿提库斯，公元前 61 年 7 月初，于罗马。

你问我这场审判是怎么回事，为什么结果出乎所有人的意料，你还想知道我为什么不像从前那样参加战斗。我会按照荷马的方式对你做出回答，就好像让车子走在驭马前面。③

---

① 指小亚细亚行省，昆图斯担任行省总督三年。西塞罗希望阿提库斯能成为他的幕僚。

② 西徐亚人的债务。

③ 可能暗指《奥德赛》，描写奥德修斯较早的历险占据了诗歌的中心。此处的意思是先说结果，后说原因。

好吧，只要元老院的权威需要捍卫，我就会坚定、勇敢地“参加战斗”，人们蜂拥而来，他们围着我，热情地喊叫，为我鼓掌。只要你相信我在公共生活中是勇敢的，那么你肯定会敬佩我在这种事情上的勇气。诸神啊，当克劳狄本人在会上讲话，对我进行谩骂时，我要参加的是一场什么样战斗，会造成了什么样的破坏啊！我要猛烈攻击庇索、库里奥，等等！我怎能让那些不负责任的、浮躁的年轻人嗤笑！我向你保证，我经常希望你就在我的身旁，不仅把你当做一名导师来追随，而且让你作为这些值得纪念的战斗回合的观察者。但是后来霍腾修斯有了主意，让保民官富菲乌斯提出一项关于亵渎神明的法案，仅在陪审团的构成上与执政官的法令有区别，为了使这项法案被接受，他说服了其他人和他自己，说在这个世界上没有哪个陪审团会判克劳狄无罪。结果我看到我们有了一个贫民组成的陪审团，我只能克制自己，他们什么证据也没说，只说大家都知道的事情，以此表明要我不能忽视。

因此，如果你想知道此案判决无罪的原因（再从车子回到驭马），那么这是由陪审团的贫穷和声名狼藉的素质所致，而这又要归于霍腾修斯的错误估计。由于担心富菲乌斯会拒绝按元老院法令的要求提出法案，他看不到把克劳狄置于临近审判的耻辱之下比把他交给一名不可靠的保民官要好。霍腾修斯对克劳狄的仇恨使他忍不住要起诉此案。他说一柄铅做的剑足以割断克劳狄的喉咙。

但若你想知道这次审判怎么样，那么这是一次有着难以置信的结果的审判。所以除了我以外（我在此前是第一个这样做的）的其他人都在事后批评霍腾修斯的策略。陪审团的盘问在喧嚣中进行，起诉人抛弃了平常令人畏惧的品性，像一名诚实的监察官，而被告却显得比较高尚，就像一位好心肠的教练。[①] 陪审团一落座，诚实的人就开始害怕。下面音乐厅里的那群更加卑鄙的家伙从来就没有坐下。肮脏的元老院议员、乞丐骑士，还有那些最好被

① 指克劳狄鼓动角斗士进入法庭。

称做“收银员”的财税官。即便如此，在陪审团盘问的时候，还是有一些诚实的人没有被赶出去。他们坐在那里，阴沉着脸，面带愧色，在这些乱七八糟的人的陪伴下，他们感到自己就像中了声名狼藉的毒气一样可悲。在这样的环境中，法庭的严峻和无情只在开庭那一刻存在。被告严厉否定被控的罪名，起诉人反复得到回答，多于他所问的问题。简言之，霍腾修斯的智慧取得了胜利，每个人都在看着克劳狄，不是作为一个接受审判的人，而是作为一名被定罪二十次的罪犯。当我本人被传唤上庭作证时，你一定听到了从克劳狄的支持者的喉咙里发出的呐喊，陪审团站起身来，指着他们自己赤裸的喉咙，就像要把他们的命献给克劳狄，拿来交换我的命。我感到这件事像一件比你的同胞不让塞诺克拉底在作证时发誓，或者我们罗马的陪审员在传阅材料时拒绝看麦特鲁斯·努米狄库的供词[①]还要好的礼物——确实没错，这个姿态要高尚得多。后来，被告和他的律师在陪审团的喧嚣声中听了我的演讲，他们全都绝望地崩溃了，就好像我在拯救罗马。第二天早晨，许多民众聚集在我家门口，像我执政官卸任那天簇拥着送我回家一样。我们这个奇妙的陪审团大声宣布他们不会前来，除非给他们派警卫。这件事闹到法庭，只有一个人反对派警卫。事情也告到元老院，通过了一项庄严细致的法令，赞扬陪审团，指示行政长官采取必要的步骤。没有人认为这个家伙会对起诉做出什么答复。

“现在告诉我，九位缪斯……这团火最初是怎么点着的。”[②]你认识“光头”[③]，我的赞美者南奈乌斯把他给出卖了，我写信跟你说过他赞美我的演讲。由一名奴隶（从前是一名角斗士）传话，他在一两天内对整件事情做了安排——把他们叫到他家，许诺替他们还债或者直接付钱。除此之外（确实令人讨厌！），有些陪审员真的拿到了红包，和某些妇女幽会，或被介绍给某些贵族家庭的少女。然而，诚实的人越来越少，广场上挤满了奴隶，

---

① 在其被控犯有勒索罪的审判中。

② 荷马：《伊利亚特》第 16 卷，第 112 行。

③ 指克拉苏。

有 25 名陪审员要冒这个不小的危险，宁愿牺牲自己，而不是牺牲整个共同体。另外，如果陪审员的人数是 31 人，那么瘪瘪的钱包还是比名誉低下更要紧。后来，卡图鲁斯会见了他们中的一个人，问他们为什么想要我们提供警卫——或者，是因为担心他们的钱包被偷吗？所以，我尽可能说得简单一些，你已经知道了这场审判的质量和判决无罪的解释。

你继续问现在的总体形势和我自己的具体情况。我只能回答说，除非某些神怜悯我们，被你归功于我的政策，而我归诸神圣的天命，似乎不可动摇地建立在所有诚实者的团结和我的执政官的威望之上的共和国的安定，在这场审判中似乎已经从我的指缝中溜走了，这场审判若可以被称为审判，那么在其中有 30 名最不负责任的无赖在罗马把贿赂装进口袋，视宗教和道德为儿戏，当每个人和野兽都知道这是一种冒犯的时候，这些流氓中有塔尔那、普劳图斯、斯朋吉亚和其他人发现不能做出这样一种冒犯。好吧，给你说一些公共事务，使你感到舒服一些，这些流氓行为不会在胜利的跳跃中停止，就像坏人在对国家造成如此巨大伤害以后所期待的那样。他们会假定，随着宗教和善良道德的崩坍，他们可以公开挑战法庭的正直和元老院的权威，由于我在担任执政官期间对恶人的严厉惩罚，恶人会由于遭受的痛苦对我们社会上最优秀的人发泄仇恨。我一旦起来反抗邪恶——当我对你谈到我自己的时候，我没有感到我在令人厌恶地吹牛说大话，尤其是在一封我不希望被其他人读到的信中——好吧，如我所说，又是我在使诚实者衰落的勇气复活，是我在一个又一个地使他们坚强与奋起。然后，通过指责和骚扰被金钱收买的陪审员，我有效地堵住了所有获胜方的同情者和支持者的嘴。我把执政官庇索逼得走投无路，剥夺了他的叙利亚，这个行省本来已经指派给他。我重新唤起元老院的严峻，使她从绝望中奋起。在元老院里，我用一篇庄严的演讲当面打垮了克劳狄，但它也具有这样的性质——你可以从中抽取样本，但其他部分就不能保持它的力量和辛辣，没有了被你们称为“震颤”的战斗激情。

当 3 月 15 日我们在元老院相遇时，我的机会来了。我高屋建瓴，详细讲解了当前的政治形势，取得了恰当的效果，就好像重锤一击，鸦雀无声。我说我不认为这种逆转可以称做伪装或不恰当的警告。如果我们对它视而不见，那么我们应当被称做声名狼藉的傻瓜，如果我们让它恐吓我们，那么我们应当被称做声名狼藉的懦夫。伦图卢斯两次被判无罪，喀提林也是两次，而现在有一个陪审团放走了这个国家的第三名敌人。“克劳狄，你错了。这个陪审团没有把你从罗马的大街上保护下来，而是从死囚室里保护下来。他们的目的不是让你留在这个共同体里，而是剥夺了你被流放的机会。所以，先生们，注意保持你们的尊严。诚实者的政治共识依然存在。他们受到了羞辱，但没有失去他们做人的精神。没有新的伤害到来，而原有的伤害已经变轻了。这场邪恶的审判揭示了你的真面目。”噢，我在想些什么？我几乎要把我的演讲放进信里。让我们还是回过头来交换看法。

我们的“小后生”[①] 站立着，指责我当时在百埃——他说得不对，但不管怎么说，我答道：“啊，这岂不就像是在说我闯进秘仪？”“一名阿尔皮诺人与温暖的春天有什么关系？”我答道：“把这一点告诉你的律师，他肯定相当敏锐，足以知道有什么东西属于一名阿尔皮诺人。”（当然了，你肯定知道那是马略出生的地方）他喊道：“我们还要忍受这位国王多久？”我答道：“瑞克斯[②] 一个词都没有说你，而你在议论国王？”（他希望挥霍瑞克斯的钱）他说：“所以你买了一幢房子。”我答道：“有人会以为他说的是我买了一个陪审团。”“他们没有相信你的誓言。”“正好相反，25 名陪审员相信我，31 名陪审员不相信你——他们提前拿到了钱！”掌声对他来说太多了，他在沉默中崩溃。

至于我个人的地位目前是这样的：对诚实者来说，我仍旧像你离开时一样，而对这座城市民众中的渣滓来说，我要比你离开时好些。这对我没有坏处，因为我的证据显然缺乏说服力。我不受民众欢迎的程度被无痛苦的放血

---

① 指克劳狄，他的别号是“浦尔契”（Pulcher），词义“英俊的”。

② 全名昆图斯·玛基乌斯·瑞克斯（Quintus Marcius Rex），公元前 68 年担任执政官，他是克劳狄的连襟，西塞罗撰写此信时他已去世，克劳狄不是他的遗嘱受惠人。

降低了，尤其是所有同情暴行的人承认陪审团放跑了一个完全清楚的案子。还有一种观点要进一步说一下：邪恶的、面黄肌瘦的暴民想通过参加集会来发财，他们想象我在我们“伟人”[①] 的光荣庇护下没有对手。而实际上我们通过大量的、令人愉快的私人接触才走到一起来的，所以那些酒桌上的阴谋叛乱者、那些长着山羊胡的年轻人，把他称做格·西塞罗。于是我在赛会和角斗士中得到了神奇的欢呼，而不用一声牧人的口哨。

现在，我们正在等待一场令人作呕的选举，我们的伟人逼迫奥鲁斯之子[②]，既没有用威望，也没有用个人影响，而是用腓力[③] 说的可以轰击任何堡垒的那些手段，除非有一条路可以让背负黄金的驴子走上来。据说执政官的第二项骗局已经开始了，他在家中不断地分配港口代理人。我不相信这一点，但是有两项被认为针对执政官的紧急法案在加图和多米提乌的建议下通过了，一项是允许搜查行政官员的住宅，第二项宣布在私人住宅中分配港口代理人是不合法的。还有，对阿里安法表示敌视的保民官洛尔科被停止供给，那些敌视富菲安法[④] 的也一样，结果使他能够提出一项他已经予以公布的法案——他的跛足成了一个很好的预兆。所以选举推迟到 7 月 27 日。他的法律的新特点是，在部落里许诺贿赂者只要还没有支付就不受惩罚；如果支付了，他就要终生向每个部落支付 3,000 个小银币。我要说普·克劳狄已经遵守了这部法律，因为他习惯上只许诺不支付。但是请注意！如果这个家伙当选，我的曾被库里奥称做尊神府邸的执政官衙门还不值一条老鼠的尾巴。因此，我假定做人必须注意文化修养，就像你一样，而不要过分在意他们的执政官职务。

你说你决定不去亚细亚。[⑤] 从我这方面来说，我宁愿你去，对此我有一

① 此处的“伟人”指庞培，庞培得到的荣耀称号是“伟大的”（Magnus），但西塞罗从来不拿它当名字用，除非在正式信件的开头。

② 指卢·阿弗拉尼乌。

③ 即马其顿国王腓力二世。

④ 阿里安法和富菲安法旨在限制保民官的立法权。

⑤ 参见第 15 封信。

种笨拙的恐惧。我仍旧不能指责你的决定，尤其是我本人没有去一个行省。

我会按照你放在你的阿玛塞亚神龛[①]里的座右铭去做，尤其是叙依鲁斯抛弃了我，阿尔基亚没写什么相关的东西。我担心哪怕为卢库鲁斯创作一首希腊诗歌，他也会用凯西留斯戏剧的术语来想它。[②]

我已经代表你感谢了安东尼乌斯，我把信给了玛略。以往我没有更加经常地给你写信的原因是我没有适当的送信人，不能完全确定你的去向。我给了你一篇很好的报道。

如果辛西乌斯给我带来你的消息，我会仔细看；但是当前他更关心他自己的一件事，我正在做我能为他做的事。如果你将要去某个地方，你可以期待收到我的许多信。但是，给我发来更多的信吧。我会非常感谢你对你的阿玛塞亚神龛以及它的布局和陈设的描写；能把你写的关于这座神龛的诗歌或文章送给我吗？我在想要不要在阿尔皮诺我的地方也建一个。我将会给你送去一个我的作品的样本。但现在已经完成的还没有。

[17]

西塞罗致阿提库斯，公元前 61 年 12 月 5 日，于罗马。

你在含有我弟弟昆图斯信件抄件的这封信中认为，他那一方的情感有了惊人的变化，他的判断和意见与以前不一致了，对此我表示同意。当然了，由于我深深地热爱你们俩，所以我感到非常苦恼，也感到困惑，乃至于想象到底发生了什么事会带来我弟弟情感上的剧烈反应。我确实已经察觉到一股悲伤的暗流，并且说过你在离开我们时也有所察觉；他的感情显然受到了伤害，心中充满令人不快的怀疑。我在许多场合试图消除它，尤其是在他被指派去行省上任以后，但我没有想到他愤怒到你信中所说的这种程度，我也没

---

① 参见第 13 封信。

② 意思是阿尔基亚可以写一首诗赞扬卢库鲁斯，而不是写西塞罗。凯西留斯是罗马早期喜剧家。

有做出像我所希望的那样的进展。然而，使我得到安慰的是他肯定会在都拉斯或在别的什么地方见到你。我当时相信，并且已经令自己确信，如果你们能坦率地交谈，或者哪怕是仅仅见个面，一切问题都能解决。我不需要告诉你我弟弟是一个多么爽快、多么可亲的人，在受到冒犯后有多么容易排解，因为你已经知道这一点。然而最不幸的是你根本没有见到他。某些搞阴谋的人给他灌输的想法比他的家庭感和友谊，或你们从前的相互热爱，对他更有影响，而这种爱本应是至高无上的。对我来说，对这种令人不快的纷争的责备做判断比写下来更容易。我担心，在保护我自己的关系时，要说你的事可能更难。因为很清楚，如果他在国内圈子里的人没有做任何有损害的事情，那么一旦发现，他们至少会抵消它。但对我来说，在我能对你说话的时候最好还是解释一下整件事情——这种事情的进一步发展甚至比浮在表面上还要不舒服。

关于他从帖撒罗尼迦送给你的信，以及你相信他在罗马当着你的朋友的面，以及在途中说的那些事，无论是否有什么原因，我是不知道的；但我缓和这种不愉快的希望与你的善良本性完全连在一起。我要说，如果你认为最优秀的人容易被激怒或者被平息，那么这种灵活性和敏感通常是好心的标志，尤其是我们相互之间必须容忍对方的缺点、错误，或者伤害，这样的话，我所希望的一切都会容易缓和。我请求你这样做。所以，就像我特别喜欢你一样，我感到我对你的关心超过任何最接近我的人，他们不会缺乏对你的爱，或不对你的爱做出回报。

你的信有一部分是完全没有必要的，你在其中指出罗马和那些行省存在着对你有利的各种机会，而你在我担任执政官期间，以及在其他时间，离开了这些行省。我完全明白你对个人利益无动于衷的伟大精神，在这一点上我从来没有感到我们之间有什么差异，除了我们各自选择的生活方式。可以被称做雄心的东西引导我追求政治上的进步，而其他完全合理的思维方式引导你保持一种光荣的独立。在那些真正重要的事情上——正直、公道、有良心、忠于义务——我从来不认为你是二流的，低于我本人或其他任何人，而论及对我的感情，撇开我的兄弟和家人不提，我把你放在第一位。在我个人生涯处于巅峰和低谷的时候，我已经目睹并完全注意到你的焦虑和快乐。在我成功的时候，你的祝贺经常给我带来快乐，而你的安慰也经常平息我的恐惧。现在你不在我身边，但我确实特别想念你，不仅想念你那些良好的建议，而且想念我们从前习惯性的交谈，这对我来说是一件乐事。我不知道这种思念的原因是什么，是由于那些我有义务无法搁置的公共事务或法庭上的工作（我以前从事这些工作是为了晋升，现在仍旧这样做是为了通过这方面的工作所产生的个人影响来保持我的地位），还是由于我的私人事务，我在这些事务中感到特别需要和你交谈，尤其是因为我弟弟的离去。简言之，无论是工作还是休息、是忙碌还是休闲、是职业的事务还是家庭事务、是公共生活还是私人生活，我都一刻也不能没有你的充满深情的建议以及和你谈话的快乐。

情感上的柔弱经常使你我把这些事情诉诸文字，而写信现在成了必要的，因为你在给我的信中的某些段落开始为你自己和你的生活方式进行辩护。在你和昆图斯失和与疏远这件坏事中至少有一点是好的，我指的是，你本人在某个时候事先说过自己不愿去那些行省，由此我和你的朋友知道你和这些差异和分歧无关，这只是你自己的倾向和决定。那么好，就你和昆图斯而言，你们应当重新修好；而我们之间的友谊已经不受伤害地保存下来，并将永远神圣地保持下去。

我们生活的这个国家的现状是虚弱的、悲惨的、不稳定的。我想你已经听说，我们的那些骑士朋友与元老院的关系已经搞僵了。元老院颁布了公告，下令调查陪审团收受贿赂的行为，而骑士们对此十分恼火。他们在公开场合没有什么表示，而我意识到骑士等级对待此事的态度是不适当的，所以我在元老院予以驳斥，我感到我的演讲给人以深刻的印象，在这样一桩并非十分可敬的事情上还能庄重流利地发言。骑士们现在又有了另外一个几乎无法支持的幻想——而我不仅忍受下来，而且还发挥了我的口才。那些由监察官按照亚细亚税法指定的税款包收入在元老院里抱怨，由于过分热切的引导，他们的报价过高，因此要求取消他们的合约。我是他们首要的支持者，或者倒不如说是唯一的支持者，而怂恿他们提出如此大胆要求的是克拉苏。这真是一件有害的事情！这种要求带来了耻辱，是一种鲁莽的表白。但若完全加以拒绝，会有完全切断元老院和骑士等级关系的巨大危险。在这件事情上主要又是我在挽救危局。通过我们的努力，他们看到元老院高度关注此事，也很仁慈，而在 12 月 1 日和次日，我详细谈论了两大等级的尊严与和谐。问题还没有完全解决，但元老院的态度已经清楚了，仅存的反对声音来自候任执政官麦特鲁斯。我们勇敢的战士加图是另一个持反对态度的人，但在轮到他讲话前天已经黑了。

就这样，为了坚持我的既定政策，我尽力保护了我自己缔结的同盟者。由于这样做也并非完全可靠，我正在修建另一条大道来保护我的地位，我希望这是一条安全的大道。我在信中无法很好地解释我的意思，但可以给你一个小小的暗示：我和庞培的关系是最友好的。是的，我知道你会说些什么。我会注意有可能产生的危险，以后我会给你写信，详细说明我的政治计划。

你可能有兴趣知道，卢凯乌斯心里想的是直奔执政官的位子。但只有两名有希望的候选人值得一提，凯撒(他计划通过阿琉斯和卢凯乌斯达成协定)和彼布卢斯（他以为自己可以通过盖·庇索与卢凯乌斯合作）。这会使你发笑吗？相信我，这些事并不可笑。我在想，其他我还能告诉你什么？有很多事情可说，但还是下一次吧。请你明白，我也希望看到你的来信。我现在带着所有的羞怯向你表达我的愿望——尽快回家吧。

写于 12 月 5 日。

[18]

西塞罗致阿提库斯，公元前 60 年 1 月 20 日，于罗马。

我必须告诉你，我当前极度需要一位心腹朋友，一个能为我分担忧虑的人，一个富有睿智和爱心的朋友，我可以坦率地与他交谈而无须任何伪装和掩饰。我的弟弟，一颗公正、富有爱心的灵魂，已经消失了，已经不再是一个人了，而只是“海边的空气”和“纯粹的孤寂”。你的谈话和建议经常舒缓我精神上的焦虑和烦恼，你是我公共事务的合作者，是我全部私人事务的密友，是我全部谈话和计划的分享者，你在哪里？我已经完全失去了我唯一能够松弛的时候，亦即我与我的妻子、我的小女儿、我亲爱的马库斯共度的时光。我和世人的友谊可以作为一部戏剧上演，但在家里我的友谊却是那样贫瘠。我的家一大早就喧闹无比，在朋友们的簇拥下，我从家里出发去市政广场，但是喧嚣的人群中我找不到一个人可以轻松地开玩笑，或者会心地一笑。这就是我期盼和想念你的原因，这就是我召唤你回来的原因。有许多事情令我焦虑和烦忧，而一旦有你在这里聆听，我会对你倾诉衷肠。

家里的烦恼及其带来的痛苦我就不说了。我不想在这封信中讲这些事，送信人我也不认识。这些事不是十分悲惨（我不想让你不高兴），但它们仍旧让我心烦，没有朋友的谈话和建议，我无法使它们平息。至于这个国家，我已经做好充分准备，做我应该做的事情，而时间和药物本身会治愈病人。我只需要总结一下自你离开以后发生的事情，因为你大声呼喊罗马注定要灭亡。我相信在你离开舞台以后克劳狄的戏剧才上演。我认为我看到有一个机会可以教育我们的年轻人。所以我扮演了一个强人的角色，竭尽全力，不是出于任何个人的意图，而是出于一种希望，我不说要改革我们的社会，但至少要治愈它的创伤。

然后就是那场灾难性的、可耻的审判。注意我下面说的话。一名执政官[①] 被推给了我们，只有我和你这样的哲学家才能在没有任何预兆的情况下看到。这是一个沉重的打击！元老院通过了一项关于贿选的法令、一项关于司法贿赂的法令，但是没有一部法律是执行了的。元老院被滥用了，骑士们离去了，因为“无论谁作为陪审员……”的附加条款。就这样，这一年就看到了作为我（只有我）建立起来的体制的两大基础的颠覆。元老院的权威

① 指阿弗拉尼乌。

被一风吹，各个等级的和谐被瓦解。现在，美好的新年已经来了。但它却以对青年女神履行每年一度祭祀的失败而开始，美米乌斯接受卢库鲁斯的妻子参加他自己的祭仪。墨涅拉俄斯采取强硬措施，休了他的妻子——在古时候伊达山的牧人只是嘲笑墨涅拉俄斯，而我们现代的帕里斯鞭打了给阿伽门农擦鞋的仆役。[①]

有一位保民官名叫盖·赫瑞纽斯，你也许不认识他，尽管你可能知道他，因为他属于你的部落，他的父亲塞克斯都曾经为你支付赏钱。他试图把普·克劳狄变成平民，建议在战神广场[②]举行的公民大会投克劳狄的票。我在元老院像通常那样热情地欢迎他，但他是一个彻头彻尾的厚脸皮。

麦特鲁斯是一名卓越的执政官，是我的好朋友，但他由于提出了相同的有关克劳狄的动议而丢脸，哪怕仅仅是在形式上。至于奥鲁斯之子，诸神在上，他是一名懒汉，一名懦弱的武士！他适宜做的一切就是每日里让自己成为帕里卡努辱骂的对象，这就是他做的事。弗拉维乌提出了一项关于土地法的动议，极不负责，就像普罗提亚法一样。但是自始至终，这不像一名政治家的作为。而有可能是政治家的那个人是我的朋友庞培——让我告诉你，他是一名政治家——他穿着华丽的托架袍闭口不言。克拉苏也是一言不发，生怕失去民心。其他人你是知道的。他们似乎相当愚蠢，乃至于期待在国家失去自由之后还能保存他们的鱼塘。关心这一点的人在我看来是加图，他带着坚定的决心和正直，多于判断或理智。他现在已经被不幸的税款包收人折腾了两个多月，这些人是他的忠实朋友，元老院一直没有给他们答复。所以，在包税人得到答复之前，我们不能通过其他任何法令，我想这将意味着代理权的终止。

你现在看到我们处在波涛汹涌的大海之中，如果你在我信中的字里行间

---

① 卢库鲁斯家族掌管罗马青年女神朱文塔斯（Juventas）的祭祀。帕里斯、墨涅拉俄斯、阿伽门农是荷马史诗中的人物，帕里斯喻指美米乌斯，墨涅拉俄斯喻指卢库鲁斯，阿伽门农喻指卢库鲁斯的长兄卢西乌斯。美米乌斯与卢库鲁斯之妻、卢西乌斯之妻有染。

② 战神广场（Campus Martius），位于罗马第Ⅸ区，台伯河岸边集会的场所。

读出其他很多我没有写下来的意思，那么我们终于要团聚了。我要求你返回，这里的情况是任何人都想要逃离的，但我希望你能够珍视我想要你返回的这份情感，哪怕有众多不同的意见。至于在你缺席的时候注册，我会看到四处张贴的通告。但在一个监察周期结束的时候注册，确实是一种真正的商人的做法。所以让我们见到你，越快越好。保重！

1 月 20 日，当年执政官是昆・麦特鲁斯和卢・阿弗拉尼乌。

[19]

西塞罗致阿提库斯，公元前 60 年 3 月 15 日，于罗马。

如果我像你一样有那么多时间，甚至只要我愿意像你通常那样写短信，那么我很容易做得比你好，因为我是一位比你更加勤勉的通信者。但由于日益加剧的繁忙，我没有选择有信必回，而无任何内容和目的。首先，对于你这样一位爱国的公民，我应当向你报告公共事务；其次，由于我认为你对我的爱超过我对你的爱，所以我要写一些使你感兴趣的事情。

当前公共生活中的大事是高卢战争带来的惊恐。我们的埃杜伊[①]兄弟最近遭到痛打，赫尔维提人无疑拿起了武器，在行省中劫掠。元老院颁布法令，要执政官在两个高卢[②]中抽签，征税要继续，免税统统取消，派出拥有全权的使者前去巡视高卢人的社团，试图阻止他们与赫尔维提人结盟。这些使者是昆・麦特鲁斯・克里提库、卢・福拉库斯，以及"往滨豆上洒香水"[③]的克劳狄安努之子伦图卢斯。关于这个问题我止不住要提到，当我在执政官中第一个抽签时，整个元老院一致表示要我必须留在罗马。继我之后，同样

① 埃杜伊（Haedui）的高卢人部落曾被称做"罗马人的兄弟"，被日耳曼首领阿里奥维斯图（Ariovistus）打败。属于凯尔特人的赫尔维提人（Helvetii）将要从日内瓦湖地区侵犯高卢。

② 指山南高卢（Cisalpine Gaul）行省和山外高卢（Transalpine Gaul）行省。

③ 引文是一句希腊谚语，意思是选派伦图卢斯为使节是不恰当的。

的事情也发生在庞培身上，所以看起来就好像我们俩是共和国的担保，像抵押品一样留下来。当我本人是这场游戏的高手时，我为什么还要等待其他人的称赞？

国内的事务有这样一些：保民官弗拉维乌在努力推动他的土地法，有庞培做后盾。除了动议提出者，没有什么内容是受欢迎的。在公民大会通过这项法案的时候，我呼吁从所有条款中取消对私人利益有害的内容。我希望这项法律的实施不要涉及普·穆西乌斯和卢·卡普纽斯担任执政官期间[①]国有的土地，以确保苏拉的迁居者拥有土地，确保沃拉太雷和阿瑞提乌的土地，这些地方的土地被苏拉没收了，但没有分配。有一项提议我没有拒绝，用新的附属国[②]的五年贡金这笔额外资金来购买土地。元老院反对分配土地的整个计划，怀疑庞培掌握新的权力。庞培本人把心思用在使提案顺利通过上。而我，带着有希望获得颁赠土地者的诚挚的谢意，主张确保所有私人的财产；如你所知，这是我的武器，精良无比。至于民众和庞培，我正在以购买的方式和他们相遇（我也想要这样做）。如果组织恰当，我相信可以清扫城市里的渣滓，使意大利重新有人居住。但是，这场战争意外地发生了，整个问题退隐幕后。麦特鲁斯是一名优秀的执政官，是我坚定的朋友。而他的同事是一个笨蛋，连购买了什么都不知道。

公共事务就是这些了，除非你认为保民官赫瑞纽斯的事也算公共事务，他是你们部落的人，一个极端卑鄙无耻的穷光蛋，他反复尝试把普·克劳狄转为平民。他遭到了很多人的否决。我想，这就是公共事务的全部。

至于我，自从不朽的12月5日[③]以来，我的荣耀上升到了我可以称之为巅峰的地步，但同时也带来了许多敌意和怨恨，我仍旧像以往那样不顾自身，继续在政治上发挥作用，保持着原来的地位和责任。当我察觉到由克劳狄被判无罪所证明的法庭的轻率和软弱，然后又看到我们的包税人朋友如何

① 公元前133年。

② 庞培对东部的征服。

③ 喀提林集团的叛乱者被处死的那一天。

与元老院疏远，尽管和我个人没有分离，进而又看到某些富有的绅士，我指的是你的朋友，那些鱼类爱好者[①]，几乎没有掩饰他们对我的妒忌，啊，我感到自己必须增加资源，寻找更加可靠的支持。我从一开始就使庞培有了这样一种想法，他在元老院里不止一次地把拯救我们的帝国和这个世界的功劳归于我，他对我的成就持有这种看法为时已久。这样做对国家有价值，但对我来说没有多大价值（因为我做的事情并非无人知晓，乃至于需要证人，亦非有人质疑，乃至于需要赞美），而有某些无赖认为从这些事情中产生的分歧会使庞培和我变成死对头。然而我和他结成了亲密的友谊，通过我们的合作，我们在政治上会变得更强，在个人事务中能感到更加安全。我们那些被宠坏的、放肆的年轻人全都把我视为特别关注的对象，他们心中激发起对我的敌视，但被我可以称做是和蔼可亲的态度所缓解。事实上，我现在避免踩到任何人的脚趾头，尽管我并没有刻意谋求民众的欢心和牺牲原则。我的整个行动方针很好地保持着平衡。我一方面坚定不移，像爱国主义所需要的那样，另一方面作为个人我有着一名诚实者的弱点，所以我表现出对他人的关心和谨慎，对有邪恶倾向者表现出不公，对无赖则表现出敌视。但我并没有深深地陷入这些新的友谊，而是做得像老西西里人厄庇卡尔谟那样巧妙，我的耳边经常响起他的老歌：“不要喝醉酒，不要相信你的邻居；这就是明智的标志。”我想，你现在已经看到我的生活方式和行为的轮廓。

你经常把你的事情写信告诉我，但这些事情我现在爱莫能助。这部法令在这个等级的巨大热情的支持下通过了，但没有得到我们任何一名执政官的赞同。没错，你在上面发现了我的名字，但你从提交给元老院的法案条文中可以看出其中的蹊跷，有关自由社团的条文后来的添加，与原来的内容不相干；所以它是由小普·塞维留斯提出来的，他是最后说话的人之一。但是我们现在无法对它做出修改。因为不久前已经不再召开有许多人参加的会议。

---

① 这是西塞罗对像霍腾修斯和卢库鲁斯这样的贵族的用语，他们因自己的私人池塘里有罕见的鱼类而感到骄傲。

如果你仍旧想要从西徐亚人那里骗到一两枚小银币，我会很乐意听到这样的事情。

我用希腊文写了一篇文章，描写我担任执政官时的事情，我把它送给你。如果其中有什么显得不那么希腊，或者对一名阿提卡人[①]来说显得不那么学术，那么我不会对你说卢库鲁斯对你说的话，我想他是在帕诺姆谈到他写历史，说他自己时不时地在文中添加一些粗野的东西和语法错误，使读者很容易相信它是一名罗马人写的。在我的著作中，如果有诸如此类的东西，那都是无意的，我要后悔的。等我完成了这篇文章的拉丁文本，我也会送给你。你可以期待的第三样东西是一首诗，但不会有任何形式的自我赞美，这是我并不想要的。你现在不要说："谁会称赞他的父亲？"[②]如果世上有其他人比我更值得赞扬，那么我应当受到公正的斥责，说我不赞扬其他人——尽管我的这些文章是历史的，而不是赞美的。

我弟弟昆图斯写信给我，为他自己辩白，说他从来没有议论过你和其他人。但是我们必须一道处理这件事，我们要十分小心。你最终还是回来吧。在我看来，本信的送信人考西纽斯真是一个好人，有责任心；他也喜欢你，就好像你给我的信也代表他。

写于3月15日。

[20]

西塞罗致阿提库斯，公元前60年5月12日以后，于罗马。

我于5月12日从庞贝返回，我们的朋友辛西乌斯把你的信交给我，信上的日期是2月13日。我现在要答复的就是这封信。

一开始我要说，知道你非常明白我对你的看法，我十分高兴。其次，你

① 指阿提库斯，西塞罗在这里把阿提库斯当做一名真正的雅典人来对待。

② 这是一句希腊谚语的一部分："可悲的孩子夸耀他的父亲。"西塞罗误用这句谚语，作为一般的自我赞扬之意。

的信给我带来巨大的快乐，关于你感到受到伤害的事情和有分歧的行为，你对我们这一方，或者我必须说对于接近我的这一方，采取了非常有节制的态度；我想这更好地表现了你的爱心、品性和智慧。你的信充满魅力，体谅人，忠诚，仁慈；它完全正确，我无法对你再做任何敦促，我也从来没有从你或任何人那里期待如此的宽容和自制。所以我认为，我们现在能做得最好的事情就是不再讨论这件事。等我们相见时，如果需要，我们可以在一起讨论。

在你这封信的政治部分，你所说的话富有爱心和智慧，你的论证与我本人的想法不谋而合。显然，我一定不能从我已经达到的高位退下，也一定不能与其他不受支持的人为伍，你提到的这个人[①]没有伟大和崇高的观念，一味地追求民众的欢心。但毕竟我有我的策略——这项策略对我个人也许并非没有好处，比如给了我一个平静的生活，但我真的相信它给国家带来的利益远远大于给我本人带来的好处；我的策略就是通过增强一个在幸运、声望、势力等方面都极为显著的人的心灵，把他从恶人的希望转变为对我以往功劳的赞扬者，以此遏制那些卑鄙的公民对我的猛攻。如果这样做会牺牲原则，那么我想不会有任何事情配得上付出这样的代价；但我的办法不是让我通过奉承他而失去人们对我的尊敬，而是让他通过赞同我而获得这种奉承。至于将来，我将继续行动，我不会冒险失去我已经获得的成就。我的办法绝不是抛弃我的那些诚实的人，你提到过这些人，而你所说的斯巴达[②]已经落入了我的手中，我将忠于我以往的观点，哪怕斯巴达抛弃我。但我想要你明白，自从卡图鲁斯去世以后，我一直坚持走这条崇高的道路，但没有支持者或同伴。我想，如林顿所说："有些人一钱不值，有些人不关心任何事情。"我会另外抽时间写信给你，讲一下我们那些爱好鱼类的朋友[③]对我的妒忌，或者

---

① 指庞培。

② 阿提库斯引用了希腊谚语："斯巴达是给你的一份遗产，充分利用它吧。"在此用斯巴达来象征崇高者的事业。

③ 参见第 19 封信的注释。

留下来以后见面时再讲。但是，没有任何事情能够把我和元老院分开，因为这是一条正确的道路，与我以往走过的道路最一致，我没有理由抱怨元老院对我缺乏赏识。

至于西徐亚，如我先前写给你的信中所说，不能对元老院抱太多希望。没有人再去抗议。所以，如果你要等待，那么你要等很长时间。如果你能做到，那就去寻找其他的斗争方法。等这件事做完了，没有人会注意到它起了什么作用，参加这项动议投票的等级已经溃散。试图取消这个法令为时过早，因为还没有人提出抗议，而有许多人是高兴的，部分是由于怨恨，部分是出于一种平等的观念。

你的朋友麦特鲁斯是一位杰出的执政官。我对他只有一个批评，他对高卢和平的消息不很高兴。他想要胜利，我假定。我希望他不要对此耿耿于怀，但在其他各方面他都非常优秀。奥鲁斯之子的行为方式是使他的执政官职位变得不那么像执政官，就好像我们伟人的复写簿上的一个污点。

关于我的写作，我已经给你送去我用希腊文写的文章，涉及我担任执政官的事情，[①] 它已经完成了。我把文章交给了卢·考西纽斯。我想你喜欢我用拉丁文写的东西，但作为一名希腊人，你本人可以用怀疑的眼光看待这个希腊文的作品。如果有其他人写了这样的文章，我会把抄本送给你，但是我想，要是他们读到我的这件作品，他们一定会不知怎地就放慢了速度。

现在来谈我自己的爱好，卢·帕皮留斯·派图斯，一位老实人和我的崇拜者，把塞·克劳狄留下的书当做礼物送给我。你的朋友辛西乌斯告诉我，与他同名的那部法律[②] 没有任何条款阻止我接受它们，这时我说要是你把书送来，我会很乐意地接受。现在，如果你爱我并且知道我爱你，那就尽一切努力，通过你的朋友、顾客、客人，甚至你的自由人和奴仆，一张纸都不要丢失。我极度需要希腊文的书和拉丁文的书——我知道他留下的是后者，而

---

① 参见上一封信。

② 辛西乌斯法（Lex Cincia）于公元前 204 年通过，禁止辩护律师收费。派图斯可能在某个时候当过西塞罗的当事人。

对前进持怀疑态度。我活得越长，就越感到在这些学习中可以找到放松，在我不需要去从事法律工作的时候。如果你不怕麻烦亲自处理此事，就像你一直做的那样，当你认为我真的在乎某样东西的时候，那么我会非常非常感谢你。我还要向你赞扬派图斯，他说他对你非常感谢；请你现在就来看我们，这不仅是建议，而且是要求。

[21]

西塞罗致阿提库斯，公元前60年，约6月3日，可能于安齐奥[①]。

6月1日，我正在去安齐奥的路上，渴望甩掉跟踪我的马·麦特鲁斯的角斗士，这时候你的仆人碰到我，把你的一封信交给我，还有一篇用希腊文写的关于我的执政官任期的文章。我拿到这篇文章的时候很高兴，因为我也给了卢·考西纽斯一篇同样主题的文章，也是用希腊文写的，我前不久让他转交给你。否则的话，要是我先读到你的这篇文章，你会指责我剽窃。尽管实际上我读你的文章感到非常快乐，它像一件粗糙的小玩意儿，尽管毫无装饰，但却正因其缺乏色彩而显得芬芳，就好像和许多女人在一起。而我的文章已经把伊索克拉底的整个香水盒都用完了，还有他的学生们的妆饰盒，以及亚里士多德的某些口红。你在另外一封信中提到，你在考居拉粗略地看过一遍，我想你是后来从考西纽斯那里收到的。除非做了从容的、细致的修改，否则我不敢把它送给你。然而，波西多纽已经从罗得岛写信给我，他读了我的这篇习作；我把文章送给他，心里想的是他可以就同一题目创作一篇更加精致的文章，然而我这样做根本没有起到刺激他创作的作用，反倒把他吓怕了。事实上，我已经让整个希腊社团感到震惊，所以这个家伙正在用各种方式纠缠我，迫使我给他们一些整理好的文章。如果你喜欢这本书，你可以在雅典和其他希腊城镇看到它。我认为它可以为我的成就增光添彩。

---

① 安齐奥（Antium），意大利拉丁姆的海滨城市，因建有命运女神的神庙而驰名。

我会给你送去我的一些演讲词，你索要的和其他的，因为你似乎也能在阅读它们时找到乐趣，而我的那些年轻的崇拜者敦促我把它们写下来。记住，你的同胞德谟斯提尼在他所谓的《反腓力辞》中做出了何等杰出的表现，如何从他的论证的、论战的演说风格转变为似乎更加高尚的政治家风格。我想，把我的一些演讲词放在一起称做“执政官辞”，这样做对我也是一件好事。它们是：(1) 1月1日在元老院发表的演说；(2) 在公民大会上发表的关于土地法的演说；(3) 关于欧索的演说；(4) 为拉比利乌辩护；(5) 关于被剥夺公权者的子女；(6) 从行省任上离职时发表的演说；(7) 把喀提林打发出罗马时的演说；(8) 喀提林逃走那天在公民大会上的演说；(9) 阿洛布罗吉人变成告密者那天在公开会议上的演说；(10) 12月5日在元老院的演说。还有两篇演说更短，是关于土地法案的，人们也可以说它们只是一些片断。我将看到你得到了整个集子，因为你喜欢我的作品，就像喜欢我的行为，这部作品既会告诉你我做了些什么，也会告诉你我说了些什么。否则你就不会问——我不想强加于你。

你问我为什么要召唤你回家，而与此同时又要你处理生意；尽管你又说，这样说并不意味着你不会在必要时或者按照我的愿望匆忙返回。好吧，没有真正的必要性，但我确实认为你可以把你在国外的时间安排得更加便利。你出去一次的时间太长了，尤其是你去的地方并不太远。我不能享受你的陪伴，而你也不得不过没有我在身旁的日子。当前的日子还算平静，但若我们的小后生① 把他的愚蠢再推进一步，那么我会用坚定的声音把你从退隐中唤出。麦特鲁斯在用良好的方式阻止他，并会继续这样做。他确实是一名爱国的执政官，内心诚实，我始终相信他。

至于克劳狄，他不是在伪装；他确实想成为保民官。当这个议题在元老院提出时，我把他打垮了。我指出他前后不一，他在西西里时一直在谈论争夺遗产，而在这里又想要参加罗马的竞选。但我说，我们不需要过分焦虑，

① 指克劳狄，参见第16封信注释。

因为当我是执政官的时候，他作为一名平民不会比他待在贵族中有更多的机会摧毁国家。回想一下他的陈述吧，他说自己在一周内渡过海峡，无人有机会出来欢迎他，因为他是天黑以后进入罗马的；他在那里高谈阔论，我评价说，所有这些事情对克劳狄来说都不新鲜。“一周内从西西里到罗马，但从罗马到英特拉纳只用了三小时。[①] 天黑以后进入，就像从前一样。无人出来欢迎你，你特别希望有人在路上碰到你，但他们在这种时候也照样不出来。”总之，我在用这样的讽刺和严肃的演讲教训这个恶棍。所以，我今天实际上当面嘲笑了他。呃，当我们俩带一名候选人去市政广场的时候，他问我是否习惯于给西西里人[②]以角斗士的地位。我说不。他说：“啊，我是他们的新保护人，我会这样做的。但是我的姐姐[③]以及所有听她支配的执政官给了我可恶的一脚。”我说：“噢，别抱怨在你姐姐那里的一只脚。你始终能提起另一只脚。”你会想，这不像一名执政官开的玩笑。我承认这一点，但我不能依靠这位执政官夫人。“因为她是精明的，她和她的先生作战”[④]——不仅和麦特鲁斯作战，而且也和法比乌斯作战，因为法比乌斯也反对他们之间卑鄙的、不正当的关系。

你提到土地法案。它似乎已经变得相当过时了。你委婉地提到我和庞培的友好关系。我不希望你认为我接近他是为了寻求自我保护。然而，事实上我们之间产生的任何分歧意见都不可避免地带来大的政治冲突。如果我预见并防止了这种危险，这并不意味着我抛弃了我自己的法治策略，而是他变得更有法治思想，不那么倾向于以牺牲原则为代价去博得民众的欢心。你可能有兴趣知道他赞扬了我的成就，承认他自己是国家的一名好仆人，而我是国家的救星；但很多人要他攻击我的成就，这种要求比他自己的想法更热

① 暗指克劳狄私自潜入波娜戴娅祭仪。

② 西塞罗作为财务官曾在西西里任职，他指控威尔瑞斯成为西西里岛的保护人。

③ 指克劳狄娅，执政官麦特鲁斯·凯莱尔之妻。据说克劳狄与克劳狄娅，以及与其他两个姐妹有乱伦关系。

④ 引自某部拉丁喜剧。法比乌斯是克劳狄娅的情人，他像麦特鲁斯一样反对她与克劳狄的关系。

烈。我难以知道他这样做对我有什么好处，但对国家肯定是有利的。我甚至还要扯得更远一些。假定我想要使凯撒成为一名更好的公民，他现在正在浪尖上颠簸，那么我这样做是在危害国家吗？嗯，哪怕我没有恶意，而是有着每个人必须有的善良意愿，仍旧会有许多人说要用清除他们的方法去治疗国家不健康的肢体。但是看一看事实吧。元老院被骑士们抛弃了，而我曾经和你一道驻扎在卡皮托尔路，作为他们的向导和标准的送信人。我们的领袖认为他们的野心会逾越界限，有如他们鱼塘里饲养的有胡须的乌鱼挣脱他们的双手，而其他一切都被忘却了。如果我成功地消除了手握大权者的伤人的意愿，你不认为我提供的服务已经足够了吗？

至于我们的朋友加图，我对他充满敬意，就像你一样。事实上，他的爱国和正直使他有时候就有一种政治责任。他在元老院里讲话，就好像生活在柏拉图的理想国里，而不是生活在罗莫洛的污水坑里。收受贿赂的陪审员应当带来受审，还有什么能比这样做更公正？加图提出了动议，元老院同意了。结果，骑士们对元老院宣战——不是针对我，因为我是反对这样做的。还有什么事情能比包税人废除合约更可耻？结果相同，而为了让这个等级站在我们一边，做出一些让步是值得的。加图反对这样做，提出了他的观点。所以我们现在看到一名执政官被关进监狱，另一名执政官跟随别人暴乱，而曾经与我结盟的人没有一个帮助我的继任者保卫国家。那么，我们要把这些家伙留下来当雇佣军吗？如果我们不能以其他名义把他们留下来，又能怎么办？或者说我们应当从我们的那些自由人，甚至奴隶那里接受命令？但是，你会说这是不可能的。

法伏纽斯在我的部落中的信誉比在他自己的部落中更高，但他在卢凯乌斯的部落中失去了信誉。他恶意指控纳西卡，[①] 但却毫无根据。从他的说话方式，你会以为他在罗得岛的磨坊里碾谷度日，而不是在跟着摩洛学修辞学。他是个微不足道的人，毫无幽默感，因为我是当事人的辩护人。然而，

---

① 即昆图斯·麦特鲁斯·西庇阿。

他现在又站了出来，为了爱国的原因。我会让你知道，当我见到凯撒的时候，卢凯乌斯会是什么样，凯撒两天后就会在这里。

你必须放弃对加图和他的竞争者塞维留斯使用西徐亚人的恶语。毕竟有许多老实人受到了打击。然而，如果他们自己想要这样，那就让我们为他们鼓掌——然后当它变成一场打斗时，我们就离开，去参加我们自己的战斗！

我的阿玛塞亚[①]在等着你，它需要你。听到我在图斯库兰和庞贝的财产的情况我很高兴，除了它们给我这个债权人的朋友带来的债务——只是普通的青铜器，不是科林斯青铜器。[②]我们希望高卢已经和平。你可以期望得到我的《天象》[③]以及其他演讲词，但你要写信告诉我你计划什么时候回家。庞波尼娅带话给我，说你 7 月份会在罗马。这和你在给我的那封关于回来注册的信中说的不一样。

如我在给你的最后一封信中所说，派图斯把他已故堂兄的整个图书室给了我。他的仁慈现在要依靠你的合作。我恳求你看好这些书，把它们原封不动地送来给我。你不可能为我做比这更加仁慈的事了。请你特别小心保护拉丁文的以及希腊文的书。然后我会感到自己亏欠你的情。

我已经写信给屋大维。但我还没有和他个别谈话，因为我不认为你的这些生意上的事情是行省的事务，我也没有把你列为请愿的放债人之一。然而，我在写这封信的时候是十分小心的。

[22]

西塞罗致阿提库斯，公元前 60 年 11 月中旬或下旬，可能于安齐奥。

---

① 参见第 13 封信注释。

② 这是这句话的字面意思，青铜器指钱，普通的青铜器指债务，科林斯青铜器则指昂贵的东西。

③ 西塞罗年轻时翻译的阿拉图斯的希腊文诗《天象》。

我恳求你，一定要照顾好我们的小西塞罗。[①] 对他来说，我们这些叔父和舅父就像神一样。[②]

我手头已经有了“佩莱奈”，面前还有一大堆狄凯亚库的书。多么伟大的人啊！我们有很多东西要向他学习，而不是向普劳西留学习。我想，我在罗马有“科林斯”和“雅典”。[③] 相信我（但是我是在告诉你吗?），他是一个极好的人。如果赫洛德斯有理智，那么他应当阅读狄凯亚库，而不是自己动手去写书。他在一封信中攻击我，我看到他和你手拉手。如果我认为我必须听他的，那么我宁可去参加叛乱，而不是反对叛乱。关于使用毒麦[④]，我想你真是疯了。要是用酒，那么我赞成。

现在你要注意下月初一就要到了，安东尼乌斯不来了吗？陪审团发善心了吗？他们传话过来，说尼吉底乌在一次公共集会上受到恐吓，说要起诉任何缺席的陪审员。还有，要是你得到任何关于安东尼乌斯到达的消息，如果你不写信给我，那么我就有义务写信给你；由于你不上这里来，所以不要错过 29 日与我们共进晚餐。多加小心，照顾好你自己。

[23]

西塞罗致阿提库斯，公元前 60 年，略迟于上一封信的时间，可能于罗马。

首先，如我想象的那样，有好消息！瓦勒留已经被判无罪，霍腾修斯为他做的辩护。这个判决被认为是奥鲁斯之子的一个诱饵。我怀疑厄庇克拉底，如你所说，也正在冲撞。不管怎么说，我不在乎他用陶土涂白的靴子和

① 指西塞罗的弟弟昆图斯的儿子，此时六岁。

② 西塞罗在这里用了一个希腊词“θεῖοι”，既有神的意思，又有叔父的意思。

③ 这里提到的是一些希腊城市的名字，指一些涉及政制的著作。普劳西留写过罗马的地形学和古代遗物。

④ 可能是用大麦做药物给昆图斯之子治病。

鞋罩。[①] 当你回来时，我们会知道真相。

你挑剔说我的窗户太窄。让我告诉你，你正在批评《居鲁士的教育》。[②] 当我说了同样的事情时，居鲁士告诉我透过很宽的缝隙看绿色的风景不那么惬意。假定视觉是 A，被看的对象是 BC，光线，等等——你明白其他内容。当然了，如果视觉发生的原因在于形象落在什么地方，[③] 那么形象在狭窄的地方会很不好过，但是光线的发射会运作得很好。如果你对其他事情提出批评，那么我会做出回答，只要它不需要什么花费就能纠正。

现在已经快要到 1 月份了，这是个政治上多事的时候。我会按照苏格拉底的方式进行争论，但到最后，按照这所学校的做法，我应当宣布我的倾向。它肯定是一件需要精心考虑的事情。我要么坚定地抗拒土地法，[④] 这就意味着某种斗争，但很光荣，要么就躺倒，几乎相当于退隐到安齐奥或所罗纽，要么在实际上帮助它，如他们所说，凯撒确实在期待我这样做。高奈留来拜访我，我指的是布尔布斯，凯撒的密友。他向我保证，凯撒会在所有事情上接受我和庞培的建议，会尝试让庞培和克拉苏坐到一起。这样做会有下列好处：与庞培保持密切联系；如果我愿意，也和凯撒保持密切联系；与敌视我的人和解；得到民众的欢心；过一个平静的晚年。但我不能忘了我在第三卷结尾处说的话："'当一名执政官，这是你从早年就开始寻找的道路，啊，这也是心境和美德的要求，掌握了这些东西，你的名望和好人的赞扬会进一步增加。'这就是卡利俄珀在书中给我的教导，充满高尚的气息。所以我不认为自己可以犹豫不决。我必须一直寻找机会，为祖国战斗。"[⑤] 但是让我们把这些都保留到在康皮塔利亚一道散步时再说。记

---

① 庞培为了健康的原因而穿的靴子，但在此处作为纨绔子弟的矫揉造作来嘲笑。

② 古希腊色诺芬的著作。

③ 指落在眼睛上，这是伊壁鸠鲁学派的观点，西塞罗不相信这种观点。

④ 凯撒的第一部土地法令，在他担任执政官初期提交元老院，旨在为庞培的退伍老兵寻找土地。这部法令被证明是不妥当的，于是又有了 4 月份的第二部土地法令。

⑤ 卡利俄珀是九位缪斯女神之一，在西塞罗的论执政官的诗中，西塞罗以她的口吻对自己说话。所引诗句参见荷马：《伊利亚特》第 12 卷，第 243 行。

住从前的那一天。我会把浴池加热。特伦提娅邀请了庞波尼娅，我们也请你的母亲过来。请从昆图斯的图书室里给我把塞奥弗拉斯特的《论野心》带来。

[24]

西塞罗致阿提库斯，公元前59年4月初，于安齐奥。

非常感谢你给我送来了塞拉皮翁的书，[①] 不过只在我们中间说，这本书一千行中间我也难以读懂一行。我已经要你付现金，这样你就不会把它当做礼物送给我了。由于我已经提到了钱，所以请你和提梯纽斯[②] 交涉，把这方面的事情处理掉。如果他不守信，那么在我看来最好把这些东西退回去，如果庞波尼娅能同意。如果做不到，那么最好是付钱而不是难为情。如果在你偏离你通常的仁慈和做生意的方式之前把这件事处理掉，那么我对你感激不尽。

所以，你说克劳狄要去提格拉尼斯。如果我本人也能以同样的条件去那里，我也会高兴的，不过别当真。当昆图斯已经如我所希望的那样安定下来的时候，这是我休闲的好时候，我们看到这位波娜戴娅的祭司[③] 是怎样被赶走的。同时我将平静地与缪斯女神为伴，以求消遣，我确实感到高兴，我心里从来没有想到要去妒忌克拉苏，或者后悔自己还保持着原样。

我将试图迎合你有关地理学的愿望，但我不敢确定地许诺。这是一件大事。然而，我将遵照你的告诫，完成某些作业来向你表明你的咒语起作用了。你要让我知道你了解的任何公共事务方面的消息，尤其是你想谁会是下一任执政官——我毕竟太好奇了，尽管我已经决定不再考虑政治。

---

① 是一本数学地理学的书。

② 可能是一位元老院议员。他可能代表西塞罗的弟弟昆图斯替西塞罗买了一些东西。昆图斯此时不在亚细亚。

③ 指克劳狄。

我们已经视察了特伦提娅的林地。我能说的一切就是，只差一棵多多那的老橡树就能使我们感到要感谢伊庇鲁斯[①] 本身。我们月底或月初将会在福米埃或庞贝。如果我们不在福米埃，那就请你到庞贝来。这样你的行程就会和我们大体一致，不会跑远路了。

关于围墙，我告诉过斐洛提姆，不要在你想走的那条路上设任何障碍。但我建议你去问一下威提乌斯。在这些时间里，生活如此动荡不安，我把整个夏天在体育场的娱乐都放在帕拉丁，但与此同时，我想要的最后一样东西就是庞波尼娅和这个孩子在落石的恐惧中仍旧能够活着。

[25]

西塞罗致阿提库斯，公元前 59 年，略迟于上一封信的时间，于安齐奥。

是的，我有这种想法已经很久了，我渴望访问亚历山大里亚[②] 以及埃及的其他地方，同时离开世界的这个部分，这里的人开始对我厌倦了，等他们有点想念我的时候我再回来。而在当前，就是这些人创立了这一使命，“我害怕特洛伊人和他们穿长袍的妻子”[③]。如果有人离开，我们的贵族会怎么说？也许我会接受贿赂而改变我的消息。“波吕达玛会第一个冲着我喊可耻”——我们的朋友加图，他在我眼中“一人抵过一万人”。因此，一千年以后历史会说我什么呢？我敬畏历史，胜过害怕那些微不足道的我的同时代人。但我想我最好还是耐心等待。如果有了任命，那会给我某种回旋余地，让我有时间深思熟虑。还有，说到底，哪怕不接受，也有某种荣耀。所以，要是塞奥芬尼正好对你说了什么事情，不要马上拒绝。

我期待着从你那里听到一些罗马的事情。阿琉斯说了些什么，他是怎样

---

① 地名。

② 西塞罗希望能得到任命，作为罗马派往埃及托勒密十二世的专门使者，托勒密十二世被罗马承认为国王和同盟者。

③ 荷马：《伊利亚特》第 22 卷，第 105 行。引文的意思是“我担心值得尊重的公共舆论”。

被抛弃的？[①] 执政官们在准备干什么——庞培和克拉苏，像一般的传言所说的那样，或者伽比纽斯和塞·苏皮西乌，如某人写信告诉我的那样？有什么新的立法吗？有什么新闻吗？由于涅波斯的离去，[②] 谁会继任占卜官？这也许是他们会给我下的一个诱饵——你明白我是一个多么不负责任的人！但是，当我想要把这些事情全都撇开，把全部时间和精力都用于学习的时候，我为什么还要问这些问题？是的，这就是我的打算。我希望从一开始就这样做。在发现了我认为拥有最高价值的事情是如此空洞以后，我想要集中精力和缪斯在一起。

不过，你要在回信时确定地告诉我，他们是否正在找人填补这个位子，普·克劳狄有什么动向。你就用休闲的方式把一切都写信告诉我吧。当你想到自己快要离开罗马的时候，你能写信告诉我吗？这样我就可以让你知道我会在什么地方。请你就我已经提到的这些要点直接写封信给我。我渴望听到你的声音。

[26]

西塞罗致阿提库斯，公元前59年，略迟于上一封信，于安齐奥。

我在早先的一封信中向你许诺，会有一种咒语在起作用，[③] 但我现在对此不那么确定了。我已经变得懒惰闲散，无法再振作起来。所以，我要么读书自娱，在安齐奥我已经收集了大量书籍，要么在岸边数浪花，因为天气不适合钓鲭鱼。对写作我有一种明显的抵触感。我原来想要学的地理学确实是一项大事业。我原来想要追随的厄拉托斯塞尼受到塞拉皮翁和希帕库斯的严厉批评。如果提拉尼奥也参加进来，那会怎么样？材料确实很难整理，太单

---

① 阿琉斯曾有当执政官的希望。

② 麦特鲁斯·凯莱尔之死给占卜团留下了一个空缺，本应由他的弟弟涅波斯继任，但涅波斯已经离开，赴行省任职。

③ 参见第24封信。

调了，不容易修饰，更主要的是我找到了很好的什么也别做的借口。我甚至考虑是否要在安齐奥住下来，看这整个周期过去。我很快就会成为这里的两名市政官之一，而不是成为罗马的执政官。你比我聪明，在布特罗图姆买了房子。然而我向你保证，那座城市和安齐奥之间没有什么可选择的。人们几乎难以相信会有这样一个地方如此接近罗马，这里的居民从来没有见过瓦提尼乌；除了我本人，这里的二十人委员会里没有一个委员是祝福者；这里没有人打扰我，每个人都喜欢我。是的，这里确实是一个实践政治的地方。而在罗马这是不可能的，更重要的是我厌恶它了。所以我要写一部秘史，除了你，不念给别人听，它要按照塞奥波普的风格，或者更加野蛮。我现在唯一的政治活动形式是仇恨恶棍，甚至在这样做的时候我也没有了怨恨，而不是有某种好恶在里头。

现在来说其他事情，我已经把昆图斯的事写信告诉了城里的财务官。看他们会说什么，是否有希望拿到德纳留，或者是否必须接受庞培的亚细亚硬币。[①] 还有，那堵围墙该怎么办，你要下定决心了。还有其他事情吗？噢，是的，你想要离开罗马时要让我知道。

[27]

西塞罗致阿提库斯，公元前59年，略迟于上一封信，于安齐奥。

我会反复考虑一下地理学。你向我索要两篇演讲。有一篇我还没有写好，另一篇是因为我不想赞扬一个我不喜欢的人。但我们会看见的。不管怎么说，我会给你看一些东西，以表明我还没有完全懒惰。

我发现你写给我的普伯里乌的事情非常有趣，我要你跟踪所有线索，等你来的时候把结果告诉我，同时把你收集的或怀疑的任何事情写信告诉我，

---

① 德纳留是罗马硬币名，这里的问题是昆图斯作为行省总督的津贴用罗马硬币支付还是用亚细亚硬币去付。

尤其是关于派遣使者他会做些什么。因为在读到你的信以前，我担心会派遣他担任使者，我向你保证，我认为这样做不会妨碍对我的任命（我急于想要开始审议），而他要是担任使者就会丧失他通过变成一位平民而获得的民众的欢心。可以想象一下！“你成了平民就要去向提格拉尼斯人致敬吗？告诉我，他们亚美尼亚人的国王有砍贵族脑袋的习惯吗？”是的，我磨快了我的利斧，要砍掉他这个使者的脑袋。要是他嘲笑这个自高自大的人，如你所说，这根飞翔的羽毛、这部由民众大会通过的法律[①]的证人，那真有好戏看了。

确实，我们的普伯里乌被当做一名微不足道的骑士来对待。他一度成为凯撒家里的座上宾，但他现在拒绝成为二十人委员会的成员。然后他得到可以担任使者的许诺，而另一项有油水可捞的职务，征收税款，则被保留给佩扎罗的德鲁苏斯，或者我想象，保留给“庆典祭司”瓦提尼乌，他们的保民官这个小听差则担任使者的工作。帮帮我的忙，把他架在火堆上烧烤吧。我们获救的唯一希望就在于他们之间的失和，关于这一点我已经从库里奥那里嗅到了某些气味。现在，阿琉斯正从他的嘴里把臭气熏天的执政官职位掏出来，而麦伽伯库斯以及其他所有贪吃的资历较轻者都掏出了匕首。只有，也许只有关于占卜官职位的打斗才能罩住其他人。有关这些事情，我希望有机会给你送去许多好信。

但是我想要知道你的那个隐晦的暗示是什么意思，你说在五人委员会里也有低声的怨言。是什么怨言？如果有什么事，那么事情会比我希望的要好些。但是请你明白，我并非出于任何实际的原因，因为心里发痒，想要在公共生活中起作用，而问你这些问题。我很长时间厌倦了上蹿下跳，哪怕是我力所能及的事。现在，当我已经——不是我抛弃掌舵，而是船舵从我手中被夺走，并被强迫下船的时候，我想要观看他们是怎么把这条船弄翻的。如你的朋友索福克勒斯所说，我想要“在我的屋檐下麻木地听啪嗒啪嗒的雨声”。

① 这部法令由凯撒提出动议，由庞培附议，批准克劳狄被平民收养。

关于那堵墙，你明白该怎么办。我会纠正卡却西乌的错误，昆图斯写信告诉我的是 15,000 个小银币，而不是像他告诉你妹妹的那样是 35,000 个小银币。特伦提娅送去对你的爱。马库斯要你谈到他的时候对阿里司托得姆[①]做出同样的回答，就像你对阿里司托得姆谈到马库斯的堂兄、你的侄儿一样。我不会忽略你有关阿玛塞亚的提醒。照顾好你自己。

[28]

西塞罗致阿提库斯，公元前 59 年，约 4 月 16 日，于安齐奥。

像往常那样，听说从罗马来的人已经到了，我就开始等你的信，一直等到傍晚。我请他们进来，问他们有没有带来你的信，他们说没有。我说："什么，庞波纽斯什么也没让你们带来吗?"他们被我的语气吓坏了，面面相觑，承认有过一封信，但在路上丢了。你可以想象我如何气急败坏。你送给我的每一封信都包含有用的东西，散发着魅力。是这样的。如果你在 4 月 15 日托交的信有任何事情值得记下，那就请你马上写下来，这样我就不会一无所知了。另外，如果信中只是在开玩笑，嗯，那么我也有权这样做。

听到小库里奥要我对他表示尊重，你也许会感兴趣。他对普伯里乌不得不说的话与你信中的描写不谋而合。他本人"痛恨傲慢的显贵"，在这方面相当突出。他告诉我，年轻人对当局一般不会那么愤懑和不耐烦。如果我们把希望寄托在他们身上，那么我们会陷于困境！我想我们也可以想一些别的事情。我正全身心地投入历史——除非我是凡人中最懒惰的，尽管欢迎你把我想象为邵费乌斯。

下面是我们的行程，你可以决定在什么地方与我们相会。我会在牧人节那天去福米埃。然后，如你认为的那样，我当前最好放弃奢侈的海湾，所以

① 马库斯是西塞罗之子，阿里司托得姆可能是马库斯的老师。

我们将于5月1日离开福米埃，以便在3日到达安齐奥。从4日到6日在安齐奥有赛会，图利娅想去看。从那里我提议去图斯库兰，然后去阿尔皮诺，6月1日左右返回罗马。一定要让我们见到你，要么在福米埃，要么在安齐奥，要么在图斯库兰。

请复原你的前一封信，并添加一些新的事情。

[29]

西塞罗致阿提库斯，公元前59年4月16日或17日，于安齐奥。

我仓促地写下这封信，因为财务官凯西留斯突然告诉我他要派一名仆人去罗马。我想感谢你和普伯里乌的那些绝妙的对话，你在来信中写了一些，还有一些被你隐藏起来，你说要是全写下来信就太长了。至于那件我们的"牛眼妇人"[①] 的事情还没有发生，等她从所罗纽回来，我会告诉你；你要明白没有什么事情能比这件事更令我高兴。但是，如果涉及我的协议没有遵守，那么我会废除它——就等我们的朋友[②] 从耶路撒冷回来，他如此轻易地炮制出一个平民，你要了解他对我的演说做了什么良好的回答！你可以期待最后的翻案。确实，就我所能预见的范围而言，如果这个流氓博得我们的元首的青睐，那么他就不能与"流泪的前执政官"一道起作用，甚至不能与你的鱼塘中的特里同[③] 一道起作用。即使失去我们的权力和"元老院的优势"，我们也不会不得民心。另一方面，要是他会去和他们争吵，那么攻击我对他没有任何意义。但还是让他去吧！政治的车轮全速转运，杂音比我预期的要少，走得比我预期的要快，这非常可笑，是吗？由于加图所犯的错误，又由于我们的统治者的流氓行径，无视占卜的恶兆、无视阿里安法、朱利乌斯—

① 克劳狄的姐姐，绰号"牛眼"。参见第21封信。

② 庞培，他的部队于公元前63年攻占耶路撒冷。作为占卜官，他帮助克劳狄被收养。

③ 特里同（Triton），神话中海神波塞冬和安菲特里特的儿子，下半身像鱼，有海螺壳，吹出的声音可以兴风作浪，又可以使风浪平息。

李锡尼法和凯西留斯—狄底乌斯法，把我们的政治药物全部倒到窗外，像对待私人财产和私人巨富一样掠夺各个王国，于是这些事情发生了。在我看来相当明白，这股风是从什么地方吹起来的，要转向哪里。如果你不能马上看到民众惋惜我骑在马鞍上的日子，你可以说我从经验中什么也没学到，从塞奥弗拉斯特那里什么也没学到。如果你认为元老院的统治是不得人心的，那么你怎么看现在的反动，权力不是赋予人民，而是高度集中在三个人手中？所以让他们决定他们喜欢的执政官和保民官，让他们把堕落的瓦提尼乌弄回来，给他穿上双色祭司袍——你马上就会看到，不仅是那些从来不犯错误的人，而且连曾经摔过跤的加图本人，都会站出来成为民族英雄。

至于我本人，如果你的有教养的普伯里乌能承认我，我指的是老于世故，那么好；但若他强迫我，那么我只能起来捍卫我自己，没有别的办法。我实际上承认智者的格言："要抵抗首先做出冒犯的人。"[①] 愿我的祖国和我在一起！我给她的，如果不是超过了我的应尽义务，至少可以说超过了她所要求的。我宁可在另一位舵手的执掌下做一次不顺利的航行，也不愿载着这些不感恩的旅客做一次顺利的航行。但是关于这一点，还是等我们见面时再谈。

现在让我回答你的问题。我建议 5 月 3 日从福米埃返回安齐奥。我想在 5 月 7 日离开安齐奥去图斯库兰。等我从福米埃返回——我想在那里待到 4 月 29 日——我会马上让你知道。特伦提娅送去对你的爱，"小西塞罗问候雅典人"[②]。

[30]

西塞罗致阿提库斯，公元前 59 年 4 月 19 日，于切斯塔贝奈。

---

① 荷马：《伊利亚特》第 24 卷，第 369 行。

② 引号中的这句话是希腊文的，可能是西塞罗的儿子写上的，以表明他在语言上的进步。下一封信结尾处与此相同。

什么，否认普伯里乌被变成了平民？暴政，哪怕你喜欢，是绝对不能容忍的！让普伯里乌给我送证人来——我会宣誓，我们的朋友阿提乌斯·巴尔布斯的同事格奈乌斯告诉我，他在占卜时担任助手。多么令人高兴的信件——两封信一齐交给我。我不知道我能给你什么好消息作回报，但我完全承认你应当得到好消息。

现在来看一下巧合。我离开安齐奥地区，在切斯塔贝奈走上阿庇乌斯大道[①]，实际上是刻瑞斯节，[②] 此时我们年轻的朋友库里奥在离开罗马的路上与我们相遇。就在这时候你派来送信的仆人也来了。库里奥问我有没有听到新闻。我说没有。他说："普伯里乌成了保民官候选人了。""噢，是真的吗?""是的，作为凯撒的死敌，这就意味着要废除他们已经完成的工作。""凯撒怎么样?""他对普伯里乌的收养什么也没说。"然后他继续说他自己的反对意见，以及美米乌斯和麦特鲁斯·涅波斯的反对意见。我温和地对这个年轻人说了再见，匆忙就去读信。啊，他的话真是一派胡言！我从你的信中得到的消息比他说的那些传言要确定得多——日常的谣传、普伯里乌的计划、他与"牛眼妇人"一起吹号、阿塞尼奥扛旗、给格奈乌斯的信、塞奥芬尼的谈话和美米乌斯的谈话。你所说的宴会激起了我的期待！我会狼吞虎咽，并充满了好奇。不管怎么说，我不在意你没有就此写一篇会饮，我宁可听你自己讲给我听。

你催促我写此东西。如你所说，我的材料在增加，但整件事情还处在发酵阶段，就像在葡萄园里。等安定下来，我要写些什么就清楚了。如果说你现在还没有拿到，那么不管怎么说，你都会是第一个拥有它的人，并会在一段时间里是唯一拥有它的人。你崇敬狄凯亚库是对的。他是一个值得尊敬的人，一位好公民，比我们那些不义的统治者要好一倍。[③]

---

① 阿庇乌斯大道（Appian Way），公元前 312 年根据监察官阿庇乌斯的倡议而开辟的一条战略通道，经过卡普阿直达布隆狄西。

② 4 月 19 日。

③ 狄凯亚库这个名字的词义是正义的统治者。

在读了你的信后，我在刻瑞斯节的下午 4 点钟写了这封信，但我想我会在明天碰上第一个人的时候把它送出。你的信使特伦提娅很高兴。她送上对你的爱，“哲学家西塞罗问候雅典人”。

[31]

西塞罗致阿提库斯，公元前 59 年 4 月 20 日，于阿皮亚城市中心广场。

请你尊重我的坚定意向。我想我最好不要参加安齐奥的赛会。这样做会显得有点前后不一，一方面想避免被视为寻欢作乐者，另一方面在如此愚蠢的习俗中，却又作为一名节日制定者突然在赛会上出现。所以我会在福米埃等你，直到 5 月 7 日。现在让我们知道我们什么时候能够见到你。

上午 10 时写于阿皮亚城市中心广场。前不久我刚从切斯塔贝奈送出一封信。

[32]

西塞罗致阿提库斯，公元前 59 年，约 4 月 23 日，于福米埃。

我可以告诉你，我在福米埃就像是在流放。当我在安齐奥的时候，没有哪天像我现在这样得不到罗马的消息。你的信件不仅给我镇上的新闻，而且给我国家的消息，不仅有过去的，还有将来的。现在，除了从路过此地的行人那里得到一点消息，我是两眼一抹黑。所以，尽管我期待你本人马上出现，但还是请你交给这名仆人（我告诉他尽快回到我这里来）一封长信，里面充满新闻和你自己的评论。请你记住，一定要让我知道你哪一天离开罗马。

我们想在福米埃一直待到 5 月 6 日。如果你在此之前不能来，也许我们将在罗马见面。邀请你到安齐奥来是没有用的。“崎岖不平的土地，养育着善良的人；至于我，看不到任何景象比我的家还要甜蜜。”[①]

就写到此。照顾好你的健康。

[33]

西塞罗致阿提库斯，公元前 59 年，约 4 月 24 日，于福米埃。

多么可耻啊！我的信，我没有丝毫耽搁从切斯塔贝奈写给你的信，对你最美妙的信件做出的答复，竟然没有送到！我必须告诉你，在我把信送出去的那一天，放信件的那个袋子被带回我在镇上的家，然后又在福米埃送还给我。所以我要把这些信送给你，让你知道当时我有多么赞赏你写给我的那些信。

你说在罗马鸦雀无声。我并不感到奇怪。但是我的天啊，这个国家没有沉默！这片土地不能容忍你们的暴政集团。如果你来到莱却戈尼人的泰吕皮鲁[②]，也就是来到福米埃，你会发现这个地方充满愤怒和斥责。这里的人对我们的伟大朋友有多么痛恨！他的姓名就像苍蝇产卵一样肮脏，就像克拉苏·狄维斯的名字。我还没有碰到一个人能像我一样耐心。所以接受我的建议，专注我们的研究。我可以向你发誓，没有任何事情能有如此丰厚的报偿。

如果你把信交给了西徐亚人，那就赶快到福米埃来，我们打算在 5 月 6 日离开。

[34]

西塞罗致阿提库斯，公元前 59 年，约 4 月 26 日，于福米埃。

---

① 荷马:《奥德赛》第 9 卷，第 27 行。

② 荷马史诗中的地名，见荷马:《奥德赛》第 10 卷，第 82 行。

你和彼布卢斯的谈话真的令我胃口大开，你们讨论了“牛眼妇人”，还有那场追求享乐的晚宴！所以，你快来吧，我们望眼欲穿，想听你讲故事。但我们现在最严重的危险是，当我们的珊西凯拉姆[①] 明白他的名字在每个人的口中遭到诽谤，看到这些行动很像要被颠覆时，他会开始突进。我已经失去了男子汉的勇气，宁可在暴政统治下过安宁的生活，任由精神衰退，而不是抱着成功的希望去战斗。

你总是敦促我写作，但这是没有问题的。我在这里住的不是乡间别墅，而是一个公共交谈的地方，所以有很多福米埃的好人来访。但你不要太在意了，10 点以后的来访不会打扰我。现在和我最接近的邻居是盖・阿琉斯，或者倒不如说是室友，他现在成了我的室友。他确实说过他不想去罗马，而想在这里整天跟我学哲学。对面有卡图鲁斯的朋友塞包苏斯。我一个人能去哪里呢？我说过我会直接去安齐奥，只要那里最方便我在福米埃等你——也就是直到 5 月 6 日，不再推迟，因为看看这些人的仁慈吧，我不得不听他们的话！对于任何有意购买我这个地方的人来说，这是一个多么好的机会，而这些人正站在我的地毯上。然而，你说的也很好，“让我们攻击某些大的目标，有些事情则需要充分考虑和时间”。我不会令你失望，也一定会全力以赴。

[35]

西塞罗致阿提库斯，公元前 59 年，约 4 月 28 日，于福米埃。

显然像你信中所说的那样，政治领域中的事情是不确定的。但正是这种多样性的谈话和观点，我发现非常有趣。当我在读你的信时，我感到自己就在罗马，这一刻听到一件事情，那一刻听到另一件事情，就这样重大的事件也就出来了。我提不出什么看法，一项不能提供足够土地的计划怎能不激起

---

① 叙利亚的统治者的名字，喻指庞培。

反对。彼布卢斯在主持选举时的行动可以是非常高尚的，但除了不能为解决国家的麻烦提供办法的个人抗议，还取得了什么成果？有鉴于此，普伯里乌是我们的唯一希望。是的，让他成为保民官吧，只要能使你从伊庇鲁斯尽快返回。我不明白你怎么可能打不中他，尤其是当他转过来想要和我争论的时候。当然了，如果有这类事情发生，你会急着回来。即使没有这类事情发生，我也许诺自己看一场大戏，无论他是杀气腾腾，还是再次把国家踩在脚下，只要我和你能坐在一起看这出戏。

就在我写这几行字的时候，塞乌苏斯来了！当阿琉斯对他说“早上好”的时候，我禁不住叹气。这是在离开罗马和人民！那里有煎锅，这里有炉火！好吧，我要去“我家乡的小山，那里是我出生的摇篮”①。如果情况越来越糟，而又不能忍受孤独，那么乡民的团体要好过这些过分聪明者的团体。你没有说任何确定的时间，但我会在福米埃等你到 5 月 5 日。

特伦提娅非常感谢你在穆维乌斯一案中的打点和关照。当然了，她不知道你是在捍卫公地占有者的共同利益。但你确实向包税人支付了一些东西，而这是她不会做的。所以她和“有贵族气的西塞罗”② 送上他们对你的爱。

[36]

西塞罗致阿提库斯，公元前 59 年 4 月 29 日或 5 月 1 日，于福米埃。

当（4 月 29 日）接到你有关坎帕尼亚的信件时，晚餐结束，我已经开始打盹。简言之，你的信首先令我感到震惊，而后我的心剧烈活动，使我无法入睡，但没有陷入苦恼。我反复思考的要点有以下一些：首先，根据你前一封信所写，你从凯撒的一位朋友那里听说，不被任何人占有的东西是不需要核准的，我在一个很大的范围内害怕这种事情。当然，这种事情现在还

---

① 可能引自恩尼乌斯的诗歌。

② 参见第 30 封信注释。

没有出现。其次（你瞧，我在安慰自己），所有对分配土地的期待似乎都集中到了坎帕尼亚地区，但要是每个人分配 10“尤格”[①] 土地，那么这个地区还不够 5000 人分。所以他们必然失去剩余的分不到土地的大多数人的支持。再次，要是有什么事情能够点燃处境较好的阶层的热情，那么这种热情已经激发，他们肯定会这样做；尤其是自从在意大利废除了传统的义务、分配了坎帕尼亚地区的土地以后，剩下的国内税收只有百分之五[②]——还可能会被我们的仆役在集会上发出的一片吼声中一扫而空。

我们的朋友格奈乌斯是怎么想的，我完全不知道，因为他现在让自己变成这种样子，“他不再吹笛子，但他拼命地吹口哨”[③]。他要弄诡计，赞同凯撒的立法，但要对立法程序负责任的是凯撒本人。就这样，无论有无机会否决这一法案，他（庞培）对土地法案都表示出好感。他希望最终能够解决埃及国王的事情，而无论彼布卢斯当时有无观察天上的征兆，[④] 这不是彼布卢斯要管的事情。至于税务包收人的事，彼布卢斯希望能对骑士阶层尽到义务，但若他当时去市政广场，我们无法指望他能预见到所有将要发生的事情。好吧，我的好珊西凯拉姆，[⑤] 你现在还有什么要说？在安提利巴努山为我们安排了一项税收，然后拿走我们在坎帕尼亚租金吗？你如何让人信服？回答也许是：“我会把你们全都留在凯撒军中。”啊，不会的，你不会这样做。让我留在所谓诚实者的不感恩中，你的军队也不会这样做，他们从来就没有给过我任何补偿，物质的或者哪怕是口头上的。如果我敦促自己朝着这个方向前进，那么我肯定能找到某些反对的方法。事情就是这样，我的决心已经下了。你挚爱的狄凯亚库和我最喜欢的塞奥弗拉斯特有巨大分歧，所以你的人决不会把积极生活算做最好的，而我的人则把沉思的生活视为最好的生

---

① “尤格”（Iugera，Iugerum），罗马人的土地面积单位，10 尤格相当于 7 公顷。

② 指对释放奴隶征收的税。

③ 引自索福克勒斯：《残篇》768 条。

④ 执政官宣布要观察天上的征兆一般是不允许的，因为通过宣布预兆不吉利可以说公民大会的决议不合法。

⑤ 暗指庞培。

活，我指的是能使他们俩都感到满足。因为我想，为了满足狄凯亚库，我已经做得足够了；现在我要转向另一学派，不仅是为了让自己得到某种休息，而且责备自己原来的白辛苦。所以，我的提多，让我投身于我的学习吧，我应当从不离开这些极好的学问，我最后也必须回到这里来。

你在信中提到我弟弟昆图斯给你的信。他给我写信也以同样的笔调，“里面像狮，外面像……”[①] 啊，好吧，我不知道它该叫什么。在开头的几行字中，他悲叹自己的徒劳无功，然后他松懈下来，要我修改和发表他的历史。请你关注货物转港纳税的事情。[②] 他说他在他的幕僚的建议下，已经向元老院提出了这个问题。他显然还没有读到我的信，通过调查和反思，我在信中告诉他不必纳税。如果为这件事已经有行省的人从亚细亚来到罗马，要是你认为合适，能会见他们，向他们解释我的看法，那么我要向你表示感谢。如果他们能够找到什么解决问题的办法，那么让这种好办法在元老院里生效，我不能使包税人失望。否则的话，坦率地说，我的情感更多地与整个亚细亚行省和地方的生意人相连，这些事情与他们有密切的关系。我感到这对我们非常重要。但我相信你会明白的。

把财务官的事告诉我。他们甚至连支付建造蓄水池的款项也犹豫不决吗？我问这一点，乃是因为当我们把知道的办法全都尝试过以后，那么我不会藐视最后的办法。

我们将在阿尔皮诺见到你，我们要按照乡村的方式欢迎你，因为你嘲笑过我们在海滨的好客。

[37]

西塞罗致阿提库斯，公元前 59 年，略迟于上一封信，于福米埃。

---

① 模仿荷马的笔调。“那怪兽是神圣的种族，不是凡人所生，它头部是狮，尾巴是蛇，腰身是羊。”荷马：《伊利亚特》第 6 卷，第 181 行。

② 把货物从一个港口转运到另一个港口，从而两次纳税的事情。

我完全赞同你的观点。珊西凯拉姆[①]摆脱了麻烦。我们能够期待一切。他正在公开地为谋取绝对权力而努力。除此之外，突如其来的联姻、[②]坎帕尼亚地区或者赠送大量金钱还能象征什么？如果所有这些就是最后的结局，那么事情糟糕透顶，然而按照现在的情况来看，事情还没有到头。他们不可能喜欢这些措施并将其用于自身。如果尚未铺平通向其他灾难性目标的道路，他们是决不会到来的。然而如你所说，5 月 10 日前后，我们将在阿尔皮诺对所有这些事情表示悲伤，我们倒不如不要悲哀，而是平静地谈论这些事情，如果我们感到悲伤，那么意味着我们的学习纯粹是浪费时间和自找麻烦。上苍有眼，我的心境十分安宁。我无法像以往那样乐观，而是无动于衷，这样一种心灵状态我尤其要在这些公共政治事务中加以培育。确实，我以往愚蠢的空洞想法（知道一个人的缺陷是好事）实际上已经以某种方式得到了满足。我曾经激动不已，认为珊西凯拉姆为罗马提供的服务比我大得多。而现在我可以休息了。他的名望的跃升使库里乌斯的《福西斯妇女》深受欢迎。等到见面时，我们会谈论所有这一切。不过我以为，等我们返回原地时，你仍旧会在罗马，只要便于安排。但若你确实像你所说的那样来了，请你仁慈地替我弄清我们的阿拉伯国王[③]是否仍旧对我抱有善意？你当然会以一名亲戚的身份来询问，然后请你告诉我该如何行事。从他说的话里，我们能够得到某些关于基本形势的暗示。

[38]

西塞罗致阿提库斯，公元前 59 年 6 月，于罗马。

我已经收到了你的几封信，从中可以看出你去搜集消息有多么着急。是的，我们在各个方面都遭到挫败。我们不再反对失去我们的自由，而是恐惧

---

① 指庞培。

② 庞培娶凯撒之女朱利娅为妻。

③ 指庞培。

死亡和突如其来的更大的邪恶。对于当前的国家事务，所有人都在叹息，然而没有人能做什么或说什么来使它变好。我想象，掌权者的目标是不给其他人留下任何可以放弃的东西。唯一谈论或提出公开反对的是小库里奥。他获得了人们热烈的掌声，他在广场的讲坛上受到热烈欢迎和大量来自诚实者的善意。另外，他们用嘘声和漫骂来追击富菲乌斯。但所有这些事情都没能给人增添希望，而只是让我们看到这个团体的松散情感，它的勇气受到约束使我们更加悲伤。

你不需要问这样那样的细节。整个形势已经发展到这样一个地步，对于重新获得自由，不要说个别公民了，甚至连行政官员也不抱希望。然而，在这种对自由的压制中，在社交场合，也就是说在餐桌上，人们的谈话不像从前那样拘谨。愤慨开始占据上风，然而还没有压倒绝望。坎帕尼亚法案也有一个该死的条款，所有公职候选人要在公共集会上宣誓，按照朱利乌斯法讨论任何形式的土地所有权。除了拉特伦昔，所有人都发誓了，他被认为做了一个很好的姿态，放弃他的保民官候选人资格，而不是起誓。

但是，关于政治我已经没有什么胃口了。我开始厌恶自己，写作也极为痛苦。但我还是会乐观地坚持战斗，对于一般的征服也不至于过分悲观，只是与过去相比要懦弱。凯撒很有风度地要我接受那项委任，让我成为他的幕僚，而我也得到另外一项委任。但由后者提供的保护，在那个"小后生"[①]的恰当的意义上，是不足的，因为我要离开的时候正好是我弟弟回家的时候。前者比较安全，不会在我想去罗马的时候阻拦我。所以我把它放在包里，但我认为我不会使用它。还有，没有任何人知道这件事。我没有逃跑的倾向，我一心想打架。我拥有坚强的公众支持。但我没有对人做出承诺。所以你要保守秘密。

关于斯塔提乌的手册和其他事情，我当然感到苦恼，但我已经变得相当冷酷。我希望你在这里，而且不只是希望。到了哪个时候，我就既不缺建

① 指克劳狄。

议，也不缺安慰了。一旦我发出呼唤，你就赶快来吧。

[39]

西塞罗致阿提库斯，公元前59年7月7日至14日之间，于罗马。

源自巨大的政治危机和我个人面临的这些危险，我心里有许多事情。那么多事，但没有哪件事比斯塔提乌的手册更令我苦恼。“我的命令——不，把命令撇在一边不说——我的不悦在他看来无足轻重。”[①] 然而我不知道该怎么办，谈话毕竟比事情本身还要紧。还有，我甚至不能对我真正热爱的那些人生气。我只能痛苦，深深地痛苦。我的其他麻烦是由大事引起的。克劳狄的恐吓，还有我不得不等候的战斗，我想我能够带着所有的荣耀面对它们，或者可以毫无窘迫地拒绝它们。你也许会说我们已经有了足够的荣耀——我们不再吃橡树果了[②]——还要我考虑安全。啊，亲爱的，你为什么不在这里。我敢保证，没有什么东西能逃脱你的手掌心，而我也许是个盲人，对好东西抓得太快。

事实真相是，当前的这个政权是最卑鄙、最无耻的，在所有等级和所有年纪的人看来，都是最可恶的，我从未想过会有这样的政权，更不要说期盼这样的政权了。这些大众喜爱的政治家甚至教导品性安宁的人去发嘘声。彼布卢斯尤甚，但我不知道他们为什么要赞美他，就好像他是那个“仅凭拖延使我们大家得救”[③] 的人。带着巨大的悲痛，我要说我亲爱的庞培亲手造就了他的垮台。他们对任何人都不抱善意；他们发现动用使我感到害怕的恐怖手段是必需的。从我这方面来看，根据我和他的友谊，我不会对他们发起挑战，但我也不会认可它，因为这样一来我以往所做的一切都应受谴责。

大众的情感在剧场和演出中表现得最明显。在角斗士表演中，主角和他

① 特伦提乌斯：《福米奥》，第232行。

② 这是一句希腊谚语。

③ 恩尼乌斯的名言，称赞第二次布匿战争期间的法比乌斯。

的客人都遭到嘘声。在阿波罗赛会上，演员狄菲卢斯相当野蛮地攻击了可怜的庞培：“你的伟大是我们的不幸”——类似的名言还有许多。“男子汉也会痛苦，将来你还会悲伤。”当他这样说的时候，全场观众报以热烈的掌声。他说出其他名言的时候也一样。这些诗句似乎是庞培的敌人写的。“如果法律和习俗都不能强迫”，等等。这些话一再复述，伴随着喊声和掌声。凯撒进来的时候，掌声停止了。小库里奥跟在凯撒的后面进来，他受到的欢迎是庞培在自由垮台之前的日子里曾经得到过的。凯撒非常恼火，而据说有一封信很快飞到在卡普阿的庞培手中。他们仇恨骑士，他们站起来对库里奥鼓掌，他们在向整个团体开战。他们威胁要废除洛司基乌斯法，甚至威胁要废除谷物法。整个会场乱七八糟。我本人宁愿他们的赛会能有序地进行，但我担心这是不可能的。公共舆论不能再忍耐了，然而它显然必须忍耐。现在只有一个统一的喊声，尽管带着仇恨，而不是带着隐藏在仇恨后面的力量。

亲爱的普伯里乌在威胁我，对我极为仇视。事情是朦朦胧胧地呈现，你当然会仓促地赶回来处理。我想我会得到那些诚实者的坚定的支持。庞培对我表示了格外的善意。他还向我保证克劳狄不会再说我一句坏话，在这一点上他没有欺骗我，但他自己受了欺骗。科司科尼乌[①] 去世后，我受邀代替他的位子。这是一个危险的召唤，是一种公共的耻辱，比无用还要糟糕，哪怕和“安全”有关。因为诚实者不喜欢他们，而无赖们不喜欢我。我的这种不受欢迎的状况应当保持，而其他人不受欢迎的状况也要接受。凯撒想要我成为他的幕僚。这可以用来抵挡我并不躲避的危险。结果是我宁可战斗。但我还没有下决心。我要再次说：“仅当你在这里的时候！”然而，一旦有需要，我会派人去找你。

让我看其他还有什么事。我想，罗马肯定完了。讲这些装腔作势的话还有什么用？

我相当仓促地写这封信，我真的担心说得太多。在以后的信中，如果我

---

① 凯撒的二十人土地委员会的成员之一。

能掌握完全可靠的信使，那么我会用清楚明白的话来说明一切，或者说，要是我写得很晦涩，你不管怎样也能读懂。在这样的信中我会称自己莱利乌斯，称你为富里乌斯。[①] 其他部分都使用隐晦的语言。

我在这里一直关注凯西留斯的事情。我听说彼布卢斯的法令已经送到你那里。他们已经把我们的朋友庞培置于愤怒和悔恨之中。

[40]

西塞罗致阿提库斯，公元前 59 年，约 7 月中旬，于罗马。

对阿尼卡图我已经尽力了，我明白这是你所希望的。你在信中做了强力推荐之后，我很高兴地把努美提乌接纳到我的圈子里来。在这些事情上，凯西留斯得到我的最好的照料。我对瓦罗很满意。庞培是我热爱的好朋友。我相信这一点吗？是的，我相信。他在努力说服我相信这一点，但这只是因为我想要被说服。圣贤把他们的全部历史和格言告诉我们，甚至在他们的诗歌中要我们保持警惕，不要相信他人。我相信一个诫条——要提高警惕，但无法接受另一个诫条——不相信他人。

克劳狄仍旧是个有威胁的麻烦。庞培说没有危险，他发誓。他甚至说克劳狄要想攻击我，除非克劳狄能挪动他的尸体。谈判开始了。一旦有什么确定的事情，我就写信告诉你。如果必须战斗，我也会派人去找你，让你分担一部分工作；但若我还能安宁地生活，那么我不会把你从阿玛塞亚祭坛[②] 上拉开。

关于政治形势我就不说了。我感到害怕，担心每张纸都会出卖我们。所以从今以后，如果我有机会写信给你，无论长短，我都会用一些代号来隐藏我的意思。事实上，罗马正在疾病中死亡。对已经做完的事情加以否定，愤

---

① 模仿小西庇阿的朋友，盖乌斯·莱利乌斯·萨皮恩斯和卢西乌斯·富里乌斯·菲鲁斯。

② 参见第 13 封信。

怒地提出抱怨，这种情况是普遍的。人们的意见是一致的，公开发牢骚，甚至在舞台上呻吟，但没有人站出来提出什么解决的办法。这是因为我们认为抵抗就是自杀，而我们看到，除了毁灭，让步没有到头的时候。彼布卢斯得到公众的敬佩和青睐。他们揭下他的公告和讲话来阅读。他找到了一条新的走向荣耀的道路——现在已经没有什么事情能像仇恨“公共”政治家那么流行。我不敢想象，所有这些都会在什么地方喷发。如果我能开始想到什么头绪，我会更加明白地写信告诉你。

你若能像我肯定的那样爱我，那么你必须做好安排，一旦受到召唤，就能尽快到我这里来。我现在正在努力避免危险，将来也会这样做。我告诉过你，我会把我的信写上“富里乌斯收”，但不需要改变你的名字。我会称自己“莱利乌斯”，叫你“阿提库斯”，我不会亲笔写信，或用我的印章，我不想让这样的信落到陌生人手里。

狄奥多图死了，留给我大约 100,000 个小银币。按照阿吉洛基亚法，彼布卢斯把选举推迟到 10 月 18 日。我已经收到维庇乌斯[①] 送来的书。书的作者是一位没有品位的改写者，相当无知，但他的改写有某些用处。我把这些诗歌抄下来，把原书归还。

[41]

西塞罗致阿提库斯，公元前 59 年 7 月 25 日以后，于罗马。

关于政治我不需要讲什么细节了。这个共和国完了。它的困境比你离开时还要悲惨，因为当时统治集团与民众的意见看起来是一致的，尽管可恶，但还不至于致命；而现在，它变得遭人普遍厌弃，我们担忧这种愤怒会在什么地方喷发。凭经验我们知道这些人的狂暴和无耻，他们在愤怒的时候反对加图，把罗马带向毁灭；但他们似乎在使用一种温和的毒药，所以我们可以

① 可能是一名奴仆。

合理地期望一种无痛苦的死亡。但是现在我担心，随着公众的嘘声、国人的谈论和呐喊，他们被彻底激怒了。就像我在与你谈话以及写信中经常说的那样，我曾经希望政治的车轮转动得平稳一些，这样我们在行进中听不到车轮声，看不到地上的踪迹。如果人们耐心地等待暴风雨过去，那么它会是这样的。但在长期忍耐之后，他们终于开始呻吟、呐喊了，最终变成了普遍的抗议。

所以，我们可怜的朋友[①]不习惯声名狼藉，他的整个生涯如同一道荣耀的闪电，他现在身体上受伤了，精神上崩溃了，他智穷才尽，不知所措。继续往前走，他看到的是悬崖峭壁，回过头来，他看到的是变节者的耻辱。诚实者是他的敌人，无赖们也不是他的朋友。你看我现在的心肠有多么软！当我看到他在 7 月 25 日的公共集会上讲话，谈论彼布卢斯的法令的时候，我止不住流泪。以往他曾经多么风光地出现在这个讲坛上，为崇敬他的人民所簇拥，每个人都希望他好！而现在他有多么谦卑和可怜，自我贬损，更不要说他的听众了！这是一幅什么样的景象，只有克拉苏乐于见到它，而其他人是不会的。他是一颗坠落的行星，人们仰望他，但他一闪而过，而不是坚定地运行。我想，要是阿培勒斯看到他的维纳斯，或者普洛托革涅看到他的雅律苏斯被胡乱涂抹，那么他们会像我一样痛苦，就好像我用各种颜料画出来的图画突然变得丑陋无比。[②]看到克劳狄的事情，没有人会想要我成为他的朋友，然而我对他的情感却无法驱散。当然了，彼布卢斯的反对克劳狄阿吉洛基亚法与公众的意见一致，人们走过公告栏不可能视而不见。看到他遭受的耻辱，他们心里很痛苦。我必须说他们是不愉快的，既因为他们过于野蛮地折磨我历来尊敬的人，又因为我担心像他这样勇猛的斗士不会习惯受侮辱，他的愤怒随时可能爆发。

我不知道彼布卢斯会在什么地方结束。当前他的名望极高。他把选举推

① 指庞培。

② 阿培勒斯和普洛托革涅是画家。

迟到10月份，但他有一件事与大众的愿望背道而驰，凯撒认为用一篇讲演就能扰乱彼布卢斯住处的公共集会。但在长时间的、煽动性的讲话后，他无法激起人们的低语。简言之，他们明白自己不支持任何集团，这就给我们害怕暴力的发生提供了更多的理由。

克劳狄仍旧敌视我。庞培继续向我保证他不会做任何反对我的事。如果我相信这一点，那是危险的，我正在做好保卫自己的准备。我希望得到各阶层的支持。我想念你，这件事实际上也要求你回来处理这个危机。你在这个关键时刻露面将极大地增强我的勇气和实际的保卫力量。我对瓦罗非常满意。庞培的讲话也好极了。我希望我至少能获得荣耀和实际避免任何不愉快的事情。

一定要让我知道你在做什么，让我知道你的快乐，让我知道你是怎么和善良的西徐亚人打交道。

[42]

西塞罗致阿提库斯，公元前59年，约8月，于罗马。

啊，我多么希望你当时能在罗马！如果我们全都预料会发生这件事，你无疑会留下来。这样的话，我们就很容易把“小后生”抓到手，或者至少能够发现他去了哪里。现在的情形是这样的：他不停地上蹿下跳，没有确定的计划，不断地用这样那样的事来威胁人。他显然会抓住任何机会，采取各种路线。注意到统治当局遭人厌弃，他就装得像是在攻击造成这个统治当局的人，而当他想到他们背后的权力、残酷、军队的时候，他就转向诚实人。他有时用暴力，有时用法庭威胁我本人。庞培告诉我（我没有其他证人）他曾找过克劳狄，强硬地对克劳狄说，要是我受到伤害，而伤害者的武器又是由他提供的，是他允许克劳狄转为平民，那么他会被打上叛徒和无赖的烙印。克劳狄和阿庇乌斯俩都对庞培说了对我的看法。如果克劳狄不在乎他的誓言，那么庞培会显示他和我的友谊，这在所有人眼中看来都是显而易见的。

庞培说克劳狄起初表示异议，但是后来他向庞培保证不会违反庞培的意愿，不会采取进一步的措施。但是后来的谈话，在提到我的时候，克劳狄还是用了令人厌恶的语言。哪怕他没有这样说，我也丝毫不会相信他，我会做好一切准备，就像我现在正在做的那样。

我当前的生活方式每天都在增加我的声望和资源。我绝对不介入政治，而是勤奋地投身于法律事务，我觉得这是一条获得民众好感的良好道路，不仅是那些接受我服务的人，而且是那些一般的公众。我家里挤满了来访者，人们从各地来找我，回忆我担任执政官的日子，表达对我的善意。临近斗争之际，我变得颇有信心，有些事情我一定不能躲避。

我现在需要你的建议、热爱和忠诚。所以，尽快回来吧。如果你能在这里，一切都会顺利的。通过我们的朋友瓦罗，有许多事情可以做，有了你的鞭策则会更加可靠，来自普伯里乌本人的消息更多，要想对你隐瞒是不可能的——但当我需要你的时候，在信中完全列举这些消息是荒谬的。有一点我想要你相信，一旦我把眼光投向你，所有人也就会把眼光投向你。但在他的任期开始前，一切事情依赖于你的返回。我想庞培在克拉苏的压力之下可能会动摇，如果你在这里，就能通过“牛眼妇人”从普伯里乌那里知道可以相信他们几分，使我能够逃避不愉快，或者知道自己该站在哪一边。你不需要我的恳求或敦促。我希望，在当前重要时刻，你明白他们需要什么。

关于整个政治形势，我没有什么要告诉你的，除了我们全权的统治者遭到所有人的一致反对。然而，没有改变的希望。但有一点很容易察觉，庞培本人对此非常厌恶与不快。我无法很好地预见可能产生的结果，但某种爆发似乎是不可避免的。

我正在归还亚历山大的书——这是个粗心的家伙，不是一名好诗人，但他有他的用处。我已经愉快地把努美利乌·努美提乌接纳到我的圈子中来，我发现他是一个有责任心的、谨慎的人，配得上你的赞扬。

[43]

西塞罗致阿提库斯，公元前 59 年，约 8 月，于罗马。

我相信你以前读到的我给你的信没有哪一封不是我亲笔所写。你可以想到我现在有多么忙碌。我一分钟空闲都没有，我必须去散步，以便让我的嗓子休息一下，而这封信是我在散步时叫人听写下来的。

首先，我想要你知道，我们的朋友珊西凯拉姆对他目前的地位很不愉快，他期待着重新回到原来的位置上去；他对我吐露了他的苦恼，还公然说要想办法治疗，但我不认为他能找到什么药方。其次，那个派别的成员和支持者都变得衰弱了，尽管无人反对，但情感上的敌意更大，看不到他们相互交谈。

至于我（我敢说你急于想知道我的情况），没有参加政治事务的商议，我完全献身于法庭事务和工作。其结果很容易设想，我听到了人们对我以往功劳的缅怀。但我们的“牛眼妇人”不断发出强硬的威胁，一方面对珊西凯拉姆否定此事，一方面在其他人面前炫耀。因此，如果你像我敢肯定的那样爱我，那么要是你睡着了，那就醒来吧！如果你仍旧站立着，那就行走吧！如果你在行走着，那就跑吧！如果你在跑着，那就飞吧！你无法相信我有多么依赖你的建议和知识，当然，最有价值的是你的爱和忠诚。这个问题的重要性也许需要详细阐述，但我们心心相印，几句话便已足矣。对我来说，最好的结果就是你在罗马——如果为了选举你能回来，那就在他返回罗马之后回来吧。照顾好你的健康。

[44]

西塞罗致阿提库斯，公元前 59 年，约 8 月，于罗马。

在我交由努美提乌送出的信中，我试图用我所能想到的最急迫的语言召你回来。如果你能做到，那就尽快回来，比我要求的还要快。然而，你不要惊慌——我知道你，非常明白你对我们的焦虑和担忧。但我希望事情的结束不会像它开始时那么不愉快。

我以前的告密者维提乌斯显然向凯撒许诺，设法让小库里奥受到重大怀疑。所以，他拐弯抹角地与这个年轻人交朋友，掌握他的情况，事实就是如此。但他显然把事情做过头了，他对库里奥说自己已经下定决心要在奴仆的帮助下杀死庞培。库里奥把这件事告诉了他父亲，他父亲又告诉了庞培。事情闹到元老院。维提乌斯被带到元老院来，他起初否认自己和库里奥一道待了一整天，说只有一会儿，然后要求离开，不愿回答问题。人们提出了抗议。不过维提乌斯说有一群年轻人在库里奥的领导之下，这些人包括鲍鲁斯、凯皮奥（布鲁图）、福拉门之子伦图卢斯（像他父亲一样有知识）。后来，彼布卢斯的秘书盖·塞提米乌从他的领袖那里给维提乌斯带来一把匕首。事情就这样败露了——人们一般认为，除非执政官给他带来一把匕首，否则维提乌斯不可能带匕首来。可以否定这个故事的进一步的理由是，彼布卢斯在13日那天送信给庞培，警告他有人叛乱，庞培为此向他表示感谢。小库里奥被带到元老院来与维提乌斯对质。维提乌斯的故事有一个漏洞。他说这些年轻人策划利用伽比纽斯的角斗士进行表演的机会，在广场上刺杀庞培，鲍鲁斯是领头的。然而大家都知道鲍鲁斯当时在马其顿。元老院通过了一项判决，鉴于维提乌斯承认自己携带了武器，所以应当被捆绑起来，任何想要解救他的人都是与国家利益为敌。人们普遍的看法是：最初打算在讲坛上逮捕携带武器的维提乌斯和他的奴仆。然后让他去和告密者对质。如果库里奥没有把事情预先告知庞培，事情就会是这个样子了。

这项判决在公共集会上宣读了。次日，那位在担任财务官时曾经与昆·卡图鲁斯吵架的凯撒把维提乌斯带上讲坛，捆绑在那里——而执政官彼布卢斯被禁止到这个地方来！维提乌斯在那里讲了真话，他显然事先有所准备。再从头说起吧，首先，他在元老院里十分同情地提到凯皮奥的名字，说自己离开他了。显而易见，在此期间隔着一个夜晚，在黑夜中会有某些人为他说情。其次，他在元老院提到的那些人并没有引起人们的怀疑——他说盖·芳尼乌斯（在审判普·克劳狄时他是起诉人的助手）派卢·伦图卢斯来见他，还说叛乱者是从卢·多米提乌家里出发的。他没有提到我的名字，但说有某位雄辩的前执政官，现任执政官[①]的邻居，对他说现在所缺少的就是一名塞维留斯·阿哈拉或者一名布鲁图。最后，参会者在会议结束离去后，他被瓦提尼乌叫了回来，他还说他从库里奥那里听到我的女婿庇索和马库斯·拉特伦昔也参与了阴谋。

现在，克拉苏·狄维斯指控维提乌斯犯了使用暴力罪。受审时他会要求与告密者对质。如果这是事实，那么会有某些审判。对一个经历过许多危险的人来说，我不会过分惊慌。我有民众温暖的善意作保证。但我对生活已经彻底失望，无论你看到什么，除了悲伤没有别的。稍早一些时候我们听说了一场大屠杀；勇敢的老康西狄乌的话[②]到处流传。我们一直害怕发生的事情突然有了某种借口。简言之，按照我的想法，卡图鲁斯是最应受到羡慕的，不仅是他的生命的尊严，而且是他在当前的表现。然而，尽管有种种苦难，我还是振作精神，没有丝毫慌乱，我以一种诚实的方式，既注意我的安全，又注意我的尊严。庞培告诉我不用担心克劳狄所说的那些事情，对我表达了最真诚的情感。我非常希望你能和我在一起，给我策略方面的建议，分担我的忧愁，参与我心中想到的那些事情。我要努美提乌向你转告，我本人也提出这样的要求，要是可能的话，尽快飞回我身边来。等我看到你的时候，我就又能呼吸了。

[45]

西塞罗致阿提库斯，公元前59年，约9月，于罗马。

当我对你赞扬你的朋友时，你会以为我想要你让他知道我在赞扬他。你

---

① 指凯撒，他的官邸邻近西塞罗在帕拉丁山丘的住处。

② 康西狄乌在土地法通过期间对凯撒说，他不会像其他议员一样离开元老院，他们害怕送命，而“老年使我无所畏惧”。

记得，我在一封信中提到瓦罗的好职位可能会给我，而你回信说你很高兴听到这件事。但我宁可你写信给他，让他知道我对此很满意，请你注意不要说情况已经如此，而要说情况可能会如此。他是一个怪人，如你所知“内心狡诈和空虚”，而我恪守古老的格言：“忍受统治者。”[①] 你还有另外一位老朋友霍塔鲁斯，他在谈论福拉库斯担任财务官和阿洛布罗吉人的事件时，把我的功劳吹上了天！你可以替我传个话，没有谁能用更加友好，更加敬重，更加丰富的术语来谈论这件事了，我非常希望你能把我说的话写信告诉他。但为什么要你写信呢？发出最后那封信以后，我期待着你已经上路，或者已经快要到家。我的等待变得不耐烦，我痛苦地思念你，事实和时间也在比我更加热切地要求你回来。

关于这里的事务我只需重申一下，我一定会经常给你写信。这个国家真的已经在绝望地逃跑，人们对那些对此负有责任的人仇恨无比。我本人，如我所想、所希望、所预见的那样，得到民众善意的强大力量的保护。所以长话短说，你要么把我从种种不愉快中解救出来，要么来和我一道分担。我说的比我能说的要少，因为我希望我们很快就能在一起讨论我们想要什么。照料好你的健康。

[46]

西塞罗致阿提库斯，公元前 58 年，约 3 月 22 日，流放途中。

甚至在读到这份法案[②] 之前，我就感到让你和我在一起对我来说非常重要，我现在已经这样做了，所以我看不出有任何事情能比和你一道旅行更值得我向往，所以你应当尽可能赶上我，这样的话，在离开意大利的时候，如果我穿过伊庇鲁斯，我可以得到你和你的人的保护，或者要是走别的路线，

① 两处引文引自欧里庇德斯：《安德洛玛刻》448 ；《腓尼基人》393。

② 西塞罗逃离罗马后，克劳狄发布流放西塞罗的法案。

我也可以得到你的建议，以便确定计划。所以我请求你试着直接超到我前面去。你现在这样做比较容易，因为关于马其顿行省的法案[①]已经通过。我会更加急迫地敦促你，但是你知道事实，它们会为我说话。

[47]

西塞罗致阿提库斯，公元前 58 年，约 3 月 24 日，流放途中。

我希望我能有当面向你表示感谢的那一天，感谢你使我继续活着。而到现在为止，我内心对你已经做的事感到遗憾。但是，我请求你尽快赶到维博，我将要去那里。由于许多原因，我改变了方向。如果你能赶到那里，那么我就能为我的整个旅行和流放制订一个计划。如果你做不到，那么我会感到惊讶，但我相信你会做到的，我对此充满信心。

[48]

西塞罗致阿提库斯，公元前 58 年 3 月 27 日，于那瑞斯卢卡奈。

我之所以走这样的路线，其原因是我找不到任何地方能比在西卡的庄园待的时间更长，尤其是那个法案[②]还没有修正。还有，我心里想的是，如果你和我在一起，我就能从那里返回布隆狄西，而没有你，由于奥洛尼乌的缘故，我最好不去那些地方[③]。现在，如我在以前写给你的信中所说，如果你能与我会合，我们可以制订一个完整的计划。我知道旅行是麻烦的，但整个灾难充满麻烦。我不能再写什么了，我十分沮丧和悲伤。

3 月 27 日于那瑞斯卢卡奈送出。

---

① 马其顿行省总督的位子给了执政官庇索。阿提库斯不想在新总督任命之前离开罗马。

② 参见第 46 封信。

③ 指希腊，那是奥洛尼乌流放的地方。

[49]

西塞罗致阿提库斯，公元前 58 年 4 月 3 日，约于维博。

我要你到维博来，但我自己离开了这里，希望你能把我突然离开的原因归于我的痛苦而不是我的反复无常。那个给我带来打击的法案已经到了我的手中，我听说有所改变，我被允许居住在距罗马不少于 400 哩的地方，① 但又不允许我到达那里。在这个法案变成正式法律之前，我马上改变了我去布隆狄西的路线，担心我在西卡的房东因此遭到毁灭，也因为我不能在马耳他逗留。尽快到这里来找我，也就是说，要是我能找到什么人带我去那里的话。到现在为止，人们相当仁慈地邀请我去，但是我担心下一步该怎么办。我亲爱的庞波纽斯，我真遗憾我仍旧还活着。在那个决定中你把我看得最重。但你在我们相见的这个决定上也要如此。我只希望你快来吧。

[50]

西塞罗致阿提库斯，公元前 58 年 4 月 6 日，于图里。

特伦提娅不断地告诉我她对你有多么感恩。对此我是最感恩的。我的生活是可悲的，我陷入深深的痛苦中。我不知道该给你写些什么，因为你如果在罗马，那么你无法赶上我，而如果你已经上路，那么我们是在讨论你和我们会合以后需要一起讨论的事情。我对你的全部请求就是不要变，因为你始终由于我本身的缘故而爱我。我仍旧是我。我的敌人剥夺了我拥有的东西，但无法剥夺使我仍旧是我。照料好你的健康。

4 月 6 日于图里送出。

---

① 修正过的法案允许西塞罗住在距离罗马不少于 400 哩的地方，但是规定他的放逐要从他离开的日子算起。所以西塞罗无法达到规定的距离。

[51]

西塞罗致阿提库斯，公元前58年4月17日，于塔壬同附近。

我原来打算在塔壬同或布隆狄西见到你，从各方面看这都是我所希望的，比如，这样的话我就能在伊庇鲁斯停留，听取你对其他事情的建议。由于我们没能见面，所以我必须把这件事归于我的诸多不幸之中。我的路程通向亚细亚，可能是西泽库。我把我的家庭托付给你照料。我带着困难和不幸继续前行。

4月17日于塔壬同附近送出。

[52]

西塞罗致阿提库斯，公元前58年4月29日，于布隆狄西。

我于4月17日到达了布隆狄西。你的奴仆在那天把你的一封信给了我，另一封信是两天后送到的。你仁慈地邀请我去你在伊庇鲁斯的住处，我深受感动，而不是全然的惊讶。如果我能一直待在那里，那么我会考虑的——我不喜欢嘈杂的人群，也想躲开我的同胞，我几乎无法忍受大白天的阳光。忍受孤独，尤其是在这样一个友好的地方，对我不是什么难事。但作为我的整个行程中的一个站点，它偏离了我的路线，它离开奥洛尼乌和其他人只有四天的路程，还有，你不在那里。如果我要住在那里，堡垒式的住处会有好处，但若我只是经过，那么它就是不必要的。如果我害怕，我应当去雅典。要是没有这些事情的话，[①] 我会这样做的。但事情已经如此，我在那里也有敌人，所以我不想让你去那里，我担心他们甚至会说雅典离开意大利也不够远，你不会说我什么时候在等你。

你对我继续活着的鼓励只起了部分作用。你可以不让我对自己下手，但

① 亦即在流放之前。

你不能不让我后悔我自己的决定和我仍旧活着的事实。尤其是我离开罗马以后追随我的希望不再出现，那么还有什么能让我留恋呢？我不再列举我遇到的各种苦难，它们是那些仇恨和妒忌我的人对我的伤害和他们的邪恶行为。这样做只会引发我的悲伤，并要求你分担我的悲哀。坦率地说，从来没有人遭受过这样的打击，或者有更大的原因想要去死。我会庄严地面对打击，但这样做的时刻已经过去了。在剩下的时间里，我不再寻求治疗，只求终结我的痛苦。

我看到你正在收集各种政治方面的消息，你认为它们能够给我带来发生某些改变的希望。它们不会太多，但由于你希望这样做，那就让我们等着瞧吧。

如果你尽快赶来，那么你现在已经赶上我们了，无论是我去伊庇鲁斯，还是慢慢穿过坎达维亚。我对去伊庇鲁斯犹豫不决，不是因为我主意多变，而是由于我弟弟的情况不定，[①] 也就是说，我不知道会在什么地方见到他——尽管我不知该如何与他相见，或是与他说再见。这是我感到最悲伤的事情。

我应当更加频繁地给你写信，写得更加详细，如果我的困境没有剥夺我的全部精神力量，尤其是这方面的能力。我期待着见到你。照顾好你的健康。

4 月 29 日，在离开布隆狄西的时候送出。

[53]

西塞罗致阿提库斯，公元前 58 年 5 月 29 日，于帖撒罗尼迦。

我已经写信给你讲了我不去伊庇鲁斯的原因，也就是说，阿该亚现在充满了敌人，他们会在我要离开时制造许多麻烦。还有，我在都拉斯的时候传

---

① 昆图斯正在从亚细亚返回罗马。

来了两个消息，一个是我弟弟正在走海路从以弗所到雅典，另一个是他开始走陆路穿过马其顿。因此，我派了一名信使到雅典去等他，告诉他从那里去帖撒罗尼迦。我本人于 5 月 23 日到了帖撒罗尼迦，但我仍旧没有得到有关他的行程的确定消息，除了说他已经在前不久离开了以弗所。

我现在非常担心罗马正在发生的事情。确实，你在 5 月 15 日的信中写到，有消息说他会受到残酷的指控，而在另一封信中你说气氛变得温和一些了。但是这封信送出的时间比另一封早一天，因此我感到双倍的不安。所以，在我原有的悲伤之上再加上这个新的忧虑，我的心在哭泣和流泪，我确实已经走上了穷途末路。

然而，航海是非常难的，也许由于我去向不定，所以他走了另一个方向。自由民费托没有见到他。费托趁一场逆风从伊利昂返回了马其顿，在培拉向我报告。我显然有种种理由担忧，但我不知道写些什么。我担心事情的方方面面，在我们当前的逃跑中没有什么事情是糟糕透顶的。至于我自己的不快乐，我一下子陷入自己的悲伤和痛苦之中，现在又加上了恐惧，我现在待在帖撒罗尼迦，焦虑不安，不敢再有任何举动。

现在我来回答你信中提到的问题。我没有见到凯西留斯·特里弗。我已经把你在来信中讲述的和庞培的谈话记了下来。我察觉不到政治方面会有一场大运动的征兆，而你看到有这样的征兆，或者你是为了安慰我才说自己看到了。如果提格拉尼斯[①]得到了宽恕，那么这是由整个委员会做出的决定。你告诉我要感谢瓦罗，我会这样做的，对叙赛乌斯也一样。我想我会听从你的建议，不会走得更远，直到 5 月份的公报发表。但是以后去哪里，我还没有下定决心。我确实非常担心昆图斯，所以我无法做出任何决定。然而，如果我做了决定，我会马上让你知道。

从我的这些信件的零碎和多变，我想你可以察觉我内心的烦乱，它并非

① 提格拉尼斯是亚美尼亚人的国王之子，被庞培带回罗马做人质。克劳狄给了他自由。西塞罗的最大希望寄于庞培和克劳狄之间的摩擦与不和。

更多的是由不愉快引起的；尽管受到难以置信的灾难的打击，但我仍在回忆我自己的过失。你现在肯定能看到他① 的邪恶，正是他在催促我和背叛我。你很快就能看到结果了，但你不要像我一样把你整个灵魂交付给悲伤！因此，当你听到我陷入深深的悲伤时，你可以认为这是在惩罚我的愚蠢，比事实本身给我带来的惩罚更重；所以我相信一个人，我不认为他是一名恶棍。对我自己碰到的麻烦感到悲伤，以及担心我弟弟，使我很难再写下去。但愿一切事情尽快过去。特伦提娅说她对你最感恩。我把我写给庞培的一封信的抄件送给你。

5 月 29 日，于帖撒罗尼迦送出。

[54]

西塞罗致阿提库斯，公元前 58 年 6 月 13 日，于帖撒罗尼迦。

我弟弟昆图斯在 5 月 1 日以前离开了亚细亚，于 15 日到达雅典。由于担心在缺席时遭到突然打击，他不得不日夜兼程——也许有些人认为我们当前遭遇的不幸还不够。因此，我认为他最好赶紧去罗马，而不是上我这里来。与此同时（我说的是实话，由此你可以猜测我悲惨的程度），在如果悲惨的状况下我不能去见他，因为他的心肠太软，我也不能向不幸的命运低头，让我的不幸阻碍他的道路，或者让他看见我的不幸。我担心他不肯离开我，我敢肯定他会这样做。我设想了那一刻的情景，他要么不得不解散他的侍从，要么强忍着泪水推开我的拥抱。我用不见我弟弟的痛苦来避免这种痛苦的后果。这样的悖论就是你和其他敦促我要活着的人使我陷入的。好吧，我正在为我的错误付出代价。只有你的信给我带来安慰，我能轻易地从信中看出你对此抱有多大希望！它确实提供了某些安慰，提到庞培以后你继续说道：“幸运现在站在霍腾修斯和像他那样的人一边。”出于怜悯，我亲爱的同

① 指霍腾修斯。

胞，你还看不见是谁的力量、谁的诡计和无赖促成了我的毁灭吗？等我们在一起的时候，我还会和你谈论这一点。现在我只说这些，我想你知道这是怎么回事。毁灭我的不是敌人，而是妒忌的朋友。事情就是这样，如果你发现了希望，我将继续前行，把希望寄托在你告诉我要相信的希望上。另外，如果它们是不可靠的，在我看来似乎如此，那么就是不允许我在正确的时间做那些在错误的时间做的事。

特伦提娅经常说对你感激不尽。而我担心的只是我的诸多麻烦中的一件事，我指的是我为我弟弟的事感到不幸。如果我能知道这是怎么一回事，那么我应当知道如何开始。我仍旧待在帖撒罗尼迦，如你所建议的那样，等待着你提到的好官员和信件。等我得到某些消息，我就能提前做安排。如果如你所说，你于 6 月 1 日离开了罗马，那么你很快就能看到我。我正在送出一封我写给庞培的信。

6 月 13 日于帖撒罗尼迦送出。

[55]

西塞罗致阿提库斯，公元前 58 年 6 月 17 日，于帖撒罗尼迦。

你的来信告诉我公报会于 5 月 25 日发表。按照你的建议，我在帖撒罗尼迦等待其他消息。有了消息，我就能决定去哪里安身。如果有这样的时候、行动和希望，那么我要么就待在这里，要么去你那里。另外，如果这些期盼“褪色了”，我会盯着其他地方。可以肯定的是，到现在为止，除了当权者之间的意见分歧，你们中间没有任何人告诉我任何事情，就好像一切都在光天化日之下，而我就是看不到前景。但由于你们全都想要我抱有希望，所以我仍旧会照办。

当你交给我这项任务，并且像通常那样说我缺乏韧性的时候，我要问你还有什么更大的不幸能与我遭遇的这场灾难相比。有哪个处在如此高位，有着那么好的前景，有着那么强的能力，谨慎、影响，得到所有诚实者的支持的人，会突然垮台？我能忘记我过去是谁，或者感觉不到我现在是谁，现在失去了什么吗——等级、名望、孩子、幸福、兄弟？提到他，请你注意这种痛苦的新奇，你要像我一样爱他，你要做得比我更好，我避免与他见面是为了不在困顿和悲伤中和他见面，不把一个倒霉的、穷困潦倒的我呈现在他眼前——而在他离开我的时候，我正处在昌盛的时候。关于其他无法忍受的苦难，我就什么也不说了，眼泪确实在阻止我写下去。在这样的处境下，我确实要为我的悲伤而受责备，而不是为了我在这些事情上的失败而受谴责，如果我的垮台不是发生在我自己的屋檐下，或者说最好这些事情都与我的生命一道失去，那么我要坚持下去是可以轻易做到的。

我就写这些，这样可以让你减轻我的重负，如你正在做的那样，而不认为我是一个恰当的应受苛责的对象；我不再往下写了，因为我一方面受到悲伤的阻碍，另一方面正在等待罗马来的消息，而不是我自己有什么事情要联系。等消息到达的时候，我会让你知道我的计划。请写信给我，像你往常那样，把你知道的都告诉我，这样我就不会有什么事情不知道了。

6 月 17 日于帖撒罗尼迦送出。

[56]

西塞罗致阿提库斯，公元前 58 年 6 月 27 日，于帖撒罗尼迦。

你的信、某些有利的报告（尽管来源不是最权威的）、对你本人以及其他人的信件的期待，以及你早先的建议，使我仍旧留在帖撒罗尼迦。一收到这些信件，我就会等待，如果证明那些流传的消息是真的，我会到你那里去；如果不是真的，我会让你知道我怎么办。

你要用你的努力、建议和影响尽力帮助我，就像你现在正在做的一样。不要再试图安慰我，但也不要责备。当你这样做的时候，我有多么想念你对我的爱和同情！我相信，受到我的悲痛的影响，你本人也到了无法忍受的地步。帮帮昆图斯吧，他是我最亲爱的兄弟。我请求你给我送来各方面最详细、最可靠的消息。

6月27日送出。

[57]

西塞罗致阿提库斯，公元前58年7月17日，于帖撒罗尼迦。

你在努力争论我们可以抱什么样的希望，尤其是对元老院，然而你写到，那项判决的条款禁止任何人议论元老院已经张榜公布的事情。所以很自然，沉默占了上风。在这样的处境下，你很明白在我已经尽了凡人所可能尽到的努力时，你要我完成折磨自己的任务。你在选举结束后仍旧抱有希望。当同一位保民官，我的敌人，仍旧是候选执政官的时候，这样做有意义吗？然后你对那篇讲演的流传狠狠地抨击我。试试看吧，如你所说，如果你能做到，弥补一下损害。这篇讲演是我很久以前写的，带着对他的恼火，因为他曾经写东西反对我，但我把它压了下来，从来没有想要外传，我不知道它是怎样泄露出去的。然而，由于我这辈子从来没有给他写过有可能引起争论的信件，我的这篇讲演似乎写得比我的其他作品草率，所以我想可以根据某些外部特点把它作为伪作来处理。如果你认为我还有救，请你注意这一点。如果我不再抱什么希望，那么我不会在乎这件事。

我仍旧滞留在这里，没有人可以交谈，没有事可以思考。如你所说，我可以建议你与我会合；但我放弃了，我明白无论你在哪里，你都在帮助我，而在这里你什么事都做不成，甚至不能用谈话来减轻我的重负。我不能再写什么了，也没有什么事情要写了。我宁可等待你给我送来的消息。

7月17日送出，于帖撒罗尼迦。

[58]

西塞罗致阿提库斯，公元前58年7月21日，于帖撒罗尼迦。

收到你的信后我一直在等待庞培的消息，他对我到底是什么意思，或者他说自己是什么意思。我想，选举现在已经结束了，你说在选举结束的时候他会想到应当处理我的事情。如果你认为我是一个抱着希望的傻瓜，那么好吧，我已经按照你的吩咐去做了，你知道你在信中宁可不引导我，以便让我的希望还活着。现在如果你能详细而又坦率地让我知道前景，如你所观察的那样，那么我应当感到高兴。我知道由于自己的错误，我已经陷入不幸的深渊，我的错误有很多。如果有机会纠正，那么我就不会那么后悔我降生在这个世界上，到今天还活着。

我还没有离开帖撒罗尼迦，因为路线是熟悉的，因为我每天都在等待形势转变的消息。但我现在被迫要走了，不是由于普兰西乌[①]，他希望我留下来，而是由于这个地方本身——像我目前所处的这种悲惨状况，没有哪个地方比这里更不适合忍受灾难了。我没有去伊庇鲁斯，但我在信中写到我应当去那里，因为所有信件和报告都表明，对我来说，没有别的机会能使我如此靠近意大利。一旦听到选举以后的某些事情，我会立即从这里去亚细亚，我还不确定具体去哪里，但你会知道的。

7 月 21 日于帖撒罗尼迦送出。

[59]

西塞罗致阿提库斯，公元前 58 年 8 月 5 日，于帖撒罗尼迦。

尽管我写信对你说我应当待在伊庇鲁斯，但是当我看到我的机会在减少和退去，我就改变了主意，不离开帖撒罗尼迦了。我决定待在这里，直到我从你那里听到你在最后一封信中提到的某些事，亦即选举结束以后在元老院里会有某些关于我的行动，是庞培对你这样说的。好吧，选举已经结束了，但你一个字也没有，所以我权当什么事情也没有，我不应当过于执着，我被

① 普兰西乌是一名财务官，他让西塞罗住进他在帖撒罗尼迦的官邸。

希望嘲弄的时间并不太长。至于你说的那些有利于我的将要发生的转变，来自罗马的人说根本没有这种事。剩余的希望在那位候任保民官身上。如果我在等待这件事，你就没有理由说我错过了机会，辜负了朋友的好意。

你不断地要我坚强，承受目前的遭遇，当你看到或听到我所做的努力以后，你必须原谅我。你说你听人讲，我的悲伤使我的心灵失去了平衡。不，我的心灵足够健全。我经历了那些我以为最关心我的幸福的人的最残忍的打击，在这样的危险时刻我的心灵仍旧能保持平衡！看到我坚定不移，他们就用各种邪恶的伎俩和背叛来迫使我垮台。

鉴于目前的情况，我必须去西泽库，在那里我收到的信件比较少。所以我希望你能更加详细地向我报告你认为我必须知道的所有事情。很好地对待我弟弟昆图斯。如果我能使他脱离危险，我就不会感到完全绝望。

8 月 5 日送出。

[60]

西塞罗致阿提库斯，公元前 58 年 8 月 17 日，于帖撒罗尼迦。

8 月 13 日我收到了你的四封信。在第一封信中，你责备我，要我表现得更加坚强。在第二封信中，你说克拉苏的被释放的奴仆告诉你，他看到我有多么焦虑，有多么消瘦。在第三封信中，你解释了元老院的公告。在第四封信中，你确认了庞培的善意，说这是瓦罗告诉你的。

对你的第一封信，我要做一些回答。我的苦恼没有影响我的心灵；与此相反，我的思维能力还是像以前那样健全，而且我并不在意使用它们。如果我失去自我会使你感到痛苦，那么我失去你和其他所有人，你对我的痛苦会怎么想？如果说你在这个团体中仍旧享有你的地位，你能感觉到我的缺席，那么我感到失去了所有地位，你会怎么想？我不想回忆我被剥夺的所有好东西，因为你是知道的，我不想触动我自己的伤口。但是我断言，没有哪个人曾经失去过这么多，或者陷入过如此悲惨的深渊。时间远远不能减轻我心中的伤痛，它实际上还在增加这种伤痛。其他伤害会随着时间的流逝而消退，而这种伤害会由于我当前的悲哀和回忆过去的生活而逐日增加。使我感到悲哀的损失不仅有过去曾经属于我的东西和人，而且有我的自我，我现在到底是什么？但我一定要约束自己，不要让抱怨和过多触及我的伤痛来折磨你。你为我说妒忌我的那些人辩解，把加图也包含在其中，但我从来不认为他有罪，这也是我后悔的一个主要地方，他对我是诚实的，而其他人对我是虚伪的。至于你为其他人辩解，如果你这样做，那么我只好认可。但是对我们来说，现在谈论这个问题已经太晚了。

我想，克拉苏的那名被释放奴仆传的话是邪恶的。你说在元老院里发生的争论进行得很顺利。但是库里奥怎么样？或者说，他没有读过那篇讲演吗？我无法想象它怎么变成公共的东西了？但是在对我解释那天的经过时，埃克西乌没有如此高度地赞扬库里奥。然而，他的解释可能遗漏了一些事情，而你写信告诉我的当然只能是事实。瓦罗说的话给了我某些有关凯撒的希望。只要瓦罗本人能负起责任来！他无疑会这样做，出于你给他施加的压力和他自己的意愿。

如果命运女神能把我的朋友和国家还给我，那么我要说，见到他们中的任何人也不会使我像见到你一样快乐。我将会勤勉地承担义务和表达善意，我必须承认我过去在这方面做得不够充分，你会感到我在向你回归，绝不亚于我在向我弟弟和我们的孩子回归。如果我有哪个方面对你不好，或者倒不如说，自从我对你不好以来，请你务必原谅我。我对自己更糟。如果我以这样的笔调写信，这并不意味着我不明白你由于我的不幸而陷入深深的苦恼。但可以确定的是，如果我现在真的配得上你对我的爱和你对我的情感，那么你绝不会让我缺少良好的建议，而你那里藏着丰富的建议，你也绝不能说服我，说那段关于结社的法律对我有利。可是，你为我做的只有对我的苦恼流泪，对我们之间情感的赞美，就好像我对我自己所做的一样。我应当得到的应该超过这些东西，你日夜沉思冥想，这种事情最好由我来做。这是我的过错而不是你的过错，但你没有提供帮助。由于你是唯一处在可以为我做点什么的位置上的人，所以你，或者其他什么人，在我对庞培极不仁慈的回应感到震惊的时候可以为我做点什么，我要么光荣地死去，要么胜利地活到今天。在此，你必须原谅我。我责备我自己，远远超过你对我的责备，如果我曾经责备过你，那是我的另外一个自我在责备；我也在寻找某些人来分担这种责备。如果我回归了，那么我的错误会显得不太大，而你无论如何要关照我，你已经为我做了许多事，而我什么也没有为你做。

你说你已经和库莱奥谈了法令[①]的事。这样做有点用，但最好还是废除它。如果无人阻挠，那么废除它是最安全的方式。另外，如果要阻碍一项法令，同样也要否决元老院的决定。你其实不需要废除其他东西，因为第一项法令[②]并没有提到我。如果在它首次颁布的时候，我选择了对它表示欢迎，或者像它应得的那样置之不理，那么它不会给我带来任何伤害。这是我通过我的判断得出的第一个要点。我们实际上是盲人，没错，我们是盲人，我们伤心流泪，向人哭诉——在对方没有采取任何反对我的实际措施时，这是我们所犯的一个致命的、不该犯的错误。但这已经是无法挽回的事，哭也无益。然而我这样做也还有一个原因，这就是劝阻你，如果有什么行动，不要去触及这项法令，因为它受到许多人的喜爱。

然而，由我来说你们这些人该做些什么或者怎么做是愚蠢的。你们只要做了就行了！就是在这个方面，你的信有许多不清楚的地方，我假定这是因为你担心把事情全都告诉我，会使我产生绝望。那么，你认为能做什么和怎么做呢？通过元老院吗？但你自己告诉我，克劳狄在元老院的大门上贴了一张告示，他的法令里有禁止“任何动议或提及”的条款。所以，多米提乌怎么能说他要提出一项动议呢？你提到这些人在元老院谈论这件事和提出动议，克劳狄怎么可能坐在那里一言不发呢？没有保民官的一致同意，这件事能通过公民大会来解决吗？我的财产怎么样，我的房子怎么样？能重建

① 即关于流放的法令。

② 克劳狄的前一项法令，尽管没有提到西塞罗的名字，但使他逃离罗马。

吗？如果不能，我又能怎么办？除非你看到了这些问题的解决办法，否则你要我保持什么样的希望呢？另外，如果没有希望，活着又能给我提供什么呢？所以我在帖撒罗尼迦等候 8 月 1 日的审议结果，据此我将决定是否到你那里去避难，但在那里我不会见任何我不想见的人，而你说我会在那里见到你，我明白你和我弟弟昆图斯都认为这是可以考虑的，或者也可以去西泽库。

现在，庞波纽斯，我要向你呼吁。你没有运用你的智慧把我从毁灭中拯救出来，我现在缺乏判断能力，但我知道，除了你的出现，你什么也不欠我。我受到了背叛、欺骗和践踏，我放弃了所有的行动来保护自己，我放弃了曾经有一个想要保护我的人所在的意大利，我自己和我的家庭向我的敌人投降了；而你，如果不比我更聪明，也一定比我更优秀，却在一边看着我，一言不发。现在，如果你有这样的力量，那就把我从泥潭里拉出来，帮帮我。如果所有的道路都堵死了，那就直截了当告诉我，但不要再让我听到任何责备或者安慰性的老生常谈。如果我说过你不可靠的话，我就不会选择你的家当避难所了。责备你是我自己的愚蠢，我想你对我会像我所希望的那样温暖。要是这样的话，你给我带来的确实不是更好的信心，而是更大的挂念，你一定能把我从毁灭中拉回，也一定能免除为了拯救我而付出的劳动。

所以请你直截了当，让我有一个详细可靠的解释。我希望自己（像你一样）是另外一个人，因为我已不再是过去的那个我，或者是我应该是的那个我。请把这封信中的责备理解为责备我自己，而不是责备你。如果你会写信，并且安排把信送给你认为必须以我的名义写信的人，那么我非常感谢。

8 月 17 日送出。

[61]

西塞罗致阿提库斯，公元前 58 年 8 月 19 日，于帖撒罗尼迦。

我正在等你和其他人 8 月 1 日的来信，这使我的整个旅行计划变得很不确定。如果还有希望，我会去伊庇鲁斯，如果没有希望了，我就去西泽库或其他某些地方。我越是读你的信，我就越感到不乐观。仔细阅读它们给我带来了更多的疑惑。很容易看出你正在尝试把安慰与诚实结合起来。因此，请你一定要写明白，把你知道的事实告诉我，把你的实际想法告诉我。

8月19日送出。

[62]

西塞罗致阿提库斯，公元前58年9月4日，于帖撒罗尼迦。

6月2日和8月29日之间，我不断地得到一些有关我弟弟昆图斯的比较模糊但又比较一致的报告。然而在那一天，卢·勒古鲁斯的奴仆李维奈乌到了，是勒古鲁斯派他来的。他告诉我没有什么公开的讲话，但有一些关于盖·克劳狄的儿子[①]的谈论。他还带来了我弟弟的一封信。次日，塞斯提乌的仆人到了，带来了你的一封信，你在信中所说的事情不像李维奈乌说的那样让我放心。在我自己无限的苦恼中，我当然感到焦虑，更有甚者，阿庇乌斯是法庭的主席。

我察觉到，你的来信的其他部分涉及我自己的期盼，给我留下的印象比我从其他来信者那里听到的情况还要不乐观。然而，由于距离我们做决定的时间不远了，所以我要么去你那里，要么就在这里再逗留一段时间。

我弟弟写信告诉我，你在各方面都是他唯一的支柱。对你已经在做的事情，我不用鼓励，我也不用表达你并不期待的感谢。我只希望命运能让我们在自己的国家里享有相互之间的爱。我总是渴望得到你的来信。不要担心我会认为它们过于详细，或者包含会带来痛苦的坦率。

9月4日送出。

---

① 大阿庇乌斯，是昆图斯的指控人。

[63]

西塞罗致阿提库斯，公元前 58 年，约 9 月 10 日，于帖撒罗尼迦。

我的期盼显然是由你告诉我的事情激起的，你说瓦罗已经向你保证，作为一位朋友，庞培肯定会接手我的案子，等他收到他正在等待的凯撒的来信后，他会尽快指定一位代理人。这意味着什么呢，什么也没有，或者凯撒的来信对我不利，或者仍旧还有希望？你还写信告诉我，他说“选举以后”。如果你看到我现在的麻烦，认为我应当成为你心中仁慈的对象，那就请你告诉我，我的整个案子到底怎样了。我弟弟昆图斯无比热爱我，他用会给我带来希望的色彩描绘一切，我认为他是在担心我会完全放弃。你的信不一样。你既不想我绝望，也不想我不明智地抱有希望。所以我请求你让我知道你所知的一切。

[64]

西塞罗致阿提库斯，公元前 58 年 9 月 15 日，于帖撒罗尼迦。

你和我的其他朋友的来信激起了我的期盼和希望，使我一直待在帖撒罗尼迦。当我看到这一年的所有活动都结束了的时候，我没有感到要去亚细亚，因为那里的人对我来说是面目可憎的，我不想离得太远，新执政官也许会做一些事。所以我决定到你伊庇鲁斯的住处去；由于我现在完全躲避阳光，所以不是因为这个地方有什么特点，而是因为你的住处是一个港湾，我在那里可以高兴地获救，或者说去你那里是我过去所祈求的，没有别的地方能更容易支持我这个可悲的存在，或者比较好的办法是抛弃这个可悲的存在。我只带很少几名随从，我会把大批人解散。

你的信从来不像其他人的信使我充满希望，不过我所抱的希望一直比你的来信给我带来的希望更弱。然而，由于已经有了一个开端，所以无论如何，或者无论为了什么，我不会没有希望。我亏欠甚多，对我唯一杰出的弟弟，对他乞怜的、悲伤的请求，对塞斯提乌和其他人的许诺，对特伦提娅的希望，这个最不幸的女人，对我可怜的小图利娅，对你忠诚的来信。伊庇鲁斯要么能够使我走上安全之路，要么——我刚才已经说过了。

提·庞波纽斯，我向你恳求：你看到其他人的背信弃义剥夺了我曾经丰盛地拥有的全部东西，剥夺了我最有价值、最引以为乐的东西，我自己的顾问出卖了我，把我扔进狼群。你知道我如何造成了我自己和我的家庭的毁灭。怜悯我，帮助我。支持我的弟弟昆图斯，他仍旧能够获得拯救，照顾特伦提娅和我的孩子；如果你认为可以在意大利见到我，那就在那里等待我的到来；如果你不这样认为，如果你能做到，你就到这里来看我，并且给我指定一块足以容身的土地。如果你能做到，那就尽快派人给我送信来。

9 月 15 日送出。

[65]

西塞罗致阿提库斯，公元前 58 年 10 月 5 日，于帖撒罗尼迦。

你的舅父做了一件恰当的事情，[①] 我衷心赞成事情应当这样处理。我要说，如果我能使用恰当这个词的时候到了，那么我会感到高兴的。啊！如果我曾经相信过的那些人的勇敢、判断、诚信都没有辜负我，那么我该有多么满意！在此我不想一一列举，这样做只会增加我的苦恼，但我肯定我以往生活的图景、它的愉快、它的尊严，会进入你心中。我请求你试着让所有这些都得到复原，就如你正在做的那样，使我有可能回到你那令人高兴的房子里，和你以及和我的家人一道庆祝我的回归。我确实想牢牢把握这个希望，以你在伊庇鲁斯的住处为首选，但我收到的信件表明，对我来说待在现在这个地方会更加便利。

关于我的房子和库里奥的讲演，和你所说的一样。如果我的总的状况恢

① 凯西留斯去世，把他的名字和遗产都留给了阿提库斯。

复了，那么一切都会包括在其中。我很在意我的房子。但我不会给你任何特殊的指令，我完全相信你的爱和忠诚。尽管你有大笔遗产需要考虑，这是一个好消息，但你还是摆脱了这些事务。我衷心感谢你把所有资源都用于我的光复，用你最先得到的东西来帮助我。我知道你正在分担我的重负，你一定会坚持下去，我不需要请求你这样做。

你告诉我不要想象我对你有什么冒犯，我会照你的愿望去做，驱散我思想上的焦虑；但无论如何我对你有愧疚感，你对我表现的仁慈超过了我对你表现的仁慈。我希望你写信给我，告诉我你看到了什么，你收集到什么，发生了什么事。塞斯提乌的告示不能令人满意，无论是从尊严的角度还是从安全的角度。这项法令应当提到我的名字，应当更详细地列出我的财产，如果你会注意这些要点，那么我非常感谢你。

10 月 5 日于帖撒罗尼迦送出。

[66]

西塞罗致阿提库斯，公元前 58 年 10 月 28 日，于帖撒罗尼迦。

自从听你说了一些事情以后，整整 30 天过去了。我现在正在考虑较早时候说的去伊庇鲁斯的事，使那里成为等待我的命运的地方，或者无论是什么。我请你尽可能用在你视野范围之内的、最清楚的术语给我写信，请你按照你的许诺，以我的名义写信给你认为需要的人。

10 月 28 日送出。

[67]

西塞罗致阿提库斯，公元前 58 年 11 月 16 日于帖撒罗尼迦以及 11 月 25 日于都拉斯。

尽管我的兄弟昆图斯和庇索给了我所发生的事情的细节，但我还是希望生意方面的压力没有阻止你给我写信，你要像通常那样详细说明所发生的事情，以及你是怎么处理的。普兰西乌的仁慈使我仍旧留在原地，尽管我已经要去伊庇鲁斯。这颗良好的灵魂充满希望，但我没有分享，我们也许能够一起回家，这会给他脸上增光。但我现在不得不与他分手，因为听说那些士兵[①]就要到了。如果我走了，我会马上让人给你捎信来，使你知道我在哪里。

伦图卢斯通过行动、诺言、信件表现出来的友好态度使我对庞培的善意抱有希望，而你经常对我说他完全顺从庞培的想法。至于麦特鲁斯，我弟弟写信告诉我他有多么希望你能得到那个地方。我亲爱的同伴，努力争取吧，让我有权力与你，以及我的家庭生活在一起，写信把一切都告诉我。悲伤完全侵蚀了我，再加上对这些东西的惋惜，它们对我来说比生命本身更宝贵。照顾好你的健康。

我在帖撒罗尼迦写了上面这些话，然后就动身去了都拉斯，这是因为，如果我借道帖撒利去伊庇鲁斯，那么我会在很长时间什么也听不到，又由于这个镇上的人是我的好朋友。等我离开这里去你那里时，我会让你知道的，请你给我写信，告诉我一切，无论好坏，要非常详细。我现在期待的是结果，而不是希望，要么有结果，要么没结果。

11月25日于都拉斯送出。

[68]

西塞罗致阿提库斯，公元前58年11月29日，于都拉斯。

11月26日，我接到你的三封信，一封是10月25日发出的，你在信中敦促我要勇敢，坚持到1月份；你用了许多暗示性的、可以带来希望的语言，伦图卢斯的热心、麦特鲁斯的善意、庞培的一般政策等等。和你的习惯

① 卢·庇索是西塞罗的敌人，他担任马其顿总督后正带着部队到来。

相反，你的第二封信没有写日子，但信中有充分的迹象表明它是什么时候写的，因为你说这封信写于八位保民官颁布他们的法令[①] 的当天，亦即 10 月 29 日，然后说了这道法令的好处。如果在这样的时候，我回归的所有希望和这道法令一样都消失了，我仍旧需要你的关心，我对这方面的记挂是可悲的，但不是愚蠢的。然而，如果仍旧有希望，我相信你会在未来继续努力，让那些站在我这一边的执政官给我提供更多的保护。

老保民官们的这项法令有三个条款，第一条涉及我的回归。它起草得非常草率，除了我的公民身份和等级，其他什么都没有归还。尽管对我当前的困境来说它已经足够了，但你必须看到有哪些东西必须提供、如何提供。第二个条款涉及免罚，一般性地提到“本法令的实施结果不得与其他法令有抵触”。至于第三个条款，我亲爱的庞波纽斯，还是问你自己吧，它为什么要这样写，是谁写的。

如你所知，克劳狄在提出法案时总是添加许多约束，使它在元老院或公民大会上几乎不可能遭到失败。以往的先例向你表明，在废除法律的时候，这样的约束从来不会遵守。否则的话就不可能废除任何法律了，因为只要添加废除法律的难度就可以起到保护自己的作用。然而，法令一旦被废除，这些约束也就同时被废。正因如此，不仅我们的传统观念这样想，而且在实践中也这样做，我们的八名保民官在他们的法令中写上了这样的句子：“本法令不得废除，其他法令不得与本法令相抵触，违者将受到法律或公民决议的严惩。”（克劳狄的法令就是这样说的）“试图废除、限制、违反本法令的相关人等将受到惩罚，但本法令没有做出这方面的规定。”

现在这些保民官没什么可怕的了，因为他们不受自己制定的法律的约束。看到法令中有一项对他们不起作用但损害我的利益的条款，人们会怀疑其中包含的邪恶意图，而他们的继任者如果胆怯，会感到必须采纳这一条款。就连这一点也没有逃过克劳狄的眼睛。他在 11 月 3 日的一次会议上指

---

① 召回西塞罗的法令。克劳狄或他的一名支持者投了反对票。

出这项条款规定了保民官们可以走多远。然而你必须明白，没有任何法律包含这样的条款，只要有需要，任何人都会用它来废除成文的法律。如果你能了解这样一些情况，那么我感激不尽：尼纽斯和其他人为什么看不到这一点？把这个条款带进来的是谁？为什么八名保民官毫不犹豫地就我的案子在元老院提出动议（因为他们认为自己不受那个条款的约束），没有丝毫警惕，不担心这些条款对他们有约束，甚至那些成文的法律都可以随意忽视？我真诚地希望新保民官不会提出这样的条款。然而，让他们通过一些事情吧，别在意。有一项把我召回的条款，我就满意了，只要能够做到。这封信写得这么详细，我已经感到可耻了，我担心在你读到它的时候，这件事情可能已经被当做一项坏工作而放弃了。在这种情况下，我的焦虑在你看来会是可悲的，而在其他人看来会是荒谬的。如果说还有什么事情可以抱有希望，看一看维塞留斯为提·法迪乌斯起草的法律吧。它在我看来是可敬的。你说你赞同塞斯提乌的草案，但我不喜欢。

第三封信是 11 月 12 日发出的。你在信中博学而又仔细地解释了你认为使事情倒退的因素，包括克拉苏、庞培，以及其他人。如果通过一些诚实者的努力，取得某些人的支持，通过一些为了达到这一目的而聚集起来的人，可以有希望出现，那么我请求你尽最大的努力去取得突破。你要集中精力，也要唤起其他人的支持。但若像我和你预见的那样，已经没有什么希望了，那么请你照顾好我可怜的弟弟昆图斯，是我毁了他，他现在比我还要惨。不要让他做出任何有关他本人的决定，这可能会伤害你的外甥。尽力保护好我的马库斯。可怜的孩子，除了我遭人仇恨和可耻的名字，我什么也没给他留下。照顾好特伦提娅，没有哪个女人要承受那么多的事情。

在我得到消息后的最初几天里我就会去伊庇鲁斯。请在下一封来信中告诉我事情是怎么开始的。

11 月 29 日送出。

[69]

西塞罗致阿提库斯，公元前58年12月10日，于都拉斯。

你和我的其他支持者写信告诉我，你同意给那些由卸任执政官担任总督的行省财政补贴，对于这一结果我感到担忧，但我希望你在某些方面比我看得远。后来我得知，口头的或书面的，你的办法受到强烈批评。我感到心神不宁，因为原有的那点微弱的希望之光似乎已经熄灭。如果保民官讨厌我们，那我们还能有什么希望呢？他们显然有理由对我们恼火，因为那些前来帮助我们事业的人没有和他们协商，由于我们这一方的让步，他们失去了全部特权——尤其是他们说这是由于我们的缘故，他们想要通过给这些执政官一些财政补贴来控制他们，这不是为了给他们制造困难，而是为了让他们追随我们的事业。他们指出，如果执政官现在选择对我们采取不友好的态度，那么他们可以这样做；但若他们真的想这么做，那么他们不可能反对保民官的愿望。至于你的论证是无可置疑的，你说如果保民官们反对，那么你不会同意让执政官在公民大会上坚持他们的观点。所以，我担心我们可能会失去保民官的支持，假定还能得到他们的支持，我担心我们有可能失去已经掌握的执政官。

更远的，但并非微不足道的损失是这样一个固定的印象（或者是我从报告中得到的印象），元老院在处理我的案子之前，没有出于不仅不必要，而且与惯例相反的目的，通过任何法令（我认为不需要给行省以财政补贴）。这样一来就没有任何事情能够阻止法令的通过了，而决定着我的利益的这条线就在这个时候断了。至于遇到这些问题的我的朋友，他们善意的讲话不值得奇怪。要找到任何人准备公开发出声音反对两名执政官的利益是困难的。要拒绝像伦图卢斯这样的好朋友肯定是难的，或者要拒绝麦特鲁斯，他如此巧妙地发出反对我的抱怨。但我想我们仍旧可以掌握他们，而我们已经失去了保民官。如果你能告诉我这是怎么回事，整件事情怎么样了，就用你现在的方式，那么我会非常感谢你。你的坦率不会给我带来快乐的阅读，但我还是欢迎它。

12 月 10 日。

[70]

西塞罗致阿提库斯，公元前 58 年，约 12 月中旬，于都拉斯。

一封在你离开罗马后送出的信到了我的手中，看了你的信，我想我一定会在目前这种可悲的状态中消瘦。确实（你不会误解我的话），如果我的回归还没有任何希望，那就请你替我打点，不要在这个时候离开罗马。但我把这件事撇开，因为担心这样做会显得不感恩或者显得似乎想要让一切都随着我毁灭。我只是要你尝试，就像你向我保证的那样；无论我在那里，请你务必在 1 月 1 日之前到我这里来。

[71]

西塞罗致阿提库斯，公元前 57 年 1 月中旬，可能于都拉斯。

我已经收到了我弟弟昆图斯的一封信，还有元老院通过的一项关于我的法令。我打算等待这些法律付诸表决，如果有人反对，我会使自己有利于元老院的权威，我宁愿为国家的权威交付我的生命。请尽快到我这里来。

[72]

西塞罗致阿提库斯，公元前 57 年 2 月初，可能于都拉斯。

根据你的来信和事实本身，我明白我彻底完蛋了。① 在我的家庭需要你

① 公元前 57 年 1 月 23 日，一项召回西塞罗的法案提交到公民大会，但受阻于克劳狄团伙。西塞罗之弟昆图斯在暴乱中差点丧生。

帮助的地方，我请求你不要在我们的不幸中辜负我们。按照你的信件，我将很快见到你。

[73]

西塞罗致阿提库斯，公元前 57 年，约 9 月 10 日，于罗马。

我一到罗马就有了适当人选给你送信。我认为我回来以后的第一要务就是向你表示祝贺。坦率地说，我喜欢你的原因，既不是因为作为一名顾问你比我本人更加勇敢或者更加聪明，也不是因为你极为勤奋地履行承诺，保护我不受伤害。你在早些时候分担我的错误，或者说相当迷恋我虚假的警惕性，你最敏锐地感受到了我们的分离，从而把大量的时间、热情、耐心、劳动用于我的回归，这是我所喜欢的。所以我诚挚地向你保证，在这个经过长期等待终于到来的值得庆贺的欢乐时刻，有一件事情是我最需要的，这就是见到你，或者倒不如说拥抱你。一旦我获得了这样的幸福，如果我又让它离开，如果我不去享有你的所有的令人愉快的陪伴，那么我会真的会认为我本人几乎不配得到这一幸福。

关于我的一般情况，现在还远不能说我已经获得我认为最难恢复的东西，也就是说我的公共威望、我在元老院的地位、我在诚实者中间的影响，已经远远超过我有可能的梦想，但是我的私人事务仍旧处在非常糟糕的状况——你明白我的财产已经被掠夺、糟蹋和散失——我现在需要的不是你的资源，我把它们也看做我自己的，而是按照你的建议，把剩下的财产归拢在一起，使它们健全起来。

关于这些事情，我现在要给你一个简要的解释，我想你特别喜欢向我的笔学习，尽管我期待你已经从你自己的人那里，或者从有关这件事的报告和一般的谣传中得知了一切。

我是 8 月 4 日离开都拉斯的，有关我的回归的法案交付表决就在那天。我于 8 月 5 日在布隆狄西上岸。我的小图利娅在那里欢迎我。这天是她的生日，也是布隆狄西这个殖民城邦的创建日，巧的是你的邻居的健康女神神庙的奠基日也是这一天，大量民众前来观看，镇上的居民为此举行了欢乐的庆祝活动。8 月 11 日，就在布隆狄西，我从昆图斯的信中知道，关于我的法案已经提交到百人队代表大会，得到了所有等级和各种年纪的人的热情支持，从各地来的投票者汇聚在一起。我出发返回罗马时受到镇上居民的热烈欢送，路上又遇到从全国各地前来祝贺的代表。

我到了罗马郊区。许多人出城来欢迎我，无论属于哪个等级，有些人我连名字都不知道，我的敌人既不能隐藏起来，又不能否认这些事实。到达卡佩那大门的时候，我看到通往神庙的阶梯上挤满了普通民众，他们大声欢呼，向我表示欢迎。许多人簇拥着我向卡皮托利山前进。市政广场和卡皮托利山上到处都是人。第二天，即 9 月 5 日，我在元老院发表了致谢的演说。

两天以后我又发表了讲话。粮食价格飞涨，一批人首先在剧场上聚集，然后到了元老院，在克劳狄的挑拨下，他们说是我造成了粮食短缺。在那些日子里，元老院开会讨论粮食供应的形势，确实存在一种一般的需要，不仅来自普通民众，而且来自诚实者，庞培受命承担粮食供应的任务。他本人渴望担负这一使命，民众则呼喊着我的名字。我发表了长篇演讲。除了美萨拉和阿弗拉尼乌，其他执政官都不在场，因为他们声称在这种场合讲话不安全，元老院通过了一项我提出的法案，要庞培承担这项任务，并对此做恰当的立法。这项法令马上得以宣读，在读到我的名字的时候，人们用那新奇的、有点愚蠢的方式热烈鼓掌。然后，在所有在场的行政官员的邀请下我发表了演说，只有一位执法官和两名保民官没到。

次日，有许多人参加元老院的会议，包括所有执政官。庞培有求必应。在提名 15 位副使的时候，他第一个提到我的名字，并且说在所有方面我是他的另一个自我。执政官们起草了一道法令，赋予庞培控制全世界粮食供应的权力，期限 5 年。美西乌斯提出一项修正案，赋予庞培支配所有金钱的权力，外加一支舰队、一支军队，以及在各行省高于总督的权威。我们执政官的法令现在看起来很有节制，而美西乌斯的修正案则令人无法忍受。按照庞培本人的说法，他喜欢前一个法令，按照他的朋友的说法，他喜欢后一个法令。执政官们激动了。法伏纽斯成了他们的首领。而我闷声不语，因为我更希望讨论另一个议题，关于我的房子，祭司团还没有给予答复。如果他们能够做出宗教方面的批准，那么我会得到一个极好的地方，在元老院法令颁布以后，执政官们会去评估房子的价值。如果没有，那么他们会推倒神庙，并以他们自己的名字签合同，对整个建筑做评估。所以我现在的状况是："运气进门的时候是'未决定的'，运气走了的时候我们称之为'公平'。"如你所知，我的经济状况很不好。还有某些私人的事情我不想在信中说。我弟弟是爱、勇敢、忠诚的典范，我爱他，我不得不爱他。我期待着见到你，请你尽快回来，我等你回来为我提供你说的那些好处。我正在开始第二次生命。在这里，那些保护我的人中间已经有人向我表达了秘密的情感和公开的妒忌。我非常需要你。

[74]

西塞罗致阿提库斯，公元前 57 年 10 月初，于罗马。

如果你从我这里听到的事情比从其他人那里听到的事情要少，那么请你不要把它归结为我事务的繁忙，更不要归结为我的疏忽。没错，我现在极为忙碌，但没有任何具体事务能干扰我们之间的情感和我对你的关注。事实上，自从我回到罗马以来，这是第二次我听说有人可以给你捎信，所以这是我的第二封信。

在第一封信中，我对你讲了我到达罗马时的情况、我当前的处境，我的整个状况："运气进门的时候是'未决定的'，运气走了的时候我们称之为'公平'。"在我发出那封信以后，围绕着我的房子有一场激烈斗争。我于 9 月 29 日对祭司团发表了讲话。我非常认真地对待这个论题，我想我以前做过大量演讲，哪怕我从来没有在任何时候发表过演讲，但在这样的场合，强烈的情感和问题的重要会给我雄辩的力量。我们比较年轻的一代无法一直等待我的这篇演讲。我会把它尽快送给你，哪怕你本人并不急着拥有它！

祭司团认为："只要宣布把我的房子的宅基地奉献给神的人没有受到人民的指派，那么现在把它归还给我不会亵渎神灵。"由于这一结果，我立刻受到人们的祝贺，因为无人怀疑这所房子已经判给我了。应阿庇乌斯之邀，克劳狄突然在一个集会上讲话。他对人们说祭司团偏向他，而我试图用暴力占有，敦促人们追随阿庇乌斯和他本人捍卫他们的自由。那些旁观者也令人震惊，我说的是他们中的某些人，而其他一些人则嘲笑他的愚蠢——我决定不靠近那个地方，直到执政官颁布重建卡图卢斯的门廊[①]的法令。10月1日，元老院召开了一次会议，参加的人很多。是元老院议员的所有大祭司都参加了。坚定地站在我这一边的马凯利努斯第一个讲话，他要求他们说明颁布法令的理由。马·卢库鲁斯代表他的所有同事讲话，指出裁决宗教问题是祭司团的事，裁决法律问题是元老院的事。他的同事和他本人对前者发表意见，而作为元老院议员，他们要在元老院里对后者做出决定。后来，他们轮流详细地发表了对我有利的讲话。轮到克劳狄讲话的时候，他首先谈到座次，提出任何人不得阻止他讲话。然而他滔滔不绝地讲了三个小时，最后他的讲话终于被激怒的元老院发出的喧哗声打断。审议按照马凯利努斯的议案制定的法令时，所有人都表示同意，只有一个人反对，塞拉努斯行使了否决权。两位执政官马上对元老院的决议行使了否决权。那些强有力的演讲取得了良好的效果，表明把房子还给我是元老院的意愿，还有一项关于卡图卢斯的门廊的议案提了出来，行政官员们捍卫元老院的权威；进一步说，元老院要对使用暴力否决法令的事情负责。塞拉努斯害怕了，考尼昔努则故伎重演——他脱去托袈袍，跪在他的女婿面前。塞拉努斯请求休会，但是还记得1月1日那一幕的元老院不同意。然而，由于过分忙乱和我的善意，最后他的要求还是得到了满足。

---

① 卡图卢斯的门廊也被克劳狄拆毁，而代之以他自己的门廊。

第二天，我送给你的这份法令通过了。然后执政官们签署了一份合约，涉及归还卡图卢斯的门廊，承包人马上拆除了其他门廊，试图让每个人都满意。执政官和他们的评估师对我的房子做了评估，亦即对整个建筑，它值 2,000,000 个小银币，但对其他地产则不那么仁慈——图斯库兰的庄园值 500,000 个小银币，福米埃的庄园值 250,000 个小银币。这个估价不仅受到上层等级人士的批评，而且受到大众的批评。你可能会感到奇怪，为什么会有这种事发生。他们说我本人的克制是一个原因，但我既没有拒绝补偿，也没有鲁莽地提出我的要求。所以原因并非如此。这是我情愿的，而不是由于其他。不，我亲爱的提·庞波纽斯，同样是那些从前折断了我的翅膀的上层阶级的人士（你不需要我告诉你他们的名字）不想看到它们又长成原来的模样。然而，我希望它们已经恢复。你赶快回来吧。我担心你的行动会比你应该做到的迟缓，而现在你的（也是我的）朋友瓦罗来访的事情又插了进来。

由于你已经知道了发生的事情，所以让我把未来的计划告诉你。我让庞培提名我担任他的副使之一，但你要明白我还是相当自由的。如果我不想为第二年的由执政官主持选举的监察官做准备，那么我会有一项通过选举得来的使命，视察“每一座神庙和圣地”。这是我的兴趣所致。我想给自己一个机会，在夏天开始的时候起身或离开，与此同时我认为在自己的同胞中露面是一个不坏的主意，我亏欠他们太多。

这是我在公共事务方面的计划。至于我的私人生活，它们就像一团乱麻。我的住房正在建造，你知道要花多少钱，会有多少麻烦。我在福米埃的庄园正在重建，我无法忍受抛弃它，但也无法很好地照料它。我已经在出售在图斯库兰的地产，尽管没有一个邻近罗马的住处会给我带来困难。我的朋友们的仁慈在一件事情上已经枯竭，除了带来坏名声，它没有产生什么结果，就如不在场的你和在场的你的人所见。只要我的捍卫者允许，我会把他们的忠诚和资源用于各种目的；而现在我在这方面极为困窘。我其他的焦虑是不重要的。我有我弟弟和女儿的爱。我期待着见到你。

[75]

西塞罗致阿提库斯，公元前 57 年 11 月 22 日，于罗马。

我敢保证你肯定知道了这里发生的事，并且是从我这里知道的——不是说我写信告诉你的事情比你听说的更可靠，而是我想要你从我的信中知道我现在如何看待这些事情的发展，我心里怎么想，当前的一般情况如何。

11 月 3 日，一个武装团伙在我的工地上驱逐工匠，他们推倒了卡图卢斯的门廊，它是根据元老院的一道法令，由执政官签署了一项合约后开始重建的，已经修到檐口，他们从我的地基上扔石头，砸坏了我弟弟的房子，然后纵火焚烧。这是克劳狄下的命令，在响亮的抗议和恸哭声中，整个罗马都看到他们把火把扔了进去——我不说火把来自诚实者，因为我怀疑他们是否还存在，而是来自各色人等。克劳狄甚至以前就搞过暴乱，在疯狂中，他想的不是别的什么事，只是屠杀他的敌人，他上大街小巷鼓动奴隶造反，说会给他们自由。他以前当不愿出庭的时候就说案子不好处理，虽然不好处理，但仍旧是个案子。他会否认指控，或责备其他人，甚至会辩解说这种行为是合法的。而在这次疯狂的破坏、纵火和抢劫中，他的追随者离开了他。他能做的一切就是让那个承办丧葬的德修斯或盖留斯留下，他让奴隶当他的顾问。他明白，要是他选择在光天化日之下杀人，他的案子在上法庭时也不会比现在更糟。

后来，在 11 月 11 日，当我去萨克拉的时候，他带人追赶我。突如其来，石头乱飞，短棒和刀剑挥舞！如同晴天霹雳！我退到特提乌斯·达米奥家的前院固守，我的随从挡住了这些粗野的人。他们也能杀死克劳狄本人，不过我成了讨厌外科手术的营养学家。当他发现人人都想要把他捆绑起来送上法庭，或者送上刑场时，他后来的行为使每一位喀提林看上去都像阿基狄努[1]。11

① 阿基狄努是公元前 179 年的执政官，受人尊敬。

月 12 日，他试图袭击和焚烧米罗在凯玛鲁斯[①]的房子，那些人带着刀剑、盾牌和点着的火把，这是上午 11 点的事情。他本人以普·苏拉的住处为发起攻击的基地。

昆·福拉库斯带着一批勇士从米罗在安尼亚那[②]的另一所房子里赶来，杀死了克劳狄匪帮中最臭名昭著的几名匪徒，但克劳狄本人通过苏拉房子中的某些暗道逃跑了。元老院在 14 日开会，克劳狄待在家里。马凯利努斯表现出色，其他人给了他坚决的支持。但是麦特鲁斯的发言长篇大论，有阻挠议事之嫌，阿庇乌斯也在帮助他，我必须说帮助他的还有你的一位朋友，[③]关于他的行为的一贯性你在信中所写的是最真实的。塞斯提乌就好像换了一个人。克劳狄后来威胁说如果他的选举[④]不能如期举行，那么他要报复这座城市。米罗站在他一边反对马凯利努斯的议案，这项议案后来宣读了，要求对我的整个案子进行审讯——宅基地、纵火、我的离去，所有这些都发生在选举前。他还宣布他会在公民议事大会的日子里观察天上的征兆。[⑤]接下去发表了一些公共演说，麦特鲁斯的演说十分冗长，阿庇乌斯的演说非常草率，普伯里乌的演说相当混乱。最后的结果是，除非米罗在战神广场宣布相反的占卜结果，否则就要举行选举。

11 月 19 日，米罗在半夜里去了战神广场，带了一大帮人。尽管克劳狄有一大帮逃跑奴隶的支持，但他没敢去战神广场。米罗在那里一直待到中午，公众非常高兴，而他自己也有巨大改变。这三兄弟[⑥]发起的战役遭到惨败。他们发现他们的暴力被克服，他们的愤怒被蔑视。然而，麦特鲁斯要求米罗第二天在市政广场上宣布他的占卜结果。他说不需要夜里去战神广场。

---

① 帕拉丁山丘的北端。

② 安尼亚那（Anniana），罗马一处地名，位于市政广场去卡皮托利山的路上，刚过凯玛鲁斯山谷。

③ 霍腾修斯。

④ 选举市政官，克劳狄是候选人。

⑤ 参见第 36 封信注释。

⑥ 指克劳狄、阿庇乌斯和他们的同母异父兄弟麦特鲁斯·涅波斯。

他本人会在拂晓时出现在公民大会上。所以，在 20 日那天，米罗在天还黑着的时候来到公民大会上。天快亮的时候，麦特鲁斯偷偷摸摸地在通往广场的路上急走。米罗在林子间[①] 赶上了麦特鲁斯，对追随麦特鲁斯的人宣布了占卜结果，还有昆·福拉库斯粗暴的嘲笑。21 日是集市日，两天之内不会再召开公民大会。

我是 22 日凌晨两三点的时候写这封信的。米罗已经在广场上。我听到我的邻居马凯鲁斯（候选人）还在大声打鼾。我得知克劳狄的前院已经没有人了——只有一些没有打灯笼的、衣衫褴褛的儿童。克劳狄集团的人抱怨说这全都是由于我的计划。他们对米罗的勇敢一无所知，他是一个多么机智、多么勇敢的人啊！他的精神令人惊叹！我省略最近的一些大事，把基本情况总结如下：我不相信会有任何选举。我认为米罗会审讯普伯里乌，除非普伯里乌先被杀死。如果他在路上对米罗下手，我不怀疑米罗会亲手把他撕成碎片。他这样做不会有什么不安和疑虑。他不担心这样做会对我有什么不利，因为他从来不听从任何人的、妒忌的、危险的建议，或者相信一种呆板的高尚。

我的心是高的，甚至比我兴旺的时候还要高，但我的钱包是低的。不管怎么说，有了我的朋友们的帮助，只要我的经济状况还允许，我会补偿我弟弟的仁慈，只要不是一文不剩。由于你不在，我不知道自己应当站在哪里。所以尽快回来吧。

[76]

西塞罗致阿提库斯，公元前 56 年 1 月 28 日，于罗马。

辛西乌斯的到来（1 月 28 日黎明）真是太好了，因为他告诉我你在意大利，他正在派几名奴仆到你那里去。我不希望他们去你那里而不捎上我的

---

① 帕拉丁山丘两个高点之间的树林。

信，不是我有什么事情要告诉你，尤其是你几乎就在这里了，而只是告诉你我比听到你回来了还要高兴，我在十分不耐烦地等待你的到来。我们见面的时候会处理其他事情。所以尽快到我这里来，相信我对你的爱和你对我的爱是一样的。我的信写得很匆忙。你到这里的时候要和我住在一起，把你的人带来。

[77]

西塞罗致阿提库斯，公元前56年，约4月13日，于阿尔皮诺。

没有什么东西能比你的信更宝贵，它极大地缓解了我对我们的外甥的焦虑，他是个好孩子。凯利普斯是两小时前到的，他带来了最恐怖的消息。

至于你说的阿波罗尼乌斯，这是个该死的家伙！一名濒临破产的、无耻的希腊人，竟然认为自己有权享有罗马骑士的特权！特伦提乌斯的要求毕竟还在他的权利范围之内。至于麦特鲁斯，这是个传播瘟疫的魔鬼。好在过去几年里我们的同胞还没有因此而死……① 我向你保证，你的钱相当安全。你有什么可担心的？无论他让谁做他的继承人（除非是普伯里乌），都不会是一个比他本人更大的无赖，所以你不会失去挂在他的账上的钱，但你下次要仔细一些！

请记住我要你为我的房子做的事，对米罗说一声，安排一些警卫。阿尔皮诺人对拉特里昂② 的气味感到惊讶。好吧，确实如此！我非常抱歉，但“他一点儿也不在意我的忠告”③。

我没有更多的话要说，除了请你照顾好这个孩子，在你心中为他留下一块温柔的地方，就像你已经在做的那样。

---

① 此处原文有缺失。

② 指西塞罗在拉特里昂的庄园。

③ 引自荷马：《奥德赛》第17卷，第488行。

[78]

西塞罗致阿提库斯，公元前56年，约6月20日，于安齐奥。

如果你来看我们，那太令人高兴了。你会发现，提拉尼奥把我的书安排得非常好。留下尚未整理的书也比我预期的要好。如果你能送几个图书馆的工作人员来帮助提拉尼奥整理图书，那么我将非常感激，告诉他们带一些羊皮纸来做标签，我相信你们希腊人称之为“昔图巴士”。如果这样做对你方便的话。至于你自己，尽快来吧，如果你能忍受在这里待一会儿，带庇丽娅[①]一起来，这样做才是对的，才是恰当的，如图利娅所希望的那样。

好吧，在我看来，你已经买了一支精良的部队！我听说这些角斗士擅长格斗。如果你雇用他们，那么你在最后两场表演时会把钱用光。关于这一点我们以后再谈。尽快来吧，请不要忘了带你的图书馆工作人员来。

[79]

西塞罗致阿提库斯，公元前56年，略迟于上一封信，于安齐奥。

你信中提到的许多东西都令我高兴，但那只盛鱼的盘子是最好的。至于你说的那点铜器，“在你没有看到结果之前先不要吹牛”。

在这个乡间住处，我找不到什么东西给你。镇上是有些东西，离我们的住处也很近，但有可能不出售。让我告诉你，安齐奥就是罗马的布特罗图姆，就像你在考居拉的布特罗图姆——这里是世上最安静、最凉爽、最友好的地方。“它始终是一个甜蜜的家园。”提拉尼奥已经把我的书摆放好了，我的家似乎又有了生气。你的狄奥尼修斯和美诺菲鲁创造了奇迹。你的这些奴仆是优雅的演讲中的最后一个词，那些标签已经醒目地插在书上了。再见。

噢，你可以让我知道你那些角斗士的情况，只是他们要有良好的表现。

① 阿提库斯在2月份娶了庇丽娅。

否则的话我不感兴趣。

[80]

西塞罗致阿提库斯，公元前56年，略迟于上一封信，于安齐奥。

现在就来吧！你真的认为还有谁能比你更快、更好地阅读我的作品吗？我为什么要把这部作品先送给其他人？因为我送书给他的那个人[①] 正在对我施加压力，而我也没有两份抄件。还有这样一个事实（我也许应当停止咀嚼必须咽下的东西），我并非真的为我的回文[②] 感到自豪。但是再见了，原则、诚实、荣誉！你很难相信我们的公共领袖的欺诈，要是他们还有一丁点儿诚实，他们就不会是现在这个样子。我见过他们的欺诈，知道他们的欺诈，也上过当，被他们抛弃在狼群中。尽管如此，我还是打算在政治上同意他们的观点。他们证明了他们始终是他们。在你的建议下，我最终醒悟过来了。

你会说你建议的事情是我应当做的事情，但不是我应当写作。事实上，我想要不诚实地把我自己和这些新的盟友联系在一起，以便使我自己不可能回到那些不愿放弃他们的妒忌的人那里去，哪怕是在他们不得不对我表示歉意的时候。然而，我注意到有关我的“神话”需要节制，我告诉过你，我应当有所节制。如果人们真诚地向他[③] 提供了他索要的东西，那么我会更多地约束自己；另外，如果这样做会扭断某些绅士的马肩隆[④]，那么他们会反对我拥有曾经一度属于卡图卢斯的花园，而想不到我已经从威提乌斯那里把它买了下来，他们会以同样的口吻说我一定不能建造我自己的房子，我必须把它卖了。当我按照一条甚至连他们也同意的方针在元老院做演讲的时候，只要我或多或少讲一些反对庞培的话，他们就会感到高兴，有什么事情可与这一

---

① 可能指庞培。

② 顺读和逆读都一样词或诗句。

③ 指凯撒。

④ 马肩隆是马肩骨间隆起的部分。

事实相比？由于软弱者不会成为我的朋友，让我试着使自己变得强大。你会说我应当尽快这样想。我知道你想要我这样做，我是一头蠢驴。但是现在是我爱自己的时候了，因为无论我怎么做，他们都不会爱我。

非常感谢你一直关心我的房子。克拉西佩抢先准备了欢迎你回家的晚宴。“直接从大路到郊区吗？”好吧，这样走似乎更方便。我会在第二天来看你，当然了，这不会给你造成什么机会。但是让我们走着瞧吧。

你的人在整理书橱和书签的时候还粉刷了我的图书室。请称赞他们。

[81]

西塞罗致阿提库斯，公元前 56 年，约 6 月底，于安齐奥。

厄格纳提乌在罗马，我在安齐奥和他谈过哈里美图的事。他向我保证，他会认真地和阿奎留斯交涉。如果你愿意，你可以见到他。我很难想象我能强迫马克洛。我知道下个月 15 日和次两日在拉利努姆有一场拍卖。由于你老想着马克洛，所以我必须请你原谅我。但是别忘了 2 日那天带上庇丽娅和我一道吃晚饭。我建议 1 日在克拉西佩的郊区住处吃晚饭，而不是去酒馆，尽管那里很便宜！我晚饭后回家，这样我就能准备好米罗第二天上午的来访。我会在那个时候见到你，在此只是事先提醒。我们全家都希望你能记住我们。

[82]

西塞罗致阿提库斯，公元前 56 年，约 11 月 17 日，于安齐奥或图斯库兰。

你的信到达的时候，阿佩拉刚刚离开。你真的认为他不会把这项议案交付表决吗？请说得响亮些，我不认为我听明白了！但是，如果你方便，请让我马上知道。由于赛会要延长一天，我会在这里和狄奥尼修斯一起度过更加快乐的一天。我非常赞成却波尼乌的观点。至于多米提乌，“朱庇特在上，没有比豌豆更像豌豆的了”[①]，他的危机和我的危机非常相似。对此要负责任的是同一批人，同样突如其来，同样明显的诚实者的缺席。唯一的差别是他是自找的。至于实际的打击，我敢说我碰上了打击要小一些。还有什么事能比一名从摇篮里就是执政官候选人的人成为执政官受阻更悲惨，尤其是没有竞争者，或者无论怎么说，竞争者不超过一名？[②]如果这是真的，那么我敢说，写在他们[③]的本子上的未来执政官名字有好几页，还有谁的条件比他更好——除了国家的状况不好，根本就没有发生像人们所希望的那种改进？

你的信给了我有关那塔的消息。我憎恶这个人。你问起那些诗歌。假定它有望伸展翅膀，那又怎样？我应当放飞它吗？至于法比乌斯·卢司库斯，如我一开始所说，他总是对我极为友好，我从来没有反对过他——他是一个非常能干的人，循规蹈矩，非常高尚。好吧，由于我没有看见他，我想他一定离开镇上了，但我听费尔蒙的伽维乌斯（你认识他）说他在罗马，并且一直在那里。这使我大吃一惊。你可以认为这是件小事，不值得担心，但他给我带来许多有关费尔蒙兄弟[④]的可靠消息。如果他真的走了，我不明白他为什么要避开我。

至于你的告诫，要我像政治家那样行事，在内圈行走[⑤]，我会这样做的。但我需要更多的知识，像通常一样，我会要求你提供。如果你能推动法比乌斯，如果你有机会，有你那个晚餐的伴侣牵线，那么我会很高兴，关于这一点以及其他事情请写信给我。当你无话可说的时候，噢，就说说这种事吧！照顾好你的健康。

---

① 引自某出喜剧。

② 卢·多米提乌参加竞选公元前55年的执政官，遭到挫败。最后当选的是庞培和克拉苏。

③ 指三巨头。

④ 可能指庞培和克拉苏。

⑤ 这是一种棋类游戏，“内圈”是国王待的安全的地方。

[83]

西塞罗致阿提库斯，公元前55年，约4月19日，于库迈。

有关伦图卢斯的消息当然对我有影响。我们失去了一个好人，一个伟大的人，在他身上一种真正崇高的精神与优雅和仁慈结合在一起。我的慰问尽管很可怜，但仍旧是一个慰问，这就是我对他的一切并不感到遗憾——我并非按照邵费乌斯和你们学派[①]的方式说这样的话，而是因为在我看来，死亡是天命馈赠给我们的礼物，一个热爱祖国的人应当在大火灾中被带走。毕竟，还有什么事能比我们现在过的生活更不光彩，尤其是我的生活？对你来说，你生来就是一个政治动物，不会屈服于任何具体的奴役，你拥有与其他人相同的本性。至于我，要是我像我必须做的那样谈论政治，我会被当做一名疯子，要是我谈论什么便利的东西，我会被当做一名奴隶，如果我什么也不说，我会被视为一名无助的俘虏——对此我会有什么感觉？我假定，更为痛苦的是我甚至不能表示悲哀，以便不会对你显得不感恩。假定我选择罢手，寻找一个地方隐居，把那里当做避难的天堂，可以吗？空虚的思想！不，我必须参加战斗。那么我应当是军营中的一名拒绝当将军的小兵吗？情势所迫，没有办法，因为我看到你本人（只要我始终听你的话）认为这是最好的选择。剩余的什么也没有了，除了“归你所有的斯巴达”——不，我做不到！我不责怪斐洛森努[②]，他宁愿被送回监狱。然而我对自己的克制也是有限度的，也就是同意他们的程序，等我们见面的时候，你会支持我的决定。我明白你经常写信给我，但我总是一次收到好多封。这实际上给我带来了额外的痛苦。我正巧打开这三封信中的第一封，你在信中说伦图卢斯是一个比较好的小人。然后在第四封信中就有了这个晴天霹雳！但是，如我所说，不用为他遗憾，我们还要继续活下去。

---

① 伊壁鸠鲁学派认为死是个人存在的终结，因此不是恶。

② 一名希腊悲剧诗人，被叙拉古僭主狄奥尼修斯一世关押。获释后要他赞美僭主，他说：“把我送回采石场。”

你提醒我给霍腾修斯写信。但我还没有写，因为忙于别的事情，但我并非忘了你的吩咐。我向你保证，我马上就写。我感到这在我看起来已经相当愚蠢，当他还是我的朋友时，我竟然容忍了他的不合理的行为，但我不会进一步愚蠢下去，请你注意他通过写作还对我犯了什么错。还有，我在行为中的自制在写作中不会表现得那么明显，这样的申辩看起来是相当缺乏尊严的。但是让我们走着瞧吧。你要经常给我写信，哪怕一次写一行也行。

我要提醒你，找到卢凯乌斯，向他借我写给他的那封信，我请他描写一下我的行迹——一件很好的小作品——你要敦促他继续这样做，他在回信中答应这样做，代我感谢他。请你继续关心我的房子，在你能做到的范围内，请代向维斯托留问好——他对我非常好。

[84]

西塞罗致阿提库斯，公元前 55 年 4 月 22 日，于库迈。

在普特利有大量谣传，说托勒密[①] 又登上王座了。如果你有更加可靠的消息，我很乐意知道。我现在靠福斯图斯[②] 的图书馆生活——你也许会以为我靠普特利人和卢克里尼人出售的商品生活。我也拥有了它们。不开玩笑了，由于我的年纪，当其他各种娱乐已经对我失去魅力的时候，文学解救了我，使我恢复精神。我宁愿坐在那个小小的位置上，你在那里放了一尊亚里士多德的雕像，不愿坐上我们的执政官的宝座，我宁愿和你一道在你家里散步，也不愿跟那个人[③] 一道散步，而我似乎必须在他的陪伴下散步。如果诸神中有谁对这种散步感兴趣，那么会有机会的。至于我的散步、我的拉科尼亚浴，以及拉科尼亚近郊，如果你能够给予关注，敦促斐洛提姆努力工作，

---

① 托勒密国王（吹笛者）于公元前 58 年失去王座，在伽比纽斯帮助下复辟。

② 指福斯图斯 · 苏拉。

③ 拿波勒斯海湾以盛产海鲜著称。福斯图斯 · 苏拉可能把图书卖给西塞罗，或者西塞罗在他的庄园里阅读这些图书。

以便我能向你提供这方面的某种回归，那么我会非常感谢你。

庞培在牧人节那天抵达了他在库迈的庄园，他马上派了一名信使给我送来他的问候。这是昨天的事，写完这封信，我会在今天早些时候去他那里。

[85]

西塞罗致阿提库斯，公元前 55 年 4 月 27 日，于拿波勒斯。

我非常乐意知道保民官是否会通过宣布恶兆来拖延调查（这里有这样的传闻），他们在干什么，有关监察官的一般情况如何。我在这里和庞培在一起。他和我讨论了许多政治，但从他所说的来看，并非没有诸多不满之处（我不得不这样说）——嘲笑叙利亚，践踏西班牙，这又是根据他说的话做的推测。确实，每当谈起庞培，我们都应当有所约束，就好像“这也是福库利德[①]说的”。他还赞赏地谈起你安排的为他收集艺术品。对我本人，我必须说他极为感情奔放。他还在 25 日拜访了我在库迈的住处。在我看来，他想要做的最后一件事就是让美萨拉当执政官。关于这件事，如果你知道任何情况，请让我也知道。

感谢你说你会对卢凯乌斯赞扬我的荣耀，会关注我的房子的建造情况。我弟弟写信给我，要是你想和我们讨人喜欢的小昆图斯在一起，他会在 5 月 7 日来看你。我于 4 月 26 日离开了库迈，当晚在拿波勒斯的派图斯家过夜。我写此信在 4 月 27 日很早的时候，就在出发前往庞贝之前。

[86]

西塞罗致阿提库斯，公元前 55 年 6 月 26 日，可能于图斯库兰。

我于 26 日一起收到的你的两封来信给了我很多快乐。你干得好！我很

---

① 福库利德是公元前 6 世纪的格言集的作者，在其序言中说：“这也是福库利德说的。”

想知道正在进行的所有事情。比如，你能发现这是什么意思吗——我想你能做到，从德美特利那里。庞培告诉我，他 27 日在阿尔巴等候克拉苏，克拉苏到了以后他们马上会去罗马，去和包税人交涉。我问道："在角斗士表演期间吗？"他答道："在它开始之前。"你能说一说这是怎么回事吗，要是你正巧知道的话，或者等他到了罗马以后？

我在这里和那位了不起的（我相当严肃）狄奥尼修斯一道研究文学，他向你表示敬意。"知道一切比其他任何东西更甜蜜。"① 既然如此，请你记住现在该轮到我发问，请你告诉我表演开始的当天和第二天的细节，还有监察官、阿庇乌斯以及"人民的阿普莱娅"② 的情况。我用这句话来结束我这封信，我想听到你自己在做什么。说实话，没有什么消息能像你的来信一样给我带来快乐。除了狄奥尼修斯，我没有带任何人外出，但有这样讨人喜欢的人陪伴，我不怕没人谈话。请把我的书交给卢凯乌斯。我正在派玛格奈昔亚的德美特利到你那里去，这样你就有人给我捎信回来了。

[87]

西塞罗致阿提库斯，公元前 55 年 11 月 15 日或 16 日，于图斯库兰。

我明白，你知道我于 11 月 14 日到达图斯库兰。狄奥尼修斯在这里和我会面。18 日我想要在罗马。我说的是"想要"，而事实上我必须在那里——米罗的婚礼。关于选举有某些期待。至于我，尽管……③ 事情既已如此，所以我对元老院发生争吵时我不在场并不感到遗憾，因为我要么不得不支持一个我不喜欢的人，要么辜负一个我必须支持的人。如果你能够尽可能详细地把这件事，以及当前的政治形势、执政官们如何解决这场争执写信告诉我，那么我会非常感谢。我实在太好问了，如果这和你的利益有关，请相信

① 可能引自米南德的戏剧。

② 指克劳狄，用阴性词尾表示轻视。

③ 此处原文有缺失。

我可以领会一切。他们说我们的朋友克拉苏穿着将军服离开了罗马，比他的同龄人卢·鲍鲁斯[1]还要光彩，鲍鲁斯也是第二次担任执政官。他真是个无赖!

关于我的修辞学方面的工作，[2]我没有偷懒。已经写了很多。你可以抄写。我可以再次向你提出请求吗，把当前的形势告诉我，免得我返回罗马时就像一名外国人?

[88]

西塞罗致阿提库斯，公元前54年5月中旬，于库迈或庞贝。

我们的朋友维斯托留已经写信告诉我，你于5月10日离开了罗马，比你告诉我的要迟一些，因为你身体不太好。如果你现在好些了，那么我很高兴。如果你能写信给你在罗马的家人，告诉他们让我使用你的书，其中有瓦罗的书，就像你本人在家一样，那么我会非常感谢。为了我手头正在撰写的这本书，我需要在书中找些材料，我希望你会比较喜欢我写的这本书[3]。

如果你正好有什么消息，首先得自我弟弟昆图斯，其次得自盖·凯撒，或者关于选举和政治的所有事情（你非常擅长得到这方面的消息），请你写信告诉我，我会非常感谢。如果没有这方面的消息，那就请你随便写些什么。绝不要让我看到你的来信是不合时宜的或唠叨的。但无论如何让我请求你，等你完成了你的事务和旅行，获得了满意的结果时，尽快回到我们这里来。代我向狄奥尼修斯致意，照顾好你自己。

---

① 鲍鲁斯于公元前168年离开罗马赴马其顿，许多人给他送行。克拉苏此时约59岁。

② 指撰写《论演说家》。

③ 指《论国家》。

[89]

西塞罗致阿提库斯，公元前 54 年，约 7 月 1 日，于罗马。

这封信出自秘书之手，这一事实本身向你表明我有多忙。挑剔一下你来信的次数不算有错，但它们大多数只是在告诉我你在哪里，或者告诉我你很好。有两封信特别令我喜悦，它们差不多同时从你在布特罗图姆的家送出，因为我想知道你的航行是否顺利。令我满意的是信件的数量，而不是信件的质量。你让你的客人马・帕西乌斯转交的那封信确实十分重要。所以我要对这封信做一些回答。我一开始就要说我已经用言行向帕西乌斯表明你的推荐有多么重要。他可算是我的圈内人，尽管我们以前从来没有见过面。

现在来说另外一件事情。你信中提到的瓦罗会有一席之地，只要有空缺。但你知道我撰写对话的形式。你对我的论演讲术的著作理解得很好，那些参加讨论的人除了他们认识或听说过的人以外，不会提到其他人，我在论国家的讨论中也以这种方式，通过阿非利加努、菲鲁斯、莱利乌斯、玛尼留斯之口来表达意见，再加上某些年轻人，昆・图伯洛、普・鲁提留斯，以及莱利乌斯的两个女婿，斯卡沃拉和芳尼乌斯。所以我正在制造一个恰当的场景，让瓦罗在我的某个序言中讲话，我给每一卷都写了序言，就像亚里士多德在他那些所谓的“舶来品”[①] 中所为。我明白这样做你会喜欢的。我只希望能够完成我已经在写的作品。你明白，这是一个庞大的论题，十分重要，我正在努力加以把握，这需要大量的时间，而我尤其缺乏时间。

你说你很遗憾斯卡沃拉从你大加赞扬的这部著作中消失了。[②] 我不是随意地放弃了他，而是追随我们神圣的柏拉图在《国家篇》中的榜样。苏格拉底在庇莱厄斯拜访一位富有、仁慈的老绅士凯发卢斯。在开场白中老先生参加了讨论，但后来谈到他本人的时候，他说他必须去参加祭祀，以后就再也

---

① 亚里士多德已发表的著作，主要是对话形式，已佚失。

② 占卜官斯卡沃拉仅仅是《论演说家》第一卷的一个人物。

没有出现。我想，柏拉图认为让凯发卢斯这样年纪的人长时间地参加谈话是不适宜的。在斯卡沃拉身上，我的这种感觉更加强烈，考虑到他的年纪、健康状况、杰出生涯，这就使他很难在克拉苏的图斯库兰庄园中待上好几天。还有，在第一卷对话中我已经充分提到了斯卡沃拉的兴趣。其他的，如你所知，包含一些技术细节，我肯定不想让一个老人参与——你记得他对他的笑话有多么喜欢。

你写信提到庇丽娅的事情。[①] 我会加以注意。根据奥勒良的报告，如你所说，它似乎很值钱。我自己会和我的图利娅一道讨价还价。我在尽力款待维斯托留。我明白这样做会让你高兴，请你注意让他也明白这一点。但无论如何，这是让两个随和的人去对付一个世上最难打交道的人。

现在来谈你问及的盖·加图。你知道按照朱利乌斯—李锡尼法他被宣判无罪，在此我要告诉你，按照富菲安法他也会被判无罪，他的指控人对这样的结果会比他的律师更高兴。然而，他与米罗和我本人讲和了。

德鲁苏斯受到卢克莱修的指控；陪审团在 7 月 3 日受到挑战。还有一些关于普劳西留的真实的报告，但你知道这些法庭。希鲁斯和多米提乌是朋友。现任执政官通过了元老院关于行省的法令，“从今以后无论谁……”这在我看来是不起作用的。

我不知道对你有关美萨拉的问题说些什么。我从来没有见到如此势均力敌的候选人。你知道美萨拉的力量。斯考鲁斯受到特里亚留的指控。我还可以说人们对他没有太多的同情，但仍旧记得他在担任市政官时的政绩，以及他父亲和那些乡间投票人。剩下的还有两位平民，他们也是势均力敌，多米提乌有一些势力很大的朋友，他的表演也在帮助他（然而不是特别流行的表演），而美米乌斯被推荐给凯撒的士兵，依靠庞培的势力。要是这些有利条件还不够充分，就会有人试图避开选举，直到凯撒回来，尤其是在加图被判无罪以后。

① 可能涉及遗产继承问题。

帕西乌斯送来的信就回答到这里，让我告诉你其他消息。我弟弟的一封来信包含着一些相当奇特的事情，凯撒对我抱有温暖的感情，还有一封来自凯撒本人的长信。人们渴望知道这场反对不列颠的战争的结果，因为进攻这个岛屿的方法被认为是“受阻于一道神奇的城墙”。现在还可以确定的是，岛上没有粮食和银子，除了战俘也没有其他任何战利品，我想你不会期待其中有任何高质量的文学作品或音乐！

鲍鲁斯几乎已经在广场中央堆起了他的方形神庙，用的都是古代的柱石。另一座神庙，按照协议他要提供的，风格宏大。这确实值得尊敬和荣耀。所以凯撒的朋友（我指的是奥庇乌斯和我本人，如果必须的话，你就感到震惊吧）认为可以花六千万小银币拓宽广场，让它一直延伸到自由女神的神庙，而你对此也十分热心。花一小笔钱我们无法解决拆迁问题。我们将获得某些真正的荣耀。至于战神广场，我们将为部落公民大会盖一座大理石屋檐的大厅，并且用高高的柱廊把它围起来，总共一里长。与此同时，我们还要造一座国宾馆。你会说：“这样的建筑对我有什么好处？”我们现在为什么要为这些事着急呢？

好吧，你已经有了罗马的消息——我并不认为你会对监察官感兴趣，这个职位已经被人们当做一种坏工作而放弃了，或者可以按照克劳狄法对他们进行审判。

现在提出一项责备，如果你应得的话。你在布特罗图姆送出由盖·狄西米乌带给我的那封信中说，你认为自己最好去亚细亚。我确实要说，派你的代理人去，或者你自己去，我看不出有什么差别，而你本人去则意味着长时间远离我们。我希望在你下决心之前就能阻止你。我肯定我应该对你施加某些压力。我现在停止责备。我只希望我已经说过的话能使你尽快返回。

我给你写的信比我应该写的要少，因为我不确定你现在或将来会在哪里。但我想我必须把这封信交给一位我不认识的人，因为他似乎会见到你。如果你认为你要去亚细亚，我会乐意知道我们大概在什么时候可以期待你返回，你对欧提基德斯[1]做了些什么。

[90]

西塞罗致阿提库斯，公元前 54 年 7 月 27 日，于罗马。

谢谢你有关欧提基德斯[2]的消息。所以他将来就是提·凯西留斯，老名字加上一个新的姓，就好像狄奥尼修斯是马·庞波纽斯，由我和你组成。我真的非常高兴欧提基德斯通过你对我的仁慈能得到解放，我注意到他在我那些黑暗的日子里对我的同情，并且从那以后就没有忘记。

我想你去亚细亚的旅行一定是必要的，因为没有最好的理由，你决不会希望远离属于你的、你最热爱的、你最引以为乐的所有人和事物。从你返回的速度可以清楚地看到你对接近你的那些人的善良和热爱。但我担心，执法官克劳狄[3]的智慧和魅力可以滞留你很久，还有庇图阿纽这样的学者，他们告诉我，他现在醉心于希腊文学！但是行行好吧，照你许诺的时间回到我们这里来。毕竟，等他们都安全回家的时候，你在罗马就可以看到他们中的许多人。

你说你期待着收到我的信。我没有给你写，因为每天都有各种各样的事情要处理。而且我怀疑，你在伊庇鲁斯待的时间不长，我想我的信从来没有送达。我给你写的信像我平时的一样，除非我能确定能够送到你手中，否则我不会把它们交给任何人。

现在让我告诉你城里的消息。苏菲那斯和加图被判无罪，普劳西留被判有罪。我们得出结论，结成同盟的丹尼尔们不会在意一点点贿赂、选举、无国王的时期、无尊严，或者整个政权，但当他在家中屠杀他的整个父系家族

---

① 参见下一封信。

② 阿提库斯在解放欧提基德斯的时候（似乎是在西塞罗的请求下）给他凯西留斯为姓，他原来的名字是提多。

③ 亚细亚行省总督，普·克劳狄的兄弟盖乌斯。

时，他们无法认同了——然而，即使在这种时候也没有形成压倒之势；22 票无罪，28 票有罪。陪审团被普伯里乌的一篇真正雄辩的演说感动了，他演说的时候流着泪。霍塔鲁斯还是老样子。我一个字也没说——我的小姑娘，她现在不是很好，担心可能会惹恼普伯里乌。

所有这些都在处理，莱亚特的好人把我带到他们的庄园里去，希望我为他们的案子辩护，在执政官和十名评审员面前反对英特拉纳人。维利努斯湖在那里通过由玛·库里乌斯[①]开凿的山间渠道流入那尔河，其结果就是罗西亚平原[②]被排干了，尽管还保持着适度的湿润。我和埃克西乌待在一起。他真的带我去看了“七水”湖[③]。

为了封泰乌斯的利益，我于 7 月 9 日返回罗马，我去了剧场。一开始，我进去的时候，全场发出阵阵掌声——别在意这些，提到这一点我是个傻子。我看见了安提福，他们在他走上舞台之前给了他自由。我不想让你有太多悬念，他赢得了奖赏；但是我从来没有见过如此软弱的人，如此软弱的声音，但是不要说——不要说我这样说了！无论如何，他作为安德洛玛刻站在阿斯堤阿那克斯的头和肩膀上。他还扮演其他角色，没有比他更糟糕的演员了！你想知道阿布斯库拉的情况，他是第一流的。赛会进行得很好，受到赞扬。斗兽表演延期了。

现在来看战神广场上的事情。贿赂变得盛行。“现在我把路标指给你”[④]；利息在 7 月 15 日从三分之一个百分点涨到三分之二个百分点。[⑤]你会说“我能承受”——你真是国家的道德楷模！凯撒竭尽全力支持美米乌斯。执政官在一项安排中把他和多米提乌配对[⑥]，我甚至不敢写这项安排是什么。庞培在愤怒地咆哮。斯考鲁斯表面上是他的人，但他是什么意思？我们有我们的

① 指玛尼乌斯·库里乌斯·丹塔图斯，监察官，公元前 272 年建造第二条罗马高架渠。

② 莱亚特北面的丰饶的平原。

③ 平原北部的一群小湖泊。

④ 荷马：《伊利亚特》第 23 卷，第 326 行。

⑤ 罗马人的利息按月计。

⑥ 和多米提乌配对担任当年的执政官候选人。

怀疑。这四个人中间没有一个有什么特别出众的地方。财产标准仍旧有效。美萨拉落后了，不是由于缺少朋友，而是执政官条例和庞培在反对他。我想这些选举会缓慢地进行。保民官候选人在参选前宣誓，加图是监誓人。他们每个人要交付500,000个小银币的押金，要是在选举中有不恰当的行为，加图就会没收他的押金，分给他的对手。我写这封信的日子就在预定选举的前一天。如果他们这样做了，如果送信人还没有离开，我会把7月28日选举的整个故事写信告诉你。如果他们在选举时行贿，人们相信他们会这样做，那么加图将会发挥他的作用，超过所有法律和陪审员。

我正在为美西乌斯辩护，他从任所被召回——阿庇乌斯给他一个担任凯撒幕僚的位子。塞维留斯签署了一道法令要他接受审判。他为庞庭、维林、迈西安这三个部落说话。我们正在进行战斗，我们做了我们能做的一切。我已经为德鲁苏斯做好了辩护的准备，从他到斯考鲁斯。我正在收集我演讲的标题！也许执政官候选人会是我的下一个当事人。如果斯考鲁斯不是其中的一个，那么他在这场审判中有麻烦。

根据我弟弟的来信，我猜想他已经在不列颠。我在等候他的进展。但不管怎么说有一项目的已经达到，根据许多标志来判断——我在凯撒心目中的地位很高，得到他的青睐。

记住代我问候狄奥尼修斯，要他劝你尽快返回，这样他就能指导我的马库斯和我本人了。

[91]

西塞罗致阿提库斯，公元前54年10月1日，于罗马。

如果我给你写信不像以前那么频繁，我敢肯定你不会认为这是由于我忘了我建立已久的老习惯。由于你的住处和路线在我看来似乎相当不确定，所以我没有把信交给去伊庇鲁斯、雅典、亚细亚的旅行者，除非有人直接去你那里。我的信是不能错过它的目的地的，也不能带来伤害。它们包含许多秘密，由于担心泄露，甚至连我的办事员我一般也不会托付给他们。

执政官正处在大量可怕的丑闻中。执政官候选人盖·美米乌斯在元老院宣读了一项约定，是他和他的同伴候选人多米提乌与现任执政官达成的，约定说，要是他们当选执政官，他们会找到三名占卜官说他们在部落代表大会上通过法案时在场，而两位执政官会说他们证明有一项元老院法令规定了卸任执政官赴行省任职，尽管元老院甚至连会都没开；如果违约，他们俩都要向执政官缴纳 4,000,000 个小银币。被宣读的这项约定不是口头的，而是记在许多人的本子上，有名字，非常详细，但美米乌斯按照庞培的建议去掉了这些名字。这件事使阿庇乌斯的本来面目大暴露——当然他什么也没损失。但对他的同事来说，这是一个大崩溃，因为再也无人相信他了。美米乌斯违反卡维努斯的意愿破坏了联合，他现在看上去像一匹疲惫的马，因为我们得知凯撒对他泄露约定非常恼火。我们的朋友美萨拉和他的同伴候选人多米提乌很好地对待了公众，结果大受欢迎。他们似乎已经胜券在握。然后就来了元老院的法令，规定每次选举前要有一个“静默”的程序，这项法令针对每个候选人，陪审团则用抽签的方法从那些已经确定的人中选出。候选人非常警觉。然而某些陪审员，包括奥皮米乌、维安托、冉提乌斯，呼吁保民官没有公民大会的决定就不要参与投票。但是这一企图失败了。元老院的法令推迟了选举，使公民大会有时间就这项“静默”的程序立法。投票日到了，特伦提乌斯投了否决票。小心翼翼地处理这件事的执政官把情况报告给元老院。人们就像是在过愚人节，但我还是提了抗议。你会说：“你还是没有保持沉默？”对不起，我完全不知道该怎么办。但实际上，这不是太富有想象力了吗？元老院禁止选举，直到公民大会立法，而法律中又有这样的条款，只要有一张否决票，就要重新向他们报告。这架机器开动了，半心半意，一收到否决票，情况就又会报告给元老院。“关于此事，本院宣布尽快进行选举，此令！”

几天前，斯考鲁斯被判无罪，我是他的辩护人之一，以我的最佳方式。斯卡沃拉用有噩兆的报告一天天推迟审判，直到我开始写这封信的 9 月 29

日，他在他的家中把恶兆告诉各个部落的公众。尽管他的赏赐很丰盛，但似乎更受最先去他家的那些人的欢迎。我希望在你读到这封信的时候就能见到你——因为你真的不会指望这些事情延续好几个星期。然而，元老院今天就要开会，亦即 10 月 1 日，因为已经没有什么压力了。没有人会说出心里话，除了阿泰乌斯和法伏纽斯——加图的罪恶。至于我，你别紧张。我还是没有做出什么承诺。

我在想，还有什么是你想要听的呢？也许是审判。好吧，德鲁苏斯和斯考鲁斯被判无罪。候选人中有三位必须面对指控。多米提乌受到美米乌斯的指控，美萨拉受到昆·庞培·鲁富斯的指控，斯考鲁斯受到特里亚留或卢·凯撒的指控。你会问，关于他们我有什么可说？即使知道，我也不想说了。我确实在这三卷书[①] 中找不到什么地方值得你如此仁慈地赞扬。

[92]

西塞罗致阿提库斯，公元前 54 年 10 月 24 日至 11 月 2 日之间，于罗马。

……就这样，把对这些事情的看法告诉你，但我们必须露齿欢笑并承受它。你问我如何表现自己。坚定，坦率。“啊，他[②] 怎么能够接受？”相当高兴——他似乎意识到他有义务考虑到我的尊严，直到对我做出补偿。你感到奇怪，伽比纽斯怎么会被判无罪？确实，这是由于指控人无能的演说，亦即小伦图卢斯的演说，他受到人们大声普遍的指责，说他是同谋。再加上庞培格外的努力和一个腐败的陪审团。即便如此，投票结果是：32 票有罪，38 票无罪。但他仍旧面临着其他审判。他还没有完全走出丛林。

你感到奇怪，我怎么会去管这些事情。我向你保证，我做起这些事来相当入迷。我亲爱的朋友，我们不仅完全失去了一个自由国家的生命的本质，

① 指《论演说家》。

② 指庞培，他想要为伽比纽斯辩护。

而且连她的外表和外貌也都失去了。根本就不会再有一个共和国来给我欢乐和安慰。我能冷静地接受吗？噢，是的，我能。你瞧，我还记得她在那短暂的时期内的值得自豪的表演，当时我在掌舵，我能回归也要感谢她。但我的脖子现在被一个强人扭断了，那些认为由我掌权是一个灾难的人也感到震惊。我有许多安慰。毕竟，我没有离开我的地位，而是返回了对我最适宜的生活，回到我的书籍和学习。打官司的辛苦得到了演讲术给我带来的喜悦的补偿。我在城里和乡间的房子是我高兴的一个源泉。我不记得我是从什么样的高度摔下来的，但我记得自己是从什么样的深坑中爬上来的。如果有我弟弟和你的陪伴，那么可以说我现在还记挂着的这些人都可以去见鬼了。我能讲哲学，你能聆听。在我的精神解剖中，那个曾经盛放我的脾气的地方很久前已经长出了一层硬皮。只要我个人和家庭的环境给我快乐，你会发现我的冷静是相当突出的。相信我，它主要依赖于你的返回。世上没有一个人我能和他如此快乐地性情相投。

好吧，让我告诉你其他事情。形势正在朝着新老执政官交接的空缺期发展，空中弥漫着一股独裁的气氛，人们对此谈论很多——顺便说一下，这倒帮助了伽比纽斯和那些不那么勇敢的陪审团成员。所有执政官候选人都受到搞腐败的指控。伽比纽斯现在也和他们一样了。充满自信的普·苏拉提出了指控，而托夸图斯的竞争不成功。但他们最后都能解脱，没有人会被判有罪，除非他杀了人。处理起来仍旧严格，所以告密者很忙碌。马·伏尔维乌·诺比利俄被判有罪。其他许多人甚至都不能礼貌地搭理这些指控。

其他还有什么消息？啊，是的，在伽比纽斯被判无罪后的一个小时内，一个被解放的奴隶，他的传令兵伽比纽斯·安提奥库斯，画家索波利斯的学生，被另一个陪审团按照帕庇乌斯法案判决有罪，激起了人们的强烈不满。囚犯们马上说："缺乏尊严的、可悲的法律！""你们的命运与帕斐娅[①]无关。"庞波纽斯想要在11月2日庆祝他的胜利。执法官加图、塞维留斯和保民官

① 帕斐娅（Paphia）等于阿佛洛狄忒（Aphrodite）。此处文字与含义都不确定。

昆·穆西乌斯一道在城门口阻拦他。他们说没有带来有可能通过的法案，这样的回答确实不那么机智。但是执政官阿庇乌斯站在庞波纽斯一边。而加图庄重地宣布，要想取得胜利，除非踩着他的（加图的）尸体过去——我想这样的讲话好似晴天霹雳，在大地上回响。阿庇乌斯打算自费去西里西亚，他无视法令这样做了。

10 月 24 日，我收到我弟弟昆图斯和凯撒的信件，“在邻近不列颠的海岸，于 9 月 25 日送出”。他们已经在不列颠安顿下来，得到款待，但是没有战利品（但有征收来的贡金），他们正在把军队从这个岛上带回来。昆·庇留斯已经离开，去了凯撒那里。

至于你自己，如果你对你的人民和我有热爱、诚信和善意，打算和他们分享属于你的好东西，那么你必定在路上，现在已经离家不远了。相信我，没有你，我的日子不好过——所以毫不奇怪，我想念你，我甚至也非常想念狄奥尼修斯。我的孩子和我都需要他。我收到的你的最后一封信是 8 月 9 日从以弗所送出的。

[93]

西塞罗致阿提库斯，公元前 54 年 11 月末，于罗马。

我终于等到了盼望已久的信！听到你要回来了我非常高兴！我要向你表示问候，你是一个守时的典范。多么顺利的航行啊！我向你保证，想起你最后一次渡海时的那些水手，我真的有些紧张。如果我没弄错的话，我会比你说的更早见到你，因为我想你会以为你的女人在艾普利亚。当你发现情况并非如此时，你还有什么理由待在艾普利亚？你还有必要和维斯托留一起待几天，在长期间隔之后重温他的拉丁阿提卡主义吗？不！赶紧回到罗马来吧，来看看我们曾经认识的这个古老的罗马共和国的空虚的外壳。比如，来看选举前怎样一个部落一个部落地送钱，在一个地方全都是公开的，来看伽比纽斯被判无罪，在你的鼻息下得到独裁者的权力，享受公共假日和普遍的自由，来看我的冷静、我的娱乐，我对塞利西乌的百分之十利息的轻视，对，还有我愉快地恢复了和凯撒的友好关系。这确实令我满意，是船翻了以后抓住的一块木板。他厚待我亲爱的（也是你亲爱的）昆图斯！如此荣耀，如此赏识，如此青睐！如果我本人是总指挥官，我也无法做更多的事。他刚刚给了昆图斯一个职位，冬天去当一个军团的司令官，所以昆图斯写信告诉我。你能不爱这样的人吗？如果不爱，那么谁是你的好朋友？

现在请注意。我告诉过你，我加入了庞培的幕僚队伍，1 月 13 日以后要离开城里，是吗？我想，从几方面来看这都是好事。但我不想扯远了。其他的事情，我想，等我们见面再说——我最好还是给你留下一些事情等待！请代我问候狄奥尼修斯；我不仅给他保留了一个地方，而且实际上还建造了一个地方。事实上，对他的到来的期待更加增添了你的回归给我带来的巨大幸福。你在罗马的第一个晚上，请你和你的人都和我在一起。

[94]

西塞罗致阿提库斯，公元前 51 年 5 月 5 日或 6 日，于敏图尔奈。

确实没错，当我们说再见的时候[①]我看到了你的感情，也见证了我对你的感情。你更有理由看到他们没有通过某些新法令，所以我们要分开的时间可能不止一年。

关于安尼乌斯・萨图尼努斯，我赞成你所做的事。但是关于保证人，我可以要求你自己当他们的保证人吗，只要你在罗马？在出售财产时需要一些保证人，比如出售美纽斯和阿提留斯的财产。至于奥庇乌斯，你们采取的步骤是我所希望的，尤其是你已经解释了那 800,000 个小银币的事。我特别希望能归还这笔钱，要是必要的话，可以再借钱，不要让我的债权人等得太久。

---

① 西塞罗出发赴西里西亚行省上任。

我现在来谈你的提醒，写在信件末尾的空白处，涉及你的妹妹。事情是这样的。当我去阿尔皮诺的时候，我弟弟来了，我们首先谈到的是你，谈了相当长时间。我说了你我之间在图斯库兰谈论了你妹妹的一些事情。我从未见过有谁能比我弟弟对她的态度更温和。哪怕是出于某种原因有所冒犯，也没有任何迹象。那一天平安无事。次日早晨，我们离开了阿尔皮诺。由于是节日，昆图斯不得不在阿卡农过夜。我去了阿奎努姆，不过我们是在阿卡农吃的中饭——你知道那个庄园。到了那里以后，昆图斯以最温和的方式说："庞波尼娅，你能招呼妇女们进来吗，我去喊那些仆人？"他的话、他的意图、他说话的方式都非常温和，至少在我看来如此。然而我们听到庞波尼娅回答说："我本人在这里就是客人。"我想这是因为斯塔提乌在我们之前已经去安排我们的中饭了。昆图斯对我说："你看看，又来了！这就是我每天都要忍受的事情。"你会说："这有什么了不起？"也许是的。但我本人相当震惊。她的话和说话的方式相当粗鲁，完全没有必要这样。我隐藏了我的感觉，但像他们一样痛苦，我们在桌边就座，除了这位夫人。昆图斯另外让人把食物给她送去，但遭到拒绝。我感到我弟弟忍无可忍，而你妹妹也无法更加粗鲁。当时我有一大堆烦人的事情要处理，比他们让昆图斯恼火的事还要多，所以我先离开了。我去了阿奎努姆，而昆图斯待在阿卡农，第二天一大早他到阿奎努姆来看我。他告诉我，庞波尼娅拒绝和他一道过夜，她说再见时的态度就像我看到的一样。好吧，你可以当面告诉她，按照我的判断，她那天确实有点不像话。我告诉你这件事也许讲得过于详细，但这是为了表明她需要来自你我的教训和建议。

至于其他事情，你要保证完成你离开罗马前我托付给你的所有使命，你要写信把事情都告诉我，把从庞普提努那里得来的消息告诉我，你离开的时候要让我知道，不要怀疑我有多么爱你、喜欢你。

我和奥·托夸图斯十分友好地在敏图尔奈分手，他是一个优秀的人。你可以对他说我写信告诉你的事情。

[95]

西塞罗致阿提库斯，公元前 51 年 5 月 10 日，于庞贝。

这封信是 5 月 10 日送出的，就在我离开庞贝去特瑞布拉之前，我会在那里和庞提乌斯一道过夜。在那以后，我建议去旅行，按照正常的方式走，不要有任何拖延。当我还在库迈的时候，我们的朋友霍腾修斯前来拜访，我很高兴。当他问我是否还有任何使命时，我一般性地讲了一下，但我要求他，在他能决定的范围内，不要再延长我的任期；如果你能见到他，告诉他我对他的来访有多么感激，那么我会非常感谢你。我已经就同样的事情向我们的朋友芳尼乌斯做了确认，他显然就要开始担任一年期的保民官了。

我在库迈待的地方就像这里的小罗马——有很多人在这里居住。他们中间有我们的小鲁富斯，他发现自己处在维斯托留的监视之下，于是用了一点小计谋躲避监视——故意躲着我。对此你会感到奇怪。霍腾修斯来看我的时候带了一大群人——他是一个病人，还走了那么远的路——但却没有鲁富斯？这是因为我没有看到他吗？当我走过普特利市场时，我怎么会看不见他？我在那里对他说了早安（无疑他当时正在做生意），我在另一个场合还对他说了再见——就在他离开庄园躲避我的时候。谁能指责他不感恩？或者倒不如说，我们一定不要赞扬他，因为他对这样的赞扬无动于衷？

回过头来说，你必须相信我，这是一个有巨大压力的地方，我的安慰是我期待它只延续一年。许多人不相信这是真的，并根据其他事情来对我做判断。而你，当行动的时候到来，在你离开伊庇鲁斯回到这里来的时候，你一定会毫不费力地，我的意思是很自然的，明白我的意思。

如果你能写信把政治形势告诉我，如果我必须知道一些事情，那么我会非常感谢。关于凯撒做出的决定我们知道得很不够；这里有关于特拉斯巴达尼人的谣传，他们被告知可以建立四人委员会。如果这是真的，我担心会有大麻烦。然而，我会从庞培那里知道一些事情。

[96]

西塞罗致阿提库斯，公元前 51 年 5 月 11 日，邻近特瑞布拉。

5 月 10 日我到了邻近特瑞布拉的庞提乌斯的地方。在那里，我收到了你三天前发出的两封信。我离开庞贝到这里来的时候交给斐洛提姆一封给你的信，所以现在我没有什么事情要说。请你告诉我现在正在流传什么政治谣言；我发现这个镇上有强烈的焦虑，但有许多人只是在空洞地闲聊。我想要知道你对这些事情怎么想，你如何安排你的旅行，什么时候。

我不知道你要我回答的是哪一封信。除了一起送到这里来的两封信，我没有收到过其他信件；在已经收到的信中有一封包含着普·李锡尼法（于 5 月 7 日颁布），另一封是你对我在敏图尔奈给你写的那封信的答复。我非常关心我没有收到的这封信，信中有重要的事情，你想要我做出回答。

我会把你安排在伦图卢斯的那些好书中。狄奥尼修斯是一个符合我自己的心意的人。你的尼堪诺[①] 对我帮助很大。我没有更多的要说了，天就要亮了。我想今天就赶到本尼凡都。

5 月 11 日，于庞提乌斯邻近特瑞布拉的房子。

[97]

西塞罗致阿提库斯，公元前 51 年 5 月 12 日，于本尼凡都。

我于 5 月 11 日到达本尼凡都，在这里收到了你的信，你在早些时候的信中辩护说这封信已经送出了——我在同一天对你的信做了回答，是在卢·庞提乌斯邻近特瑞布拉的房子里写的。我在本尼凡都确实收到了两封信，一封是富尼苏拉努在清晨时送来的，另一封是秘书图利乌斯送来的。我非常感谢你不辞劳苦完成我托付给你的最重要的使命；但是你的离开削弱了

① 可能是阿提库斯借给西塞罗的一名管理书籍的奴仆。

我成功的希望。关于我的小姑娘，① 我倾向于使用这种方式，不是——而是没有办法，你一定要很好地安排他②。至于另外一个人，你说你认为不合适，我怀疑我的姑娘是否能够同意，你说没有很多人可供选择。我自己不希望笨手笨脚的碍事，但我不在的时候事情会泡汤。如果我们俩都在，那么塞维乌斯通过塞维莉娅安排的事情就可以接受了。事已至此，哪怕我原则上同意，我想也没有用了。

我现在来谈图利乌斯送来的信。感谢你尽力和马凯鲁斯联系。如果法令通过了，你要让我知道；如果没有通过，你会像原来一样得到这样东西，因为我将有权利从国库得到拨款，③ 彼布卢斯④ 也一样。我肯定这项法令的递交没有什么困难，尤其是它对国家意味着节省。有关托夸图斯，我要谢谢你。等马叟和利古斯到达时，我们会见到他们。至于凯利普斯的要求——由于你已经说过不同意——嗯，那么谁会是总督？我真的必须照顾他吗？我假定如此，以确定不会把事情弄到元老院去——“提交”还是“考虑”。至于其他人——我很高兴你提到了斯克洛发。你对庞波提努的看法是对的。现在的情况是，如果他在 6 月 1 日之前去了布隆狄西，马·阿奈乌斯和图利乌斯也就不需要匆忙了。你从西基纽斯那里听说的事情也得到我的赞同，除了那个条款，⑤ 它不会伤害我应当给予回报的任何人。原则上我同意这一点，但我还要想一想。等我决定了，我会让你知道我的行程，也让你知道庞培将对这五个地区做些什么，这是我从他本人那里得知的。关于阿庇乌斯，你做得很好，向他解释了那 800,000 个小银币的事情；由于你身边有斐洛提姆，请你把这件事办完，还要查一下账，我不是在催你，只是让你在离开前了结此事。它在我心里是一个沉重的负担。

---

① 西塞罗的女儿图利娅此时已经第二次离婚。

② 指离婚了的图利娅的丈夫。

③ 指西塞罗担任行省总督获得拨款。

④ 彼布卢斯近期被任命为叙利亚行省总督。

⑤ 在西塞罗的行省总督法令中。

好吧，我已经回答了你的所有要点——我差点忘了，你缺少纸张。如果它意味着你因此而减少给我写信，那么这是我倒霉的时候。带两百张纸去，尽管我自己非常节省，我把字写得很小，由此你可以明白我确实非常节省。我期待着从你那里既得到官方的消息，又得到那些传言，或者要是你有关于凯撒的可靠消息。请你注意，你让庞波提努送来的那些信写得相当散乱。

[98]

西塞罗致阿提库斯，公元前 51 年 5 月 15 日，于维努西亚。

我真的没什么要写了——没有什么事情要指派给你，因为没有什么事情被你忽视，也没有消息要讲，因为没有发生什么事；现在还不是开玩笑的时候，因为我心里有许多事。然而我可以告诉你，你读到的这封信是 5 月 15 日我离开维努西亚的时候送出的。我想元老院里今天有某些事要发生，所以我希望能收到你的一封来信，不仅告诉我发生了什么事，而且还有所有传闻。我将在布隆狄西收到你的信，我计划在这里等候庞波提努，直到你提到的那一天。

在塔壬同，我将写信详细告诉你我和庞培有关共和国的对话——尽管此时我急于知道什么时候才是写信给你的正确时候，也就是说你会在罗马待多久，这样我就可以知道将来把信往哪里送，或者在无目标的情况下不送。但是在你离开前，不要忘了把那笔 820,000 个小银币处理完。如果你把这件事当做真正重要的和紧迫的事情来对待，以便在你的推动和帮助下完成这件我确实想要做的事，那么我会非常感谢你。

[99]

西塞罗致阿提库斯，公元前 51 年，约 5 月 19 日，于塔壬同。

我于 5 月 18 日到了塔壬同。决定了要在这里等候庞波提努，我想在他到达之前最好和庞培一起待几天，尤其是我看到他喜欢这样做。他确实请我在这些日子里都待在他的住处。我同意了，因为我有许多有关国家事务的话要对他说，同时我又可以为我自己的事情得到一些有用的建议。

我给你写的信变得越来越简洁，这是由于不确定你在罗马还是已经走了。由于这种不确定的情况还在继续，所以我会写几句话，而不是在你有可能收不到信的情况下冒险。不是我有什么事情要你办，也不是我有什么事情要告诉你。我已经把我的事情全都交给你，我肯定你在忠诚地履行你的诺言。要是有什么消息，我会告诉你的。只要我认为你在城里，有一件事我就会坚持，这就是要你处理好凯撒的贷款。我渴望收到你的信，更想知道你哪一天离开。

[100]

西塞罗致阿提库斯，公元前 51 年 5 月 22 日，于塔壬同。

每一天，或者一天又一天，我给你的信都会变得越来越短，因为每一天我都越来越强烈地期待你已经去了伊庇鲁斯。然而，为了让你知道我没有忘记你的使命，关于这项使命我在其他信中提到过，我要告诉你，庞培说他要在行省中指定五个地区，使它们不必承担陪审团的工作。

至于我，在庞培家中和他一起待了几天以后，我在 5 月 22 日离开这里去布隆狄西。我带着一种英雄主义的气概离开他，已经完全准备好要成为直接面对威胁的一座堡垒。我会等待你的信，告诉我你怎么样了，还有你在哪里。

[101]

西塞罗致阿提库斯，公元前 51 年 6 月 2 日，于布隆狄西。

这是我在布隆狄西的第 12 天。我刚从一场小病中痊愈（没有发烧），为了等候庞波提努的到来，我留在这里，但至今还没有得到有关他的确定消息。时间就这样白白地过去了。

我很难设想你在罗马，但如果你在，又能注意到下列事情，那么我会非常感谢。可怜的米罗从罗马给我写了一封信，在信中抱怨我用人不慎，因为斐洛提姆参与了购买他的地产。我是请教了盖·杜洛尼乌斯以后做出这种安排的，他是米罗的一个很好的朋友，我对他的品性的看法和你的看法一样。首先，他和我的想法是，这桩生意应当在我们的控制之下，因为某些不认识米罗的、刻薄的购买者会带走他的奴隶，米罗有很多奴隶；其次，要向福丝塔[①]保证，米罗希望把这处地产保留给她。还有，以这种方式我们最容易为米罗本人挽救财产。我希望你现在就去处理这桩生意，因为我通过信件得知的事情往往被夸大。如果米罗正在抱怨，写信给他的朋友，而福丝塔也有同样的感受，那么斐洛提姆一定不要违背米罗的意愿拥有这处地产，所以我口头上对他说了，他也答应了。我不会要这处地产。但若事情不那么严重，请你一定使用你的决定权，审慎地处理。找杜洛尼乌斯谈一谈。我也必须写信给卡弥鲁斯、凯留斯、拉弥娅，尤其是我不能肯定你在罗马。无论如何你一定要这样做：你可以按照你认为最好的办法做出决定，但要考虑到我的荣誉、名声和利益。

[102]

西塞罗致阿提库斯，公元前 51 年 6 月 14 日，于安齐奥。

我们于 6 月 14 日到达了安齐奥，一路上通过你的安排，我们在考居拉和绪伯塔都受到礼遇，阿劳斯和我的好朋友欧提基德斯十分慷慨地为我们安排了宴席，把我们当做市政官员来盛情款待。下一步我们宁可走陆路，尽管走海路也不错，但是绕行琉卡塔海角似乎有些令人厌倦。我还感到不带行李

① 米罗的妻子，苏拉的女儿。

坐一条小船在帕特莱上岸不那么方便。

我每天都在想如何实现你经常重复的鼓励（这些鼓励落到一双愿意聆听的耳朵里），最体面、最恰当地完成这一非同寻常的义务，所以我给我的同伴留下了深刻印象，实际上亦如此。我让那个帕昔安人保持安静，站在我一边，由我自己来回答问题。

请你让我知道你现在怎样了，要去哪里，什么时候，你离开罗马以后我的那些事情怎么样了，尤其是那笔 820,000 个小银币贷款的事情。你可以在一封信中把这些问题都回答完，小心地安排好送信人，以确保我能收到。但请你记住一件事——你现在人虽然在外，但会按时返回，所以你要写信给我——你要亲眼看见，并通过我们的所有朋友，首先是霍腾修斯，我任职的这一年一切照旧，没有新法令通过。确实，当我还在任期中时，我就一半倾向于请你帮助抵抗任何添加了。但我一定不能把所有东西都放在你的肩膀上。所以，这一年和所发生的一切事情都有紧密关系。

我的孩子送上他对你的爱。他是良好行为和可爱品性的典范。对狄奥尼修斯我始终抱着敬意，这你知道，我对他的评价越来越高，因为他非常喜欢你，你的名字不断地被他挂在嘴边。

[103]

西塞罗致阿提库斯，公元前 51 年，约 6 月 27 日，于雅典。

6 月 24 日到达雅典后我已经在这里待了四天等候庞波提努，但仍旧没有他到来的确切消息。但是请你相信我，尽管我不需要你的告诫，但我一直想着你，你在这里的踪迹使你的形象更加鲜明地出现在我心中。事实上，你确实是我们谈话的一个主题。

也许你宁可听到一些关于我本人的事情。下面就是我的近况。直到现在，没有任何私人的或公家的款项进入我的或我的随员的账户。按照朱利乌斯法，或者作为私人性质的客人，我们什么也得不到。我的人全都明白他们必须考虑我的好名声。所以到现在为止，一切都很好。并非无人注意到我们的行为，希腊人赞扬它，自由地谈论它。至于将来，我会尽力保持，这也是你的希望。但是让我们把掌声保留到演讲结束的时候。

其他事情具有这样的性质，我经常责备自己的不聪明，在这项工作中想不出什么办法。它与我的志趣如此不合。确实如此，"让皮匠做皮匠的事……"[①] 你会说这是以前的事，并指出我还没有被套上挽具。太对了，我期待着更加糟糕的时候到来。但是现在，在这里——好吧，我会尽力忍受，这是我的想法和希望，还会很有优雅的风度，但是我的内心，我处在荆棘丛中。烦躁、粗鲁、各种各样的愚蠢、坏脾气、言语和行为的傲慢——每天都能看到大量的例子。我就不说细节了，不是我想让你处在黑暗中，而是因为实在难以启齿。所以当我们安全回家的时候，你会敬佩我的自制能力。在这种美德方面，我得到了充分的实践。

这方面的事情就说到这里。不是我想到有什么事要写，而是因为我不知道你在干什么，或者你在哪里。在我的一生中，我确实从来没有像现在这样对我正在做的事情毫无知识，比如与凯撒和米罗有关的钱的事情。没有人从家里到我这里来，也没有人从罗马到这里来告诉我政治方面的事情。所以，如果有什么我感兴趣的消息，如果你能设法让我知道，那么我会非常感谢你。

其他还有什么事？没有了，除了这一点。我在雅典感觉很好，这座城市、城市的美化、那里的人对你的爱、他们似乎拥有的对我的善意。但是许多事情发生了改变，哲学方面意见不一，阿里斯图[②] 讲了一些有价值的东西，我和他待在一起。我离开你的朋友塞诺（我应当说"我们的"）去了昆图斯那里，尽管他住得很近，我们整天在一起。我希望你能尽快写信把你的计划告诉我，这样我就知道你在干什么，你在某个具体时间会在什么地方，

① 这是一句希腊谚语，意思是让每个人做擅长的事情。

② 学园派的首领。

尤其是你什么时候会去罗马。

[104]

西塞罗致阿提库斯，公元前 51 年 7 月 6 日，于雅典。

天哪！我送了那么多封信去罗马，但从来没有一封到你手中。以后，我宁可冒险漫无目标地给你送信，也不能在有好机会的时候不送。

出于怜悯的缘故，只要你还在城里，就要设法让我的任期不再延期。我无法告诉你我有多么想念罗马。我发现要忍受当前枯燥乏味的环境非常难。

马凯鲁斯对那个来自科摩[①] 的人摆出丑恶的姿态。他可以不曾当过执政官，但他无论如何是一名特拉斯巴达尼人，所以我认为马凯鲁斯激怒了我们的朋友[②] 和凯撒。但这是他的事。

我也认为庞培决定要去西班牙，你说这是瓦罗说的。我一点儿也不赞成庞培这样做，我确实也不难说服塞奥芬尼接受留在原地的建议。所以这个希腊人会发挥他的影响，庞培很在意他的态度。

这封信将在 7 月 6 日我离开雅典的时候送出，我在这里已经待了十天。庞波提努到了，和他一起来的还有格·伏鲁西乌。我的执法官[③] 在这里。你的朋友图利乌斯是唯一缺席的。我有一些罗得岛的无甲板的船，一些密提林的双层战船，几条划艇。关于那名帕昔安人，现在已经无人嘀咕了。至于今后，愿上苍保佑！

所以，我穿越希腊的旅行是对这个国家的赞赏，我必须说，我对和我一起旅行的人没有任何埋怨。我想他们知道我的境况，也明白他们是为什么而

---

① 科摩是意大利北部罗马的一个殖民城邦，是高卢的特拉斯巴达尼人建立的，凯撒担任执政官期间通过了一项法令，赋予该城邦的公民罗马公民权。执政官马·马凯鲁斯不承认该项法令的有效性，下令鞭打一位科摩人，而罗马公民是可以免除这种惩罚的。

② 指庞培。

③ 卢·美西纽斯·鲁富斯。

来。他们真的非常妒忌我的好名声。至于将来，要是真有什么事情像古谚所说，“喜欢老师……”那么他们肯定会继续跟我走下去，因为他们看到我的行为没有给他们带来任何困惑。要是得不到什么回答，我准备采取更加严厉的措施。而到现在为止，我在用温和的态度来赢得他们的心，我希望这样做不是没有效果的。但是我做这种“不感兴趣”的事只有一年，如他们在西西里所说。所以，你要尽力而为，要是我的状况继续下去，最后我会变成一名无赖。

我现在回过头来谈你的使命。在那些地区事务中，不允许任何借口。你可以向你喜欢的任何人许诺。我不会如此头脑简单，就像我对阿普莱乌斯。而对塞诺，我像你本人一样尊敬他。我肯定他明白这一点。由于我的原因，你要亲自和帕特洛以及其他蠢蛋[①]打交道，在我看来，你活该。他告诉我，你写信对他说我会按照他信中的意思关照这件事，[②]对此他感激不尽。实际上，在帕特洛请求我要求你的“战神山”[③]废除波利查姆斯当将军的时候通过的法令，对塞诺来说（后来是帕特洛本人）最好由我写信给美米乌斯，他在我到达雅典的前一天离开了密提林，请他让他的朋友知道他并不反对。你瞧，塞诺不能确定战神山的这些人是否同意反对美米乌斯的意见。美米乌斯放弃了重建的想法，但他被帕特洛惹火了。于是我小心翼翼地给他写了一封信，我给你送一份抄件去。

你能说一些好话安慰庇丽娅吗？我把情况告诉你，但你一定不要对她说任何事情；我收到一包信，其中有一封是庇丽娅写给昆图斯的。我拿过来，打开读了。信写得非常有同情心。从布隆狄西送到你那里去的信中没有一封是我写给你的，这些信送出的时候正好我身体不太好——不要接受这个借口。请你关照把全部消息送给我，但尤其要照料好你的健康。

---

① 指一些伊壁鸠鲁主义者。

② 涉及伊壁鸠鲁的学校被毁的事情。

③ “战神山”（Areopagus），亦译阿雷奥帕古斯山，雅典城邦国家最高权力机构“长老会议”所在地，最初由担任过执政官的贵族组成，到了公元前 5 世纪中期只拥有刑事审判权。

[105]

西塞罗致阿提库斯，公元前 51 年 7 月中旬，于德洛斯。

在海上航行不是一件易事，哪怕是在 7 月份。我们花了六天时间从雅典到了德洛斯。7 月 6 日那天，我们从庇莱厄斯港驶向左斯特，但风向不利，我们一直滞留到 7 日。8 日那天我们驶向开奥斯，那一天的天气令人相当高兴。然后我们去了吉亚罗斯，海上风很大，但还没有把我们打翻。从那里我们去了叙罗斯，然后去了德洛斯，比预想的要快。你知道罗得岛人无甲板的船——天气对它影响不大。所以，我不打算匆忙离开德洛斯，直到我看见“吉莱平原上的所有山丘”。

我一听到你说美萨拉的事，就从吉亚罗斯发了一封信给他本人，我还打算送一封信给霍腾修斯，因为我非常同情他的焦虑。但是我期待你的来信，告诉我人们关于这场审判说些什么，这件事确实关系到整个国家的公共事务；由于你正在和我们的朋友萨鲁曼图翻阅我的书，所以你的信应当具有良好的政治家风格——我的意思是这种信不要告诉我实际发生了的事（你的重要当事人赫洛尼乌可以做这种事），而要告诉我将要发生什么事。等你读到这封信的时候，我们已经有了执政官。你能够想明白的——凯撒、庞培，甚至还有这些审判。

由于你还待在罗马，所以行行好，把我的事情处理完。你询问的那件事我忘了回答，那些砖柱——是的，要是那个水塘有什么事要做的话，请你本着通常的精神去处理。你提到了这件事，所以我认为它很重要，就像我一般情况下会说的那样。所以请你处理这件事。进一步说，如果腓力普斯要你帮忙，你像处理自己的事情一样去做，那么我会非常感谢。

等我安顿下来再给你写信。现在我还在海上。

[106]

西塞罗致阿提库斯，公元前 51 年 7 月 26 日，于以弗所。

我们于 7 月 22 日到达了以弗所，这是那场波维莱战斗[①]结束以后的第 559 天。我们的航行没有什么危险，也没有人晕船，但走得相当慢，这是由于罗得岛人的无甲板船的质量问题。我想你已经听说了代表团和个人的聚集，我甚至在萨摩斯也受到大量民众的欢迎，以及在以弗所也有许多欢迎的人群；如果你没听说，你为什么要着急呢？当我们到达的时候，那些征收什一税的包税人急切地涌向我的船头，好像我带来了庞大的力量，还有那些希腊人，尽管我曾经是亚细亚行省总督。我肯定，你从这些景象可以看出我过去这些年来的工作正在接受考验。我仍旧相信我在实践你的教导，让每个人都满意，这一点将会比较容易做到，因为税收的协议在我的行省已经制定。这是能够做到的，尤其是凯斯提乌在晚宴的时候告诉我，他在天亮前就会离开。

我已经注意到你在以弗所的那件小事。尽管塞耳姆斯在我到达前已经对你的所有朋友许下很好的诺言，我把斐洛根尼和塞乌斯介绍给他，并且推荐了阿波罗尼斯的塞诺。他答应做到我对他的全部要求。我进一步把我和你谈妥的交换物品的清单给了斐洛根尼。所以，这件事就这么办了。

回过头来说镇上的事。求求你，由于你在罗马，首先，请你尽快占据一个有利于保护我的位置，确保我的任期能够顺利完成。其次，请你解除我的所有负担，尤其是那些家庭内的琐事[②]，你知道我说的是什么意思，如果能够做到，那么下一个要解决的问题就是凯撒了。[③]在你的推动下，我变得如此热心，对此我不后悔。如果你理解并欣赏我的品性，想要知道和了解公共生活中正在发生的事情（我说的是“正在发生”，但我还要加上“将要发生”），

① 指克劳狄被杀，公元前 52 年 1 月 18 日发生在波维莱附近。

② 指为图利娅找丈夫的事。

③ 归还凯撒的贷款。

请你向我提供详细完整的报告，一些真正认真的报告，首先是审判的状况，过去的或将来的，是否令人不满。请注意那个水塘的事情，如果腓力普斯已经做了什么的话。

[107]

西塞罗致阿提库斯，公元前 51 年 7 月 27 日，可能于特腊勒斯。

在我能在某个地方定居之前，你一定不要期待我的信会写得很长，或者均由我亲笔书写，而一旦有了闲暇，我就能保证做到这两点。我们现在还在路上，天气很热，尘土飞扬。我昨天在以弗所送出一封信，而这封信是从特腊勒斯送出的。我期待着 8 月 1 日能到达我的行省。如果你爱我，就从那一天开始翻动日历。与此同时，某些受欢迎的报告正在到来，首先是关于帕昔安人居住区的安静，其次是包税人协议的结果，最后是阿庇乌斯平息了军事叛变，拖欠的款项延期到 7 月 15 日。

亚细亚给了我极好的欢迎。为了我的到来，所有人都很慷慨大方。我想我的所有同伴都在妒忌我的好名声。无论如何我是非常小心的，但期待着最好的结果。除了你的朋友图里乌斯，其他所有人都到了。我建议直接去军营，把剩下的夏天的几个月用于军事，把冬天的几个月用于法律。

知道我对政治的好奇心像你一样强烈，我希望你能告诉我一切，正在发生什么事，将会发生什么事。你能对我施行的最大仁慈，或者说唯一的仁慈，一切仁慈中最大的仁慈，就是解除对我的委托，尤其是“家庭事务”，你知道这些事太烦心。

这封信写得很匆忙，也蒙上灰尘。以后的信会比较详细。

[108]

西塞罗致阿提库斯，公元前 51 年 8 月 3 日，于劳迪凯亚。

7 月 31 日我到了劳迪凯亚。从这一天起，你必须开始做你的年度预算。我到达的消息是提前公布的，人们在渴望我的到来。但你察觉不到我处理这些事务有多么厌倦，因为它没有为我的理智和我认为你会给予我的勤奋提供恰当的范围，我的工作断断续续，这就是我值得骄傲的地方。想一想吧，我坐在劳迪凯亚的板凳上，而奥·普罗提乌坐在罗马！想一想吧，我们的朋友[①]拥有他庞大的军队，而我只拥有名义上的两个军团的骨架！总之，这不是我想要的东西，我想要的是这个世界、广场、罗马、我的房子、我的朋友。幸好我的任期只有一年，所以我会坚持到底。如果有休假，那么我会放弃。但这种机会只有你在罗马才能轻易获得。

你问我在这里怎么样。我花了大量的钱。我在这个体系中游刃有余。按照你的标准，我相当严格，但我担心我不得不申请贷款来支付我和你谈妥的账单。我不去碰阿庇乌斯的痛处，但它们表现出来了，无法隐藏。

当我在 8 月 3 日送出这封信的时候，我正在上路，从劳迪凯亚去吕考尼亚的军营。我想从那里再去陶鲁斯山，去找摩拉根尼[②]解决你的奴隶的问题。“现在这头公牛已经上了轭具！不，这不是我应该做的！”[③]但我会忍受的，只要你爱我，让我只干一年，只要你在关键时刻能引起整个元老院的注意。我极为焦虑，因为很长时间我对罗马的事情一无所知。因此，像我以前对你提的要求那样，让我知道所有事情，尤其是政治。

我会写更多的信。我知道这封信需要很长时间才能送到你手中，但我把它交给了一个我非常了解的人，他是我们的人中间的一个，普特利的盖·安德罗尼柯。你有很多的机会让包税人的信使送信，通过我这个地区的税务司的官吏。

---

① 指庞培。

② 摩拉根尼是当地的一名酋长，阿提库斯的一名奴隶逃跑了，在他那里避难。

③ 引自某出拉丁喜剧。

[109]

西塞罗致阿提库斯，公元前 51 年，约 8 月 14 日，于叙那达和斐洛美留之间的路途中。

包税人的信使离开的时候我们真的上路了，长途旅行，但我感到我必须抽出几分钟来写信，这样你就不会认为我忘了你的吩咐。于是，我在路边写了这封信，简述一些事情，而这些事情实际上需要更详细地描写。

我必须告诉你，我在 7 月 31 日急切地等待进入这个凄凉的，毫不夸张地说，永久毁灭了的行省，我在劳迪凯亚待了三天，在阿帕美亚待了三天，在叙那达也待了这么多天。除了居民交不起人头税、横征暴敛、社团的怨恨和不满、惊人的暴力、像野兽而不像人，我什么也没听说。人们已经绝对厌倦了他们的生活。然而，我本人、我的幕僚、我的执法官，以及其他任何人，都没有给他们增加额外的开支，对这些可悲的社团来说，减轻了他们的痛苦。我可以告诉你，除了草料或其他朱利乌斯法案规定的供给，除了四辆车子和车顶，我们一根木头都没有拿走——有许多地方的车子甚至没有车顶；我们的人通常睡在帐篷里。所以，人们从乡间、村庄、城镇蜂拥而来，真是令人难以置信。在我看来，我的到达给他们重新带来了生活的希望，他们知道你的朋友西塞罗的正义、节欲和仁慈远远超过人们的所有预料。

听说我的到来，阿庇乌斯一头扎到行省边远的角落，他去了塔鲁斯，在那里主持巡回法庭。关于帕昔安人没有什么谣传，但是旅行者说我们的一些骑兵部队被东方人打得七零八落。彼布卢斯到现在还没有像我们想象的那样到达他的行省；他的动机据说是想要抓紧时间离开。我正在努力赶上大部队，他们在我们前面约有两天的路程。

[110]

西塞罗致阿提库斯，公元前 51 年，约 8 月 15 日，于路途中。

我收到来自罗马的一捆信，但没有一封来自你。我把这个错误算在斐洛提姆头上，不算在你头上，我假定你很好，也在罗马。这封信是我让书记员听写下来的，我坐在车子里追赶大部队，估计还有两天路程。几天内我就能找到可靠的送信人，所以我把信先攒起来。

然而，我在我的行省里的行为是这样的（尽管我希望你很快就能从其他人那里听到），由于财务紧张，我没有在任何人身上多花一分钱。这部分是由于我的文武官员对我极为信任。我们的朋友莱普塔也值得敬佩。但我现在急着赶路。几天后我会把整个故事告诉你。

我们的孩子被小戴奥塔鲁斯带到他的王国里去了，元老院保障了他的国王头衔。我们认为在打仗的时候，这对孩子们来说是最好的地方。

塞斯提乌给我送来一个材料，记载了他和你的谈话，以及你的一些观点。继续努力吧，关注事态发展并写信给我，讲一讲可能性和你自己的观点。

塞斯提乌还写道，霍腾修斯说了一些关于延长我的任期的事情。在库迈，他着手将我的任期顶多保持一年。如果你关心我，请强化这一立场。完全离开你们，对我来说是无法言喻的厌烦。此外我认为，如果很快卸任，我由于公正和正直而赢得的名声会更加光芒四射，像斯卡沃拉那样就相当幸运——他只担任了九个月的亚细亚行省总督。

看到我的到来，我们的朋友阿庇乌斯马上就从劳迪凯亚去了塔鲁斯。他在那里主持巡回法庭，尽管我就在行省里。我没有遇到任何失礼的地方，因为我手中握有足够的治疗这个行省伤痛的权力。但你可以告诉我们的朋友布鲁图，他的行为不太礼貌，在我到达时故意躲着我。

[111]

西塞罗致阿提库斯，公元前51年9月20日，于居比特拉外的军营。

我有多么希望你在罗马，或许你正好在那里——除了我收到你7月19

日送出的信，我没有其他确定的消息，你在信中说你大约会在 8 月 1 日去伊庇鲁斯。然而，无论你是在罗马还是在伊庇鲁斯，帕昔安人在国王奥洛德斯之子帕科鲁斯的率领下渡过了幼发拉底河，这几乎是他们的全部力量。关于彼布卢斯在叙利亚，还没有什么消息。卡西乌斯带着他的所有部队在安提阿。我在塔鲁斯地区的卡帕多西亚，我的部队靠近居比特拉。敌人在居瑞提卡，这是叙利亚最靠近我的行省的部分。这些事我已经写信报告给元老院。你瞧，如果你在罗马，你认为我还有必要送出这封信吗——有许多事情，但事实上首要的事情，就是不要再增加我的责任，或者延长我的任期，如他们所说："在这个宰杀牺牲的时候。"我的军队如此虚弱，我的同盟者如此稀少，尤其缺乏忠诚的同盟者，我现在的最佳资源是冬天。如果没有敌人首先侵犯我的行省，我唯一担心的就是元老院考虑到国家的安全不想让庞培走。但若他们在春天派了其他人来，那么我就不用着急了，只要我的任期不延长。

那么，要是你在罗马，我就说这些。要是你外出了——或者你在那里处理这件事——那么情况是这样的。不是我们士兵的风纪有问题，也不是我希望我们的军事行动无效，因为我相信我们的计划是健全的。我已经占据了有利的阵地，有充足的粮食供应，几乎能看见西里西亚。我想，我能很容易转移阵地，我的部队虽然很小，但完全听我指挥。当戴奥塔鲁斯带着他的全部人马来与我们会合时，我会产生怀疑。我拥有当地人的忠诚，远胜过在我前面的那些总督；我的温和与节欲在他们看来是难以置信的。征召罗马公民入伍的事情正在进行。粮食从乡下送到了安全的地方。若有需要，我们将用我们的武器保卫我们自己；如果不需要，也可以增强我们的力量。

所以，高兴一点。我能看见你，察觉到你对我的爱，就好像你在我身旁。但我确实要向你请求，如果在新年以前元老院没有发生什么事情损害我的地位，那么只要有什么办法可想，就要采取一切措施，保证我能在 1 月份回罗马。我敢肯定，只要你坚持，我就不会受到伤害。我们有对我们十分友好的执政官，还有一位保民官富尔纽斯站在我们这一边。但你的勤勉、技巧、影响是需要的。这是一场危机。但要我进一步敦促你是不适当的。

我们的孩子和戴奥塔鲁斯在一起，如有必要会被送往罗得岛。如果你在罗马，要像以前那样勤奋地给我写信；如果你在伊庇鲁斯，也要派一个你的人当信使，这样你就可以听到我在做些什么，我也可以听到你在做些什么，现在和将来。我在照料你的朋友布鲁图的利益，比他本人更热心。但我在法庭上找了一些没有辩护能力的监护人——他们像迟到的命运，像等待施舍的乞丐一样可怜。然而我的期望会得到满足，包括你的期望，这些期望比布鲁图自己的期望更难满足。但可以肯定，我会让你们俩都得到满足。

[112]

西塞罗致阿提库斯，公元前 51 年 9 月 21 日，于居比特拉外的军营。

你刚刚读到的这封信是我亲笔所写，亲自封印，里面有我的所有消息，这封信送出的时候，阿佩拉的信使带着你的一封信突然到达——于 9 月 20 日，在离开罗马 46 天以后。啊，他走得真快，多么遥远的路程！这封信使我既不怀疑你在等候庞培从阿里米努姆返回，又不怀疑你已经离开那里去了伊庇鲁斯；或者倒不如说，我担心的是你心里想着伊庇鲁斯，就像我在这里一样。

关于阿提留斯的债务，我已经写信给斐洛提姆，叫他不要去找美萨拉。[1] 我很高兴地知道，有关我的旅行的好消息已经传到你的耳朵里，等你听到后来的事情，你会更加高兴。我很高兴你的小女儿对你那么亲，我还从来没有见过她。再说一遍，再见。

代我问候帕特洛和你的其他学生，我很高兴听说你对我在梅利塔废墟中自找麻烦感到高兴。说你对你妹妹的儿子的叔父的对手的失败[2] 感到高兴，这是一个爱的伟大标志。它确实也是使我高兴的一个动力——但还没有对我

---

① 作为担保人。

② 指著名演说家马·卡利狄乌，他在执政官选举中被击败。西塞罗当然是小昆图斯的叔父，他的母亲是阿提库斯的妹妹庞波尼娅。

发生。你不相信我？随你怎么想，但坦率地说，我很高兴，因为邪恶是一回事，正当的愤慨是另一回事。

[113]

西塞罗致阿提库斯，公元前 51 年 12 月 19 日，于平德尼苏军营。

在我们围城八周以后，萨图纳利亚的平德尼苏向我投降了。你会说："平德尼苏？这是个什么鬼地方？从来没有听说过。"好吧，这不是我的错。我不能把埃托利亚或西里西亚归入马其顿。你现在就可以从我这里知道相关情况，用这支军队在这个地方可以做许多事情。让我给你一个概况，这是你在最后这封信中允许的。

你知道我到了以弗所，对此你向我表示过祝贺，那一天的民众集会在我的生活经历中是最令人高兴的日子之一。我在城里受到热烈欢迎，然后我于 7 月 31 日到了劳迪凯亚。我在那里受到款待，从前的悲伤都被有礼貌的欢迎冲淡。其他地方也一样，我在阿帕美亚待了五天，叙那达三天，斐洛美留五天，伊科纽十天。我在这些地方对司法的监管既不缺乏公正，也不缺乏温和与责任。

然后，我于 8 月 24 日到达军营，28 日检阅了伊科纽附近的部队。我接到有关帕昔安人的大量报告，于是就从军营出发，想要穿过卡帕多西亚与西里西亚相邻的部分进入西里西亚，这样做可以让亚美尼亚的阿塔瓦德斯和帕昔安人自己感到他们通往卡帕多西亚的道路被堵死了。我们在卡帕多西亚的居比特拉驻扎了五天，我接到报告，帕昔安人正在朝卡帕多西亚挺进，威胁着西里西亚。因此我穿过塔鲁斯的城门进入了西里西亚。

我于 10 月 5 日抵达大数，对叙利亚和西里西亚之间的分水岭阿马努山施加压力，这座山里很久以来就隐藏着大量的罗马的敌人。10 月 13 日，我们袭击和焚烧了敌人的营寨，杀敌无数，庞波提努是晚上到的，我本人是早上到的。我在军中接受了司令官的头衔。我们在伊苏斯附近住了几天，这个地方就是那位比你我都要强得多的将军亚历山大安营扎寨抵抗大流斯的地方。我们在那里待了五天，扫荡了阿马努山，然后离开。与此同时——你已经听说过所谓战争的错觉——有关我进军西里西亚的传言鼓励了卡西乌斯，他固守安提阿，对帕昔安人施压。卡西乌斯说服他们撤退，并且获得成功。一位高度受到尊重的帕昔安人的将领奥萨刻斯负伤，几天后死去。我的声望在叙利亚高扬。

彼布卢斯也在这个时候到达了。我假定，甚至在这个不值钱的头衔上，他也想要超过我——在阿马努群山中，他开始在插着月桂枝的蛋糕上寻找桂冠。[①] 结果是，他失去了他的第一步兵队，包括一名主要的百夫长阿昔纽斯·丹托，一位在他那个等级中非常优秀的人，以及其他步兵队的百夫长，还有军法官塞克·鲁西留斯，他的父亲提·伽维乌斯·凯皮奥富有而有地位。这一挫折确实有害，无论是事情本身还是事情带来的后果。

我挺进到平德尼苏，这是西里西亚人的一个坚强堡垒，自由的西里西亚人从任何人能记得事情的时候就开始有了武装。那里的居民是野性的，他们充分武装起来保卫自己。我们围绕这座城市筑起了屏障，开挖了壕沟，堆起巨大的土墩，建起监察哨和瞭望塔，安排了攻城的器械和大量弓箭手。最后，在付出艰苦的劳动以后，我们有许多人受伤，但没有一人死亡，我们的工作就这样结束了。对我们的人和军官来说，占领萨图纳利亚只是时间问题。除了俘虏，我把所有战利品都给了他们，而战俘将于今日出售——12月19日。我写出的价钱是120,000个小银币。我把部队交给我弟弟昆图斯，他会带领部队进入冬季的乡间营地。我本人正在返回劳凯迪亚。

这些事就说到这里。回过头来再说以前的事。有关你的鼓励所想达到的主要目标，在你的所有意见中，你最焦虑的是我能否让利古里亚的莫摩斯[②]满足，好吧，如果说有什么事情能让我感到困惑，那么可以说越能经受挑剔

---

① 即寻求胜利者的荣耀。老加图曾经收到过月桂树叶蒸的插着月桂枝的蛋糕。

② 专门挑毛病的神。西塞罗可能喻指他的一个死敌埃利乌斯·利古斯。

就越是正确！但我不想在这样的联系中谈论“约束”，这个词表示在美德上抗拒感性快乐的诱惑。我的生活中还从未有过什么快乐能超过我在这里的正直中所获得的快乐，我并非有许多东西要认领，而是实践本身令我满意。简言之，这样做是值得的。我不认识我自己，我从未想过我有这方面的能力。我有权骄傲。这是一项伟大的成就。与此同时还有一段小插曲：幸亏有了我，阿里奥巴扎尼的生命和王座得以保全，我拯救了这位国王和他的王国，凭着良好的判断和影响，我不让那些试图谋反的人靠近我，更不要说他们的钱了。卡帕多西亚到现在还没有浮现什么有价值的东西。我要让可怜的布鲁图尽可能高兴起来——我对他就像对你一样，我几乎要说“就像对你本人的他一样”。我也希望在我任职的这一年中，这个行省无须交纳一分钱。

这就是我必须说的全部。我现在正在找人送一份官方文书去罗马。其中要讲的事情比我在阿马努山写的信还要多。然而，你不在罗马！一切都将取决于 3 月 1 日发生的事情。我担心，如果凯撒的指挥权问题提出来争论，而凯撒不服管教，那么我可以坚持。如果你在那里，我就不用担心了。

回过头来再说镇上的事，有很长一段时间我对此一无所知，直到我收到你 12 月 16 日的来信。你的仆人斐洛根尼不怕艰辛，走了一条漫长的、不太安全的路，把信送到我的手中。你说交给莱尼乌斯的仆人的那封信我没有收到。我愉快地读到元老院关于凯撒的决定和你自己的期待。如果凯撒向他们屈服了，那么我们得救了。我对普赖托利乌的火并不感到十分痛苦，因为已经被他烤焦了。[①] 我很想知道为什么卢凯乌斯那么关心昆·卡西乌斯和所发生的事情。

按照你的指示，我在去劳凯迪亚的时候把白袍给了你的外甥昆图斯。我会把他管束得更紧些。戴奥塔鲁斯，我从他那里得到大量的兵员，写信告诉我他会带着孩子们到劳迪凯亚来。我期待着来自伊庇鲁斯的信，以便追踪你的假日以及你的生意。尼堪诺活儿干得好，我对他也不错。我想我会派他去

① 所指晦涩。

罗马送公文。这需要小心谨慎，与此同时可以从你那里带回有关你的消息。我要感谢你的阿莱克斯，因为他老是添加他对我的问候，但他为什么自己不写信给我呢，就像我的阿莱克斯[①] 写信给你一样？我们正在为斐米乌斯[②] 寻找一支号角。但是够了。照料好你的健康，记住让我知道你回罗马的时间。对你的健康再次表示最好的祝愿。

当我在以弗所看到塞耳姆斯的时候，我十分小心地向他介绍了你的事情和你的人。现在我又为此写了一封信，我发现塞耳姆斯本人急于帮你的忙。前些时候我写信对你说过帕曼尼斯的房子的事情，请你一定要明白，没有什么事情能够改变这名奴仆对房子的占有期，他需要你的帮助和我的帮助。我想这件事涉及我们俩的信誉，当然更多的责任在于我。

[114]

西塞罗致阿提库斯，公元前 50 年 2 月 13 日，于劳迪凯亚。

我十分高兴地听到，在有了一次“满意的航行”之后，你安全抵达伊庇鲁斯，然而对你在一个如此关键的时刻离开罗马，我感到有点失望。但我也得到一点安慰；我希望你在伊庇鲁斯过一个愉快的冬天，好好享受一番。

你问我卡西乌斯的那个急件是什么意思，他是你朋友昆·卡西乌斯的堂兄。这份急件比他后来送来的一封信的口气要谦虚一些，他在信中宣称要结束对帕昔安人的战争。没错，帕昔安人在彼布卢斯到达之前就从安提阿撤走了，但并非由于我们这一方的任何成功；他们此刻在居瑞提卡过冬，一场大战将在不远的将来发生。帕昔安人的国王奥洛德斯之子在我们的行省内，戴奥塔鲁斯是一个很好的消息来源，他的儿子与阿塔瓦德斯的女儿结婚，他丝毫也不怀疑夏季到来时这位国王会率全军渡过幼发拉底河。同一日，卡西乌

---

① 西塞罗的奴仆提罗。

② 阿提库斯的一名乐奴，他想要一样当地的乐器。

斯的报捷信在元老院宣读了，亦即 12 月 5 日，而我的急件也宣读了，信中讲了我们目前所处的紧急状态。我们的朋友埃克西乌说我的急件分量很重，而卡西乌斯的信根本没人相信。彼布卢斯没有送信来。如果他有信来，信中一定充满惊慌。

因此我担心的是，元老院由于害怕发生革命而不派庞培出国，又不愿意对凯撒做出任何让步，因此他们会接受这样的看法，在厘清这团乱麻之前，我们一定不能在我们的继任人到达之前离开，在如此动荡的岁月里，一个如此重要的行省一定不能只留给一些副将打理。在这种形势下，我担心我的任期会延长，只要有一名保民官否决，这种情况就可能无法避免了——更何况你的策略、影响、热心、事先的活动都没有起作用。但是，你会说我在自寻烦恼。我实在没有办法。我希望如此，但我担心事情的方方面面。你从布特罗图姆送出的那封信有一条很好的尾巴，而你的胃里装着大海。“如我所见并希望的那样，关于你的离开不会有任何困难。”我希望你只说“如我所见”，而不说“并希望”。

你送出的这封信到达我的手里，正好就在包税人的信使在伊科纽送来伦图卢斯取胜的消息的时候。信里有一种酸酸甜甜的感觉；你首先肯定不会有任何困难；然后又说如果有什么事情出了差错，你会到我这里来。你的暧昧把我放在了拉肢刑架上。顺便说一句，你看到的是哪封信。我没有收到你说的交给赫尔莫的那封信，他是百夫长卡努莱乌的仆人。你常提到有一封信交给了莱尼乌斯的仆人。这封于 9 月 21 日送出的信最后由莱尼乌斯在劳迪凯亚交到我手中，我是在 2 月 11 日到达那里的。我当时对莱尼乌斯说的话和后来的行动会使他明白你的推荐的价值。

这封信大部分内容讲的是老故事，但是有关西比腊的黑豹还有一点新意。[①] 我有义务要求你对马·屋大维说你并不这样想。今后，请你对任何不恰当的要求给以确定的否定的回答。按照我的脾气，这已经够坚定了，但我

① 市政官凯留斯·鲁富斯不断地要求西塞罗给他送一些黑豹，供斗兽表演用。

还是要说，在你的鼓励下，我打破了所有纪录（是的，你会发现是这样的），不仅是为了正直，而且是为了正义、和蔼与仁慈。相信我，人们会感到惊讶，他们发现在我担任总督期间，行省没有向他们要一文钱用于公共的目的或用于我的幕僚中的任何人的生活，除了我的副将卢·图利乌斯。一般说来他是非常谨慎的，但他确实按照朱利乌斯法拿了生活补助，然而只有一次，时间只有一天，也不是每个村庄都像对待他一样对待其他人，除了他唯一的一次，没有人这样做。所以，他请求我为他破例，因为我说过不让公众多开销一文钱。除了他，没有人拿过任何东西。这件事会在我们的朋友提梯纽斯的记录本上留下污点。

在作战季节结束的时候，我让我弟弟掌管军队的冬季驻扎和西里西亚。我派遣你的朋友提比略的女婿昆·伏鲁西乌，一个极为可靠、极为谨慎的人去塞浦路斯两三天，以便让在那里做生意的罗马公民不会说无人做过任何尝试——在这个岛屿之外不能合法地召集塞浦路斯人。

我本人于1月5日离开大数去了亚细亚，西里西亚人确实热情得难以描述，尤其是大数城里的居民。我在穿过大数的时候，发现在我管辖之下的这些地区的人对我的到来都有一种神奇的渴望，在我统治的这六个月中，我没有收到一封给我的投诉信，或者看到有被迫前来的访客。而在我担任行省总督之前的一年中经常会有投机行为。比较富裕的村镇缴纳大笔金钱，换得部队不在该地驻扎的承诺。塞浦路斯人缴纳了200阿提卡塔伦特。而在我担任总督期间，我没有让这个岛缴纳一分钱——这不是夸张，而是赤裸裸的真理。人们想要对这些恩惠做出回报，然而使行省官吏们发呆的是，我只允许来自民众的口头赞扬。禁止他们奉献雕塑、神庙、马车。我也不用其他任何方式强迫这些社团——我在这里表彰自己的时候，也许有点强加于你。如果你爱我，那就接受吧，毕竟想要我这样做的是你。

我在穿越亚细亚的时候目睹了可怕的灾难和粮食歉收以后的饥荒，但这种情况从我的角度看反而是需要的。我每到一处就劝说囤积粮食的当地人和罗马公民，让他们充足地供应粮食，我这样做不是凭借暴力、法律和严厉的言辞，而是凭借我的影响和鼓励。

2 月 13 日，我写这封信的日子，我安排在劳迪凯亚为西比腊和阿帕美亚地区举行一次巡回法庭；从 3 月 15 日起，也在劳迪凯亚，为叙那达、潘菲里亚（到那时我会为斐米乌斯举行秘密会议）、吕考尼亚和以扫里亚地区举行。5 月 15 日以后，我将去西里西亚，在那里度过整个 6 月，我相信帕昔安人不会前来骚扰。7 月，如果一切顺利，那就是我穿过行省返回罗马的时候。我进入这个行省，到达劳迪凯亚是在苏皮西乌和马凯鲁斯担任执政官的那一年的 7 月 31 日，所以我必须在 7 月 30 日离开。最要紧的事情是，我要让我弟弟离职，尽管这远远不是我们俩中任何一人的希望。然而这是唯一可能的办法，尤其是我现在就不能留下优秀的庞波提努。波斯图米乌急着要他去罗马，也许波斯图米娅也这样想。

我的计划就说到这里。现在让我来告诉你布鲁图的事情。你的朋友布鲁图与某些在塞浦路斯的萨拉米人的债权人，马·斯卡提乌和普·马提纽斯，关系密切。布鲁图热情地把他们推荐给我。我不认识马提纽斯。斯卡提乌到军营里来见我。由于布鲁图的缘故，我答应设法让萨拉米人归还欠款。他向我表示感谢，并要求我任命他担任这个地区的行政官员。我告诉他我从来不把官职授予生意人，正如我跟你说过的那样（当格·庞培提出过同样的要求时，我向他解释了我的原则，得到他的赞成，更不必提托夸图斯是如何对待你的朋友马·莱尼乌斯以及其他许多人了）。但我又对他说，如果想要当官成了他的债券，那么我宁可看到他能拿回他的钱。他向我表达了谢意，然后离开了。我们的朋友阿庇乌斯派了几个中队的骑兵去帮助这位斯卡提乌，还任命他担任这个地区的行政官员，而他以此向萨拉米人施压。他在压迫萨拉米人，所以我下令这些骑兵撤离塞浦路斯。斯卡提乌对此很不高兴。

长话短说，为了恪守我对他说过的话，当萨拉米人来到大数和斯卡提乌这里的时候，我命令他们归还借款。他们说了许多有关借钱的事和斯卡提乌的恶语相向。我拒绝听取。我敦促他们还钱，甚至恳求他们看在我为他们的社团提供的良好服务的分上，作为一种回报，把这件事情尽快处理好。我最后也发了脾气，威胁他们。他们告诉我绝不是反对我的意见，而是他们正在准备支付需要给我的钱；他们指出，尽管我没有拿他们按照惯例需要支付给总督的钱，但在某种意义上他们欠了我这笔钱。他们说，实际上他们欠斯卡提乌的钱少于一名总督征的税。我表扬了他们。斯卡提乌则说："很好，但是让我们来算一下总数。"要知道，尽管我在我那份非常传统的总督法令中写道我会遵守百分之一的年利率，但是斯卡提乌放债的年利率是百分之四。我说："啊，你想要让我违反自己的法令吗？"然而斯卡提乌提到，伦图卢斯和腓力普斯担任执政官时通过了一项法令，由元老院颁布，里面规定"西里西亚行省的总督应当根据借贷的具体情况做出裁决"。这使我大为震惊，因为这样一来，无异于要我毁灭这个城市。我发现涉及同一项借贷会有两道元老院颁布的法令。当萨拉米人想要在罗马放贷时，他们不能这样做，因为伽比纽斯法有禁令。后来布鲁图的朋友依靠他的势力和影响，同意借贷的利率为百分之四，但要有元老院的法令为保障。在布鲁图的影响下，一道法令通过了，保证他们可以向萨拉米人和任何人借钱。所以萨拉米人把钱借给了他们。但是后来就发生了这样的事，这条法令变成了对放贷者无用的一纸空文，因为伽比纽斯法使这种借贷在法律上无效。然后元老院又通过了法令，要求按照借贷的具体情况做出裁决——这样一来，这笔借贷的状况不仅没有比其他借贷好或者差，而是与其他借贷相同。当我解释了所有这些情况以后，斯卡提乌把我叫到一边，说他没有什么反对意见，但是萨拉米人已经得到了某种印象，他们欠他 200 塔伦特。他打算接受这笔款子，而实际上他们的欠款要略微少一些。所以他请我把萨拉米人要归还的款项提到 200。我说："很好。"然后我把萨拉米人召进来，而斯卡提乌已经离开房间。我说："好吧，先生们，你们欠了多少钱？"回答是"106 塔伦特"。我把这个结果告诉了斯卡提乌，结果马上招来他的强烈抗议。所以我说："你们最好还是去对一下账。"他们坐在一起，把账目加了一遍。最后的数字精确到一个小银币。萨拉米人表达了他们付现钱的愿望，要斯卡提乌接受。但斯卡提乌又把我拉到一边，要我搁置这件事情。这是一项很无耻的要求，但我还是让他下了台阶；当这些希腊人提出抗议，要求把这笔钱留在神庙中时，我没有允许。所有在场的人都大声谴责斯卡提乌极端厚颜无耻，而在别人看起来，拒绝接受百分之一的复利是非常愚蠢的。在我看来，他是无耻而不是愚蠢，因为他既不满足于一项百分之一复利的良好借贷，又指望在一项不良借贷中收到百分之四的利息。

好吧，这就是我遇到的案子，如果布鲁图不接受，我看不出我们为什么要在乎他。但是他的叔父[①]肯定会接受，尤其是在你离开以后，元老院最近才通过一项关于借贷的法令，我想把百分之一的单利固定下来作为法定利率。我知道你的算术能力，所以我想你已经算出其中的差别。阿洛波斯和一位农民，马库斯之子卢·卢凯乌斯，写信抱怨我，说这样做有严重危险，如果一般的债务计算要顾及这些法令，那么元老院要受到谴责，要对此负责。他回想起盖·朱利乌斯允许归还借款有一点拖延所带来的毁灭性后果——他说这是对国家的最沉重的打击。话再说回来。如果要说有一个案例能使对方无话可说，那么可以提到我这个案例，用来反对布鲁图，尤其是我相当公开地处理了这个案子。

其他的事情是关于家里的。有关阿卡农[②]，我喜欢像你这个波斯图米娅的儿子一样处理它，因为庞提狄娅是微不足道的。但是我希望你能在那里。在未来的几个月里，你一定不要指望昆图斯能带来什么东西。大雪使得6月前无法穿越陶鲁斯山。我按照你的要求让塞耳姆斯来回送信。戴奥塔鲁斯国王说，普·瓦勒留一分钱都没有，由他本人资助。当你知道罗马是否会设置闰月的时候，请你写信给我，告诉我举行秘仪的确定时间。我不指望从你那里得到很多消息，就好像你在罗马似的，但我仍旧期待着你的来信。

---

① 指加图。

② 阿卡农（Arcanum），西塞罗在阿尔皮诺山城南部的领地的名称。

[115]

西塞罗致阿提库斯，公元前50年2月20日，于劳迪凯亚。

我在劳迪凯亚收到你2月19日的来信，我十分快乐地读了它——信中充满温情、仁慈和朋友的关心。所以我要对你的信做详细回答，这也是你的要求；但我不会自己安排论题，而是按照你来信的顺序。

你说你最迟收到的我的信是9月21日从居比特拉送出的，你想知道我收到了你的哪些信。你提到的这些信我几乎都收到了，除了你说交给伦图卢斯的奴仆的那封信和那些从伊库图提库和布隆狄西送出的信。所以，只要你的目的是给我快乐，你不用担心你的勤奋和投入的精力会付诸东流。

我确实很高兴我在阿庇乌斯事情中的克制和我打算在布鲁图的事情中尽到自己的义务能得到你的赞同。我在想，否则的话，事情就会变成别的样子，因为阿庇乌斯在回家的路上给我送来两三封信，信中充满抱怨，责备我撤销了他的某些法令——就好像一位医生，他的病人被交给另一位医生处理，于是他就生气说那位医生改变了他的治疗方案。在他的治理下，西里西亚长期处于低迷状态，他在尽力使行省衰竭，最后他把行省交到我的手里，但并不乐意看到我使行省复原。但是，他头天冒犯我，第二天又感谢我。你瞧，我什么也没做，连想都不去想，否则在我看来是可耻的。事实上，世上还有哪两种想法之间会有如此巨大的差别？当他是行省总督的时候，他用各种苛捐杂税榨干了这个行省，而自从我接手以来，居民们没有缴纳过任何税赋。我也需要对他属下的官员和幕僚讲这些事吗？抢劫、暴力、侮辱？现在，我真的不认为你能够指出那个家庭能像我的整个行省一样有着明智、严格的运作。阿庇乌斯的某些朋友荒唐地看待这一切，认为我这样做是为了获取好名声，并使他臭名远扬，但我是一名诚实的总督，我不想为自己挣得好名声，但要他反思。然而，如果阿庇乌斯说他对我感激不尽，就像在布鲁图写给你的信中说得那么亲密，那么我就不多说了。天就要黑了，我不得不打消谈到他的许多非正义行为的念头。

现在来说布鲁图，在你的推动下，我渴望能与他结成友谊，但是让我把话说得明白些，我在约束自己，我担心会冒犯你。我向你保证，我确实想要执行他的委托，没有什么事能比这件事更麻烦。他给了我一个备忘录，这你已经跟我提起过。我非常忠实地在执行他的委托。首先，我劝说阿里奥巴扎尼把他已经打算给我的钱给了布鲁图。这位国王和我待在一起的时候，事情都很顺利，但后来庞培的代理人来对他施加压力。现在庞培能做的事情比世上其他所有人加在一起还要多，这是因为，除了其他原因外，人们认为他将要得到指挥权，对付帕昔安人。然而现在要向庞培支付的款项是每 30 天 33 个阿提卡塔伦特，不扣税，还不够一个月的利息。然而我们的格奈乌斯对这件的处理是相当合理的——他放弃了他的原则，对利息表示满意，哪怕不能得到全部利息。这位国王没有向其他人付钱，他也做不到——他没有国库，也没有常规的税收。他按照阿庇乌斯的模式征税，但还不够应当支付给庞培的款项的利息。他有两三个朋友非常富裕，但也像你我一样自顾不暇。我不断地写信给这位国王，有请求和说服，也有责备。戴奥塔鲁斯也告诉我，为了布鲁图的事他派了几名使者去见这位国王，带回来的是这位国王没有钱的消息。我自己诚实的看法是，这个王国受到盘剥，这位国王已经成了一名彻底的乞丐。所以我正在考虑放弃我的托管权，或者就像斯卡沃拉对格拉里奥所做的那样，拒绝支付利息，不让利息累计。然而，鉴于马·斯卡提乌和卢·伽维乌斯在我的行省里不做生意，我答应让他们担任一些地区的行政官员，他们正在卡帕多西亚为布鲁图收回借贷的利息，而我通过你向布鲁图做过承诺。你记得我采取的方针，只要他们不是商人，他们可以担任一些地区的行政官员。我向他和其他两个人做了承诺，但他说其他两人已经离开行省。

现在让我来告诉你那些萨拉米人的事情——我知道你听了以后会感到惊讶，就像我一样。我从未听他说过这笔钱是他自己的。事实上，我有他自己写的备忘录，上面说："萨拉米人欠我的朋友马·斯卡提乌和普·马提纽斯许多钱。"他向我推荐他们，还说他自己曾经为他们的一大笔借贷做过担保。

我安排了贷款人还贷，利率是月利百分之一，时间是若干年，利息按年累计到本金中去。然而斯卡提乌要求把利率定为百分之四。我担心，要是我允许他这样做，你本人也会反对我。因为这样做意味着违反我自己的法令，彻底摧毁这个处在加图和布鲁图本人保护之下的社团，而我也为这个社团做了许多好事。

就在这个时候，斯卡提乌交给我布鲁图的一封信，并说他本人就属于这个党派，这是布鲁图从来没有跟我说起过的，也没有对你说过，布鲁图要我任命斯卡提乌担任一个地区的行政官员。但我已经通过你提出保留意见，我不能任命商人担任行政官员；如果我可以有例外，那也不能任命斯卡提乌。他在阿庇乌斯担任总督时是地区行政官，有一些骑兵队归他指挥，他让这支骑兵队把萨拉米元老院的议员关在元老院里，把他们封锁起来，所以有五名议员饿死在里面。去这个行省赴任的那一天（塞浦路斯的使者在以弗所遇到我），我派人送了一封信，下令这支骑兵队立刻离开塞浦路斯岛。由于这些原因，我想斯卡提乌写信给布鲁图说了我的坏话。然而，我的感觉是这样的：我已经规定整个行省的利率为百分之一，如果布鲁图仍旧认为我必须规定百分之四的利率，并为此颁布法令，那么哪怕是最凶狠的放高利贷者也会感到；如果他会抱怨我拒绝任命一个生意人当行政官员，就像我拒绝了我们的朋友托夸图斯，你的朋友莱尼乌斯和庞培本人对待塞克·斯塔提乌的要求，那么可以说他们对我的行动都是赞同的；如果他对骑兵队被召回感到悲伤，那么可以说，我对他的不高兴感到遗憾，但我更加遗憾的是他不是我要找的那种人。

斯卡提乌至少会承认，在我的统治下，按照我的法令，他还有机会拿回他全部款项。我还要做另外一件事情，不知你是否同意。我的法令规定的利率不得不停止实行。萨拉米人想要存储这笔钱，我让他们保持平静。结果他们同意了，算是帮了我的忙，但若鲍鲁斯到这里来，那会是个什么样子？我这样做完全是对布鲁图的让步。然而在写给你的信中如此仁慈地提到我的布鲁图在给我的来信中用了一种粗鲁的、傲慢的、令人讨厌的语调，甚至是在他请求帮助的时候。如果你会写信跟他讲这些事情，把他的反应告诉我，那么我会非常高兴。

在我的最后一封信中，我把这些事都对你做了详细解释，但我想要你充分明白我没有忘记你说的话，哪怕我在这个行省里一无所获，但只要有布鲁图的善意我就可以非常满意了。情况就是这样，你很快就会看到，但还会加上一条，我的双手肯定会保持清洁。在我的统治下，斯卡提乌的贷款立即得到了偿还。这件事处理恰当与否，你是法官。我甚至不会对加图提出什么要求。但你一定不要假定我忘掉了你的嘀嘀声——它们已经沉淀在我心中。你含着眼泪请求我顾及自己的好名声。你有哪一封信没有提到这一点？那么好吧。谁想冒犯就冒犯吧，我会坚持到底的。“因为正义在我一方”[①]，尤其是我讲话的方式已经拿我自己做了抵押，我的那六卷书[②]是我的保证人——我很高兴你非常喜欢它们。你提出了一个历史问题，涉及格·弗拉维乌，阿努斯之子。他生活的年代并不早于十二人委员会[③]，因为他是市政官，这个职位在他们生活的时代很久以后才设置。所以，通过公布历法他取得了什么成就？答案是，在以往历法是保密的，交易日只有少数人通过申请才能知道。有大量权威说法表明格·弗拉维乌公布了历法，还设置了一套司法程序，所以你不需要这样想，是我，或者倒不如说是阿非利加努，因为在书中是他在讲话，制定了这些司法程序。我书中的瑕疵也没能逃脱你的眼光，不是吗，关于那名喜剧演员的模仿？你的疑心病太重，我在写的时候完全没有注意到。

你说你从斐洛提姆的信中得知我已经成为一名受人爱戴的将军。我想你在到达伊庇鲁斯以后会收到两封信，其中包括我的所有消息，两封信都交给了你的奴仆，一封是在攻克平德尼苏以后，一封是在劳迪凯亚。由于航海的

---

① 引自欧里庇得斯：《残篇》第918条。

② 指西塞罗《论国家》六卷。

③ 指制定罗马最早的法典“十二铜牌法”的立法家。西塞罗《论国家》中的相关段落缺失。

危险，我派出两批信使向罗马送出急件，报告这些事情。

我同意你对我的图利娅的看法，写信给她和特伦提娅，就说我同意了——你已经写信给我，“但我希望你回到你的老伙伴中间来”。一旦美米乌斯的来信得到纠正，那就没有什么困难了，因为我宁要庞提狄娅的候选人，不要塞维莉娅的候选人。所以请让我们的朋友邵费乌斯帮助你。他已经是我的一个好朋友，而我想现在更好办了，因为他可能继承了他的兄弟对我的情感，还继承了他兄弟的其他财产。阿庇乌斯在许多场合对我表示敬意，尤其是在博萨。你肯定正在减轻我心中的负担。

我不喜欢富尔纽斯的那个保留条款，[①] 因为他说的这种可能性是唯一使我感到害怕的。如果你在罗马，这个问题我会多写一些。你把所有的和平的希望寄托在庞培[②] 身上，我不会感到奇怪。这是一个办法，在我看来“忠实的”这个词必须去掉。如果我对论题的排列相当混乱，那么你必须责备你自己。我只是在跟随你的即兴发挥。

孩子们相处得很好，正在学习和锻炼。但是正如伊索克拉底提到厄福鲁斯和塞奥波普时所说的那样，他们一个需要缰绳，一个需要马刺。我建议在酒神节把白色托袈袍给昆图斯穿上，因为他父亲要我这样做。假定没有设置闰月，我会把这一天保留下来。我对狄奥尼修斯很满意。孩子们说他脾气不好，但是没有人能比他更有学问，更严格，或者对你我更依赖。

你听说的关于塞耳姆斯和西留斯的事情是真的。他们干得很好。还要再加上马·诺尼乌斯[③]、彼布卢斯，如果你愿意，还可以加上我本人。至于斯克洛发[④]，我希望有某些地方可以给他一个机会——他是个非常优秀的人。其他人正在强化加图的政策。[⑤] 我非常感谢你对霍腾修斯赞扬了我的工作。

---

① 保民官富尔纽斯告诉阿提库斯他要阻止延长西塞罗的任期，除非有某种紧急情况发生，即帕昔安人可能在夏季发起进攻。

② 可能是马其顿行省总督。

③ 可能是马其顿行省总督。

④ 可能是克里特行省总督。

⑤ 改进行省的治理。

至于阿米亚努，狄奥尼修斯认为他没有什么希望。我找不到特伦提乌斯的踪迹。摩拉根尼肯定死了。我穿过他的国家，根本就没有一样活物留下。当我和你的人德谟克利特谈话时，我还不知道这一点。我已经订购了一些罗索斯[①] 陶器——但是你瞧，你是怎么做的？你给了我们一些白菜和蕨根，装在漂亮的篮子里晚餐享用。我能指望你把它们盛在陶盘里吗？我为斐米乌斯订购了一副骨牌，估计能够找到。他的牌技配得上用它。

有人扬言要打一场帕昔安战争。卡西乌斯派了一支愚蠢的部队前去，但彼布卢斯后来没有派人来。等他的任期满了，我想元老院最终会坐下来讨论这件事。我心里非常焦虑。如果我的任期不延长，如我所祈求的那样，我担心的是6月份和7月份。好吧，不管怎么说，彼布卢斯的任期还有两个月。但是我留下来主事的人会怎么样，尤其他是我的弟弟？如果我不能很快离开，我又会怎么样？这真是一只漂亮的鱼缸。然而我同意戴奥塔鲁斯的意见，他和他的所有部队都将在我军中服务。他有30个四百人的步兵队，按照罗马方式装备起来，还有2,000匹马。足以坚守堡垒，直到庞培到来。他在信中告诉我这也是他关心的问题。帕昔安人正在我们的行省里过冬，等待奥洛德斯本人的到来。是的，真的非常混乱。

关于彼布卢斯的法令，里面仅有的新意就是你写信告诉我的那个保留条款，它开了严重地反对我们这个等级[②] 的先河。我这里有一个条款也起着同样的效果，只是措辞更加谨慎，这是我从昆图斯·穆西乌斯(普伯里乌之子)在亚细亚的法令中拿来的："除了那些信誉良好的交易，其他交易的结算期不一定非要遵守。"我确实继承了斯卡沃拉的许多条款，包括本地人所享有的自由的范围，本地人之间发生纠纷应当按照他们自己的法律审判。由于我的划分方式，这项法令很短。我想它最好由两部分组成。一部分是整个行省范围的，包括城市财政、债务、利息、付款，还包括与包税人相关的所有内

① 罗索斯（Rhosos），小亚西亚东部的滨海城市，以产陶器闻名。

② 即骑士等级，亦即包税人。

容。另一部分涉及的内容是那些没有法令就不能方便地加以处理的事情，比如遗产的拥有、地产的拥有、继承人的指定、地产的出售，这些事务通常要提起诉讼或者按照法令进行交易。除此以外，其他事务都与司法管理有关，这部分内容我没有写，只是声明我在这方面的处理会与罗马颁布的法令保持一致；我就是这样处理的，至今为止人们都很满意。当地人很高兴，因为他们有来自外邦的法官[①]。你可以说，这不相干。好吧，那又如何？他们感到按照原先的法律进行治理也是一样的。我们的国人中也有给人深刻印象的人——比如鞋匠图尔皮奥、掮客威提乌斯！

你似乎想知道我如何管理包税人。我溺爱他们，顺从他们，甚至奉承他们——我这样做是为了使他们不伤害任何人。最令人惊讶的是，甚至连塞维留斯也维持着行省与包税人达成的有关利息率的专门协议。我的办法是这样的：我确定一个利率，给他们充分时间，并且说要是他们在规定期限之前缴纳，我会按照百分之一的利率执行，如果不能，那就按照协议中的规定执行。所以当地人支付了可接受的利息，而包税人对这样的安排非常高兴，因为他们现在得到口头问候和频繁的邀请。一句话，他们全都成了我的朋友，每个人都认为自己非常重要。然而，“就让他们这个样吧，不要……”[②]——你知道这句谚语的后面怎么说。

关于阿非利加努的雕像（你的信中混杂了那么多事情！但这正是我喜欢你的来信的地方），你别这样说！这位西庇阿·麦特鲁斯不知道他的曾祖父从来没有担任过执政官吗？竖立在奥浦斯神庙后面高地上的这座雕像上除了“cos.”这几个字母外没有其他字眼，而竖立在波利克勒制造的赫丘利像旁边的那尊雕像上刻着“cos. cens”；雕像站立的姿势和服饰，这种相似性表明两尊雕像是同一个人制造的。的确，当我看到阿非利加努的雕像与萨拉皮奥的镀金骑士雕像那么相似的时候，我想这是匠人所犯的愚蠢的错误，这座像

① 亦即有来自其他希腊城邦的法官。

② 这句希腊谚语的大意，后半句是“不要过分相信他们”。

是麦特鲁斯安放在卡皮托利圣山上的。现在我看到这个错误是麦特鲁斯的错误。多么可耻的无知！如果这是错的，那么我关于弗拉维乌和历法的观点也犯了广为流行的错误。你感到困惑是对的，我或多或少接受了流行的看法。希腊人中这样的事情很多，比如每个人都在谈论欧波利斯和他的喜剧，说他在航海去西西里的时候被阿尔西庇亚德扔进大海。厄拉托斯塞尼通过当场表演来否定某些戏剧是他创造的。我们不用笑话萨摩斯的杜里斯，他是一位谨慎的历史学家，但他和许多人一样犯了同样的错误。每个人都说扎留库斯是罗克里地方法典的作者。由于你的朋友蒂迈欧发现了这一传说的错误，因此塞奥弗拉斯特就不可信吗？但是，不知道自己的曾祖父从来没有当过执政官确实是可耻的，尤其是在他生活的时代并没有另外的高奈留在担任执政官以后担任监察官。

你提到斐洛提姆以及那笔 20,600 个小银币的款项，我听说斐洛提姆大约 1 月 1 日到了凯索尼塞，但我还没有他的进一步消息。卡弥鲁斯写信说自己收到了那笔给我的款子。具体情况我不知道，也急于想知道。但这件事以后再谈，也许最好等我们见面时再谈。

你的来信结尾处的一个短语使我有点心神不宁。你写道："其他时候？"然后请我千万记住要提高警惕，注意将要发生的事情。关于某人你听到什么事情了吗？我不是说一定会有什么事，它不会也不能逃过我的注意。但我感到你如此谨慎小心地提醒指的是某个地方。

至于马·屋大维，我要再次对你说，你对他的回答是正确的、恰当的——我只希望你说得更加自信些。凯留斯给我派来一名奴仆，送来一封信，信中提到黑豹和向城镇征税。我对后面这个问题做了答复。我说，非常对不起，我的影响力很小，在罗马的人不清楚我的行省的情况，这里除了还债，缴纳的赋税是微不足道的；我告诉他我无权征税，他也无权拿走税赋，并且建议他（因为我确实喜欢他），作为一个专门指控别人的不法行为的人，自己的行为要特别小心。至于黑豹，我说让西比腊人按照我的命令去公开围猎，这对我的名望无补。

你的信让莱普塔非常高兴。信的行文确实很讲究，对我的评价也高。你的小女儿如此细心地让你传递她对我和庇丽娅的爱；但是你的关心更加令人感动，尤其是她还从来没有见过你。所以，请你把我对她们的爱也传递给她们。你12月29日的来信中包含对那个我并没有忘记的著名誓言的温和提醒。那一天我是穿便服的大祭司。好吧，当时所有人都齐声回答，但他们说的不是“黄金换黄铜”，而是“等价交换”。

这里还有另外一封短信！我不会丢下它不管。确实，卢凯乌斯干得很好，出售他在图斯库兰的地产——但他也许只是随意地说说而已，但他这样做是适宜的。我想知道他开价多少。我听说我们的朋友伦图卢斯已经贴出售地产的告示，除了他在图斯库兰的地产。我很想看到他们离开那片林地，还有塞斯提乌，要是你喜欢，还有凯留斯。所有这些事情，都是“拒绝感到可耻，等待又感到恐惧”[①]。我希望你听说库里奥对归还美米乌斯的地产是怎么想的。关于厄格纳提乌·西狄昔努欠的债，我抱有一些希望，但并不大。戴奥塔鲁斯非常关照庇那留斯，此人是你推荐给我的。他病得很重。那封较短的信也已经回复。

我希望你仍旧能够经常给我写信，就像我在劳凯迪亚的时候一样，亦即到5月15日为止，当你来雅典的时候（我们很快就会知道罗马的事情，包括各个行省，这些事情都将在3月份确定），一定要派人给我送信来。你来看，赫洛德斯代表你那个被收养了的国家真的从凯撒那里索要了50个阿提卡塔伦特吗？我听说你这个雅典人为了这件事而怨恨庞培。他认为你浪费了他的钱，而凯撒会催逼得更紧，为了他在林地里的房子。这些事我都是从普·维狄乌斯那里听来的，这是一头蠢驴，但他却是庞培的朋友。这位维狄乌斯来见我的时候带着两辆马车、一顶轿子、好几匹马、许多动物、大量的奴仆，要是执行库里奥的法令，他就要为每个人付100个小银币的罚款。其中一辆车上有一只狒狒，此外还有一些野驴。我从来没有见过这样的纨绔子

① 荷马：《伊利亚特》第7卷，第93行。

弟。但是请听故事的结尾。在劳迪凯亚，他住在庞培·文狄鲁斯家里，他来见我的时候把行李都留在文狄鲁斯家中。此间，文狄鲁斯死了。由于伟大的庞培想要接收文狄鲁斯的地产，他派了盖·维诺纽斯去文狄鲁斯家查封那里的一切，包括维狄乌斯留在那里的行李在内。从他的行李中翻出五幅女人的画像，其中有一个是你的朋友的妹妹，你知道她是谁的妻子——他们在一起同居，一个拿出一切来款待同伴，另一个容忍这些事情发生。我想我要提前告诉你这件事。我们可以发现他是一个无赖。

还有另外一件事我请你考虑。我听说阿庇乌斯在厄琉息斯修了一条小路。如果我在学园里也这么做，合适吗？你会说："我想是不合适的。"那么好吧，写信把你的意见告诉我。我真的很喜欢雅典这座城市。我想在这里买些纪念品，但我讨厌在其他人的雕像上刻上虚假的铭文。但还是你认为怎样最好就怎么做吧。你要让我知道罗马的秘仪是什么时候毁灭的，你过了一个什么样的冬天。照料好你自己。

写于留克特拉战役[1]之后第764天。

[116]

西塞罗致阿提库斯，公元前50年4月后半月，于劳迪凯亚。

你的被释放的奴隶斐洛根尼到劳迪凯亚来向我致敬，并说他很快就会乘船过海，回到你那里去，所以我把这封信交给他，回复你让布鲁图的信使送来的那封信。首先我来回答你的来信的最后一页，那里提到，辛西乌斯在给你的信中提到他和斯塔提乌的谈话，这使我深深地感到困惑。使我最感困惑的事情是斯塔提乌竟然说我也赞同这一想法。[2]关于这一点让我只说一件事：我决不希望我们之间的关系有任何松懈，任何能够加强我们之间联系的事情

① 指杀死克劳狄的那场战斗。参见第106封信注释。历史上的留克特拉战役发生于公元前371年，斯巴达国王克莱奥布洛图（Cleombrotus）在与底比斯人的战斗中被杀。

② 指昆图斯和庞波尼娅离婚。

我都会欢迎，虽然我们之间已经存在着最亲密的情感。至于他，我经常发现他一提到这些事情就非常急躁，我经常需要平息他的怒火。这一点我想你是知道的。这次到国外旅行，或者倒不如说在国外履行公务，在此期间我几次看到他勃然大怒，然后又平息下来。他会写信跟斯塔提乌说些什么我说不出来。但无论他想采取什么步骤，他一定不能为这些事写信给一名释放的奴仆。我将尽一切力量阻止违背我们意愿的行为发生，让他正确行事。但在这种事情上光有这样的回答是不够的，这个孩子本身也应当承担一部分责任，他现在已经是一名青年。我会习惯性地敦促他。在我看来，他很喜欢他的母亲，当然这是应该的，他也非常喜欢你。但他的本性很复杂，尽管他有天赋，为了指导他，我有很多事情要做。

在用我的第一页回答了你的最后一页以后，我现在返回到你的来信的第一页。我接受这样的说法，所有伯罗奔尼撒的社团都邻近大海，这是狄凯亚库的解释，他不是一名无赖，而是一名按照你的判断可以认可的人。他写的有关凯隆的故事提到，特洛福尼乌率领希腊人固守海岸，整个伯罗奔尼撒无一例外。尽管我认为他是一个很好的权威（他毕竟掌握了很多消息，并在伯罗奔尼撒住过），但我还是感到惊讶和怀疑，于是我向狄奥尼修斯询问。他起初有点慌张，但后来就说我们必须相信他的话，然后提到这位狄凯亚库的神的意见，就像你听到盖·维斯托留的意见，或者我听到马·克鲁维乌的意见。[①]他认为阿卡狄亚包括沿海的一个名叫莱瑞翁的地方，按照他的看法，特奈亚、阿利斐拉、特利提亚都是最近才兴建的，船只的名字[②]也支持他的看法，但这些地方到底在哪里并没有提到。所以我原样照搬狄凯亚库的段落。至于“弗利亚斯人”[③]，我知道这个词的拼写是正确的，你可以这样写，我也是这样写的。但是，我起初受到把费留斯比做奥布斯或西布斯的欺骗，认为由此可以构成“奥布提亚人”、“西布提亚人”。但我马上做了矫正。

---

① 维斯托留和克鲁维乌是普特利的生意人，普特利古称狄凯亚基亚。

② 希腊不同部分的岛上的城镇，船只的名字参见《伊利亚特》第2卷。

③ 弗利亚斯人（Philiasians）。

我明白你对我的节制和公正感到高兴。如果你在那里，你甚至会更加高兴。在劳迪凯亚，从 2 月 13 日到 5 月 1 日，我一直在各个地区主持巡回法庭，西里西亚的一些地区除外，取得了令人惊讶的效果。许多社团的债务问题都得到彻底解决，还有许多债务归还了一大半。所有人都获得生机，依照他们自己的法律和规矩来生活。我用了两种方式使他们得以部分地或全部地从债务中把自己解放出来。第一种方式，在我担任总督期间没有任何开支发生——当我说“没有开支”时我的话并不夸张，我说的是确实没有，一分钱也没有。你很难相信要费多少力气才能把这些社团拉出泥潭。然后还有另外一件事。这些本地人自己要对他们社团中大量侵吞公款的现象负责，这是他们自己的行政官员犯下的罪行。我个人调查了那些在最近十年中担任行政官员的人。他们坦白了。所以没有任何公开的羞辱，他们亲自把钱送了回来，还给公家。地方政府在最近五年中没有向包税人支付款项，而现在没有任何抱怨就把最近五年的欠款一起支付了。所以我是包税人最喜欢的人。你可以说他们是“感恩的上层人士”。我经历过他们的感恩。我的司法工作显然一方面非常专业，另一方面非常仁慈，我的和蔼亲切给人留下深刻印象。人们很容易接近我，我完全没有过去那种行省总督的排场。我想没有什么事情需要通过我的衣着来完成。我在官邸里破晓之前就起床，就像我在竞选执政官时一样。这些事情受到人们的赞扬和思考，我作为一名老竞选人并不令他们厌恶。

我打算 5 月 7 日动身前往西里西亚。在那里过完 6 月份以后（我只希望能够和平，因为帕昔安战争迫在眉睫），我会把整个 7 月份用于返程，因为我的任期到 7 月 30 日为止。我非常希望元老院不会休会。到 3 月 7 日为止我都还能得到这座城市的消息，通过我们的朋友库里奥的帮助，生意方面的事比行省的事务更需要处理。所以我希望很快就能见到你。

我去见你的朋友布鲁图，或者倒不如说去见我们的朋友，因为你喜欢这么说。我能够管理行省的一切事务，或者说我能管理这个王国的事务，我过去就做过。我以各种可能的方式和这位国王一道处理事务，并且仍旧在这样做——当然是通过信件往来，因为在危机期间我在解救他的时候只和他在一起待了三四天。但是在那个场合以及后来的书信来往中我从来没有停止过对他提问题、提要求、提建议、提出敦促。我取得了重要进展，但这种进展到底有多大我现在还说不出来。

至于萨拉米人，对他们我可以使用强制手段，我使他们表示愿意完全偿还欠斯卡提乌的钱，但是利息要按照百分之一的利率计算，从最后一次重新签约算起，不是单利，而是按照年度计算复利。钱已经准备好了，斯卡提乌拒绝接受。你告诉我布鲁图也愿意接受某些损失，对此你该说什么？他的贷款利率是百分之四吗？这是不可能的，哪怕过去有过这样的事，但我决不能容忍。确实如此，我听说斯卡提乌现在后悔了。至于他说可以依据元老院颁布的法令做出裁决，但这项法令得以通过只是因为萨拉米人违反伽庇纽斯法借钱，而法律是禁止这种借贷的。因此元老院下令要对这项借贷进行裁决。现在这种事情已经有了同样的成文法，不多也不少。我想我会令布鲁图满意，在这件事上我会秉公办理。你本人会不会满意我不知道，但我肯定能让加图满意。

现在回过头来说你自己的事。阿提库斯，你对我吹毛求疵的公正进行赞扬，你真的在意这件事吗？如恩尼乌斯所说，“你竟敢开口”要求我派一支部队去替斯卡提乌收钱？你告诉我，由于不在我的身边，你有时候变得焦躁不安。好吧，假定你在我这里，如果我想这么做，那么你会允许我这样做吗？你说：“不超过 50 人。”斯巴达克斯开始造反的时候人更少。在这个美丽的岛屿上，什么样的破坏是他们没有造成的？我说的是“没有”，但我宁可说“没做”。在我到这里来之前，他们封锁了萨拉米的元老院，把一些议员饿死在里头。斯卡提乌是阿庇乌斯任命的地方行政官，拥有一支骑兵队。那么好，我可以向你保证，每当我考虑要公正诚实地处理一些事情的时候，心里就会浮现你的脸庞，那么你会要求我任命斯卡提乌为地方行政官吗？我已经定下一条规矩，不任命任何生意人担任行政官员，布鲁图批准这一条。给这个家伙派一支骑兵队？为什么不让他走着去？斯卡提乌真是挥霍无度！他说：“贵族都希望这样。"我知道！他们以各种方式来到以弗所来见我，向我哭诉骑兵队的残暴和他们遭受的痛苦。于是我马上写信，下令在规定的时间里将这支骑兵队撤离塞浦路斯，由于这件事，以及其他一些事，萨拉米人民在他们的公告中把我夸上了天。但是他现在要骑兵队干什么？萨拉米人已经还清了欠款——当然了，除非我们希望用武力强迫他们支付百分之四的利息。如果我做了这种事，那么我还敢把那几卷书[①]读给你听吗，这本书受到你的高度赞扬？我亲爱的阿提库斯，在这件事上你对布鲁图的关心过分了，但对我的关心不够。然而我会写信给布鲁图，告诉他你在信中跟我说了些什么。

现在说说我的其他事情。我在这里代表阿庇乌斯做了一切可能做的事情，我关心方方面面，但并非全心全意。我对阿庇乌斯本人没有恶意，我必须说我对他的敬意与日俱增，而且非常看重。你听说盖·科厄留斯要到这里来担任财务官吗？我不知道他是个什么样的人。我不喜欢帕曼尼斯。我希望9月份能在雅典。我很想知道你的行程。我从你的来信中知道了塞普洛尼乌·鲁富斯的天真，我能说的只是我妒忌维斯托留的权力。

我想继续啰嗦一会儿，但是天已经亮了。人声鼎沸，斐洛根尼想要离开了。献上我的良好祝愿，你写信的时候也代我向庇莉娅和我们亲爱的凯西莉娅问好。我亲爱的马库斯送上他对你的爱。

[117]

西塞罗致阿提库斯，公元前50年5月底或6月初，于赴大数的路途中。

在把我的上一封信交给你的被释奴仆斐洛根尼以后，这里没有发生什么事，我真的没有什么消息要告诉你，但由于我派斐洛提姆回罗马，所以我一定要写些什么东西给你。从我最大的焦虑开始，这是你帮不了任何忙的。你又能怎么办？事情是真实的，你远在天边，"波浪滔天，南风裹挟着波浪，

① 指《论国家》。

吹遍广阔咸湿的大海”。日子一天天过去，你明白——我必须在 7 月 30 日离开这个行省——我的继任者还没有任命。我把这个行省交给谁呢？原则上人们一般的期待是我的弟弟，首先，因为这种事像是一项荣誉，没有其他人比他更加适宜；其次，因为他是唯一可供选择的执法官等级的人。庞普提努按照约定已经离开了我——他在那样的情况下离开了。无人认为这名财务官适宜这个位子。他是不负责任的，贪财好色的。至于我的弟弟，我可以这样说，我不认为能够说服他。他讨厌这个行省，所以他肯定不会同意。假定他不在乎对我说不，我又能把这项重任交给谁呢？人们认为在叙利亚会有一场大战，将会波及这个行省，而这里没有什么防御力量，只有我在一年的时间里获得的信任。在这样的环境中，作为一名好兄长，我能把昆图斯留下来掌管行省吗？作为一名优秀的国家公仆，我能把行省留给一些笨蛋吗？所以你看到我陷入了焦虑和困惑。事实上，但愿我从来没有担任总督就好了。我非常妒忌你和你的行省！你想什么时候离开就什么时候离开——你也许已经离开了。你认为谁合适，你就可以把色瑞斯洛提亚和考尼亚交给他们。然而，到现在为止，我还没有见到昆图斯，也不知道他是否同意，如果我决定让他接管。但若他能接受，我无法说我想要什么。事情大概就是这样。

我对这个行省的治理给我带来了大量的歌功颂德，够你写几卷书来赞扬：拯救那些濒临破产的社团，让包税人满意，无人受到骚扰，只有少数人受到法律制裁（但没有人敢抱怨），军事上的成就，等等。在这个问题上我没有什么要做的，你也没有提出任何建议。最后一幕有点难，把这个行省交出去。但是某种天命会指点我走完这一步。

有关国内的事情你当然比我知道得多，你听说得更多，也更加可靠。我很遗憾你没有写信告诉我库里奥和鲍鲁斯之间的某些分歧意见，我听说了。我也看不出有什么危险，只要庞培还站着——甚至坐着，只要他的健康还允许。但我真的对库里奥和鲍鲁斯感到遗憾，他们俩都是我的朋友。所以，如果你已经在罗马，请你给我来信，简述一下整个政治形势，让我在途中就能看到你的信，据此可以调整我的想法，在靠近首都时确定我的态度。免得在到达时像一名外国人和陌生人。

我几乎忘了说我已经用我的权力为我们的朋友布鲁图做了一切，这是我常说的话。塞浦路斯人准备还钱，但是斯卡提乌对按照百分之一的复利计算利息不满意。阿里奥巴扎尼为了我的缘故急于想把欠款支付给布鲁图，就好像他为了庞培的缘故急于想把欠款支付给庞培。这位国王很穷，由于我距离他太远，除了写几封信，我什么也做不了，但我用书信来对他连续施加压力。无论时间长短，按照比例来说布鲁图的欠款问题处理得比庞培好。布鲁图这一年收到了大约 100 塔伦特的欠款，而庞培得到许诺，他将在六个多月的时间里收到 200 塔伦特。还有阿庇乌斯的事，为了布鲁图的缘故我必须要做的事几乎难以言表。所以，我为什么要焦急呢？他有那些卑劣的朋友——马提纽斯、斯卡提乌。后者可以去掉，因为他没有像从前那样，从我这里得到骑兵队，派往塞浦路斯，或者因为他不是地区行政官员，我从来不任命生意人做官，我没有任命我的朋友盖·维诺纽斯，也没有任命你的朋友马·莱尼乌斯——我在罗马时告诉过你，我要遵守这条规矩，并一坚持直下来。但是在有机会收回欠款时一个人怎么会发出抱怨呢？斯卡提乌在卡帕多西亚，我想他没有怨言。他从我这里接受了一项官职，我是按照布鲁图的一封来信中的要求任命他的，但是后来他写信对我说他不想接受任命。

有某位伽维乌斯，在我按照布鲁图的要求任命他为地区行政官员后，他经常在语言中冒犯我——就像一条尾随普·克劳狄的狗。在我离开阿帕美亚的时候，他没有为我送行，但后来他又到军营里来见我，然后又突然离开，公然表现出对我的不满和埋怨。要是我在我的那些地区行政官员中遇到这样一个家伙，你认为我会怎么办？如你所知，我从来没有粗鲁地对待有权有势的人，但从今以后我都要容忍这种人吗？这已经不是容忍与否的问题，而实际上是要不要以某种方式向他们提供特惠。好吧，这位伽维乌斯最近到阿帕美亚来见我，因为他正要前往罗马，他对我说话的语调是我几乎不敢对库莱奥鲁使用的：“作为一名地区行政官员，我该向谁申请我的生活补助?”我对他的回答比那些了解情况的人更温和，我习惯上不会向那些并没有为我提供服务的人提供生活补助。他生气地走了。如果这个卑鄙小人说的话会影响布鲁图，那么你可以喜欢这个家伙，我不会跟你抢。然而我想要你知道这些事实，我已经向布鲁图做了详细解释。可以确定（我非常自信），布鲁图从来没有给我写过信，哪怕最近涉及阿庇乌斯的事情他也没有给我写过信，当然了，这并不一定包含傲慢和粗鲁。你喜爱的一条谚语是“格拉纽斯知道了自身的价值，痛恨傲慢的显贵”。但是他的这种开玩笑的方式逗乐了我，而不是激怒了我。他确实应当好好地想一想他是在给谁写信。

我敢肯定，小昆图斯读到一封写给他父亲的信。他习惯上打开信件，这是我的建议，为的是我们必须知道某些事情。这封信中的内容涉及你妹妹的事情，你在给我的信中也谈到过。我看到这个孩子吓坏了。他对着我哭泣。事实上我对他说话的那种负责任的、充满爱心的、深思的方式留下了深刻的印象。它使我对今后不再发生这样的事情充满更多的希望。所以我想要你知道。

我还要提到另外一件事情，小霍腾修斯为了角斗士的事情来到劳迪凯亚，他的行为像个无赖。看在他父亲的面子上，我在他到达的那一天邀他共进晚餐，但同样也是看在他父亲的面子上，我没有为他做任何事情。他告诉我会在雅典等我，为的是和我一起回罗马。我说：“很好。”其他我还能说些什么？可以肯定，我不认为他说的话有什么意思。我希望没有，因为我不想冒犯他的父亲，请你相信我，我对他父亲极为尊重。然而，如果小霍腾修斯真的来陪我，那么我会十分小心，尽可能不去冒犯他。

除了一件事，我要说的就是这些了；你能派人给我送来昆·凯莱尔反对马·塞维留斯的演讲词吗？尽快给我送信来。如果没有什么消息，那就告诉我什么事情都没发生就行了，哪怕这样做要派你自己的一名信使前来。送上我对庇莉娅和你的女儿的爱。照料好你的健康。

[118]

西塞罗致阿提库斯，公元前 50 年，约 6 月中旬，于路途中。

我于 6 月 5 日到达大数。在那里我发现有许多事情让我不安：叙利亚的大战、西里西亚的大量土匪，这真是一项困难的任务，因为我一年的任期只剩下几天了。最难处理的事情是，按照元老院的法令我必须留下一些人掌管这里的事务。推荐财务官美西纽斯担当此任是没有办法的办法，而关于科厄留斯我什么消息都没有。最正确的办法似乎是把我弟弟昆图斯留下来，让他全权掌管行省。但这样做会有诸多不便：我们之间的分离、战争的危险、士兵们的难以管束，没完没了。整件事情令人无比厌烦。但是我必须把所有这一切都留给命运，因为几乎没有什么计算的余地。

我希望你已经安全返回罗马，请你像以往那样留意和我有关的一切，尤其是和我亲爱的图利娅有关的事情——当你还在希腊的时候，我在给特伦提娅的一封信中说了我对她订婚的看法；其次是和我的荣耀有关的事情，因为我担心由于你不在罗马，我的信在元老院里不能得到认真处理。

其他还有一些事情我必须用希腊文写，你必须仔细嗅出里面的气味。他在另外一天的谈话是混乱的，前后不一的。我得到这样的印象，我妻子的被释放的奴仆（你知道我指的是谁）伪造了与购买克罗通的那名僭主的地产相关的账目。我对一些事情很担心——你明白我的意思。请你注意这件事，确保其他事情都能有一个安全的立足点。我无法把我所有的担心都写下来。你必须明白，你要马上给我回信。

这封信是我在路上写的，非常匆忙，事实上是在行进中写的。送上我对庇莉娅和漂亮的小凯西莉娅的爱。

[119]

西塞罗致阿提库斯，公元前 50 年 6 月 25 日或 26 日，于庇拉姆斯军营。

你现在肯定在罗马了。如果是这样的话，我很高兴你安全抵达。在你离开罗马的这段时间里，与你在家相比，你好像离我更远了。我对与我相关的事情了解很少，对公共事务也了解很少。所以，尽管在你读到这封信的时候我希望已经又赶了一些路，但请你还是尽快给我回信，无论说些什么都行，尤其是说一说我在前些时候给你写的信中提到的那些事。我在和我太太的奴仆谈话时，他惊慌失措，结结巴巴，所以我得到这样的印象，他伪造了与购买克罗通的那名僭主的地产相关的账目。请你按照通常的方式进行调查，下列事情也请你关注：在离开这座“七丘之城”[①] 的时候，他把一笔钱转给了卡弥鲁斯，他本人在克罗通的那笔地产生意上欠了24个明那[②]，他欠凯索尼塞人48个明那。还有，那笔遗产的价格是640个明那。据说这笔款子中连一个奥伯尔[③] 都不清楚，尽管全都是在第二个月的头一天欠下的。他的被释放的奴仆，[④] 与科浓的父亲同名，断定这笔钱已经支付了。所以请你首先看一看这些款项是否已经支付，其次，不要忽视从签约那天起会自然增长的利息。我感到震惊，不知道由于他的盗窃，我已经遭受多少损失。他带着获利的期望前来窥探，感到失望的时候他不说任何理由就离开了，他说，“我放弃，继续待下去我感到耻辱……”[⑤] 我不得不面对这些乞丐。至于其他事情，你就尽可能照料一下。

我的一年任期就要圆满结束了（还剩33天），但是我的公务从来没有如此繁重。叙利亚的战争已经白热化，彼布卢斯在那里丧失了亲人，他要对这场大战负责。他的幕僚、副将和朋友写信给我，要我提供帮助。我的军队是弱小的，但我的雇佣军不错，他们由伽拉太人、皮昔底亚人、吕西亚人组成；它是我的军队的支柱。不管怎么说，我感到让这支军队尽可能逼近敌人

---

① 指罗马。

② 明那，古希腊货币名。

③ 奥伯尔（obol），古希腊货币名，相当于六分之一个德拉克马。

④ 即提摩修（Timotheus），是谁的被释放奴仆不清楚。

⑤ 引自荷马：《伊利亚特》第2卷，第298行。

是我的责任。按照元老院的法令，我可以合法地继续掌管这个行省。由于对我所做的事情感到满意，彼布卢斯没有进一步麻烦我，他写信坦率地把所有事情都对我说了。不知不觉，我离任的日子越来越近了。到了这个时候，又产生另外一个问题，我该让谁来主管行省事务，除非财务官卡都斯到达。我还没有得到他的确切消息。

我确实想写一封长一点的信，但我没有什么要写了，也不想乱开玩笑。所以请你多保重，把我的爱转告你的小阿提卡和我们亲爱的庇莉娅。

[120]

西塞罗致阿提库斯，公元前 50 年 7 月，可能于大数。

小昆图斯正在协调他父亲对待你妹妹的态度，他的行为确实像个好儿子，他能这样做当然少不了我对他的鼓励，而我所做的事情就像是在用马刺踢一匹愿意奔驰的骏马。你的来信也给了他很大的鼓励。两方面加在一起，我对事情正朝着我们希望的方向发展感到满意。

关于我的财务情况我已经两次写信给你，你可能已经收到了，里面有些希腊语，写得像谜语一样。无疑，最好的办法是保持现状。但你还是可以做一些调查，看米罗怎么说，敦促他把事情收拾掉，这是他对我说的，所以你多少能做一些事，或者多少有所发现。

我已经指示财务官美西纽斯在劳迪凯亚等候，以便让我能够按照朱利乌斯法准备交接。为了孩子们的缘故，我想去罗得岛，从那里尽快去雅典，虽然厄特西人严重阻拦着另外一条道路。但我肯定还要返回，行政官员们都还在任，我要在求援问题上给他们树立一个好榜样。然而，请你给我写信来，告诉我是否由于政治方面的原因，你认为我最好闲逛一阵子。

提罗会给你送去一封信，但实际上我离开伊苏斯的时候他得了重病。但他们告诉我他现在已经好了。即便如此，我还是感到焦虑。他是一名循规蹈矩的、认真谨慎的年轻人。

[121]

西塞罗致阿提库斯，公元前 50 年，约 8 月 3 日，于昔德。

我在我的行省里以各种方式向阿庇乌斯表示敬意，但我十分意外地发现起诉他的人成了我的女婿！你说："这太巧了。"我希望你这样想，也肯定你会这样想。但是相信我，这是我在期待的最后一件事。我实际上已经派了可靠的人去见提·尼禄，是他和太太们联系的，他款待了我。他们订婚以后去了罗马。我希望这样会更好。太太们显然对这位年轻人的殷勤和体贴着迷。至于其他方面，根本不值一提！

但这又如何？帕奈姆[①]在雅典吗？你认为情况正常吗？并非我的书中有什么反对它的意思，因为它不是给本国人的赏赐，而是对外国人的仁慈。但是，当阿庇乌斯已经放弃考虑厄琉息斯的时候，你告诉我要"考虑"学园的门廊吗？我肯定你会对霍腾修斯的去世感到悲伤。因为我本人也陷入深深的悲哀。我早就下了决心要与他亲密无间地生活在一起。

我已经指派科厄留斯掌管行省。你会说他还是个孩子，也许是个愚蠢的孩子，缺乏责任感或自控能力。我同意你的看法。但我没有别的办法。你在我很早以前收到的那封信中说你不会对我必须做什么下判断。我明白你"不做判断"的理由，这也是我的理由。我应当把行省交给一个孩子吗？这违背公众利益。把行省交给我弟弟吗？这违背我自己的利益（除了我弟弟，我在那里找不到任何人有财务官的头衔，同时又是贵族）。不管怎么说，帕昔安人似乎就要向我们开进，我决定留下我弟弟，甚至为了这个国家的缘故，我本人也可以违反元老院的法令留下来。但是帕昔安人遭到某种难以置信的打击，消失了，我的疑心也消除了。我已经能够听到这样的说法："啊，把他的弟弟留下来，是吗？难以置信，只掌权一年！元老院想要的总督是没有以往任职经历的人。这个家伙已经干了三年了。"

① 指多拉贝拉。

公众的闲话就说到这里。关于你，我心里从来就没有一分钟安宁，我担心愤怒、粗鲁或草率——这些事情发生了。然后又有他的儿子，一个孩子，一个欺骗他本人的孩子——任何事情有了他就会变得最苦恼。他父亲不愿把他赶走，你的建议也令他烦扰。事情就是这样，科厄留斯，我不会说他“能让自己高兴”，但我仍旧不太关心。加一个要点：庞培，以及一切支持他的力量，未经抽签就选择了昆·卡西乌斯，凯撒·安东尼乌斯也一样。我会冒犯一名通过抽签指派给我的官员，让他对我任命的官员进行监视吗？不，这是一种更好的方式；有许多先例，对像我这样的老人来说，这样做显然更加合适！至于你本人，我向你保证，我会把你放到他最好的书中去，把你的信，或者倒不如说，把你的书记员的信读给他听。

我朋友来信示意我要求举行一场凯旋仪式，我感到一定不能轻视我的重生①。所以你也一样，我亲爱的伙伴，你一定要开始这样做，免得我看上去像个傻子。

[122]

西塞罗致阿提库斯，公元前 50 年 10 月 1 日，于以弗所。

9 月 29 日，巴托纽斯直接从码头来到我在以弗所的家，我愉快地听到你的航行顺利，庇莉娅已经到达，她对我的图利娅的婚事的看法，于是我马上拿起笔来给你写信。但是巴托纽斯给我带来了相当血腥的有关凯撒的报告，还有莱普塔——我希望这不是真的，但肯定足以让一个人颤抖。他将无条件地放弃他的军队，三名候任财务官、保民官昆·卡西乌斯、执政官伦图卢斯站在他一边，庞培打算放弃罗马。我亲爱的先生，你对这个想把他自己置于你妹妹的儿子的舅舅之上的人②感到遗憾吗？还要遭受这种竞争者的

① 指流放后回归。

② 指克劳狄，他试图再次竞选执政官，遭到失败。

打击！

再说其他事情。厄特西人用非同寻常的力量帮助我们。在罗得岛，一艘快船让我们等了 12 天。10 月 1 日我坐船去以弗所，这时候我把这封信交给卢·塔奎纽斯。他和我们一起离港，但我们并没有拖延他的行程。我们要等待适合罗得岛快船和其他大船的顺风。我们不愿匆忙上路。

谢谢你在普特利用钱把事情处理完了。现在请你照料罗马的事务。替我想一下，面对我的朋友们的祝贺我该怎么想？只要不是彼布卢斯本人出面，只要在叙利亚没有帕昔安人从家中冲向城门，我就会感到安心。对此，“当哑巴是可耻的”。但请你了解整件事，以便让我们见面的时候就可以做出决定。

信就写到这里，送信人就要来了，我自己也是刚到不久。马库斯送上对你最大的爱。送上我们对庇莉娅和你女儿的爱。

[123]

西塞罗致阿提库斯，公元前 50 年 10 月 15 日，于雅典。

10 月 14 日，我们在庇莱厄斯港上岸，我马上就从我的仆人阿卡斯图那里收到了你的信。在经过长时间的等待以后，令我感到惊讶的是你的信那么短，等我打开阅读的时候，我看到字写得很乱，我又再次感到惊讶，因为你的信通常写得很漂亮、很工整。所以，长话短说，我从你自己的表述中知道你在 9 月 19 日到达罗马的时候发烧了。我非常震惊，马上就向阿卡斯图询问。他说你的病没有什么大碍，你和他都这么想，你的家人也这么想。你的来信结尾处写着“有一点轻微的发烧”，似乎确认了这一点。如果你能亲笔写下同样的话，那么我会非常高兴。这件事就谈到这里。知道你有多么审慎和自制，我希望并充满自信，你现在已经完全康复了，如阿卡斯图告诉我的那样。

我很高兴你收到了我让图拉纽斯给你送去的信。我请你睁大眼睛看一看

“厨师的野心”。例如，照看普利西乌的遗产（得到他的遗产我很遗憾，因为我真的喜欢他），别让那个人染指。你可以说我需要钱，用于胜利归来以后的开支。按照你的戒律，你会发现我既不会以此为荣，也不会温和地拒绝。

我从你的信中看到图拉纽斯告诉你我把这个行省交给了我弟弟。你能假设我对你的来信的智慧视而不见吗？你写到你会“悬置判断”。要是你对留下我的弟弟掌管行省有什么话要说，对这样的一位兄弟，你有什么理由要犹豫？你的悬置判断看上去更像是无保留地拒斥。你就小昆图斯向我提出警告，无论如何不要丢下他。你说到我心里去了！我们的看法确实针锋相对，虽然我们在一起谈论过。其他任何做法都是错误的，你持久的悬置判断使我摆脱了任何犹豫。但我期待你已经收到我的一封信，关于这个问题我在信中讲得非常详细。

我明天会派信使到你那里去。我希望他们能先于你的朋友邵费乌斯到达，但是他见到你的时候要是没有我的信，那么肯定不会是正确的。请你按照你的诺言写信给我，就说说我的小图利娅，也就是说说多拉贝拉以及政治形势，我预见到政治形势会极端危险，说说监察官们的行径，尤其是他们如何对待雕塑和绘画——元老院里有人提出动议吗？我在 10 月 15 日送出这封信，就是这一天你说凯撒带着四个军团开赴普拉珊提亚①。请你告诉我这对我们有什么影响？我现在待在雅典的城堡里，我喜欢这个地方。

[124]

西塞罗致阿提库斯，公元前 50 年 10 月 16 日，于雅典。

我把信交给了卢·邵费乌斯，它是为你写的，而不是为其他人写的，尽管我没有足够的时间写信，但我不愿让你的一位亲密朋友见到你的时候没有

① 普拉珊提亚（Placentia）是意大利北部城市，有谣传说凯撒正在把部队从高卢转到意大利。

带我给你的信。出于一种哲学家的思考，我想象这封信会最先到你手中。然而，如果你已经收到其他信件，你要明白我是在 10 月 14 日到达雅典的；在庇莱厄斯港下船的时候，我从我们的朋友阿卡斯图那里收到了你的信；我对你到达罗马后发烧的消息感到震惊，阿卡斯图向我报告了你的令人满意的康复，我的震惊转变为乐观；但我对你信中关于凯撒军团的消息仍旧战栗；我要你去向你认识的斐洛提姆了解情况，我简要地解释了我为什么没有让我弟弟掌管这个行省，这个问题我以前给你写过信，但是图拉纽斯（我从优秀的塞诺给我的信中得知）在布隆狄西向你做了虚假的报告。这里讲的或多或少就是这封信的内容。

现在让我告诉你其他一些事情。请你大发慈悲，把你对我所有的慷慨的爱，把你在各个领域惊人的智慧集中到一点上来，考虑一下我当前的处境。我想象我看到了最大的斗争——除非把我从帕昔安战争中拯救出来的同样的天命比我更希望对我们的国家表示遗憾——这是历史所知的最大的事。好吧，如果我不得不与这个世界的其他人一道承担，那么这是一个灾难。但我要你考虑的不是这一点。请你考虑我的个人问题。你瞧，在你的敦促下，我与竞争的双方交了朋友。我从一开始就只希望听从你出于爱心的警告。“你无法改变我这胸中的心愿。”[①] 然而到了最后，你劝我与他们中的一个交朋友，为了他替我和其他人所做的一切，也因为他掌握的权力。所以我这样做了，我以各种可能的方式调和他们，我试图在他们中间能赢得一个较高的位置。我们算计过，一方面，如果与庞培联合，我们在政治上就决不会误入歧途；而另一方面，作为庞培的同盟者，我一定不能与凯撒经常发生争吵——他们的联系非常紧密。现在如你所说，我自已也看到，他们之间发生了激烈的斗争。双方都把我当做自己人，除非有一方是虚假的——因为庞培无疑会正确判断我强烈赞同他当前的政策。还有，我同时收到他们双方的来信，说他们在这个世上没有比我更尊贵的朋友。

① 荷马:《奥德赛》第 9 卷，第 33 行。

但是我该怎么办？我的意思不是最后依靠谁——如果战争是最后解决的办法，我清楚，一方的失败比另一方的胜利要好——我的意思是，等我返回罗马以后就开始阻止他的缺席竞选，使他放弃军队。“请你说话，马·图利乌斯！”[①] 我该说什么？“再等一等吧，直到见过阿提库斯，行吗？”根本没有什么防守的余地。那么反对凯撒？“那些紧握的手到哪里去了？”因为我曾经帮助他得到这项特权[②]，这是他本人在拉文纳提出的要求，和当时担任保民官的凯留斯有关——不仅通过他的努力，而且也有我们的格奈乌斯在第三次担任执政官期间做出的努力。或者说我应该采取不同的路线？“我害怕”的不仅是庞培，而且是“特洛伊人和他们的女人”。“波吕达玛会首先说我无耻。”到底谁无耻？当然是你本人，因为你赞扬我的行动和作品。

当元老院在马凯鲁斯较早两次担任执政官期间[③] 讨论凯撒的指挥权时，我摆脱了这种困境，但我现在遇上了危机。因此，“让傻瓜先说他的意见”。我既然已经凯旋归来，所以我就可以找各种可能的借口待在罗马之外。哪怕他们试图得知我的观点。我这样说的时候你可能会发笑，但我仍旧希望能够返回我的行省。如果事情一直悬而不决，那么这样做可能真的会好些。没有什么事情比这更可恶了。说实话，我想要你知道这些好事都正在开始，你在信中发出的赞扬只是表面虚设。有哪件事情是合乎美德的！想要保持美德有多么难！我感到，给财务官盖·科厄留斯留下一年的费用，把按照法令拨给我的一百万小银币归还国库是件好事，这样做是恰当的。我的幕僚们发出抱怨，认为这笔钱应当在他们中间分配，所以要是你乐意，我应当把自己表现为弗里吉亚人和西里西亚人的国库的好朋友，而不是我们自己的国库的好朋友！但是他们没有动摇我的想法。我自己的好名声是第一位的，而另一方面，我也没有留下什么我能做但没有做的事情。然而，按修昔底德的话来说，让这些话成为无益的离题话吧。

① 西塞罗在此想象自己在元老院里，由主持会议的官员点名发言。

② 缺席竞选执政官的权力。

③ 公元前 51 年和前 50 年。

你现在必须考虑我的处境：第一，我能用什么办法引起凯撒的友好；第二，关于凯旋仪式本身，我认为很容易做到，除非政治的发展起了阻碍作用。我的判断依据朋友的来信和请求。如果那个反对我的人[①]否决为我举行凯旋仪式的动议，那么他在自己的动议中会授予我更多的东西。有两位成员同意他的意见，一位是我的朋友法伏纽斯，另一位是对我不满的希鲁斯。还有，加图见证了这项法令的制定，他写信给我，以最令人愉快的方式讲了他的动议。这项法令依然保持了加图的动议的基本内容，凯撒在加图的动议问题上是胜利者，我们不必说凯撒提出了什么建议，但他唯一反对的是拨款。

回过头来说希鲁斯，在平息他对我的敌意方面你已经开了头。把它做完！你有斯克洛发和西留斯的帮助。甚至在此之前我就写信给他们，我现在写信给希鲁斯本人。他和气地对他们说他本来可以阻拦，但他选择了不这样做；他表示要支持加图的动议对我大加赞扬，他是我的好朋友；然而我还没有写信给他，虽然我给其他一些人写了信。他是对的。他和克拉西佩是仅有的我没有写信给他们的人。

公事就说到这里，现在来说家事。我想和那个人切断联系。他只是一名卑劣的厨子，一个真正的拉尔提丢。[②]但是，“不管心中如何痛苦，过去的事情就让它过去吧”[③]。让我们着眼于未来，这种事情会给我带来悲伤之上的焦虑，但是，不管普利西乌的遗产有多少，我都不想把它和这个人处理的事情混在一起。我已经写信给特伦提娅，也写信给这个人。我提议把所有钱都交给你，使我能够支付我期待的凯旋仪式的开支。以这种方式，我希望不会有任何吹毛求疵——但这个人好像喜欢这样做。请把此事当做你自己的事来处理。你说会从伊庇鲁斯给我写信来（或者从雅典），我会配合你的。

---

① 指加图。

② 拉尔提丢（Lartidius）也许是一个真的或舞台上的无赖的名字，变成谚语中的典型。

③ 荷马：《伊利亚特》第 18 卷，第 112 行。

[125]

西塞罗致阿提库斯，公元前50年，约11月25日，于布隆狄西。

我们于11月24日到达了布隆狄西，渡海时我们像你一样挑选了顺风。“海风温柔地吹拂，把我们送离伊庇鲁斯。”你可以把这句扬扬格的诗当做你自己的诗加以赞扬，念给那些懂诗歌的人听。

你的健康让我焦虑不安，因为你的来信表明你的身体确实不太好。知道你有多么勇敢以后，我怀疑确实有很严重的问题使你想要放弃，并使你几乎陷入崩溃。然而你的人潘菲鲁斯告诉我，你每隔三天发作一次的疟疾有一次已经结束了，另一次发作得比较温和；而特伦提娅，她到达布隆狄西城门的时候就是我到达海港的时候，我们在广场上见了面，她说卢·庞提乌斯在特瑞布拉乡下告诉她，这次发作也已经结束了。如果是这样的话，那么我非常高兴，我诚心诚意地希望如此，我期待着你的康复，这是对你的审慎和节制的褒奖。

现在来说你的来信，我同时收到一大堆信，所有来信都有一个共同点，这就是它们都是你的亲笔信。我喜欢阿莱克斯，因为他的字迹和你很像，但我并不喜欢由他代笔，因为这意味着你身体不好。提罗生了病，我把他留在帕特莱，你知道他的阿洛波斯是一位优秀的年轻人，你还可以说他是一个诚实的人。我从来没有见过比他更优秀的了。所以我非常想念他。我现在的主要心事是玛·库里乌斯，关于这一点提罗给我写过信，其他许多人也给我捎话来。至于库里乌斯本人，他明白你像他一样有多么需要我，而我也需要他。他确实是一个很容易相处的人，在他身上充满了真正的罗马精神。我带着他的遗嘱回家，由三位西塞罗[①] 和我的幕僚作见证。他把他的遗产的十分之一留给你，留给我的是四十分之一。阿莱克西奥安排了我在考居拉逗留期间的休息。我们的侄儿无事可做，但他一定要去看雅弥斯河。

---

① 指西塞罗本人、他弟弟和他的侄儿。

我很高兴你的小女儿给你带来快乐，你同意爱子女是人的天性的一部分。确实，如果不爱子女，人与人之间就没有天然联系，一旦你废除了这种联系，你就摧毁了整个社会。卡尔涅亚得说："祝你好运！"这样说令人厌恶，但还不像我们的朋友卢西乌斯和帕特洛那么天真；当他们把谋求私利作为唯一的标准，拒绝相信任何利他行为，并坚持我们只有在避免麻烦的情况下才能行善，而不是因为善本身天然正确的时候，他们看不到自己正在谈论巧妙的骗术，而不是在谈论好人。但是我想，这些问题在我的那些受到你鼓励和赞扬的书中都已讲过。

现在来谈事情：我确实在等待你说交给斐洛森努的那封信，因为你写道，其中含有你和庞培在拿波勒斯交谈的内容。帕特洛在布隆狄西把信交给我，我相信他是在考据拉收到的。我非常愉快地读了你的信，里面谈到了政治形势、这名伟人对我的正直的看法，以及他对我的凯旋仪式所表现出来的善意。但最令我高兴的事情是，为了确定他对我的情感，你已经拜访了他。我再重复一遍，这是最令我高兴的。

关于凯旋仪式，直到彼布卢斯送来那封无耻至极的信件，我对仪式的渴望从来没有如此低下，他的来信用最漂亮的语词把这件事说成一种祈求。如果他已经做了他声称要做的事情，那么我会非常高兴，并希望他也获得荣耀。然而，如果彼布卢斯获得荣耀，那么只要幼发拉底河的这边有一个帕昔安人，有谁不会离开城门；我的军队是他的军队的希望和支柱，却不能获得同样的荣耀；啊，我们受到了羞辱——我说的"我们"的意思是你和我。所以我要尽一切努力，我相信我会成功。如果你身体好的话，我可能已经在某些方面安全了。但是我相信，你会好的。

关于努美利乌那点钱，我非常感谢你。我等着知道霍腾修斯干了些什么，加图正在做什么。在我看来，他是在故意刁难。未经请求他就给了我一个正直、公义、仁慈、荣耀的证明，而对我所要求的东西却加以拒绝。于是，在一封祝贺信中答应全力支持我的凯撒在加图最不感恩的用语中确实是得意扬扬。而这位加图又否决了彼布卢斯 20 天！你必须原谅我，我实在咽不下这口气。

我想要回复你所有的来信，但由于很快就会见到你，所以没有这个必要。尽管有一件关于克律西波的事情——对另外一件事我不那么感到惊讶，虽然他是一个彻头彻尾的流氓。但是克律西波，为了一些信的事情，在我不知道的情况下就离开了这名仆人。他的另一恶行是偷窃，我听人说了许多，但我也不说了；但是他的潜逃，我实在无法容忍，这是我遇到的最无赖的事情。所以我按照执法官德鲁苏斯的先例办事，他们说，对那些不愿重新起誓的奴隶，就不能给他们自由——在那样的场合下要是没有其他人要求认领奴隶，那么事情就更加容易了。如果你认为恰当，你就这样做，我会赞同你的判断。

我没有答复你的一封非常雄辩的信件，其中讨论了国家面临的危险。我能怎么回答？我感到极大的困惑。然而，当我想到帕昔安人如何突然扔下半死的彼布卢斯时，我就不那么害怕了。

[126]

西塞罗致阿提库斯，公元前 50 年 12 月 9 日，于特瑞布拉附近。

12 月 6 日我到达了埃库拉努，在那里我读了你交给斐洛提姆的信。第一瞥就让我感到快乐，因为它是你亲笔所写；然后我得到极大的满足，因为你不厌其烦地写得非常详细。你一开始就说你不同意狄凯亚库的看法，但我确实在你的赞同下尽力避免在我的行省里待一年以上，但这个结果不是由于我的任何努力。你可以看我以前说过的话，在元老院里，在任何时候，任何行省总督都没有支持我们超过任职期限继续逗留，这个任职期限是由法令具体规定的。所以我不应受到谴责，说我在可能有利的情况下没有能够尽可能长地待在我的行省里。有句俗话似乎可以恰当地在这里使用，“这也许是最好的结果了”。如果事情可以变成有和平解决的办法，或者诚实的人能够胜利，那么在这两种情况下我都会提供帮助，或者无论如何不会置身事外。另一方面，如果诚实的人在这一天输了，那么我也输了，而无论我在哪里。因此对我如此迅速地回归不应当后悔。事实上，如果我心里不想你也赞同的凯旋仪式的事，那么你也不会有任何理由渴望在我的第六卷中[①]得到一个理想的框架。毕竟，作为一名渴望读到这本著作的读者，你想要我做什么？如果这样做是正确的，为什么到了这个阶段我要毫不犹豫地抛弃巨大的奖赏？凯旋仪式的候选人、独立的政治家，这两种角色肯定不能同时扮演。但其他事情可以保证荣耀会首先到来。

至于你认为我保留军权会更加有利（对我个人来说更加安全，或者说这样做我能更好地为国服务），我们会得到一致看法的。这确实是个问题，尽管我在很大程度上同意你的看法。你做得很好，对我的爱国主义精神没有表示怀疑。你也相当正确，依照你的判断凯撒并没有对我采取任何行动，因为他必须看到我的贡献，以及他对其他人的慷慨大方，对此你正确地解释了原因。你写他如何对待法比乌斯和卡尼纽斯，写得非常一致。但即使不是这个样子，他也已经把他必须提供的东西都给了我，你提到的罗马的守护女神像不会让我忘掉她高贵的铭文，或者允许我把伏卡西乌或塞维乌斯当做我的榜样，你认为他们相当好。女神会希望我采取和坚持一条与我相配路线。如果我能做到，这就是我应当做的，它将以一种与现在由环境所规定的不同方式进行。

我们现在看到的是一场个人权力之争，以国家危机为代价。如果这样做是为了捍卫宪法，那么为什么凯撒本人担任执政官的时候不捍卫宪法？为什么是我和那些使宪法得以生存的人受到限制，不能在下一年得到保护？为什么他的指挥权以这样的方式得以延长？为什么有这样的压力，让十位保民官通过立法来保障他的缺席竞选？通过这些步骤，他现在变得如此强大，而抵抗的希望现在仅仅寄托在一个人身上；我宁愿他从一开始就没有赋予凯撒如此可怕的力量，而不愿让他现在来抵抗强大的凯撒。然而，由于这是我们不

① 指西塞罗《论国家》第六卷，描写理想的政治家。

得不面对的事实，所以我不会按你的方式问“阿特柔斯之子的喊叫声到哪里去了？”我唯一的喊声是让庞培掌权。至于你的问题，“当元老院开会时说‘请你发言，马·图利乌斯’的时候，你会怎么办？”我会说我赞同格·庞培的意见。然而私下里我会敦促庞培谋求和平。因为我的感觉是事情确实到了非常危险的地步。你们这些在罗马的人无疑知道得多一些。但我仍旧明白我们正在与一个无所畏惧、准备做任何事情的人打交道。所有受到法律审判和监察官调查的人，所有应当受到惩罚的人，都站在他一边，所有年轻人、所有穷凶极恶的城市平民、某些坚定的保民官，包括昆·卡西乌斯在内，所有逃避债务的人，我发现他们的作用比我想象得要大——凯撒方面什么也不缺，只差一个理由，而在其他方面他们都非常充足。我发现每个人都在竭力反对做出战争的决定，但结果总是难以预料，事情到了现在，可以认为很有可能要发生战争，而不是不会发生战争。

彼布卢斯已经离开他的行省，留下维安托掌管事务。我听说彼布卢斯不会匆忙赶回罗马。关于如何荣耀他，加图有清楚的规定，加图对某些人的妒忌受到限制，而这些人的威望也无须再增强。

现在来谈私人事务——我已经或多或少地回答了你的政治信件，你在邻近罗马的地方写的那一封，还有后来那一封。我的私人事务中有一件和凯留斯有关，我不会让他影响我的看法，而我认为他改变了自己的观点非常遗憾。但是卢凯乌斯的地产怎么会拍卖给他？我感到奇怪的是你竟然没有提到这件事。

关于斐洛提姆，我肯定会按照你的建议办。但是他对你说的话与事实有出入，他要我亲手把账目记入我的账本，他把在亚细亚记下的账目也给了我。如果他正在支付，那么他欠我的钱会比由他代理的我的全部债务还要多。好吧，我过去确实粗心大意，被国家的和朋友的事务缠身，如果这个国家的状况允许，今后我不会在意这种事。所以我会接受你的帮助，听从你的建议，这是你仁慈地答应过的，尽管我希望不会给你带来太多的麻烦。

至于说我的幕僚需要一些护膝的薄金属片，[1]我想不需要麻烦你了。他们按照自己的意愿团结在一起，他们敬重我的正直。他们中没有一个人对我的打扰会超过你认为是“最后一个人”的这个人。[2]然而他一直对我很尊重，现在依然如此。由于我们离开了，他的内心可能有某种愿望，因此在一段时间里对自己的要求比较低。但是他很快又恢复了自我。我的问候和关心把他争取过来了，他把我的关心看得比金钱还要重要。

我从库里乌斯那里收到了遗嘱，并且带在身上。我注意到了霍腾修斯的遗产。我现在想知道这些法定继承人得到了什么，他要拍卖哪些东西。既然凯留斯占据了鲁曼泰尼门，我不明白为什么我不能取得普特利。[3]

我到过庇莱厄斯（Piraeus），在这个问题上，我作为一名罗马人接受批评，我没有把庇莱厄斯写成庇莱乌姆（Piraeum），而是写成庇莱伊亚（Piraeea），我们的国人普遍使用这种写法，而不是加上冠词。我在它前面加的前缀不是加在城镇前的，而是加在一个区前面的——毕竟我们的朋友狄奥尼修斯，以及和我们在一起的科斯的尼昔亚斯，认为庇莱厄斯不是一个城镇。相关事实我会进一步考察。如果说我已经犯了错误，把它当做一个区而不是当做一座城镇，那么我这样做是有先例的，凯西留斯我就不说了（“当我一早从港口去庇莱厄斯”），因为他的拉丁语水平有限，我要说特伦斯，人们说他的剧本给盖·莱利乌斯树立了榜样，“昨天我们一部分年轻人去了庇莱厄斯”，“商贩说她是从索尼昂（Sunium）拿来的”——如果我们说一个区就是城镇，那么索尼昂就是一个和庇莱厄斯一样的城镇。

但是由于你已经变成了学校的老师，所以你也许可以一劳永逸地解决我的问题，卸去我心中的重担。凯撒给我送来一些温和的信件，彼布卢斯也代表他这样做。我决心严格地在光荣的道路上前进，决不偏离半步。但是你知

---

① 阿提库斯的来信中可能提到某些事情会影响西塞罗的幕僚，因此需要护膝用的薄金属片来增强他们道德之腿。

② 可能指西塞罗的弟弟昆图斯。

③ 霍腾修斯留下的地产在普特利，西塞罗想要购买。

道我还亏欠他多少。如果我态度软弱，那么就会有强迫我接受的危险，如果我态度强硬，那么就要按照他们的要求付钱，难道你不这样认为吗？你的建议是什么？也许是“付钱”。那么好吧，我会向凯留斯借钱！但我希望你替我考一下。假定我在元老院里发表一篇爱国主义的演讲，你的那位来自塔尔特苏[1]的朋友会在我离开的时候向我要一张银行的汇票！

现在，让我来瞧。噢，是的，我的女婿。我们——图利娅、特伦提娅、我本人——都认为他有魅力。他很能干，也很讨人喜欢。你知道，我们必须承认，他还有其他好品质。毕竟你对那些遭到拒绝的求婚者是了解的。他们中的每一个，除了你在他的案子中当过调解人的那一个，都会使我背上债务——没有人会给他们出一分钱。这些事情等我们见面时再谈，需要很长时间才能说得清。

我希望联系库里乌斯的提罗能恢复健康，我在信中说过他会帮你的忙。

12 月 9 日于邻近特瑞布拉的庞提乌斯家中送出。

[127]

西塞罗致阿提库斯，公元前 50 年，约 12 月 13 日，可能于库迈。

我正在派狄奥尼修斯到你那里去，他急着要见你；我必须说我有点犹豫，但我必须同意。我发现他不仅是个优秀的学者，而且正直、热心、热情、诚实，我对他的赞扬就像对一名自由人、一位优秀的人。

我于 12 月 10 日见了庞培。我们在一起待了两个钟头。他似乎对我的返回非常高兴；他鼓励我的凯旋仪式，许诺会尽他自己的力量，并且建议我在这件事处理完之前不要参加元老院的会议，因为这样的话会引起某些保民官的敌意。事实上在我的个人问题上他的话非常有预见性。他谈论了政治形势，说我们确实是在准备战争，看不到和解的希望。他告诉我，尽管他早就

---

① 塔尔特苏（Tartessus），高奈留 · 巴尔布斯的家乡。

明白凯撒与他的疏远，但最近的一件事确证了他的看法。凯撒的一名亲密朋友希尔提乌从凯撒那里来到罗马，但凯撒本人没有来；凯撒是在 12 月 6 日到达的，巴尔布斯做了安排，约请西庇阿在 7 日晨见面，讨论整个形势。但是希尔提乌半夜里去见了凯撒。这在庞培看来是疏远的证据。长话短说，我唯一的安慰是，我不相信凯撒在第二次担任执政官，由他的政敌，得到命运女神赋予他的巨大权力以后，还会疯狂地破坏这些东西。但若他确实开始这样做了，那么我确实非常担心，我甚至不敢把我担心的事情写下来。不管怎么说，我打算 1 月 3 日到罗马来。

[128]

西塞罗致阿提库斯，公元前 50 年 12 月中旬，于福米埃。

我一下子收到了你的好几封信。尽管我从来访者那里得到了许多最近的消息，但是收到你的信我还是很高兴，因为它们表现出你对我的关心。我想要了解你的病情，我想你自己也一定很焦急，因为庇莉娅也染上了疟疾。你们都要尽快康复。

关于那 100,000 个小银币，斐洛根尼从来没有对我说过一个字。其他事情你可以问狄奥尼修斯。使我感到惊讶的是你妹妹没有去阿卡农。我很高兴你赞同我带着克律西波上路。不，我现在并不打算去图斯库兰（在那里人们不容易见到我，此外还有其他不便之处），但我会在 12 月 29 日离开福米埃去特腊契纳，从那里经过庞提乌斯沼泽，再到达庞培在阿尔巴的驻地，然后在我的生日 1 月 3 日那一天到达罗马。

政治形势让我越来越感到不安。这些所谓的诚实者并没有取得一致意见。如果我告诉你我听说罗马骑士和元老院的议员也在用最严厉的语言讨论一般的形势和庞培的这次具体的旅行，那么你很难相信我。和平是人们向往的。胜利会带来许多罪恶，包括某些专制统治者。不过，等我们在一起的时候我们再来讨论这一点。

我现在确实没有什么话要对你说了——不仅是因为有关政治问题我和你得到的消息是一样的，而且有关家庭事务也是我们俩共知的。在他[①] 的仁慈的允许下，开玩笑是唯一剩下可做的事情——他们会利用我来满足他的要求，而不是参加战斗。抵抗一名由我们自己树起来反对我们自己已达十年之久的人，从时间上来说我们已经太迟了。你可以问："你会采取什么路线？"没有哪条路是你没有建议过的，而在我处理完自己的事务[②] 或放弃之前，没有哪条路是可行的。因此，照顾好你自己的健康，努力摆脱折磨你的疟疾（没有人能比你做得更好）。

[129]

西塞罗致阿提库斯，公元前 50 年，约 12 月 18 日，于福米埃。

我确实没有什么话要对你说。所有事情你都知道了，我也不期待从你这里得到什么。所以让我保持以往的老习惯，让去你那里的人都捎上我的信。

政治形势让我深深地感到不安，迄今为止我几乎看不到有谁会不按照凯撒的要求去做、去抗争。凯撒的要求无疑是厚颜无耻的，但比起人们的预计来说还算节制。我们为什么现在才开始站起来呢？"当然了"，世上没有比我们让他的任期延长五年，或者我们在法律上允许他缺席竞选执政官"更糟糕的事了"[③]。或者说，我们把武器交到他手里，只是为了在他已经武装起来，做好准备的时候和他战斗吗？你问我在元老院里会采取什么路线？和我心里想的不一样。我在那里将为和平投票，为此愿付任何代价，但在元老院里我会与庞培呼应，我也不会以一种屈从的精神这样做。然而这对国家来说是另一个不幸，在我看来尤其如此，这就是，在这样的大事上与庞培持不同意见是错的。

---

① 指凯撒的。

② 指凯旋仪式。

③ 荷马：《奥德赛》第 12 卷，第 209 行。

[130]

西塞罗致阿提库斯，公元前 50 年，约 12 月 19 日，于福米埃。

“优秀的狄奥尼修斯于 12 月 16 日到达罗马，我知道他也是一位杰出的学者，他要我向你表达他对你的爱，他向我转交了你的信。”这或多或少就是你的来信中提到狄奥尼修斯时说的话。让我们说，你还没有加上“他向你表达谢意”。不过，他确实要这样做，要是他没有这样做，那么他就太不像你了。然而，我在前面的信中已经提出根据，我不能向他认错。不过我仍旧认为他是一个好人。他给了我很大启发，我确实感到受惠于他。

斐洛根尼写信告诉你的事情是正确的。他偿还了他欠下的钱。我允许他在限定的时间里使用这笔钱。于是他用了十四个月。

我希望庞波提努正在痊愈。你说他已经进了罗马，这使我感到不安。要说他不应当这样做又没有一个很好的理由。1 月 2 日是集会的日子，我不想在那一天去阿尔巴，因为我的到来会给官员带来麻烦。因此我去那里的时间是 3 日，从那里去罗马的时间是 4 日。我不知道你的高烧是什么时候退的，但我肯定不希望为了这件事损害你的健康。

至于我的凯旋仪式，除非凯撒通过他的保民官秘密地做一些事，否则一切似乎都在平静地进行。我的心是最平静的，这样就能使整件事变得有条理，再说我从各种途径听说庞培和他的议会已经确定把我派往西西里，因为我有军事上的权力。这是毫无意义的。我没有从元老院或公民大会得到掌管西西里的授权。另外，如果国家把它留给庞培，那么为什么要派我，而不是派其他人去？所以，要是这种军事权力正在变成有害的东西，那么我将走进我能看到的第一座城门。

你说人们极为热情地在等待我的到来，但是没有一名诚实的人，或者相当诚实的人，对我将会做些什么表示怀疑。我不明白你说的“诚实的人”指的是谁。如果我们按照阶级来思考，我不知道有哪个阶级是诚实的。诚实的个人是有的，但在政治冲突中，我们不得不按照阶级和阶层来寻找诚实者。

你把元老院算做“诚实的”吗？正是由于他们，这些行省至今没有总督。如果不对库里奥提出抗议，他决不会站出来。但是元老院不会支持这项提案，结果就是没有任命凯撒的继任者。那么好吧，包税人——他们从来都是不可靠的，但现在都热情地追随凯撒——店铺老板、农夫，他们的首要愿望就是和平吗？或者说你认为他们害怕生活在独裁统治之下吗？只要他们还处在和平中，他们就决不会反对独裁统治。

你可以问我是否赞同一名统帅在任期满后仍旧保留他的军队。我甚至反对他缺席竞选；但是一个让步蕴含着另一个让步。我们批准了十年的指挥权以及授予指挥权的方式，是吗？所以我们也要批准我的放逐、失去坎帕尼亚的土地、由一位平民收养一名贵族、由一名来自密提林的人收养一位来自伽德斯的人，我们批准了拉庇努斯和马穆拉的运气，也批准了巴尔布斯在郊区和图斯库兰的地产。但是这些事情的根源是同一的。我们应当在他软弱的时候对抗他，那样做会比较容易。而现在我们不得不对付十一个军团、他的骑兵、山那边的高卢人、城里的平民、所有保民官、我们道德败坏的年轻人、胆大妄为的领袖。我们必须，要么与他战斗，要么用法律批准他竞选执政官。你说“宁可战死也比当奴隶好”。为什么？对于被剥夺公民权的人而言，挨打和战赢得奴役不是一回事吗？那么我该怎么办？迷路的牛羊离开了它们的同类还能做什么？作为一头追随整个牛群的公牛，所以我要追随最诚实的人，或者追随任何被称做诚实的人，哪怕他们在往悬崖上冲。我相当清楚地看到这场困境中的最佳出路。无人能够确定战斗一旦开始会发生什么事情，但是每个人都能假定最诚实的人受到凯撒的打击不会比秦纳屠杀杰出人士更仁慈，不会比苏拉抢劫富人更节制。好吧，我已经把我对政治的看法都告诉你了，如果不是油灯快要熄灭了，我还会继续写下去。总结一下：“请你发言，马·图利乌斯！”“我赞成格·庞培”，亦即赞成提·庞波纽斯。

请你代我问候阿莱克斯，他是一位彬彬有礼的孩子，除非他在我离开期间已经长成一名青年——他似乎已经是一名青年了。

[131]

西塞罗致阿提库斯，公元前 50 年 12 月 25 日或 26 日，于福米埃。

尽管你的点头不会令我满意，但我们确实没有必要如此在意狄奥尼修斯。你的沉默会使我更加怀疑，因为你的习惯做法是用你的行动来巩固友谊，还因为我得知他对不同的人用不同的方式谈论我。但是你对我仍旧相当信服，就像你说的一样，所以我对他的感觉也会像你所希望的那样。我从你的一封来信中记下了你的疟疾将要发作的日子，我注意到，要你在 1 月 3 日到阿尔巴来，相对而言不会不方便。但我请求你，不要做任何有损你的健康的事。毕竟，一两天的时间并不那么重要。

我看到多拉贝拉被确定为莉维娅的遗产的第三位继承人，但是要求他改名字。这在政治道德上是一个问题，一位出身贵族家庭的青年按照一位夫人的遗愿改名，这样做对吗？但是等我们知道作为第三继承人能得到多少遗产的时候，我们就能更加科学地解决这个问题。

你预见我会在见到你之前见到庞培，你的预言实现了。25 日那天，他在拉维纽附近赶上了我。我们一起返回福米埃，私下里从 2 点钟谈到傍晚。你问是否还有和平的希望，我要说，到现在为止，从我和庞培的谈话来看，要谋求和平既缺少时间又缺少细节，甚至从一方看来根本没有和平的愿望。他的观点是，如果凯撒成了执政官，哪怕是在放弃他的军队之后，也意味着对宪法的破坏；他进一步认为，如果凯撒听到有人正在准备反对他，那么他会放弃执政官的职位，重返他的军队和行省。要是凯撒真的疯狂地走到这一步，对凯撒能做些什么，庞培相当轻视，而对共和国的力量庞培充满自信。总之，尽管我常想“战神支持双方”[①]，但是当我听到这样一位勇敢的、富有经验的、强大的人物在一场虚假和平的危险面前使用他的政治家的智慧，我有一种解脱感。我们看到，安东尼在 12 月 21 日发表演说，其中包含对庞培

① 指战争结果的不确定。

的谴责和辱骂，从庞培出生那天开始，包含被法律定罪的那些人的抗议，包含武力威胁。对此庞培评价说：“如果凯撒掌握这个国家，在他的幕僚无人敢说他的时候，你们认为他会怎么做？”简言之，庞培远远不是在寻求你所说的和平，他似乎害怕和平。我想让他放弃抛弃罗马的念头。最使我感到烦恼是必须向凯撒付钱，为我举行凯旋仪式的必需的钱也挪作他用，支付给凯撒。欠政治对手的钱不是一件好事。关于这一点，以及其他问题，等我们见面再谈。

[132]

西塞罗致阿提库斯，公元前 50 年 12 月 27 日，于福米埃。

你可以问自己是否每天都必须等待我的来信。我的回答是肯定的，只要有人送信，我就会写信给你。如果你说我们很快就会见面，那么我会说等到我们见面了，我就会停止写信。我注意到你的一封来信搞丢了。送信人是我的朋友卢·昆克修斯，他在巴西鲁斯墓地附近遭到了抢劫。所以请你看信中是否含有什么我必须知道的事情，与此同时也请你处理后续问题，如果不涉及政治，那就没有什么关系。

可能性有以下几种：（1）凯撒竞选执政官的资格得到承认，而在元老院或保民官们的青睐下，他继续保有军队。（2）凯撒可能被说服，交出他的行省和军队，成为执政官。（3）如果不能说服凯撒，可以在不承认凯撒的竞选资格的情况下举行选举，凯撒对此不加阻碍，与此同时保留他的行省。（4）如果他通过保民官来阻碍选举，但不诉诸武力，那么会出现一段无执政官在位的时期。（5）如果由于竞选资格不被承认，他率兵起事，那么我们必须和他战斗。他现在可以开始采取军事行动了，（a）马上采取行动，在我们做好适当准备之前，（b）在选举时采取行动，他的朋友要求按照法律承认他的竞选资格，但遭到拒绝。进一步说，他可以诉诸军队，（a）以他的竞选资格被否决为借口，（b）寻找其他借口，比如保民官阻碍元老院，煽动民众，提出指责，说元老院的法令妨碍凯撒起作用，或者说凯撒的职务被撤销，或者说他被放逐，或者声称让那些遭到驱逐的人到凯撒那里去避难。战争一旦开始，那么（a）不得不坚守罗马，（b）不得不放弃罗马，以切断凯撒与他的支援者以及其他部队的联系。在诸恶之中如果有一样是不可避免的，那么你认为哪一项为害最小？

你无疑会说让他同意交出军队、成为执政官为害最小。没错，如果他能这样做，这是最好的结局，但我担心只要他声称保留军队，他是不会这样做的。从我们的观点来看，如某些人所想的那样，没有什么事比让凯撒担任执政官更令人生畏。你会说，“这样做强过让他掌握军队”。没错，某些人认为这样做是一场灾难，但这种想法无济于事。如果这就是他想要的，我们必须让他拥有。“你们过去已经让他担任过执政官，所以就再次允许他。”“啊，是的，他在这种时候虽然虚弱，但仍旧比整个国家还要强大。你认为他现在喜欢什么？”如果他成了执政官，那么庞培会决意留在西班牙。如果无法拒绝是一切可能性中最坏的，那么形势确实险恶，如果他接受，所有诚实者会马上对他表示衷心的感谢！

那么好，让我们来消除他们说不可能使他接受的可能性。这就是剩下的事情中最坏的吗？我们确实要承认这个人[①]也提出了最鲁莽的要求。这种可耻的要求还会进一步吗？你已经拥有一个行省长达十年之久，有些年份不是元老院给你的，而是你自己通过党派的暴力攫取的。时间到了，但这个时间不是由法律，而是由你自己决定的——但我们可以假定它是由法律规定的。有关你的继任者，元老院已经做了决定。你加以阻碍，并说你们“要尊重我的权利”。那么，我们的权利何在？谁让你违反元老院的意愿保持军队？“如果你们不满足我的要求，那么就战场上见。”很好，我们会战斗，要么取胜（如这个人所说），要么作为一名自由人去死。一旦决定开战，时间就取决于机遇，取决于战役的计划。所以我不会在这个问题上占用你的时间。如果你

---

① 指庞培。

对我所说的有任何看法，请让我知道。我现在没有一个白天是安宁的，也没有一个夜晚是安宁的。

[133]

西塞罗致阿提库斯，公元前 49 年 1 月 18 日，于罗马附近。

我受到巨大的刺激，已经决定在天亮前离开，免得见到那些侍从官。至于接下去该怎么办，我确实不知道自己在做什么，将会做什么，我已经完全被我们的这一疯狂举动[①]搞糊涂了。至于你，我能有什么建议——我正在等待你的建议。我不知道我们的格奈乌斯做了什么决定，或正在做什么决定，使那些城镇一片混乱。如果他能在意大利站住脚，我们会去与他会合，但若他离开了意大利，那么我们就要认真考虑了。但不管怎么说，到现在为止，除非我已经疯了，除了愚蠢和鲁莽，其他什么都没有。请你经常给我写信，无论写什么都行。

[134]

西塞罗致阿提库斯，公元前 49 年 1 月 21 日，可能于福米埃。

请你告诉我，这是怎么回事？事情进行得怎么样了？我两眼一抹黑。"我们占领了钦古伦，我们失去了安科那，拉庇努斯抛弃了凯撒。"我们在谈论的是一名罗马将军还是汉尼拔？无耻的恶棍，在他的一生中从来都没有想要表现丁点善意！他说他所做的一切都是为了荣耀！哪里会有没有道德之善的荣耀？未经国家授权拥有军队是善吗？用打开通向罗马这座母亲城的方式占据罗马的城镇是善吗？计划取消债务、"为了主神太阳神的缘故"[②]召回流

① 凯撒进犯的消息传到罗马。庞培、执政官以及大量的人逃往南方。

② 引自欧里庇德斯：《腓尼基人》，第 506 行。

放者以及成百上千的恶棍是善吗？他可以去彰显他的伟大。但我宁可和你在一起待一个小时，在阳光下温暖我的身子，也不愿和这些独裁者待在一起；我宁愿马上死一千回，也不愿有这样的想法。你可以说"假定你有这样的希望"。任何人都可以有希望。但我想到的只是一件比较遗憾的事情，而不是钉死在十字架上。我只有一件事情更遗憾，这就是一个人要在这样的情况下得到他所希望得到的东西。但是够了。我好像是让你在这些焦虑中给我上课。

回过头来说我们的朋友。苍天在上，你认为庞培的路线怎么样——我指的是，他为什么抛弃罗马？我不知道是怎么回事。现在看来这是最没有意义的事情。抛弃罗马？如果高卢人来了，我能假定你会做同样的事情吗？他也许会说"共和国不是用城墙造就的"。但是，祭坛和壁炉造就了共和国。"造就共和国的是塞米司托克勒。"是的，因为一个城市不能抵抗整个野蛮人入侵的浪潮。[①] 但是半个世纪以后伯里克利没有这样做，尽管他当时除了城墙什么也没有。我们自己的祖先在罗马的其他部分落入敌人手中时仍旧坚守着城堡。"我们从老人那里听说过这样的英雄故事。"[②] 还有，根据这些城镇的愤慨和我碰到的人的谈论来判断，这种办法最终能够取得某些成就。想到这个首都竟然没有执政官或元老院，公众的愤怒是惊人的（我不知道在罗马是否这样，但你可以告诉我）。最后，庞培的形象对民众的影响是神奇的。简言之，情况发生了变化。对凯撒做出任何让步现在都会遭到民众的反对。你必须告诉我，除此之外还有什么情况。

我有了一个相当平静的工作可做。庞培要我监察和巡视坎帕尼亚的这个部分和海岸线。所以我会不断地变换地方。我想现在你已经看清了凯撒的行动方向、民众的反对和整件事情的状态。我希望你会经常写信给我，谈谈这些事情，只要有可能，因为这些事情不会停滞不变。写信给你或者读到你的

---

① 在波斯人入侵希腊时，塞米司托克勒说服雅典人放弃雅典。但是伯里克利在伯罗奔尼撒战争期间，或者罗马人在高卢人公元前 390 年的入侵时没有这样做。

② 荷马：《伊利亚特》第 9 卷，第 524 页。

来信都会使我感到比较平静。

[135]

西塞罗致阿提库斯，公元前 49 年 1 月 22 日，于福米埃。

你 19 日送出的来信收到了，你在信中提到较早时候还给我写过一封信，但我没有收到。但是我请求你，只要有可能就常给我写信，你可以写你知道或听到的任何事情，甚至哪怕只是怀疑，尤其是你认为我必须做什么或者一定不要做什么。

至于你要求我让你知道庞培是个什么样的人，我不认为他能认识他自己；我们中间确实无人能知道他到底是个什么样的人。我于 21 日在福米埃见到了执政官伦图卢斯，也见到了利伯。但没有任何迹象，只有痛苦和困惑。庞培正在打拉利努姆的主意，那里有一些步兵队，就像卢凯利亚、忒阿努姆以及艾普利亚的其他地方一样。一旦到了那里，他想要在那里建立据点还是去海外就不得而知了。如果他留下来，我担心他不可能拥有一支强大的军队。如果他走了，我不知道他的路线或目的地，也不知道我该怎么办。至于你害怕他的残忍的那个人，除了暴行我不期待任何东西。商业的停止、元老院和执政官的离去、国库的关闭，会使他停下来。但如你所说，我们很快就能知道结果。

与此同时，给你写了那么多信，我希望你能原谅我。写信使我镇静，我想引来你的回信，尤其是你的建议，我该做什么，或者如何行事。我应当全心全意地投入这项事业吗？我不会在危险面前却步，但我是在对整件事情完全缺乏判断的情况下爆发义愤的。或者说我应当拖延一下，坐下来搪塞一下，投身那些实际拥有权力的人？“我害怕特洛伊人”，我不仅作为公民，而且作为朋友[①] 的义务在召唤我回来。然而对孩子们的怜惜经常使我动摇。

① 指作为庞培的朋友。

你明白我的困惑。你有同样的焦虑，所以给我写信吧，告诉我你的想法，如果庞培离开意大利，我必须怎么办。玛·雷必达（我们在一起）把这一条确定为他的界限。卢·托夸图斯也一样。我受到我的侍卫官的拦阻，还遇到其他许多窘迫的事情。这是我一生遇到的最难以解决的问题。所以我不会问你任何确定的事情，只问你的意见。要是没有，我想听到你的困惑。

拉庇努斯离开凯撒是件好事。如果他能做到，然后来到罗马，在那里找到行政官员和元老院，那么他对我们的事业会有重大作用。他会为了国家的缘故斥责他朋友的罪恶，他现在确实在这样做，但他能够提供的服务较少，因为他已经没有人了。我想他会对自己的行为感到后悔，除非有关的传闻不真实，他根本没有离开。而我们把这个消息当做真的了。

尽管你说你现在把自己关在家里，但若你能把罗马发生的大概情况告诉我，我会非常感谢。人们想念庞培吗？有什么反对凯撒的迹象吗？你还要告诉我你认为特伦提娅和图利娅应当怎么办。让她们待在罗马，或者和我在一起，或者去某些安全的地方？给我写一封信来，或者写一系列信来，把这些事情或其他任何事情都告诉我。

[136]

西塞罗致阿提库斯，公元前 49 年 1 月 23 日，于敏图尔奈。

我同意你对维诺纽斯的事情的看法。我把拉庇努斯称做英雄。这是我们很久以来看到的最优秀的政治行为。如果说他其他什么也没得到，那么他使凯撒感到痛苦。但是我认为也有某些一般的好处。干得好，庇索！我感到他对他的女婿的判断是有分量的。你明白我们正在进行一场什么样的战争。如果你愿意，你可以说它是一场内战，但是这场内战不是来自政府内的冲突，而是来自一名粗鲁的罗马人的轻率，然而他有强大的军队，许多人由于各种希望和许诺而和他在一起，觊觎所有人的一切。首都毫无抵抗地交给了他，包括所有财富。他有可能做出任何事情，他把罗马的神庙和家园不是看做他的国家，而是视为可供抢劫的东西。没有元老院或行政官员，我不知道他会做什么，他会怎么做。他不可能废除所有法律程序。至于我们，在什么地方我们才有抬起头来的希望，在什么时候？你也评价了我们的领袖的糟糕的行动，他甚至不知道皮切诺[①]发生了什么事。他缺乏判断，但事实本身会出来作证。不说他在长达十年中的其他错误了，他的逃跑有什么可取之处吗？我也无法说他现在的计划是什么，尽管我不断地写信去问。人们普遍认为他现在处于极端痛苦和混乱的状态中。因此，我看不到有什么迹象表明他在罗马或其他任何地方留有防御的力量，或者有什么集结地。整个希望寄托在两个军团身上，而它们的行动丧失了信誉，它们也几乎不是他自己的军团。至于征集来的兵员，这些人到现在为止犹豫不决，根本没有战斗的欲望。妥协的时间已经溜走。我无法预见将会发生什么事，但可以肯定的是，由于我们自己的或我们领袖的错误，我们的航船已经漂入大海，船上没有舵，我们只能把自己的命运交给风暴，希望能得到风暴的怜悯。

所以我担心我们的孩子该怎么办。有时候我感到最好设法把他们送到希腊去。至于图利娅和特伦提娅，一想到蛮族人进军罗马，我害怕所会发生的一切；当我想到多拉贝拉[②]的时候，我又感到好些了。如果你能考虑这件事，把安全当做首要的考虑（我必须根据他们的不同情况使用不同的标准，而不是用我自己的标准），那么我应当感谢你；把公众舆论放在第二位吧，免得引来批评，在一般的诚实的人逃离罗马时，说我想把他们留在罗马。确实，你，还有写信给我的佩都凯乌，都不得不考虑一下你们该怎么办。你有着卓越的品质，我对你的期待极高。所以我还是可以请你替我考虑一下我的处境和我的家庭的处境。

请你尽可能了解将要发生的事情，写信告诉我，哪怕是你自己的猜测——我期待着从你这里听到的是后者，而不是前者。每个人都跟我说已

① 庞培的家乡。

② 多拉贝拉现在是凯撒最心爱的官员之一。

经发生的事情，而从你这里我期待着听到将要发生的事情。“他做出了最优秀的预言……”[①] 你会原谅我的喋喋不休；写信给你和收到你的来信让我感到解脱。

你的那个“来自维利亚的卖果汁的人”的谜语把我打败了，它比柏拉图的数字还要难懂。[②]

[137]

西塞罗致阿提库斯，公元前 49 年 1 月 24 日，于敏图尔奈。

现在我明白你的谜语了。“来自维利亚的卖果汁的人”，你的意思肯定是“Oppii”,[③] 我绞尽脑汁想了很长时间。这一点一想通，其他意思就清楚了，它与特伦提娅的数字吻合。

1 月 23 日，我在敏图尔奈见到了卢・凯撒，他带来了一个可笑的消息——这是一枝开败了的金雀花，如果曾经有过这样一枝花的话。确实，在我看来凯撒好像在故意嘲笑我们，在这样的时刻、在这样的事情上，给了卢・凯撒这样的消息——凯撒也许根本就没有给过他这样的消息，而这个家伙正好听到了片言只语，就信以为真。

拉庇努斯，我认为他是伟大的，22 日到达了忒阿努姆。他在那里会见了庞培和其他执政官。他们说了些什么和干了些什么，等我有了确切的消息以后再写信告诉你。庞培在 23 日离开了忒阿努姆，去了拉利努姆，路上在维那卢姆过的夜。拉庇努斯似乎对我们有些意见。但在这里我没有什么要告诉你的。我倒是在等待你的消息——凯撒有什么情况，他怎样对待拉庇努斯，多米提乌在玛昔安人的国家里干了些什么，塞耳姆斯在伊古维乌、普・阿提乌斯在钦古伦干了些什么，城里的民众感觉怎样，你对事情有什么

① 引自欧里庇得斯：《残篇》第 973 节。

② 关于婚礼的数字，参见柏拉图：《国家篇》546。

③ 希腊文“opos”的意思是果汁，“oppii”的意思似乎是银行家，来自南意大利的维利亚。

预见。关于这些情况请你经常写信给我，还有关于我家里的女人你有什么建议，你本人将要做什么。

如果我亲笔写这封信，那么信会更长一些，但由于我患了结膜病，所以这封信是我口授的。

[138]

西塞罗致阿提库斯，公元前49年1月25日，于开来斯。

我在离开开来斯去卡普阿（1月25日）的时候发出这封信，我的眼睛有点不适。

1月23日，卢·凯撒把凯撒的消息带给庞培，当时庞培和执政官们在忒阿努姆。他提出的条件得到了批准，但条件是凯撒从他的行省之外被他占领的城镇撤走他的部队。如果他这样做了，我们将回到罗马，通过元老院解决问题。我希望这是一个和平的机会。凯撒由于疯狂而不是很高兴，庞培因为有军队供他支配也不是很高兴。

庞培对我表达了一个愿望，希望我去卡普阿帮助征集兵员，坎帕尼亚的定居者对此热情不高。凯撒的角斗士在卡普阿，关于凯撒我早些时候根据托夸图斯的信件给你送了一个虚假的消息，托夸图斯的信件被庞培有意地在居民中散发，每户两份。有1,000张盾牌在制造，但据说有人想把它们都打碎。

关于我们的女人，其中包括你妹妹，请你考虑，当其他同一等级的太太们都已经离开的时候，她们是否应当待在罗马。我在给你写信时也已经给她们写了信。我想要你敦促她们离开，尤其是我在海边有房子，她们可以待在那里，不会有什么不便（相对而言）。如果说我的女婿和某些人有过节——虽然我真的不必回答这个问题——那么事实上我的女人待在罗马会使事情变得更糟。我会高兴地知道你本人和塞克斯都打算离开，你对整件事是怎么想的。我会继续敦促和平。哪怕是最不正义的和平也胜过反对自己同胞的最正义的战争。但是，那要看幸运女神的意愿了。

[139]

西塞罗致阿提库斯，公元前 49 年 1 月 26 日，于卡普阿。

自从我离开罗马，我一天不落地给你写信，不是我有许多事情要写，而只是想跟你说说话。当我不能见到你的时候，没有什么事情能比给你写信让我更加快乐。

昨天到达卡普阿的时候（25 日），我见到了执政官和元老院的许多成员。除了法伏纽斯，他们全都希望接受凯撒所提的条件让他撤军，只有法伏纽斯不赞成让凯撒成为我们的独裁者。但是在秘密会议上没有人听他的。甚至连加图也宁可要奴役而不要战争。他说要是能让凯撒撤军，他会在元老院讨论时出席会议。所以他不想去西西里，尽管那里迫切需要他，而想留在元老院里参加会议。元老院指派波斯图米乌马上启程去西西里，把它从富尔法努手中接管过来，但波斯图米乌拒绝了，要求派加图和他一起去，凭着他自己的活动和影响，波斯图米乌未能成行。于是轮到芳尼乌斯。他被授予军权，然后前往西西里。

在我们的争论中有各种各样的意见。大部分人说凯撒不会遵守诺言，他提出这些要求只是为了阻止我们进行必要的战争准备。我自己的看法是他会撤军。毕竟，要是他参加执政官的选举，他会赢得胜利，如果他这样做，那么他所犯的罪行较小。但是我们必须吃自己的药。我们在人力与财力两方面的准备极为不足；我们确实把一切都留给了凯撒，国家的也好，私人的也好，统统都留在了罗马。庞培已经离开，带着拉庇努斯加入了阿庇乌斯的军团。我等待着你对这些事情的看法。我打算马上返回福米埃。

[140]

西塞罗致阿提库斯，公元前 49 年 1 月 28 日，于开来斯。

我想你的来信我全部收到了，但是第一封信的顺序不对，其他通过特伦提娅送来的信顺序都是对的。我在 26 日从卡普阿送出的一封信中跟你说过凯撒的消息、拉庇努斯的到达，以及执政官和庞培对凯撒的回答，在信中我还讲了其他许多事情。

我们在等待两件事：第一，凯撒得到由卢·凯撒传递给他的答复以后会做什么；第二，庞培会做什么。庞培写信告诉我，他在几天之内就将拥有一支强大的军队，他本人将会夺取皮切诺，我们将返回罗马。他带着拉庇努斯，清楚凯撒军队的弱点。拉庇努斯的到达给我们的格奈乌斯增添了不少信心。

执政官指示我们 2 月 5 日返回卡普阿。我 28 日离开卡普阿去福米埃，同一天我在开来斯收到你的信，大约在 3 点钟的时候，所以我马上送出这封信。我同意你对特伦提娅和图利娅的看法。我已经写信给她们，让她们向你咨询。如果她们还没有出发，那么在我们看清事情变化之前我不会召唤她们。

[141]

西塞罗致阿提库斯，公元前 49 年 2 月 2 日，于福米埃。

谢谢你的来信，我感到非常高兴。当形势逼迫我们逃离意大利的时候，我想过要把孩子们送往希腊。在那种情况下我们实际上应当去西班牙，但西班牙对他们不一定合适。尽管我认为你和塞克斯都仍旧可以留在罗马，但你肯定几乎没有什么理由爱我们的朋友庞培。没有人曾经在城里留下过那么多财产。你瞧，我仍旧在开玩笑。

现在你一定要知道卢·凯撒从庞培那里带回来的答复，以及他从庞培那里拿来的给凯撒的信，是用来公示的。我在心里责备庞培，他是一名优秀的作家，但他却让我们的朋友塞斯提乌起草这些重要的、供公众传阅的文件。事实上我从来没有读到过比这更加典型的塞斯提乌风格的文章了。从庞培的信中可以清楚地看到，凯撒的要求没有遭到拒绝，他的所有要求都得到了满足，其满足程度甚至超过了他的要求。他要是不接受，那么他真是疯了，尤其是他在提出这些要求的时候是非常谨慎的。现在还有谁会说“以庞培去西班牙、解散他的军队为条件”，这个条件已经接受了，变成了事实，现在凯撒犯了叛国罪，他对国家开战，而不是他早先的竞选执政官的要求得到允许。然而我担心哪怕这样做也不能令他满意。在把消息给了卢·凯撒以后，他可能希望保持一段时间的平静，直至得到答复，但实际上据说他在这段时间仍旧非常活跃。

特巴提乌写到，1 月 22 日凯撒要他写信敦促我待在罗马附近。他说如果不能进一步讨得凯撒的欢心，我就什么事情也做不成，对此他做了详细说明。算算日子，我察觉到一旦凯撒听说我们离开了，他开始担心是否所有人都会离开。因此我不怀疑他已经写信给庇索和塞维乌斯。使我感到惊讶的是他没有直接写信给我，或者通过多拉贝拉或凯留斯。我并不藐视特巴提乌的来信。我知道他对我抱有一份特别的敬意。我给特巴提乌回了信（我并不在意写信给凯撒本人，虽然他没有写信给我），指出我在当前阶段有多么困难，我说我仍旧待在我的庄园里，没有承担募集兵员或其他活动。只要还有和平的希望，我就会坚持这样做。但若战争爆发了，我也不会忘记自己的义务和地位，我会把孩子们送往希腊，逃避战火。在我看来整个意大利将遭受兵戎之灾。这就是由我们的国人引起的大灾难，有些人出于邪恶，有些人出于妒忌。就在几天内，我们将看到凯撒给我们的答复，看到事情是否有转机。如果结果是战争，那么我会写信给你，如果是和平，或者甚至是停战，我希望能够见到你。

今天我在福米埃等候我的妻子和女儿(2 月 2 日)，我从卡普阿回到这里。在你的来信的推动下，我确实写过信让她们待在罗马，但我听说由于某些原因，紧张不安的情绪增加了。我想在 2 月 5 日去卡普阿，因为执政官给了我这样的指示。如果在这里有任何来自庞培的消息我会马上写信给你，我也期待你的来信，讲一讲城里的情况。

[142]

西塞罗致阿提库斯，公元前 49 年 2 月 3 日，于福米埃。

2 月 2 日，我的妻子和女儿到了福米埃，带来了各种消息，她们讲到了你对她们仁慈的关心和关照。在知道我们将拥有无荣耀的和平，或者将面临灾难性的战争之前，我想她们最好待在福米埃我的房子里，孩子们也一样。我弟弟和我今天（3 日）将要离开这里去卡普阿，执政官指示我们在 5 日向他们报告情况。

庞培的回答据说是受人欢迎的，得到了公众集会的批准。这是我期待的结果。如果凯撒拒绝，他就会受到人们普遍的谴责；如果他接受，他会赢得名声。你会问我哪一样符合我的心意。我会回答说，这取决于我们准备的状况。有报告说卡西乌斯被赶出了安科那，那座城市不在我们手中了。如果是打仗，它还有点用处。至于凯撒，他们说他尽管派了卢·凯撒进行和平谈判，但他自己在调兵遣将，占领要地，巩固要塞。可耻的土匪！在这种国家的耻辱下能够达成和平吗？但我必须约束我的脾气，接受当前的必然，与庞培前往西班牙。鉴于我们即使有机会也不能在凯撒第二次担任执政官的情况下保护这个国家，这是在一项坏工作中我们所能做得最好的事情。这个问题就说到这里。

关于狄奥尼修斯，我以前写信忘了跟你说，但我已经决定要做的事情是等候凯撒的答复。如果我们返回罗马，狄奥尼修斯可以在那里等我们；如果推迟了，我会把他打发走。当我逃离首都的时候，我当然知道他必然会做什么，在像他这样造诣的人和朋友的身上会有什么变化，尤其是当人们问他的时候；但我不会以这种方式对希腊人有过多的期待。我希望我没有必要把他打发走，但若我不得不这样做的话，你要注意不要违反他的意愿给他添麻烦。

我弟弟昆图斯很关心通过厄格纳提乌把欠你的钱还给你，[①] 厄格纳提乌并不缺乏还钱的意愿，他现在也有足够的能力还钱。但是考虑到我们经常见面的提·提梯纽斯说他无钱支付旅费，并通知他的债务人延长贷款期限（据说卢·利古斯也采取这样的步骤），也考虑到昆图斯现在没有准备好现钱，又无法取回厄格纳提乌欠的钱，无法向其他人借钱，所以看到你对此没有作安排的时候他感到惊讶。至于我，我喜欢遵循这样一条据说是赫西奥德的箴言（尽管它是错的），"在聆听双方的意见之前不要下判断"，尤其是你牵涉其中，因为我从来都知道你做任何事情绝不会没有很好的理由。但是我仍旧对他的悲伤抱有一些同情。我想让你知道这件事，就这样吧。

[143]

西塞罗致阿提库斯，公元前 49 年 2 月 3 日，于福米埃。

我没有什么事情要写信给你，我在灯光下写好的一封信还没有送出。信中充满乐观的情绪，因为我听说了公众集会上人们的感觉，认为凯撒会接受条件，尤其是这些条件是他自己提出来的。然后，在 2 月 3 日天亮的时候，你的信，以及斐洛提姆的信、富尔纽斯的信，还有库里奥写给富尔纽斯的信送到了，库里奥在信中嘲笑卢·凯撒的使命。我们似乎一下子被打垮了，我不知道会发生什么事。我担心的确实不是我自己，而是孩子们；我不知道该怎么办。写完这封信我就离开这里去卡普阿，希望到了那里能够比较容易得知庞培的消息。

[144]

西塞罗致阿提库斯，公元前 49 年 2 月 5 日，于卡普阿。

① 厄格纳提乌欠昆图斯的钱。

现在的形势迫使我说话简洁。我已经放弃了和平的希望，我们的人对于开战什么准备也没做——别想象这些执政官还能值两分钱。抱着得到某些消息以便做些准备的希望，我于 4 日在倾盆大雨中到了卡普阿，前去见执政官。然而他们还没有到（也就是 5 日），还在路上，他们空着手来，没有做任何准备。据说格奈乌斯在卢凯利亚视察阿庇乌斯军团的步兵队，它们没有一个是十分可靠的。至于凯撒，他们说他正在快速推进，随时都有可能到来，他不是前来战斗的（还有谁和他打仗?）而是来切断我们的退路。

我在意大利的时候已经打算“和他同归于尽”，对此我不会询问你的意见。但是离开了意大利，我该怎么办呢? 冬季、侍从官、毫无远见和任意的领袖会说“留下来”；我对格奈乌斯的友谊、诚实者的事业、独裁者的可耻的同盟者会说“走吧”，他无疑会以法拉利斯或庇西特拉图为榜样。请你想清楚，用你的建议帮助我，尽管我想你自己在罗马也有许多事情要考虑，但是尽力而为吧。如果我今天在这里能听到任何消息，那么你也会知道的——执政官们今天会在这里。我每天都期待着收到你的来信。如果能答复，请你回信。我把妻子儿女都留在了福米埃。

[145]

西塞罗致阿提库斯，公元前 49 年 2 月 8 日，于开来斯。

你会比我更快地听到我们的不幸，因为他们是从你那里逃离的。我们这里没有你所期待的好消息。我于 2 月 5 日去了卡普阿，这是执政官的指示。伦图卢斯在那天稍晚的时候到达。另一名执政官到了 7 日还没有到达，我在这一天离开了卡普阿，在开来斯过的夜。这封信是 8 日拂晓从开来斯送出的。在卡普阿的时候我听说了许多事情，执政官真是无用，没有在任何地方征集士兵。凯撒近在咫尺，征集士兵的官员根本就不敢露面，而我们的领袖也不去任何地方，什么都不做，也没有志愿者。他们缺少的不是忠诚，而是希望。至于我们的格奈乌斯，他既令人感到遗憾，又令人难以置信。他现在变得多么无能啊！没有勇气，没有计划，没有力量，没有活力。我不想讲已经过去的那些事情——可耻地逃离罗马，怯懦地讲演，不知道自己的力量，更不知道敌人的力量。你对最近的事情怎么看？2月7日，保民官盖·卡西乌斯到达卡普阿，要求执政官们前往罗马，取走国库里的钱，然后马上离开罗马。所以，在抛弃了首都以后，还能指望他们在没有任何兵力的情况下返回罗马吗？也没有留下任何机会可以阻止他们。执政官要求庞培本人先去皮切诺。但是皮切诺已经完全沦陷了——这一点除了我无人知道，我是从多拉贝拉的来信中得知的。我不怀疑，凯撒随时都可能到达艾普利亚，我们的格奈乌斯正在上船。

请你相信我，我该怎么办是一个大问题，尽管我不应当把它当做一个问题，但是由于在每一个要点上我的处理都是错误的，我自己又和他们的行为完全断绝了联系——所以我该怎么办是一个问题。凯撒本人敦促我和平，但他的来信是他开始进攻以前写的。多拉贝拉和凯留斯说他对我的行为非常满意。我确实智穷才尽了。如果可以，用你的建议帮助我，无论如何请你尽力照料一下罗马的事情。这里的所有事情都乱成一锅粥，我没有什么要写了。我期待着你的来信。

[146]

西塞罗致阿提库斯，公元前49年2月9日，于福米埃。

显然，已经没有一寸意大利的土地不在凯撒的掌握之中。关于庞培我一无所知，除非他乘船逃走，否则我想他可能被捕了。凯撒进军的快捷令人难以置信。至于我们的那个人——当我拼命地为他的命运担忧时，要我对他发出抱怨是痛苦的。你担心发生大屠杀是对的，如果凯撒想要把他的胜利和个人权力进行到底，那么没有什么事情是他做不出来的，但我很容易看出在哪些人的示意下他会采取这样的行动。让我们希望这些事情不要发生，但我建议还是离开吧。

关于特伦提娅我没有什么要建议的。你会尽力而为的。找斐洛提姆谈谈——或者倒不如说你在 13 日就能看到她了。[①]

关于我本人，我该怎么办？我怎么能追随一个我不知道他在哪里的人，从陆上还是海上走——要从陆上追他是不可能的。如果从海上走，目的地在哪里？那么，我要把自己交给凯撒吗？假定我能安全地这样做（许多人催我这样做），我也能体面地这样做吗？几乎不可能。好吧，我需要像通常那样寻求你的建议吗？这个问题是无法解决的。不管怎么说，无论发生什么事，请你写信给我，告诉我你本人会做些什么。

[147]

西塞罗致阿提库斯，公元前 49 年 2 月 10 日，于福米埃。

2 月 9 日晚，我收到了斐洛提姆的来信，说多米提乌有一支强大的军队，伦图卢斯和塞耳姆斯率领的步兵从皮切诺赶来与多米提乌的军队会合，凯撒的后路被切断，他担心在罗马的诚实的人会恢复信心，把那些罪犯完全打倒。我担心所有这些都是空想，但和我在一起的（亦即在福米埃地区）玛·雷必达、卢·托夸图斯、保民官盖·卡西乌斯被斐洛提姆的信件激活过来。我担心其他传说可能更加真实，我们马上都会成为囚犯，庞培已经离开意大利。据说凯撒（我讨厌写信给他）正在追击。凯撒追踪庞培？为什么？杀死他吗？噢，神啊！我们为什么不以这种方式扔掉这具躯体呢？想到这一点，你也一定会叹息。但是我们能做什么？我们在挨打，我们被制服了，我们纯粹是囚犯。

然而，在读了斐洛提姆的来信后我改变了对我的妻子和女儿的主意。我前面写信说要把她们送回罗马，但我现在有许多话要说。可以说我已经对国家的事业做了判断，我已经绝望了，让我的妻子和女儿回罗马是我自己回罗

---

① 西塞罗决定把妻子女儿送回罗马，但马上又改变了主意。

马的前奏。至于我个人，我同意你的意见，一定不要逃亡海外，因为这样做对国家无益，对庞培无益——为了他，我可以高兴地去死，以尽到自己的义务。所以我会留下来，尽管活着的念头……

你问这里将会怎么样。卡普阿和整个征集兵员的努力都处于绝对停止的状态。希望已经死了，每个人都在逃跑，除非像庞培率兵与多米提乌会合这样的事情发生。看起来我们在两三天内就能知道一切。

按你的要求，我送给你凯撒来信的一份抄件。许多人来信告诉我，他对我很满意。我并不反对他这样的态度，只要从今以后在我的行为中没有任何事情要难为情。

[148]

西塞罗致阿提库斯，公元前 49 年 2 月 11 日，于福米埃。

斐洛提姆的信件给我们带来了很大的快乐，但更多的不是给我，而是给我周围的人。第二天，卡西乌斯收到他的朋友卢克莱修从卡普阿送来的一封信，信中说从多米提乌那里来的尼吉底乌已经到达卡普阿，按照尼吉底乌的说法，维布留斯带着一支来自皮切诺的小部队在追击格奈乌斯，凯撒也在紧密地追踪。据说多米提乌的部队不到 6,000 人。卢克莱修还写到执政官已经离开卡普阿。我不怀疑格奈乌斯已经逃亡了。我只希望他能逃得掉。如你建议的那样，我没有想过要逃亡。

[149]

公元前 49 年 2 月 11 日或 12 日，于福米埃。

我在前一封信中排遣心中的忧虑，我担心卢克莱修从卡普阿寄给他的朋友卡西乌斯的信里说的是实话。送出前一封信后，凯发里奥从罗马来到这里，带来了你的令人宽慰的信，虽然说的不像你平常来信那样确定。我很快就能相信你和其他人写的任何事情，说庞培拥有一支强大的军队。但是到这里来的任何人都没有这样说过，各种消息都是坏消息。这是一个忧郁的故事。恶的事业必定成功，而他却垮台了。除了说他不认识自己的道路（这并不难），说他不在这里，我们还能说什么？正确指引国家不是一门轻省的技艺。然而我很快就能知道一切，并将马上写信给你。

[150]

西塞罗致阿提库斯，公元前 49 年 2 月约 13 日，于福米埃。

我的经验与你的不同。你说“每当我振奋精神”。我现在首次稍微振奋一下精神，主要是我从罗马的来信中得到了一些关于多米提乌和皮切诺的部队的事情。在最后两天，一切都会显得光明一些。准备中的逃跑被拦阻。凯撒的禁令（“如果第二天黎明我发现你们在这里”）受到嘲笑并被拒绝。多米提乌名声很好，阿弗拉尼乌的声望很高。

感谢你最友善的建议，让我尽可能袖手旁观。你还给了我一个警告，对不名誉的事情不能偏袒。如果我像是这样的话，那么这样做确实是可能的。我拒绝在一场内战中起领导作用，只要和平谈判还在进行，这样做并非不合适，而是因为一项更加合适的行动已经成了我垮台的原因。坦率地说，我不在意和一个人为敌！我们的朋友[①] 向他提供了第二次担任执政官的机会，还提供了凯旋仪式（以何等的条件！“承认你的辉煌的成就”）。我知道要害怕谁，也知道为什么要害怕。但若将要发生战争，如我所看到的将要发生的那样，那么我这一方并不胆怯。

关于那 20,000 个小银币的事情，特伦提娅已经写信给你。至于狄奥尼修斯，当我考虑要行动的时候，我没有去麻烦他，我也没有回答你几次提到他的忠诚的品质，因为我在等待有一天能决定该怎么办。现在，孩子们无论

① 指庞培。

如何像是喜欢在福米埃过冬。而我呢？我不知道。如果要打仗，我决定和庞培在一起。我会让你知道任何确定的事情。我认为会有一场残暴的战争，除非如你所说，某些帕昔安人突然起事了。

[151]

西塞罗致阿提库斯，公元前49年2月15日或16日，于福米埃。

送出给你的一封信后，我收到了庞培的来信。信中主要讲了皮切诺的事情，像有关维布留斯的传闻一样，还提到多米提乌征兵的事，这些事情你在罗马已经知道了。然而这些事情不像斐洛提姆信中讲的那么使人高兴。我本来应该把庞培的这封信送给你本人，但我弟弟的孩子现在就要离开，所以我明天再送。在庞培的信中，在他这封亲笔信的末尾有这样的话："至于你本人，我建议你到卢凯利亚来。你在那里会和在其他地方一样安全。"我理解他的意思是他将要放弃这里的城镇和沿海，对此我也不感到奇怪，既然脑袋都已经放弃了，还有什么肢体不能放弃。我马上给庞培写了回信，交给一个可靠的人——我的一名官员送去，告诉庞培我并不在寻找最安全的地方。如果为了他自己，或者为了国家他想要我去卢凯利亚，那么我会立即前往。我还敦促他，如果他想要从行省获得粮食补给，那就要控制沿海地区。我明白我写下这样的话没有什么意义，但是以前掌控着首都，而现在不愿放弃意大利，我只是在把我的观点写下来留做记录。这项计划显然是要把我们所有的兵力集中到卢凯利亚，但甚至不是为了把那里建成一个坚强的据点，而只是一旦受到逼迫就准备逃离——所以，这项计划不想做任何争取和平或谋求胜利的尝试，而一直是在可耻地、灾难性地逃跑，如果我对是否要参与这项计划犹豫不决，那么你不必惊讶。由于我必须去卢凯利亚，所以我宁愿与我有可能遇到的诚实的人持不同意见，无论他们前来伴随这些人是为了什么。然而我可以看到罗马很快就会充满诚实的人，亦即那些正人君子，当这个城镇被放弃的时候，他们会一下子冒出来。如果我没有这些惊慌失措的讨厌的侍从官，那么我会是他们中的一员，我就不会可耻地与玛·雷必达、卢·伏卡西乌、塞·苏皮西乌为伴。他们中没有哪个比卢·多米提乌更愚蠢，没有哪个比阿·克劳狄更多变。只有庞培重视我，由于他为我做的事情，而不是由于他的名字有分量。在这件事情中他的名字能有多大分量呢？当我们所有人都害怕凯撒的时候，庞培是他的朋友；但是现在他已经开始害怕凯撒了，所以他期待我们都成为凯撒的敌人。然而我将去卢凯利亚，我的到来也许不会使他快乐，因为我不能隐瞒我对他迄今为止的所作所为的否定。

如果我能睡得着觉，我就不会用这样的长信来打扰你了。如果你也和我一样，我非常希望你能仁慈地给我回信。

[152]

西塞罗致阿提库斯，公元前 49 年 2 月 17 日，于福米埃。

正好相反，我要为了各种原因向你表示感谢：你让我知道了你听到的事情，你不相信那些使我变得不那么严谨的传闻，你把你的看法告诉了我。我从卡普阿给凯撒送出一封信，对他的演讲做出答复，他是对他的角斗士演讲时提到我的。我的信很短，但写得很友好，我没有辱骂庞培，也没有高度赞扬凯撒，我在信中敦促他早日解决争端。如果他把这封信送给第三方，那么我会很高兴我的信能公之于世。今天我又送出了另外一封信。由于他和巴尔布斯都给我写了信，所以我不能不回。我给你送一份我的信件的抄件。我不认为你会在信中找到什么需要批评的地方。如果你找到了，那么请你告诉我该如何逃避批评。你可以说“根本就不需要写信”。但如何才能帮助我逃避那些愿意制造谎言的人呢？这就是我能做的事情。

你敦促我要记住自己做了些什么，说了些什么，甚至写了些什么。这是你对我的善意，我非常感谢，但是，在当前的斗争中什么样的行为才是荣耀的、适合我的，你似乎与我有不同想法。在我看来，没有哪个国家的政治家或将军曾有过比我们的朋友更加可耻的行为。我为他感到悲伤。他已经抛弃了罗马，抛弃了他的国家，而为了国家本应光荣地去死。你似乎不明白这是一场什么样的灾难，因为你仍旧住在你自己的房子里，虽然除非有那些恶棍的默许，你是不能待在那里的。但这是感到悲伤和耻辱时最后说的话。我们带着妻儿在一无所有的人群中逃亡，我们把全部希望寄托在一个人身上，他患有重病，但仍旧响应我们的母亲城的召唤。我们不是把她留在安全的地方，而是使她成为被抢劫、被焚烧的对象。会有很多人和我们在一起吗？他们会在罗马近郊或城里吗？如果现在不在，那么他们很快就会这样吗？与此同时，我们不在卡普阿，而在卢凯利亚。我们马上就要放弃沿海地区，我们要等待阿弗拉尼乌和佩特瑞乌——在我们看来拉庇努斯还不够伟大。在这样的环境中你还想看到"我的老朋友"吗？关于我自己，我什么都不说了，让其他人去说。你们这些老实人都待在自己家里，并想要继续待在那里。有谁准备好了让我返回罗马，有谁告诉我当前的战况，对此我们已经不得不称之为战争？迄今为止，维布留斯的行动非常成功。从庞培的来信你可以看到这一点。注意标有箭头的地方。你会看到维布留斯本人对我们的格奈乌斯是怎么想的。好吧，说这些话有什么用？我愿意为了庞培献出我的生命，现在活着的人没有一个比他更有价值。但我并不像你那样，把他视为共和国获得拯救的唯一希望。你的建议有点越出你从前的态度，你建议，如果庞培离开了意大利，我也必须离开意大利。我现在不认为这样做符合公共利益或者我的孩子们的利益，这样做也不是正确的和光荣的。下面的问题是："那么你能忍受暴君的眼光吗？"事情涉及我能否听到或见到他，尽管我需要一个比苏格拉底更好的先例，当雅典处在三十僭主统治之下时，他从来没有迈出城门半步！还有，我有一个留下的特殊原因，我只希望有一天能够与你讨论这一点。

我今天离开福米埃去和庞培会合，今天是2月17日，我在灯光下写了这封信，然后烧掉了你的来信。如果我们的事业是和平，那么我会提供帮助，如果是战争，我的位置会在哪里？

[153]

西塞罗致阿提库斯，公元前49年2月18—19日晚，于开来斯。

尽管麻烦重重，伤心的结果接踵而来，又缺少向你咨询的机会，但我仍旧想要得到你的建议的好处。当前的整个问题是：如果庞培离开意大利，我怀疑他会这样做，那么你认为我也一定要这样做吗？如果我把心中的想法简要地加以陈述，这可能有助于你给我提建议。

除了对庞培应尽的义务，事情还涉及我的回归和我个人与他的友谊，公共事业引导我感到我的事业和命运应当和他连在一起。还有进一步的观点。如果我留下来，离开那些正义的、杰出的罗马人，我必定会落入一个人的手中。这个人确实会以各种方式表明他是我的朋友，如你所知，我本人很久以前也已经使他这样做。我预见到将要到来的暴风骤雨，但要考虑两件事：第一，在什么范围内可以相信他；第二，无论他表达的善意有多么明确，这样做是否勇敢，是否爱国——留在一座他曾经担任最高职务、拥有最高指挥权的城里，做伟大的事情，担任崇高的祭司职能，尽管有重重危险，也许还会受到怀疑，庞培都应当恢复法制。有关这一方我就说这些。

现在来看对另一方能说些什么。我们的朋友庞培的行动完全缺乏智慧和勇气；我还可以说，与我的建议和影响完全相反。我不说过去了的事情——是他扶植、提升、武装了凯撒，使凯撒有能力反对国家，是他支持凯撒法律的残暴与不合理，是他把山外高卢划归凯撒指挥，是他作为一名占卜官出席收养普·克劳狄的仪式，是他关心我的回归超过关心阻止我被放逐，是他延长凯撒的任期，是他一直支持凯撒的缺席，是他对十名保民官施加压力（甚至在他第三次担任执政官期间，在他担负起保卫宪法的重任之时）使他们支持凯撒的缺席，是在他自己的法令中对这一特权加以确认，是他在试图把3月1日确定为凯撒在高卢的指挥权的期限时反对执政官马·马凯鲁斯——这些事情我都不说了，但有什么事情比撤离首都，或者比我们现在陷于其中的可耻的逃跑，更可耻，更混乱？难道有什么和平的条件比抛弃这座母亲城更难以接受吗？我假定这些条件是苛刻的，但有什么事情比抛弃母亲城更糟糕？

你可以说他会恢复宪法。什么时候？有什么条件来实现这样的希望？皮切诺已经沦陷了，通往首都的大道敞开了，它的全部财富——公共的和私人的，交给了敌人。总之，没有组织，没有权力，没有集合点来召集那些有可能起来保卫宪法的人。挑选了艾普利亚，这是意大利人口最稀少的地区，离开这场战争的攻击点最远，作为一个沿海地区，它显然是被当做在绝望时方便逃跑的地方。我否定了卡普阿，不是因为我逃避这个地方，而是因为我不想在这项事业中成为一名没有军队的领袖，对这件事情人们没有激情，无论是哪个等级，还是哪个个人，诚实者的情感尽管不是完全麻木的，但也像平常一样，如我本人所观察到的那样，远非积极的，而民众和下层等级的人同情另一方，许多人渴望来一场革命。我当面告诉庞培，没有部队和金钱，我什么也不会承担。因此我没有任何事情要做，因为我从一开始就看到了这纯粹是打算逃跑。如果我现在追随他们，我该走哪条路线？我不能和庞培一起走。当我开始出发，想和他会合的时候，我得知凯撒所在的地方使我去卢凯利亚变得不安全。我必须在冬季到西海乘船去一个不确定的目的地。还有，我要和我弟弟一起去吗，或者和我的儿子一起去，或者怎么走法？无论怎么走都会带来我心中最大的困窘和迷惑。想象一下我走了以后凯撒对我的怒火。它将比在其他任何情况下更痛苦，因为他也许会把它当做我对他的一种攻击。看一看我的这些枷锁镣铐吧，我指的是这些荣耀的束棒，在海外。什么地方对我们是安全的，哪怕假定大海一直平静，直到我们赶上庞培——我们既不知道路线，又不知道目的地。

假定我留了下来，在凯撒那里找到一个位子，那么我要做的事情就像卢·腓力普斯、卢·福拉库斯、昆·穆西乌斯在秦纳集团中做的事一样——无论最后这个人是如何转变的。然而穆西乌斯曾经说过，他看到他的命运最终将是武装进攻他自己的家乡的城墙。色拉绪布卢做了别样选择，结果可能好些。关于穆西乌斯的路线和观点我还有一些话可说，关于腓力普斯的观点我也有话可说——如有必要就调整风帆，有了机会就要抓住。但是还有这些束棒要我考虑。假定凯撒对我友好，虽然不确定的，但可以假定，那么他会为我举行凯旋仪式。加以拒绝是危险的，接受它又会损害我与诚实者的关系。你会说“一道难题，一个难以解决的问题”。你必须解决它。有什么替换的办法吗？要是你想到我更倾向于留下来，因为我曾经更加详细地做过论证，尽管常有争论，但在一方有更多的话要说，在另一方有更多的真理。因此，请你心境安宁地对这件最重要的事情提出你的建议。我在卡伊塔已经备好了一条船，在布隆狄西备好了另一条。

哎哟，你瞧！就在我晚上待在开来斯的住处写这封信的时候，有信使带来消息，说凯撒已经率重兵到了考斐努，多米提乌退到城里。我不相信格奈乌斯会把一切都交给多米提乌掌管——尽管他曾派西庇阿带着两个步兵队前往布隆狄西，并写信告诉执政官，他希望他们中的一位率领福斯图斯组成的军团前往西西里。但是，在他求援的时候抛弃多米提乌是可耻的事情。存在某种希望，但我心里的希望不多，周围的人抱着很大的希望，阿弗拉尼乌参战，在皮瑞尼打败却波尼乌，进一步，你的朋友法比乌斯率兵倒戈，或者多多少少阿弗拉尼乌正在带领大军前来。如果这是真的，那么也许就没有完全撤离意大利了。至于我，由于凯撒的行动是不确定的——人们认为他可能会进军卡普阿或卢凯利亚——我已经派莱普塔送信给庞培。我本人正在返回福米埃，以免落入圈套。

我希望你知道，我写信的时候先打腹稿，而在写的时候我不会把自己的任何意见强拉进来，而只是寻求你的意见。

[154]

西塞罗致阿提库斯，公元前 49 年 2 月 20 日，于福米埃。

当时我已经把信封上了，想要在天亮前送出去，在我这样做的时候（我是前一天晚上写的），执法官盖·索西乌斯到了我在福米埃的住处，他是来看我的邻居玛·雷必达，他在雷必达手下当过财务官。他带来了一份庞培给执政官的信的抄件：

“我已于 2 月 17 日收到卢·多米提乌的来信，我明白这是一份抄件。事实上我知道你们知道这封信对我有多么重要，为了公共利益，所有力量都应当尽快集中起来。如果认为合适，你们会采取步骤尽快与我们会合，按照你和你们的同事的判断，派足够的兵把守卡普阿就可以了。”

然后他又附上了一份多米提乌的信件的抄本，我昨天已经送给你了。诸神在上，我由于焦虑不安而颤抖。将会发生什么事？我仍旧希望我们的将军的名字有巨大的力量，在他到来时会带来巨大的惊骇。我也希望迄今为止只有胆怯和疏忽在阻拦我们，而当前的用兵似乎在坚定地执行……[①] 我刚听说你的疟疾已经好了。如果我没有像我自己康复一样高兴，那就让我去死。告诉庇莉娅，要是她的疟疾还在发作，那是不公平的，也不合适一对夫妇的团聚。我听说提罗有些损失。但我知道他正在借钱支付开销。我要求我们的朋友库里乌斯提供必要的帮助。我宁可认为这个错误在于提罗怕难为情，而不愿认为这个错误与库里乌斯的痛苦有关。

[155]

西塞罗致阿提库斯，公元前 49 年 2 月 21 日，于福米埃。

只有一件事情还能填满我们朋友的耻辱之杯——不要多米提乌的帮助。“但无人怀疑他需要。”我不这样认为。“那么当他本人拥有二十个步兵队，而多米提乌拥有三十个步兵队的时候，他会把这样的罗马人以及那些和他在一起的人丢下不管吗？”是的，除非我完全错了。他正在穿鞋，但他的目的只是为了逃跑，而你认为我应当与他为伴（我明白你会是什么样的感觉）。好吧，我知道谁要逃跑，但我不知道应当跟谁。你赞扬我的那句话“值得牢

① 此处原文有缺失。

记”，我宁可与庞培一起战败，不愿与其他人一起获胜。所以我这样做了，但这是过去的庞培，或者是我认为的庞培。但是这个庞培在知道要去哪里之前就逃跑了，在知道要逃避谁之前就逃跑了，他把我们的一切都交了出去，他放弃了罗马，他正在抛弃意大利——好吧，如果说我希望和他一起战败，那么我已经战败了。至于其他人，我能够忍受那些我从来不怕看见的事情，我还要说，我也能忍受那个人[①]，他不仅剥夺了我所有的东西，而且剥夺了我的过去。

关于旅费的事我已经写信给斐洛提姆，我告诉他要么到造币厂去拿，因为无人还债，要么到你的老友特伦提娅那里去拿。如果需要的话，我会把其他事情委托给你。

[156]

西塞罗致阿提库斯，公元前 49 年 2 月 22 日，于福米埃。

我宁愿你自己对你的朋友（最好不说“我们的”）狄奥尼修斯的品性做判断，尽管我已经非常了解，你经常唐突地把他的想法告诉我，他的想法甚至会改变我的命运——我想用人的理性思考来支配命运的兴衰。根据我的看法，他可以受到赞扬，他也有可能顺从；我在各种场合把这个肮脏的家伙推荐给其他人，我宁可让我弟弟昆图斯和其他人发现我的判断有误，也不愿约束他的赞扬，我宁愿由我自己来教育我们的孩子，也不愿给他们另找老师。至于我给他写信，苍天在上，这是一封多么值得赞扬、充满情感的信啊！我应当邀请狄凯亚库或阿里司托森来和我交谈，而不是一个极坏的、喋喋不休的人，一个无能的教师。但应当承认他有一个好记性；他会发现我的记性更好！他给我回了信，就好像我不应当答复一个我不打算接受他的案子的人的信。有人总是说“要是我能做到”，“要是我没有接手其他案子”，但我从来

① 指凯撒。

不对被告这样说，无论他有多么卑微、多么丑恶、多么有罪、多么陌生，我从狄奥尼修斯那里却得到了这样干脆的拒绝。这是我所遇到的最不感恩的人，而不感恩包含着所有罪恶。但是关于他，我们说够了。

我已经备好了一条船，但我在等待你的来信，想要知道你如何答复我的咨询。

你知道盖·阿提乌斯·培里格努在苏尔莫替安东尼打开了城门，尽管他有五个步兵队，昆·卢克莱修逃走了，格奈乌斯去了布隆狄西，多米提乌战败。一切都结束了。

[157]

西塞罗致阿提库斯，公元前49年2月22日，于福米埃。

22日天亮前，我送出了一封有关狄奥尼修斯的信，而同一天晚上狄奥尼修斯本人到了我的住处，我怀疑他是在你的提示之下前来的——其他我还能怎么想？他确实要对他这次疯狂的发作道歉，他以前从来没有表现得比在这件事情中更没脑子。我没有告诉你，但我后来听说他在那个场合走了很长的路，“愤愤不平”，亦即在遭受许多诅咒之后，如他们所说，我希望这次能够彻底解决问题。但是，你应该敬佩我温和的本性！在给你发信的同时，我也给了他一封措辞强硬的信。我想要这封信回到我手中，正是由于这个目的，没有其他用意，我派了我的一个跟班波莱克斯去罗马。所以我写信告诉你，如果给他的这封信正好到了你手中，你可以把它送还给我，但要弄清这封信还没有到他手中。

如果有什么消息我会告诉你的。我正在等待考斐努的结果，那里维系着共和国的生死存亡。

你会看到有个包裹上写着“玛·库里乌斯收”，请你派提罗送去给库里乌斯，如果有什么费用，也请库里乌斯付给提罗，好吗？

[158]

西塞罗致阿提库斯，公元前 49 年 2 月 23 日，于福米埃。

这件事有多么可耻，有多么可悲！我认为，可悲主要或唯一与可耻相联。他把凯撒扶植起来，然后突然害怕他，拒绝所有和平和条件，不备战，放弃罗马，失守皮切诺，退缩到艾普利亚，一言不发就离开希腊，把我们全都抛下，在这样的时刻竟然没有任何计划。然后，多米提乌给他的信和他给执政官的信突然到了。在我看来，荣耀的光芒似乎还在他眼前闪耀，这个人应当大声喊叫："让他们去搞阴谋诡计，对我进行陷害，正义在我手中。"[①] 但是，庞培在和荣耀告别之后去了布隆狄西。至于多米提乌，他们在听到相关消息后就放弃了。一场悲剧！我伤心得无法再写下去。我等待你的回音。

[159]

西塞罗致阿提库斯，公元前 49 年 2 月 24 日，于福米埃。

狄奥尼修斯出乎意料地到我这里来，我以最随和的方式和他谈话。我解释了当前的形势，要他有什么想法告诉我，我还说我不会违反他的意愿要求他做任何事。他答道，他不知道他借出去的钱怎么样了。有些人没有还钱，有些人还没有到还钱的时候。他还提到他的奴仆作为理由来说明他为什么不能与我们同行。我让他走了，把他打发了。作为孩子们的一位老师，我失去他有点遗憾，作为一名忘恩负义的人，我毫不犹豫地让他走了。我想要你知道这件事，也想让你知道我对他的行为的看法。

---

① 欧里庇得斯：《残篇》，第 918 条。

[160]

西塞罗致阿提库斯，公元前49年2月25日，于福米埃。

你的建议已经深深地印在我的心里，它很高尚，但不够谨慎，或者说没有考虑到我们所处的这个时代。雷必达（我们在一起待了一整天，他也很高兴和我在一起）绝不想离开意大利。图鲁斯更不想——他的信经常从别人那里传到我这里来。但是他们的观点在我看来没有太大的分量，他们对国家的承担也没有我那么多。我向你保证，你的建议对我很有分量。它提供了一个计划，保持当前不让步的状态，在未来拯救国家。但是我问你，假定有两个人，一个人在一项愚蠢的事业中获得掌声，而另一个人在一项美好的事业中获得耻辱，还有比这更悲伤的事情吗——一个人被视为他的敌人的保存者，另一个被视为他的朋友的出卖者？我可以爱我们的朋友格奈乌斯，我必须爱他，我不会通过称赞他的错误来获取这些人的帮助。如果害怕他，世上还有什么事情更怯懦？或者像某些人所想的那样，庞培认为他们的大屠杀会成为自己一方的很好的宣传，他能这样玩世不恭吗？但是让我们撇开这些不谈，如果我们唠叨个没完，我们只会使它更糟。

24日晚，小巴尔布斯前来拜访我。他承担着一项凯撒的秘密使命，要给执政官伦图卢斯送信，他还带来凯撒的口信，许诺给伦图卢斯一个行省，让他返回罗马。我不认为伦图卢斯会被说服。巴尔布斯还说，凯撒最希望能找到庞培（我相信他这句话），能与他讲和（我不相信这句话），我担心这种仁慈只是我们害怕的残忍的一个序幕。老巴尔布斯写信对我说，凯撒最希望能消除庞培对他的威胁。你当然相信这一点！但是我写道，到了25日庞培可能已经抵达布隆狄西。他于19日轻装简从率先离开了卢凯利亚。但是这个恶魔[1]无所不晓，行动快捷。我完全不知道将会发生什么事。

---

① 指凯撒。

[161]

西塞罗致阿提库斯，公元前 49 年 2 月 27 日，于福米埃。

你说你假定我现在心里焦虑不安。是这样的，但其原因可能不像你想的那样。当一个人的焦虑被证明无效，相关决定已经做出，或替代的办法已经找到，焦虑就会得到缓解。一个人能够悲伤一整天。但我不会这样做，我担心自己要是这样的话，我对我的学习和写作都会丧失信用。因此我把所有时间有意识地用来在我的著作中刻画一个伟大人物，至少在你看来是这样。你记得我想要我的理想的政治家在他的所有行动中贯彻的那个标准吗？我想，这是西庇阿在第五卷[①]中说的："正如舵手的目标是成功的航行，医生的目标是健康，将军的目标是胜利，所以这个国家的指导者以他的同胞公民的幸福生活为目标，并且竭力使这种幸福生活富裕、充足、尊贵、荣耀。我想要他完善这一成就，这是人世间最伟大、最高尚的事业。"对此我们的格奈乌斯从来没有想过，至少在当前没有想过。现在争斗的双方想到的都是个人统治，而非国家的幸福和美好的名声。庞培没有放弃罗马，因为他不能保护她，他也没有放弃意大利，因为他被逐出她的海岸。他的计划从一开始就是洗劫每一个岛屿和大海，惊扰那些外国的国王，把武装起来的野蛮民族带入意大利，组成一支庞大的军队。他长期渴望以苏拉的独裁为榜样，他的许多同伴也渴望残暴的统治。你仍旧认为他们之间达成某种协定是不可能的吗？今天有可能。但双方都不会把我们的幸福当做他的准则。双方都想要统治。

根据你的要求我简要地做这些说明——你想要我说出对这些冲突的感觉。所以，我亲爱的阿提库斯，我不会像那个无人相信的神灵附体的姑娘那样做出预言，而是根据理性来预测："现在大海上……"[②] 是的，我能以同样的笔调预言这场巨大的、迫在眉睫的、邪恶的特洛伊战争。我们这些待在国

① 即《论国家》。

② 卡珊德拉的预言，引自恩尼乌斯：《亚历山大》。

内的人比那些在海上的人更加糟糕，他们只害怕双方中的某一方，而我们对双方都感到害怕。那么我为什么要留下来？也许是因为我接受了你的建议，也许是我没有像庞培那样堕落，也许这样做更好。是的，你将看到我们可怜的意大利在这个夏季将遭受参加争斗的一方或双方的践踏，双方的领袖都从各个种族中把那些奴隶搜集到一起。我们必须害怕的，更多的不是那些剥夺个人公民权的命令，这一威胁在卢凯利亚已经成了老生常谈，而是整个国家的毁灭——当最后的碰撞到来时，双方的力量都如此巨大。这就是我的预言。你也许在期待某些安慰。但我无法找到任何安慰。不会有比这更悲惨、更无望、更恐怖的形势了。

你问我凯撒在信中说了些什么。很平常，他说会保证我的平安，要求我继续待在这里。小巴尔布斯捎来口信，讲的也是同样的意思。他正要去给执政官伦图卢斯送信，要伦图卢斯返回罗马，并许诺给伦图卢斯奖赏。但是算算日子，在他能见到伦图卢斯之前，伦图卢斯可能已经渡海了。

我想要你知道庞培给我的两封信的随意风格，以及我是如何小心加以回答的。我把抄件送给你。

我在等待忍受凯撒的长驱直入，他会经过艾普利亚抵达布隆重狄西。只有在那里才会发生帕昔安人那样的事情！要是听到什么消息，我会马上写信给你。请让我知道诚实者们在谈论什么。据说他们在罗马集会。我知道你不会去公共场合，但你肯定听说了许多。

我记得玛格奈昔亚的德美特利把一本《论协和》带给你，这本书是题献给你的。你能仁慈地把它送来给我吗？你看，我短时间内正在振作起来。

[161A]

总督格·玛格努斯致胜利者[①] 马·西塞罗，公元前 49 年 2 月 10 日，于

① 原文为“Imperator”，对凯旋归来将军的尊称。

卢凯利亚。

昆·法比乌斯于2月10日来到我这里。他报告说，卢·多米提乌正在率领自己的12个步兵队以及由维布留斯带领的14个步兵队前来与我会合，维布留斯打算于2月9日离开考斐努，后续的还有盖·希鲁斯的5个步兵队。我建议你在卢凯利亚与我们会合，我认为你在这里是最安全的。

[161B]

胜利者马·西塞罗致总督格·玛格努斯，公元前49年2月15日或16日，于福米埃。

2月15日，我在福米埃收到了你的来信，从中得知皮切诺的运作比我们听说的要好，我们很高兴地注意到维布留斯表现出来的精神和活力。

迄今为止，我一直留在沿海地区我的岗位上，也备好了一条船。根据我听到的消息和我担心的事情，我感到我必须追随你会采取的任何计划。现在我感谢你的倡导和计划，我们的前景更光明了，如果你认为特腊契纳和沿海地区能够控制，我会待在那里，尽管这些城镇没有派兵驻守，我们这个等级[①]的人除了马·埃庇乌斯也没有一个在这个地区，我希望他能待在敏图尔奈——他十分警觉，精力充沛。卢·托夸图斯这位勇敢的先生不在福米埃，他没有和我在一起。我想他已经出发去和你们会合了。

关于我本人，按照你前不久表达的希望，自你离开忒阿努姆·昔狄基努以后，我每天都去卡普阿——你要求我和前财务官马·康西狄乌一道照料那里的事务。我到了那里以后，发现提·安庇乌斯在热情地招募兵员，把他们交给卢·利伯，他也非常热心，在这个殖民城邦里受到高度尊敬。我会留在卡普阿，只要执政官们在那里。按照执政官的法令，我第二次访问这座城，那是在2月5日，在那里待了三天以后返回福米埃。

---

① 指元老院议员等级。

我对你的战役的意图和计划一无所知。如果你认为能够控制这条海岸线（它既有实际价值，又有情感价值，这里有对国家最忠诚的居民，在我看来我们能够控制它），必定要有人指挥。另外，如果把所有力量都集中到一点上，我无疑将会与你马上会合。没有什么事情会比这件事更令我高兴，在我们离开罗马的时候我对你这样说过。如果有人认为我迄今为止活动还不够积极，那么我并不在意；如果战争必定要爆发，它显然会爆发，那么我充满信心迎接各种预期的后果，对此我没有什么困难。

我派了我的一个熟人马·图利乌斯去你那里，如果你乐意，可以把给我的回信交给他。

[161C]

总督格·玛格努斯致胜利者马·西塞罗，公元前49年2月20日，于卡努西乌姆。

向你表示问候。我很高兴地读了你的来信，看到你仍旧保有以往参与公共事务的精神。执政官已经在艾普利亚加入我指挥的军队。考虑到你的杰出品质和毫不动摇的爱国主义精神，我强烈地敦促你尽快到我们这里来，我们可以一道为我们受到蹂躏的国家带来帮助和安慰。我建议你沿着阿庇安大道尽快到布隆狄西来。

[161D]

胜利者马·西塞罗致总督格·玛格努斯，公元前49年2月27日，于福米埃。

当我送出你在卡努西乌姆收到的那封信时，我心里没有考虑到，为了国家利益你应当去海外。我对成功地实现和平抱着高度的希望，这在我看来是最有益的，我们或者可以在意大利光荣地保卫国家。与此同时，在我的信件到达你手中之前，我从你派狄・莱利乌斯送给执政官的信中得知了你的意图。我没有等候你的答复，而是马上就和我弟弟昆图斯以及我们的孩子出发，与你在艾普利亚会合。当我到了忒阿努姆・昔狄基努的时候，你的朋友盖・美西乌斯和其他一些人告诉我凯撒正在向卡普阿进军，当晚会在艾森尼亚受到阻击，对此我极为警觉，因为如果这是真的，那么我想不仅我的路线被切断，而且我本人也会成为囚犯。因此我去了开来斯，那里似乎是我可以待的最好的地方，直到有可靠的消息从艾森尼亚传来。

然而在开来斯的时候，我得到了你派人送给执政官伦图卢斯的一封信的抄件。它表明卢・多米提乌在 2 月 17 日带给你一封信，你把它当做一份抄件，并写道重要的是尽快把所有力量都集中到一个地方。你进一步要求他离开卡普阿这个恰当的驻防地。读到这里，我像其他人一样明白了，你的打算是带着你的全部兵力向考斐努进军，我不认为去那里对我来说是安全的，凯撒以前曾在那里驻军。

就在我们悬疑不决的时候，消息传来了，一方面是考斐努的结果，另一方面是你已经启程去了布隆狄西。我和我弟弟都没有想过要去布隆狄西，直到许多来自萨纽姆和艾普利亚的不想落入凯撒之手的人向我们提出建议，由于凯撒已经向同一地区进发，所以他甚至会比我们更早到达目的地。在这样的情形下，我和我弟弟，以及我们的任何一位朋友，都认为不要由于我们自己的轻率而冒险伤害国家以及我们自己，尤其是我们感到，即使旅程对我们来说是安全的，我们要想赶上你也已经太迟了。

与此同时我收到了你于 2 月 20 日从卡努西乌姆送出的信，你在信中敦促我尽快去布隆狄西。我收到信的时间是 2 月 27 日，我感到你肯定已经到了布隆狄西。对我来说很清楚，我们的路线没有完全被切断，我们也会像留在考斐努的那些人一样成为囚犯。我这里指的不仅是那些被敌军抓获的人，而且还指那些被敌军分割包围或误入敌营的人。

在这样的形势下，我主要的希望是能一直和你在一起，当我拒绝了来自卡普阿的命令以后，我确实弄清楚了。我这样做不是为了逃避责任，而是因为我看到这座城镇没有军队无法固守，我不希望发生在我身上使我后悔的事情也发生在某些勇士身上。然而，由于和你在一起是我的好运，我确实希望能够知道你的计划。我不可能通过猜测来得知，因为我最后想到的事情是我们的国家不可能在你的领导下在意大利维持自身。我现在也不是在批评你的决定，我只是在哀叹共和国的困境。如果我不能察觉你行动背后的东西，我就没有信心解释你采取行为的良好理由。

我想你记得我的意见一直是：第一，维持和平，哪怕以苛刻的条件；第二，保存首都（我不说意大利，因为你从来没有对我谈起过意大利）。但我不会假定我的意见一定能占上风。我追随你的意见，但不是为了共和国的缘故，对共和国我已经绝望了，它现在躺在尘土中指望能在灾难性的内战中存活，而是为了想要和你在一起。如果我能找到机会，那么我不会让它溜走。

在当前的斗争中，我很容易看到我们中间的好战者不会满意我的行为。一开始的时候，我没有隐瞒我的和平愿望，而且把和平看得高于其他结果，他们怕的不仅是这样的后果属于我，而且是这样的后果并不比内战更不邪恶。然后在敌对开始以后，看到有人向你提出和平的条件，你以赞美的方式做出答复，而我仍旧坚持我的立场；看到你以往对我的仁慈，我不认为你判断我的结论会有任何困难。我心中想的是我的处境非同寻常。我对国家做出的重要贡献给我赢得了残忍野蛮的惩罚。如果我冒犯了一个人，这个人已经被答应第二次担任执政官和一场最荣耀的凯旋仪式，哪怕我们已经在军中，我都不得不再次战斗，以便进一步证明那些坏公民一定会把我当做公众人物来攻击。我不必对这些后果加以猜测，因为我公开地受到他们的威胁。如果我有义务回避他们，如果我能光荣地做到这一点的话，我也不那么害怕招惹他们。

这就是我对仍旧有望获得和平的那段时间的解释；而后来的局势剥夺了我的任何权力。关于那些对我提出的批评，我只有一个简单的回答。我从来没有爱盖·凯撒超过爱他们，他们对共和国的爱也从来没有超过我对共和国的爱。我们之间的差别是：当他们是很好的爱国者时，我有很多理由领取这个荣耀的头衔，我宁愿用谈判来解决这些分歧，我认为这也是你的愿望，而他们希望通过武力来解决。由于他们的政策胜利了，我几乎不需要再说我没有理由对国家抱怨我的爱国主义，我也没有理由对你抱怨我的友谊。

[162]

西塞罗致阿提库斯，公元前 49 年 2 月 28 日，于福米埃。

我的眼睛甚至比以前更麻烦了，但我宁可口授这封信，也不愿让我们共同的好朋友法比乌斯·伽卢斯空手去你那里。昨天那封信可以确定是我亲笔写的，信中提到的预言我希望被证明为假。我现在写信的原因不仅是我在犹豫不决要不要让一天过去而不给你发一封信，而且是为了更加有效地引诱你把你的某些时间分给我……[①] 我肯定想要得到你的建议，我完全能够理解你的建议。

我的立场是不妥协。对以往的任何缺陷我都有恰当的理由，而不只是似是而非的借口。我确实没有错，为了避免被人怀疑怯懦甚至卖国，我拒绝接受来自卡普阿的命令。我也没有错，继卢·凯撒之后，法巴图斯带来了凯撒的和平条件，我这时小心谨慎，不想冒犯一个人，庞培授予这个人执政官的职位和凯旋仪式，而且双方手里都有军队。没有人可以公正地指责我在最后阶段不去海外。这在任何情况下都需要考虑，而事实上是我无法做到。我确实无法猜测这项计划，尤其是我从庞培自己的信中得到深刻的印象（我看到你的想法和我相同）他会去援救多米提乌；坦率地说，我想要更多的时间来考虑怎样做是正确的，怎样做是恰当的。

因此，首先，我喜欢你在这些要点上的意见。你已经表明了你的观点，

① 此处原文有缺失。

但若你能把它们详细地写下来，我会很高兴。其次，我希望你也能考虑一下将来，描述一下我说的这样的人物以及他必须具备的能力，你认为我怎样才能最好地为国服务——是起一个和平缔造者的作用，还是和这位勇士去做其他所有事情？

义务是我衡量一切事情的标准，但我仍旧记得你的建议，如果我注意到这个标准，我会从这些日子的悲伤中解脱出来。我记得你在那个时候通过塞奥芬尼和库莱奥对我的敦促，我经常带着懊悔的痛苦回想你的敦促。所以现在让我无论如何回到我当时拒绝的这条标准上来，接受你在安全方面的建议（在比较轻的程度上）以及你在荣耀方面的建议。但我现在不告诉你我想要说些什么。我要你详细写出你的意见供我阅读。我还要你尽一切努力（你可以向其他人咨询）发现我们的朋友伦图卢斯和多米提乌正在做什么，他们的计划是什么，他们现在如何行事，他们是否责备任何人，或者对某人不满——当我指的是庞培的时候，我不知道为什么我要说“任何人”。当然了，庞培把所有责备都加在多米提乌头上，这一点可以从他自己的信中看出，我给你送过一份抄件。好吧，你会注意到的，我在以前给你的信中提到，请你把玛格奈昔亚的德美特利题献给你的那本《论协和》送来给我。

[162A]

总督格·玛格努斯致执政官盖·马凯鲁斯、卢·伦图卢斯，公元前49年，约2月18日，于卢凯利亚。

如果我们把兵力分散在各处，我们既不能为国家所用，又不能相互保护，我已经写信给卢·多米提乌，要他带领所有部队前来与我会合；如果他本人还在犹豫，我请求他先把19个步兵队派到我这里来，他们已经在从皮切诺到我这里的路上。但我担心的事情发生了，多米提乌在艰苦地行军，他把派给我的19个步兵队和他自己留下的12个步兵队分布在三个城镇之间（他在阿尔巴驻扎了一些部队，在苏尔莫驻扎了一些部队），在这样做了以后，他自己已经没有力量攻占某些地方，如果想要解救自己，他也做不到。

我必须告诉你们，我现在处在极度焦虑之中。一方面，我渴望把众多勇士从围困中解救出来。另一方面，我又无法帮助他们，因为我不认为归我指挥的两个军团就能把他们解救出来。实际上，我集中起来的步兵队还不到14个，因为我派了一些部队去驻守布隆狄西，我也不认为卡努西乌姆在我离开的时候无人驻守。

我希望能有一支大军，所以我让狄·莱利乌斯给你们捎信，如果你们认为合适，你们中的一些人应当加入我这里来，而他的同事应当开始去西西里，带上你们在卡普阿和周围地区征集的部队，以及由福斯图斯征集的部队，多米提乌和他自己的12个步兵队应当依附这支力量，所有剩余的部队都应当集中到布隆狄西，然后从海上转移到都拉斯。事实上，由于我现在不会比你们更加方便帮助多米提乌……通过山脉撤离，我一定不能冒险让敌人逼近我怀疑他们的忠诚的这14个步兵队，或者让敌人在行进中赶上我。

因此我已经决定（我发现盖·马凯鲁斯以及在这里的我们这个等级的其他人赞同这样做）率军前往布隆狄西。我敦促你们召集部队尽快前往布隆狄西。我建议你们使用你们将要送来给我的武器武装你们的人。如果你们能把剩余的武器用骡子运到布隆狄西，这将是为国家做出的重要贡献。请把此事通知我的朋友。我已经指示执法官普·卢普斯和盖·科波尼乌斯带着他们的部队去与你们会合。

[162B]

总督格·玛格努斯致总督卢·多米提乌，公元前49年，约2月11日，于卢凯利亚。

我非常惊讶你没有写信给我，公众关心的事情我是通过别人而不是通过你得知的。由于我们兵力分散，所以我们无法对付敌人；我希望能集中我们的兵力，才能为国家和公众服务。使我感到困惑的是，维布留斯写信告诉我，你本来已经决定于2月9日率军离开考斐努，前来与我会合，但你后来改变了计划。维布留斯给我的解释没有说服力，他说你推延前来是因为你听说凯撒已经从费尔蒙挺进到卡特隆·特伦提努，而敌人越是接近，你就越应当尽快前来与我会合，否则凯撒占据有利位置以后会阻拦你的前进，也会切断我们之间的联系。

因此就像我先前信中所说，我再次请求和敦促你，在凯撒开始切断你和我们之间的通道之前，尽早到卢凯利亚来与我会合。然而，要是你被某些急于保护他们自己农庄的人拖住了后腿，我希望你能让那些已经在皮切诺和卡迈利努留下辎重的人继续前来与我会合。

[162C]

总督格·玛格努斯致总督卢·多米提乌，公元前49年，约2月16日，于卢凯利亚。

2月16日，马·卡莱纽斯带来你的一封信。你在信中写到你会监视凯撒，如果他开始沿着海岸线向我的方向运动，你会马上进入萨纽姆与我会合，但若他待在你附近，你希望能伺机歼敌。

我赞赏你在这件事上的仁慈和勇敢，但我必须小心谨慎，避免我们之间遭到分割，从而难以对付敌人，因为他兵力强大，而且还在增强。如果只考虑凯撒在当前的进军中派了多少步兵队与你对阵，而不考虑整支部队的规模，包括骑兵和步兵，还有他很快就能集合起来的部队，那是不适宜的。布森纽斯送来的一封信证明了这一点，他在信中也像我的其他一些哨探一样说库里奥正在集结翁布里亚和埃图利亚的驻军，前来与凯撒会合。如果这些部队都集中在一起，还有他派往阿尔巴的部队，向你进逼的部队，那么凯撒不是想要打一场战斗，而是想从一个有利的位置发起攻击，你会发现自己落入了一个圈套，以你现有的兵力，你不可能对抗如此强大的、包抄你的敌军。

因此我恳切地敦促你尽可能带着你的全部兵力到这里来。执政官已经做出了相同的决定。我派马·图西留斯给你捎信，我必须小心谨慎，不要让这两个缺少来自皮切诺的步兵队的军团落入凯撒的视线。因此，如果你听说我在凯撒进军的时候我撤退了，不要感到困惑。我感到一定要提高警惕，不能落入圈套。由于季节和我的这些部队的品性，我也不能占据某个地方，把所有城镇的驻军全部集中起来同样是不明智的，因为这样的话我就失去了退路。由于这个原因，我在卢凯利亚集中的步兵队不超过 14 个。

执政官会带来所有驻军，他们或者会去西西里。要么我们必须拥有一支强大的军队，使我们能有信心突围，要么我们必须坚守某个地区，以便有一天能反攻。当前我们在两方面都不占优势，因为一方面凯撒占领了大半个意大利，另一方面我们没有一支装备精良的部队，人数上也不如他。因此我们必须明白，我们要考虑的主要是国家的利益。我再次敦促你率领全军尽可能与我会合。如果现在能够团结起来，那么我们仍旧能够有所作为。如果我们被分割开来，那么我们会非常虚弱。这是我确定的意见。

写完这封信后，有人送来了你的信。我不认为我能满足你的前去与你会合的要求，因为我对这些军团信心不足。

[162D]

总督格·玛格努斯致总督卢·多米提乌，公元前 49 年，约 2 月 17 日，于卢凯利亚。

你的一封来信已于 2 月 17 日送到我这里，你在信中说凯撒已经在考斐努安营。我预见到的事情发生了。目前他不愿与你开战，因为他正在集结全部力量包围你，阻塞你通向我这里的道路，阻止你自己的忠诚的部队与这里的品质可疑的军团会合。因此你的来信使我更加焦虑。我对和我一起战斗的这些人的品质缺乏足够的信心，而这场战斗关系到国家的整个未来，执政官们征召的部队还没能集结起来。

因此，尽力而为吧，哪怕是在目前，用各种办法，趁敌人还没有对你形成合围之前尽快地到这里来。招募的兵员不可能很快集中，如果能集中，你也明白对这样的部队能相信到什么程度，他们甚至相互之间都不认识，而他们的对手却是由老兵组成的军团。

[163]

西塞罗致阿提库斯，公元前 49 年 3 月 1 日，于福米埃。

我的书记员的手迹表明我的眼睛得了结膜炎，这是我的来信简洁的一个理由，但不是现在无话可说的借口。我的整个心思都在等待布隆狄西的消息。如果凯撒发现我们的格奈乌斯在那里，那就几乎没有和平的希望，但若他已经提前渡海离去，那么有一种对战争的恐惧。

但你明白这个国家会落入一个什么样的人手中，他多么能干，多么机警，他的准备有多么充分？我确实相信，如果他不杀人，不碰那些害怕他的人的财产，那么这些人马上就会成为他最忠诚的崇拜者。城里人和乡下人都会对我这样说。除了他们的田地、农庄和投资，他们确实什么也不想。你来瞧这张桌子是怎么翻转的！他们害怕他们曾经信任和热爱的人，他们热爱他们曾经害怕的人。不考虑这些使我痛苦的错误我就不能思考，我必须考虑我们这一方导致这一结果的错误。我已经把我的预见告诉你，我现在等待听到你的想法。

[164]

西塞罗致阿提库斯，公元前 49 年 3 月 2 日，于福米埃。

我肯定，你会发现每天写信是令人讨厌的，尤其是我没有给你提供什么消息，也想不出什么新的内容来写。对我来说，派专门的信使给你送上内容空洞的信，这样做确实愚蠢，但我不能让那些去你那里的人不带上我的信，尤其是这些人是我们的朋友，与此同时，请你相信我，当我和你谈论这些悲惨的事情时，我确实感到一种松弛，当我读到你的来信时更是如此。我当然明白，自从这些逃跑和报警开始以来，从来没有这么安静的时候，没有书信，没有消息，在罗马或者在这里，这里比你到布隆狄西要近两三天的路程。布隆狄西是整个斗争的焦点，和下一步的事情直接有关。我为此受到折磨。但在 7 日之前，我们将知道所有的消息，因为我明白凯撒会在亡灵节[①]的那天下午离开考斐努，而庞培会在黎明前离开卡努西乌姆。鉴于凯撒的进军习惯，庞培会敦促他的人加速撤离，我担心他会比人们所期望的更快地到达布隆狄西。你会问我，预测这种三天内就能知道的令人不愉快的事情有什么好处。当然没有任何好处。但如我前面所说，我喜欢跟你说话。此外我必须告诉你我的决定在动摇，而现在它已经确定了。你赞同的这些例子对我来说不够好。这些人表现出什么政治勇气，他们有什么地方值得赞扬？我也肯定不会把那些到海外去备战的人当做值得赞扬的，这种事就像这里的事情一样令人无法忍受；我太明白了，这将是一场多么可怕的、致命的战争。但有一个人的想法对我有影响。表面上看来，我必须与他一同逃跑，与他一同恢复共和国。如果你抱怨我的突然转变，那么我的回答是我对你说话就像对自己说话。在如此重大的事情上，任何人都一定不要以这样或那样的方式与自己争论，是吗？此外我想引用一下你的意见——如果你的决定保持不变，那么我会更加坚定，如果你的决定改变了，那么我也会同意。当然了，这和我知道多米提乌和我们的朋友伦图卢斯将要做什么有关。关于多米提乌有一些不同的报告。……[②] 按照另一种说法，他在台伯河边，或者就在首都近郊。这显然也是不真实的，因为雷必达说他一路上行迹隐秘，他也许到了沿海地区——这也是他不知道的。他也不知道儿子的消息。他还说多米提乌在考斐努的大量金钱并没有归还。真是令人厌倦！关于伦图卢斯，我们什么也没有听说。如果你能知道他的消息，请你详细写信给我，我会非常感谢你。

---

① “Feralia”，纪念亡灵的节日，2 月 21 日。

② 此处原文有缺失。

[165]

西塞罗致阿提库斯，公元前49年3月3日，于福米埃。

3月3日，艾吉塔送来了你的信。一封是2月26日的，你说你交给了庇那留斯，但我没有见到他。你在信中怀疑维布留斯如何完成他的使命[①]（凯撒甚至从来没有见他，根据你的第二封信，我明白你知道这一点），在凯撒返回的路上我会如何接待他（我的意思是完全回避他）。你还建议某一天逃跑，改变你的生活方式（我认为你是对的），你不知道多米提乌是否有束棒跟随[②]（等你知道了，你要写信告诉我）。这就是我对你第一封信的回答。

后面两封信的日期都是2月28日，它们一下子把我拉回较早的立场——尽管我写信告诉你我已经动摇了。事情不是你所说的“为朱庇特本人勇于承担”影响了我——双方的愤怒是一种危险，胜利是不确定的，除非在我看来理由很坏的一方装备较好。我也没有受到执政官的影响，他们自己像羽毛或树叶一样不稳。一直在折磨我的是义务问题。留下来肯定是比较审慎的，而去海外被认为是比较光荣的。我有时候感到，尽管我宁可被许多人认为行动不谨慎，而不愿被少数人认为行动可耻。至于你关于雷必达和图鲁斯的问题，他们已经下定决心迎接凯撒，在元老院里得到他们的席位。

最近的信是月初送出的，你在其中说希望他们能够见面，不要对和平绝望。但我不认为他们会见面，如果他们能够见面，那么庞培会同意任何条件。如果执政官们过了海，你似乎不怀疑我必须做什么。好吧，他们确实正在渡海，或者说他们已经渡海。但你要记住，除了阿庇乌斯，他们实际上没有一个人是不需要渡海的，他们中有军事将领，如庞培、西庇阿、苏菲那斯、芳尼乌斯、伏科尼乌、塞斯提乌，以及执政官本人，按照古老的惯例，他们有权访问任何他们想要访问的行省，还有这些人的副手。但我不是在掩

---

① 维布留斯在考斐努被捕，然后被释放，他的使命不详。

② 多米提乌被任命为山外高卢行省总督，接替凯撒。

延这个问题。我明白你喜欢什么，坦率地说，我也知道什么是正确的。

如果我本人能写字，我会写得更多。我想一两天内我就能这样做了。我送上一份高奈留·巴尔布斯来信的抄件，是在给你发信的同一天收到的，当你看到我受到的嘲笑，你会为我感到遗憾。

[165A]

巴尔布斯致胜利者西塞罗，公元前 49 年，约 3 月 1 日，于罗马。

亲爱的西塞罗，我请求你把你的思想和关注点放到一项与你高尚的品性相配的计划上来，我指的是弥合凯撒和庞培以往良好的关系，而现在的各种阴谋使他们产生分歧。相信我，当我说凯撒不会把自己交到你手中，而会考虑把他本人置于对你抱有的最深的义务之下时，我希望你能把你的心思朝着这个方面想。我希望庞培也能这样做；但我宁可请求而不是希望他在这样的时刻能有住处。等他安定下来，又有了一点安全感的时候，关于你对他的巨大影响，我会开始不再绝望。

你希望我的朋友伦图卢斯待在这里，对此凯撒向你表示感谢，而我确实更加感谢你。我对伦图卢斯确实非常尊敬，凯撒对我也比不上他对我更加亲密。如果他能够允许我和他谈话，像以往那样，而不是一直加以拒绝，那么我会比现在更高兴。当我看到一个如此亲密的人在担任执政官期间只是在拙劣地模仿执政官的行为，你一定不要认为任何人在当前承受的痛苦比我的痛苦更大。如果他能听你的话，相信凯撒，在罗马完成他的任期，那么我会按照元老院的建议，并在你的鼓励和建议下，开始希望庞培和凯撒能够和好。如果这种事发生了，我会感到自己已经活够了。

我知道凯撒对考斐努采取的行动会得到你的完全赞同；在这样的环境下，不流血地结束是最好的结局。

我很高兴听说你乐意见到我的（以及你的）亲爱的孩子。无论他对你如何说起凯撒，以及无论凯撒如何写信给你，我敢肯定，凯撒将用他的行动向你证明，无论他的命运将他带向何方，他写信的时候是诚心诚意的。

[166]

西塞罗致阿提库斯，公元前 49 年 3 月 4 日，于福米埃。

除了安全、秘密地去亚得里亚海，我在为可能发生的一切事情做准备。我不能在每年的这个时候去海上。但我怎样才能抵达我心向往和义务召唤我去的地方呢？我必须尽快离开，否则就有可能受阻。不，表面上庞培还在拉拢我。但我已经知道，作为一名政治家他已经犯下无法挽回的错误，我现在还发现他是一名很差的将军。因此，想要拉住我的不是他，而是人们正在说的这些事情，这是我从斐洛提姆那里听来的。他说那些贵族想要把我撕成碎片。我以上苍的名义发誓，这是些什么样的贵族主义者？瞧一瞧他们现在出去欢迎凯撒、博取凯撒的青睐的样子吧。至于那些把他当做神来供奉的城镇，它们倒也不算虚伪，就像它们以前为庞培的康复[①]祈祷。但事实真相是，这位庇西特拉图[②]所没有犯下的任何罪恶都在为他赢得民心，就好像他在阻止其他人作恶。他们希望在他身上发现一种仁慈的力量，而他们认为庞培很容易发怒。你可以想象一下那些城镇派出的代表团和公开的恭维。你会说他们被吓坏了。我敢说他们是吓坏了，但我保证他们对庞培的恐惧超过对凯撒的恐惧。他们对凯撒虚假的仁慈感到高兴，而对另一个人的愤怒感到恐惧。由 360 人组成的陪审团，他们都是我们的格奈乌斯的热烈崇拜者（我每天都能看到他们中的一个或另一个），在他的威胁下战栗。所以我问你，把我赶走而自己待在家里的那些人是些什么样的贵族啊？然而，随他们便吧，“我害怕特洛伊人”，[③]我非常明白我离开以后会有什么样的前景，我本人正在与一个人结盟，他做好了毁灭意大利的准备，超过为取得胜利所做的准

① 庞培在前一个夏天病得非常严重。

② 希腊政治家，用来比喻凯撒。

③ 参见第 25 封信。引文的意思是“我担心值得尊敬的公共舆论”。

备，虽然我等着成为一名奴隶。确实，当我在 4 日写下这些话的时候，我已经在等待布隆狄西来的某些消息。我为什么要说“某些”？我指的是他的可耻的逃跑和胜利者返回的消息——他的路线和目的地。如果他沿着阿庇乌斯大道[①] 行进，那么我一听到这个消息就会去阿尔皮诺。

[167]

西塞罗致阿提库斯，公元前 49 年 3 月 6 日，于福米埃。

尽管在你读到这封信的时候，我想我已经知道了布隆狄西的结果（因为格奈西乌 2 月 21 日离开卡努西乌姆出发，而我这封信是 6 日写的，是他从卡努西乌姆出征 13 天以后），一个钟头又一个钟头的焦急等待在折磨我。异乎寻常的是没有传来任何消息，甚至连谣言都没有。沉默是可怕的。但也许所有焦虑都是无意义的，毕竟很快就会知道事情的真相。使我感到困惑的是，我仍旧不能发现我们的朋友普·伦图卢斯或多米提乌在哪里。我找他们为的是知道他们的打算，是否要去和庞培会合，如果是的话，什么时候走，走哪条路线。

我听说罗马现在充满贵族，索西乌斯和卢普斯还在板凳上坐着，而我们的格奈乌斯原来以为他们会在他之前到达布隆狄西。这里人都在出逃，甚至连我的日常伙伴玛·雷必达明天也要走了。我在福米埃待着为的是可以更快得到消息。然后我想去阿尔皮诺，从那里沿着人们最不常用的路线去亚得里亚海，把我的侍从都打发上路或者遣散。我听说，那些现在和过去都是这个政府的中坚力量的诚实者对我赋闲在家颇有微词，他们在晚宴上对我进行严厉的批评，长篇大论！

所以我最好离开，通过从陆上或海上把战争引进意大利来表明我本人是

① 阿庇乌斯大道（Appian Way），公元前 312 年根据监察官阿庇乌斯的倡议而开辟的一条战略通道，经过卡普阿直达布隆狄西。

一个良好的公民，再次激起那些无赖对我的仇恨，而本来顺从卢凯乌斯和塞奥芬尼的忠告，这种仇恨已经消失。西庇阿去了叙利亚，那是指派给他的行省，或者要是你喜欢，你可以说他去陪伴他的女婿[①]，这是一个值得尊重的理由，或者说他正在逃避凯撒的愤怒。至于马凯鲁斯们，如果他们不怕凯撒的刀剑，那么他们会滞留在后面。阿庇乌斯也有同样的理由感到害怕，此外还要加上最近的敌意。无论如何，除了他和盖·卡西乌斯，其他人都是副将，福斯图斯是前财务官。我是唯一两条路都能走的人。还有我的弟弟，他在这次逃跑中不应当与我在一起。凯撒对他的愤怒甚至超过我；但我不能劝他留下来。这是我要对庞培做的事，这是我欠他的。其他没有什么事情能够影响我，无论是诚实者的谈话（他们实际上不是诚实者），还是我们的事业，我们过去在做的时候缺乏勇敢，而我们现在要做的时候缺乏顾忌。我做这件事只是为了庞培，他甚至没有要求我这样做，所以他说，这不是为他而战，而是为国而战。

如果让我知道你对穿越伊庇鲁斯是怎么想的，我会很高兴。

[168]

西塞罗致阿提库斯，公元前 49 年 3 月 7 日，于福米埃。

虽然我在等着今天（3 月 7 日）你能给我送来一封比较长的信，我相信你今天很糟糕，但是我想我必须首先回答你 4 日送出的那封短信，就在你退烧以后。你说你很高兴我留了下来，你写着你坚持你的看法。但从你的前一封信来看，你很清楚我会离开，除非格奈乌斯与大批随从上了船，执政官们也渡了海。你不记得这一点了吗？或者说我还没有完全明白你的意思？或者说你改变主意了？但我会从我在等待的这封信中看到你是怎么想的，或者我会请你写另一封信。现在还没有消息从布隆狄西传来。

---

① 指庞培。

[169]

西塞罗致阿提库斯，公元前49年3月8日，于福米埃。

这件事太困难，太紧迫了！你在提建议的时候把理由说得非常充分，但你根本找不到一个令人满意的解决办法！你很高兴我没有跟庞培在一起，你指出我要是出现在任何法庭上对他来说都会是一种耻辱。“可以证明这是有罪的。”无疑如此。那么我应当表示反对吗？你说：“天知道！”那么，我该怎么办，一边是罪过，一边是惩罚？你说凯撒会允许我退出公共生活。那么我要去求他吗？这太不幸了！要是被拒绝呢？你指出举行胜利归来仪式仍旧是有可能的。要是他用这件事情来逼我，我应当接受吗？还有什么事情能比这更加丑陋？我应当拒绝吗？他会感到遭到我的轻蔑的拒绝，甚至超过以往他在二十人委员会上受到的轻视。他总是找借口把全部罪责加在我头上，说我敌视他，说我甚至不愿意从他手中接受一项荣誉。现在我是断然拒绝岂不是更难了！荣誉的重要性与他现在的权势显然是相对称的。你说你不怀疑当前庞培对我的看法很不好。我看不到任何原因为什么当前会是这种情况。因为考斐努沦陷以后他才把他的计划通知我，他肯定不会埋怨我没有去布隆狄西，因为凯撒拦在我和那个地方之间。他认为在许多问题上我的判断比他强，自治市的弱点、征税者、和平、首都、金钱、占领皮切诺等等。如果我真是能去而不去，那么他会愤怒的。我不担心这一点，因为说到底，他又能给我带来什么伤害呢？“一名连死都不在乎的奴隶是个什么样的人？”我担心的是受到不感恩的指责。所以，我充满自信，我或在可能的时候前往，如你所说，他是会接受的。你还说如果他表现得比较节制，你会更加仔细地考虑你的建议；但是作为一名亡命徒，他的行为又怎么可能会是其他样子的呢？这是由他的生活、性格、以往的经历、现在的事业、他的同伴、诚实者的力量，或者只是由于他们的固执所决定的。

库提乌斯·波图姆斯匆匆忙忙来到我门前，要去迎接凯撒，这时候我几乎还没有读完你的信，他嘴里嚷嚷的除了战船和军队没有别的东西。他讲到要夺取西班牙，掌握亚细亚、西西里、阿非利加、撒丁尼亚，把庞培驱赶到希腊。所以我必须走了，不是去战斗，而是去逃亡。因为我再也不能够忍受你在罗马的那些朋友说的话——我不知道该把他们称做什么，因为他们肯定不是通常所说的诚实者。随它便吧，我现在急于知道他们在说些什么，我特别请求你帮我打听这方面的消息，好让我知道。迄今为止，我对布隆狄西发生的事情还是两眼一抹黑。等我知道了，我会按照事件和时间来接受你的建议，我会听从你的意见。

[170]

西塞罗致阿提库斯，公元前 49 年 3 月 9 日，于福米埃。

多米提乌的儿子 8 日经过福米埃，匆匆忙忙地去拿波勒斯与他的母亲会合，在我的仆人狄奥尼修斯的特别要求下，他说他父亲在罗马附近。而我听说他离开了意大利，要么去和庞培会合，要么去了西班牙。我很想知道事情的真相，因为这和我自己的问题有关；如果他确实没有走，那么格奈乌斯会明白我们要想离开意大利不是件容易的事，整个国家到哪儿都会碰上兵营和士兵，尤其是在冬季。如果季节好一点，我们可以很快地经过西海到达那里。而现在没有任何办法渡海，除了经过亚得里亚，而去那里的道路又被封锁了。所以请你再向多米提乌和伦图卢斯询问。

还没有报告从布隆狄西传来，今天是 9 日，按照我的想法，今天或昨天凯撒会到达布隆狄西，因为他 7 日在阿尔庇过夜。如果相信波图姆斯的话，那么凯撒打算追击庞培，按照天气和日子来判断，他以为庞培已经渡海了。我不认为凯撒会找到足够的水手，但是波图姆斯对此很自信，如他所说，船主们听说了这个人的宽宏大量。但是，在我知道布隆狄西发生的所有事情之前，我不能长期等待。

[171]

西塞罗致阿提库斯，公元前49年3月10日，于福米埃。

在你身体不好的时候，你写给我一封最仁慈也是最明智的信，里面充满建议。斐洛提姆在从你那里拿到信以后一天之内把信送到我这里。你讨论的问题确实是困难的，沿着通往东海的路去海边，乘船再去西海；从阿尔皮诺启程，看起来就像是在逃避凯撒，待在福米埃，看上去就像是在迎合他；但最可恶的事情是要看到和我们现在看到的必然完全相同的景象。

波图姆斯来看我，你从我的信中可以知道他有多么讨厌。另一位来访者是昆·富菲乌斯（想一想他的样子有多么傲慢），他经过这里去布隆狄西，大骂庞培的邪恶以及元老院的变化无常和愚蠢。要是我在自己的屋檐下不能忍受这种事情，那么我在元老院里能忍受吗？好吧，就算我能非常冷静地忍受这种事情，像你所希望的那样。那又怎样？“马·图利乌斯讲话！”我的出路在哪里？我抛下了共和国的事业，它的损失、它受到的伤害又该怎么治愈。我对庞培该怎么办？我公开激怒了他——对此我为什么要予以否认？我总是更加看重事件的原因而不是事件本身。所以，考虑到这些前所未有的灾难，或者倒不如说明确了这些灾难是由于他的作用和错误才发生的，我对他的愤怒大于对凯撒的愤怒。我们的祖先对阿里亚之战[①]的惨痛记忆胜过对这座城市沦陷的记忆，因为第二场灾难源于第一场灾难，所以前者甚至到现在都是一个应该诅咒的日子，而后者一般说来是人们不知道的。按照同样的道理，当我回想起最近十年来的错误，包括我自己遭遇灾难的那一年，而他没有保护我（我的用词并不严厉），我就感到愤怒，当察觉到他当前的轻率、迟钝、疏忽时，我就感到愤怒。但是所有这些事情我现在都已经不再想了。我想到庞培为我提供的服务，也想到了他的伟大。由于巴尔布斯的来信和谈话，我明白庞培的伟大确实超出我的希望，但我看不清凯撒从一开始就要摧

① 阿里亚（Allia）之战发生于公元前390年7月18日，高卢人打败了罗马人。

毁庞培的全部目的。我想到荷马史诗中有一位女神对他的儿子说："赫克托耳死后你也会等来你的厄运。"她的儿子回答说："那就让我赶快死吧，因为我的朋友被杀了，而我没有在那里帮助他。"[①] 我的情况不仅是一位朋友，而且还是一位恩人，还要加上这个人的伟大和他所捍卫的事业的伟大。我确实认为，为了履行这些义务值得献出生命。至于你那些贵族的朋友，我一点都不相信他们，我甚至不想再要他们对我有什么好看法。我看到他们对凯撒如何卑躬屈膝，而这种情况还会继续下去。那些自治市在庞培生病的时候颁布法令，你认为可以拿这件事与这些人对胜利者的祝贺做比较吗？你会说他们害怕了，但是按照他们自己的解释，他们去年就害怕了。但是，让我们看布隆狄西发生了什么事。我们也许又会产生其他的计划和信件。

[172]

西塞罗致阿提库斯，公元前 49 年 3 月 11 日，于福米埃。

还是没有任何来自布隆狄西的消息。巴尔布斯从罗马来信说，他认为执政官伦图卢斯已经渡海，但没有遇见小巴尔布斯，因为后者到达卡努西乌姆时听说了他渡海的消息，然后从那里写信给巴尔布斯；还有，驻扎在阿尔巴的 6 个步兵队已经沿着米诺西乌大道去了库里乌斯那里。[②] 他说凯撒用书信告诉他，凯撒很快就会抵达罗马。据此我将遵从你的建议，不像现在这样隐藏在阿尔皮诺，尽管我想在阿尔皮诺给马库斯穿上白色托架袍，[③] 那是我打算离开凯撒的借口。但也许这样做也会冒犯他，因为我不在罗马做这件事。不管怎么说，如果我必须见到他，那就在这里见吧。然后我们将要考虑下一步，我的意思是去哪里，怎么去，什么时候。

① 荷马：《伊利亚特》第 18 卷，第 86 行。

② 米诺西乌大道（Minucian Way）从本尼凡都到布隆狄西。这位库里乌斯是凯撒的骑兵指挥官。

③ 西塞罗的儿子，穿上白色托架袍表示成年。

我听说多米提乌在他邻近科萨的住处，所以他们说他打算去海上——如果他去西班牙，那么我不会责备他，如果他去和格奈乌斯会合，那么我会赞扬他。我最好去任何地方，而不是留下来看到库提乌斯出现在眼前，作为他从前的辩护律师，这张脸我看得太多了——更不要说其他人了。我应当躺倒还是说服自己，出于对罗马的热爱，出于对我的国家的热爱，由于相信会有某种妥协，我使自己成了一名囚徒，与外界完全隔绝。

在我写了这封信以后，有人从卡普阿给我来信。信中写道："庞培已经和他的所有部队渡海。他们的人数有 3 万，两名执政官，还有保民官和元老院议员，都和他在一起，还有他们的妻子儿女。从那天起一直在刮北风。他们说他下令损坏或焚毁他不再使用的全部船只。保民官昆·麦特鲁斯在卡普阿收到他岳母克劳狄娅的一封信讲到这件事，他岳母也是参加渡海的人之一。"

我以前极为焦虑和困惑，想不出任何解决的办法。但是现在庞培和执政官们已经离开了意大利，我不仅是困惑，而且充满了悲伤。"我的心没有停止跳动，但我心痛欲裂。"① 是的，我要告诉你，我感到自己已经遭受了耻辱，想到它我就失去自制力。首先，我没有和庞培在一起，无论他犯了什么错误；其次，我没有和那些最诚实的人在一起，无论他们对我们的事业出了多么不好的主意！尤其是，由于某些缘故，我犹豫不决，没有采取果断措施，我指的是我的妻子和女儿，还有两个儿子，他们希望我走另一条道，而认为走这条道是可耻的，是我不应当走的。至于我的弟弟昆图斯，他告诉我，只要我认为最好的办法他都会赞同，并且毫不犹豫地追随。

我现在又从头开始读你的这些来信，它们使我感到好受了一些。最早的警告和请求，要我不要焚毁我的船只；最近的一封信说你对我留下来感到满意。当我读到它们的时候，我感到不那么可耻了，但仅在我读信的那一刻；然后痛苦和耻辱感又冒了出来。所以，亲爱的提多，我恳求你帮我驱赶这种

① 荷马：《伊利亚特》第 10 卷，第 93 行。

痛苦，或者无论如何通过安慰、建议或其他你能用的办法帮我减轻痛苦。然而你能做什么呢，其他任何人能做什么呢？现在连神都帮不上忙了。

按照你的建议，我正在试图征求凯撒的同意，缺席元老院举行的任何反对格奈乌斯的会议，希望你的建议是实际可行的。但是我担心我不会成功。富尔纽斯刚从凯撒那里来——他给我们树立了学习的榜样。他告诉我提·提梯纽斯的儿子和凯撒在一起。不管怎么说，按照富尔纽斯的说法，凯撒向我表达他的谢意，真有点出乎我的意料。至于说他对我提出了什么要求，你可以从他给我的信中看到，他的信很短，但又是手握权柄之人所写。只希望你没有病倒！我们应当在一起。我们确实应当执行一个计划。“两个人……”①

然而，让过去的事情过去吧，让我们为将来作打算。有两件事情在误导我。起初有解决问题的希望，我想像通常那样，让我的老年摆脱忧愁。然后，我看到庞培开始了一场残酷的、毁灭性的战争。我想，作为一个人和一位公民，最好忍受任何惩罚，而不是成为暴行的一部分，更不要说成为主导部分了。我甚至感到宁愿死也强过和这里的这些人在一起。所以，亲爱的阿提库斯，想一想这些事情吧，或者说仔细考虑一下吧。我宁可承受任何结果，也不愿承受这种痛苦。

[172A]

胜利者凯撒致西塞罗，公元前 49 年 3 月 11 日，于福米埃。

虽然我只是见到我们的朋友富尔纽斯，而没有空跟他讲话或听他说，因为我非常匆忙，正在率领我的军队前进，然而我不能忽略给你写信，让他向你转达我的谢意；虽然我经常这样做，而且希望能更经常一些——你给了我那么多这样做的理由。尤其是，由于我很快就将抵达罗马，我请你让我能在

① 荷马：《伊利亚特》第 10 卷，第 224 行。全句为：“两人结伴同行，一人在前，另一人寻找有益的机会。”

那里见到你，这样就能够使你的建议、影响、地位以及各方面的帮助有益于我。回到我开头说的话上来：你一定要原谅我的匆忙和这封信的简洁。你会从富尔纽斯那里知道其他事情。

[173]

西塞罗致阿提库斯，公元前 49 年 3 月 12 日，于福米埃。

虽然花时间给你写信或者阅读你的来信给我心里带来了暂时的缓解，但我还是不知如何是好，我想你的情况也一样。由于我们所处的这个时代，朋友之间在心灵从容不迫时通常会谈论的话题变得不合时宜了，而那些俗不可耐的话题却是合乎时宜的。然而，为了不让自己完全陷入精神的苦难，我选择了某些论题，既是政治性的，又是论题性的，为的是让我的心灵忙于考虑问题，以此摆脱悲伤。这样的论题有：①

一个人处在专制独裁下，仍旧必须留在他的国家里吗？他必须用一切手段推翻独裁统治，哪怕国家的存在因此而受到危害吗？必须提防推翻独裁统治的人，免得他成为一名独裁者吗？处在独裁统治下，应当找机会用语言而不是用战争来帮助国家吗？当国家处于独裁统治下的时候，一名政治家必须过一种宁静的隐居生活，还是必须为了自由的缘故甘冒一切危险？当一个国家处于独裁统治下的时候，对它发动战争、进行封锁是正确的吗？一个人哪怕不赞成用战争手段推翻独裁统治，也必须站在最优秀公民的一边吗？尽管不赞同他的朋友和恩人在大事上的行为，在他的朋友和恩人遇到危险时他也必须在政治上和他们站在一起吗？一个人为他的国家提供了大量的服务，但由此也给他自己带来了无法弥补的痛苦和敌意，为了他的国家的缘故而给自己带来危险，可以允许他开始为自己和家庭着想，放弃在政治上反对掌权者吗？

① 下面这段文字的原文均为希腊文。

就这些问题独自练习，提出正反两方面的论证，一会儿用希腊文，一会儿用拉丁文，我心里可以暂时摆脱烦乱，并思考相关的事情。但是我担心这封信会在一个错误的时刻到你手中，送信人把信送到的时候正好是你的疟疾发作的时候。

[174]

西塞罗致阿提库斯，公元前 49 年 3 月 13 日，于福米埃。

我给你写了一封信，要在 12 日送出，但我原想把信托交的那个人没有走。同一天，被萨维乌斯称做“战船之脚”的那个人到了，带来你的一封最重要的信，它使我又有了一点活力——说它使我再次强壮起来就太过了。但是你肯定获得了最基本的东西。相信我，我不再以找到一个幸福的结局为目标。我明白，我们决不会在这两个人，或其中一人活着的时候有自由的状态。所以我不再抱有过宁静生活的奢望，而是做好了吞下一切苦药的准备。我的一个担心是做出某些可耻的事情来，或者说我已经做了某些可耻的事。

所以你可以确定，你的来信给我带来了益处，不仅是这封较长的信，它写得已经不能再好了或者不能更完整了，而且还有较短的那封信，在其中我尤其高兴地读到我的路线和行为得到了塞克斯都的赞同。非常感谢你。我知道他对我的敬意和他健全的道德判断。你的较长的这封信不仅解除了我本人的苦恼，而且解除了我们所有人的苦恼。因此我将遵从你的建议，待在福米埃，这样的话，一方面我不用在罗马通过欢迎他[①]来吸引他的注意，另一方面要是我既不在这里又不在那里见他，他也不会认为我在故意回避他。至于你的建议，你要我请求凯撒允许我向庞培表达和对凯撒一样的敬意，那么从巴尔布斯和奥庇乌斯的来信你可以看到，这就是我在过去一段时间里一直在做的事情，我把信的抄件附上；我还附上凯撒给他们的一封信，这封信是合

① 指凯撒。

乎情理的，就一个疯狂的时代还会有明智而言。然而，如果凯撒对此表示拒绝，那么我明白你希望我可以作为一名和平的倡导者到来。我不害怕相关的危险（有那么多危险悬在我头上，但我可以光荣地面对），但我担心由此会引起庞培的窘迫，从而对我露出“最可怕的怪物戈耳工的头”①。因为我们的格奈乌斯是苏拉一类的人物，是极为贪婪的独裁者。信任有经验者的话；他对此一直是直言不讳，就像他对其他事情一样。“这就是你想要和他在一起的人吗?”相信我，推动我的是一种义务，而不是事业，就好像米罗的案性一样，或者——但是，这一点已经说够了。“那么这项事业是不好的吗?”这是一项极好的事业，但请你记住，它的举动将是极坏的。这项计划首先是用饥饿把罗马和意大利勒死，然后让火把和刀剑在整个国家肆虐，掏干富人的口袋。我对这一方也有同样的担心，如果我没有义务补偿另一方，我会认为自己最好还是待在家里，等待任何事情的发生。但我感到自己对庞培负有义务，所以我不敢让自己受到不感恩的指责，虽然在那里你也已经为我做出了公正的辩护。

关于胜利归来仪式，我同意你的看法。我会把整件事情扔在一边，静悄悄地，自愿地。我特别喜欢你的评价，在我们知道之前，“合乎时宜的航海”会静悄悄地来到我们这里。你说：“除非庞培足够强大。”他甚至比我们想象的更强大。在这一点上你可以放心。我把我的意见告诉你，要是他的健康允许，他会扫荡整个意大利。你会问，那么我该和他在一起吗？是的，但是这样做会违反我自己的判断和所有古代的权威，对于让我别看到这里发生的事情也没有什么大的帮助，我急于离开这里。用我的话来说，在场的这些人的过分是各种各样的，无法忍受的。你必须清楚地明白所有这些事情——在颠覆了法律、法庭、元老院以后，私人的财产或公共的财富都不能满足淫欲、

---

① 荷马：《奥德赛》第11卷，第634行。戈耳工（Gorgon），希腊神话中的怪物，福耳库斯与刻托所生的三个女儿。她们的头发都是毒蛇，嘴里长有野猪的尖牙，身上还长有翅膀。三人中最小的墨杜萨最危险，任何人只要看到她的脸就会变成石头。她后来被珀耳修斯杀死。

轻率、奢侈，以及众多饥民的生活必需。所以让我们赶紧离开，坐什么船走都行——虽然你认为这是最好的，不管怎么说让我们离开。我们很快就会知道布隆狄西发生了什么事，而这是你正在等候的。

你说诚实者迄今为止赞同我的行为，他们知道我有很好的理由离开。我非常高兴地听说这一点，要是一个人还能对今日的任何事情感到高兴的话。关于伦图卢斯我还会更加彻底地查询。我已经把这项使命交给斐洛提姆，他是一个勇敢的人，非常理想。

最后，你可能不会再有什么书信的主题，因为当前这种情况无法再写其他事情，对此一个人又能说些什么呢？但由于你既有机智（我怎么想就怎么说，你可以肯定），又有热情，你的机智甚至激发了我的机智，所以请你继续给我写信，要是能写的话。

你没有邀请我去伊庇鲁斯，我感到有点悲伤，我并非最难陪伴的人。你去做你的锻炼和按摩，我去上床睡觉。你的信确实给我带来了睡意。

[174A]

巴尔布斯和奥庇乌斯致西塞罗，公元前49年3月10日或11日，于罗马。

一般说来，人们依据结果来判断一项建议，而不是依据意向，哪怕是对伟人的建议亦如此，更不要说像我们这样卑微者的建议了。然而我们相信你有一颗仁慈的心，所以我们就你写信告诉我们的事情向你提出建议，在我们看来它是最健全的。它也许是明智的，也许是不明智的，但无论如何它是我们真心诚意地向你提出的。

如果我们从凯撒本人那里得知他会做我们判断他必定会做的事情，亦即一到罗马就与庞培开始谈判，调解他和庞培之间的关系，那么我们会不断地敦促你同意参与此事，通过和双方都有联系的你，来使整件事情可以更加灵活、更加体面地得到解决。另一种可供选择的办法是：如果我们认为凯撒不会这样做，甚至知道他想要与庞培进行战争，那么我们决不会劝你拿起武器反对你的恩人，就好像我们总是劝你不要对凯撒开战。然而由于凯撒的意愿仍旧颇费猜测，而不是非常明确，所以我们所能说的就是在我们看来这样做与你的尊严和诚信不符，这是所有人的看法，你应当拿起武器反对双方，因为你是双方的亲密朋友；我们不怀疑凯撒意识到他对其他人负有的义务时会完全赞成这个观点。然而，要是你认为合适，我们会写信给凯撒，请他让我们知道他的意愿。等他回信了，我们会马上把我们的感觉写信告诉你，我们会让你感到满意，我们推荐的这个办法在我们看来对你的尊严最有用，而不是对凯撒的政策最有用；我们认为，以凯撒对他的朋友总是显示的宽容，他会表示赞成的。

[174B]

巴尔布斯致胜利者西塞罗，公元前 49 年 3 月 10 日或 11 日，于罗马。

我向你表示问候。在送出奥庇乌斯和我联名写的信以后，我收到凯撒的来信，抄件附上。从中你可以看出他是多么急于恢复与庞培的良好关系，消除残忍。对他的这些看法我当然非常高兴。至于你本人和你的忠诚、感恩的情感，我的感觉和你完全一样，我亲爱的西塞罗，你的名望和责任不允许你拿起武器反对一位曾为你提供了许多服务的人。我敢肯定，最能体谅人的凯撒持有同样的看法。我不怀疑，如果你不参加反对他的战争，不成为他的对手，他会非常满意。不仅是你这样的杰出的人物使他满意，而且对我他也表明了完全的善意，我不需要参加任何反对伦图卢斯或庞培的军队，对他们我也负有最大的义务，他曾告诉我，如果我选择当一名良好的罗马公民，履行公民的义务，他也会满意的。所以我现在正在料理伦图卢斯留在罗马的所有事务，把它们当做我自己的事，以此表现我自己的义务、忠诚和感恩。但是，鉴于凯撒拥有这种我们肯定希望他拥有的感情，我真的再次开始考虑我过去放弃了的从事写作的希望。

因此，如果你同意，我很乐意写信给他，要求他为你提供警卫，就像米罗时期[1] 你要求庞培所做的那样，我想这样做是完全正确的。要是我还算了解凯撒的话，我保证，他考虑更多的是你的地位，而不是他自己的利益。

我不知道我写的这些话是否明智，但我至少知道我写这些话都是出于对你的热爱和善意，因为，就像我希望死在凯撒面前，我对你的尊敬也一样，我对你极为珍视。等你对此事做出决定时，你也许会写信给我。我一点也不急，你能够把你的善意向双方表达，按照你自己的意愿，我确实不怀疑你会这样做。致以最良好的祝愿！

[174C]

凯撒致奥庇乌斯和高奈留，公元前 49 年 3 月，约 5 日。

你们在来信中表示衷心赞同在考斐努的行动，我确实感到高兴。我愿意遵循你们的建议，尽一切可能表达我的宽厚，与庞培和解。让我们尝试用这种方法赢得所有人的善意，享受一场持久的胜利；我不想模仿卢·苏拉，我要让其他人不需要设法逃避仇敌，要让人们接受我们的胜利。让我们的征服成为一种新型的征服，让我们的长矛变得宽容和仁慈。至于如何才能做到这一点，我认为肯定是有办法的，我们也会找到更多的办法。所以，我要求你们多想想这些事情。

我俘虏了涅·玛吉乌斯，庞培的副将。当然了，我按照我的方针马上释放了他。庞培的两名总技师落入我的手中，我也把他们释放了。如果他们希望表达他们的感恩，那么他们会敦促庞培接受我的善意，而不是接受那些始终是我和他的死敌的人的意见，正是由于这些人的阴谋，这个国家才落到今天这步田地。

---

① 审判米罗期间，公元前 52 年初。

[175]

西塞罗致阿提库斯，公元前 49 年 3 月 14 日，于福米埃。

13 日晚夜幕降临之际，我们正在吃晚饭，斯塔提乌带来了你的一封短信。你询问有关卢・托夸图斯的事。卢西乌斯走了，奥鲁斯也走了，前者很久以前就走了，后者最近几天才走。至于你问到在莱亚特举行的战利品的拍卖，我感到很遗憾，剥夺公民权利的种子将会播撒在萨宾人的土地上。我们也听说在罗马有许多元老院议员。你能告诉我他们为什么一直在离开吗？

这是通过反复思考，而不是根据传说或信件进行猜测的结果，凯撒将于 3 月 22 日到达福米埃。我希望荷马笔下的米涅瓦能在这里，她扮成贤明的顾问，这样我就可以问她："老师啊，告诉我，我该怎么去，我该怎么问候他。"① 我从来没有思考过更加困难的事情，但是我在仔细思考，只要情况还没有糟糕到不允许我做任何准备。照顾好你自己，我想昨天是你不好的日子。

[176]

西塞罗致阿提库斯，公元前 49 年 3 月 17 日，于福米埃。

我于 16 日收到了你的三封信，送出时间分别是 12 日、13 日、14 日。所以我将按照时间顺序作答。我同意你的意见，我最好还是待在福米埃，还有你关于亚得里亚海的意见，就像我较早写信给你所说的那样，我将用一切办法，看是否能按照凯撒的善意，避免参加公共事务。你在信中赞扬我，说我忘掉了过去的行动和我们的朋友的错误。是的，我确实忘了。哪怕是你提醒我的那些反对他的抱怨，我也记不得了。到现在为止，对一种服务的感恩已经超过了受伤害的感觉。所以让我按照你的建议清理一下我的思想。我一

① 参见荷马：《奥德赛》第 3 卷，第 22 页。

进入这个国家就扮演了一名智者的角色，我在路上一直思考着我的“论题”。但有些论题是很难判断的。关于那些贵族，随你怎么想；但你知道“狄奥尼修斯在科林斯”这句谚语。[①] 提梯纽斯的儿子和凯撒在一起。你好像担心我不喜欢你的建议；嗯，你的建议和信件是我唯一的快乐。所以，做你答应过的事；不要中断给我来信，心里想到什么就写什么。这是你能为我做的最仁慈的事。

现在来说第二封信。你对士兵的数目有怀疑，这是对的。[②] 有关船只被损的传闻也是不真实的。你赞扬执政官们。我也赞扬他们的精神，但是我责备他们的行为。他们的离开使和谈无法开始，而这正是我在思考的问题。所以在得到这些消息后，我把你的书还给你，德米特利乌的《论协和》，我把它交给了斐洛提姆。我丝毫也不怀疑一场由饥荒引发的毁灭性战争迫在眉睫。然而令我苦恼的却是我没有参与这样的战争！这场罪恶的战争！拒绝供养父母是邪恶的，但我们的领导人认为饿死老人、饿死我们尊敬的父母——他们的国家——是正确的、恰当的。这不是我的猜测性的恐惧，因为讨论的时候我在场。亚历山大里亚、科尔喀斯、推罗、西顿、阿拉都斯、塞浦路斯、潘菲里亚、吕西亚、罗得岛、开俄斯、莱斯堡、士每拿、米利都、科斯，正在征集这些地方的全部战船，目的是要切断意大利的生命线，占领输出粮食的行省。等他到来的时候，他会多么愤怒——最重要的是那些希望他好的人和他在一起，尽管他已经被那些被他抛弃的人所抛弃。所以当我考虑我的义务在哪里的时候，我对他个人的善意占了很大的分量；另外，我最好死在我的国家里，而不是在拯救国家的时候毁灭国家。是的，关于北风你说得很对；我担心从伊庇鲁斯出发可能季节不对。但是，你认为希腊的哪个部分不会遭到抢劫？他公开向他的人许诺，说他在慷慨赠予方面也会超过凯撒。你的告诫好极了，见到他的时候不要显得太悠闲，而要保持我的尊严。

---

① 这则希腊谚语产生于狄奥尼修斯二世在被驱逐出叙拉古以后在科林斯开办了一所学校，所以，他不用独裁统治就不能办成这件事。

② 参见第 172 封信。

是的，这就是我要采取的方针。我指的是在见过他以后去阿尔皮诺，这样我就不会在他到达时外出，或者在一条可恶的路上来回跑。如你所说，我听说巴尔布斯来了，[1]14 日又走了。

在第三封信中你说你在等待斐洛提姆。但他是在 15 日离开我的。这就是我会回复你的另外一封信的原因，我当时就回复了，但到你手中可能要稍迟一些。至于多米提乌，就如你所说的那样，我想他在科萨，他的计划不得而知。那个说一名执法官可以主持执政官选举的肮脏的家伙[2]在他的整个政治生涯中一直就是这个样子。所以，这就是凯撒的意思，他在我给过你抄件的那封信中说，他想要听从我的“建议”（好吧，把它当做常识吧），还提到我的“影响”（愚不可及，但我想他在这里想的是某些元老院议员的选票）、“地位”（也许是指我作为前执政官说话的权力），以及结尾处的“各方面的帮助”。根据你的来信我开始有点怀疑，因为不要出现一个空白时期对他来说是非常重要的。如果他想要在一名执法官的主持下选举执政官，那么他做到了这一点。但是我们根据我们的书[3]认为这是不合法的，不仅由执法官主持选举执政官不合法，而且由执法官主持选举执法官也不合法，这样的事情史无前例；说选举执政官不合法，因为一种较高的权柄不能由较低的权柄来提出建议，说选举执法官不合法，因为选举执法官要由执政官提建议，他们拥有较高的权柄。他想要得到我的赞同不会太久，但他不可能让加尔巴、斯卡沃拉、卡西乌斯、安东尼[4]满意。“然后大地在我面前显出裂隙。”[5]但是你瞧什么样的风暴正在酝酿。

等我确切知道有哪些元老院议员渡海时，我会给你一个名单。你对粮食

① 从叙利亚返回。

② 身份不明，但不是指玛尼乌斯·雷必达。

③ 指占卜官的书。

④ 这些人是支持凯撒的占卜官。

⑤ 荷马：《伊利亚特》第 4 卷，第 182 页。

供应的看法是对的，没有税收，就不可能管好粮食。[1] 你有很好的理由担心他周边地区对粮食的大量需要和发生一场邪恶的战争。我很乐意会见我们的朋友特巴提乌，虽然如你所说，他是最悲观的。请你要他尽快前来。如果他的来访是在凯撒到达之前，那就会很方便。

关于那个在拉努维乌的地产，我希望等我听到法美亚的死讯——假定有秩序的社会还能延续——我的朋友会出面购买它；但是我认为你，我最伟大的朋友，不会购买；我知道你想知道供求关系和不动产方面的事，我在德洛斯和罗马都曾见过你的标记。[2] 但不管怎么说，这个消息很好，我不认为它会像马凯利努斯担任执政官期间那么值钱，但我想这处靠近罗马的小庄园比我这些日子在安齐奥住的房子更舒适，比重建我在图斯库兰的住处更便宜。我通过普利西乌报价 500,000 个小银币，当他准备出售的时候，他应当让我得到它。但是他拒绝了。我想所有这类东西的价钱都在跌，因为缺乏现金。它对我是最合适的，或者说如果你购买它的话，对我们是最合适的。但是，你不要轻视同一个人在安齐奥的另一处地产。它真的非常迷人，虽然我把这类东西视为命中注定要被摧毁的。

我已经答复了三封信，但是我期待着更多。你的信件让我写到现在。

于酒神节送出。

[177]

西塞罗致阿提库斯，公元前 49 年 3 月 18 日，于福米埃。

我没有什么东西要写，我没有听到什么消息，我昨天已经回复了你的所有信件。但由于我心里烦躁，不仅不能入睡，而且被折磨得一直醒着，所以我开始胡乱涂写，没有任何主题，只是为了好像在跟你谈话，这是我唯一的

---

① 亦即要是没有向各行省，尤其是亚细亚行省征收的税，就不可能保证正常的粮食供应。

② 德洛斯也是一个商业中心，这里所说的“标记”的确切意思不清楚。

解脱。

我想我从一开始就疯了，我没有像其他士兵一样在庞培逃跑时跟随他，或者说一头扎进灾难，这件事一直在折磨着我。我是 1 月 17 日看见他的，彻底萎缩。我在那一天明白了他要干什么。他后来的行为就完全不是我所喜欢的了。他继续在这里或那里犯错误。与此同时，我没有想到要逃跑，一丝一毫都没有。简言之，就像你所问的那样，任何不洁的、粗俗的、不恰当的事情都会造成疏远，所以他丑恶的逃跑的和不礼貌转变了我对他的热爱。他的行为中似乎没有任何东西值得我与他会合，当他逃跑的同伴。但是现在我的情感浮到了表面，我的损失感是无法忍受的，书籍、写作、哲学全都是无意义的。我就像柏拉图的鸟，[①] 日夜凝望着大海，想要张开翅膀。然而，这是一种什么样的轻率？我不是把一切都仔细考虑过了吗？如果逃跑是唯一的目标，我已经完全准备好飞走了；但是我对这种战争感到战栗，其野蛮和巨大超过人们已经见过的所有战争。这对自治市，对个别提到名字的诚实者，对每一个留下的人是一种什么样的威胁！“苏拉能做的事，我也能做”——这就是克制。

对我本人来说，我不能忘记某些先例。塔奎纽斯[②] 错误地怂恿波尔塞那和屋大维·玛米留斯反对他们的祖国。科里奥拉努寻求沃尔西尼人的帮助，犯下不虔诚之罪；塞米司托克勒宁愿去死，这样做是对的；庇西特拉图之子希庇亚是个无赖，他在马拉松对他的祖国用兵。可以说，苏拉、马略、秦纳的行为是正确的。他们的行动也许是合法的，但他们获胜的集团是最残忍的，是我们历史上最凶恶的插曲。使我退缩的就是这种战争，尤其是当我看到他们甚至在思考和准备更为残忍的行动。被人称做罗马的救星和国父的我要率领哥特人、亚美尼亚人、科尔喀斯人的部队去反对她吗？我要给我的国人带来饥荒，给意大利带来毁灭吗？我想到凯撒生下来也是凡人，将来也会

---

① 参见柏拉图：《书信》第 7 封，348a。“从那以后，我就像一只被囚禁在笼中的小鸟想要飞离。”西塞罗当时似乎在阅读柏拉图的《书信》。

② 塔奎纽斯·苏泊布斯（Tarquinius Superbus），罗马的最后一位国王。

以某种方式死去，而我想我们的城市和人民应当永世长存。然而我毕竟受到某种希望的蒙蔽，我希望达成某些协议，把一些人从罪恶中拯救出来，把另一些人从声名狼藉中拯救出来。现在整幅图景改变了，我的心也随之改变。我感到，就像你在你的一封信中所说，太阳已经从宇宙中消失。人们说希望就是病人的生命，只要庞培还在意大利，我就抱有希望。我要说，这些事情误导了我。所以我也要承认，在我年迈的岁月里，我倾向于在长期辛勤工作以后得到休息，在家庭生活中得到安慰。但是现在，即使这种尝试是危险的，我无论如何也要试着跑走。我必须也许尽快这样做，但是事行的思考和你的所有建议把我拉了回来。

写到这里，我把你的来信卷了起来，把它们加上封印珍藏。好吧，你于1月21日送出的一封信中有这样一段话："但是让我们看格奈乌斯在做什么，凯撒的计划包括哪些方面。如果你的人抛弃了意大利，那么他的行动是错误的，按照我的判断是不合理的；这才是我们改变计划的时候。"你写这段话是在我们离开罗马三天以后。然后在1月23日，你写道："只要我们的朋友格奈乌斯没有以他抛弃罗马的那种不合理的方式抛弃意大利。"同一天，你送来另外一封信，你在信中对我的请求做出了明确的答复。"关于你的问题：如果格奈乌斯从意大利撤走，我认为你应当返回罗马。否则的话，你的旅行什么时候到头呢？"这一点深深地映入我的脑海，我现在看到情况是毫无限制的战争与可悲的流放相结合，你委婉地称之为"旅行"。然后是一道神谕，写于1月25日："如果庞培继续留在意大利而无所作为，那么战争将会延续很长时间；如果他离开意大利，那么我判断一场残酷的战争正在酝酿。"所以我在这场残酷的战争中必须与我的同胞国人一道参与战争，为战争提供帮助！然后在2月7日，当你听到更多关于庞培的意图后，你在一封信的结尾中说："关于庞培离开意大利这件事，我不想建议你也要逃跑。这样的话你会冒巨大危险，也无法为国服务，而如果你留下，你以后就能为国服务。"有哪位爱国者不会被来自一位聪明朋友的、有分量的建议所感动？然后在2月11日，你再次对我的询问作答："你问我哪一种选择更有利，逃跑的耻辱还是留下来的犯罪。我认为当前突如其来的离去对你和格奈乌斯本人都是不利的、危险的，我认为你的人最好都待在你们的堡垒里。就我内心来说，我们哪怕是想到逃跑都感到可耻。”我们的格奈乌斯两年前就在可耻地考虑了。自从苏拉和剥夺公民权的事件以后，他一直这样想。所以我想，当你用相当一般的术语写信给我以后，我以为你在建议我离开意大利，而在 2 月 19 日的来信中你又竭力否认这一点。你说：“不，我从来没有在任何信中建议，要是庞培离开你应当和他一道离开，或者说我要是离开了——我从来没有说过前后不一致的话，只是有点神志不清。”你在 2 月 22 日的来信中把整个问题说得更详细。你说：“我想，如果玛・雷必达和卢・伏卡西乌留在后面，那么你应当留下，条件是，要是庞培没有出什么事，他在某个地方站住了脚，那么你应该离开这个地狱，想到站在他那边被打败也要强似与凯撒一道进行我们这里能够预见到的不公正的罪恶统治。”你按照这个观点进行了详细的论证。然而在结尾处，你说：“你可以问，如果雷必达和伏卡西乌也离开了呢？我真的不知道该说些什么。所以无论事情怎样，你做出什么决定，我都不会跟你争论。”如果你当时是怀疑的，那么现在一定不要怀疑，因为他们仍旧在意大利。然后，逃跑开始了，在 2 月 25 日。你说：“与此同时，你无疑应当留在福米埃，这是你等待事情发生的最便利的地方。”然后在 3 月 1 日，当时庞培在布隆狄西已经待了四天，你说：“到那时我们可以再投入，但确实不是因为有空闲，而是因为当你一头扎入庞培的怀抱时，和解无论如何是没有希望的。”然后在 3 月 4 日，尽管这封信比较短，是在长时间的间隔以后写的，你写道：“明天我会给你详细写信，提到所有要点，但是关于这一点我会说很多，我并不后悔建议你留下，尽管这样做远非容易，但你仍旧要这样想，这样做比随庞培离去所犯的罪恶要小，我坚持我的意见，我很高兴你留下了。”然而，当我由于担心自己的名声因此受损而心中焦虑，极度痛苦时，于 3 月 5 日，你在信中说：“毕竟我感到非常遗憾，你没有能和庞培在一起。如果你还想这样做的话，以后不会太困难，只要他能接受。但我这样说是有保留的，只要凯撒继续像他开始那样诚恳、节制、谨慎，我会考虑和关注你的利益。”3 月 9 日，你写道，我的沉默也得到我们的朋友佩都凯乌的赞同，他的判断对我有很大影响。

我用你信中的这些段落安慰自己，它们让我想到迄今为止我并没有做什么错事。但是你必须为你自己的建议辩护；我已经没有机会了，但我想要你这样做。在我看来，如果我没有做错什么事，那么今后我也不会犯什么错误。请你给我鼓励，用你的意见帮助我。关于凯撒返回的事还没有听说。写这封信，我至少给自己带来许多宽慰；我已经读了你所有的信，在阅读中找到许多愉快。

[178]

西塞罗致阿提库斯，公元前 49 年 3 月 20 日，于福米埃。

你知道我们的朋友伦图卢斯在普特利吗？我是从一名旅行者那里听来的，他说他在阿庇安大道上认出他来，当时他把肩舆的帘子拉开了一点。尽管这难以相信，但我还是派了一些仆人带着我的信去普特利。他们克服了许多困难，发现他藏在他靠近这个镇的庄园里，他给我回了一封信，在信中热烈地表达了对凯撒的感恩之情。关于他自己的计划，他说已经交给盖·凯西乌斯一封给我的短信。我在等待凯西乌斯今天到来，亦即 3 月 20 日。

还有马提乌斯在密涅瓦节那天来访。我必须说他给我留下的印象是有节制的、聪明的。他看上去一直在呼吁和平。但他似乎对正在发生的情况很不满意，对这个地狱，如你所说的那样，惴惴不安。在长时间的谈话中我把凯撒给我的信拿给他看，我曾给过你一份这封信的抄件，我请他解释凯撒说的“使你的建议、影响、地位，以及各方面的帮助有益于我”是什么意思。他答道，他不怀疑凯撒想要借助我的影响和帮助来缔结和平。只要我能对这个过去有着辛酸往事的国家提供服务！无论如何，马提乌斯相信凯撒是这样想的，并且许诺提供他个人的支持。

克拉西佩昨天和我在一起。他说他于 3 月 6 日从布隆狄西启程，在那里离开了庞培——有人说他是 8 日离开布隆狄西的。所有人都提到了凯撒那些恐吓性的讲话，包括克拉西佩在内，他的明智足以使他察觉——贵族派的敌人、自治市的敌人、剥夺公民权，以及提到苏拉的每句话。这些话与卢凯西乌有关，与整个希腊人的派别有关，尤其和塞奥芬尼[①]有关——好啊！然而我们获救的全部希望就寄托在这些人身上，我不断地保持警觉，不敢有一刻懈怠，等着与这些人一道逃离这里的恐怖，他们是与我完全不一样的人。你认为有什么罪恶是西庇阿、福斯图斯、利伯不敢干的吗——他们的债权人据说正在聚会。他们要是赢了，你认为他们会如何对待他们的国人？还有我们的格奈乌斯，他会是什么想法？他们说他正在考虑埃及、阿拉伯、美索不达米亚，他已经放弃了西班牙。他们谈论的事情是可怕的。这些事情可能不是真的，但确实在一方是没有希望，在另一方是没有拯救。

我现在渴望得到你的来信。自从离开罗马，你给我来信的时间从来没有间隔那么长。附上一份抄件，是我给凯撒的信，我想它有些作用。

[178A]

胜利者西塞罗致胜利者凯撒，公元前49年3月19日或20日，于福米埃。

我从我们的朋友富尔纽斯那里收到你的来信，你在信中敦促我返回罗马，当我读到它的时候，我对你希望“我的建议和地位对你有帮助”并不感到过分惊讶，但我确实问自己，你说的“影响”和“帮助”是什么意思。然而，在我对这个国家的希望的引导下，同时也适合你拥有的令人敬佩的、格外出众的智慧，我认为你可能想要开始为和平、安宁、内部和谐进行谈判；我察觉到我自己的本性和公共形象并非不适合为这样的工作提供帮助。如果我是对的，如果你完全在意保留我们的朋友庞培，争取他回到你这里来，回到国

① 卢凯西乌和塞奥芬尼是庞培的熟人。下面提到的西庇阿、福斯图斯、利伯是庞培的姻亲。

家中来，你肯定会发现要达到这一目的没有比我更合适的人选了。我总是对他呼吁和平，一有机会也向元老院呼吁。当人们拿起武器的时候，我和战争没有什么关系，我判断你这一派受到你的敌人的伤害，对你所获得的成功的妒忌正在努力剥夺你成为罗马人民爱戴的标志。[①] 而在那个时候我不仅本人支持你的立场，而且还敦促其他人帮助你，所以现在我也深深地关心庞培的事情。我选择你和他作为两个治理其他一切人的伟人已经有好多年了，你们是我的亲密朋友。

因此，我请求你，或者说我衷心希望你在百忙之中拨冗思考一下，通过你的仁慈，我如何能够得到一项重要的义务来表现我的光荣、感恩和忠诚。即使我希望从你那里得到满足的要求只涉及我本人，但我相信它会对你的荣耀和公共福利产生影响；我作为和平的朋友，作为你们俩的朋友，应当通过你被保存下来，作为恢复你和庞培，以及罗马人民之间的和谐的最恰当的代理人。

我已经对你关心伦图卢斯表示感谢，你挽救了一个曾经救过我的命的公民。我读到他给我的来信，里面充满了对你的仁慈与慷慨的感恩……[②] 在拯救他的时候，你也救了我。如果我对伦图卢斯的感谢在你看来也是明显的，那么请你让我对庞培也有同样的表示。

[179]

西塞罗致阿提库斯，公元前 49 年 3 月 20 日或 21 日，于福米埃。

我正在读你 3 月 20 日的来信，这时候我收到了雷必达的来信，说庞培被包围了，甚至连港湾的出口也被战船封锁。的确，眼泪在阻止我思考或者把它写下来。我给你送上一份抄件。我们如此可悲，我们为什么不能追随他

① 指缺席当选执政官。

② 此处原文有缺失。

的厄运？马提乌斯和特巴提乌送来了同样的消息，他们在敏图尔奈碰到了凯撒的信使。我非常痛苦，我实际上希望有一个像穆西乌斯那样的结局。[①] 然而，你的建议非常好，直截了当，你急于为我想办法，无论是我的路线，我航行的时间，我与凯撒的会面和谈话！一切都那么光荣，一切都那么明智。你邀请我去伊庇鲁斯，让我非常愉快，充满仁慈和兄弟情谊！

至于狄奥尼修斯，我感到惊讶。他处理我的房子比帕奈提乌处理西庇阿的房子更加谨慎，但是他现在嘲笑当前的逃跑。这是令人厌恶的。我恨这个家伙，永远恨他。我希望我能有机会惩罚他。但他自己的品性会惩罚他的。

请你考虑我现在必须做什么。一支罗马军队正在包围格·庞培，挖壕沟，设障碍，阻止他逃跑；而我们还活着，罗马还矗立着，执法官们坐在法官席上，市政官们在准备他们的赛会，诚实者在出具他们的收据，而我在这里傻坐着！我应当疯狂地去布隆狄西、呼吁自治市的忠诚吗？诚实者不会追随，随意者会嘲笑，而革命者和胜利者手中握着武器，他们会使用暴力。所以，你怎么想？你能提供什么建议，告诉我如何结束这种可悲的存在吗？现在痛苦到来了，我正在受折磨，而人们认为我不跟庞培在一起是聪明的或幸运的。我的想法正好相反。我从来不想分享他的胜利，但我宁愿分担他的灾难。我现在请你给我写信、恳求你的智慧和善意还有什么用？一切都已经结束了。现在没有人能帮助我。除了请我的某个敌人对我表示遗憾、结束我的悲惨命运，我甚至没有什么可以祈求的。

[180]

西塞罗致阿提库斯，公元前 49 年 3 月 23 日，于福米埃。

前于这些战船，我在想“这个故事不是真的”[②]。否则为什么多拉贝拉在

① 参见第 153 封信。

② 引自斯特西科姆（Stesichoms）的戏剧，后半句是“你也不会登上翻了的船”。

他于3月13日从布隆狄西送出的信中要写道庞培正在逃跑，一有顺风就起航，但像是要给凯撒一个突然的打击？这和我送给你一份抄件的那封信上说的很不一样。这里的人们的谈话充满恐惧，但在这件事上，没有什么消息能比多拉贝拉说得更可靠。

我于22日收到了你的一封来信，你在信中推迟了所有计划，直到我们得知到底发生了什么情况。你这样做肯定是对的，在此期间我们无法决定，甚至考虑任何事情——尽管多拉贝拉的这封信使我回到早先的想法。18日的天气很好，我希望他已经抓住了这个有利的时机。

我提到你的建议不是为了责备你，而是为了安慰我自己。这个邪恶的时代给我带来的困惑还不如我怀疑自己的过错和缺乏考虑所产生的困惑。关于这一点我宣判自己无罪，因为我的行动和计划都与你的建议一致。你写道，要是我显得对庞培有巨大的亏欠，那更多的是因为公众对我本人的感谢，而不是通过他的赏赐。没错。我总是得到公众的感谢，但更多的是因为他还假定我仍旧记得以往的事情。无论我还记得多少，我现在一定不能按照他们这一派的方式去行事。当他有能力做到的时候，他没有帮助我，但后来他又站出来做我的朋友，我甚至不太知道他这样做是为什么。很好，我也会站出来做他的朋友。我们之间还有另外一个相同之处，我们俩都已经被这些人[①]接受了。但我只希望自己有力量帮助他，就好像他帮助我。对他为我所做的事情我真的非常感谢。然而我不知道现在该如何帮助他，即使我能帮助他，我也不知道当他在准备一场凶恶的战争时，是否必须帮助他。我留在这里，只是因为我不想伤害他的感情，但我也无法忍受亲眼见证你已经预见到将要在这里已经到来的或将要发生的不幸。但我想离开此地的行动已经推迟了，明知没有返回的希望，而要自愿离开，这种事很难下决定。我看到凯撒拥有大量的步兵和骑兵，以及高卢人的辅助部队，马提乌斯说他们是有希望的（我敢说这是吹牛，但他没有这样

① 指贵族派。

说）……[1] 步兵和 6000 骑兵归他们支配十年——假定这是吹牛，但他肯定有大量兵力，他将控制的确实不是亚细亚的大道，而是他的国人的财产。考虑到他的自信和正在承办赛会的诚实者的虚弱，这些诚实者认为庞培对他们发火是对的，如你所说——我希望你能提到对你说这句话的那个人的名字，但无论如何他不再热爱庞培，因为庞培许下的诺言超过践行，庞培的那些崇拜者的慷慨也一样；至于自治市和乡下的罗马人，他们害怕庞培，他们迄今为止喜欢凯撒。所以凯撒的资源丰富，即使不能打赢，我也看不到他怎么能够挨打。我个人不像害怕他的主力那样害怕他的欺骗。柏拉图说："僭主们的要求经常是强迫性的。"[2]

我明白你不喜欢这些没有港口的地方。我也不喜欢，但在这些地方，我有地方躲藏，有一些可靠的水手。如果布隆狄西也有这样的条件，那么我宁可待在布隆狄西，但那里没有藏身之处。然而，如你所说，我们需要等待，直到情况明了。

我不会过度地向诚实者道歉。塞克斯都已经写信告诉我他们的晚宴——美味佳肴，十分丰富！但不管怎么说，让他们当个诚实人，只要你喜欢，他们并不比我强。要是他们比较勇敢，我倒会感到惊讶了。

关于法美亚在拉努维乌的住处，是我弄错了。我心里想得到的是他在特洛伊[3] 的地产。我想用 500,000 个小银币得到它，但它更值钱。如果我看中什么地方，我会很高兴地让你购买另外一处地产。

从随信附上的那些纸上，你可以看到我们每天都在读什么样的恐怖的消息。我们的朋友伦图卢斯在普特利，所以凯西乌斯说，他非常困惑不知道该做什么。关于考斐努的林荫大道的记忆吸引他。他认为他为庞培做的事已经足够了，凯撒的慷慨也在影响他，但对他影响更大的是对事情发展的预见。

---

① 此处原文有缺失。

② 柏拉图：《书信》，329d。

③ 奥斯提亚南部的一个沿海区域，传说是埃涅阿斯登陆的地方。

[181]

西塞罗致阿提库斯，公元前49年3月24日，于福米埃。

我从来不相信我竟然能忍受这种事情！到处惨不忍睹，但这件事是最悲惨的；庞培派遣马·玛吉乌斯求和，而与此同时却被包围了。我不相信有这种事，但我收到了巴尔布斯的一封来信，我给你送上一份抄件。请你看高贵的巴尔布斯本人写的最后一段，我们的格奈乌斯给他一块郊外的地，让他建房，他常把庞培置于我们任何人之先。所以这个可怜的人正在焦虑不安！但你不要两次读这段话，我建议你只考虑信件本身。我对和平不抱任何希望。多拉贝拉在他3月13日送出的信中除了战争什么都没说。所以让我们还是像原来那样悲惨与绝望，因为没有什么事能比这件事更可悲。

[181A]

巴尔布斯致胜利者西塞罗，公元前49年3月22日，于伯尼。

凯撒给我们送来一封短信，我把它抄在下面。通过它的简洁你能看到他确实非常忙，如此重要的事情竟然写得如此短。如果有任何进一步的消息，我会马上给你写信。

凯撒致奥庇乌斯和高奈留：

我于3月9日到达布隆狄西，在城墙下安营。庞培在布隆狄西。他派了马·玛吉乌斯前来求和。我做了我认为恰当的答复。我想要你们马上知道这件事。一旦我看到有可能以调停的方式取得任何成果，我会马上通知你们。

我亲爱的西塞罗，你能想象我有多么焦虑不安，担心会有什么事情阻碍他们之间的和解，我现在又一次看到了和平的希望。我确实在做我能做的事，但不是在现场向他祈求。如果我和他在一起，我也许会夸耀自己能起某些作用。然而，我现在正在焦虑不安地受折磨。

[182]

西塞罗致阿提库斯，公元前 49 年 3 月 24 日或 25 日，于福米埃。

我于 24 日给你送去巴尔布斯的来信和凯撒给他的信的抄件。然后在同一天我收到了昆·佩狄乌斯从卡普阿给我的来信，他说凯撒写信给他的时间是 3 月 14 日。凯撒说：

“庞培把他自己关在镇子里。我们在城门外扎营。我们正在进行一项艰巨的任务，由于海水太深，需要花好多天时间；但除此之外我们没有更好的办法。我们正在港口的出海处设下船障，既可迫使他在布隆狄西交战，又可防止他从海上出逃。”

巴尔布斯在焦虑不安中所写的和平在哪里？还有什么事能更加严峻，更加残酷无情？根据第一手的最可靠的消息他谈到为格·卡波、马·布鲁图，以及苏拉残暴行为的所有其他牺牲者复仇，他说庞培是参与其中的。他说库里奥作为庞培的副将其实什么也没做，就像庞培作为苏拉的副将一样。他本人正在让那些按照先前的法律受到流放惩罚的人回归，而苏拉却把叛国者召回国。他抱怨米罗的强行突围，但许诺他不会伤害任何一个没有拿起武器反对他的人。所有这些消息都来自某位巴庇乌斯，他于 13 日离开库里奥，他确实是个话痨，但不会胡说八道。我只是不知道该做什么。因为我想格奈乌斯将会离开布隆狄西。无论事实情况是什么，我们在一两天内就会知道。我没有得到你的任何消息，也没有来自昆图斯的仆人安特罗斯的消息。所以毫不奇怪。我们还有什么可写？然而，我不会放过每一天。

又及：天亮前收到雷必达从卡普阿给我的来信，信中说庞培 15 日[①] 在布隆狄西上了船，凯撒将于 26 日到达卡普阿。

---

① 实际日子是 17 日。

[183]

西塞罗致阿提库斯，公元前49年3月25日，于福米埃。

在我送出一封通知你凯撒将于26日到达卡普阿的信以后，我收到一封来自卡普阿的信，说凯撒会待到27日，然后将于28日在阿尔巴与库里奥会面。见过他以后我会去阿尔皮诺。如果他能容忍我的要求，那么我会接受他的条件。如果不能，我会允许自己这样做。雷必达写信告诉我，凯撒在布隆狄西、塔壬同、昔朋图分别驻有军团。看样子，他想要封闭出海口——虽然他本人对希腊的兴趣超过对西班牙的兴趣。但这些事情都已经过去。当前使我困惑的是与他会面，我对他开始行动的动机也感到害怕。我认为他想得到元老院的一道敕令和占卜团的另一道敕令（如果我人不在那里，那么我会很匆忙），允许一名执法官主持执政官选举或者任命一位独裁官，而这两种做法都是不合法的。但若苏拉能够通过一位中间人、一位骑师的提名来安排一位独裁官，为什么凯撒不能这样做？我能想明白的就是：这是一个选择，要么昆·穆西乌斯的命运掌握在凯撒手里，要么卢·西庇阿的命运掌握在庞培手里。

当你读到这里的时候，我可能已经在和他见面了。"我的心啊，你要忍耐——你过去承受过的灾难更可怕。"[①] 虽有较早回国的希望，但公众对此议论纷纷。我现在急于返回，但没有什么希望，因为我对这个人实在把握不住。在这些自治市和国家里，除了公众的议论，据说他们反而更害怕庞培的残忍和愤怒。然而没有什么事情能比我滞留在后使我的处境更糟，没有什么事情能比我逃跑，而不是在撤离中分担这样的战斗使我更向往。对此你会说什么？你曾经取消所有计划，直到我们明了布隆狄西的结局。好吧，我们现在知道了，但我们仍旧不知所措。因为我很难想象凯撒会同意我的要求，虽然我有许多很好的理由提出来请他宽容。我会详细地给你写信，让你知道我

---

① 指公元前58年的灾难。

们相互之间直截了当地说了些什么。

现在请用你的谨慎和智慧帮助我，把你对我的全部爱心用于努力。他匆忙到来，我甚至不能按照预先的安排去见特巴提乌。没有任何准备。但不要紧，如诗人所说："有些事情是我自己心里要考虑的，有些事情神明也会给你启示。"[1] 然而我会去的，你马上就能知道结果。至于你问凯撒给执政官们和庞培的口信，我什么都没听到，但是……[2] 带来了回答；我前些日子已经派他们去你那里了；我想你可以从他们那里得到相关消息。腓力普斯在拿波勒斯，伦图卢斯在普特利。至于多米提乌，请你继续查询他在哪里，有什么计划。

你说我对狄奥尼修斯用词严峻，这样做和我的品性不符。你瞧我现在有多么背时！在我看来，你要是遇上这种事会比我还要愤怒。撇下我认为你反对我肯定是错的不谈，无论犯错误的是谁，都可以认为他反对我的邪恶行为就是在以某种方式冒犯你。但是你应当如何严肃地对待他可以由你自己来判断，我希望你不会认为我在以任何方式让你在这件事情上困窘。我总是认为他至少有一半疯了，你现在可以把他看做一个无赖，他是他自己的敌人，但并非我的敌人。

你把钱付给斐拉居鲁是对的。你肯定会有公平合理的理由，而我会遭到挫败，不会有其他出路。

[184]

西塞罗致阿提库斯，公元前 49 年 3 月 25 日，于福米埃。

在我于 3 月 25 日送出我的信以后，我派去跟随马提乌斯和特巴提乌的仆人给我带来下面的信件：

马提乌斯和特巴提乌致胜利者西塞罗：

---

① 荷马:《奥德赛》第 3 卷，第 26 行。

② 此处原文有缺失。

离开卡普阿以后，我们在路上听说庞培带着他的全部力量于 3 月 17 日离开了布隆狄西，凯撒于次日进入这个城市，做了公开讲话，然后离开那里前往罗马；他想要在下月 1 日前到达首都，在那里只待几天，然后启程去西班牙。由于我们得到的关于凯撒到来的消息是确定的，所以我们想最好还是把你的孩子送回你身边，你会在有可能最早的时候知道这些消息。我们没有忘记你交给我们的使命，只要有需要，我们将照料这些事情。特马提乌正在尽力尽快前往你处。

附：我们听说凯撒将于 25 日在本尼凡都逗留，26 日在卡普阿逗留，27 日在西纽萨逗留。我们认为这些消息是确定的。

[185]

西塞罗致阿提库斯，公元前 49 年 3 月 26 日，于福米埃。

尽管我没有什么要对你说的，但我还是给你送出这封信，为的是一天也不错过。他们告诉我凯撒 27 日晚会在西纽萨过夜。我 26 日收到他的一封来信，在信中他指望我的“资源”，而不是像他前一封信那样，指望我的“帮助”。我已经写信赞扬他在考斐努的仁慈，他的答复如下：

胜利者凯撒致胜利者西塞罗：

你推测我最厌恶残忍（你非常了解我）是对的。你赞成我的行动，这件事本身给了我很大快乐，我的高兴难以言表。我没有受到这些事实的干扰，被我释放的那些人据说离开了国家，为的是再次发动反对我的战争。我符合我的本性，他们符合他们的本性，没有什么事能让我更高兴了。

至于你本人，我希望我会看到你待在罗马，这样我就能像通常那样在所有事情上从你的建议和资源中受益。我还要说，你的女婿多拉贝拉是一个讨人喜欢的伴友。我在这件事情[①]上亏欠他甚多——他也不可能有别的做法；

① 指说服西塞罗返回罗马。

他对我的热爱和善意可以保证这一点。

[186]

西塞罗致阿提库斯，公元前 49 年 3 月 27 日，于福米埃。

写这封信的时间是 27 日，我正在等待特巴提乌的到来。按照他的描述和马提乌斯的来信，我会考虑如何进行这场面谈。这是一个可恶的时间。我不怀疑他会说服我回罗马，因为他已经在福米埃和其他地方颁布公告，想要在下月 1 日的元老院会议上见到所有议员。所以我必须说不。但为什么要做这样的预期呢？我马上就会给你详细的解释。按照他所说的，我要决定最好去阿尔皮诺还是去其他地方。我想给我的儿子穿上白色托架袍；我想，就在那里。请你考虑下一步的事，因为我的烦恼使我的理智呆滞。

我想知道你是否已经从库里乌斯那里得到什么有关提罗的事。提罗亲自写信给我，令我为他的处境担忧，从那里来的人说他的情况相当危险。甚至在我的重重烦恼中，这一担忧也真的在打扰我。在我当前的困境中，他的服务与忠心将是最有用的。

[187]

西塞罗致阿提库斯，公元前 49 年 3 月 28 日，于福米埃。

我在两个具体要点上遵循你的建议。我的语言赢得了他的尊敬，而不是赢得了他的感谢，我向他坚定地表示不去罗马。但是我们错误地认为他是一个随和的人；我从来没有见过任何人比他更不随和。他说我在反对他，如果我不反对他，其他事情会来得慢一些。我答道，我们的态度是不同的。我们谈了很长时间。他说："那么好吧，让我们为和平而努力。"我问道："按照我自己的判断吗？"他答道："当然了。要我给你定规则，我是谁？"我说："好吧，我会采取这样一条路线，元老院不会批准远征西班牙，或者派兵进入希腊。”我还说：“关于庞培，我还要说很多同情的话。”对此他抗议道，这不是他想要说的事情。我答道：“这是我想要说的，也正是由于这个原因，我不想在场。我假定，要么让我按照这种基调讲话，要么我就离开；此外，要是我在场，没有人能不让我说话。”最后他要我再慎重考虑一下，想以此结束谈话。我没有拒绝再做考虑。谈话就这样结束了。所以我想凯撒对我很不高兴。但我自己很高兴，这种经验我已经很长时间没有过了。

天神啊，什么叫“其他事情”！这是一个什么样的环境，或用你最喜欢的表达法，这是一个什么样的地狱！凯莱尔在那里，是诸多英雄之一。[①] 这是一种多么不道德的冒险！这是一帮什么样的亡命之徒！然后，想一想塞维乌斯之子和提梯纽斯之子率军围剿庞培！六个军团！他是高度警觉的和英勇无畏的。我看不到这场不幸的灾难的结局。对你来说，现在是你提出建议的时候了。就快要有结果了。

但我几乎忘了提起凯撒对帕昔安人突袭的不同看法。他说，如果不能使用我的建议，那么他会采纳他所能得到的建议，并且毫无顾忌。好吧，看到你说的这个“伟人”了吗？不管怎么说，你在读到这封信的时候一定会叹息。你询问这个故事的其他内容。呃，他离开后马上去了阿尔巴，我离开后去了阿尔皮诺。我会在那里等待你的那个“叽叽喳喳”的人。你会说：“你就不能让过去的事过去吗？哪怕是我们领袖[②] 的预见也并非总是正确的。”

但是我在等待你说话。现在已经不再可能像以前那样，说“让我们看事情怎么变化”。我们的会面结束了。我不怀疑我们的会面使他对我失去了好感。还有更多的理由我们要抓紧时间采取行动。一定要让我得到你的信，一封谈论政治的信。我现在渴望得到你的消息。

---

① 就好像荷马描写的那些逝去的英雄，他们的影子从地狱中被召集上来。

② 指庞培。

[188]

西塞罗致阿提库斯，公元前49年3月29日或30日，于福米埃至阿尔皮诺之间。

你写道，我的信[①]在外面流传。对此我并不感到遗憾，因为我本人确实让不少人有了这封信的抄件。看到已经发生和将要发生的事情，我想让我有关和平的情感留下记载。在敦促这个人谋求和平的时候，我适合他的智慧再现我对他的敦促的过程，我看不出有什么更好的办法可以影响他的思想。如果我把后者称做"值得敬佩的"，那么在敦促他拯救我们的国家时，我并不担心自己显得像是奉承他；在这样的事业中，我乐意跪在他的脚下。在我请求他"给我一些时间"的时候，我不是指和平，而是请他想一想我本人和我的责任。至于我不参加战争的陈述，事情真相一清二楚；我这样写的目的是加重我的说服的分量，同时也带有我对他的事业的赞同。

但是现在这件事怎么样了？我希望有些已经实现了。考虑到庞培本人把写给同一个人的一封信公布于众，他在信中使用了"承认你最辉煌的成就"这样的短语（比他自己的或阿非利加努的成就还要辉煌吗？这种场合需要这样的语言），考虑到那些像你们俩[②]一样的人将要出城五里去迎候他，当他在这个关键时刻正在从我们全都知道的那个地方启程，做我们全都知道要做的事情，我也只能对在公共集会上宣读我的信感到高兴。当他看到你和像你一样的人时，你不认为他会在他的事业中两次大胆和自信地带着微笑向他祝贺吗？好吧，你做错了什么吗？一点也没有。还有，所有这些事情都使得区别诚实和伪装的标记变得模糊不清。元老院颁布法令是有希望的！但我写得比我的意愿更直白。

我想于31日到达阿尔皮诺，然后在我的小庄园里转一转，我原来以为

---

① 指178A。

② 指阿提库斯和塞克·佩都凯乌。

再也看不到它了。

[189]

西塞罗致阿提库斯，公元前49年4月1日或2日，于阿尔皮诺。

在罗马是不可能了，所以我把阿尔皮诺作为第二个可供选择的最佳地点给我的儿子穿上了白托袈袍，以便让我同一个镇上的同胞感到满意。在阿尔皮诺，以及在回来的路上，我看到的每一个人都十分沮丧和气馁；人们的思想都被这场巨大的灾难弄得充满悲哀和恐惧。招募兵员正在进行，人们进入冬季营地。你可以想象这样的进程有多么缓慢。他们很不高兴，哪怕是参加由诚实者进行的有节制的合法的战争；而现在他们是被无赖裹挟进一场邪恶的、极为野蛮的内战。你可以肯定凯撒在意大利已经具有各种特点，足以让他声名狼藉。我在福米埃看到他的全体人员，我想他们都更像野兽而不像人；他们我其实全都认识，但我从来没有在一个地方见过他们所有人。

所以，让我走已经选定的道路，丢下属于我的一切，让我启程去和一个人会合，他会欢迎我到来，而不希望我逃离。那个时候我们所抱的希望很大，而现在我根本不抱任何希望；除了我，没有哪个不把凯撒当做私敌的人没有离开意大利。相信我，我不这样做是为了这个国家的缘故，这在我看来是完全合理的，但没有人会认为我对一个使我摆脱困境的人不感恩，也还因为我不能忍受亲眼看到正在发生和将要发生的事情。我假定元老院的某些法令现在实际上已经通过了，我只对伏卡西乌的动议抱有希望。但事情会怎样？他们全都是一个想法。在派遣他的儿子和庞提乌斯·提提亚努去追击或追捕格·庞培以后塞维乌斯会非常执拗！他的行动必定无所畏惧，然而，塞维乌斯也没有更多的怨恨。现在是面对现实的时候了，除了呼吸，没有什么东西离开我们，我只希望我丢掉的东西还不是太多。

由于通往亚得里亚海的道路受阻，我们将沿着西海航行，如果普特利也很难，我们将从克罗通或图利出发，我们这些忠诚爱国的公民竟然要像海盗一样行事。我看不到进行这场战争还有其他什么办法。我们将把自己埋葬在埃及。我们在陆地上无法拥有我们的据点。没有什么方面能真正地和平。但我对所有这些事情表达哀伤已经够了。

请你给凯发里奥写封信，把所有事情告诉他，甚至包括人们在说些什么，除非他们已经丢了他们的舌头。我已经遵循你的建议，尤其是在面谈中维持适度的尊严，以及坚持罗马的防卫。至于其他事情，请你给我详细地写信（我们现在还没有到最后阶段），告诉我你喜欢什么样的办法和你的建议——而不是有什么疑问。我仍旧要求你在信中写任何事情，或者倒不如说写你知道的每一件事情。

[190]

西塞罗致阿提库斯，公元前 49 年 4 月 3 日，于拉特里昂。

我于 3 日到达我弟弟在拉特里昂的住处，我收到了你的来信，读完以后，我轻松地喘了一口气，这是这场大崩溃以来我的第一次。你赞成我的处理方式和行动，我认为这一点非常重要。当你告诉我们的朋友塞克斯都对此也表示赞成时，我感到非常高兴，尽管我赞成的是他父亲的判断，我对他父亲总是抱有最高的敬意。我经常想起很久以前在那个著名的 12 月 5 日，我问他："塞克斯都，现在怎么样？"他答道："我不是懒鬼的命，可耻地去死。我的勇敢是人们应当学习的。"[①] 所以他仍旧活在我心里，他的儿子和他非常相似，对我同样也有重要影响。请代我向他致以最诚挚的敬意。

尽管你提出建议的时间只略迟了一点（因为我假定现在那个用钱买来的调解者已经演讲完了，有些事情已经在元老院议员的会议中完成，但我不会

① 引自荷马：《伊利亚特》第 22 卷，第 304 行。

把它当做元老院），但你仍旧悬置了我的计划。我并不怀疑你认为我有哪些不得不做的事情。当你写道，西西里的某个军团正在交给弗拉维乌，这是真实发生的事情时，你认为有什么样的罪恶的意愿已经在准备实施，或者在等待爆发的时机？在我看来，我建议你不要理会你的同胞梭伦的法律（我想我也快了），他把在党派之争中保持中立当做一桩大错，除非你有别样的看法，我将远离这两个阵营。但涉及这个阵营，我的决定更加明确——我无论如何都不会参与。我在等待你的建议和我要你写给凯发里奥的信，除非你已经派其他人把信送走了。

你说，如果有和平谈判，我将会被牵扯进去，这不是你听说的消息，而是你自己的意见。我本人无法想象怎么可能会有这样的谈判，因为凯撒已经下定决心剥夺庞培的军队和行省，如果他能做到的话；或者说在使者们来回传话的时候，那个花钱雇来的人能说服他保持安静？我看不到一丝和谈的希望，已经没有可察觉的机会了。但是，在任何情况下，工作本身就是光荣吗？如果独裁者按照公共利益思考问题，那么进入独裁者的议会是正确的吗？这是一个大问题，一个重大的政治问题。因此，接下来的事情就是我被征召（我不相信会发生这种事，因为我对他说我一定会说和平的事情，而他本人也断然拒绝），如果发生这种事情，请你一定要告诉我，你认为我必须做什么。不过到现在为止没有什么事情需要我更加仔细地考虑。

我很高兴特巴提乌的话让你感到愉快。他是一个好人，一位好公民。你经常反复欢呼“好极了”，也使我高兴。我渴望收到你的一封信。我期待它已经送出了。

[191]

西塞罗致阿提库斯，公元前 49 年 4 月 4 日，于拉特里昂。

你和塞克斯都已经保存了你们的尊严，就像你推荐我去做的那样。你的亲戚凯莱尔的雄辩胜过他的明智。图利娅对你说的有关这个年轻人的话是真的。我认为你描述的情况比实际更悲惨。在这样的“徘徊”中，我发现自己就像死了一般。我不得不扮演一个公共的角色，要么在心里对着那些无赖讲话，要么那些诚实者若有需要，我自己就去冒险。让我既遵循诚实者的轻率，又谴责那些恶人的厚颜无耻。这两方面都有危险，但我当前的路线是在走向没有安全的耻辱。

我在想，派他的儿子到布隆狄西去的这位先生[①]将会是和平使者（我的看法与你截然不同，这显然是一种耻辱，战争的准备已全面展开），而不是我，有鉴于此，如我所希望的那样，我的名字在这种情形下到现在为止还没有被提到。所以我不写这方面的事，甚至不去考虑如果有可能担负这项使命的话我该做些什么。

[192]

西塞罗致阿提库斯，公元前 49 年 4 月 5 日或 6 日，于阿卡农。

凯发里奥于4月5日收到了你的信，虽然我打算第二天在敏图尔奈过夜，然后从那里直接去我弟弟的住处，但我还是在阿卡农停留下来，因为这个地方比较隐蔽，又比较方便得到确定的消息，而在我缺席的情况下，这样的准备仍能进行。那个“叽叽喳喳”的人快要到这里来了，我已经很不耐烦，虽然目的地和路线还没有决定。但那是我和行家们关心的事情。只要能做到，你还是要像以前一样用你的建议帮助我。我到现在也没有做出什么决定。一切事情都不得不交给命运来安排。我的冒险是不抱什么希望的。要是有什么转机，那会让我感到惊讶。图利娅写信告诉我这件事，但时间对我不适宜，我不想把我严重的窘境展现给朋友以外的人。我也不希望由于我的原因你成为他的敌人。

---

① 指塞·苏皮西乌·鲁富斯。

[193]

西塞罗致阿提库斯，公元前 49 年 4 月 7 日，于阿卡农。

我真的没什么话要说，但有几件事我仍旧想要知道，亦即他[①] 什么时候出发，他离开罗马是什么状况，还有在意大利他让哪些人管理各个地区和事务，有没有派遣和谈使者去庞培那里，有没有颁布元老院法令任命执政官。我急于了解这些要点，所以我专门派人送出这封信。如果你能告诉我这些事情以及其他我必须知道的事，我会非常感谢你。我会在阿卡农等待，直到我得到你的消息。

写于 4 月 7 日。

[194]

西塞罗致阿提库斯，公元前 49 年 4 月 7 日，于阿卡农。

我正在口授同一天里给你的第二封信，昨天送出过我的一封较长的亲笔信。有人说已经在“王宫”[②] 看到你。我不会批评你，我自己也还没有能够逃脱相同的批评。但我在等待你的消息，虽然我看不清我在等待什么；但无论如何，即使你没有任何事情要告诉我，请你还是要给我来信。

凯撒写信原谅了我的缺席，说他一点儿也没有受到冒犯。这件事没有带来什么伤害。他写道，提梯纽斯和塞维乌斯抱怨他没有对他们做出像对我一样的特许。荒唐的东西！在派遣他们的儿子去围剿格·庞培以后，他们自己对要不要参加元老院会议迟疑不决！不管怎么说，我附上凯撒来信的一封抄件。

① 指凯撒。

② 凯撒担任祭司长时的官邸，称做“瑞吉亚”（Regia），这个词的词义是王宫。

[195]

西塞罗致阿提库斯，公元前49年4月14日，于库迈。

我在同一天收到了你的一些信件，全都写得非常详尽，其中一封信的篇幅很长，值得我读了再读。你已经尽了最大努力，我真的非常感谢。所以我恳求你经常这样做，能做多久就做多久，也就是说，只要你知道我在哪里。

只要有可能，让我的悲伤有个结束的时候，或者至少能有某种程度的消退，这确实是可能的。我不再考虑我在生活中已经失去的等级、荣耀、地位，而是在想我获得了什么、我贡献了什么、我拥有的最高声望、在这些邪恶的日子里把我与那些认为我们已经失去一切的人分开来的距离。我指的是这样一些人，他们认为只有把我赶出这个国家，才能为他们的贪婪获得领地，还有他们犯罪时的同盟，你看到他们的结盟已经结束。这两个人中有一个已经疯了，变得极为邪恶。暴力行为日益增多，丝毫没有减少的迹象。他很快就要开始把他的对手赶出意大利，而不仅仅是一方面追击，另一个方面剥夺他的行省。他不再反对被人称做独裁者，在某种意义上他要求人们这样做，他真的是一名独裁者。其次，一旦跪在他的脚下，他就不会让我站起来的那个人已经逃脱了他的岳父的手掌和刀剑，正在准备陆地和海上的战争；这不是一场不正义的战争，正好相反，它是正义的，甚至是必要的，但是如果他失败了或者遭遇不幸，或者哪怕他打赢了这场战争，也会给它的国人带来毁灭。

我不会把这些大军阀的功绩看得高于我的成就，甚至也不认为他们会比我更幸运，虽然现在看上去很了不起，而我的命运坎坷，要经历暴风骤雨。一个抛弃了他的祖国的人有什么幸福可言，或者压迫其他人有什么幸福可言？如你所提醒我的那样，如果我在那本书[①]中的说法是对的——除非是荣耀的，否则无物为善，除非是可耻的，否则无物为恶——那么他们双方肯

① 指西塞罗的《论国家》。

定是不幸福的，因为他们总是把个人权力和私人利益置于国家的安全和荣耀之上。

所以，想到在我能够做到的时候我为国家提供了良好的服务，或者想到我的思想上除了忠诚没有其他想法，我在 14 年前就已经预见到会颠覆这个国家的风暴，[①] 我的良心就得到了极大的安慰。所以，我将让这种想法成为我的伴侣，虽然并非没有感到深刻的悲哀——但这种感觉更多的不是因为我自己或我弟弟，因为我们已经老了，而是因为我们的孩子，我有时感到他们有权力从我们这里继承一个自由的体制，作为他们所获遗产的一部分。我对其中的一个[②] 感到最强烈的悲伤，并非因为他是我的儿子，而是因为他是我的一个比较好的儿子。而另外一个儿子[③]——这是一件悲惨的事，是我一生中遭受的最大打击。无疑是由于我们的溺爱，我不敢说他已经到了什么程度。我等待你的来信，因为你说过，如果你看到这个孩子，你会写更多的信。

我对他的顺从一直伴有严厉的管束，我曾经数次对他进行严厉管教，我剪去他的花蕾，而不是只修理他的一些瑕疵。至于他父亲的温和，本应当得到他的热爱，而不是无情的冷漠。在对你什么也没说的时候，我们把他的来信中的一个严肃的看法告诉了凯撒，我想我们这样做把这个孩子弄得很不舒服。我不敢描述他这次旅行和他伪装的孝顺。[④] 据我所知，在与希尔提乌见面以后，他受到凯撒的召见，凯撒谈到我对他的敌视，谈到我计划离开意大利。甚至我在写下这一点的时候也是犹豫不决的。但这不是我们的错，天性是一个大敌。这就是使库里奥和霍腾修斯之子毁灭的事情，这不是他们的父亲的过错。

我弟弟陷入了不幸，他为我的生命担忧，超过对他自己生命的担忧。在

---

① 西塞罗声称他于公元前 63 年就已经把凯撒视为国家的一个巨大威胁。

② 指西塞罗的大儿子马库斯。

③ 指西塞罗的小儿子昆图斯。

④ 西塞罗的小儿子似乎以他的母亲为借口离开罗马。

这场灾难中，我恳求你给我们一些安慰，要是你能找到的话。最好的安慰是我们得知的事情不是真的，或者不像所说的那么严重。如果是真的，那么我不知道我们正在过的这种流放生活会发生什么事。如果我们有一个自由的国家，那么我知道该如何行动，既不会苛刻，也不会痛苦。然而现在的情况就是这样，愤怒、悲伤或警觉使我的信写得比较严厉，不适合你对他或对我本人的热爱，如果这个消息是真的，那么你必须原谅我，如果这个消息是假的，我会很乐意看到你纠正我的错误。无论结果如何，我肯定你不会抓住他的叔父或他的父亲加以责备。

写到这里的时候有信使从库里奥那里来，说库里奥要来见我。他昨天晚上到达他在库迈的住处，亦即 4 月 13 日。如果他说了什么事值得我写给你看，我会在这封信中添上。

库里奥从我的住处经过，留下话说时间紧迫，无法停留。然后他匆忙赶往普特利参加一个会议，发表演说。事情完后他又返回这里来看我，谈了很长时间。太可怕了！你知道他是个什么样的人。他阻止不了任何事情。开始的时候他说，所有按照庞培法案受惩罚的人都将被恢复名誉，没有什么事能比这件事更确定，所以他本人会利用他们在西西里的部队。至于西班牙行省，他不怀疑属于凯撒。凯撒和他的部队会从那里前往庞培所在的地方。他的目标就是要置庞培于死地。结果如何则无法确定。他还说凯撒对保民官麦特鲁斯[①] 很愤怒，想要杀死麦特鲁斯，这一定会引发一场大屠杀。有些人在怂恿凯撒这样做，至于凯撒本人，并非他的意愿和本性是不残忍的，而是因为他把仁慈当做受欢迎的方针。如果他失去公众的欢心，那么他会残忍。他之所以发怒是因为他明白，哪怕是公众也不喜欢他在国库里的行为。所以尽管他非常希望在离开前举行一次公众集会，但他不敢这样做，所以只好非常愤怒地离开了。

当我问到他的评价时——有什么摆脱困境的办法，他预见到会出现什

① 保民官卢·麦特鲁斯试图阻止凯撒搬运国库，在国库大门口进行拦阻。

么宪法——他坦率地承认整个形势是相当绝望的。他害怕庞培的舰队。如果庞培的战舰出海了，他说他会离开西西里。我问道："你的那六名仪仗员怎么样？如果他们来自元老院，为什么会持有桂冠？如果他们来自这个伟大的人，为什么是六名？"答曰："我想通过元老院发布一道快令来得到这些东西——否则是不可能的。但是凯撒对元老院的仇恨超过以往。他的口号是'一切皆出于我'。至于为什么是六名，因为我没有想要十二名。我能得到的就是六名。"然后我说："我多么希望能够得到这种许可，[①]我听说他已经给了腓力普斯！但我不想去求他，因为我什么都没有给他。"库里奥说："他会很乐意给你这种许可。要是你同意，我会写信给他，就说你和我商量了这件事。毕竟，由于你不去元老院，你在哪里又有什么关系呢？如果你现在不在意大利，你对他的事业可能造成的伤害确实是最小的。"对此，我说我想要退休隐居，尤其是因为我有自己的侍从。他赞成我的计划。我说："那么我该怎么走呢？我去希腊要穿过你的行省，因为亚得里亚海岸有部队驻防。"他说："这样最好。"关于这一点，他讲得非常详细，也很慷慨。所以我的收获很大，我这样说不仅没有什么危险，而且我对他也没有什么隐瞒。

他跟我彻夜长谈。如果有什么值得告诉你的，我还会给你写信。我省略了某些要点，比如凯撒是否在等待一名调解人，或者他会按照自己的想法去做，[②]凯撒说有人要他当执政官，但他不想明年做。我也还有其他问题想问。最后，库里奥像平常那样发誓，说凯撒对我一定很友好。我说："你这是什么意思？""我是从多拉贝拉那里听来的。""告诉我，是什么？"他说按照多拉贝拉信中的说法，凯撒对多拉贝拉希望我去罗马表示衷心感谢，不仅表示赞成，而且非常高兴。所以，这是一个安慰！它平息了我的担心，我怕我的家人会遇到什么麻烦，还有我和希尔提乌的见面。我急于看到他是否对得起我们，是否会违背我们的意愿！但是与希尔提乌的面谈有什么必要？是的，

① 允许其出国。

② 亦即以其他方式推举执政官，比如由一名执法官主持执政官选举。

一定会有一些事情，但我希望越少越好。我感到惊讶的是他还没有回来。但我们会见面的。

你会乐意把东西交给特伦提娅，现在首都已经没有什么危险了。但是请用你的建议帮助我，是从陆路去雷吉奥，还是在这里直接坐船；要是知道我在什么地方，你就写信给我。等我见过库里奥，我会马上给你写信。关于提罗，请你继续相信我知道他目前的进展。

[196]

西塞罗致阿提库斯，公元前 49 年 4 月 16 日，于库迈。

我已经写信把我的总的计划告诉你，细节上我想也够详细。关于时间没有什么真正确定的日子，除了一定不是在新月之前。我第二天和库里奥的谈话效果和头一天差不多，除了他在私下里更加坦率地说，他对当前的局势看不到有什么出路。

至于你吩咐要我严加管束某个人——“阿卡狄亚……”[①] 不过，我会尽一切努力。如果只有你能管教他，那么我的管教是无用的，但我一定不能强加于你。我把你的信马上转给了维斯托留。他感到纳闷的是为什么他没有听说。威提努斯对你使用的语言比他给我写信用的语言更合适。但我确实不能不对他的唐突感到惊讶。斐洛提姆告诉我，可以用 50,000 个小银币从卡努莱乌那里购买那所小屋，如果我跟他谈，价格甚至还会更低，我这样做了，请他再减价，要是可能的话。他答应了，然后在另一天写信给我说他买这块地就花了 30,000 个小银币；我必须写信对他说我想马上签约；成交日是 11 月 13 日。我给他回信时有点恼火，但仍旧是友好地开玩笑。现在由于他变得大方一点了，我没有什么要反对他的，我写信对他说你对我讲了实话。

---

① 句中的“某个人”指西塞罗之子小昆图斯。后面的引文是德尔斐神谕给斯巴达人的回答。“你们向我要阿卡狄亚，你们向我要得太多了，我不会把它给你们。”参见希罗多德：《历史》第 1 卷，第 66 节。

请让我知道你的行程，你计划去哪里，什么时候。

写于4月16日。

[197]

西塞罗致阿提库斯，公元前49年4月，约20日，于库迈。

迄今为止，除了天气，没有什么事情能够阻碍我。我不会耍小聪明。西班牙的结果就随它便吧——尽管我希望那里一切都好。我在前面那些信中对你解释了我的所有计划。因此这封信很短，也因为我很急，很忙。

关于小昆图斯，我没少费心思，但是——你知道下面我会说什么。你的告诫是友好的、聪明的，但若我只是站在他那一边保护他，事情就好办了。他有许多独特的地方，但完全缺乏正直和诚实。这是一项重大的任务。我希望你能管教他。他的过分溺爱的父亲对他取消了所有管教。要是不这样的话，还是有可能管好的。对你来说，这是可能的。但我不会坚持这一点。如我所说，这是一项重大的任务。

我们已经确切地知道，庞培正在从伊利里亚去高卢的路上。现在我该考虑我自己的路线和目的地了。

[198]

西塞罗致阿提库斯，公元前49年4月，约22日，于库迈。

为什么我会明确赞成艾普利亚的昔朋图，[①] 你的这个防御性的地点，我想这是因为你的位置与我的位置不同。并非我们俩作为共和国的公民没有这种权利，而是共和国与此事无关。这是一场争夺王座的战斗。被驱逐了的国王还比较节制、正直，双手比较干净，除非要是他赢得了胜利，罗马人民的

① 昔朋图在艾普利亚，阿提库斯显然打算去昔朋图，在那里伺机前往伊庇鲁斯。

名字必定不可避免地要被抹去；但若他真的赢了，他的胜利会以苏拉的方式为榜样。因此，在这样的冲突中，你不要公开支持哪一方，就好像在风暴中修理你的船帆。然而我的情况不同，我负有义务，不能不感恩。但我不认为自己会上战场，我宁可待在马耳他，或者待在其他某些类似的小镇上。你可以问我是否要对这个我不想不感恩的人袖手旁观。正好相反，他也许宁愿我少做些。只要让我离开就行。由于多拉贝拉在亚得里亚海，库里奥在海峡，我可以挑一个较好的季节这样做。

我已经得到某种希望。据说塞·苏皮西乌想要和我谈话。我已经派我的自由民斐洛提姆给他送去一封信。如果斐洛提姆选择做个好人，那么他是很好的旅伴，如果他不这样选，那么他不是好旅伴。我会走我通常的路线。库里奥和我在一起待了一段时间。他认为凯撒现在名声很臭，因为他冒犯了公众的情感，如果庞培开始在海上行动，那么凯撒对西西里会缺少自信。

我给了小昆图斯一个热情的欢迎。但我看到的是贪婪和他想要得到慷慨馈赠的希望。这种情况糟透了，但我希望不会有令我们害怕的无赖行径。我想你会同意，这种恶不是源自我们的溺爱，而是从天性中产生的。我想我会对他严加管束。

关于维利亚的奥庇乌斯们的情况请你询问斐洛提姆，以便做出最佳安排。我会把伊庇鲁斯当做我自己的地产，但看起来我不太会走这条路。

[199]

西塞罗致阿提库斯，公元前 49 年 5 月 2 日，于库迈。

由于这件事情的性质对我们的警告，如同你已经指出的那样，亦如我本人所见，我们的信有可能被拦截，现在是我们放弃在信中谈论什么是危险的这样一些话题的时候了。但由于我的图利娅写信请求我等待，看西班牙的情况如何，并且总是说你同意她的看法，由于我已经从你的信中看到相同的意见，所以我想我现在应当把我对这件事的看法告诉你。

如果我使自己的行程适应西班牙的战争，那么在我看来这个建议是合理的。但是……[1] 因为三件事必有一件会发生。要么凯撒会被赶出西班牙，这是我最希望的，要么战争时间会延长，要么他会占领西班牙的这些行省，对此他似乎充满自信。如果凯撒被赶走，我会受到什么样的欢迎，或者当我以为库里奥本人会去与庞培会合的时候我没有去，我会付出什么代价？如果战争拖延，我要等待吗，要等多久？剩下的可能性就是，我们在西班牙失败，我什么都不做。我的观点正好相反。我认为有更多的理由在凯撒胜利的时候离开他，而不是在他被打败的时候，有更多的理由在他怀疑自己是否能成功的时候离开他，而不是在他确信自己能成功的时候。因为我预见到，他要是胜利了就会发生大屠杀、剥夺私人财产、流放者回归、取消债务、流氓当政、独裁专制，超过任何波斯人，更不要说任何罗马人，所能忍受的限度。

在这样的羞辱面前我能保持沉默吗？我能忍受伽比纽斯在元老院里站在我边上说话，甚至点名要他发言时的眼光吗？我能站在你的当事人克洛艾留……[2] 的当事人，以及其他当事人的面前吗？但我不需要列举我的敌人。我在法庭上为之辩护的那些朋友怎么样？我不可能在元老院看见他们而不困窘，也不可能在他们的陪伴下而不疑惑。毕竟我不能确定我是否还有这样的可能。凯撒的朋友写信给我，说凯撒对我不参加元老院会议的行为绝不会感到满意。在可以给我带来利益的时候，我拒绝与这个人结盟，我真的想到这样做是危险的吗？

其次，要想到整个冲突不会在西班牙最终结束。或者你认为如果西班牙丢了，庞培就会放下武器吗？不，他的整个计划是塞米司托克勒式的。他认为无论谁掌握了海上霸权，谁就是主人。由于这个原因，他从来不会因为西班牙的这些行省本身而对掌控西班牙感兴趣；他的主要关注点始终是建一支海军。所以当时机到来，他会率领巨大的战舰出海，在意大利登陆，而我就

---

① 此处原文有缺失。

② 此处原文有缺失。

在意大利安静地坐等。中立不再可能了。那么我应当反对他吗？还有什么更大的或相同的罪恶？还有什么事情更可耻？面对凯撒的罪恶我已经孤身挺立，他越是强迫我，我越是坚定，[①] 当我有庞培和我们的其他领导人站在我身边时，我反而不能起立吗？但是，假定我现在丢下应尽的义务不顾，只考虑有无危险，要是我做错了什么就会有来自庞培的危险，要是我做对了什么，又会有来自凯撒的危险，那么在这个令人遗憾的时期，不可能制订任何没有危险的计划。因此，当我想要避免危险的时候，能够安全地避免含有危险的耻辱显然是最好的。我没有和庞培一道去国外；没错，我没有这样的机会——有日期为证。我也没有非常努力地尝试寻找这样的机会——我也可以承认这是事实。有一件事情在误导我，也许它不应当发生，但它确实发生了：我以为会有和平。如果能够和平，我不想让凯撒对我愤怒，而与庞培又能保持友好的关系。我根据经验知道他们之间的关系有多么复杂，就像手伸在手套里。这种担心使我耽误了时机。要是我快一点，我将获得一切；如果我延误了，我将失去一切。

然而，我亲爱的阿提库斯，由于我抱有某些从预言中得到的确定的希望，这种预言不是我的同事们从阿图斯[②] 那里继承下来的，而是柏拉图有关僭主的论述[③] 给我的启发，我也在朝着这个方向受到影响。在我看来，凯撒不可能延续太久而不垮台，但即便如此，对我们还是无用。你瞧，就在短短的一个星期里，他就从辉煌的成功者变成了一个遭人仇恨的对象，甚至对那些支持他的贫穷和鲁莽的民众来说也是这样——在如此短暂的时间里，他失去了两副面具，在对待麦特鲁斯时的仁慈的面具，在处理国库事件时富有的面具。还有，他要谁做他的搭档和助手？让那些自己的家庭财产两个月都管不好的人中间的一个来治理行省和国家吗？我不需要列举这些要点，这些事情对你的洞察力而言是非常明显的，但你一定要把它们记在心里；你很快就

---

① 可能是指西塞罗与凯撒最近在福米埃的会面。

② 阿图斯·那维乌斯（Attus Navius）是传说中的预言家。

③ 柏拉图的相关论述见《国家篇》第 8、9 卷。

能看到这种统治很难超过六个月。如果我错了，我会承受结果，就像在我之前的许多伟大人物和杰出的政治家所做的那样。或者你认为我会宁可像撒达纳帕鲁斯[①]一样死在床上，而不愿像塞米司托克勒一样被流放？修昔底德说："他马上就成了这些突如其来的危机的最佳判断者，容不得你有半点思考和预测，甚至容不得最遥远的可能。"然而，要是从来没有做出错误的预言，那么他就不会陷入他能避免的不幸。再引修昔底德的话，尽管"他能很好地预见隐藏在不可见的未来的善与恶"，但是他不知道如何逃避斯巴达人或者他自己的国人的妒忌，或者不知道自己必须对阿塔克塞西斯许下什么样的诺言。阿非利加努是个非常聪明的人，盖·马略是个非常狡猾的人；然而，要是预言从来不会出什么偏差，就不会有那个残忍的夜晚，[②]或者有苏拉返回的那个恐怖的一天。但是在当前情况下，我用以前的占卜来确证我的预见。我没有错，我的预见没有改变。他必定崩溃，要么通过他的敌人之手，要么通过他自己的手；他确实是他自己最凶恶的敌人。我希望我能活着看到那一天，尽管我现在要考虑的是永恒，而不是短暂的一瞬。不过，要是会发生什么事情，我能看到它发生，或者只是很久以前预见到它会在某一天发生，对我不会有什么差别。元老院把武器交给我，要我对付他，"免得伤害国家"[③]，因此我一定不能向这个人屈服。

我把我关心的所有事情都详细告诉你了，你对我的热爱使我的介绍变得不必要。我还发现没什么可写——我只是坐着等待出海。然而，最需要写的是这样一件事，在你所有仁慈行为中没有哪一件我会评价更高，这就是你对我的图利娅的细心关照。你的照料给了她最大的快乐，因此也给我带来的同样的快乐。面对国家的灾难和家庭的麻烦，她表现出来的勇敢和耐心确实令人惊奇。我们分手的时候，她有多么勇敢！她把天性中的热爱和最细致的同情结合在一起。然而她希望我做正确的事，在人们眼中保持正直的形象。

---

① 撒达纳帕鲁斯（Sardanapalus）是亚述国王，生活奢侈，失去王座后死于年迈。

② 小西庇阿在夜间暴死，人们相信他是被谋杀的。

③ 引文是罗马元老院的法令中的常用语。

关于这一点，我说的比应该说的要少，因为我担心到最后我自己会变成同情者。

如果你听到任何确定的有关西班牙的事或其他事，请写信给我，只要我在这里，我离开时也许会写信告诉你，尤其是图利娅认为你现在不会离开意大利。我必须采取安东尼和库里奥的路线，我想在马耳他住下，远离内战。我只希望他能像库里奥一样愿意顺从，听我支配。据说他会在2日，亦即今天，到达密塞努。但是他已经把下面这封可恶的信送来给我：

[199A]

前执法官、保民官安东尼致胜利者西塞罗，公元前49年，约5月1日，地点不确定。

如果不是我对你抱有巨大的热爱，比你能想象的还要大，我就不会对一则有关你的传闻如此关注，尤其是我并不相信它是真的。由于我对你抱有特别的敬意，所以我不能隐瞒我的焦虑，我要弄清这个传闻的虚假性，尽管它是谣言。考虑到你有多么喜欢多拉贝拉和你的女儿，这位最令人尊重的年轻妇人，想到我们所有人对你有多么喜爱，我不相信你想去国外。我肯定，我们在意你的名望和地位几乎超过你本人。然而，我并不认为轻视朋友的谈话，哪怕是恶毒的谈话，是正确的，由此我得到了更多的锻炼，因为我想我们之间产生的冷淡使我更加艰难，这种冷淡更多地来自我的妒忌，而不是来自对你的伤害。我希望你说服自己，除了我的朋友凯撒，没有人在我心中的地位会超过你，与此同时，我相信凯撒把马·西塞罗的名字列入他最特别的朋友之列。因此，我亲爱的西塞罗，我请求你不要以任何方式放弃，不要相信一个起先为你服务、后来又伤害你的人，另外，不要拒绝一个哪怕他开始停止热爱你（这种情况是不会发生的），但仍旧希望你幸福和保持尊严的人。

我已经专门派了我的亲密朋友卡普纽斯去你处，让你知道我有多么在意你的个人安全和处境。

于同一日，斐洛提姆带来了下面这封凯撒的信。

[199B]

胜利者凯撒致胜利者西塞罗，公元前49年4月16日，于前往玛西里亚的路途中。

有人说你不会匆忙地或轻率地做出任何事情，但我无论如何还是对最近的传闻感到困惑，因此我感到我必须写信给你，以我们双方的善意的名义，请你不要采取你认为不适宜采取的下一步行动，形势已经扭转，哪怕双方势均力敌。否则你会进一步冒犯我们之间的友谊，哪怕从你自己的角度看，你的行动也不可取，你不向命运低头（因为一切都显得对我们有利，而我们的对手灾难临头），也不追随一项事业（因为你决定不接受他们的建议，我们的事业和你是相同的），但是你否定我的某些行动，这是你能对我进行的最坏的打击。以我们的友谊的名义，我请你不要这样做。最后，对一个热爱和平的人和优秀的公民来说，远离内战的纷争确实是最适宜的办法。喜欢走这条路的某些人无法这样做，乃是因为担心他们自己的安全。但你已经见证了我的生涯，也知道我对我们之间的友谊的判断。好好地掂量一下吧，你会发现没有比远离一切冲突更加安全、更加体面的道路了。

4月16日，于途中。

[200]

西塞罗致阿提库斯，公元前49年5月3日，于库迈。

斐洛提姆的到达（他是一头什么样的蠢驴，关于庞培他对我撒了多少谎！）让我所有同伴陷入惊骇——我自己也呆滞了。我们中间无人怀疑凯撒进展神速——据说他现在长了翅膀；或者说佩特瑞乌已经与阿非利加努会合——而斐洛提姆没有带来这方面的消息。啊，甚至有人相信庞培已经率领大军穿越伊利里亚，退入日耳曼；我们把这个消息当做确切可靠的、无懈可击的。所以最好还是去马耳他，直到我们知道西班牙发生的事情。根据凯撒的来信，我似乎可以在他的庇佑下这样做，因为他说对我来说没有比远离一切冲突更加安全、更加体面的路可走。

你会问，我最后一封信的精神有什么变化。它仍旧在那里，与以往相同。但我是在用自己的生命打赌！我热爱的那些人，他们的眼泪，他们恳求我等待西班牙的结果，有时候在干扰我的决定。我们的孩子读了马·凯留斯的一封悲惨的来信以后痛哭流涕，在信中他做出了同样的请求，要我等待，不要如此轻率地牺牲我的幸福，我仅有的儿子和其他所有亲人。我自己的儿子确实更加勇敢，这个原因使我更加感动。他什么都不考虑，只考虑我的名望。

因此，去马耳他，然后去看来最好的任何地方。请你尽快给我写一两行字来，尤其要是你有关于阿非利加努那边的消息。如果我和安东尼面谈，我会让你知道结果。但我会十分小心地遵循你的建议，不会轻易相信他。至于秘密离开，这样做既危险又困难。应波斯图米娅和小塞维乌斯之请，我在等待塞维乌斯于 5 日到来。我很高兴你的高烧已退。我也送上一份凯留斯的来信的抄件。

[200A]

凯留斯致西塞罗，公元前 49 年，约 4 月 16 日，可能于利古里亚。

你的来信使我非常激动，你在信中清楚地表明你心中沮丧的想法，但又没有具体说明细节，不过你并没有隐瞒你的意向，所以我马上给你回信。

西塞罗，以你的幸福和你的子女的名义，我请求你不要采取进一步的行动，以免伤害你的幸福和安全。我呼唤天神、凡人和我们的友谊作证，我告诉过你事情的发展趋势，我给过你严肃的警告；在会见了凯撒，了解到他一旦取得胜利会有什么样的性情以后，我把我知道的都告诉了你。如果你假定凯撒还会继续贯彻让他的对手自由的政策，那么你就错了。除了毫不留情的严峻，他什么都没想，甚至什么都没说。他对元老院发怒，离开了罗马，那些否决票把他彻底激怒了。相信我，调解的时候已经过去。

因此，如果你还关心你自己，关心你唯一的儿子，关心你的家庭，关心你心中存留的希望，如果我和你的好女婿对你还有什么影响，你肯定不希望通过强迫我们仇恨或抛弃与我们的幸福相关的事业来毁灭我们的生涯，或者使我们抱有违背你的幸福的不顺从的希望……[①] 最后，要想到由于你的犹豫不决，已经引发了一些人的憎恶。当凯撒的前景尚属可疑的时候，你不愿意伤害他；而现在他胜利的时候你却反对他，去参加一个你没有选择要加以追随的派别，而这个派别已经被打败了，这样做真是愚蠢到了极点。你不要因为自己没有站到正确的方面，没有做出正确的选择而过多地感到可耻。如果我不能完全说服你，至少你要等待，直到了解了西班牙的情况。你可以记住，这些行省在凯撒到来的时候很快就会是我们的。我不知道你的朋友们对西班牙还抱有什么希望，在我无法想象的一个光荣的时刻去参加一个毫无希望的派别对你还有什么意义。

你对我讲的那些没有写成文字的想法凯撒已经听说了。他稍加问候就对我说了他听到了什么。我承认自己不知道，然后还是请他写信给你，要他劝你不要离开。他正在带我一道去西班牙。否则的话，我在返回罗马之前一定会尽快去见你，无论你在哪里，亲自向你提出我的请求，尽一切可能把你拉回来。

西塞罗，在给你本人和家庭带来毁灭之前，在你睁大眼睛落入没有出路的困境之前，反复想一想吧。然而，如果你担心贵族们会说些什么，或者你要是发现某些人对你过于傲慢或反感，那么你应该选择某些远离战争的小镇，等待事情的结束。最后的结局很快就会到来。如果你这样做了，我会认

---

① 此处原文有缺失。

为你是聪明的，你并没有冒犯凯撒。

[201]

西塞罗致阿提库斯，公元前49年5月3日，于库迈。

没能预见到这一点，我真是瞎了眼！我把安东尼的来信送给你。我写信对他说，我没有想要采取行动反对凯撒的利益，我心里记得我的女婿以及我和凯撒的友谊，如果我有其他想法，我现在已经和庞培在一起了，由于带着侍从到处游荡令我厌烦，所以我希望待在一个比较远的地方，但是就连这一点我也没有最终确定。下面就是他自以为聪明的回答：

“你的朋友们的建议是非常合理的。因为一个希望两边都不依靠的人会待在他的国家里；离开国家表明他对这一方或那一方做出了判断。然而，决定谁有权或无权离开不是我的责任。我从凯撒那里得到的指示是，不允许任何人离开意大利。因此我是否赞同你的意向并不重要，但即便如此，我也不能保证对你做出任何让步。我建议你去找凯撒，向他提要求。我不怀疑他会同意，尤其是你已经答应考虑你们之间的友谊。”

我有一份来自拉科尼亚的公报要给你！你要确信，我在等他——他会在3日晚到达，亦即今天，所以他也许会在明天来看我。我会跟他说话，也会听他讲。我会说我不急，我会派人去凯撒那里。但我会悄悄地行动，带少许随从在某个地方藏起来。我无论如何要逃离这个地方，无论他们如何阻拦我，我只希望能到库里奥那里去。记住我的话。我的动机之上又有了强烈的焦虑感。我会带走某些需要的东西。

我非常关心你的尿淋病。我请求你一定要在发病的早期处理它。我很高兴从你这里听到玛西里亚[①]的情况。无论得到什么样的消息，请你让我知道。如果我公开旅行，我非常喜欢走欧凯拉，我已经和库里奥做了安排。我

---

① 玛西里亚（Massilia），希腊一个城镇，那里的居民希望保持中立，拒绝接受凯撒。

在这里等候塞维乌斯；他的妻子和儿子问过我，我想我必须这样走。但是，在这里的这个家伙[①] 正在用轿子抬着他的第二个妻子西基丽丝到处走。同行的还有其他七顶轿子，有些坐着他的情妇，有些坐着他的朋友。看到这种可耻的事情，我恨不得马上死去，你完全可以猜测凯撒返回时会进行一场大屠杀，无论他是胜利者还是失败者。要是能搞到一条船，我会逃离这些罪犯的魔爪。要是见到他，我的信会写得更长。

至于我们的那位年轻人，我心中对他的热爱油然而生，但我清楚地看到他不会为我们做任何事情。我从来没有遇到过这样一个缺乏道德、疏远家庭、到处隐匿的人。多么难以置信的、令人厌烦的大雨！但我会注意让他知道行进的方向，我已经这样做了。他的能力是出众的，需要关心的是他的品性。

[202]

西塞罗致阿提库斯，公元前 49 年 5 月 4 日，于库迈。

我的最后一封信封好以后，我决定不把它交给我原来打算托交的那个人，因为他不是我们自己人，所以这封信在那天没有送出。与此同时，斐洛提姆到了，把你的信交给我。关于我弟弟你说的事情无疑很有道理，但不存在什么背信弃义或奸诈，因为没有任何事物可以不向善良屈服，没有任何事情你不能在一场谈话中把话题引向你喜欢的地方。简言之，他热爱自己人，哪怕是他平时不喜欢的人，他爱我超过爱他自己。我不认为他要受责备，因为他在给你写信提到他儿子时用了对孩子的母亲所说的不同的话语。你提到的旅行和你妹妹是烦人的，再说我们当前的处境不允许我去说他们，否则的话，我肯定会去说他们。但你明白我们碰上了什么样的麻烦，我们的命运有多么令人绝望。

① 指马库斯·安东尼。

至于钱的问题，不是他不想付钱给你（我经常听他谈起），而是没注意。昆·埃克西乌没有还给我在这次流放中借给他儿子的12,000个小银币，我催了好多次，雷必达和其他人也这样，当我听说他还欠下另外一笔20,000的债务时，我禁不住感到惊讶。你必须看到事情有多么紧急。无论如何，他正在发布坚定的指示让你付钱。你认为他在这类事情上难缠吗？没有人会更不难缠。好吧，关于我弟弟就说这些。

至于我弟弟的儿子，我弟弟总是溺爱他，但是溺爱不会让孩子变得虚伪、贪婪或缺乏天然亲情，尽管会使他们变得固执、傲慢、好斗。因此，他也有这些缺点，这是过分溺爱的产物，但还是可以容忍的，至少我认为是可以容忍的，年轻人就是年轻人。但是我也很喜欢他，他给我带来的痛苦甚至超过我们当前处境的不幸，但这些品质不是从我们对他的顺从中产生的。它们有自己的根源。如果我有机会，我无疑会去纠正它们。但现在我必须容忍。对我自己的孩子我没有什么难处，他是最容易管教的。我对他采取了一条温和的路线，他越是想要我强硬，我就越担心自己会成为一名不仁慈的父亲。

安东尼昨天晚上到了。他也许会来拜访我，也许根本不会来，如他在信中所说的那样。但是你马上就会知道结果。除了悄悄行动，我其他什么也不做。对这些孩子我该怎么办呢？如果我把他们的生命寄托在一条小船身上，你认为我在航行中会有什么样的感受？我记得去年夏天我带着他们坐罗得岛的快船航行，当时我有多么焦虑？在这样一个糟糕的季节，坐着一条小小的快船，你会怎么想？这是一桩可恶的生意，无论你以什么方式看待它。

特巴提乌和我在一起，他是一个非常好的人，是一位公民。然而，天神啊，他不得不告诉我多么丑恶的事情！巴尔布斯真的想要挤进元老院吗？但我明天会交给特巴提乌一封给你的信。

是的，如你所说，我认为威提努斯是我的好朋友。至于在付钱的事情上他给我写了一封十分唐突的信，我一笑了之。如果他来找你，请你让他冷静下来。我在他的名字后面加上“铸币者”，[①] 因为他在我的名字后面加上“前执政官”。由于他是一个好人，对我很尊敬，我很愿意跟他交换。再见！

[203]

西塞罗致阿提库斯，公元前 49 年 5 月 5 日，于库迈。

我现在成了什么样？谁能比我更不幸，不仅不幸，而且还处在可耻的位置上？安东尼说他接到了关于我的特别命令——他本人到现在还没有来见我，但是特巴提乌把消息告诉了我。我现在该怎么办？我做的事情没有一样是对的，精心制订的计划变得一团糟。我原想，争取到了库里奥，我就赢得了整个战斗。他在给霍腾修斯写信时提到我，说我可以绝对依靠瑞吉努斯。但我不知道这个人的航海本领怎么样。我现在该去哪里呢？我在四下里张望。

但是叹息够了。我必须偷偷地爬上某条货船，偷偷地出海。我一定不要显得像是在违反禁令。我一定要去西西里。一旦我到了那里，我就能掌握大事。只要西班牙的情况朝着好的方面发展！有关西西里，我只希望消息是真的，但迄今为止我们还没有碰上好运——有消息说有些人已经集合起来去找加图，请他备战，承诺提供所需要的一切，他好像已经开始组建部队。我不相信这件事。但消息的提供者还是值得尊重的。我知道这个行省能够坚持。我们很快就会得到西班牙的消息。

盖·马凯鲁斯[②] 在这里，他的打算，或者说他表现出来的计划，和我的计划非常相似。我没有见到他，我是从他的一个亲密朋友那里听说的。如果你有什么消息，请你写信告诉我，如果我有什么消息，我也会马上给你写信。我会非常严格地管束你的小昆图斯。我希望我能起好作用。但是请你找

① 罗马造币厂的三位首长称做“monetales”，词义是铸币者。

② 公元前 50 年担任执政官。

个时候把我严厉批评他的那封信撕了，我担心有一天这些话会泄露出去。我会做和你相同的事。

我在等待塞维乌斯，但是不要期待从他那里听到任何好事。你会知道可知的一切。

[204]

西塞罗致阿提库斯，公元前49年5月6日，于库迈。

我必须承认自己错了，这一点无可怀疑；不只是在一个场合，也不只是在一件事情上。不，在所有类似的事情上，我越是精心策划，我的行动就越不明智。“但是过去的事情就让它过去吧，虽然很悲伤，但我们还得活下去”①，只是要试着不要对剩下的事情伤心。你建议我启程时要十分小心。小心什么呢？所有会发生的事情已经很明显。如果我回避这些危险，那么我必须接受一种可耻的、痛苦的懒散，如果我漠视这些危险，那么我会落入暴徒之手。但是，当我说我有时候反而感到想要落到这些人手中，受到某些伤害，无论有多么可悲，以便使自己可以显得并没有与独裁者臭味相投的时候，你可以明白这是一种多么可悲的预测。如果我选择的路线可行，我无疑会得到某些东西表明我的推延是值得的，如你所希望和敦促的那样。但是，那个关卡已经奇迹般地关闭了，甚至库里奥本人也产生了疑心。所以我必须使用暴力才能过去，或者偷偷地溜过去。你会理解这样的尝试会有什么样的耻辱和失败。我陷入暴风骤雨之中，但我一定不能沉没。

我经常想到凯留斯，如果我有任何类似的机会，我一定不会让他溜走。我希望西班牙是坚强的。玛西里亚人的行为本身是有价值的，在我心里也显然意味着西班牙的事情一切顺利。否则他们就不会如此大胆，由于他们是近邻，他们办事也很小心，所以他们会知道的。你正确地注意到剧场里展示的

---

① 荷马：《伊利亚特》第18卷，第112行。

敌意。甚至他在意大利招募的军团也明显有叛意。但是这个人最凶恶的敌人是他自己。你担心他的突袭是对的。如果铤而走险，他肯定会这样做。我们还有进一步的理由按照凯留斯的精神行事，尽管我更希望能够幸运。但是一次只能走一步。第一步无论是什么，你会马上知道。

我会按你的要求把这个年轻人所需要的东西给他，而我自己肩负起整个伯罗奔尼撒。[①] 他有很好的才能，只要有清白正直的品性支持。如果说他现在还完全缺乏这样的品性，那么他仍旧可以获得，否则美德就是不可教的。对此我不可能被说服。

[205]

西塞罗致阿提库斯，公元前 49 年 5 月 7 日，于库迈。

你的来信给了我的图利娅很大的快乐，也给了我很大快乐。你的信总是带来一丝希望。所以请你继续给我写信，要是你能对我们说些事情，千万别让它们溜走。请你注意，不要让安东尼的狮子[②] 把你吓住了。他真的是一个最搞笑的家伙。你认为，作为一名政治家，他的行为怎么样？他写信召集十人委员会成员和来自城镇的四个人。这些人一大早赶到他的乡间别墅。首先，他一直睡到 9 点钟。然后，在得知从拿波勒斯和库迈（凯撒对库迈特别恼火）来的人已经到了以后，他让他们回去，因为他想洗个澡，填饱他的肚子。这就是他昨天的成绩。今天，他安排了渡海去埃那里亚，向那些被流放者许诺召回他们。但是这些事讲够了，还是来说说我们自己要关心的事！

我收到了埃克西乌的信。关于提罗我谢谢你了。我是威提努斯的好朋友。我已经把你的信给了维斯托留。据说塞维乌斯 5 月 6 日是在敏图尔奈过的夜，在靠近利特努姆的地方与盖·马凯鲁斯在一起。所以他会在明天的某

---

① 参见第 196 封信注释，而不仅仅是阿卡狄亚。

② 有记载说安东尼用狮子拉他的战车。参见普林尼：《自然史》第 8 卷，第 55 节。

个好时候见到我，会向我提供材料，我可以拿来给你写信——我现在相当缺乏话题。使我感到惊讶的是安东尼并没有给我送来什么消息，尤其是在过去他对我是最关注的。我假定，他要么收到了某些关于我的严厉的命令，要么不想当面拒绝我，而这些事情我并不想去问他，要是能知道，我也不相信。但无论如何我会思考一些事情。

要是西班牙发生了什么事情你让我知道。消息可能很快就会传来，每个人都在等待，要是那里的一切顺利，这点事情早就做完了。我本人不认为如果西班牙还在坚持就能结束一切，也不认为如果西班牙完了就会失去一切。我想西留斯、欧凯拉，以及其他人延误了。我明白你也被人拖住了，虽然我相信你有通行证。

[206]

西塞罗致阿提库斯，公元前49年5月8日，于库迈。

我们过着一种悲惨的生活！长时间像一只被捕食的动物，这种恐惧确实比我们实际害怕的东西更糟糕。塞维乌斯于5月7日到了（看我的前一封信），他于次日清晨来到我的住处。为了不让你焦虑，我要告诉你我们看不到任何计划有任何前景。我从来没有见过有人说话如此颤抖！然而我必须承认他所说的那些妖魔并非想象出来的。“庞培对他愤怒，凯撒没有朋友。任何一方的胜利都是可怕的，不仅因为其中一个是残忍的，另一个是轻率的，而且因为双方遇到的困难都是缺乏金钱，所以只能从私人财产中抽取。”说完这些话后，他流下了眼泪，使我感到奇怪的是如此大量的不幸竟然没有使他的眼泪干涸！至于我，甚至眼睛发炎也在阻止我亲笔给你写信，但不会带来眼泪，虽然经常让我恼火，因为它使我一直醒着。所以请你以自在的方式收集任何你不得不提供的消息，把它们送来，我指的不是从哲学和书本中收集(我在家里有这些东西，但不知怎么地这种药不够好，不能治愈疾病)——不，是收集有关西班牙和玛西里亚的这样一类消息。就像塞维乌斯带来的使我相当满意的消息，他所说的有关两个军团的事情就相当可靠。这就是我想要你收集的消息。你必须在今后的几天内听到这方面的事情。

回过来说塞维乌斯，我们的谈话一直进行到第二天，但他对要不要离开犹豫不决；他说他宁愿死在他的床上，无论死神如何降临。他的儿子在布隆狄西服役是一项重要的障碍。有件事情他说得非常肯定，要是那些受到惩罚的人回来了，那么他就会被流放。对此我说这种事情肯定会发生，并且举了许多例子来说明这种事情非常悲惨。但是这样说不是给了他勇气，而是使他更加胆怯，所以我现在认为一定不要让他知道我的计划，而不是请他参与。所以那方面是没有太大希望了。顺从你的告诫，我没有忘记凯留斯。

[207]

西塞罗致阿提库斯，公元前 49 年 5 月 10 日，于库迈。

当塞维乌斯还在我家里的时候，凯发里奥带着你的信到了，时间是 10 日。这给我们带来了很大希望，与那八个步兵队有关。据说在这个区域的步兵队也在动摇。同一天富尼苏拉努带来一封你的信，关于这一消息你重复得更加确定。关于他自己的事情我给了他一个随意的回答，让你全权处理。迄今为止他还没有履行他的义务——他欠我一笔钱，但还没有了结。现在他说要还我钱了；所以如果你欠他的钱，你可以把钱交给送信人。斐洛提姆的人厄洛斯会告诉你数目。

回到更重要的事情上来，听到凯留斯已经把事情办完你会很高兴。由于这个原因我在受折磨，我无法决定是否一定要等待顺风。拿出一个标准来就是他们所需要的全部，他们会聚在一起。我相当同意你的意见，要秘密行事，我认为这也是我出发的方式。但与此同时，我在等待你的来信。塞维乌斯的看法并不能使我前进。各种争论意见都与建议相左。他是我遇到的唯一比盖·马凯鲁斯还要胆怯的人，他对自己当执政官感到遗憾，真是天晓得！据说他（马凯鲁斯）确实鼓励安东尼阻止我离开，我假定他自己的行为会比较好。安东尼于10日离开了卡普阿。他派人给我捎话，免得见面尴尬，因为他想我对他很恼火。我就要离开了，按照你推荐的方式，除非又有某些希望出现，有更重要的事情要做。但这种情况不会很快出现。执法官阿利努斯说要是我不干，他的一名同事想干。但任何人都可以去做我一直想做的事情。[①]

关于你妹妹的事我相当赞成。关于小昆图斯，我正在做我能做的事，我希望会有某些改进。关于我弟弟，我能告诉你的是他非常注意找钱来还你，但他还没有能从卢·厄格纳提乌那里榨出什么东西来。至于埃克西乌和那12,000个小银币，他有他的打算！他多次写信给我，要我按照伽利乌斯[②]的要求把钱给他。即使他没有写信来，我会有不同的做法吗？我确实不止一次地承诺，但他想要的太多、太急。这笔钱在当前艰难的时候对我是有用的。挫败他们！然而，另外找机会吧。我很高兴你和庇丽娅不发烧了。面包等带上船的物品已经准备好，这条船送我们去我在庞贝的住处。代我感谢威提努斯的热心。如果你能找到任何人送信，请你在我们离开前送一封信来。

[208]

西塞罗致阿提库斯，公元前49年5月14日，于库迈。

狄奥尼修斯一大早到我住处的时候，我刚刚给你送出一封谈及各种事情的信。我不仅会温和地对待他，而且会原谅他以前所有的事情，如果他现在心里的想法能够像你引导我所期盼的那样。你在那封我在阿尔皮诺收到的信中说他会到我这里来，做我需要他做的事。现在我想要，或者热切地期盼他能和我们在一起，因为他访问福米埃的时候曾直截了当地拒绝这样做，当时

① 可能是指推动和平。

② 即埃克西乌之子。

我曾经写信给你，相当严厉地提到过他。然而，他几乎什么也没说，只说要我原谅他，他有他自己的事，不能和我们一起走。我在回答他的时候也没有多说什么，但我内心受到严重的伤害。他显然在嘲笑我们逃跑。是的，是这样的。当我对你说，希望你在当前我认为是最大的困境中保持与他的友谊，你也许会感到惊讶，在这样说的时候我希望你和他的友谊，你自身的繁荣昌盛，两者都能长久延续。

我希望我的计划不会有任何危险。我已经隐匿了我的意愿，不认为自己会受到严密监视。只要航海条件令人满意，其他所有意外事故都能合理地预见。只要我在这里，请给我写信，不仅要写你知道什么、听到什么，而且要写你预见到什么。

能够毫无困难地控制西西里的加图（如果他做到了，所有诚实者会与他会合）于 4 月 23 日离开了叙拉古，库里奥在给我的信中是这样说的。让我们希望科塔能够控制撒丁岛，[①] 他们说他能够做到——但有一些谣言传来。如果是这样的话，加图会感到非常遗憾！

为了消除对我离去意图的怀疑，我于 12 日离开了庞贝，原想待在那里等待航行准备就绪。我到家的时候有人告诉我驻扎在庞贝城的三个步兵队的长官想要在第二天见我。我们的朋友尼纽斯跟我讨论这件事，告诉我他们想要接受我的领导，把这座城交到我的手中。至于我，我是在第二天天亮前离家的，这样他们就见不到我了。因为三个步兵队有什么用，哪怕更多步兵队，假定他们能够拥有？他们有什么装备？我想到在你信中读到的凯留斯同样的想法，你的信是我一回到库迈就收到的；此外，这也可能是一个圈套。所以我消除了对我的一切怀疑。

话说回来，我发现霍腾修斯到了，他特意来看望特伦提娅，表示他的问候。他过去与我谈话非常有礼貌。我期待着现在就能见到他，因为他已经派

① 在此事件中，科塔被撒丁岛居民逐出。

了一名仆人前来报信。无论如何我的同事[1] 安东尼的行为有改进——他的侍从中有一位女戏子被人用轿子抬着。

你现在已经摆脱了发热和发冷的折磨，摆脱了最近的抱怨，让我们在希腊看到你健康和精力旺盛，与此同时给我写一两行字来。

[209]

西塞罗致阿提库斯，公元前 49 年 5 月 16 日，于库迈。

在我写完信以后，霍腾修斯于 14 日来访。我希望他今后的行为能够真诚。他对我格外耐心！我指的是他在利用我。然后塞拉皮翁带着你的信来了。在我打开信之前，我对他说你实际上已经写信给我提到过他。读完信以后我说了一些其他的事情，我尽可能说得很大方。我确实很喜欢他。他似乎很有教养，很诚实。我实际上想我会坐他的船，在船上由他陪同。

我的眼炎经常让我恼火，虽然不严重，但影响我写作。我很高兴听到你已经完全恢复健康，不再有从前的抱怨，也躲过了最近的发病。

我希望欧凯拉能和我们在一起，现在事情看来比我原先期待的要容易些。现在能拉我们后腿的只有春分时期的暴风雨。如果暴雨延续，我只希望霍腾修斯的想法不要变，因为不会再发生更多的事情。

你对我提到通行证[2] 表示惊讶，尽管我批评过你的某些小错误，说你不能想象我如何会有这种想法。好吧，由于你在信中说你正在打算离开，由于我听说已经不允许任何人离开，所以我认为你搞到了通行证，而且你也为你的孩子拿到了通行证。所以，你现在知道我为什么会这样想了。无论如何我想知道你的计划，我也特别想知道还有其他什么消息。

写于 5 月 16 日。

---

① 作为占卜官。

② 参见第 205 封件。

[210]

西塞罗致阿提库斯，公元前49年5月19日，于库迈。

我的图利娅怀孕七个月，于5月19日生了一个男孩。为了她的平安分娩，我要感谢上苍。至于这孩子，他非常虚弱。我的心一直悬着，直到现在才有一些安宁，这一直是更大的障碍，超过受到监视——霍腾修斯只是在说空话。你会发现情况是这样的：这个无赖被自由民萨维乌斯滥用了。从今以后我不会写信告诉你我将要做什么，而是只告诉你我已经完成了什么。这个国家的每一名暗探似乎都在偷听我讲话。然而，请你继续告诉我有关西班牙的消息或者你知道的任何事情，但不要期待听到我的回答，直到我们抵达我们希望去的地方——在旅途中或许我会送些东西给你。我犹豫不决地说，迄今为止一切都进行得非常缓慢和困难。我们开头就没有开好，结果也一样。

我现在要去福米埃。也许那些复仇者会跟踪我到那里。根据巴尔布斯和你的谈话判断，我的有关马耳他的想法不受欢迎。你能不再怀疑凯撒已经把我当做敌人了吗？我写信给巴尔布斯说我从你这里听说了他的善意和怀疑，请他代我向凯撒表示感谢，以及我的辩白。这世上还有更加不幸的人吗？我不想继续写下去了，因为我担心你也陷入困惑。对我本人而言，看到自己不再能够大胆或明智地行动，这是我无法忍受的。

[211]

西塞罗致阿提库斯，公元前48年1月第二周，于伊庇鲁斯。

我收到你加了封印的信，是安特罗斯送来的，我从信中没有看到任何与我的私人事务有关的消息。我实际上非常不高兴，因为替我照料这些事务的那个人[1]不在罗马，我不知道他去了什么地方。我对我的良好名声和财产的

① 指斐洛提姆。

全部希望都寄托在你对我的仁慈上，对你的仁慈我有许多证明。如果你在这些悲惨的日子里表现出你的仁慈，我会有更多的勇气面对我和其他人共同分担的危险，我最诚恳地请求你这样做。

我在亚细亚有大约价值 2,200,000 个罗马小银币的亚细亚硬币。用一张汇票你就能够保护我的信誉。如果我不认为这样做有什么不妥，你就把它交给我一直相信的这个人[①]，我会在这里多逗留几天，不让我的私人事务处于混乱状态。我为什么这么迟才给你写信，因为我意识到危险的时候太迟了。我再次把我的全部私人事务托付给你，请你保护，如果我的亲人在这里能够安全，我能够和他们一起从水下把头伸出水面，那么我要说这是由于你的仁慈而使我们得以幸存。

[212]

西塞罗致阿提库斯，公元前 48 年 4 月中，于伊庇鲁斯。

我收到你 2 月 4 日的来信，同一日我还依据一封遗嘱正式继承了一份遗产。令我最烦恼的事情之一得到了解决，如你所说，如果这份遗产足以保护我的信誉和良好的名声。虽然我明白，即使没有这份遗产你也会用你自己的资源来保护它们。

你提到嫁妆。[②] 请你看在天神的分上为我处理整件事，保护我可怜的女儿，不能替她办嫁妆是由于我的过错和忽视，请你动用我的财产，要是我还有财产的话，也请动用你的资金，只要不会给你带来任何不便。你告诉我她什么都缺，请你不要让这种情况继续下去。什么样的开销正在榨取我的地产的收入？还有你提到的 60,000 个小银币的事，没有人曾经跟我说过这笔钱已经从嫁妆里扣除了。我决不允许这样做。但这是我受到的最小的伤害。烦

① 指斐洛提姆或特伦提娅。

② 图利娅的嫁妆，分三次付给多拉贝拉。

恼的眼泪阻止我继续写下去。我已经提取了我在亚细亚的现金的一半。我想就让它放在那里[①]比放在包税人手中更安全。

你鼓励我要勇敢。我希望你能给我某些理由为什么要这样做。但若我的不幸一直在增加，那么克律西波告诉我的是，有人打算反对我（你对此没有给出任何暗示），涉及我在城里的房子，这世上还有比我更不幸的人吗？我请求你原谅我。我不能再写了。我肯定你知道我的困境。如果这对我来说与其他人的困境一样普通，那么我的过错会显得比较小，也会比较容易忍受。没有什么事情能给我带来安慰，除非你设法，或者如果仍旧有可能，那就不要让任何灾难或伤害降临于我。

我派人给你送去回信已经迟了，因为我没有机会这样做。你的人给了我20,000个小银币现款和我需要的衣服。请以我的名义给你认为恰当的人写信——你认识我的朋友。如果他们对信的封印和手迹表示怀疑，你可以告诉他们，我这样做是为了躲避监视。

[213]

西塞罗致阿提库斯，公元前48年6月13日，于庞培在都拉斯的军营。

从这封信的送信人嘴里你可以知道这里的情形。我让他留下等待的时间比较长，因为我正在期待每一天的新发展。我现在打发他上路的唯一原因是你要求我答复——我希望对7月份的日子[②]做什么样的安排。两种可以替换的方式都令人不快，一方面要冒险，在如此困难的时期失去这么一大笔钱，另一方面是信中所说的分离，所有事情都要保持平衡。因此，就像在其他事情上一样，我把这个问题托付给你的友谊和善意，你可以根据她的判断和倾向来处理。可怜的姑娘，如果以前我当面跟你商量，而不是因为我的处境而

① 放在庞培处。

② 第二次支付图利娅的嫁妆。

用信件来表达，我可能会办得比较好。

你说在一般的麻烦中没有专门针对我的。没有什么令人感到安慰的事情，但实际上有许多特别的麻烦，你必须明确看到双方孰轻孰重，我是否容易回避。然而，如果通过你的照料事情能够缓解，那么处理起来比较容易。

那笔钱已经在厄格纳提乌手里。据我所知，就让它这样吧。这里的事情不像会延续很久，所以我很快就能告诉你最应该做什么事情。并非只有我什么都缺，陪同我的这个人手头也非常紧。我借给他一笔钱，希望等事情安定下来以后我这样做（除了其他事情以外）会被认为是值得称赞的。

如果你认为还有谁必须得到我的信，请你自己给他们写，就像以前那样。让你的人记住我。照料好你自己。最重要的是，请你用各种方式照料她（你说你会这样做的），不要让她有任何匮乏。

7 月 15 日，写于军营。

[214]

西塞罗致阿提库斯，公元前 48 年 6 月中，于都拉斯。

你问我战争的消息。从伊西多洛那里你能知道这方面的事。看起来剩下的事情不会太难了。请你一定要明白我心中最牵挂的是什么，[①] 就像你说你会做和正在做的那样。我咽下了焦虑，它使我生了重病。等我好些了，我就会与那个负责人会合，他充满了乐观。布鲁图是我的朋友，对这项事业非常热心。这些就是我能谨慎地写在纸上的话。再见。

关于第二次付款，我请求你仔细考虑必须做什么，如我在托波莱克斯给你送去的信中所说。

---

① 即图利娅财务上的困境。

[215]

西塞罗致阿提库斯，公元前48年7月15日，于庞培军营。

我从伊西多洛那里收到了你的来信，以及两封后来送出的信。从最近的这封信中我得知那些地产没有出售。所以请你做出恰当安排，适合她的需要。如果我喜欢，我会找到弗路齐诺[①]，在哪里买一些东西。你会感到奇怪为什么我不写信。我主要是没有话题可写；没有什么事情值得我给你写信，我对这里发生的事情都不满意。如果我每天都能和你谈话而不是写信那就好了！我正在尽力照料你和那些在这里的人的利益。凯莱尔会告诉你其他事情。我本人迄今为止回避承担任何责任，因为这里的事情没有哪样能适合我，适合我过去的履历。

[216]

西塞罗致阿提库斯，公元前48年11月4日，于布隆狄西。

要写信告诉你对我产生影响的原因——它们是令人痛苦的、巨大的、奇怪的——对我来说是件非常痛苦的事，这些原因在推动我追随冲动而不是反思。它们非常强大，足以带来你明白的后果。所以我写信告诉你的是我的现状，或者是我不知道而向你询问的事情。事实上，事情的主要状况就摆在你面前。

我根据你的来信，无论是你和其他人合写的，还是以你的名义单独写的，我已经能够猜到你的状况，你由于对所发生的事情未曾预料而感到气馁，并且在寻找保护我的新方法。

你说你认为我必须离你近一些，要在夜间穿过城镇。我不太明白怎样才能做到这一点。我没有适宜暂时停留的地方在白天歇脚；迄今为止就你的

① 弗路齐诺（Frusino），意大利拉丁姆中部的城市。

目标[①]而言，人们在镇上还是在路上看见我没有什么大的差别。然而我会加以考虑，就像其他问题一样，试试看能否做到。

心灵和身体的痛苦使我相信，我不可能写许多信。我只能回复我收到的来信。如果你以我的名义写信给巴西鲁斯，以及给其他你认为合适的人，包括塞维留斯，你认为他是合适的，那么我会非常高兴。我知道在我给你的人写了那么多信以后又隔了很久，但从这封信中你会明白，我缺的是话题，不是意愿。

你问到瓦提尼乌。他和其他任何人要是能找到某种帮助我的方式，他们都不会缺少友谊。昆图斯在帕特莱亲切地等候我。他的儿子从考居拉到那里去与他会合。我想他们会和其他人一起离开。

[217]

西塞罗致阿提库斯，公元前48年11月27日，于布隆狄西。

我明白你为自己的和公共的幸福感到焦虑，尤其是对我和我的处境。我的困顿迄今为止并没有因为有你分担而有所减轻，实际上它还在增加。以你通常的明智，你确实察觉到哪一种安慰能最好地减轻我的焦虑。你赞同我的行动，说在这样的环境中没有比这更好的办法了。你还说，你的意见虽然分量很轻，但仍旧有分量，我的行动也得到其他人的赞同，这是那些人讲的。如果我认为事情是这样的，那么我的困惑会轻一些。你说“相信我”。我这样做了，但我知道你多么希望减轻我的不幸。对于放弃战争我从来没有后悔过。战争会带来许多残忍的行为，还要和野蛮的种族打交道。所以会有剥夺公民权的事，不是个别人，而是整个阶级被划出去，你拥有的一切都要被胜利者抢劫，这是世人普遍认同的。我说的“你”是字义上的，因为对个人来说，不会再有其他什么东西，只有最凶恶的意愿。所以我决不会对我的态度

① 指要秘密行事。

感到后悔，但我对自己采取的办法感到后悔。我希望我能平静地待在某个镇上，直到我被打发掉。我本来应当少说话，少受苦。我不应当陷入当前的困境。一方面，滞留在布隆狄西，在各方面都惹人讨厌；另一方面，像你所建议的那样，没有那些人民派给我的侍从，我怎么可能离你近一些呢？只要我还保有公民的权利，他们是不可能被带走的。我后来让他们带着束棒和其他人混在一起，在我靠近城镇的时候，但只是很短时间，因为担心遭到士兵的攻击。我一直把自己关在房门里面。

我把这些情况都写信告诉了巴尔布斯和奥庇乌斯，并且请他们考虑这件事，因为他们认为我应当靠得近一点。我想他们会提供帮助，因为他们保证凯撒不仅会注意保留我的地位，而且甚至会提高我的地位，他们敦促我保持一种高尚的精神，使我抱有很高的希望。在这一点上他们做了保证。如果我不出走，我会更加自信。但这是牛奶打翻以后的哭喊。所以我请你面向未来，和他们探讨形势；如果你认为恰当，而他们也同意，就请特巴提乌、潘莎，以及其他人写信给凯撒，说我所做的一切都是出于他们的建议，这样他就会赞成我的行为，因为它是按照他的朋友们的建议进行的。

听说我的图利娅身体有病，非常虚弱，我感到震惊。我明白你正在精心照料她，我非常感谢。

至于庞培的结局，我没有任何怀疑，因为所有统治者和人民都已经被彻底说服了，他是毫无希望的，无论他去了哪里，这种事都会发生。我只能为他的命运感到悲伤。他是一个品行良好、生活俭朴、坚持原则的人。我必须向你提供我对芳尼乌斯的哀悼吗？他曾经伤心地谈到你留在后方。至于卢·伦图卢斯，他给霍腾修斯在城里的房子，以及凯撒在郊区和百埃的房子做上了记号。当然了，这一方也做了同样的事，只有他们是肆无忌惮的。每一个待在意大利的人都被当做敌人。但是，等我没有太多事了，我再来谈论这个问题。

我听说我弟弟昆图斯离开以后去了亚细亚寻找和平。关于我的儿子没有任何消息；但是你可以询问狄奥卡瑞斯，他是凯撒的自由人，我没有见过他，是他从亚历山大里亚送来了那封信。据说他在路上见过昆图斯，或者已经到了亚细亚。我等着你的来信，请让人尽快给我送信来。

写于11月27日。

[218]

西塞罗致阿提库斯，公元前48年12月17日，于布隆狄西。

非常感谢你的来信，你在信中说了你认为与我有关的事情的所有细节。非常好，我会按照你说的他们认为最好的事情去做，也就是我会保留我现有的侍从官，你说这是对塞斯提乌的一个让步。我假定他没有得到保留自己的侍从官的许可，而是由凯撒把侍从官赐予他。因为我听说凯撒不承认保民官们离去以后通过的元老院法令。[①] 因此，如果他想要保持前后一致，他能够允许我拥有侍从官。

但是在我几乎要被下令离开意大利的时候，我为什么要谈论侍从官？安东尼送给我一份凯撒给他的信的抄件，凯撒在信中说，他听说加图和卢·伦图卢斯已经返回意大利，打算在罗马公开活动，考虑到引起骚乱的可能性，他要禁止任何离开意大利的人返回，除非有他亲自批准。在这个问题上他表达了相当强硬的态度。所以安东尼写信要我原谅他；他没有选择，只能服从命令。然后我派拉弥亚去向他解释，凯撒曾让多拉贝拉写信给我，要我尽快回到意大利，我已经按照多拉贝拉的要求这样做了。然后安东尼颁布了一道法令，赦免了我和莱利乌斯。我必须说我希望他没有这样做——他根本不用提到我的名字。

令人烦恼的事情真是太多了！你试图解决它们，我也没有说你不成功。你确实减轻了我的烦恼，这是清楚明白的事实，我只希望你在这样做的时候

① 元老院在公元前49年1月7日以后把西里西亚指定给塞斯提乌。

不要有太多的麻烦。如果你能使我相信我并没有彻底丧失诚实者对我的好看法，那么你就能最好地实现你的目标。然而，你在那里能做什么呢？显然，什么都做不了。但若给你机会，那就是我能得到的最大的安慰。当前我还看不出有什么迹象，我的意思是如果有什么事发生转变，就像刚发生的这些事情一样。曾经有人说我必须离开庞培。他的死磨去了说我没有履行对他的义务这种批评的刀锋。即便如此，最令人不满的观点是去阿非利加是我的错。我的理由是，我并不认为利用一个邪恶民族的雇佣军来保卫国家是正确的，尤其是用来反对一支经常打胜仗的军队。他们也许不接受我的论证，因为我听说许多诚实者去了阿非利加，我知道有许多人已经在那里。我在这里受到逼迫。我在这里也需要帮助，我在等待机会，要是可能的话，所有人都会把生存放在第一位。因为要是他们能够保存下来，你能看到我会变成什么样。你可以问，他们要是失败了会是什么样。他们的结局将是一个比较体面的不幸事件。这些念头在折磨我。你不会对我说你为什么不走苏皮西乌那样的道路。[①] 没错，这条道路虽然不如加图的道路那么光荣，但可以免除危险和痛苦。处在底部的是那些在阿该亚的人。但即使是他们也比我要好，他们有很多人在一个地方，当返回意大利的时候，他们会直接去他们自己的家。好吧，继续给我的处境安上一副姣好的面容，像你正在做的那样，尽可能多地找一些人来附和。

你原谅了你自己；但我完全明白你的理由，并认为是为了我的利益你应当待在罗马，你只需要代表我对那些人说必须说的话，像你已经做的那样。有一件事情我要你特别注意。我想会有许多人告诉凯撒，或者将告诉凯撒，我对自己的行动很后悔，或者说我并不赞成所发生的事情。两种说法都是对的，但这些人这样说而不是反对我，并非因为他们看到情况是这样的。而是一切都取决于巴尔布斯和奥庇乌斯在用频繁的书信反对这样的曲意奉承，确认凯撒对我的处置。请你尽力让他们这样做。我不想要你离开罗马的另一个

① 退隐到萨摩斯岛。

理由是，你说你受到了逼迫。[1] 啊，亲爱的，我该说些什么？我要长话短说，我的眼泪已经流了下来。我让你去决定。你的决定是最好的。只要不让任何事情在这个时候伤害她。我请你原谅。眼泪和悲伤使我不能再谈这个话题。我只说这一点，你对她的关爱是我最感激的。

你非常仁慈，给那些你认为恰当的人写了信。我见过一个人，他说在萨摩斯看到过小昆图斯，在西徐亚见过他父亲。他们要在那里得到平安是没有什么麻烦。我只希望他们能先见到凯撒，这样他们就可能请求他来帮助我，就像如果我有什么力量，我也会帮助他们。

你要求我接受你信中的一切，这有点伤了我的心。我向你保证，我会这样做的，我请求你坦率地把一切都告诉我，就像你现在这样，你要经常给我写信。再见。

写于 12 月 17 日。

[219]

西塞罗致阿提库斯，公元前 48 年 12 月 23 日，于布隆狄西。

你从雷必达和特巴提乌那里可以知道骚扰我的有哪些烦恼，对此你无疑看得很清楚。我在为我的鲁莽接受严厉的惩罚，而你曾让我谨慎行事。但我并不想阻止你写信和我争论这些事，你还是要像以往那样经常给我写信。在这样的时候，你的信给我带来某些缓解。你的热心是那些希望我好、对凯撒有影响的人所需要的，尤其是巴尔布斯和奥庇乌斯，要让他们代表我热心地写信。我听说某些人正在攻击我，在某些场合或者通过书信。你一定要反对这些人，这是事情本身的重要性所决定的。……在那里，他是我凶恶的敌人。昆图斯送走了他的儿子，不仅使他自己平安无事，而且还指责我。他会说我对凯撒诽谤他，而凯撒和他的所有朋友都不会这样看。无论他在哪里，他决

---

① 显然是指图利娅的债权人的追逼。

不会停止对我的辱骂。这是我遇到的最难以置信的事情，他是我当前的对手中最凶恶的。有些人在西徐亚亲耳听到他在很多人面前对我进行谩骂，这些人把他的话重复给我听。你知道他的这种风格，你甚至可以体验它。事情全都朝着我来了。由于身居其中，我感到更加痛苦，也给你带来痛苦。所以回到我先前的意见上来：看巴尔布斯能否为了这个目的专门派某人前来。请以我的名义给那些你认为合适的人写信。再见。

写于 12 月 23 日。

[220]

西塞罗致阿提库斯，公元前 47 年 1 月 3 日，于布隆狄西。

是的，确实没错，我的行动如你所说，既非常鲁莽，又操之过急；剩下没有什么希望了，我现在等着赦免我的法令。如果你和你的朋友们的勤劳和善意不能达到这一目的，我仍旧可以隐退到某些地方。事情就是这样，哪怕受到阻碍。如果对到这里来感到遗憾，我为什么乐意在新的保民官任职前到这里来？从一个过去从来不是我的朋友，现在可以合法地摧毁我的人[①]那里，我能希望什么？巴尔布斯的来信越来越冷淡，谁知道有多少人将会对凯撒说反对我的话？我的毁灭是我自己工作的结果。我的窘境完全不应当归于偶然，乃至于我要责备一切。当我看清这场战争是一种什么样的战争的时候——它什么都不是，除了虚弱和仓促反对充分准备过的敌人——我就下了决心，走上一条虽然算不上勇敢，但却在我的情况下可以允许的道路。然后，我向我的家庭屈服了，或者说我服从了我的家人。他们中的一个[②]真的感觉到了这一点，你曾经为他说好话，你会看到他写给你和其他人的信。我绝不会打开它们，但有时看到纯粹是出于偶然。事情是这样的。有人给我送

---

① 可能是指安东尼。

② 指西塞罗的弟弟昆图斯。

包裹来。我打开看里面是否有给我的信。什么都没有，但有一封给瓦提尼乌的信，一封给利古留斯的信。我让仆人按地址把信给他们送去。他们突然来到我的门前，义愤填膺，叫喊着要找那个“该死的无赖”，然后把信读给我听，里面都是各种诽谤我的话。利古留斯发了脾气，声称他知道凯撒厌恶和此事相关的这个人，但是凯撒不仅对他表示青睐，而且给了他那笔钱，用来感谢我。在这次痛苦的发现之后，我想要知道他对别人是怎么写的，因为我想如果他的这种可耻行为成为公开的，那么对他本人是一种很大的伤害。我发现其他信也有同样的性质。我把这些信送给你。如果你认为把它们送出去与他自己的利益相符，那就把它们送出去。它们对我没有伤害。至于损坏了的封印，我想庞波尼娅有他的印章。他从我们航行一开始就对我采用了同样严厉的腔调，使我很不高兴，后来我才慢慢好一点。现在据说他为自己做的事情不像反对我那么多了。

所以我在各个方面都很苦恼。我几乎无法忍受，或者说我根本无法忍受。比我所有其他痛苦加在一起还要糟糕的想法就是我要给那个被父亲宠坏了的可怜的女儿留下遗产，所有遗产都是她的。由于这个原因我确实想要见你，如你所许诺的那样。我其他没有一个人可以托付，自从我察觉到同样的命运[①]正在降临她母亲和我。但若你在这里没有找到我，你拿到这封信也就够了，你要尽力让她的叔父对她和蔼。

这封信是在我的生日里写的。我希望我从来没有活过这一天，或者说希望我母亲从来没有生下另一个孩子！眼泪阻止我继续往下写。

[221]

西塞罗致阿提库斯，公元前 47 年 1 月 19 日，于布隆狄西。

我听到消息说昆图斯们又在变本加厉。我的朋友普·特伦提乌斯有一项

---

① 指没收财产。

工作，在亚细亚管理海关和牧场出租。他于 12 月 8 日在以弗所看到小昆图斯，由于他和我的友谊，他竭力表现得很客气。他说，当他问到我的情况时，昆图斯告诉他我是他的死敌，并且拿出一卷纸，里面包括一篇反对我的演讲，说他打算在凯撒在场时发表。特伦提乌斯说他试图劝说昆图斯不要那么愚蠢。他还说后来在帕特莱的时候老昆图斯对他说了许多同样可恶的话。我送给你的信件使你能够判断他的心灵动荡的状态。我肯定所有这些都会给你带来痛苦。它也在折磨我，更多的是因为我甚至没有机会驳斥他们。

关于阿非利加我现在有了一幅与你的来信所说的不同的图景。给人印象最深刻的是他们谈到了力量和组织的程度。然后是西班牙，以及在意大利人们的公共情感的变化、军队的勇敢和忠诚受到削弱、财政方面的危急状况。除了阅读你的信件，我到哪里去寻找安慰——如果你认为有什么事情写了可以减轻我的负担，你的来信无疑会更加频繁？但无论如何我请求你不要仇恨那些残忍地敌视我的人，无论如何要接近他们，这样做没有什么特别的目的，而只是让他们明白你关心我。等你答复了我的最后一封信，我会给你写得更多。再见。

写于 1 月 19 日。

[222]

西塞罗致阿提库斯，公元前 47 年 3 月 8 日，于布隆狄西。

深重的悲哀和痛苦使我精疲力竭，即使还有任何事情我需要给你写信，我会发现很不容易做出努力。事情变得更难了，因为没有什么事情可写，尤其是看不到任何明显的好事情。所以我不再盼望从你那里听到些什么，虽然你的来信从来没有不带给我令人愉快的消息。所以当你有人送信时我希望你给我写信。你的最后一封信到我手中很早，但我没有什么可以回复，在这段间隔时间中我看到一切都已经改变。高尚的事业是强大的，而我正在为自己的愚蠢付出最多的罚金。

我从格·撒路斯提乌斯那里弄到的30,000个小银币必须付给普·撒路斯提乌斯。请尽快支付，不要拖延。我写信给特伦提娅时提到过它。还有，这笔钱也快要用光了，如果你也能与她为我做些安排，让我有些东西可以作为生计，那么我会很高兴。如果我知道我在罗马有保护，我在这里也许能借到钱；但在知道这一点之前，我不敢借任何东西。你明白我的事务的一般状况。没有什么恶是我没有忍受和等待的，这种痛苦与过错相比更难承受。在希腊的这个人[①] 无休止地对我吹毛求疵。你的信显然没有起到作用。再见。

写于3月8日。

[223]

西塞罗致阿提库斯，公元前47年3月8日，于布隆狄西。

凯发里奥在晚上（3月8日）带来了你的一封信。我今天早上已经让信使送出一封给你的信，但在读了你的信以后我想我必须再给你回复，尤其因为你说得很清楚，你想要知道我在离开意大利的时候向凯撒提出的理由是什么。我不需要任何新的理由。我反复写信给他，并托别人捎话，说我无法反对人们的一般看法，无论我多么希望这样做，等等。我最后要他考虑的是，在这种事情上我遵循的是大家的判断，而不是我自己的判断。后来小高奈留·巴尔布斯写信给我，说凯撒认为我弟弟昆图斯已经“为我的离去吹响了号角”（这是他的原话）。尽管我与昆图斯当面说过许多刺耳的话，有过严厉的行动，然而在还不知道昆图斯对各种人是怎样说我的情况下，我还是写信给凯撒说了下面一些话：

“我对我弟弟昆图斯的担忧超过对我自己的担忧，但是在我当前的处境下，我不敢代他向你求情。然而我要大胆地请求你，不要让他对我的任何缺点负责，比如在尊敬你本人这方面；与此相反，请你相信他对我们之间的关

---

① 指老昆图斯。

系总是感到高兴，他是我旅行中的伴侣，而不是向导。因此，在其他方面，你无疑会宽容他，这是你天生的仁慈和你们之间的友谊所致。我再次诚挚地向你请求，我想要的全部就是我可以不用你来反对他。”

因此，在我有机会与凯撒面谈的时候我会采取我的一贯路线，虽然我并不怀疑他对昆图斯会仁慈宽大，并且已经说这就是他的意愿。但是，如我所见，我们有更多的理由关注阿非利加，带着对谈判而非对胜利的展望，你说那里的地位正在逐日增强，我希望这样也就够了，但我明白会是其他结果，我想你本人也是这种看法，虽然你写信不是这样说，以便能够安慰我，而不是欺骗我，尤其是现在西班牙也在与阿非利加联合。

你建议我给安东尼写信，还有其他一些事情。如果你认为这是需要的，请按照你以前经常做的那样去做。① 我想不出有什么必须要写的。你说你听说我宁可闭嘴。当你看到我以前最苦恼的地方现在有我的女婿在积极活动，② 你会怎么想？但是不要停止给我写信，哪怕你没什么可写。你的信总是给我带来某些东西。

我已经宣布接受伽莱奥的地产。我想这是一种简单的接受，因为还没有给我送来文件。

写于 3 月 8 日。

[224]

西塞罗致阿提库斯，公元前 47 年 3 月中，于布隆狄西。

我还没有从穆瑞纳的自由民那里收到任何信件。普·昔塞尔交给我一封信，我现在答复的就是这封信。你提到老塞维乌斯的信，还说有消息说他已经去了叙利亚，这也是假的。你想要知道来到这个镇上的各种人是些什么

① 即以西塞罗的名义写信。

② 多拉贝拉作为保民官已经开始要求取消债务。

人，或者他们对我是什么态度。我还没有看到任何不友好，但我肯定你可以判断这对我没有什么影响。痛苦就像我所处的环境一样无法忍受，一切痛苦中最糟糕的就是发现自己处在这样一种情形下，我的利益仅仅维系于我总是希望决不会发生的事。①

他们说老普·伦图卢斯在罗得岛，他的儿子在亚历山大里亚；所有人都说盖·卡西乌斯离开罗得岛去了亚历山大里亚。

昆图斯写信给我，为他自己找借口，用的语言比他对我进行最严厉的攻击时用的语言还要冒犯。他说他从你的信中推论你不赞成他在信中提到我的时候用如此刺耳的语言。因此他很遗憾使你为难，但他认为他的做法是合理的。然后他用最不妥当的语言列举了他这样做的理由。要是没有看到我现在完全崩溃了，他现在和以前都不会炫耀他对我的仇恨。我只希望我能离你近一些，哪怕按你所建议的在夜间赶路。然而我无法想象在什么地方或什么时候我能见到你。

关于和我共同继承富菲狄乌地产的人，你不需要给我写信。他们的要求是公平的，你无论怎么处理，在我看来都是对的。

关于在弗路齐诺购买农场，你前些时候已经知道了我的愿望。虽然我的情况要好些了，但我不认为这种事如此紧迫，我的愿望仍旧和以前一样。这件事怎么办还是由你来决定。请你考虑，要是你能够的话，如何提供一笔钱使我能应付各种必要的开支。我可支配的钱在那个时候小心翼翼地给了庞培。所以，当昆图斯在他的信中抱怨我什么都没有给他的时候，我要在你的看护下取钱，或者向其他地方借钱——尽管他从来没有问过我，我本人也从来没有见到那些钱是什么颜色的。但是请你给我提出各方面的建议。你知道我的情形。

悲哀阻止我继续写下去。如果有什么事情你认为必须以我的名义写信给任何人，请像通常那样做，无论什么时候你有人可以为你送信，千万不要错

① 指凯撒的胜利。

过。再见。

[225]

西塞罗致阿提库斯，公元前47年4月，于布隆狄西。

你在最后一封信中甚至不试着按照你的老习惯安慰我，当你承认这已经不再可能，我已经被公共的和私人的悲哀淹没的时候，我不接受你这种不恰当的坦率。现在和以前不一样了，当时我想无论如何我都有同伴和合作者。所有在阿该亚和亚细亚的竞争者还没有得到他们的赦免，甚至连那些得到赦免的人据说也打算乘船去阿非利加。所以除了莱利乌斯，没有人会和我一道分担责备，而他比我要好得多，他总是得到一些恩惠。

关于我本人，我不怀疑他[①]已经写信给巴尔布斯和奥庇乌斯。如果有什么事情是值得高兴的，他们肯定会让我知道，也会对你说。要是你从他们那里听到些什么，并且让我知道他们是怎么跟你说的，那么我非常感谢；凯撒所给予的安全保证不仅是可以依赖的，而且也能使我制订一些计划和做好准备。尽管我害怕任何人的视线，尤其是我有这样一个女婿，在如此悲惨的形势下，我看不到其他任何希望。昆图斯在我前面走了，这是潘莎和希尔提乌写信告诉我的，据说他正在和其他人一道去阿非利加。

我会写信给在塔壬同的米诺西乌，把你的信送去给他；我会让你知道我在做什么。要是你能弄到30,000个小银币，我会非常惊讶，除非你在富菲狄乌的地产上做了一笔好买卖。……我明白你仍旧滞留在罗马，然而我期盼你的到来。如果可能的话，我非常想见到你——这件事需要我们见个面。这就是结局。它的性质很容易判断，这里的事情更加困难了。再见。

---

① 指凯撒。

[226]

西塞罗致阿提库斯，公元前 47 年 5 月 14 日，于布隆狄西。

由于你提供了很好的理由，说明当前我为什么不能见到你，所以请你考虑我必须做什么。凯撒似乎陷在亚历山大里亚，羞于来信说明那里的形势，而其他一些人像是要尽快到达阿非利加，跟随的阿该亚人和那些在亚细亚的人像是要与他们会合，或者在某些自由的地方等候。所以，你认为我必须采取什么样的路线？我明白这不是一个容易回答的问题。我的情况是独特的，或者在某些方面独特，我既不能回归我先前的党派，另外在这里的人也不能给我任何鼓励。我仍旧想要知道你的建议，要是可能的话，我还是急于想要见到你。

我已经写信告诉你，米诺西乌汇来的钱只有 12,000 个罗马小银币。如果你认为其余部分也会汇到，那么我会非常高兴。迄今为止一直对我提出“强烈要求”的昆图斯用最可恶的腔调给我写信，他的儿子也格外可恶。目前还没有可以察觉的麻烦令我恼火。但是一切麻烦比起我内心感觉到的我所犯的错误带来的懊悔要容易承受。即使我在犯这种错误时会有一个合伙人，这也是一个相当可怜的安慰。其他所有人都有瞭望孔，只有我没有。有些人成了囚犯，有些人被杀。他们的忠诚不是问题，如果他们在解救自己的时候与其他人会合，这种情况当然会少一些。即使那些自愿去了富非乌斯那里的人也不能受到任何比胆怯更严重的指控。许多人的返回受到欢迎，无论他们是如何返回的。因此，如果我不能承受这样一副自责的重担，你一定不要惊讶。只有我犯下无法补救的错误——也许还有莱利乌斯，但那对我又有什么好处呢？至于盖·卡西乌斯，他们说他已经改变了去亚历山大里亚的想法。

我这样写信给你不是说你能消除我的担忧，而是寻找你是否对我心中思考的这些事情有什么建议。这些事情中最要紧的是我的女婿，以及眼泪阻止我把它们写下来的那些事情。甚至伊索普斯之子也给我带来痛苦。确实，世上没有其他任何事情能让我成为最可悲的人了。但是回过头来说，你认为我应当怎么办，我是否应当悄悄地去某个比较近的地方，或者去国外。因为我再也不能待在这里了。

关于富菲狄乌的地产，为什么就不能提高一点呢？这些条件通常是不容争执的，因为通过拍卖只能得到较少的份额。我有理由询问，因为我怀疑我的共同继承人对我的利益采取了一种可疑的观点，因此宁可将事情公开。再见。

写于 5 月 14 日。

[227]

西塞罗致阿提库斯，公元前 47 年 6 月 3 日，于布隆狄西。

你的这封信[①] 没有给我带来什么安慰，这不是我的错(我的意思是现在，要是在过去，我已经为此而受责备了)。我想你会注意到，它写得很拙劣，使人产生强烈的怀疑，以为他并没有送出这封信。关于和他见面，我会按照你的建议去做，因为不知道他什么时候到来，从亚细亚来的旅行者也没有提到和平——这种希望引导我陷入当前的困境。我看不到希望的根据，尤其是他现在正在亚细亚实施打击，还有在伊利里亚，在卡西乌斯事件中，在亚历山大里亚，在罗马，在意大利。我在想，哪怕他要返回（据说他仍旧在战斗），在他返回之前事情就已经解决了。

你写道，关于这封信的消息在诚实者中引起了一定的兴奋。你没有忽视你认为可以获得一丝安慰的东西，但是我不能相信任何诚实者能够认为我为了向他乞求安全而没有付出，尤其是当我不再有一个同伴的时候。那些在亚细亚的人正在等待事情的变化，阿该亚人还抱着与富菲乌斯调解的希望！他们的恐惧最初和我是一样的，他们的决定也一样。在亚历山大里亚的拖延是他们的拯救和我的毁灭。因此我现在要向你提出与我在前一封

① 凯撒或安东尼给阿提库斯的信，阿提库斯送给西塞罗一份抄件。

信中同样的要求，如果在如此绝望的形势下你能察觉到你认为我可以遵循的道路，你应当向我提建议。如果在这里我得到恩惠，你认为这种事是不可能发生的，那么我仍旧看不清自己该做什么，或者在战争期间待在那里；如果我被抛弃了，那就完了。所以我在等待一封信，我要求你毫不犹豫地给我写。

关于这封信，你建议我写信告诉昆图斯。我会的，要是我能在这件事中得到快乐，虽然我的一位熟人写信给我，说：“在这些糟糕的日子里我非常遗憾地待在帕特莱。如果你弟弟以我想要听到的用语谈论你，那么我会比较喜欢。”你说他告诉你我没有给他回信。我只接到他的一封信，我回了，信交给了凯发里奥，由于天气不好，信在他那里搁了好几个月。我已经告诉你，小昆图斯用最可恶的语言给我写信。

我必须请你做的最后一件事情是找卡弥鲁斯谈话，就特伦提娅的遗嘱问题提出警告，如果你认为这样做是对的，如果你感到是你能够承担的。你要多次对她进行警告，让她做事情公正一些。有人从斐各提姆那里听说她正在做一些可恶的事情。这难以置信，但要是不采取措施，她就会得寸进尺。请你就各个方面给我回信，尤其是我需要你提建议的事情，哪怕你找不到答案。因为，我将以此为证，说明事情已经毫无希望了。

写于6月3日。

[228]

西塞罗致阿提库斯，公元前47年6月12日或13日，于布隆狄西。

这封信的信使不是我自己的，他们匆匆忙忙地要上路。因此这封信很短，同时也因为我还会派我自己的人送信。我的图利娅于6月12日与我会合。她说了许多你对她的关照，并且送给我三封信。她本人的勇敢、体贴和热爱远远超过我必须从一个好女儿那里得到的，然而当我想到不幸的命运，如此可敬的本性在其中被抛弃，不是由于她自己的任何过错，而是由于我的巨大过失，我感到无限悲伤。因此，我不再期待来自你的安慰，虽然我看到你正在急于提供安慰，也不期待你的建议，因为情况已经不允许我再接受，我明白你已经做了所有的尝试，在你以前的许多信中，也在我刚收到的这些信中。

[229]

西塞罗致阿提库斯，公元前 47 年 6 月 14 日，于布隆狄西。

我正在考虑派马库斯与撒路斯提乌斯一道去见凯撒。至于图利娅，我看不到理由当我们俩都受到严重的伤害时应当长期让她和我待在一起。因此，一旦她愿意，我就打算把她送回她母亲身边。对你信中表示的安慰，我代表她做这样的答复，你本人可以看到这是当前可以接受的办法。

你提到奥庇乌斯和你谈话时使用的语言，这和我自己的怀疑是一致的。但使我感到确定的是，我赞同他们的行为，但要说服这些人几乎是不可能的，不过我仍旧可以和他们谈。我会使用各种办法，尽管我不明白为什么要去引起他们的厌恶。①

我明白有足够的正当理由阻止你来看我们。没有什么他离开亚历山大里亚以后的消息，人们认为自从 3 月 15 日以来根本就没有人离开过那里，自从 12 月 13 日以来他就没有送什么公报回来。从中你可以看出，2 月 9 日送出的那封信中讲的事情实际上是假的，即使是真的，也没有结果。我知道马·特伦提乌斯已经离开阿非利加到达派司图。我想知道他带来什么消息，他是怎样离开的，阿非利加的情况怎么样。据说是纳西狄乌让他走的。如果你知道，请你告诉我。关于那 10,000 个小银币，我会按照你说的去做。再见。

写于 6 月 14 日。

---

① 凯撒党人的态度不重要，因为他们像是要输掉这场战争。

[230]

西塞罗致阿提库斯，公元前 47 年 6 月 19 日，于布隆狄西。

现在还没有这个人离开亚历山大里亚的传闻，正好相反，人们以为他深深地陷入其中。所以我没有像我决定的那样派遣马库斯，我必须请求你把我弄出这个地方。任何惩罚都比待在这个地方要轻。我已经写信给安东尼、巴尔布斯、奥庇乌斯。无论在意大利是否会发生大战，无论是否使用海军，我在这里都是不受欢迎的。两种紧急情况都有可能发生，二者必居其一。从你写信讲到的奥庇乌斯的谈话中我当然明白你的朋友有多么愤怒，但你必须让他们平息下来。我现在等待的只有不幸，没有什么能比我现在的预测更绝望。所以，如果你对安东尼讲这件事，也对他们讲这件事，尽可能做出安排，那么我会非常感谢。请尽快写信给我。再见。

写于 6 月 19 日。

[231]

西塞罗致阿提库斯，公元前 47 年 7 月 5 日，于布隆狄西。

我打算同意你的意见，你在信中详细证明你无法用建议来帮助我。确实没有任何安慰可以缓解我的困顿。没有什么事是偶然的（偶然的事情能够承受），全都是由于我的行动，由于我的错误才遭受到心灵和身体的痛苦，而和我最亲近的人却不幸地没有对我加以阻拦。因此，由于你无法给我提供希望、建议和安慰，从今以后我不会再向你寻求这些东西。我只请求你不要中断给我写信，想到什么就写什么，只要你有送信人和收信人。这种时间不会太长了。

有一条不可靠的消息说凯撒离开了亚历山大里亚。消息来源是苏皮西乌的一封信，此后的消息似乎都在确证这一点。它的真假对我个人没有区别，我无法说我希望是哪一种情况。

我会找时间给你写信谈遗嘱的事。我希望……这个可怜的孩子长期受苦，使我难以忍受。我相信她。如果我有力量可以用任何方式保护她，我渴望你能给我建议。我明白在这方面提建议同样很难。然而，这方面给我带来的担忧超过其他一切事情的总和。我们对第二次分期支付她的嫁妆一无所知。我希望我能采取不同的行动，但现在已经太迟了。我请求你，要是我当前绝望的处境中还有什么东西能搜刮在一起的，包括那些放在安全地方的器皿、衣物（我有很多衣服），或家具，你都可以使用。最后的危机在我看来正在逼近。根本没有和平的希望，现在的当局似乎已经要崩溃，哪怕没有外在的压力。如果你认为合适，也请你在一个恰当的时候与特伦提娅讨论这个问题。我无法写下我心里所有的话。再见。

写于7月5日。

[232]

西塞罗致阿提库斯，公元前47年7月9日，于布隆狄西。

卡弥鲁斯写信给我，说你已经跟他谈过我请你与他联系的那件事①。我在等待你的回音，虽然我看不出，要是它不像它应该是的那个样子，怎样才能改变它。收到他的信以后，我感到必须得到你的一封信（我假定你还没有得到通知），只要你身体还好——你确实在生病的时候还在写信。

7月8日，有一位阿古西乌从罗得岛来。他告诉我小昆图斯于5月29日离开那里去与凯撒会合，斐洛提姆在前一天到达罗得岛，他会给我带来一封信。你会听到这位阿古西乌本人说了些什么，但由于他正在相当悠闲地旅行，所以我想最好把给你的信交给一位比较快的旅行者。那封信中写些什么我还不知道，但我弟弟向我表示衷心的祝贺。对于我来说，在犯了大错以后，我甚至不能想象任何我能忍受的事情。

---

① 特伦提娅的遗嘱。

我恳求你为这个可怜的姑娘着想，考虑我在上一封信中提到的那件事，想办法让那只恶狼离开她的家门，以及考虑遗嘱本身。我希望另外一件事[①]也能很快处理，但我现在害怕一切。处在邪恶中肯定没有比离婚更好的选择。处理这件事一定要坚决，无论是债务问题、他夜间与人通奸、梅特拉，或者是他的全部不良行为。我会省下钱来，提供某些强有力的证据。你在处理这件事的时候也要考虑当时的情形，尽管无论怎么做都是可取的。现在他似乎正在进行威胁。我听说了有关克劳狄的雕像的事情。所有人都会想到我的女婿或者取消债务！因此我像你一样希望给他送去离婚通知。他可能会要求得到第三次分期支付的嫁妆，所以请考虑一下送出通知的时机，恰当的时候应该是在他采取行动之前。要是我能做到，哪怕它意味着夜间旅行，我也会试着来见你。请你写信给我，谈谈这些事以及我想知道的事。再见。

[233]

西塞罗致阿提库斯，公元前 47 年 7 月 22 日，于布隆狄西。

只要有机会把信交给你的人，我是不会放过的，虽然我没有什么事情要写。你给我们写信比以往要少，也更加简短，我想这是因为你认为没什么话可说，没有什么事写下来可以让我读或听的时候感到愉快。但我希望你写任何事情，无论它是什么。如果可能的话，我现在唯一祈求的事情是和平。这样说并非意味着我对此抱有希望，而是你有时候给了我一些模糊的暗示，所以我对已经逝去了的东西又有了一些期盼。

据说斐洛提姆会在 8 月 13 日到来。关于他我没有其他消息。如果你能对我较早写给你的那封信做出答复，我会非常感谢。我只需要足够的时间预备一些粮食，这是我在当前悲惨的环境中能做得最好的事情，我还从来没有为任何事情准备过粮食。再见。

---

① 指图利娅与她丈夫的关系。

写于7月22日。

[234]

西塞罗致阿提库斯，公元前47年8月6日，于布隆狄西。

你写信告诉我的事情以及（你也是有意为我）你对图利娅提到的我的事情，我感到是真的。我更加可悲了，虽然还没有增加，因为在如此致命的伤害下我不能放纵我的愤怒，甚至不能放纵我的痛苦而不受惩罚。啊，好吧，我必须忍耐！而在忍耐的同时，我仍旧不得不忍受你告诉我要警惕的同样的打击。我错误地做了那么多事，但是换了其他人，结果也一样。

回过头来说我自己的事，下面这些事是秘密的。甚至在这个阶段，也请你一定要看遗嘱。我希望当她[①]开始提问的时候，事情已经办完了。我假定你对她说的话不会太在意——毕竟她没有向你提要求，我对这件事也没有提什么要求。事情既已如此，问题已经在你们之间摆开，你能够建议她信任某个人，其幸福与这场战争的危险联系在一起。至于我，如果这也是她[②]的希望，我对任何人的喜爱不会超过对你的喜爱。可怜的姑娘，我在她面前要掩饰我的担忧。在其他事情上，我当然知道现在不适宜出售任何东西，但可以把它们隐藏起来，躲避迫近的大溃逃。你写信给我们，说我的财产、你的财产、特伦提娅的财产都可以用上。你的财产毫无疑问，但我能有什么财产？至于特伦提娅的财产，不要说无数次其他事情，就说一件不就够了吗？你要她兑换12,000个小银币，这样可以平衡一下。她给我送来10,000，还说就这些钱了。当她在这样的小事上斤斤计较的时候，你能看到要是涉及一大笔钱，她会怎么做。

斐洛提姆没有露面，甚至没有写信或派人捎口信来告诉我他在干什么。

---

① 指特伦提娅。

② 指图利娅。

来自以弗所的人说看见他在那里为自己的事打官司。这些事情也许要推迟到凯撒到达——这件事似乎很快就会发生；所以我假定他认为没有什么东西需要尽快送到我手中，或者他更像是认为我正在慢慢地倒大霉，即使他有什么东西要送给我，他也不用自找麻烦，直到他处理完自己的事情。对此我当然很恼火，但不是很厉害。由于某个你肯定知道的原因，[①] 从那边来的消息与我关系不大。

你告诉我，要使我的言谈举止与当前的形势相适应。虽然这样做很难，但若我认为这样做会给我的处境带来某些不同，我会强迫自己这样做。你写信说你认为阿非利加那边的生意用一两封信就能解决。我希望你告诉我，你为什么这样想；我无法认为这是可能的。但若有什么事情能给我带来一些安慰，如果你能告诉我，那么我会非常高兴；如果什么都没有（我察觉到现在就是这种情况），那么就直说。如果我先听到什么，我会给你写信。再见。

写于 8 月 6 日。

[235]

西塞罗致阿提库斯，公元前 47 年 8 月 15 日，于布隆狄西。

盖·却波尼乌的一个自由民于 8 月 14 日从庇厄里亚的塞琉西亚到达这里，他于 27 天前启程。他说在安提阿的凯撒司令部里看见小昆图斯与希尔提乌，据此他们猜想昆图斯没有碰到什么难处。如果这样得来的看法能给我们任何确定性，那么我对这些消息会感到更加高兴。但根据其他消息来源，仍然会有某些危险，凯撒给人的特许，从主人到仆人，是他可以任意撤销的。

凯撒也原谅了撒路斯提乌斯。据说他矢口否认一切，引起了怀疑，也有人说只是推迟了对他的审问。昆图斯之子马·盖留斯把撒路斯提乌斯的奴仆

---

① 假定斐洛提姆会带来一封凯撒的信。

送还给他。他[1] 带着军团去了西西里。据说凯撒会从帕特莱直接去那里。如果他这样做了，我会去某个比较近的地方，我希望很快就能这样做。我急切地等待你对我最近寻求你的建议的那封信的回答。再见。

写于8月15日。

[236]

西塞罗致阿提库斯，公元前47年8月25日，于布隆狄西。

我于8月25日收到你19日送出的一封信。当我读到昆图斯的信时，早已被我忘却的昆图斯的邪恶行为给我带来的困惑又可悲地复活了。你不可能不把他的信送给我，然而我希望你没有这样做。关于你提到的遗嘱，我的答复是你必须判断要做什么，怎么做。至于钱，我告诉你，她[2] 以前写信跟我说过，如果我需要，我会提取你提到的这笔钱。

看来凯撒9月1日不像会在雅典。据说在亚细亚有许多事把他拖住了，尤其是法那凯斯。听说第十二军团，最先由苏拉率领，遭到滚石的打击。他们一个也不敢动。预期凯撒会从帕特莱直接去西班牙，如果这是真的，那么他不得不走这条路。但我宁愿他走另一条路，如果是这样的话，我就能找到逃避的办法了。然而，我担心我不得不等待，我可怜的姑娘不得不忍受这个不利的环境，以及她的其他麻烦。

你建议我要使自己的行为适应时代。要是情况允许，我会的，无论用什么实际的方式。但是我自己所犯的错误，以及我自己的家庭给我造成的巨大伤害，我实在是无可奈何。你对苏拉的政权做了比较。虽然有点缺乏温和与节制，但其他所有一切基本上值得敬佩。另外，当前的政权是这样的，我发现我已经忘了自己的处境，宁可最后的结果对世人有利，而不是对与我自己

---

① 英译者认为此处拉丁原文可能漏掉了“他说苏拉正在带着”这些字。参见下一封信。

② 指特伦提娅。

的利益相关的人有利。如果你能经常给我写信，那么我会非常感谢，即使其他人也给我写信，你的信是我最期盼的。你写到，由于我的缘故，凯撒打算原谅昆图斯。我已经告诉你，他马上给了小昆图斯所要求的一切，但没有提到我。再见。

[237]

西塞罗致阿提库斯，公元前 47 年 9 月 1 日，于布隆狄西。

巴尔布斯的信使送来了这个包裹——我收到了你的一封信，你在信中似乎担心我可能收不到这些信。我但愿从来没有收到过这些信。它们增加了我的困惑，如果它们落入其他人之手，也不会告诉他们什么新鲜事。昆图斯对我的仇恨以及他写信的风格已经众所周知。凯撒本人似乎没有把昆图斯的信送给你的朋友，他被昆图斯的诽谤行为惹恼了，但是我想，这样一来知道我的不幸的人更多了。至于你担心这封信会给他带来伤害，你希望我反对产生这样的效果，但凯撒甚至不会等着有人来问他。这肯定不会让我苦恼，使我苦恼的是我们得到的特许是没有价值的。[①]

我相信苏拉会和美萨拉一起到这里来。他们赶着去见凯撒，他们被派去为部队运送辎重，但这些士兵拒绝去任何地方，直到拿到军饷。所以出乎我们的预料，凯撒会到这里来。虽然他在途中会在每个城镇逗留几天，所以不会太快到这里。法那凯斯，无论在干什么，会抓紧时间的。所以你对我有什么建议？我的健康在这种恶劣的天气下几乎已经难以支撑，给我困顿的心灵增添了身体的不适。或者说，我要请这些上路去见凯撒的人代我致歉，自愿到离你比较近的地方去吗？请你考虑这些问题，用你的建议帮助我，尽管我反复提出这种要求，你到现在还没有这样做。我知道这不是件易事，但除了其他考虑外，见到你对我很重要（如果我在这些可恶的日子里还能说话）。

① 参见第 235 封信。

我感到，如果我能见到你，我肯定能得到某些东西。是的，关于那份遗嘱，请你一定关注。

[238]

西塞罗致阿提库斯，公元前46年4月初，于罗马。

除了谣言，这里什么都没有：穆尔库斯翻船淹死，阿昔纽斯活着落到士兵手中，50条战船被逆风吹到尤提卡[①]，庞培[②]失踪——根本就不像帕基埃库说的那样到了百莱里克岛。但是没有人确证任何一条消息。所以你现在知道你不在的时候他们在谈论什么。

与此同时在普赖奈司特有赛会举行。希尔提乌和那批人都在那里，赛会要举行八天！你可以想象还有宴会和其他好事！与此同时，那件事[③]可能已经结束。真是太奇特了！巴尔布斯现在正在建造豪宅。如果有人到他那里去，作为一个寻求快乐而非寻求美德的人，他能不说祝你幸福吗？与此同时，你在睡大觉。如果你在做事，那个问题一定已经解决了。如果你问我的看法，我……我不再继续往写下了，因为很快就能见到你——我希望你能从大路直奔我的住处。我们会一道为提拉尼奥确定一个日子以及其他需要的东西。

[239]

西塞罗致阿提库斯，公元前45年5月30日，于图斯库兰。

如果这世上有一个人比我还要不会奉承人，那么我想这个人就是你；或者说，要是我们俩有谁奉承过某个人，那么至少我们从来没有相互吹捧。所以注意听我跟你说这桩买卖。我可以去死，我亲爱的阿提库斯，如果我假定

---

① 尤提卡（Utica），北非迦太基西北的城市。

② 指庞培的大儿子格奈乌斯。

③ 指在阿非利加的战争。

你对此也有同感——我指的不是图斯库兰，我在那里已经找到了许多其他快乐，我指的是与你完全分离的福岛。好吧，还有三天就可以见面了，我们必须笑着忍受这三天——你当然会有同感。但是，我想知道你今天是否在拍卖之后马上离开，你哪天来。与此同时，我在读书。真讨厌，我没有维诺纽斯的《历史》。

然而，不能完全忽略了生意，凯撒指派给我的债务可以用三种方式处理：(1) 在出售某些东西的时候再把它们买回来；事实上，我宁愿损失金钱，不愿损失信誉，我想二者正好相抵。(2) 从现在起一年内由购买者支付，把债务转给我。但我能相信谁，米托的年[①] 什么时候开始？(3) 按照威提努斯的条件支付一半。所以，请你考虑。但我担心你的朋友现在根本不会举行拍卖，等他的赛会完了，他会尽快去寻求我们那个结巴[②] 的帮助，因为如此优秀的人竟然不会算账。但是我们要想清楚。请你照料好阿提卡[③]，把我的至爱带给她和庇丽娅，还有图利娅对她们的至爱。

[240]

西塞罗致阿提库斯，公元前46年5月，于图斯库兰。

非常感谢你的这封最受欢迎的、最令人愉快的信。事实上，你已经把假日还给了我——这是提罗的说法，他认为你看上去确定的事情实际上使我心神不宁。所以我会再加一天，如你所建议的那样。

现在来说加图：[④] 这是一个给阿基米德准备的问题。你那些赐予你恩惠的同伴[⑤] 能够平静加以阅读的东西，是我根本无法卒读的，更不要说能得到

---

① 米托（Meto），古代雅典天文学家。他制定的一年相当于平常的19年。

② 指巴尔布斯，他的名字的意思是“口吃”。他是凯撒的主要财务专家。

③ 即阿提库斯与庇丽娅的女儿凯西莉娅·阿提卡（Caecilia Attica）。

④ 西塞罗正在考虑写作一篇赞扬加图的文章，加图最近在阿非利加自杀。

⑤ 像希尔提乌和巴尔布斯这样的凯撒党。

乐趣了。即使我完全不提他在元老院的演讲和政治观点，只赞扬他的严谨和沉稳，也是对他们的耳朵的一个刺激。但是，如果不提这位杰出人物对我们当前形势的预见，不提他宁可放弃自己的生命，而不愿亲眼看到预言变成现实，就不可能是真正的赞颂。阿莱狄乌能接受这样的颂扬吗？

请你一定要照料好自己的健康，要把你用于所有事情的睿智首先用于重获你的体力。

[241]

西塞罗致阿提库斯，公元前46年6月12日，于图斯库兰。

我已经派提罗去见多拉贝拉。他会在13日返回。次日我将期待你的到来。关于我的图利娅，我明白你正在优先处理，我诚挚地希望你这样做。所以，那个时候她相当不坚定——你在你的信中是这样说的。至于我，虽然我需要回避初一，躲避尼卡西奥的账单，清理我的账目，但仍旧不值得让你为我做出牺牲。即使我在罗马，我仍旧每天期待你的光临，等候的时间是漫长的。你知道没有什么关于我的争论，所以，我宁愿比我感受到的说的要少。

[242]

西塞罗致阿提库斯，公元前46年7月或8月，于图斯库兰。

“父亲昆图斯第四次”①，或者倒不如说第一千次，使他自己成为一头驴子，他对他的儿子变成卢佩库斯② 感到心安理得，斯塔提乌也这样——“瞧，

---

① 引文出自恩尼乌斯：《编年史》第10卷，第295行。原文为“老昆图斯第四次成为执政官”。

② 卢佩库斯（Lupercus），古意大利的牧神。2月15日是牧神节，在帕拉丁山的一个洞穴中举行庆典。公元前45年以前有两个牧神祭司团，凯撒下令增添第三个祭司团。

双倍的荣耀倾注在他家!"[①] 我要加上斐洛提姆作为第三位。无与伦比的愚蠢——如果我不是更愚蠢的话！为了这样的目的来向你要捐赠，真是厚颜无耻！假如他不是来到"一口干涸的泉眼"，而是来到庇瑞涅[②]，或者来到"阿斐乌呼吸的圣地",[③] 那么他会饮尽泉水，如你所说，尤其是当他本人如此迫切需要金钱的时候。这一切何时才能结束？然而，这是他的事。

我为我的《颂加图》感到高兴，鲁西留斯·巴苏斯也为他的作品感到高兴。

[243]

西塞罗致阿提库斯，公元前 46 年，约 10 月，可能于图斯库兰。

"克瑞美斯，你自己做得那么少。"[④] 你真的在读《论最好的演说家》[⑤] 吗？好极了！我很高兴听到这一点，如果你让你的书记员把你和其他人的阿里斯托芬换成欧波利斯，那么我会更加高兴。

我想凯撒正在逗你的"猎物"——这是一种高尚品位的经典表达。在关于我的事情上，他会以这种方式继续告诉你不用担心，要消除一切不安。我很遗憾阿提卡的身体长期不适，但由于发抖的症状已经消失，我希望一切都会好起来。

[244]

西塞罗致阿提库斯，公元前 46 年，约 10 月，可能于图斯库兰。

---

① 引自一出已经佚失的拉丁戏剧。

② 庇瑞涅（Pirene），科林斯一眼泉水的名字，献给缪斯。

③ 阿瑞苏萨（Arethusa），叙拉古一眼著名的泉水，据说源自阿斐乌河（Alpheus）。

④ 特伦提乌斯:《自我惩处者》(*Heautontimorumenos*)，第 75 行。

⑤ 指西塞罗的修辞学短文，而非他的著作《论演说家》。

我已经记下了你想要的所有东西，并把它们交给了厄洛斯——我的信写得很简单，但实际上已经回答了你所问的问题，还包括某些关于马库斯的事情[①]。你让我开始考虑这件事。我很随意地跟他谈了这件事——如果方便的话，你可以直接问这个孩子。还有，他问为什么要推迟？我解释说，是你让我注意到他的愿望和要求；但他希望去西班牙，[②] 想要一笔盘缠。关于后者，我说我会给他一笔钱，就像普·伦图卢斯或福拉门·伦图卢斯给他们的儿子一样多。而关于西班牙，我做了两点评价。第一点我已经对你说了，我担心招来公众的批评。人们会问，我们放弃了斗争是否还不够，是否还一定要站在那一边。然后我敦促他说，他的堂兄在交友和一般的考虑上超过他，对此他会苦恼的。我宁愿他本人接受我过分的宽大，而不是有利于他自己的自由。然而，我基本上放弃了，按照我的猜测你不太会反对这个想法。我会进一步考虑，如果你也这样做，我会感到高兴的。这不是一件小事，最要紧的是让他留下来，其他的事情无可无不可。然而，我们会看到结果的。

我在记事本上写下了巴尔布斯，我建议等他一回来就这样做。如果他推迟了，我还是会在三天内回来，还有，我忘了提起，多拉贝拉会和我一起来。

[245]

西塞罗致阿提库斯，公元前 46 年，约 10 月末，可能于图斯库兰。

关于马库斯，许多人同意了这个计划。我有一个恰当的人选会和他一起去。但是让我们先来看分期支付的第一笔。[③] 现在已经到了要支付的时候了，他显得很匆忙。请告诉我凯莱尔所说的凯撒对候选人的安排，他的意思是否

---

① 西塞罗想把马库斯送到雅典去学习。

② 马库斯宁愿去参加凯撒的军队。

③ 图利娅的嫁妆，多拉贝拉在离婚后要分期退还。

他本人会出现在费耐尔战场上，或者玛斯的战场上。[①] 我会很高兴知道我是否必须在罗马参加选举。庇丽娅一定不会失望，阿提卡更不会。

[246]

西塞罗致阿提库斯，公元前 45 年 3 月 10 日，于阿图拉。

我真的喜欢这个地方，由于我在前一封信中提到的原因，我会越来越喜欢。没有什么能比这种孤独更惬意，除了有时候被阿明塔斯之子[②] 打断，他是一个烦人的散文家。其他一切都很迷人——房子、海岸、海景，确实，这里的一切。但是没有什么事情值得写一封长信，我没什么要写了，我有点想睡了。

[247]

西塞罗致阿提库斯，公元前 46 年夏或秋，可能于图斯库兰。

我很遗憾地听说了阿塔玛斯的事情！我知道你心里确实感到悲伤，但你一定要尽力克制。安慰有多种方式，但最直接的是：在任何情况下允许时间去做到的事情也要允许理性做到。现在让我们照顾提罗的同伴阿莱克斯（提罗身体不好，我正在派人送他回罗马），如果在山上不利于健康，让我们把他和提萨美努送回我家中。你知道，整个库房的上层都是空的。这对我来说确实是一个有用的建议。

[248]

西塞罗致阿提库斯，公元前 46 年 11 月 27 日，于阿尔皮诺。

---

① 费耐尔战场在西班牙，西塞罗的意思可能是“凯莱尔会以通常的方式在战神广场的选举中当选，还是会由凯撒在西班牙提名”。

② 指腓力二世，他的父亲名叫阿明塔斯（Amyntas）。

在跟你说再见十天以后，我在拂晓前离开庄园，在此之前我写下这张便条。我希望晚上在阿纳尼亚，明天在图斯库兰，在那里待一天。然后在11月30日，我将守约。我非常希望能马上拥抱我的图利娅，亲吻阿提卡。请你就她的情况写信给我，这样当我在图斯库兰时我将知道她在说些什么，或者说她人还在乡下，这是她在给你的信中说的。与此同时，请你写信或口头转达我对她的爱，对庇丽娅也一样。还有，尽管我们很快就要见面了，如果你有什么消息，还是请你写信给我。

正当我卷起这封信的时候，一位投送急件的人送来了你的一封信。读了以后，我当然对阿提卡发烧感到非常遗憾。至于我期待的其他事情，你的信给我送来了最新的消息。但是，你说“一点晨曦表示的是老年”，我要说一段记忆表示的事情甚至更多。我把12月1日指定给埃克西乌，把12月2日指定给你，把我到达的那一天，亦即11月30日，指定给昆图斯。这就是我对你说的全部，没有什么新的。“为什么要自找麻烦写下来呢？”我们什么时候能在一起，想到什么就说什么？闲谈确实有某些价值，在一起聊天是令人愉快的，哪怕谈话没有什么实际内容。

[249]

西塞罗致阿提库斯，公元前46年11月29日，可能于图斯库兰。

关于塞乌斯我很遗憾。但是我们必须顺从人类的命运，一切都是其中的一部分。我们到底是什么，我们要把这些事放在心上多久？让我们关注与我们关系更加密切的事情，尽管不是很多。关于元老院我会做些什么？还有，不要漏掉什么，凯索尼乌送给我一封信，说苏皮西乌的妻子波斯图米娅到他家里来看他。我写信给你，回答你对庞培·玛格努斯的女儿的评价，我现在没有这样的想法。至于你提到的另一位女士，我想你认识她。她丑极了。不管怎么说，我快要到家了，我们见面再谈这件事。

在封上我的信以后，我收到了你的来信。很高兴听到阿提卡又神采飞扬了。我带着一丝恼火对她表示同情。

[250]

西塞罗致阿提库斯，公元前45年3月7日，于阿图拉。

虽然我同意克拉特鲁的看法，但我非常关心阿提卡。布鲁图的来信虽然明智和友好，但让我掉了许多眼泪。这里的孤独比城市里的忙碌使我较少烦恼。你是我唯一想念的人。但是我在这里的学习进展顺利，就好像仍旧在家里一样。然而，痛苦还像从前一样存留，并刺激着我，但我向你保证，这不是因为我的放纵，而是我尽力抗拒以后。①

关于你所说的阿普留斯②，我不认为你有任何必要自己出面，巴尔布斯和奥庇乌斯也没有必要。他对他们讲了，也给我送来口信，说他不会给我添一点麻烦。你瞧，人们越来越接受我以健康为理由的婉拒。莱纳斯答应出席。你要抓住盖·塞提米乌和卢·斯塔提留。确实，你问的人没有一个像是会拒绝宣誓。但若事情变得困难，我会前来，并表明自己身体不适。由于我必须回避社交场合，我宁可显得是出于法律的理由这样做，而不是显得由于悲伤。请你要求科凯乌斯付钱——他没有信守诺言。我想要买个隐秘的地方当做我躲避悲伤的避难所。

[251]

西塞罗致阿提库斯，公元前45年3月8日，于阿图拉。

我昨天写信给你，说到我向阿普留斯提出的借口。我不认为有什么困

---

① 西塞罗之女图利娅于公元前45年2月中旬死于图斯库兰庄园，为了摆脱悲伤，西塞罗于3月7日去了海边的阿图拉。

② 一名新任的占卜官，西塞罗必须参加他的就职仪式，但由于图利娅之死带来的悲伤，西塞罗不愿意参加。

难。无论你问谁，不会有人拒绝。你瞧，塞提米乌、莱纳斯、斯塔提留，三人正好是所需要的人数。但是莱纳斯答应我处理全部事情。

你告诉我朱尼乌斯为了付钱的事前来看你。考尼费昔当然是一个富人，但即便如此，我想知道我什么时候需要出面担保，是为父亲还是为儿子。同样，请你会见考尼费昔的代理人和处理阿普留斯[①]的地产的人，如你所说。

你似乎想要我从悲伤中恢复过来，但你是我的证人，我还没有得到缓解。在你家里没有哪本论缓解悲伤的书是我没有读过的。但是我的悲伤比任何安慰更强大。我甚至做了某些我想无人曾经做过的事，用文学创作来安慰我自己。等到抄写员完成了抄件，我马上就会给你送去。我向你保证，没有任何安慰能有这样的效果。我整天写作，不是因为这样做对我有什么真正的好处，而只是因为写作可以转移我的心绪——它确实是不够的，因为悲伤是强烈的、缠绕不休的，但它仍旧带来了某种缓解。我用了我所知道的各种办法让我的脸，如果不是让我的心的话，恢复镇静，如果我能做到。当我这样做的时候，我有时候感到我在犯罪，有时候又感到要是我失败了，那么我在犯罪。孤独是有用的，但悖理的是，如果你在那里分享它，它会更加有效。这是我离开这里的唯一理由，它的环境相当好。然而，这也是一个困顿的来源，因为你不会像过去那样感觉到我。你喜欢我的地方永远消失了。

我已经写信给你提到过布鲁图的来信。信中有许多明智之处，但对我没有什么帮助。我希望他在给你写信的时候本人就在这里。他肯定会给我带来某些好处，因为他非常喜欢我。如果你得到什么消息请让我知道，尤其是潘莎[②]什么时候走。我对阿提卡表示遗憾，但我相信克拉特鲁。告诉庇丽娅不要伤心。有我为一切伤心就够了。

---

① 与上一封信所说的占卜官不是同一人。

② 潘莎继承布鲁图，担任山南高卢行省的总督。

[252]

西塞罗致阿提库斯，公元前 45 年 3 月 9 日，于阿图拉。

你看，我一天又一天地对阿普留斯提出理由，因为我还找不到什么理由能够一劳永逸。在这个孤独的地方，我无人可以交谈。一大早我就躲进密密的森林，到傍晚还不肯露头。除了你，孤独是我最好的朋友。当我独处时，我的对话人就是书本，但它会被一阵啜泣打断，我在尽力与之对抗。但迄今为止，它是一场不平等的战斗。我会按照你的建议答复布鲁图。明天你会收到这封信。你一有机会就把它送出去。

[253]

西塞罗致阿提库斯，公元前 45 年 3 月 10 日，于阿图拉。

我不想让你丢下自己的事情来看我，如果最近你有时间，最好还是我上你那里去。如果不是什么都没有发生的话，我决不会越出你的视野，什么都没有发生对我有用。如果说减轻痛苦是可能的，那么只有在你那里，只有你才能帮助我减轻。然而现在我无法忍受与你分离。但是我们认为去你家不合适，我又不能待在自己家里。哪怕待在某个邻近的地方，我仍旧得不到你的陪伴。至今让你牵挂的事仍旧会让你牵挂，阻止你花很多时间跟我在一起。到现在为止，这里的孤独以及其他一切是适合我的。我担心腓力普斯会打断它。他昨天晚上到了。阅读和书写带给我的确实不是安慰，而是分神。

[254]

西塞罗致阿提库斯，公元前 45 年 3 月 11 日，于阿图拉。

为了逃避使我感到痛苦的记忆，像被狗咬了一样，我求助于给你写一个备忘录。请原谅我这样做，无论你对这件事怎么看。我现在确实能引用我最近不断阅读的一些作者，推荐我经常对你说起的那个计划，我想得到你的批准。我提到那个神龛。[①] 请你认真考虑，要与你对我的热爱相应。我本人对神龛的样式毫不犹豫（我喜欢克鲁阿提乌[②] 的建议），我对这个主意本身也不犹豫（我的决心已经下了）；关于地点我动摇了一段时间。所以，请你仔细想一想。至于在这个文化的时代建造这座神龛的可行性，我当然会用希腊和拉丁天才们所能提供的各种纪念物来供奉她。也许这样做会触及我的伤痛。但我考虑自己有这样做的义务，时间拖得越久我就越想这样做，任何拖延在我看来都显得太久。我尝试了各种办法，但没有找到安慰。当我开始我在前一封信中所说的那项工作时，我发现自己是在加剧我的痛苦。现在我放弃了所有帮助，发现没有什么比孤独更容易忍受——腓力普斯没有像我担心的那样破坏我的孤独。昨天来看过我以后，他马上去了罗马。

按照你的要求，我送上我写给布鲁图的信。你会看到它和给你的信一道送出。然而我送给你的是一份抄件，如果你不喜欢，你不需要把它送给布鲁图。

你说我的私人事务井然有序。你可以让我知道是哪些事情。我正在等待某些消息。科凯乌斯没有把我们领出花园。至于利伯，我想厄洛斯告诉我的他的诺言是可靠的。我主要依靠苏皮西乌，当然了，还有厄格纳提乌。我不明白你为什么要替阿普留斯着急，要找到一个理由并不困难。

你肯定你来看我不会太难吗？这是你的建议？距离太远了，你出发的时候也许必须加速前进，让你来使我感到很困惑。但这都是你的希望。无论你怎么做，我都会认为这样做不仅是对的，而且是为我做的。

---

① 西塞罗有了一个奇怪的神化图利娅、为她建一座小神庙的计划。他试图在罗马附近买一块地建庙。

② 克鲁阿提乌（Cluatius），一名建筑师。

[255]

西塞罗致阿提库斯，公元前 45 年 3 月 12 日，于阿图拉。

玛西亚努写信告诉我，我的致歉已经由拉特伦昔、那索、莱纳斯、托夸图斯、斯特拉波转告阿普留斯。请看他们以我的名义送出的感谢信。由于弗拉维乌说我在 25 年以前为考尼费昔做担保——尽管债务人是个富人，地产处理人阿普留斯是个绅士——所以麻烦你查一下共同担保的文件（我在担任市政官之前与考尼费昔没有什么联系，但仍旧有可能如他们所说的那样，所以我想要确定地知道），如果你认为恰当，请要求这些代理人付钱。然而，这跟我有什么关系呢？等你知道的时候，请告诉我潘莎离去的时间。请你转达我对阿提卡的爱，我请求你照顾她。请转达我对庇丽娅的爱。

[256]

西塞罗致阿提库斯，公元前 45 年 3 月 13 日，于阿图拉。

昨天我从其他人的来信中得知安东尼的到来[①]，我感到惊讶的是你的信中没有提到这个消息。但也许，这时候你的信已经送出了。不是我关心这些事，而是我想他在急于抢救他的保证人。

你说特伦提娅提到我的遗嘱的证人。我一开始并不关心这些事，我的心不再有任何余地存下任何小的或新的麻烦。但仍旧可以说，这有什么相似之处？她拒绝邀请那些她认为会提问的人，除非他们知道内容。而我会操心诸如此类的事情吗？然而，随她便吧。我可以对她想要提名的任何人宣读我的遗嘱。他会发现关于我的外孙[②]我无法做得更好了。至于我没有要她封上遗

① 到达罗马。

② 即图利娅与多拉贝拉之子，小伦图卢斯，只活了几个月。

嘱，原因是：(a）我没有想到；(b）我没有理由想到我要这样做。如果你正好还记得，你知道我当时请你带一些你的人来。然而，有必要找一大帮人来吗？我说了我们这个家族要出席的人数。然后你建议我派人去问西留斯。就这样才有了对普伯里留斯的邀请。但这样做同样也是不必要的。你认为怎么好就怎么处理吧。

[257]

西塞罗致阿提库斯，公元前 45 年 3 月 14 日，于阿图拉。

这确实是一个令人愉快的地方，就在海中——从安齐奥和西尔塞伊都能看到。但我不得不考虑如何确保这个地方仍旧是神圣的，未来它将经历无数次所有者的变更，如果我们的社团还能存活。对我本人来说，我不再需要收入，我的需要极少。我有时候想在台伯河另一边购买一处郊区的地产，这是我心里的主要想法——我无法想到那些公众眼皮底下的地方。但是买什么地产是我们必须一起讨论的问题——只有这座神龛必须在这个夏天完工。无论如何请你和开俄斯的阿佩拉安排购买柱石的事情。

我同意你信中对科凯乌斯和利伯的看法，尤其是你对我的司法服务的看法。让我知道担保人的事，如果你发现了什么——虽然我想知道考尼费昔的代理人说些什么，当你那么忙的时候，我只希望你不要在这件事上花费太多时间。巴尔布斯也和奥庇乌斯联名写信给我提到安东尼，说你希望这件事引起我的警觉。我感谢他们，但是如我已经告诉你的那样，我想要你明白，这个消息并没有使我警觉，因为不会再有任何消息能使我警觉了。

如果潘莎今天离开，如你所想的那样，请你从现在开始告诉我你对布鲁图的返回的期待，我指的是他大概会在什么时候返回。如果你能发现他现在大概在什么地方，你就很容易猜测。

至于你给提罗写的提到特伦提娅的那封信，我亲爱的阿提库斯，我请求你处理整件事情。[1] 你明白这件事与我的义务有关，也像某些人想的那样涉及马库斯的利益。我更关心的是前一方面，在我看来前一方面更重要，尤其是在真实和可靠性上另一方不会同意我的看法。

[258]

西塞罗致阿提库斯，公元前 45 年 3 月 15 日，于阿图拉。

你好像仍旧不同意我的想法，安东尼根本不会打扰我，诸如此类的事情也不再能够对我有丝毫的影响。我在昨天送出的信中提到了特伦提娅。你敦促我掩饰自己强烈的悲伤，并说其他人认为我这样做得还不够充分。除了把我的全部时间用于文字工作，我还能更有效地这样做吗？对，我这样做不是为了掩饰，而是为了松弛和治疗我的心灵。但即使我本人并没有从中得到什么好处，至少我不能被指责为不掩饰我的感情。

这封信更加简洁，因为我在期待你答复我昨天的信。我尤其期待你对神龛，以及关于特伦提娅的某些内容的看法。写下一封信的时候请你告诉我，克劳狄的妻子塞维莉娅之父格·凯皮奥是否死在海上，这时候他的父亲活着还是已经死了，还有，卢提丽娅死的时候，她的儿子盖·科塔活着还是已经死了？他们与我论缓解悲伤的论文[2] 有关。

[259]

西塞罗致阿提库斯，公元前 45 年 3 月 16 日，于阿图拉。

关于这笔嫁妆，我更有理由把它消掉。巴尔布斯要求转移债务的术语是蛮横的。处理它可以用这种方法，也可以用那种方法。让事情陷于停顿是不

---

① 归还特伦提娅的嫁妆。

② 即《论安慰》。

体面的。阿尔皮诺的小岛可以真正地神格化，但我担心偏远的位置显得会削弱奉献的尊严。所以我心里确定的是郊区的地产，不过我回来的时候要去看过。

关于伊壁鸠鲁，我会照你的意思写；[①] 但是今后，考虑到这个角色，我打算改变我的体系。难以置信的是某些人急于想成为书中的一个角色。因此让我们回到古代，那就没有怨恨。我没有什么要写，但我还是每天给你发一封信，以此激发你的回信，我并不期待从他们那里得到任何东西——但无论如何我要有期待。所以，无论你有没有事情要说，都要写信给我，照料好你自己。

[260]

西塞罗致阿提库斯，公元前45年3月17日，于阿图拉。

我已经读了巴尔布斯的来信，现在把它还给你，对你的询问，它不是一个非常有见识的回答。然而这是他的事，虽然他在某一点上的无知真的很丢脸——他认为加图是第一个提出惩罚建议的人（事实上，除了凯撒，每一个在他前面发言的人都提出了这种呼吁），虽然凯撒在执法官们发言的时候讲话，非常严厉，布鲁图假定那些执政官比较宽大，亦即卡图鲁斯、塞维留斯、卢库鲁斯、库里奥、托夸图斯、雷必达、盖留斯、菲古鲁斯、科塔、卢·凯撒、盖·皮索、玛·格拉里奥，还有候任执政官西拉努斯和穆瑞纳。那么为什么要由加图来提出动议？他的发言包含同样的主旨，但他的措辞给人印象深刻，也更加丰富。然后他赞扬我把问题提到元老院——不是为了揭露阴谋，或者为了敦促他们，或者为了在我询问他们的意见之前通过我自己的判断。只是因为加图把事情吹上了天，要求正式记录在案，对他的动议进行投票。然后，当他称我为“一位杰出的执政官”时，他自认为送了一份很

① 阿提库斯似乎想要西塞罗在他的哲学对话《论至善与至恶》中给他的伊壁鸠鲁学派的朋友一个角色。

好的礼物给我。呃，我的哪一位敌人会讲得更差？还有，他对你其他评论的答复！他只是要你对法令进行一些修改。如果他的注意力被一位抄写员所吸引，那么他肯定会这样做。但我要再次说，这是他的事。

请你为购买郊区的地产筹集一些钱，因为你同意了。你知道我的财务状况。但若从法伯里乌那里能收回一些钱，那就没有什么困难了。然而即使没有他，我想还是能挤出一些钱来。德鲁苏的地产肯定要出售，也许还有拉弥亚和卡西乌斯的。我们还会谈到这件事。

关于特伦提娅，我不能修改你信中的措辞。义务必须放在首位。如果结果让我感到失望，那么我宁可哀叹她的行为，而不是我自己的行为。

我要付给洛利乌斯的妻子欧维娅 100,000 个小银币。厄洛斯说我不在的时候不能处理，我想这是要讨价还价。我希望他已经告诉你这件事，如果已经准备好，如他所说，他没有说假话，那么你可以处理这件事。请你把这件事办了。

你请我去市政广场。这个地方我甚至在快乐的时候都要回避。一个没有法庭，没有元老院，没有我可以心安理得地观看的、从我身边经过的人，这样的市政广场对我来说是什么？你说人民要求我出现在罗马，不能长时间不在，或者只允许我短暂地离开。我向你保证，很久以来我心里想的只有你一个人，而不是他们所有人。我也并不轻视我自己，我更多地依靠我自己的判断，而不是世上其他人的判断。还有，我不会超越最杰出的哲学权威允许我做的事情。为了这个目的，我不仅阅读他们的著作（吃药本身是勇敢、无效的行为），还把他们转变成我自己，这无论如何都不像一颗垂头丧气的、破碎的心灵。别把我从这些治疗中召回到你的城市的喧嚣中去，否则我也许会旧病复发。

[261]

西塞罗致阿提库斯，公元前 45 年 3 月 18 日，于阿图拉。

涉及特伦提娅，你把整个担子放在我肩上，这不像是你通常对我的宽容。这些地方正是我可以忍受而不会大声喊疼的痛处。所以请你尽可能做些调整。我的要求不会超过你的能力范围，我要求的是公平（只有你能做到）。

关于卢提丽娅你似乎表示怀疑，等你确证了，请你告诉我（但是越快越好），还有克劳狄娅是否在她的儿子、执政官狄·布鲁图死了以后还活着。这个问题可以从马凯鲁斯、波斯图米娅、盖·科塔那里得到确证——或者去问叙鲁斯或萨堤鲁斯。

关于购买郊区的地产，我重复我的要求。这件事必须用我可用的所有资源来支持，我知道有些人不会辜负我，他们的资源我也可以用上（但我会自己处理），还有那些比较容易出售的我自己拥有的财产。但是，如果你能帮助我的话，哪怕不出售财产，不支付利息，不超过一年我也能实现我的目的。德鲁苏的地产是最适合的，因为他急于出售。我还要算上拉弥亚的地产，但他外出了。你要多收集一些消息。西留斯的地没有什么用处了，要拖欠他的钱最容易。请你把这件事当做你自己的事来处理，别考虑我的钱包，我不在乎，但是我在想自己到底想要什么，为什么想要。

[262]

西塞罗致阿提库斯，公元前 45 年 3 月 19 日，于阿图拉。

我想你的信会给我带来某些消息，因为你开始说尽管我对西班牙的事情无动于衷，但你无论如何还是要让我知道。但我发现你只是非常简单地做了回答，提到市政广场和元老院。但是你说，我的家就是市政广场。如果我不能去市政广场，我为什么还要有一所城里的房子？阿提库斯，对我来说一切都已经结束，一切，时间也已经够长，我已经了无牵挂。所以我要寻找一个孤独的地方；如果我有力量使我的悲伤，除了你不为其他任何人所知，如果我有什么办法可以使我的悲伤连你也不知道，要是发生什么事情把我带回罗马，那么我会尽最大努力。我不回罗马还有另外一个原因；你记得阿普留斯向你提出的问题。如果他们[①]现在还这样麻烦，那么要是我回来了他们会怎样？

关于特伦提娅，请像你说的那样照料这件事情，请你把我从沉重的痛苦中解救出来，不要让我的痛苦再加剧了。现在要让你明白，我并没有在悲痛中屈服——你的编年史[②]提到了卡尔涅亚得和那个使团到罗马来的那一年[③]。我现在想要知道他们是干什么来的——我想是为了奥洛浦斯[④]，但我不敢确定；如果是的话，争执的要点是什么。还有，请告诉我这一时期的一位著名的伊壁鸠鲁主义者，雅典花园的首领，还有这一时期雅典主要的政治家是谁。我想你能从阿波罗多洛的书中找到材料。

我很遗憾地听说了阿提卡的事情，但由于这是一次轻微的发作，我想一切都会好起来的。关于伽玛拉[⑤]，我不怀疑。否则的话，他的父亲利古斯怎么能被算做是幸运的？……[⑥]我不需要说我自己的情况，尽管我的希望都已成为事实，但事情已经过去了。

我听说德鲁苏斯的那块地的价格是你提出来的，我想我昨天的信中已经提到这件事。买任何东西都要讨价还价。无论你怎么想（我知道我自己怎么想），这件事在一定程度上减轻我的义务感，如果不是减轻我的悲伤的话。我给西卡写了信，因为他和卢·科塔很友好。如果台伯河那边的地买不下来，科塔在靠近奥斯提亚的地方还有一小块地——然而对于我的用途来说足够了。你仍旧不要让这些郊区地产的价格把你吓跑了。我不想再买过去我曾经留意过的令人愉快的地方，但这是我想要的。我也在看谁能帮我。但是，和西留斯谈谈——不会有更好的结果了。我也给了西卡一项使命，他答复说已经和西留斯约好了。所以他会写信告诉我他的进展，你会知道事情的结果。

---

① 指特伦提娅的家人。

② 阿提库斯写的一本历史书。

③ 公元前 155 年。

④ 奥洛浦斯（Oropus），雅典和底比斯发生争执的一个边境城镇。

⑤ 伽玛拉（Gamala），利古斯（Ligus）之子，利古斯是公元前 172 年的执政官。

⑥ 此处原文有缺失。

[263]

西塞罗致阿提库斯，公元前45年3月20日，于阿图拉。

……很好地解决了。我不想辜负他，但与此同时我担心不能为他做很多事情。关于欧维娅，请像你许诺的那样安排相关事宜。关于马库斯，时候似乎到了。但我想要知道他的津贴是否能在雅典通过一张汇票来支付，或者说他必须带走；如果你能通盘考虑这些事情我会很高兴，无论是方法还是时间。

从阿莱狄乌那里你可以了解普伯里留斯是否要去阿非利加，什么时候。你能向他询问并让我知道吗？再回到我的愚蠢问题上来，你能告诉我维努莱娅之子普·克拉苏死在他那担任执政官的父亲[①]之前还是之后，按照我的记忆，好像是之后，是吗？同样的问题还有雷必达[②]之子瑞吉鲁斯，他死在他父亲之前，对吗？

请同样处理基司皮乌和普利西乌的事情。关于阿提卡的消息好极了！请转达我对她和庇丽娅的爱。

[264]

西塞罗致阿提库斯，公元前45年3月21日，于阿图拉。

关于西留斯，西卡详细地写信给我，说他已经把你纳入考虑的范围，你的来信确证了这一点。购买本身和条件都适合我，唯一要说的是我宁可付现钱，而不是还要等着估价。西留斯不想要昂贵的地产，而我用现在的地租收入也很难购买。那么现钱从哪里来呢？好吧，需要钱的时候你可以从赫谟根尼那里挤出600,000个小银币；我手头还有600,000个小银币。剩下的我们

① 公元前97年任执政官。

② 公元前78年任执政官。

一定不要在乎付利息给西留斯，直到我们从法伯里乌那里，或者从法伯里乌的某些债务人那里收回钱来。天上会掉下一些意外的横财。但你要处理整件事情。我肯定会把这块地放在德鲁苏斯那块地之先；两块地根本无法相比。请相信我只有一个动机，我知道我太痴迷了。但请你宽容我的这一失常，就像你正在做的那样。至于你说的从竞争中退隐，那都已经结束了。我心里有其他目标。

[265]

西塞罗致阿提库斯，公元前 45 年 3 月 22 日，于阿图拉。

按照西卡的来信，哪怕他和西留斯没有做出什么安排，他也会在 23 日到来。我接受你因为生意方面的原因不能前来的理由，我知道你有多么忙。我不怀疑你非常想和我们在一起，或者说你渴望和急于和我们在一起。至于你说的尼昔亚斯，如果说我喜欢他那使人愉快的团体，那么他们中间能与我在一起的人很少。我关心的是孤独和退隐。我更想念西卡，因为他不在乎孤独。此外你知道我们的朋友尼昔亚斯有多么敏感和容易发脾气，对他那个团体有多么忠诚。当他不能给我快乐的时候，我为什么要给他添麻烦呢？但我对他的仁慈的想法很感谢。你的信中有一件事情我下定决心不予回答，希望你能满足我的要求，让我摆脱这一特别的麻烦。[①] 请转达我对庇丽娅和阿提卡的爱。

[266]

西塞罗致阿提库斯，公元前 45 年 3 月 23 日，于阿图拉。

关于西留斯的生意，我不知道具体条件，但我希望今天能从西卡那里知

① 涉及特伦提娅嫁妆的问题。

道一切。你说你不知道科塔的地在哪里。它就在西留斯的一所房子边上，我想你不知道他的这所房子——一所普通的房子，相当小，周围没有空地，没有足够的空间可用于任何用途。吸引我的是它距离大路的位置。但若西留斯的地产能够讨价还价（整件事情由你决定），我们当然不需要考虑科塔的地产。

我会按照你的建议对待马库斯，给他时间让他自己选择。请你看到一张汇票已经按照所需要的数目写好。如果你从阿莱狄乌那里得到有价值的消息，请你告诉我。从你的来信我看到我们之间无疑没有什么可谈的；每天都在说同样的主题，落入俗套。但我仍旧无法不每天给你写一封信，以便得到你的回答。如果你有什么消息，就跟我谈谈布鲁图。按照常规，此地就在这个行省的边境上，他在月初应当在这附近。我宁可他迟一些来，就像我有许多理由强烈地厌恶罗马。我确实在想，是否要对他准备一些借口，这很容易。但我有足够的时间考虑这个问题。请转达我对庇丽娅和阿提卡的爱。

[267]

西塞罗致阿提库斯，公元前45年3月24日，于阿图拉。

关于西留斯，我从西卡那里知道的情况还不如西留斯本人的来信——他送来了一个详细的解释。所以，如果遇到西留斯，你要把你认为值得告诉我的所有事情写信告诉我。关于那个问题[①]，你说已经给我送来过消息，我不知道你有没有这样做，但你肯定对我什么也没说。所以，既然已经开始，请你继续，如果你确定有什么事已经得到她的认可（我不认为这是可行的），那么请你带上马库斯，要是你认为合适。他有兴趣讨她的欢心，而我除了你知道的那个要点外，[②] 完全没有这种意愿。

你要我恢复原状。长期以来，为我们的自由哀痛成了我生活的一部分，

① 关于特伦提娅的事情。

② 履行义务。

但近来这种情感不那么强烈了，因为我得到了安慰。只是我现在还不能遵循这种生活方式，在这件事情上我不认为有义务注意其他人的意见。我自己的良心比全世界的谈论对我更重要。至于通过文字工作得到安慰，我对所取得的结果感到满意。我减少了悲伤的外露，但无法减少悲伤本身，哪怕能做到，我也不会去削减它。

关于特里亚留的事情，你正确地解释了我的希望。是的，我的希望与他们的希望是一致的。我对死者有一种热爱之情，我是他的子女的监护人，我关心他的整个家庭。关于卡却西乌，如果他愿意出售那些奴仆，那你就付钱给他，现在就付，没有比这更方便的办法了。但若他的目标是把那些奴仆带走，那么也不会显得对我不公平，因为你想知道我的想法——不要认为我想给我的兄弟带来任何麻烦。我宁可认为你的看法和我相同。

如果普伯里留斯正在等待春分的到来，你说这是阿莱狄乌说的，那么看起来他的意思是想要走海路。他告诉我要经过西西里。我想知道是什么时候。如果你能在方便的时候去看一下小伦图卢斯，并且给他指定你认为恰当的奴仆，那么我会非常感谢。请转达我对庇丽娅和阿提卡的爱。

[268]

西塞罗致阿提库斯，公元前 45 年 3 月 25 日，于阿图拉。

你说西留斯今天会到达。所以，你明天会看到他，或者说当你能做到的时候，如果有什么事，请你给我写信。我并不拒绝布鲁图的方式，尽管我也不期待从他那里得到任何缓解，但我当前不想在罗马是有理由的。如果他们继续强迫我，我不得不寻找某些借口。而当前看来，他们有可能这样做。

关于购买那块地的事，请你想办法。你知道我的主要考虑。还有一点就是我确实需要，因为我无法忍受生活在人群中，但却远离你。关于我的这个计划，我想不出还有比我们意中那块地更合适的地方。请你给我提出下列方面的建议，我被说服，更多的是因为我认为你和我的看法相同，奥庇乌斯和巴尔布斯很关心我。假定你能使他们相信我非常想要一个邻近罗马的地方，请你向他们解释，只有法伯里乌的事情有了结果，我才有可能这样做，然后你可以问他们是否愿意支持。如果进一步地讨价还价不可避免，那么让他们尽量同意你确定的价格，我希望整件事情能有个好结果。但无论如何你会看到他们是否支持我的计划。如果能做到，那对我是一个巨大的帮助；如果做不到，让我们去尽力促成。你可以称之为“心仪之地”，如你在信中所说，或者称之为“葬身之所”，如果你喜欢。我们一定不要考虑邻近奥斯提亚的那块地。如果我们无法得到这一处（我不认为跟拉弥亚还有什么交道要打），我们必须尝试和达玛西普联系。

[269]

西塞罗致阿提库斯，公元前 45 年 3 月 26 日，于阿图拉。

如我昨天写信告诉你的那样，如果西留斯如你所料，而德鲁苏斯本人表示不同意，那么我想请你去找达玛西普。我想，他已经把他河边的地分成小块，标了价，但我不知道具体价格。所以，无论你怎么做，请你告诉我。

我非常关心亲爱的阿提卡的健康，甚至到了怀疑人们对她有什么疏忽的地步。但是，她的老师脾气很好、她的医生十分勤勉、整个家庭对她非常关爱，所以我打消了这种怀疑。请你一定要把她照顾好。我不再多说什么了。

[270]

西塞罗致阿提库斯，公元前 45 年 3 月 27 日，于阿图拉。

我试图想出一些事情来告诉你，但什么都没有。每天都是同样的话题。我非常希望你去看望伦图卢斯。给他派去你认为恰当的仆人。至于西留斯是否愿意出售那块地以及价格，你似乎担心（a）他不愿意卖，（b）他索要的价格比我们预想的高许多。西卡不这样想，但我同意你的看法。我已经给厄格纳提乌写信，这是西卡的建议。至于萨拉斯想要你和克劳狄谈谈，你可以这样做，事实上你这样做比他要求我这样做更方便，亦即要我本人给克劳狄写信。关于卡却西乌的仆人，我相信请厄格纳提乌去处理最方便，你也说可以这样做。希望能看到你和欧维娅做出的安排。由于你说你在晚上写信，所以我对今天收到你的来信的期待更多了。

[271]

西塞罗致阿提库斯，公元前 45 年 3 月 28 日，于阿图拉。

这封信是我亲笔所写。希望能看到哪些事已经完成。普伯莉丽娅写信给我，说她的母亲和普伯里留斯谈过了，她母亲会和他一起来跟我谈，如果我允许，她会陪着他们一起来。她急切地恳求得到我的允许，并给她回复。你瞧，这是件多么麻烦的事。我给她回信说我现在的情况比我写信对她说的想要独身的时候更差，所以我希望她现在不要来。我想，要是不给她答复，她会和她母亲一起来。现在我想她本人不会来了，因为我的信写得非常明确。但是我还是想要躲避迫在眉睫的事情，即另外两个人[①]的来访，躲避的唯一办法就是让他们找不到我。这是件麻烦的事情，但只能如此。现在我只想要你发现我在这里能待多久而不被他们抓到。你可以去和他们谈谈，用你自己的话，讲得温和一点。

要是你认为合理的话，请你建议马库斯在使用我从阿吉勒图和阿文廷收来的地租时注意收支平衡，如果他打算在罗马买房子，那么钱应当足够了；提出建议以后，请你本人做出一切必要的安排，看如何把他需要的钱给他。我保证巴尔布斯，或阿基狄努，或美萨拉[②]的花费不会多于实收的地租，我听说他们会去雅典。所以，请你看有多少佃户缴纳了租金，哪些佃户是按期

① 指普伯莉丽娅的兄弟和母亲。

② 三位出身贵族的青年。

缴纳的，旅行需要多少盘缠和行李。在雅典肯定不需要驮畜，而他在旅途中使用的马匹肯定要多于实际需要，这你也能看到。

[272]

西塞罗致阿提库斯，公元前 45 年 3 月 29 日，于阿图拉。

西卡惊讶地听说西留斯改变了主意。而使我感到惊讶的是，你说如果我们提出一个附加条件他会出售的，而他恰恰是一开始同意，以后又不干了，他给了他的儿子一个理由（这个理由在我看来并不坏，因为他有一个令他满意的儿子）。你问我的限价是多少，我对这块地的估价比德鲁苏斯那块地高多少。我从来没有去看过。我知道科波尼乌斯的别墅很旧，不够大，花园很漂亮，但我不知道还能种些什么，我想这些是我们必须知道的。但这两个地方都是按照我当前的需要，而不是按照通常情况来估价的。无论我能否得到它们，都请你考虑。如果我能得到法伯里乌的折扣，我会毫不犹豫地在西留斯的别墅里安身，哪怕要支付现钱，只要能说服他出售。如果他拒绝了，我会转向德鲁苏斯，甚至以厄格纳提乌告诉你的他索要的价钱。赫谟根尼也能帮助我们支付现钱。但是请你允许我采取一个急于购买者的态度。然而，虽然屈服于我的急迫和悲伤，我仍旧想要得到你的指点。①

我收到厄格纳乌斯的一封信。如果他对你说了些什么（通过他去谈判是最容易的），请你写信告诉我。我想我不得不继续下去，因为我看不到与西留斯谈下去还会有什么结果。请转告我对庇丽娅和阿提卡的爱。

[273]

西塞罗致阿提库斯，公元前 45 年 3 月 30 日，于阿图拉。

---

① 下面一段文字显然是在收到厄格纳乌斯的答复后添加上去的。

我在这里住得很舒服（相对而言），哪怕没有西卡，而现在提罗比他更好，然而，由于你写到我最好还是不要被抓住，所以我明白你现在无法为我所说的远行确定日子，我想我最好还是到你那里去。你显然也希望我这样做。所以，明天晚上我会去西卡靠近罗马的住处，在那里过夜。然后，我想我会按照你的推荐，待在费库莱亚。由于我人来了，我们可以讨论你信中的要点。我无法告诉你我有多么感谢你的仁慈和关心，你尽心尽力地替我筹划和处理事情，你在给我的来信中提出各种建议。

如果你和西留斯有什么接触，尤其是他想要扣除的那块地的价格，那么哪怕我快要到了西卡那里，无论如何你还是要通知我。你说“这块地的周长”，你知道这样说并不能使我对这块地的大小有明确的概念？我附上一封信，是希尔提乌最近仁慈地写来的。

[274]

西塞罗致阿提库斯，公元前45年，约5月2日，于费库莱亚至阿图拉途中。

在我刚才离开你的房子之前，我无论如何想不到要为一块费用超过法律规定的石碑[①]付罚金。这在我看来无论如何是不合理的，除了神庙，我不希望用别的名字称呼它。如果这就是我们想要的，我担心要是不改变地点，我们就不可能得到它。请你重新考虑这个问题。压力确实已经解除了，我几乎又是我自己了，但我仍旧需要你的建议。所以，我再次急切地要求你仔细考虑这个问题，比你所希望的或者能忍受的还要仔细。

[275]

西塞罗致阿提库斯，公元前 45 年 5 月 3 日，于阿图拉。

① 指坟墓。

我想要它成为一个神庙，对此我不会改变主意。我急于避免它显得像个坟墓的样子，更多的不是因为罚金，而是为了尽可能使它神圣化。如果我把它建在房子的实际范围内，我就做不到这一点，但如我们常说的那样，我担心土地所有者的改变。无论我把它建在什么空地上，我想我能保证后人会尊敬它的神圣性。你必须忍受我的这种愚蠢（是的，我承认），因为甚至没有一个人，包括我自己，我能如此放肆地与之交谈。但若你赞成这项工程，它的地点和建造计划，请你阅读相关的法律，给我一份抄件。如果有什么可以利用的，我们会加以利用。

如果你写信给布鲁图，不要认为责备他是不恰当的，他由于我告诉过你的理由而拒绝在我在库迈的住处留宿。我认为他的行为似乎是笨拙的顶点。如果你认为我们必须把建造神庙的事情继续下去，请你鼓励克鲁阿提乌。哪怕我们决定在另一个不同的地点修建，我们也必须利用他的服务和建议。明天你也许会离开你在乡下的住处。

[276]

西塞罗致阿提库斯，公元前 45 年 5 月 4 日，于阿图拉。

昨天我接到了你的两封来信，一封是希拉鲁斯送来的，一封是信使送来的，昨天我还听我的自由民艾吉塔说庇丽娅和阿提卡很好——信是从库迈送出后第三天到达的。谢谢你给我送来布鲁图的信。他也给我写了信。我把他的来信和我给他的回答的一份抄件送给你。

关于神庙，如果你在郊区找不到合适的地点（但你应当能够找到，如果你那么热爱我），我非常赞同你在图斯库兰修建的建议。无论你有多少资源（你确实有），除非你真的急于完成我的心愿，这个主意对你来说不可能非常恰当。但是无论如何，我想把神庙建在公共大道旁，所以你必须在郊区给我搞到一块地。斯卡普拉的地就在公共道路边上，与城区邻近，所以人们来这里就不必在一所乡下的房子里待一整天了。所以在你离开前，如果你能与欧索见一面，如果他在罗马，那么我会非常感谢你。如果没戏，那么我会坚持，一直到你发火为止，尽管你会忍受我的愚蠢。德鲁苏斯肯定想卖地。所以要是没有别的选择，那么我把它买下来也不是我的错。请你不要让我成为一个傻瓜。你能阻止我成为傻瓜的唯一办法就是能设法搞到斯卡普拉的地。如果你能让我知道还要多久你才能回到你邻近罗马的住处，那么我会非常高兴。

我需要你对特伦提娅的影响，作为一个朋友，而不仅仅是作为一个建议者。但你可以按照你认为最好的办法去做。我知道你决不会对和我有关的事情无动于衷。

[277]

西塞罗致阿提库斯，公元前 45 年 5 月 5 日，于阿图拉。

希尔提乌写信告诉我塞·庞培离开考杜巴，逃进了西班牙，格奈乌斯也逃走了，但我不知道他逃到哪里去了，因为我不关心这件事。没有其他消息。他这封信是 4 月 18 日从那旁送出的。你送来了卡尼纽斯遭遇海难的消息，尽管非常可疑。如果有什么更确定的消息，请你让我知道。你敦促我不要一味地悲伤，如果你给我一处建神庙的地，我的悲伤就能缓解许多。关于建神庙我有许多想法，但一定要有块地。所以我再说一遍，请你去见欧索。

[278]

西塞罗致阿提库斯，公元前 45 年 5 月 6 日，于阿图拉。

你无疑很忙，因为你只给我送来一行字。但这个送信的家伙是个无赖，当他被派去只是为了送信这一个目的的时候，他没有等到你有空的时候。现在，除非有什么事情使你滞留，我想你已经离开城里。至于我，我在这里写了一整天，但并没有给我带来安慰，而是使我想起其他一些事情。

阿昔纽斯·波里奥写信给我，提到我们的一个无赖侄儿。他用有可能最清晰的语言说了小巴尔布斯最近与多拉贝拉的亲密关系。如果我心中还有余地可以容得下恼火，我一定会大发雷霆。毕竟，还有比这更加无赖的事情吗？这是个什么样的人！虽然是针对我的——但我一定不会去。给我来信，在你有空的时候，因为这不是必要的。

[279]

西塞罗致阿提库斯，公元前 45 年 5 月 7 日，于阿图拉。

你说你认为随着时间的流逝，我的心力会变得相当清晰，而某些人谈论起我来用了比你或布鲁图在你们的来信中使用的更加挑剔的用语。好吧，只要那些认为我心灵破碎或虚弱的人知道我的文字写作的成果和品格，我相信他们会在共同的宽容中要么放弃对我的批评，要么甚至还会承认我值得赞扬；他们必须承认，我要么已经恢复，能够集中精力写作这些困难的主题，[①] 要么选择对一个文化人最适宜、最高尚的办法分散我心中的悲伤。由于能帮助我自己的事情我都已经做了，所以在我看来，现在要由你来提出我们的合作和我们共同关心的目标。我感到这是我欠下的一笔债，在我偿还之前，或者看到自己能这样做之前，亦即找到我想要的地之前，我无法找到解脱。如果斯卡普拉的继承人打算把地产分成四块，在他们自己人中间拍卖，那么如你所写的、欧索告诉你的那样，别人显然就买不到了。但若这些地块拿来出售，我们就能明白能做些什么。浦伯里修的那块地，现在属于却波尼乌和库西纽斯，它引起了我的注意。但你知道，它是一片不毛之地。它派不了什么用场。克劳狄娅的地是令人羡慕的，但不会卖。尽管你说你强烈反对购买德鲁苏斯的地产，但若你找不到别的地方，这是我的最后选择。我不担心地上的建筑，购买其他地块也都会遇到这样的问

① 西塞罗此时正在写作《学园派哲学》。

题，哪怕我不买这块地。

“居鲁士二世”像安提司泰尼的其他著作一样给我留下深刻印象——他比博学者还要聪明。

[280]

西塞罗致阿提库斯，公元前45年5月8日，于阿图拉。

信使来了，但没有你的信，我得出结论，你没有给我写信，因为你前一天已经写了我正在回复的这封信。然而，我在等待有关阿昔纽斯·波里奥来信的一些事情——我也喜欢用我自己有无闲暇来判断你。但我不会让你感到虽然不一定要写，但实际上必须写——除非你真的不忙。

关于送信人，我会按你的建议办，如果有什么必要的信件，哪怕在白天较短的季节，也要每天派出送信人。但是过去我们有各种事务要处理——西留斯、德鲁苏斯等等。如果欧索没有突然出现，那么我们现在没有什么要写的，我们甚至可以推迟。在信中与你谈话仍旧是个安慰，阅读你的来信是更大的安慰。但由于你不在罗马（我假定），或者没有必要写信，所以我们之间的通信会中断，除非有新情况突然出现。

[281]

西塞罗致阿提库斯，公元前45年5月9日，于阿图拉。

读了希尔提乌送来的小册子，我察觉凯撒的斥责① 就像是对我的颂词的斥责。希尔提乌收集了加图的错误，与此同时高度赞扬我的颂词。所以我把这份东西交给穆斯卡，让他交给你的职员。我想让它广泛流传，请告诉你的人。

① 凯撒撰写《反加图》。

我反复尝试写一封建议信。[①] 但我写不出来，虽然我手头有亚里士多德和塞奥波普给亚历山大的信。但是，它们之间有什么相似的地方？他们写信既增加了他们的声誉，又讨好了亚历山大。你能想出有什么相似之处吗？我想不出来。

你说担心我当前的悲伤会影响我的名声和威望。我不知道什么人会批评我，或者他们期待什么。他们想要我停止悲伤吗？怎么可能呢？或者不要屈服于悲伤？有谁能不悲伤吗？当我住在你在罗马的家里，得到安慰的时候，我拒绝过谁？哪个来访者在抱怨？我从那里去了阿图拉。这些让我承担任务的快乐的人无法读完我写的东西——精神的创作有多么好，但这种创作不是一个沮丧的人能进行的。我在“家”里待了一个月。有人抱怨我拒绝见他，或者不容易交谈吗？在这个特别时期，我在阅读和写作；我的朋友发现要我无所事事比要我工作更难。如果有人想要知道我为什么不在罗马，答案是我在放假。如果他们问我为什么不在恰当的季节待在我那些小别墅里，这是因为我发现那里的人太讨厌。所以，我待在百埃消磨了一年。当我返回罗马的时候，我的相貌和话语都不会给批评者提供任何机会。我曾经用愉快来冲淡我们当时的悲伤，现在愉快已经永远过去了，但我并不缺乏思想上的坚定和刚毅。

关于斯卡普拉的地产，如果运用你我的影响，似乎有可能使它拍卖。否则的话，我就会被排斥在外。如果让我进入拍卖的地方，我的热望会战胜欧索的钱包。关于你说的伦图卢斯的事情，实际上与他没有关系。只要我们解决了法伯里乌的事情，只要你像现在这样尽力，我们将得到我们想要的东西。

你问我在这里能住多久。大概几天吧，但我还没有完全确定。一旦我下了决心，我会写信告诉你，也请你写信告诉我你离开城里要多久。给你送出这封信的同一天我得到了关于庇丽娅和阿提卡的消息，通过信件或口信，和

---

① 给凯撒。

你的来信中说的一样。

[282]

西塞罗致阿提库斯，公元前 45 年 5 月 10 日，于阿图拉。

我不指望你会有什么“写信日”。我看了你信中的观点，但我怀疑，或者说我明白，你没什么要写的。8 日那天，我想你大概外出了，我知道你无话可说。但我每天都会给你送来一大堆话；我宁可徒劳地这样做，免得你要是正好有什么事必须让我知道的时候无人送信。就这样，我（于 10 日）收到你的一封信，信中什么也没说，因为你无话可说。但我并不感到遗憾——我指的是，我知道你没有什么消息。

然而你确实说了一些关于克劳狄娅的事情。她现在人在哪里，或者她什么时候返回？我心中浮起的这个念头很强烈，仅次于欧索，我没有其他更多的想法了。但我认为她不会出售这块地（她很喜欢这块地，又很有钱）；你不需要告诉我实行其他计划有难处。但我请求你，让我们绞尽脑汁想出办法来实现我的目标。

我想我会在 16 日离开，要么去图斯库兰，要么去我在城里的住处，也许从那里我会再去阿尔皮诺。等我的行程确定了，我会告诉你。

[283]

西塞罗致阿提库斯，公元前 45 年 5 月 11 日，于阿图拉。

我没有什么话要说，但我想知道你在哪里，如果你在外地或将要离开，什么时候能回来。所以，请你给我带口信来。回答我什么时候离开这里的问题，我已经决定 16 日在拉努维乌过夜，然后去图斯库兰或罗马。到底哪一天，我会让你知道。

你知道挑三拣四有多么可悲，我指的确实不是你关心的事情，但我对神庙仍旧有一种渴望。如果我不能——我不说能——得到它，看到在此过程中，我本人的悲伤（是的，我会说，会以你通常的方式）会转移到你身上，那么确实不公正。但是你对我写的这些话会耐心忍受，你对我的所有言行一直都非常耐心。就此而言，我要你尽一切努力使我得到安慰。如果你问我的选择：首先是斯卡普拉的地，其次是克劳狄娅的地，然后（如果西留斯的地不卖，德鲁苏斯的地太高）是库西纽斯和却波尼乌的地。我想这块地还有第三个拥有者——我知道瑞比鲁斯曾经是拥有者之一。然而，要是你喜欢图斯库兰，你在一封信中似乎是这样想的，我会赞同你的意见。如果想安慰我，你就一定要办好这件事。你现在实际上用严厉的语言，而不是你平常的语言谴责我。但是这样做违反了你对我的热爱，这也许是因为我的过错在驱使你这样做——但如我所说，如果你想安慰我，这就是最好的安慰，如果你想得到真理，这就是唯一的真理。

一旦你读了希尔提乌的信，如果不太麻烦的话，你要让我知道你的看法，在我看来，它是凯撒对加图的谩骂。

再回过头来说神庙的事。除非这个夏天能完工——这是摆在我们面前的任务——否则我将在我的良心面前感到有罪。

[284]

西塞罗致阿提库斯，公元前 45 年 5 月 12 日，于阿图拉。

我突然想建议你继续做你正在做的事，我想你在家里能够更加舒服地处理同样的事情而不被打断。

如我已经告诉你的那样，我决定在拉努维乌待到 16 日，再从那里去罗马或图斯库兰。你会事先得到消息。

你说知道建造神庙对我是个安慰，这很好。是的，请你相信我确实如此，甚至超过你的想象。我敢向你承认，我怀疑你对这项计划不是非常赞同，但我确实想办成这件事。在这件事上，你必须忍受我的任性，或者我宁可说忍受我的坚持。我对欧索不抱太大希望，也许是因为我太想得到他那块地了。但相对于我的财力来说，他那块地太大，这也是事实，尤其是还有一个富有的对手，他是这块地产的继承人。在我的选择顺序中下一个是克劳狄娅的那块地。但若这些都有困难，那就随便买哪块吧。我考虑我本人受到神圣誓言的约束。你也要去看一下却波尼乌的那块地，虽然它的主人不在家。如我昨天信中所说，你也可以考虑图斯库兰，不要让这个夏天溜走。我们一定不要让这种事情发生。

[285]

西塞罗致阿提库斯，公元前 45 年 5 月 13 日，于阿图拉。

希尔提乌写信向你表示同情，这很好，但你没有把他的信送来给我，这就更好了。我想要你的仆人散发希尔提乌送来给我的关于加图的小册子，为的是让这些人的谩骂为加图赢得更大的赞美。

你说你正在通过穆斯特拉做工作。你会发现他非常合适，自从庞提亚努那件事以后，他对我也非常好。所以，确实要做点事。“做点事”的意思当然只能是设法让他们出售，你可以通过任何一名继承人。但是，如果你问穆斯特拉，他会这样做的。通过讨价还价，你会给我一块理想的退隐之地。西留斯和德鲁苏斯的那些地方好像不适合一名家长。一个人不会在庄园里待一整天。所以我宁可要其他的，首先是欧索的，其次是克劳狄娅的。如果都不行，我们必须考虑德鲁苏斯的，或者就在图斯库兰。

把你自己关在家里的建议很好。但是，请你把事情处理完，有空的时候归我支配。至于我，如我在以前的信中所说，我 16 日会在拉努维乌，然后去图斯库兰。我已经克制了我的情感，也许已经征服了它们，只要坚持我的决定。所以你明天就会知道，或者最迟后天就能知道。

但是这个请求是什么呢？斐洛提姆说庞培没有被包围在卡泰亚（奥庇乌斯和巴尔布斯送来一份给克劳狄·帕塔维努的信的抄件，信中提到此事，并说他们认为情况确实如此），说还有一场大仗要打。他确实像一名还活着的法伏纽斯。[①] 还有，你要是有消息就给我送来。我还想知道卡尼纽斯遭遇海难的真相。

我在这里完成了两个部分的写作。[②] 这是排遣我的不幸的唯一方式。即使你没有任何事情要说，目前显然是这种情况，我仍旧希望你给我来信，信中就说没什么要说——只是不要写那么多话。

[286]

西塞罗致阿提库斯，公元前 45 年 5 月 14 日，于阿图拉。

关于维吉留斯[③] 的那块地，我相当赞同。你可以着手办下面的事。所以，这是第一选择，克劳狄娅是第二选择。如果两样都办不到，我担心我会一头朝着德鲁苏斯冲去。你知道我的欲望是难以控制的。所以，我很快就会返回图斯库兰。这个夏天无论如何要办好，而不要没有结果。

可以说阿图拉比其他我不得不待的地方要舒服。但我的同伴急着回家，我想他们对我的悲哀感到讨厌了，所以，尽管我能很好地待着，但我将要离开，免得孤独。但是去哪里呢？我的打算是从拉努维乌去我在图斯库兰的房子。我马上就会通知你。请你写信。你不会相信我写了多少信，甚至在晚上，因为我无法入睡。昨天我甚至草拟了一封给凯撒的信，因为你认为这是件好事。这样写是没有害处的，你也许认为它有用，但事情发展到现在这个地步，肯定没有送出去的必要。然而，要是你认为合适，也可以送出去。无论如何，我都会送给你一份抄件，也许从拉努维乌发出，除非我会去罗马。但你明天就会知道了。

---

① 西塞罗认为斐洛提姆的样子像一名死硬的共和派。

② 写作《学园派哲学》。

③ 盖乌斯·维吉留斯·巴尔布斯（Gaius Vergilius Balbus），西塞罗的一位朋友，在阿非利加与凯撒对抗。他的财产可能被没收。

[287]

西塞罗致阿提库斯，公元前 45 年 5 月 15 日，于阿图拉。

我想我会克制我的情感，从拉努维乌去图斯库兰。要么我必须永远离开那个伤心之地[①]（因为我的悲伤并没有改变，只是表面上减轻了），要么我不知道现在去那里或十年后去那里有什么区别。实际上，那些会使我想起往事的提醒物不会比日夜骚扰我的那些东西更强烈。你会问，那么文字创作就没有什么用处吗？在这种情况下，我想它实际上是在以其他方式起作用，要是没有它，我的日子可能会更难过。在一个有教养的心灵中，没有任何事情是粗俗的、无情的。

好吧，你就按照你说的去做——但要是不方便，那就不要做了。毕竟，写几封信就能糊弄过去。如有必要，我会上你那里去。在你忙得过来的时候。

[288]

西塞罗致阿提库斯，公元前 45 年 5 月 16 日，于拉努维乌。

关于穆斯特拉，情况正如你所说的那样，尽管这是一件大事。所以我越来越倾向于克劳狄娅。然而，无论是哪一种情况，我们必须看到我们怎样才能对法伯里乌提出要求。如果你和巴尔布斯联系，并把事实告诉他，那么不会有任何坏处，我想要购买他的地，也不会没有这笔钱，只是事情还悬在哪里。但是，克劳狄娅什么时候会在罗马？你估计要花多少钱？我确实是这样看的，不是因为我不看好别的选择，而是因为这是一件大事，我也很难与一位富人竞争，他急于想要购买，此外还有一位继承人——尽管我也渴望得到这块地，我是不会对任何人屈服的。在其他方面，我处在不利地位。我们会

---

① 图利娅死于图斯库兰。

在一起讨论所有事情。

[289]

西塞罗致阿提库斯，公元前45年5月17日，于拉努维乌。

请你继续出版希尔提乌的书。对斐洛提姆我还是原来的看法。很清楚，你的房子由于和凯撒为邻① 而价值上升。我在等我的送信人到来。他会给我们带来庇丽娅和阿提卡的消息。②

我相信你乐意待在家里。但我想要知道你还必须做些什么，或者你是否已经完成。我在图斯库兰等你，更希望你已经写信给提罗，说你马上就会到来，并说这是你想要做的。

[290]

西塞罗致阿提库斯，公元前45年5月17日，于图斯库兰。

关于阿提卡的消息好极了。你说身体感到疲乏，我很关心，虽然你说这不算什么。图斯库兰对我更方便，在这里我会更多地收到你的信，还能时不时地看到你。否则的话，阿图拉的生活对我来说更能忍受，而这里的景物更会引起我内心的伤痛，然而，无论我在哪里，这些东西总是跟着我。

我把你的邻居凯撒的事情也算在内，因为我从你的信中知道了他的情况。我宁愿他与罗莫洛共享神庙，而不是与撒路斯③ 共享神庙。是的，你要出版希尔提乌的书。我的想法和你完全一样，我们这位朋友的文学才能会得到承认，但他辱骂加图，这个主题只会激起人们的嘲笑。

---

① 元老院投票表决为凯撒在罗莫洛神庙建一雕像，阿提库斯的房子邻近罗莫洛（奎里努斯）神庙。

② 她们住在西塞罗在库迈的庄园里。

③ 撒路斯（Salus），罗马人的健康神。

[291]

西塞罗致阿提库斯，公元前45年5月19日，于图斯库兰。

你的离去使我沮丧，就像你的到来使我欢乐。所以请你在可能的时候再次来看我们，亦即当你参加塞克斯都的拍卖时。哪怕只来一天对我也是有益的——我不需要说这是令人愉快的。如果我能在某件事情上足够清楚地看到我的道路，我本人会去罗马，这样我们就能在一起了。

[292]

西塞罗致阿提库斯，公元前45年5月20日，于图斯库兰。

我不时地感到你的出现对我有很大好处，你离开以后我的这种感觉更多。因此，如我以前写信给你所说的那样，要么我所有时间都和你待在一起，要么你尽可能来和我待在一起。

你昨天离开以后不久，一些奴仆，按照他们的相貌来看，给我带来了口信和一封署名"盖·马略，盖乌斯之子，盖乌斯之孙"① 的长信。它大体上相当于一个辩解，认为我的家族的名字与信的作者是有联系的，与我创作"马略"② 有联系，与马略的外祖父卢·克拉苏③ 有联系，对此信中有详细的论述。我答复说，他不需要呼吁，因为他的杰出的、仁慈的同乡凯撒是无所不能的，但他可以指望对此我会抱有善意。我们生活在一个什么样的时代啊！想一想吧，在这样的时候，库提乌斯也会怀疑执政官的身份！但是，就说这些吧。

我很关心提罗，我很快就能知道他怎么样了，昨天我已经派人去看他。我还交给那个人一封给你的信。我会把我给马库斯的信送一份抄件给你。请

---

① 信的作者是个骗子。

② 一首赞颂马略的诗，马略亦出生于阿尔皮诺。

③ 伟大的演说家，他的女儿嫁给了马略的儿子。

让我知道那块地[1]公开出售的时间。

[293]

西塞罗致阿提库斯，公元前45年5月20日，于图斯库兰。

我见到提罗的时间比我想象的要快。尼昔亚斯也来了，我听说瓦勒留今天就会到来。然而无论他们有多少人，如果只是我一个人在这里的话，我会显得更加孤独。我在等待你的到来，当然，是在佩都凯乌公开出售地产以后。你暗示说出售有可能提前。但这是你能掌握的事情。

关于维吉留斯，如你所说。但我想要知道拍卖的日期。我知道你倾向于把我的信送给凯撒。好吧，我也这样想，尤其是信中没有任何对忠诚的公民不利的内容——然而，忠诚，只是时代所允许的忠诚。服从"他们"是一切政治家的戒条。但你知道，我想你的朋友们[2]应当事先读过我的信，你会高兴地看到这一点。除非你相当确定他们赞成，否则一定不要把信送出去——你能够区别他们是真的赞同，还是假装赞同。我把假装赞同视为相当于拒斥。你会考虑这件事。

提罗把你对凯瑞利娅的看法告诉了我，亦即要是我仍旧欠她的钱有损我的尊严，你认为我应当给她写一张拨款单。"你对此表示担心真是太奇怪了，而你对另一件事却根本不当一回事！"[3]等我们见面再细谈这件事以及其他事。还有，要是你同意，我的建议是暂时不要支付欠凯瑞利娅的钱，直到我们知道了美提奥和法伯里乌的情况再说。

---

① 斯卡普拉的地。

② 指巴尔布斯和奥庇乌斯。

③ 引自某出拉丁戏剧。含义为："你为我的尊严担心，但我对现金的需要怎么办？"

[294]

西塞罗致阿提库斯，公元前45年5月21日，于图斯库兰。

你认识卢·图利乌斯·蒙塔努斯，他和马库斯走了。我收到他的内弟的一封信，告诉我蒙塔努斯为弗拉米纽斯担保，欠下普兰库斯20,000个罗马小银币，关于这件事蒙塔努斯向你提出请求。如果你能帮他在普兰库斯那里说说好话，或以其他你能做到的方式帮助他，我会非常感谢。我感到在这件事上有义务。要是在这件事上你正好比我知道得更多，或者你认为必须由我来向普兰库斯提出要求，请你写信告诉我，这样我就可以知道情况，也知道我必须怎么说，好吗？

我正在等待听到你是怎么处理我给凯撒的那封信的。关于西留斯，我不太关心。你必须帮我买下斯卡普拉的地或克劳狄娅的地。但你似乎对克劳狄娅的地有某些疑虑，不知她何时返回，或她那块地是否出售。我听说斯宾塞尔与妻子离婚了，是吗？

关于那些拉丁语，[①]你可以放心。你会说“跟你的写作相比怎么样？”它们只是一些抄本，[②]需要做的工作比较少。我只是贡献了一些语词，至于语词嘛，我有的是。

[295]

西塞罗致阿提库斯，公元前45年5月22日，于图斯库兰。

尽管我没有什么事要告诉你，但我还是写了，因为我感到这就像和你谈话。尼昔亚斯和瓦勒留和我在一起。今天我等着你早晨写的信。下午也许会有另一封信，除非你忙着厄庇罗特的文书，但我不希望打断你。我把写给玛

① 指瓦罗的论文，瓦罗两年前说要把这些论文献给西塞罗。

② 希腊文的。

西亚努和蒙塔努斯的信送给你。你能把它们放在同一个包里送出去吗，除非你的送信人已经走了？

[296]

西塞罗致阿提库斯，公元前45年5月23日，于图斯库兰。

你给马库斯的信完全正确，既严肃又温和——正如我所希望的那样。你给图利乌斯[①]的信也是最贤明的。好吧，要么这些信会起作用，要么我们必须停止焦虑。

至于钱，你显然正在尽最大努力筹集，或者说已经准备好了。如果你谈成功了，我将拥有在郊区的住处。我没有其他很快就能得到的地产，当然了，主要是为了我已经决定要做的那件事；你答应或保证这个夏天完成，你已经消除了我的所有焦虑。我找不到其他任何事情更适合消磨我的时间，减轻我的悲伤。我在这件事情上的渴望有时让我想要催促你。但我还是克制了自己，因为我不怀疑你认为我在某些事情上的渴望过了头。所以我把这件事情当做已经完成了。

我等着听到你的朋友对我给凯撒的信的看法。尼昔亚斯如他必须做的那样爱你，你还记得他，让他感到很高兴。是的，我要向我们的朋友佩都凯乌致以最良好的祝愿。不仅因为我把我对他父亲的热爱全部转移到他身上，而且因为他本人的缘故我非常热爱他，就像我对他父亲一样，最高兴的是你希望我们双方都能有这种感觉。如果你要察看地产，或让我知道那封信的情况，那么我就有东西可写了；如果不是这样，那么我会写上一行字，一切照旧。但总是会有事的。

① 指玛西亚努和蒙塔努斯。

[297]

西塞罗致阿提库斯，公元前45年5月24日，于图斯库兰。

你的果断比你不得不告诉我的事情使我更加高兴。还能有什么事比这件事[1]更丢脸？但我现在对这种处理方式更加坚定了，我已经抛弃了所有的顾虑。我在等待你今天的来信，不是为了得到任何消息（会有消息吗?），而是一切照旧。

[298]

西塞罗致阿提库斯，公元前45年5月25日，于图斯库兰。

关于我给凯撒的那封信，我确实一直想要你的朋友事先阅读它，并且有很好的理由。要是这封信对收信人有所冒犯，那么别的处理方式对他们来说肯定是失礼的，而对我本人来说几乎是危险的。你的朋友表现得很真诚，我对他们不能隐瞒我的感情。我特别注意到他们想要许多变化，而我的信没有什么观点是新鲜的。毕竟，涉及帕昔安战争，除了我理解的凯撒的愿望以外，我还需要有什么看法？我的信，除了奉承，还能有什么内容？如果我真的想要给他提建议，我还会缺乏辞藻吗？实际上，整封信都是不必要的。在不可能取得巨大成功的时候，哪怕一点小错误都会引来不愉快，为什么要冒这个险呢？尤其是，我想他会这样想，因为我以前什么都没写，我并不打算写什么，除非或者直到战争完全结束。我甚至担心他会把它当做一种继“加图”之后提供的和平方案。最重要的是我对这个想法非常后悔，当前没有任何结果比放弃我的热心能使我感到更加愉快。我还会落入其他人之手，包括你的外甥。

回过头来说地产的事。我确实不想去你那里，除非很方便。事情不急。

① 可能指把西塞罗起草的给凯撒的建议信交给巴尔布斯和奥庇乌斯。

让我们先做法伯里乌的工作。但是让我知道拍卖的时间，如果你知道些什么的话。我马上就把库迈来的信使打发回去，因为他说阿提卡很好，还说他有信要送。

[299]

西塞罗致阿提库斯，公元前45年5月26日，于图斯库兰。

你今天要去察看地产，所以毫无疑问，你明天会把你的看法写信告诉我。法伯里乌来了以后，你会让我知道他的情况。

关于给凯撒的信，我严肃地告诉你，我做不到。阻止我的不是羞耻，尽管结果必定如此——当仍旧活着对我来说就是耻辱的时候，屈从确实是可耻的。但如我所说，阻止我的不是这种羞耻（我希望是，因为这样的话我就是我必须是的那种人了），而是我内心的一片空白。至于那些博学者向亚历山大提出的建议，你看到了他们的论题。一位急于出人头地的年轻人，在获得荣耀的欲望的推动下，提出某些能给他带来不朽声誉的建议。这一点说得够多了！我还能说什么呢？然而，我确实要把一根原木砍成某种形状。它包含着一些更高级的计划，而不是只适合当前和过去，所以它们没有得到批准；对此我一点儿也不遗憾。如果这封信送到了目的地，我会感到遗憾，请你相信我。让我提醒你，哪怕是亚里士多德的学生，他的天才禀赋和他的行为一样卓越，一旦登上宝座，也会变成残忍、无节制的暴君。你认为这个正在行进的人，这个奎里努斯[①]的寄居者，会对我写的这样一封严肃的信感到满意吗？最好还是让他想要我没有写的东西，而不是否定我写的东西。最后，随他怎么办吧。我在向你提出“阿基米德问题”[②]时的焦虑现在已经消失了。我向你保证，我现在心里更加热心地向命运祈求，而不是害怕命运——或者

① 参见第289封信的相关注释。

② 可能是指第240封信中提出的问题：怎么能够赞声加图而又不惹恼凯撒？西塞罗一度担心他的地产会被没收。随着图利娅的去世，他不再担心。

害怕他有可能施加于我的伤害。

我非常急切地欢迎你的到来，除非其他一些事情把你拖住了。尼昔亚斯在受到多拉贝拉的强行召唤后离开了（我读了信）。我建议他走，虽然失去他我感到遗憾。

下面这些事情是我自己掌握的。在尼昔亚斯的一篇表面上很随意的文学对话中，塔尔那的名字突然出现。尼昔亚斯把塔尔那描写为一位行为端正但没有什么特殊才能的年轻人。但是有一件事情是我不喜欢的。尼昔亚斯说，据他所知，塔尔那最近向昆图斯的女儿考尼费昔娅，一位结过婚的老姑娘求婚，遭到女方的拒绝，因为他们认为他的价值不超过 800,000 个小银币。我想你必须知道这件事。

[300]

西塞罗致阿提库斯，公元前 45 年 5 月 27 日，于图斯库兰。

关于地产，我收到了你的信和克律西波的报告。关于那所房子，我非常明白它没有什么吸引人的地方，几乎没有改变或只有少许改变。然而，他确实谈到了较大的洗澡间，而那个较小的洗澡间他说可以改成冬季的卧室。所以，需要添加一条有柱廊的小径。哪怕这条小径造得和在图斯库兰庄园里的小径一样大小，它的花费也不会多于那里的造价的一半。为了建神庙，我想要这片小丛林，我记得，它似乎是理想的。但以前它相当破败，现在我听说要好多了。我会喜欢它，超过其他一切。请你务必宽容我的愚蠢。关于其他事情，如果法伯里乌能够归还欠我的债，那么就不要问他的地产的价格了。只是要在开价上高于欧索。然而我想，他不像是很苦恼的样子。我宁可想，我知道他的标准。我听说他用锤子伤了自己，我怀疑他是否会在市场上出现。否则的话，他为什么要拍卖呢？但是我不需要搞得太清楚。如果你能搞定法伯里乌，哪怕让我们高价购买；否则的话我们不能买，哪怕价格很低。好吧，克劳狄娅，我想我有从她那里直接购买的希望，既因为她的地产不那么值钱，又因为多拉贝拉的债务现在似乎正在归还，所以我充满信心，有能力用现金支付。地产的问题就谈到这里。我明天就能见到你了，或者听到你不能来的借口，我想和法伯里乌有关。但若你能做到，你还是来吧。

我把小昆图斯的信送还给你。你有什么样的僵硬的心，能不能被他的危险所感动！他也抱怨我——我把这封信和你的信一道送回。另一封关于那场战役的信我正在抄写。我今天派人送信去库迈，我把你给维斯托留的信交给了送信人，这是你让法那凯斯送来的。

[301]

西塞罗致阿提库斯，公元前 45 年 5 月 27 日，于图斯库兰。

请你派人把信送给奥庇乌斯和巴尔布斯。还有，如果你在什么地方遇到庇索，跟他谈谈金子的事。如果法伯里乌来了，请弄明白他是否已经签了收条，如果已经签了，那就付钱给他。你从厄洛斯那里可以拿到钱。

阿里奥巴扎尼之子阿里亚拉塞斯到罗马来了。我想他要从凯撒手里购买一个王国，因为他现在没有一块立足之地。我们的朋友塞斯提乌，公务承办商，把他抓走了，这在我看来是好事。毕竟，我和他兄弟关系很密切，这种关系是在我为国服务中缔结下来的，我写信请他到我这里来住一晚。我派亚历山大去办这件事，我把信给了他。

[302]

西塞罗致阿提库斯，公元前 45 年 5 月 28 日，于图斯库兰。

28 日一大早，我从德米亚那里收到了你昨天送出的信，你在信中使我明白，我应当等候你的到来，要么是今天，要么是明天。但是我想，急切地期盼你的到来的我竟然会成为拖延你到来的人。因为我并不认为法伯里乌的事会很快得到解决，甚至假定它不会拖延。所以，只要你能做到，你就来吧。由于你还没来，所以，要是你能够把你写的有关狄凯亚库的书[1]送来给我，还有那本《家系》，我会非常高兴。

至于我给凯撒的信，那是一个可供他选择的判断。你的朋友说他认为凯撒不会去和帕昔安人作战，直到他处理完这里的事务，而在我的信中也是这样建议的。涉及我的建议，他可以做他喜欢的事情——当然，这是他正在等待的，除了我的建议，他不会做任何事情。真是天晓得，让我们放弃胡言乱语，无论如何只能有一半自由。我们应当管住我们的舌头，趴倒在地上。

但是你要抓住欧索，如你所说。我亲爱的阿提库斯，把这件事处理好。我找不到其他任何事情使我能和你在一起而又不暴露在公众的视线之内。关于价格我有下面这些想法。盖·阿巴纽斯是一位非常近的邻居。他从马·庇留斯那里买了 1,000 尤格[2]地，如果我没记错，花了 11,500,000 个罗马小银币。当然了，现在地价掉下来了。但仍旧有人急着想要购买，除了欧索，我想不会有什么对手。但是你能影响他，如果你让卡努斯帮助你，事情就好办了。他是个多么令人讨厌的贪食者！[3]我为他的父亲感到羞耻。如果你要什么东西，请你写信给我。

[303]

西塞罗致阿提库斯，公元前 45 年 5 月 28 日，于图斯库兰。

厄洛斯到达的时候，我正好打发德米亚上路。但是在厄洛斯送来的信中除了说拍卖将在两天内举行以外没有其他消息。所以，如你所说，等这件事处理完了你会到来——我希望与法伯里乌的买卖能够做成。厄洛斯说他今天不可能到你那里，明天早晨可能会到达。你对他必须客气一些，尽管这些马屁精比罪犯好不了多少。我希望后天能见到你。

---

① 参见第 116 封信。

② 尤格（Iugera，Iugerum），罗马人的土地面积单位。

③ 可能是指小昆图斯的贪食。

如果你能做到的话，请你帮我到什么地方去找到姆米乌斯[①]的十位专使的名字。波里比乌没有给出他们的名字。我记得当年的执政官是阿尔比努和斯·姆米乌斯。我想我听霍腾修斯提到过图狄塔努。但是在利伯的编年史中图狄塔努成了执法官，是在姆米乌斯担任执政官后的第 14 年。时间上似乎不太吻合。我想要构思一次在奥林比亚举行的政治会议，或者说如果撰写你的老朋友狄凯亚库，你希望把地点放在什么地方。

[304]

西塞罗致阿提库斯，公元前 45 年 5 月 29 日，于图斯库兰。

佩都凯乌的拍卖是在明天。所以要是你能做到，你就来吧，尽管法伯里乌可能会把你拖住。但是，要是可以的话，你还是要来。我们的朋友狄奥尼修斯强烈地抱怨，但并非不合理，他已经很长时间没有和他的学生见面了。[②]他给我写来了长信，无疑他也给你写了。我想他还会在外一段时间。真遗憾！我非常想念他。

我在等待你的来信，但不敢肯定——我一大早就写下这些话来回答你的前一封信。

[305]

西塞罗致阿提库斯，公元前 45 年 5 月 29 日，于图斯库兰。

在收到你今天的第二封来信以后，我不希望你为我只做一件事。是的，按你自己所说，你要继续处理法伯里乌的事。我的计划完全取决于它。如果你还没有这个想法，那么我向你保证，我会像对其他事情一样感到苦恼。所

① 卢·姆米乌斯（L. Mummius）于公元前 146 年攻克科林斯以后派出的十名专使。

② 狄奥尼修斯显然又得到了西塞罗的欢心。他的学生是谁不清楚，可能就是指西塞罗和阿提库斯。

以，就像你正在做的那样（不可能再增加什么了），你要敦促它，推进它，完成它。

请让人给我送来狄凯亚库的两本书，《论灵魂》和多卷本的《家系》（我找不到《三头政治》和他的《致阿里司托森的信》）。当前我会特别喜欢这三卷，它们对我心里想的[①] 会很有用。

“托夸图斯”[②] 在罗马。我已找人带话过去，把它送给你。我想我以前给过你“卡图鲁斯”和“卢库鲁斯”。[③] 我给每卷书添加了序言，对他们各自进行赞扬。我想要你拥有这些作品，以及其他一些作品。你不太明白我写给你的关于十位专使的问题，无疑这是因为我用了缩略语。我向你询问盖·图狄塔努，我听霍腾修斯说他是十名专使之一。我在利伯的书中看到图狄塔努是执法官，在普·波皮留斯和普·卢庇留斯担任执政官那一年。他在成为执法官之前的第 14 年怎么能成为一名专使呢——除非他担任执法官很迟，我认为他不太可能毫无困难地在法律允许的年限里担任重要职务。至于波斯图米乌，你说你还记得他在伊斯姆斯的塑像，我不知道他就是奥鲁斯[④]。他就是和卢·卢库鲁斯一同担任执政官的那个人。在我构思的会议中我还欠你一个恰当的出场机会。所以，要是你能做到的话，请你提议还有什么人可以添加，这样我本人就可以一般地露个脸了。

[306]

西塞罗致阿提库斯，公元前 45 年 5 月 31 日，于图斯库兰。

请你注意凯留斯的情况，看他的那笔黄金有多少。对这些事情我一无所知。但在这样的交换中肯定会有损失。如果这笔黄金在那之上——我们干吗

① 指第 303 封信中提到的政治对话。

② 《论至善与至恶》第一卷，书中人物托夸图斯在阐述伊壁鸠鲁学说。

③ 《学园派哲学》最初两卷初稿。

④ 奥鲁斯·波斯图米乌·阿尔比努（Aulus Postumius Albinus），公元前 151 年执政官。

要谈论它？你会看到它的。有一块赫格西亚式的样品，这是瓦罗推荐的。

我去了提拉尼奥那里。去找他而没有我在场，这样做真的公平吗？尽管我有空，但我经常约束自己，因为你不在哪里？你会怎么补偿我？显然只有一个办法，送些书给我。我再次要求你这样做，虽然这本书本身不会比你对它的推崇更令我高兴。一个人为了他的行省而学习各种知识，我喜欢他，我也高兴地发现你对一门少有人问津的学问如此热心。但这就是你的全部。你想要获得知识，这是滋养心灵的唯一食粮。但请你严肃准确地告诉我，这样做与至善有什么关系？

我不停地唠叨，而你很忙，也许是因为我的某些事务。你着迷于在我的草地上干晒，作为回报，我期待在你那里涂上油膏，享受一个日光浴。但是把话说回来——如果你爱我，就把书送来。它肯定在你那里，因为它是题献给你的。

[307]

西塞罗致阿提库斯，公元前45年5月31日，于图斯库兰。

请按照你的许诺向凯留斯询问。我对他一无所知。我想知道他的品性，而不仅仅是他的办法。关于霍腾修斯和维吉纽斯，要是你有什么疑问，你会写信给我，虽然迄今为止我看到你无法轻易找到任何更能接受的东西。克里斯普到达的时候，请与穆斯特拉商谈，按你所答应的。我已经写信给阿维乌斯，请他向庇索弄清楚那笔黄金的事实，他非常了解情况。我非常同意你的意见，这件事拖得太长，现在是该了结的时候了。我非常明白，除了和我有关的事情，你不会去做和去想其他事情，是我的事情在干扰你来看我的欲望。但我感到你和我在一起，不仅因为你在为我办事，而且因为我几乎能看到你是怎么办的，你的每时每刻的工作都不会逃脱我的注意。

[308]

西塞罗致阿提库斯，公元前45年6月1日，于图斯库兰。

我肯定同意这些契约。使我感到困惑的唯一事情是你似乎有所怀疑。你把决定权留给我，但我不想接受。即使是在管理我自己的事务，但除了按你的建议办我其他什么也不做。然而，我知道你这样做的原因是你始终认真负责，而不是对这些契约有疑虑。毕竟，你不喜欢凯留斯，你不想增加债务人。这两点我都同意。所以我们必须接受这些契约。否则的话，你最终不得不为他们担保，在这次交易中亦如此！所以，一切都从我这里支付吧。已经确定的时间确实还很远，但是（除非我们得到我们想要的东西）我想，甚至连拍卖者也会接受这个日期，那些继承人[①]也肯定会接受。你会看到克里斯普和穆斯特拉的情况，我想知道他们得到的份额大概是多少。

我得知布鲁图到了，我的自由民艾吉塔带来一封他的信。我把它送给你，因为它写得很好。

[309]

西塞罗致阿提库斯，公元前45年6月2日，于图斯库兰。

惊人的草率！尽管巴尔布斯和法伯里乌没有告诉我时间，那份公告[②]还是公布了！我实际上按照他们的指示派人去做过登记。他们说这是专门的程序。这是我的自由民斐洛提姆办的——我想你认识他，一位抄写员。但是你会写信给我的，你无疑会对我说事情已经办好了。

按照你的希望，我写信给法伯里乌。我想你在卡皮托利跟巴尔布斯把事情办了。关于维吉留斯，我没有什么要感到困窘的。我没有特别的义务要为

---

① 指斯卡普拉地产的继承人。

② 指关于资产转移的公告。

他考虑，如果我买的话，他有什么可抱怨的。但你必须小心，在阿非利加他没有按照凯留斯的方式办事。

请你处理向克里斯普借钱的事，如果普兰库斯也在市场里，事情会变得困难。我们都急着要你到我这里来，但无论什么原因这件事一定要处理完你再来。读到你在信中说希望看到欧索被打败，这肯定是好事。至于你说，我们将看到我们在谈判中的起价，虽然他的信除了地块的面积什么也没说。去找庇索谈谈，看有什么事可做。我收到了狄凯亚库的书，正在等待那本《家系》。

……你请他看，他会在书中看到里面有格·高奈留和卢·姆米乌斯担任执政官期间元老院颁布的法令。至于图狄塔努，日期适合你的观点，因为他当时在科林斯（霍腾修斯知道他在说什么），他当时要么是财务官，要么是军法官——我宁可相信他的职务是后者。但是你可以从安提奥库斯那里得到确证。请你也找一下斯普利乌担任财务官或军法官是哪一年，如果两条都对不上，那么要是他参加了那场战役的话，他是不是高级官员或随员。

[310]

西塞罗致阿提库斯，公元前45年6月3日，于图斯库兰。

关于那条水渠，你做得完全对。我想你明白我没有义务为任何柱子付税，虽然我想，我听卡弥鲁斯说这条法律已经改变了。

我们对庇索可以做出什么比加图的悲惨地位更公平的回答？这不仅是为了赫瑞纽斯的继承人，而且如你所知（你对我谈起过），也是为了年轻的卢库鲁斯；[①] 加图在希腊担当监护人的时候借了这笔钱。但他[②] 很有风度地答应

---

① 西塞罗接替加图作为卢库鲁斯儿子的监护人，加图向卢库鲁斯借过钱。

② 指庇索。

不做任何违背我们意愿的事。所以，如你所说，等有了安排的时候我们会处理好的。你和其他继承人见面的时候做得很好。

你向我要我给布鲁图的信。我没有留下抄件，但原件也没有毁掉，提罗说一定在你那里。按照我的回忆，我在给你送去他的充满斥责的信时也把我的回复一并送出了。你会明白我对陪审团的事情不会感到担忧。

我从来没有听说过你所说的这位霍腾修斯的曾祖父图狄塔努，我想他的儿子当时是专使，而在那个时候他本人不可能是。我确定姆米乌斯当时是在科林斯。我们的同时代人，已故的斯普利乌，曾经在给我的信中引述他送给来自科林斯的朋友的诗句。但我不怀疑他是他的兄弟的一位副将，而不是十名专使之一。我确实得知，古时候任命一位在战场上的统帅的亲戚在这样的委员会里任职不合常规，当时也许是以一种我们不知道的，或者被我们忽略的方式，派遣马·卢库鲁斯、卢·穆瑞纳，以及其他亲戚，去卢·卢库鲁斯那里。斯普利乌尤其应当是他兄弟的副将之一，这显然是合理的。你的生活真是太忙碌了！你参与这些事情，为我安排事务，就像为你自己处理事情一样尽心！

[311]

西塞罗致阿提库斯，公元前 45 年 6 月 4 日，于图斯库兰。

我已经收到你的礼物，你为此付出了巨大努力——十名专使的事，我同意图狄塔努是其中之一。他的儿子是财务官，在姆米乌斯担任执政官的次年任职。

由于你重复你的问题，问我对这些契约有什么希望，所以我也重复我的回答，这确实是我所希望的。如果你能做到，那就和庇索先处理好——阿维乌斯显然会有表现。我希望你事先就能处理好，但若不能，让我们无论如何在布鲁图去图斯库兰的时候在一起。这对我来说极为重要，我们俩都应当在那里。如果你派你的仆人来询问，你就能知道会是哪一天。

[312]

西塞罗致阿提库斯，公元前 45 年 6 月 5 日，于图斯库兰。

我以前认为斯·姆米乌斯是十位专使之一，但现在看来他似乎只是他兄弟的幕僚，这是相当合理的。他肯定在科林斯。我把“托夸图斯”[①] 送来给你。

是的，去找西留斯谈，给他施加点压力。他说的另一天不是在 5 月份，但他没有说和你说的那一天相同。但是你会像以往一样关注这件事。关于克里斯普和穆斯特拉，等你得出什么结论，你无疑会让我知道。由于你许诺当巴尔布斯到达的时候会和我在一起，所以我非常满意，尤其是这些日子以来你一直在为我处理重要事情。

[313]

西塞罗致阿提库斯，公元前 45 年 6 月 9 日，于图斯库兰。

我真的没有什么事要写了，因为你刚刚离开，而且很快就把我的写字板送了回来。请你把那个包裹送给维斯托留，派人去看看在庞贝或诺拉是否有个属于昆·斯塔贝留的庄园在出售。如果你能给我送来布鲁图的凯留斯[②] 历史的节选本，并从斐洛森努[③] 那里弄到帕奈提乌的“论天命”，我会非常感谢你。我会在 13 日见到你和你的人。

[314]

西塞罗致阿提库斯，公元前 45 年 6 月 10 日，于图斯库兰。

---

① 参见第 305 封信注释。

② 凯留斯·安蒂帕特（Caelius Antipater），公元 2 世纪的编年史家。

③ 斐洛森努（Philoxenus）可能负责管理西塞罗弟弟昆图斯在罗马的住处。

塞斯提乌昨天和我在一起，还有塞奥波普。塞斯提乌说有一封来自凯撒的信，使他下定决心待在罗马，然后他说了我那封信[①]中提到的理由，即担心他的法律会在他不在的时候受到轻视，就像那部禁止奢侈的法律所遭遇过的情况（这部法律是合理的，我曾经做过这样的预言，但是你的朋友们一定会受到嘲笑，除非他们想要我追随同一条路线[②]）。还有，伦图卢斯确实与梅特拉离了婚。你会比我更好地知道所有这一切。所以无论你喜欢什么，给我写回信，只要你写就行。我现在无法想象你在回信中会写些什么，谈谈梅特拉，或者说说你是否见过西留斯了。

[315]

西塞罗致阿提库斯，公元前 45 年 6 月 11 日，于图斯库兰。

昨天下午大约 5 点钟，布鲁图到达此地他的住处。所以，他今天会来看我，我希望你也在这里。我派人给他捎话，说你等待他的到来已经很长时间，只要一听到他到达的消息，你就会尽快赶来，我会马上通知你，就像我现在所做的那样。

[316]

西塞罗致阿提库斯，公元前 45 年 6 月 12 日，于图斯库兰。

我明白卢西乌斯·麦特鲁斯和昆·马克西姆担任执政官的时候，图伯洛是执法官。我现在很乐意知道普·斯卡沃拉担任保民官的时候谁是执政官——我想是凯皮奥和庞培，因为在卢·富里乌斯和塞克·阿提留斯担任执政官的时候，他是执法官。所以，要是能做到的话，请告诉我他担任保民官

① 指西塞罗那封流产的写给凯撒的建议信。

② 此刻西塞罗似乎重新考虑他废弃建议信的决定。

的时间，以及他对图伯洛的指控。请你寻找，当山索里努斯和玛尼留斯是执政官的时候，或者提·昆提乌和玛·阿基留斯担任执政官的时候，对塞·加尔巴提出控告的卢·利伯是保民官吗——经布鲁图删节过的芳尼乌斯的书把我搞糊涂了……到了最后，我写道，历史学家芳尼乌斯是莱利乌斯的女婿。但是你根据岁数来驳斥我，而现在布鲁图和芳尼乌斯在驳斥你。然而，我的观点有很好的权威作依据，亦即霍腾修斯，它与布鲁图的说法不一。所以请你来解决这种混乱。

[317]

西塞罗致阿提库斯，公元前45年6月17日，于图斯库兰。

昨天特巴提乌到达的时候，你刚好离开，库提乌斯到得稍迟一些——他只是来问候一下，但他应邀留下了。特巴提乌是我在这里的客人。多拉贝拉今天上午来了。我们谈了一整天。我必须说他已经无法更加温柔可亲了。然而，我们谈到了昆图斯。我听到了许多不好的消息，难以开口，有些事情似乎整支军队都不知道，我也不敢把它写下来，更不要说对提罗口授了……但是够了。

当我和多拉贝拉在一起的时候，托夸图斯来了，他来得非常及时，多拉贝拉非常和气地告诉他我是怎样为他说话的。我就是这么做的。托夸图斯似乎非常感谢我的努力。

我在等待你告诉我布鲁图的消息，如果有的话。尼昔亚斯肯定认为事情已经解决了，但他说离婚并不流行。这使我更加忧虑，就像你一样。如果有什么不利的反作用，你可以做些纠正。

我必须去阿尔皮诺。我的小小的房产在那里需要我的照料，我担心，要是凯撒回家了，我就不可能走开了。多拉贝拉对凯撒回来的日期的看法与你根据美萨拉的信件做出的推算相同。等我去那里，看有什么事要做的时候，我会在回来之前让你知道大概情况。

[318]

西塞罗致阿提库斯，公元前 45 年 6 月，约 18 日，于图斯库兰。

你对有关马凯鲁斯的消息[①] 感到震惊，认为新事业需要警觉，颇使我感到有点意外！谁会害怕这些史无前例的、违反自然进程的事情？显然，我们再也没有一个地方是安全的了。但是你把我说成是现存的最后一名执政官，[②] 你犯了一个历史性的错误。你把塞维乌斯称做什么？这当然不重要，尤其是对我而言，死对我来说并不比活着更糟。毕竟，我们是什么，我们能成为什么，在国内或国外？要是我不在信中写这些事情，我不知道我能做什么。

关于多拉贝拉，我想我必须按照你所说的去做，带着政治偏好寻找某些一般的主题。我肯定要做一些事情——他非常想让我这样做。

如果布鲁图采取什么步骤，请一定要让我知道。我想他一定不能再有任何延误了，尤其是他已经下定了决心。他将制止或抑制任何闲谈，某些议论已经传到我的耳朵里。他是最好的判断者，尤其是他在对你谈起这件事的时候。

我打算 21 日离开。我在这里已经没什么要做的了——我在那里[③] 也一样，在其他任何地方都一样，但在那里多少还有一点。我今天在等候斯宾塞尔——布鲁图给我捎话过来。他写信说凯撒在马凯鲁斯之死中无罪。哪怕马凯鲁斯是被悄悄杀死的，也不应当怀疑凯撒。确实如此，因为关于玛吉乌斯的事实无可置疑，他的疯狂举动难道还不足以说明整个悲剧吗？我确实不知道他是什么意思，所以请你解释——虽然我心里的唯一疑惑就是玛吉乌斯发疯的原因是什么。我实际上在为他做担保。但毫无疑问，他崩溃了。我想他可能要求马凯鲁斯为他做某些事，但得到了强硬的回答，马凯鲁斯式的。

---

① 马·马凯鲁斯在希腊被一个玛吉乌斯谋杀，此时马凯鲁斯正要返回罗马。

② 阿提库斯可能在谈论那些与庞培一道参加战争的前执政官。

③ 在阿尔皮诺。

[319]

西塞罗致阿提库斯，公元前45年6月22日，于阿尔皮诺。

“但在另一方面”[①]，我想事情容易了。一切都发生了变化，我离你更远了。但是有些事情必须完成，在确定我的地产的租金，又不要把太重的负担放在我们的朋友布鲁图的身上。对他和对我来说，今后在图斯库兰培养我们的社交圈子比较容易。当前，由于他希望每天都能见到我，而我不可能去他那里，他失去了在他的乡间别墅里的一切快乐。

好吧，如果塞维莉娅来了，如果布鲁图采取任何步骤，[②]如果他决定什么时候去见凯撒，请你给我写信，实际上，我必须知道这些事情。如果你能做到的话，请去看望庇索。你明白时间有多么紧迫。还有，你不要出远门。

[320]

西塞罗致阿提库斯，公元前45年6月23日，于阿尔皮诺。

你来信谈到亲爱的阿提卡，它给我带来剧烈的痛苦，但也提供了安慰。事实上，你在同一封信中对你自己的安慰似乎也足以保证缓解我的痛苦。

你极好地吹捧了我为利伽里乌做的辩护演讲。今后我无论写什么，都会把做宣传的事留给你。至于你提到瓦罗，你知道我以前习惯于写演讲词或其他文章，无法让瓦罗成为我文中的角色。然后，当我开始这些更加博学的创作时，瓦罗已经宣布了他的意愿，要把他真正的、有分量的著作题献给我。然而两年过去了，他进展得十分缓慢，甚至连一步都没有迈出。而我会像赫西奥德所说的那样，“如果你能做到，投桃报李，甚至更多”[③]——也就是说，

---

① 引自欧里庇德斯:《伊安》第585行。

② 再婚。

③ 引自赫西奥德:《工作与时日》第1卷，第350行。

把我的著作题献给他。事实上，我已经有了想法，我保证会把我的著作《论至善与至恶》献给布鲁图，因为你告诉我说，他并不讨厌。让我们把有关学园派的论文献给瓦罗，文中有一些贵族式的人物，但绝不是某些博学者的自吹自擂。文中讲到的安提奥库斯的观点是瓦罗非常赞成的。如果你赞成，我会把安提奥库斯的观点纳入“卡图卢斯”和“卢库鲁斯”，关于这一点，你能写信把你的看法告诉我吗？

关于布利纽斯的拍卖，我收到了维斯托留的一封信。他说这件事由我处理，不会有什么争议。无疑，他们认为 6 月 24 日我会在罗马或图斯库兰。所以请你要求我的共同继承人、你的朋友苏提乌斯，或者我们的朋友拉贝奥，把拍卖推迟一些，说我下月 5 日左右会在图斯库兰。请你找庇索谈谈——你有厄洛斯在你身边。让我们把精力集中在斯卡普拉的地产上。要走的路已经不长了。

[321]

西塞罗致阿提库斯，公元前 45 年 6 月 24 日，于阿尔皮诺。

受到你谈论瓦罗的那封来信的干扰，我已经对整个《学园派哲学》做了调整，把那些贵族式的人物转变为我们的朋友，从原来的两卷，我把它改成四卷。它们的篇幅增加了，然而我也去掉了很多内容。如果你能帮我了解他是否喜欢，那么我会很高兴；然而有一件事我急于想要知道，按照你的了解，他会妒忌谁——也许是布鲁图。这确实是最后一件毫无价值的事情了！但无论如何，我还是很想知道。至于这部著作，除非我的那份自尊欺骗了我，它在体裁上比现存的各种著作都要好，哪怕是在希腊。我肯定你会持一种哲学的观点，在这篇你已经有的关于学院派学说的论文上花费你的抄写员的劳动。这个版本要好得多，更加简明，质量更高。

我现在已经江郎才尽了。我想为多拉贝拉写些东西，他非常想要，但我不知道写什么好，与此同时，“我害怕特洛伊人”[①]。即使我给他一些不同的东西，我也无法逃避批判。所以我要么停止写作，要么胡编乱造。

但我为什么要在意这些微不足道的小事呢？我恳求你告诉我，我亲爱的阿提卡好吗？我十分挂念她。我不断地阅读你的来信，从中寻找安慰。不过，我期待着你的新的来信。

布利纽斯的自由民、我的共同继承人写信给我，说要是合适的话，其他继承人想要他本人和阿比乌斯·萨比努斯一起来看我。我肯定不愿意这样做。仅仅为了这笔遗产不值得这样做。毕竟，他们要是在 8 日之前能在图斯库兰与我见面，那么他们有足够的时间去拍卖场，那是在 13 日。然而，要是他们宁可推迟一些，他们可以这样做——推迟两三天，或者随便推迟几天。所以，让他们不要来，除非他们已经出发。

如果有关于布鲁图的消息，或者有关于凯撒的消息，或者有其他事情，请你给我写信。

[322]

西塞罗致阿提库斯，公元前 45 年 6 月 25 日，于阿尔皮诺。

我想请你反复思考，是否愿意把我写的东西给瓦罗送去，尽管你在这件事情上也在下赌注；让我告诉你，你也作为第三位发言人参与了对话。我想你需要思考，名字虽然已经在对话中，但它们是可以被取消或改变的。

我恳求你让我知道，我们亲爱的阿提卡好吗？我有三天没有听你说起她了，这不奇怪，因为没有人前来，也许是没有机会。所以，我这一方无话可说。今天我让瓦勒留送出这封信的时候我在期待我自己的人到来。如果他到了，并且从你那里带来一些消息，那么我敢说，我不会缺少写一封信的材料。

---

① 荷马：《伊利亚特》第 22 卷，第 105 行。寓意为“我害怕公共舆论”。

[323]

西塞罗致阿提库斯，公元前 45 年 6 月 26 日，于阿尔皮诺。

寻找流动和孤独使生活变得比较能够忍受，迄今为止，我足不出户，因为不断地下雨。我已经把整部关于学园派的论文转给瓦罗。开始时的发言人是卡图鲁斯、卢库鲁斯、霍腾修斯。然后，我感到这样写很困难——我不说它显得无知，但在这样的事情上缺乏专家的意见名声不好听；所以等我一到庄园，我会把这些讨论转给加图和布鲁图。你关于瓦罗的信到了，他似乎只是安提奥库斯的观点的口舌。但是，你毕竟能够让我知道（a）你是否想要我让他说些什么，（b）如果是的话，具体该说什么？

塞维莉娅怎么样？她到了吗？布鲁图在干什么，什么时候开始？关于凯撒有什么消息？如我所说，我会在 7 日回来。如果你还有什么事能做的话，那就去找庇索谈谈。

[324]

西塞罗致阿提库斯，公元前 45 年 6 月 27 日，于阿尔皮诺。

今天（6 月 27 日）我在等待罗马来的消息，但我关心的不是我对你的人已经做过指示的那些事。我要问的仍旧是一些老问题：布鲁图在做什么，或者说要是他已经做了，他做了些什么，关于凯撒有什么消息。但是，我为什么要问这些次要问题呢？我真正想要知道的是我们亲爱的阿提卡怎么样了。你的信（现在已经过期了）让我相信一切都好，但我仍旧在等待最近的消息。

[325]

西塞罗致阿提库斯，公元前 45 年 6 月 28 日，于阿尔皮诺。

你明白做近邻的好处。好吧，让我们在郊区弄一块地。当我在图斯库兰的时候，信件来往如此快捷，就像我们在一起谈话。但我们很快就又会如此了。与此同时，我已经接受你的建议，完成了一些写给瓦罗的篇幅较小的漂亮文章。不管怎么说，我在等待你对我的下列问题的回答：(a）你是怎么产生这种想法的，他想要我把文章题献给他，他本人是一位极为多产的作家，但在这方面从来没有主动过；(b）你认为他在妒忌谁，如果不是布鲁图，那么更不可能是霍腾修斯或谈论共和国的那些演讲者。如果你能让我明白你自己是否认为我应当把著作题献给他，或者你认为这样做没有必要，那么我真的会很高兴。等我们在一起的时候还会讨论这一点。

[326]

西塞罗致阿提库斯，公元前 45 年 6 月 29 日，于阿尔皮诺。

当一名送信人带着你前一天的信到达的时候，我的伙计刚刚(6 月 28 日）带着我给你的一封信离开，我特别高兴地读到我们亲爱的阿提卡要你不要烦恼，而你说我们没有必要惊慌。

我能明白你的赞同使我为利伽里乌做的讲演有了一个良好的开端。巴尔布斯和奥庇乌斯写信给我，说他们非常喜欢我的讲演，由于这个原因，他们已经把它送给了凯撒。噢，你早些时候对我说过这件事。

关于瓦罗，你提到的这种考虑，说我应当看上去像个采集者，对我没有影响。事实上我已经决定不把仍旧活着的人放入我的对话，但由于你来信说这是瓦罗的愿望，说他很看重这一点，所以我完成了这部著作，完成了整个四卷本《学园派哲学》——我不能说它有多么好，但凭良心说它已经是有可能最好的了。在这几卷书中，我给了瓦罗一些安提奥库斯为了否认确信而收集起来的论证。我本人对这些问题做出了回答。在我们的对话中，你是第三者。如果我让科塔与瓦罗讨论，如你在最近的信中所建议的那样，那么我会成为一个多嘴的人。如果这些角色都属于历史，那么结果倒会是令人相当愉快的。赫拉克利德在许多著作中这样做，我本人在六卷本《论国家》中也这样做。我对我的三卷本《论演说家》相当满意。在这几卷中，我对这些人物也必须保持沉默，对话人是克拉苏、安东尼乌斯、老卡图鲁斯、他的兄弟盖·朱利乌斯、科塔、苏皮西乌。对话的时间被设定在我还是个儿童的时候，所以我不可能参与对话。但是我最近的创作遵循亚里士多德学派的模式，对话中其他人物所起的作用要服从作者本人的作用。在我写的五卷本《论至善与至恶》中，我让卢·托夸图斯属于伊壁鸠鲁学派，让马·加图属于斯多亚学派，让马·庇索属于逍遥学派。我想这样做就不会引起妒忌了，因为他们都已经过世。这篇论学院派的论文，如你所知，我的主要人物是卡图鲁斯、卢库鲁斯和霍腾修斯。必须承认思考这些事情对这些人并不合适，我们无法假定他们想过如此深奥的问题。所以当我读了你关于瓦罗的来信以后，我把你的意见当做天赐之物。没有任何东西能更好地适合这个哲学部门，我在其中看到他说的似乎是一种特殊的快乐，他的作用是让我明白自己并没有成功地使自己的观点显得更强。因为，安提奥库斯的论证非常有说服力，我忠实地由此出发，我的观点保持着它们的原创者的精确，再与我的优雅风格相结合，要是我能声称拥有这种品质的话。但是，请你再次考虑你是否认为这本著作要献给瓦罗。我肯定持有某些反对意见，等我们在一起的时候再讨论。

[327]

西塞罗致阿提库斯，公元前 45 年 6 月 30 日或 7 月 1 日，于阿尔皮诺。

我首先要说的是，你赞成未经我的同意就公布这本书[①]吗？甚至赫谟多洛斯也不会这样做，他曾经传播柏拉图的著作，因此才有“赫谟多洛斯贩卖的小册子”这句谚语。另一件事情：我按照你的建议把这本书献给布鲁图，

① 涉及《论至善与至恶》。

在把这本书交给他之前，这样做对吗？巴尔布斯写信给我，说他从你手头有的书稿中抄录了《论至善与至恶》第五卷，我对这卷书做了一些修改，改动虽然不多，但还是有一些的。这样的话，巴尔布斯得到的书稿是未经修改的，而布鲁图得到的书稿会是陈旧的。这个问题我们已经说够了，或者你认为我在把鼹鼠丘堆成大山——尽管我堆成的山很多，但其他还能有什么呢？

按照你的建议，我匆匆忙忙地要把我写的东西寄给瓦罗，我已经把书稿送到罗马去抄写。如果你喜欢，你马上就可以得到它。要是你想要的话，我会写信给那里的抄写员让你的人取走一份抄件。请把书稿留在你身边，直到我们见面，因为每当我向你提问的时候，你总是小心翼翼地予以回答。

但是，我怎么会把这件事忘了告诉你呢？凯瑞利娅无疑狂热地喜爱哲学，她正在从你的人那里抄写我的书。她有了这本《论至善与至恶》。我向你保证（作为一名凡人，我也许会弄错）她不是从我的人那里抄来的——她从来没有离开过我的视野。还有，迄今为止他们想要完成两份抄本，而实际上要完成一份都很困难。然而，我并不想责备你的人，也不想要你这样做。是我自己失察，更不必说我并不想要它到处流传。天哪，我在这些微不足道的小事上花费了多少时间！你瞧，对一些重要的问题我什么都没说。

关于多拉贝拉我同意你的意见。如你所说，我会在图斯库兰会见那些共同继承者。巴尔布斯写信给我谈到凯撒的返回，说他回来的时间不会在 8 月 1 日之前。关于阿提卡的消息好极了，她的病是轻微的，很快就能痊愈。关于你信中提到的我们的计划，我不承认自己不如你那么关心，对我已经知道的情况我极为赞同——人、家庭、经济状况。问题在于我不认识他，而我知道的情况都是最近从斯克洛发那里听来的。其他的考虑，如果也有关的话：他的出生比他的父亲还要好。[①] 所以，等我见到你的时候我还会再谈这件事，并表示赞同。因为还有一个要点，我想你是知道的，我喜爱他的父亲，甚至比你还要喜爱，他本人也明白这一点，我对他父亲的喜爱已有很长时间，也

① 英译者认为这句话的原文有问题。

有很好的理由。

[328]

西塞罗致阿提库斯，公元前45年，约7月2日，于阿尔皮诺。

我收到凯撒写来的一封安慰信，4月30日从希帕利斯送出。我不清楚关于扩建罗马已经宣布了什么。我很想知道这件事。我很高兴地听说托夸图斯对我提供的良好服务表示感谢，我还会继续这样做。

在这一阶段，我不能在我为利伽里乌所做的演讲中添加有关图伯洛的妻子和养女的事情（这件事流传很广），我也不想冒犯图伯洛，他很敏感。你肯定会有一个很好的听众。

尽管我发现这里的生活比其他任何地方都要容易忍受，但我还是急于想见你。所以我会按照原先的安排返回。我想你已经见过我弟弟了，所以我很好奇地想要知道结果。

至于名声，我真的不在乎，虽然我相当愚蠢地写信和你谈论“一流的表现”。人不应该给自己找麻烦。“无人可以在其生活的任何部分有一丝一毫偏离他的良心。”[①] 这就是你的哲学！你认为我写这些著作毫无目的吗？我很遗憾你什么也没有颠覆——因为我又回到原来的基点上：你认为我在整件事情上除了关心不让他[②] 垮台，还关心其他什么吗？噢，当然了，我试图以一位伟大律师的形象出现！使他们讨厌极了！我希望我能轻易地忍受我私人的麻烦，就像我能藐视这一类事情。你认为我还有什么道德上不够圆满的目的吗？当然了，一个人不能表白自己的心；在那个场合我毕竟只能赞成既成事实，虽然我可以保持无动于衷的态度，我确实这样做了。关于这些微不足道的小事，我说得太多了。

---

① 可能引自阿提库斯的来信，阿提库斯可能引自西塞罗的一部已经佚失的著作或信件。

② 可能指利伽里乌。

[329]

西塞罗致阿提库斯，公元前45年，约7月4日，于阿尔皮诺。

我固执地要你把对瓦罗的看法告诉我，这样做有我的理由。我有一些相反的意见，但我们在一起的时候会加以谈论。至于你，能让你参与这项工作会给我带来最大的快乐，我今后还会经常这样做。从你的最后一封信中，我第一次知道你并不反对这样做。

关于马凯鲁斯，卡西乌斯已经给我写信，塞维乌斯把细节告诉了我。这真是一场悲剧！

再说一遍，除了在你那里的书稿外，我在其他任何地方都没有留下书的片段，但我希望只有在我们俩都认为合适的时候才让外界知道它。我宣布你的抄写员无罪，也不抱怨你本人，但我确实要提到其他一些事情，亦即凯瑞利娅拥有的某些东西不可能是从我的人手中得到的。我明白我不得不满足巴尔布斯的愿望，我只是不想把布鲁图描述成肮脏的店主，或者把巴尔布斯说成一个不完善的人。等我见过你以后，要是你认为合适，我会尽快把我的书送给瓦罗。当我们见面的时候，你会听到我为什么犹豫不决。

你帮我催还那些贷款是完全正确的。我很遗憾你在处理欧维娅的地产时遇到了困难。关于我们的朋友布鲁图，那是最令人厌倦的，但这就是生活。当他给了这些女士[①]各自应得的一份时，她们相互之间表现得非常敌对。你根本没有机会把书记员图利乌斯找来付钱——如果有机会的话，我会派你去。我没有一笔可以用来兑现我的誓言的钱存在他那里，但我确实在他那里有一些钱。我决定把这些钱用于这个目的。所以当我告诉你钱在哪里的时候我没有说错，而他予以否认时他也没有说错。但是让我们把握实际问题。我不喜欢给凡人弄一片丛林[②]，因为这不那么常见，但这样做是合理的。只要

① 指布鲁图的母亲塞维利娅和他的妻子波喜娅。

② 一片丛林通常作为一位神明的栖息地。

你认为这样做是最好的，而其他人也这样想，你就可以这样做。我会按照原来的计划返回，如果你能在同一天回来，那就太好了。但若突然冒出什么事来要处理，那么你就处理好再来。我有一些共同继承人，要是你不在那里的时候他们到我这里来了，那我会很难为情。

给我的另外一封信没有关于阿提卡的任何消息！但我把它当做一个好兆头。我的抱怨是我甚至没有得到她的爱，这个抱怨不是针对你，而是针对她。但是请你把我充裕的爱转告给她和庇丽娅，不要让她知道我在发火。我把你还没有读过的凯撒的信给你送去。

[330]

西塞罗致阿提库斯，公元前 45 年，约 7 月 9 日，于图斯库兰。

我们在谈论瓦罗。我们在谈论一个魔鬼！他到我这里来了，在这样一个时辰，我不得不让他留下。我故意不去请他脱下外衣（我记得你说过“他们人数众多，而我们尚未做好准备”）。但是没有用！没多一会儿盖·卡皮托和提·卡里纳斯来了。我根本没去接他们的外衣。然而他们留了下来，接下去的谈话就比较令人愉快了。卡皮托谈到城市要扩建，说台伯河在穆尔维桥处分汊，沿着梵蒂冈山[①]流淌，战神广场[②]就建在那里，而另一处广场，梵蒂冈广场，正在变成一座新的战神广场。我说：“是吗？我正要去参加拍卖，要是价钱合适，我想买下斯卡普拉的地产。”他说：“你最好不要买。这条法律很快就会实行。凯撒想要这块地。”听到这条消息我没有感到遗憾，使我遗憾的是这样的事情正在发生。但你会说什么？——尽管我不知道我为什么要这样问。你知道卡皮托擅长收集消息。他比得上卡弥鲁斯。所以你会让我知道 15 日[③]的事情。我就是为此而回罗马的。我还有其他一些事要办，但要

① 梵蒂冈山（Vatican hill），罗马台伯河西岸的七个小山之一，即现今梵蒂冈。

② 战神广场（Campus Martius），位于罗马第九区台伯河岸边集会的场所。

③ 斯卡普拉地产的拍卖在那天举行。

拖个两三天也没有关系。最后我想要你注意，不要跑得太累了。我甚至原谅了狄奥尼修斯。至于你说的关于布鲁图的话，就我所关心的事情而言，我让他自由选择。我昨天写信给他，说我现在不需要他在 15 日提供帮助。

[331]

西塞罗致阿提库斯，公元前 45 年 7 月 10 日，于图斯库兰。

收到你昨日早晨的来信后我马上就回了信，现在我答复你昨天晚上的来信。我宁可让布鲁图请我到他那里去。这样比较公平，因为他马上就要长途跋涉，现在我们的心灵状态使我们都无法在对方的社交圈里生活（你知道成为伙伴的主要条件[①]），我非常满足于我们能一起在罗马，而不是在我图斯库兰的住处。

我为瓦罗写的书[②]不会长期拖延。如你所说，它实际上已经完成了。剩下要做的事只是校正抄写员所犯的错误。你知道我对这本书有我的困惑，但责任在于你。抄写员们手头也有我献给布鲁图的著作[③]。

请你处理我委托的事情，这是你答应的。然而特巴提乌说每个人都在从这场争夺中捞取好处，所以你怎么能够期待这些上层阶级放弃呢？你知道这种人！[④]所以请你谨慎处理事务。你不会认为我在这些事情上过于小心。我要十分严肃地告诉你，也希望你能相信，我的小小的财产给我带来的与其说是喜悦，不如说是烦恼，因为它让我感到痛苦，我缺少继承人可以传给他们，它也不能满足我的需要。特巴提乌告诉我事情已经事先告诉你了，但你也许会担心我在听到消息的时候感到苦恼。事情是这样的，但请你相信我，我不再留意这些事。所以让他们和你谈，把他们应得的部分给他们，你要想

---

① 心灵与气质的相似。

② 《学园派哲学》。

③ 《论至善与至恶》。

④ 凯撒党人。

一个解决的办法，你去找鲍拉[1]谈，尽管你正在找臭名昭著的斯凯瓦谈；不要想象那些习惯于夺取不属于他们的东西的人会自动放弃属于他们的东西。只要看最后有结果的那一天，甚至在看的时候也要有节制。

[332]

西塞罗致阿提库斯，公元前45年，约7月11日，于图斯库兰。

我听克劳狄·赫谟根尼说，安德洛美尼对他说在考居拉看到马库斯，这是怎么回事？我想你肯定也听说了。马库斯对安德洛美尼也没有留下什么线索吗？或者说安德洛美尼根本就没有见到马库斯？请你帮我解除困惑。

关于瓦罗我该怎么回答你呢？你有四卷书归你支配。无论你怎么办，我都赞成。但这不是因为我“害怕特洛伊人”[2]。我为什么要害怕？我更关心他本人会采取什么姿态。但由于你认为自己负有责任，所以我最好袖手旁观。

我已经答复了你那封关于那场争论的、过分注重细节的信。所以请你毫不犹豫地加以处置。这是恰当的和便利的。

[333]

西塞罗致阿提库斯，公元前45年，约7月12日，于图斯库兰。

关于安德洛美尼，这正是我所想的。你会知道这件事，并且告诉我。

但你的来信说到布鲁图的时候一句也没有说到你自己。你认为他什么时候会来？我14日去罗马。我想写信告诉布鲁图的是（但由于你说你读了这封信，所以也许是我自己没有弄清楚），我从你的信中得知他并不希望我现在就为了见到他而去罗马。由于我很快就要来了，所以请你看他15日会不

---

① 可能指布鲁图的妻子鲍拉·瓦勒利娅（Paulla Valeria）。

② 参见第25封信注释。

会来，或者这个时间对他是否方便。关于拍卖我不需要他，（这种事情还需要有别人在身旁吗?）但我希望在立遗嘱的时候有他在场。但现在我宁可换个时间做这件事，这样就不显得我去罗马只是为了办这件事了。因此我写信给布鲁图，说原先期待在15日办的事现在已经不必要了。所以如果你能处理整件事，又不会给布鲁图添麻烦，那么我会非常感谢。

现在使我感到奇怪的是，我告诉过你，把书给瓦罗看会让你冒风险，而你在这个时候为什么要感到害怕？要是你在现阶段有什么顾虑，请让我知道，因为它真的是精挑细选出来的。我需要瓦罗，尤其是他想要这本书的时候。但如你所知，他"是一个可怕的人，很容易无辜地受他指责"[①]。所以我好像经常看到他的脸色，抱怨说我在这本书中的论证比他的书还要充分，如果你去伊庇鲁斯，你会发现这肯定不是真的——当前，我把优先性给了阿莱克西奥的信件。然而我对获得瓦罗的赞同并没有绝望，因为我们已经花钱买了纸，我也不会对坚持我的计划感到遗憾。但是，我还要再说一遍，它会让你冒险。因此，如果你感到有什么顾虑，让我们把角色转给布鲁图，因为他也追随安提奥库斯。一位变化多端的学园派，在性格上也是这样，不停地变！不过，请你告诉我，与瓦罗的信相比，你不是更喜欢我的信吗？要是我曾经在什么事情上付出过这么多的努力，就让我见鬼去！由于这个原因，我甚至没有对提罗口授这本书，他在此期间都和我在一起，而是一个音节一个音节地口授给斯宾撒鲁。

[334]

西塞罗致阿提库斯，公元前45年7月13日，于图斯库兰。

真是太荒唐了！那个和你同名的人正在扩建罗马，两年前他还没有看见过罗马，凯撒认为罗马太小了，尽管罗马大得足以盛下他！所以我期待着收

---

① 引自荷马:《伊利亚特》第11卷，第654行。

到你的一封谈论这件事的信。

你说等瓦罗到达的时候你马上就会讲给他听。所以你完了，你的牛皮吹破了。啊，只要你知道你在冒什么样的危险！如果你在写最后一封信的时候还没有读到我的信，那么我的信也许能让你回头。我想知道这到底是怎么一回事。

至于布鲁图的感情以及你们在一起散步的事，你跟我说的没有什么新东西，只有你以前跟我说过多遍的老话。然而，我听的遍数越多，我越是高兴，我发现它越来越令人愉快，因为它给了你快乐，我也更相信它，因为是你在说这件事。

[335]

西塞罗致阿提库斯，公元前 45 年 7 月 13 日晚，于图斯库兰。

我肯定会从顺从[①]中得到好处，你能让我知道这一点真是太仁慈了，你在赛会期间还写信给我，让我得到了意料之外的信。我在罗马确实有事要办，两天后就能处理完。

[336]

西塞罗致阿提库斯，公元前 45 年 7 月 14 日，于图斯库兰。

这封信多么令人愉快啊！——尽管里面提到的游行[②]相当恶心。但是知道所有发生的事，包括科塔那点事，并不令人讨厌。由于强加给胜利女神的这位邻居，[③]民众们拒绝对着胜利女神欢呼，他们的表现好极了。布鲁图和我在一起。他强烈地希望我能对凯撒说些什么。我同意了，但是游行使我的

① 顺从什么不清楚，也许是西塞罗签署了遗嘱，也许是凯撒返回罗马。

② 指庆祝凯撒胜利的游行。

③ 在庆祝凯撒胜利的仪式中，胜利女神的像和凯撒的像并肩前进。

讲话推迟了。

所以，你终于大胆地把我的著作给了瓦罗！我等着他的意见。但他什么时候能读完？我想你对阿提卡的态度是对的。无论是从精神的高度，还是从宗教品质的流行观点来看，我们都不能轻视。

你能把科塔的著作送给我吗？我手头有利伯的著作，以前我还有卡斯卡的。布鲁图捎来提·利伽里乌的话，他提到卢·考费迪乌出现在我为利伽里乌的辩护中是一个错误。他们说，这纯粹是由于记忆错误。我知道考费迪乌是利伽里乌家族的一位亲密朋友，但我发现他在那件事发生之前已经死了。所以请你吩咐法那凯斯、安泰俄斯、萨维乌斯在所有抄件中去掉这个名字。

[337]

西塞罗致阿提库斯，公元前45年，约8月11日，于图斯库兰。

在你离开以后，拉弥亚来访，给我带来凯撒给他的一封信。这封信送出的时间早于狄奥卡瑞斯带来的那一封，但它说得清清楚楚，凯撒会在罗马竞技会举行之前到家。凯撒在信的结尾处吩咐拉弥亚为竞技会做好所有准备，从信中也看不出凯撒本人有什么匆忙之举。从这封信来看他无疑会在那个日子之前到达，拉弥亚对我说读了这封信以后和我的看法相同。

我看到我的假日[①]延长了，但要延长多少天呢？请求你让我知道。你能够从拜庇乌斯或者从你的其他邻居厄格纳提乌那里得知。

你鼓励我把这些日子花在创作哲学上，这样做你是在鞭策一匹自觉自愿奔驰的骏马。但你可以明白我不得不把我的哲学书送给多拉贝拉做伴。如果托夸图斯的事情不会把我拖住，那么我有足够的时间去普特利并按时赶回。拉弥亚显然从巴尔布斯那里听说家中有一大笔现钱，必须快分配，除了地产外还有一堆器皿，他说拍卖应当尽快举行。请让我知道你的想法。至于我，

① 显然是指在罗马的某些事务推迟了，参见第350封信。

哪怕整个世界供我选，我也无法找到比威斯托留更加有良心、有责任感、忠于我的利益的人。我已经详细地给他写信。我想你也这样做了。这在我看来足够了。你有什么要说吗？我唯一的顾虑就是这件事看起来有点随意。所以我在等待你的想法。

[338]

西塞罗致阿提库斯，公元前45年8月12日，于图斯库兰。

波莱克斯严格履行他8月13日返回的诺言，提前一天在拉努维乌与我见了面，但他确实证明自己是一个"大拇指"，而不是一个"食指"。[①] 你会从他本人那里听说这件事。我与巴尔布斯见了面（莱普塔带我去他那里，他正在履行有关娱乐的使命）；他在位于拉努维乌附近的房子里把信交给了雷必达。他最先说的话是："我刚收到他[②] 的一封来信，他在信中强调他会在罗马竞技会之前返回。"我读了这封信，信中有许多地方提到我的"加图"。他说，反复阅读我的"加图"改善了他的表达能力，而在读了布鲁图的"加图"以后，他开始以为作者是他自己。

然后我从他那里得知克鲁维乌遗嘱中有关接受遗产的条件（粗心的威斯托留！）——60天之内当着见证人的面接受。我担心我可能不得不派人去他那里。如果是这样的话，我必须派一名代表按照我的指示去接受遗产。因此又是波莱克斯。我还和巴尔布斯[③] 讨论了克鲁维乌在郊区的地产。他是最乐于助人的，他说他会马上写信给凯撒；还有，克鲁维乌留给特伦提娅一笔50,000小银币的遗产，还需要一些钱用来修他的坟墓，等等；所有这些都要从提·霍德尼乌的份额中扣除，不会从我的份额中扣除。请你温和地责备一

---

① 波莱克斯（Pollex）这个名字的词义是大拇指（pollex），食指（index）这个词的另一个意思是告密者。

② 指凯撒。

③ 代表凯撒，他是这块地产的共同继承人。

下威斯托留。卖香水的普罗提乌都能通过他自己的信使让巴尔布斯很早就事先知道一切，而威斯托留什么也没有告诉我，这样做确实不太好。

关于考西纽斯，我感到非常遗憾。我对他非常尊敬。除了归还债务和买地必须花的钱，我会把剩余部分送给昆图斯，我想买地会让我进一步负债！关于阿尔皮诺的房子我一无所知。

你不需要责备威斯托留了。我的信使天黑后到达，带来了他的一封信，他在信中做了详细解释，还有一份遗嘱的抄件，但这个时候我已经给这封信加了封印。

[339]

西塞罗致阿提库斯，公元前 45 年 8 月 13 日，于图斯库兰。

“阿伽门农，等你的话传到我的耳里”[①]，不是“我应当来”（尽管我也应当这样做，如果不是为了托夸图斯），而是我应当写，“马上”丢下已经开始写的东西，扔下手头的著作，完成你要我写的东西。[②]

请你从波莱克斯那里了解我的开支。让他[③]在第一年花太多的钱对我的信誉不利，无论他是谁。以后我会实施更加严格的控制。必须把波莱克斯派回来，让他可以去接受遗产。由于我跟你说过的那条理由，由我去普特利办这件事确实不妥，还因为凯撒快要到来。多拉贝拉说他会和我在一起，一直到 14 日。一位不受欢迎的老师！

[340]

西塞罗致阿提库斯，公元前 45 年，约 8 月 14 日，于图斯库兰。

---

① 引自一出不知名的拉丁戏剧。

② 可能是一封问候凯撒的信。

③ 指小马库斯，此时在雅典。

如果你认为合适，你能就拍卖事宜写信给巴尔布斯和奥菲留斯吗？我本人已经和巴尔布斯谈过了。他喜欢这样做(我想奥菲留斯的想法都写了下来，巴尔布斯也一样）——如我所说，巴尔布斯喜欢拍卖尽快举行，地点放在罗马，他明白，要是凯撒延误返回，拍卖的时间可能会推迟。但是凯撒似乎已经迫近了。所以请你考虑整件事情。威斯托留已经同意。

[341]

西塞罗致阿提库斯，公元前 45 年，约 8 月 15 日，于图斯库兰。

黎明前，我正在撰写反对伊壁鸠鲁学派的著作，① 就着同一盏灯，我给你写了一些话，在破晓前送出。然后我回头去睡觉，醒来时收到了你的外甥送来的一封信，我把信的原件送给你。信一开头就写得令人不快，但他也许没有停止思考——不管怎么说，信中写道：“在我看来，无论什么可以说出来反对你的丑事……”他的意思是有许多丑事可以说出来，但是他说他不同意这些事。还有什么事情能更侮辱人？你会读到信的其他部分——我把他的来信送给你——并加以判断。我假定，我不断加以赞美的人，其中有我们的朋友布鲁图，他在许多人心目中是一名伟人，他们每天都在纵容和唆使他给我写些什么，我想，请让我知道他给你写过些什么。我不知道他在给他父亲写信时是怎么说我的，但是在写到他的母亲时这样说还算是一种恭敬的方式吗？他说：“我想要这样做，为的是尽快和你在一起，我也同时写信给你，你应当为我租一座房子。你一点也不关心我。所以我们之间见面很少，因为我不能忍受你的房子的注视。原因你知道。”按照他父亲的说法，这个原因就是他讨厌他的母亲。

我亲爱的同伴，用你的建议帮助我，“凭借诚实建起高塔”，也就是说，我是否应当公开指责这个家伙，把他一脚踢开，或者“凭借诡计”。就像品

① 《图斯库兰讨论集》。

达所说的那样，“我的心碎了，用什么方式可以说明真相？”[①]前者当然最适合我的品性，但后者也许最适合这个时机。[②]然而，无论你怎么办，我都完全接受。我的主要担心是在图斯库兰被人逮住。要是混在人群中就不会那么难办。我应当在阿图拉等候吗？但若凯撒突然到来该怎么办？请用你的建议帮助我。我会顺从你的统治。

[342]

西塞罗致阿提库斯，公元前45年，约8月16日，于图斯库兰。

这真是难以置信的虚伪！他竟然对他的父亲说，由于他的母亲他不能在家里待着；对他的母亲——虚假的孝顺！但是他[③]现在变得很软弱，说年轻人有权对他发火。但是我会遵循你的建议——你显然喜欢用“诡计”。我会按照你的建议到罗马来，虽然这与我的意愿不符，因为我沉浸在我的写作之中。你说我会在同一时间见到布鲁图。这一点没有疑问，但若不是因为有别的事，这对我不会有什么约束力。我不喜欢他所依附的那个人[④]，他并非远在天边，但从来没有给我写过一行字。与此同时，我希望知道他的旅行对所有人意味着什么。请你派人给我送来我在另外一封信中索要的那些书，亦即斐德罗的《论神》和第欧根尼的《论帕拉斯》。[⑤]

[343]

西塞罗致阿提库斯，公元前45年，约8月17日，于图斯库兰。

---

① 引自品达残篇第213条，整段原文是：“凭借诚实还是凭借诡计，大地上的人类建起高塔，我的心碎了，用什么方式可以说明真相。”

② 小昆图斯在凯撒派中有一定的名望，在这个时候与他争吵也许并不聪明。

③ 指老昆图斯。

④ 亦即凯撒。

⑤ 参见西塞罗：《论神性》第一卷。西塞罗需要这些论文为他撰写《论神性》做准备。

确实如此吗？布鲁图说凯撒与这些老实人会合了吗？真是好消息！但是他到哪里去发现他们——除非把自己吊死？至于布鲁图，他知道去哪一方给他的面包涂黄油。所以，我在帕德嫩看到的你的工作技艺会变成了什么——阿哈拉和布鲁图吗？毕竟，他到底要做什么？我很高兴地读到“甚至连所有邪恶的制造者[①] 也不看好我们的关系”。我担心布鲁图本人偏爱他。所以他在给我的信中说：“我希望你已经有了一个有关我们谈话的样本。”好吧，如你所说，等我们见面再谈这件事。

但是你在说什么呢？我要尽快赶到罗马，还是待在这里？在我看来，我一方面沉浸在我的写作中，另一方面我不想在这里等他，我听说他的父亲今天会去“石头”[②] 见他……他带着一颗敌对的心离开，是我让他承担这项任务。但我本人发生了改变。所以在未来……然而，要是你能想清楚，请你明天早晨给我写信，详细告诉我你对我到罗马来是怎么想的，请你让我尽快知道。

[344]

西塞罗致阿提库斯，公元前 45 年，约 8 月 18 日，于图斯库兰。

是的，我已经派昆图斯把你的信送给你妹妹。当他抱怨他们母子之间存在着战争状态，并且说由于这个原因他会把他的住房让给儿子时，我对他说，这个年轻人已经送了一封相当合适的信给他的母亲，但是没有给你。前一条消息让他返回，但涉及你，他说错误在他，因为他不止一次地在给儿子写信时用强硬的语言提到你对他不好。至于说到我的软弱，在读了你的信后，我“用诡计”告诉他，我并非不可改变——那是在提到卡娜[③] 的名字的时候。确实，要是这个计划在那里能得到赞同，那就不需要选择了。但如你

① 指希尔提乌，参见第 195 封信。

② 指萨克萨卢拉（Saxa Rubra），这个地名词义为“红石”，距罗马九哩。

③ 卡娜（Cana）可能是小昆图斯的妻子。

所说，必须考虑尊严，我们俩要采取同样的方针，尽管他对我的冒犯是重大的，也是众所周知的。如果布鲁图能有所贡献，那么我们也不要犹豫。然而，我们什么时候能够见面。这是一件重要的事情，需要小心加以处理。那么，明天吧，除非让我知道你不在。

[345]

西塞罗致阿提库斯，公元前45年，约8月21日，于图斯库兰。

昨天是喧哗的一天，我以为你会到图斯库兰来。只要你愿意！我再说一遍，只要你愿意！但是你必须考虑你自己的方便。

如果我愿意的话，莱普塔要我到镇上来——巴尔布斯死了。他把他的地产的十二分之一留给了凯撒，这是我的想法，虽然我还没有听到什么。但是，莱普塔得到了三分之一。他担心（这种担心无疑是不合理的，但总是要担心）不会允许他保持这份遗产。所以，要是他派人来找我，那么我会去他那里，否则也一定不会有什么需要的时候了。要是可能的话，把波莱克斯给我派回来。

我把修改过的献给波喜娅[①]的颂词送给你。我抓紧时间完成了修改，这样一来，你要是把颂词送给她的儿子多米提乌或送给布鲁图，那么应当送去修改过的颂词。如果不太麻烦，你要是能特别关注这件事，我会非常高兴，如果你能把马·瓦罗和奥利乌斯等人的颂词送来，我也会感到十分高兴。我读过瓦罗的东西，但我还想要他的另一篇作品——我想其中有某些部分我难以卒读。

[346]

西塞罗致阿提库斯，公元前45年8月21日，于图斯库兰。

① 加图的姐姐波喜娅。

这是我今天收到的另外一封信！关于塞诺的债务和在伊庇鲁斯的40,000个小银币，没有什么办法能比你信中所建议的办法更方便、更恰当。你已经对我说过相同的意思。

小巴尔布斯和我在一起。他真的没有带来什么消息，除了希尔提乌已经和代表我的昆图斯一道举起了强有力的短棒。他说昆图斯一直反对他，尤其是在晚宴上。结束了和我的谈话后，他回到他父亲那里，他所说的似乎最可信的话就是我们对凯撒采取了完全敌对的态度，因此不值得信任。我被他说成实际上是个危险人物。如果我一点儿也不明白H.M.把我当成了一名胆小鬼，那么我倒是需要警觉的。昆图斯还断言，我的儿子正在受到欺凌——只要他心里感到满意，他可以这样说。

我很高兴，我在收到你的来信之前把给波喜娅的颂词交给了莱普塔的信使。我请求你确定颂词是否送给了多米提乌和布鲁图，送给他们的是否已经修改过的版本。

我希望你每天都能给我来信，说一说角斗士表演，以及其他诸如你所说"天上的星星"这样一些微不足道的小事。

[347]

西塞罗致阿提库斯，公元前45年8月22日，于图斯库兰。

首先，我要表达对阿提卡的爱。我假定她在乡下住着。然后，我要表达对庇丽娅的爱。

关于提格留斯有什么消息吗？法比乌斯·伽卢斯已经写信给我，对我说了一通最不合理的抱怨，亦即说我在接手了法美亚的案子以后又放弃了。我确实违背我的意愿接手了这桩案子，但它反对的是屋大维的奴仆、格奈乌斯的儿子。但我也很乐意用它来反对法美亚，因为，如果你还记得的话，他通过你为我提供服务，当时我在担任执政官，而我没有使用这些服务这一事实并没有减少我的责任感。他来告诉我，他的法官听说我们的朋友塞斯提乌的案子将会按照庞培亚法案审判——你知道这些审判举行的日子。我回答说，他明白我对塞斯提乌所负的责任。让他另外确定一个日子，我不会辜负他的。所以，他愤怒地离开了。我想我已经把整个故事告诉你了。当然了，我自己不会在意这些仅仅是因为某种熟悉而编造出来的毫无根据的恶毒的谣言。当我最后到达罗马的时候，我对伽卢斯说了我听说的事情，但没有提到小巴尔布斯的名字。伽卢斯，如他在信中所说，把这件事当做了他自己的事。他说提格留斯正在散布我对他本人的怀疑，这种疑心导致我对法美亚的恶意抛弃。所以我请求你在我们的亲戚中间寻找问题的根源，但不用为我担心。自觉地仇恨某人，而不是成为所有人的奴隶，这是一件好事——尽管你非常明白，如果把谦恭算做一种奴性的话，那么这些人是我的奴隶，而非我是他们的奴隶。

[348]

西塞罗致阿提库斯，公元前 45 年 8 月 23 日，于图斯库兰。

你在你的一封来信中建议我可以用一种比较夸张的风格给凯撒写信。所以，当巴尔布斯在拉努维乌对我提到，他和奥庇乌斯告诉凯撒我已经读了他反对加图的书并高度赞扬的时候，我写了一封信给凯撒，提到这本书，并把信交给多拉贝拉。然而，我送了一份抄件给奥庇乌斯和巴尔布斯，如果他们本人对我的信表示赞成的话，也请他们把我的信送给多拉贝拉。他们给我回信说他们从来没有读过更好的东西，他们已经把我的信送给了多拉贝拉。

威斯托留写信给我，为了某位赫特莱乌的利益，他要我把布利纽斯农庄的一块地转给他的一名奴隶，这样他本人就能把在普特利的土地以某种形式转给他。如果你认为这样做是恰当的，请给我派一名奴仆来——我假定威斯托留也已经给你写过信了。

关于凯撒的到来，我已从奥庇乌斯和巴尔布斯那里得到了与你相同的消息。使我感到奇怪的是，你至今还没有与提格留斯谈过。我非常想要知道他实际上得到了多少——我不在乎骂他。

你问我与凯撒见面的计划。地点显然是在阿尔昔乌。我已经写信给穆瑞纳，请他和我一道去，但我想他可能会提前与马提乌斯一道去，所以我会和你的朋友西留斯一道去。

当厄洛斯对我说穆瑞纳给了他最真诚的回答时，我已经写好了最后一行。所以，让我们利用一下他，因为西留斯家中没有软床。我相信，狄达把他的整所房子都给客人住了。

[349]

西塞罗致阿提库斯，公元前 45 年 8 月 24 日，于图斯库兰。

在把我给凯撒的一封信的抄件送给你的时候，我想到一件事。不是你怀疑的我羞于让你知道的那件事，你可能会认为它荒唐可笑。我向你保证，除了作为一位作者给另一位作者写信，我没有给凯撒写别的信。就像我们在一起时我告诉你的那样，我确实看好这本书。因此我写下了这样的标题，与此同时，我非常希望他能阅读这本书。

关于阿提卡，我终于放心了。我祝贺她恢复健康。请你把和提格留斯有关的事情都告诉我，不要浪费时间，因为我渴望知道一切，现在就想知道。昆图斯明天来，但我不知道他是到我这里来还是到你那里去。他写信给我说他会于 25 日去罗马，但我会派人去请他——虽然可以肯定我必须马上返回罗马，免得凯撒在我之前到达罗马。

[350]

西塞罗致阿提库斯，公元前 45 年 7 月 26 日，于阿图拉。

我于 25 日太阳下山时到达阿图拉，途中在拉努维乌休息了三小时躲避酷热。如果事情不太麻烦，如果你能做出安排，让我不必在下月 5 日前去罗马（你可以通过厄格纳提乌·马克西姆这样做），尤其是，你若能在我缺席时就与普伯里留斯把事情[1]解决了，那么我会非常感谢你。让我知道人们对这件事[2]说些什么。“尽管公众对此有困惑。”不，我不认为他们会这样。这是长达九天的惊叹。但我想要书写这一页。由于我很快就会和你在一起，我不再多写，除非你会推延。我已经写信把位于郊区的地点告诉你。

[351]

西塞罗致阿提库斯，公元前 45 年 7 月 25 日，于阿图拉。

我已经给希尔提乌送出一封相当长的信，是我最近在图斯库兰写的。我会对你在另一时间给我的信作答。但是现在我宁可考虑其他事情。

关于托夸图斯我能做些什么，除非我从多拉贝拉那里听到某些事情？我要是知道了，你也会马上知道。我在等他的信使到来，最迟是今天或明天。他们一到，我就会派他们去你那里。我等着昆图斯那里来的消息。如你所知，当我于 25 日离开图斯库兰的时候，我派人给他送过信。

现在来谈其他事情。我一点也不喜欢你用的“停”（inhibere）这个词，我想到的是另外一个词。这个词是航海用的。我肯定知道它的意思，但我想，当划桨手接到“停”的口令时，他们就会倚着桨休息。但这不是我要表达的意思，昨天我家有一条小船。水手们不是倚着桨休息，而是在以不同的方式划船。这是迄今为止希腊文“悬搁”（ἐποχή）一词有可能表达的意思。所以，你能在书中恢复这个词，并告诉瓦罗做相应的修改吗？没有人比鲁西留斯译得更好了，“约束（sustineas），像一名驾车的好驭手”。卡尔涅亚得总是把悬搁比做拳击手的警惕和驭手的约束。划桨手的“停”不包括运动，不包括剧烈的运动，在船尾划桨。你瞧，我对这些事情更加关心，超过有关波

① 涉及归还普伯莉丽娅的嫁妆。

② 离婚。

里奥或潘莎的谣言。但若你得到比较确定的消息，请让我知道（我想这些消息已经公开了）；还有克里托纽，要是有确定消息的话——更不要说麦特鲁斯和巴比努斯了。

[352]

西塞罗致阿提库斯，公元前 45 年 7 月 30 日，于阿图拉。

雷必达昨天从安齐奥送来一封信，这是他待的地方——房子是我卖给他的。他特别要求我参加元老院于 1 日召开的会议，他说凯撒和他本人都会去。在我看来，不会有什么事情。如果有的话，奥庇乌斯也会告诉你，因为巴尔布斯病了。我宁可什么事情也没有，而不会对错过会议感到后悔。所以我会在安齐奥过夜，明天上午到家。我想请你和庇丽娅明天晚上和我一起吃晚饭，除非你已经有约会。

我希望你已经和普伯里留斯把事情处理完了。我本人会在初一赶回图斯库兰，因为我宁可在我缺席的时候整件事情完成。我把我弟弟昆图斯的信给你送去，他在信中对我做出答复，不太礼貌，但对你来说足够了——至少我认为如此，但你可以做出自己的判断。

[353]

西塞罗致阿提库斯，公元前 45 年 12 月 19 日，可能于普特利。

一位客人来访竟然会留下令人厌恶的记忆，这真是太奇怪了！它其实非常令人愉快。当他于 12 月 18 日傍晚到达腓力普斯的住处时，整所房子里挤满了士兵，乃至于找不到一间空房让凯撒本人用餐。士兵共有两千人，不会少于这个数！我对第二天会发生什么事忐忑不安，但卡西乌斯 · 巴尔巴前来救了我，并且安排了卫兵。士兵们在露天宿营，这所房子周围布了岗哨。19 日，凯撒待在腓力普斯家里，直到 1 点钟他没有接见任何人——我相信他是在和巴尔布斯谈话。然后，他去海边散步。快到 2 点的时候他去沐浴。就是在这个时候他听到了有关马穆拉的消息，但他的脸色都没有改变。涂过油后他去用晚餐。他还吃了催吐药，这样就能狂饮暴食，大快朵颐。“食物精美，谈话愉快，确实是一顿美餐。”他的随从在其他三间餐室里用餐，更加放纵不羁。谦卑的自由民和奴仆供给他们想要的一切——我欣赏这些能干的人。简言之，我表现出我知道如何生活。但我的客人不是这样一种人，你可以对他们说：“下次经过时请你们再来光顾。”一次就够了。我们没有谈任何严肃的事情，而是在谈文学。不管怎么说，他很高兴。他说会在普特利待一天，在百埃待一天。

这次来访我就说到这里，或者我应当称之为提供住宿，我说过，它在我看来是麻烦的，但并非令人不愉快的。我会在这里待一段时间，然后去图斯库兰。

当他经过多拉贝拉的房子时，大队武装的卫兵簇拥在他周围。这是尼昔亚斯说的。

[354]

西塞罗致阿提库斯，公元前 45 年 12 月末，于图斯库兰。

他[①] 来看我了，“正是时候”。我跟他打招呼说：“你来了，为什么那么伤心？”我得到的回答是：“我就要进行一次既可耻又危险的旅行，要去打仗[②]，你还需要多问吗？”我问道：“是什么事情在逼迫你？”他答道：“债务，然而我欠的债还不如我花的旅费多。”此时我借用了你的某种才能——闭口不谈。他继续说道：“我的舅父[③] 让我最头痛。”“怎么会呢？”“因为他让我讨厌。”“他

① 指小昆图斯。

② 凯撒发起的针对帕昔安人的战役。对昆图斯来说是可耻的，因为他在逃避他的债权人。

③ 指阿提库斯。

为什么会让你讨厌呢?”我宁可说“让”,而不说“使”。他答道:“我不会再这样了,我放弃这个原因。”我说:“好极了,但若你不在意我提问,我会有兴趣知道原因何在。”“这是因为我不能拿定主意和谁结婚。我母亲不喜欢我,所以他也不喜欢我。我现在不在乎事情是否对。我在乎的是事情是否符合他们的心愿。”我说:“那么好,祝你交好运,你做出了这个决定,我向你表示祝贺。但你什么时候能这样做呢?”他说:“时间对我无所谓,反正我现在接受了这件事。”我说:“好吧,如果我是你的话,我会在离开前把事情办了。这样的话,你也能让你父亲高兴。”他答道:“我会接受你的建议。”我们的对话到此结束。

现在请你注意!你知道我的生日是 1 月 3 日。我会等待你的到来。

刚要结束这封信,有人带来雷必达的口信,要我到他那里去。我假定他想要占卜者去选址。我必须去——为了安宁的生活。我很快就会见到你。

[355]

西塞罗致阿提库斯,公元前 44 年 4 月 7 日,于邻近罗马的马提乌斯家中。

我的旅行中断在我们今天早晨谈论的这个人[①]的家中。太可悲了!按照他的说法,我们的问题是无法解决的:“因为要是凯撒这样的天才没有办法,谁能有办法?”简言之,他说罗马完了——我倾向于同意他的看法,但他这样说别有一番风味——并宣称高卢人三周之内就会到达。他告诉我,自从 3 月 15 日以来,除了雷必达,他没有和任何人谈过话。总之,他的看法是这一切不可能平静地过去。聪明的奥庇乌斯!他替凯撒惋惜,但他什么也不说,这是任何一个诚实的人都会犯的错误。关于这一点就说到这里。

现在请你不要抱怨,我要你把所有消息都写下来告诉我——我在等待各

① 指盖·马提乌斯。

种消息——包括有关塞克斯都[①]的传说是否确定，但尤其是有关我们的朋友布鲁图的消息。关于他，我现在的房东告诉我，凯撒曾经说："他想要什么，这是个大问题；但无论他要什么，他都非常想要得到。"布鲁图在尼西亚谈到戴奥塔鲁斯的时候给他留下了这种印象；布鲁图演讲的力量和大胆使他有了这种看法。马提乌斯也告诉我（我想到哪里就写到哪里），最近当我应塞斯提乌的紧急要求前去拜访凯撒，坐在哪里等待召见的时候，凯撒说："我一定是一个最不受欢迎的人。有一位马·西塞罗在等着见我，他不能在他自己方便的时候来见我。他是人类中最随和的人，但我并不怀疑他厌恶我。"他说了这种话，还有其他意思相同的话。但是再回到我的看法上来——无论有什么事，无论是大事还是小事，请你让我知道。我这一方不会有间断的时候。

[356]

西塞罗致阿提库斯，公元前 44 年 4 月 8 日，于邻近罗马的马提乌斯家中。

昨天我收到了你的两封来信。第一封信告诉我剧场和普伯里留斯——民众意愿的好兆头。民众为卢·卡西乌斯鼓掌，这在我听来确实非常滑稽。另一封信说到马提乌斯[②]。没有人和他在一起……如你假设的那样，我被谈话拉住了。我写给你的话也许晦涩，但却有下列效果：他说我应塞斯提乌的紧急要求前去拜访凯撒，坐在哪里等待召见，这时候凯撒对他说："像西塞罗这样随和的人不得不坐在那里，等我在方便的时候召见他，要是在这样的时候我假定他是我的朋友，那么我是一个白痴。"好吧，你知道他是一个什么样的人了——一个仇视和平的人，亦即仇恨布鲁图的人，这个秃子！

① 庞培的小儿子。

② 西塞罗在此处用了马提乌斯一个希腊文的绰号。

今天去图斯库兰，明天去拉努维乌；从拉努维乌我想去阿图拉。接待庇丽娅的准备工作已经就绪，但我希望她能带阿提卡一起来。无论如何，我原谅你。转上我对她们俩的爱。

[357]

西塞罗致阿提库斯，公元前 44 年 4 月 9 日，于图斯库兰。

你的信读起来语气平和。它也相当长！——马提乌斯说这是不可能的。但是我们的建筑师到这里来了，他来购买粮食，但空手而归，有谣言说罗马的所有粮食都被搬到安东尼的家里去了。无疑这是一个谣言，或者你有自己的看法。巴尔布斯的科伦布斯还没有露面的征兆。我知道这个名字。据说他是一个很好的建筑师。

你被邀请当见证人好像是有目的的。这是他们想要我们考虑的事情，我知道他们是诚心的。但这对我有什么意义？还有，你一定要嗅出安东尼的想法。我想他更加关心他的菜单的构成，超过策划任何捣乱的事情。

如果你有任何关于实际进程的消息，请在给我回信时让我知道。如果没有，那就告诉我剧场里的表演和演员们的趣事。转上我对庇丽娅和阿提卡的爱。

[358]

西塞罗致阿提库斯，公元前 44 年 4 月 10 日，于拉努维乌。

你认为我在拉努维乌还能得到什么消息吗？另外，你在罗马肯定每天都能得到消息。事情在不断变化。马提乌斯要是继续活动，你认为其他人会说什么？在我看来，我只能感到遗憾，在没有自由的体制的情况下恢复了自由，这是任何国家历史上从未有过的事情。他们在谈论和发出威胁，足以使人颤抖。我还在担心高卢的战争，哪怕塞克斯都能够结束它。

尽管愤怒的各方取道来到我们面前，但 3 月 15 日是我们的安慰。我们的英雄取得了一切，光荣而又伟大地表现了他们自己。剩下要做的事情需要人和钱，但我们什么也没有。我要告诉你的就那么多。如果你有什么消息（我期待着每天都有一些消息），请马上送给我；如果你没有消息，让我们保持习惯，不要让我们之间小小的交流发生中断。我一定会履行自己的责任。

[359]

西塞罗致阿提库斯，公元前 44 年 4 月 11 日，于阿图拉。

我希望你现在很好，就像你的朋友们所希望的那样，在患病以后已经痊愈；不管怎么说，我想知道你现在怎么样了。布鲁图对巴尔迪[①]的怀疑使巴尔迪感到困惑，这是一个好兆头，其他没有什么征兆表明这些军团是否会从高卢向我们开来。那些在西班牙的军团怎么样了？他们不会提出同样的要求吗？那些被安尼乌斯带走的军团怎么样——对不起，我指的是阿昔纽斯，[②]时间长了，记不清了。这个澡堂里的奴仆[③]正在把事情搞得一团糟！至于凯撒的自由民的这次谋反，如果安东尼还有聪明才智，那么很容易处理。

由于担心被人们视为逃避者，我在这种群情激愤的时候，在休假前审慎地拒绝了一项使命，我这样做有多么愚蠢！如果我还能做什么好事，那么站在一边袖手旁观肯定是错的。但你看到这些行政官员，如果他们还是行政官员的话——不管怎么说，你看到这位暴君手下的将领，你看到他的军队，你看到攻击我们的老兵。所有这些都像易燃的干柴。另外，这些人需要全人类的保卫，不仅是保护，而且是吹捧，他们受到过批评，也受到了热爱，但一切都结束了——他们是自己家中的囚徒。然而，他们在任何环境中都是幸福

---

① 巴尔迪（Baldie），马提乌斯的另一个绰号。

② 安尼乌斯（Annius）和阿昔纽斯（Asinius）拼法相近。

③ 可能指公元前 42 年的保民官英泰乌斯（Insteius），以前曾当过澡堂里的奴仆。

的，而在一个自由的国度里就不是这样。

如果你知道屋大维怎样到达，怎样离开，有没有同盟军，有没有引起怀疑，那么我会非常高兴——我不是在假定，而是想要知道事实。

此信写于我于 11 日离开阿图拉之际。

[360]

西塞罗致阿提库斯，公元前 44 年 4 月 12 日，于芳迪。

我于 12 日在芳迪收到了你的信，是在吃晚饭的时候。首先，我知道你比以前要好；其次，你有了较好的消息。那则关于军团开进的消息令人不快——至于屋大维，他既不在这里，也不在那里。我在等待，看马略[①]发生了什么事——我想凯撒已经把他赶走了。安东尼与我们的英雄见面在这种情况下是不能令人满意的。毕竟，迄今为止，除了 3 月 15 日，没有什么事情给我带来过快乐。和我们的朋友利古斯一道待在芳迪令我恶心，我看到无赖科提留斯在霸占塞斯图留的庄园。当我说这件事的时候，我说的是整个一类人。我们要坚持一切会让我们痛恨凯撒的事情，这岂不令人感到遗憾吗？我们甚至还拥有他挑选的未来两年的执政官和保民官，不是吗？我不明白怎样才能参与政治。这是一个丑恶的顶峰，暴君受到吹捧，而暴君的行为受到保护。但是你瞧，我们的执政官和其他行政官员，如果这些人还是行政官员，无动于衷。在乡下的小镇上，他们欢乐地跳跃。我无法告诉你他们有多么高兴，如何聚集到我身边来，有多么渴望听到我为了国家不得不说的话。然而，所有这一切都没有法规！我们就这样管理着我们的事务，竟然害怕一个被打败的党派。

我写下这些话作为最后一道甜食。以后我会更加详细地写一些政治方面的事情。告诉我你怎么样了，事情进行得怎么样了。

---

① 第 292 封信中提到的那个冒名顶替的骗子，事情败露后被安东尼处死。

[361]

西塞罗致阿提库斯，公元前44年4月15日，于福米埃。

我于14日在卡伊塔见到鲍鲁斯。他告诉我一些关于马略以及政治形势方面的事，有些情况确实太糟了。当然了，我从你这里没有得到任何消息，我的人没有一个像你这样。我听说已经有人在邻近拉努维乌的地方看到了我们的朋友布鲁图。他最终想要在哪里生活？我期待着得到各方面的消息，尤其是和这件事有关的。这封信是我在15日离开福米埃的时候写的，希望它能于次日到达普特利。

我已经收到来自马库斯的一封信，它的用词确实典雅，也相当长。其他事情可以假定，但书信的风格表明他学到了某些东西。现在我诚挚地请求你（我们在其他时候还会再谈这件事）明白他一无所求。这对我来说既是一种义务，又涉及我的名望。我知道你有同样的感觉。当然了，要是我于7月份动身去希腊，一切都会更加明确，但由于我们在现在这个时候不能预见到任何确定的对我来说是荣耀的、实际的或便利的事情，所以请你确定我们要让他保持真正大方和自由的风格。

关于这一点，以及其他与我有关的事情，你会以你通常的方式记下来并写信告诉我，无论是事情的后果，或是有什么过失，或是你想到的任何事情。

[362]

西塞罗致阿提库斯，公元前44年4月16日，于西纽萨。

你以为你在写信的时候我在海边享乐，实际上我是在15日在我邻近西纽萨的小房子里收到你的来信的。马略的事[①] 好极了，我对卢·克拉苏的孙

---

① 被逮捕或被处死。

子的事感到悲伤！然而，安东尼甚至得到了布鲁图的赞成，这真是太好了。至于如你所说的由尤尼娅带来的“谦逊友好的信”，鲍鲁斯给了我一封他兄弟给他的信，信中结束时说有一场反对他的阴谋，他是从某个权威人士那里得知的。我不喜欢这种腔调，鲍鲁斯更不喜欢。这位女王[①]的逃跑并没有使我感到困惑。请你让我知道克劳狄娅做了些什么。你要照顾好在拜占庭的事务，以及其他事情，派人去找珀罗普斯。至于我，一旦我看清，我会写信告诉你在百埃的这些人的情况以及你想要知道的这个“团体”的情况，这样你就能知道所有情况了。

我在耐心等待消息，高卢人在干什么，西班牙人在干什么，塞克斯都在干什么。无疑你会把这些情况告诉我，以及其他事情。你气愤地攻击至少给了你一个休息的借口，对此我并不感到遗憾——读了你的信我有这样的印象，你有点偷懒。你一定要把有关布鲁图的所有消息告诉我，他在哪里，他有什么计划。我希望他现在是安全的，可以在整个罗马行走。不管怎么说，把消息告诉我。

[363]

西塞罗致阿提库斯，公元前 44 年 4 月 17 日，于普特利。

从你的来信中我得知了各种政治方面的消息，维斯托留的自由民给我送来了一捆信。让我简略地回答你的问题。首先，有关克鲁维乌的财产我感到非常高兴。但是你问我为什么要派人去找克律西波：我有两家店铺的房子倒塌了，其他一些店铺的房子也出现裂痕，房子里的老鼠都搬了家，更不要说那些承租人了。其他人都把这件事称做灾难。但我甚至不把它称做有害。啊，苏格拉底，苏格拉底的子孙，我决不会赔偿你们！苍天在上，为什么要让我遇上这些微不足道的小事！然而有一项建设计划正在制订，维斯托留在

① 指埃及女王克勒俄帕特拉（Cleopatra）。

倡议和推动，他也许能把损失变成赢利。

这里现在聚集了一批人，我听说还会更多，包括两名所谓的候任执政官。众神在上！暴政还活着，暴君死了！我们为杀死他的人感到欢欣鼓舞——为杀人者的行动辩护！所以，让我们参加行动，我们现在仍旧活着足以使人感到羞愧，他这样做是对的！宁愿死一千回也强似与这样的事情妥协——他们长时间地看着我。

巴尔布斯也在这里，我多次见到他。他收到维图斯 12 月 31 日的来信，说凯西留斯被维图斯包围，就在要被抓获的时候，帕昔亚人帕科鲁斯带着大队人马赶来。凯西留斯和他的残余人马因此得救。在这件事情上他责备伏卡西乌。但是，让多拉贝拉和尼昔亚斯着急去吧！巴尔布斯还给了我更好的有关高卢的消息。他三周前收到一封信，信中说日耳曼人和那里的部落在听到凯撒发生的事情以后，派遣使者去见希尔提乌的副将奥勒留，许诺服从命令。实际上，现在洋溢着种种和平的气息，与巴尔迪对我说的完全相反。

[364]

西塞罗致阿提库斯，公元前 44 年 4 月 19 日，于库迈。

是这样的吗？这就是我的（和你的）亲爱的布鲁图的打算吗——他应当待在拉努维乌，却波尼乌应当走小路去他的行省，凯撒的著作、言语、诺言和计划都会比他本人还活着的时候产生更大的影响？你还记得第一天我在卡皮托尔大道上大声呼喊要由执法官召集元老院会议吗？苍天在上，都是诚实者有什么事情做不到，哪怕是有限的诚实，在匪徒们遭到挫败的时候！你责备酒神节。我们能怎么办？在那个时候，我们都唱醉了。你还记得你是怎么喊叫的吗，要是他能享受国葬，那么我们的事业就失败了？好吧，他的尸体实际上是在市政广场上火葬的，伴随着一首悲伤的颂词，一些奴隶和乞丐受到派遣，拿着火把攻击我们的家园。结果呢？他们竟然敢说“你反对凯撒的命令吗？”诸如此类的事情在我看来是不可容忍的，所以我打算去“浪迹海角天涯”。[①] 但你要去的地方[②] 在背风的那一面。

你的胃病已经好了吗？从你的来信我猜测它已经好了。回过头来再说特巴尼、巴苏斯、斯凯瓦、芳戈斯。[③] 你假定他们在我们的脑袋仍旧长在脖子上的时候会感到能够保险地拥有他们所获得的利益吗？他们认为我们拥有的勇气比他们在我们身上发现的更多。啊，是的，这些人当然是热爱和平的人，而不是盗贼的怂恿者！但是，当我写信和你说到科提留斯和塞斯图留的庄园时，我提到了山索里努斯、美萨拉、普兰库斯、波图姆斯，整个这一类人。当他被杀的时候，这些人最好都去死，而不是让这些事情在我们眼前展现，尽管这种事绝不会发生。

屋大维于 18 日到达拿波勒斯。巴尔布斯次日早晨会见了他，同一天的晚些时候巴尔布斯又跟我在一起，在我邻近库迈的住处，他告诉我屋大维将要接受遗产。但如你所说，他担心和安东尼会有一场恶斗。我一直并将继续关心你在布特罗图姆的事，我认为你做得对，也做得很恰当。你问克鲁维乌的地产是否每年会值 100,000 个小银币。看起来像是这样，但第一年 80,000 个小银币我是有把握的。

老昆图斯写信给我，用严厉的话语提到他的儿子，主要的抱怨是他现在对母亲很殷勤，而从前当母亲对他很好的时候他反对母亲。他在一封信中斥责儿子。如果你知道这个年轻人现在在做些什么，是否还没有离开罗马，请你告诉我——当然还有其他任何消息。你的来信给了我很大的快乐。

[365]

西塞罗致阿提库斯，公元前 44 年 4 月 21 日，于普特利。

---

① 埃斯库罗斯：《普罗米修斯被囚》，第 682 行。

② 指雅典。

③ 特巴尼（Tebani）的身份不清，巴苏斯（Bassus）是安东尼的副将，斯凯瓦（Scaeva）是一位百人队长，芳戈斯（Fangos）是凯撒的一位新议员。

前天我给你发出一封相当长的信。现在我对你最近的一些来信做出答复。我肯定希望布鲁图已经去了阿图拉。你写信谈到这些人的自由。你在期待什么？我仍在期待更糟糕的情况发生。当我读到一篇公共演讲，其中提到"伟人""杰出的罗马人"的时候，我实在难以忍受。请你记住，这就是有害的演讲习惯的形成，我们的那些英雄，或者倒不如说我们的那些神明，毫无疑问是光荣的、永生的，但它们并非没有恶意的，或者说它们甚至有可能是危险的。然而，意识到行为的伟大和光荣，他们拥有巨大的安慰。而我们怎么样呢，尽管国王已经被杀死了，但我们并不自由？好吧，我们必须把这一切都归于偶然，理性则无言以对。

你提到的有关马库斯的情况使我很愉快；我希望你的预言能够实现。你不厌其烦地看着他有充足的生活费用，可以体面地生活，我请求你还要这样做。你关于布特罗图姆的想法是正确的，我并没有忘记这件事，事实上我本人将接手整个案子，它处理起来显然会越来越容易。至于克鲁维乌的地产，由于你对我的利益的关心超过我本人，它的标价已经涨到100,000个小银币。房屋的坍塌没有降低回报，我认为倒不如说实际上增加了回报。

巴尔布斯、希尔提乌和潘莎在这里，和我在一起。屋大维刚刚到达，事实上他去了我的邻居腓力普斯[①]的家。他对我是完全忠诚的。伦图卢斯·斯宾塞尔在我家过夜。他明天一早离开。

[366]

西塞罗致阿提库斯，公元前44年4月22日，于普特利。

亲爱的阿提库斯，我担心，除了给我们的仇恨和悲伤带来某种快乐和满足，3月15日什么也不能带给我们。我听说了罗马传来的消息！我在这里

---

① 卢·腓力普斯（L.Philippus），公元前56年的执政官，屋大维的继父。

看到了这些事情！“这是件好事，但只干了一半。”[①] 你知道我对这些西西里人的感情有多么深，他们成为我的当事人，我会认为这是一种什么样的荣耀。凯撒对他们是仁慈的，我认为他应当这样做——尽管所谓拉丁市民权[②]是不可容忍的。好吧，安东尼在这里张贴了（作为对一项巨额贿赂的回报）一份据说是由这位独裁者在公民大会上通过的法律，根据这条法律，西西里人成为罗马公民，但他从来没有提到过这件事情！然后，还有戴奥塔鲁斯的案子。这两个案子不是有很多相同之处吗？他无疑应当得到我们给予他的王国，但不是通过富尔维娅[③]。这样的事情很多。但是我想到的是这样一个要点：我们在处理如此著名和重要的案子中肯定会有收获，就好像布特罗图姆的案子。这样的活动数量越大，我们的自信心越足。

屋大维在这里和我在一起——受人尊敬，非常友好。他的追随者称他为凯撒，但腓力普斯没有这样做，我也没有这样做。我的判断是他不可能成为一位好公民。他周围人太多。这些人威胁我们的朋友，说当前的状态不可忍受。当这个小伙子去了罗马，而我们的解放者的安全不能保证的时候，你认为他们会说些什么？他们获得了永久的荣耀，并且在意识到他们自己的所作所为时感到幸福。但对我们来说，要是我没有弄错，摆在我们面前的只有羞辱。所以我期待着离开，“去一个再也听不到珀罗普斯的子孙的消息的地方”[④]，如诗人所说。我也不在乎这些被指定的执政官，[⑤]他们要我进一步传授演讲术，所以我在这里也不能得到休息。这对我来说相当容易。这种技艺或多或少是必要的，但是当前的情形不同。

我总算有些事情可以给你写信了，这中间隔了多么长的时间啊！我给你写信仍旧不是为了用我的信给你带来快乐，而是为了激发你给我写信。请把

---

① 引文为希腊文，可能引自某部戏剧。

② 由凯撒授予西西里或西西里的某些社团的一种较低形式的公民权。

③ 富尔维娅（Fulvia），安东尼之妻。

④ 引自某出拉丁戏剧。

⑤ 凯撒指定希尔提乌和潘莎为公元前 43 年的执政官。

你拥有的其他消息都告诉我，其中最重要的是有关布鲁图的消息，无论它是什么。我于 22 日晚餐前写下这封信，与我共进晚餐的是维斯托留，他是一位有实际经验的数学家，但却不懂辩证法。

[367]

西塞罗致阿提库斯，公元前 44 年 4 月 26 日，于普特利。

一周以后，你 19 日的来信终于到达我手中。你在信中问（你假定我本人不知道）是那些山坡给我带来的快乐多，还是沿着小溪散步时得到的快乐多。确实如你所说，两个地方都如此令人愉快，我犹豫不决，不知道更喜欢哪一处。“可是我们的心思不在于可喜的宴会，宙斯养育的战士啊，我们看见有大难。”[①] 你给我带来消息，说狄·布鲁图与他的部队会合，这条消息是重要的，受到欢迎，从中我看到了最佳希望。与此相仿，如果将有一场内战（要是塞克斯都仍旧统领军队，我感到他会这样做，必定会有战争），我说不出我们必须做些什么。保持中立，这在凯撒的战争中是可能的，但是现在不可能。任何人对凯撒之死拍手称快（我们也都毫不隐瞒地表达了我们的快乐），都会被由亡命徒组成的这个派别视为敌人。这就会导致大屠杀。可以替代的方法是我们自己加入塞克斯都的军营，或者加入布鲁图的军营，但我们的年纪已经经不起劳累，战事何时爆发也还不确定——但是，“我的孩子，战争的事情不由你司掌，你还是专门管理可爱的婚姻事情”[②]。我可以对你这样说，你也可以对我这样说。但是，这种事必须留给机遇来决定，机遇在这种事情中的作用大于理性。让我们来看有什么事情是由我们自己决定的，这就是坚定地忍受我们所面临的一切，哲学，还有要记住我们是人。让我们在学习中取得大量安慰，也在 3 月 15

① 荷马:《伊利亚特》第 9 卷，第 228—230 行。

② 荷马:《伊利亚特》第 5 卷，第 428 行。

日取得不小的安慰。

现在请注意哪些个人的事让我挂念，我想到了两个方面。一方面，如果我去希腊承担一项使命，这是我已经决定了的，那么我感到自己在一定程度上避免了一场迫在眉睫的大屠杀的危险，在这种关键时刻，很像是要发生这种大屠杀。另一方面，如果我待在意大利，我显然将处在危险之中，但我认为在某些紧急情况下我能够为国服务。然后是一些私人的考虑。我感到我去雅典有助于让马库斯保持稳定；当我最初想要从凯撒那里获得这项任命的时候，这确实是我要去旅行的唯一理由。所以，请在你心里掂量一下整件事情，你在思考有关我的任何事情时总是这样。

现在回过来谈你的来信，你说有传言我将会出售我在湖边的住处，[①]或者把那所小房子交给昆图斯，甚至有人说昆图斯会开出很高的价，因为他娶了阿奎利娅，得到一笔嫁妆，所以小昆图斯把这件事告诉你了。事实上，我根本没有想过要出售这处地产，除非我发现有我更加喜欢的。至于昆图斯，他现在并不急于购买地产。他现在要操心的是归还前妻的嫁妆，在这件事情上他说非常感谢厄格纳提乌。至于再婚，他几乎没有什么想法，他说一张单身汉的床是世界上最令人愉快的东西。这件事就说到这里。

现在回过头来说我们这个不幸福的或者说不存在的国家。马库斯·安东尼就召回塞克·克洛艾留的事给我写信，我附上一个抄件，你从他的信中可以看出他用的是一种什么样的赞美的风格；它有多么无耻，多么恶毒，所以我有时候真的希望凯撒回来，你很容易对此做出评价。凯撒没有做过的事、凯撒不想做的事、凯撒不允许做的事，现在都翻出来成了供他使用的备忘录。至于我，我对安东尼表现出完全顺服。毕竟，一旦下定决心，他有权做他想要做的事，他会这样做的，就好像我会加以反对。所以，我也附上我给他的回信的一份抄件。

---

① 西塞罗在库迈的地产。

[367A]

执政官马·安东尼致西塞罗，公元前 44 年 4 月 22 日，于罗马。

公务的压力和你的突然离去妨碍我就此事与你商量。由于这个原因我担心我的缺席比我在场对你的影响要小。但若证明了你的善意与我一直对你表达的意见相符，那么我会非常高兴。

我恳求凯撒把塞克·克洛艾留从流放中召回。甚至在那个时候，我也表示只有在你表示同意的前提下我才会这样做。所以我现在更加急于通过我自己为我的行动获得你的批准。然而，如果你要是对他悲惨不幸的遭遇表示不同情，我也不会反对你的意愿，尽管我感到我有义务坚持实现凯撒的备忘录。但是我必须说，如果你希望采取一种与人性、智慧和对我本人的尊敬相一致的观点，你肯定会表明你自己的宽容，你会对普·克劳狄表示关心，他是一位前途无量的年轻人，当你有权处置他的时候，你会宽容他父亲的朋友。我请求你允许他露面，因为你是他父亲的敌人，乃是由于爱国的原因，而不是因为你藐视这个家族。我们要搁置由于公共的原因所产生的长期不和，我们需要更多的信任而不是更多的傲慢。还有，请你给我机会影响这个年轻人，说服他敏感的心灵，争论不是遗传的。亲爱的先生，尽管我肯定你的处境没有任何危险，但我想无论如何你会宁愿体面地安度晚年，而不是处在焦虑之中。最后，我有权请求你的帮助，因为我能为你做的我都已经做了。但若我得不到你的帮助，我自己不会对克洛艾留做出任何让步。我希望从这一点你可以明白你的赞成对我意味着什么，明白你本人因此会受到什么样的尊重。

[367B]

西塞罗致执政官马·安东尼，公元前 44 年 4 月 22 日，于罗马。

由于唯一的一个原因，我宁愿你当面向我提出这件事，而不是通过书信。你不仅从我的言语中，而且从我的眼里，可以看出我对你的热爱，我在写信的时候，这种热爱之情涌上我的面庞。最初是你本人的友好品质推动了我始终拥有的这种热爱之情，后来则是你实际履行的义务。当前，国家利益要求我尊敬你，所以没有人能比你对我更亲近。现在，你的充满友谊和奉承的来信使我感到，不是要为你提供帮助，而是要从你那里获得帮助，你提出了你的要求，说你不希望违反我的意愿拯救我的敌人和你的朋友，虽然你这样做毫无困难。

是的，我亲爱的安东尼，我在这件事情上顺从你的愿望，也感受到你以这样的用语给我写信给我带来的慷慨和荣耀。我在任何环境下都会感到必须对你做出毫无保留的让步，我也让它成了我的一种天性。任何程度的严厉和严峻，更不要说苛刻了，从来就不是我的品质的一部分，除了国家有需要的时候。我还要说，对克洛艾留这个人，我从来没有感觉到有什么专门的敌意，我总是认为，我们一定不要对我们的敌人的朋友过于严厉，尤其是那些地位卑微的人，以免失去他们的支持。

至于小克劳狄，我想你应当责备他敏感的心灵，如你在信中所说，你要带着这样的感情，让他相信我们之间不会有家族争斗的残留。当我在捍卫公共的事业，而他在捍卫他的事业时，我和普·克劳狄发生了冲突。对我们之间的争论做出裁判的是国家。如果他能活到今天，那么我们之间不会有任何争斗。所以自从你对我提出这一请求之后，你说你在这件事上不会使用你的权力来违背我的意愿，如果你认为当前对这个来自我这里的年轻人做出让步是恰当的，那么你可以这样做。这不是因为考虑到我们各自的年纪我还能合理地防范来自他的危险，也不是一个像我这样的人还需要担心会发生任何冲突，而是为了我们自己可以有比从前更加紧密的联系。过去，由于我们之间有这些冲突，你的心比你的房子对我更为开放。但我不需要再说什么了。

我要用一句话来结束我的信。我一直在毫不犹豫、全心全意地做任何我认为与你的希望和利益相一致的事。我希望你对此能够完全确定。

[368]

西塞罗致阿提库斯，公元前44年4月28日或29日，于普特利。

“现在把你的故事对我再说一遍。”我们的昆图斯在牧人节戴着一顶花冠！全都是他自己的主意吗？——尽管你也提到拉弥亚，但这件事令我惊讶。但我应当很想知道其他还有哪些人，虽然我不需要你告诉我他们全都是无赖。所以请你给我一个比较详细的解释。在给你送出一封相当长的信以后三小时左右，我非常幸运地在4月26日收到了你的信，这封信很长。回复你的信我不需要对你说，你那些关于威斯托留对哲学感兴趣的充满智慧的笑话，以及在普特利流行的样式，并非不受赞扬。但是让我们来看政治性比较强的部分。

当我在责备布鲁图和卡西乌斯的时候，你在为他们辩护，而我无法充分赞扬他们。我列举的这些罪恶来自环境，而不是来自这些人。在消除了暴君以后，暴政显然依然存在。他不打算做的事情做了，比如对克洛艾留。我相当确定他不会做这件事，甚至不允许做这件事。亲爱的小鲁富斯[①]，威斯托留的宠物，会接着到来，从来没有在遗嘱中出现的维克特，以及其他一些人也会到来，每个人都在吹捧他们。我们不会把我们自己的凯撒当做我们的主人，但是我们服从他的命令。至于酒神节，谁能忍住不去元老院？假定这种情况仍旧是可能的，那么我们是什么时候去的，我们能自由地讲话吗？当我们毫无保护的时候，不惜一切代价把那些携带武器的老兵赶走不重要吗？你是我的证人，我不赞成在卡皮托利山上有这样一幕。但那又如何？这是布鲁图的错吗？根本不是。犯罪的是某些自认为十分聪明，想要寻求欢乐的“野蛮者”，他们中有些人甚至想要来表示祝贺，但没有一个能站稳脚跟。

然而，过去的事就让它过去吧。让我们用我们的关切所能想出来的各种

① 即盖·塞普洛尼乌·鲁富斯（C. Sempronius Rufus）。

方法保护这些人，如你所提议的那样，我们要对 3 月 15 日感到满意。这个节日为我们的英雄朋友打开了不朽的大门，但没有为罗马人民打开自由的大门。回想一下你自己说的话。你还记得你喊叫说，如果凯撒得以公葬，那么一切都丧失了吗？你非常聪明。好吧，你明白其中的后果。

你说 6 月 13 日安东尼将会提出一项关于行省的建议，他把高卢指定给自己，并且延长了他们俩[①] 的任期。允许自由投票吗？如果允许，那么我会很高兴地看到我们的自由恢复了。如果不允许，那么除了看到这个暴君死去所带来的快乐，通过这种变更主人我还能获得什么呢？你说在奥浦斯神庙发生了抢劫。我本人就见到了。这些英雄确实解放了我们，但我们仍旧不自由。他们得到的是荣耀，而我们得到的是责备。你催促我写历史，把那些仍旧包围我们的人的野蛮行径写下来。但除了应某些个人的邀请去为他们的遗嘱做见证，我还能说什么吗？我并不在乎钱，但是我很难开口辱骂一个抱有善意的人，所以还是随他们的便吧。

如你所说，我想我们能够在 6 月 1 日更加确定我的所有计划。有你的权威、影响和巨大帮助，而我们的案子具有毫无争议的正义性，所以我会努力奋斗，为你信中所描述的这种布特罗图姆人获得一道元老院颁布的法令。你对我说过要考虑这件事情，我也会加以考虑，虽然我在前一封信中已经提请你加以考虑。你把你的邻居马西里亚人送回他们自己的住处，就好像自由的体制已经恢复。通过武力也许可以带来这样的补偿，但是通过某种影响不可能做到，虽然我不知道我们有多少这样的武力。

你在一封信中提到布鲁图给安东尼的信以及给你的信，在那之后你写的一封短信给我带来了许多快乐。看起来事情确实在改善。但我必须考虑我将要在哪里生活，最近要去哪里。

---

① 两位执政官，安东尼和多拉贝拉。

[369]

西塞罗致阿提库斯，公元前44年5月1日，于普特利。

我的神奇的多拉贝拉！[①] 现在我把他称为“我的”——而从前，可以告诉你，我是充满疑心的！这件事确实给了人民一些需要思考的问题！把罪犯扔下悬崖，钉十字架，把罪犯竖起的柱子推倒，填平那个地方！啊，这是一种什么样的英雄气概！在我看来，他似乎压制了那种日渐滋长的对凯撒之死表示遗憾的情感。我担心，这种情感一旦扎根，可能会变成一种暴虐的危险。我现在对你的来信表示相当同意，并且希望会有更好的事。但是我不能容忍这些人在谋求和平的外衣的掩盖下为恶行辩护。然而，我们不能在某个时候期待一切。事情比我想象的要好。我不会离开，直到你认为我这样做是光荣的。我决不会辜负我亲爱的布鲁图。即使我和他没有什么个人联系，我也决不会做对不起他的事，因为他是一个无比卓越的人。

我正在把整所房子以及所有家具交给我们亲爱的庇丽娅，我本人就要离开去庞贝了（5月1日）。我有多么希望你能劝说布鲁图留在阿图拉啊！

[370]

西塞罗致阿提库斯，公元前44年5月2日，于普特利。

在我送出了这封信（5月2日）的时候，我已经把我在卢克里尼的房子，连同仆人和管家，一齐交给了我们亲爱的庇丽娅，然后我从克鲁维乌的庄园乘一条手划船返回。我本人有义务今天去派图斯那里吃鱼。我会在庞贝待一两天，然后从水路返回普特利和库迈。只要不被那些来访者糟蹋，它们是最令人向往的地方，不过它们已经很好地避免了来访者的打扰。

现在来说更加重要的是：我们的朋友多拉贝拉有了一次多么好的表现

① 当安东尼不在罗马的时候，多拉贝拉镇压了凯撒党人的叛乱。

啊！它确实给人们一些事情思考。我决不会停止赞扬他和鼓励他。在你的所有来信中，你正确地表达了对这一事件及其英雄的看法。在我看来，我们的布鲁图现在可以头戴金冠穿越市政广场了。有谁敢骚扰他，用十字架或悬崖威胁他，尤其是那些较低等级的人表现出这样热情的拥护？

现在，我亲爱的同伴，请你来救救我。我已经给了我们的布鲁图他全部应得的东西，我现在急于去希腊。这对马库斯来说非常重要，或者对我来说非常重要，或者说对我们俩非常重要，我应当关心他的学习。至于你送来给我的莱奥尼德的信，请你告诉我，使你非常满意的到底是什么？我决不会对一份关于他的限定在“当前表现良好”的报告感到满意。这不是一种自信的语言，倒不如说是一种担忧的语言。我要赫洛德斯详细地写信给我，但迄今为止我还没有收到他的一行字。我担心，他认为没有什么能令我高兴的话要对我说。

我非常感谢你写信给塞诺。想要看到马库斯什么也不缺，对我来说这既是义务又事关我的名声。我听说弗拉米纽斯·弗拉玛在罗马。我已经写信给他，告诉他我通过写信委托你和他谈有关蒙塔努斯的事，如果你能把我的信交给他，并且在你方便的时候与他交谈，那么我会非常感谢。如果他感到合适，他肯定会马上付款，而不是推迟付款和损失金钱。你非常仁慈地让我知道阿提卡的身体已经痊愈。

[371]

西塞罗致阿提库斯，公元前 44 年 5 月 3 日，于普特利。

我于 5 月 3 日到达普特利，如我早些时候告诉你的那样，我已经把庇丽娅安置在我在库迈的住处。我在吃晚饭的时候收到你的来信，是你于 29 日交给自由民德美特利的。信中包含着许多聪明的观察，无论多么主观，如你本人所说，你认为每一个计划的实施都取决于机遇。所以我们有机会的时候要在一起讨论这些事。有关布特罗图姆人的事，我只希望我可以会见安东尼。我不怀疑会有进一步的收获。但是他们认为他不会从卡普阿到这里来。我非常担心他到那里去会带来许多公共伤害。这也是卢·凯撒的观点，昨天我在拿波勒斯看到他，他非常可怜。所以我们必须在6月1日处理好这件事。这一点就说到这里。

小昆图斯给他父亲写了一封最严厉的信，我们到达庞贝以后这封信送到了。信的主要观点是他不会把阿奎利娅当做后母。这一点也许尚可容忍，但是他说他的一切都要感谢凯撒，但没有任何事情要感谢他父亲，今后则要看安东尼的了——这是一个什么样的无赖！但是，走着瞧吧。

我已经写信给我们的朋友布鲁图，给卡西乌斯，给多拉贝拉。我附上这些信的抄件——要不要送出这些信我没有深思熟虑，因为我断然相信应当送，我不怀疑你也会同意。

我亲爱的阿提库斯，请让我的孩子像你一样恰当地思考，请允许我给你压上这种责任的重担。因为对于你已经做了的事，我远远不只是感谢了。

我还没有把我的那些尚未发表的著作修改到满意的地步。你要看一下其中的内容，必须等到有另外单独一卷的时候。记住我的话，在我看来，在那个暴君还活着的时候攻击那个邪恶的党派所具有的危险小于在他死了以后。就与我相关的问题而言，由于某些原因他是极为耐心的。而现在，凡是涉及凯撒，我们不能有一丝一毫的改变，不仅是他的措施，而且是他的意愿。

弗拉玛到达以后请你去见蒙塔努斯。我想这件事应当比较容易处理。

[371A]

西塞罗致执政官多拉贝拉，公元前44年5月3日，于普特利。

我亲爱的多拉贝拉，我对你获得的荣耀非常满意，它足以使我欣喜若狂，然而我不得不承认，流行的看法注满了我的幸福之杯，使我成为你的荣誉的分享者。我遇到的每个人（我每天都会遇到许多人，众多最优秀的人为了他们的健康到这里来，有许多人来访问我，此外还有邻近城镇的朋友）都用最热情的语言赞扬你，同时又以同样的热情对我表示深深的感谢，他们说，无疑是由于接受了我的告诫和建议，你表明你自己是一位令人敬佩的公民和一位杰出的执政官。

我把事实真相告诉了他们，我说你所做的事情全部出自你自己的判断和意愿，不需要任何人的建议。事实上，我既没有直接表示赞同，尽管我可以把你的声望诋毁为完全源于我的建议，我也不是一个强烈的放弃者，因为我喜欢荣耀，也可能太喜欢了。然而，说你有一位涅斯托耳当顾问丝毫也不会诋毁你的声望，就像众王之王阿伽门农那样，不会失去任何尊严。至于我，一位年轻的执政官能赢得这样的荣誉，也就是说，作为我的学校里的一名学生，是一件值得骄傲的事情。

我去拿波勒斯探访了躺在病床上的卢·凯撒。他全身受到病痛的折磨，在他喊出下面这番话的时候，他甚至没有跟我打招呼，“啊，我亲爱的西塞罗，恭喜你！要是我也像你对多拉贝拉一样对我的外甥[①]有那么大的影响，我们的麻烦可能都已经解决了。至于你的多拉贝拉，我向他表示祝贺，向他表示感谢。他是自你本人以来第一个配得上执政官这个头衔的人”。然后，他继续随意地提到了你的行动和成就，他称之为伟大的、杰出的、受到公众欢迎的，就像历史人物一样。这就是所有人想要表达的感情。

现在请允许我接受这一虚假的遗产，也就是说认领这一并不属于我的东西，它承认我在你的胜利中有某种小小的合作关系。我亲爱的多拉贝拉——我写这些话只是在开玩笑——我很快就会把我自己的成就转变为你的荣誉，如果说我有什么功劳的话，而不是把你的任何功劳转变成我的荣誉。你知道我一直以来对你都很尊敬。但是，你最近的功绩点燃了我的热情，没有哪一种热情会比它更加强烈。请你相信我，没有什么东西能比男子汉的美德更加美好、更加美丽、更加可爱。如你所知道的那样，我一直热爱马·布鲁图，热爱他卓越的理智、迷人的品格、无比的正直和忠诚。然而3月15日使我

① 指安东尼。

又添加了许多对他的热爱，我惊讶地发现，我长期以来一直相信这种已经满溢了的爱还有增加的余地。有谁认为我对你的热爱还会增加呢？然而情况是这样的，在我看来，我只是现在才感到这是一种爱，而从前我只感到一种充满情感的尊敬。

我不需要催促你珍惜你已经赢得的地位和荣耀。我有什么必要以规劝的口吻提醒你注意你的著名的名字呢？我无法举出比你的名字更加著名的名字了。你应当是你自己的模范，你必须模仿你本人。在取得这样的功绩以后，你不再有权利降低你自己的标准。因此，鼓励是肤浅的，祝贺是需要的。对你而言，我大胆地说，也只有对你而言，极端的严厉会带来的不仅不是讨厌，而应是受欢迎，它会让较低等级的人和所有诚实的人都感到高兴。如果你是这种情况，那么我会对你的好运表示祝贺，而你会拿它来鼓励你自己的勇敢、你自己的能力和健全的判断。我已经读了你的演讲，确实精妙绝伦。你小心翼翼地逼近事实，而后又快速返回，让听众普遍认清简单的事实，时机一旦成熟，就采取最严厉的行动！

所以，你已经把罗马从危险中拯救出来，把罗马的居民从恐惧中解放出来。你做了一件大好事，不仅是为了当前的局势，而且是为将来树立了一个先例。做完这件事，你应当明白共和国现在依靠你，人们的自由不仅依靠你的保护，而且依靠你的帮助。等见面的时候，我们会讨论这些事情，我希望，越快越好。最后，我亲爱的多拉贝拉，你作为共和国的卫士，也作为我的卫士，你一定要十分小心你自己的安全。

[372]

西塞罗致阿提库斯，公元前44年5月8日，于普特利。

5月7日，我在普特利收到了你的两封信。一封在路上走了六天，一封在路上走了四天。我从较早的这封信开始说起。我非常高兴地得知巴奈乌斯及时把信送到了！你要以你通常的方式和卡西乌斯一道处理这件事。极为幸运的事情还有，我已经完成了你四天以前建议我做的事——写信给他，并把我的信的抄件送给你。就在多拉贝拉的“卓越表现”，如你在给我的信中所说，赋予我新的信心的时候，我一方面收到布鲁图的信，一方面收到其他人的信。他说他正在等着流放。我看到前面有一个不同的港湾，[①] 在我的生命旅程中更容易到达，虽然我宁可这种事不会发生在我看到布鲁图兴旺发达，这一体制得以建立之前。但是现在，如你所说，我们不能自由选择——你同意我的看法，这些士兵，尤其是内战中的士兵，不是为我们这个时代的人民服务的。

马库斯·安东尼就克洛艾留的事答复我，简单地表达了他对我的宽厚的感谢，他向我保证说我的宽厚反过来会成为我自己的巨大快乐的源泉。但是潘莎似乎对克洛艾留很恼火，对戴奥塔鲁斯也很恼火，讲起话来很严厉——如果你在意他的话。有一件事情看起来不妙，至少在我看来如此——他强烈地反对多拉贝拉的行动。

关于戴花冠的事，当你的外甥受到他父亲的责备时，他回信说自己已经拥有一项来自凯撒的荣耀，但在悲伤之中把它搁在一边了。他在信的结尾处说他很乐意由于热爱凯撒而受谴责，哪怕是在凯撒死了以后。

我已经按照你的来信中所建议的方式详细写信给多拉贝拉。我也亲笔给西卡写了信。我没有让你去承担这项职责。我不想让他对你有怨恨。我明白塞维乌斯谈话的策略——在我看来，他的恐吓多于判断。然而，我们全都被吓坏了，所以我同意塞维乌斯的意见。普伯里留斯一直顺从你。他们派凯瑞利娅作为使者到我这里来。我很快就让他们明白她所要求的东西对我来说是不可能的，更不必说让我同意了。如果我看到安东尼，我会努力与他商谈布特罗图姆的事。

现在来谈你较近的这封信——尽管有关塞维乌斯的事我已经做了答复。你说我正在拿多拉贝拉的巨大成功说事。是的，我确实认为，在这样的环境

---

① 指死亡。

下，在这样的时间，不会有更大的成功了。然而，无论我赋予他多么大的荣誉，我的根据都受到你的来信的影响。但我确实赞成你的意见，如果他做了应当对我做的事，那么他会取得更大的成功。我想要布鲁图待在阿图拉。

你赞扬我推迟出国旅行，直到看清事情发展的趋势再做决定。但是，我的主意已经改变了。不过在见到你之前，我不会做出任何决定。我很高兴我的阿提卡与她的母亲一道向我表示感谢。我把整座房子和库房都交给了她，并打算在 11 日见到她。请你转达我对阿提卡的爱。我会照顾好庇丽娅。

[373]

西塞罗致阿提库斯，公元前 44 年 5 月 9 日，于普特利。

你已经不是第一次让我显得过分热情地赞扬多拉贝拉的功绩。好吧，由于我非常赞成他的行动，所以，你的来信，其中有两封，使我热情地赞扬他。但是由于同样的理由多拉贝拉和你完全疏远，也把我当成他的敌人。满腹怨恨！到 1 月 1 日他还有一笔钱没有还，尽管在法伯里乌的秘密帮助下，以及向奥浦斯寻求恩惠，他已经还清了许多债务——你不会在意我跟你开这个玩笑只是为了向你表明我并没有过分焦虑。我于 8 日清晨送了一封信给他，同一天晚上我在普特利这里收到了你的一封信，就在你送出这封信的第二天，这是一个很好的时间。不管怎么说，就在我于同一天给你写信的时候，我给多拉贝拉送去一封语气非常尖锐的信。如果它不起什么作用，那么他肯定不会站出来面对面地指责我。

我假定你已经把阿比乌斯[①]的事处理完了。关于巴图西乌的贷款，你非常厚道，已经提前做了需要做的事。但是我想，我已经把厄洛斯留下，他完全有能力处理剩下的事务，就他这一方来说，他不可能完全不出错。但我

① 阿比乌斯·萨比努斯（Albius Sabinus），布利纽斯遗嘱的共同继承人之一。参见第 321 封信。

会跟他谈。关于蒙塔努斯，如我在信中常说的那样，我指望你能照料整桩生意。

得知塞维乌斯在离开前与你绝望地交谈，我并非丝毫不感到惊讶，我不认为他比我还要绝望。如果我们无与伦比的朋友布鲁图不会在 6 月 1 日去元老院，那么我不知道他在公共生活中还会做什么。但是能对这年事做出最佳判断的是他。根据我看到的那些准备工作，我认为 3 月 1 日没有给我们带来多少好处。所以我越来越多地想到希腊，因为我真的看不出我对亲爱的布鲁图能有什么用，而他正在考虑流放，如他在信中写到自己时所说。莱奥尼德的来信没有给我带来什么大的快乐。我同意你对希罗多德的看法。我应当阅读邵费乌斯的来信。我打算 5 月 10 日离开庞贝。

[374]

西塞罗致阿提库斯，公元前 44 年 5 月 11 日，于普特利。

我乘船从庞贝出发，于 10 日上午大约 9 点钟到达我们的朋友卢库鲁斯的家。[①] 上岸以后，我收到你的一封信，据说是由你的信使带到库迈的，发信时间是 5 月 5 日。从卢库鲁斯家出发，我于次日大约同样的时间到达普特利。在那里我收到了你从拉努维乌发出的两封信，一封是7日，一封是9日。下面就是我对这三封信的回答。

首先，你为我处理了财务，支付各种欠款和处理阿尔比乌的生意，我要向你表示感谢。关于你在布特罗图姆的事情，当我在庞贝的时候，安东尼访问了密塞努，但在我听说他到达之前，他离开那里去了萨纽姆，由此你可以看出我们应当抱多大的期望。所以，我们应当在罗马处理安特罗图姆的事情。卢·安东尼的演讲令人惊骇，多拉贝拉的演讲精妙绝伦。现在让他留着那笔钱吧，只要他在 15 日能付钱。我很遗憾地听说特图拉小产了。我们需

---

① 卢库鲁斯继承了他父亲在奈西斯岛上的庄园，该岛位于拿波勒斯湾。

要保持我们卡西乌斯家族的血统，就像我们要保持布鲁图家族的血统。我希望有关女王的传说是真的，有关凯撒与女王生的儿子也是真的。我已经对你的第一封信做了诚实的答复，现在来谈第二封。

关于昆提乌斯家族和布特罗图姆，如你所说，等我回来后我们会谈论这件事。谢谢你保留了马库斯的开支。我认为自由的体制取决于布鲁图，你认为我的观点错了。好吧，我在这里讲的是自由体制发挥作用的方式；要么是根本不存在任何体制，要么是由他，或者由他们，把这种体制保存下来。你敦促我写一篇讲演送给他。我亲爱的伙伴，让我告诉你我有着大量经验的这类事情的一般规则。还从来没有一位诗人或演说家会认为有任何人比自己好。甚至连那些很差的诗人或演说家也这么想。还有谁能比布鲁图拥有更多的天赋，更加博学！我实际上已经做了一个与这项法令有关的实验。我按照你的要求写了一份法令草稿。我喜欢我的草案，而他喜欢他的草案。确实，几乎可以说是应他自己的请求，我把一篇有关最好的演讲风格的论文[①]送给他，他不仅写信给我，而且也写信给你，表示不同意我的看法。所以，请你让任何人撰写最适合他本人的东西。“每个人都有他自己的新娘，我也有我的。每个人都有他的挚爱，我也有我的。”这是一段不那么优雅的对句。它的作者是阿提留斯，一名最笨拙的改写者。但我只希望布鲁图有机会写一篇讲演。如果他在罗马能够安全，我们就赢得了这场战斗。一场新内战的领袖没有追随者，或者说只有这样，内战才容易被扑灭。

我现在来谈你的第三封信。我很高兴布鲁图和卡西乌斯喜欢我的信，我会写信给他们表示感谢。你说他们想要我把希尔提乌变成一名较好的共和主义者。好吧，我会尽力而为，他说得也很好。但他和巴尔布斯（他也说得很好）休戚相关。你可以自己判断应当相信什么。我看到你高度赞扬多拉贝拉，我确实也这样想。我在庞培看到许多与潘莎有关的事情。他忠诚的情感和对和平的渴望令我相当满意。显然他们正在寻找战争的借口。我喜欢布鲁

① 指《论最好的演说家》。

图和卡西乌斯的法令。你要我集中精力思考这样一个问题：我认为我们的朋友必须做什么。我的回答是，计划的实施取决于环境，而环境每日每时都在变化。我想多拉贝拉已经做了许多好事，用他的行动和反对安东尼的演讲。事情确实正在变好，我们现在好像有了一位领袖，这是待在乡下小镇里的人和那些诚实的人所缺乏的。

你大胆地对我提及伊壁鸠鲁，并且让我放弃政治，是吗？布鲁图的庄严表情足以吓退你，让你远离这类谈话吗？你说小昆图斯是安东尼的左右手。好吧，通过他，我们可以轻易获得我们想要的东西。如果卢·安东尼带屋大维去参加公共集会，那么我期待着，想听到屋大维会有什么样的讲演，如你预期的那样。

我就说到这里，因为卡西乌斯的信使就要上路。我马上就去问候庇丽娅，然后坐船去参加威斯托留的宴会。转上我对阿提卡的爱。

[375]

西塞罗致阿提库斯，公元前 44 年 5 月 11 日，于普特利。

就在 11 日我把给你的信交给卡西乌斯的信使以后不久，我的信使到达了，但没有带来你给我的信（令人惊讶的现象！）。但我马上就猜测你在拉努维乌。厄洛斯匆忙去取多拉贝拉给我的一封信，但他的信中没有提到我的事（他写信的时候还没有收到我的信），而是对前一封我给过你一份抄件的那封信做出答复——用任何标准衡量，它都不是一个坏的答复。

就在我打发卡西乌斯的信使上路以后，巴尔布斯来访。苍天在上，很容易看出他对和平抱有恐惧！——你知道他有多么谨慎。但他还是把安东尼的计划告诉了我——安东尼要去巡视那些老兵，用凯撒的办法把他们召集起来，让他们发誓，让他们准备好武器，每月派当地的行政官员去视察老兵。巴尔布斯还抱怨他自己不受欢迎，他谈话的整个腔调就是为安东尼的友好辩护。总之，我根本不相信他。

在我看来，我们无疑正在走向战争。男人的勇敢和儿童的政策在处理着各种事务。任何人都能看到国王们被废黜，留下一名王位继承人。这有多么愚蠢！“你对此表示担心真是太奇怪了，而你对另一件事却根本不当一回事！”[①] 为什么到现在还有大量可以称得上自相矛盾的事情发生。想一想庞提乌斯邻近拿波勒斯的住处被暴君的母亲霸占的事吧！我必须重读我题献给你的“老加图”[②]。老年使我更加喜欢争吵，每件事情都让我恼火。但是我已经过完了我的日子。让年轻人去着急吧。请你继续照料我的私人事务。

我在维斯托留家中写下或献上这道甜食。明天我打算与伽斯洛诺美[③]，亦即希尔提乌共进晚餐。这就是我把他带进贵族圈的办法。真是天晓得！这些人害怕和平，而每个人都在抬举他们。所以我最好为我的靴子插上翅膀，因为做任何事情都要比当兵强。

请把我的爱转告阿提卡。我正在等着听到屋大维的演讲和其他消息，尤其是多拉贝拉的口袋里是否有银钱在叮当响——或者说他已经宣布取消我的债务？

[376]

西塞罗致阿提库斯，公元前 44 年 5 月 14 日，于普特利。

从庇丽娅那里得知 15 日会有信使去你那里，所以我马上写下这几行字。首先我要你知道，我将于 5 月 17 日去阿尔皮诺。所以，从现在开始，把你要给我送来的东西都送到那里去，尽管我最近就会和你会面。在我返回罗马之前，我想近距离地考察事情的实际情况。我还是担心我的猜测太准确了。这些人的设想非常模糊。至于今天晚上与我共进晚餐的这个学生[④]，他十分

---

① 引自某出拉丁戏剧，参见第 293 封信。

② 西塞罗的论文《论老年》。

③ 伽斯洛诺美（Gastronome），希尔提乌的希腊绰号，含义不清。

④ 指希尔提乌，西塞罗曾教他演说。

依附我们的朋友布鲁图用刀子刺杀的那个人。如果你想知道的话（在我看来它就像长矛一样清晰），他们害怕和平。他们的纲领和口号是：有一名伟人被杀，整个国家由于他的死而陷入混乱，他所做的一切都将被废除，而他垮台的原因就在于过于仁慈，但别人对他却不会仁慈。

在我看来，如果庞培[①] 带着一支强大的军队到来，有迹象表明他会这样做，那么肯定会爆发战争。我设想的这幅图景让我深深地担忧。当时[②] 对你可能的事情，现在对我来说是不可能的，因为我已经公开表达过我的欢乐。他们还谈论了许多我的不感恩。确实如此，当时对你和其他许多人来说可能的事情，对我来说不可能了。那么我要公开参战吗？我宁愿死一千回，尤其是我现在这个年纪。所以，3 月 15 日给我带来的安慰不如给他们带来的安慰多。他们有一个显著的缺点，虽然可以肯定这些年轻人“正在用其他人的坚强行为来消除这种诋毁”[③]。但是，由于你听说的比我多，也是他们的计划的参与者，如果你还抱有什么更好的希望，请你写信给我，也请你考虑对于一项投票决定的使命来说我必须做些什么。我接到许多警告，让我 1 日不要去元老院。据说已经有士兵秘密地调集起来，用来反对你的朋友。在我看来，他们要是在其他任何地方，都会比在元老院里更加安全。

[377]

西塞罗致阿提库斯，公元前 44 年 5 月 17 日，于普特利。

可怜的阿莱克西奥！你无法想象这件事让我多么悲伤，许多人问我上哪儿去找另外一位像他这样的医生。我现在还要医生吗？或者说，如果我确实需要一位医生，这样的医生是否如此稀缺？他对我非常热爱，非常仁慈，他的魅力使我想念。我还有这样一种考虑：当一位有着良好生活习惯的人、一

---

① 指塞克斯都·庞培。

② 在凯撒的战争中。

③ 可能引自某出希腊戏剧。

位成熟的医生实然被可怕的疾病击倒时，我们在什么地方还能感到安全？然而，对所有诸如此类的痛苦而言，有一种安慰，或者只有一种安慰。我们生而为人的这个环境迫使我们无法与命运的任何部分抗争。

关于安东尼，我在前一封信中确实告诉你，我错过了和他见面的机会。他到了密塞努，而我在听说他的消息之前就已经去了庞贝。这件事发生时，我和希尔提乌一起待在我邻近普特利的住处，我当时在读你的来信。我把你的信读给他听，然后谈起这件事。[①] 第一，在和你有关的事情上，他认为自己的热情不亚于我。第二，他不仅任命我担任这件事的仲裁者，而且担任他整个执政官任期内的所有事务的仲裁者。我会继续与安东尼沟通，向他表达我们的意愿，如果他在这件事情上能够帮助我们，那么我会完全归他支配。我希望多拉贝拉是安全[②] 的。

回过头来说我们的朋友，你说你对他们抱有良好的希望，因为这些法令具有一种温和的语调。希尔提乌于 5 月 16 日离开我邻近普特利的住处，前去会见潘莎，我了解他的整个想法，努力敦促他谋求和平。他当然不会说他不想要和平，但他确实说担心我们朋友这一方使用暴力，就像担心安东尼一方使用暴力；他还说他担心的不是都有很好的理由保留军队的双方，而是担心他这一方受到这两个方面的暴力压迫。实际上我根本无法相信他的话。

关于小昆图斯，我同意你的看法。你的来信肯定给他的父亲带来很大的快乐，写得非常好。我对凯瑞利亚娅也很满意。她没有让我留下过分关心此事的印象，如果她是这样的话，那么我肯定没有。至于你说这位妇人在纠缠你，使我感到惊讶的是你对她竟然有那么多话要说。如果我当着朋友的面，当着他的三个儿子和你的女儿的面赞扬她，那会是一种什么样的场景？我为什么要戴上假面具外出？老年本身不就已经够丑陋了吗？

你说布鲁图要我在初一之前与他见面。他也给我写了信，我也许会给他

---

① 布特罗图姆的土地。

② 意思是“可靠”。

回信。但我确实不知道他想要什么。他为他自己永恒的名声所做的事情超过为和平所做的事情，在我自己需要建议的时候，我能给他什么建议？关于女王的谣传已经平息了。关于弗拉玛，我请求你做你能做的任何事。

[378]

西塞罗致阿提库斯，公元前44年5月18日，于西纽萨。

我于昨天离开普特利，转道去了我邻近库迈的住处，在此之前我给你送出一封信。我在那里发现庇丽娅身体状况良好。我确实很快就在库迈见到她，她去那里参加葬礼，而我也露了面。我们的好朋友格·卢凯乌斯为他的母亲送葬。我在邻近西纽萨的我的住处过夜，并且在我离开阿尔皮诺之前的那个清晨草就了这封信。

我没有什么消息要说，也没有什么事要向你打听，除非你认为下面这些事有趣。布鲁图派人给我送来他在卡皮托尔举行的大会上的演讲，[①] 请我在正式发表之前做一些修订。这篇讲演在结构上是最优秀的，在情感和用词方面也无法更好了。但若我来处理这些材料，考虑到论题的性质和演讲者的作用，我会让它变得更加热烈。因此，我感到无法进一步改善它。对阿提卡风格的选择，以及依据他自己对最佳演讲风格的判断，我们的好布鲁图在这篇演讲中优雅地达到了完善的地步。但是我的目标是不同的，无论对与错。不过，要是你还没有读过这篇演讲，那么我想让你读一下，让我知道你的看法。尽管我担心你有可能被你的姓名引入歧途，也依据阿提卡风格来判断这篇讲演。但是，只要回想一下德谟斯提尼雷霆万钧的演讲，你就会明白一位演讲者既可以具有完全的阿提卡风格，又可以给人留下深刻的印象。然而，我们见面时会再谈这个问题。现在，我不想让梅特罗多洛去你那里而没有带上我给你的信，或者带一封空洞的信。

---

① 在凯撒被刺以后的那一天。

[379]

西塞罗致阿提库斯，公元前44年5月18日，于维西亚地区。

我于18日离开我邻近西纽萨的住处，在此之前我给你发出一封信。当我在维西亚地区过夜时，我在那里收到你的信使送来的信。我发现信里谈的都是关于布特罗图姆的事。你对这件事的关心还不如我。这表明我们关心对方的事务。所以我把这件事当做我的事，并且放在首要的位置上加以考虑。

从你的这封信以及其他来源我得知卢·安东尼发表了一次可耻的演讲，但我不知道细节，因为没有书面材料。关于美涅得谟斯有好消息。昆图斯肯定会以你所说的方式谈论。我很高兴你赞成我的意愿，我不会把你对我的要求写下来，如果你读了我今天给你写的演讲，你会进一步对我表示赞成。你关于那些军团的说法是真的。但是当你希望我们在布特罗图姆的事可以通过元老院来解决时，你本人似乎并不完全相信这件事。我完全不这样想——在我看来事情非常清楚，我们不会拥有和平。但即使我受骗上当了，你也一定不要对布特罗图姆的事情感到失望。关于屋大维的演讲我和你的感觉一样，我不喜欢为他出场所做的那些准备，或者选择马提乌斯和波图姆斯作为他的代理人。萨塞纳是一位高尚的同事。但所有这些上层绅士，如你所明白的那样，都害怕和平，不亚于我害怕战争。如果我能让巴尔布斯摆脱不受欢迎的状况，那么我会很高兴，但是他本人对这样的可能性没有信心。他心里有其他想法。

你感到《图斯库兰讨论集》第一卷[①]使你变得坚强，这给了我很大的快乐，确实不会有更好的或更容易找到的避难所了。弗拉玛的漂亮言语不会带来害处。我不知道廷达里斯的民众担心的是什么。然而，你的人会明白的。这些事情似乎在打扰伽斯洛诺美[②]，尤其是付款的事。我为阿莱克

① 西塞罗《图斯库兰讨论集》第一卷涉及对死亡的恐惧。

② 亦即希尔提乌，参见第375封信。

西奥感到悲伤，但由于他是如此可怕的疾病的牺牲品，所以我想我们也无法抱有别的希望。不过，我想要知道他的财产继承人的名字和立遗嘱的时间。

[380]

西塞罗致阿提库斯，公元前 44 年 5 月 22 日，于阿尔皮诺。

我于 22 日在阿尔皮诺收到了你的两封来信，你对我的两封信做出答复，一封是 18 日的，另一封是 21 日的。所以，我先来谈较早的这封信。是的，请你一定要到图斯库兰来与我会合，我期待于 27 日到达那里。你说我们必须顺从胜利者。但这不是我，因为我有许多更为可取的选择。你提醒我，要我注意在阿波罗神庙里的演讲，当时伦图卢斯和马凯鲁斯是执政官。但是情况不一样，总的形势也不同，尤其是你写到马凯鲁斯和其他人正在离去。所以我们不得不在一起商量，以决定我们是否能安全地待在罗马。我确实对在该地区新定居的那些人感到不安，因为现在风声很紧——虽然我对这些事情一点儿也不在乎，有点无动于衷，就好像处理其他更重要的事情一样。我注意到卡尔瓦的遗嘱——一个吝啬的、可悲的家伙。谢谢你去参加德谟尼库的拍卖。关于曼留斯，我前不久非常详细地写信给多拉贝拉，想必我的信已经及时送达。我既有愿望又有义务，想要帮助他。

现在来说比较近的这封信，我注意到其中有关阿莱克西奥的消息，这是我向你询问过的。你可以信赖希尔提乌。我希望在碰到麻烦时再去见安东尼，而不是现在。关于小昆图斯，如你所说，我们已经说够了！当我们见面时，我们要谈他的父亲。我想要以我能做到的各种方式帮助布鲁图。对他那篇小小的讲演，我明白你的感觉和我一样。但我不十分明白，当他已经发表了他的讲演时，你想要我在这篇代布鲁图写的演讲中写些什么。这样做怎么可能是合适的呢？或者说你在心中谴责暴君，认为应当按照法律处死暴君？我有很多话要说，有很多话要写，但我会以另外一种方式，选另外的时间。

关于凯撒的椅子的事，保民官们处理得很好。14 排位子安排得很好！[①] 我很高兴布鲁图在我的住处过夜——我只希望他在那里过得很舒服，他想待多久就待多久。

[381]

西塞罗致阿提库斯，公元前 44 年 5 月 24 日，于阿尔皮诺。

昆·富菲乌斯派来的一位信使于 24 日下午 4 时左右到达，带来他的一张纸条，请求我和他恢复友好关系——相当笨拙，像通常那样；或者说当他讨厌一个人的时候，他的一切是否都会显得非常笨拙？我以一种我认为你会赞成的方式给予答复。有两位信使送来了你的两封信，一封是 22 日的，另一封是 23 日的。我先来答复较迟和较短的这封信。我赞扬这个军团。如果卡福莱努也加入，那么奇迹确实会不断出现。安东尼的计划会遇到麻烦。我只希望他通过公民大会行事，而不是通过元老院，我确实希望他能这样做。但是，如果狄·布鲁图的行省将要被剥夺，那么安东尼的整个政策在我看来都在走向战争。无论我怎么看待布鲁图的能力，战争似乎都不可避免。但我不想战争，因为我有布特罗图姆人的事情要照料。这样想会让你发笑吗？但我非常遗憾，元老院已经颁布了法令，而不是由于我的固执和不断的努力，施加影响。

你说你不知道我们的朋友必须做什么。我长期以来就有这样的困惑。所以再用 3 月 15 日来安慰我们自己是没有意义的。请你相信我，我们已经表现出男子汉的勇敢和幼稚的政策。大树已经倒下，但还没有连根拔起，你会看到它是怎样发芽的。所以让我们返回到《图斯库兰讨论集》上来，这是你常说的。让我们不要把你的堕落告诉邵费乌斯——我决不会放弃你！你说布

---

① 元老院为凯撒在剧场里放置了一把镀金的椅子。在 4 月的表演中，市政官克里托纽不让屋大维坐这把椅子。14 排位置是安排给骑士们坐的。

鲁图向你询问我到达图斯库兰的日子；我以前写信告诉过你，27 日，我期待着尽快与你在那里见面。我假定我们必须去拉努维乌，这需要很多时间。但是，我会处理好的。

返回你较早的那封信，我放过开头那些关于布特罗图姆人的事情，“这件事情已经在我心中扎根”，除非如你所说，有某些事情要我去做。你肯定不会放过布鲁图的演讲，你用那么多的篇幅再次敦促我！你真的希望我来处理这样一个他已经处理过的主题吗，或者未经请求就越俎代庖吗？这样的干涉是一种最大的冒犯。你说我可以主动地做某些事。对此我不会说不，但我不得不考虑主题，等待更恰当的时机。因为，不管你怎么看我（我当然希望你想要做的事情能够成为现实），如果事情朝着可能的方向发展（你必须记住我会说些什么），那么我认为 3 月 15 日没有什么令我满意的地方。他决不会返回，恐惧也不会使我们有义务认同他的办法；或者再说一遍——我在这里与邵费乌斯会合，放弃那些你正在敦促维斯托留阅读的《图斯库兰讨论集》——在我的有生之年，我非常钦佩他的优雅风格（愿诸神使他困惑，让他去死！）因为杀死我们的主人不会让我们自由，他也不是一个我们需要逃离他的主人。我向你保证，我脸红了。但我已经把这些话写下来了，我不会把它们划掉。

我希望有关美涅得谟斯的消息是真的。① 我希望有关那位女王的事情也是真的。其他事情我们会坐在一起讨论，尤其是如果安东尼将派兵包围元老院，我们的朋友必须做什么，我本人必须做什么。我担心，如果我把这封信交给富菲乌斯的信使，那么他会把信打开，所以我专门派人送这封信，因为你需要一个答复。

---

① 参见第 379 封信。

[382]

西塞罗致阿提库斯，公元前 44 年 5 月 23 日，于阿尔皮诺。

我有多么希望你能够帮助布鲁图，就像你喜欢做的那样！我也会写信给他。我派提罗给多拉贝拉送信，也让他捎口信。请你派人去找他，如果你有什么计划，请让我知道。卢·凯撒突然邀我去森林[①]见他，或者写信约定时间——他说布鲁图认为必须和我见面。真是讨厌极了，我根本无法拒绝。所以我假定我会去，从那里再去罗马，除非我改变主意。我简要地写信给你，因为我还没有从巴尔布斯那里听到任何消息。我期待着从你这里听到一些消息，关于将来的，以及关于过去的。

[383]

西塞罗致阿提库斯，公元前 44 年 5 月 27 日或 28 日，于图斯库兰。

从布鲁图那里返回的信使带来了他和卡西乌斯的信。布鲁图提出两种可供选择的方法，想要听我的建议。哎呀，我就是不知道说什么好。所以我想最好还是保持沉默，除非你不同意。如果发生了什么事，请你写信告诉我。卡西乌斯给我施加压力，要我尽可能让希尔提乌成为一名好的共和主义者。你认为他这样想对吗？你无法把一个黑人洗白。他的信我就说到这里。

巴尔布斯和奥庇乌斯都有信来，说已有元老院的法令解决了布鲁图和卡西乌斯的行省的问题。希尔提乌说他不会到场（他确实已经在图斯库兰他的住处了），并且强烈建议我也不要去。他的主要考虑是会有危险，他说他本人也有危险。但对我来说，哪怕没有这样的危险，我也一直在努力避免引起安东尼的怀疑（这种事情在他看来会以为我不赞成他获得成功），我不想去罗马的理由正是我不想见他的理由。然而，我们的朋友瓦罗给我送来一封

① 靠近奈米湖（Lake Nemi）的森林。

信，写信人我不认识（他把名字划掉了），信中说有些老兵（有一批人被遣散了）正在邪恶地谈论报复，所以待在罗马对任何人来说，无论站在哪一边，都会有很大危险。再说，在这些人中间我怎么能够保持我原来的样子呢？如你所说，如果狄·布鲁图受到卢·安东尼的攻击，或者我们的朋友受到其他人的攻击，那么我该做什么，我该怎么办？事情到了这个地步，我决心离开这个我的名字曾一度受到高度赞扬、我的服务受到高度尊敬的城市。然而，我不太确定要不要离开意大利，因此我想聆听你的意见，就好像我不愿返回罗马。

[384]

西塞罗致阿提库斯，公元前 44 年 5 月 28 日或 29 日，于图斯库兰。

感谢你把这些信送来，它们给了我极大的快乐，尤其是来自我们的好塞克斯都的那封信。你会说那是因为他赞扬我。好吧，我假定是有点关系；然而毕竟，甚至在我读到这段赞扬我的话之前，我已经对他的政治观点和文风留下深刻印象。调停人塞维乌斯似乎已经带着他的便携式的书架，开始履行他的使命，这是律师的怪癖。他一定不会“以法律的形式索取”，但你知道接下去是什么。①

[385]

西塞罗致阿提库斯，公元前 44 年 5 月 31 日，于图斯库兰。

你留下两封信，是巴尔布斯写给你的（没有什么消息），还有一封是希尔提乌写给你的，他在信中说自己在老兵中间名声很不好。从那以后，我在

① 引自恩尼乌斯：《编年史》，接下去是“他们宁可用刀剑寻求货物和国王的权力”。安东尼不会开放法律程序。

等着听他在下个初一会做些什么，所以我派了提罗和其他几名仆人一道去你那里，这样你就可以让他们在事情有了新发展的时候一个个替你送信。我也给安东尼写信谈到我的使命，[①] 我担心，要是只给多拉贝拉写信，多疑的安东尼会感到恼火。听说他现在变得相当难以接近，所以我请欧拉佩鲁转交我的信。信中的要点是我想要承担这项使命。经过投票决定的使命要好一些，但我也可以承担未经投票决定的使命。

关于你自己，请你做任何事情都不要匆忙。我希望能和你交谈，但若做不到，给我写信也能起到同样的作用。格莱凯乌写信对我说，盖·卡西乌斯写信给他，说有些武装人员正在集中起来，准备攻打我在图斯库兰的住处。这种情况不像是针对我的，但我必须提高警惕，加强保卫。但是明天一定会有一些事情让我们考虑。

[386]

西塞罗致阿提库斯，公元前 44 年，约 6 月 2 日，于图斯库兰。

我们的朋友布鲁图和卡西乌斯都写信给我，要我使“迄今为止相当健全的”希尔提乌变得更加健全——我不知道他迄今为止是健全的，我也没有信心通过我的影响把他变得更加健全；他有的时候和安东尼弄僵了，但他是这项事业的坚定朋友——但无论如何我已经写信给他，在信中我赞扬了布鲁图和卡西乌斯的现状，供他考虑。我想要你读一读他的答复，看你是否会有和我一样的印象，这些人甚至到现在还在担心我们的朋友精力过于充沛。

希尔提乌致他的朋友西塞罗：

你问我是否已经从乡下回来。当所有人都在忙碌的时候，我有那么悠闲吗？实际上，我正在离开罗马，因为我想待在其他地方是明智的。这封信是

① 西塞罗正在考虑到时任叙利亚总督的多拉贝拉那里当一个挂名的闲差。

我出发去图斯库兰之前写的。但你别以为我精力过剩，为了6月5日[1]而匆忙赶回。我看不出有任何必要麻烦我们自己，因为我们许多年以前就已经证明了这一点。至于布鲁图和卡西乌斯，我只希望你可以轻易地劝阻他们，让他们不要有冒险的举动，就好像他们能够轻易地得到他们想要的东西。你说他们给你写信，说他们想要离开。去哪里，为什么？西塞罗，我请求你把他们拉回来，不要让我们的整个社会走向毁灭。因为我发誓，在一场抢劫、纵火、屠杀中，整个社会将会彻底颠覆。如果他们感到担心，那么就让他们做一些预防，但不要采取任何进一步的行动。我发誓，无论他们采取何种剧烈的行动，再加上高度的警惕，他们都不可能得到通过最消极的行为无法获得的东西。现在的政权具有过渡性质，不会持续很久；但在遇到冲突的时候，它有力量进行坚决的打击。请你写信给我，告诉我你认为他们会怎么做。

关于希尔提乌我就说到这里。我已经给他回信，说他们没有什么冒失的想法，我向他保证情况就是这样。我想要你知道这件事。

当我从巴尔布斯那里听说塞维莉娅已经返回时，我的信已经封好了，这就证明他们不会离开。我现在等着听到你的消息。

[387]

西塞罗致阿提库斯，公元前44年6月2日或3日，于图斯库兰。

巴尔布斯的一封来信于2日晚到了我手中，信中说元老院将于5日召开会议，让布鲁图和卡西乌斯分别承担在亚细亚和西西里购买粮食运回罗马的任务。他们从这些人手中接受任何任务的想法都是令人遗憾的，竟然是这样的任务！只适合派一位专使。然而，这比在尤洛塔河边[2]静坐要好。这些事情必定是偶然的。他说与此同时会颁布法令，将行省指定给他们，以及指定

---

① 元老院开会的日子。

② 尤洛塔（Eurotas），斯巴达境内的一条河。布鲁图在拉努维乌庄园的地形与斯巴达相似，可能被称做“拉栖代蒙”（斯巴达）。

给其他前执法官。这肯定比纪念波斯战争胜利的柱廊要好。因为你不要想象有任何人比在拉努维乌的这一位离斯巴达更远。你可以对我嘲笑这样的事情感到奇怪，但我能做什么呢？我已经厌烦了哭泣。

苍天啊，你的来信的第一页让我焦虑不安！你家中的武器跌落是怎么一回事？但我很高兴，这场阵雨很快就过去了。我已经等得不耐烦了，想要听到你的忧郁以及你困难的使命，你提建议进行得怎么样了。因为，确实没有什么回答。包围我们的力量太强大了。你显然已经读过的布鲁图的信让我非常恼火，我的建议破产了，就像我从前一样，苦闷使我的心灵变得更加迟钝。当我得到你的报告时更是如此。此刻我无言以对，更因为我不确定你是否已经收到我写给你的信，我有点怀疑信使是否见到你了。我在等待你的消息，我已经等得不耐烦了。

[388]

西塞罗致阿提库斯，公元前 44 年，约 6 月 5 日，约于图斯库兰。

布鲁图的来信充满什么样的热爱！你的处境阻止你去他那里，这有多么不幸！至于我，我还有什么可写？告诉他们从这些人手里接受帮助吗？还有什么事情能比这更自降身价？安排一些事情？他们不敢，而现在他们不能。好吧，假定他们对我的建议不闻不问；谁能保证他们的安全？如果对狄西摩斯采取严厉措施，那么为了我们的朋友，我们还值得活下去吗，即使没有人干扰他们？那么，不去举办赛会！[①] 还有什么事能比这更丢脸？运粮食！跟狄奥的使者差不多，众所周知，这是公共服务中最低级的义务。在这样的环境下提供建议甚至对建议者也不安全——但若我能起什么好作用，我不在乎。但我为什么要毫无目的地介入呢？当他听从他母亲的建议，甚至听从她的恳求的时候，我为什么还要干涉？然而我会考虑写一封信，因为我不能保

---

① 作为罗马执法官，布鲁图有责任在 7 月份组织阿波罗赛会。

持沉默。所以，我会送信去安齐奥，或者送信去西尔塞伊。

[389]

西塞罗致阿提库斯，公元前44年，约6月7日，约于安齐奥。

午前我到了安齐奥。布鲁图见到我很高兴。然后，当着一群人的面，包括塞维莉娅、特图拉、波喜娅在内，[①] 他问我他必须做什么。法伏纽斯也在场。我提供了我在路上准备的建议，让他接受赴亚细亚购买粮食的使命。我说，他的安全是我们大家现在都关心的事情；它是共和国本身的保障。卡西乌斯走进来的时候我正在谈论这个问题。我把已经说过的意思重复了一遍，这时候卡西乌斯宣布他不打算去西西里，我向你保证，他当时看起来确实像一位勇士。“尽管看上去像是一种恩惠，但我会接受这种侮辱吗?”我问道：“那么你想做什么呢?”他答道，他要去希腊。我说：“你呢，布鲁图?”他答道：“如果你同意，我去罗马。”“但我根本不同意，你在那里不安全。”“好吧，假定我是安全的，你会同意吗?”“当然同意，我更加反对你现在或在你执法官任期满了以后离开罗马，赴某个行省任职。但我不能建议你冒生命危险待在罗马。”我继续陈述理由，你无疑明白他为什么不安全。

我们谈了很长时间，人们抱怨失去了机会，尤其是卡西乌斯，而狄西摩斯则受到严厉批评。对此，我说牛奶打翻了再喊叫没有什么用处，但我毕竟还是同意这些看法。我开始谈应当做些什么（没有什么新东西，只是大家都一直在说的老话），但没有涉及另外一个人[②] 必须做些什么，我只提到他们应当召集元老院会议，唤起民众的热情，勇敢地行动，领导整个国家，你的这位夫人朋友[③] 声称：“我发誓，我从来没有听到过这种话!”我的话说完了。

---

① 塞维莉娅（Servilia）是布鲁图的母亲，特图拉（Tertulla）是布鲁图的姐姐、卡西乌斯的妻子，波喜娅（Porcia）是布鲁图的妻子。

② 指安东尼。

③ 指塞维莉娅。

在我看来，卡西乌斯似乎愿意去（塞维莉娅说要设法把征集粮食的使命从法令中取消），我们的朋友布鲁图也很快就被说服，放弃他有关想要去罗马的空谈。因此，他决定在他缺席时举行赛会，但以他的名义进行。他似乎想要从安齐奥直接去亚细亚。

简言之，除了意识到我完成了我的访问，在我的访问中没有什么能令我满意。在没有见到我的情况下就让他离开意大利是不对的。除了这种爱的义务和责任，我只能对自己说："预言家，你的旅行现在还有什么意义？"[①] 我发现这艘船已经肢解，或者说成了碎片。没有计划，没有思想，没有方法。因此，尽管我从前都没有怀疑过，现在我更加下定决心要离开这里，越快越好，"去一个再也听不到珀罗普斯的子孙的消息的地方"[②]。

再来看这里！在你不知道的情况下，多拉贝拉于 3 日任命我为他的幕僚。我是昨天晚上得到通知的。你也不喜欢承担通过投票决定的使命这个主意。在共和国被推翻之后要我去履行保护共和国的安全的职责，这件事确实荒唐。此外，按照朱利乌斯法，这些自由的使命有时间限制，或者说我相信不太容易给这类使命添上自由来去的许可。我现在有这种附加的好处。五年内我可以任意使用这项特权，这是令人愉快的——然而，我为什么要想到五年呢？我感到已经快要没有时间了。但这样说是亵渎神明的。

[390]

西塞罗致阿提库斯，公元前 44 年，约 6 月 10 日，可能于阿图拉。

对布特罗图姆来说，这确实是好消息！我已经派提罗去给多拉贝拉送信，这是你要我做的。好吧，这样做不会有任何害处。至于我们在安齐奥的朋友，我想我的解释已经足够清楚，不会让你对他们保持平静、接受安东尼

① 引自某出希腊戏剧。

② 参见第 366 封信。

的傲慢无礼的帮助的意向产生怀疑。卡西乌斯嘲笑征集粮食的工作，塞维莉娅说她会从法令中消除这项使命。我们的朋友[①]则庄严地宣布他会去亚细亚，他同意我的看法，罗马对他来说不安全（他宁可在他缺席时举行赛会）。他还说他会尽快启程，等他把举行赛会所需要的钱交代给照料这件事的人。他在收集船只，脑子里除了航行其他什么也不考虑。与此同时，他们打算待在同一地区。布鲁图说他会待在阿图拉。

卢·安东尼相当和蔼地写信告诉我不要焦虑。那么，这是一种帮助。如果我去图斯库兰，我也许会得到另一种帮助！这个令人难以忍受的畜生！——然而我们不得不忍受。有一位布鲁图在受谴责。屋大维，如我所察觉的那样，并不缺乏理智或精神，他给我们留下了这样的印象，他对我们的英雄的态度会像我们所希望的那样。但是我们对他的年纪、名声、家世、教育能信任多少——这是一个大问题。他的继父[②]根本不值得考虑——我在阿图拉见到他。如果说他不需要别的什么的话，他仍旧需要鼓动，远离安东尼。如果马凯鲁斯[③]赞扬我的著作，那么很好。在我看来屋大维和他走得很近。他不太相信潘莎和希尔提乌。这是一种良好的品质，继续保持吧。

[391]

西塞罗致阿提库斯，公元前44年6月11日，可能于阿图拉。

马库斯终于派人送信来了！在我看来，这封信写得很好，信本身表明他有某些进步，其他人也送来很好的报告。然而，莱奥尼德强调的是“迄今为止”，而赫洛德斯非常热情。跟你说真话，在这个问题上我宁可受骗上当，把别人告诉我的一切都吞下去。如果你的人给你的来信中有什么和我有关，请你让我知道。

---

① 指马·布鲁图。

② 指卢·腓力普斯。

③ 盖·马凯鲁斯，公元前50年执政官，娶屋大维的妹妹为妻。

[392]

西塞罗致阿提库斯，公元前44年6月12日，可能于阿图拉。

让我告诉你，这个地方是迷人的。如果我们想在这里从事写作，那么它是僻静的，无人窥视。然而，不管怎么说，“自己的家总是最好的”。所以我的脚正在返回图斯库兰。我在想，一个人毕竟很快就会对这里的海边森林美景感到厌倦。还有，我担心下雨，如果我的预感可信的话，这里的大雾连绵不断。你能告诉我，在什么地方、哪一天，我能见到布鲁图吗？

[393]

西塞罗致阿提库斯，公元前44年，约6月13日，于阿图拉。

所以是卢·安东尼在处理布特罗图姆的事，他交了霉运！我已经起草了一份宣誓书，等你希望签署的时候使用。如果市政官卢·法迪乌斯提出要求，你可以把钱全部交给阿尔皮诺的市政府。我已经在另一封信中提到要付给斯塔提乌的110,000个小银币。如果法迪乌斯提出要求，我想要你把钱交给他，但不要交给其他人。我想这笔钱在厄洛斯那里。我已经写信给厄洛斯，让他把钱交出来。

我讨厌这位女王陛下。[①] 负责兑现她的诺言的阿莫尼乌知道我有权这样做。这些话属于一种书面语，并非与我的身份不配——我并不在意在公共场合这样讲。至于撒拉，除了一般的调皮，我还发现他蛮横无理。有一次，也只有这一次，我看到他在我家里。当我友好地问他我能为他做些什么的时候，他说他正在找阿提库斯！这位女王本人住在台伯河对面的庄园里时非常傲慢，让我一想起来就热血沸腾。所以我不想和他们打任何交道。他们一定认为我这个人没什么品位，或者倒不如说我难得有发脾气的时候。

① 克勒俄帕特拉。

厄洛斯的仆人身份似乎拖延了我出国的打算。我本来于4月5日就可以收到现钱，但我现在被迫要借钱。我想你说的这笔收入已经用于建造那座小神庙。但我已经派提罗去处理这些事情，让他去罗马收账。我不想麻烦你，我给你添的麻烦已经够多了。我的仆人所提的要求越是恰当，我越是想和他见面。关于这件事他在信中没有提到（我当然是谈这件事的恰当人选），但他写信给提罗，说4月1日以后就没有收到任何工钱，这是他第一年工期的结束。我当然知道我对他是仁慈的，你也一直赞成我对他的慷慨，确实还不只是慷慨——而是大方。还有，你认为我这样做是我所处的地位使然。所以请你（我不应当麻烦你，要是我能通过其他人做出这样的安排）安排一张在雅典可以兑现的汇票，支付他这一年的花费。我当然会把钱付给厄洛斯。我已经派提罗去办这件事。所以请你关注此事，如果你对这件事有进一步的想法，请让我知道。

[394]

西塞罗致阿提库斯，公元前44年6月14日，于阿图拉。

我于14日收到了两封信，一封是14日送出的，一封是13日送出的。首先让我来说前一封信。关于布鲁图，有消息的时候你会告诉我。我已经听说执政官们吓坏了，西卡在提到其他事情的时候说有人怀疑我，他这样说当然充满对我的热爱，但却是毫无必要的警觉。但你为什么要说“乞丐不会成为挑选者”？我从……[①] 那里什么也没听说。我不喜欢这个说法。我不是第一个听说你的邻居普赖托利乌的人，这使我很恼火。关于叙鲁斯，你是聪明的。我想，要让马库斯·安东尼挡开卢西乌斯兄弟，你不会有什么困难。……[②] 给了安特洛，但你没有收到我的信，要你除了市政官卢·法迪乌

① 此处原文有缺失。

② 此处原文有缺失。

斯，不要把钱交给任何人。这是唯一安全和合法的途径。你说你已经没有钱了，100,000 个小银币已经付给马库斯。你能让厄洛斯告诉你那些房子的租金是怎么回事吗？对你派阿拉比奥去处理昔提乌斯的账目我不生气。在我的账目处理完毕之前，我不打算旅行。我想你会同意的。关于第一封信就说到这里。

现在请听我对第二封信不得不说的话。这确实像你，不愿辜负塞维莉娅，就像布鲁图说的那样。我很高兴你不担心女王陛下，你赞成我所做的见证。我已经从提罗那里知道了厄洛斯的账目，并且召他回来。你答应马库斯不会缺钱用，你是最仁慈的。正在从拉努维乌返回的美萨拉到我这里来，向我报告了马库斯的情况，他现在好极了。他自己的信写得充满情感，非常典雅，我真想在听众面前宣读。这使我变得对他更加宽容。我想塞斯提乌不会对布基良努的事情过分恼火。一旦提罗与我会合，我就去图斯库兰。请直接写信把我必须知道的一切告诉我。

[395]

西塞罗致阿提库斯，公元前 44 年 6 月 15 日，返回图斯库兰途中。

今天是 6 月 15 日。我想我已经充分解释了我需要什么、我想要你做什么，如果对你本人方便的话。毕竟，我现在已经出发（我刚刚才渡过那个湖[①]），我已经决定应当把提罗派到你那里去，这样他就能参与手头的事务。我还写信对多拉贝拉说，如果他同意，我想离开，请他给我提供运行李的骡子。

在当前的环境下你能有很好的表现，因为我明白你既要处理和布特罗图姆的关系，又要处理与布鲁图的关系，除了其他事情，我怀疑你还有大量工作要做，要帮他照料和管理赛会——你在这样的环境中可以很好地发挥作

① 指邻近罗马的阿尔巴湖。

用；但你需要给我一点时间，我要的不会太多。在我看来，事情似乎发展到会有一场大屠杀，就在不远的将来。你已经看到这些人和武器。坦率地说，我感到不安全。但若你有其他想法，请写信给我，因为要是一切都好的话，我宁可待在家里。

[396]

西塞罗致阿提库斯，公元前44年6月16日至19日之间，于图斯库兰。

对布特罗图姆“还有其他什么事情要勇敢面对的”？你说你出面没有作用。为什么布鲁图要返回？你如此担忧使我确实感到遗憾。在这件事情上你一定要相信十人委员会。[①] 这是一件很辛苦的工作，但还是可以忍受的——而对我来说，我非常欢迎。至于武装力量，我从来没有看见过这样厚颜无耻的军队。所以让我们逃跑，如你所说，我们会在一起讨论这件事。我不知道塞奥芬尼想要什么。他写信给我，我尽可能做了答复。他给我写信说要来拜访我，跟我讨论他自己的一些事情以及某些与我有关的事情。我在等待你的消息。请你不要让事情在未经察觉的情况下突然发生。

斯塔提乌来信说小昆图斯非常庄重地对他说无法忍受当局，已经下决心投靠布鲁图和卡西乌斯。我现在非常想知道进一步的消息——我无法判断他这样说是什么意思。他也许在怨恨安东尼的时候说了些什么，也许是在为他的帽子寻找一根新的羽毛，或者说整件事情只是一个圈套——事情无疑就是这样。我仍旧保持着警惕，但他的父亲非常恼火。他知道这个年轻人对安东尼是什么感觉。他过去对我说过的话不需要再重复。我真的不知道他到底想要干什么。

我会接受来自多拉贝拉的告诫，也就是什么都别说。请你告诉我，

---

① 可能是七人委员会之误。

盖·安东尼乌斯想要参加七人委员会[①] 吗？他确实会成为一名高尚的委员。关于……[②] 如你所说。你要把所发生的事情全都告诉我。

[397]

西塞罗致阿提库斯，公元前44年6月20日，于图斯库兰。

我已经向威提努斯表示感谢。他确实很善良。只要我能得到一些东西，多拉贝拉的指示可以是他喜欢的任何事情，哪怕只是他给尼昔亚斯提供的一个消息。如你所说，谁会就此提问？有哪个敏感的人不明白我的离去是一种绝望的表示，而不是为了行政官员的任命？

你说有某些诚实人开始谈论政治远景的失败。从那个暴君[③] 在一次公共集会上被人称做伟人开始，我就产生了怀疑。后来，当我看到在拉努维乌和你在一起的那些朋友希望保命，就好像要由安东尼赐予他们生命似的，我绝望了。所以，我亲爱的阿提库斯（像我一样勇敢地承认吧），我认为卡图卢斯采取的死亡方式是可耻的，就像要由安东尼给我们规定死亡一样，所以我决定摆脱这种命运，但不是为了逃避，而是希望有一个较好的结局。这全是布鲁图的错。

你说庞培已经进入卡泰亚。所以他会率领一支军队抗击安东尼。那么他的营地在哪里？安东尼无疑已经在行进的途中。一方是软弱的，另一方是邪恶的。所以让我们尽快行动。但是你要帮助我，给我一些建议，我应当从布隆迪西还是从普特利出发？[④] 布鲁图的离去是突然的，但他这样做很聪明。我感到痛苦。我什么时候才能再见到他？但这就是生活，我们必须忍受。你本人也不能见到他。诸神一直在干预布特罗图姆的事，使那

① 由马库斯·安东尼之弟卢西乌斯建立的委员会，负责在老兵和穷人中分配公地。

② 此处原文有缺失。

③ 指凯撒。

④ 去希腊。

个人[1]惊慌失措，他已经死了！做完了的事就算完了，让我们来看还有什么要做。

虽然我还没有见到厄洛斯本人，但根据他的来信以及提罗找到的材料，我对他的账目很了解。你说必须得到一笔五个月的贷款，200,000 个小银币，也就是到 11 月 1 日——这是昆图斯所欠款项到期的日子。很好，提罗说你不想要我为了这笔账目到罗马来，如果你知道上哪儿找到这笔贷款，如果这样做不会使你不便，那么我非常感谢你，当然了，这笔钱记在我的账上。这样做好像能够满足我们直接的需要。我会抓紧和厄洛斯一道收回欠款，包括那些寡妇房产的租金。如果把这些钱给马库斯，那么正好能够满足他的需要，尽管我想要他尽可能舒服一些。对我来说，我显然也想要一些旅费。但是，等收到租金的时候首先要归还其他欠款，而我自己则剩多少算多少。在我看到自己已经履行所有义务之前，我肯定不会离开，哪怕我在这片阴影[2]之下颤抖，在我看来很快就会发生大屠杀。我的道路是否畅通我会向你询问。我想这封信应当由我亲笔书写，我也这样做了。关于法迪乌斯，他的情况就像你说的一样。你绝对不要把钱交给其他人。[3]如果你今天就能回信，那么我会非常高兴。

[398]

西塞罗致阿提库斯，公元前 44 年 6 月 21 日，于图斯库兰。

你在想什么？父亲昆图斯欢喜雀跃。他的儿子写信给他说想要逃到布鲁图那里去避难，安东尼给他一个抄写员的工作，他找了一个有力的借口予以拒绝，说他不想让他父亲生气。按照这种解释，安东尼成了他的敌人。他说："然后我停了下来，因为担心他会由于对我的愤怒而对你造成某种伤害。

---

① 指凯撒。

② 指安东尼。

③ 参见第 393 封信。

所以我后来讨好他。还有，我已经弄到 400,000 个小银币，将来还会有更多的钱。”还有，斯塔提乌写信来说想和他父亲生活在一起（确实令人惊讶!），这也让昆图斯感到高兴。还有什么事情能比这位年轻人的所作所为更出格、更徒然?

我赞成你对卡娜的事[①]“悬搁判断”——这件事需要深思熟虑。关于相关的处理办法我没有什么主意，我想应当完全偿还。我等着听到更多有关这些事情的私下讨论。请你让信使等着，需要多久就等多久——你很忙。我很高兴你给塞诺写信了。我写完给他的信以后也会给他送出。你写信对昆图斯说，你有信要给他，但没有人送。

提罗说你在对抗布隆狄西，你还说了一些有关军队的事。但我已经下定决心，为了叙德鲁斯。你的这五个小时对我分量很重，从这里出发，这是一段冒险的航程。然而，我们会见面的。21 日你没有给我来信，但这不奇怪，因为你几乎没有什么消息。你就尽快来吧。我很着急，因为担心塞克斯都[②]会抢先行动。他们说他已经上路了。

[399]

西塞罗致阿提库斯，公元前 44 年 6 月 22 日或 23 日，于图斯库兰。

我们可以为小昆图斯的离去向我们自己表示祝贺。他不是一个讨厌鬼。我不怀疑潘莎的说法是公正的。我知道他已经粘上了希尔提乌，他对布鲁图和卡西乌斯非常友好——但是他会在什么时候去见他们？至于他对安东尼的敌视——什么时候，为什么？我们受愚弄还要多长时间？当我说塞克斯都已经上路的时候，我的意思不是他已经逼近我们了，而是他肯定要实施他的计划，已经让他的部队设下埋伏。如果他继续下去的话，战争肯定不可避免。

---

① 小昆图斯试图贿赂卡娜。参见第 344 封信。

② 指塞克斯都·庞培。

西基柳和西基丽丝[①] 宠爱的这个人告诉我们，只有胜利者才能存活。对此潘莎怎么说？战争显然就要爆发，如果爆发战争，他会加入哪一方？但是这件事以及其他一些事情，如你在信中所说，我们会在今天或明天见面的时候再谈。

[400]

西塞罗致阿提库斯，公元前 44 年 6 月 23 日或 24 日，于图斯库兰。

我不知不觉地掉下了眼泪——尽管不是因为有什么痛苦。关于我的旅行，我心里产生了一大堆相互冲突的考虑。如果你问这种状况会延续多久，回答是一直延续到可以选择的时候，到我在码头上为止。

如果潘莎做出任何答复，我会把他的信和我给你的信送出。我在等待西留斯，我为他起草了一篇辩护词。如果你有任何消息，请让我知道。我给布鲁图送去一封信；关于他的行程，如果你有任何消息，如果我能从你这里听到，那么我会很高兴。

[401]

西塞罗致阿提库斯，公元前 44 年 6 月 23 日或 26 日，于图斯库兰。

我派到布鲁图那里去的信使于 25 日返回。塞维丽娅告诉他，布鲁图已经在那天早晨 6 时 15 分启程。我非常遗憾他没有看到我的信。西留斯还没有露面。我已经起草了一篇辩护词，我把它送给你。我想要知道哪一天我可以见到你。

---

① 西基丽丝（Cytheris）是一位女演员，安东尼的情妇。西基柳（Cytherius）是西基拉岛（Cythera）的女神，等于维纳斯，西基拉岛位于爱琴海湾的入口处。

[402]

西塞罗致阿提库斯，公元前44年6月28日，于图斯库兰。

我于26日收到了多拉贝拉的一封信，我把抄件送给你，他在信中说已经满足了你的所有愿望。我马上回信，详细地向他表示感谢。然而，为了不让他感到奇怪我为什么要两次向他表示感谢，我找了一个理由，说我原先没有机会亲口听你说这件事。但是，不要浪费口舌了，我给他的信如下：

西塞罗致他的朋友、执政官多拉贝拉：

我们的朋友阿提库斯来信，说你对他非常仁慈，给他提供了很大的帮助，你本人也来信说你已经做了我们希望你做的事情，在此之后，我已经写信向你表示感谢，我希望我的信清楚地表明你做其他任何事情都不可能给我带来更大的快乐。但是现在阿提库斯本人到图斯库兰来看我，为了向我表明他的谢意，他清楚地向我讲述了你在布特罗图姆人的案子上表达格外的善意，以及你对我本人的热爱，因此我感到有必要再次写信向你表达感谢。亲爱的多拉贝拉，你对我表现的友好行为和所有服务非常高尚，请允许我向你表达最崇高的敬意，请你接受我最诚挚的谢意，你的行为充分证明了我对阿提库斯的热爱以及你对我的热爱。

至于其他事情，你已经把布特罗图姆人的事业和社团放在一个稳固的立足点上，我们的仁慈表明了我们的立场。即便如此，请允许我表达我的愿望，我不断地对你赞扬他们，愿你尊重他们，保护他们，帮助他们。布特罗图姆人会拥有一座永久的坚固堡垒，如果由于我的原因，你同意担起保护他们的责任，把他们置于你的永久保护之下，那就为阿提库斯和我解除了无穷的烦恼和焦虑。我再次诚挚地恳请你这样做。

写完这封信以后，我坐下来写论文。我担心它们需要你的精心修改。我的写作老是被一些重要的事情打断。

[403]

西塞罗致阿提库斯，公元前 44 年 6 月 29 日，于图斯库兰。

人们对我的旅行的看法五花八门——我从各方面得到这些看法。请你思考一下这个问题。它是重要的。或者你表示赞成，只要我能在 1 月 1 日之前返回？我的心灵需要保持平衡，如果我的旅行不会引起人们的不快，那么我会去旅行。我也想知道奥林匹克赛会的日期，还有那些秘仪的日期。当然了，如你所说，我的旅行计划能否实现取决于机遇。所以让我们暂时不要做决定。冬季航海不会令人愉快，这就是为什么我要向你询问这些秘仪的日期。是的，我想我会见到布鲁图，我想在 30 日离开这里。

[404]

西塞罗致阿提库斯，公元前 44 年 7 月 2 日，于阿尔皮诺。

很清楚，在昆图斯的事情上，你已经做了你能做的一切，但是他不高兴，因为他不知道是否要按莱普塔的要求去办，或者是否要摧毁他儿子的信誉。我已经听说某些谣言，卢·庇索想要用一份伪造的元老院法令去国外担负一项使命。我想知道事情的真相。我跟你说过的那名派到布鲁图那里去的信使于 30 日晚在阿纳尼亚与我会合，给我带来一封布鲁图的信，信中提到的一件事情与他卓越的理智不符，他重提一项老要求，要我参加他的赛会。我当然做了答复：首先，我人已经离开了，所以不可能参加；其次，由于这种武装力量的游行开始的时候不在罗马附近，如果我突然出现在赛会上，那会显得非常荒谬（关注一下我个人的危险和尊严并不过分）。在这样的时候举办赛会是可敬的，是一种义务；当一名观众对我来说不是义务，甚至也不可能受到敬重。我个人非常希望有许多人参加赛会，希望赛会能得到人们的喜爱，我对此也充满信心。请你给我送来详细的日记，就从赛会开幕起，看民众如何接受这些赛会，以及后续的各种事情。关于赛会就讲到这里。

这封信的其他部分朝着两个方向发展，但仍旧会时不时地闪现男子汉的气概。所以，为了让你自己做出解释，我送给你一份他的来信的抄件，虽然我的信使说他也给你送去一封布鲁图给你的信，这封信已经从图斯库兰送往你处了。

我已经安排了我的活动，7 月 7 日我会在普特利。我的行程非常仓促，除非航海足够安全，也足够人道。

请你让马·埃利乌斯放心。对他说我认为庄园边上有一些地下管道可以利用，但是现在我不想要，我也不会为他担心。你就按最好的方式办吧，如你对我说的那样，这样他就能安心了，不要让他怀疑我撒手不管。请你坦率地找喀凯留斯谈图利乌斯那笔钱的事。这虽然是小事，但你最好还是给予关注。事情相当棘手！如果他把事情推到我的头上，就像他最近做的那样，而你在机智地为我辩护，那么我一定会大伤脑筋。所以无论事情发展到哪一步，我宁可让事情走上正道。你要记得，等你见到凯瑞利娅的时候，要把那处住宅的八分之一价钱付给她，房子邻近斯特瑞尼亚[①] 神庙，按照拍卖时的最高价，我想它值 380,000 个小银币。

如果发生了什么新的事情，如果你预见到有什么事要发生，我希望你像通常那样写信给我。记住，代我向瓦罗道歉，我请求他允许我推迟写作。如果你能让我知道伊斯图美纽·蒙都斯的遗嘱是怎么写的，我会非常高兴——我非常好奇。

7 月 2 日写于阿尔皮诺。

[405]

西塞罗致阿提库斯，公元前 44 年 7 月 3 日，于阿尔皮诺。

我昨天写信给你的时候说我打算于 7 日到达普特利。所以，我会在那里

① 斯特瑞尼亚（Strenia），意大利健康女神。

等待你的每日来信，尤其是关于赛会的事，为了赛会你也会写信给布鲁图。昨天我送了一份他的来信的抄件给你，我本人几乎不知如何解释。请代我向阿提卡道歉，但你要接受她的全部责备；告诉她我带走了我对她的永恒不变的爱。

[406]

西塞罗致阿提库斯，公元前 44 年 7 月 3 日，于阿尔皮诺。

我很高兴地发现你在赞扬我前天已经自觉自愿地做完了的事。当我于 2 日发出给你的信时，我还交给同一位信使一封给塞斯提乌的信，信中充满热爱之情。他非常仁慈地要跟我去普特利，但他的抱怨是不合理的。我在等待他从科萨返回，而他要么在见到我之前不要离开，要么更快地返回。他知道我想要尽快离开，并且给我写信说他会到图斯库兰来看我。

我听说你在我离开以后流下了眼泪，这使我很悲伤。如果你当着我的面流泪，也许我会改变我的整个旅行计划。然而可喜的是你在早日再次见面的希望中找到了安慰，而对早日再见的期盼是我自己最大的支柱。我不会忘了给你写信。我会把有关布鲁图的一切都告诉你。我很快就会把我的书《论荣耀》送去给你，还会写一些关于“赫拉克利德”的文章供你收藏。

我没有忘记普兰库斯。阿提卡有权利抱怨。你送来有关酒神和雕像上的花冠的消息，我非常感谢，将来也不要忘了告诉我其他同样有趣的事情，无论它们是多么微不足道。但是我会记住赫洛德斯、梅提乌斯，以及我怀疑你不会关心的其他人。你的外甥是一个什么样的无赖啊！他到这里来了，我正在写信，夜色降临，到了用晚餐的时间了。

[407]

西塞罗致阿提库斯，公元前 44 年 7 月 4 日或 5 日，于阿尔皮诺。

我已经读了你这封最令人愉快的信。我已经写信给普兰库斯，并把信送了出去。这里有一份抄件。关于你和提罗的谈话我会向他本人了解。一旦摆脱了你当前的工作压力，你无疑会更加彻底地处理你妹妹的事情。

[407A]

马·西塞罗致候任执法官卢·普兰库斯，公元前44年7月4日或5日，于阿尔皮诺。

我知道你对我们的朋友阿提库斯有多么仁慈以及你有多么想为我服务，确实，我认为自己很少有如此关心我、爱护我的朋友。我们从父辈那里继承的友谊亲密而又持久，有坚实的基础，并通过我们之间平等的个人情感得到进一步增强。

你并非不熟悉布特罗图姆人的案子，因为我不止一次与你进行过讨论，并向你解释过整个事件。情况是这样的：当我们最初看到布特罗图姆的土地重新做了规划以后，阿提库斯心里非常不安，他草拟了一份请愿书，让我交给凯撒，那一天我与凯撒共进晚餐。我把文件交给了凯撒。他批准了请愿书，并批复给阿提库斯，说他的请求是合理的，凯撒还警告布特罗图姆人必须准时支付所欠的款项。阿提库斯急于拯救布特罗图姆这个镇子，用他自己的钱支付了这些款项。这件事办完以后，我们代表布特罗图姆人去找凯撒。我们得到了一项最公正的法令，是某些地位最高的先生联署的。尽管有这些程序，但我惊讶地注意到凯撒允许那些觊觎布特罗图姆土地的人举行会议，他不仅允许这些人这样做，而且实际上让你来处理这件事情。因此我本人在几个场合跟他谈这件事，而他指责我对他的话表示怀疑。他还告诉美萨拉和阿提库斯本人，说他不着急，他还相当清楚地说他不想冒犯这里的人（他想要出人头地，这你是知道的），但若他们一旦去了海外，他会看到他们在其他土地上定居。

这就是凯撒活着的时候这件事情的进展。在他死了以后，当执政官们按照元老院的法令开始审查这些案子的时候，他们了解了如我刚才所说的事实真相。他们毫不犹豫地批准了这个案子，并派人送信给你。

我亲爱的普兰库斯，我不怀疑元老院的法令、相关的法律、执政官们的判断和信件对你有很大影响，我知道你愿意尽力为阿提库斯办事。但无论如何，考虑到我们之间的友谊和善意，我大胆地请求你这样仁慈和有责任感的人在任何情况下都不要阻拦。也就是说，为了我，你要采取稳重的、热诚的、格外的行动，就像你出于自愿在任何案子中会采取的措施一样。

我没有比阿提库斯更加伟大、更加优秀、更加亲密的朋友了。先前是他的金钱，尽管是一笔相当大的数目，有了危险，但现在是他的名声也出现问题，有了你的帮助，他才能保持他在凯撒生前和死后通过巨大努力才获得的利益。如果你提供这种帮助，我会让你相信，我会把你的顺从视为赐给我的会有最大效果的一项服务。我将热情地、勤奋地推进我所理解的你的愿望和利益。请您多多保重。

[407B]

西塞罗致候任执法官普兰库斯，公元前44年7月10日或11日，于普特利。

我已经写信请求你在布特罗图姆人的案子上提供帮助，请你批准它，就像执政官们所做的那样，他们依据成文法和元老院的法令“审查、判决和宣布”了凯撒的举措，从而让我们的朋友阿提库斯解除心里的负担，我知道你对他抱着友好的态度，也解除我心里的负担，我对此事的关心并不亚于他。我们在这桩案子的各个阶段一直在处理十分困难的问题，但只有你使我们看到我们的焦虑有可能尽早解除。与此同时我知道你并不缺乏明智，你能察觉到不遵守由执政官们宣布的涉及凯撒的举措对公共秩序会带来的严重后果。对我来说，虽然凯撒的许多决定并不会赞扬自己（在这样的压力下这是不可避免的），但为了和平的利益以及公共的安宁，我为它们做了充满激情的辩护。我想你也会十分小心地这样做。但这是一封请愿信，不是建议。

我亲爱的普兰库斯，我同样也要向你提出请求——我向你保证，我这样做是最诚恳的、最真诚的——请你不要本着一种勉强顺从的精神，而且本着一种积极的态度处理、指导、终结整个事件，确保我们获得执政官们已经批准的东西，为了获得它，我们毫不犹豫地捍卫了本案毫无争议的公正性。你对阿提库斯确实十分友好，这是你在与他和与我见面时经常表现出来的。如果你这样做了，联系到我对你的情感和我们从祖辈继承下来的友谊，我会对你承担起重大的义务。我再次诚挚地恳求你这样做。

[407C]

西塞罗致友人卡皮托，写信时间约与上一封信相同，于普特利。

我从来不想以一名请愿者的身份接近你，但是说实话，我对有机会考验一下你对我的感情并不感到遗憾。你知道我有多么喜欢阿提库斯。现在我请求你给予特别的帮助：为了我，原谅他曾经在某项涉及他的一位朋友的名声的案子中支持他的朋友，而你当时在对他的朋友提起诉讼。首先，这样的原谅会成为你的公正——一个人毕竟要有他自己的立场。其次，如果你对我有热爱之情（别管你对阿提库斯怎么看），请你把它视为对你的朋友西塞罗的让步，我知道你热爱我，这样我就可以清楚地看到我一直相信的事情，这就是你对我非常尊敬。

凯撒在一项由我和其他一系列身处高位的人联署的法令中让布特罗图姆人离去，他让我们明白，等新的定居者去了海外，他会写信指示他们应当占领什么土地。然后就是他突然死去，在那之后，如你所知，你本人也涉及此事，执政官们，他们的责任是按照元老院的法令审查凯撒的举措，推迟了这件事情，直到 6 月 1 日。6 月 2 日通过的一道法律确认了元老院的法令，让执政官们认可凯撒的“决定、法令和举措”。布特罗图姆人的案子提交给执政官，凯撒的法令在法庭上重读，他的一系列其他文字也提交法庭。在他们的评估师的赞同下，执政官们做出了有利于布特罗图姆人的判决，并给普兰库斯发出一封信。

好吧，我亲爱的卡皮托——由于我非常清楚你对你的同伴一直有着重要的影响，尤其是对像普兰库斯这样有责任感和好脾气的人——你一定要努力；你要不辞劳苦地说服他或劝诱他，直到普兰库斯倾向于我们，我希望通过你的干预达到最佳效果，至少是让他较多地倾向于我们。我确定，凭着普兰库斯的理智和他对事情的了解，他会毫不犹豫地维持执政官们通过法律和元老院的法令已经对这个案子做出的判决。我尤其强烈地感觉到，如果这种针对凯撒的举措的有效性的审查符合公众的利益，那么不仅那些利益受到保护的人会表示赞成，而且会得到那些反对审查的人的赞成。尽管这些都有可能是真的，但对我们来说重要的是普兰库斯应当以一种稳重的、真诚的精神处理这件事，如果你能让我经常观察到的你的魅力起到决定性的作用，那么我肯定他会这样做。请允许我诚恳地请求你这样做。

[407D]

马·西塞罗致盖·库皮纽斯，写信时间约与上两封信相同，于普特利。

我非常尊敬你的父亲，他对我非常关心，非常友好。我肯定从来没有怀疑过你对我的友情，或者停止过对你表示友好。所以我要请求你在布特罗图姆这件事情上给予特别的帮助，让我们的朋友普兰库斯毫不迟疑地确认和批准已经由执政官们做出的判断，他们通过法律和元老院的法令已经把权力授予布特罗图姆人。我亲爱的库皮纽斯，我可以最诚挚地恳求你这样做吗？

[407E]

西塞罗致候任执法官普兰库斯，公元前 44 年 7 月中旬，于庞贝。

请你原谅我再次写信，谈论我已经详细给你写过信的事情，亦即布特罗图姆人的案子。亲爱的普兰库斯，我向你保证，这样做并不表明我对你的公正倾向或者你对我的友谊缺乏自信。但是这件事会给我们的朋友阿提库斯带来许多财务上的后果，而且现在还涉及他的名声；他应当表明自己能够得到凯撒用法令和书面答复批准的东西，我把它作为证物呈上，我感到我必须再次给你写信，尤其是这件事现在完全由你处理；我不说请求你批准，而是说请求你赞成由执政官们按照凯撒的法令和书面答复所做出的判决。这世上没有任何事情能更加令我高兴了。我确实相信，等这封信到达你手中，我在较早的信中向你提出的请求已经得到满足。但是我不会停止向你呼吁，直到我得到消息，你已经迈出了我所希望你会迈出的一步。到那个时候，我肯定会写一封不同的信，一封对你的仁慈表示感谢的信。在这件事情上，我请你相信阿提库斯不会比我对你拥有更多的义务，他现在遇到了那么多的危险，而我对此事的关心绝不亚于他。

[407F]

西塞罗致友人卡皮托，写信时间约与上一封信相同，于庞贝。

看到我老话重提，我不怀疑你会感到惊讶，甚至感到恼火。阿提库斯，和我在各方面有着密切联系的亲密朋友，遇到了大麻烦。我已经看到你非常热情地劝说你的朋友。你可以让普兰库斯帮我们的忙。我知道你的好脾气，我知道你的朋友对你有多么赞赏。在这件事情上，没有人能比你更多地帮助我们。执政官们与他们的评估师一道在依据法律和元老院的法令进行的调查中宣布的判决必定是强有力的证据。不管怎么说，我们所有看法还要取决于你的朋友普兰库斯的公正倾向。我们确实在想，他会考虑到义务和公共利益执行执政官们的法令，他也会为了我们的缘故善意地这样做。所以，我亲爱卡皮托，请你提供帮助。我最诚挚地恳求你这样做。

[408]

西塞罗致阿提库斯，公元前44年7月6日，于福米埃。

我把布鲁图的信送给你。苍天在上，这有什么用！你在读信的时候就会明白我的意思。关于布鲁图的赛会的事情我同意你的意见。不要考虑去马·埃利乌斯的家会见他，只要在碰巧见到他的时候提起这件事即可。关于图利乌斯的现钱的小事，如你所说，你可以找马·阿克夏努来询问。所以，你在科萨和他说过话了。好极了！我很高兴地注意到，你不仅处理了自己的事情，也处理了我的事情。我很高兴地听说我的任职得到了很好的尊重。上苍保佑你的诺言[①]兑现！我最大的快乐就是和我自己的人在一起。但我担心被你当做先决条件[②]的妇人。当我遇见布鲁图的时候，我会写信把所有情况详细告诉你。我非常希望关于普兰库斯和狄西摩斯的事情是真的。我不想要塞克斯都示弱。如果有蒙都斯的消息，请你告诉我。

我已经对你的所有要点做了回答，现在让我来说我的情况。昆图斯正在去普特利（真是一名优秀的爱国者，法伏纽斯和他不是同一类），原因有两条：忍受我的陪伴和想要与布鲁图和卡西乌斯讲和。但是你对最近的这件事怎么看？——我知道你是欧索斯的朋友。他说图提娅正在向他提条件，离婚已经决定了。他的父亲问我她的名声怎么样。我说不知道他为什么要这样问，我没有听说什么对她不好的议论，除了她的讲话习惯和她的父亲。“但是为什么？”他问的是他的儿子为什么要娶她。对此我很厌恶，所以我说我不相信这些故事。他的目的是断绝我们这位年轻人的经济来源，一分钱也不给他；对于这位女士他倒是并不担心。然而我怀疑，他只是像通常那样浪漫一下。但是你可以向他询问，你做起来比较容易，然后让我知道。

亲爱的，到底发生了什么事？我已经给这封信盖上封印，这个时候有一

① 在希腊与西塞罗会合。

② 阿提库斯会写下“如果庇丽娅同意”这样的话。

些与我共进晚餐的福米埃人说他们看见了普兰库斯——处理布特罗图姆案子的那一位——时间是我写信的前一天（亦即5日），他神情忧郁，没有任何随行的仪仗，在他后面跟随的奴仆说他和那些定居者被布特罗图姆人赶了出来。好极了！但是请你写信把整件事情都告诉我。

[409]

西塞罗致阿提库斯，公元前44年7月8日，于普特利。

我于7日到达邻近普特利的住处，次日写下此信，明日要去奈西斯会见布鲁图。在我到达的那一天，厄洛斯在晚饭时把你的信交给我。天哪！“7月7日！”[①] 真是无耻至极！但是要发脾气可以发一整天。还有什么事情比用“7月”来表示布鲁图将要召开的赛会更不适宜？我从来没有见过这种事。所以让我老调重弹，“让我们逃走吧”。

我听说有些定居者在布特罗图姆被杀，请你告诉我这是怎么一回事。为什么普兰库斯如此匆忙，日夜兼程？我真的急于知道事情的真相。

我很高兴我的出国还能受到赞扬。我一定会小心谨慎，让我待在国外也能受到赞扬。迪米人[②] 被赶出他们的家园，让大海变得不安全，这不值得奇怪。与布鲁图一道航行会有某些保护，但我想，他那里只有一艘很小的船。不过我很快就会知道并写信给你。

我想，有关文提狄乌的事情只是一种谣传。有关塞克斯都的报道倒是确实的。如果这是真的，那么等待我们的显然是一种没有内战的奴役制。好吧，我们还要指望1月1日，把我们的信任寄托在潘莎身上吗？真是胡说八道！这些家伙除了喝酒和睡觉，其他什么也不想。

---

① 此处原文字义为“7月7日”，用朱利乌斯作为7月份的名称，取代了原有的月份名称“昆提留斯”。

② 迪米（Dyme）位于伯罗奔尼撒北部，庞培把一批捕获的海盗放在那里建立一个殖民地。而后来凯撒把他们从迪米驱逐出去，使他们重操旧业。

关于那 210,000 个小银币——好极了！马库斯的事情一定要处理好。奥维乌斯刚刚到达，对我讲了许多令人满意的事情，他的口信中包括下面这件事，也让我很满意：他发现 80,000 就够了，相当宽裕，但是塞诺在发放的时候非常吝啬和小气。你的汇票超过房租的部分可以用于来年旅行的附加开支。今年，从 4 月 1 日算起，应当限定在 80,000 个小银币之内，这就是那些房子现在的租金。我们必须看当他开始在罗马生活的时候该做些什么，因为我不认为那个女人作为丈母娘能够忍受。关于我在库迈的地产，我对品达鲁斯说了不。

现在让我告诉你为什么我要派出一名信使。小昆图斯向我保证他将来会成为像加图这样的人。父亲和儿子都要求我和你一道成为他的担保人，相信你只有对你自己证明了这一点以后才会相信。我会给他去信，用他喜欢的任何语词。别让这件事给你留下太深的印象。我之所以这样写为的是让你不要以为我已经对此留下了深刻印象。我衷心希望他能按照他自己的诺言生活——那样的话我们全都会很高兴。但是，我就不再多说些什么了。他于 9 日离开，因为他说他在 7 日有一笔债要还，催得很急。你可以按照我的意思给他答复。还有，我已经见过布鲁图，正在把厄洛斯打发回去。我接受我的阿提卡的道歉，我确实非常喜爱她。转告我对她和对庇丽娅的爱。

[410]

西塞罗致阿提库斯，公元前 44 年 7 月 9 日，于普特利。

布鲁图现在正在等待你的消息。我给他带去的消息和阿西乌斯的《特瑞乌斯》有关——而他以为和《布鲁图》[①] 有关。然而，流言蜚语使他不知所措，希腊人的表演很少有人观看，和我的预料相符。你知道我对希腊人的表演怎么看。

---

① 西塞罗的修辞学著作。

现在让我来告诉你一些头等重要的事。小昆图斯和我在一起待了几天，如果我愿意的话，他甚至还会待得更久。你很难相信我和他待在一起的时候有多么愉快，尤其是在我先前感到最不满意的方面。所以，是我手头在撰写的某些著作、持续的谈话和建议完全将他改变，将来他在政治方面的情感会像我们所期望的那样。在他不仅向我许诺，而且说服了我以后，他谨慎而又详细地要求我和你一道成为他的担保人，并且说他今后一定会赢得我们俩的信任。他还说他不会要求你马上相信这一点，但希望你能为了自己而热爱他。如果我没有被说服，如果我没有形成这样的看法，那么我不会对你说这些话。我带着这个年轻人去见布鲁图。他也完全接受了我刚才告诉你的这些看法，布鲁图对我担当昆图斯的担保人不再持有异议；在赞扬昆图斯的时候布鲁图热情地提到你，告别时还热烈拥抱和亲吻昆图斯。因此，我有更多的理由向你祝贺而不是向你恳求。然而我还是要请求你，如果说在过去，由于他的年纪所导致的轻浮，他的行为按照现存的标准有某些缺陷，那么请你相信他现在已经改变了，请你相信我的保证，你的影响会有很大贡献，或者说会比其他任何事情更能确保他的良好意愿。

为了能够和布鲁图一道航行，我不断地暗示布鲁图，但他似乎不太明白我的意思。我想他可能不太愿意，尤其他现在还在想着赛会的事情。当我返回我的住处时，经常与布鲁图见面的格・卢凯乌斯对我说他正在缓慢地旅行，不是因为优柔寡断，而是提防有什么事情突然发生。所以我在想是否应当去维努西亚，在那里等待有关那些军团的消息。如果这些军团像有些人认为的那样还很远，那么我可以去叙德鲁斯。如果两条路都是安全的，我会马上返回起点。……[①] 你认为我在开玩笑吗？除了你，如果有人要把我拉回来，那么我会上吊自杀。看看你的周围有没有别人，但你要快一点，否则我会脸红。

你给我的房东们分配的时间非常好，非常适合我的返程计划！你的信就

① 此处原文有缺失。

像给天平放上了一个大砝码，有利于我的旅行。我只希望我能在那里见到你。但这取决于你怎么想。

我在等涅波斯的信。尽管他认为我那些最值得自豪的著作不值一读，但他还是急于看到我的著作，不是吗？你说“在阿喀琉斯之后”[①]。不，你是阿喀琉斯，而他是不朽的。我的信没有什么拼写错误，但提罗的信有 70 处错，我不得不从你那里拿一些他的信过来。我必须检查和矫正它们。当然，只是在要公布它们的时候。

[411]

西塞罗致阿提库斯，公元前 44 年 7 月 10 日，于普特利。

昆图斯说他会在昨天，或者也许我应当说今天到达，我于 8 日去了奈西斯。布鲁图在那里。他对“7 月 7 日”的事非常苦恼——格外焦虑！他说他会给他们写信，宣布阿波罗赛会以后将于“7 月 14 日”举行狩猎。我们正在说话的时候利伯走了进来。他说庞培的自由民斐洛和他自己的自由民希拉鲁斯从塞克斯都那里来，带来给执政官的信，或者无论把它们称做什么。他给我们读了一段，供我们评论。遣词造句没有什么错误，文风也相当庄严和文雅，没有什么刻薄的地方。我们认为唯一必须改变的就是要加上“执法官、保民官和元老院”，而塞克斯都只写了“致执政官”。否则他们就不会回信，因为它只写给执政官个人。

送信人还报告说，塞克斯都在迦太基只有一个军团，有关凯撒的消息每天送抵他那里，他攻克了巴瑞亚[②]。巴瑞亚的攻克使人们欢欣鼓舞，人们从四面八方涌向这个镇。但是塞克斯都却返回了，去和他留在那个行省里的六

① 引自荷马:《伊利亚特》第 17 卷，第 280 行。喻意不详。阿提库斯也许把他自己的历史著作与涅波斯的历史著作进行比较。西塞罗则说，如果你想做比较，那就把你自己称做阿喀琉斯（凡人中最优秀的），把他称做神。

② 巴瑞亚（Barea）是西班牙北部城镇。

个军团会合。他写信给利伯说他什么也不干，除非允许他返回故乡。总之，他的要求是解释一切军队，无论它们在哪里。关于塞克斯都就说到这里。

我到处打听有关布特罗图姆人的事情，但什么消息都没有。有一种说法是那些定居者被杀了，另一种说法是普兰库斯接受贿赂以后抛弃了他们。所以看样子我无法知道事情的真相，除非你马上写信给我。

我担心去布隆狄西的路线现在似乎有问题。那些军团据说已经上路。另一方面，走海路肯定会有危险，所以我决定最好还是结伴而行。我发现布鲁图的船只比我所知道的要好。他和多米提乌拥有一些第一流的双排桨的快船，此外还有一些体面的船只属于塞斯提乌、布基良努等人。卡西乌斯的船队确实非常优秀，海峡那边的我就不说了。有一件事情相当令我头痛，布鲁图似乎并不着急。开始的时候他在等待赛会结束的消息，然后，这是我的猜测，他在缓慢地航行，在许多地方停靠。但我仍旧假定，缓慢地航行比不航行要好，如果在安全的前提下我们取得某些进展，那么我会利用季风的好处。

[412]

西塞罗致阿提库斯，公元前 44 年 7 月 11 日，于普特利。

我于 10 日收到两封信，一封是我自己的信使送来的，另一封是布鲁图的信使送来的。关于布特罗图姆人的事，这里的说法很不相同，但我们必须把有关情况整合在一起，就像其他许多事情一样。我正在尽快打发厄洛斯回去，比我原先的打算还要快，这样就可以有人去接待霍德尼乌和欧维娅了，他说已经约定在 15 日见面。霍德尼乌的要求是厚颜无耻的。除了第三次分期付款，我什么也不欠他，而到期日是 8 月 1 日。他已经提前拿到了那笔借款的大部分。不过厄洛斯会在 15 日去处理这件事。关于普伯里留斯，由于兑现汇票是一种义务，所以我认为不应该有任何推延。我不会放弃我的法律权利，在那笔未付的 400,000 小银币的款项中，我已经支付了 200,000，其余部分则会通过汇票支付，要是你认为合适，你可以对他说请他等到我方便的时候，在法律上我有权提出这样的要求。

但是，我亲爱的伙伴（你瞧我有多么烦人），只要你在罗马，就请你处理、管理、指示我的全部事务，而不要等待我的任何指示。我的总收入超过开支，但是债权人不能准时履行义务是常有的事。如果发生了这种事情，你一定要把我的名声放在第一位。如果有必要，你可以通过借钱或出售财产的方法来维持我的信誉。

布鲁图对你的来信感到很高兴——我和他在奈西斯一道待了好几个时辰，就在他刚收到你的信以后。他似乎很喜欢《特瑞乌斯》，他对阿西乌斯的感谢超过对安东尼的感谢。而在我看来，罗马人应当用他们的双手为共和国鼓掌，而不是保卫共和国，这样做会令人更加满意。我认为这样做可以很好地驱使我们的对手把他们恶毒的阴谋马上变成借口。然而，“这不会给他们带来伤害，他们很精明”①。

你说我的计划每天都受到更加热情的赞扬。这样说没错，但我感到困惑的是你是否提到过这个主题，因为我本人也听说了各式各样的评论。事实上，我已经尽力抽身，尽可能不做任何决定。但由于我已经被扔了出来，所以我打算去布隆狄西。看起来，这些军团比海盗更容易安全地躲避，据说那里已有海盗的迹象。塞斯提乌原来说 10 日到，但到现在还没有露面。卡西乌斯带着他的小船队到了。在与他见面以后，我打算 12 日去庞贝，从那里再去埃库拉努。你知道我接下去还会去哪里。

关于图提娅，我考虑了很长时间。我不相信有关艾布提乌的谎言，尽管我像你一样不关心这件事。我已经写信给普兰库斯和奥庇乌斯，因为你要求我这样做，但我建议你不必感到有义务把信送出——因为他们已经在力所能及的范围内为你做了一切，我担心他们会认为我给他们写信是多余的——你至少不要送给奥庇乌斯，我知道他对你是最友好的。但你可以按照你的愿望

① 引自公元前 2 世纪戏剧家阿弗拉尼乌（Afranius）的戏剧。

去做。

你写信说将去伊庇鲁斯过冬，如果你在我按照你的建议返回意大利之前去了那里，那么这是令人愉快的。让我经常收到你的信，如果信中的主题相对不太重要，你可以让任何人送信；但若信中的内容会带来某些后果，那么就从家里发出。

一旦我安全地到达布隆狄西，我会开始写一篇“论赫拉克利德”。我把《论荣耀》[①] 送给你，请你像通常那样安全保管。但是请你节选两段让萨维乌斯在晚饭时读给恰当的听众听——没有其他事情了。我想他们过得非常好；我宁可你也这样想。再见了，再说一遍，再见了。

[413]

西塞罗致阿提库斯，公元前 44 年 7 月 17 日，于普特利。

为什么你肯定是聪明的（你在蒂布尔与安东尼见面以后给我来信，我现在终于对你的信做出答复）——我说你聪明地放倒你的旗帜，[②] 而且说声谢谢还要讨价还价。如你所说，我们的钱在我们手中会比我们保持特权的时间要长些。你说你从“提多啊，如果我的一切”[③] 得到越来越多的快乐时，你激起了我对原作者的热情。你说你在等厄洛斯和他带来的小礼物[④]。我很高兴你不会感到失望，尽管我给你送去的是同一篇论文，比原初的抄件有一些改正的地方。你能把它抄在对开纸上，私下里读给与你共进晚餐的客人听吗？——我只请求你看到他们在品尝美味佳肴以后处于欢乐状态，而要是他们对你发火，你可以让他们把矛头对准我。

关于马库斯，我希望情况就像我们听说的那样。我会了解塞诺是否在那

① 西塞罗的著作，已佚失。

② 有关布特罗图姆人的事情。

③ 引文是西塞罗《论老年》的开头语，引自恩尼乌斯：《编年史》。

④ 指《论荣耀》。

里，但不是因为我相信他有什么粗心的地方或者做错了什么事。关于赫洛德斯，我会执行你赋予我的使命，确保你在提到邵费乌斯和塞诺时所讲的要点。

关于小昆图斯，我很高兴我的信使在你收到这个年轻人的来信之前把我的信交给你，尽管你不会被误导。这样很好。但是我在等着听到他对你说了些什么，你是怎么回答的——你无疑会实事求是地讲。但我希望库里乌斯会来信告诉我这件事。他惹人喜欢，我很喜欢他，但是你的推荐格外起作用。

我已经恰当地回答了你的来信。现在让我告诉你一些值得一说的事情。离去使我产生诸多烦恼，其中最主要的是它意味着与你分离。还有长期航行的疲劳，这对于像我这样年纪的人是不合适的，我甚至还可以说，对我这样处境的人不合适。我把和平与那些返回战争的意愿都留在后面，去国外在我那些小小的地产、漂亮的房子、令人愉快的环境中度日。值得自慰的是我可以为马库斯做些事情了，或者至少可以下决心为他做些事；其次，如我希望和你许诺的那样，你很快就会与我会合。如果我的愿望实现了，我的整个视野会一片光明。

最重要的是我的收支平衡令我焦虑。它们现在确实变得有序，但我仍旧被这样的事实所困扰，包括多拉贝拉的债务和转移，在这方面我个人缺乏知识。在整个形势中没有什么事情令我如此忧心。所以我认为应当坦率地给巴尔布斯写信，请他前来救助，如果有什么支付不能同步进行，请告诉他我请你在任何这样的紧急情况下与他联系。如果你不反对，请你这样做，尤其是如果你去伊庇鲁斯。

这封信写于我就要离家上船之际，在普特利有一些快船，三排桨，每排十名桨手。布鲁图仍旧在奈西斯，卡西乌斯在拿波勒斯。

你热爱戴奥塔鲁斯，不热爱希厄拉斯吗？后者，亦即布勒珊缪[1]写信给我，尽管他的指示没有我们的朋友塞斯提乌的批准是不会生效的，但他在信

① 希厄拉斯（Hieras）和布勒珊缪（Blesamius）都是国王戴奥塔鲁斯在罗马的代表。

中既没有提到塞斯提乌，也没有提到我们中的任何人。

我希望能够亲吻我们亲爱的阿提卡，你转达的她对我的问候令我十分高兴。请你转告我对她的爱，也请转告我对庇丽娅的爱。

[414]

西塞罗致阿提库斯，公元前44年7月25日，于维博。

到现在为止（我已经到达了西卡在维博的家），我的航行是舒服的，而不是费力的，我们的船在大部分时候靠划桨前进。没有显示季节性的北风的迹象。我们非常幸运地穿过两个我们必须经过的海湾（派司图的海湾和维博的海湾），没有用上船帆。离开庞贝一周以后，我到达了西卡的家，中途我们在维利亚停留了一天，我在我们的朋友塔尔那[①]的家里过得很愉快。我受到的招待不能再好了，尤其是他本人还不在家。所以，我们是24日到达西卡家的。这里当然更像我自己的家，所以到了第二天我还在大吃大喝。但是，等我到达雷吉奥，我不得不考虑“整个航程”，是乘货船去帕特莱呢，还是乘划桨船去塔壬同、留科佩拉，然后去考居拉；如果乘货船去，是直接从海峡出发，还是从叙拉古出发。我会在雷吉奥给你写信谈这个问题。

但是有关我的灵魂，我亲爱的阿提库斯，我经常对自己说“你的旅行有什么意义？”我为什么不和你在一起？我为什么不能凝望那些意大利的珍珠、我在乡间的小屋？但是我没有和你在一起，这就够了，足够了。我在逃避什么？危险吗？除非我搞错了，当前没有危险。你建议我返回的时间是一个危险时期。你说我去国外得到热情的赞成，但以我在1月初返回为前提，我肯定会尽力这样做。我宁可在家里受到恐吓，也不愿安全地待在你的雅典。不过，请你关注罗马局势的发展，给我写信来，或者说我更希望你能派人送消息来。这件事我就说到这里。

---

① 参见第299封信。

如果在一件我知道你比我本人还要关心的事情上请求你的帮助，我希望你不会在意。上苍保佑，请你代我还清债务、交清税赋。我留下的财务基本上做到了收支平衡，但仍旧需要你给予关注，看我的共同继续人是否在8月1日收到了有关克鲁维乌地产的钱。你会判断应当何时与普伯里留斯开始谈判。一定不要让他挤压我们，因为我们还没有维护我们的法律权利。但无论如何我希望他也能满意。我几乎不需要说特伦提娅也一样——如果你能处理的话，甚至应当早于定居日。事实上，如我所希望的那样，如果你只是短期离开去伊庇鲁斯，请你提前安排偿还我的那些已经明确的债务，把一切都处理好，留一个良好的记录。关于这一点我已经讲够了——我担心你会认为我讲得太多。

现在我必须向你承认我做的一件粗心事。我把《论荣耀》送给你，其中有一篇序言是《学园派哲学》第三卷用过的。发生这种情况是因为我写了很多序言，当我撰写某本著作时，我习惯于从中选择一篇。所以，在返回图斯库兰的时候，我把这篇序言放进我送给你的这本书，忘了我已经用过它了。但在船上阅读《学园派哲学》的时候，我发现了我的错误。所以我马上又重写了一篇序言送给你。请你把那篇序言去掉，把这篇序言贴上去。请向我亲爱的庇丽娅和阿提卡转达我对她们的爱。

[415]

西塞罗致阿提库斯，公元前44年8月19日，于庞贝附近的船码头。

我于8月6日从留科佩拉启程，我的意思是从那里渡海。我们行进了大约30哩，一阵南风又把我们吹回留科佩拉。当我在那里等待顺风的时候(那里有我们的朋友瓦勒留的乡间别墅，所以我很轻松愉快地待着)，某些从罗马新来雷吉奥的名人到达了，包括我们的布鲁图的一位朋友，他们是在拿波勒斯分手的。他们带来了下列消息：布鲁图和卡西乌斯的法令、元老院全体会议于1日举行、布鲁图和卡西乌斯写给前执政官和前执法官要求他们出席会议的信件。他们说安东尼很有可能会让步，双方将会达成妥协，我们的朋友将返回罗马。他们还说，人们发现我不见了，对我提出批评。

听到这些消息，我毫不犹豫地把去国外旅行的计划扔在一边，对你说实话，我已经感到我的旅行一点也不快乐。读了你的来信以后，我极为惊讶地发现你的观点发生了剧烈的变化。但我想你有你的理由。然而，哪怕你并没有推荐或怂恿我去旅行，但你肯定表示了赞成，只要我能在1月1日之前返回罗马。这就意味着，我应当在这个相对没有什么危险的时期离开，而在一个危险的时期返回这座火炉。然而，即使有某些理智上的错误，我也不会附加什么责备。这是因为，首先，我是按照自己的责任行事的；其次，尽管我接受了你的建议，但建议者除了他的诚信，不可能对一切做出回答。

你的信中确实令我惊讶的是下面这些话："那么好吧！你谈到要有一个轻松的结局——那就抛弃你的国家！"所以，我抛弃了我的国家，或者说你认为我这样做了，你不仅没有努力劝阻我，而且还实际上表示了赞成，是吗？还有更糟糕的话："我想要你润饰一篇小文章，表明这是你的责任，请你写给我。"真的吗，我亲爱的阿提库斯？我的行为需要向你做出辩护吗，你代表全体人民热情地赞成我的行为？是的，我确实要写一篇这样的申辩，但要写给那些反对和劝阻我离开的人中间的一位。现在根本不需要这样一篇小文章。如果我坚持我的计划，那就有需要了。你完全可以责备我目标不坚定；然而，在有关这个主题的许多著作中，没有哪位哲学家曾经把改变计划等同于缺乏坚定。你可以继续说："如果你属于我们的朋友斐德罗的学派，①那么很容易找到一个借口。然而，我们该怎么回答呢？"就好像我的行为无法与加图本人相比！确实是一种令人震惊、邪恶无耻的行为！一种你根本不会想到要开始的遗憾！你肯定是我的加图，就像你通常那样。

最有害的话出现在信的结尾处："至于我们的朋友布鲁图，他拴住了他的舌头。"也就是说，他不敢警告一位像我这样年纪的人。我无法发现有其

① 亦即一名伊壁鸠鲁主义者。

他任何框架能盛下你的话。但从心底里说，你是对的！因为，当我于8月17日到达维利亚的时候，布鲁图听说了这件事，他的船只当时停在哈莱斯河口，距镇北三哩，但他马上上岸来见我。苍天在上，对我的返回，或者说对我的转身，他有多么高兴啊！他滔滔不绝地对我说话，把埋藏在心里的话都说了出来。这使我想起你的话："至于我们的朋友布鲁图，他拴住了他的舌头。"使他最苦恼的是我缺席8月1日的元老院会议。他高度赞扬庇索，说他很高兴我已经逃避了两项重大指责。第一项是对共和国感到绝望和抛弃共和国（许多人不相信我会在最近返回，他们流着眼泪抱怨我），通过这场旅行我现在已经意识到了。第二项指责是他们以为我要去参加奥林匹克赛会，这使得布鲁图和他的许多同伴感到高兴。对我们来说，这在任何情况下都是一件最可耻的事情——无法容忍！我非常感谢那神奇的南风，使我免遭这样的声名狼藉！

我已经把我返回的表面原因给了你，它们是很好的理由，相当有分量。但最好的理由是你提供的，我再说一遍，是你在另一封信中提供的。你说："如果你留下任何债务，请你提供必要的钱，让我可以轧平账目。战争的恐慌使得现钱变得非常紧张。"我是在渡过海峡的半路上读这封信的，所以我能"提供"的唯一方式就是我到场为自己辩护。但是关于这件事就说到这里。剩下的话可以等我们见面时再说。

我已经读了安东尼的法令，是布鲁图和卡西乌斯送来给我的，还有他们令人敬佩的答复。但这些法令有什么实际效果，或者说它们想要达到什么目的，坦率地说，我看不出来。我现在回罗马也不是为了参与政治，如布鲁图所推荐的那样。到底还有什么事可做？有人支持庇索吗？他本人会在第二天返回吗？不过他们说像我这样年纪的人不应该远离他们的坟墓。

由于遗憾的缘故，我从布鲁图那里听说的这件事是怎么回事？他说你写信给他，说庇丽娅的病突然发作。我非常担心，尽管他也说你相信她正在恢复。我希望如此，请把我的爱转告给她和亲爱的阿提卡。

我是在船上写这封信的，我们正在朝着我在庞贝的住处前进。8月19日。

[416]

西塞罗致阿提库斯，公元前44年10月25日，于普特利。

我于25日收到了你的两封来信，我先来回答你较早的这一封。我同意你的看法，我既不能抢先，也不能落后，但必须表现出我的同情。我把这篇演讲[①] 送去给你，请你斟酌。但我们什么时候能够看到你认为适合发表它的那一天？你所说的休战在我看来似乎是不实际的。较好的办法是不予回答，我想我会这样做。你说有两个军团已经到达布隆狄西。你的人首先得到了消息。请你把所知道的一切都告诉我。

我在等瓦罗的对话。我不拒绝写一篇《论赫拉克利德》的文章，尤其因为这是你的主意，但是我想要知道你心里认为它应该是一篇什么样的文章。如果我可以对你说真话的话，我以前写信对你说（或者说从前，你喜欢这样说），你已经使我的文章变得更加锐利。至于你本人对我的作品的看法，我已经知道了，但你还提到对我有很大影响的权威佩都凯乌——但他的分量并不重。我会尽力而为，不会因为缺乏自觉的辛勤劳动而让你失望。

是的，我正在培养威提努斯和法伯里乌。我不认为克洛艾留意味着胡闹，尽管——让他做他喜欢的事吧。关于获得个人自由，这肯定是人的一生中最宝贵的事情之一，我同意你的想法。就这样对待卡尼纽斯·伽卢斯！这个无赖！除此之外我还能叫他什么？凯尼·马凯鲁斯！[②] 我本人就够聪明了，虽然还不像我应当的那样聪明！

我已经答复了较早和较长的那封信。现在来回答较迟和较短的那封，除了说它给我带来最大的快乐，我还能说什么？除了我亲爱的小巴尔布斯能安全健康地返回，他是我晚年的支柱，西班牙的事情令人极为满意！安尼亚努也一样，因为维丝莉娅对我非常有礼貌。但是我们必须接受将要发生的事

① 《反腓力辞》第2篇，从来没有公开发表过。

② 凯尼（Canny）的词意是“聪明”。

情。你说你对布鲁图一无所知，但是塞维莉娅通知我，马·斯卡提乌已经到了，但确实没有他以往出行的那种派头，而是私下里去拜访她，我会知道有关的一切——一有消息我也会马上告诉你。与此同时，这位妇人还说巴苏斯的一名奴隶带来消息，亚历山大里亚的那些军团已经做好准备，是巴苏斯召集的，是卡西乌斯所期待的。看起来，共和国可以完全恢复了。但是不要过于乐观！你知道我们不得不对付的是一个什么样的老练的、铤而走险的恶棍。

[417]

西塞罗致阿提库斯，公元前 44 年，约 10 月 28 日，于普特利或库迈。

杰出的多拉贝拉多从福米埃写信给我，尽管在我回信的时候（吃完甜食以后）我听说他已经到了百埃。我洗澡以后收到他的来信。他说他已经完成了转账的事，绝对有可能，并且责备了威提努斯（当然了，他在按照他的职业习惯迈四方步）；威提努斯说我们的朋友塞斯提乌已经把整件事情交到他手里。塞斯提乌是一个好人，是我的一名非常好的朋友，但是我问自己，有什么事情是我们中的任何人不能做而他能做的。然而，要是有什么事情与我们的期望相反，你会让我知道。另外，要是官司打输了，如我所设想的那样，你也要写信来。我不会把它放在心上。

我在这里以一种宏大的规模对“义务”做哲学化的解释。我在书中讲给马库斯听。父亲对儿子，还有比这更好的论题吗？以后我也还有其他书要写。是的，我不在的这段时间，你会有事可做。我急着要去庞贝；不是因为有任何地方比那里更美，而是因为那里讨厌的干扰比较少。请你把密提罗斯的案子的全部情况告诉我——我听说他已经缴纳了罚款——这是否已经足以让教唆他的那个人清白。

在写这封信的时候我在想我的演说肯定快要到你手中了。天哪，一想到你会怎样看待我的演讲，我就感到紧张不安！然而那又如何，因为它是不会见到光明的，除非自由制度得以恢复？我的希望是那些我不敢写在纸上的东西。

[418]

西塞罗致阿提库斯，公元前44年11月2日或3日，于普特利。

等我知道哪一天会返回，我会告诉你的。我不得不等待行李就绪，还有一些人病了。1日晚上，屋大维给我送来一封信。他在为一个庞大的计划做准备。他已经争取到卡西利努姆和卡拉提亚的老兵赞成他的观点，这不奇怪，因为他给了他们每人500德纳留。[①] 他计划巡视其他殖民地。他的目标是明确的：对安东尼开战，他本人是总司令。所以看起来我们会在几天内武装起来。但是我们要跟随谁呢？考虑到他的名字，考虑到他的年纪。现在，他首先要求在卡普阿或其他邻近地点与我秘密见面——如果他认为这种事情也可以保密的话，那么他幼稚极了。我写信给他，指出这样做既无必要又无可能。他派了他的一个朋友，沃拉太雷的凯基纳来见我，向我通报了情况，安东尼正在率领“云雀”军团[②] 向罗马挺进，一路烧杀抢掠。他想要听我的建议，是否要率领3,000老兵去罗马，或者固守卡普阿，阻击安东尼，或者与正在沿着亚得里亚海岸行进的三个马其顿军团会合，他希望他们是站在他这边的。如他所说，他们拒绝接受安东尼的施舍，蔑视他的野蛮行径，在安东尼训斥他们的时候离开了他。简言之，他认为他自己是我们的领袖，要求我的支持。我建议他去罗马。我想如果他相信城里的乌合之众以及诚实人都忠于他，那么会有人追随他的。啊，布鲁图，你在哪里？你失去了一个多么好的机会！我没有预言到这件事，但我想过会有这种事发生。

现在我要询问你的建议。我应当回罗马，还是待在这里，或是返回阿尔

---

① 德纳留是希腊货币，1德纳留相当于4罗马小银币。

② 即著名的第五军团，由凯撒在山外高卢组建。

皮诺，哪里能提供安全？我倾向于后者，但也许去罗马比较好，因为我担心，如果人们认为能达到什么目的，那么我也许就错过了。所以，请你帮我解决这个问题。我从来没有经历过更大的窘境。

[419]

西塞罗致阿提库斯，公元前 44 年 11 月 4 日，于普特利。

两封来自屋大维的信在同一天到达！现在他要我马上返回罗马，他说他想通过元老院来工作。我答道，元老院在 1 月 1 日之前不可能开会，我相信是这样的。他则说“这是你的建议”。简言之，他在对我施加压力，而我在拖延时间。我不相信他的年纪，我不知道他以后会怎样。我对安东尼的兵力感到紧张不安，不想离开海岸。但我担心在我缺席的时候会有某些机会。瓦罗不太认同这个孩子的计划，我的看法则不同。他有强大的力量在支持着他，他会拥有布鲁图。他会相当公开地工作，在卡普阿聚集同伴，施舍恩惠。战争显然迫在眉睫。让我对所有这一切有一个答复。我感到惊讶的是，我的信使在初一离开罗马时竟然没有带来你的信。

[420]

西塞罗致阿提库斯，公元前 44 年 11 月 5 日，于普特利。

我于 5 日收到了你的两封信，第一封是在 1 日发出的，第二封信还要早一天。我先回答较早的一封。我很高兴你喜欢我的著作。你引用了里面宝石般的名言，你的好评使它们光芒四射，使它们在我眼中更加明亮。我很害怕你画的那些小红线！你对西卡的看法是对的。我已经努力不管这件事。所以我会小心谨慎，不会对西卡和塞提弥娅有任何冒犯，只要能让后代能明白他的孩子是和盖·法迪乌斯的女儿生的，和卢西乌斯没有关系也就够了。我只希望我能看到这篇讲演能够自由流传的这一天，甚至进入西卡的家！我们需要回到三人委员会的时代。如果这样的话，那就好极了！不管怎么说，把讲演读给塞克斯都听，让我详细地知道他是怎么想的。我会按照纯洁的意思来理解他的话。看卡勒努斯和他的人会不会有兴趣。

至于说我发现你说话啰嗦，你是不需要有这种担心的最后一个人。我对你的来信的感觉就像阿里斯托芬对阿基洛库斯的诗歌——越长越好。至于你的告诫，即使你是在挑剔，我也不在乎，反而会很高兴，因为发现错误要靠良好的理智和善意。所以我乐意纠正你注意到的那些要点。用"凭着像鲁伯里乌的财产一样的权利"来代替"像西庇阿的财产"；我会降低对多拉贝拉的赞美。尽管我认为，我说他三次与他的国人交战，这段话带有巧妙的讥讽。还有，我宁可说"这个人还活着实在令人震惊"，而不说"还有什么更令人震惊"。

你看好瓦罗的画册并没有使我不高兴。我仍旧没有得到他的《论赫拉克利德》。你仁慈地鼓励我写这种文章，但我不得不通知你，我在做其他事情。听说你患了伤风，我感到遗憾。请你务必保重自己的身体。我很高兴你找到了我的书，"提多啊"，[①] 你对我的帮助真是太大了。"阿纳尼亚人"[②] 指的是穆斯特拉和拉珂，他们是指挥官，最高一级的卫士。我会彻底润饰你要的书，[③] 然后送去给你。

现在来说你较近的这封信。我已经完成了两卷《论义务》。帕奈提乌的著作有三卷。他一开始就把整个有关义务的考察分为三个问题：(a) 某项行为是对还是错；(b) 它是有利的还是不利的；(c) 怎样判断显然冲突的两个方面，亦即勒古鲁斯的情况——返回迦太基是对的，留下来则是有利的。他对 a 和 b 做了很好的分析，对 c 他答应以后再讨论，但他后来再也没有这样做过。波西多纽后来也写过这个论题。我已经派人去找这本书，还写信给秃子雅典诺多洛，请他给我送一份摘要来，我现在正在等这份摘要。你能催他

① 参见第 413 封信注释。

② 此处又返过来谈《反腓力辞》第 2 篇。

③ 可能是《论友谊》。

一下，让他尽快送来吗？它包括“依赖于既定环境的义务”这个部分。至于你对标题的询问，我不怀疑“καθῆκον”就是“义务”，除非你有其他建议。但是完整的标题是“论义务”。我把它写给我的儿子马库斯。这样做似乎并非不合适。

关于密提罗斯的案子你都已经说清楚了。你总是痛击这些家伙，干得好！什么，他们反对狄·布鲁图？魔鬼会把他们带走的！

在我写下我应该写的东西之前，我不会把自己埋藏在庞贝，部分是因为那里的天气令人厌恶，部分是因为我每天都收到屋大维的来信，催促我去卡普阿，第二次担负起拯救共和国的重担，总之，无论如何要我马上返回罗马。“拒绝感到可耻，等待又感到恐惧。”① 他肯定已经表现，并将继续表现出充裕的精力；但他仍旧还是一个孩子。想一想元老院就要开会了。谁会来呢？假定他会来，谁会在这样动荡的形势下反对安东尼呢？在 1 月 1 日，他也许是一种保护；或者说这个问题将在此之前得到解决。这个孩子在那些城镇受到普遍欢迎。在他去萨纽姆的路上，他经过开来斯在忒阿努姆过夜。他受到了惊人的夹道欢迎和热情的鼓励。你能想象吗？由于这个理由，我很快就会返回罗马，比我设想的还要快。等我决定以后，我马上就写信。

尽管我还没有阅读那些契约（事实上厄洛斯还没有到），但若你能在 12 日解决这个问题，那么我会很高兴。如果译员瓦勒留能把那些有影响的人的名字告诉我，那么我给卡提那、陶洛美纽、叙拉古写信要容易得多。这些名字在各个时期各不相同，我的朋友大部分已经死了。我也可以写一些信给这些自治市，让瓦勒留可以使用它们。否则他应当派人把名字给我送来。

巴尔布斯写信给我，说雷必达的节日会延续到 29 日。我等着你的来信，我想我会从中知道托夸图斯的那件小事。我把昆图斯的信给你送去，把他对某个人② 的热爱给你看，你对这个人的冷淡使他困惑。请代我吻阿提卡，她

① 荷马：《伊利亚特》第 7 卷，第 93 行。

② 指小昆图斯。

是一个好孩子，是我们在儿童中喜欢看到的。

[421]

西塞罗致阿提库斯，公元前 44 年 11 月 6 日或 7 日，于普特利。

我给你送去奥庇乌斯来信的抄件，因为它写得很好。关于欧凯拉，我感到悲伤。当你继续在那里忙碌，不给我回信的时候，我已经做了决定，我想我会在 12 日返回罗马。我感到无目的、无必要地去那里比有必要的时候不在那里要好，与此同时我担心被杀。安东尼可能会在这个时候前来；有许多消息在流传，有许多消息我希望是真的，但没有什么很确定的消息。无论真相如何，跟你在一起比和你分开要好，我既为你着急，也为自己着急。但我不需要告诉你——这些事情是相互的。

关于瓦罗的“论赫拉克利德”那个笑话很好。我开心得要死。等我们见面后再来谈这件事，以及其他更大的事情。

[422]

西塞罗致阿提库斯，公元前 44 年 11 月 9 日，于西纽萨。

我于 8 日到达了我邻近西纽萨的住处。人们都在说安东尼会在卡西利努姆停留过夜。所以我改变了我的计划——我打算走阿庇乌斯大道直接去罗马。他很容易抓获我，因为他们说他的行进速度像凯撒一样。因此我在敏图尔奈掉头前往阿尔皮诺，我决定 9 日在阿奎努姆或阿卡农过夜。

我亲爱的伙伴，现在请你集中精力考虑这个问题，它真的很重要。有三个选择：我应当待在阿尔皮诺吗？我应当离你近一些吗？我应当返回罗马吗？我会按照你的建议去做。但是不要置之不理。我渴望你的来信。

9 日清晨，邻近西纽萨。

[423]

西塞罗致阿提库斯，公元前 44 年 11 月 10 日，于阿奎努姆。

多么神奇的巧合！我于 9 日清晨天亮前起床，离开西纽萨前往敏图尔奈的图斯坎桥，在那里转向去阿尔皮诺，此时天刚刚放亮，信使和我相遇了——“考虑整个航程”。[①] 我的第一句话就是：“阿提库斯有信来吗？给我吧。”我们当时还无法阅读，因为火把已经熄灭，而天刚蒙蒙亮。天亮以后，我让人把你的两封来信中较早的一封读给我听。信写得非常优雅——我心里怎么想就怎么说，如果不是这样，那就把我吊死！我从来没有读过更好的信了。是的，我会追随你的召唤，只要你肯帮助我。但是，一开始给你回信就寻求你的建议是不合时宜的。所以，你瞧，你在第二封信中鼓励我，开始就说“经过多风的米马斯，驶向普修里埃岛”，当然还有把阿庇乌斯大道“留在我们左边”。[②] 所以，我待在阿奎努姆过夜——路相当长，路况也不好。次日晨，我在离开之前把这封信交给了提罗；实际上，厄洛斯的信是我打发他走的理由，与我的意向不符。提罗会把事情告诉你。你会明白哪些事已经做完，我是否能靠你近一点——我宁可待在图斯库兰或其他邻近罗马的地方。或者说，你认为我必须走得更远一些吗？我希望你能经常给我写信。会有人每天送信的。

你还问我认为你应当做什么。这很难说，因为我不在场，如果他们旗鼓相当，我想你最好躺下别动。另外，如果事情有所发展，牵涉到我们头上来了，那么我们必须做出一个共同的决定。

[424]

西塞罗致阿提库斯，公元前 44 年 11 月 11 日，于阿尔皮诺。

---

① 参见第 414 封信。

② 引文出自荷马：《奥德赛》第 3 卷，第 171 行以下。

我在急切地等待你的建议。如果我认为在那里我会过得比较好的话，那么我担心我会离开，但不敢冒险返回。我听说了一些有关安东尼推进的报告，与我给你的信中所说不同。所以请你想清楚，给我送可靠的消息来。

其他没有什么事情要告诉你了。我对历史充满了热情——你无法想象你的鼓励对我起了多么大的作用；但是没有你的帮助，我既不能开始，也不能取得什么成就。所以我们会在一起讨论这件事。当前，你能让我知道马库斯之子盖·芳尼乌斯在谁的执政官任期内担任保民官吗？我听说是在普·阿非利加努和卢·姆米乌斯的任期内。这就是我的询问。

关于这些不断发展着的革命，请你给我送来完整、清晰、可靠的报告。

11 月 11 日，于阿尔皮诺。

[425]

西塞罗致阿提库斯，公元前 44 年，约 11 月 12 日，于阿尔皮诺。

我真的没有什么要写。我在普特利的事情一言难尽，每天都有一些有关屋大维的新鲜事，也有许多（有些不是真的）有关安东尼的事情。回答你的来信（我于 11 日收到你的三封来信），我完全同意你的看法，如果屋大维将会拥有更大的力量，而那个暴君的限度比在忒路斯神庙里得到更好的证明，那么这对布鲁图来说太糟了。另外，如果他受到打击，你能看到安东尼是不会容忍的，所以现在无法说应当偏向哪一方。

塞斯提乌的信使是一名无赖。他说他会在第二天从普特利去罗马。你建议我每次前进一步，对此我表示同意，尽管我有其他想法。我对腓力普斯或马凯鲁斯也没有留下深刻印象。他们的地位是不同的；如果相同，那也是表面上相同。但是那个年轻人，尽管相当有勇气，但还缺乏分量。考虑到所有这些情况，留在图斯库兰对我来说不是最好的，如果我能安全地待在那里的话。但我会比较快乐，因为我在那里能得到所有消息。或者说，我们要等到安东尼来的时候再做决定？

但是事情都有关联，我不怀疑希腊文“καθῆκον”就是我们的“义务”。你为什么要表示怀疑，它能很好地用于公共生活，也能很好地用于私人生活？我们谈论执政官的义务、元老院的义务、将军的义务，不是吗？它完全适用——或者请你给我更好的解释。

关于涅波斯之子的消息令人悲伤。我真的感到非常遗憾和苦恼。这个孩子的情况我听说的不多。我已经失去卡尼纽斯，在我看来，他并非不感恩。你不需要催促雅典诺多洛——他刚给我送来一份相当好的提纲。请你尽力而为。你的祖父的曾孙子写信给我父亲的孙子，说他打算从 5 日起清扫奥浦斯神庙，我曾经在那里做过大事，在公民大会召开之前，他还会再次这样做。请你注意观察，给我来信。我等着塞克斯都的意见。[①]

[426]

西塞罗致阿提库斯，公元前 44 年 11 月 12 日以后，于阿尔皮诺。

你一定不要假定我是由于偷懒，所以没有亲笔写信——但对我来说确实如此。我无法称之为其他。毕竟，我似乎在你的来信中也察觉到了阿莱克斯的笔迹。但我们还是来谈正事吧。

如果多拉贝拉没有如此令人厌恶地对待我，我可能会对采取相对温和的路线还是坚决维护我的法律权利感到犹豫不决。我确实欢迎有这样的机会，我可以向他、向整个世界，证明我们不再是朋友，我还会把这件事宣扬到国外去，实际上我对他的敌视已经公开，我鼓励他起来保卫国家，而他不仅接受贿赂和抛弃国家，而且还带来了国家的颠覆。解决问题的日子快要到来，我来回答我希望走什么样的路线的问题：首先，我希望我采取的这条路线会使我在罗马出现不会显得不便（在这一点上，以及在其他事情上，我会追随你的建议）。然而我确实希望这条路线是强有力的、坚定的。假定召集保证

① 关于《反腓力辞》第 2 篇。

人不会有太好的结果，我希望你考虑采取下列步骤：对我们自己开放，但不召集保证人，而是启动诉讼程序反对他的代理人，他实际上不能为案子辩护（我知道，如果他们这样做了，保证人的义务也就解除了）。然而我认为这对他来说是一种耻辱，如果他的代理人不能解除法律上确定的义务，那么情况会更有利于维持我自己的尊严、索取我的权利，但又不会给他带来极端的羞辱。请给我回信，把你的想法告诉我——尽管我不怀疑你会以温和的方式处理整件事情。

再来说公共事务，我已经从你这里听到了许多政治上的高见，但没有比这封信说得更聪明的了。这个孩子此刻正在相当漂亮地消除安东尼的怒火，但是我们最好还是耐心等待，等着看结果。这是一篇什么样的演讲啊——我收到了一份抄件。“凭着提升他父亲的荣耀的愿望”发誓，朝着雕像伸出双手！最好还是尽快把我杀了，我不要获得拯救！但如你所说，我们的朋友卡斯卡的保民官职位将是最清楚的考验。关于这个问题，当奥庇乌斯迫使我全身心地拥抱这位年轻人和他的老兵军团的时候，我对他说我不能做这种事，除非我能确定他不仅不是我们的敌人，而且是那些刺杀暴君者的朋友。当他回答是这样的时候，我说：“那么我们有什么必要匆忙行事？1 月 1 日以前他不需要我的帮助，我们将于 12 月 13 日之前清楚地看到他对卡斯卡[①]的态度。”他非常同意我的看法。关于这一点就说到这里。

最后，你会每天都有信使的，如我所假定的那样，你也每天都有事情可写。我送给你一份莱普塔的来信的抄件，从信中似乎可以看出我们那位大言不惭的摔跤手失去了平衡。但是等你读了以后，你会对此事下判断。

当你和塞克斯都的信送到时，我已经封上了这封信。塞克斯都的信无法更令人愉快了，或者无法更有吸引力了。你的信写得很简洁，你在追随一位非常仁慈的先驱者。你的建议非常明智，我们应当待在国内，直到我们看清

---

① 普·塞维留斯·卡斯卡（P. Servilius Casca），刺杀凯撒的凶手之一，定于 12 月 10 日就任保民官。

这些动乱的结果。

但是我亲爱的同伴，我心里现在想的真的不是国家；并非这世上还有任何东西值得我留恋，但即使是希波克拉底也会禁止对绝望的人进行治疗。所以我要跟一切说再见。我现在心里想的是我的财务。我说的是“财务”，但我应当说“名声”。尽管我已经做到了收支平衡，但我要付给特伦提娅的钱还是不够清楚。我说“特伦提娅”，但你知道我在前不久同意代表蒙塔努斯向她支付 25,000 个小银币。马库斯带着非常恰当的感情，要求我对他也这样做。我极为大方地答应了，你也认为这样做是对的，请你告诉厄洛斯一定要给这些支出做上标记。不仅他过去没有这样做，而且奥勒留也有义务借高利贷来支付这些款项。至于特伦提娅的要求，提罗写信给我，说你说多拉贝拉会出钱。如果任何人的理解都有差错，那么我认为他的理解也有差错——我的意思是他根本不理解。你在信中给了我科凯乌斯的回答，而厄洛斯也用几乎相同的话做了回答。

所以我必须前来，哪怕它对我意味着直接进入火炉。私人的破产比公共的破产更可耻。我对这种解释非常赞同，我会以我通常的方式对你告诉我的其他令人愉快的事情做出回答。请你和我一同考虑还清债务的问题——至于怎么还，我虽有主意，但在我见到你之前无法做决定。我为什么在罗马就不能像马凯鲁斯那样安全？但这不是问题，我并不关心这一点。你明白我关心的是什么。所以我很快就会到来。

致友人的信

第一卷

[1]

马·图利乌斯·西塞罗衷心问候并致信西里西亚总督普伯里乌·伦图卢斯·斯宾塞尔①，公元前56年1月13日，于罗马。

向你表达任何如此恭顺的敬意，或者倒不如说敬爱之情，我可以让世人满意，但我本人不会满意。这就是你对我的重大贡献，每当我想起你不间断地为我办事，直至完全达到目的，而我为你做的却不那么成功的时候，我都会感到活着无比痛苦。理由如下：阿莫尼乌，那位国王② 的代表，公然用贿赂的手段来反对我们。这件事得到了那些钱庄老板的帮助，当你在罗马的时候，他们把钱送了过来。凡是喜欢这位国王的人——有这样的人，但是很少——都希望把这件事交给庞培处理，而元老院接受了某种宗教禁忌的虚假请求，但不是出于任何宗教方面的理由，而是出于对庞培的妒忌，对这位国

---

① 普伯里乌·伦图卢斯·斯宾塞尔（Publius Lentulus Spinther），于公元前57年任执政官，主张召回被放逐的西塞罗。公元前56年—前53年，他任西里西亚行省总督。内战期间，他是一名坚定的庞培派。

② 埃及国王托勒密十二世（Ptolemy Ⅻ），绰号“吹笛者”（Auletes），被臣民放逐，于公元前57年请求元老院让他复位。罗马元老院就此事进行了长期争论，托勒密通过贿赂于公元前55年复位成功。

王的大量贿赂表示了反感。

至于庞培，我从来没有停止对他进行恳求和敦促——为了不招致公众的强烈指责，我甚至没有直率地责备和警告他，但他绝对没有给我留下任何请求或告诫的余地；在日常谈话和元老院的公开场合，他用了人所能具有的良好的口才，带着诚挚、热情和活力，为你的主张辩护，与此同时他用最美妙的论证表明了你对他所尽的良好义务和他本人对你的热爱。你明白马凯利努斯[①] 在生你的气，然而要不是因为这位国王的事情，他会勇敢地支持你。我们接受了他提供的条件，至于他的那项决定——把宗教问题提交给元老院（他确实在不断地这样做）——我们做任何事情都不能使他放弃。

1 月 13 日发生的事情是这样的（我在这一天的清晨写这封信）：霍腾修斯、卢库鲁斯和我在动用军队的问题上赞成那些宗教的反对意见，因为除此之外没有任何办法能够实现我们的目的。但是按照在你自己的动议下已经通过的那项敕令，我们赞成你批准让这位国王复位的决定，“只要你能做到，而不会给国家带来损害”。所以由于宗教方面的困难而取消了动用军队以后，元老院让你处理整件事情。克拉苏投票赞成派遣三位专使，他没有排除庞培，因为他甚至把选择专使的范围扩大到那些掌握军权的人。彼布卢斯投票赞成派遣三位专使，但他从那些不掌握军权的人中间挑选。除了塞维留斯，其他议员同意彼布卢斯的意见，塞维留斯声称根本就不应当让这个国王复位；按照卢普斯的动议，伏凯提乌投票赞成任命庞培；阿非利加努同意伏凯提乌的意见。他们的态度增加了人们对庞培的怀疑，以为他想要获得这项任命，因为看到庞培的朋友都赞成伏凯提乌的意见。我们可悲地陷入困窘的状态，我们失去了理据。匆忙举行的会议、利伯和叙赛乌斯过分的焦虑，这些都是公开的，庞培的所有朋友对这件事的热情产生了这样一种印象，庞培似乎会接受任命，与此同时那些排斥庞培的人也不是你的朋友，因为你在确保他获得任命。

---

① 马凯利努斯（Marcellinus）是该年的执政官。

我本人在这件事情上起的作用不大，因为我欠你的债，任何讨我喜欢的愿望都会被人们讨好庞培的想法摧毁。

我们现在的立场就像你离开之前一样；国王本人和庞培的亲朋好友已经秘密地激起了痛苦，执政官公开地把事情弄得更糟，激起了民众强烈的偏见。我自己的忠诚将得到每个人的承认，我对你的热爱也会得到你在场的朋友的认可。如果这些人身上还有荣誉感，那么可以发现我们前进的道路上不会有什么困难。再见。

[2]

西塞罗致普伯里乌·伦图卢斯·斯宾塞尔，公元前56年1月15日，于罗马。

1月13日，我们在元老院没有解决任何问题，因为这一天的大部分时间都是执政官伦图卢斯和保民官卡尼纽斯之间的争论。我在那一天也讲了很多话，通过坚持你对元老院的善意，我似乎在元老院留下了深刻的印象。所以，第二天我们决定简要地表达我们的意见，因为元老院似乎又变得倾向于我们了。我确信这一点，不仅在我演讲的时候，而且在我向个别成员提出要求、请求他们支持的时候。首先宣读了彼布卢斯的动议，“三位专员应当让这位国王复位”，进行了讨论，其次宣读了霍腾修斯的动议，“你们应当让他复位，但不能动用军队”，最后是伏凯提乌的动议，“庞培应当让他复位”，这个时候人们对彼布卢斯的动议提出一项要求，要他把动议分成两部分提交。[①] 在他把自己的论证限定在宗教范围内以后，人们不再反对他，他得到了人们的赞同；但是在派遣三位专使的问题上，大多数人投票反对。

霍腾修斯的动议第二个投票，这时保民官卢普斯开始坚持他应当在执政

① 即“应当按照神谕取消派兵吗？”和“应当派遣三位专使吗？”

官之前发言，[①] 理由是他提出的问题涉及庞培。他的讲话迎来了各方愤怒的喊声，表示不同意，因为这是不公平的，从来没有这样的先例。执政官既没有顺从他的要求，也没有表示反对。他们想要的是把这一天浪费掉，这就是当天所发生的事。尽管他们公开表示赞同伏凯提乌的意见，但他们相当清楚地看到更多的人会赞同霍腾修斯的动议。会议询问了许多人的意见，执政官一方也无人表示反对，他们担心的是彼布卢斯的动议会获得成功。元老院的这场争论一直持续到黄昏才散会。

那一天我正好在庞培家中与他共进晚餐，这是我的一个前所未有的机会（因为自从你离开罗马，我在元老院里的威望从来没有这么高），我巧妙地和他谈话，把他的心思吸引过来，让他认真考虑你的要求。听到他的讲话，我感到他绝对没有任何自私和贪婪；然而当我看到他周围的各种各样的亲密朋友时，我清楚地察觉到现在应当对所有人公开什么了，你的整个案子长期以来已经被某些人出卖，而这位国王本人和他的谋士却假装不知。

我这封信是 1 月 15 日写的，在天亮之前。今天在元老院有一个会议，我希望我们能在普遍的欺诈和不公正中间尽可能保持正直。关于是否要把这个问题提交给人民，我想我们已经确定在没有违反占卜的征兆和法律、不破坏和平的情况下不要这样做。关于这些要点，元老院通过了一项极为重要的决定，就在我写信的前一天，尽管它起草得非常规范，但还是遭到加图和卡尼纽斯的反对；我相信这项决定已经送交给你。在其他方面我无论做什么，我都会给你送信来，我将保持高度警惕，不怕麻烦，发挥我的所有识别能力和影响，确保我所做的一切尽可能正确。再见。

[3]

西塞罗致普伯里乌·伦图卢斯·斯宾塞尔，公元前 56 年 1 月中旬，于

① 亦即他关于任命庞培的动议应当优先。

罗马。

奥鲁斯·却波尼乌是我多年的亲密好友，他在你的行省里有大量生意，非常重要，也很挣钱。由于他本身拥有很高的威望，再加上我本人和他的其他朋友对他的信任，迄今为止他在你的行省里很受欢迎，现在由于你对我的热爱以及我们之间的密切联系，他对我的这封信能在你心中建立起对他的好感充满信心。

我诚挚地请求你不要让他的这种预见失望，我赞扬你对他的各种生意、对他的自由民、对他的代理人、对他的奴隶的关照。我尤其要请求你确认与他有关的提·安庇乌斯敕令，请你在各个方面关照他，让他明白我的推荐不只是一种形式。再见。

[4]

西塞罗致普伯里乌·伦图卢斯·斯宾塞尔，公元前56年1月，于罗马。

1月15日，我们在元老院光荣地坚持了我们的立场。我们在前一天已经给了彼布卢斯有关派遣三名专使的动议致命的一击，剩下还有争议的是伏凯提乌的动议，虽然反对的一方用各种琐碎的细节把事情弄得没有最后结果。尽管也有许多争论，还有那些人不加掩饰的妒忌，但我们坚持了我们的立场，他们想把处置这位国王的权力从你手中夺走，放到别的地方去。在那一天，我们发现库里奥很难相处，而彼布卢斯要讲理得多，事实上他几乎是友好的；卡尼纽斯和加图向元老院保证，在选举之前他们不会通过任何法律。你明白普皮亚法案[①]禁止2月1日以前举行元老院会议，整个2月也不会开会，除非有派遣使团的事情，否则就是休会期。

然而，这里大众的意见是，由妒忌你的那些诽谤者提出来的请求并没有给你造成多大伤害，他们所谓的宗教禁忌是虚假的，但却阻止任何人带着自

① 普皮亚法案（Lex Pupia）禁止在召开公民大会时召开元老院会议。

私的愿望前往亚历山大里亚取得军权。至于你自己的要求，每个人都认为元老院会给以恰当的考虑。因为大家都明白没有一次分裂实际上是由于你的对手使用了诡计；然而，如果他们现在试图提出标准来否定对人民有利的理由，而实际上是由于保民官的可耻行径，那么我会采取各种预防措施阻止他们这样做，不让他们违反占卜的征兆或法律，也不让他们破坏和平。

我想，在这封信中我没有必要提到我对你的忠诚或者某些人的有害行为；因为我为什么要对自己的贡献自夸？我不惜流血捍卫你的要求，我对你应得的奖赏也不会有一点儿影响。或者另外，我为什么要以我的恼怒为代价去讲述其他人的有害行动？我可以在没有保护的情况下捍卫你的事业，尤其是当前行政官员没有任何权力；除此之外，我能向你保证的是元老院的热情支持，罗马人民会保证你的崇高地位不受伤害。再见。

[5a]

西塞罗致普伯里乌·伦图卢斯·斯宾塞尔，公元前56年2月，于罗马。

尽管我希望我对你的感谢首先能得到你本人的认可，其次为其他所有人认可，但我仍旧对你离去以后的政治发展感到深深的悲哀，你有理由在你离开的时候证明我本人和其他人对你的忠诚和善意；但是你的来信使我明白你相当清楚并能感觉到我支持你的要求，就像在我回归的问题上得到你的支持，我对你的忠诚就像你对我的忠诚。

关于这位国王的事，我对我的策略、热情、勤勉、影响充满自信，然而加图突然提出针对我们的可恶的建议，足以践踏我们的努力，使我们的心思从不太焦虑转变成非常恐惧。还有，尽管在如此混乱的状况下任何问题都可以理解，但对我们来说，没有什么事情比阴谋诡计更可怕；至于加图，我们肯定要反对他。

至于亚历山大里亚和这位国王的事情，我只能向你承诺这一点：我将尽力满足你们这些缺席者的期待，也将满足你的在场的朋友们的期待；尽管我担心我们处理这件事的权力会从我们手中夺走，或者会完全放弃，但我无法轻易决定我希望用哪一种替换的办法。如果我们受到沉重的压力，那么还有塞利西乌[①]和我都不会拒绝的第三个办法，也就是说我们既不要承认自己为了这位国王的事情受折磨，也不要在否定我们的抵抗时被交到某个人[②]手中，人们认为这个人实际上已经得到了任命。

在我要做的所有事情中我都会十分小心地安排，我们在这场斗争中一定不能失败，因为从任何地方都能坚持，而要是我们发现有什么地方站不住脚，那么我们一定要避免失败。

像你这么聪明睿智之人不会忘了你的所有伟大和光荣的基础是你个人的价值、成就，以及你坚定的品质。如果命运赐给你的天赋由于少数人的阴谋诡计而减少，那只会给他们带来更多的伤害，而不会给你带来更多的伤害。在思想或行动中，我不会错过增加你的利益的机会，无论做什么，我会使自己有助于昆·塞利西乌为我们提供的服务，在我看来，你的朋友中没有一个比他更理智，更正直，对你本人更热爱。

[5b]

西塞罗致普伯里乌·伦图卢斯·斯宾塞尔，公元前56年2月，于罗马。

罗马已经做了什么，现在正在做什么，我想你的众多通信者已经在信中或者通过口信告诉你了。至于那些仍旧是推测或仅仅是好像要发生的事情，我想我必须写信给你本人。当庞培于2月6日在民众面前为米罗辩护的时候，他遭到谩骂，并且被加图冒犯式地召到元老院做解释，而他的朋友没有为他提出一个字的抗议，在我看来他似乎被深深地激怒了。所以，看起来他完全放弃了迄今为止我们都涉及的亚历山大里亚的事务；元老院没有从你的要求

① 一位钱庄老板。

② 指庞培。

中减少任何内容，除了由于同样的宗教原因不能赋予其他任何人的事情。

我现在希望和努力想要促成这位国王的事，等他明白自己不能像他打算的那样由庞培来使他复位，除非在你的帮助下复位，否则将成为一个被遗弃的人的时候，他会来拜访你。这无疑是他会做的事情，如果庞培给他一个最小的暗示，他是不会反对的，但是你知道我们的朋友现在有多么拖拉和保守。还有，与此相关的事情我们能做的都已经做了。我希望我们不难抵抗加图所有的有害的建议。除了霍腾修斯和伦图卢斯，我在执政官中看不到一个你的朋友。其他人要么秘密地和你作对，要么毫不掩饰他们的怨恨。

你本人必须保持一颗高昂的、英勇的心，在这个家伙[①]对你发起进攻时坚定不移，你会发现你先前的荣耀地位在等着你，不会让你受到伤害。

[6]

西塞罗致普伯里乌·伦图卢斯·斯宾塞尔，公元前56年2月中旬，于罗马。

首先，波里奥[②]会把这里发生的事情告诉你，他不仅参与了这些事情，而且在每件事中起了主要作用。至于我本人，我想让你知道，在由于你的事情而给我带来的悲伤中，最能给我安慰的是希望，不，是一种强烈的预感，你的对手的无耻行径将会被挫败，不仅被你的朋友的谨慎的建议所挫败，而且被时间本身所挫败，时间将粉碎那些心怀怨恨、想要出卖你的人的诡计。

其次，我发现通过回忆以往的危险我很容易得到安慰，我通过反思明白了你当前的处境。因为尽管在一件不那么重要的事情上你的崇高地位受到污辱，而不是我的地位因此而降低，但二者还是非常相似，如果在那些甚至连你本人也从来不认为需要害怕的事情我表现得无所畏惧，那么我相信你不会

① 盖·波喜乌斯·加图（C. Porcius Cato）。

② 盖·阿昔纽斯·波里奥（C. Asinius Pollio），演说家、诗人，生于公元前76年，死于公元4年。

被我冒犯。但是，要证明你就是我所认识的那个人，“从那个时候开始”，如希腊人所说“在你的指甲还很柔软的时候”，请你记住我的话，人们的不义将衬托出你的伟大。你要看到我对你一直忠心耿耿、恪守义务，我决不会令你失望。

[7]

西塞罗致普伯里乌·伦图卢斯·斯宾塞尔，公元前56年8月末，于罗马。

我已经读了你的信，你在信中对我说你很高兴，因为我不断地把各种事情告诉你，你清楚地看到了我对你的善意。关于后者，重要的是我应当证明我对你的热爱是真诚的，如果我是你想要我是的那种人；至于写信，这是我的快乐，时间和空间把我们远远地分离，借助通信，我可以尽可能多地与你交谈。如果我写的信比你期望的要少，那是因为我的信不能随意交给任何人。而每当我遇上值得信赖的人，我能把我的信妥善地交到他们手中，那么我决不会错过机会。

你想知道每个人在这件事情上对你是否忠诚与友好，嗯，我很难谈论具体的人。然而有一个事实——从前我经常向你暗示——现在所有人都像过筛子一样过了一遍，经受了考验，所以我在这里也可以大胆地说，大多数人必须支持你，也能在最大范围内这样做，但有些人对你的地位有一种过分的妒忌，尽管程度有差别；你当前的危机和我过去的危机有相似之处，你为了国家利益而与之争吵的那些人公开地攻击你，你曾经捍卫过他们的优势、地位和政策的人不太在意你的功绩，而怨恨你的出名。就如我以前详细写信对你说过，我当时发现霍腾修斯毫无保留地是你的朋友，卢库鲁斯对你非常忠诚，而在行政官员中，卢·拉西留斯[1] 对你格外忠诚和友好；由于你对我格

---

① 公元前59年担任保民官。

外仁慈，所以在大多数人看来，推动我本人为你的要求进行辩护的与其说是一种公正的信念，不如说是一种感恩。

再进一步说，我无法证明某位执政官对你的热情、敬重和友好，因为庞培经常对我谈起你，不仅是由于我的引导，而且发自他的内心，如你所知，他经常在这种时候参加元老院的会议；但是我很明白，你的最后一封信给他带来了极大的快乐。在我看来，你处处为人着想，彬彬有礼，或者倒不如说你拥有完善的智慧，奇妙而又迷人。有一位杰出人士，你仁慈地为他尽义务，而他却怀疑你和某人关系复杂，因为这个人疑心他谋求职位——按照那封信的说法，你保持着和这个人的友谊。我相信他总是在维护你崇高的威望，哪怕是在卡尼纽斯大肆活动的可疑的日子里；然而细阅你的来信，我绝对确信他的心中充满了你、你的优点、你的利益。所以当我写下这些话的时候，你必定能很好地明白以后你要更多地与他交谈，取得他的赞同和支持；我想说的意思是，由于元老院还没有颁布敕令不让你处理亚历山大里亚这位国王的复位问题，已经起草的决定（你知道它已被投票否决）是“无人可以让这位国王复位”，它几乎没有什么力量，它似乎只是少数愤怒者的偶尔发作，而不是清醒的元老院的审慎措施，你掌握着西里西亚和塞浦路斯，在这件事情上你能够清楚地估计你能获得什么；如果有机会让你占领亚历山大里亚和埃及，那么这样做并非与你的尊严和我们帝国的尊严不符，你应当把这位国王放在托勒密亚[①]或某些邻近的地方，率领舰队和步兵向亚历山大里亚进发，等你平定了这座城市并在那里驻军以后，托勒密可以返回他的王国；以后可以由你的代理人来使他复位，就如元老院最初的决定，他将复位而“不需要一位主人”，（按照宗教一方的说法）这是西彼拉的意图。

但是，在证实这一决定时，他和我并非没有看到这些人想要根据这件事情来判断你的政策，如果事情的结果与我们的期望相同，那么每个人都会说你的行动充满智慧和勇敢；如果事情出了什么故障，这些人会说你的行动贪

① 埃及和腓尼基好几座城市都叫托勒密亚（Ptolemais）。

婪和鲁莽。所以我们不像埃及几乎就在眼前的你一样容易判断你能获得多大的成功。我们所能感觉到的是，如果你对自己能够占领这个王国相当满意，那么一定不要犹豫不决；如果有任何麻烦，那么一定不要尝试。对此我能向你保证，如果你把这项计划贯彻到满意的程度，那么在你回来之前许多人会向你表示欢迎，在你回来之后所有人都会向你表示欢迎。但我看到有许多不幸的事件充满危险，这样的解决办法带来了许多宗教上的困难。回到我在这封信开始时说过的话上来，我敦促你去做那些不会失败，只会给你带来荣耀的事情，但我警告你不要引发任何冲突，因为人们对你整个计划做出判断的根据不是你的政策，而是事情的结果。

如果这项计划在你看来是危险的，那么还有另外一个计划适宜采用：在你的行省里，以及在其他由你控制的行省里，你的那些朋友把大量的钱借给这位国王，如果这位国王还保持着对你的朋友的信任，那么你可以派部队帮助他，你明白你的行省的性质和地理位置，你可以帮助他复位，要么就视而不见。无人能够像你本人一样轻易地估计出这件事的范围和过程，在所有人中间，由我来告诉你我们的看法是最恰当的。

你向我表示祝贺，还提到我的地位、我与米罗的亲密关系、克劳狄肆无忌惮的企图。好吧，像某些优秀艺术家，你对自己辉煌的成就有清醒的认识，对此我并不感到惊讶；然而很难相信，这些人一方面会在一项我们共同的事业中支持我，保持对我的友谊，另一方面会愚蠢地（我不喜欢用一个更加严厉的语词）妒忌我，对我进行纠缠；我向你保证，我现在已经遭受到他们偏离我们古老政治原则的恶意诽谤，我不仅要保持尊严，而且还要考虑我的个人安全（现在是我这样做的时候了）。如果在执政官等级的人中间能看到坚定的品质，那么这两个目标都能实现；而在大多数情况下，我们看到的情况正好相反，他们对我在公共行为中表现出来的坚定并不感到高兴，反而十分恼火。

我之所以把这些事情都十分坦率地告诉你，乃是因为你不仅看重我当前的地位，而且看重我以前的名望，而我现在的地位是在你的帮助下获得的；

与此同时，我现在明白了那些对我抱有成见的人反对我的原因并非由于我缺乏高贵的等级；你的情况也一样（你的等级是最高贵的），我注意到那些心怀妒忌的人表现出来的邪恶，他们确实不反对你成为我们的领袖，但他们确实怨恨任何逃离。我很高兴你的命运和我的命运不同，因为损害你的威望是一回事，你的个人安全无人保护是另外一回事。我的命运之所以发生改变完全得益于你的努力，我并不感到悲伤，因为你明白人们还记得我的名字，我从中得到的收获大于命运给我带来的损失。

然而，出于你对我的仁慈和我对你的热爱，我诚挚地向你建议，你要小心谨慎地实现你的伟大抱负，你从青少年起就受到这种抱负的激励，任何人的错误行为都不能使你发生动摇，我总是敬佩和热爱你的伟大的灵魂。人们高度赞扬你的仁慈，高度感谢你在担任执政官期间的功绩。在你的行省里，在这个国家里，你获得的高度赞扬使你自己也能清晰地看到人们对你的态度。

然而，我并非要你在采取行动前不考虑对你自己有什么影响就以军队和国家为手段履行你必须履行的义务。而是要你在准备时记住这些事情，思考自己如何应对，你要确信——这是你一直以来的愿望，为了获得你的地位，你无疑必须明白——你能轻易获得这个国家的最高职务。你不可以把我的大胆鼓励当做无益的、肤浅的，因为这是我深思熟虑的结果，你要接受我们共同的经验教训，仔细想一想，在剩下的日子里应当相信谁，应当提防谁。

你写信说你想知道政治形势；好吧，各派之间的分歧非常明显，但他们的力量不一样。在我看来，那些在资源、军队、权力方面占优势的人是由于他们对手的愚蠢和不和才取得这样的进步，乃至于在道德影响上也占了优势；所以没有什么意见分歧，他们通过元老院，甚至通过民众，获得了他们原本不太可能获得的东西，而没有发生暴动；凯撒颁布法令赏赐他的军队和十名副将，而他们轻易地阻止了凯撒依据塞普洛尼乌法案[①]被人取代。

① 塞普洛尼乌法案（*Lex Sempronia*），内容是给执政官指派行省。

关于这一点我写得很简单，因为我对这些事情的状况不满。还有，我写信给你只是为了提醒你——这是你应当吸取的一个教训，甚至连我这个自幼热爱各种文学的人也要从实际经验中学习，而不是仅靠书本——你的成功仍旧是完整无缺的，我们必须既不要把我们的安全看得高于对我们尊严的伤害，也不要把我们的尊严看得高于对我们安全的伤害。

我的女儿与克拉西佩订婚你向我表示祝贺，我感谢你的礼貌，希望这种联姻能成为我们快乐的来源。我们亲爱的伦图卢斯，作为一名年轻人，他已经表现得十分卓越，有着远大的前程，但你必须加强对他的教育，不仅要像你本人一样让他在各方面完善起来，而且要让他以你为榜样；你在这方面能给他最好的教导。我对他抱有一种特别的爱，这有三个原因——他是你的儿子，他配得上他的父亲，他总是深得我的欢心。

[8]

西塞罗致普伯里乌·伦图卢斯·斯宾塞尔，公元前55年1月，于罗马。

马·普赖托利乌最有资格把对你有影响的所有事情告诉你，包括已经做完的事情、已经决定要做的事情、庞培在做的事情，普赖托利乌不仅参与了这些事情，而且起了主要作用，他没有忽略对你应尽的义务，而你可能期待他对你忠心，能够谨慎地处理各种事务。涉及一般的政治形势，他也是你最好的消息来源，而我要在一封信中描述基本形势是困难的。这些事情确实掌握在我们自己的朋友[①]手中，所以在我们这一代不会有任何改变。

至于我本人，一方面是我必须做的，另一方面是你本人对我的指示，出于忠诚和权宜之计两方面的考虑，我依附那个人的利益，而他又依附于你，我想你必定会为我的利益着想；但是你也要明白抛弃一种政治教条有多么难，尤其是当它有着很好的真实基础的时候。

① 指庞培、凯撒、克拉苏。

不管怎么说，我让自己适应了他的意志，我不能直截了当地对他表示不满，而在这样做的时候，我并非像某些人所想象的那样虚伪，因为我完全是发自内心的。我还要强调，我是庞培的朋友，凡是对他有利的和他的各种要求都是正确的和恰当的。在我看来，甚至连他的对手都不会看不到自己无法与他相比，只能请求休战。

我会得到进一步的安慰，我是这样一种人，我的决定会被每个人欢迎和接受，无论我决定支持庞培，或是保持沉默，甚至（作为我的具体倾向）回到我从前的文学追求上去；如果我对庞培的友谊允许我选择最后这条道路，那么我无疑会这样做。我可以卸下最荣耀的公共职务，结束我的辛劳——然后在处理公共事务时保持一种独立的地位，在元老院体面地发表我的意见——与其他人相比，我已经永远失去了这种独立的地位，因为我们要么为了与少数人保持一致而羞辱自己，要么徒劳无益地反对他们。

我给你的信非常简洁，其原因在于它可以引导你至少想一想你自己的人生规划。元老院、法庭、整个国家完全改变了。稳定是我必须祈求的东西，那些处理公务的首脑似乎向我保证，某些人会证明他们至高无上的地位不容挑战。至于勇敢无畏的执政官和团结一致的元老院议员，我没有理由浪费时间去考虑他们的尊严。由于某些人的过错，它已经永远失去了，作为一个等级，他们与元老院疏远了，还有那个最优秀的人。①

但是，回到与你关系最密切的事情上来，你可以确定你有一名执政官是庞培忠诚的朋友，就此而言你可以确保想要得到的一切。在所有事情上他会发现我是他的一个坚定的支持者，我不会忽视对你有影响的事情，我也不担心他会认为我添麻烦；当他看到我有多么感恩的时候，他会感到高兴的。

我向你保证这些事情不会对你产生影响，它们不太重要，并不比我的全部利益更加宝贵，有了这样的感觉，我可以对自己的勤勉感到满意，但在实际后果中我对自己并不满意，这是因为我说的不是我获得补偿，甚至也不是

① 等级指骑士等级，“最优秀的人”指庞培。

想象自己得到补偿，而你提供的任何一种服务都超越了我的权力。

有传言说你已经取得了巨大的成功。[①] 我已经就此与庞培交谈过了，我渴望你的来信。收到你的信以后我会去找行政官员和元老院议员，至于其他所有对你有影响的事情，尽管可以证明我的努力超过了我的能力，但我所做的事情仍旧比我必须做的事情要少。

[9]

马·西塞罗致胜利者普·伦图卢斯，公元前54年12月，于罗马。

收到你的来信我十分高兴，它使我明白你完全理解我对你的忠心。当“忠诚”这个最庄严、最神圣的词本身在我看来都不足以描述我对你的忠心时，我还有什么必要说“我的善意”呢？你在信中对我为你的事情所付出的努力表示感谢，你真情流露，描述了某些行动，然而这些行动不可能不涉及恶行，所以不值得感谢。你应当更好地承认我对你的热爱，自从上次在罗马分手以后，我们分离了那么长的时间。

你清楚地宣布了将要采取的行动路线——没有人更有资格这样做，我渴望看到你这样做——我指的是在元老院、公共生活和政治统治的各种场合讲话，我们应当选择我们的目标（我自己的感觉是什么，我在政治活动中处于什么样的地位，稍后我会做出解释，与此同时我会回答你的问题）；但无论如何我应当把你当做最仁慈、最明智的支持者，而你应当把我当做一名不可或缺的顾问，如果我可以这样说的话，就我的知识、我对你的忠诚和乐意为你效劳而言。然而对于你的解释我必须提出疑问，因为你现在是胜利者，在你获得成功以后率领着大军控制着你的行省，而你要是在场的话，无疑应当更加丰厚地享有我的感恩和更大的利益。确实，在惩罚你发现的那些对手的时候，我应当证明自己是一名极好的、有效的助手，因为在召回我的问题上

① 指清剿土匪。

你勇敢地战斗，而在召回别人的时候你没有这样做。你凭借这项成就赢得了荣耀，而我是他的朋友[①] 的对手，我在和这个人进行的斗争中从来不曾失败。你极为仁慈地荣耀了他，但他把伤害和暴力都集中到你的身上，尽管他这样做实际上对我们有好处，受到惩罚的是他自己。他的企图暴露了，他的余生没有一点尊严，甚至没有一点独立。

尽管我现在并不希望你仅从我的经验中吸取教训，也不仅仅从你自己的经验中吸取教训，但不管你是否会生气，我仍旧高兴地说，你以人们的忠诚为代价进行了这场考验，而我以巨大的痛苦为代价经历了这种考验。至于整件事情的意义我想现在是做解释的时候了，与此同时可以回答你的问题。

你写道，我在信中告诉你，我和凯撒、阿庇乌斯关系良好，并且说你对此没有异议。然而涉及普·瓦提尼乌，你清楚地表明你想要知道我为什么要保护他、赞扬他。为了给你一个比较清楚的解释，我必须回顾一下我的政策。

首先，我亲爱的伦图卢斯，由于你采取的行动和事情后来的进程，我不仅回到了我的朋友们的中间，而且也回了国。为了我的回归，你提供了巨大的帮助，因此我对你抱有难以置信的热爱，我对你本人极为忠诚。我确实像先前那样对这个国家持有敬意，这是出于全体公民的共同义务，而不是因为国家为我提供了服务。这是我在你担任执政官期间亲口对元老院说过的话，而你本人在我们的交谈中必定会注意到这一点。

然而，甚至在很早的时候，就有许多事情使我热血沸腾，当你处理我在这个国家的地位时，我察觉到某些人对我持有邪恶的仇恨，察觉到他们对我的事业的支持是可疑的。涉及我的纪念性建筑，那些本来应当提供帮助的人没有这样做，我和我弟弟被赶出住宅，这个时候他们也没有提供帮助。我要强调的是，尽管我的私人财产像遇到海难一样到处流失，但我仍旧认为这些事不太重要——我指的是元老院的投票使我蒙受了巨大的金钱损失——

① 指盖·加图。

他们也没有表示我所期待的同情。尽管所有这些事情都引起了我的注意（无人会不注意），使我恼火，但我对他们过去所做的事情的感恩仍旧重于我的气愤。

所以，如你本人所看到的那样，尽管我对庞培有巨大的亏欠，但我对他的忠诚不仅是由于他为我做的事情，而且是由于我热爱他，尽管我不顾他的愿望，但我不能改变对他的评价，我仍旧忠于我的全部政治原则。

是的！庞培掌了权，进入这座城市，提供了有利于普·塞克提乌斯的证据，而瓦提尼乌为凯撒的幸运和昌盛所迷惑，作为证人发言，这时候我开始对他表示友好，我宣布我希望彼布卢斯能幸运地获得胜利，成为胜利者，而瓦提尼乌则视之为彻底的毁灭；当着他的面，我在演讲的另一部分中宣布那些阻止彼布卢斯离开他的住宅的人和强迫我离开我的住宅的人是同一批人。确实，对我的整个盘问什么都不是，只是对瓦提尼乌担任保民官的一种谴责；我极为坦率地谈到了暴乱、轻视占卜的征预兆、授受国王的头衔这些问题。

不仅在这场审判中我是这样说的，而且在元老院里我一直这样说。不，更有甚者，在马凯利努斯和腓力普斯担任执政官期间，我于 4 月 5 日提出了动议并被元老院接受，坎帕尼亚土地问题应当在 5 月 15 日提交给元老院处理。我能更加毫不妥协地进攻三巨头的堡垒吗？或者说我能更加彻底地忘记我碰到麻烦的那些日子，忘掉我的权力被剥夺的那些日子吗？我表达了自己的意见，结果使人们的心灵激动无比，不仅使那些肯定会激动的人感到兴奋，而且使那些我从来没有期待他们会激动的人感到兴奋。

元老院按照我的动议通过一项法令，这时候，尽管还没有庞培受到我的冒犯的迹象，庞培启程去了撒丁岛和阿非利加，在途中，他在鲁卡拜访了凯撒。凯撒对我的动议的许多方面提出了抗议——因为在那之前，他在拉文纳见过克拉苏，克拉苏表达了对我的愤怒。众所周知，庞培对我的动议很恼火，这是其他人告诉我的，主要是我弟弟。离开鲁卡几天以后，庞培在撒丁岛遇到我弟弟。他说：“你正是我想要见的人！真是太巧了！除非你能严厉责备你哥哥，否则就由你来代表他，履行你们对我做出的保证。”

长话短说，他对我发出强烈的抱怨，讲述他为我提供的服务，回忆他和我弟弟曾经反复讨论凯撒的行动，我弟弟如何让他对我本人负责，他如何要求我弟弟作证，而无论他在我被召回的问题上做了些什么，都是在凯撒的完全同意下做的。他还敦促我注意凯撒的事业和要求，他请求说，如果我不愿或不能支持他们，那么至少应当不攻击他们。

我弟弟把所有这些情况都告诉了我，尽管他未能阻止庞培派维布留斯给我带来指示，让我不要干预坎帕尼亚的问题，直到他本人回来。我要和国家齐心协力，请国家考虑到我受了那么大的痛苦，代表国家履行了那么多职责，国家应当同意我履行义务，对那些配得上我感恩的人感恩，赎回我弟弟发下的誓言；国家应当让她始终认为是诚实公民的人承受做诚实公民的痛苦。某个小派系评价说我的所有标准和动议都冒犯了庞培，这些话传到我的耳朵里来——你肯定马上会怀疑我说的是谁——尽管他们持有的政治意见与我反对的人相同，并且始终拥有这些意见，但他们却声称自己很高兴看到我没能让庞培满意，凯撒将成为我最凶恶的敌人。对此我不能只是感到遗憾，而应视为事实，他们拥抱这一事实，在怀中爱抚它，在我的敌人的眼前亲吻它——我说他们是我的敌人了吗？不，倒不如说他们是法律的敌人，法庭的敌人，国家稳定的敌人，全体忠诚公民的敌人——没错，尽管他们没有激怒我，但他们确实想象我被激怒了，而我则完全失去发怒的感觉。

在这样的危机中，在我能够判断的范围内，在仔细检查我的立场和解释以后，我终于得到了审慎的结果；我将竭尽全力给你一个简短的解释。

在我看来，如果让我看到国家落在这批下流无耻的公民手中，就像我们所知的秦纳时代和其他时代发生的事情一样，那么我不仅不应当受到物质利益的诱惑，这在我心里几乎没有什么分量，而且也不应当受到任何危险的威胁——然而最勇敢的人都会受影响——我要揭露他们的计划，尽管他们为我提供了格外巨大的服务。

然而，当这个国家的领导人还是格奈乌斯·庞培的时候，他用对国家的巨大贡献和最辉煌的军事成就赢得了这样的权力和显赫地位，他公开声称我从青年起就一直坚决支持他，说我在担任财务官和执政官期间特意提携他。还有，他用他本人的影响和言语帮助我，用他的建议和行动帮助我。他把我的敌人当做他在这个国家的最大敌人，我真的不认为我有任何理由害怕会有什么前后不一致的说法，如果我的政治态度有什么细微的变化，在道义上支持一位最杰出的人士的进步，那么他对我负有最大的责任。

在这样的决定下，如你必然看到的那样，我有义务把凯撒包括在内，这两个人的政策和地位是密切相连的。我在这里把很大的分量归于长期的友谊，就像你本人所明白的那样，我弟弟昆图斯和我与凯撒保持着友谊，凯撒对我们非常有礼貌和仁慈，就在最近我还收到过他的来信，他对我非常仁慈。与此同时我也深受国家利益的影响，我要避免与任何伟大人物发生争执，尤其是在凯撒取得非同寻常的成功之后我确实要强调这一点。

但是迫使我做出这种决定的最大原因是庞培为了我对凯撒立下了誓言，以及我弟弟对庞培立下了誓言。还有，在对国家有影响的事情上，我不得不引用我的祖师爷柏拉图的充满灵感的话语，“一个国家的领袖是什么样的人，其他公民也会是什么样的人”①。我记得很清楚，自我1月1日担任执政官以来，为了加强元老院就已经奠定了这样的基础，在12月5日② 看到那些鬼魂的时候，应当无人感到惊讶，或者说，这个组织的成员不应当感到惊讶。我还记得，从我卸任一直到凯撒和彼布卢斯担任执政官，③ 我的意见在元老院里分量很重，这一时期所有忠诚的公民发表的意见都是非常实际的。

后来你掌握了西班牙东部的军事指挥权，共和国这个时候没有执政官，只有行省的统治者、投机者、叛乱的煽动者，在这场混乱的内战中，我的公民权就像一只引发不和的苹果被各方抛来抛去。

然后在一个关键时刻元老院一致同意为我辩护，这样的事情太神奇了，

---

① 柏拉图：《法篇》711C。西塞罗此处引用的是柏拉图的大意，不是原文。

② 元老院在这一天投票表决处死喀提林阴谋的同谋者。

③ 公元前59年。

在整个意大利，在所有诚实的公民中都是独一无二的，如果你问我发生了什么事，那么我无法回答——有许多人受到谴责，但程度不同——只能简单地说，辜负我的不是这个等级，而是这些统帅。假定在这个时候没有为我辩护的人受到责备，那么使我遭受挫折的人不应受到责备；如果受到恐吓的人受到批评，那么假装受到恐吓的人更应当受到责备。

无论如何，就我不愿离开我的同胞公民而言，可以公正地说我的这个著名的决定应当受到赞扬，我曾经拯救过我的同胞，现在他们渴望拯救我。他们丧失了领袖，要乞求武装暴乱的奴隶的仁慈，但他们宁可选择让全世界知道忠诚公民的一致意见有多么强大，当我保持起码直立的时候，他们可以为我战斗，当我趴下的时候，他们可以让我重新站立。对于他们的脾气你不仅有正确的估计，而且当你为我的案子辩护时，你还在鼓励他们。

在同一件事情上——我绝对不会否认这件事，而会一直记住并且乐意承认这件事——你发现我们某些最高贵的公民在推动召回我的时候比让我留在罗马表现得更加勇敢；要是他们选择一直保持那项政策，那么他们自己的优势地位会和我的回归同时恢复。

这些现政权的拥护者在你令人崇敬的、前后一贯的行动的鼓励下重新站立起来，尤其是庞培接手这件事以后，后来凯撒也这样做了，他的杰出成就获得了史无前例的荣耀，元老院决定对其进行表彰，这时候他倾向于把自己与这个等级的权威联系起来，没有任何无法无天的公民能有机会对这个体制实施暴力。但是，我请你注意下面的事情。

首先，那个违反妇女宗教祭仪规定的恶人[①]对“善女神”没有表示任何敬意，就像对他自己的三个姐妹，由于这些人的投票否决，他“品性没有污点地”离开了法庭，保民官想要这些人在法庭里的公正审判给这个邪恶的公民定罪，但却给共和国留下了一个恶劣的先例。这些人后来又允许一座纪念碑刻上一名公敌的名字——这座纪念碑不是纪念我的，因为它不是用我的任何

① 指克劳狄于公元前62年违反宗教法规，化装参加女神祭仪。

战利品建造的，我只是签订了建造的合同，但这座纪念碑属于元老院。就这些人允许将我召回而言，我对他们表示深深的感谢。但我希望他们能够不仅像个医生那样关注我的康复，而且也要像训练员，关心我的生命力和健康。就好比阿培勒斯用最精美的技艺完成了维纳斯的头和肩膀，但留下维纳斯的身体的其他部分未能完成，某些人用他们热情的帮助完成了我的头部，但留下我的其他部分尚未完成，或仅仅是个毛坯。

我相信，这些事情不仅是那些妒忌我的人所期待的，而且是那些仇恨我的人所期待的。他们有时候听到一种不真实的解释，说这些人是最勇敢的，他们比其他所有人都要更加勇敢坚定地站了出来。卢西乌斯·麦特鲁斯之子昆图斯·麦特鲁斯不断地说，他从流放中归来的时候灰心丧气、悲痛欲绝——可以证明他离开这个国家的时候是轻松自在的，对于流放他感到很快乐，他并不急于返回祖国，然而把他从流放中召回这样一个小插曲却把他打垮了，在这个插曲中他对世上其他所有人证明了他的卓越和尊严，连那个格外杰出的马·斯考鲁斯也不例外——然而，他们有关麦特鲁斯的传闻只是他们的想象，他们认为这样的传闻也可以用到我的身上——认为我也会无比沮丧！然而，共和国鼓励我比以往更加勇敢，共和国清楚地证明了绝不能没有我这样的公民，当召回麦特鲁斯还只是一位保民官的动议时，整个共和国就已经一致要求将我召回，元老院带头，整个意大利响应，八位保民官提出动议，你作为执政官把这项动议交由百人队代表大会投票，每一个阶层和每一位成员都热情地推动这项举措——简言之，用了他们所能支配的全部力量。

然而，从那一天起我没有冒犯过任何人，我没有发表过可以被他如此邪恶地加以歪曲的言论。我的一项最真诚的努力就是不要让我的回归无人支持，缺少维护、建议或实际的帮助，既针对我的朋友，也针对那些对我没有什么直接要求的人。

绚丽多彩是我参与公共生活的一个突出特点，这也许是我冒犯了那些不知道公共生活的焦虑和麻烦的人的一个原因。但是他们在一件事情上没有隐瞒他们的抱怨——我发表任何意见都把荣耀归于凯撒，我的罪过在于背叛了原来的派别。现在影响我的不仅有我前不久摆在你面前的东西，而且还有我已经开始向你解释的东西，这种影响绝不是最小的。我亲爱的伦图卢斯，这就是你在你留下的那些忠诚公民的政治情感中找不到的东西。这种情感在我担任执政官期间得以坚定，而后来在你担任执政官之前被削弱，然后又被你复活，现在则被那些本应保持这种情感的人完全抛弃。正因如此，在我们过去的权力还被称做高尚的时候，他们的影响不仅清楚地通过他们的相貌举止表现出来，藉此他们很容易伪装，而且进一步经常通过他们在元老院和法庭上的投票表现出来。

正因如此，在聪明的公民中——我希望成为一名聪明的公民，拥有信誉——他们的意见和目的必须有一个彻底地改变。我努力追随柏拉图，他教导我们说："只有在能对你的同胞公民行使正义的时候才投身政治，因为对国家使用暴力就像对父母使用暴力一样是错误的。"① 确实，他声称自己不参加公共事务的原因是，他发现雅典民众现在几乎处在一种老迈昏聩的状态，既不能靠理性统治他们，也不能靠其他东西，只能靠暴力，他说服不了他们，而用暴力统治他们在他看来是不合法的。

我自己的处境有些不同，因为我们的人民还没有老迈昏聩，我也不能自由选择是否参与政治，我的双手被捆住了。但无论如何使我感到高兴的是，在有一个问题上它允许我为一项政策② 辩护，既对我本人有益，依照任何诚实者的判断这项政策也是正确的。在这些原因之外还要添加的是凯撒对我本人和我弟弟表现出来的巨大仁慈——凯撒可以声称在任何方面都获得了我的支持，他已经在各个方面获得了伟大的胜利，哪怕他对我不仁慈，我也认为他配得上所有荣耀。我想让你相信的是，除了帮助我回归的你本人和其他人，在这个世界上没有人给过我如此巨大的帮助，我不仅承认它，而且非常乐意这样说。

---

① 柏拉图：《克里托篇》51C。

② 指延长凯撒的军事统率权。

对你做了这样的解释以后，有关瓦提尼乌和克拉苏的问题就容易回答了。你写道，有关阿庇乌斯的案子就像凯撒的案子一样，你从中没有挑出什么毛病，我很高兴我采取的路线得到了你的批准。现在来说瓦提尼乌。关于他竞选执法官，首先通过庞培的干预，我们之间马上达成一项协议，尽管我确实在元老院里用最尖锐的语言反对瓦提尼乌成为候选人，但对他并没有造成太大的伤害，就好像我在为加图辩护时一样。在此之后，则是来自凯撒的令人惊讶的敦促，让我为瓦提尼乌辩护。

但是我为什么要赞扬他？我请你不要提出这样的问题，无论是在这个案子中，还是在其他案子中，免得我对你提出反问。虽然我不明白为什么我甚至在你回归之前也没有这样做。请你想一想那些拥护你的人从天涯海角送来推荐信。但你不要感到惊讶，这些人也始终得到我的赞扬。然而在为瓦提尼乌辩护的问题上我有其他动机，就像我在审判中为他辩护时所说，我所说的就像《阉人》中的那名食客对那位船长的敦促：“当她说出斐德莉娅的名字时，你要马上说潘斐拉，她会喊叫‘让我们邀请斐德莉娅来和我们狂饮！’你要回答‘让我们用歌声挑战潘斐拉’。如果她赞扬他的相貌，你也要赞扬她的相貌，这样的针锋相对会使她陷入深深的困惑。”①

所以我要恳求陪审团的先生们，由于我的那些以往向我表现出最大仁慈的高贵朋友现在对我的敌人表现出热爱，在我眼前不断地提到他，就像在向他严肃地咨询，或者在与他“欣然相会”，由于“他们”已经有了“他们的”普伯里乌，所以我请求陪审团允许我也有我自己的另一位普伯里乌，在和他打交道时我可以提醒他我是他的朋友，或者只是说我对他们并不恼火。为了让诸神和凡人高兴，这样的话我不是说了一遍，而是反复地说。

关于瓦提尼乌就说到这里，现在让我来告诉你克拉苏的事。由于他和我在这段时间里关系相当好（为了国家的和谐，我自觉地搁置了他对我的大量伤害），我会容忍他突然站出来为伽比纽斯辩护——这个人在几天前遭到猛

① 特伦提乌斯:《阉人》第 3 幕，第 50 行。

烈攻击——如果他在辩论中没有对我进行辱骂，那么我仍旧会给予容忍。然而当他毫无理由地攻击我的论证时，我被深深地激怒了。我想这并不是我唯一受到的刺激（以往的刺激可能不那么激烈），他以往做的许多错事在我心中积下了深仇大恨，而我却不自知，于是在这种情况下突然猛烈地爆发出来。

就在这个时候，某些我经常暗示但不提名的人，他们虽然声称从我的坦率性格中获益匪浅，但他们把这个小插曲当做我的第一次真正回归这个国家，回归到旧时的自我，尽管我和克拉苏的争论哪怕在外界看来对我也有很大好处，但就是这些人现在声称他们很高兴地看到他是我的敌人，所以那些和他乘一条船的人[①]绝不会是我的朋友。当这些恶毒的评价通过那些仁慈的人传到我的耳朵里来的时候，庞培正在前所未有地努力调解我和克拉苏的关系，凯撒也通过信件清楚地表达了他对这件事的愤怒——啊，我为什么只用我的处境来解释这件事，而不用本性的推动来解释这件事；所以我和克拉苏的和解可以是他正式地向罗马人民宣布，启程去他的行省，我几乎可以说他就是从我的屋檐下启程的；因为就在前一天晚上他还是我的客人，我在乡下我女婿克拉西佩的家中与他共进晚餐。

这就是我依据他[②]的热心推荐支持克拉苏的原因，你确实写到你已经听说这件事了，我在元老院里支持他，我的荣誉迫使我这样做。

你已经听说了我出于什么样的考虑在各个案子中采取支持的态度，也听说了我在能够参与的政治事件中具有什么样的地位。我希望你能坚信，如果我完全不承担义务，袖手旁观，那么我会产生这样的感觉。因为我现在仍旧认为不要去抵抗那些无法战胜的权力，哪怕有可能，也不要去废除我们的那些最高公民已经建立起来的声望；环境完全变了，诚实者的政治倾向也要发生相应的变化，我们不应当固守统一的意见，而应当随着时代的变化而改

---

① 指庞培和凯撒。

② 指凯撒。

变。在那些为国家掌舵的人士中，始终不变地坚持一种意见不能算是优点。正如航海，哪怕你不知道港湾在哪里，也要在暴风雨来临前返回。在可以回到码头的时候仍旧恪守原来的航线，而不去改变它，直到抵达期望的终点，这样做是愚蠢的。处理国家大事也遵循同样的原则，我们都应当把我反复讲过的事情当做我们的目标——荣耀地维持和平——从中不可能推论我们必须始终以同样的方式表达自己的意见，尽管我们必须始终拥有这个目标。

因此，如我前不久所讲的那样，即使我的选择是绝对自由的，我应当在政治领域而不是其他领域起作用。然而为其他人的仁慈以及邪恶行为的逼迫，我进入了这样一种思维方式，在谈论政治问题的时候，只要有益于我自己的利益和国家的利益，我看不到有谁能够反对我的感觉和言论。我相当公开地这样做，也经常这样做，因为我弟弟昆图斯是凯撒的幕僚，因为我的任何一句话，无论多么轻微，都是在凯撒的青睐下说出的，更不要说我的任何行动了，应当说他[①]并不欢迎如此清楚地表达出来的感恩，但我感到他在真诚地帮助我。这使我能够拥有欢乐，就好像这些利益是我自己获取的，而他的势力当然是强大的，他的资源如你所知是非常丰富的。我确实看不到除此之外我有什么办法击退那些无赖对我的攻击，我有什么理由不去获得那些对我友好的掌权者的保护。

这确实就是我应当采取的行动，我在想如果你就在这里就好了，因为我知道你的品性中的清醒和克制，我知道你心中充满对我的友谊，而你对别人并不抱有恶意；与此正好相反，你的情感是伟大的和高尚的，也是天真的和纯朴的。我注意到某些人对你采取的举动也会对我采取，你同样也会注意到他们对我也会有同样的举动。我肯定，对我有影响的事情对你也会有影响。

但无论如何，你在这里将会给我带来好处，你将是我全部行动的灵魂，你会关心我的地位，就好像关心我的回归。你在任何情况下都拥有我这样一名伙伴和同道，在你采取行动、表达意见、有所期望的时候，简言之，在一

① 指凯撒。

切方面，只要我还活着，我将不断地想起你，你是我最好的朋友，我对你的友谊与日俱增。

你要我给你送去自你离开后我写的东西，好吧，我有一些演讲词，我会让美诺克利图给你带去，但是不多，所以你不要感到奇怪。我还在写作（你瞧，我或多或少摆脱了演讲术的诱惑，回到更加温和的缪斯，她们现在成了我快乐的主要来源，从我年轻时就是这样），我要说的是，我还在按照亚里士多德的方式写作——或者至少我想这样做——我写了三卷本的讨论和对话，书名是《论演说家》，我想它对你的儿子伦图卢斯有点用处。因为里面的规则与人们通常接受的规则完全不同，里面还包含着古人的所有修辞学理论，包括亚里士多德和伊索克拉底的理论。还有，我写了三卷诗，《我自己的时光》，[①] 要不是我想发表它们，我早就把它们送给你了。它们现在是并将永远是你对我的服务和我对你的忠诚的见证。但我有点担心，不是担心那些想象自己受到诽谤的人（因为我的批评既不是大量的，又不是严厉的），而是担心那些应当受到批评的人，要把他们的名字都写下来，那就太冗长了。

还有，要是我能发现值得信赖的人，我会让他们把我最后提到名字的这些书送给你。我确实毫无保留地把我的生活和日常活动都摆在你面前；文学和研究是我的娱乐，我在其中能够取得的任何成就我都完全乐意交给你批评，因为你一直喜欢这样的追求。

至于你在信中把你的家庭事务告诉我，以及对我的提醒，我都记在心里了，但我不喜欢被提醒，而喜欢被要求——好吧，我几乎要说我的感情受到了伤害。有关我弟弟昆图斯的事情你写道，由于夏季到来，受疾病的困扰，你无法渡海去西里西亚，你无法在那里安定下来，但你现在仍旧不愿这样做。我向你保证，这件事具有这样的性质，我弟弟确实相信，如果他能得到我们所说的这块土地，那么他必须就他的财产得到巩固而向你表示感谢。

① 这些诗已经佚失。

我要你毫无顾忌地经常给我来信，谈你关心的一切，谈你儿子的学习和训练——我也一样——你要相信，没有人可以比你对我更亲近，我指的不仅是事实，而且让它得到世上所有人的承认，是的，我们的后代也会承认。

阿庇乌斯已经在元老院里公开讲述了他以前在私下里经常讲的话："如果通过百人队代表大会能允许他得到一项法律，那么他会与他的同事为就任的行省进行抽签，但若没有这样的法律通过，他会接受这样的安排，成为你在西里西亚行省的继任人；在百人队代表大会通过这样的法律对执政官来说是重要的，但并非不可省略，就像他曾经按照元老院的法令掌管这个行省，他也会在苏拉的法律下掌管这个国家，直到他进入这座城市。"我不知道你的几位朋友和熟人是否已经分别写信告诉你，我只知道人们的看法有所不同。有某个派别认为不放弃你的行省是你的权力，因为如他们所说，任命你的继任人缺少百人队代表大会通过的法律的批准。也有其他派别认为，如果你辞职，你可以留下你的代理人负责行省事务。

我本人对这个法律观点不太确定（尽管它并非十分可疑），我的想法是这样的，由于你的高尚地位、尊严、仁慈（我知道这样做令你感到巨大的满足），你应当毫不犹豫地把你的行省交给你的继任人，不要有丝毫延误，尤其是他现在急于获得这个职位，对你还没有产生什么怀疑。至于我本人，我想我有双重义务要履行——把我的想法清楚地告诉你，为你可能做的一切进行辩护。

在我写了上面这些话的时候，我已经读了你信中提到的有关农夫的问题，但我不认为你对他们的处理是公正的，我希望你能用某些灵活的手段来避免触犯你一直荣耀的那部分人的利益。对于我来说，我不会停止为你的法令辩护，但你要知道那个阶级的人民的传统，你要记住他们曾经对伟大的昆·斯卡沃拉本人表现出无限的敌意。无论如何，我要强烈地向你建议，如果有什么办法，你就这样做，要么与这个阶级的人和解，要么平息他们的情绪。这是一个困难的问题，但我肯定你会相当谨慎地处理它。

[10]

马·西塞罗致法理学家卢·瓦勒留[①]，公元前54年，于罗马。

西塞罗问候博学的法理学家——因为我真的不明白，我为什么不应当对你有所奉承，尤其是这些天来，人们可以安全地把大胆当做博学。我衷心感谢我们的朋友伦图卢斯以你的名义发给我的信。然而我希望你不要进一步使用我的推荐信，而是在此之后到这里来看我们，告诉我们你住在哪里，而不是只说在那里，你似乎无所不知。然而从你那里来的人责备你，要么说你傲慢地不发表意见，要么说你发表的意见野蛮粗暴，不合他们的胃口。我确实希望有机会与你当面交谈。只要有可能，你就尽快来吧，不要去艾普利亚了，这样你就可以享有安全到达的快乐。如果你到年老的时候才回来，那么你连一个朋友也认不出来了。

第二卷

[1]

马·西塞罗致盖·斯利伯纽·库里奥[②]，公元前53年，于罗马。

尽管你怀疑我把你“忘掉”了，对此我表示遗憾，但我仍旧很高兴，因为你在思念我对你的关爱，而不是在指责我的懈怠，我不想对你提出什么指责，你在信中说期待我的来信，你公开发誓是爱我的，这我以前就

---

① 卢·瓦勒留（L.Valerius），西塞罗的亲密朋友，当时在西里西亚，要求西塞罗代表他写信给总督伦图卢斯。

② 盖·斯利伯纽·库里奥（C. Scribonius Curio），此时任克劳狄在小亚西亚行省的财务官。他是西塞罗的朋友，但在政治上经常改变立场。公元前49年为努米底亚国王犹巴（Juba）战败，被杀。

知道，但无论如何这是令我高兴和向往的事情。事实上，如果我知道有人去你那里，我不会放过一位送信人而不让他捎信给你。现在还有哪位写信人能像我一样坚持不懈？至于你，我顶多只收到你的两三封信，而且非常短。因此，要是你就此严厉指责我，那么我会说你也同样有罪；如果你不想让我这样做，那么你不得不对我表示宽大。关于通信我就不多说了，我并不担心不能给你多写信，尤其是在你对我的努力能表示恰当的感谢的时候。

我对你长期离开我们表示悲伤，因为我无法拥有你那令人愉快的团体；但与此同时，我很高兴你在离开我们的这段时间里实现了你的所有目标，为自己获得了最大的荣誉。在你的所有事情中，幸运女神一直在对我的祈祷做出回应。我有一个小小的建议，对你的格外关爱迫使我向你提出。你的勇敢是人们期待已久的，这也许是你的能力，我毫不犹豫地请你回到我们中间来，我相信你能够正确判断你已经激起的所有期待。我真的不可能遗忘你为我所做的一切，但我请你记住，如果你不能牢记以往从你童年起我给予你的所有诚挚的建议和关爱，那么无论你将来遇到什么样的幸运或荣耀，你一定不能确保它们。由于这个原因，你对我的情感与日俱增，成了我的沉重的负担，而我本应当在你的热爱和年轻中找到安宁。

[2]

马·西塞罗致盖·斯利伯纽·库里奥，公元前53年，于罗马。

令尊大人不幸去世，我对你的关爱失去了一个主要的证人。如果他在去世前能见到你，那么他是世上最幸运的人，不仅由于他本人取得的成就，而且由于他有一个像你这样的儿子。但我相信，我们之间的友谊不需要证人。愿上苍保佑你继承的财产！有任何事情，你都可以来找我，你对我的爱就像对你父亲的爱一样。

[3]

马·西塞罗致盖·斯利伯纽·库里奥，公元前53年，于罗马。

鲁帕本人急于以你的名义举行一场公共庆典。但是，我和你的任何朋友在你缺席时批准的任何事情都不会让你空手到达。晚些时候，我会把我的意见详细告诉你，或者说我想阻止你想出论证来对付我的意见，我要让你毫无准备，我要当面向你提出我的看法，使你能够按照我的思路考虑问题，或者让我久经考验的信念在你心里留下印象。所以，要是你开始——我希望你永远不要开始——对自己的决定不满，你可以想到我的决定。然而，长话短说，在你返回的时候，你可以从我这里知道基本的形势，借助上苍给你的赐福，凭借你的热情，凭借你的幸运，而不是凭借一场公共庆典，你可以轻易地保持所有政治上的优势。公共庆典只能使人激动，不能带来敬佩，因为它是财富的象征，不是价值的象征。现在没有人不对庆典表示厌烦和厌倦。

但我不会像我所说的那样采取行动，我要对我的观点做合理的解释，所以我推迟了有关庆典的所有讨论，直到你抵达。让我向你保证，人们渴望你的到来，人们对你卓越的功绩和能力的期待是很自然的。如果你做了满足这种预期的准备，如你必须做的那样，我相信会是这种情况，那么你的表现必定会使我们高兴，你的朋友、你的所有同胞、你的国家都会感到非常高兴。但是有一件事情你肯定会发现——这个世上没有人能比你对我更亲近，更让我感到愉快。

[4]

马·西塞罗致盖·斯利伯纽·库里奥，公元前53年，于罗马。

你非常清楚有好多种信，但有一种信不会有误——因为发明写信确实只是为了让我们可以把某些事情告诉远方的人，这些事情对他们来说是重要的，或者他们应当知道这些事情对我们是重要的。你当然不会期待从我这里得到这样的一封信。因为涉及你自己的事务，你在国内有你自己的通信人和信使，而涉及我的事务，我绝对没有什么消息要告诉你。剩下的还有两种信对我有很大的吸引力，一种是私人的、幽默的，另一种是严厉的、严肃的。这两种信中哪一种适合我使用，我不太清楚。我要写信跟你开玩笑吗？我发誓，我不认为这些日子里有哪位公民能够笑得出来。那么我要写些比较严肃的事情吗？除了公共事务，其他还有什么事情西塞罗能用严肃的风格写给库里奥？啊！和我的案子有关的事情正是这样，我不敢写下我感觉到什么，我也不倾向于写下我没有感觉到什么。

因此，由于没有什么主题可写，我只好返回我的老生常谈，鼓励你热诚地追求最高的荣耀。因为你在这里有一个厉害的竞争对手，他已经做好了各种准备，而你已经激起了人们非同寻常的期待。只要你能做到这一点，战胜对手你不会有什么困难——无论处理什么事，都要想到行动的高尚，要全力以赴。要是不确定你对自己的事业还没有足够的渴望，那么我会写得更多；如果我已经触及你的问题所在，那么我这样做不是为了使你的雄心化为灰烬，而是为了表示我对你的爱。

[5]

马·西塞罗致盖·斯利伯纽·库里奥，公元前53年，于罗马。

哪怕在信中我也不敢把这里的形势告诉你。如我在以前的信中所说，无论你在哪里，你都和我们在一条船上。然而，我要对你的离开表示祝贺，部分是因为你看不到我们能看到的事情，部分是因为你的声望在成千上万的同盟者和同胞眼中已经达到了难以置信的顶峰，我得到这样的印象不是通过模糊不清的流言蜚语，而是通过所有人的众口一词。有一件事情我不能确定，我应该向你祝贺还是要为你担忧，因为对你回归的期望所产生的激荡是令人惊讶的，我不担心你强大的能力会被人们低估，上苍保佑，而是担心当你回来的时候已经无事可做，确实，我几乎可以说这个世界衰退了，我们的公共利益毁灭了。我不敢肯定这封信能否安全送到你手中，所以其他事情都只能由别人来告诉你了。

无论你是否希望离开这个国家，或者无论你是否已经准备好，要去完成这样的抱负和事业，你都要在那位英雄公民的心中找到地位，他命中注定要拯救这个国家，恢复她原有的尊严和独立，由于时代的不幸和道德的颠覆，她现在已经倒在地上，奄奄一息。

[6]

马·西塞罗致盖·斯利伯纽·库里奥，公元前53年7月，于罗马。

当我派塞克斯都·维利乌斯给你捎去这封信的时候，我们还没有听到你快要到达意大利的消息，他是我朋友米罗的亲密朋友。然而，假定你很快就会到达，那么毫无疑问你会沿着亚细亚大道前来罗马，我想让你尽快收到我的信，所以我赶紧将这封信送出。

我亲爱的库里奥，现在你需要考虑的只有我对你的贡献——对此你经常加以宣扬，而我本人并不称道——假如我有某些重要的要求，我也不应当以这样的方式提出。向一位对自己负有义务的人提出这样的要求，这在任何有礼貌的人看来都是不妥的，他应当显得自己有某种需要而向对方提请求，他应当把对方满足自己的要求视为仁慈的帮助，而不是视为还债。然而就你来说，你对我的仁慈是众所周知的，或者说由于我遭遇史无前例的不幸而使你的仁慈凸显出来，由于希望得到一个亏欠你很多的人的帮助是人之常情，所以我毫不犹豫地写信请你为我做一些事情，对我来说这些事情比世上其他任何事情都要重要和不可缺少。你对我的帮助是无限的，但我决不担心你对我的贡献过分充裕，尤其是我确信，你对我的恩惠我在接受它们的时候没有一样在我心里找不到地位，或者是我不能充分地给予回报的，甚至在报答的时候给予赞美。

我所有的热望，我所有的力量、焦虑、努力、思想，简言之，我的整个心灵，都在投向米罗竞选执政官的事。我得出结论，我一定要在这件事上寻找重新担任要职的机会，而且要伺机恢复我忠诚的名声。

我怀疑是否有人会像我关心米罗的提升一样如此关心自己的安全和财产，我确信我在这世上拥有的一切都取决于这件事，我明白你是这样一个人，如果愿意，你能给他很多帮助，有了你的帮助，我们就不需要其他人的帮助了。下面这些观点是我们赞成的：他有拥护现政权的民众的积极支持，这是他在担任保民官期间赢得的；我希望你能理解，这是由于他为我的案子进行辩护，由于人们在街头巷尾支持他，由于他的公共演出规模宏大，由于他的性情十分仁慈，年轻公民在支持他，有势力的人会投他的票，他自己有着杰出的声望，也许还有他的勤勉；最后，我本人在选举方面支持他，尽管不像上面这些力量那么强大，但我的支持经受过考验，是正确的，也不过分，因此我的支持并非没有影响。

我们需要的是一位领袖，一位在道德上有分量的人，一位能控制我刚才描述过的那种风向的舵手；如果我们在整个世界上挑选这样一个人，我们找不到任何人能与你相比。

由于这个原因，如果你能把我当做（你能）一个对仁慈并非不在意或不感恩的人，当做一个诚实的人，如果仅仅为了我代表米罗所做出的努力，简言之，如果你视我为配得上你的仁慈的人（你当然会这样做），那么好吧，我请求你做的只是这样的一件事——减轻我当前的焦虑，把你的热心用于为我的名声辩护，或者说得更加准确一些，保障我在当前危机中的个人安全。

至于提・安尼乌斯[①] 本人，我向你保证，你找不到任何人比他更勇敢、更坚定、更忠诚，他对你有一种和蔼可亲的感情，或者说如果你高兴，你可以敞开怀抱欢迎他。至于我本人，你给了我荣耀和尊严，我必须承认你为我的好名声进行了诸多辩护，为我的回归做了许多工作。

如果我不确定你是否相当明白我写这些话有什么严肃的意图，我肩上承

① 提・安尼乌斯是米罗的养父。

担着什么样的义务，我应当如何全心全意地集中精力推进米罗的候选人资格，不仅要努力，而且要在实际的冲突中这样做，那么我会写得更长。但由于我确定你是理解的，所以我就把整件事情，米罗的事情，以及我自己的利益，毫无保留地交到你手中。

有一件事实可以向你保证，如果我的请求得到了满足，那么我对你的亏欠超过了对米罗本人的亏欠。因为我的回归——对此我亏欠他最多——对我本人来说并不像我的忠诚那样宝贵，而且没有什么欢乐；而现在我敢肯定，只有通过一个人的积极支持，我才能获得欢乐，而这个人就是你。

[7]

总督马·西塞罗致保民官盖·斯利伯纽·库里奥，公元前51年，于平德尼苏军营。

一般说来，晚到的祝贺不会引人怨恨，尤其是并非有意疏忽。我在很远的地方，很晚才得到消息。但我要向你表示祝贺，我诚挚地为你祈祷，担任保民官可以为你造就永久的荣耀；我鼓励你用自己的常识指导和控制所有行为，不为其他人的建议而动，不随波逐流。没有人能够比你自己给你更好的建议，如果听从你自己，你就不会滑倒。我并非以一种随意的方式这样写的；我知道你的精神，我知道你的明智，我不担心你会在你所做的任何事情上表现得胆怯或愚蠢，只要坚持你本人感到正确的东西。

我肯定你明白自己将要陷入的政治形势——不是你跌入的，而是你迈入的。因为它是你谨慎选择的结果，而非偶然，在一个危机的时候你选择担任保民官；我不怀疑你知道在政治上机会有多么重要，形势的变化有多么快，未来有多么无法预测，人们的偏好有多么容易动摇，生活中有着什么样的陷阱和虚伪。

但是我请求你，不要让你的思考和焦虑朝向一个新的方向，而是只做我在此信开头所说的事情，和你自己谈一谈，向你自己请教；聆听一下你自己的声音，而不是把耳朵堵上；能给你提供更好建议的人是找不到的；能给你提供更好的建议的人根本不存在。然而，不朽的诸神啊！我为什么不在你的眼皮底下做你探险的观察者，分享你的计划或成为你的合作者，甚至在实行这些计划的时候做你的代理人呢？尽管你没有这种需要，但这仍旧是我强烈的感觉，我可以用我的建议来证明我可以对你有某些帮助。

我会在另外一封信中写得比较详细，几天以后我会派人送信，所以在取得令我自己满意的显著成功，并卸下一种公共义务之后，我可以给元老院送上一份公函，详细报告我在整个夏季取得的战绩。

有关你被选入祭司团的事，我在一封已经交给你的奴仆斯拉索的信中讲了许多，我提到我如何关注这件事、担任这个职务有什么困难、你应该怎么做。

我亲爱的库里奥，我以我们之间非比寻常的友谊的名义恳求你，不要再延长你在我这个麻烦的行省里的任期。

当我几乎没有想到你会是今年的保民官时，我恳求过你，我用信件重复着我的请求，但我当时写信就像写给一位非常杰出的贵族，而不像写给一名最受人欢迎的年轻人，而现在我的信写给一位保民官，写给保民官库里奥；我的请求不是要通过某些新法令，这种事经常有很大的难度，而是根本不要通过任何新的法令，你应当坚持元老院现有的法令和法律，我离开罗马时说过的同样的话仍旧应当起作用。这就是我再三向你发出的诚挚的请求。

[8]

总督马·西塞罗致马·凯留斯·鲁富斯，公元前51年7月6日，于雅典。

噢！给我送来“角斗士的配对”“法庭休庭”“克瑞斯图的夜盗”这样一些琐碎的、我在罗马不会有人向我傲慢地讲述的报告，你真的以为这就是我委托你做的事情吗？现在请你注意，根据我对你的判断我对你抱有什么样的敬意——我应当如此，因为我从来不知有什么人能比你在政治上更加敏锐——我并不急于让你把每天做的事写给我，哪怕涉及重要的政治事件，除非某些事与我个人有关。其他人会给我写信的，许多人会给我带来消息，还有许多事情甚至会通过传闻的方式为我所知。因此我并不指望通过你了解过去的或现在的事情，而想要通过你知道未来，知道将要发生的事，如果你的来信能够向我描绘一幅政治蓝图，我就能处在一个知道什么样的建筑可以期待的位置。

然而，迄今为止我挑不出你有什么毛病。因为你比我们中的其他人，尤其是比我本人，更能预见到的事情一样也没有发生，我花了几天时间与庞培见面，除了政治事务以外其他什么也没有谈，但我不能，也不应当在信中复述我们之间的谈话。你可以确信庞培是一位杰出的公民，他已经做好了充分的准备，在政治形势需要时采取必要的措施。“把你本人托付给他吧，这样做是对的。相信我，他会欢迎你。”① 他眼中的好公民或坏公民可以作为我们判断公民的标准。在雅典待了十天，见到我们的朋友卡尼纽斯·伽卢斯的那个团体的许多人之后，我于 7 月 6 日离开了这座城市，在这一天我让每个送信人给你捎去这封信的一部分。我希望我的所有事情都能得到你最热心的关注，我现在最大的希望就是我在这个行省里的任期不要延期。与我有关的一切都取决于这件事。什么时候，如何，通过谁来解决这个问题，你最能决定。

[9]

总督马·西塞罗致候任市政官马·凯留斯·鲁富斯，公元前 51 年，于陶鲁斯附近。

首先，我要向你表示祝贺，这是我的义务所限，使我感到高兴的不仅是

① 此处引文无出处。

你的现在，而且还有你预期的升迁。天已经很晚了，但不是由于我的任何疏忽，而是我对正在发生的事一无所知。我所在的地区消息十分闭塞；这里十分偏远，还有土匪出没。我向你表示祝贺，但还不仅于此，我很难用语言表达我对你的感谢，你以这样一种方式当选，就像你自己所说的那样，给了我们“某些东西，可以让我们今后偷着乐”。所以还没有等我变成那位“希鲁斯”[①](你知道我指的是谁)，我马上就得到了消息；我起了这位希鲁斯自夸的所有年轻的希鲁斯的作用。

我发现很难用语言来表达我自己的意思。你在遥远的罗马，但是当我想象与你面对面谈话时，我可以说：“凭着这对伟大的双胞胎，你的运气来了！你取得了巨大的成功。”这种事情发生的时候我非常惊讶，我又重新回到了过去。“事实摆在我面前——但我就是不相信！”然后我突然昂首阔步，“欢歌笑语”；当他们说我高兴过了头的时候，我引用诗句来为自己辩护：“不适当的兴高采烈，我……”[②] 简言之，在嘲笑他的时候，我自己也几乎落到和这位希鲁斯同样的水准。

等我有空的时候，我会更加详细地把这件事以及其他和你有关的许多事情告诉你。

我亲爱的鲁富斯，我爱你。命运女神让你来增强我的威望，让你来为我报仇，惩罚那些恨我的人以及妒忌我的人，让他们伤心吧，有些人是为了他们的罪行，有些人是为了他们的愚蠢。

[10]

胜利者马·西塞罗致候任市政官马·凯留斯·鲁富斯，公元前51年11月14日，于平德尼苏军营。

---

① 此处西塞罗加以嘲笑的人是希鲁斯（Hirrus），这个名字在发音时很容易发成 Hillus，从信中可以看出此人嗜好在演讲中引用诗句。

② 引自特拉贝亚（Trabea）的喜剧，引文后半句是“我把它当做最致命的错误”。

你自己瞧，为什么我收不到你的信！我很难相信你从当选市政官以来就没有给我发过信，尤其是这件事情十分重要，它也需要衷心的祝贺，对你而言，这是我希望做的事，对希鲁斯而言（请原谅我的咬舌），这是我没有想到的。无论如何你可以把它当做一个事实，自从你光荣当选以来我没有收到过你的信，你的当选使我兴高采烈。因此我担心我给你的信也遭到了同样的命运。我向你保证，我每次给家里写信时都会同时给你写信，因为你是我在这世上最亲近的人，你是最令我高兴的同胞。但是（我已经不咬舌了），[①] 让我们来谈具体事务。

你说为了保证我的凯旋仪式，希望我不要有太多的麻烦，而这正是你所希望的。你担心帕昔安人是因为你对我的力量缺乏信心。很好，事情确实如此。对帕昔安人宣战以后，我指挥我的部队向阿马努进军，途经山区有一些损失，这支军队得到良好的支援，我在这些并不认识我的民众中也有很高的威望和道德上的影响。在这些地方经常可以听到这样的话："这就是……那座城市……被元老院……的那个人吗？"[②] 你可以自己填满句中省略的词。当我到达阿马努的时候，我和彼布卢斯共同防守一座山，以分水岭为界，我非常高兴我们的朋友卡西乌斯已经成功地把敌人从安提阿赶走；彼布卢斯从他那里接管了整个行省。

与此同时，我用了全部力量对付我们永久的敌人——阿马努的山民。许多山民被杀或被捕，其他的四下溃散，我的到来令他们大惊失色，他们的堡垒和营寨被我们攻克与焚毁。在受到士兵们的欢呼以后，依靠一场合法的胜利的力量，我作为伊苏斯的胜利者（按照你听说的克利塔库[③] 讲的故事，大流士在这个地方被亚历山大击败，你经常跟我讲这一点），指挥我的军队

---

① 后面的句子中有拉丁文"rem"和"redeamus"，西塞罗的意思是他现在可以发出"r"音了。

② 此处完整的句子是："这就是拯救了那座城市的那个人吗？这就是被元老院称做'国父'的那个人吗？"

③ 克利塔库（Clitarchus）随同亚历山大征讨，撰写亚历山大的生平。

深入西里西亚最不安定的地区。最后 25 天，我进攻了防守极为严密的平德尼苏镇，我们使用了土木工事、移动雉堞、攻城塔。事实上，有这样有效的装备，我在获取最高荣誉的道路上什么也不缺少——除了这个城镇的名字。如果我占领了它，如我所希望的那样，那么你可以肯定，我会送出一封急件。

我现在写信给你，为的是给你希望获得的东西提供一些理由。

但是，让我们回到帕昔安人的问题上来，这个夏天已经有了一个我描述得相当成功的结局，但是对下一个夏天我保持着高度警惕。由于这个原因，我亲爱的鲁富斯，你必须有清楚的认识，首先，我有了一个继任人；如你所写的和我所能相信的那样，如果可以证明这些土地对你的犁来说过于沉重，那么（可以相当容易地得出结论）我的任期不应延长。我期待着你的来信能提供政治形势方面的解释，如我前信所说，甚至能对未来的事情有所预见。因此，我诚恳地请求你带着所有可能的勤勉给我写信，详细讲述各种观点。

[11]

胜利者马·西塞罗致市政官马·凯留斯·鲁富斯，公元前 50 年 4 月 4 日，于劳迪凯亚。

你能想象语词有可能让我失望吗，不仅是你们这些公共演说家使用的演讲用语，而且是我使用的日常生活用语？然而，它们确实让我失望，其原因如下：我不知道如何给这些行省制定法令，对此我感到十分焦虑。说我有多么想念罗马是令人惊讶的，你不会相信我有多么思念我的朋友，尤其是你。但是说到这个行省，我内心感到厌恶，因为我在这里已经获得了一定程度的声望，而我不应当谋求更大的声望，乃至于走向反面。我经常为国家承担重任，但这里的事务与我的能力不配。我们面临着一场大战到来前的恐惧，如果我在某个指定的日子离开这个行省，那么我会显得像是在逃跑。

关于捕捉黑豹的问题，这件事要按照我的命令谨慎从事，要得到猎人的帮助。值得惊讶的是黑豹如此之少，他们告诉我有人发出强烈的抱怨，说在我的行省里没有设下任何捕捉野兽的陷阱，所以他们决定从这个行省迁往卡里亚行省。我的人在为这件事忙着，没有人比帕提斯库更忙。所有捕获的野兽都会归你支配，但有多少野兽我不知道。我向你保证，你担任市政官会给我带来很大的好处，这一天本身提醒了我，这封信是在大母神节写的。

我要你尽力给我写信，详细告诉我整个政治形势，因为我会把你提供给我的消息当做最可靠的。

[12]

胜利者马·西塞罗致市政官马·凯留斯·鲁富斯，公元前50年，于西里西亚。

我确实对罗马发生的事情感到困惑，我得到报告说有人举行集会引起骚乱，密涅瓦女神节[①]令人担忧。接下去发生的事情我还没有得到消息，这是令我最烦恼的事情，哪怕有什么可笑的事情，我也不会与你分享这些笑话。当然了，有许多事情确实可笑，但我不敢把它们写下来。迄今为止最令我不安的事情是我还没有收到你提到这些事情的来信。尽管当你读到这些话的时候，我的任期已经完成，但我应当得到你的来信，在其中提到我回家的事，并把公共事务的一般状况告诉我，这样的话，我到家的时候就不会像个彻底的陌生人了。这件事没有人能比你做得更好。你的朋友第欧根尼，一个非常好的文静的人，已经和来自佩西努斯的斐洛一起离开了我。他们已经上路去访问埃亚托利克斯[②]，虽然他们非常明白，那里的整个形势使他们不能指望

① 纪念密涅瓦女神的节日（Quinquatrus），3月19日至23日是大庆祝（Quinquatrus majores），6月13日是小庆祝（Quinquatrus minores）。

② 埃亚托利克斯（Adjatorix），多尼克琉（Domneclius）之子。多尼克琉时任加拉太的“特恰克”（tetrarch，统治行省的四分之一地区的长官的职位），后被奥古斯都处死。第欧根尼是凯留斯的朋友，斐洛是凯留斯的被释奴仆。

得到盛情款待和金钱。罗马，我亲爱的鲁富斯，只有待在罗马才有光明和生活。

与罗马的宏大仪式相比，所有异国的仪式都是模糊难懂的（这是我从小就具有的看法）。对此有充分认识的我，还会恪守我的信条吗！我发誓，一个行省的全部利益也无法与你的一次散步或交谈相比。我希望我已经获得了正直的名望，但是我在对这个行省的成功治理中获得的东西和被我拒绝了的东西差不多。你说："有什么胜利的希望吗？"只有缩短我对所有对我来说最亲密的东西的思念，我才会取得光荣的胜利。但是（这是我的希望），我将尽快见到你。你要记住，给我写信来，以便有机会在途中与我相见。

[13]

胜利者马·西塞罗致市政官马·凯留斯·鲁富斯，公元前50年5月初，于劳迪凯亚。

你给我的来信很少，间隔时间也很长（也许是你写的信没有送到我这里），但是它们是迷人的。以我最晚收到的信为例，它写得非常谨慎，里面充满了仁慈和良好的建议！尽管我已经决定在各方面按照你的建议采取行动，但我无论如何也要通过感受到和有判断力的人以及我的可靠的顾问持有相同的观点来坚定我的意向。

我在和你的谈话中经常谈到阿庇乌斯，我对他抱有深刻的敬意，一旦我们之间的隔阂得以消除，我感到马上就赢得了他的尊敬。他在担任执政官的时候赐给我荣耀，作为一位朋友他是有魅力的，他的兴趣爱好也使我产生了兴趣。另外，你本人可以作证，我从来没有停止过为他提供良好的服务。现在我认为我又有了法尼亚[①]的证词为证，他就像一出喜剧中的证人。涉及我

① 法尼亚（Phania），西塞罗的一个朋友，是他与阿庇乌斯和解的中间人。

的荣誉的问题，我把他看得更加高尚，因为我感到他是忠诚于你的。你知道我现在所做的一切都是为了庞培，你也理解和喜欢布鲁图。我有什么理由不把这样一位已经久经考验对我忠心的人放在心上呢，他有着福佑的青年时代，有很大的影响，拥有荣耀、能力、孩子、亲属、关系、朋友，尤其是他是我担任占卜官时的同事，甚至在我们的名声和接受教育方面也相同？在这些问题上我要更加详细地描写，因为你的来信传达了一种暗示，你困惑为什么我对他拥有善意。我想你听到了一些传言，如果你听到什么，那么请你相信我，这些传言是谎言。

我本人的政策和措施与他统治行省的理念本质上有某些区别，结果使得某些人可能会怀疑我与他意见不合是由于气质上的差别，而不仅仅是看法不同。现在我决不会做任何事或说任何话有损他的名望。确实，自从我们的朋友多拉贝拉的轻率行为引起麻烦以来，我就在他需要的时候充当调解人。

同一封信中出现了“国家的懒散”这样的话。看到这句话我很高兴，我也乐意看到我的朋友[①]变得非常懒散，无所事事。你的来信的附记给我带来一阵刺痛。它是什么呢？“库里奥正在为凯撒辩护。”除了我本人，还有谁会这样想？我确实是这样想的。啊，不朽的诸神！我有多么想念我和你在一起时的欢笑！

我已经履行了我的司法义务，我已经使行省的财务有了健全的基础，我确保发放过去五年里的欠款（就想想这一点吧），过去的欠款丝毫没有对同盟者的保护，这些都使我本人获得了从高到低各个等级的人们的欢心。我打算 5 月 15 日从西里西亚启程，到达我们的夏季营地以后就完成军事上的布置，然后按照元老院的法令卸任，离开这个行省。我急于见到担任市政官的你，这真是太好了，我想念罗马，想念我的所有朋友，但我最想念的还是你。

---

① 指库里奥。

[14]

胜利者马·西塞罗致市政官马·凯留斯·鲁富斯，公元前50年2月，于劳迪凯亚。

我和马库斯·法迪乌斯的关系非常亲密，他是一个好人、一位非常优秀的学者。我非常喜欢他，不仅喜欢他的天才和学识，而且喜欢他非常谦虚的态度。如果你能把他的事当做我的事来办，那么我会非常高兴。啊，我知道你那著名的主张！如果有人自愿为你服务，那么下一步的进程就是谋杀。但是在这个人身上我不会找到他会这样做的理由。如果你是我的朋友，那么当法迪乌斯需要你的服务时，你会放下其他的一切。我渴望得到罗马的消息，我确实特别渴望，我尤其想要知道你的情况。冬季如此严峻，我们已经有很长时间没有得到任何消息了。

[15]

胜利者马·西塞罗致市政官马·凯留斯·鲁富斯，公元前50年8月初，于西达。

没有任何行动能够比你和库里奥在我的公共祷告仪式[①]上采取的联合行动更加正确。我对这件事的进展确实感到非常满意，不仅对那份文告，而且还因为那个愤怒地反对你和我本人的候选人也投了票，同意把这种适宜用来赞扬神的仪式用来荣耀我的成就。看到你已经做好准备，因此可以确定我对下一步充满希望。

关于多拉贝拉，我感到很高兴，首先，你说他很好；其次，你实际上对他有依赖。因为当你表达在我亲爱的图利娅的谨慎影响下他有可能发生改变

① 当取得某项胜利后，由元老院颁布法令举行庄严的公共祷告仪式。这是西塞罗的第二次公共祷告仪式，第一次是他在镇压喀提林叛乱以后。

的希望时，我知道你打算抵消哪一封信的影响。如果你读到继你之后我给阿庇乌斯写的信，你会怎么想？但是现在该怎么办呢？这就是生活。愿诸神能够告诉我们现在该做什么。我希望我能看到他是一位讨人喜欢的女婿，在这一点上你的热心是对我的巨大帮助。

政治前景使我无比焦虑。库里奥——我对他抱有好感；凯撒——我真诚地希望他获取一切荣誉；庞培——我可以为他献出自己的生命。但是当这些话都说了，这些事都做了的时候，这世上没有任何东西能比共和国本身对我来说更宝贵。你怎么样？你在这个共和国里没有那么多的表现。你既是好公民又是好朋友，在我看来，你似乎被朝着两个方向拉扯。

离开我的行省时，我让财务官凯留斯掌握行省事务。你会说："这么年轻！"是的，但他是一名财务官；他年轻，但出身高贵；是的，我实际上遵循了一条先例，因为没有人担任过比他更高的职务。庞普提努早就离开了，我也无法说服我弟弟昆图斯接替我的职务——此外，要是我把他留下来，那么就会有恶毒的谣言，说我实际上在任期满后没有按照元老院的意图放弃行省总督的职务是因为我把第二个自我留了下来。他们可能还会说，元老院的意图是让那些以前没有担任过总督的人担任此总督，而我的弟弟曾经担任过三年小亚细亚行省的总督。简言之，我有种种顾虑，要是把我弟弟留下，那么我就要担心一切。最后，我的安排并非我的首创，而是与罗马的两位最有势力的人的做法一致，他们想把这世上所有的卡西乌斯和安东尼乌斯都收罗到一起来，而对这个出身高贵的年轻人，我并不急于说服他站在我一边，就像我并不急于成为他的敌人。因此你必须为我的这个决定鼓掌，因为它是不可改变的。

你写给我的关于欧凯拉的事情不太好懂，它也没有在罗马公报中出现。你的功绩显赫，甚至在陶鲁斯山的那一边都能听说马特利纽的事。如果我不被厄特西季风拖延，我希望很快就能见到你。

[16]

胜利者马·西塞罗致市政官马·凯留斯·鲁富斯，公元前50年5月初，于库迈。

如果不是我自己在这一时期被种种烦恼所窒息，如果我不是如此长期地陷入绝望，乃至于变得毫无同情心，那么我会对你的来信表示深深的悲哀。但是我不明白为什么会发生这种事情，我的前一封信应当使你对你信中提到的事情有所怀疑。那封信的内容绝不仅仅是对时代的怨恨，这种怨恨存在于我的心中，但并不多于你信中的怨恨？我的经验告诉我，你敏锐的理智不会看不到连我都能看到的事情。使我感到惊讶的是，你本应当知道我的内心，但你却受到诱导，把我当做一个短视的、抛弃崇高事业的人，或者把我视为前后不一，乃至于在某个时刻丧失在某个人眼中长期积累的欢心。这个人现在正处在他的鼎盛时期，由此可以证明我背叛了自己的原则，参与了一场我从一开始就想要避免的内战。

那么我的“忧伤的心”是什么？是从某些偏僻的地区撤退吗？好吧，你知道我是如何被激怒的——曾经有一个时候你感到我就像你自己一样——由于厌恶那些无礼的同胞的粗暴的行为，我是如何把头扭向一边的。还有，我的侍从官在这里的游行，胜利者的头衔，以及把我称做胜利者，都使我感到窘迫。如果能够放下重担，我会满足于在意大利的任何地方藏身，无论多么卑微。但是我的这场胜利庆典不仅要遇到凝视的眼睛，而且还要遇上对我抱有恶意者的嘲笑。然而，虽然有这些事情，但我绝不想离开这个国家，除非有你和你的朋友的批准。你知道我的那块小小的地产，我必须住在那里，不让自己成为朋友的沉重负担。然而，正是由于我发现住在海边是最令人愉快的，所以我引起了某些人的怀疑，说我想要乘船离开。如果我能在航程的终点找到安宁，我也许不会拒绝这样做。如果只有一场战争在等着我，航海有什么好处？——尤其是与我曾经希望使他满意的那个人作战，而我现在无论做什么都不能使他满意，不是吗？

还有，自从你到我在库迈的住处来见我，你很容易理解我的感情。因为我没有把提·安庇乌斯对我说的事情向你保密，你知道我有多么痛恨离开罗马的念头。当我听说这种想法的时候，我不是对你说过，我宁可忍受世上任何艰辛，也不愿离开意大利参加内战吗？那么发生了什么事使我改变了主意？不，倒不如说什么事没有发生使我坚定了自己的意见？如果你相信我的话，那么我会很高兴——我想这也是你自己的想法——由于这些可悲事件的后果，我什么也不想谋求了，只想这个世界可以最终明了我的主要愿望是和平。当没有和平的希望时，没有任何事情会像内战一样让我会如此固执地加以避免。我想我绝不会有任何理由对我在这个方面前后一贯的行为感到后悔。我确实记得，在讨论这些事情的时候，我亲爱的朋友普·霍腾修斯不断地自夸，说自己从来没有参加过内战。就他而论，我的被说成是缺乏某种精神的信誉显得更加突出，而就我而论，我根本不可能有这样的想法。

你在我面前提出来的论证是忠诚的、可爱的，但你不会用它来恐吓我。在这场世界性的震撼中，没有什么对手可以把痛苦悬挂在我们所有人头上——我乐意以我私人的和家庭的麻烦为代价去感化这种对手，甚至是那些你警告我要加以提防的人。

关于我的儿子（我很高兴你喜欢他），如果还有任何形式的国家能够存活，那么我会留下足够的遗产让他记住我的名字；如果根本就没有什么国家了，那么他会落入与他的同胞相同的命运，不会有什么例外。

你要我注意我自己的女婿的利益，当然了，像他这样优秀的年轻人，对我也很亲近；然而我要说，当你知道他和我亲爱的图利娅是如何对我的时候，你能怀疑我对他们的挂念引起我多么强烈的焦虑吗？更有甚者，在这普遍的不幸中，我仍旧保有一线得到安慰的希望，我的或者说我们的多拉贝拉，能够摆脱他的慷慨使他陷入的那些困境。我想要你查询他在罗马是怎么定居下来的，他有多么痛苦，这种事情对我本人、他的岳父来说有多么难以置信。

所以我不会等待西班牙的这件事情的结果，因为我非常满意，你的来信已经就此做了真实的解释，我的心中也没有任何狡猾的计谋。如果说还有一个国家，那么必定会有我的立足之地；如果国家没有了，我想你本人也会到你听说我已经在这里定居的偏僻的地方来。但也许我只是在胡言乱语，一切都会比我们期待的要好。我在心中想起，当我还是个孩子的时候，那个时候的老人也陷入绝望。也许是由于我的年纪的原因，我现在是在步他们的后尘。我希望是这种情况，然而……

我想你已经听说奥庇乌斯正在让人给他织一件市政官穿的托架袍。因为我们的朋友库提乌斯想要一件染双色的托架袍。① 但是他发现他的染衣匠的工作还需要时间。这是给你的一撮笑料，只是为了告诉你，在懊丧之中，我仍在不时地发出欢笑。

至于多拉贝拉的事情，我恳请你的关心，把它当做你自己的事情。最后说一句，我不会做任何鲁莽失控的事情。然而，我恳求你，无论我们到了什么国家，请你保护我，保护我的孩子，保护我们的友谊，你自己的荣誉感会要求你这样做。

[17]

胜利者马·西塞罗致叙利亚财务官格奈乌斯·撒路斯提乌斯，公元前50年，约7月18日，于大数。

你的两封来信按照你的要求于7月17日在大数交到我的手里，我会按照你的愿望按序加以回答。关于我的继任人，我什么也没有听说，我根本不认为我会有一位继任人。我没有理由不在规定的日子里离开这个行省，尤其是现在帕昔安人的威胁已经消除了。我根本没有在任何地方停留的想法，虽然为了我的孩子们的缘故，我想去一下罗得岛，但甚至连这件事也是不确定的。我想尽快回罗马，但在任何情况下我都会考虑到国家的事务和这座城市

---

① 占卜官的袍服，染有紫色和番红花色。

的事务。你的继任人不可能那么快到来，乃至于你能够在小亚细亚见到我。

关于移交你的账目，如果你能省略这一步骤，对我来说没有什么不便，因为你在信中写到彼布卢斯赋予你权力，但我不认为按照朱利乌斯法你能省略这样的步骤；尽管彼布卢斯，出于他本人的确定的理由，拒绝遵守这项法律，但在我看来你应当谨慎地遵守。

你在信中写到一定不能从阿帕美亚撤军。好吧，我看到其他人也都这么想，但我感到恼火的是对我抱有恶意的人对这件事做了让人很不舒服的评价。帕昔安人有没有越过幼发拉底河，这个问题我看到除了你没有别人提出过怀疑。所以，受那些以积极的方式谈论这件事的人的影响，我撤回了所有驻军，是我使这些部队变得强大和安全。

对我来说，把我的财务官的账目送给你是不合适的，它们在那个时候也还没有完成。我的意思是把它们存在阿帕美亚。至于我的战利品，除了这座城市里的财务官，换言之，罗马人民，无人碰过它或者想要染指。

我想我会在劳迪凯亚接受一些公款作为保证金，使我和民众可以用来对付海上运输的危险。

你写信提到 100,000 德拉克马的事，在处理这件事的时候我不会做出偏爱任何人的安排，所有钱都由军法官作为战利品来处理，而分配给我的钱则由财务官管理。

我对按照元老院法令派往叙利亚行省的那些军团是怎么想的？好吧，在它们到来之前我宁可持怀疑态度。如果叙利亚和平的消息及时传来，我相当肯定它们不会来了。

至于马略、这个行省的继任人，我预计他会推迟到来，因为元老院的法令让他率领这些军团一齐来。

我已经回答了你的一封信，现在来回答第二封。你请求我尽可能强有力地把你推荐给彼布卢斯。我完全愿意这样做，但现在是个好机会，因为我有话要对你说。你是彼布卢斯的幕僚中唯一从来没有跟我说彼布卢斯有多么讨厌我的人，他对我的厌恶没有任何明显的原因。有人对我说，当安提阿的大量民众都处在极大忧虑中、对我和我的军队抱有很大希望时，他反复宣布他宁愿承受任何艰难，也不想为我提供任何帮助。所以在你本人对他履行执法官的意义上，你召回了你自己的执法官。对此我并不那么怨恨，虽然我一次次地听说你受到过什么样的对待。但是这个人在写信给塞耳姆斯提到帕昔安战争时，从来没有给我写过一个字，尽管他非常明白必须承担这场战争主力的是我。他给我写过信，但只提到他儿子的占卜官的职务；而我，除了感到悲哀，因为我一直对彼布卢斯十分友好，还要带着痛苦尽可能有礼貌地给他写信。如果是不分青红皂白地恶意刁难（我决不认为是这样的），那么我会感到自己受到的冒犯要轻一些，但若他对我有特别的恶感，那么我给他写推荐信对你没有任何好处。噢，在彼布卢斯给元老院送的急报中，他把我做的事情都说成他的功劳，他说是他安排了有益于民众的银钱兑换。此外，他还提到我拒绝使用特拉斯巴达尼人作雇佣军，而这完全是我自己的主意。他还说是他做出的让步赢得了民心。另外，在他本人要负全责的地方，他把我算做合作者，他说："当我们需要更多的粮草供给骑兵的时候。"接下去的话就是一颗狭窄的心灵的标志，被它自己的恶意所窒息和削弱——因为元老院通过我授予阿里奥巴扎努"国王"的头衔，把他托付给我，而我们的朋友在他的奏报中不把他称做"国王"，而称做"国王阿里奥巴扎努之子"。向这种人求助只能把事情搞糟。但我还是按你的要求给他写一封推荐信，接到信后你可以按你的想法去做。

[18]

马·西塞罗致前亚细亚执法官昆·米诺西乌·塞耳姆斯，公元前50年5月初，于劳迪凯亚。

我非常高兴，我为洛得① 提供的服务、我代表你所做的其他努力，还有

① 洛得（Rhodo），塞耳姆斯的一个朋友。

你自己的努力，为你赢来了感恩。你是一个非常感恩的人，你可以确信我对你担任高位兴趣越来越大。确实你通过自己的正直和宽厚增加了可能性，而这样的品质几乎是无法改善的。我按照你说的方法冥思苦想，我对我最初提供给我们的朋友阿里斯托的建议感到越来越满意。在他来看我的时候，如果你给那个权力很大、出身高贵的年轻人① 正式打上耻辱的标记，那么你会招来各方面的严重敌视，毫无疑问，他当然是可耻的，但你那里没有其他人担任过比他高的职务。现在这个年轻人对你的那些没有污点的优秀的副将拥有优先权，更不要说他的高贵出身了，无论如何，他是一名财务官，是你自己的财务官。我非常明白，任何人的愤怒都不能伤害你。我也不认为你会惹来出身高贵、行动迅捷、不缺乏雄辩口才的三兄弟② 同时对你表示愤怒，尤其是当他们掌权的时候。我知道他们想担任保民官，一个接一个，三年的任期。

但是，关于共和国，谁知道会发生什么样的暴风骤雨？我的预报是“飓风”。如果你越过一名财务官，提拔他的副手，我为什么要让你去面对这位保民官的愤怒，尤其是没有人会说一个不字的时候？如果他证明自己配得上他的祖先，我希望如此，也祈祷他能够，更大的信誉将是属于你的。如果他犯了任何错误，那将完全是他自己的事，跟你没有关系。我在想，在我启程去西里西亚的时候，把我认为对你的利益有影响的所有事情都写信告诉你是我的义务。无论你做什么，我都会祈求诸神降福于你。如果你听从我的意见，你会避免树敌，在将来的日子里，你要想一想你的安宁。

[19]

马·西塞罗致财务官凯留斯·卡都斯，公元前 50 年 6 月 21 日，于庇拉

---

① 指盖乌斯·安东尼乌斯（Gaius Antonius），三巨头之一安东尼的兄弟。公元前 49 年和前 44 年担任保民官。

② 指安东尼乌斯三兄弟。

姆斯军营。

马库斯之子、马库斯之孙、马库斯·图利乌斯·西塞罗问候财务官盖乌斯·凯留斯·卡都斯、卢西乌斯之子、盖乌斯之孙：

我听说你已经成为我的财务官，这个消息深受欢迎，我希望你和我在这个行省里待的时间越长，我对这个抽签的结果会越高兴。它在我看来是非常重要的，由抽签造成的我们之间的联系会进一步通过私人之间的亲密关系得以增强。可是后来，当我没有从你或其他人那里听到你到达的消息时，我开始担心这件事情会落空（我确实仍旧在担心），在你到达这个行省之前，我就会离开这个行省。然而 6 月 21 日，我在西里西亚的军营里收到了你给我的来信，这是一封彬彬有礼的信，我很容易从中看到你的义务感和能力。但你的来信没有说明发信的地点，也没有发信的时间，或者我想要知道的时间。送信人不是你把信托交给他的那个人，如果送信人没变的话，他就能告诉我信是从哪里发出的，是什么时候发出的。

虽然事情不那么确定，但无论如何我想我应当派一名传令兵或侍卫给你送一封信。如果你能及时收到，能够尽快在西里西亚与我会合，那么你会给我提供极大的帮助。

第三卷

[1]

马·图·西塞罗致胜利者阿庇乌斯·克劳狄·浦尔契，[①] 公元前 52 年，于罗马。

---

① 阿庇乌斯·克劳狄·浦尔契（Appius Claudius Pulcher），西塞罗的死敌普·克劳狄的兄弟，公元前 57 年担任执法官，公元前 54 年担任执政官，公元前 53 年担任西里西亚行省总督。

哪怕国家本身能给你提供一个有关她当前状况的解释，你也不会更方便向她了解，而不向你的仆人法尼亚了解。他非常精明，他不仅聪明，而且（不带贬义的）喜欢打听别人的事情。因此，他会把所有事情向你说清楚。这样一来我就可以把信写得短一些，也不会有什么危险。关于我对你的善意，虽然你可以从这位法尼亚嘴里了解到，但我个人无论如何还是要表达一下。

你必须让你自己信服，你对我是非常亲近的，既因为你的性格魅力，你的礼貌和友善，也因为我从你的很多来信、从许多人的谈话中得知你乐意接受我的许多意见。既然如此，我确实要向你保证，凭借我对你的服务的这种可接受性、这种频繁程度和我的宽厚来弥补我们失去已久的许多欢乐，这种欢乐过去由于我们的一位熟人而中断①。由于这也是你的愿望，我可以说我们这样做“不违反密涅瓦的意愿”②。如果我能在你的收藏中确保有一座她的雕像，那么我将不仅称她为帕拉斯，而且也要称她为阿庇亚斯。③

我前不久才认识你的仆人西立克斯；自从他给我送信以来，他表现得十分热情和友善，他本人的讲话以一种奇妙的方式追随着你的来信所表现的礼貌。听他讲述你对我的仁慈和你每天对我做出的评价，我感到非常愉快。简言之，他在两天里就成了我的亲密朋友——但我不会因此停止对法尼亚的思念；我想你很快就会派法尼亚回罗马，如果你让他带来你的指示，把你想要我做的事或想要我寻找的东西告诉我，那么我会很高兴。

我向你强烈推荐律师卢·瓦勒留，哪怕他不是律师，我也会这样做。因为我希望对他采取“预防性的措施”，比他通常对其他人采取的措施更加健全。我非常喜欢这个人，他属于我们家族，是我最亲密的朋友之一。他从未

---

① 指由于普·克劳狄的行为而引起的疏远。

② 密涅瓦代表一个人的精神品质，所以“不违反密涅瓦的意愿”表示“全心全意”。

③ 可能是由于阿庇安家族能守普·克劳狄占有了西塞罗被流放前献给密涅瓦的一尊雕像，西塞罗在此暗示想要索回，为感谢重新安放这座雕像，不仅称她为“帕拉斯·雅典娜”（雅典娜的别名），而且称她为“帕拉斯·阿庇亚斯”。密涅瓦就是希腊人的雅典娜。

停止过对你的感恩，但他还是认为我的推荐信会有最大的分量。我再三请求你不要让他的期望落空。

[2]

马·图·西塞罗致西里西亚行省总督阿庇乌斯·克劳狄·浦尔契，公元前 51 年。

作为卸任执政官我有义务赴行省任职，虽然这样做违背我个人的意愿和期待，但在我诸多烦恼和思虑中使我感到安慰的是，作为你的继任人，你不会有比我更好的朋友了，你也一定会尽最大的可能，将这个行省有序平稳地交到我的手中。如果你也抱有和我对你的善意一样的希望，那么你的希望肯定不会落空。以我们非常亲密的关系[①]的名义，以你自己无与伦比的仁慈的名义，我再三请求你，在你能做到的任何方面（你在许多方面都能做到），为了保护我的利益而采取一些预防性的措施。

你明白，按照元老院的法令我有义务接受一个行省。[②]如果你能选择一个尽可能方便的时机把行省交给我，那么我在我的任期里跑完全程（如果我可以这样说的话）就比较容易了。你可以判断在这样的情况下你能起什么作用。我诚挚地恳求你，你认为什么事情对我重要，你就做什么。如果你仁慈地感到需要我更长的请求，或者我们的友谊要拘泥于这样的形式，或者当前形势本身还说明不了问题，那么我会更加详细地给你写信。我想要你让自己信服，如果你为我的利益所做的一切令我满意，那么结果将是你本人会有充裕的、无尽的满意。再见！

---

① 西塞罗和阿庇乌斯·克劳狄·浦尔契曾是祭司团的同事，共同起草过祭司法。

② 公元前 51 年，罗马元老院颁布法令，所有尚未担任过行省总督的前执政官都必须接受这样的任命，于是西塞罗在担任执政官 12 年以后被迫抽签担任行省总督，他抽到了西里西亚。

[3]

马·图·西塞罗致西里西亚行省总督阿庇乌斯·克劳狄·浦尔契，约公元前 51 年 5 月 24 日，于布隆狄西。

我于 5 月 22 日到达布隆狄西，你的副将昆·法比乌斯·维吉里亚努在那里迎候我。按照你的指示，他使我明白要向整个元老院提出建议，你的行省需要更加强大的驻军。实际上所有人都认为应当在意大利为我的军团和彼布卢斯的军团募集兵员。当执政官苏皮西乌宣布他不允许这样做的时候，我们提出了抗议，并说明了许多理由，但是元老院在尽早让我们赴任这一点上意见完全一致，对此我们不得不照办，我们这样做了。事情就是这样——这是我在交给你的信使的那封信中对你提出的请求——如果你能关注此事，那么我会很高兴，由于我们的目标是一致的，所以请你把你的细心和谨慎用于离任时所需要做的一切，让你的继任人、你的亲密朋友能够顺利接任。让全世界都能明白这一事实，我无法找到比你更加仁慈的前任，你也无法找到比我更好的朋友来接替你的职务。

你给我送过一份抄件，就是你希望在元老院宣读的那封信，它让我明白你遣散了大量士兵。但法比乌斯解释说，尽管这样做是你的意思，但在他本人离开你的时候，你的部队还是完整的。如果是这样的话，如果你尽量少消减归你指挥的兵力，那么你帮了我的大忙。我期待着元老院关于这个问题通过的法令能很快送到你手中。至于我本人，考虑到我对你的高度尊重，我将赞同你所做的一切，但我肯定你也会做最有利于我的事情。我在布隆狄西等候我的副将盖·庞普提努，我想他会在 6 月 1 日以前到达。等他到达以后，我会抓住我能得到的第一机会启航。

[4]

马·图·西塞罗致西里西亚行省总督阿庇乌斯·克劳狄·浦尔契，公元前 51 年 6 月 5 日，于布隆狄西。

6 月 4 日，在布隆狄西，我收到了你的信，信中说你指派卢·克劳狄[①]前来和我商谈。我在焦急地等候他，想要尽快知道你让他给我带来的消息。

我的情感和焦急是向着你的，我相信你从已经发生的事情中发现了很多；然而，我将比以往更加清楚地证明这样的行动能够为我提供最充分的证据，说明你的声望和威信对我来说是最珍贵的。昆·法比乌斯·维吉里亚努和卢西乌斯之子盖·福拉库斯，还有比任何人都要强大的格奈乌斯之子马·屋大维，已经使我信服你非常看得起我，我本人从前已经从许多清楚的证据中推论出这一事实，尤其是你送给我的论祭司法的书，上面有你热情的题献，它是一件最可爱的礼物。

说到我自己，由于我们拥有非常密切的正式关系，所以应当为你提供的一切服务都将坚持不断地履行。这不仅是因为自从你开始对我表现出特别的关照，我对你的尊敬与日俱增，而且还因为我和你的亲戚们又有了新的密切关系——对于他们中的两位，虽然年纪不同，你女儿的公公格·庞培、你的女婿马·布鲁图，我抱有最高的敬意——事实上，我们曾在祭司团一同任职，尤其是你用赞美之言表达了你的认同，我想这对于把我们的目标联系在一起贡献不小。如果我碰到克劳狄、听到他必须说的话，我会马上写信详细告诉你，并会尽快与你见面。你写到你在这个行省逗留的原因就是想见到我。好吧，坦率地说，这给我带来了真正的快乐。

[5]

马·图·西塞罗致西里西亚行省总督阿庇乌斯·克劳狄·浦尔契，公元前 51 年 7 月 27 日，于特腊勒斯。

我于 7 月 27 日到了特腊勒斯。卢·鲁西留斯带着你的信和其他消息在

---

① 卢·克劳狄（L. Clodius），阿庇乌斯的总技师（praefectusfabrum）。

那里等候我，在这个世上你不可能派来任何比他对我更加友好的人，或者说你找不到任何比他更适合发现我想知道什么的人，或者说还有比他更谨慎的人。我读了你的来信，也十分留意地听取了鲁西留斯的转告。当前，有两个原因，第一，这也是你本人的意见（因为你写道你已经得出结论，我写信给你提到我们之间相互良好的服务，这和你的想法是一致的，然而由于追溯得太远，这是不必要的）。第二，我们之间的友谊已经建立，我们之间的忠诚已经接受考验，当这已经是事实的时候，我没有必要再去重申我们之间要相互帮助，所以我会省略我的一部分内容，但我会一直向你表示感谢，我必须这样做。我在你的来信中注意到，并且确定在各方面都考虑到我的利益已经成为你的一条原则，你会用某些办法做出各种安排和准备，使我能够比较轻松自由地执行我的“战役计划”。

说到你的礼貌助人我就非常感谢你，因此我也很自然地认为我要尽快让人们知道它，首先是你和你的人，其次是世上的其他人，让他们知道我对你是最友好的。在我看来，那些还没有完全信服这一点的人并不难理解我们的友谊这一事实。他们肯定会理解的，因为品德不会无足轻重，动机也不会毫无表露。我希望我今后的所有行动都会比我说的或写的更好。

我的行程似乎已经引起你的一些怀疑，你不知是否能在这个行省见到我。好吧，事情是这样的。当我和你的仆人法尼亚在布隆狄西谈话的时候，我提到我愿意先去你最急想我去的地方。然后他告诉我，由于你想乘船离开这个行省，所以我要是能乘船去西达[①]那是最方便的，那里靠海。我说，如果不是我们的朋友卢·克劳狄在考居拉对我说这是我要做的最后一件事，那么我会这样做，我可能已经这样做了；而现在我想，你可以在劳迪凯亚见到我。这对我来说意味着缩短旅程，对我更方便，尤其是我想你会愿意的。

后来你的计划完全改变了。现在的情况是，由你来决定怎么办最容易；我会向你解释我本人的建议。7 月 31 日，我想我会在劳迪凯亚，我将在那

① 潘非里亚的一座沿海城市，位于美拉斯河西。

里待很多天，在此期间我会接收我兑换的一些银钱。然后我会取道去军营，所以在8月13日，我大约可以到达伊科纽附近。但是，如果我在写信时犯了错误（因为现在距离我提到的时间和地点还很远），那么一旦我开始前进，我会以最快的方式让你知道我的整个行程的时间和路线。至于说给你增添负担，我没有勇气这样做，或者说这不是我要做的事。但在有可能不给你本人带来不便的情况下，在你离开之前见到你对我们双方来说都是非常重要的。即使有什么偶然事件从我们手中夺走了见面的机会，我对你要履行的义务还是会一丝不苟地履行，就好像我已经和你见过面一样。我不想通过书信给你送去任何有关我的情况的信息，直到我放弃了全部当面向你陈述的希望。

你说你要求斯卡沃拉掌管整个行省，直到我到达。好的，我本人在以弗所见到了他，在我待在以弗所的三天中他是我亲密的伙伴，从他那里我没有得到任何你对他有所托付的印象。我衷心希望他能完成你的愿望，因为我不认为他会有任何反对的意见。

[6]

马·图·西塞罗致西里西亚行省总督阿庇乌斯·克劳狄·浦尔契，公元前51年8月29日，于伊科纽附近。

把你我的行动做个比较，虽然我说我在维护我们的友谊方面给了你极大的信任，但我仍旧发现我自己的行动比你的行动更令我满意。在布隆狄西，我询问法尼亚（我完全明白他对你的顺从，就像我也知道他对你尊敬到什么地步）你会在行省的什么地方，他说你最焦急的事情是我作为你的继任人到来。他说我所能做的对你最好的事情就是以西达为行程的终点。现在，虽然去那里有失尊严，在很多方面对我不方便，我还是告诉他我会这样做。

还有，我在考居拉遇到与你关系十分密切的卢·克劳狄，和他谈话就像和你谈话一样，我告诉他我会做出安排，以便首先到达法尼亚在他的要求中专门提到的那个地方。然后克劳狄在对我表示感谢的时候，热心地请求我直接去劳迪凯亚，说你希望我能尽快到达行省的这个地方，这样你就能尽快离开行省了。确实，要是我不是你特别希望见到的继任人，你会在你的继任人被任命之前就离开的，这和我在罗马收到的那封信中讲的完全相符，我想这封信给了我一个清楚的想法——你正在尽快离开。我对克劳狄的回答是我会这样做的，我确实比兑现我对法尼亚的诺言更愿意这样做。所以我改变了我的计划，并且马上亲笔给你写了一封信，我从你的信中推测到我的信到你手中已经有一段时间了。

这就是我自己的令我完全满意的行动，没有什么行动能比它更友好。现在轮到你想一想你的行动了。你不仅没有待在你能尽早与我见面的地方，而且你去了我无法在 30 天内到达的地方，我想，这是高奈留法规定的你可以待在这个行省里的最后时间。结果是，一方面，你的行为在那些不知道我们相互之间感情的人看来就像是一个陌生人的行为，用最温和的话来说，像一个想要逃避见面的人的行为，而另一方面，我的行为显得就像是一个对你百依百顺的、最好的朋友的行为。

然而，甚至在我到达行省之前，你在你的一封来信中清楚地表明你要去大数，但你仍旧给了我一个不确定的希望，认为你会与我见面；与此同时，我在想，心怀恶意的人——这是一种广泛流传的邪恶——为他们的饶舌得到了某些似是而非的理由，他们对我作为一名朋友的忠诚一无所知，为了不让我对你的善意遭到误解，我声称你在大数拥有一个巡回法庭，要处理各种案子，要进行各种判决，虽然你可以猜测自己已经被取代了。他们说这样的做法是异乎寻常的，哪怕在那些认为自己的职务正在被接替的人看来亦如此。

现在来说那些根本没有干扰我的人的想法，其实还不止这些（我希望你相信我），我想，如果你本人忙于公事，而我可以减少某些辛苦，如果在我到达前就有一个月的工作可以削减，那么我很乐意把我在这个行省的一年任期减成 11 个月。对你说实话，有件事确实在干扰我——我们的兵力如此弱小，只有三个步兵队，那些最强大的步兵队都不在，我不知道它们在什么地方。然而令我最恼火的是我不知道在什么地方能见到你，这样给你写信我觉得并不唐突，因为我每天都在期待与你见面；与此同时，我没有收到你的信，告诉我你现在正在做什么，我在什么地方可以见到你。所以我派狄·安东尼乌斯、老兵队的队长，一位我有理由非常看重的、勇敢的军官到你那里去，如果你乐意，你可以把步兵队交给他，为的是让我有可能得到一些值得赞扬的东西，尤其是季节对我还算有利的时候。在这个方面，我们的友谊和你的来信都使我抱着得到你的建议的希望，甚至到现在我也没有绝望。然而这是真的，除非你写信告诉我什么时候或者在什么地方我能见到你，否则我一点儿主意也没有。

对我来说，我要小心谨慎地让我们的朋友和对手都明白我对你是最友好的。关于你对我的感情，你似乎并没有给我们的对手以其他想象的理由。对我来说，如果你能继续纠正那种印象，那么我会非常快乐。为了让你能够计算在什么地方可以和我见面，并且仍旧遵守高奈留法，我将在 7 月 31 日抵达这个行省，我会经过卡帕多西亚进入西里西亚；我将于 8 月 29 日从伊科纽移动我的营地。现在，有了这些日期和我的行程，如果你仍旧认为无法算出你和我见面的时间，那就只好由你来决定在什么地方，哪一天，你能最方便与我见面。

[7]

马·图·西塞罗致阿庇乌斯·克劳狄·浦尔契，公元前 50 年 2 月，于劳迪凯亚。

等我有了更多的空闲，我会更加详细地给你写信。我匆匆忙忙地写下这些话，因为布鲁图的仆人在劳迪凯亚见到我，说他们正在赶往罗马，所以我只把给你的信和给布鲁图的信交给了他。

来自阿皮亚的一个使团交给我一份你的急件，里面充满最不公正的抱怨，因为你说我写信阻止他们建造房屋。在同一份急件中，你还要我释放他们，让他们有可能继续建造房屋，躲避冬季的风寒；同时你还抱怨我，说我在对事件进行调查、允许他们开工之前要他们交税，你说这实际上就意味着让他们停工，因为我只有从西里西亚返回过冬的时候才能进行调查。

所有这些事情，请听我的回答，看你的责备是否公正。首先，那些自称是无法忍受的税收的牺牲品的人到我这里来，这时候我在信中说他们应当暂时停工，直到我调查这件事，弄清原因，这样做有什么不公平？你真的认为我在冬季之前什么也做不了吗？这是你说的。情况确实如此，尽管是我去他们那里调查，而不是他们到我这里来。你说："距离太远。"你在说什么？你把给我的抗议信交给他们，要我不要阻止他们在冬天到来之前建造房屋，这种时候你认为他们不会到我这里来吗？不管怎么说，他们做的事情是荒唐可笑的。他们带给我的信要求他们在夏季做他们可能做的事情，可他们一直到冬天过了一半，还没有把那封信交到我手中。但是我要告诉你，首先，反对纳税的人比被迫交税的人要多得多；其次，虽然这是我要做的事，但我承认这是你希望我做的。所以，关于阿皮亚的代表团我就不多说了。

伦图卢斯的自由民鲍桑尼亚是我的执礼仗者，我得知你在和他的谈话中抱怨我没有去见你。噢，是的，当然了，我轻视你，我的傲慢不可思议！可实际情况如何呢？你的仆人在半夜里到我这里来，向我报告说你将于黎明前到达伊科纽，但你走哪条路不确定（因为有两条路），这时候我派了你最亲密的朋友瓦罗走一条路，派我的总技师昆·莱普塔走另一条路，前去迎接你，我要他们及时报告你的行程，以便给我留下时间前来恭迎。莱普塔跑来向我报告，说你已经过了军营。于是我匆忙前往伊科纽。剩下的事情你已经知道了。我有可能不见你吗？首先，你是阿庇乌斯·克劳狄；其次，你是一名胜利者。这到底是习俗问题，还是（这是主要的）由于你是我的朋友？还有，在诸如此类的事情中，我的习惯是一丝不苟、有礼貌地行事，而不是按照我的公共地位和尊严的要求行事。关于这件事就说到这里。

鲍桑尼亚也跟我说过你的事。你说："噢，当然了！阿庇乌斯要去见伦图卢斯，伦图卢斯要去见安庇乌斯，但是西塞罗是不会去见阿庇乌斯的！"提到这些蠢事，让我来问你，按照我的估计，你有着健全的常识，你非常博学，你有着丰富的经验，你住在城里——斯多亚学派把住在城里也当做美德，我想这是对的——你认为我会把这世上的什么阿庇乌斯主义或伦图卢斯主义看得比卓越的美德更重要吗？我以前获得过荣耀，人们把我视为最伟大的，然而你的名字从来没有引起过我的敬佩。不，我认为真正伟大的是那些把他们的名字留给你的人。后来，我接受了帝国的最高职位并进行统治，我感到自己已经获得了所有的提升和荣耀，但我确实希望从来没有成为你的上级，而只是与你地位相同。我声称从来没有注意到自己和格·庞培拥有的不同意见，我认为他比世上存在的任何人更优秀，或者注意到自己和伦图卢斯拥有不同意见，我认为他比我本人更好。如果你有别的想法，如果你能注意研究一下珊冬之子雅典诺多洛[①]关于这个主题说了些什么，那么你评价出身高贵和品行高尚之间的差别就不会搞错了。

回到我的观点上来，我要你相信，我不仅是你的朋友，而且是你的一位非常伟大的朋友。我将尽力履行各方面的义务，让你明白我说的话都是真的。然而，如果你的目标是让我为你将来的利益所做的努力超过你在我缺席时为我的利益所做的努力，那么我可以使你从这种焦虑中解脱：“我还有别人尊重我，特别是智慧的宙斯。”[②]但若你生来就喜欢挑剔，那么当你不能成功地削减我对你的热心时，有一件事情你是不会弄错的——使我变得不那么在乎你如何评价我的行动。根据我对你所要履行的义务和我对你的善意，我的信写得比通常要坦率。我的善意以审慎的确信为基础，只要你还乐意我这样做，我就会坚持下去，不会减弱。

[8]

马·图·西塞罗致西里西亚行省总督阿庇乌斯·克劳狄·浦尔契，公元

---

① 雅典诺多洛（Athenodorus），斯多亚学派哲学家，生于大数附近，后来成为奥古斯都的老师。

② 荷马：《伊利亚特》第 1 卷，第 174 行。

前 51 年 10 月 8 日，于摩苏赫斯提亚军营。

尽管按照我对你的来信的理解，当你读到我的这封信的时候，你可能已经抵达罗马的城门，这个时候行省官员们的轻率饶舌都会变得索然无味，但无论如何，由于你详细地写信给我谈论这些无耻的人，所以我感到有必要给予简要的回答。

但是对你的来信的前两段，我必须保持沉默。因为里面没有什么确定的或积极的内容，除非你的意思是我实际上用我的表情和沉默表明你不是我的朋友，这一点可以放到我们处理完公务、在某个社交集会上坐在一条板凳上的时候再去体验。我可以理解，这样说没有什么实际内容，但尽管没有实际内容，我还是无法理解这样说有什么意义。我可以确定，我在法官席上发表过许多向你表示高度敬意的演讲，这表明我急于证明我们之间的亲密关系，我想一定会有人正确地把这些演讲向你报告。而就这些副将[①]而言，还有什么事能比我削减这些濒临破产的附属国的财政开支这件事更好、更公平、更值得赞扬？我在这样做的时候没有以任何方式伤害你的尊严，尤其是，我在这样做的时候是应了这些国家本身的紧急要求。我不清楚这个按照你的要求前往罗马的代表团。我在阿帕美亚的时候，有许多附属国的领袖向我报告说财政开支数额巨大，这些国家根本无力偿还。

关于此事，我又有了许多想法。首先，我从来没有假定你，一个不仅仅在普通意义上的人，而且是一个（用一个时髦的词）“文化”的人，会被这样一类代表团剥夺快乐；并且，如果我没有搞错，我在叙那达的法官席上的论证还会达到这样的效果，阿庇乌斯·克劳狄在元老院和罗马人民的眼中赢得信誉，不是由于弥戴乌姆居民的证词的力量（这里提到的这件事情就发生在这个国度里），而是由于他做了他的本性推动他去做的事情。其次，派代表团去罗马，这是我在多位前任总督那里看到的事情，但在我的记忆中，并没有允许这些代表团在任何专门的时间或地点发表他们的颂词。我很高兴他

① 习惯上，行省派遣副将去罗马赞扬前总督，并提出授予凯旋仪式的要求。

们渴望让你感到满意，因为他们感谢你和你的良好服务，但在我看来，事情的整个原则必定是相当不公正的。我还要说，如果他们真的希望通过这样的行动来表明他们对你负有这样的义务，在这种情况下，如果有人花自己的钱来证明自己起了作用，那么我会赞扬他；如果这种开支是法律允许范围内的公款，那么我也不会反对；如果它是法律不允许的，那么我不会允许它。那么在这件事情上有什么毛病可挑呢？除了你在信中说的，某些人认为我的总督法令就是故意用来阻碍你的那些代表团的。在我看来，确实没有太多的人用这种方式进行论证、对我中伤，也没有多少人会听信这样的论证。

这份总督法令是我在罗马起草的，与你的法令相比，我的法令没有什么不同，只是在萨摩斯的时候，他们前来看我，应他们的要求我添加了一句关于财政税收的话。整段话写得很严谨，提到了要削减这些附属国的开支，里面有某些有利于这些国家的办法也使我感到满意；但就是这个具体的从句使人对我产生了怀疑，好像我在故意找茬冒犯你，而实际上它只是从前的法令的照搬。我确实不会如此缺乏常识，乃至于想象这些副将接受派遣是去办他们自己的私事，他们被派去表达他们对你的感恩，但他们不是作为私人去的，不是代表他们个人的利益，而是代表国家的利益，他们不是要去哪个私人的地方，而是要去这个世界的议会——元老院。在我颁布法令以后，没有人可以在未经我允许的情况下前往罗马，我没有把这项禁令延伸到那些不能（这是他们说的）跟随我驻扎或翻越陶鲁斯山的人身上。这就是你信中最荒唐的段落，因为我安排了我从劳迪凯亚直接去伊科纽的行程，以便让所有行政官员和陶鲁斯山这边的各个地区的将领以及各个附属国的统治者来见我，在这个时候，他们有什么理由不能跟随我驻扎或翻越陶鲁斯山？除非你的意思是说，在我翻越陶鲁斯山之前不能派遣那个代表团，但肯定不是这么回事。因为当我在劳迪凯亚、阿帕美亚、叙那达、斐洛美留、伊科纽（我在这些城镇分别待了一段时间）的时候，所有诸如此类的代表团都已经组成了。但无论如何，还有一件事情我想让你知道，我并没有越过这些国家的领袖对我的要求，颁布什么涉及削减或偿还代表团开支的法令——这种相当不必要的开支没有必要占用税收，尤其是占用那种引人怨恨的按人或按户征收的税（你知道所有这些税）。然而，在正义感和怜悯感的推动下，我还是设法减轻这些濒临崩溃的国家的灾难，这种崩溃主要是由他们自己的行政官员的行为不当引起的，要我对这些不必要的开支无动于衷是不可能的。如果有人把有关我的诸如此类的故事报告给你，请你一定不要相信。另外，如果这种事给你带来快乐——把你自己的念头告诉其他人——那么你在和朋友的谈话中加入了一种并不仁慈的成分。如果我想伤害你在这个行省里的名誉，我为什么还要向你的女婿了解，为什么要在布隆狄西向你的自由民询问，为什么要在考居拉向你的总技师询问，为什么还要前往你希望与我见面的地方与你见面？

事情就是这样，你可以很好地在所有这类事情上运用你的语言风格（你可以从那些能写极为漂亮的论友谊的论文的博学者那里得到支持）——“他们是如此这般论证的”，“而我，与他们相反，坚持说事情是这样的”，“他们如此这般地说”，“我和他们正好相反”。

你认为别人就从来没有对我说过你的事情吗？比如说，当你表达自己的愿望，我应当去劳迪凯亚见你的时候，你本人不是翻过陶鲁斯山了吗？我在阿帕美亚、叙那达和斐洛美留主持巡回法庭的时候，你不是也在陶鲁斯主持巡回法庭吗？我不再引用更多的例子，免得我好像是在谴责你。我要说的就是这些，这是我的感觉。如果你本人感到别人正在说什么事情，那么你是在严肃地责备。另外，如果那些人当着你的面说这些事，你仍旧要由于倾听这些事情而受到责备。我在我们友谊的整个过程中的行为可以说是前后一贯的、正直的。但若有人想把我弄成一名骗子，那么还有什么办法比这种方法更狡猾，尽管我总是在你缺席的时候为你辩护——我从来没有想象在我缺席的时候我也需要你的辩护——但我现在应当犯这样的错误，让你有权在我缺席的时候用充分的理由抛弃我吗？

我会从上述范畴中省略这样一种谈话，这种事情是经常发生的。我相当确定，听到别人在说你，你就会感到怨恨。我指的是如果你的副将、幕僚、军法官受到辱骂。然而在我听到的所有事情中，没有哪件事能比克劳狄在考居拉对我的评价更加冒犯或更加粗暴，当时他大声喊叫，抱怨说要不是由于某些人的不审慎的行为，你会取得更大的成功。这样的评价，既因为它们是相同的，又因为在我看来它们对你的名声无害，所以我从来不怂恿，但也不会自找麻烦加以制止。如果有人认为真心调和是不可能的，那么他不能说我虚伪，而只能说他背叛了自己；与此同时，他的说法还包含着我的意见并不比你的意见更糟糕的意思。但若有人对我在行省里的政策不喜欢，并且想象我的政策和你的政策之间的差异使他受到伤害，我们双方的行为都是有意识的，但我们双方并不遵循相同的路线，那么我并不急于把这样的人当我的朋友。

你的慷慨，一名高尚者的伟大性格，在这个行省里覆盖着更广的领域；如果说我的慷慨更受限制（尽管由于你任职第二年遭遇的不幸，你本人乐善好施的本性在这一时期不得不有所收敛），但由于和乱花别人的钱、奢侈浪费做斗争一直是我的本性，时代对我本人的影响就像对别人一样，所以“我给他们胆汁，以便给我的良心带来蜂蜜”[①]，对此人们一定不要感到奇怪。

你给了我有关这座城市的消息，不仅这件事本身令我满意，而且它表明我给你的消息已经引起你的关注。在这些消息中有一条消息我请求你给予特别关注——看我在这里的义务是否还会增加，要么是以增加责任的方式，要么是延长任期。也请你询问霍腾修斯，他和我曾一起担任占卜官，是我的亲密朋友，如果他曾经参加过投票，或做了有益于我的事情，请他抛弃让我任职两年的建议。没有什么事比这对我更不仁慈了。

你希望知道我的情况，好吧，我 10 月 7 日离开了陶鲁斯，前往阿马努；次日，我在摩苏赫斯提亚地区的军营里写了这封信。如果我取得成功，我将写信给你，不添上一封能交到你手中的信，我绝不会给我的家人发信。你询问帕昔安人的情况，我不认为还有什么帕昔安人，那里有阿拉伯人，有一部分像帕昔安人一样武装起来，但据说他们全都退了回去。他们告诉我在叙利

① 意思是“我以我的声望为代价，履行我的义务，以满足我自己的良心”。

亚一个敌人都没有。如果你能经常写信给我，那么我会很高兴，写一写你自己的事情和我的事情，写一写整个政治形势。对于政治形势我感到更加忧虑了，因为你的来信告诉我，我们的朋友庞培要去西班牙。

[9]

马·图·西塞罗致阿庇乌斯·克劳狄·浦尔契，公元前50年，于劳迪凯亚。

我终于读到一封与你阿庇乌斯·克劳狄相配的信——一封充满仁慈、礼貌和体谅的信。你的都市环境显然使你恢复了原有的都市性的视域。你在乘船离开小亚细亚之前给我来信，一封关于我反对副将们的离去，另一封关于你的亲属们停止建造房屋，我读这些信的时候非常痛苦。想到我对你抱有坚定的善意，所以我给你回信时发了一点脾气。然而，当我读到你交给我的自由民斐洛提姆的信以后，我明白了这个行省有许多人对我们双方拥有这样的情感会表示遗憾；但是，当你接近这座城市的时候，或者说当你看见你的朋友时，你从他们那里可以发现我在你不在的时候对你有多么忠诚，我在履行各项义务时对你有多么在意。所以你可以想象我有多么看重你信中的话："如果有什么涉及你的尊严的事情发生了，虽然这样的事几乎不可能发生，但若发生了，那么我会为你做许多事，就像你为我做的一样。"我肯定你这样做不会有什么困难，因为世上没有任何事情是真诚和善意，或者倒不如说热情，所不能完成的。

关于我本人，我的朋友经常来信对我说，虽然我一直确信你能获得胜利，对此我决不怀疑，但还不如由我自己来获得一场胜利更加容易。这是一种功利主义的哲学。[①] 然而诚实地说，你的地位和影响本身对我来说是宝贵的。由于这个原因，由于你比其他将要派到这个行省里来的人都要更加熟悉

---

① 伊壁鸠鲁主义者认为友谊的基础是便利。

情况——他们实际上都会向你询问有什么使命要他们承担——所以，一旦确定了你自信将获得的东西（我真诚地希望你能够获得），你应当仁慈地给我写信。如果司法讨论，或者如我们的朋友庞培所说的“长板凳带来的阻碍”，剥夺了你和其他人的一两天时间，这是他们所能做的一切，那么你的确认仍旧是有理由的。如果你热爱我，也让我热爱你，那就给我送信来，这样我就能尽早品尝欢乐。

如果你能兑现已经答应我的事情，我会很高兴。我现在急着通过学习占卜法来完善自己，你无法想象有你的仁慈的关照和馈赠，我会多么高兴。你说长期以来你在许多方面与我相同，是的，我必须认真考虑什么样的文体最能满足你的仁慈，因为在这一点上你肯定与我不同。令你感到惊讶的是谁给了我这么多艰苦的写作，你还认为我的字写得不工整。不过，我应当受到责备的地方不仅有字写得不工整，而且还有不感恩。[①] 这也是我想要看到的。至于你的其他诺言，如果它们与你对我的忠诚和热心是一致的，那么我会很高兴；友谊不是一两天的事，而要接受岁月的考验。用赞美的话来说，你要尽力让我有“感恩”的机会，并且越快越好。

我后来违反自己的意愿，给元老院送出了急报。不仅是我在为找不到船而烦恼，而且我相信元老院在我的急件到达时会休会。但我还是按照你的建议这样做了。我想，不是在我赢得胜利者的头衔以后马上送出急报，而是在完成其他工作和夏季战役之后，这才是对的。因此，我肯定你会关心这件事，这是你自己说的，你也一定会关心和我有关的一切、我拥有的一切，以及那些属于我的东西。

[10]

马·图·西塞罗致阿庇乌斯·克劳狄·浦尔契，公元前50年5月初，

---

① 阿庇乌斯已经把他论占卜法的论文题献给西塞罗。

于劳迪凯亚。

由于没有任何事情的发生能给我带来更大的惊讶，所以当我听说那些给你找麻烦的人的粗鲁行为时，我感到深深的不安；然而，等我定下神来，我感到以后的情况比较容易处理，因为我对你绝对有信心，对你的朋友也很有信心，经过反复考虑，我期待你当前遇到的所有困扰实际上都将增进你的荣誉。使我极为恼火的是，我能看到，按照他们的这种标准，那些妒忌你的人剥夺了你的非常确定的、完全应当归你所有的胜利。但若你对这件事的重要性的态度还不如我一直以来的想法，那么你会明智地采取行动，胜利会在你的一边，你会看到你的敌人的烦恼，享受应当归你所有的胜利。我清楚地预见到，用你全部的精力、资源和智慧，你会让你的敌人深深地后悔他们的愚蠢。至于我本人，我要请天神来为我对你许下的诺言作证，我会维护你在这个行省里的威信——或者说我宁可用“安全”这个词——你是这个行省的总督，我希望能用我本身的重要性来抵消一名干预者的作用，用我的努力来消除一名亲属对你的干扰，用我在这个国家里的影响来消除民众的偏爱，用我的权威来抵消一名统帅的义务。我对你的要求和期待是无限的，我对你的服务将超出你的预期。

昆·塞维留斯给我送来你的一封短信，但在我看来比必需的要长；我感到你在考虑必要的要求时对我是不公正的。我希望这种不愉快的事情从未产生，因为你能够理解我是如何看待你、看待布鲁图、看待庞培，我必须把他看得高于这个世界上的其他所有人——在我们的日常交往中你就可以理解这一点——但由于发生了这种事情，如果我什么事情也不做，那么我会承认犯了大罪，耻辱地把头蒙上。

我本人可以作证，庞普提努对你非常忠诚，格外忠心，他对你是感恩的，一心向着你，他的义务要求他这样做，虽然由于某些紧急的私事，他违反我的意愿，被迫离开我，但是当他看到这涉及你的利益，虽然已经上船，他还是从以弗所返回了劳迪凯亚。由于你有无数机会遇上这样忠诚的行为，所以我丝毫也不怀疑，你无论遇上什么值得忧虑的事情，都只会增强你的优势。如果你想参加监察官的选举，履行监察官的义务，那么我认为这是你必须做的和能够做的，我确实感到你是中流砥柱，不仅对你自己，而且对你所有亲属来说都是这样。我要你竭尽全力阻止延长我的任期，这样我就能满足你对我的要求，能在国内证明我对你的善意。

至于你告诉我的其他各个等级的人对你的忠心，我非常高兴，对此我一点儿也不感到奇怪；我从我的亲密朋友那里也听到了同样的说法。因此，我非常愉快，不仅是因为你得到了你应得的赞扬，你对我的友谊就像我的荣誉一样使我快乐，而且是因为忠诚在我们国家仍旧存活，坚强有力的人之间也没有什么分歧；而对我来说，我长期辛勤劳动，度过了无数个不眠之夜，这就是对我的唯一奖赏。

然而，使我极为惊讶的是，那个我两次把他从重罪审判中拯救出来的年轻人① 被证明是非常鲁莽的，他现在代表着你的所有敌人，这些敌人是他的全部幸运和整个生涯的保护人。尤其是，你的各种优点和你的信誉之间保持着很好的平衡，而他，说得轻一点，在这些方面有严重缺陷。我的朋友马·凯留斯经常向我报告他的愚蠢的、幼稚的讲话，你也写信提到过他说的大量蠢话。现在我已经做好准备与他断绝关系，因为他代表你的敌人，而不是与他建立新的联系。你一定不要怀疑我对你的忠诚，这在这个行省的任何人看来都是明显的，这在罗马也是明显的。

然而你的信中有某种暗示，表明你心中有疑惑，现在不是我抱怨你的正确时间，但却是我洗涮自己的时间，我必须这样做。我什么时候阻碍过派往罗马颂扬你的代表团？或者说，如果我是你的公敌，我怎么能够不伤害你，如果我是你的私敌，我怎么能够公开表示对你的敌意？假如我像那些把这些指责堆在我头上的那些人一样搞阴谋诡计，我也不会愚蠢到这种地步，把本应隐藏在黑暗之中的敌意展示出来，或者用一项根本不会对你造成伤害的行动泄露我急于对你造成伤害的愿望。我记得有人到我这里来，他们肯定是从

① 指西塞罗的女婿多拉贝拉。

爱比克泰德那里来的，告诉我已经投票同意拨付一笔额外的钱用于某些副将的开支。我对他们的答复不是一项命令，而是一种意见的表达，我说这笔款子的用途应当尽可能符合高奈留法。这些附属国有这笔款项，每个国家交一笔钱用来支付你的副将的开支，很明显，我甚至连这一点也没有固执己见。

现在来看他们用什么样的谎言填塞你，这些无耻的家伙！——他们不仅取消了投票，而且把这笔钱也收了回去，而这些副将本来已经开始做事，由于这个原因，许多副将不愿意去罗马。我应当抱怨你和责备你，可是我在上面写道，在你遇上麻烦的时候，我宁可洗涮自己，而不是对你提出责备，留待以后更恰当的时间。因此，我不再说你相信什么，而只为自己说一两句话，来指出你为什么不相信。如果你感到我是一个高尚的人，与我从小就献身的学习和学问相配，足够坚强并富有智慧，能承担最重大的事务，那么我要说，你一定不明白我的这些事情的性质，我在友谊中不会不忠诚、富于心计、狡诈，这些品质甚至是低下或贫乏。然而要是你喜欢把我说成狡诈的，那么还有什么品质与我在达到成功的顶峰时仍旧与你保持友好更不一致，或者说我在一个行省里攻击另一个人的威望，而我即使在国内也在捍卫这个人的威望？或者说我在不可能对你造成伤害的地方显示敌意？或者说我选择时机玩弄诡计，而这个时机吸引了公众并展示了仇恨，却无法打击想要伤害的人？有什么原因使我和你无法和解，而我从自己的弟弟那里得知，你甚至在那些日子里[①] 也不是我的敌人，在你几乎不可避免地要起作用的时候？当我们双方急于寻找和解的途径，对此做了安排的时候，在你担任执政官的时候，你的哪一项要求我没有同意，无论是你要我做的，还是你要我投票支持的？你交给我的使命哪一项我没有很好地执行，当我陪伴你去普特利的时候，我的努力甚至超过你的预期？如果用自己的利益来衡量一切算是这个狡诈的人的主要品性，那么我要问你，和一名优秀的、出身高贵的、担任最高职务的、有权有势的、有着卓越理智能力的人结成紧密的同盟，他的孩子和

① 指西塞罗与普·克劳狄进行殊死斗争的时候。

姻亲都能给我提供巨大帮助和保护，还有什么事情能比这对我更加有利，更能适合我的利益？然而，在寻求你的友谊时，我确实看到这些有利的地方，但这不是一种狡诈，而是表现出一种审慎的智慧。还有，我和你有着许多联系——我乐意受到这种联系的约束——我们的嗜好相同，我们的关系亲密，我们喜欢生活，我们有着共同的生活方式，我们在相互交谈中获得快乐，我们深入研究文学。但这些联系都是私人的。我们的公共联系怎么样——我们的和解出了名，哪怕这是无心的，也不能迈出虚假的一步而不对忠诚产生怀疑——我们都是最神圣的祭司团的成员？如我们的祖先所认为的那样，在这个祭司团中，不仅不能因为违反友谊的法则而亵渎神灵，而且甚至把一个与其他祭司团成员为敌的人选为祭司也是不合法的。

诸如此类的联系就不用再说了，这样的联系非常多，非常重要，它们受人尊重，或者能够受人尊重，就像我对庞培那样，他是你女儿的公公？仁慈的行为是有价值的，我在想，由于他的努力，我才得以回归，重新得到祖国、子女、安全、地位，重新获得我自己。说到忠实的亲密关系，我们国家的执政官之间的友谊还有更好的例子吗？说到热爱和尊敬，还有什么他对我没有示意？还有什么秘密他没有与我分享？在元老院中还有什么对他本人有影响的事情在他本人缺席时他宁可由其他人来处理？还有什么方面他没有表示希望我加以荣耀？最后，在我为米罗进行激情辩护的时候，他表现得多么有礼貌——米罗偶然也会违反他自己的标准！抱着何等的热心，他采取预防措施让我不要感觉到这种场合激发出来的邪恶，他用他的建议、他的权柄，最后动用他的部队保护我！确实，在那些危险的日子里，这就是他表现出来的坚定，这就是他表现出来的高尚，我就不说他不相信某些弗里吉亚人或吕考尼亚人了，就像你在这些副将的事情上之所为，当那些在罗马身处高位的人对我做出恶毒评价时，他甚至不相信他们。由于他的儿子当时是你的女婿，由于这种通过婚姻形成的关系，我知道你对格·庞培是一位多么亲密的、讨人喜欢的伙伴，我要问你的是，我对你的感情又如何？尤其是他给我写了这样一封信，如果我是你的敌人，而不是你的忠诚的朋友，我会平息怒火，把自己毫无保留地贡献给这种和解的愿望吗？是的，哪怕是对一个配得上我对他点头的人。

这些事情就说到这里，我也许已经不必要地耗用了太多的篇幅。现在让我来告诉你我的计划及其健全的基础……[①] 我正在做的一切和打算做的一切，都是为了捍卫你崇高的地位，而不是为了确保你个人的安全。我希望在一个较早的时间里听到你当选监察官的消息；行政官员的义务要求高度的勇气和非常健全的判断，我认为你会更加精心地考虑这些义务，而不是按照你的利益来考虑我的活动。

[11]

马·西塞罗致阿庇乌斯·浦尔契，公元前 50 年 6 月，于庇拉姆斯军营。

在庇拉姆斯河畔的军营里，我同时收到了你的两封信，是昆·塞维留斯从大数给我送来的。一封信的日期是 4 月 5 日；另一封，我推测是两封信中较晚的一封，上面没有日期。因此我先回答较早的这封信——你在信中讲述了你在“叛国罪”（maiestas）[②] 的指控中被判无罪。我确实很久以前就已经听说此事，起先通过一些信件和传闻，最后是人们的议论，它早就不是什么秘密——没有任何人认为事情最后的结果会是别的样子，按照一般情况，一位名声显赫的人是不会被这样的控告抹黑的——但无论如何，你的来信在这些消息之外又给我增添了新的快乐，不仅因为它比所能听到的传闻有更加清楚的说明和更加丰富的细节，而且因为听你讲述自己的故事，我可以对自己的祝贺有更好的判断。

好吧，虽然相距遥远，我还是要在心里热烈拥抱你，我确实已经亲吻了这封信，然后我也要对自己表示祝贺；全体人民的颂词、元老院和法官的才

---

① 此处原文有缺失。

② 此处罪名的原文是“crimenlaesaemaiestatis populi Bomani”，不仅指叛国行为，而且也指任何影响公共利益的污职罪。

能、艰苦的工作、正直——也许我有点吹捧自己，想象在我身上能发现这些美德——我认为这样的颂词也是给我的。但我对这场审判给你带来的光荣并不感到惊讶，就好像对你的那些敌人对你的歪曲。但是你会说，到底是“贿赂与腐败”，还是“人民的尊严”（maiestas）[①]——这有什么区别？无论如何都没有什么关系，因为你与前者无涉，而通过后者，你得到了增强。事实上，“maiestas”是一个含义模糊的术语（尽管苏拉从来没有在这个意义上使用这个词，免得对任何人的公开谴责都可以得到允许而不受惩罚），而“贿赂与腐败”的含义非常确定，对一个人做出这样的指控或者为其辩护必定是虚假的。因为一项行为是否贿赂，有没有犯这样的罪行，怎么会证明不了呢？有谁曾经怀疑过你成功地获得升迁？未能在场，我感到非常遗憾！如果我在场，我一定会狠狠地嘲笑他们！

你信中提到叛国罪审判的两段话格外令我高兴。你在一段话中讲到共和国本身在为你进行辩护。没错，尽管她有众多光荣的、勇敢的公民，但保护像你这样的人仍旧是她的责任，当前更是如此，因为在各个等级中像你这样的人太少了，在生活的各个阶段，在国家的贫乏中，国家应当造就像你这样的卫士。第二段话是你对庞培和布鲁图的忠诚、友好的情感进行热情的歌颂。我很高兴它写得彬彬有礼，不仅因为他们是你的亲戚，是我非常亲密的朋友，而且因为他们中的一个人是不同年纪的人的首领，是国家的首领，另一个则长期以来是年轻人的首领，而且我相信，他很快就会是国家的首领。至于那些附属国花钱收买的证人应当受到公开羞辱，除非福拉库斯[②]已经做了这些事，否则我本人将在经过小亚细亚回国的途中采取行动。

现在我来回复你的第二封信。你给我送来一个很好的计划的梗概，提到会影响我们俩的危机，提到了总的政治形势，对你信中的洞察力我表示感谢。我在想，如果如你所说的那样，把国家的全部力量交由庞培支配，那么

① 此处原文也是“maiestas”，但意思只是人民的尊严，而不是上面解释的法律意义。西塞罗在此一语双关。

② 阿庇乌斯在西里西亚的幕僚，也是西塞罗的下属。

你说的这种危险小于我的担心；与此同时，我对你在捍卫共和国时表现出来的敏捷和警觉有充分认识，我对你做出的努力感到格外愉快，我的意思是你能写信告诉我政治形势，高度关注如此重要的大事。请你把“占卜官书卷”扔在一边，直到我们俩都有空闲。我向你保证，当我写信催促你兑现诺言的时候，我以为你待在城外完全无事可做。然而，按照你自己的诺言，不是“占卜官书卷”，而是你的全部“演说辞”，才是我期待你完成的。

你让他给我捎信的狄西摩斯·图利乌斯还没有来见我。你的人现在没有一个跟我在一起，当然了，我的人同样也是你的人。我无法确定被你说成是乱发脾气的信是哪一封。我两次给你写信，小心地洗涮自己，温和地批评你过分轻信别人对我的诽谤。在我看来这样的责备对朋友是合适的，如果你不喜欢，那么我将来不会采用。但若像你说的那样这封信表达得很糟糕，那么你可以确信我从来没有写过这封信。正如阿里斯塔库所说，他反对的那行诗根本不是荷马写的，所以你（跟你开个小玩笑）一定不要认为那些写得很糟的东西是我写的。再见了，你可能已经是监察官了，我希望你现在是监察官，在你担任监察官的时候，让你的思想更像你的祖先。①

[12]

马·图·西塞罗致阿庇乌斯·克劳狄·浦尔契，公元前50年8月初，于西达。

首先我要向你表示祝贺——因为这是这些事件的后果所要求的——然后再转过来谈我自己的事。确实，我向这场有关贿赂与腐败的审判的结果表示衷心祝贺，但更多的不在于你被判无罪这一事实，因为没有人对此有任何怀疑，而在于你作为一位公民越好，作为一个人你就越优秀，作为一名朋友你

---

① 阿庇乌斯·克劳狄的祖先阿庇乌斯·克劳狄·凯库斯（Appius Claudius Caecus）于公元前312—前308年担任监察官。

越是仗义，你在勇敢和力量方面就越充沛。更加值得惊讶的是，甚至在秘密投票中也找不到大胆攻击你的邪恶意愿——这种处理方式不符合这些日子的特点，也不符合我们现代人和现代风格的特点。我已经有很长时间不会对任何事情有这样的惊讶了。

关于我本人，只要设定一下我在这件事情中起了作用，想象你本人处在我的位置，如果你这样做没有什么难处，那就请你考虑一下我的无法原谅的犹豫不决。然而，如果我的家庭在我不知道的情况下为我本人和我亲爱的图利娅做了很好的安排，① 就像你仁慈、礼貌地为之祈祷的那样，那么我应当高兴。但这个安排真不是时候！我希望它能安排在一个任何事情都能带来快乐的时候——然而这只是我的愿望，我发现你的智慧和仁慈的同情给我带来的安慰要超过我对这个适宜的时间的任何感觉。② 所以我找不到我一开始所说的圆满的结局。我一定不能把非常幸运吉祥的你说得过于阴暗，与此同时我感到良心的某种刺痛。但有一件事我不担心——你清楚地知道这件已经发生的事情是其他人做的，我对他们的指示是，由于我在遥远的地方，他们不应当询问我的建议，而是做他们认为最好的事情。

然而有一个问题自己就会提出来："当时你在做什么，你在场吗？"我已经同意他们订婚，但对于他们什么时候结婚，没有你的批准或你的建议，我什么也没说。你瞧我正在气喘吁吁地挣扎着想要找到某种办法，捍卫我必须捍卫的东西而与此同时又不冒犯你。请你让我从这种重负中解脱出来，我似乎从来没有处理过更困难的案子。然而有一点你可以肯定，虽然我在那个时候没有十分小心地处理一切，不伤害你的显要的地位，虽然我应当想到不增强我先前对你的忠诚是可能的，但在我们这种关系向我宣布的时候，我仍旧应当捍卫你的地位，当然了，不是带着比以前更大的忠心，而是更加有力，更加公开，更加明显。

---

① 当西塞罗在西里西亚担任行省总督时，他的女儿图利娅与多拉贝拉结婚。

② 当多拉贝拉与图利娅结婚时，多拉贝拉起诉阿庇乌斯·克劳狄犯了贿赂罪。

我的一年任期已满，正要离开这个行省，我的船已经靠近西达，昆·塞维留斯和我在一起，这时候一封从我家里寄来的信交到了我的手中，时间是8月3日。我马上向非常不安的塞维留斯[①] 保证，要他向前看，今后继续为我在各方面提供服务。简言之，我对你的善意丝毫未减，我对你的真诚与日俱增。正如我们先前的不和促使我更加小心地避免给任何人提供理由，怀疑你的和解的真实性，所以现在这桩新的婚姻关系使我急于避免任何会削弱我对你的热爱的事情。

[13]

马·图·西塞罗致阿庇乌斯·克劳狄·浦尔契，公元前50年8月中，于罗得岛。

在讨论你的成就时，我支持你获得荣誉的要求，虽然我有一种明显的预感，我也会有相同的一天，我必须站在你的立场上讲话，并表现出我的热情。但是把真相告诉你，你给我的东西已经多于你获得的东西。每封来信都无一例外地向我解释，不仅由于你的公开演讲的分量和你在元老院里的投票（考虑到是你在投票，对我来说足够了），而且也由于你的积极帮助和建议，通过你到我家里来，会见我的人，你没有留下任何可以让其他人去做的礼貌行为。在我眼中你的所有努力甚至比你这样做的目的都更加重要。虽然许多根本没有美德的人可以赢得美德的象征，但是像你这样的人的真诚努力只能用美德来赢取。

我已经把友谊本身作为我们之间友谊的结果许诺给自己，没有任何东西能比它更富有生育力，尤其是在我们双方都深深喜爱的追求中。我向你发誓，我既是你政治上的合作者，我们的政见是相同的，又是你日常生活中的同伴，我们共同的技艺和学习把我们紧密地联系在一起。我希望你能像我尊

① 塞维留斯是阿庇乌斯的代理人，处在阿庇乌斯和西塞罗之间相当忧虑。

敬你的家庭的每一成员那样尊敬我的家庭。尽管某种心理上的预见要求我甚至对这件事[①] 也不能绝望。但这和你没有什么关系，责任在我。我想要你确信，时间会让你看到，由于这场国内的革命，我对你的尊敬增加了（尽管似乎已经不可能再增加），而不是受到最轻微的伤害。当我写这句话的时候，我希望你已经是监察官。我的信写得比较短，比较礼貌，因为它必须迎接一位道德大师[②] 的眼光。

第四卷

[1]

马·西塞罗致塞维乌斯·苏皮西乌·鲁富斯[③]，公元前49年4月末，于库迈。

我的亲密朋友盖乌斯·特巴提乌写信告诉我，你向他询问我的去向，由于你身体不适，当我在城市附近的时候，你错过了与我见面的机会，对此你很苦恼；而现在你仍旧感到忧虑，希望我能离你近一些，以便履行我们各自的义务。塞维乌斯，在失去一切之前，我们应当有机会商谈——不可能没有！我们肯定能为正在沉没的国家做一些事。当我不在这里的时候我就知道，你早在这些灾难发生之前很久就有所预见，你在担任执政官之前和之后都是和平的卫士。至于我，虽然赞成你的政策，也和你持有相同的政见，但我没有取得进展。你瞧，我到得迟，孤身一人，人们以为我对事实一无所

① 指阿庇乌斯与多拉贝拉的和解。

② 监察官的职责包括对公共道德的指导。

③ 塞维乌斯·苏皮西乌·鲁富斯（Servius Sulpicius Rufus），生于公元前105年，比西塞罗年长一岁，修辞学家，演说家。公元前46年担任阿该亚行省总督。公元前43年受元老院委派，作为使者去和安东尼谈判，死于穆提纳。

知，而我突然发现自己处在一群充满战争欲望的疯子中间。如果我们想问题都从自己出发，那么我们对共和国似乎不会有什么帮助——不是以保持有价值的东西的方式保持我们原有的地位，而是对我们的尊严表示悲伤——我在想，这个世上我最想与他商谈的人就是你。因为你从来没有忘记这些我们必须与之相似的著名人物的榜样，或者忘记你一直崇敬的那些哲人的格言。要是我不担心伤害那个请求我追随你的引领的人的情感，那么在警告你参加元老院会议或议员会议[①]是无用的之前，我应当亲自给你写信。确实，当同一个人敦促我参加元老院会议时，我清楚地对他说，我会准确地重复你有关和平和西班牙说过的话。

你明白事情已经到了什么地步。战火燃烧的整个世界被指派给一些军事统帅，而这座丧失了法律、法庭、正义、信誉的城市被留下来成为抢劫和纵火的牺牲品。对我来说，我已经不可能抱有一丝一毫的希望，在这样的环境里，我甚至不能大胆地有什么期望。然而，如果像你这样谨慎的人认为我们见面谈话是方便的，那么虽然我的意图是进一步远离这座城市，我几乎难以忍受听人们提到它的名字，我还是会设法离你近一些。我已经指示特巴提乌，如果你有什么消息要他带给我，绝不要拒绝；我喜欢你这样做或派你相信的任何人到我这里来，这样的话，你离开城市或我靠近城市就不是必要的了。我祈求你能对我进行赞扬，这也许是我为自己认领的，但我确实感到你和我在一起做出的任何决定都将得到这个世界的完全赞同。

[2]

马·西塞罗致塞维乌斯·苏皮西乌·鲁富斯，公元前 49 年 4 月末，于库迈。

我收到了你 4 月 28 日的来信，当时我正在我在库迈的别墅里。在读信

① 议员会议是由凯撒召集的，执政官和许多行政官员不参加议员会议。

的时候我猜想斐洛提姆没有严格按你的指示办事，尽管他从你那里（如你所写）得到具体的要求，但他没有亲自来见我，而是让人把信送来；我的结论是：这封信之所以较短，乃是因为你以为他会亲自送信。无论如何，在我读了你的信以后，你的妻子波斯图米娅来看我，还有我们亲爱的塞维乌斯[①]。他们的意见是让你到库迈来，他们甚至恳求我给你写信。

你问我有什么打算。好吧，我的打算自己比较容易接受，但很难向其他人推荐。因为我怎么能大胆地对你这样有着非凡影响和成熟智慧的人施加压力？如果我们问的是最正确、最恰当的道路，那么它就在那里，人人都能看见；如果我们问的是哪条道路最方便，那就不太明显了。但若我们确信自己必须是这种人，不相信方便而相信正确与光荣，那么我们对自己应当做什么就不会有什么怀疑。

你假定你我的情况有密切的联系。好吧，我们双方确实犯了同样的错误，尽管我们的情感是最忠诚的。对凯撒本人的利益无论我们各自采取什么政策，我们的想法是和谐的，我们甚至想通过呼吁和平来赢得他的感恩。然而我们上当受骗了，已经过去的事情你自己就能看清楚。你不仅可以清楚地理解所有正在发生和已经发生的事情，而且还能清楚地知道事情的趋势和可能会有的结果。因此，一个人可以赞同现在采取的措施，即使不赞同，也可以理解其中的用意。我感到前一种办法是不光彩的，后一种方法也是危险的。

剩下的事情就是我认为我必须走。其他没有什么事情需要考虑，除了我一旦要是走了，我有什么打算，我的目的地在哪里。要是愿意，你就看着吧，没有什么状态比这更邪恶，没有什么问题比这更难处理。我无法做出任何决定，因为总是遇到某些难以克服的障碍。如果你现在已经做了决定，并且假定与我的行动不吻合，那么我想，如果你不反对，你可以暂时取消你苦恼的旅行；如果你有什么事情想和我讨论，我会期待着与你见面。确实，我

① 指收信人塞维乌斯·苏皮西乌之子。

希望你尽快前来而又不会给你自己带来不便——我想，这一建议是塞维乌斯和波斯图米娅都同意的。

[3]

马·西塞罗致塞维乌斯·苏皮西乌·鲁富斯，公元前46年9月，于罗马。

你被深深地激怒了，在我们都能感受到的不幸中，你还承受着你内心特别的伤痛——这就是许多人每天给我带来的报告。虽然我只是有一点儿惊讶，但我看出你现在的状况与我自己有某种程度的相似，然而我仍旧感到遗憾，因为像你这样拥有独特智慧的人一定不会为你自己的福气感到高兴，也不会为别人的不幸所苦恼。至于我本人，尽管我没有对任何人屈服，乃至于承受比我本人由于共和国的毁灭而带来的更多的悲伤，我现在发现仍有一些值得安慰的地方，其中最主要的是意识到我呼吁采取的政策。在事情发生很久以前我就有预见，好像在高高的瞭望塔上看到即将到来的暴风雨，不仅仅是凭借我自己的直觉，而且更多地凭借你的警告和责备。虽然在你担任执政官的大多数时间里我都不在罗马，然而即使我不在，我也习惯听到你的意见，听到你对这场邪恶的战争的预见。你在担任执政官之初，当时我在罗马，在考察了我们的所有内战以后，你用大量的细节敦促元老院采取措施，而他们害怕这种警告，认为这些人只是像较早的角斗者行为粗鲁，而内战在共和国的历史上则史无前例。所以后来无论谁能成功地用武力打垮共和国，都会成为令人无法容忍的暴君。人们假定凡是历史上有先例的事情都是正确的，都是可以做的。然而他们赞美的这种先例倒不如说是他们自己添加的。

由于这个原因，你必须记住那些不能追随你的权威和建议的人的灭亡在于他们自己的愚蠢，而你的预见本来可以拯救他们。你会说："你这样说对我没有什么安慰，在这种难以忍受的忧郁中，我能把共和国崩溃的城墙称做什么?"是的，你的悲伤无疑难以接受这种安慰，一种普遍的损失而毫无恢复之希望的感觉占据了你的心。然而，凯撒本人对你做过判断，这也是你所有同胞的看法——当其他所有灯火都已经熄灭的时候，你的正直、智慧、高尚就像一盏闪耀的明灯。这一定能够减轻你的苦恼。至于说你现在远离你的朋友，这就更加容易忍受了，因为与此同时你也摆脱了重重烦恼。要是我不担心像你一样远离家庭，那么我本应当对你详细列举这些烦恼，而在我看来，你对看不见的事情的理解比看得见的事情更清楚。

我想我对你的安慰是合理的，是一个对你最友好的人在告诉你怎样才能减轻你的烦恼。你自己手中有其他获取安慰的方法，它们既不是我不知道的，也不是不重要的——确实，我感到它们是最重要的——我必须通过每日里的尝试来考验它们的有效性，在我看来它们意味着拯救。

我记得很清楚，你从青年时代开始倾心于各种形式的哲学学说，热情而又勤奋地掌握了最聪明的哲学家的各种传统，学会了正直生活的方式。当然，对我们来说，这在最好的时代里是有益的，是一种快乐，而在当前我们没有其他任何从中可以找到安宁的东西。我不是要说一些傲慢无礼的话，也不是要鼓励像你这样拥有职业天才，或者说拥有天赋能力的人回归到这些追求上来，你早在青年时代就已经为之奉献了热情。不，我只想说（我希望你会同意我的想法）对我而言，在元老院的大厅里，在市政广场的讲坛上，都已经没有我研究过的这门技艺的用武之地，所以我就集中全部精力研究哲学。而留给你这位杰出的、无与伦比的法律天才的用武之地也不会比我多。所以我不会以你的老师的身份自居，但我相当肯定，你被各种事务缠身，研究哲学虽然对你没有什么益处，但可以分散你苦恼的沉思。

你的儿子塞维乌斯忙于在所有博雅艺术中获取成功，尤其是在这门我已经告诉你我在其中发现安宁的学问中。只有我对你的热爱可以与我对他的热爱相比，我从他的感恩中得到了回报。由此可见，当他对我表示尊敬和顺从的时候，他认为这样做也会给你带来最大的快乐。

[4]

马·西塞罗致塞维乌斯·苏皮西乌·鲁富斯，公元前45年9月，于罗马。

你在信中就你为什么没有经常给我写来一些内容相同的信做了辩解，但我只是部分地接受你说的理由，你把原因归咎于送信人的粗心和不负责任，使你的信无法送到我手中，这我接受。但我既不承认也不赞同你说的另一部分理由——你说“语言的贫乏”使你在信中老是重复相同的话。呃，你在开玩笑的时候（这是我的理解）说我“用语陈腐”，但我不承认自己完全受困于缺乏词汇（因为不需要“有礼貌地开玩笑”）；即使如此（在这一点上也没有什么“最有礼貌的玩笑”），我还是承认你的作品相当精致和贴切。

如你所写，你的政策使你不排斥亚该亚行省的这份公告，我一直赞同你这样做，在读了你最近的信以后，我更加衷心地表示赞同；你说的具体理由是非常合理的，与你的高位和明智相配。你认为这件事最后没有像你预料的那样发展；好吧，我完全不同意你的意见。事实上，总体的瓦解和混乱是令人震惊的，这场最可怕的、推翻和践踏一切利益的战争是无法医治的，每个人都认为自己正好所处的地方是最可悲的，自己是这个世上最可悲的人；就是由于这个原因，你不仅对你的政策表示后悔，而且还想到我们在国内的时候是幸福的；另外，我们认为你和我们相比仍旧是幸福的，尽管你确实还没有摆脱所有烦恼。还有，你的具体损失比我们小——你大胆地在信中说出你碰上的麻烦，而我们甚至不能安全地这样写。这不是胜利者的过错，他是非常有节制的，而是胜利本身的过错，这是一场野蛮的内战的必然结果。

我有一点胜过你，我比你稍微早一些听说了你的同事马凯鲁斯① 回归的消息。不仅如此，我还要向你宣布，我明白整件事情是怎样操作的。请你明白，自从这些灾难发生以来，我的意思是自从国家的正义被交给武力裁决以

---

① 马库斯·马凯鲁斯，公元前51担任执政官，与凯撒为敌。

来，这是发生过的唯一有尊严的行为。凯撒本人指责马凯鲁斯“尖刻”（这是他的用词），并且用最美好的话语赞美你的公正和远见，并突如其来地宣布他不会拒绝元老院在马凯鲁斯的问题上提出的要求，尽管这是一个恶兆。现在，当卢·庇索提出马凯鲁斯的问题时，当盖乌斯·马凯鲁斯[①]正在凯撒的战船上指挥战斗的时候，元老院就像它以前的安排一样，起来用一种恳求的语调责备凯撒。好吧，不要浪费口舌了，这在我看来是非常光荣的一天，我想我看到了共和国复活的某些美好的景象。所以，在所有要求发言的人在我面前表达了他们对凯撒的感恩以后（除了伏凯提乌，他宣布要是处在凯撒的位置上，绝不会像凯撒那样行事），在人们问到我的看法时，我违背了我先前的决定。我向你保证，由于先前地位的丧失而心灰意冷，所以我决心不在元老院里讲话。然而，我的这个决定在凯撒的宽宏大量和元老院的忠心前突然让路了。所以我讲了很多话，表达我对凯撒的感谢。我担心自己会在其他所有这样的场合用光荣的闲暇为理由来欺骗自己，这是我的诸多麻烦中的一项安慰。然而，由于我现在要避免冒犯一个我过去一直对之保持沉默的人会认为我根本不把元老院当做一个值得考虑的政府，所以我会有节制地行动，保障安全，乃至于在不牺牲我自己的意愿的情况下顺从他的意志。

虽然学习各门博雅艺术，尤其是哲学，是我从早年开始就拥有的快乐，然而我的这种着迷与日俱增，我假定这部分是由于我的年纪已经到了智慧成熟的地步，部分是因为时代的邪恶，所以除此之外做任何事情都不能平息我心中的烦恼。

根据你的来信推测，你由于事务繁忙而远离了这样的学习。但在这个季节里，夜晚可以帮你很大的忙。你的孩子，或者说我们亲爱的孩子塞维乌斯，对我表现出最大的顺从和尊敬，对此我很高兴，也为他正直和卓越的品格、学习上的成就感到高兴。他对我谈了很多有关你在这个行省或离开行省后的事情。迄今为止，我的看法仍旧是什么也别做，除了我们认为凯撒最想

① 盖乌斯·马凯鲁斯是马库斯·马凯鲁斯的堂兄弟，公元前50年的执政官。

做的事情。这就是这里的形势，假定你在罗马，除了在你的自己人中间，你会发现没有任何快乐。至于其他人决不会比伟人更好；一切人和一切事都一样——如果你必须做选择，那么你会宁可听到它们，而不是看到它们。给你提供这样的建议并不会给我带来快乐，因为我期待着见到你；但我现在想的是怎样对你才是最好的。再见。

[5]

塞维乌斯·苏皮西乌·鲁富斯致马·西塞罗，公元前45年3月中旬，于雅典。

我已得知你女儿图利娅的死讯，请你相信，它对我是一个沉重的打击，我把它当做我们共同的灾难。要是我在，那我一定会前来当面向你表示我的哀悼。当然了，诸如此类的安慰是压抑的，甚至是令人不快的，因为对你负有照料义务的亲戚和亲密朋友自己也承担着同样的悲伤，无法不流眼泪而尝试着完成照料的任务，所以可以认为他们自己也需要别人的安慰，而不是他们有可能解除义务对他们的要求。即便如此，我还是决定给你写一封短信表达我当前的想法，我不认为他们是在逃避你，而是因为你可能由于悲伤而没有看到他们，是你看不清他们。

为什么一件私人的伤心事会使你如此深深地痛苦？想一想我们迄今为止有多么幸运吧，假定那些对我们所有人来说并非不如他们的子女那么宝贵的东西都已经被剥夺——国家、光荣的名字、国家的一切成就。那么，这一新的损失又怎能在你原有的悲伤之上再增添任何悲伤呢？或者说，为什么有过这种经历的人的心灵会变得如此迟钝，乃至于把其他一切都视为不值得一提？

告诉我，你还在为她伤心吗？你本人必定多次想过——我经常有这种想法——他们的命运在这些日子里并不是最残忍的，因为他们得以无痛苦地完成了从生到死的转变，是吗？还有，在这样的时候有必要给她提供任何强烈的生的诱导吗？已经享受了荣华富贵，还要对未见的东西抱有希望吗？这样做，对她的灵魂有什么安慰？作为某些身居高位的年轻人的配偶，她已经度过了一段日子？我假定，你认为这是冲着你来的，冲着你的高位来的，你要从这一代年轻人中挑选女婿，在他们的保护下你可以放心地托付你的任何孩子！但她有可能成为某些能够取得辉煌的成功的、她可以为之喜乐的儿子的母亲吗？谁能凭借他们自己的功绩获得她父亲遗留下来的位子？谁愿意站出来按他们既定的等级承担公共职务？在政治上运用他们的独立性，为他们的朋友谋利益？在这些诺言应验之前，它们不都一个个地撤回去了吗？但是你会说，失去子女难道不是灾难吗？是的，它是灾难——除非它给你带来的痛苦大过一切。

我想告诉你一件事，它没有给我带来安慰，但也许能够舒缓你的悲伤。我从亚细亚返回的时候从伊齐那乘船到麦加拉，然后开始考察周边地区。在我后面是伊齐那，在我前面是麦加拉，在我右边是庇莱厄斯，在我左边是科林斯，这些城镇曾经一度繁荣昌盛，而现在已经疮痍满目了。我开始这样想："如果我们中有人活得比通常短，在床上死去，或在战场上被杀，躺在'这片尸横遍野的土地上'。塞维乌斯，请你控制自己，记住你生而为人。"记住我这句话，这样的反思使我坚强了不少。如果你不在意，这样的思想也可以放在你面前。不久前，我们有那么多名人同时死亡，罗马人民的国家权力受到严重伤害，所有行省的根基发生动摇。由于失去了一位虚弱的妇女，你的生活信心就从根本上动摇了吗？如果她今天没有死，那么她也会在未来几年的任何时候死去，因为她生而为人。

像我一样，你必须让你的心灵和思想远离这些问题，你要想的是还有什么值得你自己去做，你要记住她已经活了很长时间，她和这个共和国一道死去；她看到你，她的父亲，当选执法官，当选执政官，当选占卜官；她成功地不止一次成为身居高位的年轻人的新娘，她几乎享受了生活中的每一件好事；随着共和国的灭亡，她停止了生命。你，或者她，在这个问题上还有什么抱怨的理由？最后，绝不要忘记你是西塞罗，一位从来都教育和给别人提建议的人；不要模仿那些坏医生，他们治疗别人的病，自认为掌握了全套医术，但却不能治疗自己；不，还是把你经常用来开导别人的信条用到你自己身上，摆在你自己面前。

没有任何悲伤是岁月流逝所不能减轻的或舒缓的。等待时间流逝，而不是匆忙通过运用你的智慧去阻止这一效果，这样做不会给你带来声誉。如果死者也有意识，那么你女儿对你的爱，以及她对整个家庭的爱，无论如何不会让你这样做。把振作起来作为一件礼物送给已经故去的她吧；送给你的朋友和同伴，因为你的悲伤也是他们的悲伤；送给你的祖国，如果有什么需要，她可以在你的帮助和建议下获得好处。

最后一句话——由于命运已经把我们带到了这样的关口，我们甚至被迫要考虑这样的问题——不要给任何人犯错误提供理由，让他们怀疑你伤心的主要原因不是你女儿的死，而是国家事务的当前状态和我们的对手的胜利。

关于这个问题我羞于更加详细地给你写信，免得我好像对你的良好理智失去了信心。因此，随着我提出这一看法，我将结束这封信。我们在几个场合看到你带着令人敬佩的自我节制承担着幸运，因此获得更多的信誉；你最后也能使我们确信，你同样也能承受不幸，你的重负不会把你压垮，乃至于使你失去所有的美德。

等我发现你已经比较平静的时候，我会告诉你这里发生的事情以及我的行省的一般状况。再见。

[6]

西塞罗致塞维乌斯·苏皮西乌，公元前45年4月中旬，于阿图拉。

是的，塞维乌斯，如你所说，我确实希望在我最悲伤的时候你能和我在一起。如果这样的话，你能给我提供巨大的帮助，你通过承担几乎和我相同分量的悲伤来安慰我，我很容易感受到你的来信给我带来的安宁。你的话语能够减轻我的悲伤，你讲述的你自己的悲伤也给我带来安慰。你儿子塞维乌斯对我体贴入微，这是这样的场合所需要的，可见他对我有多么尊敬，他也确信你可以证明他对我有多么热爱，我对此非常感谢。他对我的照顾虽然经常给我带来很大的快乐，但我从来没有感谢他。

关于我自己，我不仅按照你的指点找到了安慰，你可以被我称做治疗我的心灵疾病的合作者，而且也受到你的人格的影响。我想，如果我不能承受你受到的那样的伤害，那么我会感到可耻，而你那罕见的智慧认为这是我必须承受的。但是，我还是时不时地感到很难对我的悲伤开战，因为我缺乏安慰，而我的那些榜样在相似的处境下却从不缺乏安慰。

昆·马克西姆失去了一个取得过辉煌成就的、执政官等级的儿子；卢·鲍鲁斯在七天里失去了两个儿子；你的族人伽鲁斯失去了他的儿子；马·加图失去了有着杰出才能、勇敢善战的儿子；但在他们生活的年代，他们在为国服务中赢得的崇高地位缓解了他们的私人悲伤。而我不同，在失去了所有这些你具体指出过的、我通过长期努力才获得的地位之后，我仅剩的一点安慰又被夺走。没有朋友的利益和公共的责任要我牵挂；法庭上的事务也不能让我牵挂；至于元老院，我甚至不想看到它；我开始想自己所获得的成功和劳动成果都已经被剥夺，这就是事实。我还想到你和某些人可以为我分担这些不幸，于是我就试图耐心地承受不幸，我总有一块圣地可以避难，总有一个港湾可以休息；总有一个人的甜蜜谈话可以帮助我摒弃所有的焦虑和悲伤。然而，这个新的伤痛如此残忍，我原来以为完全治愈的老伤口也在隐隐作痛。在国家患病的日子里，我可以走进一所欢迎我的房子取得安慰，而现在我却无法离开这所房子，到国家那里去避难，到国家的繁荣中寻找安宁。所以我现在既不在家中，又不在法庭上，因为我的家庭生活不能安慰国家给我带来的悲伤，国家也不能安慰我家里的悲伤。

但无论如何我还是期待着你来看我，我急于见到你，越快越好。让我们重新开始亲密的谈话，除此以外没有任何事情能给我提供更大的安慰。我确实希望你很快就能到达，我已经听说了这件事。我现在最希望见到你有许多原因，但最重要的原因是我们可以在一起讨论我们的行动方针。当前，我们必须让自己毫无保留地去适应一个人的偏向，但这个人不仅要有远见，而且爱好自由，他绝不会是我的敌人（我向自己保证），他是你忠诚的朋友。尽管如此，我们仍旧要审慎地考虑应当采取什么样的方针，不是在公共行为方面，而是在他仁慈的允许下如何过一种平静的生活。

[7]

马·图·西塞罗致马·马凯鲁斯，公元前46年9月，于罗马。

虽然我非常理解你迄今为止的策略，但我不应当冒险把我的意见强加于你——不是我本人同意你的策略，而是我判断你是一个有智慧的人——我们有着长期的友谊，你对我格外仁慈，这是我从你还很年轻的时候就承认的，所以我要写信把我对你个人幸福有益的想法告诉你，我想这样做不会损害你的尊严。

你以惊人的远见预见到这些灾难的开始，你担任执政官非常庄严和高效——对此我的记忆非常鲜明；与此同时我也注意到你在内战中否定了那场战役的计划，反对组建庞培的部队，并且一直不相信它；我想你还记得我也有这种看法。因此，你没有过多地参与那场战役，而我一直没有参加。在判断力、人格力量，或者事业的合理等方面，我们占上风，但我们没有武器，赤手空拳，在这方面我们不是敌人的对手。因此我们打了败仗，或者说，就算我们没有打败，我们还是被打垮了，受到了侮辱。因此，任何人都会真诚地赞扬你的决定，鼓励你继续战斗，以你的行动证明你是一个聪明人和诚实的公民，你对开始一场内战犹豫不决，但你毫不犹豫地要结束内战。

我看到那些不采用和你相同策略的人分成两派：要么试图重启战端（这种人就是去阿非利加的那些人），要么像我一样屈服于征服者的仁慈；你的策略是一种妥协，因为你也许认为后一种方针表现出卑躬屈膝，而前一种方式表现出顽强的精神。我承认你的策略在大多数人看来是明智的，或者说在所有人看来是明智的，不是吗？——许多人甚至认为它显示了一种伟大勇敢的精神。但是，如果我可以说出我的想法，那么你采用的策略有它的局限性，尤其是我肯定你缺少一样东西来保持你拥有的所有东西，这就是这样做的意志。因为我已经得出结论，只有一件事情会使我们那位无所不能的朋友犹豫不决，他担心你根本不把你的召回当做一项仁慈的行为。我是怎么想的没有必要告诉你，你自己就能看到我会采取什么样的行动。

即使你已经下定决心尽快离开，而不是留下来见证你讨厌的事情，你也应当想到无论身在何处，你仍旧处在你试图逃避的这个人的仁慈之下。他虽然不反对你和平独立地生活在某个地方，只要你离开你的国家和财产，但你仍旧必须考虑是否宁可住在罗马，住在你自己的房子里，无论条件是什么，或者住在密提林或罗得岛。但是，考虑到我们害怕的这个人的权力无所不及，乃至于覆盖整个世界，你难道不愿意没有危险地住在自己的房子里，而不是冒着危险住在别人的房子里？我很快就要回家了，我很快就要回到自己的祖国，哪怕它对我意味着面对死亡，而不是继续待在陌生的外国人的土地上。所有喜欢你的人都会有这样的感觉，由于你的功劳很大，可以期待有许多人喜欢你。

我也关心你的私人财产，不希望看到它流失，它确实没有遭受毁坏，就好像是永久性的，因为毁坏你的私人财产是不允许的，统治着共和国的他不会允许，共和国本身也不会允许。此外，我不想看到你的庄园受到土匪的骚扰。这些土匪是谁，我现在大胆地告诉你，我不确定你是否知道他们。

在罗马有一个人，超过其他所有人，在为你焦虑，在为你努力，在为你不停地流泪——你的杰出的堂兄弟盖·马凯鲁斯；在挂念和悲伤方面我不如他，在提出请求方面我也不如他，因为我没有权力介入你的事务，因为我自己还需要调停，我只能起一个战败者的作用。尽管如此，在提建议和表达忠诚方面，我仍旧忠于马凯鲁斯。我没有和你的其他亲戚商议这些事，而其他没有什么事情是我没有做好准备的。

[8]

马·图·西塞罗致马·马凯鲁斯，公元前46年9月，于罗马。

我既不会大胆地给像你这样格外明智的人提建议，也不会鼓励一个精神高尚、无比坚强的人，至于给你一些安慰，那是没有疑问的。如果你正在承受我听说的那些事情，那么我宁可对你的英勇气概表示祝贺，而不是在你悲伤的时候安慰你。但若你被共和国的可怕灾难打垮了，我也不会聪明过头，乃至于在不能安慰自己的时候安慰你。所以剩下可做的事情就是确定我当前和今后的行动，警惕地注意你的所有朋友的下一步的意愿，以便证明我相信我在你的事业取得进展时亏欠你的东西并非都在我力所能及的范围之内，而是超出了我力所能及的范围。

但无论如何请你把它当做我给你的建议，或者当做我确定的看法，或者当做我无法克制的仁慈，我催促你像我本人一样下决心，如果还有共和国，那么接受你在其中的位子，顺从环境无法抗拒的压力，这是你——一位在名声和事实上的杰出人物——义不容辞的事情；但若共和国没有了，你仍旧应当相信这里是最适宜你生活的地方，哪怕像是在流放。如果自由是我们追求的东西，那么还有什么地方不屈服于这位暴君？如果我们正在寻找其他什么地方，那么还有哪里能比一个人自己的家更能愉快地定居？听我的话吧，哪怕那位世界之主对有才能的人是不公平的；在环境和他自身利益允许的范围内，他确实真诚地欢迎出身高贵的人和身处高位的人。我的信写得比原先打算的要长。因此让我回到一个主要事实上来，我是你的朋友，我仍将和你的朋友们在一起，只要他们能证明自己是你的朋友。如果不是，我无论如何也会在各方面满足相互热爱的基本要求。再见。

[9]

马·图·西塞罗致马·马凯鲁斯，公元前 46 年 9 月，于罗马。

我在上一封有点长的信中清楚地说明我相信你会下定决心，我还说了我认为你应当怎么办的看法。从我把它交给昆·穆西乌斯以来只过了几天，但是当你的自由民塞奥菲鲁要出发的时候，我还是写了这封信让他捎上，他对你的忠诚和善意我感到很满意，要是他没有替我捎信我会感到遗憾。因此，重复一下我在前一封鼓励信中使用过的论证，我再三鼓励你要尽快下决心，作为共和国的一员取得你的地位，无论它是什么。你也许将看到许多你反对的东西，但仍旧不会比你每天都听说的事情更糟。此外，受视觉的影响不是你的性格，当同样的事情通过传闻到达你那里的时候，你就不会那么苦恼了，而它经常比这样还要糟。

但是（你会争执），你会像我们中的其他人一样，将不得不说某些你没有感觉到的事情，做某些你不赞同的事情。首先，顺从环境，换言之，对不可避免的事情低头，一直被认为是聪明人的标志；其次，现在的情况并非一团漆黑。也许你将无法自由地说出自己的想法，但你可以相当自由地什么也不说。由于一切权力都集中在一个人手中，他不会听从任何人的建议，甚至也不会听从他自己的朋友的主意，而只会听从他自己的主意。

如果是我们追随的这个人在掌管共和国，那么情况也差不多。假定这个人处在战争状态下，而我们全都由于共同的危险而团结起来，只听从他和一帮臭名昭著的、极不审慎的顾问的建议，我们可以认为他在胜利的时刻会比以往关系平衡的时候不那么自我中心主义吗？当你是他的幕僚的时候，他既没有接受你极为明智的建议，也没有接受你的堂兄弟的建议，没有在你的支持下解除执政官的作用，你能假定，当他认为一切都在他的掌握中时，他能接受你的建议，会有让我们表达自己意见的意愿？

内战中的一切都是悲惨的，我们的祖先从来没有这样的经历，而我们这一代人已经经历了好几次；但没有什么事情比胜利本身更可悲，因为胜利虽然落在比较好的人手里，但胜利会使这些人更加傲慢，更加缺乏自制，所以，哪怕他们不是生性如此，也必然会变成这样。有许多事情是胜利者按照那些帮助他取得胜利的人的任意想象不得不做的，哪怕违背他自己的意愿。我已经看到，而你一定会看到这场胜利注定有多么残酷无情；到那个时候你也会流放自己，以阻止看到这些你反对的事情吗？你会说："不会，我仍将拥有我自己的财富和地位。"是的，但这违反你的一条最高原则——把你自己的个人利益看得不那么重要——你会在共和国的当前情况下陷入更深的苦恼。还有，你的这种策略最终会导致什么结果？只要你的行为受到赞同，考虑到具体环境，你的好运也会受到赞扬；在这种情况下，你的行为就像处在战争初始阶段，你明智地拒绝追随将导致痛苦结局的方针；而在这种情况下，你的好运使你保持了你那个等级的尊严和名望，有了光荣的退隐。然而现在世界上没有一个地方能比你的国家对你具有更大的魅力；你一定不能减少对她的爱，而要为她感到遗憾，由于她遭到毁损，你一定不要用鄙视的目光扫视她，因为她丧失了那么多杰出的儿女。

最后，如果不向征服者乞怜是精神高尚的标志，那么它也不可能是一种精神傲慢的标志，刺激同一位征服者的仁慈，如果说放弃自己的国家是一位哲学家的行为，不想念自己的国家难道不是冷酷无情的证明？如果由于某些原因你不能享有公共生活，那么拒绝享有私人生活确实是毫无意义的。主要的推论是这样的：如果你认为你当前的生活更加舒服，你仍旧必须考虑它是否不太安全。对刀剑的使用是没有限制的，但在外国犯罪甚至更无顾忌。对我本人来说，我对你的安全非常焦虑，在这方面我和你的堂兄是一样的，或者说我仅次于他。你仍旧有机会选择和思考你的公民权、你的生活、你的财产。

[10]

马·图·西塞罗致马·马凯鲁斯，公元前45年1月，于罗马。

虽然我没有什么消息要告诉你，并且开始期待你的来信，或者期待你的到达，然而，在塞奥菲鲁出发的时候，我感到不让他捎上一封给你的信是不可能的。请你尽快到这里来，相信我，你的到来将终结一个焦急期待的时期，不仅在我们中间，我指的是你的朋友们，而且在所有人中间，无一例外。有时候我甚至会冒出一种旁观者的念头，推延回家的时间并没有让你不高兴。

好吧，如果你只拥有视觉，那么我会原谅你对某些人的看法；由于听说的东西不像看到的东西那么使人不愉快，再说，由于我怀疑你最早可能到达的时间对你的私人财产有利，从各种观点来看你的尽早到达确实是重要的，所以我想让你得到某种警告，以达到这样的效果。我现在把我的观点告诉你，而你会以你通常的明智来考虑剩下要做的事情。然而，我想要你告诉我，大约什么时候我们可以见到你。

[11]

马·马凯鲁斯致西塞罗，公元前46年10月中旬，于密提林。

你可以轻易地相信，你的判断的分量在每一场合都对我起着最大的作用，尤其是在最后这一行动中。虽然我的对我最忠心的堂兄盖·马凯鲁斯不仅用祈求和恳求建议我和敦促我，但他没能说服我，直到你的来信让我下决心接受你的建议和他的建议，不再考虑其他人的意见。你们俩在信中就目前事态的发展给了我一个清楚的解释。当然了，你的祝贺是我最能接受的，因为它来自一颗金子般的心；但更加令我高兴的是这样一个事实，我发现真诚地支持我复归的朋友和亲戚人数甚少，但你最希望我复归，并且向我证明了你的格外的朋友情谊。

你已经具体指出其他诱使我回归的原因，但由于时局变化，我做好了放弃它们的准备。然而这一最后的行动使我相信，没有像你这样的人和朋友的同情，无论是处于逆境还是顺境，无人能够发现值得过的生活。因此，在这一点上我祝贺自己。但是，为了表明你帮助的这个人也是你最真诚的朋友，我要排除给你带来任何麻烦，对此，我的意思是给你某些实际的证明。

[12]

塞维乌斯·苏皮西乌致马·图·西塞罗，公元前45年3月31日，于雅典。

虽然我明白我将要告诉你的消息不是令人愉快的，但由于我们的生命处在偶然性的暴君般的统治之下，而不是处在自然的统治之下，所以我仍旧认为这是我的义务，把发生了的所有事情告诉你，而无论这种状况有多么令人痛苦。5 月 23 日，我乘船从埃皮道伦抵达庇莱厄斯，在那里遇见我以前的同事马凯鲁斯，在那里和他愉快地盘桓了一整天。后来我和他分了手，我要从这个邻近雅典的地方去波埃提亚处理一些亟待要做的法律事务，而他告诉我要乘船绕过玛勒亚海岬去意大利。

次日下午 3 点钟，就在我要从这个邻近雅典的地方出发的时候，他的一位亲密朋友波斯图米乌到我这里来，给我带来消息，说我以前的这位同事马・马凯鲁斯就在晚饭后，被他的一位亲密朋友普・玛吉乌斯・吉罗用匕首刺伤了。马凯鲁斯两处受伤，一处在咽喉，一处在头部，就在耳根后面，虽然我的送信人说他希望马凯鲁斯能够康复。玛吉乌斯后来自杀了。波斯图米乌被派到我这里来报信，恳求我请医生。我请了医生并且马上出发，这时已经是黎明。就在离开庇莱厄斯不远的地方，我碰到阿基狄努的仆人送来的消息，马凯鲁斯已经在黎明前去世。一位最优秀的人以这样的方式被可恶地、残忍地杀死了；一个因其功绩连他的对手都要饶过他的人在朋友中找到了杀他的凶手。

我匆忙赶到他的帐篷，在那里我发现了两位自由民，也许有一个或两个是奴隶。他们告诉我其他人都已经惊恐地逃走了，因为（这是他们说的）他们的主人在他自己的帐篷前被杀。我有义务把他带回这座城里来，派了我自己的人抬棺，考虑到雅典可以提供的资源，我努力为他安排了相当好的葬礼。

我无法强迫雅典人提供城里的墓地，因为他们声称宗教上的规矩阻止他们这样做；然而我们必须承认，这是他们从来没有对任何人做过的让步。他们允许把他埋在我们选择的体育场的周围。我们选了一个地方，邻近阿卡得谟的体育场，这是世界上最著名的体育场。我们在那里埋葬了马凯鲁斯的遗体，并且树起大理石的墓碑，请雅典人照看。就这样，我履行了他对一位同事和密友可以提出的要求。再见。

[13]

马·图·西塞罗致普·尼吉底乌·菲古卢斯[1]，公元前46年8月或9月，于罗马。

我有时候问自己，我在信里给你写些什么内容才是最好的，但是不仅没有确定的论题冒出来，而且连用一般的书信风格给你写信我也做不到。因为，在一切都很美好的时候我们之间已经习惯了的书信方式已经由于时代的艰辛而离去，命运实际上阻止我写或者沉思任何诸如此类的事情。剩下适宜我们当前时代的还有忧郁和消沉的方式，但我甚至连这也做不到。因为哪怕这样的书信也肯定会向你传达一些基本的对你提供帮助的诺言，或者是对你的悲伤提供某些安慰。但我现在没有什么许诺，因为命运给我带来的羞辱和你的相同，只是由于额外的帮助才使我承受了所受到的伤害，我的心更多地倾向于对我现在的生活状况感到悲伤，而不是对事实感到高兴。

虽然我本人还没有成为某个具体的、明显不公正的行为的牺牲品，在当前的条件下，我也没有受到凯撒对我施加的压力，但无论如何我无比焦虑，我甚至不认为自己在剩下还活着的时间里能够正确地行事。因为我失去的不仅是大量的最亲密的朋友，他们要么死去，要么被驱逐，而且是所有我一度拥有的、热爱我的朋友，他们曾经和你一道成功地保卫了共和国；环顾四周，我看到的都是他们遭受的不幸，他们的财产遭到抢劫；我不仅听说了这些事，这本身也是我的悲伤，而且实际看到这种事，这是世上最悲惨的景象，这些人的财产被剥夺，而正是在他们的帮助下我们扑灭了可怕的大火；在这座城市里，就在最近我还有威望、影响和名声，而现在什么也没有留下。我确实继续享有凯撒对我的特别的礼貌，但这不能抵消实际生活中的暴力和时代本身的革命。

---

① 普·尼吉底乌·菲古卢斯（P. Nigidius Figulus），罗马最博学的人，仅次于瓦罗，尤其是在自然科学和天文学方面。他于公元前58年任执法官。内战期间站在庞培一边。公元前45年死于流放中。

所以，丧失了通过我的性情、爱好、日常生活所习惯的一切，我不仅对别人来说是一个讨厌的家伙，我肯定我是，而且对我自己也是一个讨厌的家伙。因为，集中精力从事与人相配的重要工作虽然是我的本性，但我现在不仅没有什么行动的计划，甚至没有思想的计划。迄今为止我一直在向认识不清的人，甚至在向有罪的人提供帮助，而我现在甚至不能向无与伦比的、最博学的、最有美德的普伯里乌·尼吉底乌提供仁慈的诺言，他曾经获得人们普遍的喜爱，也肯定是我最好的朋友。所以，我不想使用通常的写信方法。

我剩下来唯一可做的事情就是安慰你，提一些建议，藉此分散你的思想，让你不要去想你的不幸。但是这种安慰自己或别人的才能，如果人有这种才能的话，那么你本人完全拥有。因此，任何这样的源于可被我称做学问追求的论题，我都不会加以干预，而会把它完全留给你。什么样的行为和勇敢的、聪明的人相配，你的尊严、心灵的崇高、过去的历史、你从年轻时就开始取得突出成就的研究，这些事情对你有什么样的强制要求——所有这些你本人就能看见。而我，由于我在罗马，由于我处在一个敏感的位置，由于我在收集各种征兆和感受真相，所以我现在可以告诉你：你现在不得不忍受的这种令人烦恼的处境将不会继续下去，但是我与你共有的这种处境你也许不得不永远忍受。

这在我看来是相当清楚的，首先，在你回归的这件事上有最多的话要说的那个人清楚地表示愿意批准你的回归。我不是随意这样写的。我和他的关系越疏远，我就会进行更多的调查。对那些他更为愤怒的人做出不那么满意的答复，对他来说只会更容易，而迄今为止他对于把你从困境中解脱出来的态度一直是拖延的。事实上令人惊讶的是那些与他有密切接触的人的态度很好，在谈到你和想到你的时候，他也确实在这些人的陪伴中找到最大的快乐。此外，在公众的善意之上还要加上所有阶层的一致同意。还有我们伟大的共和国本身，虽然它的力量现在确实处于最低点（但她必然拥有这种力量），但请你相信我，无论她的力量如何，她将很快把这项恩惠赐予你，你是一个归属于她的人。

因此让我回到这一点上来——我现在甚至可以向你许诺，而在一开始这是我拒绝的。我的意图是和那些与他有最密切联系的人交朋友，他对我已经非常尊敬，还有许多时候和我在一起，还有，我要挤到这个伟人本身的熟人圈中去——由于我本人缺乏自信，因此迄今为止我还在这个圈子之外，我将不会错过任何开始的机会，藉此我想有可能实现我们想要实现的目标。和这件事情相关，我会做的事比我敢写下来的事情要多；我非常确定你可以通过向其他人询问了解你想知道的一切，而我会让自己做好所有准备；我个人拥有的东西没有一样不会很快地变成你拥有的东西。关于这件事以及整个问题我写得不那么详细，因为我宁可让你自己去拥抱希望，我这一方已经想定了，而你又会成为你自己。

我最后的话是这样的：我恳求你要勇敢，要想到你不仅对其他从事科学的伟人负有做出伟大发现的义务，而且对你自己的才能和研究负有义务。如果你列举它们，那么它们会给你提供各种很好的希望，你会像哲学家一样忍受降临于你的任何痛苦，无论它具有什么样的性质。确实，关于这一点，你比我知道得更多，比任何人知道得更多。我会努力关注在我看来对你重要的事情，并将在心中公正地牢记你在这个我一生中最阴暗的时期为我作出的贡献。

[14]

马·图·西塞罗致格·普兰西乌，公元前45年，约1月，于罗马。

我收到你从考居拉发来的两封信。你在一封信中向我表示祝贺，因为你得知我保持着原来的立场；你在另一封信中表达了一种希望，希望我最近的这项安排会很好、很幸福。如果“立场”的意思是保持健全的政治观点，使这些观点能被拥有健全品格的人接受，那么我确实保持着我原来的立场，如果“立场”的意思是对你的观点产生实际影响，甚至只是运用言论自由为它们辩护，那么我已经没有什么立场了；如果我们能够约束自己忍受这些邪恶，我们就已经非常好了，有些邪恶已经降临到我们头上，有些邪恶正在我们头顶上盘旋；处在战争中我们很难约束自己，一方面是大屠杀的威胁，一方面是奴隶制的威胁。

在这个严重的危机中，我感到有一丝安慰，因为我对它有所预见，我当时不仅对我们的失败有所警觉，而且对我们的成功也有所警觉，我看到了把合法权力交由军队来仲裁的危险。一方面，假定我曾经加入过的那个派别以军队为手段，不是凭借战争的欲望，而是凭借安排和平的希望，来获取胜利，那么我知道如此愤怒、粗暴、傲慢的人取得的胜利必定会有多么血腥；另一方面，如果他们被打败了，我的同胞又必然遭到毁灭，他们中有些人身居高位，有些人拥有最高的美德，但是当我对所有这些事情做出预言，并且采取最明智的办法保障他们的安全时，他们急于认为我的表现过于胆怯，而不是适当的谨慎。

现在你祝贺我迈出的这一步。① 好吧，我很确定你指的是什么。但我向你保证，在这些不幸的日子里我的生活不会有什么改变，要是我不能回归，我的家庭事务也像国家事务一样是一个邪恶的困境。在那些人眼中，我的幸福和我拥有的一切都应当是最宝贵的，他们认为我赐给他们的好处是不会失去的，然而当他们的行为如此邪恶时，我在我家里的院墙之内也找不到安全，找不到一个角落可以躲藏——所以我想是时候了，用新的可靠的联盟来反对老的联盟的阴谋诡计，保护我自己。有关我自己的事情已经说够了，甚至说得太多了。

至于你，我会很高兴地看到你不再像以前那样忧愁，换言之，不再思考你需要害怕什么具体的东西。一种制度无论有什么样的基础，要是它是健全的，那么我就能看到你将摆脱一切危险。因为我想你已经让一个派别感到喜悦，而另一个派别绝不会对你发怒。然而考虑到我本人对你的幸福抱有的希望，我想让你自己确信，虽然我非常明白我的位置和我在当前能做的事情很少，但只要我发现有什么必须采取的步骤，我一定会通过我的努力和建议，支持你的利益、名声、复归；无论如何你可以确定，我渴望为你提供服务。

① 指西塞罗与普伯莉丽娅（Publilia）结婚。

如果你尽可能让我知道你在做什么和想什么，那么我会非常高兴。再见。

[15]

马·图·西塞罗致格·普兰西乌，公元前46年，于罗马。

我收到了你的短信，在其中我没有发现我急于想知道的事情，虽然我在其中发现了一些我从来没有怀疑过的事情。换言之，你非常勇敢地承受了我们共同遭遇的灾难，这是我没有办法学到的。你对我的爱非常真诚，我很容易察觉。但是后者是我已经知道的事情，要是我知道前者，那么我也会这样说。

尽管我在以前的信中已经写了我认为必须写的事实，但我认为在这样的危机中我必须简要地提醒你，不要想象你本人有什么具体危险；我们全都处在巨大的危险之中，但它毕竟是一种普遍的危险。所以，如果你要求只有你自己能够得到幸运的特权，或者拒绝降临于我们所有人的幸运，那是不对的。因此，让我们继续保持我们一直以来拥有的友谊。我对你抱有希望，而我自己也希望能得到这种保证。

第五卷

[1]

昆·麦特鲁斯·凯莱尔[①]致马·图·西塞罗，公元前62年1月，于山南高卢。

① 本卷中的两位通信人，麦特鲁斯·凯莱尔和麦特鲁斯·涅波斯可能是两兄弟，是公元前98年任执政官的昆·麦特鲁斯·涅波斯（Q. Metellus Nepos）的儿子。这封信的写信人凯莱尔公元前63年任执法官，帮助平息喀提林叛乱，此时任山南高卢总督。他于公元前60年担任执政官，死于公元前59年，可能是被他的妻子克劳狄娅毒死的。

如果你健康状况良好，那就好。鉴于我们之间的相互尊重和重续我们的友谊，我想我可以躲过我不在时受到嘲笑和骚扰，我弟弟通过你也可以使他的公民权和财产不受攻击，这仅仅是为了一句话。① 如果他本身的行为的恰当性不足以保护他，那么我们家族的威望或者我本人对你们所有人和共和国的最真诚的献身应当足以在他需要时帮助他。而现在，我看到他受到煎熬，我本人被这些人遗弃，而在他们身上这样的行为是最不应当发生的。

所以，我身着丧服，非常悲痛，而我现在还统治着一个行省，指挥着一支军队，正在进行一场战争！你在这些事情上的措施既不合理，又缺乏我们祖先的仁慈，如果你们全都表示后悔，那么没有人需要惊讶。我没有想到你会如此反复多变地对待我和我的亲人。与此同时，我要说，没有任何家庭的悲伤，没有任何人的不正义的行为，能引诱我放弃对这个国家承担的义务。

[2]

马·图·西塞罗致昆·麦特鲁斯·凯莱尔，公元前62年1月或2月，于罗马。

如果你和这支军队健康状况良好，那就好。你写信对我说：“鉴于我们之间的相互尊重和重续我们的友谊，我想我可以躲过我不在时受到嘲笑和骚扰。”我实在不明白你这样说到底是什么意思；然而我想你听人说过，在维持这种状态的时候，有许多人怨恨我保存了这个国家；我断定在元老院里，你无法拒绝他们要求的你的亲属迫使你克制你本来已经决定要在元老院里义不容辞地对我表示的祝贺。然而在这样说的时候，我要小心地添上，维护国家安全的义务已经在我们之间恰当地做了划分，我保卫这座城市，提防国内的叛国阴谋和暴行，你保卫意大利，使它不受武装的敌人和阴谋叛乱的伤

① 参见下一封信的注释。

害；但我们之间的一项如此伟大光荣的合作被你的亲属瓦解了，虽然我通过赋予你最光荣的使命来向你表示敬意，但他们却表现得害怕你向我表示任何你本应当向我回报的善意。

我正在向你解释我有多么渴望听到你的讲话，而我的讲话可能会被完全误解，因为它好像是在开玩笑，不过这些玩笑不是针对你，而是针对我自己犯的错误，因为我已经非常坦率地承认我渴望得到你的赞扬。好吧，我说的话不能当做别的任何东西来理解，而只能当做向你表示敬意——我虽然拥有光荣伟大的成就，但我仍旧想要从你嘴里得到对它们的某些具体的肯定。

然而，当你使用“鉴于我们之间的相互尊重”这些词的时候，我不知道你给所谓“相互的”友谊添加了什么意思，但我觉得它的意思是“平等地接受与回报善意”。关于我本人的行动，假定我说由于你自己的缘故我让自己放弃了一个行省，那么你会认为我有点儿虚伪。因为我的利益已经指出了我的前进方向，我从我生活的每一天做出的决定中得到越来越多的享受和满足。我要说的是，从我在公共集会上宣布放弃这个行省的那一刻起，我马上开始考虑如何才能最好地将它交给你。关于你和那些与你一起抽签的执法官，我无话可说；我只希望给你一个暗示，没有我的认可，我的同事在这件事情上什么也做不了。只要想一想后来发生的其他事情就可以了——投票结束后，我在那一天及时召集了元老院会议，我在演讲时非常详细地讲到你；确实，你本人对我说过，我的演讲不仅对你本人表示赞美，而且还引起了你的那些同事的不愉快。

现在我们来说元老院在那天通过的法令，它的开场白说得很清楚，只要法令还在，就不可能怀疑我对你的仁慈。还有，在你离开罗马以后，我要你回想一下我在元老院里是怎么说你的，我在公共集会上是怎么说的，我在给你的信中是怎么说的。你列举了所有这些我的行动，根据你自己的判断，当你最近到达罗马的时候，你看到的景象是否令你感到是一种恰当的安排，而你的行为是不是对我的所有这些服务的一种回报。

你在信中提到“重续我们的友谊”。好吧，我不明白为什么你要把“重续”这个词用于从来没有受到伤害的东西。

至于你的评价“我弟弟通过你也可以使他的公民权和财产不受攻击，这仅仅是为了一句话”，首先，我要你相信，我热烈地赞美你的情感，你们的兄弟情谊充满仁慈和友爱。其次，如果在任何方面我反对过你的兄弟，那是由于国家的缘故，我请求你的原谅；因为我是国家的朋友，是国家拥有的最伟大的朋友。然而，如果为了我个人的安全，我反抗了他对我的残忍攻击，你可以放心，我不会因为你兄弟对我的不义而对你有什么抱怨。

我发现他作为一名保民官在尽一切努力毁灭我，他在实施他的计划，这时候我求助于你的妻子克劳狄娅，也求助于你的妹妹缪西娅，考虑到我和庞培的亲密关系，她们想要帮助我，而我本人也在一些场合对他进行威慑，不让他实行如此有害的策略。

我可以确定，你知道他在 12 月的最后一天伤害了我，我是共和国的执政官和救星，这种伤害是这个国家里职务最低的人都没有受到过的羞辱，而他就像是一位最不忠诚的公民，在我卸任的时候，他剥夺了我对人民说话的权利，他的这种羞辱针对我的最高荣誉。他只允许我发誓，我响亮地发了誓，而且是非常真诚和光荣的誓言，民众也对我的发誓做出了响亮的回应。

尽管我受到这样的污辱，但我还是在那天派了一些我们的共同的朋友去劝说麦特鲁斯放弃他的意图，但他对他们的回答是他已经这样做了。事实上，他在不久前公开宣布，如果一个人未经审判处罚了其他人，那么也一定不能赋予他本人发表讲话的权力。

多么纯正的品性！多么无可匹敌的爱国主义者！依照他的判断，使元老院免遭屠杀、使这座城市免遭大火、使意大利免遭战争的这个人，应当由元老院，带着所有诚实者的一致同意，给予和那些打算纵火焚烧这座城市的人、打算屠杀行政官员和元老院议员的人、拥护点燃一场毁灭性战争的人同样的惩罚。所以我当面驳斥了你的兄弟麦特鲁斯。1 月 3 日，我在元老院讨论政治形势的时候这样对待他，让他明白他想要与之战斗的这个人既不缺乏勇气，又不缺乏决心。1 月 3 日，他阐述了他的议案，[①] 他的每一个词都是对我的一个挑战或威胁，他心里其实没有更多的合理的目的，但他不是运用他的权力，不是通过法律程序或公正的争论，而是试图运用野蛮的暴力和恐吓来压倒我。要是我没有勇敢地站起来反对他的疯狂攻击，这个世界上的人有谁不会怀疑我在担任执政官期间表现出来的坚忍不拔的精神只是出于偶然，而不是我的一贯品质？

如果你不知道麦特鲁斯用这样的手段反对我，那么你只能正确地推论，你的兄弟把你蒙在鼓里，使你对这一重要时刻发生的事情一无所知；但若另一方面，他让你在一定程度上知道他的策略的秘密，那么我应当受到你这样的对待，你要把我当做一个温和的、宽容的人，我不责备你对这些事情的推论。

但是，他对待我的整个策略和他对我本人的极端恶毒的仇恨使我陷入困境，如你所说，如果事情并非仅仅因为麦特鲁斯的一句话就会让你感到满意，那么我现在要让你至少承认我是仁慈的——如果“仁慈”确实是一个表示处在残忍的愤怒之下的心灵的懈怠和无动于衷的词。我以前从来没有在元老院对你兄弟发表过什么不利的意见；我同意无论何时都不会和那些在我看来最不激烈的提案一道提出和他有关的议案。我还要说，虽然我不需要用已经发生了的事情来麻烦自己，但我决不怨恨这些措施，而是尽力帮助这些措施得以实施——我指的是由元老院颁布法令，使他免受由于攻击我而遭受的处罚，这都是因为他是你的兄弟。

由此可以证明我没有“攻击”你的兄弟，而只是抵抗你兄弟的攻击；我也没有对你“反复多变”（引自你的信），而是在心中始终保持着对你的友好感情，尽管我不再得到你的喜爱。甚至在这一时刻，我几乎可以说在你给我写来这封恐吓信的时候，我给你回了信，并且对你做了这样的答复：我不仅原谅你的怨恨，而且还高度赞扬它；因为我自己的感情在阻止我对兄弟之爱

① 从东部把庞培召回，以恢复意大利的秩序。

的力量感到后悔。我只请求你也能证明你对我本人的怨恨是一个公正的判断；如果你的朋友毫无理由、残酷无情地攻击我，我请求你能得出这样的结论，我不仅必须拒绝投降，而且在这样的情况下，我甚至必须请求你的帮助，请求你指挥的军队的帮助。我的愿望是你始终把我当朋友看待，我努力让你确信我对你也抱着最深厚的兄弟情谊。只要你高兴，我仍将保持我对你的友好情感，我将继续做你的好朋友；我马上就会停止怨恨你兄弟的行为，因为我爱你，而不是因为怨恨会使我们之间的善意受到轻微的伤害。

[3]

昆·麦特鲁斯·涅波斯致西塞罗，公元前56年，于西班牙。①

这是一个非常麻烦的家伙给我带来的侮辱，是他在另外一次公共集会上给我带来的刺痛；但由于侮辱来自这样一个人，所以它们没有什么分量，我藐视它们；而由于人员的替换，把你当做堂兄弟来对待是我的快乐。至于他，我不想让他产生这样的想法，事实上我两次救过他的命，尽管他本人是这样一种人。至于我自己的事情，我不想用许多书信来麻烦你，我给洛利乌斯写了详细的信，告诉他关于我的行省的账目我想做什么，这样使他可以传递我的指示，让你注意到这件事。如果你能做到的话，我希望你能像过去一样友好地对待我。

[4]

马·西塞罗致执政官麦特鲁斯·涅波斯，公元前57年上半年，于都拉斯。

我弟弟昆图斯和我的亲密朋友提·庞波纽斯的来信燃起了我的希望，我

① 应当注意这封信的写作时间比前一封信晚6年。

指望得到你的帮助，不亚于你的同事[①]的帮助。因此我不失时机马上给你写了一封信，我在信中按当时的要求，既表达了我对你的感谢，又请求你的进一步帮助。但是后来我对你的理解更多的不是通过朋友的来信，而是通过一些路人的说法，说你对我的感情发生了变化，结果就是我不喜欢用书信来烦扰你。

然而，我弟弟昆图斯现在给我送来了详细的报告，讲了你在元老院发表的仁慈的讲话；你的演讲感动了我，使我努力给你写信；我诚恳地请求你通过拯救我来拯救你的亲属，而不要受到你的亲属的傲慢、粗暴的解释的诱导而攻击我。为了国家的利益把你的某些私人的敌意放在一边，那么可以说你战胜了你自己，你能因为对其他人的敌意而伤害国家吗？

如果你现在就以你通常的仁慈帮助我，那么我向你保证，我将在各个方面接受你的帮助；然而，要是打败了我的这个暴力体系，如果国家、行政官员、元老院、人民阻止你来帮助我，那么我要说，你就等到有机会的时候再来救我们，因为到那个时候已经没有什么人需要拯救了。

[5]

马·西塞罗致在马其顿的盖乌斯·安东尼乌斯，公元前61年1月，于罗马。

我确实已经决定不再给你写信，除了一些推荐信——这不是因为我认为这些信件起不到作用，而是为了不让那些要求我为他们写推荐信的人怀疑我们之间的联系松弛。然而，现在有一位庞波纽斯，他比其他任何人都更知道我表现出来的全部精力、我对你履行的所有义务、对我也非常依恋的人，渴望得到你的友谊，正在离开罗马到你那里去，所以我感到我必须写些什么，尤其是我没有其他办法满足庞波纽斯。

① 指普伯里乌·伦图卢斯·斯宾塞尔（Publius Lentulus Spinther）。

如果我要求在你那里得到最高规格的接待，那么没有人会感到惊讶。因为导致你的幸福、你的荣耀、你的地位的任何东西都能在我这里找到根源。然而你没有对我做出回报，对我没有表示过任何实际的感谢，在这一点上你本人是最好的证人；我确实从许多对你有着完全不同看法的人那里得知这一点，我不说“我发现”，免得在我信中正好使用了人们说你经常使用但不真实地归于我的表达法。但我想要你知道庞波纽斯对我是怎么说的，他对此和我一样恼火，而不是对我的信感到恼火。元老院和罗马人民都可以作证，我在心里对你有多么忠诚；而你对我有多么感恩，你自己可以估量；你对我有多少亏欠，世界上的其他人都可以衡量。

迄今为止我在一种善意的推动下为你做事，后来又出于尊敬而持之以恒。但是请你相信我，剩下要做的事情要求我这一方付出更大的热情、更大的努力。除非我的努力被抛弃和浪费，我指的是在我的力量的限度内保持它们；然而，如果我察觉到我的努力不能带来感恩，那么我不会让我自己犯下被人怀疑为疯狂的错误，是的，甚至被你本人怀疑为疯狂。当前有一件迫在眉睫的事情，你从庞波纽斯那里可以确切地知道是什么事。至于庞波纽斯本人，我向你热情地赞美他，尽管我肯定你会用你的所有力量为这个人本人的缘故而去做任何事情。如果你心中仍旧闪烁着对我的爱，那么就用行动来表明你毫无保留地对待了庞波纽斯。你做其他任何事情都不会比这给我带来更大的快乐。

[6]

马·西塞罗致在马其顿的普·塞斯提乌，[①] 公元前 62 年 12 月，于罗马。

抄写员德修斯来看我，努力阻拦我任命任何人接替你的位子。虽然他给

① 普·塞斯提乌（P. Sestius），安东尼乌斯在马其顿时的财务官，后来在公元前 56 年，西塞罗为塞斯提乌辩护。

我留下的印象是一个诚实的人，他对你也很友好，但在清楚地回想起你前一封给我的信的目的以后，我无法确信像你这样精明的人是否已经完全改变了心思。但是在你的妻子高奈莉娅拜访特伦提娅，我和昆·高奈留[①]谈话以后，我特别在意参加元老院的每一次会议，其中给我带来最多麻烦的是驱逐保民官昆·富菲乌斯[②]，你给其他所有人写过信，请你相信我而不是相信你的信件。整件事情被推迟到1月份，我们发现你不难把握你自己。

在你的祝贺的鼓励下——因为你不久前写信给我，希望我能幸运地从克拉苏那里买下一所房子——我现在已经用3,500个罗马大银币买下了这所房子，我花了不少时间。结果是，我必须告诉你，我背上了沉重的债务。我渴望参加一场密谋，如果有人让我参加。但有些人排斥我，因为他们恨我，他们仇恨一个粉碎其他阴谋的人，这并不是秘密，还有一些人不相信我，担心我试图打败他们，他们不相信一个解救债务人的人会缺钱。事实上我可以按照百分之六的比例得到大量的钱。然而为我自己说句话，我的成就只给我带来一个好处，人们把我视为“一个好名字”。[③]

我也看了你的房子，它的整个设计让我非常高兴。

至于安东尼乌斯，虽然每个人都说他不再为我服务，但这不会阻止我在元老院里热情地为他辩护，我用我的演讲和我的人格力量给元老院留下了深刻的印象。

如果你能更加频繁地给我写信，那么我会很高兴。

[7]

马·西塞罗致在亚细亚的格·庞培·玛格努斯，公元前62年，约6月，

---

① 塞斯提乌之妻高奈莉娅的兄弟。

② 昆图斯·富菲乌斯·卡勒努斯（Quintus Fufius Calenus），公元前47年任执政官，西塞罗一贯的反对者。

③ 喀提林阴谋叛乱者的目标是废除债务，因此债权人有理由感谢西塞罗。

于罗马。

如果你和你的军队健康良好，那么很好，我的身体也很健康。我和其他人都已经看到了你的正式公报，我们都非常高兴，其程度超出你的想象。你在公报中表达出一种对谋取和平的希望的自信，就像我一直对其他人讲述的那样，因为我完全信赖你。尽管我必须告诉你，你长期以来的敌人（你最近的一些朋友）对你的公报极为恼火。他们原先抱有很高的期望，而现在好像一下子掉进了冰窟。

关于你给我的私人信件，尽管它只表现出一丝对我的尊敬，但我向你保证它很吸引人。因为一般说来没有什么东西能比别人意识到我对他们的良好服务更能使我高兴。就像有时会发生的那样，如果他们没有做出恰当的回应，我仍旧会对我的贡献感到满足，因为它能给我提供安宁。我丝毫也不怀疑，如果我对你的忠诚还不能成功地让我依靠你，那么国家的利益会使我们之间有更加亲密的联系。

还有，为了不给你留下什么疑惑，我要按照自己的本性和我们之间的友谊的要求，在我的信中坦率地指出你的来信缺乏什么。我的成就使我期待在你的信中看到某些祝贺，我认为这样做不仅表明了我们之间的亲密关系，而且对国家非常重要。所以我只能假定你忽略了这样的祝贺是由于你担心伤及其他人的感情。无论如何你必须允许我说，为了拯救这个国家我所做的工作现在得到所有人的赞扬。等你回国的时候，你会承认我在这些成就中显示出来的智慧和勇气——虽然你比阿非利加努还要伟大，但你不难承认我也不比莱利乌斯差——从而在公共政策和私人友谊两方面加强与我的紧密联系。

[8]

马·西塞罗致赴叙利亚途中的马库斯·李锡尼·克拉苏，公元前54年1月后半个月，于罗马。

我在……[①] 的辩护中充满激情，我甚至可以说，在赞扬你的官方地位时我丝毫也不怀疑你的所有通信人告诉你的那些事。我的演讲既不是不温不火的，也不是模糊不清的，更不是可以在沉默中予以忽略的。带着我前所未有的急迫，我打响了反对这些执政官的战斗，我把自己当做捍卫你的名望的永久的卫士，我采取一切措施来维护我们长久的亲密关系——它确实是长久的，因为它曾被时代的诸多变迁所打断。

我庄重地声明，不是我缺乏向你表示敬意或荣耀的意愿，而是某些讨厌的家伙怨恨我赞扬其他人，一度或两次使你和我疏远，时不时地使我改变对你的看法。但是现在机会来了，对此我是祈求而不是希望，我能在你到达兴旺发达的顶峰时提出令人信服的证据，我既不是对我们之间的善意健忘，也不是对我们的友谊不忠。因为我们不仅成功地使你的整个家族，而且毫无例外地使每一个公民，承认我对你的友谊的真诚；结果是你的妻子、妇女的完美典范，以及你的儿子，他们充满热情、勇敢、受人欢迎，完全信赖我的建议、我的热情、我的公共政策；元老院和罗马人民都明白，当你不在这里的时候，你无法对任何事情做出快捷的反应，或者有所准备，而我的辛劳、关注、勤勉、影响却可以保障你的利益。

我相信你的家人会在信中清楚地向你解释这件事过去是怎么样的，现在又是怎么样的。至于我本人，我最关心的是你要下定决心，接受事实，明白我并非出于某种突如其来的怪想或偶然，才出面保护你的最高地位，而是从我涉足讲坛那一刻起，我就一直坚持要与你保持最密切的联系。我确实记得很清楚，从那一天起，你从来没有发现我对你有什么不尊重，而我也从来没有发现你在什么时候对我不仁慈或不慷慨。如果我们之间有什么裂痕，更多地不能归结于双方互相猜疑，这已经被证明是一种虚假的幻想，所以让我们把这种猜疑从我们心里和生活中永远清除出去。面对相同的政治局面，我确实感到我们之间的团结和友谊将再造我们各自的信誉，因为这就是你的品

---

① 此处的日期缺失。

性，也是我希望自己拥有的品性。

由于这个原因，你那一方会根据自己的判断，决定应当对我表示什么样的尊敬——我相信你会做出恰当的决定，赋予我应得的尊敬——而我这一方会履行自己的承诺，积极地给予你具体的、史无前例的支持，而无论需要我做出什么样的贡献，只要能够增加你的荣耀和名望。在这样做的时候，虽然我会发现有一大片竞争的领域，但我确信，在对整个世界做出基本判断方面我很容易超过他们，尤其是你的两个儿子。我和他们俩的关系都很好，当我对马库斯抱有同样的好感时，我更喜爱普伯里乌，因为他从童年起就一直尊敬我、热爱我，到现在依然如此，就好像我是他的第二个父亲。

如果你能把这封信当做一个合约，而不仅仅当做一封信，那么我会很高兴。请你务必相信我，我一定会密切观察，自觉地履行我对你的所有诺言，做到我向你保证要做的事。当你不在的时候，我曾为你的崇高地位辩护，在那场辩护中我不屈不挠，不仅是为了我们的友谊，而且也是为了我能够始终如一。

因此，我想在信里给你写这样一点意思也就够了——如果我看到自己做什么事有助于推动你的希望、利益、进步，那么我会主动地去做；如果我能从你和你的朋友那里察觉到什么暗示，那么我也能说服你，无论是你曾经写下的那些事情，还是你朋友的建议，在我看来都是不合理的。因此我希望你能给我写信，谈论所有事情，无论大小，或是无足轻重，就像对待一个最亲密的朋友那样；还有，希望你能指示你的人在各个方面有利于我的工作、意见、权威、影响，无论这些事情是公共的还是私人的，是在外国还是在国内，影响到你本人还是你的朋友，是你的客人还是你的当事人。总之，在可能的范围内，只有在这样的劳动中我对你的渴望可以得到缓解。

[9]

普伯里乌·瓦提尼乌[1]致西塞罗，公元前45年7月11日，于纳罗那军营。

如果你的身体健康，那么很好；我本人的身体也很健康。如果你还在继续上法庭为人辩护，那么你手头将会有一个当事人普·瓦提尼乌，他想要有人为他进行一场正式的抗辩。我想你是不会拒绝一个正在承担公职、你以前曾经在他危险的时候为他进行过辩护的人。另外，从我的观点看，这个曾经为我辩护的人把成功的秘密教给我，我还能选择谁来帮助我呢？我确实不需要担心这个不顾罗马最有势力的人而为我的政治地位战斗的人不能战胜或打垮一帮可鄙的害人精的诽谤与伤害。所以如果你仍旧像过去那样爱我，请你毫无顾虑地接手我的案子，你应当承担为我的信誉辩护的重担。虽然我发誓我不该受到诽谤，但你知道我非常奇怪地遭到大量诽谤；如果这是命中注定的，那么我做我想做的事又会怎么样？在任何偶然的场合，总会有人想要伤害我的誓言，我请求你在我缺席的情况下为我辩护的时候不要减少你习惯的仁慈。我在下面抄录我送给元老院的公报，里面讲到我的功绩；下面的抄件和我送给元老院的一字不差。

他们告诉我你的一名奴仆，你的校对员逃跑了，去了瓦尔德人那里。关于他你没有给我指示，但我还是签发了一道通缉令，我保证我会帮你找到他的，除非他逃往达玛提亚。我甚至有可能从那里把他找出来，或早或迟。无论你怎么做，你仍旧是我的朋友。再见。

[10a]

普伯里乌·瓦提尼乌致西塞罗，公元前44年1月末，于纳罗那。

---

① 普伯里乌·瓦提尼乌（Publius Vatinius）于公元前46年被任命为伊利里亚（Illyricum）司令长官，率军抗击达玛提亚人。公元前55年受到贿赂和腐败的指控，西塞罗为之辩护。

如果你身体健康，那么很好；我本人的身体也很健康。迄今为止我还没有查获你的狄奥尼修斯[①]，由于达玛提亚十分寒冷，我在那里几乎冻死，所以现在就要找到他不太可能。但我不会停止查找，直到把他找到。你派给我的任务都这么艰巨。你代表卡提留斯给我写来一些让步的废话，写得很诚恳。然后有一位我们的朋友塞克斯都·塞维留斯[②]——它对你们俩都是一场灾难！我发誓，我像你一样喜欢他。但这种人是仁慈的吗，这种人的案子是你这样的先生要为之辩护的案子吗？像卡提留斯这样的人，一名嗜血的、活着的恶棍，粗略地说来，他杀害了许多自由人，杀害了许多家庭的母亲，杀害了许多罗马公民，毁灭了整个地区？这头猩猩，这个可悲的趋炎附势的奉承者，竟然拿起武器来反对我，所以我让他成了战争囚犯。

这些话已经说了，这些事已经做了，我亲爱的西塞罗，我还能做什么？我发誓，我急于执行你信中的命令，我在你的要求下取消了惩罚——惩罚是有形的——如果我能抓住他，我想给他点厉害瞧瞧。但我对那些要求法律赔偿的人该如何回答，因为他们的财产被抢劫，他们的船只被劫走，他们的兄弟、子女、父母被杀害？我发誓，哪怕我像阿庇乌斯那样厚颜无耻，我也无法完成这样的工作，我已经被选中接替他留下的空缺。那么我该怎么办呢？我知道你想要做的任何事情我都会小心地去做。你的一个学生昆·伏鲁西乌在为他辩护，事实或许有利于他的对手，但那是他最大的希望。

至于我本人，要是有什么需要，你会为我辩护。凯撒仍旧在不公平地威胁我。他仍旧拒绝把我的要求和我在达玛提亚取得的进展提交给元老院，尽管我在达玛提亚已经取得的成就的确还不是完全的胜利。如果我必须等待，直到整个战争结束，那么好吧，达玛提亚开始的时候占有20个城镇，和它们有联系的城镇超过60个。如果我不能得到援兵，那么除非我在暴风雪降临之前占领它们，否则我的待遇与这世上其他任何统帅都不一样。

---

① 指上一封信中所说的逃亡的奴仆。

② 关于这位塞维留斯的情况一无所知。

[10b]

普伯里乌·瓦提尼乌致西塞罗，公元前45年12月5日，于纳罗那。

援兵到达以后，我出发前往达玛提亚；我已经攻占了六个城镇……[①] 这个镇子是所有城镇中最大的一个，我已经攻占过四次。我攻下了四座塔和四道城墙，也攻下了他们的整个堡垒，然而都因为下雪、下雨、寒冷而被迫撤离。这是一种耻辱，我亲爱的西塞罗，我被迫离开我占领的城镇，而我实际上已经结束了这场战争。这就是我要向你提出请求的原因，如果有这种需要，请你为我向凯撒申诉，请你尽力在各方面为我辩护，在你心中记住这样一个事实，你没有比我更真诚的朋友了。再见。

[11]

西塞罗致瓦提尼乌，公元前45年10月，于罗马。

你为了我对你提供的服务向我表示感谢，对此我并不感到奇怪。因为我发现你是最感恩的人，我从来没有停止公布这一事实。不仅是你对我感到感恩，而且你的感恩已经表现得过于充分。由于这个原因，你会发现我代表你在其他所有事情上进行的活动都是无害的，我的善意是不变的。

你向我赞扬了你的妻子庞培娅、世上最优秀的妇人。好吧，我一读到你的来信就与我们的朋友苏腊交谈，请苏腊向你太太致意，要是有什么需要，请她毫不犹豫地让我知道，我会竭尽全力做她想要我做的事情。我愿意这样做，如果我认为有必要，我会去拜访尊夫人。尽管如此，我想要你本人写信给她，告诉她不要认为有什么事情是重要的，有什么事情是不重要的，有什么事情对我是难事，有什么事情有损我的尊严。对于任何一件我为你做的事情，我都把它当做对我本人的爱和荣耀。至于狄奥尼修斯，由于你是我的朋

---

① 此处原文有缺失。

友，你就忘了这件事吧；无论你做过什么保证，我都不会在意。然而，如果他证明自己是一个无赖（他是一个无赖），那么你会胜利地抓获他。沉沦抓住了达玛提亚人，还有谁能让你着急！但是如你所说，他们很快就会被消灭，你的胜利将光芒四射，因为他们始终被算做一个英勇善战的种族。

[12]

西塞罗致卢凯乌斯，公元前 56 年 4 月或 5 月，于安齐奥。

每当我试图与你当面讨论这个主题的时候，我都会感到一种羞怯。而现在我远离你，我可以大胆地与你讨论，因为书信是不会脸红的。我心中有一种独特的热情，但不是如我所想的那样渴望受到责备，而是让我的名字通过你的笔来出名，而不是通过别人的笔出名。尽管你经常向我保证你愿意这样做，但我仍旧希望你能原谅我的急躁。虽然我总是期待宏大的事情，而你的著述风格超越了我的期待，使我着迷，或者说点燃了我的想象，乃至于使我希望能尽早由你，而不是由其他人来把我的成就载入史册。不仅是年龄方面的增长迫使我抓住这种所谓不朽的希望，而且也是我提到的这种愿望使我想要在还活着时候充分享受你的劳动，无论是你庄重的证言，还是你表达的友好情感，或是你的天才的魅力。

尽管我这样写，但我能够明显感受到你现在撰写各种著作的重担，你确实已经开始了。看到你即将完成你的“意大利和内战的历史”——你还告诉我正在为其他著作奠定基础——我本人不会帮倒忙，乃至于向你建议问你自己这样一个问题：是否宁愿把我的作用织进你的历史画卷中去，而不是像许多希腊编年史作家那样——卡利斯塞涅在他的《福西斯战争》中，蒂迈欧在他的《皮洛斯战争》中，波里比乌在他的《努曼提亚战争》中，全都分别把我提到的这些战争从他们连续的历史中独立出来——也以相同的方式，把一场内乱与由公敌和外国人发动的战争区分开来。我很明白这对我的名声没有什么影响，但肯定会由于写作的拖延而使我急躁，你一定不能等到有恰当的地方时才开始论述，而要赶快抓紧时间描述整个插曲，然后描写整个政治形势。与此同时，如果你的所有心思都集中在一个主题上，集中于一个人，那么我甚至现在就能用我心灵的眼睛看到更加丰富、更有美感的结果。然而，我对我的设想相当敏感：首先，我把这样的重担放在你的肩上（因为你的其他工作使你可以合理地拒绝我）；其次，我实际上对你提出了赞扬我的成就的要求。如果你认为它们不值得赞颂，那么你会怎么办呢？

然而，一个人要是越过谦虚的限度，他能做的事情就是厚颜无耻，乃至于更无耻。所以我坦率地再三要求你更加热烈地赞颂我的行动，也许超过你的感受，在这个方面你可以不用考虑历史的标准；你要记住你个人的特点，你的文章最有魅力的地方清楚地表明你可以稍微偏离一点标准，就像色诺芬笔下著名的赫丘利由于快乐的引诱而产生某种偏向[①]——如果你发现个人特点添加了我的功绩，甚至在你眼中到了夸张的地步，那么我请你不要轻视它，你赐予我们的爱可以稍微超越真理所允许的界限。如果我能诱使你接受我的建议，那么我保证你会发现一个与你能干的、流畅的笔相配的主题。

从叛国阴谋开始到我从流放中返回，在我看来可以写一卷篇幅相当大的书，你在书中可以运用丰富的知识来描写国内事务的变化，无论是分析革命的原因，还是提出医治灾难的建议，批评你认为需要谴责的事情，赞美你赞同的事情，说明你在这两种情况下这样做的理由；如果你认为应当用你习惯了的非常自由的言论来处理这个主题，那么你会给许多对我有不忠诚、搞阴谋、背叛行为的人打上耻辱的烙印。还有，我的经历可以给你提供无限多样、生动有趣的材料，强烈地吸引你的读者——如果你是一名作家。因为，没有任何事情能比环境的多变、命运的变迁更适合吸引读者；在我自己的经验中，有些事情是我不想经历的，但肯定能够娱乐读者，对以往悲伤的痛苦回忆也并非没有它的魅力。

---

① 参见色诺芬：《回忆苏格拉底》第二卷，第1章，第21节；吴永泉译，商务印书馆1984年版，第47页。

然而，本身没有经历过痛苦的人对其他人遭遇的灾难只是冷漠的观看者，甚至只是在怜悯受难者时寻找快乐。例如，伟大的厄帕米浓达[①] 死在曼提尼亚；我们中间有谁在回忆起这件事的时候不高兴而又混杂着某种怜悯？他的部下说他的盾牌是安全的，于是他吩咐手下拔去刺中他的标枪；尽管他的伤口给他带来巨大的痛苦，但他光荣地死去时，他的心灵是平静的。读到塞米司托克勒流放和回归的事迹[②]，有谁不会长时间地感到同情？事实上，常规的编年史的记载本身使我们产生的兴趣很小，它就像历史事件的一个目录；而一名杰出政治家的不定的、多变的命运，经常会给我们带来惊讶、悬念、兴奋、恼火、希望、恐惧。如果命运能以某种惊人的、圆满的结局告终，就能给心灵带来最大的满足，使心灵享受到一个读者所能享受的最完善的快乐。

因此，如果你能采用这样的计划，把你的主要叙述与我个人的这部戏剧分离，如果我可以这样说的话，亦即我自己的独特经历，那么你的做法就与我的愿望更加吻合了。因为它包含着各种各样的政治行动和一系列的政治场景。当我对你宣布，我宁愿由你而不是由其他人来记载和赞美时，我不担心你会认为我通过廉价的奉承把你引入圈套。因为一方面你不是那种对自己的功劳完全盲目的人，你对那些由于妒忌而不敬佩你的人的怀疑不会亚于那些由于奉承而赞扬你的人；另一方面我也不是一个非理性的人，乃至于想要通过一个人来为自己想要达到的永恒辩白，而在这样的辩白中这个人本身不能赢得作为天才应得的某种报酬的名声。

伟大的亚历山大急于得到阿培勒斯为他画的肖像和吕西普斯为他制作的雕像，而不想要其他人的作品，这不是因为亚历山大特别喜欢他们，而是因为他认为他们的技艺将给他们带来荣耀，就像给他本人带来荣耀一样。这些艺术家肯定知道陌生人彼此之间是相似的，但即使有这种相似性，杰出人物

---

① 厄帕米浓达（Epaminondas），著名的底比斯将领和政治家。公元前362年第四次侵犯伯罗奔尼撒，在曼提尼亚战胜斯巴达人，取得决定性的胜利，但他本人也战死在那里。

② 西塞罗的说法有误，塞米司托克勒（Themistocles）遭到流放，但没有回归。

还是会更出名。斯巴达的伟大的阿革西劳从来没有让画家给他画像或让雕刻家给他制作雕像，但人们对他的谈论绝不少于那些有画像的人。因为色诺芬的一篇赞扬这位国王文章就比其他所有绘画或雕像更加流行。还有，在你的史书中，而不是在别人的史书中，赢得一席之地，将更加有效地增进我的心灵的幸福和我的记忆的尊严。由于这个原因，我不仅享受着你的文学才能带来的好处，就像提谟莱翁享受着蒂迈欧的文学才能，塞米司托克勒享受着希罗多德的文学才能，而且也享受着一个品德高尚、声望卓著的人的道德权威，这个人的道德权威在公共生活中得到普遍承认和赞赏。由此可见，我给予自己的不仅是亚历山大式的名望——当他访问昔盖乌姆时，他说荷马是专为阿喀琉斯而生的——而且也使自己得到一名伟人的分量很重的证言。我有点像奈维乌斯笔下著名的赫克托耳，他不仅乐于"受到赞扬"，而且更重要的是，他还说自己乐于"受到一个本人受赞扬的人的赞扬"。

如果我不能诱使你同意我的要求，我的意思是如果有什么事情阻碍你这样做（因为在我看来我的任何具体要求会被你拒绝都是不可想象的），那么我也许会被迫去做不断遭人责备的事情——写我自己；然而我应当以许多杰出人物为榜样。但你非常明白，这种写作有双重不利的地方——作者在描写自己的时候，在遇到有需要赞扬或者需要批评的时候，不得不有所保留。此外，这样的作品不那么令人信服，不那么会给人留下深刻印象，简言之，许多人不想这么做。他们说，公共赛会上的传令官的表现更加谦虚；他们给其他所有胜利者戴上冠冕，大声宣读他们的名字，而在赛会结束之前，他们捧着冠冕，提供服务，所以他们不会用自己的声音宣布自己是胜利者。

自己写自己，这正是我想要避免的，如果你能接受我的要求，我就能避免这样做，我恳求你能接受我的要求。你也许会感到奇怪，当你反复向我保证你将准确描写我在担任执政官期间的政策和结果的意图时，我现在为什么要如此急切、不厌其烦地向你提出这样的要求。原因是我心中有一种推进事情进展的欲望在燃烧，我在信的开头已经说了（因为我有一种热切的性情），所以，不仅是这个世界在我还活着的时候可以通过你的书来认识我，而且我本人也可以在我的生命中享受一点我的荣耀。

如果对你没有什么不便，我想要你写信，把你做这些事情的打算告诉我；如果你承担这件事，我会把和这些事情有关的笔记集中在一起；如果你稍后拒绝我，我会当面和你再谈这件事。与此同时，我确信你不会懒惰，你会完成你手头著作的修饰工作，你仍旧是我亲爱的朋友。

[13]

西塞罗致卢凯乌斯，公元前45年3月，于阿图拉。

尽管你的信给我提供的安慰对我来说是完全可以接受的——因为它显示了真正的友谊，并且伴随着美好的意义——但我得到的最大益处是我从中推论你轻视人类事务的变化无常，并且令人敬佩地做好了承受命运打击的准备；按照我的判断，这确实是哲学的最高成就——独立于外部世界，无论生活是幸福的还是不幸福的，对生活的解释不依据外部环境。

现在这种信念虽然还没有完全从我身上消失（因为它有很深的根基），然而由于命运的强大诱惑和集中攻击，它被剧烈地动摇了。但是现在我看到你正在挽救它，并且从你最近的信来看，你实际上已经做到了，取得了成功。所以我认为我要反复告诉你，不仅是暗示，而且是清楚地告知，没有什么能比你的来信给我带来更大的快乐。

你为了安慰我而收集的那些高雅的论证和展示的博学是有说服力的，没有什么东西能如此有说服力，从中我清楚地认识到你的精神中的坚定和冷静，我感到不模仿它是我最大的耻辱。因此，我宣布要比你本人更加勇敢，你是我在勇敢方面的导师，在我看来你持有一种确定的希望，认为当前的形势会在某些时候得到改善。因为很明显，除了你在文章中汇集的论证，你打算用“角斗士引起的危机”，以及那些“相似的例子”来阻止我对共和国完全绝望。所以，从一个角度看，你比我更勇敢就不奇怪了，因为你抱有某些希望；然而从另一个角度看，你仍旧抱有希望确实太奇怪了。因为现在还剩下什么东西没有遭到可悲的毁坏，而你本人也承认它们遭到摧残和废除？看看周围这些你最熟悉的残缺不全的国家的肢体。我保证，你会发现没有一个是没有遭到破坏的。如果我能比你更加清楚地看到这些事情，或者能够毫不悲伤地谈论它们，那么我会继续这个话题。然而，按照你的告诫和指示，一切悲伤都必须抛弃。

因此，我将承受家庭的麻烦，你认为这是我应当做的。我甚至要比你更加勇敢地承受国家的麻烦，你是我的导师。你有某种程度的希望在安慰你（所以你这样写），而我要保持我的勇敢，哪怕是在完全绝望的时候，而你本人虽然绝望，却能马上对我进行鼓励和指导。你提醒我不要去想自己有什么不能做的事情，而要想自己完成了什么事情，取得了什么成就，以此让自己高兴起来，你站在我的支持者的前列。是的，我为国家做的事情绝不少于我必须要做的事情，也肯定多于任何人的内心对他的要求。

如果我有点自吹自擂，希望你能原谅我。使我思考某些事情，借此让我从低迷中振作起来，我知道这是你的意愿。好吧，谈论一些事情确实能让我平静下来。所以，像你建议的那样，我要尽快从那么多麻烦和困境中解脱出来，把我的心思转向那些荣耀光彩的事情，以此抵抗逆境。只要我们双方的年纪和健康允许，我将是你的同伴，如果不能像我们所希望的那样经常在一起，我们仍会享受我们相近的思想和相同的嗜好，就好像我们始终在一起。

[14]

昆图斯之子卢西乌斯·卢凯乌斯致马库斯之子马库斯·图利乌斯·西塞罗，公元前 45 年 5 月 9 日，于罗马。

如果你健康良好，那就太好了。我的健康尚可，然而确实不像通常那么好。我经常想念你，就像我想要见到你。使我感到奇怪的是，自从我离开以后你就从来没有到罗马来，我对此仍旧感到奇怪。我不确定让你远离罗马的具体原因是什么。如果由于忙于撰写某些著作而独居是吸引你的地方，那么我很高兴，也不会挑剔你的安排。因为没有任何事情比这样的独居更能让人恢复精神，不仅是在这些忧郁悲伤的时代，而且在安宁祥和的时代。这是我们祈求的时代，尤其是像你这样的心灵，无论它是疲倦了，在长期辛劳之后需要休息，还是作为一座博学的矿藏，总是从中产出某些东西来给其他人提供快乐，给你自己带来荣耀。

然而，如果像你说的那样你已经抛弃了眼泪和沮丧，那么我会感到悲伤，当然了，因为你由于悲伤而陷入困境；但若你允许我坦率地表达我的感觉，那么我只能责备你。好吧，来吧！你是唯一看不见非常明显的事情的人吗，而你有着最敏锐的洞察力，能够贯穿最深的秘密？只有你不能察觉你每日里的悲伤对你没有什么好处。只有你不能察觉你的常识要求你加以削弱的焦虑正在加倍，不是吗？

好吧，如果我说服你的尝试不起作用，那么我就按照个人的喜好来对你提出特别的要求，如果你希望为了我的缘故而去做一些事情，那么就冲破焦虑的束缚，回到我们的生活中来；换言之，恢复你的生活习惯，无论是我们共同的，还是你独有的。如果你不喜欢我这种朋友的急切，那么我并不急于打扰你；但我急于让你放弃你在此过程中采取的固执态度。我这两个愿望是不匹配的，但我被它们吸引。如果可能，我希望你接受我后一条建议，而又不要被我前一条建议冒犯。再见！

[15]

西塞罗致卢凯乌斯，公元前45年5月10—12日，于阿图拉。

我收到了你的来信，它充分体现了你对我的热爱。我并非不明白你的意思，而是对它表示欢迎——要不是我的用语中一直没有“讨人喜欢”这个词，而不是由于你猜测的原因，我会这样说的；而在使用这个最温和、最可爱的术语时，你实际上是在严厉地训斥我，因为有助于治疗严重伤痛的一切办法都已经停止存在了。

我该怎么办？把我的朋友当做避难所吗？请你告诉我，他们中有多少人已经走了？你的朋友大部分也是我的朋友，但是他们中有些人堕落了，有些人变得十分冷漠。我确实可以和你住在一起，没有什么事情能给我带来更大的快乐。相识、友爱、亲密、同样的嗜好——我要问你，我们还缺少什么使我们的结合完美无缺的东西？我们现在能住在一起吗？就我的生活而言，我看不到有什么障碍？但实际上我们不能这样做，尽管我们在图斯库兰和普特利的时候是邻居。我不用说罗马了，那里的市政广场上的讲坛是所有人见面的地方，所以住在哪里是无所谓的。

由于厄运降临，或者说由于我们日渐老迈，在我应当比以前更加繁荣昌盛的时候，我实际上羞于活着。我拥有的可以使我的私人生活和公共生活光彩荣耀的一切都被抢走了，还有什么圣地可能给我留下？我假定是文字工作，我发现它确实是一个永不枯竭的资源，但其他我还能做什么？但文字工作本身似乎也在拒斥我，不让我把它当做避难所，我从中得不到任何承诺，无法开辟新天地，而只能拖延一个悲惨的时期。

情况就是这样，我在家里找不到快乐，我已经厌恶这样的生活，在法庭或者元老院里与人见面，所以，你对我离开这个城市还感到奇怪吗？所以，我依赖做文字工作，把我全部时间花在这上面——不是为了从中得到长期的治疗，而是为了多少忘记我的悲伤。

鉴于我们之间的相互了解，如果你和我还想做些什么，我们应当一直在一起，我应当知道你的健康状况不佳，而你也不用反对我的忧郁和消沉。如果可能就让我们这样做，其他还能有什么事情对我们俩更适合？我会尽早见到你。

[16]

西塞罗致提提乌斯[①]，约公元前46年，可能于罗马。

尽管世上没有人较不适合向你提供安慰，而你的痛苦也引起了我的悲伤，乃至于我本人也需要安慰，但由于我的悲伤比你的悲伤更容易被后来更加强烈的痛苦所冲淡，所以我决定，由于我们之间的密切联系和我对你的友好情感，当你处于这样的痛苦之中的时候，我不应当长期保持沉默，而应当向你提供某种安慰，如果不能成功地治愈你的痛苦，也要能减轻你的悲伤。

我现在向你提供的安慰是极为普通的、是我们经常挂在嘴边上的——要记住我们是人，自然的法则使我们的生命成为命运的吊索和箭靶，这样说不是为了让我们拒绝生活在我们出生的环境里，也不是为了让我们不耐烦地抱怨我们无法预见和避免的不幸，而是通过在心中想到其他人的命运，联想到发生在我们身上的事情绝不是新的。

但是在我看来，这些由最聪明的人使用并通过文字传递给后代的安慰只不过是国家本身的困境和这个毁灭时期的拖延——在这样的日子里，最幸福的人不抚养子女，人们也不怜悯失去子女的人，就好像健全的共和国还存在的时候，或者还有某处共和国的时候，他们是这样做的。

如果使你感到痛苦的只是你个人的损失，你的悲伤是由你的沉思引起的，那么我怀疑你的心能否轻易地得到净化。但若你的悲伤是由于你对那些堕落者的可悲命运感到悲哀（这与你的友爱本性更加一致），那么好，在这种情况下——不用提我经常读到和听到的事情，如果人死后还有感觉，那么死亡中没有恶；如果人死后还有任何感觉留下，那么这个人应当被当做还没有死，而不是已经死了；如果人死后没有任何感觉，那么没有感觉到的东西根本不能恰当地被当做痛苦——我可以充满自信地确定，把这些混乱、阴谋、国家面临的危机都抛在身后的人不可能错误地判断自己受到了不公正的

① 这位提提乌斯（Titius）身份不确定，可能是庞培的一位副将。

待遇。荣誉、正直、美德、高尚的追求、自由的成就，现在还有什么地位，我们甚至可以问，独立和安全现在还有什么地位？我庄严地宣布，我没有听说过有一个年轻人或一个孩子在这个忧郁的、瘟疫盛行的年份里被不朽的诸神从各种痛苦和残忍的生活状态下解救出来。

由此可以推论，如果你自己能消除这样的想法，如你所假定的那样，任何恶都有可能落到你爱的那些人身上，那么它意味着你必须消除你的悲伤。然后，剩下的就是你个人的悲伤这种排斥性的情感，它们无法拿来与其他人分享，但会在你自身中开始和终结。确实，当你的私人痛苦与你曾经对之无比忠心的人的悲伤或邪恶无关的时候，你自幼展示的道德尊严和智慧就不再对你遇到的这些麻烦表现得过于不耐烦。事实上，如果你自己曾经证明在私人和公共生活中必须保持高贵的品性，那么你一定会服从前后一致的要求。时间的流逝必定会减轻我们的痛苦，在我们心中隐藏得最深的痛苦也会在这一进程中消除，而我要说，用智慧和远见来预见到这一点是我们的义务。

还有，如果从来没有一位妇女在丧失子女的时候在品性上会如此虚弱，乃至于或迟或早不能结束她的悲哀，那么我们男人一定要用我们的智慧预见到时间的流逝肯定会使我们结束悲哀，我们能够使用理性的治疗方法，而不是消极地等待。

如果我的这封信对你有任何好处，那么我内心感到取得了某些成就。但若它正好没有取得意想中的效果，我仍旧感到自己已经起了一名祝愿者和朋友的作用；我过去一直这样对待你，今后也将继续，这就是我想要你相信的事情。

[17]

西塞罗致普伯里乌之子普·昔提乌斯[①]，约公元前 52 年。

① 普·昔提乌斯（P. Sittius）是一位罗马骑士，负债累累，曾一度卷入喀提林阴谋，但后来去了西班牙。他在公元前 46 年的阿非利加战争中给了凯撒很大的帮助。

在过去的几年里我没有给你写信，这不是因为我忘了我们之间的友谊，或者故意中断我给你写信的习惯。不，这是因为在这一时期的前一半，国家和我本人都遭到毁灭性的打击，而在这一时期的后一半，由于你自己所遇到的种种麻烦，我发现很难给你写信。然而现在，经过很长一段时间的间隔，并且更加仔细地考虑到你的令人敬佩的品性和高度的勇敢之后，我想给你写这封信绝不会偏离我给自己定下的路线。

好吧，我亲爱的普·昔提乌斯，我以前是怎么对待你的？在较早的时候，在你缺席的情况下你遭到恶意攻击，甚至遭到犯罪的指控，我为你进行了辩护。当你最亲密的朋友受到审判处于危险之中，因为对你的一项指控也牵涉到他，我尽了一切努力来保护你的安全。就在最近，在我回归以后不久，尽管我发现整个局势并不令我满意，但我仍旧不忘在任何一个方面推动对你有益的事情。还有，粮食价格使人们不仅对你，而且对你的朋友产生敌意，整个审判的不公正、制度上的许多其他缺陷，起了比案子和真理本身更大的作用，而在处理你的儿子普伯里乌的时候，我一直在提供我的服务和建议，尽我的努力，发挥我的影响。

由于这个原因，在审慎而又虔诚地让友谊的一切要求得到满意之后，我不认为忽略对你的进一步鼓励是对的，我恳求你记住，尽管你是可朽的，但你仍旧是一个人；换言之，我们中没有一个能够明智地避免各种时局的变化或保证抓住各种机会。想到在我们这个国家以及上升成为帝国的其他国家，由于法庭不公正的审判，相似的灾难也曾落到最勇敢和最优秀的人身上，所以我们要用坚强的心蔑视悲伤和不幸。我写道，有着敏锐判断的人没有一个能在驱逐你的这个国家找到任何满意的理由，这难道不是真理吗？

关于你的儿子，一方面，我担心如果在信中什么也不说，那会显得我好像忽略了为他应得的功绩作见证；但另一方面，如果把我的感觉全部写下来，我担心重新引起你的悔恨和悲伤。但无论如何，你能做的最明智的事情就是看到他的孝顺、他的优秀品性，还有你自己也拥有的勤勉，时刻做好准备；因为我们想象的事情绝不会少于我们亲眼看到的事情。

由于这个原因，你一定要找到一个获取安慰的源泉，不仅在你儿子的高尚品性和他对你的深爱中寻找，而且要在我和其他那些一直不是按照你的幸运，而是按照你的品性来衡量你的人身上寻找。最重要的是，你要想到你遭遇的一切并非都是你应得的，当你这样想的时候你会明白，给聪明人带来烦恼的是犯罪感，而不是偶然的命运，是聪明人自己的恶行，而不是其他任何人对他们的伤害。我们之间的长期友谊、你儿子的高尚品性，以及他对我的尊敬，给我留下了深刻印象，我要继续设法减少和减轻你的不幸。如果你正好为了什么事情给我写信，我一定会小心翼翼地不给你留下任何理由以为你写的信是徒劳的。

[18]

西塞罗致提·法迪乌斯[①]，公元前52年。

虽然我急于安慰你，而我本人也需要安慰（因为我遭遇到比你更大的不幸，我发出抱怨已经有很长时间了），但我仍旧以我们相互热爱的名义急切地鼓励你，你一定要勇敢起来，证明你是一名男子汉，你要想到现在所有人处在什么状况下，我们是在一个什么样的时代诞生到这个世界上来的。命运从你那里剥夺的东西少于你的价值带给你的东西，因为你获得了很少“新人”能获得的东西，而你失去的东西是很多最高等级的人失去的东西。简言之，在受到法律、法庭、政治方面的威胁的情况下，放弃我们这个共和国而受到最轻的惩罚，这似乎就是最好的结局。

你保持着你的幸福和你的孩子，你还有我和其他一些由于亲密和善意与你有密切联系的人，你幸运地与我和你的所有朋友生活在一起，对你的审判受到批评，被人们视为一种让步，它虽然是通过一次投票来决定的，但这次

① 全名提多·法迪乌斯·伽卢斯（Titus Fadius Gallus），西塞罗担任执政官时的财务官，公元前58年任保民官，试图把西塞罗从流放中召回的人之一。公元前52年，法迪乌斯也处在流放中。

投票是可疑的，是由于某个人[1]不恰当地运用了他的权势的结果——由于所有这些原因，你确实必须用可能有的最轻松的心情承受你遇到的各种麻烦。我本人对你和你的子女的态度会像你所希望的那样，我的态度必定如此。

[19]

西塞罗致美西纽斯·鲁富斯[2]，公元前49年4月末，于库迈。

虽然我从来没有怀疑过你对我的深切依赖，但我越来越相信这一点，我清楚地记得你在一封信中清楚地告诉我，你会更加勤勉地表现你对我的尊敬，胜过你在那个行省里的时候（虽然在我看来，你在任职期间表现的礼貌已经无可挑剔），对此你可以更加自由地运用你自己的判断。所以我不仅对你的前一封来信感到非常高兴，你在信中说你正在以一名朋友的身份急切地期盼我归来，虽然事情的发展不符合你的预想，但你还是对我采取的策略感到高兴，而且对你在后一封信中的表达感到快乐，因为在后一封信中，它成了你的判断和你的仁慈的表现。根据你的判断，我明白你尊重的不是便利，而是正确和光荣，就像所有勇敢善良的人必须采取的态度一样。由于你的仁慈，你许诺，无论我采用什么策略，你都会站在我这一边，所以在我看来，其他没有任何态度能比它与我更一致，也没有其他任何事情能给你带来更大的光荣。

我很久以前就确定了这些计划，但是我没有写信告诉你，这样做并非不想让你知道，而是因为在这样危险的时刻让一个人分担这些计划几乎相当于提醒他牢记自己的义务，或者倒不如说是紧急敦促他在某些危险或困难的事情中成为你的合伙人。然而，你的善意、仁慈、对我的友好情感在我看来如此真切，我非常欢迎你这样的心态，但还是有条件的（你瞧，在提要求的时

---

① 指庞培。

② 美西纽斯·鲁富斯（Mescinius Rufus），西塞罗担任西里西亚总督时的财务官。

候，我并没有放弃我通常的节制）——如果你做了你宣布要做的事情，那么我会非常高兴；如果你没有做，那么我会原谅你，并且我会得出结论：出现后一种情况是由于你不能拒绝你恐惧的对象的要求，出现前一种情况是由于你不能拒绝我的要求。事情只能由最重要的因素来确定。道路的正确是明显的，怎样做才算是便利的则模糊不清，除非我们确实必须是我们所是的那种人，换言之，如果我们配得上我们的文学抱负，那么我们一定不能怀疑最正确的也是最有益的。

由于这个原因，如果你认为与我会合是件好事，那么请你马上来。如果你决定，想在某个地方与我会合，但不会马上这样做，那么我会一直留意你的消息。无论你的决心是什么，我都会把你当做我的朋友，如果你做了我所希望的事情，那么你就是我最好的朋友。

[20]

西塞罗致美西纽斯·鲁富斯，公元前49年1月中，于库迈。

要是你乐意前往你指定的地方，那么无论我怎么办，我肯定能见到你。因此，虽然你考虑到自己的方便，但也不想麻烦我，所以我必须请你相信，要是你能把你的愿望告诉我，而不是只考虑我便利与否，那么我会更加看重你的愿望。

如果我的账房先生[①]马·图利乌斯在这里，那么由他来对你信中的问题逐个进行回答对我更方便，说到他，首先，我本人对他的账目感到满意（至于其他事情，我不敢说得那么肯定），他做的事情也不会违背你的利益或名声；其次，假定财务方面的古老法律和习俗仍旧在起作用，那么我向你保证，由于我们在职务上的亲密联系，我从来没有想到要事先检查一番账本，然而再把账本交给你。

① 原文是“scriba”，有录事、文书、秘书、誊写员的意思。

所以，要是仍旧遵守传统的程序，我应当在罗马附近把我本来应当在行省里做完的事情处理完，因为按照朱利乌斯法案，原来的账本必须留在行省里，并且要把准确复制的账本送交国库。我这样做不是为了引诱你把我自己的计算作为结论性的，而只是向你提供一项我决不会感到后悔的帮助。我让我的账房先生完全归你支配（虽然我看到你在怀疑他），因为是你派你的堂兄弟马·敏狄乌斯与他联系。这些账本完成的时候我不在，而你在，除了仔细阅读，我从来没有用它们得出过什么结论。我从我的账房先生那里收到的账目和从你的堂兄弟那里收到的账目是一样的。如果这表示一种敬意，那么我不会给你更大的敬意；如果这表示一种信任，那么我应当告诉你，我对你的信任超过对我自己的信任；如果说我有义务采取措施，防止任何伤害你的荣誉或利益的事情，那么除了我已经托付过的这个人，我没有其他人可以托付。无论怎样我只是在按法律办事，我们应当在两个主要的附属国留下账本，劳迪凯亚和阿帕美亚，我们在那里的时候就应当这样做，在我看来这两个国家是最重要的。所以，首先来看这条具体的反对意见，我对它的回答是，虽然由于正当的和恰当的原因我匆忙把账目交给了国库，但若它不是我看到的留在行省里的或已经送交国库的账目，我仍旧应当等待你。这就是为什么……①

你信中写到的伏鲁西乌与账目毫无关系。我问过有经验的律师，他们中间有最老练的盖·卡弥鲁斯，还有我的一个很好的朋友，他们说这笔债务不能从瓦勒留名下转到伏鲁西乌名下，但是瓦勒留的保证金和这件事是有关系的（顺便说一句，这笔保证金不是像你说的 3,000 个罗马大银币，而是 1,900 个）。这笔钱已经交给我们，以瓦勒留作为实际的购买人；我已经及时地入了账。

但是按照你的说法，你在剥夺我的慷慨、我的勤勉、我拥有的那一点儿理智的信誉（尽管这一点给我带来的麻烦最少）所获得的成果；说到我的慷

① 此处原文有缺失。

慨，你宁可提到我的副将和高级官员（昆·莱普塔）在一场巨大的灾难中得到拯救（不过情况是一样的，虽然他们和我的账房先生提供的良好服务完全无关，而不是与我的良好服务无关）；说到我的勤勉，在这方面你认为我对自己要履行的义务缺乏知识，虽然这很重要，但我甚至没有想过我的账房先生在账目中塞入他喜欢的内容，而没有告知我，甚至也没有想过这对我个人有什么危险，虽然这很严重；说到我的理智，你想象我从来没有用我的洞察力预见过什么事情，因为不仅让伏鲁西乌自由是我自己的主意，而且把保证金补偿给瓦勒留也是我想出来的办法，结果是我让提·马略受到如此沉重的处罚，而这种处罚不仅得到人们的普遍赞同，而且受到人们的热烈欢迎；确实，如果你想知道真相，在我能想到的范围内，我的账房先生是唯一不喜欢这种做法的人。

但是，我认为这是一个荣誉问题，只要人们想要保持属于荣誉的东西，追求许多人的利益——呃，你可以称这些人为朋友或同胞公民。

提到卢凯乌斯，把那笔钱存放在一座神庙里是庞培的主张。我承认是我下令这样做的。庞培是这笔钱的使用者，就好像塞斯提乌使用了你存放的钱。但是我想，它对你完全没有什么影响。我确实应当对自己生气，因为我从来没有想到要在账目中添加一笔，结果就成了现在这个样子，按照我的命令你把这笔钱存放在神庙里，但没有明确地用最确凿的、毫无争议的记载表明按照元老院的法令这笔钱指定给谁使用，而按照你的或我的书面指示，它被交给了普·塞斯提乌。我看到整个拨款有清楚的记载，不会有任何误解，于是我就没有再添加一笔你不关心的账目。当然，我宁可加上它，因为我看到你现在对它的省略感到后悔。

正如你所写的那样“你必须记下这笔账”，我本人也这样认为，在这一点上你的账目和我的账目没有分歧。我肯定你会添上“按照我的命令”这几个词——而这几个词我自己肯定不会添上，因为我没有理由要否认忽略，我也没有理由这样做，哪怕我有理由，你也会反对我的否认。

还有，关于那 9,000 个罗马大银币，有关的账目和你的愿望，或者和你的堂兄的愿望完全相同。如果我还能做出什么修正（因为你似乎对有关记载不很高兴，涉及卢凯乌斯），哪怕是在提交账目的很晚时刻——好吧，对此我必须考虑，因为元老院的法令对我没有什么帮助，法律也没有给我留下什么余地。但无论如何，在征集来的这笔钱的事情上，它和你自己计算的账目没有什么关系——除非我错了，因为还有其他一些人知道得比我多。但是请你注意，我可能做的一切都是为了你的利益，甚至是顺从你的意愿，对此你一定不要怀疑。

至于你说的特别服务奖，让我告诉你，我已经以我的军法官、副将、军官（至少是我的军官）的名义发放了。确实，在这件事上我有一个错误的估计。我得到的印象是这项奖励可以发放给许多人，没有名额限制。我后来得知，奖励必须在 30 日内颁发，计入我的账目。我真的感到悲伤，我没有把那些奖金留下来，让你用它来实现你的进一步的政治抱负，而不是用于我的政治抱负，因为我已经没有这样的抱负了。不过，我的军法官、将军、百人队长和军官还没有采取什么行动，因为法律没有对这类奖励做出什么时间上的限制。

剩下还有那 100 个罗马大银币的事。关于它，我记得你在密利纳的时候派人给我送来过一封信，承认这个错误是你犯的而不是我犯的。尽管，如果有错的话，对这个错误要负责的似乎是你的堂兄和图利乌斯。然而，由于这个错误没有得到纠正，我已经封存了我的账目，离开了行省，所以我用最同情的术语给你做了答复，这是由于我对你的友谊，再加上我在那个时候财务上比较宽松。但我既不认为我当时在信中表达的同情相当于一种金钱方面要承担的义务，也不意味着我今天收到你的来信后感到后悔，你在信中提到这 100 个罗马大银币，我就像其他人在艰苦的时候收到了讨债信。

与此同时，你一定要在心中牢记，所有那些通过完全合法的途径到我手中的钱都被我存放在以弗所的官员手中，总数大约是 2,200 个罗马大银币，整笔钱是由庞培提走的。现在，无论我要不要弥补这笔损失，或者我是不是抱怨，你肯定要承受那 100 个罗马大银币的损失，并且要考虑如何弥补，从你的军饷中支出，还是从我收到的贡金中支出；但即使你把我当做这 100 个罗马大银币的债务人，你仍旧是一个有魅力的人，你对我非常忠心，你会犹豫在这样的时候是否要以财产评估的方式开始反对我；你要我支付给你现钱，这使我很着急，因为我现在还没有拿到现钱。但我把它当做开玩笑，我肯定你也是在开玩笑。等图利乌斯从那个国家返回的时候，我会派他到你那里去，如果你认为这样做有用的话。我没有理由希望这封信被撕毁。[①]

[21]

西塞罗致美西纽斯·鲁富斯，公元前 46 年 4 月，于罗马。

你的信给了我快乐，因为你非常想见到我，我从信中明白了我在没有收到你的来信时已经想到的事情。我非常高兴地接受你的问候，我在这个方面不会对你让步。因为我的所有要求都已经确定地得到回答，就像我非常想和你在一起一样。事实上，当我在好人、好公民、我的真正的朋友中间有一个更大的选择时，我宁可挑选你来陪伴我，因为只有很少的人我能在与他们的相伴中得到巨大的享受。而在这些日子里，他们中有些去世，有些远离，有些和我疏远，我向你保证，和你在一起待一天，我的享受也一定会超过我在这段不得不活着的日子里在所有人的陪伴下得到的享受。你一定不要假定孤独（我甚至得不到允许享受孤独）比和经常到我家里来的那些人谈话对我并不具有更大的魅力，只有一个人，或者顶多两个人例外。

所以我找了一个避难所——我也会让你找到一个避难所——我尝试写作，也明白我想要在什么方面寻求完善。因为这就是我的本性，你无论如何可以非常容易地相信，我为自己做的事情从来没有超过我为我的同胞公民做的事；你从来不是那个人[②]的朋友，你是我的朋友，如果不是那个人妒忌我，

① 西塞罗不担心这封信被公开。

② 指庞培。

他本人会繁荣昌盛，所有良好的公民也会繁荣昌盛。我就是人们希望的那个不让独裁暴力战胜和平的人。当我确信那些使我始终感到害怕的军队比我带来的良好公民的团结更强大的时候，我宁可以任何条件接受能够确保我们安全的和平，而不是与一个更强的对手斗争。我们很快就有机会在一起讨论所有这些事情了。

已经没有任何事情可以让我留在罗马了，但是阿非利加来的消息是个例外。那里的事情似乎已经到了成熟的地步，就等一项明确的决定。然而，这些事情无论对我有什么重要性（虽然我不能准确地说出重要在哪里），无论从阿非利加传来什么消息，都和朋友们给我的建议相去不远。我们现在所处的位置是，虽然参与战斗者的宣告有巨大不同，但我不认为结果会有很大区别，无论何方是胜利者。

我的由于事情的不确定而削弱了的勇气，无疑又神奇地由于丧失了一切希望而增强。你的较早的来信也增添了我的勇气，我从信中得知你勇敢地承受了你遭遇的不公正。它使我知道了你的优良品质和对你有很大益处的博学。说实话，我曾经认为你的感情不恰当地过于敏感，而这几乎是我们这些在一个自由的、繁荣的国家里过着一种绅士生活的人的通病。

由于我们在国家繁荣昌盛的日子里从来没有不适当地得意扬扬，所以勇敢地承受我们当前不仅是不利的，而且是颠覆性的命运是我们的义务。所以在我们遇到的压倒性的灾难中，我们至少有这样一种好处，甚至在我们繁荣昌盛的时候，我们也一定会轻视死亡，理由是人死以后不会有任何感觉，我们也不会像现在这样受到伤害，我们一定不要仅仅轻视死亡，甚至还要祈求死亡。

对你来说，由于你爱我，你要享受你最好的闲暇，你要让自己确信，除了那些错误的和应受谴责的行为（尽管你过去总是无辜的，将来也是无辜的），没有任何可怕的事情会降临给一个人；对我来说，如果我认为有可能或是恰当的，我会很快来见你；如果我的计划有什么必要的改变，我会马上通知你。不要让你来看我的愿望影响你可怜的健康，直到你通过来信弄清我希望你做什么。如果你能保持对我的敬意，我会很高兴，你确实这样做了，你一定要注意你的健康和心灵的安宁。

第六卷

[1]

西塞罗致奥·托夸图斯[①]，公元前 45 年 1 月，于罗马。

尽管整个时局混乱，乃至于每个人都在抱怨自己的命运比其他任何人的命运都要糟糕，每个人都宁可待在世界上的其他地方，而不愿待在他自己所在的地方，我仍旧丝毫也不怀疑对一名诚实的公民来说，当前最糟糕的不幸就是待在罗马。尽管一个人无论待在哪里，他都会对公共利益和个人利益的毁灭感到同样地愤怒，但他的眼睛会强化他的悲伤，他要被迫看到其他人只是听说的事情，而又无法从思想上排遣他的悲伤。同理，虽然你的所有损失使你感到困扰，但你无论如何要在心中排遣我得知对你伤害最重的那种悲伤——你实际上不在罗马。与家人和财产的分离使你感到恼火，也使你感到后悔——如果能和他们在一起，那么确实没有更好的事情了——但他们没有特别的危险。想到你的家庭，你要么认领命运的特别青睐，要么拒绝向共同的命运低头。

然而，我亲爱的托夸图斯，当你想到自己的时候，命令你的思想不要绝望或恐惧是你的职责所在。因为迄今为止，那个人[②]既没有比你应当得到的待遇较不公正地对待你，又没有清楚地表明对你抱有恶意，毕竟并非你向他们请求安全保障的每一个人都有确定的办法来确保自己的安全。一切战争的

① 全名奥鲁斯·曼留斯·托夸图斯（Aulus Manlius Torquatus），公元前 52 年任执法官，担任审判米罗的主席。他是庞培的追随者，此时流放到雅典。

② 指凯撒。

结果都不确定，但我清楚地看到，一方的胜利，除了与总的毁灭相关，否则不会构成对你的威胁，而另一方[①]的胜利当然是你本人从来不担心的，对此我非常清楚。

剩下我还能假设的就是，我通过寻找慰藉发现了引起你的最大的愤怒的原因——整个国家的共同危险；然而对于这种压倒一切的恶，无论哲学家如何能说会道，我担心找不到真正的安慰，除非每个人的道德力量能够真正起作用。如果说拥有健全的判断和正确的行动是过一种良好的、幸福的生活的必要条件，那么关于一个人，除非知道自己的目标是纯洁的，否则谁能抬起头来。我明白，如果一个人的目标是不虔诚的，那么他的生活是可悲的。我不能把诱使我们离开我们的祖国、我们的子女、我们拥有的一切，设定为对胜利的奖赏。不，我认为我们会沿着一种确定的义务指引的道路前进，这就是我们对这个共同体和对我们自己的尊严应当履行的正义的和忠诚的义务。在这样的时候我们不会抛弃我们的祖国，乃至于愚蠢地想象我们胜券在握。

然而，如果发生了这种事情，而我们亲眼见证了这种可能性，在这样的时候我们一定不能萎靡不振，就好像发生某些事情的可能性是我们从来没有想到过的。所以，让我们按照理性和真理的要求去做，牢记除了错误的行为，我们并不需要对生活中的其他一切事情负责。由于我们在这方面是清白无辜的，所以我们要带着安宁和自制承受人间的一切疾病。通过这些杰出的观点我们可以得出结论：尽管一切都会失去，但无论如何，美德似乎能够保持自身的基础。如果公共事务还有什么希望，那么无论时局变得如何，你都可以认领一份希望。

然而，当我写下这些话的时候，我想起我就是你经常斥责的那个悲观的人，你以前经常试图用你个人的影响来激起我的斗志，让我摆脱犹豫不决和缺乏自信。但在这些日子里，我向你保证，我指责的不是我们事业的健全，而是我们的政策。我看到，通过我们自己的努力组建一支军队已经太迟了；

---

① 指庞培一方。

使我感到悲伤的是，公共权力不是通过会议和我们的道德权威来确定，而是要由刀枪来确定。当我说已经发生过的事情还会再发生时，我不是在大胆地预测未来。不，这只是表示我担心，我认为可能发生的事情一旦发生，那么它将毁灭我们。特别是，如果我有以某种方式预见未来的义务，那么我能比较确定地预见到的是，已经发生过的事情确实会再次发生。我们的人在使用武器和体力方面是低劣的，而他们那些在战斗中不会展现出来的品质是杰出的。你认为我必须勇敢，而我请求你展示你的勇敢。

我这样写的原因是，当我在寻找你的消息时，忠于你的（这肯定是我的印象）自由民斐拉居鲁告诉我你极度焦虑，你一定不要这样，你也不应当怀疑如果有什么体制存活下来，你会在里面拥有你应得的地位，或者说，如果没有任何体制存活，你也不会比我们其他人更加可悲地逃跑。然而，你应当更加有节制地面对当前把我们压得喘不过气来的危机，原因有两条：你是这座城市的居民，这座城市生你养你，这座城市里的生活应当用原则来治理；你在这里有一个你依赖的人——塞维乌斯·苏皮西乌，我肯定他的仁慈和智慧是对你的一个安慰；如果我们追随他的权威和建议，那么我们应当服从一位平民的独裁，而不是屈服于一名手持武器的士兵的胜利。

我也许用了过多的篇幅谈论这些事。下面我用很少的篇幅说一下更加重要的事情。在这个世上我对任何人的亏欠不会多于我对你的亏欠。这场战争灾难把我对他们多有亏欠的人带走了，你知道我对他们的亏欠有多大。我完全明白我当前的处境。我认为一个人只要能够全身心地投入手头的工作，他就能取得重要的成就并获得完善，而不会在绝望中屈服；如果你认为我能给你提供什么建议或实际的帮助，以及我的全部热情，作为我偿还你本人和你的子女的债务，那么我会非常高兴。

[2]

西塞罗致奥·托夸图斯，公元前45年4月，于阿图拉。

我请你一定不要这样想，我给你写信不如以前那么频繁，原因是我把你给忘了，或者是我生病了（尽管我想我已经痊愈了），或者是我不在罗马，所以我不知道有谁去你那里。然而你应当看到这是一个确定的事实，我记得你，我对你非常热爱，我对与你有关的事情的兴趣绝不亚于与我有关的事情。

你的案子迄今为止经历的变化超过人们的希望或期待；但是考虑到这个时代有多么糟糕，所以请你相信我，你没有理由感到悲伤。共和国将不可避免地、永久性地遭受军队的骚扰，或者你在某一天看到这些军队被遣散、改编，或者完全灭亡。如果刀剑是主人，那么你不需要害怕那些正在接受你的降服的人，或者你支持过的人；如果国家又有了喘息的机会，那些定居的条件使刀剑收入刀鞘，或者这些士兵因疲惫而离开，或者他们的刀剑被另一方的胜利夺走，那么你会享有你的地位和繁荣；如果发生普遍的、绝对的毁灭，最后的结局是最聪明的马库斯·安东尼曾经担心过的在那些较早的日子发生过的情况，他察觉到了这些巨大的灾难，也总是会有这样的安慰——这个安慰确实很可怜，特别是对你这种类型的人，但这样的安慰我们只能接受——没有人会再制造一场特别的对所有人都一样的灾难。

如果你想到这些话的内在意义，我确信你会想到的——一定不要过分相信公报——那么你无疑会理解，即使我没有给你的信，你仍旧可以对某些事情抱有希望，而不害怕这样或那样的稳定的统治形式。但在带来普遍毁灭的事件中，由于你不认为共和国能够存活，哪怕允许你这样做，所以你必须接受你的命运，尤其是它与你的任何错误都没有联系。关于这一点我说够了，我想要你写信告诉我你在做什么、你想去哪里，这样的话，我就可以知道往哪里送信或者去哪里了。

[3]

西塞罗致奥·托夸图斯，公元前 45 年 1 月，于罗马。

我最近给你写的信很长，因为我受到友谊的诱惑，而不是处境对我提出了这样的要求。因为你的男子汉精神不需要我的任何鼓励，我自己的处境和极度缺乏也使我不能鼓励其他人。

这封信我一定要写得简洁。如果当时不需要讲那么多话，那么现在也完全没有这个必要；如果当时有这种需要，那么我已经写够了，现在我没有什么新的话要说。尽管我每天都能听到一些事情，我相信这些事情你也听说了，但从最后的结果来说全都一样；我心中对这个结局的看法和我们用眼睛看到的结局是一样的；我相当确定，我能看到的事情没有一样是你不能看到的。虽然无人能够预测一场战斗的结果，但我能够看到整个战争的结局，或者说尽管不那么精确，但我无论如何能够看到胜利对双方会有什么影响，因为总有一方会取胜。

由于对此有充分的理解，我看到似乎不会有那种一切事物都最害怕的邪恶的结局，[①] 哪怕是在取得决定性的胜利之前。在目前的状况下，我们不得不在经历了悲惨的深渊以后仍旧活着，但是没有任何聪明人曾经认为死亡是一件悲惨的事，哪怕是那些处在繁荣状态的人。但你住在一座城市里，城中房屋的围墙本身就能以一种更加高贵的方式说出更多的道理。

我可以向你保证，虽然这只是一个以其他人的不幸为基础的可怜的安慰，但你现在决不会比那些想要逃离战场的人或者一直待在家里的人遇上更大的危险。前者要参加战斗，而后者害怕征服者。

然而，这是一个可怜的安慰；另一个安慰比较有分量，我希望你能从中得益，就像我一样；当我存在的时候，只要我没有犯下什么错误的行为，从来没有任何事情能引起我的痛苦；如果我停止存在了，那么我丧失了所有感觉。

在此我再次写下这句话送给你，我只是在“送一只猫头鹰给雅典人”。你和你拥有的一切是我主要的关心，只要我还活着，我就会一直如此。

---

① 指死亡。

[4]

西塞罗致奥·托夸图斯，公元前45年1月，于罗马。

我没有什么消息要告诉你，哪怕有，我知道你一般也能从你的家人那里得知。虽然未来总是难以确定，但若能预见事情的结局，仍旧可以通过推测来接近真理。当前我能看到的只是这场战争不会延续太久，然而就是这个看法也有人会有不同的看法。我本人在我写下这些话的时候相信某些重要的事情已经发生了，这不是因为我确定地知道，而是因为不难推测。虽然战神[①]一直是公平的，但战争的结果总是不确定的，参加本次战争的双方力量如此庞大，装备精良，两名统帅中无论哪一位获胜，人们都不会感到惊讶。使人越来越倾向于接受的一般看法是，虽然参战者的原因各不相同，但是使一方或另一方获得胜利的原因没有什么差别。我想我可以说，关于一方[②]我们已经有某些亲身经历；至于另一派的统帅，[③]没有人不害怕他出鞘的利剑和作为征服者的愤怒。

在这一点上，如果你认为我在本来应当减轻你的悲伤的时候增加了你的悲伤，那么我承认为我们大家共同的灾难我找不到比这更好的安慰了——如果你能在心中接受这样的安慰，那么它是最有说服力的，我本人每天都在得到这样的安慰——我的意思是，在遇到麻烦时最有可能的安慰就是想到自己的目的是正义的，没有比错误行为更大的恶；我们远离邪恶，我们的情感一直是最健全的，要受到批评的是我们的政策的结果，而不是政策本身，由于我们已经完全卸去了我们的职责，那么好吧，就让我们用自制来承受所发生的事情。但就算如此，我不想就我们所有人共同遇到的麻烦来安慰你；安慰者本身确实需要更大的智慧，而承受者需要更大的勇气。但是无论谁都能轻易地向你解释，你为什么没有你自己的具体的悲伤。虽然在让你回归

① 参见荷马:《伊利亚特》第18卷，第309行。

② 指庞培这一派。

③ 指凯撒。

的事情上某个人采取的行动不如我期待的那么快捷，但我一点儿也不怀疑那个人对你回归的看法。至于其他人，我认为你现在并不急于想知道我的看法。

剩下的事实是远离你的家庭对你来说是痛苦的，你一定会感到悲伤，尤其是和你那些可爱的子女分开，他们是世上最好的孩子。但是，就像我以前写信对你说的，在这个时代，每个人都认为自己的处境比其他任何人都要糟，一个人无论在哪里，他都认为这是他最不想去的地方。我本人在想我们这些在罗马的人是最可怜的人，不仅是因为这里发生的种种邪恶，看到它们比听到它们更痛苦，而且因为面对突如其来的危险我们更加暴露。我承认想要安慰你，就算我一直投入的写作没有给我带来很大的解脱，至少还有时间给我带来解脱。

首先，你记得我的悲伤和痛苦，我主要的安慰是比其他人更多地看到未来，无论时局如何不利，我想得最多的是和平。我虽然没有预言家的灵感，对未来作预测也是出于偶然，但我仍旧在预见的有限的信誉中找到了快乐。

其次，如果命运现在就要我放弃生活的舞台，我的感觉完全被剥夺，我不得不离开这个国家，那么我想我们俩都可以从中找到安慰。我的年纪也使我轻省，我的生命现在实际上已经走向终结，想到良好地度过了一生我会感到很高兴，我不用再承受任何暴力，自然本身就会来把我带走。

最后，陷入这场战争的这个人或这些人，他们的品性是无耻的，他们的行为似乎不受任何环境和命运的逼迫。我已经想到了所有的可能性，除了悬在我头顶上的这场灾难，没有什么灾难会有这样的摧毁力。但由于我们预见到了比我们害怕的事情更多的邪恶，所以我停止害怕，尤其是悬在我头顶上的灾难不仅不包含痛苦，而且它本身就是痛苦的终结。

但是我的话已经说够了，或者已经超过了需要。然而，为了我的信写得那么长而要受责备的不是我的饶舌，而是我对你的友谊。

我很遗憾塞维乌斯要离开雅典。因为我不怀疑，你会发现与你的一位亲密朋友交谈会是很大的解脱，而他又是一个有着杰出品性和敏锐洞察力的人。我希望你能保持精神愉快和勇敢的特点，这是你的义务，而且也是你的习惯；我会热情地参与就我的判断而言你希望完成的事，对你具有重要意义的事。在这样做的时候，在学习你对我的仁慈感情的时候，我为你提供的良好服务一定不会超过你。

[5]

西塞罗致奥鲁斯·凯基纳[①]，公元前45年1月，于罗马。

每当我见到你的儿子——我实际上每天都看到他——我都向他保证给予他坚强有力的支持，不加任何限制，无论是工作艰苦，还是有其他活动，或者缺少时间；但我的任何帮助和影响都有“尽我最大的能力”这个附加条件。你的书我不仅读过了，而且还在仔细阅读，我简直不愿把它扔下；我对你的事业和命运非常关心，从中我本人似乎也在得到改善；我注意到其他许多人对你也非常感兴趣，就好像也是他们自己的希望，我相当确定，你的儿子已经对你做了详细解释。

至于那些事情只能当做猜测来对待，我不认为自己对未来的看法比你更有远见。由于你不停地考虑这些问题，所以我想我有义务表达一下我自己的想法。生活的现状和时代的潮流使你发现要想延续自己的事业已经不可能了，想要从事其他事业也不可能了，任何良好的事业、任何良好的公民，都要承受难以忍受的、不公正的、永久的影响。

在这种状况下，你自己的人格激起了我的希望，不仅由于你的地位和正直（这是其他人和你本人也会承认的优点），而且由于你个人特有的杰出能力和令人敬佩的勇敢，我肯定这些优点在这个人眼中是极为重要的。所以，要不是他认为你的迷人的天赋是对他的污辱，那么你不会仍旧停留在现在的

① 奥鲁斯·凯基纳（Aulus Caecina），凯基纳之子。西塞罗于公元前69年为之辩护，属于庞培派。

处境下。但是，这种受到冒犯的感觉本身会逐渐消退，我从那些和他生活在一起的人那里得到暗示，他对你的能力的看法使你能够得到这个伟大人物的青睐。

由于这个原因，你首先必须保持你的精神和勇气。这是通过出生、抚养、教育，甚至通过你的名声赋予你的义务。其次，由于我已经说过的理由，你也要对未来充满自信。

关于我本人，请你放心，只要有需要，我一定会为你本人或你的子女做好我能做的一切。考虑到我们长久的友谊，这是我能做的一件小事，我总是以这种方式对待我的朋友，而你本人对我也非常仁慈。

[6]

西塞罗致奥鲁斯·凯基纳，公元前46年9月末，于罗马。

我担心你会认为我没有履行对你的义务——考虑到我们的追求有许多相同的地方，我们之间的相互帮助使我们联系在一起，所以我们一定不能这样——我担心你会感到我没有履行给你回信的义务。要不是每天都在期待更好的消息，宁愿让祝贺，而不是鼓励成为信的主题，我很久前就应当给你写好几封信了。我希望很快就能向你表示祝贺，所以我把这个主题留待另一封信。

在这封信中我认为你的精神——虽然我得知和希望它们绝没有放弃——需要借助一个人的建议反复增强，如果说这个人不是最聪明的人，但他无论如何是你最好的朋友。我应当用话语来安慰你，不是把你当做一个完全绝望、丧失了回归的所有希望的人，而是作为一个要恢复他的公民权利的人，对此我的怀疑不会超过我记得的你对我的回归的怀疑。那些人以为共和国不会垮台，而我当时正在流放的路上，我记得几位来自亚细亚的来访者告诉我你当时在哪里的时候，他们说你充满自信地说道我很快就会荣耀地回归。

如果说你没有被你杰出的父亲遗留下来的那种伊拙斯康人的学问[①]所误导，那么我也没有被我自己的占卜技艺所误导，如你所知，我不仅从那些最伟大的哲学家的著作和教条中获得占卜的技艺，通过我的广泛学习，而且也得自处理公务的广泛实践，以及我的政治生涯中的诸多变迁。

在占卜中我更加自信，因为这个时代非常难以解释，很容易被它迷惑，而我的占卜技艺从来没有最轻微地给我误导。如果我不担心你会认为我是事后要小聪明，那么我会把我以前预测到的事情告诉你。但无论如何有许多人可以做见证，虽然我一开始警告庞培不要与凯撒结盟，但后来我警告他不要与凯撒决裂。我看到他们之间的结盟意味着元老院权力的崩溃，而他们之间的决裂意味着内战爆发。还有，我和凯撒关系非常亲密，而我对庞培抱有最高的敬意。然而我的建议并非对后者的不忠，而是有益于双方。

其他有关我的预见的例子我就不说了。因为我应当感到遗憾，凯撒对我向庞培提出的建议应当留有深刻印象，要是庞培接受我的意见，那么在政治生活中有杰出表现的、作为国家领袖的凯撒就不会有现在这样超常的权力。我表达过这样的看法，庞培必须去西班牙。要是他这样做了，那就根本不会有内战了。至于承认一位缺席者的候选人资格，[②]我没有努力使之成为一项法律上的先例，而只是使它得到承认，因为人民在执政官本人遇到紧急情况的时候坚持这样做。

有人为战争寻找借口。而我感到最糟糕的和平也要比最正义的战争要好，所以我放弃过什么提出警告或抗议的机会？我的建议受到忽视，但更多的不是被庞培，因为他对我的建议留下了深刻印象，而是被那些跟随庞培领导的人，他们想象一场战争的胜利最有利于他们的私人利益和他们的贪婪。战争开始了，但我没有参加，战斗一直推进到意大利海岸，而我则尽可能长时间地在那里逗留。但是，我的荣誉感压倒了我的恐惧感。在庞培需要我的

---

① 罗马人从伊拙斯康人（Etruscan）那里借用了占卜术。

② 凯撒于公元前 52 年在高卢，要求缺席竞选执政官。

时候我没有退缩，因为在我需要他的时候他没有退缩。所以，必要地顺从我的义务感，或者良好的公民会说的顺从我的恐惧感，或者说在荣誉感的作用下（你愿意称它什么随你高兴），我就像戏剧中的安菲阿拉俄斯，但不是盲目的，而是有意识地指出："在我眼前展现出毁灭的战场。"在这场战争中，没有哪一场灾难是我没有预见到的。

因此，就像其他占卜官和星相家有他们的习惯一样，我作为一名政治上的占卜官，也用我先前的预言在你眼中建立了我在占卜和预言方面的信誉，我的预言体系是你必须相信的一种预言体系。我给你的占卜不是建立在飞禽的飞行、动物的吼声、左边的鸟的鸣叫的基础上的，就像在我们的占卜体系那样，也不是根据鸡啄食时的急迫，或者根据鸡食落在地上的声音。不，我观察其他的预兆，如果说我观察的预兆并不比其他预兆正确无误，那么它们无论如何更加清楚，更不会让人产生误导。

我在观察这些预兆时使用一种双重的办法，它的一半是观察凯撒本人，另一半是详细考察当前的政治形势。我在凯撒身上发现的是他温和的、仁慈的本性，在你的优秀著作《抗议》中你对他的本性做了引人注目的描写。还有一个事实，他卓越的能力就像你的能力一样使他具有神奇的魅力。还有，他合理地顺从你的许多朋友的希望，强烈的忠诚使他感动，虚伪和自私不能玷污他。在这个方面，埃图利亚居民对他留下了深刻的印象。

那么，上述这些考虑为什么到现在还没有起什么作用或作用很小？好吧，因为他相信，一旦对你做出让步，就会显得他还有愤怒的更好的理由，他无法抵挡其他许多人的呼吁。你会问："那么从一个如此愤怒的人那里我能希望得到什么？"好吧，诽谤他的源泉（我只承认一点点）对他来说也会成为赞扬他的溪流。最后，他理智敏锐、高瞻远瞩，他非常明白你这样的人——他要忽视一名迄今为止意大利地区最伟大的贵族是愚蠢的，在我们的国家里，他是同辈中最优秀的，在罗马人眼中，他的能力最强，他最受欢迎，他的声望最高——是无法从政治生活中驱逐出去的。他不想让这种好感有一天像时间一样流逝，而宁可现在就归于他自己。

关于凯撒我就说到这里。现在来谈谈我们所处的时代和环境的性质。庞培带着更多的勇气而非算计参与这一事业，没有人凶恶地敌视这一事业，乃至于敢把我们说成是不忠诚的公民或无原则的人。在这一点上我非常敬佩凯撒的清醒、正义和智慧。他从来不提到庞培，除了用赞美的话语。但是你会提出反对意见，凯撒在许多场合不适当地把庞培当做一个公共的人加以谴责。好吧，这是由于军队的冲突，是为了胜利，而不是因为他是凯撒。是啊，他热情地欢迎我们所有人！他让卡西乌斯担任他的副将；他让布鲁图担任高卢总督；他让苏皮西乌担任希腊总督；他出于周全的考虑恢复了马凯鲁斯的荣誉，你要知道他对马凯鲁斯的愤怒超过对其他任何人。

所有这些事情的意义何在？它表明我们认为当前政治的性质是无法容忍的——不，任何统治形式，无论它保持原样还是发生变化，都无法容忍——首先，所有受牵连的人在地位和财产方面不能受到同样的对待；其次，高尚的、良好的公民如果不受污辱就不能返回国家，而许多犯下滔天罪行的人已经返回。

这就是我为你进行的占卜！如果有一丝怀疑，我是不会把它提出来的，我只会说一些安慰的话，这样更容易重振一个人的勇气。我的意思是，如果你带着某种胜利的希望，拿起武器捍卫共和国——这是你当时的想法——那么你得不到任何荣誉。然而，如果考虑到战争的结局和后果的不确定性，你已经想到我们有可能战败，那么你这样做就不对了，但你已经准备享受成功，乃至于现在完全无法面对失败。我应当表达我的看法——你必须在对你已经完成的事情中寻找安慰，你应当在文学追求中寻找快乐，以缓解你的悲伤。我生活在巨大的灾难中，这些灾难不仅落在老一辈人的头上，而且最近也落在你的统帅们的头上，如果说他们不是你的同伴；我还应当引用许多杰出的外国人的名字。因为当我们提醒自己什么是人生的普遍法则和境况时，可以缓解我们的悲伤。

我也应当对你描写我们在罗马的生活——真是混乱不堪！被排斥在一个毁灭了的国家之外，而不是被排除在一个繁荣的国家之外，一定不需要那么后悔。但是我们没有时间谈这样的话题了。我很快就能看到你的全部权利得以恢复。这是我的希望，或者倒不如说是我清楚明白的信念。与此同时，我很久以前不仅许诺，而且已经在你不在的时候把我原来由你支配的热情、关注、服务、勤勉都交给一个和我们在一起的人支配，他就是你的非常坚强、令人敬佩的儿子，他在心灵和身体上就是他父亲的复制品。更加令人高兴的是，凯撒对我越来越友好，他的意见与我的看法越来越一致，他身边的那些人也把我看得比其他任何人更重要。无论依靠个人的优势或者偏爱我能对他产生什么影响，我都会把这种影响用来为你的利益服务。因此，你一定要坚持下去，不仅要有坚强的决心，而且要有最美好的希望。

[7]

奥鲁斯·凯基纳致西塞罗，公元前46年12月，于西西里。

我的书[①]没有像你预期的那么快送到你手里。好吧，你必须原谅我的怯懦，必须对我的不幸状况感到遗憾。我得知我的儿子非常害怕——我不是在责备他——如果这本书已经发表了（因为以什么样的精神写这本书不如书中采用什么样的精神重要），那么它会愚蠢地给我带来伤害，尤其是我仍旧在为我的写作接受惩罚。在这个方面，无人能与我的命运相比。因为抄写员的错误已经消除，他的愚蠢受到公众的惩罚，我的错误通过惩罚得到纠正，人们对我的指控无非相当于当我实际上手持武器反对一名对手时讲了他的坏话。

我在想，我们中间无人不祈求胜利女神的垂青，无人不在献祭时不祈求早日打败凯撒。如果他从来没有想到这一点，那么他的幸福是纯粹的；如果他知道并且相信这一点，那么他为什么要在原谅所有那些经常向诸神祈求反对他的幸福的人的时候，对一个只是写了一些东西反对他的目标的人感到

① 可能是指上一封信中提到的凯基纳的《抗议》。

愤怒?

但还是回到我开始的地方，讲我怯懦的原因。我发誓，我写到你的地方很少，也十分小心，我不仅是在责备自己，而且几乎是逃跑。现在每个人都知道，这种文章不仅必须是自由的，而且是热情的和高尚的。人们假定批评不受任何约束，但你必须避开粗俗语言的陷阱；自我表扬总是受到束缚，因为人们担心离它不远的是自以为是。你唯一可以自由发挥的主题是赞扬其他人，对其他人的任何轻视都不可避免地被认为是你的无能或你的妒忌。然而我想说一些已经发生的事情你更能接受，对你也合适。既然我不能把某件事情做得最好，那么我最好不要去干扰它，而是要尽可能做好它。但无论如何，我确实约束自己。修改了许多地方，去掉了许多地方，尽了我最大的努力。

这就好比一架梯子，如果去掉一些横挡，砍断一些横挡，再留下某个横挡固定不牢，那么作为攀登者，你想到的是爬上去有可能摔下来，而不是把梯子当做一个攀高的工具；所以，如果一个人在写作时可能会摔跤，而且有许多苛刻的限制，他能写出什么有价值的东西来，或者能得到什么样的赞扬?

然而，提到凯撒的名字，我的四肢都在颤抖，不是由于害怕惩罚，而是由于不知道他会怎么看我。因为我对他只是部分了解。当我的心灵与自己这样交谈的时候，你认为我处在一种什么样的心灵状态："他不会反对这一点，但这个词的发音似乎会带来他的疑心；如果我把它改了，怎么样？好吧，但我担心换上去的词更糟。算了，假定我对某人说了一个好听的语词，我肯定不会因此而冒犯他，是吗？当我开始责备某人时，如果他不喜欢，那该怎么办？他会迫害一个曾经拿起武器反对过他的人的笔。他对这个被他打败的、还没有恢复过来的人会做些什么?"

你本人在你的《论演说家》中试图在布鲁图的羽翼下保护自己，你把他的名字与你的名字联系以来，以表明你自己有理，这样的做法也增加了我的恐惧。你曾为所有人辩护，而我是你的一名老当事人，现在则成了所有人的当事人，你现在这样做，我一定会有什么样的感觉？看到我受到病态的恐惧和盲目的疑心的折磨，我写的东西是对一个人的情感的猜测，而不是在表达自己的判断，你可以确定我对当前局势的理解并不难，虽然你几乎没有这方面的经验，就好像你是在用你自己圆满成熟的天才反对每一件有可能发生的事情。无论如何，我会告诉我的儿子阅读这本书，然后把书拿走，或者把书给你，但你必须修改它，使它成为另外一本书。

关于我去亚细亚的行程，尽管我认为它是绝对必要的，但我执行你的命令。现在我有什么必要敦促你为我采取行动？你明白时候到了，我的案子必须确定下来。我亲爱的西塞罗，你继续等待我的儿子没有什么好处。他只是一个年轻人，由于他的鲁莽或者年轻，或者由于他的恐惧，他无法仔细地考虑一切。必须把整个重担挑起来的是你，我的全部希望在你身上。你要抓住有利时机，取得凯撒的欢心。事情必须从你开始，通过你的作用，使事情走向良好的结局。你对这名伟人有很大的影响，你对他的影响超过他的所有朋友中的任何人。

如果你说服你本人相信这一事实，你不仅要仁慈地去做任何要求你做的事情（尽管这是一项重大的考虑），而且整件事情已经在你的肩上，你要把它做到底。当然了，是我的不幸使我过于老练，是我的友谊使我过于唐突，才把这样的重担赋予你。但是，你可以在你自己的生活习惯中找到一个理由。你习惯于为你的朋友不怕麻烦，而你的熟人不仅希望你这样做，而且要求你这样做。我的儿子会把书送给你，我恳求你不要让它发表，我请求你修改它，防止它给我带来任何伤害。

[8]

西塞罗致奥鲁斯·凯基纳，公元前 46 年 12 月，于罗马。

对你忠心耿耿的拉尔古斯在谈话中告诉我，已经确定 1 月 1 日为你逗留的时限。[1] 已经发生的所有事情使我相信，凯撒不在的时候，巴尔布斯和奥庇乌斯安排的任何事情一般都要经过凯撒的确认，所以我会尽快与他们联系，请他们帮助我，允许你按照我们希望的时间在西西里逗留。他们一直以来的习惯是，要么在不冒犯他们这一派的情感的前提下允许某些事情，要么予以拒绝，但会给出一个理由，在当前情况下，他们认为最好还是不要马上对我的要求做出答复。然而他们在那一天回过头来找我，同意了我的要求，让你按照你的愿望在西西里逗留，还说他们保证你可以这样做而不会影响你的利益。现在你已经得到允许你这样做的通知，我想你必须知道我自己的想法是什么。

当所有这些事情已经确定了的时候，你的来信到了我手中，你在信中要我提出建议，要我告诉你该怎么办，是在西西里住下，还是启程去处理你在亚细亚的生意。你在信中提到的事情在我看来与拉尔古斯的说法不太一致。他在和我交谈时说你不再有权利在西西里自由地逗留，而你在谈到这个问题时好像已经得到了允许。无论前者是真的还是后者是真的，我的意见是你一定要待在西西里。这个岛屿邻近罗马会对你有帮助，无论是通过频繁的书信和使者传达你的意见，还是促进你的回归，等到事情按照你的要求做出安排，如我所希望的那样，或者以其他方式一并解决。这就是我坚持你必须留下的原因。

我会非常认真地把你推荐给我的朋友提·福芳纽斯·波图姆斯[2]，他的幕僚们也是我的好朋友，当他们到达这里的时候，我也会把你推荐给他们，因为他们现在都在穆提纳。他们都是好人，就像你一样喜欢我，和我非常熟悉。无论什么事只要我认为对你有利，我都会主动去做。如果有什么事是我不知道的，只要一知道，我就会证明自己是最热情的人。虽然与福芳纽斯的会面使得让你带上一封我的推荐信变得没有什么必要，但我还是乐意给你写

---

① 在西西里逗留。

② 提·福芳纽斯·波图姆斯（T. Furfanius Postumus），时任西西里总督。

一封推荐信，让你亲手交到他手中。我把推荐信抄录在下面。

[9]

西塞罗致西西里行省总督福芳纽斯（包含在上一封信中）。

没有什么人之间的亲密关系能够比得上我和奥鲁斯·凯基纳的关系。因为我不仅与他的父亲，那位杰出的、勇敢的人有着亲密交往，而且从小就与这位凯基纳过从甚密，既因为他使我有了无比正直和超群口才的极大希望，也因为我们的生活由于相互之间的友谊和共同的爱好而紧密联系在一起——我要说，我对他总是抱着这样的感情，这个世界上没有人比他对我更亲密了。

我不需要再写些什么了。你本人就能明白我必须以各种可能的方式照顾他的命运和财产。对我来说，剩下要做的事情就是得到更多的证据来确定你对忠诚的公民的命运和国家的这些灾难的认识有多深，我对你只提一个要求，再也没有其他要求了——我的推荐会使你对凯基纳的善意充分增强，你对我向来非常尊敬。如果你这样做了，那么其他任何事情都不会给我带来更大的快乐。

[10a]

西塞罗致却庇亚努[①]，公元前46年，约9月，于罗马。

我一直以来非常尊敬你，我能向自己证明，你也非常尊敬我。你的政策，或者倒不如说你在内战中长期延续的不幸，及其当前的结果一直困扰着我——恢复你的财产和地位花的时间超过了必要的时间，也超过了我希望的时间——你的不幸给我带来的焦虑不亚于我的不幸给你带来的焦虑。于是我

---

① 却庇亚努（Trebianus），情况不详。

把内心的想法告诉了波图姆兰努和塞斯提乌，也更多地告诉了我们的朋友阿提库斯，最近还告诉了你的自由民休达斯，我不断地向他们保证，我想要用各种可能的方式满足你本人以及你的子女的期待；如果你能写信给你的人，请他们务必考虑我现在能支配什么，那么我会非常高兴——我的努力、建议、财产、忠诚，无论出于什么目的，将随时听从他们的召唤。

在这个我以你知道的方式服务的国家里，我必定会拥有那种影响和声望，而你也会像你从前那样，在你自己的这个等级[①]中获得最高地位，成为最优秀的人。

然而，我们俩现在都由于同样的原因在相同的政治条件下遭到毁灭，我不仅向你许诺上面具体指出过的东西，这仍旧是我的许诺，而且还向你许诺我剩余的、还保有的东西，比如我从前的尊严。因为凯撒本人，如我根据许多征兆可以推测的那样，对我并没有什么恶意，他的所有最亲密的朋友对我也一样，为了我以前提供的服务，他们有义务对我表示关心和尊重。

所以，如果我有什么办法能涉及你的命运，也就是说，涉及恢复你的权利——因为一切都取决于你的权利的恢复，他们告诉我的事情使我每天都抱有越来越大的希望——我都会亲自精神饱满地加以处理。

我不需要讲什么细节了。我毫无保留地向你献上我的忠诚和友谊。但是重要的是让你的所有人都知道这一点，我对你的全部要求就是你的来信，让他们明白属于西塞罗的一切也都归却庇亚努支配。我这样做的目的是让他们信服，愉快地让我代表你处理这件事情，没有什么事情比这件事更难了。

[10b]

西塞罗致却庇亚努，公元前 46 年，约 9 月，于罗马。

要是我在写信时能找到正确的语调，那么我会早些给你写信。因为在这

---

① 指骑士等级。

样的时候，一位朋友要么提供安慰，要么许下诺言。我把安慰放在一边，因为许多人告诉我，你勇敢明智地承受了时代的不公正，想到自己做完的事情以及心里想做的事情，你有了很大的安慰。

好吧，如果这就是你现在做的事情，那么你是在学习中积累财富，我知道你一直在学习，我再三敦促你要继续这样做。

与此同时，我要对你说，你对整个历史上的先例实际上已经非常精通（我本人不是新手，虽然在学习中我实际做的比希望做的要少，而在实际事务中，我实际做的甚至多于我希望做的），我向你保证，你承受的严重的不公正不会长期延续，由于两条理由——第一，拥有最高权力的那个人自己对保证平衡的地位和事物的自然秩序开始变得麻木；第二，我们的事业与这个国家的事业是一致的——生命和勇气必将恢复，而某些出乎意料的温和与自由的尺度将证明我们每日里的恐惧是虚假的。所以，现在的一切取决于时代和环境的变化，这种变化虽然经常是很轻微的，但我将注意观察它的每一次摆动，不放过任何有利于你的机会，让你的命运变得轻省。

因此我提到的第二种书信[①] 对我来说会变得比较容易，甚至可以许下诺言。但我宁可行动而不是空谈。我想让你相信，就我能够确定的范围而言，你拥有的朋友多于那些现在或曾经像你一样不幸的人，具体的例子我就不说了。你一定要保持高度勇敢的精神，这完全取决于你自己。除非采用我们的办法，由命运决定的东西受环境的统治。

[11]

西塞罗致却庇亚努，公元前 45 年 6 月中旬，于罗马。

关于多拉贝拉，迄今为止我拥有的不多于一个温和的问候。我对他没有义务。我以往没有任何机会这样做，他是我的债务人，因为我在他危险的时

① 即安慰性的书信。

候没有让他失望。但是现在我要向他表示非同寻常的感谢——因为他首先在你的财产的事情上，其次在你的回归的事情上让我非常满意——我现在对他的亏欠多于世上活着的任何人。关于你的回归，我向你表示衷心祝贺，你要是也向我表示祝贺比向我表示感谢更能让我高兴；我可以很好地向你表示感谢，你也可以真诚地向我表示祝贺。

关于其他事情，你高尚的品质和优点已经为你返回家中铺平了道路，忘掉你的损失，想想你收回的东西，这样做适合你的智慧和宽宏大量。你将与你自己的人民生活在一起，你将和我们生活在一起。你得到的声望多于你损失的个人财产。只要国家还存在，你会从前者得到更多的快乐。

我们共同的朋友维斯托留[①]写信给我，说你非常感谢我。你如此坦率地这样说令我非常满意，我一点都不反对你当面对别人这样说，尤其是对我们的朋友西洛[②]。我做的一切事情都应当由那些最敏锐的人来赞扬，这是我的愿望。我急于尽快见到你。

[12]

西塞罗致安庇乌斯·巴尔布斯，公元前46年9月，于罗马。

亲爱的巴尔布斯，我要向你表示祝贺，我的祝贺是真诚的。至于我说希望你面对虚假的幸运时拥有暂时的快乐，然后突然垮台，到那时没有任何东西能让你重新振作，哪怕是安静下来以后，这样说也不是残酷无情。我为你的案子进行的辩护比我自己的政治地位所能保证的更加直率。因为你对我的感情和你勤勉地加以培养的对我的热爱压倒了被削弱了的我的影响。和你回归和复职有关的所有诺言都已经得到确认和批准。我参与并看到了其中的每一个步骤。

---

① 普特利的一位钱庄老板。

② 一位伊壁鸠鲁学派的哲学家。

事实上相当幸运，我和所有凯撒的亲密朋友都很熟悉，他们的情感，除了对凯撒本人，可能就要算到我了。潘莎、希尔提乌、巴尔布斯、奥庇乌斯、马提乌斯、波图姆斯对我都很热爱。要是说我有义务通过我自己的努力来确保这一点，那么考虑到时代的性质，我不会后悔付出了这样的努力。我没有在任何方面消极等待。我和这些人的友谊起了作用，我从来没有停止代表你向他们提出要求。潘莎是我的主要支持者（他热爱你，也急于想成为我的朋友），他性格坚强，对凯撒有影响，而凯撒也喜欢他。提留斯·基伯尔也让我很满意。当事人自己的请愿有时候不如为朋友请愿作用大，基伯尔的情况属于后者，他对凯撒的影响超过他有可能代表其他任何人时产生的影响。

由于某些人的无赖行径，还没有马上给你颁布许可，这些人把怨恨延伸到你身上，称你为“内战的号角”，不停地加以谈论，就好像他们对战争的发生不高兴似的。这就是我们现在认为行事要机密的原因，绝不能把消息传到海外，说你的事情已经解决了。我们还需要的时间不会太久，我不怀疑，当你读到这封信的时候，整件事情已经结束了。潘莎确实是个重量级的人物，值得信赖，他不仅郑重声明，而且保证他会颁发许可，不会有一刻拖延。但无论如何，我想最好还是让你对发生的事情有完整的了解。因为你妻子爱普莱娅的口信和阿庇娅的眼泪清楚地告诉我，你还是有点焦虑不安，而不是像你的信使我相信的那样不着急。还有，这是她们的看法，她们和你不在一起的时候，你心里会更着急。所以我想，把事实真相完全告诉你对于缓解你的困惑与悲伤是很重要的。

你知道我迄今为止都在以这样一种方式给你写信，我是在安慰一个勇敢的、聪明的人，而不是在你面前摆下任何确定的回归的希望，除非这场大火已经熄灭，我可以期待从共和国本身得到公正。你要记住你本人给我的信，你在信中一直表现出高昂的精神和坚定的意志，准备承受所降临的一切；对此我并不感到奇怪，因为我记得你从青年时代起就参与公共事务，你担任公职的时期正是整个国家的幸福与命运的最关键的时期。是的，你卷入这场战争不仅要当幸福的胜利者，而且要是失败的话，也要当哲学家。

其次，由于你从事记载那些勇士的功绩的文学活动，所以你有义务想到你和你赞扬的那些人极为相似，你找不到任何事实来否定这一点。

但是，这种谈话比较适合已经离我们远去的时代。你现在要做好准备，与我们一道忍受当前的困境。要是我能发现治疗这种困境的办法，我会传给你。

然而，我们有一个避难所，这就是我们一直没有放弃的学问和写作。在繁荣昌盛的时候，我们只把它们当做快乐的源泉，而现在我们把它们当做我们的拯救。

回到我一开始说的问题上来，你一定不要怀疑与你的复职和回归有关的所有问题都已经解决了。

[13]

西塞罗致昆图斯·利伽里乌①，公元前46年8月或9月，于罗马。

虽然在你生命的这样一个危急时刻，想到我们之间的友谊，给你写一些能让你高兴或者能帮助你的事情是我义不容辞的职责，但我仍旧不这样做，因为在我看来我能说的任何事情都不能减轻或缓解你的悲伤。但是，一旦我真的开始感到有希望很快恢复你的公民权利，我就忍不住要把我的情感和希望清楚地告诉你。

首先让我把一些在我看来清楚和明显的事情告诉你，这就是凯撒不会对你过分严厉；环境、时间的流逝、公共舆论在起作用，还有我在想凯撒本人变得越来越宽大的品性；我感到他对其他人是这样的，我也从他的亲密朋友那里得知，他对你也是这样的；自从那个消息从阿非利加传来，我就和你的

---

① 昆图斯·利伽里乌（Quintus Ligarius），于公元前50年担任阿非利加行省总督盖乌斯·康西狄乌的副手。公元前46年参加内战，被凯撒俘虏，后被释放。他受到指控，西塞罗为他进行辩护，参见西塞罗演说词《为利伽里乌辩护》。

兄弟一道不断地请求这些人的帮助。我向你保证，你的兄弟非常勇敢，他们对你无比忠诚和热爱，为你的幸福着想，通过他们的努力，终于取得了这样的进展，而我相信，凯撒本人并没有准备让步。

如果你的回归还需要的时间越过我们的预期，这是因为凯撒现在日理万机，很难有机会接近他。尤其是当前，那些在阿非利加的人的不忠激起了他特别的愤怒，我想他会让那些给他带来麻烦和愤怒的人更加长时间地焦虑不安。但即便如此，我们还是发现他变得不那么固执，愿意和解。因此你必须记住我的话，在心中牢记，我向你保证，你现在所处的痛苦的地位不会延续很久了。

你现在知道了我内心的想法，我希望的是，通过我做的事，而不是通过我说的话来体现你的利益。要是我还拥有我在一个国家应当拥有的权力，那么你不会像现在这样不幸。然而由于同样的原因，我的优势地位被摧毁，你的幸福受伤害，都是被同一个人。尽管如此，我还是要说，我先前拥有的地位可能产生的影响，我还残存的声望，我的热情和建议，我的努力、影响、忠诚完全由你杰出的兄弟来支配。

由于你还保持着你一直拥有的勇敢精神，首先是因为我说过的理由，其次是因为你的政治雄心和情感使你一直面向未来的繁荣昌盛，所以你有义务为今后做打算，以高昂的英雄精神面对各种可能发生的事情。

[14]

西塞罗致昆图斯·利伽里乌，公元前 46 年 9 月 24 日，于罗马。

我正在把我的全部精力、努力、热情用于你的回归。因为不仅是我，而且还有你的兄弟对你一直抱着最高的尊敬，我和他们的密切联系就像和你本人一样，他们对你的兄弟情谊使我不可能忽略任何可以用来证明我渴望为你服务的行为或机会。但是我正在做什么，我已经为你做了些什么，我宁愿你从他们的信中得知，而不是从我的信中得知。

另外，我想把我的希望解释给你听，我对你的回归确实充满信心和某些确定。如果这个世界上有人在重大的危急关头感到胆怯，总是更加倾向于看到不利的方面，而不是对有利的方面抱有希望，那么我就是这样的人；如果这是一个弱点，那么我承认我还没有摆脱这种状况。

但是，像我这样的悲观主义者，在你的兄弟的要求下，在今年第一个闰月初一的四天以前，我在那一天的早上去见凯撒（但不是在我受到各种羞辱之前，我试图接近他，请他给我们一个见面的机会），当你的兄弟和亲戚趴在他脚下的时候，我向他陈述了整件事情和你的重要地位，我离开的时候心中的印象是，不仅凯撒的话语是温和的和仁慈的，而且他的眼神和表情也是这样，我很容易察觉还有其他许多征兆，但不容易描述——我感到你的回归可以确定了。

因此，你必须保持心情愉快和勇敢，你以一名哲学家的安详面对骚乱的时代，所以你现在必须用愉快的心情欢迎比较安宁的天气。

在任何情况下我都会小心翼翼地照料你的事情，这些事情的难度要求我这样做，在为你求援时我会拥有最大的快乐，我从来没有停止这样做，不仅对凯撒，而且对他的所有朋友，我发现他们对我都很友好。

[15]

西塞罗致巴西鲁斯[1]，公元前44年3月15日，于罗马。

我向你表示问候。我对你的解释感到很高兴，我对自己的解释也感到很高兴。我爱你，我在心中牢记你的利益。我想要你也爱我，想知道你现在怎么样，事情进行得怎么样了。

---

① 卢·米诺西乌·巴西鲁斯（L. Minucius Basilus），在高卢凯撒的手下任职，但后来帮助过刺杀凯撒。

[16]

庇绪尼库[①] 致西塞罗，公元前44年，约3月，于西西里。

我向你表示问候。要不是有许多有效的理由维系我和你的友谊，我会在这种友谊一开始的时候就返回我们父辈的时代。但我想这是那些由于自己担任了要职而不追随他们父辈友谊的人做的事。因此，我将满足于我们之间的私人友谊，当我请你在我不在的时候照料我的利益的时候，这是我信赖的东西，请你相信，你的仁慈将永远活在我的记忆之中。

[17]

西塞罗致庇绪尼库，时间地点不确定。

我向你表示问候。当我有其他各种理由希望共和国能在某一天建立的时候，我想让你相信，我还有一个附加的理由，增加了我对共和国的期待，这就是你在信中对我许下的诺言，你在信中写到，你会在那个事件中花时间来陪同我。

你非常高兴你希望这样做，你的希望与我们之间的亲密友谊完全吻合，你的父亲曾经一次又一次地讲过对我的看法。我向你保证，那些在岁月的变迁中曾经或者仍旧处在能够帮助你的位子上的人会继续为你提供更大的服务，友谊的纽带使我和你紧紧地联系在一起，没有人能比你对我更亲密。这就是我为什么如此高兴的原因，不仅是因为你记得我们之间的亲密关系，而且想要增强它。

---

① 奥鲁斯·庞培·庇绪尼库（Aulus Pompeius Bithynicus）是庞培的亲戚，但在内战期间站在凯撒一边。此时他在西西里任执法官。

[18]

西塞罗致昆图斯·莱普塔[①]，公元前45年1月，于罗马。

刚从你的自由民塞留库斯手中接到你的信，我就写了一个便条给巴尔布斯，问他法律是怎么规定的。他的回答是，禁止仍在担任公职的人参加竞拍，已经卸任的不禁止。所以你的朋友和我的朋友一定要有好心情。因为，要是那些还在占卜的人被选进罗马元老院，而那些在任何时候参加竞选的人都不能成为这些行省中的城镇议会的议员，那是不可容忍的。

西班牙没有什么消息。然而庞培肯定拥有了一支大军。因为凯撒本人送给我一份帕基埃库的公报的抄件，其中提到庞培的军团数量是11个。梅萨拉也写信给昆图斯·萨拉苏斯，说庞培下令当众处死了他的兄弟普伯里乌·库提乌斯，原因是他安排了一些西班牙人在庞培到达某个城镇搬救兵时逮捕他，送交凯撒。

至于你的生意，由于庞培是你的一名担保人，所以只要你的另一名担保人、不太计较金钱的加尔巴返回罗马，我会和他商量一个解决难题的办法；我想他信任我。

我非常高兴你喜欢我的《论演说家》。我确信，我在这本书中集中了我的所有主要能力讨论修辞学这个主题。如果这本书确实像你所认为的那样，那么我的努力有了某些结果。如果不是，那么我不反对说我的主要能力在这本书中受到了一定程度的限制。我们亲爱的莱普塔[②]还那么年轻，我急于他在写作中找到快乐。虽然他的年纪还不适宜写作，但让他经常接触一下这种语言，对他不会有什么坏处。

由于我亲爱的图利娅分娩，所以我滞留在罗马。如果她的身体能强壮起来，我希望她能，我仍旧会拖延我的行程，直到我能通过多拉贝拉的代理人

① 昆图斯·莱普塔（Quintus Lepta），西塞罗在西里西亚任总督时的总技师。

② 指收信人的儿子。

付清第一期款项，跟你说实话，我不像以前那样喜欢旅行了。我曾经非常乐意去乡下别墅小住，我喜欢它们的安静。我在这里的房子像我所有别墅一样舒服，比世上最隔绝的地方还要安静。所以我的写作不会受影响，我在全神贯注地写作，没有什么事情打扰我，这就是我更喜欢在这里和你见面，而不是去你那里的原因。

让莱普塔这个可爱的孩子起床和入睡时都拿着赫西奥德的书，让他在嘴里念叨："神灵在卓越之前放置了汗水。"①

[19]

西塞罗致昆图斯·莱普塔，公元前 45 年 7 月，于阿图拉。

我很高兴玛库拉完成了他的职责。我一直在想，他在法勒努姆的别墅适合短期探访，只要它够宽敞，住得下我们的随从。它的其他方面我很喜欢，但我不会由于这个原因不考虑你在佩特瑞乌的别墅；你的房子本身及周围的环境都表明我可以在那里住一段时间，而不是做一次短暂的访问。我和奥庇乌斯谈了与公开表演有关的某个合同的事。自从你离开以后，我没有见过巴尔布斯，他的腿得了痛风，不想见任何人。总的说来，考虑到方方面面的问题，我想你最好还是不要去承担这一职责。无论付出多少辛劳，你的目标都不可能达到。现在有许多承包商都在选择放弃，而不是通过私下的接触获得合同。他们不会考虑一名新的候选人，尤其是一名除了他自己的辛苦和麻烦，没有任何东西可以提供的人。至于凯撒，如果他知道这件事，他也不会偏爱你。我们可以睁大眼睛等待一个较好的前景。但是我想你应当放弃这个合同，而不是寻求它。我本人将待在阿图拉，直到凯撒到达，如果他来的话。

---

① 寓意是只有通过艰苦的工作才能抵达卓越。赫西奥德：《工作与时日》，第 289 行。

[20]

西塞罗致盖·托拉尼乌[1]，公元前 45 年 7 月，于图斯库兰。

三天前我交给格·普兰西乌的仆人一封给你的信，所以这封信我写得比较短。由于前一封信我在安慰你，所以这封信我给你提建议。我想，除了等待，直到你发现自己必须做什么，否则你最好什么也不要做。冬季航海有危险，没有什么港口可以使用，这也是一个相当重要的考虑，你除了要避免这种危险，还要考虑你待的地方能在关键的时候得到确定的消息。还有，当他们向你靠拢的时候，你没有任何理由匆忙与他们见面。还有其他许多事情让我恐惧，我和我的朋友吉罗谈过。

长话短说，你现在逗留的地方是最方便的，因为你在必要的时候可以非常迅速地离开。如果凯撒在某个时候返回，你可以提前到某个地方等候；如果有什么事情发生使他不能到来，你所处的地方也能知道发生了什么事。我的看法非常明确。

关于其他事情，就像我通过书信不断地催促你，你自己要确信，处在你现在的位子上，除了整个国家都遭受的灾难，你没有什么要害怕的。尽管灾难巨大，但我们仍旧活着，我们现在已经这么一大把年纪了，我们一定要坚韧地忍受降临于我们的一切，虽然不是我们自己的过错。你在这里的人都忠诚地期盼你的回来，他们尊敬你。你要照顾好自己，不要在没有很好的理由的情况下离开你现在的居处。

[21]

西塞罗致盖·托拉尼乌，公元前 45 年，约 4 月，可能于费库莱亚。

---

① 盖·托拉尼乌（C. Toranius），罗马市政官，此时被流放到考居拉，他谋求与凯撒见面，求得凯撒的原谅。

虽然我要说这场灾难性的战争的终结似乎已经临近，或者说某些确定的事情已经完成，但我仍旧要说，你是这支军队中唯一同意我的意见的人。只有我和你明白这场战争带来的大量罪恶——这场战争毫无和平的希望，征服本身命中注定充满残忍，如果被打败，那么你会毁灭，如果取得胜利，那么进行奴役。因此我被那些聪明、勇敢的人，多米提乌们和伦图卢斯们，指责为害怕——我无疑是害怕的，我害怕将要发生的事情，而且它们确实发生了——但我现在反而对来什么都不怕了，因为没有什么可能性是我没有做准备的。我提出的警告非常实际，但它们遭到忽视使我感到痛苦。在普遍的毁灭中，当谨慎的政策不起作用的时候，留给我们的路就是带着自我约束承担所发生的一切，尤其是死亡是一切事情的终结；我意识到，只要有机会，我就会采取步骤保护共和国的尊严，当共和国的尊严已经丧失的时候，我渴望维持共和国的安全。

我这样写，不是因为我想谈论自己，而是希望一直与我保持亲密联系的你在信念和激励两方面同样可以深入反思。当你想到即使事情变坏，至少在观点上你是无可争议地正确，这是一个不小的安慰。我祈求这一天的到来，在我们可以享受某种形式的稳定统治的时候，我们可以在一起比较我们在这些日子里做出的预测。我们被人怀疑为怯懦，因为我们说将要发生的事情确实发生了。

关于你自己，我向你强调，除了整个共和国的毁灭，你没有任何事情需要害怕；而关于我本人，我请求你这样看我——我将尽最大努力来促进你的幸福，我将用最大的热情来促进你的孩子们的幸福。

[22]

西塞罗致格·多米提乌·阿赫诺巴布斯①，公元前46年，于罗马。

① 格·多米提乌·阿赫诺巴布斯（Cn. Domitius Ahenobarbus），一位顽固的贵族，公元前49年被他自己的军队胁迫，投降凯撒。

你以为到达意大利以后你没有给我写信，从而使我也中断了给你写信，但这不是事实。不，我没有给你写信是因为在这个可怕的时代，我想不出能对你许下什么诺言，我本人完全无法给你提供什么建议、策略和安慰。虽然当前的形势没有任何改善，乃至于比以前更加无望，但我仍旧在想，我给你写一封没有任何内容的信要比根本不给你写信要好。

如果说我相信你曾经为了国家的利益而试图完成一项超出你的能力的任务，那么我仍旧要尽力敦促你承受当前的生活状况。由于你已经决定要在命运女神乐意终止我们的斗争的那一刻停止使用你光荣地、勇敢地采用的政策，所以，以我们长久的友谊、亲密的关系、相互热爱的名义，我请求你为了我本人，为了你一直珍视的母亲、妻子、家人，不要让你受到伤害；想一想你自己的安全，想一想那些依靠你的人的安全；你要把你得到的所有教训，把你年轻时就从最伟大的哲学家那里学来的、储存在你的记忆中的智慧，运用于当前的危机；最后，哪怕不是带着安详，你至少也要勇敢地承受你已经失去的那些朋友，最强烈的爱的纽带和无数仁慈的行为曾经把你们联系在一起。

我不知道我自己能做什么，或者说我感到我能做的事情太少。然而我向你许诺，无论什么事情，只要我认为对你的幸福和荣誉有益，我都会去做，就像你始终一贯地表明你急切、有效地处理了我的事务。我已经向你母亲表达了我的这些良好的意愿，她是最优秀的妇女，对你无比热爱。

如果你给我送来什么口信，那么我会按照你的意愿行事；如果你没有，我无论如何也会最热情、最勤勉地去做任何我认为对你有益的事情。再见。

第七卷

[1]

西塞罗致马·马略[①]，公元前55年9月或10月，于罗马。

如果是身体的病痛和健康不佳阻止你来参加赛会，那么我会把它归于偶然，而不是归于你的智慧；但若你轻视世界上其他人羡慕的事情，你的健康允许你来参加赛会，但你仍旧不愿意来，那么我会感到高兴，原因有两条：首先，你的身体没有病痛；其次，通过轻视其他人不恰当地羡慕的事情，你显示出心灵的力量。你可以在闲暇中真正获益，而你确实有很好的机会在孤身独处中享受美好的风景，并使这种益处臻于圆满。然而我还是有点怀疑，看看你自己的卧室吧，你可以在墙上开一个口子，在这些日子里整天观看一出在斯塔比埃的舞台上演出的戏剧；而把你丢下不管的人却可以观看一出在公共舞台上演出的戏剧。在剩下的日子里，你就按照你的想象在这样的娱乐中度过，而我们则不得不去做斯·麦西乌斯[②]批准的事情——你就想一想吧！

如果你问我，那么这些赛会当然非常宏伟壮丽；但我根据我自己的感觉做出推论，它们不适合你的胃口。首先，那些演员为了这样的目的[③]回到舞台上去是不可能受到尊敬的，我认为他们这样做缺少自尊。确实，你最喜爱的演员，我们的朋友伊索[④]，遭到了这样的失败，世上没有人会对他的离开感到后悔。当他开始宣誓的时候，“如果我故意欺骗”，他的嗓子在关键的时

---

① 马·马略（M. Marius），西塞罗一位受尊敬的朋友。他是一位文人，但健康不佳，他的住处离西塞罗在庞贝的别墅不远。

② 即斯普利乌·麦西乌斯（Spurius Maecius），庞培任命的赛会总监。

③ 指为了荣耀庞培。

④ 伊索（Aesop），罗马的一位悲剧演员。

候发不出声来。我为什么还要对你讲其他事情？你知道赛会的其他部分是什么样的。它们甚至不像一场普通的、中等规模的赛会那么吸引人。任何欢乐的情感都会被这样一种宏伟的场景所窒息——我确定，这样一种宏伟不会给你带来任何困扰。因为看到《廷达瑞俄斯的女儿们》中的六百头骡子、《特洛伊骏马》中的三千根滚木，以及大战中的各种各样的士兵和战马，有什么快乐可言？所有这些场景都会激起民众的赞赏，但根本不能给你带来快乐。

但是，在这些日子里，如果你注意听普洛托革涅给你读书，假定他一直都是什么都读，而不是只读我的演讲，那么你从中获得的快乐比我们中间的任何一个人还要多。我不认为你会因为错过了希腊的戏剧和奥斯卡[①]的戏剧而感到遗憾，尤其是在你自己的镇子上就能看到你写的奥斯卡戏剧；至于希腊戏剧你不那么喜爱，乃至于你很少沿着那条希腊大道去你自己的庄园。还有那些运动员，你非常轻视角斗士，我为什么要假定你会因为见不到他们而感到遗憾？连庞培本人也承认在他们身上白白浪费辛苦和灯油。

剩下的还有狩猎，每天两场，连续五天——真够宏大的；没有人否认它。但对一个文化人来说，当弱小的人和猛兽打斗，或者一只漂亮的动物成为箭靶，能提供什么样的快乐？即使所有这些都有一些看头，那么你已经看过不止一遍了；我作为一名观看者，没有看到任何新鲜的东西。最后一天是大象表演，民众在这一天留下了深刻印象，但显然并无快乐。结果是对大象的某种怜悯和同情，因为这种野兽是人类的好伙伴。

然而，在这些日子里，我指的是舞台表演，你最好不要认为我不仅非常享受，而且完全自由，实际上我几乎全都被你的亲密朋友伽卢斯·卡尼纽斯的案子给缠住了。如果我发现民众也像对待伊索普斯那样对待我，那么我发誓我想退隐，和你这样的人住在一起。从前，当我对某些人感到厌恶的时候，由于年轻和雄心，我会断然拒绝为这些我不想为之辩护的人辩护，而现在我要向你保证，这种生活根本不值得过。我的辛勤劳动不会有结果，我不

① 奥斯卡（Osca），西班牙东北部的一座城市。

得不为一些根本不配我为他们辩护的人辩护。

所以我渴望能找到借口，最终能按照自己的选择去生活，我衷心赞同你的休闲计划；你很少来看我，但我对此并不感到很恼火，因为即使在罗马，由于事务繁忙，不允许我享受你的社交伙伴的魅力，而你也不能享受我的社交伙伴的魅力（如果说我有任何魅力）。如果我能得到某些解脱——完全解脱则超过了我的要求——你可以确定我会来告诉你，有文化的生活的真正意义是什么，对此你已经想了好几年了。你需要注意的事情就是你的健康，让你的身体好起来，这样你就能到我的乡间别墅来，我们也可以一道驾车出游。

我这封信已经写得比平常要长了，不是因为我有空，而是因为我爱你，因为你在信中暗示我，如果你还记得，你想要我写一些话，以减轻你错过赛会的后悔。如果我的目的达到了，那么我很高兴；如果没有达到，我仍旧可以安慰自己，因为你将来可以来参加赛会，同时来看我，你不要抛弃希望，你可以从我的信中得到快乐。

[2]

西塞罗致马·马略，公元前 52 年 5 月或 6 月，于罗马。

我会十分留意你委托给我的事情。[①] 但你真是太能干了，你把这件事情委托给了一个想把这项地产尽可能卖个好价钱的人。不过你表现出惊人的远见，事先确定了一个我不能超越的价钱。我想，只要你赋予我全权，我会去和我的共同继承人做出某种安排。现在我已经知道了你的底价，所以我会无耻地要价，而不是让它低于你的规定。我的玩笑已经开够了。我会替你办好这件事，我一定会十分小心地办好。

① 马略委托西塞罗购买某些地产，他显然忘了西塞罗是这项地产的继承人之一。

我相当确定，你喜欢博萨[①]这个人，但在向他表示祝贺时你太腼腆；你显然在想，如你所写的那样，他是一个下流的无赖，所以我不认为有什么值得高兴的。现在我想要你相信我，我从这场审判中得到的快乐大于从我的敌人之死[②]得到的快乐。这是因为，首先，我宁可通过法庭来取胜，而不是通过刀剑；其次，我宁可由于取胜而快乐，而不是由于一位朋友[③]在政治上的垮台。最让我高兴的是，诚实者们为了我热情地站了出来，坚决抗拒一个有权有势的强人[④]所做的难以置信的努力。

最后（也许你会想这几乎是不可能的），我对这个人的痛恨超过我对臭名昭著的克劳狄的痛恨。因为我攻击过后者，而我为前者做过辩护。当整个国家好像因为我要受到伤害的时候，克劳狄的眼睛盯着某些大事，事情不是由他发起的，而是得到某些不像我这样坚定的人的帮助。而这只学人样的猴子，只是为了娱乐自己，就选中了我作为他攻击的目标，他说服了某些对我抱有恶意的人，说他一直在准备对付我。所以，我要你感到衷心的喜悦，这是一个伟大的成就。我的任何一位同胞都没有表现出更大的勇气，能超过那些胆敢谴责他的人，他们蔑视这个人的势力，甚至连陪审团也是由他挑选的。要是我的悲哀没有转变成他们的悲哀，他们绝不会这样做。

我被大量的案子弄得心烦意乱，按照新的立法，法庭里拥挤不堪。我每天都在祈祷，最好不要设置闰月[⑤]，这样我就能尽快见到你了。

[3]

西塞罗致马·马略，公元前46年，约5月末，于罗马。

---

① 即提·穆纳提乌·普兰库斯·博萨（T. Munatius Plancus Bursa），西塞罗的死敌，在克劳狄死后率众造反。

② 克劳狄于该年1月20日被米罗的追随者杀死。

③ 指米罗在克劳狄被杀后遭到流放。

④ 指庞培。

⑤ 如果罗马祭司团设置了闰月，西塞罗就要在罗马待更长的时间。

我经常想到我们共同遭遇的不幸，我们在其中生活了好多年，当我们最后一次见面的时候，我能看到这样的生活还将继续，所以我不断地提醒你，我确实记得那一天。伦图卢斯和马凯鲁斯担任执政官的那一年[1]的5月12日晚上，当我到达我在庞贝的别墅时，你在那里焦急地等着与我见面。你为我的义务和安全的双重问题感到担忧。如果我在意大利逗留，你害怕我会失职，如果我出发上了战场，你担心我会遭遇危险。在这种情况下，像你一定会想到的那样，我由于不能确定最好做什么而感到不安。然而我决定服从我的荣誉感和公共舆论，而不考虑我自己的安全。

我对这个决定有点后悔，但更多的不是因为考虑自己会遇上什么危险，而是因为我在抵达军营后看到许多不良的征兆。首先，我发现我的部队既不是人数众多，也不擅长战斗；其次，除了统帅和少数人（我讲的是那些首领），其他人则是：第一，在战争期间非常贪婪地抢劫财物；第二，讲起话来非常冷酷嗜血，使我甚至一想到胜利就感到战栗；第三但并非最小的一点是，有许多最高等级的人破产。简言之，除了他们的事业，其他没有任何方面是健全的。看到这些景象，由于对胜利绝望，我开始建议我一直主张的和平；后来，当庞培由于害怕而不接受和平建议的时候，我建议他拖延战争。对我的这个建议，他似乎是赞同的，要是作为某场战斗的结果他开始对自己的部队有了信心，他也许会这样做。然而从那一刻起，无论他的名望有多高，他根本不像一名统帅。他指挥着他的未经训练的、匆忙集结起来的军队与世上最坚强的军团决战。他被打败了，他甚至以最可耻的方式失去了他的营地，他单独逃跑了。

我决定，这对我来说是这场战争的终结，当我们的力量未遭损失时，我没有想到我们不是敌人的对手，而在被完全击垮时，我想应该证明自己比他们优越。我撤出了这场战争，除了死在战场上，或者遭到埋伏，或者落入征

---

① 指公元前49年。

服者手中，或者到犹巴[①]那里避难，或者逃亡到一个实际上相当于流放的地方，或者自杀，那里什么也没有留下。如果你既缺乏意愿又缺乏勇敢去乞怜于征服者的怜悯，那就确实无路可走了。我已经具体指出所有可悲的可供选择的办法，最不能忍受的是流放，尤其是对一个无辜的人来说，在不会带来道德上的污名的时候；我还可以说，把你排斥出去的这座城市现在你对其中的任何东西再看上一眼都会使你痛苦。对我自己来说，我宁可和那些属于我的人在一起（如果在这些日子还有任何人可以属于任何人），进一步说，待在我们自己人中间。至于实际发生的事情，我全都做了预言。

我回家了，不是因为这里的生活条件最好，而是因为，如果还有某种确定的体制，我可以待在我自己的国家里，如果什么都没有了，那就等于流放。我为什么要毫无理由地设法去死；在到处都有许多死亡的时候，我为什么要乞求死亡。你知道那句古老的谚语："当你的力量逝去的时候，为什么要希望你的生命已经走到尽头？"然而，不受责备是一种巨大的安慰，尤其是当前有两样事情在支持着我——拥有最好的学问，取得最高成就的荣耀；前者在我的一生中决不会被剥夺，后者甚至到我死的时候也不会被剥夺。

把这些事情都写下来，我太啰嗦了，用这些事情来麻烦你，这是因为我确信你对我的关心就像对这个共和国的关心。我急于让你知道我的整个政策，这样你就可以明白：首先，我决不希望任何人拥有比整个国家更大的权力，然而由于某些对此应当负责的人[②]所犯的错误，有一个人强大得无法抗拒，所以我只能谋求和平；在失去了军队和我们对他抱有唯一希望的统帅以后，我决心在我们的人中间放弃战争政策，尽快地结束战争；如果还有国家，那么我是它的公民，如果国家都没有了，那么我就等于流放到一个不那么方便的地方，而不是我自己主动去罗得岛或密提林。

---

① 犹巴（Juba），努米底亚的蛮族国王，西塞罗不赞成庞培在战争中请求犹巴的帮助。

② 指庞培，下面的"一个人"指的是凯撒。

我宁可当面与你讨论这些问题，但由于时间急迫，我决定用信件来表达同样的感情，这样一来，如果你正好碰到有人诽谤我，你就知道该说些什么了。虽然我的死并不是共和国最轻微的损失，但有些人会把我仍旧活着当做诽谤的对象。我相当肯定，这些人对许多人的垮台还不满意。而要是这些人听我的话，他们无论如何会光荣地活着，无论和平条件有多么苛刻。尽管在军事上他们是低劣的，但他们的事业是正义的。

好吧，这封信写得太长了，可能超过了你能容忍的限度，但你可以给我回一封更长的信。如果我把想做的事情做完，我就来见你，我希望这一天不会太久了。

[4]

西塞罗致马·马略，公元前 46 年 11 月 16 日，于库迈。

我和你的朋友（或者倒不如说我们的）利伯在 16 日一起到了我在库迈的庄园。我在考虑下一步去我在庞贝的庄园；但我在这样做之前会让你知道。我希望你一直保持良好的健康，至少我在这里的时候。因为你瞧，在我们能够再次见面之前又过了多久。如果你和哥特夫人有什么约会，请你推迟。在接下去的两三天里，你要耐心等待我的到来。

[5]

西塞罗致在高卢的胜利者凯撒，公元前 54 年，约 4 月，于罗马。

请注意我有多么确定我就像你的第二个自我，不仅在和我个人有关的事情上，而且也在和我的朋友有关的事情上。无论派我去处理什么国外的事务，让我带上盖·特巴提乌，就像带他回家一样，这一直是我的意愿，是我对他仁慈的清晰的标志。由于庞培在罗马逗留的时间长于我的预期，再加上你很清楚的我本人也有一些犹豫，好像要阻止或者拖延我的启程，所以来看一下我已经确定要做的事情——我已经开始希望特巴提乌对我所抱的期待也能在你那里实现，我坦率地承认，我希望你对他的善意不亚于我经常对他许下的诺言。

然而，在此期间发生了一件大事，既可以把它当做我对你所下的判断的证明，也可以当做对你的仁慈的一个保证。我在家中与我们的朋友巴尔布斯严肃地讨论过这位特巴乌斯，当时我把你的信交给他，信中最后的结语是“至于你推荐给我的马·鲁富斯，我会使他成为高卢的国王，或者你喜欢把他交给雷必达；如果你愿意这样做，那么先给我派一个人来处理这件事”。巴尔布斯和我都举手同意。这是一个极好的机会，在我们看来，这不仅是一种幸运，而且是诸神的干预。因此我派特巴提乌到你那里去，我这样做首先是出于自愿，然后是由于你的邀请。

我亲爱的凯撒，他是这样一个人，我可以引诱你仁慈地赐予我的朋友们的喜爱都可以赐予他。关于他的性格，我向你保证——我不用我写信跟你谈到米罗时使用的、遭到你正确嘲笑的陈腐的表达法，而是用良好的古罗马风格，用这个世界上的人讲的话——这世上不存在更加正直的人品了，也不存在更好的或更谦逊的人了。我还要说，他在民法方面首屈一指，博闻强记，学问渊博。我不为他请求你可以仁慈地赐予他的法官、地区行政长官或其他具体的职务；我只是请求你对他的一般的善意和仁慈；如果你乐意用这些小小的荣誉的象征来荣耀他，那么我也不会反对。简言之，我把他从我的手中（如他们所说）绝对地交到你的手中——你的手是在战场上取胜的手，是忠于友谊之手。你瞧，我在这里“用泥刀砌墙”[①]，虽然你很难相信这是可以原谅的，但我预计这一天将会到来。请照顾好你的健康，继续像以前那样爱我。

---

① 意思是“有一点儿恭维过分”。

[6]

西塞罗致特巴提乌·泰斯塔[①]，公元前 54 年 5 月，于库迈或庞贝。

在我给凯撒或巴尔布斯的所有信中都有一个法定的附言，亦即我对你的推荐。它不是常规性的，而是暗示了一种独特的我对你的仁慈的感情。现在对你来说剩下要做的事情就是放弃你那愚蠢的癖好，亦即对城市和城市生活的期待，带着坚强勇敢的精神离开家。你要是这样做，那么你很容易得到我们（你的朋友）的原谅，就好像美狄亚得到“掌握着科林斯的、富有的、高贵的女王”的原谅，她伸出用白粉漂白的双手，说服了女王，请女王不要挑剔她离开她的父亲的事情，因为“许多人生活在外国的蓝天下，很好地为其他国家服务，许多人在国内居住，却不能很好地成长”[②]。要是我们不强迫你出国，你肯定会是后一种人。但出国的意义还不止这些。

你已经学会如何对你的当事人采取一些预防措施，你一定要注意，在不列颠不要让驭手给骗了，（由于我在演出《美狄亚的流放》）你要一直记住这句诗，“徒劳的聪明，他本人无法摘取的智慧的成果”。

注意你的健康。

[7]

西塞罗致特巴提乌·泰斯塔，公元前 54 年 5 月，于罗马。

我从来没有停止过对你的推荐，但我急于从你这里知道我的推荐是否成功。我把主要希望放在巴尔布斯身上，我非常急切地、频繁地给他写信。对于不能从你那里像从我弟弟昆图斯那里似的经常收到你的信，我感到惊讶。

---

① 盖·特巴提乌·泰斯塔（C. Trebatius Testa），一位年轻的律师，是西塞罗的亲密朋友。

② 引自恩尼乌斯：《美狄亚的流放》（*Medea Exsul*）。

我听说不列颠一点儿金子、银子都没有。如果是这样的话，我建议你设法搞到一辆战车，尽快给我送回来。

然而，撇开不列颠不说，我们仍旧能够达到我们的目标，你一定要成为凯撒的亲密朋友之一。在这方面我弟弟会给你很大帮助，巴尔布斯也会这样做；但是请你相信我，最大的帮助将是你自己的谦虚和努力工作。你有一位最仁慈的统帅，你处在最恰当的年龄，① 你的资历也非常好。所以，你必须担心的一件事情是，人们会认为你对自己不公正。

[8]

西塞罗致特巴提乌·泰斯塔，公元前 54 年 8 月，于罗马。

凯撒在一封非常得体的信中告诉我，由于他近来非常忙，所以你还没有机会像他所希望的那样和他有许多来往，但你以后肯定会这样。我在回信中告诉凯撒，如果他仁慈慷慨地对待你，给你各种关照，那么我会非常感谢他。但在你的来信中我看到某种过分的急迫，与此同时我感到困惑，不知你为什么要轻视保民官的职务，尤其是可以免除兵役。

我要向玛尼留斯和瓦凯拉② 抱怨你，因为我对高奈留③ 不敢说一个词，由于你的愚蠢，你伤害了他的名声，因为你承认教你智慧的是他。你为什么不利用这个最好的机会？你再也找不到更好的机会了。你在信中提到大律师普瑞夏努。好吧，我从来没有停止向他推荐你，尤其是当他本人写信给我，说你还没有感谢他的时候。记住，要让我知道事情怎么样了。我等着你本人和其他在不列颠的人的来信。

---

① 特巴提乌当时约 35 岁。

② 两人均为当时著名的律师。

③ 即特巴提乌的老师，另一位著名的律师。

[9]

西塞罗致特巴提乌·泰斯塔，公元前 54 年 10 月，于罗马。

自从上次听到你的情况已经过了很久了；有两个月你没有给我来信，我也没有给你去信。由于你和我弟弟昆图斯不在一起，所以我不知道把信送往何处，或者让谁捎信。我急于知道你现在怎么样了，这个冬天你打算在哪里过。我想要你和凯撒一道过冬，但我不敢给他写一个字提这件事，因为他正处在丧期。[①] 然而，我会写信给巴尔布斯。不要放弃你的机会，“晚些时候回到我们中间来，这样你的钱包会鼓一些”。你没有理由急着回家，尤其是巴塔拉[②] 已经死了。但你另外会有一些事。我只是急于知道你已经决定做什么。

有一位格·屋大维（或者格·高奈留）是你的朋友，他“出身高贵，但行为像小丑”。由于知道我是你的朋友，所以他不断地请我去共进晚餐。迄今为止他还没有能够引诱我去他家，但我仍旧认为他是出于好意。

[10]

西塞罗致特巴提乌·泰斯塔，公元前 54 年 12 月，于罗马。

我已经读了你的来信，从中我推断，我们的朋友凯撒已经把你当做一名杰出的律师。作为一名法律专家到达这些地区，你可以很好地向你自己表示祝贺了。要是你也能远抵不列颠，我肯定除了你本人，你在这个大岛上肯定找不到一位专家。

就算如此（我忍不住想笑，因为你挑战我，要我也这样做），我还是有点儿妒忌——你实际上是在自己并没有提出要求的情况下就被一位世上其他

① 凯撒之女朱利娅死于该年 9 月，她是庞培的妻子。

② 巴塔拉（Battara）显然是瓦凯拉（Vacerra）的别名。

人都不想接近的人召去的，人们不想和他接近不是因为他非常骄傲，而是因为他非常忙。

但是你在信中没有提到你的任何事情，我要告诉你，我对这些事情的兴趣不亚于我自己的事情。我非常担心你在冬季营地里会感到寒冷；由于这个原因，照我的判断，你应当有一只很漂亮的火炉；这也是“应当考虑的建议”——穆西乌斯和玛尼留斯——尤其是你没有足够的军衣。但是，不！我听说你们那里现在相当热闹——我向你保证，听到这些消息使我对你有所警觉。然而，你作为一名士兵比你提供法律建议还要小心；你虽然是一名热情的游泳爱好者，但你没有想到要在大洋里游泳，或者去看不列颠驭手的游行，尽管在罗马我们绝不可能把你当做一名被蒙上眼睛的角斗士来欺骗。好吧，就说到这里，我的玩笑开够了。

我非常诚挚地就你的事写信给凯撒，这你是知道的，但只有我知道我的信有多么频繁。但是现在，我承认，我已经中断了通信，因为我担心会被一个如此仁慈、如此喜爱我的人视为不相信我们之间的友好感情。然而我想，我最后给他的那封信能够很好地唤醒他的记忆。我这样做了。至于这样做是否成功，我想要你告诉我，同时也请你把你的情形和计划都告诉我。因为我真的急于知道你现在怎么样了，你在等待什么，你认为你不在我们中间的情况还会延续多久。请你自己确定为什么我会接受一个安慰而轻易承受你不在我们中间，我假定这是由于你的物质利益。如果不是，那么好，我们真是一对活着的大笨蛋，因为我没有拉你回罗马，而你也没有尽快飞回家。我肯定我们之间的谈话，无论是严肃的，还是欢快的，不仅比敌人，而且比“我们正义的、可靠的堂兄弟”埃杜伊人更有价值。所以，请你尽快把这些事情都告诉我，“要舒服，要建议，还是要我的钱包，由你决定”①。

① 特伦提乌斯：《自我惩处者》第86行。

[11]

西塞罗致特巴提乌·泰斯塔，公元前53年1月，于罗马。

要是你以前没有出过国，那么你现在肯定离开了罗马。在有那么多临时执掌最高权力的人的时候，有谁会感到需要律师？你对我从你这里学到的民法程序感到满意吗？

但是来看看你的情况，你现在怎么样？有什么发展？因为我注意到在你最后的来信中有某种诙谐。有一些比我的图斯库兰庄园中的那些低劣的塑像更好的征兆。[①] 但我急于知道它意味着什么。你肯定凯撒和你商量了一些事情，但我更关心他和你商量你的事情。如果有任何发展，或者你认为将会有发展，那你就坚持下去，在军中服务，待在那里；虽然我想念你，但我希望这样对你有益，这种想法会让我高兴；如果这些都是空想，那你就回到我们中间来。你可以认为这里的事情终有一天会起变化，即使不发生变化，我发誓我们之间的一次闲聊也比你的整个萨马洛布利瓦[②] 更有价值。总之，如果你很快回来，就不会有什么关于你的闲话；如果你继续待在那里而没有什么表现，那么我会感到发抖，不仅因为不知道拉贝留斯会怎么想，而且不知道我们的同伴瓦勒留会怎么做。因为会有一个令人感到惊喜的角色出现在舞台上——“不列颠的律师”。

无论你怎么笑，但我对此一点儿也不感到可笑。我只是在就一个最严肃的问题和你开玩笑，就像我通常那样。但是除了开玩笑，我要抱着真正友好的精神向你建议，如果你在我的推荐下确立了你在那里的地位，那么就不要在意失去我的社交伙伴，而要努力促进你自己的声望，增加你的财富。然而，如果期望落空，那就回到我们中间来。你实际上可以确定，通过你自己的努力，借助我对你的忠心，你能够获得你想要的一切。

---

① 这句话中的拉丁文词“signa”有两个意思，一是“征兆”(signs)，二是“塑像”(statues)。西塞罗在此玩弄辞藻。

② 萨马洛布利瓦（Samarobrivas），一个城镇的名字。

[12]

西塞罗致特巴提乌·泰斯塔，公元前53年2月，于罗马。

我感到困惑的是你为什么要停止给我写信。好吧，我的朋友潘莎成功了，你就变成了一位伊壁鸠鲁主义者！多么奇妙的军营生活！要是我不是送你去萨马洛布利瓦，而是送你去塔壬同，你能做什么？我感到，自从你支持和我的朋友塞留斯一样的观点，你有一些事情出了差错。但是，当你的每一行为都只是为了你自己，而不是为了你的同胞的时候，你怎么能够坚持民法的原则？此外，在信任的问题上，“诚实者之间应当以诚相待”这条公式会成什么样？一个人是诚实的，但除了和他自己的利益有关的事情，其他什么事也不做，这样的人还是诚实的吗？当人们以自己的快乐为自己的行为准则，相互之间没有任何共同拥有的东西的时候，你那条“划分共有的东西”的法律规则还有用吗？还有，你明明知道朱庇特不可能对任何人生气，你还想象“以朱庇特和那块圣石的名义起誓”吗？还有，如果你确定“解除公民的作用”是不恰当的，那么你的乌鲁布莱[①]的人民成了什么？所以，要是你真的抛弃我们，我会感到遗憾；要是你只是为了迁就潘莎，那么我会原谅你。请你务必找时间给我来信，告诉我你的近况、你希望我做什么，或者我该怎样关照你。

[13]

西塞罗致特巴提乌·泰斯塔，公元前53年3月4日，于罗马。

你真的认为我会如此不公正，由于认为你太不安分，太急于离开罗马，乃至于对你生气，这就是我长时间不给你写信的原因吗？你在第一封信中清楚地表现出你的心神烦乱，给我带来痛苦；我中断通信没有别的原因，只是

① 乌鲁布莱（Ulubrae），地名。

因为我实际上根本不知道你在哪里。你瞧，你真的对我提出这种指责，并拒绝接受我的道歉吗？听我说，我的好泰斯塔！我想是金钱，或者是有一名统帅和你进行磋商这一事实，使你的骄傲膨胀，对吗？我相信，我像你一样雄心勃勃，你宁愿凯撒来和你磋商，而不是靠他来给你镀金。如果两种情况并存，除了能容忍一切的我，世上还有谁能迁就你？

但是回过头来说我的看法。你在你所待的地方没有遇到阻力，这使我感到非常高兴，由于你先前的不安定是我的痛苦，你当前的满足也是我的快乐。我只是担心你的职业不能给你带来适当的利益。因为我得知你们那里“不是用法律解决问题，而是用刀剑来实现自己的要求”。

但是，“由于你没有主动使用武力和派遣武装人员强行进入”，你不习惯简单地使用武力，所以你没有理由害怕这项命令中的某些保留。不，我肯定没有人会让你去处理武装挑衅。

但是关于你的法律“保障”，我也可以给你一个词的警告，这是我的看法，你应当回避车维里（Treviri）人。我听说他们就像我们的车斯维里（Tresviri）人，看着罪犯去“死”。我倒宁可是我们其他的车斯维里说的另外一种“死”，用金、银、铜来铸造硬币。[①] 但我们可以在其他时间再来开玩笑。如果你会给我写信，把你的事情尽可能具体地告诉我，那么我会感到高兴的。

[14]

西塞罗致特巴提乌·泰斯塔，公元前53年，约3月，于罗马。

建筑师居鲁士[②] 的一名自由人克律西波·威提乌斯给了我理由，让我明

① 车维里（Treviri），高卢一个部落的名字，这个部落的人令人生畏，很难对付。车斯维里（Tresviri）有两个意思：（1）狱卒或刽子手；（2）铸造硬币的人。西塞罗的意思是他宁可看到特巴提乌寻找幸运，而不是在战场上冒生命危险。

② 居鲁士（Cyrus），西塞罗一直雇用的一名建筑师。

白你没有忘记我。因为他向我转达了你对我的问候。你变成一个好人，找了一名讨厌的家伙给我送信，尤其是现在我几乎成了孤家寡人。如果你忘了怎样起草法律文书，请你打官司的人马上就会减少；如果你忘了我，那么在被你完全遗忘之前，我会努力到你那里去拜访你；如果你的夏季住所的某些方面使你气馁，那么你必须想办法逃跑，就像你在不列颠一样。

这位克律西波还告诉我的一件事让我感到很快乐——你现在和凯撒很熟了。但是在我看来，我宁愿你和他建立一种友好的关系，你应当尽可能经常写信把你的情况告诉我；如果你选择忠于友谊，而不是选择忠于诉讼，那么你肯定会这样做。但我这是在开玩笑，这是你的工作，在某种意义上也是我的工作。我非常热爱你，也希望得到你的爱，我确实肯定你会这样做。

[15]

西塞罗致特巴提乌·泰斯塔，公元前 53 年，约 6 月，于罗马。

我甚至可以从这样一个例子做出推论，相爱者难以快乐——起初我对你不喜欢你所在的地方感到生气；现在你写信说你又喜欢这个地方了，这又使我痛苦。我过去抱怨你，因为你对我推荐的工作感到不高兴，但我现在相当困惑，你能在没有我的情况下在一切事情中找到快乐。失去你的陪伴，我很快就忍受了，但你不能完成我对你的希望，这是我不能忍受的。

换一个话题，你和那位最有魅力、最博学的盖·马提乌斯成了亲密朋友，我无法告诉你我有多么喜悦。请向他表示我最诚挚的问候。相信我，你从这个行省里带回来的任何东西都不会给我更大的快乐。照顾好你自己。

[16]

西塞罗致特巴提乌·泰斯塔，公元前 54 年 11 月，于罗马。

你知道《特洛伊骏马》中的台词，在剧本最后，“人的智慧已经太迟了”。

但是对你来说，我亲爱的老熟人，还不太晚。你最初的那些相当不耐烦的信是非常愚蠢的。结果是——好吧，我不再挑剔，不再对不列颠的事情表现出太大的热情。然而，现在我明白了，你在你的冬季住所里没有充足的衣物，所以什么都不愿意做。好吧，“一言一行都要明智，智慧之剑是最锐利的武器”。

要是我习惯于外出就餐，就不会让你的朋友格·屋大维[①]失望了；他经常邀请我共进晚餐，但他从我这里得到的唯一答复是：“请告诉我你是谁?”确实，不开玩笑了，他是一个很好的小人；我非常希望你能把他带走!

你一定要让我确切地知道你现在的情况，你是否有可能在这个冬天到意大利来。巴尔布斯向我保证你将成为一个富裕的人。他这样说带着一种罗马人的直率，无论他的意思是你会成为一个有钱人，或者是像斯多亚学派所说的那样，“只要能享受天空和大地的就是富人”，我以后都能看到。那些从你的邻居那里来的人反对你的傲慢，因为他们说你不回答那些向你提问的人。然而有一个理由你可以自鸣得意——他们都同意，在整个萨马洛布利瓦没有比你更好的律师了，你是无与伦比的。

[17]

西塞罗致特巴提乌·泰斯塔，公元前54年10月，于罗马。

作为你的来信的一个后果，我已经感谢了我弟弟昆图斯，并且终于能向你表示祝贺，你显然已经做了某些具体决定。最初几个月，你的来信曾经让我非常着急，因为在我看来——请原谅我这样说——你有的时候反复多变，想念这座城市和城市生活，有时候懒惰，有时候在履行军务时胆怯，还经常很唐突——这和你的本性不符。你匆忙攫取金钱回家，就好像你从那位统帅那里带来的不是一封推荐信，而是一张汇票；你从来没有想过，甚至那些带

① 参见本卷第Ⅸ封信。

着汇票去亚历山大里亚的人也没能带一个小银币回家。

如果我考虑自己的利益，那么我非常希望你和我在一起；我非常喜爱我们之间的亲密交往所带来的快乐，或者从你的建议和帮助中得到的好处。但由于你从小就是我的朋友，受到我的保护，所以我认为我义不容辞，不仅要保护你的利益，而且要促成你的进步和声望。因此，当我想到自己应当离开罗马去某个行省任职时——我肯定你记得我主动向你提供职位，而你并没有提出要求。后来我的计划改变了，看到凯撒给了我格外的荣誉和尊敬，看到他惊人的慷慨和非同寻常的诚恳，我把你郑重而又急切地介绍给他。他以同样的精神接受了我的推荐，他在信中经常提到，也用言行向你表明，他对我的推荐留下了深刻印象。好不容易把握住这样一个人(如果你认为我有理智，或有任何愿望为你服务的话)，那就不要让他走掉；如果现在又有什么事情冒犯你，或者由于他的忙碌，或者有其他什么障碍，在你认为他太拖拉的时候，你一定要有耐心，等待最后的结果；我向你保证，你一定会得到满足和荣耀。

我不需要继续对你进行鼓励。我只想警告你，如果你失去这个机会，那么你绝不会有更好的机会与一位最卓越、最仁慈的人结下友谊，得到一个更加富裕的行省，或者得到最好的前程。对此，昆·高奈留也表示“同意”，你的律师们在报告中一直这样写。我很高兴由于两个原因你没有去不列颠——你的某些艰苦工作已经解除了，我不想听你在那个国家的经验。我想要你给我写信，你打算在哪里、带着什么财富、在什么状态下度过这个冬天。

[18]

西塞罗致特巴提乌·泰斯塔，公元前 53 年，约 4 月，于庞普汀地区。

我同时收到了你的几封信，虽然你送出这些信的时间各不相同。除了一个例外，它们给了我很大的快乐，因为它们表明你正在坚定地履行军务，是一名勇敢坚定的人——我有时候以为你丧失了这些品质，不是因为你品性虚弱，而是想到你由于想念我而烦躁不安。继续你已经开始的事业，勇敢地履行你的军务。相信我，你从中一定会得益良多。当然了，我会重复我对你的推荐，但要选一个好时候。你可以肯定，我本人比你还要着急，你和我分开可以让你有很大的收获。由于你们律师所说的“保证”是经不住推敲的，所以我送你一份希腊语的“保证”——是我亲手书写的。① 我想要你告诉我高卢战争的进展。我的消息提供者参加战斗越少，我就越是相信他。②

再回过来说你的来信。在其他方面它们都会好，但有一件事情使我困惑；谁会有写几封完全一样的信的习惯，也就是说，如果信是他亲自写的？至于你使用羊皮纸，我敬佩你的节俭。③ 但使我感到奇怪的是，在废羊皮纸上你留下的话不是你在做什么，而是你想要擦去的——除非它们也许是你的某些法律上的废话。我肯定你没有先擦去我的信，然后再写上你的信。你这样做是否真的意味着你什么都不做，你捉襟见肘，你甚至已经没有写字的纸了？如果是这样的话，那么这是你自己的错，因为你在你的行囊中放上了怕难为情，而不是把它留在家中。

当巴尔布斯启程去你那里的时候，我会用标准的罗马术语把你推荐给他。如果我给你写信的时间间隔比通常要长，那么你一定不要感到惊讶，因为我打算 4 月份外出。事实上，这封信我是在庞普汀地区写的，我在马·艾米留斯·斐勒蒙的庄园小住几天，在这里我已经听到了我的当事人的絮叨——我指的是你仁慈地介绍给我的当事人。每个人都知道在乌鲁布莱有一支强大的青蛙合唱队准备荣耀我。④ 照顾好你自己。我将于 4 月 8 日离开庞普汀地区。

---

① 在这份材料中，西塞罗告诉特巴乌斯应当如何与凯撒打交道。

② 就好比说，赛会的观赏者看到的场面比运动员看到的更多。

③ 羊皮纸可以消去旧字迹，写上新字迹。

④ 特巴提乌原为乌鲁布莱地区的律师，他不在的时候由西塞罗照料他在那里当事人。此处靠近沼泽地。

你让卢·阿伦提乌送来的信我已经撕了，虽然它不应该有这样的命运；因为这封信中没有任何恰当的内容可以宣读，哪怕是在公共集会上。但是，不仅阿伦提乌说这是你的指示，而且你本人也加了一个会产生这样效果的注解。但是，算了吧。我非常惊讶，因为你一直没有写信跟我说什么，尤其是在这些敏感的时刻。

[19]

西塞罗致特巴提乌·泰斯塔，公元前 44 年 7 月 28 日，于瑞吉姆。

你瞧，我对你有多么尊重！然而，这只是我应该做的，我在表达情感方面并没有超过你。如果是这样的话，我几乎要拒绝你的要求，我无论如何不能向你保证，当你出现的时候，我不会像一名欠债不还的人一样离开。我从维利亚开始我的旅行，我要派人给你送去一本有关亚里士多德的《论题篇》的总结，这座城市的景象对我有所触动，所以我诚挚地把这本书献给你。我从瑞吉姆送出了这本书，对于这样一个主题我尽可能把它写得很清楚。如果某些段落在你看来有点晦涩，你应当想到，仅仅通过阅读而没有人解释，或者没有大量的实践，任何技艺都无法掌握。你不需要继续寻找证据来证明这一点，仅靠读书能掌握你自己的民法吗？虽然这方面的书并不缺少，但仍旧需要一名老师来解释它们。然而，要是你集中精力反复阅读，你还是能够得到你想要的一切，至少能掌握它的意思。不过当你遇到某些问题没有适当的答案，你只能靠练习来解决。如果我安全地回来，并看到你也很安全，那么我会让你进行这种练习。

7 月 28 日，于瑞吉姆。

[20]

西塞罗致特巴提乌·泰斯塔，公元前 44 年 7 月 20 日，于维利亚。

我发现维利亚对我更亲近了，因为我感到你对维利亚是亲近的。但我有什么必要提到你，你深受天下人的热爱？呃，由于我的荣耀，这里的人甚至也很想念你的人卢费奥[①]，就好像他是我们中的一员。我不是挑你的毛病，你派他去建造你自己的住处。虽然维利亚就像卢佩库斯[②]的神龛一样宏大，但我宁可在你所在的地方，而不是待在这里。如果你听我的话，你一般说来会听的，那么你会紧紧拥抱你祖先的领地（因为维利亚人已经听说了某些令人不安的传言），不会背向宏伟的哈莱斯河，或者抛弃帕皮留斯的官邸。一般说来，每一所房子都有一棵会引起陌生人注意的大树，如果你把它砍掉，你会得到开阔的视野。

在我看来，我们最想要的是有某个地方可以逃跑，尤其是在这些日子里——第一，要有一座城市，城里的居民对你忠心耿耿；第二，要有一处你自己的房子，在你自己的地产上，在某个僻静的、有益健康的、美丽的地方。我亲爱的特巴乌斯，我想这和我也有关系。但你一定要注意健康，照料好我的事情，上苍保佑，期待着冬季与我见面。

我已经读完了尼肯的学生塞克斯都·法迪乌斯写的一本书——《尼肯论暴食》。他是一位多么令人愉快的医生，在这样的教育下培养出多么温顺的学生！但我们的朋友巴苏斯一直不让我看这本书，尽管他好像对你并不保密。起风了。照顾好你的健康。

于维利亚，7 月 20 日。

[21]

西塞罗致特巴提乌·泰斯塔，公元前 44 年 6 月，可能于图斯库兰。

我已经向你解释了西留斯的情况。他从那个时候起开始来拜访我。我告

① 卢费奥（Rufio），特巴提乌解放的一名奴隶，可能是他的建筑师。

② 卢佩库斯（Lupercus），古意大利的牧神，他的神龛在罗马帕拉丁山上。

诉他，按照你的看法，我们最好提出那个条款，“如果执法官昆·凯皮奥按照他的法令，把图庇莉娅的地产的所有权赋予我，等等”，这个时候他说塞维乌斯坚持这份遗嘱是由一位没有法律权利立遗嘱的人立下的，所以根本不是遗嘱，奥菲留斯对此表示同意。西留斯说他还没有和你谈过这件事，要我把他和他的案子介绍给你。我亲爱的泰斯塔，除了你，没有更好的人了，我也没有比普·西留斯更好的朋友了。因此，你有义务在没有接到邀请的情况下去他那里，做他想要你做的事情。由于你热爱我，所以请你尽快这样做。我急切地恳请你这样做，我再次重复我的请求。

[22]

西塞罗致特巴提乌·泰斯塔，公元前44年6月，约于图斯库兰。

昨天我们一道吃饭时你拿酒来取笑我，说一名遗产继承人在成功地获得遗产之前能否合法地指控盗窃这些遗产的人犯了盗窃罪是一个有争议的观点。所以，虽然我酒足饭饱、舒舒服服地回到家中，但后来我想到有一段文章讨论过这个问题，现在我送一份正确的抄件给你，让你信服，塞克斯都·埃利乌斯、玛尼乌斯·玛尼留斯、马库斯·布鲁图持有这种观点，而按照你的说法没有人坚持这种观点。当然了，我赞成斯卡沃拉和泰斯塔的意见。

[23]

西塞罗致马·法迪乌斯·伽卢斯[①]，约公元前61年，于罗马。

你的来信送到的时候，我刚从阿尔皮诺到罗马；从同一个人手中我还接

① 马·法迪乌斯·伽卢斯（M. Fadius Gallus），西塞罗的一位高度受尊敬的朋友，写过一篇颂词，赞美（乌蒂卡城的）加图（Cato Uticensis），参见本卷第24封信。

到阿维安纽斯的一封信，[①] 信中提到要卖给我这件好东西，他说等他来的时候，他会按照我喜欢的任何一天入账。[②] 请你在我家里等候。起先讨价还价，然后要求一年以上的延期付款，这样做与你我的荣誉感相符吗？但是，我亲爱的伽卢斯，要是你买的东西是我想要的，价钱也不超过我心里的底线，那么事情就容易办了。但是，你信中提到的那些东西我会批准，它们也让我满意。我相当明白你在购买这些东西的时候，不仅急于让我喜欢，而且也表现出你对我的热爱，因为你认为这些东西配得上我，也会给你本人带来快乐，我始终认为你对艺术品非常在行。

我仍旧想要达玛西普坚持他的意愿。在你购买的所有物件中，我认为没有一样真的值那个价。不过你不知道我的习惯做法，要了你的四五件雕像，它们的价格超过我给世上所有雕像定的价。你把你的酒神狂女像与麦特鲁斯的缪斯像相比。它们有什么可比之处？首先，我从来不认为这些缪斯像本身值那么多钱，所有缪斯都会同意我的看法。但它们仍旧适合放在一间图书室里，与我的藏品和谐。至于酒神狂女像，我的房子里有什么地方可以容纳它们？啊，你会说，它们非常精美。我非常知道它们，也经常看到它们。如果我想要它们，我会具体委托你买我知道的雕像。我经常买一些雕像来装饰我的宅邸，让它看去像一个体育馆。[③] 但是一尊玛斯的雕像，我一个呼吁和平的人要它何用？我很高兴没有萨图恩的像，因为我怀疑这两尊雕像会让我负债累累。我宁可要一尊墨丘利。[④] 这样，我在和阿维安纽斯的交易中可能会有好运。

至于你打算为自己购买的桌子腿[⑤]，如果你喜欢，你就留下吧；如果你改变了主意，你可以确定我会留下它。至于你买这些东西的总的花费，我宣布

---

① 伽卢斯从阿维安纽斯（Avianius）那里为西塞罗购买了一些雕像。

② 不入账就不需要支付利息。

③ 西塞罗的意思是一个适合哲学家会见他们学生的地方。

④ 玛斯和萨图恩是凶神，墨丘利是幸运神。

⑤ 桌子腿有时候是雕刻的。

我宁可在特腊契纳买一处住房，省得老是麻烦我的房东。总的说来，我认为这是我的自由人的错，我确实委派他替我买一些东西，这也是朱尼乌斯的错，我想你认识他，他是阿维安纽斯的朋友。

我在我的图斯库兰的庄园里建了一些新的读书室，在小柱廊旁边，我想用绘画来装饰它们；事实上，要是说有什么艺术品能给我带来快乐，那么就是绘画。

无论如何，要是我接受你替我购买的东西，我希望你能告诉我它们在哪里，什么时候能够送来，以什么方式运来；如果达玛西普没有勇气坚持他的意见，我会找其他人替我办事，哪怕我因此而遭受损失。

至于你在信中反复提到的房子，我已经把这件事交给了我的女儿图利娅，因为我正好要出远门，你的信我就是在这个时候收到的。我也和你的朋友尼昔亚斯商量过这件事，因为如你所知，他是卡西乌斯的熟人。然而，等我回来的时候，在我读到你的最后一封信之前，我问图利娅是怎么处理的。她告诉我，她通过李锡尼娅办这件事（虽然我想卡西乌斯和他姐姐见面不多），李锡尼娅说她丈夫不在（因为狄克西乌去了西班牙），图利娅不敢购买她的房子，狄克西乌不仅不在，而且对此事一无所知。

你高度评价与我的亲密联系和我的生活方式，这使我感到非常高兴，首先，你要挑选一处你能居住的房子，不仅靠近我的住处，而且几乎和我在一起；其次，你急着搬家。但我宁可马上就去死，也不承认你比我更加渴望见到事情的结果。所以我把话都讲白了，因为我看到这件事对我，对我们双方都非常重要。如果我有进展，我会让你知道的。我肯定你会就每一个细节给我回信，如果你乐意，请告诉我什么时候可以见到你。

[24]

西塞罗致马·法迪乌斯·伽卢斯，公元前45年8月20日，于图斯库兰。

在每一重要关头，你都表现出对我的忠诚！以最近的例子为证——提格留斯[①]之事；因为你的来信让我感到你对这件事非常痛苦；你能够这样想我非常感谢。对这件事我只简单地说一下。我相信，昔庇乌斯[②]曾经说过对任何人他都不会假装睡着，所以我亲爱的伽卢斯，对任何人我都不是奴隶。毕竟，这种奴隶相当于什么？从前我被人们说成是在扮演一名国王的角色，那时候所有人对我的恭顺都没有超过现在凯撒的所有亲密朋友对我表示的恭顺，只有这个人除外。我认为把这个人赶走有很大的好处，这个人甚至比他所属的那个国家还要有害；我想应当让拍卖师卡尔伏·李锡尼写一则希波那克斯式[③]的广告，把他搭配在其他货物里卖掉。

但是请注意他生气的原因。我接受法美亚的辩解，因为他是法美亚，和我很熟。好吧，他到我这里来说法官安排审理他的案子，但在那一天陪审团不得不考虑他们对普·塞斯提乌的判决。我答道，我不可能参加，但若他乐意选择其他日子，我不会让他失望。然而想到他有一个孙子是一名相当好的长笛吹奏者，而不是一名很差的歌手，他离开了我，我感到他非常生气。你瞧，一对该死的撒丁人，一个比一个糟。你现在知道了我要处理的所有案子，以及爱慕虚荣者的不合理行为。把你写的《颂加图》[④]送来给我，我想要读一读。我还没有写完，所以无法夸口。

[25]

西塞罗致马·法迪乌斯·伽卢斯，公元前45年8月，于图斯库兰。

---

① 提格留斯（Tigellius），一位撒丁岛的乐师，对凯撒有很大影响，伽卢斯担心西塞罗和提格留斯疏远。

② 昔庇乌斯（Cipius），一名奴隶，在有贵客来时，就假装睡着，以便让他的妻子与贵客搭讪。

③ 希波那克斯（Hipponax），公元前6世纪以弗所的文人，写一些辛辣的讽刺文章。

④ 伽卢斯、西塞罗和布鲁图，都写了颂扬加图的文章，而凯撒和希尔提乌都写过《反加图》。

你很遗憾那封信[①]被撕掉了，好吧，别恼火，我家里安全地存有一份抄件；只要你喜欢，无论什么时候你都可以过来取。然而，你对我的警告是应该的，也给了我很大的快乐，我请求你绝不要停止这样做。你显然担心，除非我们留下他，否则我们就会“转喜为悲”。但是你听着！别胡乱涂写了！[②]先生很快就会在这里，比我们预期得还要快。我害怕他会让我们把卡塔克托尼亚人（Catachthonians）写成卡托尼亚人（Catonians）。

我亲爱的伽卢斯，你一定从来没有想到“其他的一切都已经逝去”这句话可以打击你的来信的这一部分。我们就自己说说，你可以记在心里，不要告诉任何人，哪怕你的自由人阿佩拉。除非我们俩都找不到人说话；无论这样做是对还是错，我以后都能看到，但无论如何，这是我们特有的办法。继续你的写作，别让你的指甲妨碍你的笔，因为笔是雄辩的制造者。至于我，我甚至连晚上都用在这件事情上了。

[26]

西塞罗致马·法迪乌斯·伽卢斯，约公元前57年，于图斯库兰。

我的胃痛了十天，我也无法让那些希望帮助我的人感到满意，因为我身体很弱，但没有发烧，所以我逃到我的图斯库兰庄园，严格地禁食了两天，我向你保证，甚至连一口水都不喝。所以，我饿得一点儿力气也没有，疲惫至极，我想念你仁慈的照顾，胜过你感到失去我。现在，我终于摆脱了所有可怕的疾病，尤其是斯多亚学派严肃解释过的两种病，你们伟大的伊壁鸠鲁也承认患有尿痛和胃痛。他们把后者的病因归于暴饮暴食，把前者的病因归结为更加卑鄙的自我放纵。我肯定很害怕痢疾。但是改变住处，或者舒缓焦虑，或者让病痛自己慢慢消退——无论如何，都会给我带来好处。

---

① 可能是指前一封信，信中严厉批评提格留斯。

② 就好像对一名学童说：“别在你的写字板上乱画了。”

但无论如何你会感到奇怪，这种病的原因是什么，或者说我是怎么得上这种病的，我要说是那部取缔挥霍浪费、倡导“简朴生活”的法令见证了我的垮台。而你们这些讲究饮食的、急于获得大地果实的人在那部法令下却都得到赦免，你们用各种烹调技艺使得蘑菇和蔬菜变得不可抗拒地美味可口。我在伦图卢斯家中举行的占卜官宴会上中了这种食物的圈套，结果腹泻多日，直到今天才止住。所以，禁食生蚝和鳗鱼，只吃各种蔬菜，对我来说没有任何困难。以后我会更好地照料自己。至于你，考虑到安西乌斯已经把事情都告诉你了——事实上他看到我生病——所以唯一合理的是，你不仅要派人来问候我，甚至还要亲自来看我。我打算待在这里，直到完全康复，因为我失去了体重和力气。一旦我完全康复了，我希望能很快恢复体重和力气。

[27]

西塞罗致提多·法迪乌斯·伽卢斯[①]，公元前 46 年，于罗马。

我感到奇怪的是你为什么要挑剔我的毛病，你没有权利这样做；即使你有这种权利，你也没有必要这样做。“当你是执政官的时候，我表现出对你的尊敬”，你还说凯撒肯定会把你召回。你确实有许多话要说，但没有人相信你。你说你是为了我的利益才出任保民官的。我只希望你是一名成熟的保民官，这样你就不用找人替你说情了。你断言我不敢说出我的想法，就好像我缺乏勇气回答你对我的厚颜无耻的要求！

我这样写是为了让你确信，你想使用这种文风来给人留下深刻印象，但你仍旧未能做到这一点。如果你用平常礼貌的方式跟我抱怨，那么我会自愿，并且相当容易地在你眼中洗刷我自己；你过去为我做过事，我并不是一个不感恩的人，我只是对你的话感到很恼火。我真的很惊讶，在你眼中任何一个拥有自己图书室的人都只不过是一名奴隶。你说你向我报告了，如果你

① 提多·法迪乌斯·伽卢斯（Titus Fadius Gallus），于公元前 52 年受到指控，被流放。

报告的事情不是真的，我还亏欠你什么？如果你报告的事情是真的，那么你就是罗马人民亏欠我的最好的证人。

[28]

西塞罗致玛尼乌斯·库里乌斯[①]，公元前46年，约8月，于罗马。

我记得我说过，你和你的人住在一起，而不和我们住在一起，是愚蠢的。因为这座城市里的一个住处，当它是一座城市的时候，比整个伯罗奔尼撒的任何一个地方更适合你美好的本质，也肯定超过帕特莱的任何一个地方。而现在正好相反，在我看来，你在绝境中表现出伟大的远见，铤而走险，去了希腊，所以现在你不仅明智地远离罗马，而且还非常乐意。然而，你这个如此聪明的人现在还有什么快乐可言？

至于说你这样做是为了解除你的痛苦，你自由地跋山涉水，找到某个“珀罗普斯的儿子们的地方”[②]（你知道剩下的话），我也几乎可以设法得到同样的结果，虽然方式不同。我对朋友的忠心起了更大的作用，因为在他们这些拥有健全情感的公民的眼中，看到我在我的图书室里藏身，就好像看到一只白乌鸦。[③]结果就是，我完成了如此重要的工作，甚至连你也会表示赞赏。因为根据我和你的谈话来推论，当你在你家里责备我沮丧和绝望时，你对我失去我书中讲的古老的精神感到遗憾。

好吧，我必须承认我当时由于失去了共和国而感到悲伤，既因为国家为我提供的服务，也因为我为国家提供的服务，国家比我的生命本身更重要；而在当前，通过理性的思考我不再悲伤，理性对我产生的影响大于任何事物，随着时间的流逝，理性甚至能治愈傻瓜的愚蠢，因为使我感到悲伤的是

---

① 玛尼乌斯·库里乌斯（Manius Curius），帕特莱的一位钱庄老板。

② 珀罗普斯（Pelops），希腊神话人物。在希腊悲剧中，珀罗普斯的儿子们是作恶多端的人。

③ 指奇怪的、稀罕的事情。

国家的崩溃，乃至于不给人们留下任何希望。当前的局势不是那个独裁者的错，他的权力是绝对的（除非他根本不应当这样），事情发生了，有些是偶然的，有些是因为我们自己的过错，所以我们不合理地抱怨过去的事情。我看不到有任何希望。所以，我回到我一开始就说过的地方。如果你能把这些都抛下，那么你是明智的；如果你碰巧这样做了，那么你是幸运的。

[29]

玛·库里乌斯致西塞罗，公元前45年10月29日，于帕特莱。

如果你身体健康，那么我很满意；因为按照使用权我属于你，但是按照产权，我属于我们的朋友阿提库斯。因此，你可以使用我，但我的绝对权利属于他；但若他把我当做一名老朽的奴隶和其他货物搭配在一起出售，那么他挣不了多少钱。啊，这样做反而增加了我的价值，我会把事实公布出去，我是什么样的人，我拥有什么，人们甚至会承认我是上等人——这一切都拜你所赐。由于这个原因，我的西塞罗，绝不要停止保护我的利益，明确地告诉苏皮西乌的继任人，这样我就可以更好地服从你的命令，也能够在春天的时候见到你（多么令人高兴!），我会收拾好我的行李，安全地回到罗马。

但是，我高贵的朋友，你一定不要把这封信拿给阿提库斯看。不，让他继续沉醉在幻觉中，让他想象我是一个高尚的人，没有“一仆二主”的习惯。好吧，我的保护人，真诚地跟你道声再见，请你转达我对亲爱的提罗的问候。

[30]

西塞罗致玛·库里乌斯，公元前44年1月，于罗马。

好吧，我再也不会催促或要求你回家了！我自己也期待着离开这里，去某个“听不到珀罗普斯的儿子们的名字和行为”[1] 的地方。你无法想象我参与这些事情感到有多么耻辱。当你逃离罗马的时候，你似乎确实对将要发生的事情有远见。然而，听到的事情很痛苦，亲眼看见它们更痛苦。但无论如何你已经不在战神广场上了，就在选举财务官的会议召开以后，在第二个时辰[2]，被凯撒一派宣布为执政官的昆·马克西姆的座椅已经摆好，但此时突然宣布了他的死讯，那张椅子也被撤掉。我们的伟人[3]在为保民官委员会占卜之后，主持了百人队代表大会；他在第七个时辰[4]宣布将执政官的选举时间推迟到 1 月 1 日进行，也就是第二天上午。所以我要你知道，为了卡尼纽斯的执政官选举，没有人吃午饭。以前他担任执政官的时候一切都很太平；因为他一直非常警醒，担任执政官以后晚上不睡觉。

你会认为这一切都显得非常滑稽，是的，因为你不在这里；如果你是一名证人，那么你无法不流泪。如果我把其他事情都告诉你，那又会怎么样？同类的事情不计其数，要是我不在哲学的天堂中避难，要是没有我亲爱的阿提库斯作为我埋头写作的伙伴，我已经无法继续承受了。你写道，按照所有权你属于他，按照使用权你属于我，我对这种安排感到非常满意。这样做正好符合他的权益，也是他乐意的。但是，我们其他时间再来详细谈论这一点。

与那些军团一道被派往希腊的阿基留斯对我负有最大的义务，因为我两次成功地为他辩护，他的公民身份遭人指控。他本质上是感恩的，对我表现得极为顺从。我会非常具体地写信给他谈你的事，我把写给他的信附上。请你来信告诉我他如何接受这封信，他许诺为你做些什么。

---

① 可能引自阿西乌斯：《珀罗普斯的儿子们》。

② 约上午 8 点。

③ 指凯撒。

④ 午饭以后。

[31]

西塞罗致玛·库里乌斯，公元前44年2月，于罗马。

你的来信使我对心中一直记挂的两件事情不再存有疑问——你对我的高度尊敬、你完全明白你对我来说有多么亲近。由于我们双方都走得太远，所以我们剩下来要做的事情就是在互相提供良好服务方面展开竞赛；至于在竞赛中谁赢了，我不在乎。要是你认为没有必要把我的信递给阿基留斯，我也不会感到遗憾。

我从你的来信中推论，你不需要苏皮西乌帮你的忙，因为你的人手由于你的签下的合同而“减少”，用你自己的话来说，“他们既没有头，也没有脚”。我本人只希望他们“有脚”，这样你就可以在某个时候返回。你看，我们原有的机智和幽默都消失了，我们的朋友庞波纽斯[1]完全公正地说：“只有我们几个还在保存古代阿提卡的荣耀。”所以他接替了你的位子，我接替了他的位子。所以，回来吧，我恳求你，我们还在努力，但机智和幽默的种子已经和共和国一道消失了。

[32]

西塞罗致普·伏鲁纽斯·欧拉佩鲁[2]，约公元前51年，于西里西亚。

我收到了你的来信，它的风格是我熟悉的，你也正确地没有留下你的名字，所以我一开始以为是元老院议员伏鲁纽斯的信，我和他一直有联系。但是当我开始阅读的时候，优雅的玩笑使我确信是你的信。信中的一切都给我带来极大的快乐，除了这样一个事实：作为我的代表，你没有足够努力地为我作为盐田业主的权利辩护。因为你告诉我，自从我离开罗马，所有盐田，

① 即阿提库斯。

② 普·伏鲁纽斯·欧拉佩鲁（P. Volumnius Eutrapelus），一位富裕的罗马骑士。

甚至包括塞斯提乌的，都算到我头上。你难道不承认这样的事情吗？你不是在为我辩护吗？你不是提出抗议了吗？我确实希望我曾经清楚地标定我的盐田，使它们自己就能认识自己。

这座城市现在是一张粗俗的温床，没有什么东西会如此平庸，乃至于引不起任何人的兴趣，除了你马上能看到有一句双关语十分高明，有一项夸张十分恰当，有一句结语十分滑稽，而所有其他形式的机智（我在我的《论演说家》第二卷讨论过这些形式，安东尼乌斯是开玩笑的对象）是死板的，精心修饰，好吧，既然你热爱我，那就把你的精神表现出来，至于说要发誓或郑重声明，那就不是我的事了。我不在意你对法庭的轻视，世上任何一个辩护人的脚踵都有可能被我担心的这些事情拉住，甚至塞留斯也可以雄辩地证明他是一位自由民，这些都不会给我带来麻烦。我亲爱的人啊，我拥有机智和幽默的权利——这是我们不得不用你喜欢的禁令来加以辩护的，在这个领域，除了你，我不害怕任何人，至于其他人，我藐视他们。你以为我跟你在开玩笑吗？噢，我现在确实明白你不是傻瓜了。

的确，除了开玩笑，我认为你的信用词精当，充满机智。你的引述是有趣的，但没有引起我的笑声。令我担忧的是，我们杰出的朋友在担任保民官的时候应当尽可能不要有轻率的表现，这既是为了他自己的缘故，你知道他是我的最爱之一，也是为了共和国的缘故（我就是这么看的）；然而，这个共和国绝不会对我不感恩，而我也绝不会停止对她的热爱。

我亲爱的伏鲁纽斯，你现在已经开始看到你的信给我带来了什么样的快乐，你要经常写信给我，把这座城市的情况和政治形势告诉我。你的来信的闲聊风格给我带来了快乐。

还有，我察觉到多拉贝拉非常渴望接近我，赢得我的欢心，请你敦促和鼓励他，使他绝对成为我的人。我向你保证，不是因为他在各方面都使我失望，而是由于明白我非常需要他，所以我认为我的担忧是公正的。

[33]

西塞罗致普·伏鲁纽斯·欧拉佩鲁，公元前46年7月，可能于图斯库兰。

你错过了我的修辞学演示，但你没有什么损失。至于你说你妒忌希尔提乌，如果你不是非常喜欢他，你就根本没有任何理由妒忌他，当然了，除非你妒忌的是这个人自己的口才，而不是他是我的学生。坦率地说，伏鲁纽斯，我亲爱的朋友，我既是毫无希望的失败者，又失去了全部自信，那些经常鼓励我的老朋友也都离去了——你也曾为我鼓掌——所以，即使我生产出某些配得上我的名望的东西，我还是感到叹息，就像阿西乌斯剧本中的菲罗克忒忒斯所说："我对着这些身披羽毛的人射箭，他们不是手持武器的敌人，这样做不光荣。"

要是你到我这里来，会使我的生活变得快乐，尽管你来的时间，就像你自己也明白的那样，与我称做最有压力的需要处理的事情在时间上相合。好吧，如果我能与他们见上一面，以后我会长时间地与市政广场和元老院再见，把我更多的时间用来和你在一起，和热爱我们俩的人在一起。你的朋友卡西乌斯和我的朋友多拉贝拉（或者我宁可称他们为我们共同的朋友）被这些学习所吸引，他们在我这里找到了非常仁慈的批评。

在这里，我们需要你敏锐的鉴别能力和渊博的知识，为此我在说话的时候经常为自己感到脸红。我确实已经下定决心，只要凯撒允许，我就放弃我的作用——我甚至需要经常向他证明——完全献身于文学创作，热烈地享受最光荣、最甜蜜的退隐生活。

至于你本人，我希望你不要害怕我信中的抱怨，你可以写一封更长的信给我。我要让你明白，你给我送来的最长的信将给我带来最大的快乐。

第八卷

[1]

马·凯留斯·鲁富斯[①] 致西塞罗，公元前 51 年 6 月，于罗马。

在你离开时，我许诺谨慎地给你写信，向你详细解释这座城市发生的一切事情。好吧，我就努力精确地向你报告所有细节，我确实担心你会把我在这方面的努力当做过于健谈。虽然我知道你对这些事情有着强烈的兴趣，家中的细小变化也会使得到消息的人快乐无比，但是对于这一安排我仍旧恳求你，不要以解除这种义务的方式来谴责我的怠慢，我只是因为还承担着另外一个人委派给我的任务。我确实非常忙，而写信又很懒惰，但世上没有任何事情能比更新我对你的记忆更令我高兴。我送给你的这个包裹本身解释了我的行为。我不知道要花多少时间，不仅要把它们写下来，而且还要阅读它们。元老院的法令、各种谣言，各种流言蜚语，全都收集在这里。如果你对这个样品还不高兴，请一定让我知道，这样我就可以不让你的耐心枯竭，同时也不让我的钱包枯竭。

要处理所有不寻常的、政治上重要的事情，我的那些抄写员无法胜任对它们的解释，我会给你送一份完整的、精确的解释，说明事情发生的经过，事后人们的想法，有过什么样的预期。而现在，人们对任何事情的发生都没有大的期待。特拉斯巴达尼人[②] 召开公民大会的谣言在我到达库迈以前到处流传；等我到了罗马，我却没有听到任何这方面的消息。还有马凯鲁斯[③] 的

① 马·凯留斯·鲁富斯（M. Caelius Rufus），一位罗马骑士之子，钱庄老板，住在图斯库兰，约生于公元前 85 年。公元前 52 年任保民官。

② 特拉斯巴达尼人（Transpadani）居住在帕都斯（Padus）地区北部的一些城镇，召开公民大会投票变成自治市，获得罗马公民权。凯撒于公元前 49 年担任执政官时赋予他们这项权利。

③ 马·克劳狄·马凯鲁斯（M. Claudius Marcellus），公元前 51 年任执政官。

事情。到现在为止他还没有就高卢行省总督的继任人的问题向元老院提出任何动议，他本人告诉我这件事推迟到6月1日，结果是他帮了大忙，让那些我们在罗马就已经听到的有关他的谣言更加厉害。

如果你发现庞培被解除军职，请你一定要把你的详细印象写信告诉我，他和你是怎么谈的，他希望什么。作为一条通例，他总是想一件事，说另一件事，不擅长隐瞒他的愿望。

关于凯撒，有关他的消息不断，但不是很好。最近这里有一些奇怪的消息，有人说他损失了骑兵，我怀疑不一定是真的，有人说他的第七军团被彻底击败。他本人被包围在贝罗瓦基，与他的军队分割开来；但迄今为止没有任何事情是确定的，甚至那些流传的消息也只是谣言，根本不是公开发布的消息，只在私下里流传——确实，当多米提乌谈到这件事的时候，他在讲话前把手指放在嘴唇上。

5月24日，在广场上闲逛的人在传说一条消息，说你死了，后来这座城市和广场上不断地传说你在旅途中被昆·庞培[①]谋杀了。而现在，我正巧知道昆·庞培在包里那个地方挨饿，连我都为他遗憾，我非常希望这件事能够帮助我们消除有关你遇到危险的谣言。

你亲爱的普兰库斯在拉文纳，虽然凯撒给他一大笔酬金，但我想他既没有过得很好，又不是非常体面。

你的《论国家》非常受欢迎。

[2]

凯留斯致西塞罗，公元前51年6月，于罗马。

我要告诉你，他[②]被判无罪了，这件事毋庸置疑；宣判的时候我在场，

---

① 昆·庞培·鲁富斯（Q. Pompeius Rufus），米罗的死敌。

② 指马·瓦勒留·美萨拉（M. Valerius Messalla），受到犯有贿赂的指控，霍腾修斯为他辩护。

陪审团投了票，所有等级的看法都是一致的。你说这件事可以当做笑话来看待。苍天在上，不！这是最没有预料到的结果，我们全都认为这是最难以置信的事情。呃，我本人对他全力支持，因为我们是好朋友，我当时已经做好了失望的准备，而事情真的发生的时候，我感到震惊，以为自己失去了理智。你认为其他人会如何看待这件事情？好吧，当然了，他们冲着陪审团高声叫嚷，清楚地表明他们对这个判决无法忍受。所以他终于清白了，然而我想，按照李锡尼法，他会遇到比以前更大的危险。

我还要说，在他被判无罪以后的某一天，霍腾修斯进了库里奥的剧场，我想这是一个他向我们表现他的喜悦的机会。可是你马上就能听到"喧哗，吼叫，嘘声"①，经久不息；霍腾修斯年事已高，嘘声已经不能伤害他。但是从现在开始，他的内心会感受到这些嘘声，他会为了打赢了这个官司而感到遗憾。

至于政治方面的事情，我没有什么要写。马凯鲁斯的进攻没有什么进展，我想这不是因为他没有兴趣，而是因为他的策略。有关市政官的选举有一些模糊的说法。我在选举中会表现得尽可能高尚。因为格奈乌斯之子马·屋大维和盖·希鲁斯是我的竞争对手。这件事我就简单地提一下，因为我知道你会十分注意我们的选举，因为有希鲁斯参加。无论如何，一旦你听说我当选了市政官，请你把自己的兴趣放在黑豹②上。我请你注意昔提乌斯的保证。我把有关城市事务的第一批材料送给了卢·卡斯特利纽·派图斯，第二批材料送给本信的收信人。

[3]

凯留斯致西塞罗，公元前 51 年 6 月，于罗马。

① 可能引自巴库维乌斯的剧本《透克洛斯》(*Teucer*)。

② 用于当选市政官后举行的赛会。

事情果真如此吗？我赢了吗？我不断地给你送信，你在离开罗马的时候声称我绝不会自找麻烦为你这样做？当然了，事情确实如此，除非我的信能送达你手中。我会更加勤勉地给你写信，只要我有空，我没有其他地方可以使用我的闲暇。当你在罗马的时候，我有机会可以和你在一起愉快地度过我的闲暇。我非常想念那个时候，而现在你的离去不仅使我非常孤独，而且在罗马产生了普遍的孤独；由于我的不留心，当你在家的时候，我有好多天没有来看你，而我现在每天感到困惑，因为我无法见到你。我的对手希鲁斯看到这一点，他成功地使我日夜思念你。你可以想象你的老对手有多么讨厌，为了竞选占卜官，他假装不知道我是否参选。从内心说，我更担忧你的看法，你想要的有关他的消息会尽快送到你手中，超过有关我自己的消息。而关于我自己，如果我当选了，我可能会有一个比我更富有的同事；这真是一件令人哂嘴的事，这件事如果发生了，我们终生都有了一件笑料。但这种事情值得去做吗？值得，我发誓。屋大维没有做什么事去缓解由他激起的恶感——这些恶感伤害了希鲁斯，人们对他们充满恶意。

有关你的自由人斐洛提姆的责任以及米罗的财产，我把这些事当做我的目标，我保证通过米罗，他不在的时候通过他的亲戚，使斐洛提姆能以最体面的方式诚实而又勤勉地履行他的义务，这和你的名声有关。

我现在向你提出一项具体的要求——如果你有空闲（我希望你有空），请你写一本小册子，题献给我，让我感到你对我感兴趣。你会问："这种东西有什么用？你又不是一个傻瓜。"我的愿望是在你所有纪念物中应当有一样保留下来留给后代，以见证我们的友谊。我假定你会问："你想要的是哪一种小册子？"好吧，你精通学问的每一个部门，你能很快想到最适合我的东西，比我还要快。

让这本小册子具有这样的性质，首先是我本人可以使用，其次是可用于一般的"教育"（如果我可以使用这个表达法的话），乃至于可以广泛流传。

[4]

凯留斯致西塞罗，公元前51年8月1日，于罗马。

我妒忌你！每天都有那么多使你惊讶的消息传来——美莎拉起先被判无罪，后来又被判有罪；盖·马凯鲁斯成了执政官；马·克劳狄在被抛弃以后，立刻受到伽利乌斯弟兄的指控；普伯里乌·多拉贝拉被安排进“十五人委员会”。但我不妒忌你的地方是，你错过了一场好戏，没能看见伦图卢斯·克鲁斯遭到抛弃时的那张脸。然而，当他一开始成为候选人的时候，他有多么乐观和自信！而多拉贝拉对自己能否当选感到绝望！确实，要不是我们的骑士朋友们表现出敏锐的眼光，伦图卢斯由于他的对手的退隐几乎赢得选举。

我想，保民官塞瓦埃乌被定罪不会令你惊讶。盖·库里奥是候选人，接替他的位子。库里奥无疑鼓励过许多人，但这些人不了解他，不了解他温和的本性，认为他缺乏洞察力。但是，如我希望和祈求的那样，并且按照他现在的行为来判断，他倾向于拥护现政权和元老院。当前时刻，他只是在热情地朝着这个方向唠叨。他这种派性根源是，凯撒以最低等级的人的情感为代价，用非常明显的方式深深地污辱了他。在我看来整件事情似乎会有一个良好的发展，促使其他人强迫从来不按计划办事的库里奥实行他的政策和策略，不去迎合那些反对他担任保民官的人的意愿——我指的是洛利乌斯家族和安东尼乌斯家族的人，以及这一类有影响的人。

我给你送去的这封信和我上一封信的间隔时间比平时要长，由于参加选举，我比平常更加忙碌，我不得不一天天地等待最后结果，以便及时告诉你。我一直等到8月1日。执法官的选举也遇到一些障碍。还有，我不知道自己的选举结果如何，虽然人们表达的意见非常不利于希鲁斯——我指的是市政官的选举。我们很久以前予以嘲笑的马·科厄留斯·维尼基亚努的愚蠢的提案，以及他关于独裁者的议案，导致他突然垮台，招来了狂风暴雨般的咒骂；当时人们群情振奋，也要求选举希鲁斯。我希望你能很快听到有关我的消息，如你所希望的那样，与此同时也听到关于希鲁斯的消息，如你并不希望的那样。

关于政治，我现在停止期盼有任何发展。但是，当元老院于 7 月 22 日在阿波罗神庙召开会议的时候，有人提议投票决定格·庞培的部队的军饷问题，庞培借给盖·凯撒的军团的问题也提了出来——这个军团属于哪一支特遣队，庞培会允许它在高卢待多久。庞培被迫说（不是马上，而是在遭到讽刺和大声吼叫之后）他会撤走这个军团。然后他遭到盘问，涉及给盖·凯撒指定继任人的问题。关于这一点，亦即关于指派行省的问题——人们嚷道："格·庞培应当尽快返回这座城市，行省总督的继任问题可以当着他的面处理。"因为庞培正要去阿里米努姆与他的部队会合，后来他确实马上去了那里。我的印象是，这件事情将会在 8 月 13 日处理。我确信会有某些具体的安排，或者又会有人令人愤慨地投反对票。在讨论过程中，格·庞培激动地说："服从元老院是每个人的责任。"我本人最想听到的是新当选的执政官保卢斯[①] 发表他的意见。

我反复提醒你要注意昔提乌斯做出的保证，因为我担心你不理解这件事对我有多么重要。还有关于黑豹的事情，你应当从西比腊派一些人来，用船把这些野兽运到我这里来。另外还有一件事，有人向我们报告，但现在已经被当做事实接受，亚历山大里亚的国王[②] 死了。请你给我提供详细的建议，这个王国的形势如何，谁是作恶者。

[5]

凯留斯致西塞罗，公元前 51 年 8 月初，于罗马。

关于在你的行省及相邻地区维持和平，我不知道你忧虑的是什么，但我

---

① 卢西乌斯·保卢斯（Lucius Paullus），于公元前 50 担任执政官。

② 指托勒密十三世（Ptolemy XIII）。

内心也感到不安。如果我们只能用手头的兵力来推进战争的发展，并且能够赢得胜利桂冠和凯旋仪式所必需的成功，避免察觉到的各种危险，那么可以说你已经没有什么事情值得做了。既然如此，如果帕昔安人有任何举动，那么我确实感到战斗不会是轻微的。此外，你的增兵要求几乎不可能顺利通过。没有人在考虑这个问题，而是一切都等着某个人来处理，他保证不会拒绝任何要求，并会使军队的装备尽可能完善。

我必须说，由于关于高卢行省的争论，我看不到有任何可能性为你任命一位继任者。我在想，虽然你对这个问题已经下了决心，但我仍旧预见到还有这样一种可能性，所以我要告诉你，帮助你尽快下决心。你知道处理这种事情的传统程序——先要处理高卢行省的问题，然后会有某些人要求投票，其他一些人则会出面阻止其他行省问题的解决，“除非允许元老院自由决定所有行省的问题”。所以我们将会有一场兴高采烈的游戏，时间确实很长，可能要花两年多时间才能摆脱这种诡计。

如果在政治方面我有什么新内容要写信告诉你，我会按照常规，向你充分解释事情的经过以及我期待的结果。但是现在所有事情确实都混杂在一起，就像一个大阴沟。马凯鲁斯仍旧在推行他对待各个行省的老政策，他也还没有成功地得到一所完整的房子。如果库里奥的保民官任期结束，关于行省的老问题又会再次产生，你一定会看到在这样的环境中各种事情都会停顿下来，而凯撒和其他一些人，无论这些事情与他们的私人利益有无关系，他们都诚心希望产生这样一种局面，而对国家漠不关心。

[6]

凯留斯致西塞罗，公元前 50 年 2 月，于罗马。

我不怀疑你已经得知多拉贝拉控告阿庇乌斯的消息，虽然可以肯定还没有造成像我预期的那样的伤害。因为阿庇乌斯做了一件非常敏感的事情；多拉贝拉一出现在法庭上，他就进入了这座城市，取消了他的胜利归来仪式，[①] 他用这样的行动来消除各种流言蜚语，表示他已经先发制人，比他的指控者准备得更好。现在他最大的希望在你身上。我肯定你不是真的恨他。在什么范围内履行你的义务由你自己决定。如果你从来没有与他发生过争斗，你会更加自由地处理整件事情；如果你把你的法律权利放在理想的正义的水平上，那么你必须记住，人们不会怀疑你想与他和解的坦率和意愿。我想证明的是，你可以安全地按照你喜欢的方式帮助他。因为没有人会说亲密和友谊阻碍你履行义务。

有人提醒我这样一个事实，在请求起诉和向法庭宣布被告的名字期间，多拉贝拉的妻子离开了他。我记得你在离开时给我的指示，我不认为你会忘了我写信告诉你的事情。现在没有时间进一步说具体的事情；我现在只能给你一点建议；如果这项婚约是你喜欢的，你现在无论如何不要表现你的感情，而要等待这场审判的结果。简言之，要是泄露出去，对你是有害的。此外，要是在审判过程中有消息走漏出来，事情会变得更加臭名昭著，而不是变得更加有利。多拉贝拉对于这样一件安全按照他的心愿发生的事情绝不会闭嘴，所以他在指控中会更加大胆，尤其是，他是这样一种人，即使知道瞎说一气对他意味着毁灭，但他仍旧难以约束自己。

据说庞培正在努力为阿庇乌斯说情，甚至有人说他会派他的儿子到你这里来。我们这些在这里的人总是在尽职，而那些流氓无赖则总是在推诿。我们有执政官，然而他们的活动是非同寻常的。到现在为止，他们通过元老院颁布的唯一法令就是关于拉丁节的法令。我们的朋友库里奥朋友发现他担任保民官的问题被冻结了。

语词不足以描述这里的普遍停滞。如果不是我在和店主和供水商战斗，整个政府就像昏睡过去一样。如果说帕昔安人什么都没做，你就像置身于炉火中一般，那么我们在这里就像在冰窟中一样。然而，无论如何想方设法，

---

① 作为一名要求举行凯旋仪式的统帅，按照规定要待在城外，如果进入城市就自动丧失资格。

没有帕昔安人的帮助，彼布卢斯还是在阿马努山损失了几个百人队，有关的报告就是这样说的。

我在上面说库里奥感到非常冷，是的，不过他现在够暖和了，他正在被灼热的蟹螯撕成碎片。事实上，他变化多端，不坚持他自己的置闰的意见，一开始偏向多数人的看法，然后又按照凯撒的喜好说话。他还按照鲁卢斯谈论土地法的方式，大谈特谈道路法、粮食法，坚持市政官使用的度量衡。直到我写完这封信的前半部分，他还没有说完。

由于我热爱你，所以你若是为了阿庇乌斯的利益去做任何事情，那么让他信任我。在多拉贝拉的事情上，我的建议是你自己不能干傻事。这是你对我说的这个议案能够采取的最好办法，因为你有自己的地位，也享有公正的名声。如果我离开的时候不能带走希腊黑豹，那将是你的耻辱。

[7]

凯留斯致西塞罗，公元前 50 年，于罗马。

我不知道还需要多久你才想要离开你现在所在的地方。在我看来，迄今为止你进行的战役成功得越多，我受到的精神上的折磨就越多。我担心，对帕昔安战争危险的预见有损我的信件的轻松诙谐的风格。我马上会把这封普通的短信交给一名由包税者雇用的送信人，他急着要走。而前一天，我把一封比较长的信交给了你的自由人。

但是我要告诉你，绝对没有发生什么新鲜的事情，除非你想听下面这些无聊的闲谈——我肯定你想听。小考尼费昔已经答应娶奥瑞提腊的女儿为妻。鲍拉·瓦勒利娅，特里亚留的妹妹，在没有说明任何原因的情况下与她的丈夫离婚，就在他刚从他的行省回来的那一天。她将和狄·布鲁图结婚。她已经把她的全部衣柜送回娘家。

你不在的时候发生了诸如此类难以置信的事情。要不是塞维乌斯·欧凯拉在三天内两次被人捉奸，任何人都不会相信他是一名通奸者。你会问在什么地方？好吧，我发誓，就在我能想到的最后那个地方。到底在哪里，还是留给你们去猜。因为这种事情实在可笑：一名胜利者向人打听这个女人是谁，她在被捉奸的时候和谁在一起。

[8]

凯留斯致西塞罗，公元前51年10月，于罗马。①

虽然我有许多政治方面的事情要告诉你，然而我想，没有什么事能比下面这件事给你带来更大的快乐。你必须知道，盖·塞普洛尼乌·鲁富斯②——我说的是你钟爱的鲁富斯——打赢了一场官司，人们热烈鼓掌，不亚于否决了一项邪恶的起诉。你会问："是什么案子？"罗马的人赛会③结束的时候，他依据普劳图斯法案提出一项关于滥用暴力的指控，反控他的原告图基乌斯④。他的想法是，如果被带上法庭的这些被告的案子都不是优先审理的，⑤那么他自己的案子今年就要接受审判。当然了，他不怀疑这样做会带来什么样的结果。他想没有任何人比他自己的这位原告更加适宜他给予这种小小的关心。所以，在没有获得任何人附议的情况下，他就来到法庭，提出了这项反对图基乌斯的指控。我一听到风声，没有等任何人来请我，就急忙去了法庭，在被告及其亲属一方的席位上入座。我站起来发言时甚至一句话都没有提到争论的问题，而是猛烈抨击塞普洛尼乌和他的所有工作，我甚至提到过去那件事情，讲他如何拉拢维斯托留，讲他如何欠钱不还，讲他

---

① 这封信比上一封信早几个月。

② 盖·塞普洛尼乌·鲁富斯（C. Sempronius Rufus），普特利的一位钱庄老板，受过西塞罗的恩。

③ 9月5日至19日。

④ 不知道图斯乌斯对鲁富斯提出何种指控。

⑤ 受到滥用暴力指控的被告可以在审判时间上取得优先权。鲁富斯提出这样的反控，就可以把对他自己的审判拖延到下一年，以便取得一个比较偏向他的执法官，或者有时间拉拢陪审团。

最后如何顺从你的要求，客客气气地让维斯托留拿一些地产去抵债。[①]

还有下面这个案子在法庭上引起了激烈争论。马・塞维留斯，和他以前做事情的方式一样，把他的事情搞得一团糟，除了要出售的东西，他没有给任何人留下遗产，作为一名有可能名声最差的当事人，他的事情交由我来处理；虽然有鲍桑尼亚做代表（我在辩护中是顾问），但是执法官拉特伦昔拒绝调查"哪些钱到哪里去了"。然后是与我们的朋友阿提库斯有关的昆・庇留斯采取行动，指控塞维留斯犯了勒索罪。这就一下子引起许多流言蜚语，人们开始激动地谈论要给他定罪。这股歪风也吹到小阿庇乌斯那里，他提出证据，说有一笔属于他父亲财产的钱进了塞维留斯的口袋，并声称有 81,000 个罗马小银币的钱交到他手里，用于贿赂那些指控人。你要是听说了他的指证和承认的事情，你会对这种缺乏理智的行为会感到惊讶！——涉及他自己的事情，他承认的事情是最不明智的，涉及他父亲的事情，他承认的事情是令人厌恶的。

小阿庇乌斯要求同一个陪审团评估前一个案子中的损失，考虑他们的判决。陪审团在投票时出现了相等的票数，拉特伦昔由于对相关法律的无知，宣布让三个等级[②]分别做出判决，他在结束的时候按照习惯宣布："我不再下令归还这笔钱。"

塞维留斯离开了法庭，就好像被判无罪一样，而拉特伦昔读了这部法律的 101 条款，条文如下："前述多数陪审员的判决是终审判决，应当据此予以宣布。"

所以拉特伦昔没有记下塞维留斯被判无罪，而是记下了三个等级各自做出的判决。阿庇乌斯与卢・洛利乌斯商量以后更改了他的指控，说自己只是在报告事实。所以，塞维留斯现在既没有被判无罪，又没有被判有罪，案子

---

① 维斯托留是普特利的另一位钱庄老板，西塞罗似乎使塞普洛尼乌能够向维斯托留借钱，但是当塞普洛尼乌拒绝还债时，维斯托留掌握了塞普洛尼乌的等量财产，由于西塞罗的原因，塞普洛尼乌顺从了这种安排。

② 元老院议员、骑士、各部族的公民。

将要交给庇留斯处理，但塞维留斯的名声已经被搞臭了，他已经受到勒索罪的审判；而对庇留斯来说，由于阿庇乌斯在前面挑选正式指控者的时候发过誓，说他提出的指控是真实的，于是他能在庇留斯的偏爱下退出诉讼。不过阿庇乌斯本人现在又被塞维留斯以勒索罪指控，还有他的一个密探塞克斯都·特提乌斯打破平静。这俩人真是一对活宝。①

在过去的这些天里，没有发生任何政治方面的大事，因为人们都在等着瞧高卢行省的情况。在拖延几次以后，元老院里终于有了一场大讨论，在确定了庞培的基本倾向以后，元老院通过了一项法令，凯撒应在 3 月 1 日以后放弃他的行省，我把元老院通过的法令送给你，会议记录中有下述记载：

元老院法令。动议。9 月 29 日，于阿波罗神庙。起草法令时下列人等在场：卢西乌斯·多米提乌·阿赫诺巴布斯、昆图斯·凯西留斯·麦特鲁斯·庇乌斯·西庇阿、卢西乌斯·维利乌斯·安那利斯、盖乌斯·塞提米乌、盖乌斯·鲁西留斯·希鲁斯、盖乌斯·斯利伯纽·库里奥、卢西乌斯·阿泰乌斯·卡皮托、马库斯·埃庇乌斯。

执政官马库斯·马凯鲁斯提出给卸任执政官指定行省的问题，元老院就下述问题投票："执政官卢西乌斯·保卢斯和盖乌斯·马凯鲁斯的一年任期将于 1 月 19 日到期，由此带来由元老院给他们指派行省的问题，此事将在 3 月 1 日前处理，具有对其他动议的优先权，其他动议也不得与此动议结合在一起提交元老院。为此将于公民大会日举行一次元老院的会议，通过元老院的法令。执政官们在将此事提交给元老院时，可以合法地召集 300 名议员投票，而不应为此受到惩罚。如果必须将此事提交给公民大会，现任执政官塞维乌斯·苏皮西乌和马库斯·马凯鲁斯，以及其他的执法官和保民官可以把它提交给公民大会。如果上述事务没有提交给公民大会，那么他们的继任者将这样做。"无反对票。

① 指阿庇乌斯和特提乌斯。

9 月 30 日，于阿波罗神庙。起草法令时下列人等在场：卢西乌斯·多米提乌·阿赫诺巴布斯、昆图斯·凯西留斯·麦特鲁斯·庇乌斯·西庇阿、卢西乌斯·维利乌斯·安那利斯、盖乌斯·塞提米乌、盖乌斯·鲁西留斯·希鲁斯、盖乌斯·斯利伯纽·库里奥、卢西乌斯·阿泰乌斯·卡皮托、马库斯·埃庇乌斯。

执政官马库斯·马凯鲁斯提出指定行省的问题，元老院就下述问题投票："按照元老院的意见，任何有权投否决票的人设法拖延或阻止一项涉及共和国动议向元老院尽早提出，或者阻碍一项法令的通过，是不适当的。按照元老院的意见，设置这种障碍或不允许争论是反对共和国利益的行为。如果有人否决元老院的这项法令，元老院乐意尽快起草一项将起同样作用的决定提交给人民。"

对上述法令投否决票的有保民官盖乌斯·凯留斯、卢西乌斯·维尼西乌、普伯里乌·高奈留、盖乌斯·维庇乌斯·潘莎。

"元老院进一步做出关于盖乌斯·凯撒军中的士兵的决定，他们中有些服役已经期满，有些要求退役，应及时把他们的情况送交元老院认真考虑，并对他们的情况进行调查。如果有人否决这项元老院的法令，元老院乐意起草一项能产生同样效果的决定，人们可以尽早将此事提交元老院。"

对上述法令投否决票的有保民官盖乌斯·凯留斯和盖乌斯·潘莎。

"元老院还就西里西亚行省和其他八个由卸任执法官担任行省执法官职务的行省做出决定，这些人曾经在国家任职，但还没有在行省中任职，按照元老院的法令，他们将被派往行省担任执法官，根据抽签决定去哪一个行省。按照元老院的法令，应当开列赴行省任职的人员的名单，如果人数不够，那么还没有赴行省任职的执法官可以要求有优先权；如果拟赴行省任职的人数不够，可以等到人数够了再举行抽签。如果有人否决这项元老院的法令，元老院将起草一项能产生同样效果的决定。"

对上述元老院法令投否决票的有保民官盖乌斯·凯留斯和盖乌

斯·潘莎。

还有，格·庞培的意见引起了注意，给了人们最大的自信，他说 3 月 1 日之前他不能就凯撒的行省做出任何公正的决定，但在那个日期之后他会毫不犹豫地采取行动。有人问："如果到那天有人投否决票，那该怎么办？"他答道："无论凯撒是拒绝服从元老院，还是指使某些人来阻止元老院通过法令，这没有什么区别。"还有人问："如果他想担任执政官，同时又保留他的军队，那该怎么办？"他文雅地答道："要是我自己的儿子把棍子放在我的肩膀上，我该怎么办？"用这样的说法，他使人怀疑他和凯撒之间有麻烦。所以在我看来，凯撒有两个选择：要么留在高卢，这样今年就不能参加执政官的竞选；要么放弃他的行省，参加执政官竞选。

库里奥正在精心准备他的进攻，我不知道他能否取得成功。我能看到的是，虽然他起不了什么作用，但他的看法是健全的，这至少不能算是完全的失败。

库里奥对我很仁慈，在许多方面支持我。他给我送来一些野兽，供我举行赛会用，这些野兽原先从阿非利加运到他那里，是供他举行赛会用的，而我的赛会也能一起使用；如果你不怕麻烦，那么我会很高兴——我已经为此事不断地要求你提供帮助——让我从你那里得到一些野兽。我还向你称赞昔提乌斯承担的义务。我把我的自由人斐洛派到你那里去，还有第欧根尼，一名希腊人，我交代他们办一件事，交给他们一封给你的信。请你关照他们以及我让他们办的事。我在让他们转交给你的信中解释过这件事对我有多么重要。

[9]

凯留斯致西塞罗，公元前 51 年 9 月 2 日，于罗马。

你说："这是你对待希鲁斯的方式吗？"是的，要是你知道这有多么容易，甚至不需要付出最轻微的努力，那么你会对他一直不敢公然站出来与你竞争[1]感到可耻。现在，他已经被抛弃了，但他保持着微笑，扮演着爱国公民的角色，定期记下对凯撒的否决票。他强烈谴责把那个问题[2]悬置。他用一些没有分寸的话语毫不犹豫地批评库里奥。确实，由于遭到排斥，他改变了他的方式。此外，虽然他从来没有出现在市政广场的讲坛上，也很少参与法庭事务，但他现在接手那些想要获得自由的奴隶的案子。他很少在下午工作。

关于这些行省，我写信跟你说过这件事会在 8 月 13 日做决定；但是对当选执政官马凯鲁斯的审判插了进来。事情推迟到 9 月 1 日，但在这两个时间，出席会议的人都不能成功地达到法定人数。我这封信会在9月2日送出，但还是没有真正取得进展。在我看来，这件事不会再次提出，会顺延到明年。在我能预见的范围内，你不得不留下某些人在你离开行省后管理行省。关于你的继任人的问题不会很简单，因为高卢行省在指定总督的过程中遭到否决，要和给其他行省指派总督的问题一并提出。我不怀疑，这给我更多的理由给你写信，让你可以做好准备。

在我给你的所有信中，我几乎都提到黑豹。帕提斯库给库里奥送来了十只黑豹，而你送来的黑豹从来就没有这么多。库里奥把这十只黑豹当做送给我的礼物，还有另外十只来自阿非利加。所以你一定不要认为土地是他所知道如何赠送的唯一礼物。只要你记住这件事，从西比腊派一些猎人来，并且写一封信发往潘菲里亚（那里的人告诉我在潘菲里亚可以捕到更多的黑豹），你就能得到你想要的东西。在这一点上，我比以前更加担心，因为我想我不得不亲自提供一切，而不是与我的同事分担。为了表示对我的热爱，你就承担一些责任吧。你一般说来是不怕麻烦的，而我从来没有给你找过什么麻烦。而在这件事情上你不会有什么麻烦，除了动动嘴，也就是下个命令或发个指示。一旦捕捉到这些动物，我就会派人前往，饲养它们，并用船只运回

---

① 担任占卜官。

② 指凯撒行省的问题。

罗马。我还想，要是你在信中说缺乏人手，我还会派更多的人去你那里。

有一位罗马骑士马库斯·菲里狄乌是我的一位朋友的儿子，一个充满活力的年轻人，他到了你的行省，办理一些他自己的事情。我强烈地向你赞扬他，请求你把他当做朋友来看待。他希望他在某些自治市拥有的土地可以在你仁慈的关照下免去税赋。你会发现你有了一个欠你人情的年轻人，他对你非常感恩。

我不应该认为法伏纽斯只是被那些围着讲坛转的人抛弃的。不，所有最优秀的人都拒绝投他的赞成票。

你的朋友庞培公开反对凯撒率兵驻扎在行省，同时又担任执政官。而他在元老院里的动议却是当前时刻不让元老院通过任何法令；而西庇阿的动议是高卢行省的事应当在 3 月 1 日提交元老院，但不能与其他事情混在一起提交——这一动议让巴尔布斯·高奈留很不高兴，我知道他抱怨过西庇阿。

克劳狄在为自己辩护时是最雄辩的，但作为一名指控者他相当虚弱。

[10]

凯留斯致西塞罗，公元前 51 年 11 月 17 日，于罗马。

盖·卡西乌斯和戴奥塔鲁斯的公报使我感到极大的不安。因为卡西乌斯写道，帕昔安人的力量在幼发拉底河那边，而戴奥塔鲁斯写到，他们已经穿越科马根尼挺进到我们的行省。我明白你的军队尚未做好准备，所以我对你本人特别担忧的是，这场突然的反叛会危及你的威望。要是你的军队准备得比较好，我会担心你的生命；然而你的军队的无数弱点使我充满预感，你不应该参战，而应当撤退。我不知道公众会如何接受后一个决定，不知道你在什么范围内的撤退会被视为充分合理，而我到现在还抱有的疑虑将永远不会停止，直到我得知你已经在意大利登陆。

关于帕昔安人渡河的报告引发了各种建议。有人说要派庞培前往，有人不让庞培离开这座城市，有人主张派凯撒率领他自己的军队前往，有人说要派现任执政官前往，然而无人认为元老院会下令派遣不担任公职的人前往。现任执政官由于担心元老院颁布法令，让他们率军出征，离开罗马，以后又耻于将这项使命转移给其他人，所以他们一起激烈地反对元老院做出这样的决定，并且说他们精力不济，无法履行这项公务。但是坦率地说，他们无论是由于疏忽还是由于懒惰，或者是由于我已经提到过的危险，隐藏在这些现象背后的是一种伪装的不自私，[①] 因此他们不想接受一个行省。

你的公报还没有送到这里，要不是戴奥塔鲁斯马上又送来了公报，就会助长一种怀疑，认为是卡西乌斯为了掩饰他自己在行省中的劫掠，所以安排了这样一场可耻的战争，故意放纵阿拉伯人进入他的行省，然后向元老院报告帕昔安人入侵的消息。

这就是我要催促你的原因，无论你的行省里的形势如何，你在起草报告的时候一定要小心，免得人们说你为他鼓吹什么，或者说你隐瞒军情不报。现在已经到了年底，因为我写这封信的日子是 11 月 17 日。我清楚地看到 1 月 1 日前将一事无成。你知道马凯鲁斯的行动有多么迟缓，做事缺乏效率，你也知道塞维乌斯有多么拖拉。[②] 你把他们当做具有什么品性的人，或者说，当他们如此冷淡地处理这些他们确实想要悬置的事情时，你还认为他们能够去做他们不喜欢的事情吗？如果说会有一场帕昔安战争，那么现在这些新的行政官员在最初几个月要处理的事情就是战争。另外，如果你所在的地方没有战争，或者只有你们俩[③] 有轻微的战事需要处理，或者你们的继任人有战争，那么我预见到库里奥会带着双重目的大声咆哮：首先，他要从凯撒那里拿走某些东西；其次，他要把某些东西赋予庞培——哪怕是小小的贿赂，无论多么少。还有，保卢斯大谈特谈要得到一个行省。他非常贪婪，似乎只有我们的朋友富尔纽斯是他的对手。我察觉不到会有其他人反对他。

---

① 亦即假装没有建立军功的雄心，不想率军赴行省。

② 马凯鲁斯和塞维乌斯是公元前 51 年的执政官。

③ 指西塞罗和卡西乌斯。

我知道我在写些什么，其他还有一些可能性，但我现在还看不清楚。我知道，时间会带来许多变化，把已经制订的计划颠覆。但无论出现什么样的偶然性，都不会越出这些界限。我还要提到库里奥的坎帕尼亚土地的计划。他们说凯撒不会在意这个计划，但是庞培强烈反对，理由是，如果它未被任何人占据，凯撒来的时候就可以自由处理。

关于你的退隐，我无法向你许诺为你安排一名继任人；我肯定能保证的是，你的任期不会进一步延长。如果环境或元老院强迫你继续留任，我们又不能婉言拒绝你的要求，那么你是否仍旧坚持你原来的意见就由你自己来决定；对我来说，这是一项牢记在心中的义务，因为你在离开罗马的时候，要求我不要允许延长你的任期。

[11]

凯留斯致西塞罗，公元前 50 年 4 月，于罗马。

你向元老院提出举行公开祈祷仪式[①]的请求给我带来的痛苦不是延长了，而是更剧烈了。因为我们陷入了一场难以解决的纷争。非常喜欢你的库里奥发现自己有可能举行选举的日子被各种办法剥夺了，于是宣布他不允许举行公开祈祷仪式成为一项法令，免得被人认为由于他自己的错误而失去了他通过保卢斯的疯狂行动获得的任何好处，被人当做犯有与反对者冲突而违背公共利益的罪行。所以我们达成了一项妥协，执政官正式宣布他们今年不会举行这些公开祈祷仪式。你显然有理由感谢这两位执政官，但是最应当感谢的是保卢斯。因为马凯鲁斯只是回答说他没有希望为你举行的公开祈祷仪式灵验，而保卢斯说他今年不会宣布举行这样的仪式。

我得知希鲁斯打算批评相关议案，我把他强留下来长谈；结果他放弃了

---

① 西塞罗于 4 月份写信给元老院，请求为他在行省取得的战绩举行公共祈祷（谢恩）仪式，一般情况下后续的则是胜利凯旋仪式。

他的想法，在讨论献祭用的牺牲[①]时没有说话，他要是提出批评意见，会给献祭形成障碍。他在讨论中只是表示同意加图的意见；加图虽然用尊敬的话语提到你，但没有公开表示赞成举行公开祈祷仪式。此外还要加上法伏纽斯，这样他们就有了三个人。因此，你必须按照他们不同的品质和原则感谢他们——他们只是表达了一下他们的倾向，在他们有能力阻碍这件事情的时候他们没有挑衅。但是由于你的缘故，库里奥改变了他的整个行动方针。富尔纽斯和伦图卢斯当然有这样做的义务，他们支持我，努力工作，把它当做自己的事情。我还要高度赞扬高奈留·巴尔布斯的辛勤劳动。他对库里奥进行了耐心的谈话，让库里奥明白，要是采取别的行动会得罪凯撒；他从那个时候开始怀疑库里奥的诚实。像多米提乌和西庇阿这样的人肯定对议案提了赞成票，但内心并不希望议案能通过；他们中断讨论，让人们投票的时候，库里奥巧妙地改变了态度，说自己乐意撤回他的反对意见，因为他观察到某些投票人并不希望议案通过。

至于一般的政治状况，所有争论都集中在一个问题上——行省的问题。迄今为止，庞培在这个问题上似乎站在元老院一边，要求凯撒在 11 月 13 日离开行省。库里奥表示可以在所有问题上屈服，但就是不允许这样做。他把先前的所有计划都抛到九霄云外。我们的朋友——你对他们很了解——当然回避这件事，不想带来危机。整个形势进入以下阶段：庞培看上去不是在攻击凯撒，而是在为凯撒做公平的安排，庞培说库里奥在寻找不和的借口。但是庞培强调说不希望凯撒在交出军队和行省之前当选执政官，他显然是在担心。他受到了相当苛刻的对待，他的整个第二次担任执政官都受到库里奥的严厉指责。我已经讲了很多，如果他们试图在各方面打垮库里奥，那么凯撒会保护他的否决权；如果（看起来像是这样）他们害怕这样做，那么凯撒会想待多久就待多久。

你在我的备忘录中会看到每个人是怎样投票的。你必须把有价值的东西

---

① 献祭作为公开祈祷仪式的准备部分仍要确定下来，尽管仪式在今年不会举行。

挑出来。有许多内容你必须忽略，尤其是关于赛会和葬礼的具体解释，以及其他一些微不足道的事情。但是大部分内容是有用的。事实上，我宁可把一些你不想知道的事情告诉你，也不愿忽略任何重要的事情。我很高兴你本人对昔提乌斯的生意感兴趣。由于你怀疑我给你派去的人不诚实，所以我请求你作为我的全权代表采取行动。

[12]

凯留斯致西塞罗，公元前50年，约9月20日，于罗马。

我羞于开口对你坦白最不感恩的阿庇乌斯对我的伤害，我要抱怨他开始仇恨我，而本来他应当感谢我，因为我对他非常仁慈。他是一个吝啬鬼，不肯偿还我为他提供的服务，于是就对我发起一场秘密战争。不过他的战争不那么秘密，有许多人向我报告了这件事，所以我清楚地看到他对我抱有邪恶的想法。① 我发现他在联络那些同事②，与他们打得火热。他和多米提乌开怀共饮，亲切交谈，而多米提乌当前对我持有强烈的敌对态度。多米提乌急于给格・庞培帮一些忙，然后影响庞培。我想，阿庇乌斯如此处心积虑地对付我，而他的命都是我救的，他给我造成的伤害是我本人难以克服的。

所以，我做了什么？好吧，尽管发生了这些事情，我还是和他的几个朋友交谈，他们可以见证我为他提供的服务。然而，我知道他对我的态度还是不满意，而我宁可对他的某位同事③ 承担义务，而不愿忍受这只猴子的鬼脸，他的这名同事由于我和你的友谊对我非常疏远，对我并不十分友好。

看到我的态度以后，他跳起来叫嚷，说我在这种争论的掩护下找借口攻击他，因为我对金钱的事情不满。从那以后，他一直没有停止鼓动波拉・塞

---

① 凯留斯要求阿庇乌斯给他一笔贷款或礼金，作为他在阿庇乌斯遭到指控时提供服务的回报，但遭到阿庇乌斯的拒绝，因而勃然大怒。

② 其他占卜官，凯留斯想要成为占卜官。

③ 指卢・庇索，另一位监察官。

维乌斯对我提出指控，并与多米提乌一道策划阴谋。

在现行法律下，要找到任何人来指控我不会取得什么成功，但是依据一部法律传唤我出庭，而他们自己什么都不用说，这是他们的乐趣。他们做了精心策划，按照斯坎提纽法案[①]指控我，就在我的杂技赛会[②]达到高潮的时候。当我按照同一法案指控监察官阿庇乌斯的时候，波拉很难说上一句话。我也从来没有看到有更加幸运的成功。所以，并非最低级的民众衷心欢迎它，它的流言带给阿庇乌斯的痛苦比他指控的事实更多。此外，我开始着手偿还他的住宅里的神龛。

我的信写好了，但是送信给你的那个奴隶拖延了他的行程。从我收到你的最后一封信，他在这里已经超过 40 天。我不知道要对你说些什么。你知道多米提乌对我仍旧非常仇恨。我渴望能尽快见到你。我请你也像我一样对我受到的伤害发出怨恨，为我报仇。

[13]

凯留斯致西塞罗，公元前 50 年 6 月，于罗马。

对你女儿的婚事我向你表示祝贺，我庄严地向你起誓，通过婚姻与你有了密切联系的这个人[③]是最优秀的，因为这是“我”对他的看法。还有，他的个人品性随着年龄的增长也已经变得成熟，如果说他还有什么缺点留存，那么我相信在你和图利娅的谦逊的影响下很快就会消除。因为他并不愚蠢，在走上更好的道路这一点上也不迟钝。另外一个要点，一切要点中最重要的，是我非常喜欢他。

---

① 斯坎提纽法案（Scantinian Law）由保民官斯坎提纽（Scantinius）提出，立法时间不详。

② 指古罗马杂技赛会（Circensium Games）。

③ 指普伯里乌·高奈留·多拉贝拉（Publius Cornelius Dolabella），娶西塞罗之女图利娅。

西塞罗，你会高兴地知道，我们的朋友库里奥对行省问题的否决已经很好地结束了。因为在提出这个问题时(按照元老院的一道法令提出)，马·马凯鲁斯首先表达了意见，他认为应当用强硬的手段对付保民官，而元老院投了票，否决了那项议案。

事实上，庞培虽然“伟大”，但他正好处在精神欠爽的状态，几乎无法发现自己想要什么。

他们表达了这样的意见：既不愿意交出军队，又不愿意交出行省，这样的人的候选人资格应当认真考虑。等我了解情况以后我会让你知道庞培是否采取了这种意见；像你这样经验丰富的老人可以看出，如果他进行武装抵抗，或者对这件事不感兴趣，对共和国会产生什么影响。

在我写这封信的时候，昆·霍腾修斯[①] 咽下了最后一口气。

[14]

凯留斯致西塞罗，公元前 50 年 8 月 5—10 日之间，于罗马。

俘虏阿萨卡斯[②] 和攻占塞琉凯亚都不能补偿你错过了看到这里所发生的事情的机会。要是你看到多米提乌落选时的脸，你的眼睛以后再也不会有痛苦了。这次选举是重要的，人们显然都站在派别的立场上；很少有人按照职责来履行自己的义务。结果就是多米提乌成了我最凶恶的敌人，他对我的仇恨超过了对他自己的任何一个朋友的仇恨，更有甚者，他把占卜官的职位当做可以用不公正的行动抢到手的，对此他坚持说我负有责任。对于他的狼狈相，人们感到高兴，而他气得要发疯，只有一个人[③] 比我更加坚决地支持安东尼。因为格·多米提乌本人采取了一项行动反对由于以往的生活而臭名昭

① 昆·霍腾修斯（Q. Hortensius），著名演说家，出生于公元前 114 年，比西塞罗年长 8 岁。

② 阿萨卡斯（Arsacas），帕昔安人的第一任国王，他的名字成为后来国王的称号。

③ 指库里奥或萨图尼努斯。

著的小格·萨图尼努斯。由于塞克·佩都凯乌被判无罪，人们渴望并且相当自信地要求早日对他进行审判。

关于一般的政治形势，我在信中反复告诉你，我预见和平不会延续一年。越是临近斗争——必定会有斗争——危险就看得越清楚。

当前人们为之拼搏的关键问题是，一方面，格·庞培决心不让盖·凯撒当选执政官，除非他交出军队和行省；另一方面，凯撒相信要是交出军队就不能保障他的安全。然而他提议和解——双方都交出军队。所以，他们自吹的所谓相互依附和令人作呕的同盟不是退化为私人间的争吵，而是引发了战争。涉及我自己的事情（我不怀疑你也同样为这复杂的局面感到担忧），我想不出我该怎么办。因为恩惠和亲密关系把我和这些人捆在一起，我痛恨对立一方的事业，但不恨支持它的人。

我想你不会忽视这样一个事实，人们卷入他们自己国家的纷争，持续不断地斗争，但不会动用军队，他们的斗争方式是光荣的，但由于更深层的原因，为了更加安全，斗争演变成了战争和攻城略地。在所有这些争吵中我看到当庞培让元老院和处理司法问题的人站在他一边，而所有生活在恐惧中的人，或者几乎没有希望的人，会加入凯撒，因为他的军队无比强大。但愿我们有足够的时间考虑各方的力量，选择我们应当站在哪一边！

我几乎忘了我特别想写的话。你知道监察官阿庇乌斯最近精力异常充沛，不停地收集雕塑和绘画、购买土地，负债累累吗？他确信自己这个监察官当得像肥皂和苏打一样好。我想他正在犯错误。他所需要的是能洗去他的污点，而他却把胳膊和皮肤都露了出来。我以诸神和凡人的名义起誓，赶快回家吧，越快越好，这样你就能看到这里发生的事情，就能放声大笑了——德鲁苏斯根据斯坎提纽法主持了一场审判，而阿庇乌斯忙于收集雕像和绘画！我告诉你，一定要尽快回来。

在支付庞培部队的军饷问题上，人们认为我们的朋友库里奥明智地做出了让步。

总之，你问我会发生什么事。好吧，除非派人去和帕昔安人打仗，我看到暴力斗争日益迫近，只有用刀剑才能解决问题。双方都已做好充分准备。如果你没有什么个人危险，那么幸运女神正在为了你的利益让我们观看一幕大戏。

[15]

凯留斯致西塞罗，公元前49年，约3月9日，于北意大利。

你曾见过比你的格·庞培更愚蠢的家伙吗？他在用一些微不足道的、无效的行动搅拌这团烂泥。另外，你曾读到或听到任何人比我们的凯撒在行动中更有活力，或在胜利中更加节制吗？你是什么意思？你真的相信我们的部队在这世上最寒冷、最艰苦的地区，在格外严峻的冬季，仅仅通过长途跋涉或吃一些美食就能结束战争？你问“为什么这些行为都受到赞美？”只要你知道我有多么着急，你就不会嘲笑我的荣耀了，而且它实际上根本与我无关。[①] 我只能在我们相见的时候向你解释一切，我希望这一天很快就会到来。他决定在把庞培赶出意大利的时候召我去罗马；我现在已经把这当做一个完成了的事实，除非庞培决定还是留在布隆狄西坚守。

如果我急于去罗马的主要原因不是为了能够尽快见到你，和你讨论我内心的想法，那就让我去死！但我要跟你说的话太多了！啊，我担心，就像经常发生的事情一样，当我看到你的时候，我会把它们全给忘了。无论我犯了什么罪，我返回阿尔卑斯山肯定会受到伤害吗？这只是因为英提米利人[②] 没有什么理由地拿起了武器。德米特利乌的一个家养奴隶贝利努斯在那里的一个兵营里，他接受了对方的一笔贿赂，抓了某位多米提乌，一名在那里款待凯撒的贵族，勒死了他。整个国家就这样拿起了武器。这就是我要带着四个步兵队冒着大雪必须前往的地方。你会说，让多米提乌家族去见鬼。而我肯

---

① 也就是说，一切荣耀都是凯撒的。

② 即利古利亚人（Ligurian），他们的主要城市是英提米利（Intimilium）。

定希望维纳斯的后代在你的普塞卡斯之子多米提乌的案子中能显示更大的决心。向你的儿子西塞罗转达我最仁慈的问候。

[16]

凯留斯致西塞罗，公元前49年，约4月16日，于英提米利或赴西班牙途中。

你的信使我深深地警觉，你在信中表明你正在考虑一项模糊的计划，但没有充分解释它的具体内容，与此同时你又流露出一些思考的线索，这封信就来谈论这个问题。

我以你和你的子女未来的名义起誓，我恳求你，西塞罗，不要做那些有害你的安全和确定的地位的事情。我请苍天、大地、我们之间的友谊为证，我事先告诉过你，我的警告不是没有理由的；但是，凯撒取得了胜利，在和他见面弄清他的想法以后，我就给你送去进一步的消息。

如果你认为凯撒的政策一直会是放走他的对手和倡导和平，那么你就错了。他的意图以及这些意图的表达是残酷无情的。在离开罗马的时候，他甚至对元老院发火，他显然对最近受到某些保民官的干预非常恼火。我庄严地向你发誓，不可能有任何怜悯。因而，如果你还顾及你自己、你唯一的儿子、你的家庭、你的前景，如果我和你优秀的女婿对你还有什么影响（你一定不会希望我们不幸福，所以你不会迫使我们讨厌或放弃我们的事业，或者把一种并不神圣的愿望寄托在你自己身上，我们的事业的成功依赖于我们自身的繁荣），那么请你考虑这一点，无论在你最初的犹豫之上又发生了什么令人厌恶的事情；当凯撒还没有取得胜利的时候，你躲避他，不想冒犯他，而在凯撒取得胜利的时候，你却加入了战败者逃跑的行列，我要说这是极为愚蠢的。你至少要想一想，对“高尚”缺乏热情是你的耻辱，你在选择高尚事业时缺乏决心。

如果我不能让你完全信服，无论如何你要等待，要收集消息，搞清应该如何介入西班牙的事情，这些事情都取决于凯撒的到来。当你的朋友失去西班牙的时候，我不知道他们还会留下什么希望；进一步说，你的想法是与这些处于穷途末路的人会合，我庄严地向你发誓，我真的不明白你为什么要这样想。

尽管你保持沉默，你和我的亲密关系还是传到了凯撒的耳朵里，他很快就向我表示问候，并且把他听到的有关你的事情都告诉了我。我说我对此一无所知，但我恳求他给你写封信，吓唬你一下，让你留在意大利。他要带我一起去西班牙；如果他不这样做，那么我会尽快与你会合，无论你在哪里；在你靠近这座城市之前，我要敦促你对我个人许下诺言，我会用我的全部力量不让你离开。

西塞罗，请你反复考虑一下，不要给你和你的朋友带来毁灭，或者睁着双眼落入沼泽；你明白，一旦掉下去，你就再也出不来了。

如果那些贵族的观点在干扰你，或者你不能忍受其他某些人的吹嘘，那么我的建议是你应当选择某些适当的、不受战争影响的城镇居住，以此解决这些问题。如果你这样做的话，不仅我会断定你采取了明智的行动，而且你也会避免冒犯凯撒。

[17]

凯留斯致西塞罗，公元前48年2月，于罗马。

我到了西班牙，然而比在福米埃的时候有了更多的遗憾，当时你启程去和庞培会合！好吧，我只希望阿庇乌斯·克劳狄能站在我们这一边，或者盖·库里奥能站在你那边。因为我和后者的友谊诱使我参与了这项该死的事业。我确实意识到，一方面是愤怒，另一方面是热爱，剥夺了我健全的理智。你也一样，记得那天我在夜间启程去阿里米努姆，我见到了你，而你摆出一副令人敬佩的公民的样子，你给了我与凯撒和平的消息——我要说你没有履行一位朋友的义务，没有为我将来的利益做任何事情。我这样说并不是因为我对我们的事业失去了信心，我请你相信，我现在宁可尽快上吊，也不愿看到我们在这里的这些同伴的样子。

确实，这些人要不是害怕你们庞培派的残忍，可能早就跑回罗马去了；这里的人，除了一些放高利贷者，不会有一个人和一个等级不是庞培派。呃，我本人现在成功地混迹于平民之中，他们先前站在我们这一边，而现在站在你们那一边。你说“你为什么要这样做?”啊，等一等，看我下面说些什么。我的意思是你们一定要取得胜利，无论你如何反对。当你看到我像加图一样的时候，你会感到惊讶吗？我想你似乎已经睡着了，至今未能察觉可以攻击我们哪个地方，不知道我们的弱点在哪里。是的，我会采取行动，不抱任何获得奖赏的希望，而仅仅是出于纯粹的悔恨和羞愧；按照通例，这对我的影响超过其他任何事情。你在那边做什么？等待一场凯撒自信能取得胜利的战斗吗？关于你的力量我一无所知。我们的人已经有了这样的习惯，进行一场顽强殊死的战斗，让寒冷和饥饿变得好受一点。

第九卷

[1]

西塞罗致马·特伦提乌斯·瓦罗[①]，公元前46年初，于罗马。

阿提库斯把你写给他的信读给我听，从中我得知你在做什么、你在哪里，至于什么时候能见到你，我从这些信中没有得到任何暗示。然而，我开始希望你很快就能到达，但愿它能给我带来安慰。我们深受众多邪恶的压迫，除了彻头彻尾的傻瓜，没有一个人会希望这种情况有所缓解。然而，即

① 马·特伦提乌斯·瓦罗（M. Terentius Varro），公元前116年生于莱亚特。他是罗马最博学的学者。西塞罗不太喜欢他，认为他不诚实、诡计多端。西塞罗给他的信是“冷冰冰的、勉强的、做作的”。

便如此，也许你仍旧能给我，或者也许我仍旧能给你某些帮助。

你必须知道，自从来到这座城市，我已经与我的老朋友们和解，换言之，与我的书和解。然而，这不是因为我对它们生气，把它们撂在一边，而是因为它们使我感到有点可耻。在我看来，由于那些完全不可靠的同伴，我陷入了纷争的泥潭，我不太愿意服从他们的指示。他们原谅了我，请我恢复和他们原有的亲密关系，并且说你比我明智，因为你仍旧对他们保持忠诚。我发现他们现在高兴了，我想我抱有这样的希望是对的，如果见到你，我就很容易克服这些紧迫的、威胁着我们的未来的困难。所以，为了能够在一起，无论是否已经决定我去你在图斯库兰的别墅或在库迈的别墅见面，或者是在罗马（这是我最不喜欢的）见面，我能确定的是，见面地点应当按照我们各自是否方便来判断。

[2]

西塞罗致马·特伦提乌斯·瓦罗，稍迟于公元前46年4月20日，于罗马。

卡尼纽斯[①] 是我的朋友，也是你的朋友，有一天晚上，他很晚的时候上我这里来，告诉我次日很早就要去你那里。我告诉他我有些东西要给他，让他第二天早晨来拿。我连夜写了一封信，但他没有来。我得出结论，他把这件事给忘了。要不是这位卡尼纽斯告诉我你在第二天一早就会离开你在图斯库兰的庄园，那么我无论如何就会把这封信通过我的朋友送出。但是你瞧，几天以后，卡尼纽斯在一天早晨出其不意地到我这里来，告诉我马上就要去见你。尽管我提到的这封信已经过时，尤其是它写成以后又有一些重要的消息，然而我不想让我夜间的劳动白费，所以就把那封信交给了卡尼纽斯。我

① 可能是卡尼纽斯·伽卢斯（Caninius Gallus），公元前56年担任保民官。西塞罗公元前55年为他辩护。

把他当做一位博学的人、你的一位忠诚的朋友和他谈话，我想他会把我们谈话的内容全都告诉你。

我现在向你提一个建议，这也是给我自己的建议——如果我们不能轻易回避人们的舌头，那么我们应当回避人们的眼睛。那些由于获胜而洋洋得意的人把我们视为战败者，而那些对我们朋友的战败感到懊悔的人对我们仍旧还活着感到痛心。你也许会问这是为什么，而我和你一样，无法摆脱这种困境。我不怀疑，你有着比我和其他人更加敏锐的洞察力，你当然能洞察一切，没有任何事情能逃避你的眼睛。但是我要问你，在伸手不见五指的夜里，有谁能像林扣斯[①] 一样绝对不会摔跤？

很久以来，我一直感到自己离开罗马去其他地方是一件好事，因为这样就可以避免看见这里发生的事情，听到这里的人在说些什么。但是我这个人过于自责，我想无论谁碰到我，无论他有什么想法，是否怀疑我，都会说“这个家伙要么是害怕，因此逃跑了，要么是想搞什么阴谋，他已经备好了一条船”。简言之，哪怕是最不怀疑我的人、最了解我的人，都会假定我的离去是由于我的眼睛不能忍受某些人的注视。由于我的这些疑心，所以我仍旧要留在罗马。总之，有大量的、我听不懂的闲话让我的脾气变得冷漠无情。

我已经把我坚持这种策略的理由给了你。我想，这本来是你自己应当做的事——趴在原地别动，直到所有这些欢欣鼓舞都凉下来，与此同时，等待事情最后确定的方式——我想事情已经确定了。然而，这一点更多地取决于征服者的脾气和事情的结局。然而，我知道我的推测会把我带向何方，我会一直等待事情的结果。

我确实不喜欢你到百埃来，除非这些流言蜚语销声匿迹以后；到那时人们对我们就要相信得多，甚至我们离开罗马也会被认为是去那些地区散散

① 林扣斯（Lynceus），希腊神话中的阿耳戈斯英雄，去海外寻找金羊毛，有着敏锐的目光。

心，而不是去洗海水浴。[①] 但是，你能比我更好地判断这一切；只要我们定下心来——让我们像从前一样在一起生活，在学习中寻找乐趣，在学习中寻找我们的拯救；如果有谁想要使用我们，不仅是作为共和国的建筑师，而且哪怕是当一名泥水工，我们也不会有丝毫拖延，而会迅速前往；如果无人需要我们服务，我们无论如何可以研究“政治制度”；如果我们不能在元老院和市政广场的讲坛上努力支持这个国家，那么就像古代最伟大的哲学家所做的那样，让我们在书本和写作中考察伦理和法律。这是我的意见，至于你本人，如果你写信给我，告诉我你打算做什么，你的观点是什么，那么我会非常感谢。

[3]

西塞罗致马·特伦提乌斯·瓦罗，稍早于公元前46年4月20日，于罗马。

尽管我不知道该写些什么，但我仍旧不可能让卡尼纽斯空着手去见你。那么我写些什么好呢？好吧，我想到的是你的希望——要求我尽快来见你。然而，我请求你考虑一下，当在这个国家里，可怕的大火还在熊熊燃烧的时候，我们待在你说的这个地方是否正确。这样做就会给人以口舌，这些人不知道我们无论在哪里都仍旧保持着原来的生活方式和饮食习惯。无论我们做什么，我们都将成为流言蜚语的主角。所以我们必须尽可能接受巨大的痛苦，免得在整个世界被各种罪恶和不道德吞噬的时候，我们在一起度假或者与各自社交圈里的人来往引来诽谤。

然而，我漠视这些哥特人，没有谁比我更了解他们，我会追随你的引导。因为尽管这里满目凄凉，不可能还有比这更悲惨的地方，但我们的文学创作仍旧可以大丰收，超过从前，无论是因为我们目前没有其他事情可做，

① 百埃（Baiae），一处海滨胜地。

还是因为疾病的严重迫使我们需要药物治疗，现在这种药物已经显现，虽然我们身体健康时察觉不到它的功用。

但是我为什么要对你讲这些教条——给雅典送猫头鹰——它们是在你家里诞生的？当然了，没有什么理由，只是为了让你可以给我回信，等待我的到来。我肯定你会这样做的。

[4]

西塞罗致马·特伦提乌斯·瓦罗，公元前 46 年 6 月初，于图斯库兰。

你必须知道我按照狄奥多洛斯[①] 的定义来判断事情的“可能性”。因此，如果你要来，你必须知道你的到来是“必然的”；如果你不来，那么你的到来是“不可能的”。现在想一想，哪个判断给你带来的快乐更大，是克律西波的判断[②] 还是这个判断，我们的老师狄奥多图消化不了这个判断。但是这些事情等我们有空的时候再来谈论；因为按照克律西波的说法，这也是可能的。关于科凯乌斯，我对你负有义务；因为我也赋予阿提库斯同样的使命。如果你不能来见我，那么我会尽快去见你。如果你的图书馆有花园，我们就有了我们想要的一切。

[5]

西塞罗致马·特伦提乌斯·瓦罗，公元前 46 年 5 月底，于罗马。

我确实认为 6 月 5 日是一个恰当的日子，不仅因为体制发生的危机，而且因为每年的这个季节。因此，我赞成你对日期的选择，并且对我的时间做相应调整。

---

① 狄奥多洛斯（Diodorus），一名麦加拉的哲学家。

② 克律西波给可能性下的定义与狄奥多洛斯不同，他把可能性定义为如果环境不阻碍就能够发生。

至于我们采取的方针，[①] 我不认为我们必须后悔，即使那些没有采取这种方针的人现在也没有理由后悔他们的决定。因为引导我们的不是希望，而是义务感；另外，使我们转向的不是义务，而是一项毫无希望的事业。因此，我们比那些从来都没有离开家的人更有荣耀感，比那些耗尽一切资源再也不回家的人头脑要清醒。我讨厌严厉批评那些什么也不做的人；但无论如何，我更尊敬那些在战争中倒下的人，超过仍旧和我们一样还活着的人，而他们对我们仍旧还活着不满意。

如果我有时间于 5 日前到达你在图斯库兰的庄园，那么我会在那里见到你；要是不行，我会尾随你去你在库迈的庄园，我会事先通知你，以便你的仆人把浴盆准备好。

[6]

西塞罗致马·特伦提乌斯·瓦罗，公元前 46 年 6 月底，于罗马。

我们的朋友卡尼纽斯带来了你的口信，提醒我给你写信，把我认为你必须知道的事情告诉你。好吧，人们在急切地等待他的到来——我指的是凯撒——你自己很清楚这件事。然而我相信，他在来信中说他自己想去他在阿尔昔乌的庄园，但他的朋友们写信告诉他不要去；他们说那里有许多人对他很生气，他对那里的许多人也很恼火；对他来说在奥斯提亚登陆似乎更方便。然而，希尔提乌告诉我，他本人，还有巴尔布斯和奥庇乌斯，都写信给他要这样做——我可以确定，这些人对你是忠诚的。

我希望你知道这件事，为的是你可以知道在哪里为你自己准备住处，或者说你可以在两个地方这样做。因为他会做什么是不确定的，顺便提一句，我清楚地向你表明我和这些人关系密切，经常分享他们的建议，我看不到有什么理由我会不情愿这样做。因为承受必须承受的事与赞同一定不能赞同的

① 即首先加入庞培，然后撤出战争。

事根本不是一回事。尽管除了最初的开端，我确实不知道什么事情是我“不应当赞同”的，我们最初的选择是出于自愿。当然了，我看到——你在海外——我们的朋友想要战争，而凯撒不太想要战争，他也不害怕战争。所以，最初是需要慎重考虑的，而随后的事情是不可避免的，某一方的胜利也是不可避免的。

我们不仅看到了席卷一切的灾难，军队及其统帅的毁灭，而且看到所有灾难的高潮是内战的胜利，我知道你总是和我一样悲伤——我确实害怕这种胜利，哪怕胜利的一方是我们曾经加入其中的人取得的。这是因为他们嗜血如命，他们甚至威胁那些不再有力反抗的人，你的情感和我的语言对此都极度厌恶。当前时刻，如果胜利者确实是我们的朋友，那么他们的愤怒不会有什么约束。他们已经对我们非常愤怒，尽管我们已经决定要采取行动保证我们自身的安全，对此我们并没有赞同他们的做法。只要对国家有利，我们应当寻求保护和帮助，哪怕是向那些野蛮的牲畜，而不是全部去死。但我们仍旧活着要有希望，如果没有最好的希望，至少也要有某些希望。

你说我们生活于其中的共和国陷入混乱状态。确实如此。然而很多人除了他们自己没有其他资源可以用来抗拒历史的兴衰。就在这个问题上，我前些时候的评价与我的想法没有什么差距。事实上，我一直把你当做一名伟人，因为在暴风骤雨中，你几乎独自安全抵达港湾，在学问中获取丰收，思考理论，处理命题，快乐无比，你对学问的喜爱胜过其他人喜爱活动和娱乐——所以，我现在要把你在图斯库兰的日子当做生活的典范，自觉自愿地把拥有的一切交给这个世界，以便得到像你一样生活的允许，不受任何暴力的干扰。

这种生活也是我所熟悉的，只要能够做到，我更愿意在我们的共同学习中寻找休息。我们的国家既不能也不会拒绝我们对她有利的服务，谁会拒绝让我们返回？这种博学者的生活方式也许是错的，但有许多人认为，哪怕是与国家利益相比，这种生活方式更可取。在杰出人士的意见中，如果这样的学习能在履行公务的时候提供一种休息，我们为什么不去充分利用？

我正在越出卡尼纽斯的指示，因为他只要求我写我知道而你不知道的事情；而我告诉你的这些事情，你比我知道得还要多。因此，我只做要求我做的事——不让你对这场危机一无所知，我知道这是你有兴趣想要知道的事情。

[7]

西塞罗致马·特伦提乌斯·瓦罗，公元前46年5月底，于罗马。

我正在与塞乌斯一道吃饭，这时候你给我们俩分别写的信送到了。我确实认为这是一个恰当的时间，不早不晚。因为我以前骗了你，[①] 所以我现在要向你坦白我的淘气。我想要你待在离我比较近的地方，这样可以有机会获得拯救——你知道“两个人”[②] 是什么意思。现在所有事情都已经结束，我们一定不要对“马匹和士兵”犹豫不决。当我听到小凯撒[③] 的事情时，我对自己说：“他会怎么对待我？”所以我一直没有停止和这些人一道吃饭。你说我该怎么办？识时务者为俊杰。

不开玩笑了，尤其是我们没有任何事情可笑，“阿非利加这片可怕的土地正在奄奄一息”，各种可能有的“令人讨厌的”因素让我害怕。关于你的问题：“什么时候，走哪条路，去哪里？”好吧，到现在为止我一无所知。至于你自己的有关百埃的想法，有些人认为他会穿越撒丁岛回来。因为他到现在还没有视察过他在那里的地产。他占有的土地很差，但他不会轻视这些土地。我本人更倾向于认为他会穿过西西里到维利亚，我们很快就能知道了，因为多拉贝拉正在返回家中，我假定他会像我的老师一样采取行

---

① 指建议瓦罗和他一道生活在图斯库兰或库迈。

② “两个人一起行走，每个人都出主意，对事情会更有利。”荷马：《伊利亚特》第10卷，第224行。

③ 卢·凯撒（L. Caesar），公元前64年的执政官，小凯撒于公元前49年内战开始时加入庞培，在庞培与凯撒之间传递消息。

动，“青出于蓝而胜于蓝”。但无论如何，如果我知道你已经决定做什么，我会调整我的策略，使它符合你的情况。这就是我急切地等待你的来信的原因。

[8]

西塞罗致马·特伦提乌斯·瓦罗，公元前45年7月11日或12日，于图斯库兰。

索要礼物，无论是什么人，抱着什么希望，哪怕是对普通人来说都不是常事，除非他们非常激动；但不管怎么说，我迫切地想要得到你许诺的东西，所以我要提醒你一下，但我肯定不是在索取。但是，我用来提醒你的东西是给你送上一曲四重奏，① 我不怕你说我不谦虚。因为你当然知道新学园派的人是有点厚颜无耻的。我把他们从学园中划出来，把他们打发了；而现在我担心他们可能会向你索取，而我的指示仅仅是一项请求。但无论如何，我长时间焦急地等待，我约束自己，不给你写信，直到我收到你的某些东西，为的是尽可能做到礼尚往来。但是由于你写得太慢了，换句话说（我是这样解释的），你太努力了，所以我无法再约束自己，我要对你说清楚，以我能做到的这种形式交流，我们在学习和情感上的一致会把我们紧密地联系在一起。

我已经创作了一篇对话，场景是我在库迈的庄园，和我们在一起的还有庞波续斯。我让你扮演安提奥库斯的角色，我知道你赞同他的观点，而我自己则扮演斐洛的角色。

我想，读到它的时候你会感到惊讶，在对话中我们表达自己的看法，就好像我们从来没有这样表达过似的。但是，你知道写对话是怎么回事。

---

① 在这封信中，西塞罗把他的《学园派哲学》后篇（Academica Posteriora）题献给瓦罗，这篇文章有四卷，第一卷的一部分留存至今。

然而，我亲爱的瓦罗，如果你乐意，我们以后相互之间会有许多圆满的对话，也谈论我们自己。我们可能还要等待很长时间。但是，让共和国的命运对已经过去的一切承担责任。而当前，它和我们一样需要保护。我多么希望能够指责我们在某些已经建立的体制下，在和平时代共同进行的学习——它也许不能令人满意，但无论如何是确定的。然而即使在这种情况下也会有其他某些考虑，我们可以承担某些光荣的工作和责任。然而，除非我们要学习，我们到底有什么理由想要活着？对我本人来说，即使是在学习，我也几乎不想活了。但若我的学习被剥夺了，我就更不想活了。这个问题谈够了，直到我们见面，到那时我们可以更加频繁地交谈。

你改变了住处，购置了新的东西，我原先的担忧应该变成高兴，我赞同你在这件事情上的决定。多保重。

[9]

多拉贝拉[①]致西塞罗[②]，公元前48年5月，于伊庇鲁斯凯撒的军营。

如果你一切都好，我会非常高兴。我很好，我们亲爱的图利娅也确实非常好。特伦提娅健康欠佳，但我完全可以确定她已经恢复了。你家里的其他一切都很好。[③]

尽管我从来没有一个时候能够合理地使你相信我催促你加入凯撒和我们这些人或者去过一种闲暇的生活，这样做既有利于你自己，也有利于我们这个派别，但是现在，尤其是胜利的天平已经在向我们倾斜的时候，我甚至不可能去责备其他人，我相信，作为你孝顺的女婿，我不能保持沉默，而应当

① 多拉贝拉于公元前51年离婚后与西塞罗的女儿图利娅结婚。多拉贝拉是凯撒的支持者，在法塞利亚、阿非利加、西班牙等地为凯撒战斗，公元前44年成为执政官。

② 此时西塞罗在庞培的军营中，受到凯撒的封锁。

③ 多拉贝拉得知有关西塞罗家庭的消息比西塞罗本人还要晚，因为当时整个意大利掌握在凯撒的朋友手中。

向你提出建议。

亲爱的西塞罗，我肯定你会接受下述建议，无论你赞成与否，你要知道这些建议是抱着世上最美好的意愿想象出来的，是带着对你最深厚的爱写下来的。

你看到，让格·庞培得到保护的既不是他的名字和成就的魅力，又不是他经常自夸拥有的众多国王和民众的帮助，甚至不是任何最低等级的人都可以认领的这种恩惠——逃跑而不遭到羞辱的可能性——但这种恩惠却不能授予他，他被赶出意大利，他失去了西班牙的两个行省，他的由老兵组成的部队被俘虏了，最后他本人现在想要缔结和约——这种事情我相信对我们的任何一位将军来说都是史无前例的。因此，你要用你通常考虑问题的睿智集中精力想一想，“他或你到底能希望什么？”这样，你就能最容易地做出对你最有利的决定。现在我向你提出这个请求，如果他现在已经成功地躲避了这场危险，在他的舰队中藏身，那么你应当考虑你自己的利益，至少要做你自己的朋友，而不是做一位先来者的朋友。你想要履行自己的义务或者亲密的友谊——只要你愿意，随你叫它什么——想要忠于你的党派，想要维护你赞成的体制，这些要求都能得到满足。

对我们来说，现在剩下要做的唯一事情就是站在那里，观看新体制，而不是去追求旧体制，我们要自己去发现新体制，而不是和其他人一道去发现。因此，我最亲爱的西塞罗，如果把庞培从这些地方赶走，他被迫去了其他地方，而你本人能设法去雅典或其他平静的地方，那么你会很乐意的。如果你打算这样做，我希望你能写信给我，这样的话，只要有可能，我一定设法去与你会合。

其他有关你的处境的事情你必须向我们的统帅提出要求，凯撒非常仁慈，你本人可以先向他提出。我在想，我本人对他的影响也是不小的。你也能看到我的送信人非常体面和谦恭，他会带着你的信回到我这里来。

[10]

西塞罗致多拉贝拉，公元前46年12月或公元前45年1月初，于罗马。

我不敢让我们的朋友萨维乌斯[1]空手离我而去。但是我确实不知道该写些什么，除了说我非常喜爱你；而关于这一点，哪怕一个字不写，我也敢肯定你也不会有任何怀疑。总的说来，我更有理由等候你的信，而不是你等候我的信。因为在罗马没有发生什么你会在意想要知道的事情——除非你确实想知道我正在我们的朋友尼昔亚斯和维底乌斯之间扮演仲裁者的角色。[2]我在想，维底乌斯借给尼昔亚斯一些钱；尼昔亚斯作为一个标准的阿里斯塔库的信徒，像古代的鉴定家一样在借据上画上了记号，而我不得不确定它们是原来就有的呢还是后来添加的。

看到这里，我想你会说："你忘了我们在尼昔亚斯的餐桌上享用美味的蘑菇了吗？还有那些大虾，以及促进食欲的风趣的对话？"你这样说是什么意思呢？你假定我原有的严峻风格已经彻底放弃，甚至在法庭上也看不到一丝一毫我原先给人留下深刻印象的风格了吗？但是，在审案中我将看到我们最有魅力的同行体面地为当事人洗刷罪名；我不会如此愚蠢，乃至于在我已经对他做出谴责以后给你机会去为他辩解，而博萨·普兰库斯则可以让人教他认字。

但是我能做什么呢？因为我无法确定地知道你的心灵是否安宁，或者就像战争期间常有的那样，处在焦虑状态，但我扯得太远了。所以，当我绝对肯定你已经做好笑的准备的时候，我会更加详细地给你写信。但我仍旧必须告诉你，人们听到有关普·苏拉的死讯时非常激动，直到他们知道这是事实。现在他们已经停止询问他是怎么死的了。他们认为知道这个家伙已经死了也就够了。对我本人来说，我会理智地对待这件事；我唯一担心的是凯撒

---

① 萨维乌斯是阿提库斯的一名奴仆。

② 尼昔亚斯·库提乌斯（Nicias Curtius），科斯岛人，一位语法学家，多拉贝拉的亲密朋友。维底乌斯（Vidius）持有尼昔亚斯的一些借据，但尼昔亚斯宣称它们是伪造的。

的拍卖会失败。

[11]

西塞罗致多拉贝拉，公元前 45 年 4 月末，于费库莱亚。

我希望你收不到我的信的原因是我本人死了，而不是由于这场把我击垮了的沉重的灾难[①]——如果你在这里，我本来可以比较冷静地承受这场灾难。因为你睿智的话语和对我的无比热爱能极大地缓解我的悲伤。如我所假设的那样，由于我很快就会去见你，你会发现我处在这样一种状态，从你的陪伴中我能得到许多益处。并非我已经崩溃，好像要么已经忘了自己只是个凡人，要么认为在命运的打击下低头是对的。但无论如何，我的口才被剥夺了，过去我曾用它来让你愉快，超过其他所有人。基于上述原因，你会发现我的心灵的力量和决心（如果我曾拥有这些美德）和你离开我的时候是一样的。

你写信告诉我，你正在代表我战斗。[②] 好吧，但我并不急于看到你驳斥那些对我的诽谤，因为我希望人们明白，你仍旧爱我——人们确实明白这一点。我再三请求你原谅我给你回信的简洁。因为我在想，不仅我们很快就会见面，而且我也没有完全康复到有力气写一封很长的信。

[12]

西塞罗致多拉贝拉，公元前 45 年，约 12 月 7 日，于庞贝或福米埃。

如果事情像你所写的那样是真的，我们的百埃[③] 突然变得那么有益于健康，那么我要向它表示祝贺。当然了，只要你在那里，你对它的喜爱，它对

---

① 指西塞罗之女图利娅之死，她与多拉贝拉已经离婚。

② 西塞罗受到他的侄儿小昆图斯的攻击，多拉贝拉为他辩护。

③ 地名，海滨胜地。

你的奉承，都会使你忘了你从前在那里遇到的诡计。确实，如果事情是真的，为了你的便利，天地都会停止施暴，那么我对此丝毫不会感到惊讶。

你向我要那篇小小的为戴奥塔鲁斯辩护的演讲，我把它带在身边，虽然我以为自己没带。所以我把它送去给你，我要你记住，你在读的时候要知道这是一个乏味的案子，不值得大写特写。但我想送给我的老房东和朋友一件礼物——一件粗糙的织物，他自己的礼物也经常是这样的。我希望你具有明智和勇敢的精神，用你的节制和尊严击败其他人的恶行。

[13]

西塞罗致多拉贝拉，公元前 45 年 1 月，可能于罗马。

开来斯的盖·萨伯纽斯不仅是我的朋友，而且与我的好朋友雷必达有密切联系。为了躲避战争，他在战前与马·瓦罗一道去了西班牙，可是我们中没有人认为这个行省在阿弗拉尼乌被打败以后就不会再有战争了，他在那里发现自己被各种邪恶包围，他努力想要躲避。由斯卡普拉提出动议，而庞培给予大力推动的这场战争突然爆发，他没有任何办法能逃避战争带来的不幸。

实际上，马·普拉纽斯·赫瑞斯的情况也一样，他也是开来斯人，和我们的朋友雷必达关系密切。这两个人我请你给予关照，我不可能带着更大的关切、热情或焦虑把他们托付给你了。我对他们这两个人本身感兴趣，对我产生影响的不仅是友谊，而且是人道。然而，由于雷必达陷入了困顿，受到了伤害，所以我要和他同甘共苦。由于这个原因，虽然我多次感受到你的诚挚的热情，我仍旧要你对此做出保证，我会按照这件事的结果来评价你的热情，而不是根据其他任何事情。

因此我要向你提出请求，如果你允许，请你赦免这些由于无人可以躲避的厄运，而不是由于自身的错误而遭遇不幸的人；请你不要反对我把这种恩惠不仅赐给我的这些朋友，而且赐给开来斯的自治镇，我与它有密切联系，第三我要赐给雷必达，我对他的尊敬超过其他任何人。

我确实没有想到要说什么与这件事特别有关的话，但我这样说仍旧是无害的——他们中一个人的财产非常有限，而另一个人的财产几乎不是一名骑士应当拥有的。因此，由于凯撒的仁慈已经保全了这些人的生命，他们也没有什么东西可被剥夺，所以如果你像我肯定的那样热爱我，那就请你支持让这些可怜的人返回，他们唯一的障碍就是路途遥远，但他们不会躲避的，这样一来他们就可以和家人生活在一起，死在自己的家里。

请你为了实现这一目标而努力，把这件事办好（我不怀疑你有能力做到）——这就是我诚挚地再三请求你做的事。

[14]

西塞罗致多拉贝拉，公元前44年5月3日，于庞贝。

亲爱的多拉贝拉，尽管我对你赢得的荣誉非常满意，我从中得到的幸福和快乐非常充裕，但我仍旧不能承认我的最大快乐就是我的一个合伙人写信给我所说的、受到你赞扬的大众的看法。我还没有见到任何人（我每天都要见许多人，大量忠诚的公民为了他们的健康来到这些地方，更不用提我有许多亲密朋友从乡下来到这里）用最美好的词句赞扬你，把你捧上天，向我不断地表达最热烈的谢意，说他们不怀疑这是因为你遵从了我的建议，你正在证明你自己是一位优秀的公民和一位无与伦比的执政官。

现在，我可以按照事实对他们做出回答，你做任何事情都是按照你自己的判断，出于你自己的意愿，你不需要任何人的建议，我也绝对不同意他们的假设，免得贬低你的荣誉，让人以为你所取得的成就都是由于接受了我的建议，或者是由于我强烈地加以反对。因为我对荣耀的追求甚至超过合理的地步。

毕竟，对众王之王阿伽门农本人来说不算丢脸的事——让涅斯托耳帮着出谋划策——对你本人的尊严来说并非不相容，而对我来说可以值得骄傲的是，你作为我训练出来的一名学生，能在还很年轻的时候就担任执政官。

卢·凯撒生了病，四肢酸痛，我去拿波勒斯探望他，一见面他就说："我亲爱的西塞罗，我要向你表示祝贺，你影响了多拉贝拉；如果我一直和我的外甥待在一起，那么我们现在已经安全了。至于你的多拉贝拉，我既要向他表示祝贺，也要向他表示感谢：确实，自从你担任执政官以来，他是唯一我们可以真正地称之为执政官的人。"说完这些话，他提到你的众多功绩和成就，说这是有史以来最辉煌、最卓越的行动，对国家最有利。当然了，这是所有人挂在嘴上的说法之一。

然而，我请求你允许我提及这一属于另外一个人的虚假遗产，如果我可以这样称它的话，让我痛苦地成为你的名望的合伙人。然而，我亲爱的多拉贝拉（我最后这句话是在开玩笑），我会更加高兴地把我的声望全部转移给你——只要我还有什么声望——而不是从你这里提取属于你的部分声望。因为，我不仅总是高看你，如你所能明白的那样，而且我对你的热爱也绝不亚于你最近对我的热爱，在爱的历史上，不会再有更加炽热的爱了。用我自己的话来说，没有比这更勇敢、更公平、更美好、更可爱的行动了。

现在来说马·布鲁图。你知道我始终热爱他，他是一位杰出的天才，他的性格富有魅力，他无比地公正和坚定。然而 3 月 15 日，在我对他的爱之上又添加了许多东西，我担心我的心中是否还有空间能容得下我对他的爱而不至于流淌满溢。世上有谁认为我对你的爱有可能再增加？好吧，自从我第一次见到你以来，我对你的爱确实增加了许多。

那么，我现在为什么要鼓励你服从你的高位和名声的召唤？我是在以平常鼓励人的方式在你面前树立一个优秀的榜样吗？我找不到比你本人更优秀的榜样。所以，你只需要模仿你自己，做你自己的竞争者。你的成就已经如此辉煌，你甚至没有权利降低你自己的标准。

既然如此，我没有必要对你进行鼓励，这一时机更适合用来表示祝贺。这是你幸福的时刻（我想它是绝无仅有的），你可以采取相当严厉的措施，但远非令人恐慌，以此获得所有优秀公民和等级最低的民众的热烈欢迎。如果说迄今为止你由于命运的垂青而如此幸运，那么我应当只对你的幸运表示祝贺；然而不对，它是一种伟大的精神与伟大的能力和谨慎相结合的产物；我已经读了你的讲演，它是有史以来最机敏的。所以，你一开始是在慢慢地摸清道路，现在则是逼近目标，以后又会远离它，这是普世公认的心理状态，当你采取严厉措施的时候，以及通过事实本身，你会体验到。

你使这座城市脱离了危险，使这个国家摆脱了恐惧，不仅为我们当前的福利做出了贡献，而且还为将来开了先例。在此之后，你必须看到这个体制不仅依靠你的保护，而且要赐予那些开创了一个自由时代的人以荣誉。

等我们见面时会有更多的话要谈，我希望我们能尽早见面。至于你本人，现在你是共和国和我们所有人的保护人，我亲爱的多拉贝拉，你一定要采取各种预防措施来保护你自己的生命。

[15]

西塞罗致卢·帕皮留斯·派图斯[①]，公元前46年10月中，于罗马。

我要答复你的两封来信——一封是四天前泽苏斯送来的，另一封的送信人是你的信使斐勒洛斯。你的前一封来信使我明白，你非常感谢我记挂你的健康，你由衷地对我的担忧表示感谢，也使我很高兴。但是，请你相信，没有任何信件可以给你完全真实的感谢。因为尽管我明白有人在讨好我，许多人奉承我（我不能否认），但没有人能比你引起我更多的注意。因为你对我的热爱在以往数年中从未间断，这确实是伟大的，也许是最大的值得赞美的事情，但毕竟还有其他许多人也这样做；而你本人的可爱、魅力、各方面令人愉快的性情——这是你独一无二的。

此外，还有你的机智，它不是阿提卡式的，而是比阿提卡作家更加尖锐

① 卢·帕皮留斯·派图斯（L. Papirius Paetus），一位博学的伊壁鸠鲁主义者，他躲避政治。

的——罗马古老城市式的机智。在我看来（你可以考虑你喜欢什么），幽默以及大部分土生土长的东西，都很有魅力，尤其是当我看到它还带有某种拉丁姆式的粗鲁，而现在各个行省的风俗流入我们的城市，伴随着各式各样的短裤和山外高卢的氏族一齐到来，所以我们已经看不到任何一丁点令人愉快的优良古风。[①] 所以，每当我看到你，我就像真的见到了所有格拉纽斯[②]，所有鲁西留斯[③]，是的，还有克拉苏和莱利乌斯[④]。如果我能发现除了你还有一个人留下，在他身上我能找到任何与古代的、土生土长的诙谐相似的东西，那么我可以去死。所以，你对我的诚挚的爱，再加上这些机智的火花，当你受到疾病折磨时我会担心得要死，对此你会感到惊讶吗？

至于你在第二封信中的道歉，你不反对我在拿波勒斯购买一所房子，而只是建议我要小心，你说得很好，这正是我要注意的。与此同时，我还从你的后一封信中明白了，在你看来我没有权利去做我认为我可以做的事情，亦即放弃政治活动，不是完全放弃，而是大部分放弃。你引用卡图鲁斯[⑤] 以及他那个时代的所有人的话来反对我。我看不到有什么可比性。呃，在那个时候，我本人没有任何意愿要从保卫共和国的事业中退却。因为我当时坐在船尾掌舵，而现在，在这艘船的船尾积水之处根本没有我的立足之地。

你真的认为如果我在拿波勒斯，元老院的法令会更少吗？而现在我在罗马，不断地出现在市政广场的讲坛上，但与此同时，元老院的法令在我那位溺爱你的最亲爱的朋友[⑥] 家中起草。确实，每当有法令拟就，我的名字就写在上面做见证，我得到通知，说元老院的某些法令在进行讨论之前就已经按

---

① 西塞罗讽刺凯撒赋予高卢人以罗马公民权，甚至接受高卢人进元老院。山外高卢人被称做“穿短裤的”（bracati），意大利北部的高卢人被称做“穿长袍的”（togati），伽利亚的大部分高卢人被称做“长头发的”（comati）。

② 昆·格拉纽斯（Quintus Granius），一位著名的拍卖师，善于说笑。

③ 鲁西留斯是著名的诗人和戏剧作家。

④ 克拉苏和莱利乌斯不仅是优秀的演说家，而且非常机智。

⑤ 昆图斯·鲁塔提乌·卡图鲁斯（Quintus Lutatius Catulus），一位正直的贵族派，公元前 78 年的执政官，反对赋予庞培过多的权力。

⑥ 一般认为指凯撒，也有人认为指巴尔布斯。

照我的意愿送往亚美尼亚和叙利亚。请你一定不要认为我是在开玩笑，我要让你知道，我不断收到一些世上最遥远的国家的国王的来信，他们在信中感谢我投票支持授予他们国王的头衔，而我不仅对他们得到头衔一无所知，而且不知道他们的存在。

那么该怎么办呢？当然了，只要我们的朋友、这位“凡人的统治者”[①]还在这里，我会遵循你的建议，但是当他离开的时候，那就快走，摘你自己的蘑菇！如果我在那里有所房子，我会设法让这部限制浪费的法令所允许的一天变成十天。如果我找不到一套适合我的房子，我决定住到你家里。我肯定我不会做其他更令你感到高兴的事情了。我现在开始对苏拉的房子感到绝望，如我在最后一封信中所说，但我还没有完全放弃这个主意。我应当像你信中所建议的那样，让你带上工匠去视察。如果墙和屋顶找不到毛病，其他一切都会得到我的赞同。

[16]

西塞罗致卢·帕皮留斯·派图斯，公元前46年7月初，于图斯库兰。

你的来信使我非常高兴，让我最喜欢的是促使你写信的这种爱，因为你担心西留斯的信使会给我带来很大的焦虑，对此你以前曾亲自给我写信——你确实两次用同样的话提到这件事，所以我能轻易地看出你遇上了很大的麻烦。是的，我也要努力回答复你的来信，以便看清事情的发展，我要考虑环境和时间，看我的回信是否能减轻你的焦虑，或者无论如何让它得到舒缓。

但是，我亲爱的派图斯，你最近这封信表明这件事还在引起你的焦虑——无论你使用什么办法（因为现在已经不能再明智地战斗，一个人不得不思考某种策略），都能够在你的朋友中赢得或收获一大堆善意，而我也能通过我的忠诚的努力达到我的目的。凯撒喜爱的那些人已经对我表示顺从，

① 指凯撒。

我相信我掌握了他们的情感。尽管很难区别真正的情感和虚假的情感，除非在有这样的危机发生时，用某些专门的危险来考验友谊的诚实，正如黄金要用火来考验，然而，各种善意还是会表现出来；我用一个特别的证据来说服自己，相信他们的感情是真实的——我本人的处境和他们的处境，这一事实证明他们没有必要伪装他们的情感。

然而，说到把一切权力掌握在手中的他，我看不到有什么可害怕的，只要法律和秩序还没有被抛弃，如果有这样的时候，那就没有任何事情是确定的了。至于说将来会采取什么政策，这取决于愿望，而不取决于另一个人的心血来潮，如果是那样的话，那就没有任何东西可以保证了。幸好，我还没有在任何方面伤害他的个人感情。在这个方面，我确实尽力克制，就好比我前不久认为，只要这个国家仍然存在自由，我就有权自由地讲话，而现在自由已经失去了，所以我认为我无权说任何一句不恰当的或与他的愿望不符的话。我的机智经常引起人家的讨厌，如果我想避免，那么我会放弃我在机智方面的名声；如果能做到，我是不会反对这样做的。

然而，凯撒本人毕竟拥有极为敏锐的洞察力。这就好比你的堂兄塞维乌斯，我认为他是一名最优秀的文人，他能够毫不犹豫地说"普劳图斯从来没有写过这句诗，但他确实有这个意思"，因为他生来就有一双批判性的耳朵，熟知诗人的不同风格，不断地研究它们；以同样的方式，我知道凯撒已经完成了好多卷著作，现在要是把我的作品摆在他面前，他会习惯性地加以排斥；他比以前有更多的事情要做，而他的那些亲密朋友和我在一起，可以说，他们几乎每天都和我在一起。在杂乱无章的谈话中，我可能会提出许多随意的看法，我对他们的批评可能既缺乏文学修饰，又过于尖锐。这些评价会和其他消息一起报告给他，他自己就是这样规定的。结果就是，如果我有什么说过头的话传到他的耳朵里，那么他会认为这些话不值得听。因此你的《俄诺玛俄斯》[①] 对我无效，尽管你恰当地引用了阿西乌斯的许多诗句。

---

① 《俄诺玛俄斯》(*Oenomaus*)，阿西乌斯（Accius）的一出戏剧。

但是你说的妒忌是什么呢？或者说我现在有哪些方面是妒忌的对象？假定我在各方面都是被妒忌的对象。在我看来，只有那些哲学家抓住了美德的真正含义，按照他们的意见，除了做坏事，一个聪明人的过去并不能保证他的一切；在这方面，我想我在双重意义上是无辜的，第一，我的信念完全正确，第二，我看到我们的信念并没有得到充分的支持，所以我认为我们不应该继续与那些更强大的人做斗争。说到一位好公民应当履行的义务，在这方面我肯定不应当挨批评。对我来说，剩下要做的就是不做愚蠢的事，或者鲁莽地反对那些掌权者；我认为这些事情也是聪明人的一部分。然而，其他任何事情——我指的是凯撒会怎么看我，在什么范围内他们与我的联系是真诚的，他们为什么竭力对我表示礼貌和关心，等等——我都无法确定。这样一来，我就用我早先的热切希望以及当前的自我约束来安慰自己；我不在“妒忌”的意义上使用阿西乌斯的著名比喻，[1] 而是转义为反复多变、脆弱的命运必定要被坚定忠诚的精神所粉碎，就好像波涛撞击磐石。我们看到希腊编年史上有大量的事例，说明那些最聪明的人在雅典或叙拉古忍受僭主政制，他们自己享有某种尺度的自由，而他们的国家处在受奴役的状态，既然如此，我为什么不能假定我能够坚持我的立场而不会伤害任何人的感情，或伤害我自己的尊严呢？

现在来谈谈你的诙谐，因为你以阿西乌斯的《俄诺玛俄斯》为导向，像他从前做过的那样，不是上演一出阿梯拉剧[2]，而是追随现代时尚，上演了一出滑稽剧。你跟我唠叨的这种舟鰤是什么？金枪鱼又是什么？大盘装的熏鱼和奶酪又是什么？按照我通常的好脾气，我容忍你以前的胡说八道。但是现在情况不一样了。是的，希尔提乌和多拉贝拉在演讲术方面可以是我的学生，但是他们在餐饮方面是我的老师。我在想，你和你的朋友听人说过各种消息，说他们自称在我家里就餐，而我在他们家里就餐。至于你一本正经

---

① 阿西乌斯说：“妒忌对人的伤害，就好像波涛撞击悬崖。”

② 阿梯拉（Atella），位于坎帕尼亚，自苏拉时代以来，类似希腊羊人剧的阿梯拉剧被滑稽剧取代。

地说自己已经破产，这种说法一钱不值。因为，即使你还拥有地产，你只会把拳头攥得更紧，而不会去谋取微小的利益；而现在你正在愉快地接受财产方面的损失，所以你没有理由不用这样一种方式来看待这种变化——你应当这样想，把我当做客人来接待，这是一种“偿还的办法”，哪怕来自一位朋友的打击不像来自债主的打击那么沉重。

但是，我毕竟不想要这种糟糕的晚餐，无论如何食物应当是高级的、精美的。我记得你跟我说过法美亚的晚餐；好吧，把你的晚餐提前一个钟头，其他的就保持原样好了。即使你坚持给我这样的晚餐，像你的好母亲提供的那样，我也不会拒绝。我想要的一切就是看到一个勇敢的人把你描述的这种食物摆在我面前，哪怕它看上去就像朱庇特庆典时用的煮鱿鱼。相信我，你绝不会有这样的勇敢精神。在我到达之前，我的新的奢侈的名声会到达你那里，会吓你一大跳。你把希望寄托在第一道菜上，这是个坏主意。我已经不吃这些东西了，因为你以前的橄榄和香肠让我大倒胃口。

但我为什么要唠叨个没完？让我直截了当地对你说！说真话，我要从你心里抹去对我的恐惧，你可以回过头来考虑美味的熏鱼和奶酪。还有一件事要你替我准备——我要洗个热水澡，其他一切照旧。上面写的事情你都不必认真，我只是在开玩笑。

至于去塞利西乌的庄园，你已经谨慎地关注了此事，你给我的回信也写得很机智，所以我认为我会把这件事情放下。我们已经机智够了，现在可以明智一些了。

[17]

西塞罗致卢·帕皮留斯·派图斯，公元前46年8月末或9月初，于罗马。

当我们的朋友巴尔布斯住在你家里的时候，你却来问我这些自治镇和地区会发生什么事，这岂不是太荒唐了吗？尽管我知道的事情有些是他不知道的，或者说我知道一切，但他不会把所有事情对我说。事情正好相反，如果你爱我，那就让我们知道将会发生什么事；你已经有了一个人，他可以在清醒的时候告诉你这些消息，或者喝得半醉的时候，他也能对你说。然而，亲爱的派图斯，我要询问的不是这样一些事情：第一，我们在这四年中仍然活着，这算不算一种收获，或者说共和国消亡以后仍然活着，还算不算一种生活；第二，我以为我真的知道将会发生什么事。事情的发展正如那些掌权者的选择，权力始终伴随着刀剑。因此，对于所得到的一切，我们一定要满意；不能容忍这一切的人，不得不去死。

他们确实调查了维伊和卡佩那的土地，那个地方[①]离我的图斯库兰庄园不远。我仍旧没有感到惊慌；在我能够做到的时候，我享受着我的地产，我希望自己一直能够这样做。如果事情变成另外一种样子，在任何情况下，由于我(既是英雄，又是哲学家）已经得出结论，生命是一切事物中最美好的，而由于这个人的恩赐，我有了生命，所以我只能热爱它。如果说他希望有一个国家，他可能有这种希望，这也是我们所有人必然祈求的，但他不知道该做什么，所以他不可避免地要把自己和他众多的谋士联系在一起。

但是我扯得太远了，因为我是在给你写信。[②]然而，有一点你可以确定，我不仅没有参加他们的商谈，甚至不知道这位首领本人也不知道将会发生什么。当我们都是他的奴隶时，他本人是环境的奴隶。由此可以推论，他不可能知道环境对他有什么要求，我们也不可能知道他心里是怎么想的。

如果我以前没有对你这样说过，这不是因为我太迟钝，尤其是在通信中，而是因为没有任何事情是确定的，我既不希望我的不确定引起你的焦虑，也不希望用任何肯定给你提供希望的理由。然而我必须说，事情发展到这一步，我还没有听到你提到的这种危险，[③]这绝对是真的。但即使这种情况发生了，你也有责任用你的智慧期待最好的结果，考虑最差的结果，忍受

---

① 指卡佩那（Capena），位于埃图利亚（Etruria），距离图斯库兰约 20 哩。

② 你知道的比我多。

③ 指拿波勒斯的土地要被没收充公。

所发生的一切。

[18]

西塞罗致卢·帕皮留斯·派图斯，公元前46年，约7月23日，于图斯库兰。

收到你充满魅力的来信时，我正在我的图斯库兰庄园里度假，因为我把我的学生们[①] 打发去见他们的特殊朋友，让他们去赢得他的青睐，若有可能的话，同时也为我博取青睐。我从信中推论，你赞成我的计划——我指的是，由于法庭已经被废除，我不再是讲坛之王，所以我要像僭主狄奥尼修斯一样开办一所学校，据说他在被逐出叙拉古以后在科林斯开了一所学校。

其他我没什么要说的。我对这个计划也很高兴，它会给我带来一些好处，其中首要的就是我可以在这些危险的日子里用它来保护自己，这是当前我最需要的。我不知道这样的保护能起多大作用。我只知道迄今为止没有人提出过我这样的计划——除非最好的办法也许是去死。"死在床上吗?"是的，我同意，但它还没有发生。"死在战场上吗?"我不在那里。其他人，没错——庞培、你的朋友伦图卢斯、西庇阿、阿非利加努——全都可悲地死去了。但是你会说加图死得很光荣。好吧，要是我喜欢，我也可以做同样的事，只不过我在尽力防止死亡对我成为必要的事情，就像死亡对他来说是必要的。这就是我正在做的事。这是第一个好处。第二个好处是——我本人情况正在好转，首先是我的健康，前些时候由于中断了我的锻炼而肺部状况不佳；其次是无论我拥有何种口才，要是我不再进行这方面的练习，这种能力将会彻底枯竭。最后一个好处是——虽然你会把它说成第一个好处——我现在消费的孔雀多于你的雏鸽。当你在那边与海特里乌[②] 狂欢时，我在这里与希尔乌斯

① 此处仍用开玩笑的口吻，指希尔提乌和多拉贝拉。

② 海特里乌（Haterius）可能是某位与派图斯有关的律师。

狂欢。来吧，如果你还算是半个人，让我马上教你做人的第一原则，因为你替他们问的问题确实问对了人。

由于你无法为你值钱的土地找到买主，把你的钱罐装满，所以你必须迁回罗马。你最好在这里死于消化不良，也要强过在你现在这个地方死于饥饿。我明白你损失了金钱，但我希望你在拿波勒斯的朋友也损失了金钱。① 所以，除非你能找到人供养你，否则一切都完了。你可以骑上你的骡子回罗马，你说这是你仅剩的，你已经吞食了你的小马。② 在我的学校里会有你的一张座椅，放在我的座位旁边，你担任我的副手，还会有一张斜躺椅。

[19]

西塞罗致卢·帕皮留斯·派图斯，公元前46年8月末，于罗马。

你坚持你的主意，继续制造不幸，那么我该怎么办！你暗示说巴尔布斯会满足于食物贫乏的可怜的餐桌，我假定这样的国王是很少的，而这样的幕僚则比较多。你不知道我整个故事都是从他那里来的；他从城门口直接来到我家；我对他宁愿不直接去他自己温暖的炉灶并不感到惊讶，但我对他直接去他自己温暖的炉灶会感到惊讶。好吧，我见到他时最先说的三个词是“我们的派图斯——?”他在回答时发誓说从来没有更加快乐过。如果你是通过你的补偿来获得这种快乐的，那么我会让你清楚地听到我的想法；如果你是通过丰富的食物来获得这种快乐的，那么我请你不要评价这位口吃者的陪伴高于有口才的人。至于我，一件又一件的事情在阻碍我。一旦我能解脱出来，能够访问你的邻居，我不会老练得让你认为我根本没给你时间准备。

---

① 这样他们就不会因为好客而使你滞留了。

② 把马匹变卖，以支付饮食开销。

[20]

西塞罗致卢·帕皮留斯·派图斯，公元前46年8月初，于罗马。

你的来信让我感到双倍的高兴——因为我自己笑了，我知道你现在也在笑。你拼命辱骂我，但我一点儿也不恼火，因为我就像一名轻装的士兵，躲闪着枪林弹雨。使我感到困惑的是，我没有像我打算的那样去访问你的邻居，因为你不会像欢迎战友一样欢迎我。这个人太可怕了！不，我虽然经常对你的头一道菜感到震惊，但我的胃口好极了，能够忍受你的鸡蛋，我会迫不及待地吃那道烤小牛肉。以前我从你这里得到的赞美之词，“他是多么殷勤啊，堪称模范！这个家伙多么容易招待啊！”已经告终。当前我完全陷入政治上的焦虑，一心想着元老院里的演讲，精心准备发言提纲；我一头扎进我先前的对手伊壁鸠鲁的营帐，但不是盯着这种现代的奢侈，而是盯着你对奢侈的爱好——我指的是过去，当时你有钱支付你的开销，尽管你现在手里拥有的地产比以前要多。

因此你要做好准备。你要对付的这个人不仅胃口极好，而且还知道一些事情。你知道糊弄一个晚学者会是什么样的结果。你必须完全忘掉你的水果罐和煎蛋饼。我现在已经掌握了大量的技艺，使我能够经常邀请你的朋友威留斯和卡弥鲁斯，你知道他们有多么喜爱美食和难以侍候。但请看我的胆大妄为！我甚至请希尔提乌吃了一顿晚餐，虽然没有孔雀；在那顿晚餐上除了我的厨师做坏了的热酱汁什么都没有。

这就是我现在的生活方式。早晨我在家里，不仅要面对那些拥护现政权的人——人数很多，但意气消沉——而且还要面对那些兴高采烈的征服者，后面这批人确实在用礼貌和热爱荣耀我。每当来访者的潮流停止流动以后，我把自己沉浸在书本中，要么阅读，要么写作。也有几个人要听我讲课，把我当做博学者，因为我正好比他们博学一点点。在那以后，我把所有时间用于个人消遣。我对失去国家感到无比悲哀，超过母亲失去她唯一的儿子。

但是，由于你爱我，请你照料好你的健康，不要让我把你家里吃得一干二净，哪怕你跪地求饶，我也决不怜悯。

[21]

西塞罗致卢·帕皮留斯·派图斯，公元前46年10月，于罗马。

你真的是这个意思吗？你认为你在疯狂地模仿我的“霹雳式的”演讲吗？（你在信中是这样说的）如果你不能获得成功，那么你确实疯了。由于你一直在打击我，所以你必须嘲笑我而不是嘲笑你自己。所以你根本不需要引用特拉贝亚，或者倒不如说遭到惨败的是我。但即便如此，我在信中是如何打击你的？我不是像普通人一样与你谈话吗？我并非总是采用同样的风格。书信、法庭演讲、公共集会上的演讲有什么共同点？噢，即使在法庭上，我也并非总是使用同样的风格。私人案件和小案子也一样，我的风格会比较清新，而那些涉及一个人的罪行或名声的案子，我当然会采用一种比较华美的风格。但是书信，我一般就使用日常语言。

但是，不管怎么说，我亲爱的派图斯，你怎么会想起来说从来没有一位帕皮留斯不是平民？嗯，有一些小氏族的贵族就叫帕皮留斯，第一位是卢·帕皮留斯·穆吉拉努，他与卢·塞普洛尼乌·阿拉提努一道担任监察官，先前还曾一道担任过执政官，那是这座城市建城后312年。但你们这个家族在那个时候被称为“帕皮西乌”。

继他之后有十三位帕皮留斯在卢·帕皮留斯·克拉苏之前担任显要职务；他是第一个不被称做“帕皮西乌”的。他被任命为独裁官，卢·帕皮留斯·库尔索是他的骑兵统帅，那是在这座城市建城415年的时候，是盖·杜依留斯担任执政官以后的第四年。继承他的是库尔索，担任过许多国家要职；再往后是卢·马索，担任过市政官，然后是好几位马索涅斯。我确实希望你能知道所有这些贵族。

接下去是卡波涅斯和图尔狄，但他们是平民，我想你可以把他们忽略；除了被达玛西普杀害的盖·卡波，他们没有一个是真正忠诚的公民。我们全都知道格·卡波和他爱开玩笑的弟弟，他们不更是一对无赖吗？对我的这位朋友，卢伯利亚之子，我无话可说。他有三个兄弟，盖乌斯、格奈乌斯和马库斯·卡波。

马库斯是一个大盗，按照普·福拉库斯的指控，因其在西西里的恶行而受到惩罚；盖乌斯受到卢·克拉苏的指控，据说他投毒；他不仅是一位鼓动骚乱的保民官，而且被怀疑谋杀普·阿非利加努。至于这位卡波，他被我们的朋友庞培在利里拜乌处死，在我看来，他从来没有干过什么像样的坏事。还有他的父亲，受到马·安东尼乌斯的指控，据说他逃过了鞋匠鞣皮用的硫黄的惩罚。所以我想你最好还是回到你能容忍的那些贵族那里去，至于平民，你知道他们会带来什么麻烦。

[22]

西塞罗致卢·帕皮留斯·派图斯，公元前45年7月，于罗马。

在演讲中我喜欢谦虚，而其他人喜欢自由。确实，芝诺[①] 持后一种观点，我向你保证，他拥有敏锐的洞察力，尽管我们的学园与他进行过激烈的争论。但是，如我所说，斯多亚学派认为我们应当用事物的专有名称来称呼事物。他们的论证是这样的：没有任何事物是淫秽的，我们在说任何事物时都不会感到羞耻。因为，如果有什么事物令人反感或污秽，那么要么是由于事物，要么是由于语词，没有第三种可供选择的答案。事物不会令人反感。因此，令人反感的是我们用来道出事物本身的语词，不仅在喜剧中——如《狄米尔古》[②] 中的角色说："就在最近，它发生了"；你知道独角戏，你记得洛司基乌斯的"她把我剥得一丝不挂"（整个讲话是隐晦的，但被表达的事情是下流的）——而且在悲剧中。还有这样一些表达法你看怎么样？"频

① 斯多亚学派的创立者。

② 塞克斯都·图皮留斯（Sextus Turpilius）的作品。

繁地不止光顾一张床的女人”“斐瑞斯竟敢上她的床”“我是一位极不情愿的少女，朱庇特用暴力制服了我”。“制服”这个词不会令人反感，然而它表达着与另一个词相同的意思，而另一个词是无人能够忍受的。

所以你瞧，被表达的意思相同，但由于所用的语词不粗鄙，所以没有明显的下流和猥亵。因此，没有任何事物是下流的，更不要说语词了。因为，如果被语词表达的事物不下流，那么用来表达事物的语词就不下流。当你说“肛门”的时候，你是在用一个并非该事物本身的名字在称呼它；那么为什么不用它本身来称呼它呢？如果它是下流的，那就甚至不能使用替代性的名字；如果它不下流，那么你最好用它本身来称呼它。古人曾经把尾巴称做“penis”（阴茎），因此相应地就有了“penicillus”（具有撮毛的）这个词。但是今天的“penis”属于淫秽语。“是的，但是著名的庇索·福鲁吉[①]在他的《编年史》中说年轻人不再说‘penis’。”你在你的信中用它自己的名字[②]称呼它，而他比较保守地称它为“penis”；但由于许多人这样使用，它变得像你用的这个词一样淫秽。人们常说的“cum nos te voluimus convenire”（你和我们在一起美妙地享受），怎么样——这样说下流吗？我记得有一位雄辩的议员在元老院里说：“Hanc culpam maiorem an illam dicam?”（谁在那里受到严重的指控？）他还能说出更下流的话来吗？你说：“根本不可能，因为那不是他要说的意思。”所以语词本身不下流；但我已经解释了事物本身不下流。因此，没有任何地方是下流的。“努力让孩子们……”——这是多么高尚的表达！呃，甚至做父亲的也会要求他们的儿子这样做；但他们不敢给“努力”加上一个名字。有一位非常著名的乐师教苏格拉底弹竖琴。他被称做“Connus”（联结起来的，互相有关系的）。你真的认为这样说下流吗？当我们在谈话中说“terni”（每三个，各三个）的时候，我们说的话中没有什么令人震惊的；但是当我们说“bini”（一对的，双重的）的时候，它是下流的。你会评价说：

---

① 庇索·福鲁吉（PisoFrugi），公元前149年的保民官。

② 即Mentula。

“是的，对希腊人而言。”所以语词本身没有什么，因为我懂得希腊文，然而在和你谈话时说“bini”就不是一回事了；你在这里就提到过这个词，尽管我说的是希腊文，而不是拉丁文。“Ruta”（芸香）和“menta”（薄荷）——我们两个词都用，并没有什么不合适。我想使用“menta”的指小词，[①] 就像人们可以说“rutula”。这还不算完。“Bella tectoriola”（好的涂墙用的灰泥）；然后以这种方式使用“pavimenta”（铺上石板的）的指小词；这你就做不到了。所以你看到了，除了胡说八道什么都没有；无论是语词还是事物都没有什么下流可言，所以任何地方都不存在污秽，是吗？

因此，是我们把污秽的意思加给了无可指摘的语词。好吧，“divisio”（分开，分解）不是一个意义无可指摘的语词吗？但是这个词中有一种污秽的意思，“intercapedo”（缺口，断口）也是这样。那么这些词污秽吗？然而，如果我们不说“他勒死了他的父亲”和“如果你能原谅这种说法”，但在涉及奥勒丽娅和罗莉娅的时候，又在实际中被迫这样做，那是荒唐可笑的。确实，事情变成这个样子，我们甚至会在污秽的意思上使用并不污秽的语词。他说“battuit”（敲打）是一个厚颜无耻的语词，“depsit”（按摩）更是如此。“Testis”（证明）在法庭上是一个最正派的语词，在其他任何地方也不会显得过于正派。“colei lanuvini”（长毛的阴囊）还行，“cliternini”（阴蒂）就不是这样了。噢，事物本身可以在一个时候是正派的，在另一个时候是不正派的。“Suppedit”（富有）是非常粗鲁的；现在有一个人赤身裸体在洗澡，但你找不到一个词来责备他。这就是你们斯多亚学派躲在果壳里写出来的长篇论文：“聪明人会把铲子叫做铲子。”你们对一个词要发表多少长篇大论啊！我感到满意的是，在和我争论时没有什么词是你们不敢使用的。至于我，现在和将来我都会坚持柏拉图式的庄严的保留，这一直是我的习惯。所以我用隐晦的语言给你写信，谈论这些斯多亚学派会以最公开的方式处理的问题。但是他们走得太远，乃至于说“crepitus”（碰撞声）应当像“ructus”（打响嗝）

---

① 一个词加上指小后缀，就像英文 duck 加上指小后缀“ling”，意思是小鸭子。

一样自由。因此，一切荣誉归于3月1日[①]。我肯定，你会继续爱我，也会一切都好。

[23]

西塞罗致卢·帕皮留斯·派图斯，公元前46年11月17日，于库迈。

我昨天到了我在库迈的庄园，明天也许会到你那里去。等我确定下来，我会稍早一些通知你；马·凯帕里乌到伽里纳森林来见我的时候，我向他询问过你的情况，他对我说你脚不好，躺在床上休息。对此我当然感到非常遗憾，但无论如何我还是决定来一趟，来看看你，甚至和你一起吃晚饭。因为我并没有假定你的厨师也患了关节炎。所以请你等候一位客人，他不仅食量不大，而且反对昂贵的晚餐。

[24]

西塞罗致卢·帕皮留斯·派图斯，公元前43年2月初，于罗马。

关于你的朋友鲁富斯，你这是第二次写信给我，我会尽力帮助他，哪怕他曾经伤害过我，因为我看到你正在努力为他说情。然而，你的两封来信，以及他本人给我的信，让我得出这样一个结论，他丝毫不为我本人的利益操心，但我无法不做他的朋友，这不仅是由于你的推荐，当然对我很有分量，而且也和我自己的意向和判断一致。

我亲爱的派图斯，我要让你知道，最先使我产生怀疑并小心谨慎的是你的来信，后来我又收到其他人的来信，与你信中的意思相吻合。在阿奎努姆和法伯拉特利亚提出的计划中影响我本人的事情我想你肯定听说了。正如他们猜测我会给他们引来什么麻烦，他们以打垮我作为唯一的目标。如果不是

① 女主妇的节日。

你的提醒，我完全缺乏警惕，不会有一丝怀疑。这就是你为什么不需要为你的这位朋友写推荐信的原因。我只希望国家的命运能让他把我视为最感恩的人。关于这一点我们就谈到这里。

你放弃外出就餐使我感到困惑。你把你自己的大量娱乐和快乐剥夺了。其次我确实担心（我不需要割裂事实）你会在一定程度上忘掉你自己过去只吃少量晚餐的做法。因为，当有许多人请你吃饭，给你树立榜样的时候，你也会有少许改进，那么，我认为你现在该怎么办呢？确实，我把事情告诉了斯普里纳①，对他描述你以前的生活，指出整个国家现在面临着巨大危险，除非当天上开始刮西风② 的时候你恢复以前的生活习惯；他还说，就当前而言，这样的行为是可以容忍的，因为你可能忍受不了寒冷。

我亲爱的派图斯，我真的不跟你开玩笑了，我建议你马上接受一种快乐的生活——和那些好人、可爱的人、喜欢你的人在一起生活。没有什么生活能比这种生活更好，没有什么生活能比这样的生活更幸福。我的论证并非立足于口腹之乐，而是立足于享受一种普通的生活，通过熟人间的谈话有效地让心灵松弛，这是被我们的同胞称为欢宴的最有魅力的形式；我们的同胞比希腊人还要聪明；希腊人称这样的聚会为“会饮”或“会宴”，也就是“在一起喝酒”或“在一起吃饭”；我们称之为“在一起生活”，这和我们的生活完全吻合。你注意到我如何用哲学来让你返回我们的晚餐了吗？照顾好你的健康，外出吃饭是确保你健康的最容易的方式。

但是，由于你爱我，而我的信写得相当诙谐，请你注意，不要怀疑我已经把对共和国的关心抛到九霄云外。我亲爱的派图斯，你可以确信，夜以继日，我的行动原则，我唯一的焦虑，就是确保我的同胞们的安全与自由。我从来没有错过任何一个机会提建议、采取行动或做出预见。

简言之，我的精神就是这样，如果在这方面我的职责召唤我献出自己的

---

① 斯普里纳（Spurinna），一位占卜官，他在凯撒被谋杀之前警告凯撒有生命危险。

② 原文“Favonius”，意思是春季开始时刮的西风。派图斯可能说由于天气寒冷妨碍他外出就餐。

生命，我想我会认为这是一件光荣的事。再见了！

[25]

西塞罗致卢·帕皮留斯·派图斯，公元前50年2月，于劳迪凯亚。

你的来信让我成了一名一流的将军。我完全不知道你是这样一位军事专家。你显然在仔细阅读皮洛斯和基尼亚斯[①]的论文。所以我打算服从你的指示，并且在海边保留一两艘小船。他们说找不到其他任何装备可以对抗帕昔安人的骑兵。但我们为什么要就此开玩笑？你对你正在打交道的这名统帅所知甚少。《居鲁士的教育》我已经读得烂熟，我在这里指挥时已经运用过里面的例子。

我们很快就可以在一起针锋相对地开玩笑了，我希望很快。当前，你要特别注意那些命令（或者倒不如说要服从，这是他们讲话的老方式）。我想你知道我和马·法迪乌斯关系非常亲密，我对他很尊重，不仅是因为他格外正直和非同寻常的谦虚，而且也因为我在和你的这些伊壁鸠鲁主义的好同伴的争论中，经常得到他的可贵的帮助。

好吧，他到劳迪凯亚来见我时，我想要他留下来和我待一段时间，但他突然收到一封使他震惊的可怕的信，他在靠近赫丘兰努的地方有一处地产，被他的兄弟昆·法迪乌斯打出广告要出售——他和他兄弟是这处地产的共同拥有人。这位马·法迪乌斯非常痛苦，他认为他愚蠢的兄弟这样做是受了一名私敌的怂恿。所以，我亲爱的派图斯，由于你爱我，你要把整件事情承担起来，把法迪乌斯从困顿中解救出来。我们需要你的影响、你的意见，甚至你个人的仁慈。不要让这对兄弟去打官司，陷入一场令人难以置信的诉讼。法迪乌斯在马托和波里奥家族中有两个敌人。我干吗还要多说呢？我向你保

① 皮洛斯（Pyrrhus），伊庇鲁斯的国王，基尼亚斯（Cineas）是皮洛斯的大臣，据说他们俩写过军事方面的论文。

证，我无法在一封信中充分表达我对你的谢意，如果你能让法迪乌斯安心。他认为一切全靠你了，我相信他的话。

[26]

西塞罗致卢·帕皮留斯·派图斯，公元前46年，约11月，于罗马。

我3点钟才坐到桌边，在我的本子上涂写这封信。你会说："在什么地方？"在伏鲁纽斯·欧拉佩鲁的家里，坐在我上首的是阿提库斯，坐在我下首的是威留斯，他们都是你的朋友。我们对所受到的奴役变得如此宽容，你感到奇怪吗？那么，我该怎么办呢？我请你给我建议，你是一位哲学家的学生。我正在忍受精神上的巨大痛苦吗？我正在折磨自己吗？这对我有什么好处吗？还有，要多久？你在你的书中说，活着。你认为我还能做其他事情吗？或者说，要不是活在书本里，我还能活着吗？即使和书本在一起，虽然我并不完全厌恶它们，但仍旧有某些限制。当我离开它们的时候，尽管我不是非常记挂我的晚餐——然而，这是你向哲学家狄翁提出的一个需要考察的问题——我仍旧不能发现我还能有什么更好的事情去做，直到我上床。

请听我的故事的其余部分。隔着欧拉佩鲁斜躺着西基丽丝。你评价说，著名的西塞罗出现在这样的晚宴上，"他注视着这些希腊人，他们也都把脸转了过来"①。我发誓，我从来不怀疑她会在那里；但毕竟连伟大的苏格拉底的学生阿里斯提波有拉伊丝做他的情妇时他也没有脸红。他说："她是我的情妇，但我是她的主人。"这句话用希腊文说出来比较好，要是喜欢的话你可以自己翻译。至于我本人，我从来不去尝试诸如此类的事情，哪怕我还是个年轻人，更不要说我现在已经是一名老人了。晚宴是我喜欢的，我在那里可以随心所欲地谈论他们提到的任何事情，我把深深的叹息转变为狂笑。

你实际上嘲笑了一名哲学家，你能表现得好些吗？当那个伟人问是否有

---

① 引文可能出自恩尼乌斯的戏剧《忒拉蒙》。

人要提问时，你说你从早晨开始就想着一个问题，这就是晚宴。这个可怜的老傻瓜以为你会问有一个天，还是有无数个天。你为什么要这样做？你会说："只是为了礼貌，在晚宴上你还能有什么必须要做的事情，尤其是在这样的餐桌旁？"

好吧，这就是我的生活。每天都在阅读或写作，然后，为了表示对我的朋友们的礼貌，和他们一起吃晚饭，这样做不仅不违法，如果说现在还有什么法律的话，而且完全符合法律，是的，非常符合。所以你没有理由害怕我的到来。你会接待一位客人，他对食物的喜爱还不如他对快乐的喜爱。

第十卷

[1]

西塞罗致卢·穆纳提乌·普兰库斯①，公元前44年9月初，于罗马。

我离开了罗马，正在去希腊的路上，然而共和国的声音把我从半路上召回。由于马·安东尼，我从来没有得到过安宁，他的傲慢——不，那是一种到处都能发现的邪恶——他的野蛮到了这种程度，他不能容忍任何活着的人享受自由，我就不说讲话的自由了，我们甚至没有看的自由。所以我深深地感到忧虑，但我忧虑的不是我自己的生命，你想，无论是我的年纪，还是我的成就，或者（要是与此有关的话）我的名声，我这辈子已经满足了；我忧虑的是我的国家，尤其是，我亲爱的普兰库斯，我为你将要担任执政官感到着急，那个日子显得那么遥远，我们只能祈祷，但愿我们能活着看到这个国家迎来那一天。因为，现在穷凶极恶的武力把一切都摧毁了，无论是元老院

① 卢·穆纳提乌·普兰库斯（L. Munatius Plancus），约生于公元前87年，属于凯撒派，在凯撒死前被任命为总督，公元前42年担任执政官。凯撒死后，他支持元老院反对安东尼。

还是人民都没有任何权力，既没有法律，也没有法庭，没有任何体制的外表或痕迹，在这样一个国家里，还能有什么希望？

据说所有事情在你手中都会发生改变，我想我不必把每个细节都写下来。然而，由于我对你的爱——这种爱在你童年的时候就产生了，我不仅保存着这种爱，而且一直在增长——我要告诫和鼓励你，抛弃焦虑的思考，实实在在地改良这个共和国。如果共和国的存在还能维系到你担任执政官的那一天，这艘船实际上很容易航行，但要确保它的存在，我们不仅需要坚持不懈地努力，而且也需要格外的好运。

但是有一件事情我们需要你提供服务，我希望你能相对比较早地考虑为了共和国的利益我应当履行的义务；我真诚地支持你，并愿为你将来的进步奉献我的全部建议、努力和勤勉。这样的话，我确信能够轻易地满足我最热爱的共和国的要求，加强我们之间的友谊，我把它视为我最应当履行的义务。

你高度评价我们的朋友富尔纽斯，对此我并不感到奇怪，我很高兴他有着美好的心灵，他应当得到奖赏；我希望你能相信，无论你赐予他什么恩惠，我都会视为赐予我的恩惠。

[2]

西塞罗致卢·穆纳提乌·普兰库斯，公元前44年9月末，于罗马。

考虑到我们之间的亲密关系，要是我能安全或荣耀地参加元老院会议，那么我会热情支持人们向你表示敬意。但是，当刀剑拥有无限权力的时候，任何政治观点上倾向于自由的人都不可能没有危险，似乎也和保持我的尊严不吻合，在我表达自己对共和国的情感时，我希望别人能够更好地聆听，在我周围的应当是元老院议员，而不是武士。

由于这个原因，你不必后悔在我的私人事务上，甚至在公共事务上，你没有为我提供什么服务，或对我缺乏忠心，我绝对不会不支持你，是的，如果有必要的话，哪怕冒着我个人的危险。然而，如果说有些事情我不在场也能做到，那么我请你允许我也考虑一下我自己的安全和我自己的尊严。

[3]

西塞罗致卢·穆纳提乌·普兰库斯，公元前44年9月末，于罗马。

尽管由于富尔纽斯本人的缘故，见到他使我非常高兴，但使我更加高兴的是，听他讲话就好像听到你讲话。他把你在军事上的勇敢、在管理行省中的正义、在处理生活的各种关系上的智慧一一展现在我面前；还有，他提到了你的魅力，是通过我们之间相互交往我已经知道的，还提到你对他的慷慨——所有这些都给我快乐，而最后这一点也激起了我的感谢。

至于我本人，普兰库斯，我和你的家庭的亲密友谊早在你出生之前就已经建立，我对你本人的爱早在你童年的时候就已经开始，而现在你已经成年了，我们的这种亲密关系建立在我的忠诚和你的判断的坚实基础上；由于这些理由，我非常渴望你能获得最高地位——我曾经获得过这一地位，我们必须共有这一地位。美德是你的向导，幸运是你的同志——尽管有许多人妒忌你，但你在还很年轻的时候就已经获得全部德性，你可以运用你的能力把妒忌你的人全都打垮。至于今天的事，如果你听我的（我完全热爱你，不允许任何人宣称和你有着更加亲密的友谊），那么在你的余生中，只要共和国能够健全，那么不会有任何地位是你不能进一步确保的。

你当然知道——没有什么事情能逃过你的眼睛——人们有一段时间认为你是一个时代的产物；要是我想到你实际上已经批准了这件你能够容忍的事情，那么我也应当这样想。然而当我开始理解你的情感时，我怀疑你看到了自己权力的限制。现在情况变了。各方面的决定权在你手中，你的决定是不可阻挡的。你在还很年轻时就已经成为候任执政官，你的口才非常优秀，这个国家比以往任何时候都缺少像你这样的人。我以不朽诸神的名义恳求你，你一定要认真思考如何获得最高的尊严和荣耀。要获得荣耀只有一条道路，尤其是在这些日子里，当共和国多年来一直受到侵害，乃至于到了死亡的边缘的时候——这就是公正地管理这个共和国。

促使我写下这些话的是一种爱的冲动，而非我假定你需要这样的警告和指导；我知道你和我一样，会从同样的源泉[①]中汲取诸如此类的灵感；所以我就写到这里。当前我想我只是在暗示一些事情，是向你表达我的感情而不是在显示我的明智。与此同时，我将带着善意和勤勉关注我认为与你的最高地位相关的任何事情。

[4]

普兰库斯致西塞罗，公元前 44 年 11 月末，于伽利亚[②]。

你的来信使我感到我有帮助你的义务，我注意到你这封来信实际上是富尔纽斯已经把事情告诉你的结果。我过去找的借口是听说你已经启程离开罗马，但我实际上只知道在我读到你的来信之前你就很快返回了。我不会忽略为你提供不会引发任何严厉责备的服务，无论事情多么微小。因为我有无数理由提供这样的服务，无论是由于你与我父亲的亲密关系，或是由于我从童年时期就对你的敬重，或是你对我的热爱——我用我对你的爱来回报。

由于这个原因，我亲爱的西塞罗（我们各自的年纪允许我这样说），你可以确定，你是唯一由于我父亲的原因我必须对你抱有神圣的敬重的还活着的人。因此在我看来，我发自内心地评价，你的所有建议所包含的智慧——这是最高的——超过真诚。由此可以推论，如果我的情感与你们的情感不同，那么要对我有所约束，你的告诫肯定足够了，如果我还有什么怀疑，那么你的鼓励也足以迫使我遵循你认为最好的道路。然而，有什么事情能使我走上歧途呢？我拥有各种便利，无论是命运恩赐给我的，还是通过我自己的

① 指学习哲学。

② 参见第九卷第 15 封书信第 2 节的注释。

努力争取来的——尽管由于热爱我，你赋予它们过高的价值——哪怕在我那些最凶恶的敌人看来，这些便利也是相当大的，什么都不缺，除了荣耀的名声。

所以你要确定这样一个事实，无论我的权力能做到什么，我谨慎地预见或我个人的影响能起什么作用，全都会由共和国来支配。我非常明白你的政治态度。要是真有机会和你在一起（我非常希望能够这样），我决不会与你的政策不一致。即便如此，我也不会愚蠢到要让你用正义来监察我的任何行动。

我正在急切地等待各方面的消息，以便知道 1 月份山南高卢做了哪些事，这座城市做了哪些事。与此同时，引起我最大关切和焦虑的是，由于他们的敌人在各方面的弱点，这些高卢部落会把我们的困难视为他们的机会。如果我的成功与我的努力相称，我无论如何不仅会让你本人满意，你是我最想使之满意的人，而且让所有爱国者都感到满意。你一定要保重，你要爱我，就像我爱你。

[5]

西塞罗致普兰库斯，公元前 44 年 12 月中，于罗马。

我已经收到你的两封来信，就像两封完全一样的抄件，我把这件事当做你小心谨慎的证据。因为我清楚地看到你正在尽最大努力让你的信件安全地送到我手中。这件事让我感到双重的满意，我应当更加看重你对我的热爱，还是更加看重你对共和国的情感，这两方面我很难进行比较。按照我的判断，对国家的爱一般说来是最高的，但是个人之间的爱和共同生活肯定更有魅力。所以，你提到我和你父亲的亲密关系、你从童年起对我表现的友好，以及与这种感情相连的其他事情，给我带来了难以置信的快乐。

还有，你声称拥有并将继续拥有的对共和国的感情给了我最大的快乐，我的快乐非常强烈，因为这是对你以前说过的话的追加。所以，我亲爱的派图斯，我不仅要鼓励你，而且要诚挚地恳求你（就像我在你给了礼貌的答复的那封信中所做的那样）全心全意地投身于共和国的事业。不会有任何事情能给你带来更大的物质利益或更大的荣耀，就好像在所有人间事务中没有任何事情能比完好地保存共和国更加辉煌，或更加优秀。

在我看来，迄今为止（你完美的礼貌和智慧允许我毫无保留地表达我的思想）你在命运青睐的所有重要事情上取得了成功，尽管其中并非没有你个人的功劳，但你的成就主要归于幸运和环境。在这些最困难的时候，你为共和国提供的任何帮助都会完全归入你自己的功绩。除了那些土匪，全体公民对安东尼的仇恨令人难以置信。人们对你有很高的期望，对你的军队有很高的期待。所以，为了上苍，请你务必不要错过这个赢得民众欢心和出名的机会。我把你当做自己的儿子来向你提建议；我把你的利益当做我自己的利益来看待；我对你进行鼓励，既把你当做一个为国家说话的人，又当做一位非常亲密的朋友。

[6]

西塞罗致普兰库斯，公元前 43 年 3 月 20 日，于罗马。

我们的朋友富尔纽斯说你对共和国的态度是元老院最能接受的，是罗马人民高度赞同的；然而，在元老院里宣读的那封信与富尔纽斯所说的话似乎一点儿也不和谐。

因为，当你自己最杰出的同事[①] 正在被一帮暴徒包围的时候，你倡导和平，而他们要么必须放下武器，乞求和平，要么在阵前求和，在这种时候必须凭着征服，而不是凭着和谈来确保和平。但是和这个主题有关的那些信件，无论是我们收到的你的来信还是雷必达的来信，你都能发现最有建树的

① 指狄西摩斯·布鲁图（Decimus Brutus），公元前 42 年被凯撒指定与普兰库斯共同担任执政官。

想法来自你的杰出的兄弟，来自盖·富尔纽斯。

尽管我从来不认为你缺乏明智，你也肯定能获得富尔纽斯和你兄弟对你的友谊，能够警觉地注意到我们之间的亲密关系，但由于我对你的热爱使我产生了这种愿望，用我个人的权威向你提出某些告诫。

因此，普兰库斯，请你相信我，迄今为止你在职位上的提升（你已经抵达了最重要的职位）被普遍认为更多的不是功劳的标志，而仅仅是公共职务的头衔，除非你能证明自己维护罗马人民的自由和元老院的权威。我请求你，乘现在还有时间，不要根据你自己的选择，而要根据环境的要求，和那些与你有着密切联系的人划清界限。

在国家事务的混乱中，会有几个人被称做执政官，但除非有谁能够把他的职务与共和国联系起来，否则人们不会把他们当做执政官。所以，首先，你必须冲破你的合伙人与不忠诚的公民对你的限制，他们在任何方面都和你不一样；其次，你要作为建议者、领袖和统帅奉献你对国家的服务；最后，你要下定决心消除武装和奴役的危险，你要明白对敌人的一味退让不可能获得和平。如果你有这样的感觉，并且这样做了，那么你不仅是一名执政官，而且也是一名伟大的执政官。否则的话，拥有各种令人瞩目的头衔使你享有的尊严会比没有这些尊严还要糟，因为它仅仅是一种拙劣的模仿。

促使我写下这些话的纯粹是友谊，可能对你太严厉了；但若你本人把这些话拿去检验一下，你只要想到它与你的高尚是相配的，你就会发现它们是真理。

[7]

普兰库斯致西塞罗，公元前44年，约3月23日，于伽利亚。

我本来应当更加详细地写下我的计划，把更大范围内的整个形势告诉你，这样你就能比较好地确信我已经为了共和国接受了你对我的所有鼓励，并庄严地向你保证我将做到的一切（我一直希望得到你的赞成，不亚于得到你的尊敬，我并不希望你对我的错误进行的帮助超过你宣扬我的功绩）；然而由于两个原因，我不得不说得比通常要简洁一些：一个原因是我已经在我的公告中做了详细的陈述，另一个原因是我已经指示我的一位亲密朋友、罗马骑士马·瓦利昔狄乌前去看你，从他那里你可以得到所有消息。

上苍可以为证，在建立声望方面，其他人的期待使我有些恼火，但我努力控制自己，直到能够成功地取得某些成就，既与执政官的职位相配，又能满足你们所有人的期待。如果命运不会作弄我，我希望拥有强大的手段保卫国家，这样的话这个世界现在就能知道我，以后也能记住我。我请求你现在热情地支持我在国家中的地位，将来也能激励我的行动，你现在就要让我享有这些荣耀，这是你在召唤我走上这条荣耀的道路之前答应的。我肯定你能这样做，绝不亚于你想要这样做。你一定要保持健康，你要爱我，就像我爱你。

[8]

胜利者、候任执政官问候现任执政官、执法官、保民官、元老院及罗马民众，公元前44年，约3月23日，于伽利亚。

如果有人认为我让民众和共和国期待得太久，乃至于对我个人的情感提出批评，那么关于我未来的义务，在我对任何人许下诺言之前，我必须阐明我的行动的合理性。我的目标不是弥补以往的错误，我要宣布现在是一个收获的季节，这是我通过长期思考得出来的结论，它们出自一颗诚挚、忠诚的心。

我从来没有忽视人们普遍深刻的忧虑，这个国家现在处在极度混乱的状态，而忠诚的情感告白道出了各种最有利的政策主张，我注意到不少人凭着这种告白取得了国家的崇高荣誉。由于命运迫使我在各种匆忙做出的许诺中进行选择，这些诺言一方面在我成功的道路上设置了严重的障碍，另一方面则使我保持克制，确保有更好的机会提供服务，所以我宁可为国家的拯救，而非为我自己的荣耀，清除道路上的障碍。那些拥有我现在拥有的这种地位的人，在经历过像我这样的生涯以后，我相信，都会有我现在这样的期待，应当在耻辱面前低头，还是应当在心中保留诚实的愿望?

但我必须要有大量的时间、艰苦的工作、大量的花费，才能兑现我对共和国和全体忠诚的公民许下的诺言；无论我的意愿多么高尚，我不能空手帮助我的国家，而要提供各种资源。我必须增强一支军队对国家的忠诚，让它期待得到国家的奖励，而不是让它等待某个公民无限慷慨的赠送，被大量贿赂所腐蚀；我要加强无数附属国对我们国家的忠诚，以往我们靠着给它们赏赐和特权来维持这种忠诚，结果反而使它们把这样的赏赐不当一回事，所以我们要让它们恰当地服从体制的权威。还有，我必须获得统治其他行省的官员和军队的同情，这样我们就可以和大多数行省结成一种伙伴关系，捍卫我们的自由，而不是和少数合作者分享胜利果实，毁掉整个世界。

然而，我要通过增加军队和辅助部队的数量来巩固我自己的地位，减少个人的危险；在公开宣告我的信念时，我要公开我打算支持的事业。因此，为了达到这些既定的目标，我决不会犹豫不决，而在以往地我在承认那些虚假的事情时是有点犹豫的，在对那些真的事情佯作不知时是痛苦的；因为落在我的同事身上的灾难告诉我，当他还没有完全准备好的时候，一位忠诚公民的不成熟宣告是极为危险的。

同样也是由于这个原因，我甚至给了那位勇敢无畏的官员、我的副将盖・富尔纽斯，更加详细的口头消息，而不是让它们出现在我的公告里，我让他把这些消息秘密地告诉你们，而我本人则可以少冒一些危险；我指示他采用最恰当的办法保护我们的共同安全，保护我自己的装备。根据这些情况你们可以推论，为了保卫共和国的最高利益，我长久地保持着高度警惕，乃至于彻夜无眠。

现在，靠着上苍的保佑，我们在各方面都有了比较好的准备，我希望，人们不仅可以对我们抱有更大的希望，而且可以根据自己的判断对我们抱有信心。我有五个勇敢的军团，不仅忠于共和国，而且服从我的命令，这是由于我的慷慨；我有一个行省已经做好了最充分的准备，所有社团都同意要以最大的热情履行他们应尽的义务；我还拥有大量骑兵和辅助力量，就像这些部落为了保卫它们自己的生命和自由而集中起来时一样强大。

我本人已经准备就绪，无论是保卫这个行省，还是去国家要我去的地方，或者是把我的军团交给我的继任人，如果战争的烽火朝着我烧过来，那么我是不会躲闪的，除非我的命运使我确信能够拯救我的国家，或者能确保她躲过危险。

如果我在一个困难已经缓解、国家处于平稳状态的时候许下这种诺言，那么虽然我会丧失出人头地的机会，但我仍旧为公众的利益感到高兴；但若我要在一个最危险、最可怕的时候起作用，那么我要求你公正地判断我的政策，反对妒忌者的诽谤。

关于我本人，我确信自己能够在为了国家的繁荣而提供的服务中取得恰当的奖赏；至于在我的权威领导下的那些人，他们在更大的程度上要看你的保证是否能够做到，他们既不会被任何诺言哄骗，又不会被任何威胁吓倒——我感到，我必须请求你把这些人列入你考虑的范围。

[9]

普兰库斯致西塞罗，公元前 44 年，约 4 月 27 日，于伽利亚。

我很高兴，我没有对你仓促许下什么诺言，关于我，你也没有对其他人仓促许下什么诺言。但无论如何，我对你的爱在你心中拥有更多的证据，我希望你比其他人更早地知道我心中的担忧。我希望你能清楚地看到我的职责在逐日增加；我向你保证你会更加详细地知道这方面的情况。

我亲爱的西塞罗，我关心什么时候我能拥有你们元老院议员能够赐予我的最高荣誉和奖赏（只有这样做，共和国才能在我的帮助下从威胁她的邪恶中得到解放！）——它们肯定可以和不朽相比——但即使没有，我仍旧会坚持到底，不会松懈。除非在众多爱国公民中我的热情被证明与我付出的巨大努力不相称，我并不希望你们通过奉承式的投票来增加我的尊严。我并不谋求我个人的出人头地（但它确实是我在内心与之搏斗的一种情感）；我相当愿意把拥有这种情感的原因和本质留下来供你分析。国家把荣誉授予一位公民不可能显得太迟或太小。

我的军队于 4 月 26 日强行军穿越了罗讷。我从维埃纳派出一千匹战马抄了近路。如果没有雷必达的阻拦，那么我的快捷会令你非常满意；然而，如果证明我的行进路线有障碍，那么我会灵活地采取措施。我率领的部队在人数上充足，我的士兵非常忠诚。我请求你继续关爱我，要知道你的关爱是会得到回报的。再见！

[10]

西塞罗致普兰库斯，公元前 43 年 3 月 30 日，于罗马。

虽然我们的朋友富尔纽斯已经把你对共和国的同情及政策详细地告诉我，但是细阅你的来信使我对你整个政治态度有了更加清楚的评价。因此，尽管共和国的整个命运正系于一场战斗[①]——我确实相信，当你读到这些话的时候，这场战斗已经有了决定性的结果——但仍旧有大量关于你的意图的传闻在流传，给你带来更大的声誉。所以，只要我们在罗马有一位执政官，[②]元老院在授予你各种崇高荣誉时会对你正在做的事、已经做的事、将要做的事正式表示满意。然而在我看来，做这件令人高兴的事情的时机还没有成熟。因为我总是在想，唯一真正的荣誉是赐予杰出人士的自由的馈赠，是对他们以往良好服务的承认，而不是对他们将来有可能提供的服务的预期。

由于这个原因（只有体制能存活，荣誉才能放光彩），我要说你会得到

① 指穆提纳之战。

② 希尔提乌于 1 月份离开罗马，潘莎于 3 月 20 日离开罗马。

更多的荣誉。但这种荣誉要能称得上是真正的荣誉，那么它不是一时一刻的刺激，而是对长期卓越生涯的奖赏。因此，我亲爱的普兰库斯，你要全心全意地去获取荣耀；你要帮助你的同事，拯救我们的国家，为整个世界一致与和谐做贡献。

我认为你需要找一个助手，给你提建议，推动你前进，他要在各方面都能成为你最热爱、最忠诚的朋友。因为各种义务也把我们的心连在一起——爱的义务、相互友好的义务，长期持久的友谊的义务——现在又加上我们对国家的共同的爱，这种爱使我把你的生命看得比我的生命还要宝贵。

写于 3 月 30 日。

[11]

普兰库斯致西塞罗，公元前 43 年，约 4 月底，于阿洛布罗吉人中间。

我要向你表示衷心的感谢，我一生中都会不断地这样做。对此我始终能用行动加以证明，超过我能这样说。你提供的服务是巨大的，我不认为我能报答它们，除非确实按照你自己的给人留下深刻印象的、雄辩的话语来说，你打算把我视做应当偿还债务的人，只要我还记得这笔债。要是你自己的儿子的威望有问题，我敢保证你不会采取如此仁慈的行动。你在元老院里最先提出动议，赋予我无限定的拨款，后来的那些动议则适合当前的环境和我的朋友们的希望，你在公开场合不断地提到我，你持续不断地驳斥那些对我的诽谤——这些事情我知道得一清二楚。作为公共生活中的一位公民，我不得不比通常更加小心地证明我配得上你的赞扬，作为你的私人朋友，我也决不会忘记对你的感谢。关于将来，请你继续仁慈地对待我，如果你发现我是你所希望的那种人，那么请你维护我的事业，保护我。

我派遣部队穿越了罗讷，我派出了我的兄弟和 3000 骑兵，当我本人向穆提纳靠拢的时候，我在路上得知给布鲁图和穆提纳解围的战斗已经展开。我注意到这些地方是安东尼及其部队最有可能撤退的地方；他只有两个机会，一个依靠雷必达本人，另一个依靠他的军队。由于这支军队的某些部分像那些和安东尼在一起的部队一样可靠，所以我已经召回我的骑兵，我本人待在阿洛布罗吉人中间，以便做好各种准备，应对各种紧急情况。如果安东尼到这里来，没有军事上的支持，那么我想我自己就能轻易地抵抗他，履行我的公共义务，让元老院满意，而无论雷必达的部队有多么欢迎他；如果他带着部队来，来的是最初通过我的努力召集起来的第十军团，那么我也会尽力防范任何灾难；我希望取得成功，来自罗马的援军若能尽快到来，与我会合，我就能轻易地击败这些亡命徒。

我亲爱的西塞罗，这就是我能向你许诺的事情——我并不缺乏勇气或谨慎的策略。我庄严地向你保证，我不希望留下任何担忧；如果有担忧，为了你们所有人的利益，我也不会向任何人屈服，我会勇敢忠诚地坚持到底。我确实正在尽力引诱雷必达在这件事上与我合作，只要他同意尊重共和国的利益，我向他许诺可以在具体方面满足他的要求。在这件事情上，我的助手和调解人是我的兄弟、拉特伦昔、我们的朋友富尔纽斯。为了拯救共和国，没有任何私人的恩怨会阻碍我，哪怕是要和我最凶恶的敌人达成一致。如果我这样做是完全不成功的，但无论如何我是勇敢的，那么我也许会满足你给我添加荣誉的期待。请你留意你的健康，让你对我的热爱像我对你的热爱一样。

[12]

西塞罗致普兰库斯，公元前 43 年 4 月 11 日，于罗马。

作为一名维护共和国的公民，虽然我对你给共和国以如此强大的支持，在她遭遇空前危机时给予如此有价值的帮助必定感到格外高兴，然而，当我要敞开双臂把你当做一名使国家复原的征服者来欢迎的时候，使我更加高兴的是你现在已经拥有的和你今后的地位将是最高的。你一定不要假定在元老院宣读的任何公告能比你的公告更受欢迎。这不仅是因为你为共和国提供的服务格外重要，而且因为你庄严的情感以及你的表达方式给人留下了深刻印象。对我来说，这确实不是什么新鲜事，因为我并非不认识你，因为我记得包含在你的来信中的许诺，因为通过我们的朋友富尔纽斯我完全了解了你的目的。但对元老院来说，你的讲话超过了人们的所有预期；人们对你的良好意愿没有任何怀疑，但对于你能做多少或者你要走多远不能确定。

马·瓦利昔狄乌于4月7日晨把你的信递给我，我读了你的来信，你无法相信我这时候有多么高兴；我走出家门，一大群最爱国的公民簇拥着我，我马上让他们成为我的幸福的分享者。

这时候，我们的朋友穆纳提乌来看我，他经常这样做。我把你的来信拿给他看，因为这时候他还一无所知，我是瓦利昔狄乌第一个要见的人，据说这是你对他的指示。稍后，穆纳提乌也提到你给他的信和战报。

我们决定把这封信告诉执法官考努图斯，按照传统习惯，当执政官不在罗马时，他负责履行执政官的职责。元老院马上召开了会议，由于你的战报激起人们的热烈议论和期待，有大量的人参加了会议。宣读战报以后，考努图斯遇到一个宗教禁忌方面的困难，一位占卜官指出考努图斯还没有参加任何规定的占卜仪式。其他占卜官也确认这样做不合规矩，所以会议延期到第二天。然而，为了替你的主张辩护，我在那天和塞维留斯[①]发生了严重的争论，他利用自己的影响力把他的动议交付第一个表决；但是大量的议员反对他，直接否决了他的动议。接着是我的动议付诸表决，它得到了大多数议员的赞同，而普·提提乌斯[②]站在塞维留斯一边投了反对票。这件事情一直拖到第二天。塞维留斯做好了吵架的准备，他“在朱庇特面前摩拳擦掌”，会议的地点是在朱庇特神庙。然而我把他打垮了，我在讲演中雄辩地批评提提乌斯投的反对票，我希望你能从其他人给你的信中了解到详细情况——这里讲的只是我个人的看法；元老院已经最热烈、最坚定、最友好地评价了你的成就；元老院对你的友好确实超过全体公民对你的友好。全体罗马人民，包

① 普伯里乌·塞维留斯·以扫里库（Publius Servilius Isauricus），与凯撒一道于公元前48年担任执政官。他似乎对普兰库斯抱有敌意。

② 保民官。

括每一个阶级和等级，一心一意地想要拯救国家，真是妙极了。

所以你要沿着自己的道路继续前进，让你的名字成为永久的记忆；至于那些荣誉只不过是毫无意义的华丽的符号，尽管它们拥有荣耀的外表，但你要轻蔑地抛弃它们，视之为短暂的、诱人的、注定要褪色的赝品。真正的荣誉是高尚的，它在为国服务中闪耀着光芒。你有极好的机会这样做，你现在已经把握了机会，你要行动起来，要让国家对你欠的债多于你对国家欠的债。你要看到我不仅在鼓励你，而且在推动你的进步。我想到我自己现在既有愧于共和国，它比我自己的生命还要宝贵，又有愧于我们之间的亲密友谊。

我可以说，在所有这些焦虑中，我对维护你的崇高地位是有贡献的，这是一个很大的快乐；你要像我一样了解穆纳提乌的精明和诚实，从他与你非凡的友谊中我有了一个更加清晰的看法，他十分关注你的利益。

写于 4 月 11 日。

[13]

西塞罗致普兰库斯，公元前 43 年，约 5 月 10 日，于罗马。

一直以来，我一有机会就在推动你的进步，为了赋予你荣誉，我什么事情都做了，无论是奖赏你的勇敢，还是向你表达敬意。从元老院的法令中你可以看出我有多么努力，因为它以我起草和宣读的动议为蓝本，整个元老院以最大的热情和惊人的一致通过了这道法令。

你给我的来信虽然明确地向我表明，你更重视优秀公民的意见，超过获得任何荣誉的标志，但我仍旧认为在这方面加以考虑是我们的义务，虽然你本人没有提出这方面的要求，但问题在于这个国家对你有很大的亏欠。我确信，你会看到你的终场与序幕是一致的。打垮安东尼的这个人会结束战争。按照同样的原则，荷马没有把“城市的洗劫者”的称号给予埃阿斯或阿喀琉斯，而是给了乌利西斯。

[14]

西塞罗致普兰库斯，公元前43年5月5日，于罗马。

在你取得胜利两天之前，我们听说了有关你的增援、热情、神速方面的消息，令人振奋！然而，敌人现在已经反扑过来了，我们的全部希望都寄托在你的身上。据说那些臭名昭著的匪帮首领在穆提纳战斗中逃跑了。我认为，最终消灭敌人将赢得的谢恩不会少于击败敌人的第一次攻击。

我渴望得到你的战报，其他许多人也这样想；我还希望当前形势能警告雷必达，使他能够与你和共和国进行合作。因此，我亲爱的普兰库斯，你要把它当做一项紧急的任务，不要让这场最可恶的战争留下一丝火苗。如果你做到了这一点，那么你给这个国家带来的赐福将超出凡人所能做到的事情，你本人将会赢得永恒的荣耀。

写于5月5日。

[15]

普兰库斯致西塞罗，公元前43年5月13日，于库拉罗附近。

在写完那封信[①]以后，我认为重要的是让你知道后来发生的事情。我希望我的勤勉为我本人和共和国结出丰硕的果实。通过我那些忙碌的调解人，我敦促雷必达放下任何争执，友好地与我们合作，帮助共和国，在政策上支持我；我要他把他本人、子女、这座城市、这个国家的价值看得高于那个穷凶极恶的、无耻的匪帮，在所有行动中顺从我的意愿。我在这方面取得了某些进展；通过我的使者拉特伦昔，他向我保证，要是无法把安东尼赶出他的行省，他会用刀剑骚扰安东尼；他要我向他靠拢，以便把我们的力量汇集在一起；他似乎比我还要着急，因为安东尼的骑兵很强大，而雷必达的骑兵

① 指本卷第11封信。

没有很好地得到供给。不久以前，有十位能干的军官背叛他，投向我的军营。在查明这一点以后，我不再犹豫，我认为鼓励雷必达忠于共和国是我的责任。

我看到我的到达起了良好的作用，我认为我的骑兵部队能够打败安东尼，我能用我的部队改组或控制雷必达的腐败低效的部队。因此，我花了一天时间在以萨拉河上架起一座桥，这是阿洛布罗吉人的地盘中最宽的河流，指挥我的军队于 5 月 12 日渡过了河。然而我得到报告，卢·安东尼受到派遣，率领一部分骑兵先头部队和几个步兵队已经抵达朱利乌斯广场附近，我于 13 日派遣我的兄弟去迎敌，而我本人将指挥大队跟进，我有四个轻装的军团以及剩余的骑兵。

如果我们是唯一能帮助共和国改进的力量，我们将在这里给这些穷凶极恶的家伙以及我们自己的忧虑画上句号。如果这帮土匪在我们到达之前就明智地撤退到意大利，那么阻击他们的任务就落在布鲁图身上，我确信他既不缺少计谋，也不缺乏精神。在这种情况下，我无论如何会派遣我的兄弟率领他的骑兵部队追击敌人，保卫意大利不受侵扰。你要注意健康，你要爱我，就像我爱你。

[16]

西塞罗致普兰库斯，公元前 43 年 5 月 27 日，于罗马。

在我的记忆中，我从来没有看到过比你的令人满意的、准确的战报所说的更好的机会。它由整个元老院递交给考努图斯，就在他宣读了雷必达的战报以后，听了雷必达的战报，人们只是惨淡地议论了一番。而在宣读了你的战报以后，会场上响起了热烈的掌声。它受到了最热烈的欢迎，它让人们感到满意，它记载了你为国家提供的服务，它的用语和情感是人们最容易接受的。激动的议员们要求考努图斯马上讨论你的战报，不要有一刻拖延。但他回答说要考虑一下。整个元老院对此表示愤怒，有五位保民官提出动议。

轮到塞维留斯发言的时候，他建议延期讨论；然后我正式表达了我的意见，元老院一致赞成我的看法。从元老院颁布的法令中你可以看到我的意见是什么。

至于你本人，虽然你并不缺乏洞察力，或者我宁可说你拥有丰富的洞察力，但在涉及罗马的任何问题时你仍旧要下定决心，决不要认为在紧急的情况下听取元老院的意见是必不可少的。你要把自己当做一名元老院议员，要根据你对公共幸福的思考来决定应走的道路。请你在取得辉煌成就之前让我们预先知道一些端倪。我向你保证，无论你取得什么成就，元老院都会表示衷心感谢，会把它当做不仅是你的忠诚，而且是你的智慧的一项证明。

[17]

普兰库斯致西塞罗，公元前 43 年 5 月 20 日，于前往伏科尼乌广场的行军途中。

安东尼率领他的先头部队于 5 月 15 日到达了朱利乌斯广场。文提狄乌仍在行进中，距离他还有两天路程。雷必达在伏科尼乌广场设立了营地，距离那里有 24 哩，按照他的来信，他安排部队在那里等候我。只要雷必达本人以及命运能让我拥有一个完美的战场，我向你保证，我会尽快解决战斗，让你满意。

我在前一封信中告诉你，我的兄弟由于承担繁忙的军务，不停地从一处赶到另一处，因此得了重病；但只要还能下地，他就从不躲避危险，为国家效力。然而我不仅敦促他，甚至迫使他为罗马尽力，他的身体状况更容易担当其他职务，而不是留在军营里当我的助手；我确实认为被她的执政官们抛弃的共和国确实需要这样的公民作为执法官来处理这座城市的事务。如果你们中有任何人反对我的建议，请让我向他保证，我在提出这样的建议时可能不够谨慎，但是他并不缺乏对国家的忠诚。

雷必达正在安排把阿佩拉给我送来，无论如何这是我所需要的；在对共和国的管理中，我要把他当做人质，以保证雷必达的诚信以及与我的合作。卢·盖留斯通过与他三个兄弟分离证明了他的忠心；他是我的调解人，担负着最后去雷必达那里的使命。我发现他是国家真正的朋友，我乐意代表他，代表其他为国服务的人提供证言。

你要注意健康，你要爱我，就像我爱你；如果我配得上你的爱，请你以我们之间非同寻常的友谊维护我的地位，就像迄今为止你已经做了的那样。

[18]

普兰库斯致西塞罗，公元前43年5月18日，于高卢军营。

莱乌斯·基司皮乌和涅尔瓦① 离开我的时候我心里怎么想，你可以从我交给他们的信中得知，也可以向他们本人了解，他们参与了我的全部事务和商议。就像光荣者常有的命运一样，我急于满足共和国的要求，这确实是所有好人的命运，我在实行一种危险的而不是安全的策略，这种策略有可能使我受到指责。

所以，雷必达离开了他的副将，不间断地给我发来两封信，请我前去与他会合，拉特伦昔在这样的时候以强硬的语调请求我不要这样做，他的请求几乎不是恳求，而是命令，因为他什么也不担心，只担心这样做会给我带来危险——我指的是雷必达的部队的虚弱和不忠——我决定在他请求我提供帮助的时候一定不能表现得犹豫不决，而要与他共同面对危险。我非常明白，比较安全的做法是在以萨拉等待，直到布鲁图率军前来，然后与同样对我充分相信的人率领忠于共和国的军队前去迎敌，然而要是在雷必达忠于共和国的时候遇上什么灾难，我预见到人们会责备我的固执，或者说我缺乏勇气——前一种责备是说我不去解救一个与我有个人恩怨的人，尽管他与共和国有亲密关系，后一种责备是说我在这样的危机面前故意从一场不可避免的

① 莱乌斯·基司皮乌（Laevus Cispius）和涅尔瓦（Nerva）是普兰库斯的幕僚。

战役中撤离。

因此我打算冒险，我可以到雷必达那里去保护他，努力改造他的军队，而不是显出不必要的谨慎。我相信任何人在这样的困境中都不可能不犯错误。在当前的形势下，不包括怀疑的因素，如果雷必达的部队有任何出轨的举动，都会引起我严重的焦虑，使我陷入严重的危机。确实，要是我有机会第一个与安东尼对决，那么我发誓他不可能坚守一个小时。这就是我的自信，这是我对他的进攻力量的蔑视，这就是我对那个赶骡子的文提狄乌[1]的蔑视。但是，一想到某些潜藏在皮肤底下的溃疡也许会在得到诊断和处理之前就发作，我就禁不住战栗。但若我不和他在同一处，无疑雷必达本人就会引发一场大危机，他的忠于共和国的军队也会引发另一场危机。那些穷凶极恶的敌人如果成功地拉走雷必达的部队，他们会因此而在力量上得到加强。如果我去那里可以制止这种情况发生，那么我会感谢我的好运和决心——我要为此而进行尝试。

因此，我于 5 月 20 日拆除了我在以萨拉的营帐，把架在以萨拉河上的那座桥留在身后，但我在桥的两端设下堡垒，派兵驻守，等待布鲁图和他的军队的到来，他们不会受到拦阻，而会看到已经为他们做好了渡河的准备。我希望，在我送出这封信的八天以后能与雷必达的部队会合。

[19]

西塞罗致普兰库斯，公元前 43 年，约 5 月 27 日，于罗马。

尽管我找不到什么表达方式可以感谢你，我知道你在行动和思想上都是最感恩的，然而我仍旧必须承认它给我带来了极大的快乐。因为我清楚地看到你对我的爱就摆在我面前。你会说："以前怎么样？"好吧，你对我的热爱

---

① 文提狄乌（Ventidius），出身奴隶，早年用骡子为行省总督运送给养，后来得到重用，曾担任过执政官。

一直是明显的，但从来没有像现在这样突出。

元老院令人惊讶地接受了你的战报，不仅是由于它的主题和分量，它表现出来的勇敢和惊人的判断力，而且也由于它表现出来的情感给人留下了深刻的印象。

但是，我亲爱的普兰库斯，请把你的全副精力用于结束这场战争。在其中你会发现你的名声和荣耀的顶峰。我的全部希望集中在共和国的事业上；尽管我竭尽全力拯救它，但我断言我现在的热情更多的并非为了我的国家，而是为了你的名声；我非常乐意这样想，不朽的诸神给了你一个光荣的机会去建功立业；我恳求你拥抱这个机会。能打垮安东尼的这个人将终结这场最可恶、最凶险的战争。

[20]

西塞罗致普兰库斯，公元前43年5月29日，于罗马。

从你那里来的消息都模糊不清，所以我给你写信也不能写得非常清晰。有一个时候关于雷必达的消息全都符合我们的希望，有一个时候则相当不同。然而，关于你的说法是一致的——你既不会被甜言蜜语所哄骗，又不会被征服；幸运在后一种情况下起作用，而前一种情况，一切都可以归于你自己的明智。

我收到了你的同事的一封来信，日期是5月15日，他在信中说你写信给他，你说雷必达没有很好地接受安东尼；如果你能写信对我再说一遍，那么对这件事我会感到比较确定；但你也许宁可不这样做，因为你前一封信中的欢乐语调是不合理的。事实上，你也有可能错了（有谁不犯错误?），每个人必须明白你不可能上当受骗。你现在甚至没有犯错误的理由；因为“两次摔倒在同一块石头前”这句话是对愚蠢的责备。如果事情真的像你写信给你的同事所说的那样，那么我们可以摆脱所有焦虑；但在你亲口告诉我们这件事之前，我们不会摆脱焦虑。

如我反复写信对你说的那样，我自己的意见就是这样：最后抹去这场战争痕迹的人将拥有完全终结战争的荣誉；我祈愿这个人不是别人，而是你，对此我非常自信。我并非最不感到惊讶，而是极为兴奋；向你表示感谢可以证明我的忠心——肯定不会有人比我更加确信这一点——我想事情会是这样；如果你一切都好，你会发现我向你表示感谢会让人更加信服，会产生更大的后果。

写于5月29日。

[21]

普兰库斯致西塞罗，公元前43年5月15日，于以萨拉军营。

如果不是由于另一个人的转变，我应当对我信件中前后不一致的语调感到可耻。我没有用尽一切手段去和雷必达会合，以便抵抗那些穷凶极恶的家伙，减少你们所有人的焦虑。他对我提出要求，但我没有保证做任何事情，或者未经要求就许诺做什么事情；我两天前写信给你，说我确信雷必达是一个高尚的人，会在战争中与他合作。我相信了他的亲笔信以及拉特伦昔个人的调解，拉特伦昔当时和我在一起，不断地请求我与雷必达和解，要我相信他。而现在，我们已经证明不能再对他抱有良好的希望了。当然了，有一件事情是确定的，我已经或者将会十分小心，我虽然轻信，但不会背叛共和国的利益。

我指挥我的军队渡过以萨拉河，河上的桥是一天内修建起来的，事情的重要性要求我尽快采取行动，他本人写信敦促我尽快到来，但我发现他的传令兵带着一份公告在那里等我，他在公告中严厉地命令我不要来，还说他自己就能解决问题，与此同时要我在以萨拉等他。我没有对我仓促的决定保密；我决定照旧前往，我怀疑他只是希望不和别人分享他的荣耀。我在想不要从一个饥饿的家伙口中夺走那一小口食物，我仍旧与他为邻，作为他的支撑，这样的话，如果有什么事情发生，我可以及时帮助他。

这就是我对这件事情的看法，我并非心怀恶意。但是拉特伦昔这个性格不容怀疑的人亲笔写信给我，他在信中对他本人、对这支军队、对雷必达的诚实表示绝望，他抱怨说自己陷入危险之中被舍弃不顾，他坦率地警告我要提高警惕，防止上当受骗，还说他自己会信守诺言，并且敦促我要忠于共和国。我把他这封信的抄件送给了提提乌斯。我会把所有信件的原本送给莱乌斯·基司皮乌，无论是那些我认为是真的，还是那些我认为不可靠的，莱乌斯参与了所有这些谋划。

还有另外一个事实，雷必达的部下是不忠诚的，被他们的长官所腐蚀，当雷必达对他们高谈阔论的时候，卡尼狄塞斯、卢瑞努塞斯，[①]以及这个匪帮中的其他人——时间到了你就会知道他们所有人——一齐喊叫起来，他们真是爱国的，他们想要和平，他们不愿为任何党派战斗，在两名杰出的执政官被杀以后，许多公民为了他们的国家在战争中失去生命，简言之，他们所有人都被当做公敌来谴责，他们的财产被没收。对于这种爆发，雷必达既没有进行惩罚，又没有进行压制。

在这样的时候，如果把我忠诚的军队，把我大量的辅助部队，把高卢的主要人物，把整个行省，暴露在两支会合在一起的军队的面前，我视之为疯狂和鲁莽的顶峰。我也看到，要是我被这种方法制服了，完全背叛国家，那么不仅在我死后不会有任何荣誉，而且也不会有人感到遗憾。因此我决定返回，不允许这群穷凶极恶的家伙浪费如此宝贵的可能性。

我将尽力让我的军队处于有利位置，保护我的行省，即使其他军队反叛了，我也要保持我的行动在各方面的自由，直到你派援军到来，用到处都一样的好运保卫共和国。没有人比我更愿意代表你去战斗，如果有必要的话，甚至代表你去死。因此我亲爱的西塞罗，我要敦促你尽快采取措施，要在敌人变得更强、我们自己的人陷入混乱之前尽快派援军前来。只有尽快这样

① 卡尼狄塞斯（Canidiuses）和卢瑞努塞斯（Rufrenuses）是雷必达军队中的副将或百人队长。

做，才能消灭叛徒，把胜利握在共和国手中。你要注意健康，要继续爱我。

我需要为我的兄弟，一位最勇敢的公民，一个最及时响应号召的人，写信向你道歉吗？由于艰苦的工作，他持续地发低烧，相当麻烦。一旦他能赶回罗马，他会毫不犹豫地为国效力，无论他的职责范围是什么。我请求由你来掌握我的地位。任何雄心勃勃对我来说都是不必要的，因为我不仅与你有着最密切的联系，而且（这一直是我的祈求）你对我发挥着最大的影响。你本人会考虑在什么范围内对我仁慈，在什么时候对我仁慈。我对你的请求不超过下面这一点，让我接替希尔提乌的位置，这样就能表明你对我的爱，我也能表达对你的尊敬。

[22]

西塞罗致普兰库斯，公元前43年6月末，于罗马。

我们的全部希望都寄托在你和你的同事[①]身上，愿天神帮助我们。你们在联合公告中清楚地向元老院表达了真诚的一致，给了元老院和整个国家极大的快乐。

你写信提到给士兵分配土地的使命。好吧，如果在元老院里提出来讨论，无论谁提出最有利于你的动议，我都会支持，而我想提出动议的这个人肯定是我。但是要表达意见非常缓慢，这件事也进行得非常缓慢，由于讨论尚未有结果，你兄弟普兰库斯和我决定接受元老院已经通过的法令。我想普兰库斯已经写信告诉你是谁[②]在阻拦法令的起草完全符合我们的意愿。

如果元老院的法令或者其他事情有什么地方使你失望，请你确定所有爱国者内心对你的热爱，我们不可能想象有什么地位，无论多么高，是你不能提出要求的。我急切地等待你的来信，这样的一封信也是我先于一切最想要

---

① 指狄西摩斯·布鲁图。

② 可能是塞维留斯。

得到的。

[23]

普兰库斯致西塞罗，公元前 43 年 6 月 6 日，于库拉罗附近。

我亲爱的西塞罗，我庄严地向你发誓，只要无人责备我鲁莽，那么无论发生什么事，我都不会后悔代表我的国家经历最大的危险。如果不是真心相信雷必达，我会承认缺乏警惕性使我走上迷途。轻信更多的是一个判断错误，而不是一种罪恶，确实，一个人越是善良，轻信就越容易潜入他的心中。然而，背叛我的不仅是这个弱点；不，我太了解雷必达了。那么背叛我的是什么呢？过分看重名声使我陷入危险，这是战争中最危险的品格。要是我停留在一个地方，我担心我的批评者中有某些人会怀疑我在与雷必达的争执中不适当地固执，甚至怀疑我消极避战。

因此，在几乎已经接近雷必达和安东尼的视线时，我下令让的部队停止行动，保持 40 哩的距离，我在那里安营扎寨，以便能保证安全、进退自如。我通过精心选择，得到了许多便利，在我前面是一条河，敌人想要渡河肯定会很缓慢，伏科尼乌人与我近在咫尺，他们忠诚于我，穿越他们领地的道路对我是敞开的。雷必达原先一直盼着我的到来，但在丧失全部希望之后，他于 5 月 29 日与安东尼会合，就在同一天他们向我挺进；我得到报告的时候他们距离我还有 20 哩。

上苍保佑，我尽快组织部队撤退，但我不允许撤退变成逃跑，我们尽力保全每一个士兵，保全每一匹战马，也不让土匪袭击我们。6 月 4 日，我的全部军队渡过以萨拉河，然后拆毁了我造的桥，使我们的人有时间集结；与此同时，我在等待与我的同事会合，这封信发出时我已经等了三天。

我始终承认我们的朋友拉特伦昔对共和国是忠诚的，但是毫无疑问，他对雷必达的不恰当的估计伤害了他在评价这些危险时的明智。明白自己中了圈套以后，他对自己下了毒手，而他的双手本来应当更加妥当地拿起武器消灭雷必达。然而，他在自杀的时候被人救了下来，据说他还活着。但是关于这一点，我不敢肯定。

我没有落入他们的魔爪，这是对这些凶手的一个沉重打击。因为他们受到怂恿，像反对他们的祖国一样疯狂地反对我。还有，他们的愤怒有这样一些新的理由：我一直在要求雷必达停止进攻；我禁止双方士兵的交谈；我禁止雷必达担保的副将[①] 进入我的视线；我逮捕了安东尼派来送公报的军法官盖·卡提乌斯·维提努斯，把他当做一名公敌。在采取这些行动时我感到快乐，他们越想尽快抓住我，他们被挫败的烦恼就越是强烈。

我亲爱的西塞罗，你一直坚定地和我们站在一起，警觉而又积极地支援我们这些在战场上的人。请你让凯撒[②] 带着他最信任的部队前来，或者要是有什么事阻止他本人前来，派他的军队来；他本人面临的危险[③] 也不小。所有拿起武器反对他们祖国的亡命徒现在都集中到这一个地方来了。

我们为什么不用我们能支配的所有力量来拯救这座城市呢？如果在罗马的你不让我们失望，我向你保证，我会让共和国在每一个具体问题上感到满意。

我亲爱的西塞罗，我对你的热爱与日俱增，你为我们提供的服务强化了我的焦虑，我一定不能辜负你的爱或你的尊重。我希望很快就能在你身边，如果得到允许的话，履行我对你的义务，增加你的快乐，回报你对我的仁慈。

写于 6 月 6 日，于库拉罗，阿洛布罗吉人的国家。

[24]

胜利者与候任执政官普兰库斯致西塞罗，公元前 43 年 7 月 28 日，于高卢军营。

---

① 指安东尼的副将。

② 指屋大维。

③ 由于安东尼的反叛。

不向你提供的各项具体服务表示感谢，这对我来说是不可能的。但我向你保证，我在这样做的时候带有一丝羞愧。并非你一直予以鼓励的我们之间的亲密联系需要任何谢意的表达，亦非用廉价的语词报答你极大的仁慈会给我带来任何快乐；我宁可用我对你的恭敬的思念、我们见面时对你的关心、乃至于用你的民众的对你的全部热爱，来向你证明我不是一个健忘的人。至于你对我的热爱和尊敬，我发现很难说得清它是否能给我带来更大的、永久性的荣誉或日常的快乐。

你关心对士兵的捐助，并非我个人所处的支配地位所致（我肯定我心中并不怀有恶意），我希望他们得到元老院的荣耀，而是由于：首先，我考虑他们配得上这种荣耀；其次，我想要他们更加紧密地与共和国站在一起，去应对各种可能的紧急情况；最后，这样的话我就可以使他们抵抗来自各方面的诱惑，保证他们像以往那样忠诚于你。

迄今为止，我们维持着这里的整个形势。虽然我非常明白这位将军有多么伟大，他渴望取得决定性的胜利有多么合理，但我仍旧相信我的政策能够获得你的赞同。如果这里的军队出了什么差错，那么元老院没有足够的后备力量抗拒任何突袭或这些杀害他们的祖国的凶手的抢劫。我的军营里有三个老兵组成的军团，战斗力非常强大，还有一个新募集的军团。所以总的看来，我的军队在数量上是非常强大的，而且还有后备力量；经验告诉我们新兵需要多久才能在战场上派上用场。

如果我们的力量通过由老兵组成的在阿非利加的军队或者通过凯撒的军队进一步得到增强，我们[①]在把共和国的命运放到战场上接受考验时会比较轻松；但是我们看到凯撒能为我们提供的东西近在咫尺，我一直没有停止用书信敦促他的到来，他也从来没有停止向我保证他正在这样做，没有丝毫拖延；虽然我看到他有时候偏离这个目标，接受其他计划。但无论如何，我派遣我们的朋友富尔纽斯给他送去消息和战报，看他是否能有所作为。

---

① 指普兰库斯和布鲁图。

现在，我亲爱的西塞罗，你知道你和我一样热爱凯撒，考虑到朱利乌斯活着的时候我和他的亲密关系，我必须支持和尊敬小凯撒：我这样做也因为小凯撒本人，就我对他的了解而言，是一个非常谦虚、非常仁厚的人；考虑到朱利乌斯·凯撒和我本人之间的深厚友谊，更不要说经过他和你们所有人的审慎选择他的养子，令我觉得是一种荣耀的突破。但是——无论我怎么对你说，我发誓我在写下这些话的时候更多的是带着悲伤，而不是带着怨恨——事实上，安东尼今天还活着，雷必达与他会合在一起，他们的军队绝不可轻视，他们是乐观的和勇敢的——他们的所有这些东西都能压倒凯撒。我现在不想回顾历史；从凯撒自发地宣布他要来与我会合开始，他只是做了这样的决定，而这场战争要么能够马上扑灭，要么由于整个形势对敌人不利而被推向西班牙，一个不利于他们的利益的国家。放弃一项如此光荣的政策是他的主意，或者是他追随的人的主意，对他自身安全的紧迫需要带来了两个月的执政官职务的代理，由此引发普遍的恐慌，还有小丑式不断地要求取得支持——这是一个我无法了解的奥秘。

在我看来，为了国家和他本人的利益，在这种情况下通过他的熟人有许多事可做；但是我想，包括你本人在内，他们中的大多数人为他提供的服务，除了我以外，超过其他任何人；我从来没有忘记我对你负有的义务，就像我对他们负有义务一样。

我派富尔纽斯去和他谈判这些问题，如果我对他确实产生了很大影响，就像我应当产生的一样，那么他会发现我已经给了他必要的帮助。与此同时，我们正在日益困难的条件下进行战争；因为我们并不认为自己已经有理由相信能够确保胜利，与此同时也不愿因为逃避而使共和国承受更加严重的灾难。如果凯撒能审视他自己的处境，或者阿非利加军团能很快到达，那么我们将能解除你对世界上的这个部分的所有忧虑。

我请求你仍旧能像以前那样尊敬我，你要确信，我对你一直抱有一种特殊的感情。

7 月 28 日写于军营。

[25]

西塞罗致富尔纽斯，公元前43年，约5月26日，于罗马。

如果说这件事是重要的——每个人都相信这一点——你应当大力支持共和国，就像你从一开始就在不断地努力参与各项重要行动，直到最终熄灭战火，那么在我看来没有什么事情能比你现在能做的事情更好或更值得赞扬；我有这样一种看法，你要少想一些如何获得执法官的职务，把你的精力、活动和思想用于共和国。我要让你明白，你已经获得了崇高的声望——请你相信我，仅仅根据普兰库斯本人的说法，你的声望仅次于他，而各种报道和事实都证明了这一点。

由于这个原因，如果你还有许多工作要做，那么我认为你应当把全副精力投入最后完成这些工作中去。还有什么事能使你获得更多的荣誉？还有什么东西能比荣誉更宝贵？然而，如果你认为自己应当满足国家的要求，那么我认为你应当抓紧时间参加公民大会，因为会议很快就要召开；除非你急于得到职务不会损害我们已经获得的荣誉。许多最优秀的人士在担负公共服务的时候对成为当年的候选人没有兴趣。对我们来说，不去当候选人要容易得多，就好像不把今年当做你的参选年；同理，由于你已经担任过市政官，所以你要两年以后才能担任执法官。正因如此，你不应当轻视相关的习俗以及（我们几乎可以称之为）法定的竞选游说的时期。然而我清楚地看到，随着普兰库斯参加执政官的竞选，虽然你的所有计划对他都没有什么干扰，但你的候选人资格只有在你的行动令我们满意的情况下才能为你获得荣誉。总的说来，考虑到你自己有着圆满的理智和判断力，我没有必要与你详谈此事，但与此同时，我确实不希望你对我的想法一无所知；我这样做的主要目的是：按照真正的标准来对你的基本状况进行赞扬，而不是通过对你担任高级职务的预期来对你进行赞扬，希望你能够更加圆满地获得更加持久的声望，而不是只希望你迅速获得执法官的职务。这些话是我在家里说的，当时我邀请我弟弟昆图斯、凯基纳、卡维昔乌到家里来，他们全都忠于你，你的自由民达耳达诺当时也在场。我的话取得众人的一致赞同。但你是最好的判断者。

[26]

西塞罗致富尔纽斯，公元前43年6月末，于罗马。

你在来信中清楚地表明，你要么必须把山外高卢的伽利亚当做牺牲品，要么必须进行一场冒险的战斗，读了你的来信，我更担心的是前一种情况，要是能加以避免我不会感到遗憾。你写信谈到普兰库斯和布鲁图之间的真诚的友好关系；正因如此，这种关系使我对胜利充满信心。至于高卢人的热情，如你所写，我们将在某一天发现是谁在为获得成功而激动，事实上，我们已经发现了。[①] 所以，我在阅读你的来信时自然也感受到强烈的喜悦，但它的结尾使我恼火；你在那里写到，要是选举推迟到8月份，你会尽快返回，如果选举已经结束，你会回来得更快，免得像一名傻瓜在那里继续冒生命危险。

啊，我亲爱的富尔纽斯，你对自己了解得太少——而你发现要了解别人真是太容易了！你现在把自己当做一名候选人，想要尽快返回罗马参加选举，要是选举已经结束，你会待在家里，如你所写，免得像一个彻头彻尾的大傻瓜，同时冒生命危险，这真的是你的想法吗？不，我不相信你会有这样的想法，因为我也有过你的所有这些渴望荣誉的热望。但若你的想法与你写下来的不一样，那么我认为你可以比我自己对你的评价少受一些责备。其实你不必匆忙抛弃当前最光荣的生活，受到诱惑，来参加竞选执法官，而是按照大多数候选人的方式获得资格，不也能得到人们的普遍赞扬吗？确实，使你感兴趣的是能否在这次选举或下次选举中成为执法官，

---

① 西塞罗暗示是富尔纽斯本人在这样做，对他返回罗马的意图感到后悔，而不是继续很好地在国外工作。

而不是使你的行为配得上共和国，获取人们认为你应得的各种可以察觉的荣耀。

你不知道自己进到什么地步，或者说获得提升对你没有吸引力吗？如果你不知道，那么我原谅你，要受责备的是我们；但若你知道，那么这世上的执法官的职务对你怎么会有比责任或荣誉更大的魅力呢？义务的道路只能吸引少数人，而荣誉吸引整个世界。在这一点上，卡维昔乌，一个有着健全判断力的人，深深地依附你，而我本人每天都在对你挑剔。关于选举，由于你的生活依靠选举，所以我们正在尽最大的努力，我们认为有各种理由表明把选举推迟到 1 月份对国家有益。祝你成功，祝你健康！

[27]

西塞罗致雷必达，公元前 43 年 3 月 28 日晨，于罗马。

我对你的尊敬非常真诚，我深深地关注你在向最高职位挺进；因此，当元老院授予你这一最高荣誉的象征时，我对你没有向元老院表示谢恩感到困惑。我非常高兴地看到你已经在用心安排元老院两派之间的和平。假如你缔结的和平以消除任何形式的奴役为条件，那么你为共和国做了一件好事，又有益于你自己的地位；但若你倡议的和平意味着恢复一个肆无忌惮的僭主的职务，他长期以来不接受任何约束，那么我要让你知道，拥有健全理智的所有人都会下定决心接受死亡，而不是接受奴役。

因此你的行动要更加明智，无论如何，按照我的判断，不要把你自己与任何你提到的、诸如此类的和平计划混在一起，它们既不能使元老院满意，也不能使人民满意，更不能使任何诚实的公民满意。但是，其他人会告诉你的，或者写信对你说的。按照你通常的敏锐，你会明白自己应该做的最好的事情是什么。

[28]

西塞罗致盖·却波尼乌，公元前43年，约2月2日，于罗马。

我多么希望你能邀请我参加3月15日的、令人高兴的宴会！我们到那时候应该还活着。然而，它们给我们带来了这样的麻烦，你为共和国提供的极为欢乐的服务却为人们的抱怨提供了某些根据。确实，事实上，对这个国家最忠诚的你打退了对国家的诅咒，由于你的慷慨，我们至今都还能活着，但你这样做使我有时候对你有点恼火，虽然我知道这是不对的；因为你给我留下了更多的麻烦要由我个人来处理，而不是由没有我的这个世界上的其他所有人来处理。一旦元老院能在安东尼最无耻地离去以后，在自由的状况下举行会议，我又恢复了旧有的精神，这是你和你父亲、那位最坚强的公民，一直加以赞美和热爱的。

那些保民官在12月20日召集了一次元老院会议，提出了另外一个问题，我在会上审视整个国家的形势，做了言辞激烈的发言，我的讲演充满力量，多于我的雄辩，我恢复了萎靡不振的元老院固有的、传统的坚韧。那一天的工作、我的充满活力的呼吁，首先激励了罗马人民恢复他们的自由的希望。确实，从那一天起，我不让自己有一时一刻的休息，不仅是我的思考，而且还有我的行动，都是为了国家的利益。

我不认为这座城里的事务和各种变化都已经充分向你做了报告，我本人应当更加详细地给你写信，然而最紧迫的诺言阻碍我这样做。但你可以从其他人那里知道一切，我在这里只能告诉你一些简略的事实。我们有了一个坚强的元老院，虽然行政官员们有些胆怯，有些不忠。塞维乌斯是一个重大的损失。卢·凯撒内心非常忠诚，但他是安东尼的舅舅，我们无法接受他的建议。执政官们是令人敬佩的；狄·布鲁图表现得非常好；凯撒是一位优秀的年轻人，我对他的未来抱有很大希望。然而，你必须确信下面这件事：要是凯撒不能尽快募集老兵，要是安东尼的两个军团不接受凯撒的指挥，要是安东尼没有遭遇巨大危险，那么没有哪种形式的罪恶或残忍是安东尼不会做的。尽管我期待你已经听说了所有这些事情，但我仍旧想要你这些事情有更加清醒的认识。如果我能找到更多的空闲，我会更加详细地给你写信。

[29]

西塞罗致阿庇乌斯·克劳狄，公元前 43 年 7 月 6 日，于罗马。

我相信，你的朋友给你的信件已经告诉你我是如何热心地盼望你的回归与复职，对此我确实非常满意；就像我和他们一样对你特别忠诚，我也不会向他们屈服，乃至于承认他们想要你回归的愿望超过我的愿望。考虑到当前我比他们更加能够有效地为你服务，所以是他们必须把优先权让给我；我从来没有停止为你服务，今后也绝不会停止；确实，我已经在一件极为重要的事情上这样做了，为你的回归奠定了基础。所以你一定要保持你的精神和勇气，要相信我在各个方面会给你可靠的支持。

写于 7 月 6 日。

[30]

加尔巴[①]致西塞罗，公元前 43 年 4 月 15 日，于穆提纳军营。

希尔提乌于 4 月 14 日在营地与潘莎会合，我当时跟潘莎在一起（为了催促潘莎的到来，我走了 100 哩去与他会合），而就在这一天，安东尼率军前来，他有两个军团，第二军团和第三十五军团，还有两个卫队，一个是他自己的，另一个是西拉努斯的，此外还有一些预备队。安东尼向我们挺进的原因是他认为我们的总兵力不超过四个新兵组成的军团。然而，就在那天晚上，在我们安全抵达他的军营以后，希尔提乌把通常由我指挥的两个战斗军

① 塞维乌斯·苏皮西乌·加尔巴（Servius Sulpicius Galba），凯撒在高卢的部属，公元前 54 年担任执法官。

团交给我们，还有两个卫队。

当安东尼的骑兵在我们的视线中出现时，我们的战斗军团和卫队都无法稳住阵脚，开始溃败，我们被迫跟随，因为无法让他们返回战阵。安东尼把部队隐藏在伽洛隆[①]，别人不知道他带着好几个军团，他只让我们看到他的骑兵和轻装步兵。潘莎看到一个军团违反他的命令擅自前进，这时他让两个新兵军团跟随他。我们越过沼泽地和森林，排开 12 个步兵队的阵势，而此时两个新兵军团还没有到达。安东尼的部队突然从村子里冲出来，冲向我们的战线，战斗马上开始。战斗非常惨烈，我们的左翼，由我指挥的战斗军团的八个步兵队，所处的位置最突出，与安东尼的第 35 军团交战，所以我们的部队从它最初的位置向前挺进了半哩地。当敌人的骑兵向我们这一翼包抄过来时，我开始后撤，派出我的轻装步兵去对抗蛮族人的骑兵，阻止他们从后面向我们攻击。与此同时我明白自己被安东尼的部队包围了，安东尼本人就在我的后方不远处。此刻，我把盾牌挂在身后，策马奔向刚从军营里出来的新兵军团。敌人向我围过来，我们的人纷纷投出标枪。我是交了好运才得以活命，因为我们自己的人很快就把我认了出来。

布置在艾米留斯大道旁的凯撒卫队行动迟缓。我们的左翼很弱，只有战斗军团的两个步兵队和一个卫队，由于被安东尼的骑兵包围他们开始撤退，安东尼的骑兵非常强大。然而我们的后撤还是成功的，我本人最后退回军营。安东尼以为自己取得了胜利，以为可以占领我们的军营，但是在抵达我们的军营时，他损失了许多人，但没有得到任何东西。得知这些消息以后，希尔提乌率领 20 个老兵组成的步兵队投入战斗，在安东尼退回自己的营地时截住了他，消灭了他在伽洛隆的全部力量。到了后半夜，安东尼和他的骑兵退回他们位于穆提纳附近的营地。

希尔提乌回到营地时，潘莎已经离开，只留下两个被安东尼围攻的军团。因此，最后结果是安东尼损失了大量的老部队。然而，没有我们的卫队

---

① 伽洛隆（Gallorum），位于穆提纳军营东南 10 哩处。

和战斗军团的重大牺牲，是不能获得这种效果的。两个鹰徽和六十面军旗被带了回来——全都是安东尼的。这是一个伟大的成就。

写于军营，4 月 15 日。

[31]

阿昔纽斯·波里奥[①]致西塞罗，公元前 43 年 3 月 16 日，于考杜巴。

自从战争爆发以来，我没有写过任何信件涉及共和国的事务，对此你一定不要有丝毫惊讶。我们的送信人常走的卡斯图洛小道，由于盗匪的增加现在变得越来越危险，双方派出的探子也密布其间，捕捉送信人。所以，要不是收到一封通过海路送来的信，我对罗马发生的事情绝对一无所知。但是现在我有机会了，在航海季节开始的时候，我会兴致勃勃地给你写信，并且尽可能经常写。

谈论这样一个人[②]对我不会有什么影响(尽管无人喜欢他)，人们对他的仇恨并不像他应当受到的仇恨那么多。我对他极度厌恶，我不得不与他有一些联系，但无论是什么事情都令我作呕。我的本能和追求都使我想要和平与自由，所以我现在经常为内战的第一步感到深深的痛苦。然而，由于我在战争的双方都有强大的敌人，完全中立对我来说是不可能的，所以我逃离了那个军营[③]，我确定无疑地知道，在那个诡计多端的敌人那里我是不可能安全的。我被迫违背意愿做出了决定，免得陷入困境，我会大胆地、毫不犹豫地面对相关的危险。

关于凯撒，由于他把我当做他最老的朋友之一，虽然在抵达命运的顶峰前他与我还不是很熟，所以我对他的尊敬是基于最真诚的忠心。我有可能做

---

① 盖·阿昔纽斯·波里奥（C. Asinius Pollio），生于公元前 76 年，著名演说家，诗人、批评家，历史学家。在政治上支持凯撒，公元前 40 年担任执政官。

② 一般认为指安东尼。

③ 指庞培的军营。

我自愿要做的事情，我的方式赢得了每一位真正的爱国者的最衷心的赞成；我做的事情是按照命令进行的，我做这些事情处于这样一个时刻，以这样一种方式，而这些指示显然是对一个不自愿的人下达的。我的这些行为给我招致不应有的公愤，我由此得知自由的欢乐和生活在暴君统治之下的痛苦。因此，如果事情发展到一切权力再次集中在一个人手中，无论他是谁，我都会宣布自己是他的敌人；为了捍卫自由，我不会逃避任何危险，或者给自己寻找借口。

但是执政官们没有通过元老院法令或他们自己的公告给我提供行动路线方面的指导；我确实只收到潘莎的一封信，在 3 月 15 日以后，他在信中敦促我给元老院写信，把我的军队和我自己交由元老院支配。而现在雷必达已经公开宣布并写信给每一个人，说他已经与安东尼达成一致，使我处于非常难以应付的境地；没有他的同意，我能依靠什么样的供应体系带领我的军团穿越他的行省？或者，即使我克服了其他所有困难，我能飞越由他的警卫部队占领的阿尔卑斯山吗？此外，我无法将信件送抵目的地；信使们在许多地方被迫返回，还有信使被雷必达扣留。

有一个事实无人会提出疑问——我在考杜巴公开宣布，我不会把行省交给任何没有元老院授权的人。我为什么要对你说，事关交出第 30 军团，我有过非常激烈的争吵？要是我这样做的话，每个人都知道我对元老院的支持有多么微弱。世上还有比第 30 军团更加勇敢的战士吗？你不相信。所以你必定首先把我当做一个最向往和平的人（坦率地说我的愿望是国家的每一个成员的安全），其次把我当做一名准备为自己和国家获取自由的人。

你会把我的一位亲密的朋友当做你自己的朋友，他使我非常满意，其程度超过你的想象；然而我妒忌他能和你一道散步，也能跟你开玩笑。你会问我对这种事情的评价有多高？如果我能过上一种和平的生活，那么你会发现我是怎么评价的；因为我不会站在你一边再有什么举动。有一件事情令我极为惊讶——你从来没有写信跟我说过，我是否能通过留在这个行省里，或者通过把我的军队带往意大利，来更好地履行我的职责。我当然希望自己更加安全和少些麻烦，然而，由于我看到面对这样的危机需要更多的军团，而不是更多的行省（尤其是后者可以毫无困难地重新获得），所以我下定决心在当前的情况下开始指挥我的军队。至于我的下一步，你会在我送给潘莎的公告中得到相关消息，我也给你送了一份抄件。

写于考杜巴，3 月 16 日。

[32]

阿昔纽斯·波里奥致西塞罗，公元前 43 年 6 月 8 日，于考杜巴。

我的财务官巴尔布斯离开了伽德斯，带走大量从国库里弄出来的现金、黄金、白银，甚至还有尚未发给士兵的军饷；他在卡佩被狂风阻拦了三天之后，于 6 月 1 日渡海进入波古德斯的王国，[①] 口袋里装满了现金。关于他现在有一些谣言在流传，但我不知道他是否会返回伽德斯，或者会去罗马。因为每当遇到不利的事情，他总是会以最邪恶的方式突然转向或改变。

除了盗窃、抢劫和鞭打同盟者，他还做过一件非常出名的事情（他本人经常吹嘘，“全世界都喜欢盖·凯撒”）：他在伽德斯举办赛会，赛会的第一天，他让演员赫瑞纽斯·伽卢斯戴着金项圈，在那 14 排座位中就座——这些座位是他指定给骑士等级的；他延长了自己的任期，成为四人委员会的成员之一；他在连续两天中主持了两年的选举，换言之，无论他喜欢谁，他都会把他们作为当选者请回来；他恢复了流放，但不是最近，而是在塞克斯都·瓦鲁斯担任行省总督反叛者屠杀或驱逐元老院议员的时候。

然而，他以后事事模仿凯撒，没有丝毫收敛；赛会期间，他登台表演了一出“罗马戏剧”，剧情就是他自己远征总督卢·伦图卢斯的事迹（你能相信吗?），他深深地陶醉在自己的表演中，流下了眼泪。还有，在角斗士表演中有一位法迪乌斯，他是庞贝的一名士兵；他被迫进了角斗士学校，他两次

---

① 波古德斯（Bogudes，或 Bogus），毛里塔尼亚（Mauretania）的国王，忠于凯撒。

击败他的对手，但没有人愿意赎他；他自己不肯成为一名角斗士，想要逃跑。所以，巴尔布斯首先派出一些高卢骑兵（当法迪乌斯被拉走的时候，有人对他扔石头），从人群中带走法迪乌斯，在角斗士学校里把他埋到腰身，然后活活烧死；而巴尔布斯本人吃了午餐以后，披着衣服，光着脚，背着手闲逛，当这名可怜的角斗士尖叫道"我是一名天生的罗马公民"，巴尔布斯答道："你马上就不是了，恳求人民的保护吧。"事实上，他曾经把一些罗马公民扔去喂野兽，其中有一位沿街叫卖的小贩，身体残疾，在希帕利斯非常有名。

我不得不与之打交道的就是这样一个魔鬼。等我们见了面，我们还有更多的有关他的事情要说。

但是现在，你必须决定你希望我做什么，这是主要的。我有三个忠诚的军团。其中之一，第 28 军团，在战争开始之际就受到安东尼的拉拢，要他们加入他的阵营；到达他的营地的那一天，他会给每个士兵 500 个德纳留，打胜仗的时候，他也会给自己的军团同样的赏赐——有谁能预见到这种收买会结束或受到限制？我向你庄严地起誓，我试图艰难地保持那个受到强烈诱惑的军团；如果看到某些步兵队由于各种原因有反叛的迹象，我还让他们全部待在一个地方，那么我就根本不可能维持这个军团了。其他军团也一样，他从来没有停止用书信和无数的诺言来诱惑。雷必达也确实给了我不小的压力，他要么本人写信，要么让安东尼出面，要我把第 30 军团送给他。

因此，我既不希望以任何价格出卖这支军队，也不允许它受到伤害，而当前有种种迹象表明有这种危险，如果这两个人①是胜利者，那么我要说你可以把这支保存下来的军队当做对共和国安全的因素，由于我已经执行了你的命令，请你相信我会完成你命令我做的任何事情。我已经使这个行省保持和平，使这支军队服从我的指挥；我没有在任何地方逾越我的行省的疆界；我没有朝任何方向从这些军团派出一名士兵，甚至也没有从辅助部队中派出；如果我抓到任何逃跑的骑兵，我会惩罚他们。

---

① 指安东尼和雷必达。

由于这些原因，我认为我在拯救共和国的问题上已经有了充分的转向。与此同时，如果共和国以及元老院对我能有恰当的了解，那么国家通过我获得的利益肯定会更大。

送上我写给巴尔布斯的一封信供你阅读，他现在就在这个行省里；如果仔细阅读，你还能看到一部“罗马戏剧”，对此你必须询问我的朋友伽卢斯·高奈留。

写于考杜巴，6月8日。

[33]

阿昔纽斯·波里奥致西塞罗，公元前43年5月底，于考杜巴。

如果你一切都好，那么好极了。我也很好。扣留我的信使长达九天的雷必达是我没有能够及时得到穆提纳附近的战斗消息的原因，尽管，当然了，长时间地推迟听到对国家来说是一种灾难的消息是求之不得的事情——但仅对那些既不能推进又不能改变这种形势的人而言。我有多么希望你凭着元老院的同一部法令召集普兰库斯和雷必达前往意大利，也能命令我前往意大利！这样的话，共和国肯定能躲过这一劫。如果说还有谁对当前的形势感到乐观，因为凯撒一方的指挥官和老兵都被消灭了，那么当他转过身来看到意大利遭受的破坏时他无法不感到悲伤。如果那些报告还有一点儿真实，那么可以说，被消灭的不仅有我们军队的中坚力量，还有我们刚招募来的新兵。

我并非看不到，如果我加入雷必达的阵营，我能为国家提供多么大的服务；因为我站在他一边时可以消除犹豫不决，尤其是有普兰库斯对我的帮助。然而就像我送给你阅读的那封信中所说，他显然认为，如果我在穿越他的行省前进时想要得到他的供应，那么重要的是我应当使他平静下来，这和他在那旁发表公共演说时的腔调一样。还有，我担心，如果战争在我完成已经开始的工作之前就结束，那么诽谤我的人就会把一种与我的爱国意愿完全相反的解释强加于我，这都是因为我和安东尼的友谊，然而我和他的友谊毕竟没有超过与普兰库斯的友谊。

4月份的时候，我在两条船上分别写下两封信，从伽德斯发给你本人、执政官、屋大维，请求你们告诉我，以什么样的方式我能够最好地为共和国服务。而按照我的计算，我们的船从伽德斯出发的那一天就是潘莎进行决战的那一天。由于是冬季，那一天之前的任何航行都是不可能的。我庄严地发誓，在我有点怀疑会发生一场暴动之前，我已经把我的军团安排在卢西塔尼亚[1]中心地区的冬季营地里。此外，双方的统帅都匆匆忙忙地赶到这里来，就好像他们最关心的事情是给共和国造成最大的伤害，而不是平息战争。但果真有这种匆忙的必要，那么在我看来，希尔提乌所取得的每项成功都标志着一位统帅的成熟策略。

我已经收到的有关雷必达的高卢[2]的书面和口头报告如下：潘莎的军队被打散了；潘莎负伤而死；在同一战役中，马略军团被歼灭，包括卢·法巴图斯、盖·佩都凯乌、狄·卡福莱努等人；在希尔提乌发起的战役中，第四军团和安东尼的所有军团均受到重创，希尔提乌的军团也一样；在第四军团被第五军团打散之前，第四军团甚至攻占了安东尼的营地；希尔提乌和庞提乌斯·阿揆拉马战死在那里；甚至说屋大维已经被杀（如果这些都是真的，苍天在上，我会深深地感到悲痛）；安东尼可耻地放弃了对穆提纳的包围，但他仍旧拥有5,000骑兵，三个按不同标准全副武装的军团，有一个军团归巴吉尼人波皮留斯指挥，还有大量没有武器的人；文提狄乌也带着第七、第八、第九军团与他会合；如果他对雷必达不抱希望，那么他会采用极端的措施，不仅动员各个部落，而且还会动员奴隶；帕尔玛已经被洗劫，阿尔卑斯已被卢·安东尼占领。

如果所有这些都是真的，那么我们这些人一定不要观望，或者等着瞧元老院的法令。确实，这场危机迫使所有希望这个帝国，甚至罗马人民的名字

① 卢西塔尼亚（Lusitania），西班牙西部地区，即葡萄牙。

② 即山外高卢。

得救的人，都起来帮助扑灭这场令人惊骇的大火。我得知，布鲁图的兵力不超过 17 个步兵队和两个军团，还有一些新募集来新兵，安东尼曾经对他们进行过登记。另外，我不怀疑希尔提乌的残部会涌去与他会合。我对征兵不抱太大的希望，尤其是，没有什么事情能比给安东尼以喘息的机会更危险。还有，季节会给我更多的行动自由，因为粮食事实上要么已经堆在地里，要么已经进了谷仓。所以，我会在下一封信中详细解释我的计划；你可以确信，我既不想让共和国覆灭，也无法让它存活。然而使我最恼火的是，我只能通过一条漫长危险的道路来实现我的目的，然而在事件发生 40 天以后，甚至更迟，还没有什么消息传来。

[34a]

胜利者马·雷必达致马·西塞罗，公元前 43 年，约 5 月 18 日，于庞阿根特。

如果你别来无恙，那么好极了；我也很好。听说安东尼派遣卢·安东尼率领他的部分骑兵为前锋，率领大军进入我的行省以后，我指挥自己的军队避开从封涅涌来的洪峰，下决心前去抗击。所以，在快速连续行军之后，我到达了伏科尼市政广场，在阿根特河畔的那个镇子边上扎营，与安东尼的人对峙。普·文提狄乌率领他的三个军团与安东尼的人会合，他扎下的营盘比我的还要大。在那之前，安东尼拥有第二军团，还有大量其他军团溃散的人，但是没有武器。他还有大量骑兵在战役中未遭受损失，所以他现在拥有 5,000 多匹战马。有相当多的步兵和骑兵向我投诚，他的兵力在一天天减少。

西拉努斯和库莱奥已经离开了安东尼。尽管他们曾经违背我的意愿投向安东尼，给我带来严重伤害，但由于我的仁慈和我们之间的密切联系，我决定饶他们一命；与此同时，我不会拒绝他们提供的服务；我让他们待在我的营地之外，我也不会指挥他们参加任何军事行动。

在这场战争中，我不会辜负元老院或国家赋予我的职责。下一步采取什么行动，我会及时通知你。

[34b]

马·雷必达致马·西塞罗，公元前 43 年 5 月 22 日，于庞阿根特军营。

尽管我们是亲密的朋友，我们过去忠诚于对方，相互之间没有发生过竞争，并且以同样的精神有意识地维护双方的友谊，然而我不怀疑在如此严重和突然的公共事务的剧变中，会有某些诽谤我的谣言传到你的耳中，这些描述对我来说一文不值，但足以引起热爱共和国的你的不小的焦虑。我的代表已经告诉我，你接到那些报告以后已经决定不要匆忙地相信，这当然使我感到喜悦。因为我并没有忘记你早先对我的帮助，你善意地想要增强我的地位和尊严——你的帮助我将永远铭记在心。

亲爱的西塞罗，我诚恳地请求你，以往我作为一名一丝不苟的、孜孜不倦的公共事务的管理者，我相信我的经历和忠心配得上我的名字，如果将来没有更加重要的事务，如果你心中不再怀疑我的经历和忠诚，那么与你对我的善意相称，请你把我当做配得上得到你的保护的人，以增加我对你的感恩。

写于庞阿根特军营，5 月 22 日。

[35]

马·雷必达致执法官、保民官、元老院、罗马人民，公元前 43 年 5 月 30 日，于庞阿根特军营。

如果你们和你们的子女一切都好，那么好极了。我也很好。元老院的议员们，我请求诸神和凡人证明我对共和国的热爱和感情，我把生命和自由的安全看得无比重要；对此，要不是我自己的特殊政策受阻于命运，我很快就会向你们证明。我的军队突然发生兵变，他们想要维护传统习俗，保护同胞公民的生命和共同体的和平，说实话，他们强迫我答应支持大量罗马公民为了维护他们的生命和公民权利所做的斗争。

在这件事情上，元老院的议员们，我请求你们把私人争斗放在一边，考虑国家的最高利益，不要把我本人和我的军队在内乱时期表现出来的仁慈当做犯罪。如果你们决定考虑安全问题和所有派别的政治立场，那么你们会更好地促进你们自己的利益以及国家的利益。

写于庞阿根特军营，5 月 30 日。

第十一卷

[1]

狄西摩斯·朱尼乌斯·布鲁图[①]致马·布鲁图与盖·卡西乌斯，公元前 44 年 3 月 17 日晨，于罗马。

让我把我们的处境告诉你们；希尔提乌昨天晚上在我家；他对安东尼的意图做了解释——你可以确定，极端卑鄙，安全不可信；希尔提乌说安东尼不可能把行省给我，还说我们中的任何人在罗马都不安全，因为士兵和民众的情绪非常激动。我肯定你们会注意到这两个说法都是虚假的，而希尔提乌道出了事实真相——安东尼担心，如果我们的要求得到哪怕是适度的支持，那么他在政治舞台上就会没有立足之地。

根据这些迹象，我决定提出要求，让我本人和我们的朋友担任非正式使者[②]，这样就能为我们离开罗马找到某些体面的借口。这位希尔提乌答应让

① 西摩斯·朱尼乌斯·布鲁图（Decimus Junius Brutus），于公元前 56 年被凯撒任命为舰队统帅，公元前 48 年被凯撒任命为山外高卢行省总督。

② 此处“非正式使者”的原文是“libera legatio”，担任非正式使者的元老院议员可以离开罗马处理私人事务而由公家承担旅费。

我担负这种使命，然而我不太相信他会这样做，因为这些人非常蛮横，对我们进行迫害。我在想，即使我们的要求得到满足，也不能防止他们把我们宣布为公敌，或者在近期把我们当做违法者驱逐。

你说“那么你有什么建议？”好吧，我们必须向命运低头；我想我们必须离开意大利，移居罗得岛或其他什么地方；如果有较好的机会，我们会返回罗马；如果没有机会，我们就过一种流放的生活；如果情况变得非常糟糕，我们最后会诉诸武力来保卫我们自己。

你们中的某些人在这一点上也许会问，我们为什么要等待最后阶段，而不是马上就做出最大的努力？因为我们没有一个能聚集力量的中心，除了塞克斯都·庞培和凯西留斯·巴苏斯，在我看来，听到有关凯撒的消息时，他们似乎更加坚定。等弄清了他们的力量，我们有足够的时间加入他们的队伍。代表你和卡西乌斯，我会按照你们的意愿作相应的安排；事实上希尔提乌坚持要我这样做。

我要求你们俩必须尽快给我答复——因为我不怀疑希尔提乌会在4点钟之前通知我这些事——在你们的回信中请让我知道可以在什么地方会面，你们希望我去哪里。

附：和希尔提乌进行最后一次谈话以后，我决定提出要求，我们在罗马的时候应当由国家开支给我们安排一位警卫；但我并不指望他们会赋予我们这项特权，因为我们将掀起一场反对他们的大起义。我想我不会放弃我认为是合理的诉求。

[2]

执法官马·布鲁图与盖·卡西乌斯致执政官马·安东尼，公元前44年3月17日晨，于拉努维乌。

要是我们不相信你对我们的诚心和善意，我们就不会写此信给你；我们确信这就是你的习惯，要尽可能把这件事办好。有来信告诉我们大量的老兵已经在罗马聚集，随着 6 月 1 日的临近，人数会更多。如果我们对你有任何怀疑或警觉，那么我们就是对自己不忠实。由于我们已经决定听从你的调遣，并顺从你的建议解散了我们在这些行省城镇中的朋友，不仅通过法令，而且通过信件，所以你确实应当接受我们的意见，尤其是在一件影响到我们自己的事情上。

因此，我们请求你明了你对我们的态度，告诉我们，你是否认为我们在如此大量的老兵中会是安全的，我们得知他们甚至想到要重设祭坛，而我们相信，希望我们安全和荣耀的人几乎都不会期盼或赞成这种事。

我们从一开始就把眼光盯在平安上面，寻求共同体的自由，而不是寻求其他，这些已经由所发生了的事情所证明。除了你，无人可以认为我们这样说是假的，但这显然与你的高尚和正直不符。其他无人可以欺骗我们，因为我们相信过，并将继续相信的人是你，也只有你。

我们的朋友对我们发出严厉警告，虽然他们完全相信你的诚意，但他们仍旧想到那些老兵会更加轻易地为所欲为，而不是严格地受你的制约。我们请求你做出详细回答。因为，把这样一道命令下达给老兵，你打算在 6 月份提出他们的利益问题，这样做是轻率的，这样的问题是无意义的。就和我们有关的这些事情来说，我们已经决定不采取任何行动，你想还会有谁反对你的意图？现在降临到我们的头上的任何事情都会伴随着普遍的毁灭和混乱，在这样的时候，无人有权指责我们不热爱生命。

[3]

执法官马·布鲁图与盖·卡西乌斯致执政官马·安东尼，公元前 44 年 8 月 4 日，于拿波勒斯。

尊敬的先生，我们已经细读了你的来信，其中的内容与你的公开宣言完全一致，它是一种侮辱与恐吓，它绝不是一封你应当写给我们的恰当的来信。

先生，我们从来没有伤害过你，如果我们这些执法官，或者拥有我们这样地位的人，在一份公开声明中呼吁执政官做出某些让步，那么我们决不相信这会引起你的惊讶。但若你讨厌我们的鲁莽，那么请允许我们后悔曾经拒绝你对某位布鲁图和某位卡西乌斯的微小帮助。

你否认对军队哗变、勒索金钱、干预军团、派人渡海有任何怨言，我们确信你是诚实的；然而与此同时，我们拒绝承认这些断言有任何真实性，使我们感到惊讶的是，尽管你对所有这些事实都能保持沉默，但在提到凯撒之死而责备我们时，你一点儿也不能控制你的愤怒。

这个问题就说到这里，然而我们要请你自己考虑一下：允许执法官为了和谐与自由的利益，公开宣布放弃某些他们自己的权利而不受某些执政官的武装暴力的恐吓，这在什么范围内是可以容忍的。你依靠的人用这样的方法不可能吓倒我们；因为这些方法我们是不合适的，我们不会在任何危险面前放弃我们高尚的精神，这些方法对安东尼也是不合适的，他要宣布自己是那些曾经为他的自由付出过努力的人的主人。至于我们自己，如果我们出于其他考虑而希望煽动内战的火焰，那么你的来信不会有任何效果；因为发出恐吓的人在自由人中间没有权威。但是你非常明白我们不可能以这样或那样的方式被赶走，而你的咆哮很像是给了我们的坚韧以一种痛苦的形象。

我们的感觉是这样的：我们急于让你在自由的体制中拥有一个高尚的地位，我们对你没有任何敌意；但尽管如此，我们并不认为与你的友谊比我们自身的自由更有价值。

请您再三考虑你在做什么，你有什么力量这样做；你一定要记住的不是凯撒活了多久，而是他的统治延续了多久。我们祈求上苍，愿你的见解能有助于国家和你本人的幸福；即使做不到这一点，我们仍旧会祈求你的见解能对你本人无害，并能与共和国的幸福和荣耀一致。

写于 8 月 4 日。

[4]

胜利者、候任执政官狄·布鲁图致马·西塞罗，公元前44年10月或11月初，于伽利亚[①]。

要是我对你的感情有丝毫怀疑，那么我会唠唠叨叨地向你提出请求，让你支持我；但我确信事实真相就是这样——你把我的利益始终放在你的心中。我已经率领我的部队挺进到阿尔卑斯山区的居民中，我的进展不太快，因为我旨在获得“胜利者”的头衔，因为我想要让我的人满意，我要加强他们的力量，让他们支持我们的事业。

对此我相信我已经取得了成功，因为他们已经体验到我的慷慨大方和勇敢。我已经对世界上最骁勇善战的人发动了战争，攻克了许多堡垒，洗劫了许多乡村。我有充分的理由向元老院送战报。请你在元老院里给我支持，这样做的时候，你对公共利益不会有丝毫损害。

[5]

马·西塞罗致胜利者、候任执政官狄·布鲁图，公元前44年12月9日后，于罗马。

尽管我们的朋友卢普斯[②]从你那里来，已经在罗马待了一些日子，但我当时待在许多我认为安全的地方。结果，卢普斯回到你那里去的时候没有带去我的信，尽管他本人给我带来了你的信。然而，我到罗马的时间是12月9日，在我看来，没有什么事能比去见潘莎更紧急、更重要，我从他那里知道了你的情况，我也在为你最热诚地祈祷。我认为你根本就不需要什么鼓励，因为你在取得这项长存于人们记忆之中的最伟大成就[③]时也不乏鼓励。

---

① 此处原文为“Gallia Cisalpina”，意为阿尔卑斯山脉南的伽利亚行省。

② 可能指普·鲁提留斯·卢普斯（P. Rutilius Lupus），公元前56年的保民官。

③ 指刺杀凯撒。

然而，我想简单地说一下这样一个事实，罗马人民在各个方面都在期待你，把他们恢复自由的最终希望寄托在你身上。如果你回想起已经获得的成就（我非常明白你这样做），你一定不会忘记现在还有多少成就等待你去获取。你的行省一旦落入让你担心的这个人的手中——尽管到我明白他不仅在公开发动战争，而且还得意扬扬地反对共和国之前，我确实一直是他的朋友——我看不到还有任何获救的希望。

这就是我为什么要和元老院、罗马人民共同祈祷的原因，愿你能把共和国从一位国王的残暴统治下永远解放出来，使她获得自由，愿你能善始善终。这是你的任务，是你应当起的作用；这是你、这个国家，不，倒不如说是世上的所有民族寻求的目标，这甚至是对你的要求。虽然你并不需要这种鼓励，所以我不用在这方面浪费口舌，但我仍旧会履行义不容辞的职责，我答应向你奉献我所有的服务和同情，奉献我所有的思念——涉及与你的名声和荣耀相关的任何事情，无论它是什么。不仅是为了国家的缘故，这对我来说比我自己的生命还要宝贵，而且也由于我个人对你的忠诚，所以我要让你明白，我确实想要提升你的崇高地位，我绝不会在任何地方放弃对你令人可敬的政策、你的进展和你的名声的支持。

[6]

马·西塞罗致狄·布鲁图，公元前44年12月20日，于罗马。

我们的朋友卢普斯花了6天时间从穆提纳来到罗马，第二天一早他就来拜访我。他煞费苦心地解释了你的想法，并且递交了你的来信。我想，你对我称赞你的牢固地位，与此同时也称赞我的牢固地位，对此我向你庄严保证，我不会把我自己的地位看得比你的地位更宝贵。因此，如果你认为我的任何建议和忠心都有助于增强你的声望是一项无可辩驳的事实，那么你会给我带来最大的快乐。

保民官接到元老院将于12月20日开会的通知，他们的意向是提出一项保护候任执政官的建议。所以，尽管我已经决定1月1日以前不参加元老院会议，但是由于看到你的公告会在那一天被提出来讨论，所以我想，要是元老院举行会议但没有提到你对共和国的不朽贡献（要是我不参加，这种情况有可能发生），或者即使对你某种表示敬意，但我却不在我的位子上，都会是一件丑事。

因此，我一大早就来到元老院，我的到达引起了人们的注意，议员们都聚集在我周围。我宁愿你从别人给你的信中得知我在元老院会议上提出了哪些与你有关的建议，我在那个拥挤的会议上说了些什么；我只希望你能确信，我将自始至终以饱满的热情支持你，提升你的崇高地位；尽管我非常明白其他许多人也会和我一道这样做，但在这件事情上我渴望能够带头。

[7]

马·西塞罗致狄·布鲁图，公元前44年12月19日，于罗马。

自从卢普斯让利伯和你的堂兄塞维乌斯在我家里见面以来，我期待着你已经知道我对马·塞乌斯是一种什么样的感觉，他也参加了我们的谈话。其他事情你可以从格莱凯乌那里得知，尽管他离开的时间只比塞乌斯晚几分钟。

现在的主要问题在于——我想要你掌握，并且非常小心地记在心里——维护罗马人民的自由和幸福，你不能等待仍旧受到制约的元老院的批准，因为这样做不仅会使你自己的行动无效（你当然知道，你解救共和国，甚至取得更加伟大、更加卓越的成就，并没有依靠公共的权威），而且还会让那个行为莽撞的年轻人，凯撒，或者倒不如说那个孩子完全主动地承担如此沉重的公共责任；最后，你会让那些疯狂的蠢人相信，他们尽管是乡间长大的，然而是非常勇敢的士兵，是非常优秀的公民——我的意思首先是指那些老兵，他们是你手持武器的同志，其次是指马略军团和第四军团，他们把自己的执政官宣布为公敌，投身于捍卫公共安全。如果正式的批准是在恐吓下产生的，那么元老院的愿望也一定是这种批准的等价物。

最后我要说你已经有过两次选择，所以你现在不是自由人；第一次是在3月1日，然后是招募新的军队和力量。因此，无论发生什么事，你都必须做好准备，你要记住，没有命令什么都不能做，但要继续做那些能获得普遍赞扬和最真实的敬佩的事情。

[8]

马·西塞罗致狄·布鲁图，公元前43年1月底，于罗马。

在我不知道该写什么的时候，你的妻子鲍拉[①]派人来，她所说的情况使我感到要给你写这封信。一切都悬而未决，我们在焦急地等待使者，关于他们完成了什么使命还没有任何消息。然而我感到有给你写信的必要，首先，元老院和罗马人民非常想念你，他们对你的关心不仅是为了他们自己的安全，而且是为了你自己的杰出地位。事实上，你的名字会产生一种神奇的效果，各个阶级的公民对你都有一种史无前例的热爱；他们对你充满希望和信心，因为你先前曾把国家从一名暴君手中拯救出来。

罗马和整个意大利正在征集兵员，当所有人都在自愿参军的时候，你确实可以称之为征兵；由于他们渴望自由，恐惧长时间的奴役，他们心中的热情非常高。至于其他事情，现在是我必须等待你的来信的时候，告诉我你和你的朋友希尔提乌正在做什么，还有我的那位朋友凯撒[②]，我希望他们都能通过一场共同的胜利很快与你会师。我还要提到我自己，我希望（我宁愿）你的朋友能给你写信，让你知道我任何时候都在各个方面推动你的进展。

---

① 鲍拉（Polla），亦写做“Paulla”。

② 指屋大维。

[9]

狄·布鲁图致西塞罗，公元前43年4月29日，于雷吉奥军营。

你本人必须明白失去潘莎给共和国带来了什么样的伤害。现在你应当采取措施，运用你的全部影响和预见，防止我们的敌人在执政官已经被铲除①的时候重新燃起复辟的希望。对我来说，我要尽力把安东尼赶出意大利；我将马上对他进行追击。我希望实现两个目标——防止文提狄乌逃走，防止安东尼待在意大利。首要的事情是，我请求你派人给随风倒的雷必达送信，防止他与安东尼联合，复活反对我们的战争。至于阿昔纽斯·波里奥，我想你清楚地预见到他会采取什么样的行动。雷必达和阿昔纽斯的军团数量众多，战斗力强，非常稳定。

如果认为你本人看不到这些情况，那么我不会写信给你，但我绝对相信（在你和你的朋友对他有怀疑的情况下）雷必达不会马上采取行动。还有普兰库斯，我恳求你们对他的处理不要过于僵硬；我希望，一旦打败安东尼，他会保持对国家的忠诚。如果安东尼成功地越过阿尔卑斯山，我已经决定在那里安排一支前哨部队，无论发生什么事情都会通知你。

写于雷吉奥军营，4月29日。

[10]

狄·布鲁图致西塞罗，公元前43年5月5日，于德托纳军营。

我不认为共和国对我的亏欠大于我对你的亏欠。你非常明白我对你的感谢很容易大于我的那些顽固的朋友对我的感谢；尽管我显得好像只是在当前受到压力的情况下这样讲，但即便如此，你也非常明白我宁愿接受你的判断，而不是接受所有那些处在另一方的人的判断。因为你对我的判断以一种

---

① 执政官希尔提乌和潘莎双双阵亡。

明确的、真诚的情感为基础，而其他人的情感则受到他们强烈的恶意和妒忌的阻碍。好吧，让他们阻止我获得个人荣誉，只要他们不阻拦我对国家的有益治理；国家面临什么样的可怕的危险，我会尽量简洁地加以解释。

首先，执政官的死亡在这座城市里引起一片混乱，位置的空缺在人们心中引发了强烈的愚蠢，这些都不会逃脱你的关注。我想在一封信中我写得够多了，因为我知道我在给谁写信。

现在来说安东尼；尽管他逃跑以后只拥有少量步兵和一些没有武器的人，但通过释放那些罪犯和征集各种各样的人，他好像聚集了一支庞大的力量。此外还有文提狄乌的分遣队，它在越过亚平宁山以后，完成了最困难的行军，到达瓦达①，在那里与安东尼会合。有相当多的老兵和武装人员和文提狄乌在一起。

安东尼的计划必定如下：要么去和雷必达会合，因为雷必达欢迎他；要么就在亚平宁山和阿尔卑斯山活动，利用骑兵的快捷（他有大量骑兵）洗劫他侵犯的地区；要么再次退守埃图利亚，因为在意大利的这个部分没有军队。如果凯撒能够听我的，越过亚平宁山，我就能削弱安东尼，让他陷入窘境，他会因为饥饿而遭毁灭，而非死于刀剑。但是，我无法控制凯撒，凯撒也无法控制他自己的军队；这些事情都和其他事情一样令人痛惜。

鉴于上述种种情况，我不再想人们对我个人有什么阻碍。我不敢想如何克服这些困难，或者说，即使你能克服这些困难，我也担心会有新的障碍产生。

我不再能养活我的人。当我承担解放共和国的任务时，我有超过40,000个罗马大银币的资金。现在由于我的私人财产都已耗尽，我已经让我们所有朋友都负了债。我现在要供养一支七个军团的军队，你可以想象这有多么困难。即使我拥有瓦罗那样的财富，我也不可能应付这样庞大的开支。关于安东尼我目前没有可靠的信息，我把获得消息的任务交给你。我确定你会继续

---

① 瓦达（Vada），利古里亚的海港城市，今萨沃纳。

爱我，只要你感到我也同样爱你。

写于德托纳军营，5 月 5 日。

[11]

狄·布鲁图致西塞罗，公元前 43 年 5 月 6 日，于斯塔提兰昔地界内的军营。

你的来信已经送到我手中，是我的仆人带来的一份抄件。我在想，我对你的亏欠如此巨大，很难完全还清。我写信告诉你这里的情况。安东尼还在前进，他在猛攻雷必达；甚至对普兰库斯他也还没有放弃希望，这是我从他落入我手中的笔记里看到的，上面写着他派到阿昔纽斯、雷必达、普兰库斯那里去的人的名字。然而，我一刻也不会犹豫派人去找普兰库斯，我期待着两天内会有使者从阿洛布罗吉人和整个高卢那边来，我会增强他们的忠诚，把他们送回家。如果有必要在你所在的地方做任何安排，你可以按照你的愿望和共和国的利益进行。如果你发现有可能，你会积极地反对那些一般的针对我的恶意。如果你发现这是不可能的，想到没有任何侮辱能够吓唬我，使我离开现有的地位，那么你也可以安慰你自己。

写于斯塔提兰昔地界内的军营，5 月 6 日。

[12]

西塞罗致狄·布鲁图，公元前 43 年 5 月 14 日至 19 日之间，于罗马。

我同一天收到了你的三封信，较短的一封是你交给福拉库斯·伏鲁纽斯的，两封较长的信，一封由提·维庇乌斯的送信人送来，另一封由卢普斯送来。根据你的来信以及格莱凯乌所说，这场战争不仅远远未能控制，反而已经白热化了。我现在丝毫也不怀疑，以你杰出的明智，你会清楚地看到，一旦安东尼成功建立了立足之地，你为共和国提供的所有杰出的服务都会化为乌有。我说的“杰出的服务”指的是由于那些传到罗马来的消息，大家都相信安东尼已经逃跑了，是的，带着一小撮吓破了胆的残兵败将，丢盔卸甲地逃走了。

但若他的地位如格莱凯乌所说，不可能与他进行一场毫无危险的冲突，那么在我看来他并没有从穆提纳逃跑，而只是转移了他进行战争的根据地。因此就会有一种普遍的情感上的震惊；某些人甚至会表达他们的失望，认为你和你的军队并没有重创他。他们认为，要是你大胆地采取行动，本来是可以打垮他的。一般说来，这就是民众的性格，我们的人民大部分也是这样，滥用言论自由的特权任意攻击那个使他们拥有这种特权的人。但我们无论如何必须看到，要说这种抱怨是公正的，那么毫无理由。事情就是这样；打垮了安东尼的这个人将结束这场战争。我这样说有什么含义，指的是谁，我宁可你自己去想，而不是让我来说得更加明白。

[13a]

狄·布鲁图致西塞罗，晚于公元前 43 年 5 月 19 日，于波伦提亚。

我就不再向你表示感谢了，因为事情的性质不允许我让这个我对他几乎无法用行动来提出请求的人仅仅满足于言词。我要请你仔细考虑我手头还拥有什么；如果你仔细阅读我的书信，我相信没有任何事情能逃脱你的洞察。

西塞罗，我没有马上追击安东尼的原因如下：我没有骑兵，没有驮畜；我不知道希尔提乌已经阵亡；我在与凯撒见面和交谈之前一直不相信他。这就是时间错过了的原因。

一大早潘莎请我去波诺尼亚。当我还在路上时，有人送来他已经死去的消息。我匆忙返回我那些小小的、微不足道的军团——我说的是真实情况。由于缺乏兵员和必要的一切，我的军团处于最糟糕的困境。安东尼动身比我早两天，他的逃跑路线比实施追击的我还要长，因为他的队伍松散，而我们保持着队形。无论走哪条路，他都把罪犯从监狱中释放，把各地扫荡一空。他从不在任何地方停留，直到他抵达瓦达，我想你是知道这个地方的；它位于亚平宁山和阿尔卑斯山之间，一个最难靠近的地方。

当我距他还有 30 哩的时候，文提狄乌已经与他会合，我得知他对士兵公开讲话，要求他的人跟随他翻越阿尔卑斯山，还说与马·雷必达已经有了协议。士兵们发出低语，大部分是文提狄乌的士兵（因为安东尼自己的士兵确实很少），要么战死，要么征服意大利；士兵们恳求他允许他们向波伦提亚前进；由于无法拒绝士兵们的要求，他推迟了开拔时间，直到次日。

得知这一消息，我马上派了五个步兵队前往波伦提亚，我本人也随后跟进。我的先头部队比切贝留斯和他的骑兵早一个小时到达波伦提亚。我大喜过望，因为我想这是我们取胜的前提……[①] 他们有了希望，因为他们不认为普兰库斯的四个军团是他们联军的对手，也不相信一支军队能如此快速穿越意大利。

迄今为止，阿洛布罗吉人本身，再加上我们提前派去的骑兵，相当成功地抵抗着敌人，我们的到达肯定会使他们的抵抗变得更加容易。无论如何，哪怕他们凭运气越过了以萨拉，我们也会尽最大努力防止他们对国家有任何伤害。

关于你本人，我们会让你保持对国家利益的高度期望，因为你看到我们和我们的军队非同一般的团结，为了你的缘故，他们已经准备好面对一切危险。然而，这毕竟是你的义务，不要让你的警惕性松懈，尽力做好你能做的一切，让我们的部队有很好的装备，以及在其他各方面都能够进行一场保卫你的幸福的战斗，打击共和国的敌人发起的最邪恶的阴谋——这些人把他们长期以来假装为了国家利益而征集的士兵突然变成了对这片生养他们的土地的一种危险。

---

① 此处原文缺失。

[13b]

狄・布鲁图致西塞罗，公元前43年4月30日，于帕尔玛的军营。

帕尔玛的居民啊，可怜的人啊……[①]

[14]

西塞罗致狄・布鲁图，公元前43年5月底，于罗马。

我亲爱的布鲁图，我非常高兴地看到我的那份授予年轻的凯撒以荣耀的计划和提交给十人团[②]的建议能够得到你的批准，对此你会感到惊讶。但这又怎么样？相信我（我不是信口开河），布鲁图，我现在已经绝对无能为力了；元老院是我工作时使用的工具，现在这个工具已经粉碎。你从穆提纳英勇出击，打散了安东尼的军队，迫使安东尼逃跑，给我们带来了确定无疑的胜利希望，在此期间我们全都承受着紧张与不安，现在看来我那些勇敢的高谈阔论似乎只是在和幽灵作战。

回过头来谈正事，那些了解马略军团和第四军团的人声称，无论如何都不可能把它们带到你那里去。关于你感到缺乏的资金，我正在采取措施加紧筹集。至于派人去找布鲁图[③]，让凯撒保卫意大利，我衷心同意你的意见。但是，如你写到，你有你自己的诽谤者；而我呢，很轻松地就避开了他们；然而他们毕竟是一道障碍。我们在期待来自阿非利加的军团。

但是你在你所在的地区征募战争兵员引起了人们的普遍惊讶。没有任何事情比这件事更不被人们看好。因为当这项胜利[④]在你生日的那一天宣布的时候，我们拥有了一个将延续无数个世代的独立的共和国的远景。我担心这

---

① 此信仅存这一句话，可能讲述安东尼在几天前野蛮对待当地的居民。

② 一个负责调查安东尼在其担任执政官期间行为的委员会。

③ 即马・布鲁图。

④ 指布鲁图的军队于4月15日在伽洛隆打败安东尼。

些新来的人会拆散已经编织在一起的东西。然而你在 5 月 15 日发出的信中对我说，你刚刚收到普兰库斯的来信，说雷必达并没有很好地接待安东尼。如果情况是这样的话，那么事情就更加容易了；如果不是这样的话，那么还有大量的事情要做，我并不担心这一点；你会占据这个舞台。对我本人来说，我能做的不会多于我已经做的；然而，能见到你这位世上最伟大、最卓越的人是我的希望，也是我的期待。

[15]

西塞罗致狄·布鲁图，公元前 43 年 6 月底，于罗马。

你的来信给了我很大的快乐，派你的同事普兰库斯执行这项使命甚至使我更加高兴，他像你本人一样专注于处理事务，但他非常用心地给我写信表示道歉。然而，没有任何事情能比你的礼貌和你的努力更让我感动。你和你的同事的团结，你们之间的和谐，在你们共同的战报中说得很清楚，这是令元老院和罗马人民最满意的事情。

至于剩下的事情，我亲爱的布鲁图，不要再对其他人发起挑战，而要对你自己的对手发起挑战。我一定不要再多写了，尤其是在你的指导下，我打算学会行文简洁。我强烈地渴望你的来信，你的来信是我最想得到的。

[16]

西塞罗致狄·布鲁图，公元前 43 年 5 月或 6 月，于罗马。

这封信交到你手中的时机是极为重要的，无论此时你心中有某些焦虑，还是没有任何烦恼。因此，我指示我的送信人要注意把信交到你手中的时机。你知道，就像我们会见某人，要是他们在一个极不方便的时候到来，那么他们经常是令人厌恶的，所以信件也一样，如果送达的时机不恰当，它们经常会成为冒犯的原因。然而，要是没有什么事情打扰你，也没有什么事情使你困扰，那么我的送信人相当能干，他会选择一个恰当的时机来见你，我确定让你做我希望的那些事情不会有任何困难。

卢·拉弥亚[①] 是执法官的候选人。在这世上没有人比他对我更亲密。我们之间有着长期的友谊和亲密的关系；我和他不断地交谈，世上没有比这更令人高兴的事了（我把这件事看得极重）。还有，我对他有巨大的亏欠，因为他极为仁慈地为我提供了巨大的服务。在克劳狄统治的日子里，他是骑士阶层的首领，他无比勇敢地战斗，捍卫我的公民权利，被执政官伽比纽斯放逐——这种事情以前从来没有落到过任何一位罗马公民的头上。当罗马人民还记得这件事的时候，要是我不记得了，那真是极为丢脸的事。

由于这个原因，我亲爱的布鲁图，请你说服自己，我是执法官的候选人。尽管他地位显要、深得民心，他在担任市政官时提供了宏大的演出，但就好像这些说法都不存在似的，我已经把整件事情承担起来。现在，如果你对我评价很高，就像我对你的评价一样，那么由于你手中掌握着一些骑士百人团，在他们中间你是国王，所以请你送信给我们的朋友卢普斯，让他去为我们稳定这些百人团。我不再用话语来耽搁你了，而是用一句发自内心的话来结束这封信：布鲁图，尽管我对你抱有各方面的期待，但你做不到其他能给我带来更大快乐的事情了。

[17]

西塞罗致狄·布鲁图，公元前43年5月或6月，于罗马。

世上没有任何人能比拉弥亚对我更亲近。他为我提供了良好的服务，更不用说罗马人民都知道他的仁慈行为和他的惊人举动。担任市政官的时候他取得了辉煌的业绩，卸任以后他成为执法官候选人，每个人都明白他既不缺

① 卢·埃利乌斯·拉弥亚（L. Aelius Lamia），曾于公元前58年勇敢地为西塞罗辩护，因此被执政官逐出城市。公元前54年返回元老院，公元前45年任市政官。

少地位，也不缺少声望。然而竞选会有出人意料的后果，所以我本人应当承担起拉弥亚竞选的全部责任。我很容易察觉你在这件事情上能帮我多大的忙，我确实也不怀疑你为了我的缘故会给我很大的帮助。因此，我亲爱的布鲁图，我会像你一样说服自己不再给你增加压力，用你的全部资源和热情帮助拉弥亚竞选，没有其他事情能比这更令我满意。这就是我对你的诚挚的请求。

[18]

西塞罗致狄·布鲁图，公元前 43 年 5 月 19 日，于罗马。

尽管根据你通过加尔巴和伏鲁纽斯送给元老院的消息，我们对你所说的担心表示怀疑，但这些消息仍旧使我们震惊，因为这些担心超过了你和罗马人民赢得的胜利。我亲爱的布鲁图，现在元老院里充满了勇敢的精神，有了勇敢的领袖；所以元老院感到恼火，你这个曾被认为是世界上最勇敢的人竟然会是一个胆怯的、没有进取心的人。

这是因为，在你进军期间每个人都非常相信你的勇敢，你和安东尼的军队对阵，看到他曾经逃跑，而你解放了罗马人民，这世上还有谁会有任何理由为此担心？

雷必达也不会使我们有任何担心；因为有谁想象他会如此疯狂，在一场可怕的战争中说自己所做的一切都是为了和平以后，竟然会在人们最向往的和平的时候对共和国宣战？然而，我不怀疑你对事情有更加深刻的洞察。

但不管怎么说，不久之前我们以你的名义在所有神庙中举行过感恩祭，在这样的时候，重新提出的警告在我们身上引起了不小的烦恼。

彻底打垮、粉碎安东尼是我的心愿，也是我的希望；如果他成功地聚集起一支力量，那么他要吃了大亏以后才会明白，元老院并不缺乏明智的判断，只要你还活着，罗马人民和共和国也不缺乏统帅。

[19]

狄·布鲁图致西塞罗，公元前43年5月21日，于维凯莱[①]。

我希望你首先阅读我送给元老院的战报，如果有什么不妥之处，那么请你修改。你会注意到我是被迫这样写的，因为当我假定第四军团和马略军团按照你们全都支持的德鲁苏斯和鲍鲁斯的动议都归我指挥时，我不认为自己还有必要在其他事情上自找麻烦。然而，鉴于我只剩下了一些新兵，我有各种理由像你们一样表示担心。

维山提亚的居民对马·布鲁图和我本人表现出特别的顺从。我请求你不要让元老院在讨论家养奴隶问题的时候对这些人有任何不公正。他们有充足的理由，他们对共和国非常忠诚，他们的对手是一批无法无天、好吃懒做的人。

写于维凯莱，5月21日。

[20]

狄·布鲁图致西塞罗，公元前43年5月24日，于依波莱狄亚。

我自己不会担心，但我对你的爱和你对我的良好服务迫使我为你担心。尽管经常有人对我讲起那个故事，我也做过严肃的思考，但就在最近，拉贝奥·塞古琉斯（这样做很像他的为人）对我说他曾和凯撒在一起谈起过你；凯撒本人对你没有什么抱怨，而只是说你认为“应当使这个年轻人受到赞扬和荣耀，使他不朽”，他还说自己并没有不朽的意愿。我相信这是拉贝奥对凯撒说的话，或者说是拉贝奥提出来的看法，而不是年轻的凯撒首先扯起这个话题。

然而，谈到那些老兵，拉贝奥想要让我相信，老兵们对你使用了最可怕

① 维凯莱（Vercellae），山外高卢的一个主要城镇。

的威胁性的语言，他们感到愤怒的主要原因，如他们所说，是十人委员会中既没有凯撒，也没有我，而你和你的朋友却有权在各方面为所欲为。

他对我说这些事情的时候，我已经在行军途中，我想在我知道罗马的情况之前越过阿尔卑斯山可能是一个错误。关于你本人会遇到的危险，请你记住我的话，他们希望那些受到怂恿的年轻人愤怒，发出恐吓性的语言来威胁你，从而得到丰厚的回报；这些年轻人把口袋里的银钱摇得叮当响，这样做的整个目的就是让他们自己的口袋尽可能鼓起来。但我毕竟不想让你鲁莽行事，或者去冒任何危险，因为对我来说，世上没有任何事物能比你的生命更美好、更宝贵。

不过你的担心不会进一步加剧，因为你会在各方面尽可能满足老兵们的愿望。第一，你会满足他们对十人委员会提出的要求。第二，关于奖赏，如果你认为适宜，可以记下你的意见，由我们俩来给那些曾和安东尼在一起的老兵分配土地；至于金钱补助，请向他们保证，元老院肯定会考虑钱的问题，但不会匆忙行事，而会在下一步进行。关于这四个军团①，元老院已经投票表决给他们分配土地，从苏拉那里没收来的大量土地，坎帕尼亚境内的大量土地，都可以用于这一目的。我认为，把这些土地平均分给这些军团，或者通过抽签的方式，这样做是对的。

有人催促我给你写信，但不是考虑到我自己的利益，而是凭着我对你的热爱和我对和平的渴望，没有你，和平是不可能存在的。对我自己来说，除非有某些紧迫的必然性，否则我不会离开意大利。我的军团已经做好战斗准备，我希望自己并不是在用世上最差的军队迎接任何紧急的对我发起的攻击。除了潘莎曾经拥有的军队，凯撒拒绝给我派回一个军团。请你马上给我回信，如果你相信有什么机密的情况必须让我知道，请派一个你自己的人给我送信。

写于依波莱狄亚，5 月 24 日。

---

① 显然指抛弃安东尼的马略军团和第四军团，以及屋大维本人组织的两个军团。

[21]

西塞罗致狄·布鲁图，公元前43年6月4日，于罗马。

愿老天爷诅咒你的塞古琉斯，他是这个世上最无耻的无赖，无论现在，过去和将来！你在说什么？你认为他只对你这样讲，或者只对凯撒这样讲吗？这个家伙从来不会放过任何机会兜售同样的货色。但无论如何，我亲爱的布鲁图，我热爱你，我有义务热爱你。无论他想用什么样的蠢话赞扬我，你还是向我证明了你对我的感情。

至于这位塞古琉斯告诉你的事情，说那些老兵抱怨你和凯撒不在十人委员会里，我只希望我也不在。这是世上最讨厌的事情。当我表达自己的意见，认为应当由那些指挥军队的将领来投票的时候，这帮总是喧哗的老土匪也会鼓噪；你们俩确实离开了，尽管我强烈反对让你们离开。由于这个原因，让我们不要再去想塞古琉斯了，他的眼睛总是盯着政治上的变化——不是说他抓住了他自己的先前的机会，因为他从来就没有机会，而是在最近发生的那些变化中，他已经吞吃了不少。

然而你写到，你在为我做的事是你不会为自己做的，也就是为我担心。好吧，布鲁图，你是最优秀的人，你是我最亲的人，我现在解除你对我的所有担忧。因为在能够预见的事情中，我不会走错路，而在那些无法采取措施加以预防的事情中，我不会过多地为自己担心。因为，索取超过自然所能赋予凡人的东西在我看来是无耻的。

你建议我提高警惕，提防由于担心而忧虑更多的事情，这是来自一位朋友的非常聪明和友好的建议。但是当所有人都认为你具有无与伦比的坚韧、你不会害怕甚至漠视危险的时候，我想要你相信，我也像你一样坚韧无比；由于这个原因，在我无所畏惧的时候，我会提高警惕，抗拒一切厄运。但是，我亲爱的布鲁图，你一定要看到，从现在起，如果说我还有什么担忧的话，那么这种责备也许不是针对你的。即使我们都倾向于担忧，但由于你的资源，你是执政官，我们也应当能够抛弃担忧，尤其是每个人——首先是我——都相信你对我们格外关心。

关于你信中提到的那四个军团，以及由你们来分配土地的计划，我表示衷心赞同。所以当我们的某些同事在那里鼓吹要控制与农夫的谈判时，我把这种建议抛到九霄云外，我会继续努力，使你们俩可以得到全权委任来处理这件事。

如果还有什么更加秘密的事情，或者（用你的话来说）更加机密，我会派我自己的人送信，确保在送信过程中信使能更加诚实。

写于 6 月 4 日。

[22]

西塞罗致狄·布鲁图，公元前 43 年 7 月 6 日，于罗马。

我和盖乌斯之子阿庇乌斯·克劳狄[①]之间有过大量的良好服务，以此为基础我和他结成了最亲密的友谊。我比平常更加诚挚地请求你，出于你的仁慈，或者为了我的缘故，请你运用个人的影响让他恢复职务，这件事极为重要。大家都认为你是最勇敢的人，我希望你也能被认为是最仁慈的人。一位出身高贵的年轻人由于你的仁慈而得以复职，这将成为你的一大亮点。他的情况必须好起来，因为这是一位儿子由于他父亲的回归所产生的感激诱使他把自己的命运与安东尼连在一起。

尽管由于这个原因，你不能充满信心地为他抗辩，但无论如何你能提出一些似乎有理的请求。只要你点头，就能让一位出身高贵、能力突出、有功劳、有义务感、有感恩心的人保持他的全部公民权利。

这就是我恳求你做的事，我不可能更加诚挚、更加衷心地提出其他要求了。

---

① 这位阿庇乌斯·克劳狄是盖乌斯·克劳狄之子，公元前 55 年的亚细亚行省总督。

[23]

狄·布鲁图致西塞罗，公元前43年5月25日，于依波莱狄亚。

我们在这里一切都好，我们还将做出更大的努力。雷必达对我们的态度似乎相当令人满意。我们必须放弃一切担忧，像自由人一样考虑共和国的利益。假定一切都对我们不利，无论如何，有这样三支军队完全归共和国支配，全力以赴，你一定要显示你一直表现出来的坚强精神，命运现在青睐我们，你甚至能够发挥更大的作用。

我在上封亲笔信中告诉你的只是那些人恐吓你的目的。如果你能蔑视它，那么我可以用我的生命来担保，当你试图说话时，没有任何人敢于面对你。至于我，如我前述，我会待在意大利，直到收到你的信。

5月25日，写于依波莱狄亚。

[24]

西塞罗致狄·布鲁图，公元前43年6月6日，于罗马。

跟你说句悄悄话，我对你的简洁的来信有点恼火；看起来我太啰嗦，所以我会以你为榜样。一封短信可以写得很好！“你们在那里一切都好，你们每天都在尽最大的努力；雷必达的态度令人相当满意；我们必须对你的三支军队充满信心。”即使我是胆小鬼，你的来信也会在我心中扫除一切恐惧。但是，如你所建议的那样，我会蔑视那些恐吓。确实，在你进军期间，我把全部希望寄托在你身上，你认为我在做什么？好吧，布鲁图，我当前的愿望就是把我高度警惕的精神传给你，尽管这与我是否坚定没有关系。

你说你打算待在意大利，直至收到我的来信；好吧，如果敌人能让你这样做，那么你是对的，因为在罗马有那么多事情；如果你的到达能终结这场战争，你可以把它看得头等重要。元老院已经下令为你准备好所有资金。塞维乌斯是你最忠诚的朋友，我始终归你支配。

写于6月6日。

[25]

西塞罗致狄·布鲁图，公元前43年6月18日，于罗马。

我每天都在等待你的来信，而我们的朋友卢普斯突然坚定地对我说，要是想说什么就给你写信。所以，尽管我现在不知道要写什么（一方面我知道那份议事录已经送到你那里，另一方面我得知你读了这些信件中毫无意义的流言蜚语并不会找到快乐），我还是按照你的教导、遵循你的简洁风格写下这封信。我要让你知道，我们的全部希望都寄托在你和你的同事身上。然而，涉及马·布鲁图，到现在为止没有确定的消息；我从来没有停止过和他私下里沟通，按照你的指示，让他参加这场每一个人的战争。我只希望他现在就在这里！我们不要过多担心这座城市内部的麻烦，尽管它们并非无足轻重。我现在在做什么？我在模仿你的简约风格；马上就要写到第二页了。祝你取胜，祝你健康。

写于6月18日。

[26]

狄·布鲁图致西塞罗，公元前44年6月3日，于赴库拉罗途中。

在强烈的不幸中，我在这样一个事实中寻找安慰，这个世界现在看到我以往担心的事情都发生了，我的担忧并非毫无根据。让元老院去充分讨论要不要从阿非利加把那些军团招来，要不要从撒丁尼亚召集军团，要不要派人去找马·布鲁图，要不要马上给我的人发军饷，或者颁布相关的法令。我已经送了一份战报给元老院。请你相信我，除非我在战报中具体讲过的事情都能做到，我们所有人都将面临压倒一切的危险。我恳求你要小心，我恳求你们这些试图为我派来军团的人小心。忠诚和快速——现在需要这两个方面。

写于军营，6月3日。

[27]

西塞罗致盖·马提乌斯①，公元前43年8月底，于图斯库兰。

我还没有想清楚，我们的朋友特巴提乌的来访会给我带来烦恼还是高兴，他颇具义务感，对我们俩也很忠诚。我晚上到了我在图斯库兰的庄园，尽管他的体力还没有恢复，但他第二天一大早就来看我；当我责备他不注意身体健康时，他答道他等待与我见面的机会已经很久，越来越不耐烦了。我问道："有什么消息吗？"他对我说起了你的冤屈。好吧，在对你做出回答之前，让我以序言的形式陈述一些事实。

在我的记忆中，你是我交往时间最长的朋友；如果说我和别人的友谊之深可能超过我们之间的友谊，那么我们的友谊之温暖就不是这样了。从我们认识的那天起，我们就已经心心相印，我确信你也这样想。你后来长时间的离去、我采取的政策、我们的职业差别，我们之间的亲密交往，都不会使我们之间的相互同情和支持变得生硬。由于这个原因，我早在内战之前好多年，当凯撒仍在高卢的时候，就有理由知道你对我本人的感情；因为你成功地表达了有利于我的意见，它甚至也并非不利于凯撒——你为我赢得了他的青睐和尊敬，使我能在他的朋友圈中立足。在那些日子里，我们之间有过许多友好的交谈和通信，但这些我就不说了，因为下面还有更加严肃的事情。

内战开始，当你去布隆狄西见凯撒的时候，你到我在福米埃的住处来看我。首先，这件事情本身意义重大，尤其是在这样的时候！其次，你认为我已经忘了你的建议、你的谈话、你的仁慈吗？在所有这些方面，我记得特巴提乌所起的作用。我也确实没有忘记你到这个特瑞布拉地区来见凯撒的时候给我的来信。

① 盖·马提乌斯（C. Matius），生于公元前84年，死于公元前4年，生平事迹不详。

接下去是我去见庞培的那个时期，[①] 无论迫使我这样做的是荣耀感或义务感，还是如你所认为的，纯粹是命运的打击。对当时不在场的我，对当时在场的我的人，有什么仁慈的行为或忠心是你没有采取的？当时在场的人有谁不把你当做我的好朋友，也当做他们的好朋友？我去了布隆狄西。你以为我会忘记你一听到消息就从塔壬同赶来找我吗？我会忘了你如何与我促膝谈心，鼓励我下决心、振作精神吗？

最后是我们开始在罗马生活的时候。我们之间的亲密联系还有哪些方面是不完善的？在最重要的事情上我从你的建议中获益，比如应当如何对待凯撒，我也在其他各个方面获益；除了凯撒，还有谁，你经常不断地拜访他，花许多时间与他愉快地谈话？如果你还记得，也是在那个时候，你催促我要写这些哲学论文。凯撒返回之后，你还有什么事情比让我与他有亲密的来往更着急？关于这一点，你马上就获得了成功。

既然如此，我有什么理由要说这么一大通废话，比我原先想的还要啰嗦？这是因为我感到惊讶，必定知道所有这一切的你竟然相信我会有罪地对我们之间的友谊提出虚假的看法。有许多公共的证据可以证明我已经具体讲述过的这些事实，我心中更有无法用语言表达的确信。你的各种品性都令我高兴，尤其是作为一名朋友你格外忠诚，还有你的判断、你的分量、你的始终如一，以及你的卓越、你的优雅、你的文学嗜好。所以，现在让我回过头来说你的悲哀。

事关你投票支持那部臭名昭著的法律，首先，我不相信；其次，如果我相信，那么我决不会认为你这样做是没有理由的。当你崇高的地位使你的所有行动成为公众关注的对象时，世人的恶毒会对你的某些行动提出尖刻的解释，而不是依据你的行为来证明它们有理。如果这些话你都听不进，那么我不知道我还能说什么。而我本人，要是我听说了什么，我会坚定地为你辩护，就像你习惯于在我的诽谤者面前为我辩护。然而我的辩护有两种形式：

① 时间为公元前 49 年 3 月 19 日。

有些事情我总是予以断然否定，就像这次投票；其他一些事情我会坚持它们是忠诚的行为，是为了履行义务，是你的仁慈，比如你组织赛会。

对一个像你一样能干的人来说，事情非常明显，如果凯撒是一名国王（在我看来他好像就是国王），那么对你的态度的道德含义可以持两种对立的观点，一种是我本人通常会采用的，你对他的忠诚表明你对一个朋友的尊敬，哪怕是在他死了以后，因此是值得赞扬的；而另一种观点是其他某些人会采用的，我们国家的自由应当先于一名朋友的生命。这些说法我希望你只听到我自己的论证！至于你的其他两个最突出的优点，有谁能比我更加衷心或更加频繁地强调它们？我指的是你利用你的全部影响力反对开始这场战争，而后来站在温和的一方促使其胜利；在这一点上我从来没有看到任何人有不同的看法。这就是我对我们的好朋友特巴提乌非常感谢的原因，他给了我写这封信的理由；如果这样说还不能使你信服，那么你会有罪地感到我缺乏忠诚和良好的感情；对我来说没有比这更沉重的打击了，或者说还有与你前后更不一贯的事情了。

[28]

盖·马提乌斯致西塞罗，公元前44年8月底，于罗马。

你的信给了我很大的快乐，因为我承认你对我的看法正是我所希望和期待的。尽管我从不怀疑这种看法，而且还赋予它最高价值，但我还是尽力让它无懈可击。但是，一想到我并没有伤害任何优秀公民的感情，我就更不会相信你，一个有着如此众多令人钦佩的伟大成就的人，竟然会听信诸如此类的断言，尤其是考虑到我对你的依附有多么真诚，从未间断。现在我知道一切都如我所愿了，我会对这些指责做出答复，而在过去经常是由你来代表我进行驳斥，考虑到你对我的格外的善意和我们之间的友谊，我对此做出期待是非常合理的。

我非常明白，自从凯撒死了以后，那些在道义上负有责任的人竭力把这种责任强加于我。他们诋毁我的名誉，说我对一位亲密朋友之死表示十分悲伤，对我所爱的人的毁灭表示怨恨；因为他们声称爱国必须优先于友谊，就好像他们已经证明凯撒之死是国家的福。但我不会使用这些精巧的论证；我坦率地承认我没有达到他们这种哲学水平。因为我在内乱中既不是一名凯撒的追随者，尽管与此同时我并没有抛弃一名朋友，无论我有多么反感他的行动，我也从来没有赞成过内战或者纷争，而是看到这种纷争一露头，就急于让它窒息。由于可以推论，在我个人的朋友取胜的时候，我并没有想要得到提升或金钱——这是其他一些人获得的奖励，尽管他们对他的影响比我小，他们贪婪地想要得到种种好处。我还可以说，由于那些现在对凯撒之死欢欣鼓舞的大多数还继续留在这个国家里，我的私人财产由于凯撒的法律而被削减。我努力对我们被打败的同胞公民表示仁慈，就像我为了保全自己的生命而努力一样真诚。

那么，期望所有人安全的我对他的死有可能感觉不到任何悲伤吗？人们从他那里得到恩惠，尤其是这些人应当对他的名声和他的死亡负责。他们说："你会感到痛苦的，因为你竟敢谴责我们做的事情。"这种说法有多么蛮横，有人可以吹嘘一桩罪行，而其他人甚至不能要求惩罚它！啊，甚至奴隶也始终拥有这种自由，他们的担忧、欢乐、悲伤是受他们自己控制的，而不是由其他人来控制；现在甚至连这些特权他们也试图通过恫吓来夺走——无论如何，这就是你的那些"自由的卫士"不断在说的话。

但他们这样做是徒劳的，因为没有任何危险和恐惧能引诱我抛弃义务或人性；我从来没有想过要躲避光荣的死亡，在很多情况下它甚至应当受到欢迎。但是，如果我唯一的希望就是他们应当后悔他们做过的事情，为什么会有针对我的这种愤怒？我的愿望是全世界都应当对凯撒之死感到痛苦。啊，但是作为一名忠诚的公民，想要这个体制安全是我的义务！好吧，除非我以往的生活，以及我对未来的希望，不用我说话就能得到证明，这就是我最诚挚的希望，我不会声称要用言语来证明它。

因此，我极为诚挚地请求你更加看重事实，而不是看重言辞，如果你感到真正的权宜之计隐藏在正确的行为之中，那么你就听我的话，和这些无法无天的人沟通是不可能的。那么，在我生命的晚霞时分，我会急剧改变我年轻时坚持的原则吗，当更为严重的错误都可以得到原谅的时候，我要用我的双手亲自拆毁我生命的织物吗？我不会这样做，另外我也不会错误地去做任何会引起冒犯的事情，除了为一位最优秀的人的毁灭感到痛苦，这是我的义务。即使我有其他想法，我也绝不会隐瞒我的行动，我绝不是做错事的无赖和隐藏感情的胆小鬼。

但是，我承担了小凯撒举行的赛会的管理任务，为的是荣耀老凯撒的胜利！好吧，这是一种个人的义务，与共和国的体制没有任何关系；我无论如何有义务对一位与我有着非常亲密关系的杰出人物做出表示，尽管他已经死了，当一位有着辉煌前程的年轻人提出这样与他的名字完全相符的要求时，我不能拒绝提供这种帮助。

我还经常去执政官安东尼的家，向他表示敬意；但你会发现那些人认为我不爱国，因为我经常和其他人一道去那里，想要从他那里得到些什么，或者与其他人一道拿走些什么。但这种看法有多么傲慢，凯撒从来不限制我与我喜欢的人交往，是的，甚至和那些他不喜欢的人交往，那些把我的朋友抢走的人通过对我的诽谤在努力阻止我选择自己的朋友！

然而我不担心我清醒的有节制的生活会随着时间的推移战胜这些无聊的流言蜚语，我也不担心那些由于我对凯撒的忠诚而不爱我的人宁可要像我这样的朋友，而不要像他们自己一样的朋友。

如果我的祈求能得到保证，我会去罗得岛隐居，度过我的余生；如果有什么事情阻拦我，那么我会生活在罗马，但只是作为这样一个人活着，他的愿望就是终身维护自己的权利。

我衷心感谢我们的朋友特巴提乌，他把你对我的坦率和友情告诉了我，还让我更有理由敬重一个我一直把他当做我的朋友的人，把这样做当做我的义务。我要衷心向你说一声再见，也请你保持对我的尊重。

[29]

西塞罗致盖·奥庇乌斯[①]，公元前44年7月初，于阿纳尼亚。

当我不断想到许多反对意见和论证，从而怀疑我们的朋友阿提库斯是否知道我的整个逃离计划的时候，一个很有分量的判断使我保持心灵的平静，解决了我的疑惑——我指的是你的判断和建议。因为不仅有你通过来信坦率地提出了你的意见，而且阿提库斯也向我报告了你的每句话。我始终在想，你做决定时的谨慎就像你诚恳表达你的意见时一样成熟；对此我有直接的体验，内战爆发时我写信向你请教，问我是否有义务去与庞培会合，或是待在意大利。你的建议是，我应当考虑我的政治地位；这句话给我提供了了解你的真实感觉的线索，我敬佩你在给我建议时的真诚和明智，这是因为，虽然你知道你最伟大的朋友[②]宁愿我走另一条道路，但在你的估计中，我的义务高于你朋友的偏好。

我本人总是感受到你对我的吸引力，甚至早在几天前我就被你吸引了。我不仅记得，当我远离罗马并处在很大危险之中时，我当时不在场，而我的人在场，他们得到了你的有礼貌的关照和保护，而且记得，我的返回也使我们知道那些人从来不做这种事，而你对我非常亲密，这是我的感觉和公开表达的对你的看法。然而给人印象最深的还是你对我的忠诚和始终一贯的看法，凯撒死后，你毫无保留地和我交朋友。如果我曾经不了解你对我的看法，不把你当做最好的朋友，不为你提供各种可能的服务，那么我会认为自己缺乏人性。

我亲爱的奥庇乌斯，我知道，你会保持你对我的感情（尽管我这样写更多的是出于习惯，而不是因为我认为你需要提醒），所以请你关注我在各方面的利益，如果你不知道是哪些方面，我会让阿提库斯告诉你。在任何情况

---

① 盖·奥庇乌斯（C. Oppius），一位罗马骑士，凯撒的一位亲密朋友。

② 指凯撒。

下，只要我有空，你可以期待我更加详细的信件。请你尽力保持身体健康；没有任何事比这样做能给我带来更大的快乐。

第十二卷

[1]

西塞罗致卡西乌斯，公元前 44 年 5 月 3 日，于庞贝。

相信我，卡西乌斯，我从来没有停止思念你和我们的朋友布鲁图，换言之，整个共和国把每一点希望都寄托在你和布鲁图身上。我本人更加抱有这种希望，这个共和国现在由我亲爱的多拉贝拉良好地治理着。这座城市里的不幸在蔓延，日益加剧，我开始对这座城市和城市的安宁感到绝望。但是内乱已经很好地得到镇压，在我看来，我们似乎永远安全了，或者可以说我们至少已经摆脱了最大的危险。还有许多重要的事情要做，但都取决于你们三个人。然而，让我按照顺序讨论这些事。迄今为止，我们似乎已经得到拯救，不仅从暴政下获得解放，而且摆脱了一位暴君。尽管我们已经杀了这名暴君，但我们还在看着他抽搐。不，不仅如此，我们还要批准如果他本人活着都不会采取的办法，因为我们假定这些办法是他想出来的。我确实看不到这种事情何时会有尽头：颁布法令、实行特赦、榨取大量金钱、召回流放者；所以我们遭人厌恶，我们抱怨自己就像奴隶一样，而这个体制在所有这些从他开始的混乱中瘫痪了。

你们三个人应当克服所有这些困难，不要想象你们已经满足了共和国对你们的要求。你们确实已经为共和国做了大量事情，超出我的想象，甚至超出我的祈求，但共和国仍旧不满意，想要你们尽心尽力做出更大的贡献。迄今为止，共和国已经通过你们的作用对一名暴君所施加的伤害进行了报复；没有什么业绩能更加辉煌。但是她曾经拥有的荣耀在哪些方面得到了恢复？是她对那个她不能容忍他活着的那个死人的服从吗？是我们必须拥护我们已经从城墙上撕去的那个人亲手制定的法律吗？然而，这就是这道法令的意思，尽管可以争论。是的，我们必须通过这道法令，作为对当前环境的一个让步，这在政治上是头等重要的；但某些人正在肆无忌惮地辱骂我们的殷勤，毫无感恩之心。这个问题等我们见面时详谈。与此同时，请你确信，既为了对我来说最宝贵的共和国的利益，也为了我们之间相互热爱的情感，我心里想得最多的是你在国家中的地位。请尽力保持健康。

[2]

西塞罗致卡西乌斯，公元前 44 年 9 月下旬，于罗马。

你赞同我的意见和演讲①，这使我非常高兴；要是能允许我更加经常地得到这种特权，那么要恢复我们的自由和体制赋予的权利就不会有什么麻烦了。但是这个疯狂的、铤而走险的家伙②想要进行一场大屠杀，他指控我唆使人谋杀凯撒，怂恿那些老兵反对我，他的无赖行径远远超过你所说的“被杀死的无赖们的首领”③——但这种危险吓不倒我，只能增添我的名望，让我分享你的成就所带来的荣耀。

因此，在没有找到任何支持者的情况下第一个对他发起攻击的庇索④、稍后在同一个月这样做的我、马上追随我们的普·塞维留斯⑤，得到了安全进入元老院的许可。这名剑客在麦特鲁斯⑥的庄园里待了好几天，研究他的演讲，他原来打算在 9 月 19 日拿我开刀。但是我问你，纵酒狂欢的时候还能进行什么研究？所以，如我以前信中所说，人们普遍的印象是（这是他的

---

① 《反腓力辞》第 1 篇。

② 指安东尼。

③ 指凯撒。

④ 凯撒的岳父卢西乌斯·卡普纽斯·庇索（Lucius Calpurnius Piso）。

⑤ 公元前 48 年的执政官。

⑥ 麦特鲁斯·西庇阿是庞培的岳父，他的庄园被安东尼占领。

习惯），他在吐出他的演说，而不是在发表他的演说。

因此，在我的影响下你的作品肯定能写得很好，考虑到我们遇到的大麻烦，你一定会写得很精彩。有三位前执政官[①]已经回到罗马人民身边，因为他们都忠于共和国，他们都能自由地讲话，因此不能安全地进入元老院。除此之外，你没有理由期待其他事情，因为你的亲戚[②]正在为他的新婚感到高兴，所以他对赛会不再有强烈的兴趣，而是带着妒忌一头扎进给予你兄弟[③]的无限赞美之中。你的第二名亲戚也在回忆凯撒中寻找安慰。然而，所有这些都还是可以容忍的；无法忍受的是有人想让他的儿子成为这一年的执政官，而这一年属于你和布鲁图，由于这个原因他在进行炫耀，说他是我们这个土匪的非常谦卑的仆人。

至于我亲爱的朋友卢·科塔[④]，他屈服于一种无法抗拒的绝望（这是他自己的话），已经不太参加元老院会议；卢·凯撒，这位最令人尊敬的、最勇敢的公民，由于生病而不能参加会议；塞维乌斯·苏皮西乌，这位影响最大、情感最丰富的人，离开了罗马。至于其他人，除了候任执政官[⑤]，如果我拒绝把他们算做元老院议员，那么你必须原谅我。

你已经知道有哪些公共政治领袖了；即使他们都很好，他们在数量上也无足轻重；在这些绝望的日子里，你会怎么想？这就是我们把所有希望寄托在你们身上的原因；如果你们的唯一目标就是躲得远远的，待在一个安全的地方，那么甚至连你们也没有希望了。然而，要是你们能考虑出某些与你们的荣耀相匹配的计划来，我想要在我还活着的时候看到它的实行。如果不是这种情况，那么无论如何也要通过你们的作用让共和国尽快回归自身。我本人绝不会辜负你的期望，我一定会保护你的亲人；无论他们是否寻求我的建

① 指庇索、塞维留斯和西塞罗本人。

② 指马·雷必达，娶了马·布鲁图的小姨子。

③ 指卢·卡西乌斯。

④ 公元前65年的执政官。

⑤ 指希尔提乌和潘莎。

议，我都要向你保证，我对你本人的爱和忠诚是不变的。再见。

[3]

西塞罗致卡西乌斯，公元前44年10月初，于罗马。

你的朋友[①]越来越疯狂；首先，他建了一座雕像，安放在市政广场的讲坛上，上面刻着“献给国父，为了他荣耀的服务”，所以你们现在受到的谴责不仅是谋杀，而且是弑父。但我为什么要说“你们受到的谴责”？说“我们受到的谴责”会更好；因为这个疯子宣布我是你们所取得的辉煌成就的罪魁祸首。真是天晓得！他现在还不会给我们找麻烦。但是你们所有人都有责任；现在事情已经过去，我只希望我知道能给你们提什么建议。但我甚至不能确定我本人必须做什么。因为一个没有武力的人要对抗武力，他能做些什么呢？

现在这些人实施的政策的整个趋势是对凯撒之死进行报复。于是在10月2日，坎努提乌[②]把安东尼带到公共集会上，尽管安东尼离开讲坛时确实受到痛苦的羞辱，但他在讲话中却把国家的拯救者这样的话用于卖国贼。对我本人，他确实毫不犹豫地声称，你的所作所为和坎努提乌正在做的事情都是我建议的结果。他们的其他行为你可以根据这样一个事实来判断，他们剥夺了你的副将的盘缠。当他们这样做的时候你认为他们会做出什么解释？呃，要是你乐意听，他们说这笔钱给了国家的一名敌人！事情的态势真令人遗憾！不能忍受主人的我们却是一位奴隶同胞的奴隶。然而，尽管我的希望比我的愿望还要强烈，甚至到现在还能在你的坚韧中看到一丝希望的残余。但是我们的军队，它们在哪里？至于其他事情，我宁可你扪心自问，而不要听我的任何言辞。

---

① 指安东尼。

② 坎努提乌（Cannutius），一位保民官，安东尼的死对头，他把安东尼带到公共集会上来迫使他讲话。

[4]

西塞罗致卡西乌斯，公元前43年，约2月2日，于罗马。

我想要你邀请我参加你3月1日举行的宴会；我到那个时候不会离开。现在，是你的离去会让我焦虑，我会比其他任何人更加焦急；我们确实有了令人敬佩的执政官，但是议员们受到蔑视；我们也有一个勇敢的元老院，但只有那些等级最低的议员才是最勇敢的。然而，一方面，在整个意大利，确实没有谁能比人民更勇敢或更优秀；另一方面，没有什么事情能比我们的使者腓力普斯和庇索的行为更可耻、更无赖。他们奉命把元老院投票做出的决议送给安东尼，安东尼还没有做出任何答复，他们却冒失地把他的某些无法忍受的要求带回给我们。结果就是民众把我包围起来，这是头一回，要求我采取真正有力的措施，我发现自己成了一名受民众欢迎的英雄。

至于你，你在做什么，你打算做什么，或者你到底在哪里，我不知道。有消息说你在叙利亚，但没有人敢保证。至于布鲁图，他比较近一些，有关他的报告也比较可靠。多拉贝拉受到人们的痛责，讽刺他匆忙打算接替你的位置，虽然你在叙利亚还不到一个月；所以他显然没有权利去这个行省。你和布鲁图是受到最高赞美的对象，因为人们相信你们能够把军队聚集起来。如果我了解你们的情况，我会写得更详细。但没有办法，我所写的只是根据一般的看法和流言蜚语。我期待着能尽早收到你的来信。

[5]

西塞罗致卡西乌斯，公元前43年2月下旬，于罗马。

我假定是冬季的天气在阻拦我们得到有关你的确定的消息——你在做什么，最重要的是，你在哪里。然而，人人都说你在叙利亚指挥军队，我假定他们这样说是因为他们希望如此。这种说法更容易被人们相信，因为它似乎是真的。我们的朋友马·布鲁图确实赢得了出众的名声；他取得的成就如此重要，并出人意料，因此他受到热烈欢迎，他获得成功的速度更是增添了他的功绩的辉煌。现在，要是你还掌握着我们相信你还拥有的东西，那么你对共和国是一个强大的支持；因为从希腊最近的一点到埃及，我们会在由一位最忠诚的公民指挥的政府和军队中找到安全。

然而，要是我没有弄错，当前的形势是整个战争的最终解决显然取决于狄·布鲁图；一旦他获得成功，如我们所希望的那样，从穆提纳开始发动反攻，那么战争的结束看起来就不成问题了。但无论怎么说，当前他拥有的兵力肯定是微不足道的，因为安东尼派驻波诺尼亚的守军是强大的。还有我们的朋友希尔提乌在克拉特纳，凯撒在高奈留广场，各自拥有一支可靠的军队，而在罗马，潘莎通过在意大利征兵，聚集了一支强大的军队。目前冬季使得积极行动成为不可能。希尔提乌，如他在信中频繁地暗示我的那样，不经详细地考虑就不打算做任何事情。除了波诺尼亚、雷吉奥、帕尔玛，我们还可以把整个高卢算做共和国的热情支持者。你在帕都斯一带的委托人也对我们的事业表现出令人惊讶的同情。元老院是坚定的，当然了，除了某些议员，在他们中间只有卢·凯撒还像他的正直一样坚定。

由于塞维乌斯·苏皮西乌去世，我们失去了一个强大的安全保障。其他人都缺乏勇敢的精神或健全的原则；他们中有些人对赢得国家赞扬的人心怀妒忌。另一方面，罗马人的团结和整个意大利的团结是非常神奇的。这实际上就是我想要你知道的全部内容。我现在的祈求是让你的勇敢之光照耀大地，无论你在东方的什么地方。

[6]

西塞罗致卡西乌斯，公元前 43 年 3 月末或 4 月初，于罗马。

我派人送这封信给你时的情形如何，对此你可以从盖·提提乌斯·斯特拉波口中得知，他是一个有战功的人，忠于共和国——我不需要再说我有多么希望与你会合，去找你而不是去找其他人，因为他已经离开家，留下了他的所有家产。他设法去找你，这本身就是最好的推荐。

我请你考虑和保证，如果有什么让我悲痛的不幸事件发生，为诚实的公民留下的唯一避难所就是到你和布鲁图那里去。在我写下这些话的时候，危机已经到了最后阶段；因为布鲁图在穆提纳已经自身难保。如果他能安全，那么我们就胜利了；如果是其他结果（愿上苍不要让这种事发生），我们就只能朝着一个方向跑，这就是到你们那里去。因此，现在只有你拥有全部必要的勇气和资源，赢回整个共和国。再见。

[7]

西塞罗致卡西乌斯，公元前43年，约3月6日，于罗马。

在元老院，在民众面前，我以什么样的热情捍卫你的政治地位，我宁可你从你的朋友那里，而不是从我这里得知。我在元老院里提出的那个动议很容易就占了上风，但却遭到潘莎的强烈反对。在提出动议以后，我被保民官马·塞维留斯带到公共集会上。我以洪钟般的声音在大会上为你辩护，赢得了民众的阵阵欢呼和掌声——我从来没有见过这样的场面！我希望你能原谅我采取的违背你岳母心愿的行为。你的岳母非常紧张，生怕潘莎不快。确实，潘莎在公众集会上说，你的母亲和兄弟反对我提出的那项动议。但是这些话对我没有什么影响，因为我有更好的事情要想。我在为公共事业呐喊，也在为你的政治地位和名声呐喊，这是我一直在为之奋斗的目标。

至于我在元老院里详加以讨论的问题，以及我在公共集会上的讲话，如果你能让我赎回我的保证，那么我会非常高兴。我许诺，并且几乎可以断言，你既没有等待也没有必要等待我们的法令，你本身会以你自己的良好方式捍卫这一体制；尽管我们还没有听说你当前的处境或归你指挥的力量，我还是坚信你掌握着你的所有军队，我确信共和国通过你已经赢回了亚细亚行省。你要尽力超越你自己，增强你自己的荣耀。再见。

[8]

西塞罗致卡西乌斯，公元前43年略迟于6月8日，于罗马。

你的亲戚雷必达的无赖行径以及惊人的反复无常，我想你已经从每日战报上知道了，我确信战报已经送到你那里。所以，如我们所想的那样，当战争已经结束的时候，我们是在复活战争，除了狄·布鲁图和普兰库斯，我们没有其他希望；确实，如果你想要知道真相的话，除了在你和我们的朋友马·布鲁图身上，我们没有其他希望，要是有什么不幸的事件发生（我会为此感到悲痛），你们不仅是我们直接的避难所，而且也是那永久自由的坚强基础。

我们在这里对有关多拉贝拉的消息感到满意，但我们中间没有人能确定地表示相信。至于你，我想要你知道，你在这里是一位伟人，不仅在人们当前的评价中，而且在他们对你的未来的预测中。这种前景摆在你面前，你的目标是最高的。没有什么伟大的成功是罗马人民认为你不能获得的并加以保持的。

[9]

西塞罗致卡西乌斯，公元前43年6月中旬，于罗马。

你的简短来信使我的回信也很简短；跟你说实话，我对自己要写什么没有清楚的概念。我非常明白，我们的情况已经在每日战报中及时向你报告了，而我们对你的情况一无所知。就好像亚细亚已经被封锁，除了谣言和多拉贝拉垮台，其他没有任何消息能透出来，人们关于多拉贝拉的说法相当一致，但缺乏权威的证据。

我们以为战争已经结束了，但是突如其来，我们全都被你的朋友雷必达拖入痛苦的挣扎。因此，你必须说服自己，共和国的最大希望寄托在你和你的军队身上。我们当然能够相信我们的军队；尽管一切都会快乐地继续下去

(我希望如此)，但即便如此，你到这里来仍旧是最重要的。关于体制，人们会抱有一些虚幻的希望（我不想说根本就无所谓体制），但无论是什么希望，从他们无意中透露的情况来看，这一年必须由你担任执政官。

[10]

西塞罗致卡西乌斯，公元前 43 年 7 月初，于罗马。

6 月 30 日，元老院经过投票，一致同意宣布你的亲戚、我一度的朋友雷必达，以及与他合作抛弃共和国的那些人为公敌；不过给后者以 9 月 1 日前悔改的机会。元老院的行动非常勇敢，但主要的依据是期待等到你的支持。在我写下这些话的时候，由于雷必达的无耻和多变，战争形势变得非常严峻。每天传来的有关多拉贝拉的消息是我们所能期待的全部；但仍旧没有确定的消息来源，只是一些谣传。

尽管如此，我们于 5 月 7 日收到的来自你军营的战报在元老院起了这样的作用，每个人都相信多拉贝拉被打败了，而你正在带着你的军队到意大利来；所以，要是一切都能满意地完成，我们能够得到你的建议，但若像战争中经常发生的情况那样出现什么漏洞，我们可以有你的军队进行反击。说到军队，我将尽力为它提供给养，但我们需要一些时间，我们要知道需要多少供应，或者你的军队已经得到多少供应。迄今为止，我们所听到的都是一些尝试——我向你保证，这些尝试相当高尚和勇敢——但我们期待的是它的成就；我对已经采取的良好措施，以及对最近将要采取的措施，充满自信。

没有什么能比你勇敢的精神更加伟大，更加高尚。所以我们当然希望尽快在意大利看到你。如果能得到你们俩，我们会认为这里已经有共和国了。要不是雷必达为仓皇逃窜的安东尼提供避难所，我们已经赢得了光荣的胜利。由此可以推论，雷必达比安东尼还要令人厌恶。因为前者把战争的火炬用于普遍混乱的公共秩序，而后者把战争的火炬用于和平与胜利。为了反对他，我们有候任执政官，我们真的对他们抱有很大的希望；但由于战场形势的不确定，我们也有怀疑的担忧。

因此，请你绝对相信，一切都取决于你和你的朋友布鲁图，我们期待着你们俩——确实，我们在任何时刻都在期待布鲁图的到来。但若我们的敌人在你到达前被打败了（我希望如此），即便如此，你的影响也将帮助共和国在某些尚属坚强的基础上抬起头来。因为有待治疗的疾病很多，哪怕共和国已经从她邪恶的敌人手中被安全地拯救出来。

[11]

卡西乌斯致西塞罗，公元前43年3月7日，于塔利契亚军营。

如果你很好，那么一切都好；我也很好。[①] 你必须知道，我已经启程去叙利亚与统帅卢·穆尔库斯和昆·克里斯普[②] 会合。当这些勇敢的将领和令人尊敬的公民听说罗马发生的事情时，他们决心与我携起手来，与我一道管理国家事务。我还要告诉你，昆·凯西留斯·巴苏斯的军团也已经到我这里来了，奥·阿利努斯[③] 已经把他带出埃及的四个军团交给我。

当前我们不在罗马，我不认为有任何必要鼓励你为我们辩护，对共和国也一样。我想要你确信，你们所有人或元老院并非没有坚强的安全措施，你们可以抱着最大的希望和最崇高的精神捍卫共和国。剩下的事情我的一位亲密朋友卢·卡泰乌斯会告诉你。再见。

3月7日，写于塔利契亚军营。

① 这是一句拉丁文的问候套语。写做“S.v.b.e.e.q.v.”，等于“si vales, bene est ; ego quoquevaleo”。

② 卢·穆尔库斯（L. Murcus）受凯撒派遣率三个军团镇压叙利亚的叛乱。昆·克里斯普（Q. Crispus）是庇提尼亚总督，率领另外三个军团赴叙利亚协助穆尔库斯。

③ 奥·阿利努斯（A. Allienus），多拉贝拉的副将。

[12]

卡西乌斯致西塞罗，公元前43年5月7日，于叙利亚军营。

如果你很好，那么一切都好；我也很好。我已经读了你的信，从信中看到你对我的深厚情谊。你似乎不仅在支持我——你始终这样做，不仅为了我，而且为了共和国——而且也担起焦虑的重担，为我深深地担忧。因此，第一，我认为你有这样的印象，在这个体制被摧毁以后，我绝不可能保持平静；第二，你在为我的安全担忧，为我们的事业的终极目标感到焦虑，因此你当然怀疑我会采取过激措施，所以等我接管了奥·阿利努斯带出埃及的军团，我就会给你写信，并派大量信使前往罗马。我还给元老院写了一份战报，在让你读到它之前我要求信使先不要送往元老院——如果我的人对我的愿望足够重视。如果信没有送到你手中，我不怀疑是多拉贝拉逮捕了我的信使，截取了我的战报，他邪恶地谋杀了却波尼乌，超期统治亚细亚行省。

我掌管着在叙利亚的全部军队。在兑现我的诺言方面，我对我的人有某些轻微的推延。现在我终于空闲下来，如果你明白为了我的国家，我从未躲避过任何危险和辛劳；如果我以你为榜样，在你的鼓励下拿起武器，抗击这个最邪恶的土匪；如果我不仅竭尽全力捍卫国家的事业和自由，而且还把她从嗜血的暴君手中夺回来，那么请你关注我向你提交的对荣誉的要求[①]。要是多拉贝拉预见到我能掌握他的军队，那么不是它的真正的到来，而仅仅是对它的希望和期待，就会加强安东尼的力量。

由于这些原因，如果你看到我的人为共和国所做的巨大贡献，我请求你关照他们，使他们没有一个人会后悔响应共和国的号召，拒绝抢劫的诱惑。在可能的情况下，也请你也关照穆尔库斯和克里斯普这两位统帅的要求。至于巴苏斯，这个可怜的傻瓜没有把他的军团交给我。要不是他的人违反他的命令，派人来与我谈判，他会紧闭阿帕美亚城门，直到我攻下它。我不仅以

① 要求被正式任命为叙利亚总督。

共和国的名义向你提出这些要求，对你来说共和国始终是最宝贵的，而且也以我们之间的友谊的名义，我确实也像你一样极为珍视。

记住我的话，这些在我指挥下的部队归元老院和所有忠诚的公民支配，首先归你支配；由于不断地得知你的关心，他们非常喜欢你，你是他们最喜爱的人；一旦他们知道你心中记着他们的利益，他们就会感到对你有巨大的亏欠。

在写这封信的时候，有人告诉我多拉贝拉和他的部队已经到达西里西亚。西里西亚将是我的目标。我将尽最大努力让你尽早知道我能做什么。愿我们的运气和我们应得的奖赏相称，我可以表达这样的愿望吗？请你保持健康，请你保持对我的热爱。

写于军营，5 月 7 日。

[13]

卡西乌斯·帕曼西斯[①] 致西塞罗，公元前 43 年 6 月 13 日，于塞浦路斯海角。

如果你很好，那么一切都好；我很好。我不仅为共和国的安全，或者说共和国的胜利，感到高兴，而且也为你荣耀的名声的复活感到高兴。你曾经是最伟大的执政官，现在你已经超越自身，成为最伟大的议员，这是我不断增长的快乐和惊讶的源泉。你的勇敢得到命运的某些特别的青睐，对此我们有许多实际的证据。你的托袈袍[②] 比任何人的胳膊更幸运；它再一次把一个已经被征服的共和国从敌人手中夺回来，交还给我们。因此，我们将在自由中生活；我要说，你在所有公民中是最伟大的，对我来说是最亲密的，我们

① 这封信的作者卡西乌斯·帕曼西斯（Cassius Parmensis），刺杀凯撒的凶手之一，坚定地反对安东尼。后被安东尼下令杀死。

② 西塞罗在他自己的一首诗中说："让胳膊顺从托袈袍，让花冠无条件地顺从民众的赞扬。"

也将在你身上发现我对你和对国家的热爱与你紧密相连的证据（在国家最黑暗的时候你可以发现很多这样的事情）；还有，你答应在我们受奴役的日子里要加以克制的那些情感，现在可以在有利于我的时候表达了，而我的愿望是，只要你心中还存有这种情感，那么我并不希望你在将来过多地表达。因为我并不希望让世人来判断你对我的赞扬，而是宁可赢得你本人根据自己的判断对我发出的赞扬——你的判断，我指的是我最近的行动确实不是突如其来的或前后不一致的，通过思考你可以证明这一点，你会得出结论，你本人一定不要把我当做我们国家的最高希望的最重要的代表。

马·图利乌斯，你有配得上你的孩子和亲戚，他们对你最亲密。其次还有那些在公共生活中热爱你、赞扬你的人；我希望你不会缺少这样的人。与此同时，这样的人无论有多少，我不认为自己有权要你腾出时间来接待我，把我的要求放在第一位加以批准。关于我的品性，我也许已经给了你充足的证明；至于我的能力，我必须承认，长时期的苦役不允许它在使用时显得那么伟大。

我们已经对亚细亚行省的沿海地区和岛屿派出了我们所能派出的所有船只。我们已经采取紧急措施，不顾某些村社的顽固谩骂，征集了一批划桨手。我们已经在菲古卢斯的指挥下追击多拉贝拉的船队，菲古卢斯的到来在不断增加我的希望，也必然使敌人感到失望，菲古卢斯最后成功地抵达考律库斯[①]，在那个关闭的港口中开始休整。我们之所以放弃追踪那支船队，乃是因为我们想最好还是先到达营地，由前一年在庇提尼亚的提留斯·基伯尔[②]征集的第二支船队很快就要到来，它现在由财务官图鲁留斯指挥，而我们则去了塞浦路斯。我会尽快派人给你送信，让你知道我们在那里得到的消息。

就好像我们最糟糕的同盟者大多数人所做的那样，劳迪凯亚人现在更加

① 考律库斯（Corycus），位于西里西亚的特拉契亚（Trachea）。

② 提留斯·基伯尔（Tillius Cimber），刺杀凯撒的凶手之一。

糊涂，他们离开正道去投靠多拉贝拉；而他凭着从这两个国家里收集到的一帮希腊士兵组成了一支军队。他在劳迪凯亚城外筑起军营，他拆毁了部分城墙，把军营和城镇连在一起。我们的朋友卡西乌斯率领10个军团、20个辅助步兵队，以及总数约4,000的骑兵，在距离帕耳图斯20哩的地方安营扎寨，他预见能兵不血刃取得胜利，因为由于多拉贝拉，小麦的价格已经涨到三个希腊银币①。除非他能从劳迪凯亚人的船上弄到供应，否则他注定很快就会饿死；要阻止他弄到粮食对卡西乌斯的船队来说是一件轻而易举的事情，有一条大船由塞克斯提留·鲁富斯指挥，还有三条船分别由图鲁留斯、帕提斯库和我带来此处。我想要你抱有很大的希望，让其他人放心，国家的困难很快会由我们来解决，就好像你在国内遇到的困难一样。再见。

6月13日，于塞浦路斯海角。

[14]

普·伦图卢斯② 致西塞罗，公元前43年5月29日，于佩尔加。

拜访了我们的朋友布鲁图，发现他会在晚些时候来亚细亚，于是我自己返回亚细亚催收欠款，以便尽快把钱送回罗马。与此同时，我得知多拉贝拉的船队离开了吕西亚，总数超过一百条，他的军队可能都在船上；多拉贝拉的意图是，要是不能去叙利亚，就集中兵力去意大利，与安东尼的人和其他匪帮会合。我非常担心这种情况发生，于是抛弃手头其他所有计划，带着我自己的小船队跟踪他。要不是我受困于罗得岛人，整件事情可能在那里当时就解决了；但无论如何，我采取的措施无疑是成功的，由于害怕我们，多拉贝拉的船队散开了，一些士兵和将领逃跑，那些运送辎重

① 希腊银币（tetradrachm），每一枚值四个小银币（drachmum）。

② 普伯里乌·高奈留·伦图卢斯·斯宾塞尔（Publius Cornelius Lentulus Spinther），设法让西塞罗从流放中回国的那位伦图卢斯的儿子。却波尼乌被多拉贝拉杀死后他作为财务官管理亚细亚行省。

的船只则毫无例外地落到我们手中。无论如何，我想我已经设法阻止多拉贝拉（这是我最担心的事）到达意大利，纠集他的同盟者，给你带来更严重的麻烦。

你可以从我的战报中看到罗得岛人对我们、对共和国，有多么绝望。我在写战报时实际上有所保留，他们的疯狂举动要比战报上厉害得多；然而，在我写到他们的某些事情时，你一定不要感到惊讶；他们的昏庸实在惊人。并非有什么个人错误在某个时候影响我，不，是他们的恶毒，当我们有生命危险的时候，他们渴望成为另一方的朋友，他们不断地讽刺我们最忠诚的战士——所有这些都超过了我能忍受的程度。然而，我并不认为他们全都无可救药，只有这样一些人除外，我父亲逃跑时曾经拒绝接待他的人，拒绝接待卢·伦图卢斯[①]和庞培的人，拒绝接待其他杰出人士的人——我要说，这些杰出人士尽管受到命运的嘲讽，但他们现在还在娴熟地行使着权力，或者还在指挥众多的将领；所以很显然，这些罗得岛人顽固不化，就像他们的任性反常。这些家伙的任性应当及时镇压，我们决不允许它滋长起来不受惩罚，这不仅是为了国家的利益，而且也是当务之急。

至于我在国家中的地位，如果你始终把这件事记在心中，有机会的时候支持我在元老院和其他各个方面的声望，那么我会非常高兴。现在亚细亚行省已经指派给现任执政官，已经允许他们指派副将掌管亚细亚，直到他们本人到达，所以我想请你帮忙，让他们把这项尊严授予我，而不是授予其他人，让我负起统治亚细亚的责任，直到他们中的一个或另一个到达。因为他们没有理由在他们担任执政官的这一年为这件事忙碌，或者派遣一支军队，因为多拉贝拉在叙利亚，如你的预见所洞察并公开宣布的那样，一旦他们上路，就会被卡西乌斯打垮。卡西乌斯已经包围了安提阿，一有机会就会攻占这座城市，多拉贝拉由于不相信其他城市，所以去了劳迪凯亚，那里靠近大海，靠近叙利亚。我希望很快就能将他绳之以法，因为他没有别的地方

① 公元前49年的执政官。

可逃，也无法长期与卡西乌斯的大军对抗。我确实希望多拉贝拉已经被打败了。

然而我不认为潘莎和希尔提乌在他们担任执政官的时候要尽快去他们的行省，而应当在罗马起执政官的作用；所以，要是你要求他们赋予我在这段时间里全权负责治理亚细亚，那么我希望你能得到他们的同意。还有，潘莎和希尔提乌曾经口头向我许诺，我不在的时候曾给我写信，潘莎还向我们的朋友威留斯保证，在他们担任执政官期间，他会尽力阻止我被取代。我以我的名誉发誓，我想要延长任期并非为了获得一个行省，因为这个行省对我来说除了意味着麻烦、危险和损失，几乎没有其他意义；我竭尽全力防止人们将我抛弃，免得我被迫停止我在这个行省里十分勤勉地做着的工作。如果我已经能够把征集到的所有税金送上，那么我会要求解除我在行省里的职务；但我想要的是掌握我给卡西乌斯的东西、弥补由于却波尼乌之死带来的损失、由于多拉贝拉的暴行所带来的损失、由于那些不能信守对我和对共和国的诺言的人的变节所带来的损失；只有给我时间，我才能完成这些工作。我希望能在你的帮助下确保我的时间——这就是我想要你为我做出的安排。

我想我的所作所为完全应当得到共和国的公正对待，我不仅应当得到这个行省，而且应当得到像卡西乌斯和两位布鲁图那样的地位，这不仅是因为我经历危险取得了巨大的成就，而且因为我在这段时间里表现出来的热情和精神。啊，我第一个蔑视安东尼的法律；我第一个把多拉贝拉的骑兵带到共和国一边，交给卡西乌斯；我第一个征集兵员，保卫我们的共同安全，反对最邪恶的叛乱者；只有我把叙利亚和那里的军队交给了卡西乌斯和共和国。要是我不给卡西乌斯大量的金钱、强大的援军，并且做得如此及时，那么他根本不敢进入叙利亚，这样的话共和国当前遭受的来自多拉贝拉的威胁绝不会亚于来自安东尼的威胁。做了所有这些工作的我一度曾是多拉贝拉的老朋友和关系最亲密的朋友，我和安东尼家族还有亲戚关系——确实，由于他们的青睐，我拥有了一个行省；但无论如何，我“把国家看得比其他所有东西更亲近”[①]，我第一个对那些与我亲近的人宣战。

尽管我注意到这些工作对我无利可图，但我不会绝望，也不会泄气，我不仅会保持争取自由的热情，而且还会面对相关的辛劳和危险。

尽管如此，通过元老院和全体爱国公民的仁慈，某些恰当的赞扬和某些应得荣誉仍旧能够进一步激励我，使我对其他人能有更多的影响，使我能为国家做出更大的贡献。

我拜访布鲁图时未能见到你的儿子，因为他已经和骑兵一道去了冬季营地；但我庄严地发誓，你对我的评价，尤其是你儿子对我的评价，使我非常高兴；他配得上做你的儿子，我把他当做兄弟。

再见，写于佩尔加，5 月 29 日。

[15]

普·伦图卢斯致执政官、执法官、保民官、元老院、罗马人民，公元前 43 年 6 月 2 日，于佩尔加。

如果你们和你们的孩子都很好，那么一切都好；我也很好。当亚细亚被多拉贝拉的罪恶行径摧垮的时候，我本人前往相邻的马其顿行省和最杰出的马·布鲁图驻守的共和国的堡垒；我把通过一些代理人尽可能方便地把亚细亚行省的税收交到你们手中当成我的任务。这样做把多拉贝拉吓坏了，他洗劫这个行省，抢夺税款，最邪恶的是，他野蛮地让全体罗马公民变得贫穷，通过出售土地来分散他们的财产，他在防卫力量到达之前就放弃亚细亚，在这种情况下，我认为没有必要拖延或等待派兵驻防，我认为，为了得到还留下的税金，收集我存放在那里的金钱，尽快弄清有多少税金被抢，责任在谁，并向你们报告整件事情，尽快返回我的岗位是我的责任。

① 可能出自欧里庇得斯：《厄瑞克透斯》（*Erechtheus*），“我爱我的孩子，我更爱我的国家”。

与此同时，当我正在沿着海岛路线[①]航行去亚细亚的时候，我得到多拉贝拉的船队离开吕西亚的消息，罗得岛人有几条装备精良的船在海上游弋，于是我率领我的船队返回罗得岛，和我们一同前往的还有前财务官帕提斯库征集来的船，他和我关系密切，政治立场相同；依据你们的权威和元老院宣布多拉贝拉是公敌的法令，依据马·马凯鲁斯和塞维乌斯·苏皮西乌担任执政官期间与罗得岛人重新签订的条约，他们发誓说元老院和罗马人民的敌人就是他们的敌人。然而我感到失望，因为迄今为止，我们的船队并没有因为他们的帮助而增强，罗得岛人实际上在城镇、港口、城外大路袭击我的人，最后甚至不让我们取得饮水供应，我和我的人遭到拒绝。我能容忍这样的耻辱不仅是因为自己的权力有限，而且也为了罗马人民的帝国的尊严——我曾经从多拉贝拉的一份战报中发现，一旦他放弃对叙利亚和埃及的希望，这已经是明摆着的事，他就打算带着他的所有匪帮和金钱乘船前往意大利；有了这个打算，某些离开吕西亚的货船，没有一艘吨位小于 2,000 罐[②]的，被他的武装船队包围了。

元老院的议员们，由于为这样的灾难担忧，我认为最好忍受伤害，哪怕它意味着我本人受到污辱，尽快尝试各种权宜之计，而不是采取行动。于是，我进入他们的城市和他们自己建立的元老院，我在那里十分诚恳地为共和国的事业辩护，并且警告他们，一旦那个土匪带着他的全部同伙上岸，他们将会面临重大危险。然而我发现罗得岛人非常固执，他们认为其他派别比爱国派更有力量；他们不相信能在所有等级中创造一种和谐与统一的精神；他们把罗马元老院和爱国派的克制视做无能，认为没有人敢判决多拉贝拉是敌人；简言之，我的结论是：与其说这些无法无天的人的错误看法是真理，倒不如说这些实际发生的事情与我告诉他们的事情是真理。

甚至在我到达之前他们就抱有这种幻想，多拉贝拉可耻地谋杀了却波尼

① 亦即通过爱琴海诸岛，而非走穿越赫勒斯旁的路线。

② 约 60 吨，此处的原文是“amphora”，意为双耳油罐或酒罐，作为计量单位，一罐约为 7 加仑。

乌以及他的其他所有令人厌恶的罪犯以后，罗得岛人派出两批使者去见多拉贝拉——这确实是史无前例的，违反他们自己的法律，违反他们当时掌权者的意愿；他们现在又有幻想（无论是因为担心失去他们在大陆上掌握的土地，如他们反复声称的那样，还是因为某种疯狂，或是因为某些先前谩骂过我们最优秀公民的人占据了优势，现在又在以同样的方式对待他们拥有最高地位的人）在我们没有任何激怒他们的行为的情况下，他们拒绝设法防止那个谋杀国家、被赶出亚细亚和叙利亚的人带着他的匪帮上岸，伺机进入意大利；他们本来很容易做到这一点，这样做也确实没有先例，我们也没有劝他们这样做，多拉贝拉的到来威胁着我们这些在场的人，威胁着意大利和我们的城市。

我们中有些人甚至怀疑罗得岛的这些行政官员会扣留我们，直到多拉贝拉的船队得知我们的到达——后来的几件事增添了这种疑心，尤其是多拉贝拉的副将，塞克·马略和盖·提多，突然扔下他们在吕西亚沿海的船只，扔下了他们花费很多时间和精力征集到的货船，登上一条战船逃跑。我们后来从罗得岛前往吕西亚沿海，找到这些货船，把它们还给船主，与此同时，我们不再担心多拉贝拉和他的匪帮会逃窜到意大利。我们一直追踪这支逃跑的船队，直至西达，我的行省的最远的一个地区。

在这个时候，我发现多拉贝拉的船队解散了，有些去了叙利亚，有些去了塞浦路斯。明白我们杰出的公民和统帅盖·卡西乌斯率领的强大舰队的存在，他们在叙利亚的某些地点散去，而我则返回我的岗位；元老院的议员们，在那里我会尽最大的努力，听从你们和国家的调遣。至于资金，我会尽可能快，尽可能多地征集，并且清清楚楚地把征收来的每一笔钱送到你们那里去。我巡视行省，找到那些忠于我和共和国的人，要回我存放在他们那里的金钱，要是发现有人无耻地把金钱献给多拉贝拉，与多拉贝拉合作谋反，那么我会通知你们；对这些人，你们可以随意处置，手中握有你们赋予的权柄，我可以更加容易地征收和保护税款。与此同时，为了减少保管税款的麻烦，同时不让行省遭受抢劫，我已经征募一些志愿者组成紧急卫队。

有大约30名多拉贝拉在亚细亚的士兵逃离叙利亚，来到潘斐利亚。这些人向我们报告，多拉贝拉已经到了叙利亚的安提阿；他几次试图强行闯入，城里的守军拒绝让他进入；他必定还会遭到驱赶，遭受更大的损失；在损失了大约100个人以后，他丢下伤员，离开安提阿，在夜色中朝劳迪凯亚方向逃跑；实际上就在这个晚上，他的所有亚细亚的士兵抛弃了他，但有大约800人又返回安提阿，向卡西乌斯留下来保护这座城市的守军投降；其他人穿过阿马努山进入西里西亚；这些人[①]宣布自己也属于这支分派遣队；进一步有消息传来说卡西乌斯已经率领全军从劳迪凯亚出发，还有几天的路程，而这个时候多拉贝拉也在向着这座城市前进。这就是我确实感到这些无赖的最残忍的暴行就要发生的原因，比人们想象的还要快。

写于佩尔加，6月2日。

[16]

却波尼乌致西塞罗，公元前44年5月25日，于雅典。

如果你很好，那么一切都好。我于5月22日到达雅典，在那里我如愿见到了你的儿子，他正在努力学习，人们对他的谨慎行为有很高评价；即使我什么都不说，你也知道这给我带来多么大的快乐。你非常清楚我对你有多么尊敬，与我们之间久远和诚挚的感情相应，我对落在你头上的任何幸福，哪怕是最轻微的，我也非常高兴，更不要说是这样的幸福了。我亲爱的西塞罗，别以为我这样说是为了逗你开心，你的这位年轻人，或者倒不如说，我们这位年轻人（因为我们之间没有利害关系）在雅典是最受欢迎的人，与此同时，他献身于你最热爱、掌握得最好的技艺。因此我愉快而又诚挚地向你表示祝贺，同时也向我自己表示祝贺，我们必须热爱他的美德，能爱他也是

---

① 指本段开始处提到的30名士兵。

一种快乐。

他在谈话中暗示我想要访问亚细亚，这时候我不仅邀请他前来，而且要他在最佳时间这样做——在我统治这个行省的时候前来；对此你一定不要怀疑，我会像你一样，带着情感和热爱履行自己的义务。还有另外一件事情——我会小心翼翼地安排克拉提普与他为伴，所以你不必认为他是在扔下你鼓励他从事的学习去度假。看到他在各方面取得的进步，我本人也从未停止过对他的鼓励，而是要他在学习和练习中天天进步。

当我送出这封信的时候，我不知道你在罗马这个政治世界中做些什么。我听说了某些剧烈的动荡，我当然希望这些消息是假的；但我们至少可以享受宁静的自由——到现在为止，我甚至还从来没有经历过这种幸福。无论如何，我试图在航行时有些空闲，修饰一篇文章作为给你的小礼物，我早就打算这么做。我已经在文章中塞入你的一段名言，它原是对我本人的高度赞扬，我在一个注脚中把它献给你。如果你感到我的这几行字表达得过于直白，那么我的辩解一定是，攻击这个无耻的人[①]必须要有非同寻常的自由；你也会原谅我的义愤填膺，这是对这种人必定会有的感觉，无论我是作为一个人还是作为一位公民。还有，为什么鲁西留斯更有权假定他比我拥有更多的自由？尽管他对那些被他攻击的人的仇恨像我一样强烈，然而受他攻击的人肯定不会比受我攻击的人更应当受到如此激烈的苛责。

我肯定你会按照许下的诺言，把我的名字尽快添加到你的对话[②]中去。我不怀疑，要是你写到凯撒之死，你不会让我在你书中或在你的情感中所起的作用是最微不足道的。再见，请你关照我的母亲和家人。

写于雅典，5 月 25 日。

---

① 指安东尼。

② 指西塞罗的修辞学著作《布鲁图》，这篇著作的形式是对话体的。

[17]

西塞罗致昆·考尼费昔[①]，公元前46年，约9月，于罗马。

我非常快乐，因为你的来信表明你还记得我，我请求你能继续保持；并非我怀疑你的忠诚，而是因为这样的请求符合惯例。我们已经得到报告说叙利亚发生严重动乱，由于这些事情与你的关系更大，所以你的解释引起我更多的愤怒。罗马现在是死水一潭，但当前的局势使人们宁可要一种良好的、健全的、荣耀的活动，我希望这种情况将会到来；我看到凯撒正在这样做。

我想要你知道，你的缺席给我提供了一个自由写作的机会，我正在以非同寻常的自信撰写我的作品；我向你保证，我的其他作品也许是你不会拒斥的，但我最后写的文章是“论演讲的最佳风格”——按照我的判断，你对这个主题的看法与我没有什么不一致的地方——尽管博学者的看法当然会与非博学者的看法有不一致的地方。如果你能欣赏和支持我的这本书，那么我会非常高兴，要是你对我的观点无法确信，你这样做至少可以作为一种仁慈的行为。如果你的人也这样想，我会让他们抄写一份送给你。我确实认为，哪怕不能赢得你的赞同，但由于你非常孤独，所以无论我的笔写下什么，都会给你带来快乐。

你让我留意你的名声和地位；好吧，你是唯一追随普遍风尚的人。但我要让你相信的是——首先，我把最大可能的重要性赋予我们之间的友爱之情，我相信我们之间的爱是相互的；其次，你拥有的完善的能力、你对一切卓越事物的热情、你对国家最高地位的期待，使我认为没有任何人能超过你，也几乎没有人能与你处于同一水平。

---

① 昆·考尼费昔（Q. Cornificius），公元前69年的保民官考尼费昔之子，曾于公元前64年与西塞罗竞争执政官。他于公元前45年被任命为叙利亚总督。

[18]

西塞罗致昆·考尼费昔，公元前46年或前45年，于罗马。

首先让我回答你最近这封来信的结尾提到的问题，因为我注意到你们这些大演说家最近又在做些什么。你没有收到我的信，但我无论何时只要知道你的人上路，我决不会错过给你写信的机会。我从你的来信中看出，你正在做的事情似乎缺乏恰当的考虑，在你弄清凯西留斯·巴苏斯想要采取的行动之前，你也不会采取任何确定的行动；好吧，依靠你的明智办事，这正是我所希望的，而你现在这封给我带来许多快乐的信又确证了我的自信；我诚挚地请求你尽可能多地给我写信，让我知道你在做什么，你完成了什么，还有，你将要做什么。尽管你离开我使我感到强烈的惋惜，但一想到你去的地方非常安宁，我仍旧从中找到一丝安慰，因为你离开了这一片悬挂在我们头上的乌云。

这里所发生的事情正好相反；对你来说是爆发了一场战争；而对我们来说，是尾随着战争的和平，但它却是这样一种和平，如果你在这里，会有许多事情让你不高兴，这些事情甚至连凯撒本人也不会高兴。因为这场内乱的症结毫无疑问在于，它不仅是胜利者想要进行的，而且也是那些为战争胜利提供帮助的人所希望的。至于我本人，我已经变得感觉迟钝，在我们的朋友凯撒举行的赛会上，我见到了提·普兰库斯，我不动声色地聆听拉贝留斯和普伯里留斯的诗歌。我向你保证，我根本不需要任何人与我在一起，会心地暗自发笑。如果你能尽快到来，我想你会是这样的人；由于你本人的兴趣，以及我的兴趣，你会这样做的。

[19]

西塞罗致昆·考尼费昔，公元前46年或前45年，于罗马。

我极为愉快地读了你的来信；我最高兴的是，从你的信中我知道你收到了我的信；我从不怀疑你会高兴地阅读它，但我担心的是它没能送到你手中。你在来信中说凯撒让你负责叙利亚的战争以及叙利亚行省本身。我希望一切都能变好，更希望你能交好运，我对此充满信心，因为我完全相信你的能力和明智。

然而，我对你信中所说的你对一场帕昔安战争的担忧感到困惑。因为，你会采取什么样的行军路线，我既能进行猜测，又能从你的信中得知。因此，我希望那个民族当前不会采取任何行动——我指的是直到那些军团都已到达，它们已经出发了。但若你没有兵力与敌人对阵，我肯定你不会忘了马·彼布卢斯的对策，他在这个行省的时候，在整个帕昔安战争期间躲在一个供应充足、防卫森严的城镇里。

我相信你本人会按照时间和局势对这一切做出更好的安排。我本人决不会停止为你正在做的事情担忧，直到我知道你完成了什么。只要发现有人能给你送信，我就会给你写信。我恳求你也这样做，尤其是，如果给你的朋友们写信，请告诉他们我也是你的朋友。

[20]

西塞罗致昆·考尼费昔，公元前46年初，于罗马。

你的来信让我高兴，除了你对我在西纽萨的住处表示轻视——对于这种污辱，我的小小的住处会表示强烈的怨恨，除非你对我在库迈或庞贝的住处大加赞赏。因此，你会这样做的，以表示你对我的热爱，你要写些东西来刺激我，因为我更容易回应挑战而不是发起挑战。但若你是懒惰的——你确实懒惰——那么就由我来刺激你，你的懒散不会传染给我。等我有空时，我还会写得更多。当我匆忙写下这些话的时候，我在元老院里。

[21]

西塞罗致昆·考尼费昔，公元前44年春，于罗马。

我的亲密朋友盖·阿尼基乌，一位在各方面都有着完美修养的先生，得到了以非正式使者的身份访问阿非利加的许可，他有某些私人事务要去处理。我希望你能帮助他，尽可能使他要处理的事情能有满意的结果，尤其是这件事在他眼中非常重要，我请你照顾到他的威信；我请你像我一样对待他，我在掌管一个行省时，哪怕别人没有提出这样的请求，我也会为所有到来的元老院议员指派侍卫；这是一种我本人得到过的荣耀，我也知道为杰出人士提供侍卫也是一种习惯的做法。因此我亲爱的考尼费昔，我肯定你会这样做的，你在会在其他方面提升他的威望，照顾他的利益，因为你热爱我。如果你这样做了，我会非常感谢你。请你注意自己的身体健康。

[22]

西塞罗致昆·考尼费昔，公元前44年12月20日以后，于罗马。

我们在这里启动一场殊死的战争，反对这个世界上最大的无赖、我过去的同事[①]——安东尼；但是战争的双方并不对等——我们在用言语对抗刀剑。啊，他甚至在公共集会上提到你，但并非没有责备之意；他根据自己的利益来寻找发起挑衅的对象。但我假定，其他人已经把所发生的一切向你做了充分的报告；从我这里，你有权知道将会发生什么事，针对未来进行猜测并不困难。

所有人都垂头丧气，拥护现政权的人没有人统领，而刺杀暴君的那些人[②]在遥远的地方。潘莎的情感是健全的，他的言语是勇敢的；我们的朋

---

① 一同担任占卜官。

② 马·布鲁图在马其顿，卡西乌斯在叙利亚，却波尼乌在亚细亚，狄·布鲁图在山外高卢。

友希尔提乌正在康复，但是很慢。将会发生什么事，我真的不知道。然而我们有一个希望，至少罗马人民要能够证明他们对得起祖先。我本人决不会辜负国家，无论发生什么事，我都会十分坚定，只要我本人没有犯下什么错误。我一定会尽力做到这一点，我将维护你良好的名声和地位。

12月20日，元老院全体议员批准了我的提案，涉及于其他一些重要的事情，关于行省治理的问题，除非有元老院的任命，任何行省总督不得将行省交给继任者。我提议这道程序不仅是为了公共的利益，更重要的是，我庄严地向你发誓，为了维护你的地位。这就是我以我们之间的情感的名义请求你，以共和国的名义鼓励你的原因，你不要允许任何人在你的行省行使管辖权，你在处理任何事务时都要考虑到你的地位，而不要把别的事情看得更高。

由于我们之间的亲密友谊，我对你非常坦率；只有服从我给你的在塞普洛尼乌的事情上的指示，你才会获得无限的、普遍的欢迎。但是这件事已经结束，相比而言不太重要，你当前最重要的事情是用共和国的力量来维护你的行省。

要不是你的信使急着上路，我还会写得更多。所以请你代我向我们的朋友凯利普斯致歉。

[23]

西塞罗致昆·考尼费昔，公元前44年10月中旬，于罗马。

特拉托留清楚地向我解释了你对你的行省进行治理的特点和整个行省的局势。啊，难以忍受的污辱，到处都有！但是，你的地位越高，你需要忍受的事情越少；出于心灵的伟大和理智，你需要自我约束，但一定不要让自己有仇不报，哪怕这样做了你不感到怨恨。关于这一点我们晚些时候再谈。

我非常明白这座城市里的议事录已经送去给你。要是我不这样想，我会亲笔向你做详细的解释，尤其是凯撒·屋大维的企图。关于这件事，普通人认为这是安东尼为了抢劫这个年轻人的财产而找的借口；而有眼光的人和爱国者不仅相信这是真的，而且给予批准。简言之，人们对他抱有很大的希望。为了荣耀和荣誉，没有什么事情他不想做的。另一方面，我们“亲爱的朋友”安东尼知道自己遭人憎恶，尽管在自己的住处遭到谋杀，但他不敢公开这件事。10 月 9 日，他前往布隆迪西去见那四个马其顿军团，他试图通过贿赂争取它们站在他一边，然后带它们回罗马，用它们来勒住我们的脖子。

所以，这就是我们的体制，如果在一座军营里可能有“体制”的话。与此相关，我经常对你的解释感到遗憾，你说由于年纪的原因，你不可能让它成为一个安全健康的体制。除此之外，抱有希望还是允许的；但现在甚至连恩惠都已经没有了。因为，安东尼在一次公共集会上竟然说，“坎努提乌试图为自己找一个位子，但只要我还活着，这个国家就不可能给他任何位子”，在这样的时候，还能有什么希望？

我在努力忍受这一点，我在忍受一个人能遇上的所有邪恶，因此我深深地感谢哲学，它不仅使我摆脱忧愁，而且把我武装起来，抗拒命运的投石与箭矢；照我看来你也应当这样做，不要把任何外界的责备当做不幸。不过，你对这些问题的理解比我还要好。

至于我们的朋友特拉托留，尽管我对他的评价总是很高，但我尤其赞扬他在你这件事情上的诚实、坚定和明智。尽力保持你的健康。你不可能做其他令我更加高兴的事情了。

[24]

西塞罗致昆·考尼费昔，公元前 43 年 1 月底，于罗马。

我没有放过任何机会，不仅赞美你，而且使你荣耀，这是我唯一的权利。但我宁愿你通过你朋友的信件，而不是通过我的信件注意到我对你的忠诚和友好。但无论如何，我要敦促你全心全意献身于共和国的事业。这样做符合你的精神和能力，也符合你的希望，增强你的地位的尊严，对此你有权考虑。

对此我们可以在其他时间详谈，因为我在写这些话的时候，人们有一种普遍的期待的感觉。元老院派遣的那些使者还没有返回，他们的任务不是为了求和，而是为了宣传，除非那个人[①]能按照他们带去的要求办事。但无论如何，一旦有机会，我本人就会以旧有的方式捍卫共和国的事业；我宣布我自己是元老院及其人民的领袖；自从担负起这项自由的事业以来，我没有一时一刻放弃维护这个国家的安全和自由。但我仍旧宁可你通过其他人来了解这一点。

提·庇那留斯是我非常亲密的朋友，我无法更加热情地向你推荐了；我和他非常友好，他的品质令人敬佩，我们之间有着共同的嗜好。他现在负责代理我们的朋友狄奥尼修斯的账目和业务，你非常喜欢狄奥尼修斯，我对他的热爱超过我对任何人的热爱。由我来向你推荐是不必要的，但我仍旧这样做了。因此我肯定，你会看到最感恩的庇那留斯的来信让我确信你对他本人和对狄奥尼修斯的热爱。

[25a]

西塞罗致昆·考尼费昔，公元前43年，约3月20日，于罗马。

我于酒神节[②]收到了你的来信，是小考尼费昔送来给我的，他告诉我，你在上个月22日把信交给他。那一天以及第二天没有召开元老院会议。我在密涅瓦女神节[③]期间面对整个元老院为你的事进行辩护，这并非没有密涅瓦女神的保佑。事实上正是在那一天，元老院颁布法令，恢复我那被飓

① 亦即安东尼。

② 即3月17日。

③ 密涅瓦女神节（Quinquatria），3月19日到23日举行大庆祝，6月13日举行小庆祝。

风吹倒的密涅瓦神像。[①] 潘莎宣读了你的战报。元老院立即给予热情的批准，这令我十分高兴，但却引起弥诺陶洛斯的极度厌恶，亦即卡维昔乌和陶鲁斯[②]。元老院通过了一项有关你的法令，里面充满赞美之词。有人提出正式谴责这两个人的要求，但潘莎采取了一种更加宽厚的看法。

亲爱的考尼费昔，在我第一次察觉到有希望获得自由的那一天（那是在 12 月 20 日[③]），尽管其他人都还在犹豫，不知能否为一种体制奠定基础，我在那一天表现出卓越的远见，也考虑了你的地位；确实，就是由于我的动议，元老院就保持行省的问题进行了投票。事实上，从那一天起，我从来没有停止过消除那个人[④] 的影响的努力，他对你造成巨大伤害，给共和国带来耻辱，他正在作为一名拥有绝对权力的总督把持着他的行省。结果是，他无法抵挡我频繁的，或者说每日的苛责，违反自己的心愿回到罗马；就这样他可耻地被我最正义、最愤怒，但又最不妥协的谴责驱逐出行省，不仅是因为他有野心，而且是因为他有固定的任期。凭你的勇敢，你应当保持你的地位，使你得以掌管行省的是你的卓越品质，对此我感到非常满意。

你就塞普洛尼乌的事情向我道歉，我接受你的解释；这件事确实发生在一个受奴役的黑暗日子里。我是你的措施的推动者，是你的地位的支持者，由于被当前事态所激恼，我对自由感到绝望，为此匆忙去了希腊，但是来自西北的季风就像忠诚的公民一样拒绝送我上路，因为我离开了共和国，一阵南风把我吹回瑞吉姆，送还给你的部落的同胞；我从那里全速返回祖国，但第二天我发现只有自己是自由人，而其他所有人都成了奴隶。

我对安东尼的攻击超过了他能忍受的程度，他把他的全部疯狂集中发泄到我可怜的头上，不仅急于引诱我上当，寻找借口让我流血，而且试图捕捉

---

① 西塞罗在被流放之前竖立在卡皮托利山上的密涅瓦神像。

② 弥诺陶洛斯（Minotaur），希腊神话中半人半牛的怪物，被养在克里特迷宫中，每年要吃雅典送来的七个童男、七个童女，后来被忒修斯杀死。卡维昔乌和陶鲁斯这两个人的绰号是弥诺陶洛斯，前者是公元前 39 年的执政官，后者是公元前 37 年的执政官。

③ 西塞罗在这一天发表《反腓力辞》第 3 篇和第 4 篇。

④ 指卡维昔乌。

我；所以我匆匆离去，躲进屋大维的人中间；这位优秀的年轻人征集起一支防卫力量，首先是为了保卫他自己和我们，然后是为了整个国家；但对他来说，安东尼从布隆狄西返回是对国家的一个诅咒。后来发生的事情我想你是知道的。

但是——返回我开始跑题的地方——我接受你关于塞普洛尼乌的解释；因为当一切都混乱不堪的时候，你并没有早已准备好的政策——如特伦提乌斯所说，“今天的生活不一样了，每个人都在为不同的道路大声呼喊”[①]。因此，我亲爱的昆图斯，与我们会合吧，你甚至可以来掌舵！对所有爱国者来说，现在只有一条船，我们只能做我们能做的事情，使她走上正道。上苍保佑我们能有一次前景美好的航行！但无论刮什么样的风，像我这样的技艺只能说是一种缺憾。其他还有什么东西能保证这种最好的动机？关于你自己，你一定要保持一种勇敢和高尚的精神，你一定要这样想，你的地位的问题必定与共和国的利益紧密相连。

[25b]

西塞罗致昆·考尼费昔，公元前43年5月初，于罗马。

你向我赞扬了我的朋友普·卢凯乌斯，我将以我能做到的任何方式小心翼翼地关注他。我们确实已经失去了希尔提乌和潘莎，他们是我们的同事，在担任执政官期间为共和国做了大量工作，而且是在一个最不祥的时期，此时共和国尽管已经从安东尼的铁蹄下解放出来，但还没有完全解救她自己。如果我有这样的特权，我会按照我的方式捍卫共和国，尽管我现在感到非常疲倦，但没有任何疲劳能够阻止一个人履行他的义务和诺言。

但是现在我们不再多谈这个问题。我宁愿你从其他人而不是从我本人这里得到有关我的消息。我听到的有关你的消息是我最想得到的。关于格·米

① 特伦提乌斯：《安德里亚》第1卷，第2章，第18行。

诺西乌的谣言，你在你的某些信中把他吹上了天，不那么令人满意。如果你能告诉我这件事情的真实性质，以及一般地告诉我你们那里正在做什么，那么我会很高兴。

[26]

西塞罗致昆·考尼费昔，公元前43年春，于罗马。

昆·图里乌斯在阿非利加做钱庄生意，他是一个富裕和体面的人，他也使许多人做起了与他的后代同样的生意；他们是格·萨图尼努斯、塞克·奥菲狄乌、盖·阿奈乌斯、昆·康西狄乌·伽卢斯、卢·塞维留斯·波图姆斯、盖·鲁贝琉斯。我从他们告诉我的事情中明白了，他们想要的是一封给你的感谢信，而不是我的推荐信。因为他们声称，他们发现你对他们非常仁慈，所以我从中推论，你赐予他们的东西已经多于我胆敢向你提出的要求。但无论怎么说，我应当大胆地向你提出要求，因为我知道我的推荐信有多大分量。所以我请求你，有鉴于这封信，尽力增加你已经表现出来的慷慨，而不是要有我的来信才予以增加。现在我推荐的前提是你不允许昆·图里乌斯的自由民厄洛斯·图里乌斯把前者的遗产转为私用，如他迄今为止所做的那样，你应当在其他所有方面把这些人当做我最诚挚地加以赞扬的人。你会从他们杰出的等级和他们对你的尊敬中得到许多快乐。我再三诚挚地请求你这样做。

[27]

西塞罗致昆·考尼费昔，公元前43年春，于罗马。

由于对我的尊重和关心，塞克斯都·奥菲狄乌几乎成了我最亲密的朋友，作为一名罗马骑士，他不会向任何人屈服。他的品性也非常沉稳，既严于律己，又非常和蔼。你把在阿非利加的事务托付给他，我无法更加真诚地给予更高的赞扬。如果你尽力让他明白我非常看重我的信，那么我对你感激不尽。我亲爱的考尼费昔，我请求你一定要这样做。

[28]

西塞罗致昆·考尼费昔，公元前43年3月下半月，于罗马。

我完全同意你的意见，如你所写，那些正在威胁利里拜乌的人一定要当场受惩罚；但是你说你担心这样做会被人认为是过于蛮横的报复。而实际上，你担心的是自己会被人认为是国家的一名优秀成员，会被人认为过于无所畏惧，会被人认为品德过于高尚。

为了保存共和国，你想重新与我合作，这使我感到很高兴，因为我和你父亲就有过这种合作；我亲爱的考尼费昔，我们之间的合作会一直延续下去。按照你自己的意见，你认为不一定要感谢我，我也很高兴；你和我之间不应当做这种事情。如果在执政官缺席的时候也能召集元老院会议的话，元老院会更加多地考虑你的要求，但只有遇上紧急情况才有可能。结果就是，无论是那笔20,000个小银币的申请，还是那笔700,000个小银币的申请，都无法通过元老院办到。然而我想，按照元老院最初的法令，你必须索取或请求贷款。

这个政治世界中正在做什么，我想你可以从那些有义务把这里的公共事务记录完整地送给你的人那里得知。我本人对此充满希望。看到正在做的事情和我本人做的事情，我提的建议并不晚；对于这样一个事实我感到很骄傲，这个共同体的所有敌人都把我当做他们最可怕的敌人。当前的整个形势并未给我留下困难的印象，要是某些人① 的行为能不受谴责，它就不会出现任何困难。

① 可能是指卡勒努斯、庇索、塞维留斯等对手。

[29]

西塞罗致昆·考尼费昔，公元前43年春，于罗马。

我相信，对我非常了解的你，还有在罗马的每一个人，都十分清楚我和卢·拉弥亚的友谊。确实，这种友谊在一个世界范围的舞台上展现，在他被执政官伽比纽斯驱逐的时候，原因是他独立、勇敢地呼吁我的回归。我们之间的感情并非始自这一事件；不，它是长期存在的，是强烈的，这就是他对要不要继续代表我感到犹豫不决，但并没有什么危险的原因。除了这些仁慈行为，或者倒不如说，除了这些最能接受的服务，再加上各种亲密的帮助，所以在这世界上没有其他人能比他对我更有吸引力。以后我并不认为你在等着看我用什么样的语词赞扬他。你知道什么样的语词能够表达如此温暖的感情；好吧，你一定会想象我将使用所有这样的语词。

我想要你相信，如果你以任何必要的方式保护拉弥亚的商业利益、代理人、自由民和奴隶，都会给我带来更大的快乐，超过你仁慈地对待我自己的地产；我不怀疑，即使没有我的推荐，像你这样有着良好判断力的人，肯定会为了拉弥亚本人满足我以最大的快乐向你提出的所有要求；然而（我得知）你有这样的印象，拉弥亚见证了元老院某些法令的起草，这与你的政治立场相反——首先，拉弥亚在这两个人担任执政官期间从来没有参加过提案的起草；其次，元老院在那个时期的法令全部都是伪造的——当然了，除非你假定我也见证了元老院由塞普洛尼乌提出来的臭名昭著的法令——我当时甚至不在罗马，而当环境有了变化的时候，我写信给你提到过这一点。关于这件事就说到这里。

亲爱的考尼费昔，我再三请求你把拉弥亚的所有生意当做我的生意来对待，你要让他感到我的这封推荐信是对他的最大服务。你做任何事情都不能比做这件事给我带来更大的快乐。请注意你的健康。

[30]

西塞罗致昆·考尼费昔，公元前43年6月8日后，于罗马。

所以，就只有这封信了吗？除了诉讼当事人，没有人替我给你带信吗？好吧，确实有成堆这样的信，因为你让每个人都相信，除非带上一封我的推荐信，否则他就不能去你那里；但是，你的哪位朋友曾经告诉我有这种事，而我却表示相信？或者说，在不能和你私下面谈的情况下，还有什么事能比给你写信或读到你的信给我带来更大的快乐？使我更加经常性地恼火的是，每当我有了给你写信的冲动，我却每每发现不能给你写信。不是因为你收到的信太多，我要怂恿你予以报复，尽管以这样的方式你要报复的第一个人就是我，而是因为无论你有多忙，但你的空闲时间肯定超过我，或者说，如果你也没有时间，那么你一定会表现得体面一些，当你本人难得给我写信的时候，不会替我担心，或者粗鲁地坚持要我经常写信。

事实上，迄今为止我一直被一些最重要的事情牵扯，因为我的全部心思都在考虑如何保护共和国，当前我比以往任何时候都要更加心烦意乱。就像那些旧病复发的人会病得更加严重，所以我们也是更加强烈地感到苦恼，在战争实际已经结束的时候，我们被迫重新点燃它。但是关于这一点我们不再谈了。

亲爱的考尼费昔，你一定要相信我并非如此软弱，更不要说如此冷酷，竟然会允许你在仁慈的行为方面，或者推动这种行为的感情方面超过我。我确实从来没有怀疑过你的感情，而你的感情通过凯利普斯确实对我产生了更大的影响。他是一个什么样的人啊！我总是发现与他志趣相投，而现在他更是令我神魂颠倒。他把你的许多思想和言语传达给我；我向你发誓，你脸上的表情没有哪一个是他没有向我生动地描述过的。所以，你像对别人一样很少给我写信，但你不必担心我会对你生气；尽管我确实在期待你给我一个人来信，但我不会表现得粗鲁或不友善。

关于你要求得到的军费，我根本无法给你提供任何帮助，原因是元老院由于失去了她的执政官而成了孤儿，国库中的金钱难以置信地不足——正在从各地征收金钱，以满足对军队许下的诺言，他们为国家提供了良好的服务；我认为不加征财产税就不能做到这一点。

至于阿提乌斯·狄奥尼修斯的事，我认为不会有什么问题，因为特拉托留什么也没有告诉我。至于普·卢凯乌斯，我根本不同意你的看法，他对你的忠心超过我对你的忠心；他是我的一位亲密朋友。但是当我向清算人提出延期的申请时，他们让我相信他们无法允许我的要求，因为协议已经到期，他们受到誓言的约束。所以我的看法是卢凯乌斯应当露面。确实，要是他遵循我信中的要求，那么当你读到这些话的时候，他一定在罗马。

你还提到其他一些事情，但我知道你是在不知道潘莎之死的情况下写的，尤其是你认为可以通过我从他那里得到的那笔钱。要是他还活着，这些事情都不会使你失望；因为他对你非常尊重。然而现在他已经死了，我不知道还能做什么。

关于维努莱乌、拉丁努斯、霍拉提乌，我衷心感谢你采取的行动。然而我并没有像你信中所说，我为他们写的推荐信过于热情奔放——为了拔除他们耻辱的毒刺，你在剥夺他们的侍卫时甚至已经剥夺了你自己的使者；你明白，不应当同等对待那些配得上荣耀的人和应当受到耻辱的人；我确实认为，按照元老院的法令，这三个人如果不放弃行省，应当强迫他们这样做。粗略地说来，这就是我对你的来信的答复，我只收到这封信的一份抄件。至于其他事情，我想要你确信，对我来说，我自己的政治立场并不比你的政治立场更宝贵。

第十三卷

[1]

西塞罗致盖·美米乌斯[①]，公元前51年6月或7月，于雅典。

尽管由于某种困惑，或者倒不如说，由于某种快乐（虽然我对你承受的不公正感到悲伤，但我对你拥有的哲学精神感到快乐），我还没有完全定下决心在雅典与你见面，但我确实很想见到你。这是因为，当你完全淡出我的视野时，我的困惑不会得到缓解；而通过与你见面，无论何种可能的快乐无疑都会得到增强。因此，如果我能找到方便的时候，我会毫不犹豫地努力与你见面。与此同时，无论什么通过通信能解决的问题，如我所相信的那样，我都会在这里加以讨论。

首先，我要对你提出这项请求——不要为了我的缘故违反你的意愿去做任何事情；但若你察觉到我的要求对我来说是重要的，但对你不具有任何重要性，那就不要对我提供帮助，除非你能事先说服自己这样做是诚心诚意的。

我和伊壁鸠鲁主义者帕特洛在许多方面完全一致，除了我要强调我和他在哲学上不同。不仅是早先在罗马的日子，他对你和你的所有朋友也表示尊重的时候，他确实和我非常熟悉，而且是后来，当他明白他所有获得特权和奖赏的希望就在于我的时候，他实际上把我当做他的所有保护人和朋友的领袖；现在，斐德罗又把帕特洛介绍和推荐给我，当我还是个孩子的时候，早在我认识斐洛之前，我就把斐德罗当做一名哲学家，给予高度评价，而后来，我把他当做一名诚实的、和蔼的、乐于助人的人。

① 盖·美米乌斯（C. Memmius），出身于平民家庭，担任过一系列行政职务。他于公元前54年谋求担任执政官，失败后被流放到雅典。

后来，当我在罗马的时候，这位帕特洛给我送来一封信，要我向你求情，请你同意把某些一度属于伊壁鸠鲁所有的破烂房子或其他财产（你知道是什么）交给他；但我没有给你写信，理由是我不想用我的推荐来干扰你的建筑计划。当我到达雅典以后，帕特洛又请求我给你写信，他的要求得到了满足，但不是由于其他原因，而只是因为你的朋友一致同意你放弃你的建筑计划。

如果情况是这样的话，那么这件事现在对你不重要了；如果你的情感曾经轻微地受到某些错误想法的伤害（我知道那所小屋子），那么我想要你表现得宽厚，无论是由于你自己格外仁慈，甚至还是为了向我本人致意。

对我来说，如果你问我自己是什么看法，那么我不明白他为什么如此固执，也不明白你为什么如此坚决地反对他，当然了，除非有人能不那么难地允许你，而不是允许他，进行这种没有必要的骚扰。[①]

然而，我非常明白你知道帕特洛的所有请求，以及他为什么要这样做。他声称自己必须保全自己的荣耀和责任，维护遗嘱的私密性、伊壁鸠鲁的权威、斐德罗的庄重指令、学派创始人的住处、法律上的认可、杰出人物的踪迹。如果想对他当前的努力进行挑剔，我们会嘲笑这个可怜的家伙的整个生活和他在哲学上遵循的原则。但是，我发誓，由于我并不特别怨恨这位伟大人物和其他对这种学说着迷的人，所以我想如果帕特洛碰上那么多麻烦，我们也许必须原谅帕特洛；即使他这样做是错的，他的错误也是由于缺乏理智，而不是由于缺乏道德。

但不必多费口舌了（我迟早会这样说），我热爱庞波纽斯·阿提库斯，把他当做第二个弟弟。对我来说，他是世上与我最亲近的人和最讨人喜欢的人。而现在，阿提库斯——不是因为他在自由人应当具有的各门学问中有着优秀的造诣，而是因为他对斐德罗抱有一种伟大的情感——我要说，这个最不会为自己提要求的人，在提要求时最不急的人，以他从未有过的急迫托付

---

① 亦即美米乌斯是一位重要的人物，不能用这样的小事去打扰他。

我这样做；他毫不怀疑我能取得你的同意，把这种恩惠赐予帕特洛，哪怕你仍旧有建造房屋的打算。如果他听说你放弃了这种打算，哪怕你没有满足我的要求，他也不会怀疑你是卑鄙的，而只会怀疑我为他考虑不周。由于这个原因，我请求你给你的朋友写信，说你完全同意雅典最高法院的法官们颁布的法令是可以被废除的，这种法令他们自己称做“实录”。

回到我一开始说过的话上来。在说服你做这件事之前，我想要你说服自己欣然从事，作为对我的一种仁慈。无论如何，让我告诉你——如果你做了我所要求的事情，将给我带来最大的快乐。

[2]

西塞罗致美米乌斯，公元前 50 年 5 月，于劳迪凯亚。

我和盖·阿维安纽斯·伊凡得尔[①] 本人非常熟悉，他住在你们家族的神庙里，我和他的保护人马·艾米留斯关系也很好。因此，我比通常更加紧迫地请求你，在不会给你本人带来不便的情况下，为他提供住宿。他为许多人做事，手头有许多工作，不得不于 7 月 1 日搬离原来的住处。我的节制阻止我请你优先考虑我的要求，然而我不怀疑，要是这件事对你没有什么影响，要是你对我提出任何要求，那么你会像我一样，把它当做你的义务来履行，无论如何，你都会帮助我。

[3]

西塞罗致美米乌斯，公元前 50 年，于劳迪凯亚。

奥·富菲乌斯是我最亲密的朋友之一，他对我表现出最大的尊敬和忠

① 盖·阿维安纽斯·伊凡得尔（C. Avianius Evander），马·艾米留斯（M. Aemilius）的自由民，是一位优秀的雕刻匠。美米乌斯允许阿维安纽斯在神庙中工作。

诚。他技艺精湛，古道热肠，值得你和他交友。如果你能兑现我们见面时许下的诺言，很好地接待他，那么我会很高兴。你这样做会给我带来快乐。我相信义务和尊敬的纽带会把你和他紧密地联系在一起。

[4]

西塞罗致昆·瓦勒留·奥尔卡①，公元前45年秋，于罗马。

马·图·西塞罗热情问候昆图斯之子、执法官等级的副将昆·瓦勒留·奥尔卡。

我和沃拉太雷镇上的居民已经有了尽可能亲密的联系。从我手中接受某些仁慈举动之后，他们已经采用大量措施证明了他们对我的态度；无论是在我胜利的时候，还是我碰到麻烦的时候，他们从来没有辜负过我。确实，要是没有存在于我们之间的这种关系，无论是从我自己对你热烈的情感来看，还是从我感谢你对我的高度尊重来看，我都会建议和鼓励你推进他们的利益，尤其是他们宣称有权维护他们的最高利益的时候。首先，由于上苍的怜悯，他们成功地躲避了苏拉时期②的野蛮行径；其次，由于我担任执政官期间为他们进行的辩护得到罗马人民的热情赞同。

当保民官就沃拉太雷人的土地提出一项最不公正的议案时，我毫无困难地说服了元老院和罗马人民，让这些倒霉的公民保留他们的权利。在盖·凯撒首次担任执政官期间的土地法中，我的这项政策得到有力的批准，是他把这个地区和沃拉太雷这座城市永远从这样的危难中解救出来；所以我丝毫也不怀疑一个正在寻求某种新的联系的人会希望保留他很久以前获得的特权。由于这个原因，要由你来凭借你的智慧，要么追随一个你已经拥有的派别的权威，要么为凯撒的裁决留下充分的余地。关于这一点，你不会有什么怀

---

① 昆·瓦勒留·奥尔卡（Q. Valerius Orca），公元前57年任执法官，公元前56年任阿非利加总督。西塞罗给他写信时，他是执行凯撒命令，给老兵分配土地的专使之一。

② 苏拉包围和攻占沃拉太雷，没收其土地，废除居民的罗马公民权。

疑——因为运用你的权力给这个自治市以最大的帮助，使它恭贺、坚定、荣耀地依附于你，这也是你的愿望。

除了敦促和说服你，我上面的话没有其他目的。剩下的事情和我的私人请求有关，所以你可以推论，我向你提供建议不仅是为了你的缘故，而且也是为了我本人的需要。因此，要是你能让沃拉太雷人民在各方面不受损害，他们的权利不被削减，你就为我提供了最大的帮助。不朽的诸神和我们国家最杰出的人保存了他们的户籍、居处、土地、财产——我把所有这一切都归功于你的诚实、正义和善良。

当前，要是环境能给我权力，像我从前有过的那么大，让我能够像保护我自己的人一样保护沃拉太雷人民，那么我绝对不会没有忠诚的行为和艰苦的努力来为他们服务。由于我相信我目前对你的影响不亚于我对其他任何人的影响，所以，凭我们之间良好地保持着的亲密关系和相互之间拥有的善意，我请求你以这样一种方式为沃拉太雷人民服务，让他们可以感到，作为他们的忠实捍卫者，我能够对这个由于某种神圣的天命而承担这项使命的人产生尽可能大的影响。

[5]

西塞罗致昆·瓦勒留·奥尔卡，公元前45年秋，于罗马。

马·图·西塞罗热情问候昆图斯之子、执法官等级的副将昆·瓦勒留·奥尔卡。

我不反对让任何人知道我们之间的亲密联系；然而我不想由于这个原因（你最清楚我说的是什么）妨碍你以通常拥有的正直和坚定从事这项事业，让凯撒满意，他把这项重要而又艰巨的使命托付给你；因为，尽管我被一大群人的要求包围，他们非常相信你对我的善意，但我不会不替他人着想，让你在履行自己的义务时由于我提出的要求而感到窘迫。

从年轻时候起，我就和盖·库提乌斯关系密切。我不仅抱怨他在苏拉时期遭受最不公正的对待，而且为他的复职提供了帮助，当时也有一些人同样受到不公正的对待，失去了全部幸福，但后来得到普遍的赞同，得以返回他们的国家。

现在库提乌斯在沃拉太雷地区拥有一定的财产，就好像他翻了船，但还是把所剩下的东西都集中起来。就在这个时候，凯撒挑选他担任元老院议员——要是失去这个等级，要保住他的财产就不容易了。而现在对他来说非常艰难，因为他的等级虽然已经得到提升，但涉及他拥有的土地，他处于劣势；根据凯撒的命令，这个由于凯撒的青睐已经成为元老院议员的人竟然要从他的土地上被驱赶出去，这是多么惊人的矛盾。

但是我不想再详细讲述这个案子的公平了，因为担心人们会这样想，我手中有什么力量能与你对抗，这更多的不是因为我的个人影响，而是因为我的抗辩的公正。因此我请求你，比通常还要紧急，把盖·库提乌斯的事当做我的事；请你为了我做你能做的一切，尽管你也可以为了盖·库提乌斯去做，请你相信他通过我得到的帮助都是你对我本人的帮助。我最诚挚地再三恳求你这样做。

[6a]

西塞罗致昆·瓦勒留·奥尔卡，公元前56年，于罗马。

马·图·西塞罗热情问候昆图斯之子、地方总督昆·瓦勒留·奥尔卡。

如果你很好，那么一切都好；我也很好。我相信你还记得我当着普·库斯庇乌的面对你说了那些事，后来我还更加详细地向你提出请求，并且认为在和我本人有联系的人当中，任何人都可以当做和他有联系的人来向你推荐。你对我充满了真挚的感情，你对我一直表现出高度的尊重，与此相一致，你非常慷慨、非常有礼貌地为我这样做了。

现在，最乐意帮助所有与他有联系的人的库斯庇乌，对你的行省中的某些人表现出惊人的仁慈，因为他两次去阿非利加，主持对他的社团来说极为重要的谈判。所以，我习惯上会利用我拥有的资源和影响支持他帮助他们。因此我想，我义不容辞地要在这封信中向你解释为什么我要推荐库斯庇乌的这些朋友。在今后的书信中，我不会再附加一些话来说明你和我之间的一致，并说明某某是库斯庇乌的朋友之一。

至于我在这封信中想要进行的推荐，我想要你知道它比其他任何事情都重要；因为库斯庇乌非常急切地催促我尽可能向你推荐卢·朱利乌斯。我很难想象用我通常的话语怎么能够满足他的急切要求，哪怕我是在处理一件最感人的事情。他这个人有点异想天开，以为我有这种本领。我答应他使用一些令人惊讶的推荐人的本领。不管能不能起作用，如果你能采取一些行动，给他留下这样的印象，我的推荐信的效果非常好，那么我会非常高兴。

如果你能按照你的仁慈和你的机会表现出各种形式的慷慨，不仅在行动上，而且在言辞上，甚至在外貌上，那么你一定能够做到。我只希望你通过经验知道这些事在一个行省中何等重要——然而我隐隐约约地感到，你很快就会知道的。

至于我对他本人的推荐，我相信他值得你与他交友，不仅因为库斯庇乌是这样讲的（尽管这已经够了），而且因为我知道库斯庇乌在评价人和挑选朋友时的谨慎。

这封信会产生什么效果，我很快就能做出判断，我确信我必须感谢你。而我也会热心地关注你的利益，勤勉地按你的愿望办事。祝身体健康。

[6b]

西塞罗致总督昆·瓦勒留·奥尔卡，公元前56年，于罗马。

给你送此信的普·高奈留是普·库斯庇乌推荐给我的；为他写这封推荐信在多大程度上是我的愿望或责任，我肯定你能从我说的话中辨认出来。我诚挚地请你明白，由于写了这封推荐信我能从库斯庇乌那里得到的感谢一定是真诚的、及时的、频繁的。

[7]

西塞罗致盖乌斯·克鲁维乌[①]，公元前45年秋，于罗马。

由于我们之间的亲密关系和你对我的彬彬有礼，在你启程去高卢之前，你光临寒舍拜访，我对你讲了这些位于高卢的土地要向阿梯拉自治市缴纳租金的事，说明我在这件事上有多么苦恼。然而，自从你离开以后，这个极为重要的问题提了出来，和这个自治市有关，和我也有关——这个问题对于我履行我的最高义务也是重要的——考虑到你对我的仁慈，我在想，给你详细写信是我义不容辞的责任，尽管我当然明白你的处境和权力是有限的，我尤其明白凯撒赋予你的权力使你不能对某件具体事务进行司法裁决。由于这个原因，我自觉地限制了自己的要求，不让你为了我去做那些你的权力无法做到的事和你不愿意做的事。

首先，我想要你记在心上——这是一个事实——我们所说的租金构成了这个自治市的所有财富，还有，这个自治市有沉重的负担，遇到各种严重的困难。尽管看上去其他许多自治市也有同样的困难和麻烦，但你必须接受我的保证，这个自治市承受的灾难格外严重；我不想具体说明，因为我担心与我有个人联系的其他那些遭遇灾难的人会感到悲伤，我担心冒犯那些我不希望冒犯的人。

由此可见，除非我有强烈的愿望，让我们与盖·凯撒一道处理好这个自治市的事情，否则现在我没有任何理由向你提出这样紧急的要求。由于我确实感到并相信他会充分考虑这个自治市的公平的要求以及它的上诉的正当性，此外还有他和这个自治市的友谊，所以我毫不犹豫地敦促你让他来裁决这个案子。

哪怕我从来没有听说你做过这种事情，我也一定要向你提出这种请求，直到我的请求获得批准的希望得到增强，因为我得知你满足了雷吉奥居民的

---

① 盖乌斯·克鲁维乌（Gaius Cluvius），凯撒的幕僚。

同样的要求；尽管他们由于某种联系依附于你，然而我被你对我的热爱所强迫，希望你也能像帮助与你本人有联系的人一样，帮助这些与我有联系的人，尤其是我正在专一地为这些人抗辩，而其他还有一些与我有联系的人也处在同样的困境之中。现在，尽管我相信你，也相信自己这样做并非没有很好的理由，我并非在迫使你受某种谋求私利的精神的影响，但无论如何我希望你相信我，我郑重地申明，没有哪个自治市我对它会有更多的亏欠；无论是我胜利的时候，还是我遇上麻烦的时候，这个自治市对我表现的忠诚从来没有打过折扣。

因此，鉴于我们之间的密切关系和你对我的长久的热爱，我比通常更加紧迫而又诚挚地恳求你（你必须看到，一个由于友谊、相互帮助、善意而与我有着密切联系的自治市的幸福正处在危险之中）在这方面帮助我——我的意思是，如果说我们能够获得我们希望从凯撒那里得到的东西，那么我们相信只有借助你的仁慈我们才能得到；如果我们不能得到，那么我们也会相信你已经尽力帮助我们获得成功。

这样做，你不仅会给我带来最大的快乐，而且通过无法估量的服务，你会在一种永恒的义务之上为你本人和那些优秀的人之间的联系奠定基础，他们是高尚的人，同时又充满感恩之情，他们最值得与你建立联系。

[8]

西塞罗致马库斯·鲁提留斯，公元前45年秋，于罗马。

在心中知道我对你的评价有多高，通过经验知道你对我有多么友好，于是我毫不犹豫地向你提出我有责任提出的要求。我对普·塞斯提乌的评价有多高你是最了解的；我为什么必须这样想，你和这个世界都知道得一清二楚。从别人那里得知你是我忠诚的朋友以后，他请求我专门就元老院议员盖·阿庇纽斯的事情给你写信，他的女儿是一位可敬的年轻人、普·塞斯提乌之子卢·塞斯提乌的母亲。我给你写此信的目的是说服你，不仅我为普·塞斯提乌感到焦虑是正确的、恰当的，而且他也会为阿庇纽斯感到担心。

现在情况是这样的：盖·阿庇纽斯通过估价从马·拉贝留斯那里购得一些地产——而拉贝留斯的地产又是从凯撒那里购来的，原来是某位普罗提乌的。如果我告诉你分散这样的地产不符合公共利益，那么你会认为我并不需要你的太多的帮助，而只需要你提供建议。无论如何，凯撒想要批准出售和分配没收来的苏拉的财产，这样他自己的财产就可以比较安全了；如果说凯撒本人已经出售的这些地产被分散了，那么我要问你，他出售的地产有什么财产权可言？但是你可以凭你通常敏锐的洞察力来考虑这件事有什么关系。

我坦率地要求你——我无法更加急切、更加正当、更加发自内心地这样做了——宽恕阿庇纽斯，不要去过问拉贝留斯的地产。你不仅给我许多快乐，而且还在某种意义上使我有某些事情可以吹嘘，我希望能让和当事人有亲密关系的普·塞斯提乌感到满意，因为我对他的亏欠超过其他任何活着的人。我再三请求你这样做。你不可能给我更大的帮助了，你会发现我对你的帮助极为赞赏。

[9]

西塞罗致普·富里乌斯·克拉西佩[1]，约公元前 51 年末，于西里西亚。

尽管见到你的时候我专门向你推荐了庇提尼亚协会[2]，但我明白，不仅由于我的推荐，而且由于你本人的倾向，你急于以任何方式为这个协会的人提供食宿，你把这些人的利益放在首位，所以我应当写信向你清楚地表明我非常同情他们，我毫不犹豫地就给你写了这封信。

---

① 普·富里乌斯·克拉西佩（P. Furius Crassipes），图利娅的第二任丈夫，公元前 56 年结婚，公元前 53 年离婚。

② 原文为“societas”，协会或联合会，向国家承包道路、建筑事务的组织，尤其承包税收。

请你相信，帮助整个包税者等级始终是我最大的快乐，考虑到这个等级为我提供的巨大服务，我有义务这样做，我在一种特殊的意义上是这个庇提尼亚协会的朋友——事实上这个协会与整个等级有联系，其他所有协会也是由这个等级的人组成的，因此它是国家的一个最重要的因素；更何况协会中有相当一部分人与我关系密切，尤其是当前担任协会首领的这个人，也就是普·鲁提留斯，他是美涅尼亚部落的普伯里乌之子，是这个协会的会长。

情况就是这样，我比通常更为紧急地恳求你仁慈、慷慨地支持受雇于这个协会的格·帕庇乌斯，使他的工作（你会发现这样做很容易）尽可能被那些合作者接受，请你表达你的意愿（我很明白，一名财务官的权力能产生多大的影响），那些合作者的财产和利益将会通过你的努力得到尽可能的保护和增长。

通过这样做不仅你会给我极大的帮助，而且我也凭着以往的经验向你许诺和保证，如果你帮助了他们，你会发现庇提尼亚的合作者们既不是健忘的，又不是不感恩的。

[10]

西塞罗致马·朱尼乌斯·布鲁图[①]，公元前46年初，于罗马。

当你的财务官马·瓦罗[②]出发去与你会合的时候，我认为他不需要推荐。因为，按照我们祖先的惯例，假定财务官与其长官的关系大约相当于儿子与父亲的关系，那么我想他已经得到了充分的推荐。但由于他相信我的一封详细的信会对你产生最大的影响，并强迫我专门写信，所以我想最好还是按照我朋友的意见，去做这件对他如此重要的事情。

因此，为了向你证明我有义务这样做，我要说，自从马·特伦提乌斯进

① 马·朱尼乌斯·布鲁图（M. Junius Brutus），此时担任山外高卢行省总督。

② 全名马·特伦提乌斯·瓦罗·吉巴（M. Terentius Varro Gibba），公元前43年担任保民官。

入讲坛[①]以来，他就力图赢得我的友谊；后来当他自己有了建树以后，我发现还有两个附加的原因使我对他特别有好感：一是他本人与我有着同样的追求——这种追求甚至到现在仍旧在给我带来最大的快乐——如你所知，在这方面他有能力，也十分勤勉；一是他很早就参与了承包国家合同的协会的工作，我只希望他没有这样做，因为他遭受过非常严重的损失。他还像我一样从事另一个行业的工作，我非常希望能增强我们的友谊。结果就是，他在极为诚实和出色地从事了两个行业以后，在国家事务发生重大转折的时刻，成为公共职位的候选人，他把承担公职视为他最光荣的劳动果实。

还有，在这场危机中，他从布隆狄西出发，带着我的信和消息去找凯撒；他及时地把信送到，并且回来向我报告，从这件事我清楚地看到了他的忠诚和可靠。在我看来，如果我想向你充分解释我被他深深吸引的原因，我需要分别叙述他的正直和其他品性，但为了做出这种解释，我必须谈到他的正直；我向你许诺和保证，他既是你快乐的源泉，也是你利益的源泉。你会发现，他谦逊有礼，他不谋私利，我还要说，他努力工作，极为勤奋。

虽然你本人对他相当了解，我没有必要做这样的表白，但考虑到在缔结新的关系时初次接触的细节很重要，所以我的推荐有一定的价值，也就是说，它能打开友谊的大门。这就是我希望通过这封信所能起到的作用，尽管财务官这个职位本身就应当有这样的效果。但无论如何，后一方面的考虑丝毫不会被前一方面的考虑所削弱。因此，如果你对我的评价像瓦罗想象得那么高，我感到你会这样评价的，那么我决不怀疑，我能最早察觉到我的推荐对他会起到他本人所希望的那种作用。

[11]

西塞罗致马·布鲁图，公元前46年，于罗马。

① 指开始在法庭上当律师。

我始终注意到你尽了最大努力了解和我的利益相关的一切，因此我不怀疑，你不仅明白我属于哪个自治镇，而且还清楚支持我的同胞公民、阿尔皮诺的居民是我的习惯。事实上，他们的全部收入和归他们支配的用来维护公共崇拜、修缮神庙和公共建筑的全部资金都来自他们在高卢行省的地产的租金。为了巡视这些土地，收取佃户欠下的租金，考察和安排全部管理事务，我们派遣了一个由罗马骑士组成的委员会——小昆·富菲狄乌、小马·福西乌斯、小昆·玛迈库斯。

考虑到我们之间的亲密关系，我比通常更为紧急地向你呼吁，请你尽可能关注我们这个镇上的事务，尽可能愉快地管理，尽快地解决问题，我已经把这些绅士的名字告诉你，我相信你一定会尽可能有礼貌和慷慨大方地对待他们。

你会发现你已经把某些具有优秀品格的人添加到你的亲密朋友的名单上来，凭着你的仁慈你已经在对一个最感恩的自治镇尽义务，而我对你的感谢甚至更大，因为不仅是我始终在保护我的同胞公民的利益，而且他们今年要求我给予更多的关注和帮助。事实上就在今年，为了使这个自治镇的建设健全，我推荐我的儿子、我兄弟的儿子、我的一位非常亲密的朋友马·凯西乌斯为市政官——因为市政官是行政官员，而其他职位都不是常任的，习惯上从我们这个自治镇里挑选。要是由于你的热心和勤勉，这个镇里的事务能处理得很好，那么你就赋予了他们和我本人恰当的荣誉。这就是我再三诚挚地请求你做的事。

[12]

西塞罗致马·布鲁图，公元前46年，于罗马。

在另一封信中我尽可能真诚地向你赞扬了整个阿尔皮诺居民的代表；在这样做的时候，我甚至更加真诚地向你赞扬了昆·富菲狄乌，我和他有着各种关系，尤其是，这样说和我先前的推荐并无偏差，而只是再次强调。他是我最亲密、最熟悉的朋友马·凯西乌斯的妻子与前夫所生的儿子，他在西里西亚和我在一起，担任军法官；他在各方面表现出很高的才能，使我感到他在帮助我，而不是我在帮助他。

还有——这对你更有影响——他不是我们最喜爱的事业的敌人。这就是我要你尽可能大方地欢迎他，做你能做的一切，确保他承担的使命获得最大可能的成功，而他宁可损害自己的利益，也要尊重我的权威。获得最大可能的信任是他的愿望——这是一切好人的天性——不仅为我，我迫使他这样做，而且也为了这个自治镇；要是由于我的这一推荐，他能获得你的热情支持，那么他会取得成功。

[13]

西塞罗致马·布鲁图，公元前46年，于罗马。

卢·卡斯特利纽·派图斯是迄今为止鲁卡自治镇最重要的成员，他是高尚的、优秀的、最乐意助人的，是一个完全的好人，不仅拥有各种美德，而且非常幸运，要是这也和事情有关的话。此外，他和我非常熟悉，在我这个等级的成员里，没有谁是他没有加以特别关照的。因此我向你赞扬他，既作为我的朋友，又配得上你的友谊；无论你尽义务为他做些什么，都肯定能给你自己带来快乐，在任何情况下也是对我的帮助。

[14]

西塞罗致马·布鲁图，公元前46年，于罗马。

我和一位非常高尚和优秀的罗马骑士卢·提提乌斯·斯特拉波的关系非常亲密。我们之间的关系之亲密难以言表。在你的行省里，有位普·高奈留欠他一笔钱。执法官伏凯提乌[1]把案子发往高卢审判。

我请求你过问此案，我的请求比请你处理我本人的案子还要诚挚，为朋友的钱财出力比为自己的钱财出力更光荣，请你务必彻查此事。承担此案，处理它，尽力做你认为正确和适当的事，确保被派去办理此案的斯特拉波的自由民能够在最有利的情况下了结此案，追回那笔欠款。你这样做不仅会给我带来最大的快乐，而且你本人也会发现卢·提提乌斯完全配得上你的友谊。你会对这件事感兴趣的，就好像你只要知道这是我的希望，就会去做一切，我再三诚挚地请求你。

[15]

西塞罗致胜利者盖·朱利乌斯·凯撒，公元前45年3月末，于阿图拉。

我要特别向你赞扬普赖西留，他是一位与你关系十分亲密的杰出人士之子，这位杰出人士也是我的亲密朋友。我十分惊讶地发现这位年轻人品行端正，温文尔雅，对我非常亲近；实际经验告诉我并让我信服，他的父亲一直是我忠诚的朋友。啊，他比其他任何人更加严厉地嘲笑和责备我的人，因为我没有投靠你，尤其是当你对我发出最恭敬的邀请时，“但他的话始终改变不了我胸中的心意”[2]。因为我听到我们的族长在大声叫喊：“你要大胆无畏，赢得后代的称誉。”[3]“他们这样说，但乌黑的愁云笼罩了我。”[4]

但这些人仍旧安慰我，甚至到现在，他们还在把一个已经被无用的野心的烈焰烤焦了的可怜的家伙放在火上烤；这就是他们要说的话：“我不能束

---

① 卢·伏凯提乌·图鲁斯（L. Volcatius Tullus），于公元前33年担任执政官。这一年他在罗马担任执法官。

② 荷马:《奥德赛》第7卷，第258行。

③ 荷马:《奥德赛》第1卷，第302行。

④ 荷马:《奥德赛》第24卷，第315行。族长们对西塞罗大声叫喊要勇敢，但西塞罗对手的黑云笼罩了他。西塞罗对曾经反对过凯撒感到悔恨。

手待毙，暗无光彩地死去，我还要大杀一场，给后代留下英名。”① 但是，你瞧，这些话对我没有什么影响；所以我本人从荷马的夸张掉转头来，回到欧里庇得斯的实际告诫，“我讨厌贤人，对于他自己的目的来说根本就无所谓贤人”②，这是老普赖西留大加赞扬的一句话，他声称一个人也许能“同时向前看和向后看”，但无论如何“要证明自己是最优秀的，无与伦比的”③。

回到我一开始说的话，如果你把你非凡的谦恭扩展到这个年轻人身上，并且在我的推荐之上添加一些我想你会为了普赖西留家的人本身的缘故所做的事，那么你就帮了我的大忙了。

我在给你写信时用了一种新的风格，让你明白推荐信没有固定不变的模式。

[16]

西塞罗致朱利乌斯·凯撒，公元前45年初，于罗马。

在我们所有贵族青年中，我最尊重普·克拉苏④；从他早年开始，我就对他抱有很大的希望，而当我开始知道你对他的高度评价以后，我心中留下了他的相当崇高的形象。当克拉苏还活着的时候，我曾经非常尊重和敬佩他的自由民阿波罗尼乌斯；因为他对克拉苏非常忠诚，全身心地投入克拉苏的最高事业，因此得到了克拉苏的钟爱。

克拉苏死后，他给我留下的印象是更加值得信任和交往，因为他认为自己必须尊重和关注那些克拉苏喜欢和热爱的人。所以，他在西里西亚参加了我的队伍，用他的忠诚和明智在许多方面为我做出了重要贡献，我想，只要他的热情和信心允许，他在亚历山大里亚战争中也从来没有辜负过你的

---

① 荷马：《伊利亚特》第22卷，第304—305行。

② 欧里庇得斯：《残篇》第905节。

③ 荷马：《伊利亚特》第6卷，第208行。

④ 三巨头之一的克拉苏的儿子。当时作为凯撒的副将在高卢。

希望。

由于他希望你也这样想，所以他出发去西班牙参加你的队伍，他这样做，真的主要是出于你的建议，但部分也是在以我为榜样。然而，我并没有许诺为他写一封推荐信——不是我认为我的推荐信对你没有作用，而是在我看来他根本就不需要推荐，因为他在这场战争中与你在一起，（由于你绝不可能忘记克拉苏）是你的亲密朋友之一；此外，要是他想要一封推荐信，我知道他也可以从其他一些人那里得到他想要的东西。我的信只是一个见证，表明我对他的看法，他本人非常看重这封信，而我凭经验知道它对你会有影响，我很高兴地把信给了他。

我发现他知识渊博，从童年起就献身于最需要理智的事业。他从童年起就跟随斯多亚学派的狄奥多图造访我家，依照我的判断，狄奥多图是世上最博学的人。然而，当前，被敬佩你的事业的热情所点燃，他想把你的功绩用希腊文记录下来。我认为他能做这项工作，他能力很强，经验丰富，以前从事过文字工作，他心中想要公正地赋予你不朽的功绩以荣耀的渴望是相当惊人的。

这就是我对他的成熟看法；但依据你出众的洞察力，你本人可以更加轻易地做出自己的决定。而我在这里毕竟是在做我说我不需要做的事情——把他推荐给你！

无论你如何帮助他，都会引起我本人对你的非同寻常的感恩。

[17]

西塞罗致塞维乌斯·苏皮西乌·鲁富斯[①]，公元前46年，于罗马。

我有许多很好的理由尊敬玛尼乌斯·库里乌斯[②]，他在帕特莱做钱庄生

① 塞维乌斯·苏皮西乌·鲁富斯（Servius Sulpicius Rufus），著名的法理学家，西塞罗的朋友，此时被凯撒任命为亚该亚总督。

② 参见第七卷，第28、29封信。

意。我们之间有持久的友谊，从他首次进入讲坛就开始了，不仅从前在帕特莱有几次这样的机会，而且后来，在这场最令人悲伤的战争中，他的家始终毫无保留地对我开放；只要有需要，我就可以把它当做自己的家来使用。然而，我几乎可以把那条把我们联系在一起的最强大的纽带称为更加神圣的——他实际上是我亲爱的朋友阿提库斯的最亲密的朋友，他尊敬阿提库斯，超过世上其他任何人。

如果你和他也熟悉，那么我想我的推荐太迟了；因为凭他的礼貌和文明，我想他已经为自己做了推荐。但即便如此，我仍旧诚挚地请求你，无论你在收到这封信之前已经对他表现出何种善意，我的推荐，你现在已经收到了，能够尽可能地进一步增加你的善意。

然而，要是他的害羞阻止他与你接近，或者说你对他还不够熟悉，或者说有什么原因他还需要更加强有力的推荐，那么好，我在这里以我对其他任何人都不可能有的更高的热情，或者都不可能有的更加健全的理由，把他推荐给你；我会自觉地、毫无私心地向你推荐，也就是说，我向你发誓，或向你庄严地许诺，这就是玛·库里乌斯的品性，他的正直加仁慈，如果你熟悉他，你肯定会认为他配得上你的友谊，也配得上我这封精心撰写的推荐信。如果我能知道这封信对你起到了我在写信时确信能起的那种作用，那么无论怎么说，你极大地帮助了我。

[18]

西塞罗致塞维乌斯·苏皮西乌，公元前46年，于罗马。

我决不会承认你写给我们的朋友阿提库斯的那封迷人而又有礼貌的信给他带来的快乐超过给我带来的快乐，我看到他欣喜若狂。尽管它给我们带来的快乐在我们之间平等地分配，但我感受到更大的尊敬，因为你也许是接到了某人的请求，或者有人建议你这样做，要你同时也用美好的词句给阿提库斯回信（当然，我从来不怀疑这就是实际情况），通过书信献上你的大量善意。在这种情况下，不仅是我本人必须避免要求你更加真诚地给我们写信，因为我也与此有关（因为任何事情都如你充分兑现自己的诺言），而且我甚至要避免对你所做的事情的感谢，无论你是为了阿提库斯自身的利益还是出于你的自愿。

然而我要说，我要向你已经做了的事情表示感谢。因为，你对这样一个值得我深爱的人的看法只能给我带来最大的快乐；既然如此，我只能表示感恩。但不管怎么说，由于我们之间的关系如此亲密，我甚至享有在信中说蠢话的特权，所以我会做两件我自己声称一定不能做的事情。首先，鉴于我们之间的相互的感情，为了阿提库斯的缘故，我想要你做你已经做了的事情；其次，尽管刚才我还在担心要不要感谢你，但我现在要用非常地道的话来向你表示感谢，让你留下深刻印象——无论你以什么名义让阿提库斯在伊庇鲁斯和其他地方履行他的义务，我都将为此而对你感激不尽。

[19]

西塞罗致塞维乌斯·苏皮西乌，公元前46年，于罗马。

我和帕特莱的吕索之间长期存在着一种主人和客人的关系，我想这种关系应当加以精心培育。我当然也和其他一些人有这样的关系，但在这种类型的朋友中，从来没有谁能像他一样和我如此亲密；我们之间的来往在不断增加，不仅因为他提供了许多服务，而且因为我们通过日常交往已经成了世上最亲密的人。他在罗马待过一年，就住在我家；尽管我们抱有很大的希望，认为看到我的推荐信，你会最勤勉地做你做过的事情——我指的是保护他的财产——因为我们看到有一个人[①]掌握了全部权力，而吕索站在我们这一边，属于我们这个年纪的人，我们每天都在担心会发生某些事情。然而，由于他自身的特点，以及他对我和他的其他那种类型的朋友的衷心支持，我们

---

① 指凯撒。

已经无法从凯撒那里获得我们想要的一切，这一点你确实可以从凯撒给你的信中推论出来。

在这封信中，我不仅不想减弱我推荐的力量，就像我现在已经得到我想要的一切，而且我要更加诚挚地请你相信吕索，把他当做你的亲密朋友。当他还比较幸运的时候，我要是以你为借口，担心会发生某些严重的事情，甚至连你也不能批准他的要求，那么我会感到有点胆怯；但是现在他的公民权已经得到确认，所以我请求你真诚地关注此事，满足我的所有请求。为了避免一一列举他们，我向你赞扬他的整个家族，包括他的小儿子、我的当事人盖·曼尼乌斯·格麦鲁斯，在被流放的黑暗日子里他成了帕特莱公民，按照那个镇上的法律被收养；我请求你保留他继承遗产的权利。

要点是你应当把吕索当做最亲密的朋友，我非常喜欢这个最优秀的、最感恩的人。如果你这样做了，我不怀疑你也会把他推荐给别人，在你这样做了以后，你会产生像我一样的看法并对他产生善意。但我同时又非常担心，如果你在某些具体方面不能为他出力，他会怀疑我给你写的信不够热情，而不会怀疑你已经忘了我。因为他一定能够发现你对我有多么尊重，不仅从我们的日常谈话中，而且从你的来信中。

[20]

西塞罗致塞维乌斯·苏皮西乌，公元前46年，于罗马。

我和帕特莱的一位医生阿克莱波非常熟悉，不仅和他谈话是我的一种快乐，而且他的技术也已经在他为我的家人看病时得到检验；在这种时候，他的医学知识，以及他的可靠与善意，使我非常满意。因此我把他推荐给你，请你做能做的事情，使他相信我已经专门写信向你推荐他，我的推荐对他有重要作用。这对我来说，会使我非常高兴。

[21]

西塞罗致塞维乌斯·苏皮西乌，公元前46年，于罗马。

马·艾米留斯·阿维安纽斯从早年起就一直对我非常尊敬。在履行各种值得敬重的义务时，他是一个好人，同时又非常有礼貌。如果我以为他在昔居翁①，不知道他仍旧待在西比腊②，我是在那里离开他的，那么我就没有必要写信给你详细地提到他。因为我确信，凭着他自己的品性和文化修养，不需要任何人的推荐，他也能成功地获得你的尊重，你对他的尊重绝不会亚于我以及他的其他所有亲密朋友。

但是，由于确信他已经走了，所以我异乎寻常急迫地向你赞扬他的家庭和他的私人财产（他们住在昔居翁），尤其是他的自由民盖乌斯·阿维安纽斯·哈谟纽斯，我曾经依据他自己的情况向你赞扬过这位哈谟纽斯。因为，他不仅凭着他惊人的义务感以及对主人的忠诚赢得我的赞赏，而且也在我最倒霉的日子里对我履行了重大义务，忠诚而又热情地和我站在一起。因此我请求你，不仅要支持这位哈谟纽斯的主人的事务，也要把他当做我推荐给你的这个人的代理人，而且还要关注他自己的情况，把他当做你的朋友。你会发现他是一个非常谦虚的人，非常有义务感，值得你尊重。

[22]

西塞罗致塞维乌斯·苏皮西乌，公元前46年，于罗马。

提·曼留斯在塞司庇埃有钱庄生意，我非常喜欢他；他一直很有修养地与我交往，表现出优秀的品质；在追求学问方面他不是我们的敌人。我还应

---

① 昔居翁（Sicyon），希腊伯罗奔尼撒半岛东北部的一个城市。

② 西比腊（Cibyra），位于伯罗奔尼撒的东北部。

当添上，瓦罗·穆瑞纳[①] 衷心希望他在各方面都很好；瓦罗，尽管在写信向你赞扬曼留斯的时候非常自信，但不管怎么说我的推荐能起一些作用；不仅因为我和曼留斯的亲密关系，而且因为我替瓦罗担忧，促使我极为急迫地给你写信。

如果你给我的推荐添加某种重要性，换言之，如果你能以你的崇高地位一如既往地在你能做到的任何方面尽力促进提·曼留斯的利益和荣誉，那么你就帮了我的大忙；还有，按照这个人自身的感恩和有礼貌的品性来判断，我向你保证，你能从他那里得到报答，就像你可以对那些有美德的人抱有的期待一样。

[23]

西塞罗致塞维乌斯·苏皮西乌，公元前46年，于罗马。

卢·考西纽斯是你的朋友和部落同胞，我和他的关系非常亲密；不仅是我们之间早就已经非常熟悉，而且我们的朋友阿提库斯极大地增强了我们之间的联系。因此，考西纽斯的整个家庭都喜欢我，尤其是他的自由民卢·考西纽斯·安基亚鲁，他的庇护人和他的庇护人的朋友对他评价很高，我是其中之一。我要热情地向你赞扬他，就好像他是我自己的自由民，他和我的关系就像他和他的庇护人一样，我无法更加热情地这样做了。因此，如果你能把他当做你的朋友，如果他需要你的友谊，在不给你带来麻烦的前提下尽力帮助他，那么你帮了我的大忙。这样做既能使我感到满意，也能给你自己带来快乐；因为你会发现他是一个非常正直的人，也是最有礼貌、最值得尊敬的。

---

① 全名奥·特伦提乌斯·瓦罗·穆瑞纳（A.Terentius Varro Murena），卢·李锡尼（L. Licinius）之子，被奥·特伦提乌斯·瓦罗（A. Terentius Varro）收养。政治上属于庞培派，但被凯撒宽恕。公元前22年谋反，被奥古斯都处死。

[24]

西塞罗致塞维乌斯·苏皮西乌，公元前46年，于罗马。

我从我的一项仁慈行为中获得的快乐被剥夺了，我记得我非常热情地向你推荐过我的房东、客人、亲密朋友吕索，但我从他的来信中推测他受到你的不正确的怀疑，而我极为高兴的是，我的推荐已经被热情地记了下来。他在信中告诉我，我的推荐是对他的最大帮助，因为（如他所说）有人向你报告说他在罗马习惯于对你的崇高地位发表偏见。

他写到，由于你的天性和仁慈，他在你眼中已经洗刷了自己，首先，我要向你表达我的感谢，我的信起了这样的作用，说服你放弃因怀疑吕索而产生的遭受冒犯的感觉；其次，我要你相信我，我郑重申明我写信与其说是为了吕索，倒不如说代表了其他每一个人——没有哪个活着的人在提到你的名字时是不吹捧你的。至于吕索，当他和我在一起的时候，他曾经当着我的面赞扬你的言行——不仅因为我听到这样的话感到快乐，而且因为他这样说是更大的快乐。

由于这个原因，尽管他受到你这样的对待，但他不希望我再次为他做任何推荐，想象我的一封信就能使他得到他想要的一切，然而我以异乎寻常的急迫请求你仁慈而又慷慨地表现出对他的赞赏。要是我现在不能使你信服，要是他凭借自身还不足以使你非常了解他，那么我会写信告诉你他是一个什么样的人，就像我在前一封信中所说。

[25]

西塞罗致塞维乌斯·苏皮西乌，公元前46年，于罗马。

我在担任执政官期间授予拉利萨的赫吉萨瑞图[①]以荣耀，他证明了自己

---

① 赫吉萨瑞图（Hegesaretus），可能是在帖撒利的庞培派的首领。

既不是健忘的，又不是不感恩的，他后来对我非常关心。我强烈地把他推荐给你，他是我的客人和朋友，和我非常熟悉，具有感恩的品格，是他的国家里的主要人物，配得上和你做朋友。如果你让他知道我的这封推荐信对你有重要影响，那么你给了我很大的帮助。

[26]

西塞罗致塞维乌斯·苏皮西乌，公元前46年，于罗马。

我和卢·美西纽斯[1]关系亲密，原因在于他是我的财务官。但我始终拥有这种亲密关系的原因，除了祖先的传统外，还可进一步用他自身的功绩和礼貌来说明。因此，没有人和我的关系能更加亲密，或者使我更加快乐。现在，尽管他相信你会为了他自身的缘故，自觉自愿地做你能为他做的事情，但他希望我能写一封对你产生很大影响的信。这不仅是因为他本人是这样想的，而且他还经常听我说（这就是我们之间亲密的谈话）我和你的关系有多么令人愉快、多么亲密。

因此我十分急迫地恳求你，请你相信我，对这样一位与我有着亲密关系的人，请你为他处理在阿该亚的事务提供方便(他是埃利斯的一位钱庄老板、他的堂兄马·敏狄乌斯的财产继承人)，不仅借助你的合法权利，而且借助你的影响和建议。我对那些受我委托处理事务的人的指示如下："遇上任何有争议的事情，应当请你仲裁（在不会给你带来麻烦的情况下），一劳永逸地解决问题。"我再次请求你为了我的荣誉而这样做。

如果你认为这样做与你的地位相符，那么这也是你给我提供的另一项巨大帮助——如果有什么人非常固执，难以协调，乃至于不经审判就不能解决问题，那么你应当将案子送交罗马，因为案中牵涉到一位元老院议员。[2]

---

① 全名卢·美西纽斯·鲁富斯（L. Mescinius Rufus），西塞罗在西里西亚的财务官之一。

② 如果一位罗马公民，尤其是一位元老院议员提出诉讼，行省总督会命令被告人或被告人的代理人到罗马出庭，这样就会牵涉许多开支，在这种情况下行省里的人宁可妥协。

为了使你能这样做而较少犹豫，我手头有一份执政官马·雷必达① 给你的公报，不是给你下命令（我认为这样做与你的地位不符），而是以某种方式表达我的可以称做推荐的意思。

要是我不能肯定你明白这一点，要是我的要求确实是自私的，那么我还要告诉你，如果你帮助了美西纽斯，这将是一项完美的投资；我会让你相信，我担心他的利益并不亚于他自己。当我希望他凭自身不难得到你的帮助时，我也急于给他这样的印象，我的推荐并非他获得成功的最不可否认的因素。

[27]

西塞罗致塞维乌斯·苏皮西乌，公元前46年，于罗马。

我以完全相同的术语再三给你写这种信是情有可原的，我要感谢你认真考虑我的推荐；我写了许多推荐信，我预见到自己还会这样做，甚至更加频繁；但我在信中尽力想要达到的目的无非就是你的律师通常按照你的公式所做的事，这就是“以不同的方式处理同样的案子”。

盖·阿维安纽斯，我指的是哈谟纽斯，以他自己的名义，以及以他的庇护人艾米留斯·阿维安纽斯的名义，在一封信中向我表达了极为感人的感恩之情，他说既不是在现场的他，也不是外出了的他的庇护人，能够更加仁慈或完善地处理这件事。这使我很高兴，我向你推荐的这些人都与我关系密切，但在这些人中间，只有马·艾米留斯是我最亲密的朋友，他对我极为仁慈，也许是他们中间最感恩的，我想，这是因为他对我有亏欠；然而使我更加感到快乐的是，由你来为我的朋友提供帮助，而不是由我本人来这样做，要是我在场，我认为要是由我来为他们的利益说话会比由你来以我的名义为他们的利益说话引起更大的怀疑。

---

① 雷必达和凯撒于公元前46年担任执政官。

然而我从不怀疑你相信我是感恩的；我请求你尊敬他们，他们也不是不感恩的；这就是我向你许诺和保证的案子。因此我请你尽力而为，只要你方便，当你是阿该亚行省总督的时候，让他们能够处理完手头的事务。

我和你的儿子塞维乌斯在一起生活得非常愉快，他的能力和卓越地运用这种能力，更不要说他的杰出品性和正直，都是我巨大快乐的源泉。

[28a]

西塞罗致塞维乌斯·苏皮西乌，公元前46年，于罗马。

如果我的朋友有什么要求，尽管由我来向你提出总是我的快乐，但是当你按照我的推荐一直在做某些事情的时候，那么向你表示感谢是一种更大的快乐。你无法相信他们所有人向我表示感谢时有多么真诚，是的，哪怕是那些我只为他们做了非常有节制的推荐的人；这让我对每一个案子都感到满意，但我最满意的是卢·美西纽斯的案子；这是他在谈话时告诉我的——你一读到我的信，就答应了他的代理人的全部要求，而你实际做的事情在数量和重要性上还要远远超过你的言辞。因此我要你相信（我想我必须再三说），你所做的事情令我非常满意。

我发自内心地对所有这一切感到高兴，因为我预见到你会从美西纽斯本人那里得到大量的快乐；在他身上你会发现美德和正直，他非常愿意为你服务，非常尊敬你，与此同时他献身于我先前当做娱乐、现在则已经是我的生命的那些学问。我甚至想要你今后进一步以各种恰当的方式增加对他的帮助。我确实要专门向你提出两项要求：第一，如果必须提供什么东西抵押，“以防将来有人认领”，那么你可以看到我会对这种抵押负责；第二，由于他继承的遗产实际上是敏狄乌斯之妻奥庇娅被骗走的土地，所以你要帮助她，采取措施保证这位妇人安全地回到罗马。在我看来，她一旦明白这些情况，事情就能解决；这就是我急迫地再三请求你帮助我们达到的目标。

就我上面所写的事情我向你保证，你已经为美西纽斯做的事情和将要为他做的事情都是有益的投资，它会推动你独立地相信你提供的帮助被一个非常感恩、非常有魅力的人接受。我还要说，很自然，你为他做的事也就是为我做的事。

[28b]

西塞罗致塞维乌斯·苏皮西乌，公元前46年，于罗马。

我认为这些拉栖代蒙人不会怀疑凭着自己和他们祖先的高度信誉，他们自己已经被充分推荐给忠诚而又有义务感的你，我本人也不怀疑你对这些民族的权利和功劳非常熟悉，因为我非常了解你。所以，当拉栖代蒙人腓力普斯要我向你推荐这个国家时，尽管我记得我对这个国家负有各种义务，然而我仍旧回答说，对你来说，拉栖代蒙人根本不需要任何推荐。

因此我要你相信，我想到阿该亚的所有国家由于时局的动荡非常幸运地有你担任他们的总督，还有，我本人确信，由于你比世上任何还活着的人都要更加熟悉历史，不仅是我们自己的历史，而且是整个希腊的历史，所以要不要选择拉栖代蒙人做朋友，现在是，将来也是你自己的选择。由于这个原因，如果你乐意，当你按照你的良心、尊严、正义感的要求为拉栖代蒙人做事的时候，我只是请求你让他们留下这样的印象，你想做的事情也一定会让我本人满意，而绝不会有什么不一致的地方。确实，我的义务感告诉我，他们相信我会考虑他们的利益。我急切地再三请求你这样做。

[29]

西塞罗致卢·穆纳提乌·普兰库斯①，公元前46年初，于罗马。

我不怀疑你明白，在你父亲留给你的亲密朋友中，我和你是最亲近的，

① 卢·穆纳提乌·普兰库斯（L. Munatius Plancus），此时在阿非利加为凯撒服务。

不仅有明显的理由使我们显得亲近，而且由于在家庭关系和交往中建立起来的友谊；你明白我和你父亲的谈话完全一致，十分亲密。这就是我对你的热爱的起源，它已经增强了这种继承下来的关系，我更明白一到能形成判断的年纪，你知道要保持和熟人的各种联系，我就开始成为你尊敬、敬佩、热爱的专门目标。此外还要提到的联系（并非微不足道）有我们共同的事业，这种联系不仅本身就具有分量，而且这样的事业和成就会使拥有相同嗜好的人成为亲密的朋友。

我确定，你一定会好奇地想要知道，我的开场白为什么扯得那么远。好吧，我马上向你保证，我并非进入这种事实的回顾而无良好、充分的理由。我和盖·阿泰乌斯·卡皮托[①]的关系非常亲密。你熟悉我的命运兴衰。在我生涯的每一阶段，无论是一帆风顺，还是艰难困苦，盖·卡皮托总是用他的勇敢、能力、影响、名望，甚至用他的钱包来帮助我，服从我命运中的每一场危机的召唤。

他有个亲戚提·安提司提乌；当这个人凭运气以财务官的身份掌管马其顿，然而尚未成功时，庞培率军到达那个行省。安提司提乌什么也不能做。要是他能做些什么，那么没有比回到卡皮托那里去对他更加有益，他像热爱父亲一样热爱卡皮托，尤其是他知道卡皮托一直并始终受到凯撒的高度尊敬。但是令人惊讶的是，他不得不参与这样无法躲避的事情。

当银锭在阿波罗尼亚打印记的时候，我不能说他在主持这件事，我也不否认他在现场，但可能只有两三个月。后来，他就离开军营，摆脱了所有事务。我想要你把我的话当做一个见证，由于看到我在那场战争中有多么沮丧，他曾经把一切都对我说。所以他把自己隐藏在马其顿的中心地带，尽可能远离军营，不仅避免在任何行动中起带头作用，而且避免参与一切行动。那场战役[②]以后，他到庇提尼亚隐居，和他的一位亲密朋友奥·普劳提

① 盖·阿泰乌斯·卡皮托（C. Ateius Capito），三巨头的坚定反对者，当凯撒启程去叙利亚时，曾公布恶兆。

② 指公元前 48 年的法塞利亚（Pharsalia）战役。

乌在一起。看到他在那里的时候，凯撒没有说任何严厉的话，只是命令他回罗马。在那之后，安提司提乌得了重病，再也没能康复。他到达考居拉的时候已经奄奄一息，最后死在那里。根据他在保卢斯和马凯鲁斯担任执政官期间[①]在罗马立下的遗嘱，卡皮托成了他的六分之五财产的继承人；其他那些前来继承剩下五分之一财产的人是一些可以没收他们的财产而不会引来任何抱怨的人；整个遗产共计 3,000,000 个罗马小银币。但这要由凯撒来处理。

亲爱的普兰库斯，以我们继承下来的联系、我们相互热爱的感情、我们共同的事业、我们生命过程中具有的相似性的名义，我现在请求你（我无法更加关切、更加急迫地提出这种要求了），把这件事当做我的事，尽一切努力，通过我的推荐，用你自己的勤勉和凯撒的仁慈，让卡皮托能够认领他亲戚的遗产。如果说我这样做是在强迫你，那么我认为你未经请求就已经为我提供了所有我有可能强迫你给予我的帮助，我这样做只是在你名声和权力达到顶峰的时候寻求你的帮助。

我希望这一事实对你会有帮助——这是凯撒本人最能做出判断的事实——凯撒始终尊敬卡皮托。凯撒本人能够证明这一事实，我知道他的记忆力很好。因此我对你没有任何指示；但是你在代表卡皮托去和凯撒谈话时必须限制自己，你所说的话必须在凯撒本人记忆的范围之内。

对我来说，我只是把我用个人经验能够证明的东西摆在你面前；你自己就能看出它的意义。在政治上我始终捍卫哪一方，我在捍卫什么事业，什么样的人和国家的什么样的命令使我能够坚持我的立场，依靠谁我得到保护——所有这些你都非常明白。现在我要你记住我的话——如果在这场战争中我做了什么事，哪怕是最轻微地冒犯了凯撒（我明白凯撒本人知道我在做这样的事情时有多么犹豫），那么我是在最紧急的场合下在别人的建议下这样做的；但是我比站在这一边的其他任何人都更有节制，在卡皮托这件事情上我就是这样；要是其他人也和我有着像他一样的亲密联系，我这样做也许

① 公元前 50 年。

会在一定范围内有益于国家，当然也会极大地有利于我自己。

如果你成功地做到了我要求你做的事，我亲爱的普兰库斯，你会确认我对你的仁慈感情的预见，这种仁慈也关系到卡皮托，他在你用自己的良好服务所结下的朋友中是最感恩、最有义务感、最优秀的。

[30]

西塞罗致总督玛尼乌斯·阿基留斯·格拉里奥[①]，公元前45年，于罗马。

有某位卢·曼留斯·索西斯先前是卡提那的公民，但他与其他尼亚玻里人一道成了罗马公民，他是拿波勒斯元老院的议员，在把公民权授予同盟者和拉丁人之前，[②]他就已经在这个自治市登记。这个人的兄弟后来死在卡提那。我认为他不会发现那笔遗产会有什么争执，他现在充分掌握着他的财产。但由于在西西里他还有其他长期关注的生意，所以我请你注意他继承下来的他兄弟的遗产以及他的所有利益，尤其是这个人本身，他是一名优秀的人，是我最亲密的朋友，他在学问方面的追求也给我带来最大的快乐。

所以我请求你承认，无论是否已经抵达西西里，他都是我最亲密的朋友，请你给他一个理由，让他相信我的推荐是对他的实际帮助。

[31]

西塞罗致总督玛尼乌斯·阿基留斯·格拉里奥，公元前45年，于罗马。

我和一位高尚而又杰出的罗马骑士盖·弗拉维乌非常熟悉；因为他是我女婿盖·庇索的一位亲密朋友，他本人和他的兄弟卢·弗拉维乌对我都非常尊敬。由于这个原因，我想要你，作为对我本人的一项馈赠，以最值得赞扬

① 玛尼乌斯·阿基留斯·格拉里奥（Manius Acilius Glabrio），凯撒的副将，公元前48年和前45年期间，曾任西西里地方总督。

② 凯撒于公元前90年授予同盟者和拉丁人罗马公民权。

和最大可能的慷慨对待盖・弗拉维乌，在无论任何方面，只要不损害你的荣誉和地位。这样做会给我带来最大的快乐，超过你可能做的任何事情所能带来的快乐。

但我要进一步向你保证（我这样做不是出于利益方面的动机，而是由于我们的亲密关系和友谊，甚至是为了真理），盖・弗拉维乌乐意助人和值得尊敬的态度，还有他在自己的朋友中的品性和名望，都会成为你巨大快乐的源泉。

[32]

西塞罗致总督玛尼乌斯・阿基留斯・格拉里奥，公元前 45 年，于罗马。

在哈勒萨[①] 的公民社团中——这是一个高度文明的、卓越的社团——我与两位克劳狄有亲密的联系，马・阿卡伽苏和盖・斐洛。但我担心，由于我非常具体地向你推荐了许多人，我可能会被怀疑为了获得名望，所有推荐都同样强烈——尽管如你所知，我和我的所有朋友对你做的事情都非常满意。

但我确实要让你相信，这个家族及其成员与我关系密切，有着长久的友谊，我们相互帮助，互相抱有善意。由于这个原因，我异乎寻常地、急切地请求你以各种可能的方式做你能为他们做的事，只要你的荣誉和地位允许。如果你这样做了，我会极为高兴。

[33]

西塞罗致总督玛尼乌斯・阿基留斯・格拉里奥，公元前 45 年，于罗马。

我和格・奥塔基留・那索非常熟悉——确实，就像和这个等级[②] 的其他任何成员一样。在我们的日常谈话中，我对他的和蔼与正直感到非常高兴。

---

① 哈勒萨（Halesa），西西里北海岸中部的城镇。

② 指骑士等级。

所以现在你不需要等待我会用什么样的言语向你赞扬一个我刚才提到的和我关系如此亲密的人。他在你的行省里有某些事务，是由他的自由民希拉鲁斯、安提戈努、德谟特拉图照看的；我向你赞扬他们，以及那索的所有事务，就好像这些事务都是我的事。如果我有理由认为我的推荐对你有重大影响，那么你会让我得到极大的快乐。

[34]

西塞罗致总督玛尼乌斯·阿基留斯·格拉里奥，公元前 45 年，于罗马。

我和利里拜乌的吕索关系非常亲密，这种关系可以追溯到他的祖父；他非常关心我，我确实发现他配得上他的父亲和他的祖父；因为他出身于一个非常高贵的家庭。这就是我要向你赞扬他的原因，我也要异乎寻常、急切地赞扬他的家人，我请求你给他一个理由，让他知道我的推荐是对他的巨大帮助和赞赏。

[35]

西塞罗致总督玛尼乌斯·阿基留斯·格拉里奥，公元前 45 年，于罗马。

盖·阿维安纽斯·斐洛森努是我的一名老友和客人，除了我们之间的这种关系，他和我非常亲密；凯撒把他登记为新科摩① 的公民，对我是一种帮助。然而，他采用了阿维安纽斯这个名字，因为他与福拉库斯·阿维安纽斯关系最密切，无人能比，我相信你知道福拉库斯是我的一位非常亲密的朋友。我把这些细节都放在一起，让你相信我的推荐是非同寻常的。

因此我请求你在各方面做你能为他做的事，只要对你本人没有什么不便，把他当做你的朋友之一，使他确信我的这封推荐信起了作用，是对他的

① 新科摩（Novum Comum），凯撒新建的殖民地。

实际帮助。你这样做会给我带来异乎寻常的快乐。

[36]

西塞罗致总督玛尼乌斯·阿基留斯·格拉里奥，公元前45年，于罗马。

我和德美特利·梅伽斯有长久的联系，我和他的亲密关系超过其他任何西西里人。为了他，多拉贝拉在我的请求下从凯撒那里为他取得公民权，我本人也和这一行动有关。所以他现在的名字是普·高奈留。由于某些名誉不好的人曾经辜负凯撒的青睐，因此凯撒下令摧毁那块上面刻着拥有公民权的人的名字的铜牌，我听凯撒向这位多拉贝拉保证，说他没有理由为梅伽斯担忧，还说梅伽斯并没有辜负他的青睐。

我焦虑的是你应当知道这一点，所以你可以把他算做一位罗马公民，我在其他所有方面向你赞扬他，我的急迫超过我以往对任何人的赞扬。如果你这样对待他，让他感到我的推荐已经给予他良好的声望，那么你会给我极大的快乐。

[37]

西塞罗致总督玛尼乌斯·阿基留斯·格拉里奥，公元前45年，于罗马。

我异乎寻常地向你热烈赞扬斐洛森努之子、卡拉特[①]的希庇亚，他与我长期交往，有着十分亲密的关系。有人向我报告，由于一笔他不需要负责任的债务，他的财产被国家占有，这样做违反卡拉特的法律。如果情况是这样的话，那么即使没有我的任何推荐，事情本身也一定会感动你这样有正义感的人，给他帮助。但无论如何，我请求你为了我的信誉帮助他走出困境，在这件事情以及在其他各个方面为他尽义务，只要与你的荣誉和地位相符。你

① 卡拉特（Calacte），位于西西里北部海岸的城镇。

的帮助会给我带来极大的快乐。

[38]

西塞罗致总督玛尼乌斯·阿基留斯·格拉里奥，公元前45年，于罗马。

卢·布鲁提乌是一位罗马骑士，是一位各方面都很优秀的年轻人，是我最亲密的朋友，他与我来往时彬彬有礼；在西西里担任财务官的时候我就是他父亲的老朋友。布鲁提乌本人确实在罗马，和我在一起，但无论如何我要极为热情地向你赞扬他、他的房子、他的地产、他的代理人。如果你能让布鲁提乌确信我的这封推荐信是对他的实际帮助（为此我已经向他做了保证），那么我会极为快乐。

[39]

西塞罗致总督玛尼乌斯·阿基留斯·格拉里奥，公元前45年，于罗马。

我和提图纽斯家族有长久的亲密联系，这个家族唯一的幸存者是卢·提图纽斯·鲁富斯，我有义务以我能够做到的勤勉有礼貌地帮助他。而你有权力让他相信，向我寻求保护是恰当的。由于这个原因，我极为热情地把他推荐给你，请求你让他相信我的推荐是对他的实际帮助。你这样做会给我带来不小的快乐。

[40]

西塞罗致总督昆·安卡里乌[1]，公元前55年，于罗马。

---

① 指昆图斯·安卡里乌（Quintus Ancharius），于公元前59年担任保民官，反对凯撒，于公元前56年担任执法官，公元前55年担任马其顿总督。

我异乎寻常地向你热烈推荐卢西乌斯的两个儿子，卢西乌斯·奥勒留和盖乌斯·奥勒留，我和他们，就像和他们优秀的父亲一样，关系十分亲密；他们是十分优秀的年轻人，在各方面都很有造诣，与我本人来往频繁，在各方面都适合与你交友。如果我的任何推荐对你有影响——据我所知，我有许多推荐起了重要作用——那么我请求你让这种情况发生。如果你体面而又慷慨地对待他们，那么你不仅会拥有两名非常感恩的年轻人，而且也会给我最大的快乐。

[41]

西塞罗致总督卢·库莱奥鲁，公元前59年，于罗马。

关于你为卢·卢凯乌斯做的事情，我希望你清楚地明白你是在为这些最感恩的人尽义务；当你所做的一切给了卢凯乌斯本人巨大的快乐时，你也给了庞培巨大的快乐，无论什么时候见到我（我们经常见面），他都会格外热情地向你表示感谢。我还要说——我完全确定你听到它会感到高兴——你对卢凯乌斯的慷慨也是给我的巨大快乐。

至于剩下的事情，尽管我不怀疑你会保持同样的慷慨，就像从前为了我的缘故，现在也代表你自己的一贯态度，但无论如何我要最急迫地再三请求你证明你的愿望，兑现你最初许下的诺言，让这件事情在恰当的过程中，由于你提供的帮助而得到圆满的结果。这会使卢凯乌斯和庞培都非常满意，我向你庄严地保证，你在他们身上进行了一项很好的投资。至于政治形势和这里发生的各种事情，以及我们的想法，我在几天前已经给你写了一封长信，并把信交给了你的仆人。再见。

[42]

西塞罗致总督卢·库莱奥鲁，公元前59年，于罗马。

我的朋友卢·卢凯乌斯这个最感恩的人，向我表达他对你的无比感激之情，他告诉我，你极为慷慨地答应了他的代理人提出的所有要求。你的话给了他这样的快乐，那么如我所希望的那样，当你兑现了你的诺言时，你认为你的行为会给他们带来什么样的快乐？毕竟布利斯的居民已经知道他们会按照庞培的奖赏来满足卢凯乌斯的要求。

但是我们紧迫地需要你的善意和影响，我再三请求你不要拒绝。卢凯乌斯的代理人得知，卢凯乌斯本人也从你给他的信中推论，世上没有人能比我对你产生更大的影响，或者更容易被你接受，这也使我极为满意。我再次请求你向他做出实际的证明。

[43]

西塞罗致昆图斯·伽鲁斯[①]，公元前 58 年，于罗马。

尽管有无数的事例可以证明你对我的热爱——我确实拥有足够的证据——但在这里有一个例子给你，使你可以轻易证明你对我的仁慈。马库斯之子卢西乌斯·奥庇乌斯是斐洛美留的一位钱庄老板，是我的亲密朋友。我特别向你赞美他，不仅是因为我尊敬他本人，而且也因为他正在处理卢·厄格纳提乌·鲁富斯的事，这个人我非常熟悉，超过世上任何一位罗马骑士，他不仅由于日常交往而与我非常亲近，而且也由于他为我提供了无数重要的服务。

因此我请求你帮助奥庇乌斯，就好像这些事情是我本人的事情，他和你在一起，保护不在那里的厄格纳提乌的利益。为了便于你记忆，如果你能给他写信，并且让他给在行省里的你回信，那么我会非常高兴，但请你以这样的方式写，当你读到信的时候，就能马上回忆起我写的这封详细的推荐信。

---

① 昆图斯·伽鲁斯（Quintus Gallus），可能是亚细亚行省总督玛基乌斯·腓力普斯（Marcius Philippus）的副将。

我再三急迫地请求你这样做。

[44]

西塞罗致昆图斯·伽鲁斯，公元前58年，于罗马。

尽管你自己的信和我亲爱的朋友卢·奥庇乌斯的信使我相信你并没有忘记我的推荐（考虑到你对我极为仁慈和我们之间的亲密联系，我并非一点儿也不惊讶），但我仍旧要再三向你赞扬卢·奥庇乌斯，他和你在一起，处理不在那里的我亲爱的朋友卢·厄格纳提乌的事。我和他的关系如此亲密，如果这件事是我自己的事，那么我就不会感到如此着急。这就是你要给我巨大帮助的原因，如果你能给他一个理由，让他知道你对我的热爱之情就像我本人相信的那样真诚。你无法给我更大的快乐了，我急迫地请求你这样做。

[45]

西塞罗致财务官阿普莱乌斯，公元前58年，于罗马。

在所有罗马骑士中，卢·厄格纳提乌和我最亲密。我要向你推荐的是他的奴仆安基亚鲁，还有他在亚细亚的钱庄生意，我的推荐是热情的，就好像这桩生意是我自己的。因为我不仅要你相信我们之间的日常交往是非常亲密的，而且我们之间的相互帮助是非常重要的。由于这个原因，我再三请求你让他满意，让他明白我已经认真地给你写了信；他绝不会怀疑你对我的善意。我再三请求你这样做。

[46]

西塞罗致财务官阿普莱乌斯，公元前58年，于罗马。

卢·诺斯提乌·佐伊鲁斯是我的共同继承人，但也是他的庇护人的财产继承人。我告诉你这两样事实的原因是，首先让你知道我和他的友谊是有基础的，其次让你相信他是一个正直的人，由于某些审慎的行为他受到他的庇护人的赞扬。因此我热情地向你赞扬他，就好像他是我自己的自由民。如果你能让他满意地看到我的推荐是对他的实际帮助，那么这会给我带来巨大的快乐。

[47]

西塞罗致西留斯[①]，公元前51年，于罗马。

我为什么要向你赞扬一位你自己非常喜欢的人？但无论如何，我这样写的原因是让你知道我不仅喜欢他，而且热爱他。在你为我做的所有事情中（非常多也非常大），能给我最大快乐的就是你款待厄格纳提乌，使他感受到我热爱他和你热爱我。我急切地再三请求你这样做。啊，是的，我们的那些计划彻底破产了。所以让我们用一句名言来安慰自己："也许到最后都会好的。"等我们见了面再谈。你一定要表明（你在这样做）你热爱我，而我确实热爱你。

[48]

西塞罗致财务官盖乌斯·塞克斯提留·鲁富斯[②]，公元前51年，于罗马。

我向你赞扬塞浦路斯的所有居民，尤其是帕福斯的居民，无论你给他们什么样的帮助，都会得到我最大的感谢；我会更加快乐地这样做——我指的是向你赞扬他们——因为我认为这样做也有助于增加你的名望（我总是把这

---

① 这位西留斯（Silius）可能是普·西留斯·涅尔瓦（P. Silius Nerva），公元前51年担任庇提尼亚和本都地方执法官。

② 盖乌斯·塞克斯提留·鲁富斯（Gaius Sextilius Rufus），于公元前49年受凯撒派遣赴塞浦路斯任地方执法官。后来于公元前43年担任卡西乌斯的舰队统帅。

一点记在心上)，你作为首任执法官抵达这个岛的时候，你为后来者树立了一个先例；如果你决定追随你的亲戚普·伦图卢斯[①] 的法律和我本人制定的规定，那么你更容易完成你的工作。我充满自信，这样的政策会给你带来很好的信誉。

[49]

西塞罗致库里乌斯，时间地点不确定。

塞克斯都之子昆·庞培与我有密切联系，这有很多原因。以往，由于我的推荐使他养成了为他的命运、名声、影响寻求支持的习惯，而现在他肯定需要支持，因为你现在是这个行省的总督，有了我的信他就可以确定没有其他任何人受到过更高的赞扬。由于这个原因，我格外急切地请求你，考虑到我们之间的密切联系，请你对我的朋友表示尊重，就好像他们是你自己的朋友，接受这位先生与你的友谊，使他确信没有任何东西能比我的推荐对他更有用。再见。

[50]

西塞罗致总督玛尼乌斯·阿基留斯·格拉里奥，公元前 44 年 1 月，于罗马。

提起你对我的尊重，我拥有令人信服的证据，这是我在布隆狄西的时候得到的。所以，如果有什么事情引起我的严重焦虑，那么我猜想我可以用非常熟悉的口吻对你说话，就好像我有这样做的权利。

玛·库里乌斯在帕特莱有钱庄生意，他和我关系十分亲密，没有什么关

① 普伯里乌·伦图卢斯·斯宾塞尔（Publius Lentulus Spinther），时任西里西亚行省总督。

系能比它更亲密了。他对我的帮助很多，我对他的帮助也很多，（最重要的是）我们之间的相互热爱是真诚的。

事情就是这样，如果你希望得到我的友谊，如果你想增加我的感谢，像它现在这样深刻，因为我在布隆狄西的时候你对我非常仁慈，如果你观察到你的所有朋友对我都很热爱，那么我要说，请你赐给我这项恩惠——让玛·库里乌斯的房子“不漏水和经得起风雨”，如他们所说，不受灾难、毁坏或灾殃的最轻微的玷污。我本人向你保证，你的所有朋友也会代表我向你发誓，你会发现我对你的友谊与你对我的仁慈的结合是你巨大的利益和无限的快乐的一个源泉。

[51]

西塞罗致普·凯西乌斯，时间不确定，于罗马。

普·梅森纽斯是一位罗马骑士，拥有各种才艺，是我的一位非常亲密的朋友；我把他推荐给你，这一推荐是我所能有的推荐中最强烈的。以我们自己的友谊和我们的父亲的名义，我请求你接受他，相信他，保护他的利益和名声。你会赢得一个好人的忠心，他配得上成为你的朋友，与此同时，你也会赢得我最真诚的感谢。

[52]

西塞罗致昆·玛基乌斯·瑞克斯[①]，公元前46年，于罗马。

米利都的奥鲁斯·李锡尼·阿里斯多特勒是我的一个朋友，我们之间长期来往，有着持久的友好关系。因此我不怀疑在你这里他能得到充分的推

---

① 指昆图斯·玛基乌斯·瑞克斯（Quintus Marcius Rex），公元前46年任西西里地方执法官。

荐，因为许多人告诉我，我的推荐对你有很大的影响。我从凯撒那里为他获得自由；他在许多事情上与我们站在一起，忠于这项事业①，时间甚至比我还要长，我想你对他的看法会更好。所以，我亲爱的瑞克斯，你一定要给他留下这样的印象，我的这封信是对他的非常宝贵的帮助。

[53]

西塞罗致前执法官昆·米诺西乌·塞耳姆斯②，公元前51年末，于西里西亚。

我和卢·格努西留·库吾斯长期以来一直是最亲密的朋友，他非常优秀，也非常感恩。我要把他最衷心地推荐给你，我把他介绍给你，首先是为了让你在你的荣誉和地位允许的范围内（它们会在各方面允许你这样做）在各方面帮助他；为了他，你不需要做任何改变，我还要说，他也不需要改变自己的任何品性。

然而，我尤其要向你提到他在赫勒斯旁的生意方面的事情，首先，你应当确保他保持对土地的权利，这些土地是帕里乌姆社团根据法令授予他的，他一直拥有这些土地而毫无争议；其次，要是他和赫勒斯旁人发生争执，你应当对上述那个社团提到这件事情。由于我已经向你非常急切地赞扬了他的各个方面，所以我没有必要为他提出具体要求。让我总结一下：无论你赐予格努西留什么样的义务、仁慈或荣誉，我都将视之为赋予我本人和我的利益的。

[54]

西塞罗致前执法官昆·米诺西乌·塞耳姆斯，公元前50年2月，于劳

① 指庞培的事业。

② 指昆图斯·米诺西乌·塞耳姆斯（Quintus Minucius Thermus），于公元前62年任保民官，公元前51年担任执法官，公元前50年任亚细亚行省总督。

迪凯亚。

我非常感谢你根据我的推荐所做的事，我尤其要感谢你最慷慨地对待马·马基留斯，他是我的一位朋友和翻译之子。他到劳迪凯亚来拜访我，向你表示最衷心的感谢，当然由于你的原因，他也向我表示感谢。所以剩下还有这么一件事——我请求你，由于你慷慨相待的这些人是感恩的，所以请你对他们进一步履行义务，在与你的荣誉相配的情况下，努力阻止起诉这位年轻人的岳母。我以前向你热情地推荐过他，而我现在热情更高，因为马基留斯的父亲在担任我的吏员期间长期为我服务，我极为赞赏他异乎寻常、无与伦比的忠实、无私和谦逊的品性。

[55]

西塞罗致前执法官昆·米诺西乌·塞耳姆斯，公元前51年，于西里西亚。

我们在以弗所谈论过我的副将马·阿奈乌斯的事情，我从谈话中推论，由于他本人的缘故，你对他的利益极为关心，但由于我非常尊敬马·阿奈乌斯，所以我想我不能省略对他来说非常重要的推荐，我也想，你对我的高度尊敬足以使我确定地感到我的推荐会极大地增进你对他的良好愿望。我长期以来一直非常喜欢马·阿奈乌斯，根据我任命他担任副将这件事可以充分证明我以前对他的看法，要知道他本人并没有提出这项要求，而且他曾多次拒绝担任这一职务，从他在战争和军务中与我有了联系以来，我发现他勇敢、明智和忠诚，我对他的尊敬超过我对世上的任何人。噢，你知道他与萨尔迪斯[①]人发生了争执；事情的原因我在以弗所已经向你做了解释；不过你会更加容易、更加彻底地调查这件事。

关于其他事情，我要告诉你，我长期以来一直在犹豫，在给你写信时怎

① 萨尔迪斯（Sardis）位于吕底亚。

样说才是最好的。众所周知你司法严明，这对你的信誉有很大作用。然而在这件事情上，我们不需要任何帮助，只要你按照通常的习惯主持公道。然而我没有忘记要对执法官产生影响，尤其是对一位如此正直、坚定、宽厚的执法官，而你拥有这样的品质，所以我请求你，看在我们之间的亲密联系和我们之间无数的相互帮助的分上，用你仁慈的情感、影响和忠心来处理这件事，不仅让马·阿奈乌斯相信你和他之间存在着友谊——对此他没有任何怀疑，他经常告诉我这一点——而且让他相信我的这封信也在增强这种友谊。在你的职务范围内，在你的行省中，你做任何事情都不能给我更大的快乐了。现在，我不认为你会怀疑对一个本身非常感恩的优秀的人投入你的仁慈会多么有利。

[56]

西塞罗致前执法官昆·米诺西乌·塞耳姆斯，公元前51年，于西里西亚。

普特利的克鲁维乌[①]对我极为忠心，我们的关系非常亲密。他确信，他在你的行省中的任何利益都必须当做一种毫无希望挽回的损失，除非能通过我的一封推荐信来确保它们，因为你是这个行省的总督。所以，就好像我最忠心的朋友把一副如此沉重的担子放在我的肩上，我也把一副重担放在你的肩上，因为你曾经为我提供重要帮助——尽管我确实对这种讨厌的事情感到遗憾。

密拉萨人和阿拉班达人欠克鲁维乌的钱。我在以弗所的时候，欧绪德谟告诉我密拉萨人会把辩护书送到罗马去。但他们没有送，而现在我听说他们已经派去一些使者，但是我宁愿他们送去辩护书，这样的话有些事情就肯定

① 马·克鲁维乌（M. Cluvius），普特利一位富裕的钱庄老板，他让西塞罗成为他的遗产继承人之一。

能得到解决。由于这个原因我请求你下令，让他们和阿拉班达人把辩护书送往罗马。

还有，阿拉班达的斐洛忒斯给了克鲁维乌一份地产做抵押，现在抵押期已过。如果你能让斐洛忒斯交出抵押的地产，或者还钱，那么我会很高兴；还有赫拉克利亚人和巴吉里亚人也欠他的钱，让他们要么还钱，要么允许他领取他们的收入。

考努斯人也欠他的钱，但他们声称自己有储蓄。请调查这件事，如果你得出结论，他们并没有根据法律或法令存钱，那么请你运用你的权力确保克鲁维乌的利益。我为所有这些事情感到担忧，因为我们的朋友格·庞培的利益处在危险中，因为在这件事上他给我的印象是他比克鲁维乌本人还要着急，而我最着急的是我们应当满足克鲁维乌的要求。我再三急迫地恳求你关注这些事。

[57]

西塞罗致前执法官昆·米诺西乌·塞耳姆斯，公元前 50 年 3 月，于劳迪凯亚。

我越是逐步清晰认识到叙利亚会有一场大战，我就越紧急地以我们之间的亲密联系的名义恳求你在可能的情况下尽快让我的副将马·阿奈乌斯返回。因为我明白，凭着他的勇敢、谨慎和军事才能，他可以为共和国和我本人提供最大的帮助。如果不是他的重要利益处在危险之中，他本人既不可能离开我，我也不会让他走。我本人打算在 5 月 1 日启程去西里西亚。阿奈乌斯应当在那之前与我会合，这是我的命令。

我已经派人送信请求你紧急处理这件事，我现在再次请求你这样做——把他的事当做你自己的事，使他与萨尔迪斯人的谈判能有公正的结果。我在以弗所拜访过你，从你所说的话中我明白，你由于马·阿奈乌斯本人的缘故急于在各方面保护他的利益。但无论如何我要你相信，除了通过你的调解让他能满意地解决这件事以外，你没有其他令我更加高兴的事可做了；我请求你尽快解决这个问题。

[58]

西塞罗致城市执法官卢·提提乌斯·鲁富斯，公元前50年2月，于劳迪凯亚。

卢·库提迪乌和我来自同一部族，他是我的同乡和亲密朋友。他有一起官司，他会把案情告诉你。我把他推荐给你，这是你的正直和我的谦逊所需要的，我请你允许他比较容易见到你，请你毫不犹豫地满足他的合理要求，让他感到我的友谊，尤其是我和你的友谊，甚至当我远在他乡的时候，对他也是有益的。

[59]

西塞罗致执法官库提乌斯·佩都凯亚努，公元前50年2月，于劳迪凯亚。

我非常喜欢马·法迪乌斯；我不断地与他交往，我们之间的亲密关系历久弥坚。在他的几桩官司中，我对你的裁决没有任何请求（如你的信誉和地位所要求的那样，你会遵守你的法令和你建立的司法规则），我要恳求你的是，让他尽可能容易接近你，你要毫不犹豫地把这样的请求视为正确的和恰当的来加以满足，让他感到我的友谊，尤其是我和你的友谊，尽管我远在他乡，是对他的帮助。这就是我再三请求你做的事情。

[60]

西塞罗致盖·穆纳提乌，时间不确定。

我要说，卢·李维奈乌·特里弗是我非常亲密的朋友卢·勒古鲁斯的自由民，我的朋友遭遇的不幸[①]使我比以往更想要帮助他；我对他的友好情感超过以往任何时候。但是我尊敬这位自由民是由于他本身的缘故；他在我生活的危急时期对我的帮助是非常突出的，在这种时候我最容易评价我的同胞的善意和忠诚。

因此，我把他当做一位感恩的和不健忘的人向你推荐，他配得上我的推荐。为了我，他经常冒生命危险在冬季出海航行，如果你能使他相信你希望我好，他所做的事情也是你能接受的，那么你给了我极大的帮助。

[61]

西塞罗致前执法官普·西留斯[②]，公元前 51 年，于西里西亚。

我相信你明白我和提·庇纽斯关系非常亲密，他确实通过遗嘱清楚地向我表示了这种亲密关系，因为他不仅让我成为他的财产的托管人，而且让我成为第二继承人。他的儿子是一位勤奋好学、品行端正的青年，尼西亚人欠他一大笔钱（大约八百万个罗马小银币）；按照我听说的，他们想通过他们的第一债权人来归还。如果你能在你的正直和地位所允许的范围内，尽可能多地为他收回这些钱，代表尼西亚人归还给庇纽斯，那么你将给我很大的帮助（其他托管人知道你有多么尊重我，而有人拼命劝说这个年轻人，说你为了我什么也不会做）。

[62]

西塞罗致前执法官普·西留斯，公元前 51 年，于西里西亚。

① 可能是指被流放。

② 普·西留斯（P. Silius），于公元前 51 年任庇提尼亚和本都执法官。

我感谢你为阿提留斯做的事（尽管我来迟了，但我还是能够感谢你的仁慈，你拯救了一位高尚的罗马骑士），而实际上我总是把你当做“完全归我支配的”，因为通过我们的朋友拉弥亚，我们已经非常紧密地联系在一起。所以，首先让我感谢你，因为你使我从所有棘手的事情中摆脱出来；其次，我要进一步冒昧地提出要求（但我会掌握分寸的，因为我自觉维护你的荣誉和地位，超过其他任何人）。事情涉及我兄弟昆图斯；如果你尊敬我，那么请你给予他同样的尊敬。这样，你就能通过你的行动进一步增强你的仁慈。

[63]

西塞罗致前执法官普·西留斯，公元前 50 年 2 月，于芝迪凯亚。

我从来没有想到我会找不出恰当的话来推荐人，但无论如何，我在推荐马·莱尼乌斯的时候竟然感到口拙。因此我只用几句话把事情解释给你听，但以这样的方式我想让你清楚地知道我对他的友好感情。你无法相信和我亲爱的弟弟和我本人对马·莱尼乌斯有多么尊敬。这不仅是他对我大量帮助的结果，而且也是他无与伦比的正直和格外谦逊的态度的结果。我和他分手时依依不舍，不仅是因为我们之间的亲密和富有魅力的谈话，而且也因为听取他诚实而又健全的建议对我来说是一种快乐。

但我担心，你会认为我在说了我现在缺少他们以后再说这些话是多余的。好吧，我向你衷心推荐这个人，我在上面已经写了这么多赞扬的话；我再三急迫地请求你为他在你的行省里的事务提供方便，把你认为恰当的消息告诉他。你会发现他是一个最和蔼、最有绅士风度的人。我请求你在他处理完所有事情以后让他尽快回到我这里来。请你尽量帮助他，你这样做会使我弟弟和我本人感到极大的满足。

[64]

西塞罗致前执法官普·西留斯，公元前51年，于西里西亚。

我的朋友尼禄[①] 热情洋溢地向我表达了他对你的谢意，声称你为他所做的一切是他的荣耀。和他谈话你能得到许多东西，因为这个年轻人是世上最感恩的人。但我确定地向你保证，你也为我提供了最大的帮助；在所有贵族中，没有谁能使我对他更加尊重。因此，如果你能按照我的请求满足他的希望，你也给我提供了可能有的最大帮助。所以，首先，关于阿拉班达的鲍桑尼亚的事，请你暂时拖延，直到尼禄到达。我推测尼禄急于促进鲍桑尼亚的利益，这是我对你最强烈的要求。其次，涉及尼萨人[②]，我热情地向你推荐他们，因为尼禄把他们当做特殊的朋友，极为忠诚地支持和保护他们。请你这样做，让国家相信尼禄的庇护是他们的主要保障。我经常向你推荐斯特拉波·塞维留斯，现在我要更加热情地这样做，因为尼禄已经接手他的案子。我对你的全部要求就是推进案子的审理，不要让一个无辜的人在一些与你完全不一样的邪恶总督手里得到怜悯。这样做不仅是对我的帮助，而且我会认为你展示了你常有的仁慈。

这封信的全部要点是，你应当在各方面促进尼禄的荣耀，这确实是你从一开始就在做的事。你的行省，与我的行省不同，为一位出身高贵、才能出众、大公无私的年轻人获得鼓掌和荣耀提供了一个很好的舞台。因此，如果说他是在你的庇护下得到利益，那么他确实已经得到了，他以往得到的利益使他的力量得到增强，由他的祖先遗留给他的仁慈也将通过他传达给那些有势力的当事人。在这种情况下，如果以你过去已经向他表现出来的忠诚帮助他，那么你对这位年轻人本身做了很好的投资，而且还不止，你同时也为我提供了专门的帮助。

---

① 全名提比略·克劳狄·尼禄（Tiberius Claudius Nero），后来的罗马帝国皇帝提比略之父。

② 在卡里亚（Caria）的尼萨人（Nysaeans）。

[65]

西塞罗致前执法官普·西留斯，公元前51年，于西里西亚。

在牧场税的征收中被任命为副税务官的普·特伦提乌斯·希斯波与我非常熟悉，我们来往频繁，平等相助。他的名望主要来自承包国家的合同。我还记得我们在以弗所经历的困难，当时我们得不到以弗所人的任何回应。但是，如每个人都相信、我也相信的那样，你现在以你完全的正直、格外的礼貌与温和解决了问题，你可以得到你想要的东西，你一点头就能得到希腊人的衷心赞同，我异乎寻常地请求你，除了对我的问候，让希斯波在这项值得赞扬的成就中获利。

还有，我本人与这个包税团体的合伙人有密切联系，不仅因为我是整个团体相信的顾问，而且因为我是大多数合伙人最熟悉的人。你会由于我的推荐给我的朋友希斯波提供方便，使整个包税团体与我关系更加紧密，你本人将获得丰厚的报酬，因为这些最感恩的人尊敬你，你会得到合伙人的感谢，他们是地位最高的人，而你同时也为我提供了最大的帮助。确实，我要你相信，在你的整个行省中，在整个帝国政府的范围内，你做任何事情都不能给我带来更大的快乐。

[66]

西塞罗致前执法官普·塞维留斯·以扫里库[①]，约公元前45年1月，于罗马。

我非常明白你对朋友有多么忠诚，你对失去公民权的人有多么仁慈，所以我认为没有必要向你推荐奥·凯基纳，他在某种特殊意义上是你们家的一

---

① 普伯里乌·塞维留斯·以扫里库（Publius Servilius Isauricus），公元前54年任执法官，公元前48年担任执政官，公元前46年是亚细亚行省总督。

位门客，如果不是对他的父亲、我的亲密朋友的回忆，以及他自己的不幸在影响我，他的不幸与我有密切关系，我们之间的相互帮助也必定会对我产生影响。由于这些原因，我极为紧迫地向你恳求（我无法提出更加真诚或更加关切的要求了），请你按照自己的意愿去做，对一名如此优秀，理应得到帮助的人，无须任何额外的推荐，而现在他处在乌云笼罩之下，你要允许我的信为你的仁慈添加一种激励，吸引你以各种比你能做的更加勤勉的方式帮助他。

如果现在你在罗马，我们实际上应当通过你召回奥·凯基纳（我倾向于这样想）。然而，我仍旧抱有希望，因为我相信你的同事[①]的仁慈。现在，受到你正义光芒的指引，他确定找不到比你的行省更安全的地方了，我再三请求你不仅要帮他处理尚未处理的事情，而且要在其他各个方面保护他。你做其他任何事情都不可能给我提供更大的快乐。

[67]

西塞罗致前执法官普·塞维留斯，约公元前46年，于罗马。

在我的整个西里西亚行省——你非常清楚有三个亚细亚的地区[②]划归它——没有人能比我和阿特莫之子、劳迪凯亚的安德洛更加亲密，在那个社团中，我在他身上不仅发现了一位好客的朋友，而且发现了一位特别适合我生活习惯的人；尽管自从放弃我的行省以来，我对他的评价确实更高了，仍有许多证据可以证明他对我为他做的事是感恩的、不忘的。因此，在罗马见到他给我带来很大的快乐。因为你不可能忽略（你在你的行省里已经对这样的人表现出慷慨）他们中能有多少人是感恩的。

我在这样写的时候心里是有疑问的——所以你可以明白我有很好的自找

---

① 指凯撒，与塞维留斯同为占卜官，并于公元前48年同为执政官。

② 指叙那达（Synnada）、西比腊（Cibyra）、阿帕美亚（Apamea）。

麻烦的理由，我想要让你把这个人视为配得上你的款待。如果你向他表明你对我的评价有多么高，那么你就给了我最大的帮助——换言之，请你保护他，以任何与你的荣誉和便利相一致的方式帮助他。这样做将给我极大的快乐，我再三请求你这样做。

[68]

西塞罗致行省总督普·塞维留斯，公元前46年9月，于罗马。

我非常高兴地收到你的来信，信中告知了你的各条航海路线；你的答复表明你没有忘记我们之间的亲密联系，这是我生命中最大的快乐。至于将来，如果你以友好的方式写信告诉我所有公共事务——换言之，你的行省的形势、你的公共管理的细节——那么会给我带来更大的快乐；尽管对于像你这样杰出的人，许多人这样对我说，我最希望的是从你的来信中得到消息。

关于我自己，我不会经常写信把我对政治的一般看法告诉你，因为这样的信会有它的危险；但是对于实际发生的事情，我会更加经常地写。尽管如此，我想我并不是不希望我们的同事凯撒考虑我们应当有一个与名字相符的体制；重要的是你应当在他考虑的时候发挥你的作用。但若对你更加有益，我的意思是更加有益于你的荣誉和荣耀，那么你应当担任亚细亚总督，照看共和国的这个已经遭受残酷蹂躏的部分，我也一定会为你本人和你的名望祈求有益的东西。

我会最密切地关注我认为会影响你的名望的所有事情，尤其是我将在各方面维护一位最杰出的人、你的父亲[①]的尊严；考虑到我们之间的长期友谊、你对我的仁慈、归于你父亲本人的荣誉，这样做确实是我应尽的义务。

① 公元前79年的执政官。

[69]

西塞罗致普·塞维留斯，公元前46年，于罗马。

如你所知，盖·库提乌斯·密色瑞斯当然是我非常亲密的朋友波图姆斯的自由民，但他对我的尊敬和关心就像对他的庇护人。在以弗所，我正好在那里，我在他家里就好像在自己家里一样，当时发生的许多事情都为我提供了证据，表明他对我的和蔼与忠诚的感情。所以，如果我或我的任何一位朋友想要在亚细亚做什么事，我习惯上就给他写信，请他用他的房子和钱包为我们提供服务，就好像它们是我自己的。我比通常还要详细地写下这些话，为的是给你留下这样一种印象，我给你写信并非以常规的方式，并非带有任何利益冲突，而只是在代表一个与我有着非常亲密联系的人。

因此我请求你，在他目前与某位科罗封人的地产诉讼中，在可能的情况下，在不给你本人带来麻烦的时候，在与你的正直不冲突的前提下，为他的利益着想（这样做也是对我本人的帮助）；尽管根据我对他的行为举止的了解，他不会给你带来任何压力。如果通过我的推荐和他自己的正直，他成功地赢得了你的好感，那么他会认为自己已经得到了想要的一切。因此我真诚地再三敦促你，请你保护他，把他当做你的朋友。至于我本人，我会更加忠实而又严密地关注你想要得到的任何东西，或任何与你的利益相关的事情。

[70]

西塞罗致普·塞维留斯，公元前46年，于罗马。

由于你对我的友好情谊是众所周知的，可想而知有许多人想要我为他们推荐。我有时候确实在一视同仁地提供这样的帮助，但我最多的时候还是在为我的朋友们推荐，就像现在这样。我和提·安庇乌斯·巴尔布斯非常熟悉，关系密切；他的自由民提·安庇乌斯·米南德是一个优秀而又真诚的人，深受他的庇护人和我本人的尊重，我异乎寻常地把他强烈地推荐给你。

如果你能以你能够做到而又不会给你本人带来不便的方式为他的利益提供服务，那么你会给我带来很大的快乐，我再三恳求你这样做。

[71]

西塞罗致普·塞维留斯，公元前46年，于罗马。

我们之间的亲密关系以及你对我的善意是众所周知的，我发现自己有义务向你推荐许多人。尽管我推荐的所有人必定对我抱有最大的希望，但我没有同样的理由在任何情况下也都抱有这样的希望。提·阿古西乌不仅是我生命最可悲时期的一位同伴，而且也分担着我所有的旅行、航海、困难和危险；要是我不允许的话，他是不会离开我的。由于这个原因，我把他当做自己家里人、一位与我关系最亲密的人推荐给你。请你款待他，让他相信我的这封推荐信是对他最实际的服务和帮助，你这样做也是对我的巨大帮助。

[72]

西塞罗致普·塞维留斯，公元前46年，于罗马。

当我在你的花园里的时候，我已经尽可能具体地把地产、投资、我亲密的朋友凯瑞利娅在亚细亚的财产对你做了详细推荐；而你按照自己的习惯，按照你对我忠实可靠的服务，最慷慨地向我保证你会做你能做的一切。我希望你还记得这些话；我知道你并不健忘。尽管如此，但是凯瑞利娅的代理人写信给我，考虑到你的行省地域辽阔，你有大量的事务，所以我不得不再三提醒你记住自己的诺言。

请你记住你的保证，你会毫无保留地做与你的荣誉相配的一切事情。现在我相信你拥有一个极好的机会（尽管这要由你自己来考虑和判断）为凯瑞利娅尽义务，元老院通过了一道法令，其中涉及盖·维诺纽斯的继承人。在解释这道法令时你可以运用你自己的智慧。我知道这道法令的权威在你眼中始终是重要的。至于剩下要做的事情，我想要你相信，无论你在哪方面对凯瑞利娅证明了你的仁慈，你也就为我提供了最大可能的快乐。

[73]

西塞罗致总督昆·腓力普斯，时间不确定，于罗马。

你安全地从你的行省返回，你的名望无可怀疑，而这个国家未受损伤，我向你表示祝贺。如果我在罗马看见你，我还要向你表示感谢，因为你关心我的亲密朋友卢·厄格纳提乌的利益，他不在你那里，你也关心和你在一起的卢·奥庇乌斯的利益。

关于德尔比的安蒂帕特，我和他的联系不仅是相互好客，而且也极为亲密。我得知你对他十分愤怒，这使我感到苦恼。事实上，我并不处于一个可以下判断的位置，但我非常确定，你是这样的人，不经恰当思考绝不会做任何事情。然而，考虑到我们之间的长久友谊，我再三请求你，作为对我本人的一项具体帮助，不要针对他的儿子采取任何行动，请你怜悯他们——当然了，除非你认为这样做会有损你的名声。如果我是这样想的，那么我绝不会提出这一请求，你的名望远远重于我提到的这种联系。但我试图说服我自己(我有可能是错的)，你这样做会增加你的信誉，而不是一种滥用。

至于你能为我做些什么（我不怀疑，当然是出于你的自愿），要是不会给你添麻烦，那么我希望你能给我回信。

[74]

西塞罗致总督昆·腓力普斯，公元前55年，于罗马。

考虑到你对我的尊重和我们之间的亲密关系，尽管我不怀疑你已经记住了我的推荐，然而我还是要再三向你推荐我亲密的朋友、和你在一起的卢·奥庇乌斯，还有不和你在一起的卢·厄格纳提乌的事情。我和他的关系非常亲密，我无法不为他担心，就好像这是我自己的事情。如果你能给他留下这样的印象，你对我的情感就像我本人所相信的那样真诚，那么你会给我带来最大的帮助。你做其他任何事情都不能给我更大的快乐了，所以我急迫地请求你这样做。

[75]

西塞罗致总督提提乌斯，公元前53年，于罗马。

尽管我不怀疑我的首次推荐对你有相当大的影响，但我无论如何还是接受了盖·阿维安纽斯·福拉库斯的请求，我和他关系非常亲密，我希望他取得各方面的成功，确实，我有义务这样做。关于他，我曾经当面向你提出过紧迫的要求，而你做了最有礼貌的回答，而在前一封给你的信中我提供了事情的全部细节；但是他认为我应当经常给你写信，这件事对他非常重要。所以，要是我按照他的愿望给你写信，使你以为我怀疑你的忠诚，那么请你原谅我。

我还要进一步向你提出要求——在装卸粮食的地点和时间方面请你尽可能满足阿维安纽斯的要求。庞培主管此事时，他通过我确保了长达三年的这些特权。最重要的是（在这方面你可以极大地帮助我），你可以把阿维安纽斯的信服当做你的目标，因为他认定我热爱他，你也热爱我。这会给我带来极大的快乐。

[76]

西塞罗致某地行政官员和议员，时间不确定，于罗马。

我和昆·希庇乌斯的关系有很好的原因，没有任何东西能比我们之间的联系更紧密。如果不是这样的话，我会遵守我的习惯做法，避免给你们带来哪怕是最轻微的麻烦。确实，你们自己可以作证，尽管我相信你们会满足我的任何要求，但我从来不希望给你们增加负担。

因此，我再三急迫地请求你们尽可能大方地对待盖·瓦吉乌斯·希庇亚努，视之为对我的帮助，为他做出安排，使他在福莱格赖地区向你们购买的地产能免除交易费用和义务。如果你们接受我的这个请求，我会认为你们对我极为仁慈。

[77]

西塞罗致胜利者普·苏皮西乌·鲁富斯[①]，公元前46年秋，于罗马。

尽管在这些日子里我参加元老院会议不很规则，然而在读了你的信以后，我认为我会支持你得到荣誉的要求，不会伤害我们之间长久的友谊和大量的相互帮助。情况就是这样，我还在老地方，支持你获得荣誉给了我很大快乐；我将来也不可能不支持你的利益、名声或地位。还有，你的亲戚可以确定我对你的这种感情，我想要你写信告诉他们，为的是，如果你需要任何帮助，他们可以毫不犹豫地给我一个清楚的暗示，就好像他们有这样做的充分权利。

我要向你热烈推荐马·波拉努斯，他是一个好人，非常勇敢，多才多艺，是我的老朋友。如果你能让他感到我的推荐是对他的实际帮助，那么你就是帮助了我。你会发现这个人本身也非常优秀，非常感恩。我向你保证，你和他交朋友所得到的快乐绝不会小。

还有一件事，我以我们的友谊和你对我的忠心的名义，比平常更加紧迫地请求你帮我处理。我的奴仆狄奥尼修斯负责管理我昂贵的图书室，他偷了许多书，由于担心受到惩罚而潜逃。他在你的行省里。我的朋友波拉努斯和其他一些人看到他在纳罗那，他声称我已经给了他自由，他们相信了他的话。如果你能派人把他抓回来，那么我无法告诉你我有多么快乐。这件事情

---

① 普·苏皮西乌·鲁富斯（P. Sulpicius Rufus），一位杰出的法学家之子，公元前46年担任伊利里亚罗马驻军的统帅。

本身很小，但我的苦恼很大。波拉努斯会告诉你他在哪里，该怎么办。如果通过你的帮助能把这个无赖抓回来，我会认为你对我非常仁慈。

[78]

西塞罗致总督奥鲁斯·阿利努斯，公元前46年，于罗马。

昔居翁的德谟克利特不仅是我的客人，而且和我关系亲密（这种情况并不常见，尤其是他们是希腊人）；他非常高尚、谨慎、仁慈、好客，他对我的尊重超过对其他任何人。你会发现他是一个重要人物，不仅在他的同胞中，而且几乎在整个阿该亚。

对于这样一个人，我只是在为你熟悉他打开大门或铺平道路；你认识他以后，本着你内心的正义感，你会宣布他配得上你的友谊和款待。

因此当你细读这封信的时候，我请求你保护他，为了我的缘故为他做你能做的一切。如果你发现他配得上你的友谊和款待，对此我充满自信，那么我请求你对他表示衷心的欢迎，把他当做你的朋友。你这样做会给我带来非同寻常的快乐。

[79]

西塞罗致总督奥鲁斯·阿利努斯，公元前46年，于罗马。

我相信你知道我有多么尊敬盖·阿维安纽斯·福拉库斯，此外我听他亲口说过，他是一个多么优秀和感恩的人，你对他有多么仁慈。我现在要向你推荐的是他的儿子，他们有这样一位高尚的父亲，他们也是我自己的亲密朋友，我非常喜欢他们，我无法更加热情地向你推荐其他人了。盖·阿维安纽斯在西西里，马库斯和我们在一起。我请求你帮助前者实现他的要求，他现在和你在一起，也请你保护两个人的利益。在你的行省里，你无法再做其他能让我更高兴的事了，我再三急迫地请求你这样做。

第十四卷

[1]

西塞罗致特伦提娅和家人，公元前58年11月25日，于帖撒罗尼迦开始写，完成于都拉斯。

许多来信和每个人的谈话都把你们的勇敢和坚强告诉了我，真是难以置信，特伦提娅和你们并没有因为身心疲惫而精疲力竭。想到你们所有如此善良、忠实、正直、仁慈的人，全都由于我的原因，陷入如此可悲的困境，我真伤心！还有，我们亲爱的图利娅会感到，以往曾经是她最大快乐的源泉的父亲现在是她最大悲伤的来源！至于西塞罗[①]，我为什么还要谈到他呢，因为从他刚懂事开始，他就已经知道了什么是最悲伤、最不幸的痛苦？我只能想，所有这些（如你所写）都是命运的结果，我应当能够更加容易地承受；但所有这些都是由我自己的过错带来的，因为我以为那些妒忌我的人是热爱我的，并拒绝了那些寻找我的人。

要是我只是遵循我自己的判断，不受那些误导我的、不审慎的朋友的不恰当谈话的影响，那么我现在就会生活在完全的幸福之中。然而，由于我的朋友们要我不要绝望，所以我将尽力防止我的健康恶化。我相当明白事情有多么困难，而待在家里要容易得多。然而，如果我们可以依靠所有保民官，如果伦图卢斯[②]仍旧像原先那么热情，尤其是，如果可以相信庞培和凯撒，那么我们没有理由绝望。

在我们的奴仆的问题上，要按照你所说的我们的朋友认为最好的办法去做。这个地方曾经流行的传染病已经过去，但即使在流行的时候我也没有传

---

① 指作者的儿子。

② 公元前57年任执政官。

染上。最忠实的普兰西乌[①]希望我和他在一起，不让我走。我自己的希望是去伊庇鲁斯某个比较偏僻，庇索[②]和他的士兵不会去的地方，但是普兰西乌不同意。他希望有可能的话和我一起离开意大利。如果我能看到那一天，看到你在我的怀抱里，感到我又重新得到了你们以及我自己，那么我会认为你们的忠诚和我的忠诚已经得到了恰当的奖赏。

庇索[③]的和蔼亲切的行为，以及他对我们所有人的热爱是不可能被超过的。我希望这是他感到快乐的源泉；我能肯定的是，这是他自豪的源泉。至于我弟弟昆图斯的事，我不责备你，但我希望所有人，尤其是你们这几个人，应当尽可能紧密地团结。

你希望我向那些人表示感谢，我已经这样做了，并且写信给你说你是我的情报员。亲爱的特伦提娅，你说打算把房子卖了；在这种情况下，我恳求你告诉我（我有点着急）发生了什么事？如果我们仍旧被厄运叮咬，那么我们可怜的孩子怎么办？我无法再往下写了，我已经热泪盈眶，我不想让你过于悲伤。我就写这些——如果你的朋友仍旧是忠诚的，那么他们会把钱送到；如果他们不忠诚，凭你自己现有的钱也能做你想做的事情。我以我们自己的不幸的名义起誓，请你注意，一定不要毁了我们已经被宠坏了的孩子。除去实际想要的东西，他需要得到的是一份长处和运气。

你一定要注意健康，派人给我送信，让我知道你的近况，知道你们所有人的近况。在任何情况下我都不想再苦苦等待了。把我的爱转告我最亲爱的图利娅和西塞罗。

再见，11 月 25 日，于都拉斯。

我已经到了都拉斯，因为这里不仅自由，而且对我忠诚，还是最接近意大利的地方。但若这里过于嘈杂，那么我会去别的地方并及时告诉你。

---

① 马其顿的执法官。

② 卢·庇索，西塞罗死敌之一。

③ 盖·庇索，公元前 63 年与西塞罗的女儿图利娅结婚。

[2]

西塞罗致特伦提娅和家人，公元前58年10月5日，于帖撒罗尼迦。

你们一定不要认为我会写更长的信给其他任何人，除非某些人非同寻常地详细写信给我，并且我认为有答复他的义务。因为我不知道该写些什么，我现在找不到任何更加困难的事情。但是，对你和对我们亲爱的图利娅，我无法给你们写信而不热泪盈眶。我明白你们俩的处境非常悲惨，而我总是希望你们完全幸福——确保这种幸福是我的责任，如果我不是如此胆怯，那么我应当确保它。

对我们的朋友庇索我有着深刻的热爱，但不会超过他应当得到的。我写信给他，尽力敦促他，并且向他表示必要的感谢。我推测你们把希望放在新的保民官身上。如果我们能够依靠庞培的友谊，那么我们可以依靠新的保民官；然而我担心的是克拉苏。关于你们，我看到你们在各方面的行动都非常勇敢、充满深情，对此我并不感到惊讶；使我伤心的是我在其中遭遇不幸的这场灾难的性质，而我的不幸只有以你们的悲惨为代价才能缓解。那个最忠诚的人，普·瓦勒留，在一封信中对我描述（我一边读一边流泪）你们是怎样从维斯太神庙被硬拖到瓦勒留的衙门里去。啊，我的生命之光，我为你们叹息，所有人都想要帮助你们，我的特伦提娅，所有人现在都认为你们受到了骚扰和侮辱，并为之流下眼泪！他们认为这都是由于我的过错，我救了其他人，却毁灭了自己！

你提到我们的房子，或者倒不如说它的宅基，我向你保证，在没有把它归还我之前，我决不会感到我自己完全回来了。但这些事情不能由我们决定。使我感到困惑的是，无论有什么问题，由于你们当前的不幸和穷困，应当允许你们先有地方可住。当然了，如果我回归的事情进行得顺利，我们将得到我们所想要的一切；但若我们仍旧被迄今为止同样的厄运叮咬，那么你，我可怜的妻子，你能放弃留给你的那一点东西吗？我亲爱的，我恳求你，让其他那些能够并愿意的人去承担相关的开销，由于你爱我，所以不要无动于衷地剥夺你的健康。你日日夜夜在我眼前浮现。我看到你承受了我们所有的苦难，我担心这对你来说苦难太多了。但我也看到所有事情都要依靠你；由于这个原因，为了我们能够在你希望和努力的事情上获得成功，请你服从身体健康的要求。

除非那些给我写信的人，或者你和图利娅在给我的信中提到过的那些人，我不知道应当给谁写信。由于这是你们的希望，我不会走得更远；但我想要你们尽可能经常地给我写信，尤其是在我们的希望有了较好的基础的时候。再见，我亲爱的，再见！

写于帖撒罗尼迦，10 月 5 日。

[3]

西塞罗致特伦提娅和家人，公元前 58 年 11 月 29 日，于都拉斯。

阿里托利图交给我三封信，我激动得流下热泪。我亲爱的特伦提娅，我心中充满悲伤，不是被我自己的不幸所折磨，而是被你和孩子们的不幸所折磨。你们是最不幸的，我比你们更不幸，但我的垮台对我们来说是共同的，错误完全在于我自己。这是我的责任，要么接受一个幕僚职位以避免危险，要么保持我的忠诚，用我能够得到的资源来抗拒，要么勇敢地倒下。没有什么能比我做的事情更遗憾、更可耻、更不值得。

这就是我不仅被悲伤，而且被耻辱所征服的原因。我羞于不能对我最优秀的妻子和最可爱的孩子保证我的勇敢和忠诚。你们所有人悲伤和忧郁的外表、虚弱的身体，日夜在我眼前浮现，而我能够看到的回归希望确实是渺茫的。我的敌人众多，几乎每个人都在妒忌我。要赶走我是一件大事，让我待在外地则是容易的。然而，只要你们还抱有希望，我就不会犹豫，更不要说所发生的一切都是由于我的过错。

至于你们担忧我的个人安全，目前来说还没有什么困难，尽管我的敌人希望我继续生活在这种毫无希望的悲惨境地。然而，我会按照你们的建议行事。我已经感谢了你们想要我感谢的人，我把信件交到狄昔普斯的手里，我告诉他，是你们把那些人的仁慈行为告诉了我。我非常明白我们的朋友庇索已经证明了他为我们尽义务的热心，其他人也对我说了这件事。愿神保佑我能与你和孩子们在一起，亲身享受这样一位爱婿所拥有的社团！而我们现在剩下的唯一希望寄托在新保民官身上，也许就在他们就职的第一天；事情一旦变得难办，那就全完了。

我马上派阿里托利图去你那里的原因是让你能给我写信，告诉我第一步是怎么迈出去的，以及整件事情的一般概况；尽管我指示狄昔普斯马上返回，还给我弟弟送消息，让他定期派送信人来。我现在待在都拉斯的原因是，我在这里能及时了解事情的进展，我个人没有什么危险，因为这是一个我始终在捍卫的社团。如果得到报告说我的敌人逼近了，我会有足够的时间去伊庇鲁斯。

关于你的建议，如果我希望的话，你会到这里来与我会合，我向你保证，我知道你肩上的担子有多重，我希望你留在原地。如果你们的目标都成功了，那么应当是我到你们那里去；但若你们没有取得成功——好吧，剩下的话就不用写了。你的第一封信，或者至少第二封信会给我一条线索，使我能够决定我必须做什么。我想要你做的所有事情就是给我写信，具体说明所发生的全部事情；尽管我必须等待的是某些具体行动，而不是一封信。请你们注意身体，你们要确信，对我来说，世上没有任何东西，或者曾经有过任何东西，比你们更亲密。再见，我的特伦提娅！我似乎能看到了你的脸，我热泪盈眶，无法再写下去。再见！

11 月 29 日。

[4]

西塞罗致特伦提娅和家人，公元前 58 年 4 月 29 日，于布隆狄西。

是的，我给你们写信确实比我应该写的要少，因为我现在每时每刻都处在悲伤之中，每当给你们写信或读你们的来信，我都止不住热泪盈眶，无法忍受。我曾有过比这更不想活着的时候吗！无论如何，我在生活中应当看不到悲伤，或者没有那么多悲伤。如果命运让我还能在某个时候重新好起来，我犯的错误就显得不那么严重了；然而，要是这些灾难无法绝对消除，那么我最亲爱的人，我向你们保证，我的愿望就是尽快看见你们，死在你们怀中，因为你们一直虔诚地崇拜的诸神，以及我一直尊敬的凡人，都没有对我们表示任何感谢。

我在布隆狄西已经 13 天了，住在一位杰出人士马·莱尼乌斯·福拉库斯的家里，他想到我的安全，而不顾他自己的命运和内战的形势，没有因为担心受到那部最令人愤慨的法律的惩罚而不履行好客和友谊的义务。我祈求有一天能向他表示感谢，我的感激之情绝不会停止。

我于 4 月 29 日从布隆狄西出发。我经过马其顿去西泽库。啊，我现在居无定所，疲于奔命，而你是一位体弱的妇人，我为什么要你劳顿身心到这里来呢？那么，我不应当要你来吗？我能没有你吗？我想我的要求就是——如果我有回归的希望，请你鼓励它，帮助它；如果如我担心的那样，要是不行了，请你尽一切努力以你能够做到的任何方式到这里来。有一件事情我想要你知道——只要有你在，我就不会认为自己绝对丧失了一切。但我最亲爱的图利娅怎么办？请你想办法，我没有什么建议。无论事情变得如何，为了这个可怜的小姑娘的婚姻和名声，我们在任何情况下都必须做我们能做的一切。还有，我可怜的儿子西塞罗怎么办？我希望他能始终在我的怀抱中。我现在不能再写了，悲伤使我的笔变得呆滞。我不知道你如何弄到盘缠——你是否弄到了什么东西，或者如我担心的那样，东西全部被抢光了。

如你所写，我希望庇索始终是我们的朋友。至于解放那些奴隶，没有什么事值得你焦虑。首先，你的奴仆已经得到许诺，你会按照他们个人应得的待遇对待他们。奥菲斯还在履行他的义务，其他人的表现不值一提。有关其他奴仆，如果我的地产不在我手上了，只要他们同意，他们可以成为我的自由民；但若这些地产仍旧在我手上，那么他们应当继续是我的奴隶，除了极少数人。但这些都是小问题。

至于你鼓励我要勇敢，不要放弃恢复我的公民权利的希望，我只希望事情的发展能给这种希望找到理由。可怜的人啊，我什么时候才能最终得到你的来信？谁会给我送信来？要是水手们允许，我应当在布隆狄西等待你的信，但是他们不想错过有利的天气。至于其他事情，我的特伦提娅，请你坚忍不拔，尽力保持你的尊严。我们生活过了；我们有过我们的日子。我们现在的卑微不是我们的过错，而是我们的美德；我觉得自己有罪，但不是因为任何过错，除了没有在我丧失荣誉的时候丧失我的性命。但若我们的孩子宁愿我活着，那就让我们承受其他所有事情，尽管它们难以忍受。但是，正在鼓励你的我却不能鼓励我自己。

我已经把忠诚的克劳狄·斐莱泰鲁送回家，因为他患眼疾，已经做不了什么事。撒路斯提乌斯由于良好服务而得到奖励。佩珊纽斯对我是最真诚的，我希望他能一直照料你。[①] 西卡[②] 表明他想继续和我在一起的意愿，但是他在布隆狄西离开了我。请你尽一切可能保持健康，请你始终记住，你的不幸比我自己的不幸使我更加痛苦。我的特伦提娅，你是世上最忠诚、最优秀的妻子，我亲爱的小女儿和西塞罗是我们最后存在的希望，再见。

布隆狄西，4 月 29 日。

[5]

西塞罗致特伦提娅和图利娅，公元前 50 年 10 月 16 日，于雅典。

如果你和图利娅——我的生命之光——都很好，那么我和我亲爱的儿子西塞罗也很好。我们于 10 月 14 日到达雅典，在路上我们遇上顶头风，船走得很慢，很不舒服。当我们下船的时候，阿卡斯图[③] 在那里等我们，他走了

① 克劳狄、撒路斯提乌斯、佩珊纽斯可能是西塞罗的自由民。

② 西卡是西塞罗的朋友。

③ 阿卡斯图是西塞罗的一名奴仆。

21 天来送信，他真的非常能干。我收到了你们的信，看到你们在担心前一封来信没有送到我手里。我收到了你们的所有来信，你们努力向我非常详细地解释了一切，我非常感谢你们。至于阿卡斯图带来的这封信，对它的简洁我不感到惊讶，因为你们正在等待我，或者等待我们的到达；我们确实急于尽快回到你们身边，虽然我非常明白，等我到来的时候，形势会变成什么样子。我从阿卡斯图带来的许多朋友的来信中得知好像又要打仗了，所以，等我到达的时候，对我来说已经不可能隐藏我的真实感情。不管怎么说，由于我们必须面对命运，我将尽一切努力尽快到达，这样就可以有较好的机会考虑整个形势。

我想要你尽一切可能与我会合，以不伤害你们的健康为前提。

至于普利西乌留下的遗产，我向你保证，它对我来说是一种悲哀（因为我对他非常热爱），请你设法办理此事——如果拍卖在我到达之前进行，让庞波纽斯去办，要是他不行，让卡米鲁斯[①] 替我们打理这件事。等我安全到家，我会亲自做剩下的事；但若你们已经从罗马启程，你们仍旧会高兴地看到我说的这些事情已经办完了。有上苍的帮助，我们希望 11 月 13 日能在意大利。我最亲爱、最甜蜜的特伦提娅，我亲爱的图利娅，由于你们爱我，请你们一定要注意健康。

雅典，10 月 16 日。

[6]

西塞罗致特伦提娅和图利娅，公元前 48 年 7 月 15 日，于都拉斯。

我不是经常可以把信托付给任何人的，但我现在没有什么事情需要小心翼翼地写。我从最后收到你们的来信中得知没有地产可售，所以请你们考虑，如何满足那个人的要求，如你们俩所知，我急于让他得到满足。至于我

① 卡米鲁斯（Camirus），西塞罗的律师朋友。

们的女儿对你的感谢，我不感到奇怪，你为她做的事使她有很好的理由向你表示感谢。如果波莱克斯[①]还没有启程，请你们一定要催他尽快到达。注意你们的身体。

7月15日。

[7]

西塞罗致特伦提娅和图利娅，公元前49年6月11日，于邻近福米埃处。

我使你处于一种非常悲哀的境地（这使我感到非常苦恼，超过其他任何事情），也让我亲爱的图利娅处境悲哀，她对我们来说，比我们自己的生命还要甜蜜——我要说，我已经放下或驱除所有这些困惑和焦虑。在离开你们以后，我发现病因在于一种无法稀释的胆汁；我在那天晚上已经驱除了病因。我马上得到了缓解，因为我想象有某位神在为我治病，对这位神我请求你们虔诚地供奉，你们一直在这样做——我指的是阿波罗和埃斯库拉庇俄斯。

我相信我们有了一条好船，上船后我尽快写下这些话。我还要再写一些信给我们的朋友，用热情的话语把你和我们亲爱的图利娅介绍给他们，请他们给予照顾。我要鼓励你们拿出更加勇敢的精神来，要超过我们中的任何一位男子汉。然而我托付这件事，为的是不仅希望你们俩能在你们所在的地方过得舒服，而且也希望我身边有一天会有一些像我一样的保卫共和国的人。

关于你们，首先，我想要你们照顾自己的健康；其次，如果你们乐意，你们可以使用那些远离手拿武器的人的庄园。如果物价上涨，你们可以在方便的时候与我们在镇上的仆人一道住进在阿尔皮诺的庄园。西塞罗[②]真是个好小伙，他向你们送上最大的爱。再见，再说一遍，再见。

---

① 西塞罗的一名奴仆。

② 指西塞罗的儿子马库斯，生于公元前65年，此时16岁。

6 月 11 日。

[8]

西塞罗致特伦提娅，公元前 47 年 6 月 2 日，于布隆狄西。

如果你身体健康，那么太好了，我也很好。请务必注意身体，因为我从来信和他人捎来的口信中得知你突然发高烧。你帮了我的大忙，那么快就把凯撒的来信告诉我。还有，从现在开始，如果有任何需要，如果有什么新的事情发生，你明白我是非常乐意了解的。照顾好你自己。再见。

6 月 2 日。

[9]

西塞罗致特伦提娅，公元前 48 年，约 12 月 17 日，于布隆狄西。

由于多拉贝拉和图利娅的健康状况不佳，在我原有的悲伤必定又有新的添加。环顾四周的一切，我不知道在这个世界上我该朝哪里走，或者该做些什么。请照顾好你自己和图利娅的健康。再见。

[10]

西塞罗致特伦提娅，公元前 47 年 7 月 9 日，于布隆狄西。

我写信告诉庞波纽斯，我的愿望迟于我应当做的事。当你和他谈话的时候，你要理解我想做什么。由于我已经写信给他，所以在这里没有必要写得更明白。我想要你尽快给我回信，谈谈这件事和其他所有事情。请务必注意你的健康。再见。

7 月 9 日。

[11]

西塞罗致特伦提娅，公元前 47 年 6 月 14 日，于布隆狄西。

如果你很好，那么一切都好；我也很好。我们的女儿图利娅于 6 月 12 日与我会合。她完美的谈吐与和蔼可亲让我心中的后悔得到缓解，她的孝顺和所处的地位已经很不相同，而我的粗心应当受到责备。把西塞罗[①]送到凯撒那里去是我的意愿，我打算让格·撒路斯提乌斯和他一起去。如果他出发了，我会通知你。务必注意你的健康。再见。

6 月 14 日。

[12]

西塞罗致特伦提娅，公元前 48 年 11 月 4 日，于布隆狄西。

你对我安全到达意大利感到非常高兴，我希望你的高兴不会停止。由于我的心灵受到一种愤怒的骚扰，由于我承受着残酷的错误，所以我担心自己会采取一种政策，从而无法轻易使自己解脱。你必须尽你所能在各方面帮助我。但你能做些什么，我没有主意。说你应当在某个具体时间启程完全是胡说。旅途不很长，但不安全；如果你真的来了，我看不出有什么好处。再见。

布隆狄西，11 月 4 日。

[13]

西塞罗致特伦提娅，公元前 47 年 7 月 10 日，于布隆狄西。

---

① 指西塞罗的儿子马库斯。

我在给你的最后一封信中提到送离婚书[①]的事；好吧，我不太明白当前推动他这样做的力量是什么，他在用什么办法鼓动平民。哪怕他处于愤怒之中，但他也许会接受和平处理的建议。我想你在处理整件事情时一定会谨慎，在当前最令人苦恼的情况下，你会做你认为最不苦恼的事情。再见。

7月10日。

[14]

西塞罗致特伦提娅与图利娅，公元前49年6月23日，于敏图尔奈。

图利乌斯送上对特伦提娅的爱，图利娅的父亲送上对图利娅的爱，她们是他心中最亲爱的人，小西塞罗送上对他最优秀的母亲和最亲密的姐姐的爱。

如果你们都好，那么我们也很好。现在你们，而不仅仅是我，要考虑一下我们应当做些什么。如果凯撒的军队有序地进入罗马，那么你们可以安全地待在家里；如果凯撒疯狂地让这个城市遭受抢劫，那么我担心哪怕是多拉贝拉也不足以帮助我们。我还担心我们可能会暂时与你们中断联系，所以，当你们希望离开城里的时候，情况可能已经不允许了。还有一个问题，像你们这样的妇女要不要留在罗马，没有人能比你们自己更适宜讨论。如果她们不留，那么我们必须考虑你们留下是否恰当。现在的情况就是这样，除非我能重新获得我的那些庄园，这样的话你们就可以很好地与我待在一起，或者去我们的某个庄园。还有一件事要担忧，也许要不了多久，城里就有可能出现饥荒。

我想要你们俩与庞波纽斯、卡米鲁斯，以及你们认为最适宜的人一起考虑和讨论这些事情，尤其是，你们一定要鼓足勇气。拉庇努斯[②]已经改变了

① 送给图利娅的丈夫多拉贝拉。

② 拉庇努斯（Labienus）为凯撒的副将，后来投靠庞培。

形势。庞索帮了我们，他宣布放弃这座城镇，并谴责他自己的犯有罪行的女婿。我亲爱的，你们一定要经常给我写信，把你们的情况告诉我，把罗马发生的事情告诉我。昆图斯和他的儿子，以及鲁富斯，送上他们对你们的敬意。再见。

敏图尔奈，6月23日。

[15]

西塞罗致特伦提娅，公元前47年6月19日，于布隆狄西。

如果你很好，那么一切都好。我曾经决定，如我以前写信对你说的，派西塞罗去见凯撒，但我现在已经改变了我的意愿，因为后者什么时候到达我一无所知。关于其他一切，尽管没有什么新鲜事，然而你能从西卡那里知道我希望什么，我认为当前时刻必须做什么。图利娅仍旧和我在一起。请你务必注意健康。再见。

6月19日。

[16]

西塞罗致特伦提娅，公元前47年1月4日，于布隆狄西。

如果你很好，那么一切都好；我也很好。尽管现在我的处境使我无法期待你的来信或者亲笔给你回信，但我确实在这样做，既期待着你的来信，又在发现有人可以给你捎信的时候给你写信。伏鲁妮娅必须比过去更加老练，更加谨慎，对你更加尽心。然而，其他一些事情使我更加悲伤——这些使我苦恼的事情，就像是在强迫我放弃最初的信念。多多保重。

1月4日。

[17]

西塞罗致特伦提娅，公元前 48 年 12 月 15 日，于布隆狄西。

如果你很好，那么一切都好；我也很好。如果我有什么事情要告诉你，那么我会更加详细，更加频繁地给你写信。事情的当前状态你自己就能看清；至于它们对我有什么影响，你可以从莱普塔和特巴提乌那里得知。你一定要照顾好自己，照顾好图利娅的健康。再见。

[18]

西塞罗致特伦提娅与图利娅，公元前 49 年 1 月 22 日，于福米埃。

图利乌斯送上对妻子特伦提娅的爱，图利娅的父亲送上对最亲爱的女儿图利娅的爱，小西塞罗送上对他最优秀的母亲和最亲密的姐姐的爱。

亲爱的，我想你们一定在反复仔细考虑你们应当做什么——是留在罗马，还是与我一道待在某个安全的地方。这个问题不仅属于我，而且也属于你们。我的建议是这样的，由于多拉贝拉的原因，你们可以安全地待在罗马，如果暴力或抢劫开始，他的仁慈可以帮助我们。另外，有证据表明所有拥护现政权的人都已经带着他们的妻子离开罗马。我现在所在的地区不仅有对我忠诚的城镇，而且有属于我的庄园，所以你们可以一直和我在一起，如果你们离开罗马，也能在我们自己的庄园里住得很舒服。我个人还没有确定哪一种方式比较好。请注意其他像你们这样地位的妇女在做什么，你们一定要小心，免得当你们想要离开罗马时，已经没办法离开了。我再三要求你们认真考虑这件事，和你们的朋友讨论。请告诉斐洛提姆把房子周围设上路障，加强保卫。我也想要你们派人定期送信，这样我就可以每天收到你们的来信了。但最重要的是，如果你们希望我一切都好，那么你们也要尽力而为，让你们的一切都好。

福米埃，1 月 22 日。

[19]

西塞罗致特伦提娅，公元前 48 年 11 月 27 日，于布隆狄西。

在我其他所有压倒一切的悲伤中，我们亲爱的图利娅的病情一直在折磨我；但就此事我没有理由进一步写信给你，因为我相当确定，你自己的麻烦也一样大。你们俩想要我离你们近一些，我明白我必须这样做。我甚至早就该这样做了；但有许多困难阻拦我，这些困难甚至更难解决。我正在等庞波纽斯的一封信，请你注意，尽快送到我这里来。尽力而为，照顾好你自己。

[20]

西塞罗致特伦提娅，公元前 47 年 10 月 1 日，于维努西亚。

我想我会在本月 7 日或 8 日到达图斯库兰庄园。请把那里的一切都准备好，也许会有几个人与我同行，我希望我们能在那里待很长时间。如果洗澡间里没有大澡盆，看看哪里有，准备好日常生活的一切必需品。再见。

于维努西亚地区，10 月 1 日。

[21]

西塞罗致特伦提娅，公元前 47 年 6 月，于布隆狄西。

如果你很好，那么一切都好；我也很好。你要尽力恢复健康。除了时间和环境要求你去处理必要的事情，你要尽可能给我来信，把所有事情告诉我。再见。

[22]

西塞罗致特伦提娅，公元前 47 年 9 月 1 日，于布隆狄西。

如果你很好，那么一切都好；我也很好。我每天都在等待送信人，要是他们到了，我也许就能知道我必须做些什么，我也会马上让你知道。务必注意你的健康。再见。

9 月 1 日。

[23]

西塞罗致特伦提娅，公元前 47 年 8 月 12 日，于布隆狄西。

如果你很好，那么一切都好；我也很好。凯撒的来信终于交到我手中，写得相当漂亮；信中说他本人会比人们的期望到得更快。去迎接他还是待在这里等他，等我定下决心，我会让你知道。我想要你把我的送信人尽快打发回来。务必注意你的健康。再见。

8 月 12 日。

[24]

西塞罗致特伦提娅，公元前 47 年 8 月 11 日，于布隆狄西。

如果你很好，那么一切都好；我也很好。关于凯撒的到达或关于斐洛提姆手中的信，我还没有确定的消息。如果我有了这样的消息，我会马上让你知道。务必注意你的健康。再见。

8 月 11 日。

第十五卷

[1]

前执政官马·图利乌斯·西塞罗致执政官、执法官、保民官、元老院，公元前51年，于西里西亚地区，邻近居比特拉。

如果你们都很好，那么一切都好；我和我的军队很好。尽管我没有收到说帕昔安人实际上已经全军渡过幼发拉底河的不确定的情报，因为我相信有关这些事情总督彼布卢斯会把更加明确的报告送给你们，但我仍旧决定，对我来说没有必要在这份公报中塞入要由另一个行省来报告的事情。然而，当我通过使者、信使和书信得到最可靠的消息——无论是因为事情本身的重要性，还是因为我还没有听说彼布卢斯抵达叙利亚，或是因为事实上我对这场战争的指挥与彼布卢斯的指挥几乎一样多——由于这些原因中的任何一个原因，我认为自己有义务把我了解的情况向你们报告。

科马根尼国王安提奥库斯的使者最早向我报告，帕昔安人的大量军队开始渡过幼发拉底河。接到这个报告后，由于某些人认为这位国王完全不可信，所以我得出结论，必须等待更加确定的消息。9月18日，当我率领军队进入西里西亚的时候，我在吕考尼亚和卡帕多西亚之间的前线收到了来自塔康狄莫图[①]的报告，他是我们在陶鲁斯山那边最忠诚的盟友，是罗马人民最好的朋友。他报告说，奥洛德斯之子帕科鲁斯，帕昔安人的国王，已经带领一支强大的骑兵渡过幼发拉底河，在提巴安营扎寨，叙利亚行省已经有大规模的起义。同一天，我还收到阿拉伯人的部落首领杨布里科的一份报告，里面讲的是同一事件，人们一般认为他忠于我们国家，是我们国家的朋友。

得到这一消息，尽管我完全明白我们的同盟者没有非常确定的看法，而

① 塔康狄莫图（Tarcondimotus），国王，公元前64年为庞培所立。

是在动荡的局势中观望动摇，然而我希望我已经接触过的这些人，这些对我的仁慈和诚实有清楚了解的人，现在变得对罗马人民更友好；还有，如果允许西里西亚人分享我公正统治的成果的话，西里西亚在它的忠诚方面会得到进一步确认。由于这个原因，也由于西里西亚人民压倒一切的意愿，他们拿起了武器，要让我们在叙利亚的敌人信服罗马人民的军队，在这种情况下，我决定率领部队向陶鲁斯山进军。

如果我的看法对你们有任何影响（尤其是那些你们只是偶然听说，而我几乎用眼睛证实过的事实），那么我强烈地敦促建议你们采取措施，保障这些行省的安全，你们这样做确实已经有点迟了，但还不至于太迟。你们非常清楚，当你们派我来处理这场大规模的战争时，我的部队的装备有多么可怜，我们的防卫有多么虚弱；但我接受了这项责任，不是因为我盲目骄傲，而是因为我的荣誉感使我不愿拒绝它。我从来没有想到会有这么大的危险，乃至于想要逃避，而不是服从你们的权威。

然而，在当前时刻，除非你们尽快地向这些行省派遣一支强大的军队，就好像你们真的要面对一场头等重要的战争，那么会有各种危险，我们将被迫放弃这些行省，而罗马人民要依靠在这些行省里的税收。但是，你们根本没有任何理由把希望放在这个行省的征兵上；这里的男人不多，一有危险，这里的男人都四下逃窜；在亚细亚，那位非常勇敢的军官，马·彼布卢斯，通过拒绝征兵表示了他这种类型的战士对这件事的看法，当你们允许他征兵的时候。事实上，由于罗马统治的严酷和不公正，我们同盟者中的辅助部队要么非常虚弱，不能给我们提供很多帮助，要么与我们非常疏远，就好像我们要么不能对他们有什么指望，要么不能把任何事情托付给他们。至于国王戴奥塔鲁斯，以及他的军队，对我们是友好的，无论他拥有什么力量，我把他们当做站在我们这一边的人。卡帕多西亚是一个空壳。其他一些国王和独裁者在人力或友谊方面不太可靠。至于我本人，我肯定不缺乏勇气，我希望自己也不缺乏谋略。无人能说将会发生什么事。请上苍保佑我们能够采取措施保障我们的安全；我们肯定也要保卫我们的荣誉。

[2]

前执政官马·图利乌斯·西塞罗致执政官、执法官、保民官、元老院，公元前 51 年 9 月 21 日或 22 日，于居比特拉。

如果你们都很好，那么一切都好；我和我的军队很好。我于 7 月最后一天到达这个行省，由于海上和陆上行军的困难，我没有能够更早到达，此时我想与我的职务最一致、对公共幸福最有益的事情是做好战备，安排好与军务有关的所有事情。我谨慎而又勤勉地安排好这些事情，这时候我几乎每天都接到信使送来的信件，有关帕昔安人进犯叙利亚行省，我认为率领我的军队穿越拉科尼亚、以扫里亚和卡帕多西亚是可取的，因为我有足够的理由怀疑帕昔安人会放弃叙利亚，进入我的行省，这样做的时候他们会穿越受抵抗最少的卡帕多西亚。

于是，我率领我的军队穿越与西里西亚相邻的那部分卡帕多西亚，在毗邻居比特拉的地方扎营，它是陶鲁斯山脚下的一个镇子，为的是让亚美尼亚国王阿塔瓦德斯知道，无论他心里抱什么样的态度，有一支罗马人民的军队离他的前线不远，也为了让对我们国家最忠诚最友好的国王戴奥塔鲁斯能与我密切接触，用他的建议和资源帮助我们的国家。

在该地扎营以后，我派我的骑兵队前往西里西亚，为的是向该地区的城镇宣告我的到来，保证对我们的效忠，对我本人也可较早得到消息，弄清在叙利亚发生的事情；我想在军营中待上三天，履行重要的和必要的职责。

由于你们已经决定要我负责保护被称做“忠诚者”和“罗马热爱者”的国王阿里奥巴扎尼，保护这位君主的个人安全和他的王国的稳定，简言之，既保卫国王又保卫王国，由于你们指出罗马人民和元老院都极为关心这位国王的安全——对其他任何国王来说，元老院从来没有颁布过这样的法令——所以我决定向这位国王通报你们的意思，并向他保证我会提供保护，让他知道你们已经把他个人的安全和他的王国的稳定托付给我，如果他希望我做什么，他可以直接告诉我。

在我的幕僚的陪同下，我向这位国王解释了一切，他回话时一开始就向你们表达他的深切谢意，也向我表达谢意，他认为元老院和罗马人民关心他个人的安全，这是一种非常重大的帮助，而我也表现出这样的勤勉，使他不可能怀疑我的真诚和你们的权威的分量。然而后来的谈话给了我这样一种印象（我非常高兴地听到），他既不知道任何旨在针对他的生命或他的王国的阴谋，甚至也没有任何怀疑。因此我向他表示祝贺，并且说我非常高兴，而不是提醒他不要忘记他父亲遇刺的悲剧，在表示他会接受元老院的建议，提高警惕，采取安全措施以后，他离开了，返回居比特拉镇。

然而，他于次日到我的军营来拜访，与他一起来的有他的弟弟阿里亚拉塞斯，还有一些年长者，他父亲的朋友。他非常激动，流下了眼泪，他弟弟和朋友也一样，甚至忘了恳求我保证做到你们托付给我的事情。当我感到奇怪，不知到底发生了什么事情时，他对我说：他已经得到报告，确实有人在搞阴谋——这个消息在我到达之前被隐瞒了，因为有些知道内情的人由于恐惧而保持沉默；而现在，由于希望我能保护他们，所以有几个人勇敢地向他报告了这件事，其中包括他的弟弟；他弟弟非常热爱哥哥（当着我的面他弟弟重复这些话），有人怂恿他夺取王位，而弟弟说，只要哥哥还活着，他就不可能考虑这个建议；但弟弟一直没有公开此事，因为他害怕有可能发生的危险。

国王说完以后，我建议他采取措施保证自己的安全，我敦促他那些曾得到他父亲和祖父赞许的朋友尽力保护国王的生命安全，防止出现他父亲那样的悲剧。

这位国王要求我给他派一些骑兵和步兵，尽管我不怀疑按照元老院的法令我不仅有权这样做，而且这样做也是我的职责，但由于从叙利亚每日传来的消息，为了公共的利益，我需要尽快率军进入西里西亚地区，而在我看来，由于阴谋已经败露，这位国王现在不需要一支罗马军队来保护他，他完全可以派他自己的人来保护，所以我敦促他使用国王的权力来确保他个人的生命安全，惩罚阴谋者，解除其他人的恐惧；他也可以利用我的军队的威慑力量去遏制助长阴谋的人；我同时向他保证，我会让他的所有臣民知道元老院的法令，一旦有需要，我会直接出面保护国王。

对他做了这样一番鼓励以后，我拔营向西里西亚进军，心中留下对卡帕多西亚的印象，由于你们的政策，由于一个奇妙的几乎是天意的事件，一位最感恩的国王、一位你们把他的安全托付给我的国王、一位你们用法令宣布你们严重关注他的安全的国王，由于我的到达，已经从迫在眉睫的阴谋中解救出来。我想这样对你们说并非不相干，因为这样说可以使你们从所发生的事情中推论，是你们的预见防止了阴谋的发生；我更加快乐地通知你们，我相信我已经有了很多证据，表明国王阿里奥巴扎尼道德高尚，能干，诚信，对你们友好，所以你们有很好的理由对他的幸福表示这样的关切。

[3]

西塞罗致马·加图[①]，公元前 51 年 8 月 28 日，于伊科纽。

科马根尼的安提奥库斯派来的使者已于 8 月 28 日抵达我毗邻伊科纽的军营，他们向我报告，娶了亚美尼亚国王的妹妹为妻的帕昔安人的王子率领由多个民族的人组成的帕昔安大军抵达幼发拉底河畔，亚美尼亚国王打算进攻卡帕多西亚；我想，考虑到我们之间的亲密联系，我有责任给你写这封信。

由于两个原因我没有送出公报，因为这些使者告诉我这位科马根尼人已经直接派出信使带着公报去了元老院，还因为我知道前执政官马·彼布卢斯发现风向有利，已经于 8 月 13 日走海路从以弗所去了叙利亚，现在已经到达他的行省，我假定他的公报在各方面会把更加明确的消息传达给元老院。而我本人，考虑到当前的形势以及战争，我主要关注的是用我的宽厚和节制，以及用同盟者的忠诚，来确保我用归我指挥的军队很难确保的东西。

① 加图此时已经从塞浦路斯离任，返回罗马。

我请求你在我缺席时表示对我的尊重，为我进行辩护，就像你始终在做的那样。

[4]

西塞罗致马·加图，公元前50年1月，于大数。

你的巨大影响和我本人对你杰出的功绩持有的坚定看法给我留下了这样的印象，你对我非常有益，你不仅承认我过去取得的成就，而且重视我现在公正而又有节制地对待和保护我们的同盟者，以及我对这个行省的治理。我想，如果你知道了这些事实，那么要赢得你对我的建议的赞许就比较容易。

我于7月最后一天进入我的行省，由于季节的原因，我必须立即与我的军队会合，在此之前，我花了两天时间在劳迪凯亚，四天在阿帕美亚，三天在叙那达，三天在斐洛美留。我在这些城镇主持重要的巡回法庭审判，成功地解除了大量的苛捐杂税、高利贷、欺诈性的债务要求。我到达以后，发现一些部队处于解散的状态，我几乎可以称之为叛变，有五个步兵队没有队长，没有军法官，还有的步兵队（你相信吗？）甚至没有一名百夫长，他们在斐洛美留露营，而其他部队驻扎在吕考尼亚，我命令我的副将马·阿奈乌斯率领这五个步兵队与其他部队会合，整顿以后在吕考尼亚的伊科纽扎营。

当他严格执行我的命令以后，我本人于8月24日到达伊科纽军营，按照元老院的法令，那里几天前集中了一支部队，有一支相当可靠的骑兵，还有来自同盟国的人民自愿组成的辅助队。我检阅了这支部队，开始进入西里西亚；8月28日，科马根尼的国王派来某些使者惊慌失措地向我报告，帕昔安人已经渡海进入了叙利亚，他们的消息可能是真的。

听到这样的报告以后，我深深地为叙利亚以及我的行省担忧，简言之，为亚细亚的其他地区担忧。所以我想有必要率领我的军队穿越与西里西亚相邻的卡帕多西亚地区。因为一旦进入西里西亚地区，那么由于阿马努山的天然便利，我很容易掌控西里西亚——从叙利亚到西里西亚只有两条通道，都很狭窄，用一支小部队就能封锁道路，西里西亚是抗击叙利亚的最佳防地——但另一方面，我关心对叙利亚敞开的卡帕多西亚，那些国王位于它的前线，尽管他们与我们秘密地友好，然而不敢公开对帕昔安人表示敌意。因此，我在卡帕多西亚南端的居比特拉镇驻防，这里离陶鲁斯山不远，便于保护西里西亚，与此同时，通过占领卡帕多西亚，可以遏制那些边界部落的新的企图。

国王戴奥塔鲁斯在这场由于对残酷战争的预见引发的骚乱中，对罗马人民始终表示友好与忠诚，我和你，以及元老院，对他的功绩，以及对他惊人的勇敢和明智，给以最充分的赞扬，这样做并非没有理由——我要说，戴奥塔鲁斯给我派来使者，表示要率领他的全部军队到我的军营里与我会合。为他的忠诚和礼貌所感动，我写信向他表示感谢，催促他尽快这样做。

然而，我的战役计划迫使我在毗邻居比特拉的地方待了五天，在此期间，我解救了国王阿里奥巴扎尼，元老院把他的安全托付给我，而他面临一场迫在眉睫的阴谋，而他自己毫无察觉，我不仅救了他的命，而且还努力树立他作为一名国王的威信。美特拉斯和你特别向我推荐的那位阿塞奈乌斯受到艾塞奈伊斯残酷无情的惩罚，而我树立他们的地位，使他们能得到国王的青睐，从而对国王产生最大的影响。发生在卡帕多西亚的严酷的战争是祭司事件激发的，那里有位年轻人拿起武器保卫自己（人们认为他应当这样做），不愿与那些搞内战的人妥协，我设法让那些祭司离开这个王国，而没有参与叛乱，没有召集武装，有法庭保护的国王则继续尊严地拥有他的王国。

与此同时，我通过信件和口信获悉，帕昔安人和阿拉伯人的强大军队已经逼近安提阿，已经进入西里西亚的骑兵部队被我驻防在厄庇法奈亚的骑兵和步兵分割。由于帕昔安人挺进到卡帕多西亚的军队离西里西亚前线已经不远，我率领我的军队主力进入了阿马努山区。到达那里以后我接到情报，敌人已经从安提阿撤退，彼布卢斯在那里；所以我通知当时正率领大量骑兵和步兵赶来与我会合的戴奥塔鲁斯，说我认为他本人不应离开他的王国，如果发生什么事，我会马上通过书信和信使与他联系。

抱着两个行省必须互相帮助的意愿，我开始执行一项我前些时候已经决定的、对两个行省来说都极为重要的任务——肃清阿马努山区的敌人，使这个地区保持和平。对外我假装关注西里西亚其他地方的战事，离开阿马努山，于10月12日在毗邻厄庇法奈亚的地方扎营，这里距离阿马努山只有一天路程；夜晚降临的时候，我派遣一支轻装部队乘着夜色奔袭开路，于13日黎明到达阿马努山。我恰当地安排了各个步兵队和辅助部队的将领，有些步兵队由我的副将、我弟弟昆图斯指挥，有些由我本人指挥，还有的由盖·庞普提努指挥，其他的由马·阿奈乌斯和马·图利乌斯指挥，他们三人都是我的副将；我们出其不意地消灭了大量敌人，许多敌人在逃跑中被俘。伊拉纳不太像一个村庄，反倒像一个城镇，它是阿马努山区最主要的村庄，此外还有塞皮拉和考莫里斯，尽管那里的居民进行了顽强持久的抵抗，从黎明一直打到下午4时（庞普提努占领了这些地方），我们终于攻克这些村庄，消灭了大量敌人；放火烧掉了他们的堡垒。

战斗结束以后，我们在毗邻亚历山大祭坛的军营里待了四天，在此期间我们仍旧派出少量部队去肃清阿马努山的残敌，扫荡属于我的行省的这部分山区的村落。

这项工作完成以后，我率军前往厄琉塞洛基里克的平德尼苏城，这座城市筑有坚强的堡垒，驻守在那里的是一批亡命徒，他们甚至从来没有向国王们投降；受到攻击时他们可以很方便地从水上逃跑，他们还在期盼帕昔安人的到来；考虑到它对帝国威望的重要性，我感到应当采取行动制止他们的胆大妄为；藉此威慑其他所有对我们的统治表示敌意的部落。

我设置栅栏，开挖壕沟，把这座城市团团围住；我在城外设置了六个营地；我利用土木工事和搭起的高台来攻城，使用了大量的抛石器和弓箭手；我们不断推进，没有引起任何麻烦，也没有让我们的同盟者消耗太大的代价；我们一共围城57天，城里的每个部分都被拆除或焚毁，敌人走投无路，无条件向我投降。邻近平德尼苏城的忒巴拉居民非常野蛮和粗暴；但就在平德尼苏城被攻克的时候，我收到了他们送来抵押的人质；然后，我解散了我的部队，让它们各自返回冬季营地。我让我弟弟昆图斯指挥全军，安排部队在那些被占领或没有完全摧毁的村庄中驻扎。

现在我想要你使自己确信，如果你把这些事情提交到元老院，我认为，在你的赞同下，我有可能受到最高的赞扬。和这些事情相关，我也非常明白即使是最有分量的人也不得不经常听取人们的要求，我还认为我现在必须做的事情只是提醒，而不是向你提出要求。因为我知道，你一直投票同意对我进行赞扬，你在日常谈话和公共演讲中，在元老院会议和公共集会中，已经对我大加赞扬；对于你这样的人的赞扬，我非常尊敬，通过你这样的人，我的热烈期望得以完成。我记得，是的，就是你，当人们拒绝某个最杰出的人取得荣誉的要求时，你表示你赞成，只要把动议限制在这个人在担任执政官期间在这座城里做的事。还是你，投票赞成我获得荣誉的请求，而当时我只是一位普通公民，不像在许多情况下是“为了国家健全的治理”，而是“为了保存国家”。

我省略这样一个事实，你不仅面临着声望受损、各种危险和暴风骤雨的打击，而且要是我允许的话，你还做好进一步面对的充分准备；事实上，你把我的敌人视为你自己的敌人，你在元老院里为米罗抗辩，你表示赞成处死那个敌人[①]，所以，我很容易看出你对我的高度评价。然而我这一方所做的事情——我不把它列为提供帮助，而是列为真正的见证和审慎的意见——总起来说，在我对你杰出功绩的敬佩中，（有谁不敬佩它们?）我没有沉默，而是用我的全部言语，在元老院里，在法庭上，在我所有著作中，用希腊文或拉丁文写的，简言之，在我所有各种文章中，我不仅把你的地位放得高于我曾经遇到过的所有人，而且高于我听说过的所有人。

你也许会问，我为什么如此看重元老院的祝贺和荣誉，要以这种方式来高度评价这种不确定的事情。好吧，我现在以一种你熟悉的方式对你说，这种方式适合我们共同的嗜好、我们相互之间良好的帮助、我们之间真诚的友

① 指克劳狄。

谊，还有我们父辈的亲密关系。

如果说曾经有人能够本着天然禀赋，更有甚者，像我似乎感觉到的那样，本着理性的判断和教育，不去理睬那些空洞的赞扬和世俗的流言，那么这个人肯定是我自己。我的执政官任期可以证明，在此过程中，就像在我生命的其他阶段，我承认自己渴求一切有可能是真正的荣耀的源泉的东西；但我从来不认为值得追求的是处在荣耀之中和荣耀本身。所以我对一个行省及其所有合法的额外收入的诱惑闭上眼睛，我希望通过这样做来达成某种胜利的希望。最后，关于担任占卜官，尽管我要获得这一职务并不困难（我相信这也是你的看法），但我从来没有申请过。然而，尽管如此，在我遭遇不公正以后——你提到这种不公正时总是视之为国家的堕落，尽管这对我来说，不仅不是堕落，而且甚至是一种荣誉——我着急的是，涉及拥有最优秀品质的我本人应当遵守元老院和罗马人民的决定。所以，我后来开始考虑原先不在乎的事情——竞选占卜官；还有，考虑到通常要由元老院授予在战场上获得成就的人以荣誉，尽管我以前从来没有为此苦恼，但我现在认为应当努力确保得到荣誉。

与我这种热烈期望相混合的是一种强烈的期待，想要以此医治我遭遇不公正时留下的创伤；我迫切地恳求你（就像刚才我说自己绝不会那样）赞同和支持我的要求，但要以下列情况为前提，无论你怎么看待我的这项成就，它并非微不足道、可以轻视的，而是在性质和范围上其他许多成就都无法比拟的。我似乎也注意到（你知道我有多么注意聆听你的话），无论是有奖赏的荣誉还是无奖赏的荣誉，在实际中摆在你们面前的不是成就本身，就像你们看待统帅们的性格、原则和日常生活一样。如果以相同的方式考虑我的情况，你会发现，我使用的力量像我的胳膊一样虚弱，但我用公平对待和节制找到了最强大的安全保障，抵御了最严重的战争威胁。有这样的力量的帮助，我获得了成功，在这个没有军团能使我成功的地方，我把那些对我们最不满的同盟者变成最忠诚的，把最不忠诚的同盟者变成最可靠的，把那些对改变现有统治的动摇不定的看法变成了对原有执政集团的友好情感。

但是，我在这里说自己说得太多了，尤其是在给你写信的时候，你是唯一能聆听我们所有同盟者的抱怨的人；从那些由于我的治理而得以恢复正常生活的人那里，你能听到这些事情。不仅几乎所有人都会异口同声地提出这种关于我的，我也想要听到的看法，而且你治下的两个最大的共同体，塞浦路斯岛和卡帕多西亚王国，也会对你谈起我；所以我想，戴奥塔鲁斯国王会对你谈起我的事，他与你的联系超过其他任何活着的人。

如果说所有这些事情都更加重要，如果好几个世代也只能发现，能征服自己的愿望的人少于能征服敌人力量的人，那么当你在战场上的成功之上添加这些更稀罕、更困难的道德品德方面的要求，把成功本身当做由这些道德品质及其后果来增强的东西，你肯定受到限制。

除了哲学，我最后的安慰是派一位代表去你那里为我抗辩，就好像你不相信我自己的辩解，对我来说，我的生命中没有比哲学更加宝贵的东西，诸神赐给人类的恩惠中也没有比哲学更伟大的东西。我们在共同的事业和追求中结成了伙伴关系，这种关系我们从童年时期就已经缔结并始终忠于我们之间的友谊，我们实际上把古人的，被某些人当做闲暇时的嗜好的真正的哲学引入讲坛，引入政治生活，是的，我们还几乎将它引入战场——我要说，这种伙伴关系现在正在为我的名声向你呼吁，而加图要是不接受这种呼吁，这在我看来是难以想象的。因此，我要你自己确信，如果我从公报中得知，由于你的赞成而把荣誉授予我，那么我会认为这是由于你的影响，以及我衷心希望得到的你的善意。再见。

[5]

马·加图致西塞罗，公元前50年4月底，于罗马。

做公共利益和我们的友谊推动我做的事情是我的快乐——我指的是，你在你的政治生涯遇到最大危机时表现出勇敢、正直和能力，而现在你同样勤勉地把这些品质运用于你在境外的军事指挥。因此，我已经认真做了我能做的事情，也就是说，用我的语言和投票赞扬了你的正直行为和判断，你保护了一个行省，拯救了这个王国，拯救了阿里奥巴扎尼国王本人，赢得了你的同盟者的心，让他们热情地接受我们的统治。

至于颁布举行公共祷告仪式的法令，如果说一件关系到国家利益的事情不应当由偶然的法令，而应由你自己成熟的政治技艺和自我约束来确保，而你本人宁愿我们向不朽的诸神表示感谢，而不是用你的成功来增加你的信誉，那么我会非常高兴。但是，如果你想象一场公共祷告仪式是对一场胜利的热心的确认，如果这就是你希望通过交好运，而不是凭着你本人得到所有赞扬的理由，那么让我告诉你，这场胜利肯定不会随着一场公共祷告仪式而到来，让元老院审慎地宣布这个行省的保全归功于你温和的统治和统帅的正直，而非归功于军事力量或上苍的青睐，这是一件比任何胜利更加辉煌的事情；这就是我在写选票时的确定信念。

现在有违我通常的做法，我如此详细给你写信的原因是引导你相信（我非常着急地希望你能这样想）我正在用两个事实尽力说服你——我支持我认为能最有效地保证你的荣誉的事情，与此同时我也乐意采用你个人喜欢的办法。

再见，请你保持对我的尊重，沿着你已经踏上的道路继续前进，让同盟者和共和国继续确信你在严格履行职责。

[6]

西塞罗致马·加图，约公元前 50 年 8 月 10 日，于大数或罗得岛。

如果我没记错，如奈维乌斯剧中的赫克托耳所说：“我很高兴能从一个像你这样受到赞扬的人那里赢得赞扬”；这无疑是一种来自生活在赞扬气氛中的那些人的令人愉快的赞扬。是的，我向你保证，无论是由于你的祝贺信，还是由于你在元老院表达的意见，我感到自己已经不再需要什么了。令我最感谢、最为满意的是，毫不犹豫地向真理让步的你现在乐意为了友谊做出让步。如果现在有许多人，我不说每一个人，是我们国家的加图，而非仅有一位加图在奇迹般地显灵，那么我能把从你那里得到赞扬比做什么样的胜利马车，或者胜利花冠？因为按照我自己的情感，按照我的诚实，按照对你的判断力的把握，我认为不会有比你的演讲更高的赞扬，我的朋友们已经给我送来了你的演讲的抄件。

我已经在前一封信中向你解释了我热烈期盼(我不想称之为强烈的欲望)的原因；尽管对你的影响很大，但仍旧是合理的，因为我对荣誉的渴望并非贪婪的觊觎，如果荣誉是由元老院赐予的，就绝不能予以轻视。考虑到我在公共事务中耗费的劳动，我希望元老院不会认为我配不上这样的荣誉，尤其是赐予这样的荣誉符合惯例。如果说这件事已经结束，你已经在表达你的看法时向我致以你认为最大的谢意，那么我请求你做的全部事情就是（引用你非常友好的话语），请你对我宁愿得到的荣誉得以通过感到高兴。我非常清楚你的行动和你的感觉，你参加起草法令这一事实清楚地证明，你对通过举行公共祷告仪式来赋予我荣誉是高兴的。我非常明白，这样的元老院法令通常是接受荣誉者的最伟大的朋友起草的。我希望最近就能见到你，我希望到那时政治形势会比我所担心的要好。

[7]

西塞罗致候任执政官盖·马凯鲁斯[①]，公元前51年9月初，于伊科纽和居比特拉之间。

我极为高兴地听说你已经成了执政官，我祈愿上苍保佑你任期成功，可以按照你自己和你父亲的崇高地位来治理国家。我不仅始终热爱和尊敬你，而且还发现你在我的命运多次发生变化的时候对我非常关心。还有，你的父亲不断为我提供良好的服务，在我遭遇不幸的日子里为我辩护，或者在我幸

① 盖·马凯鲁斯（C. Marcellus），公元前50年的执政官。

运的时候荣耀我，因此我必须听从你的安排，尤其是我完全意识到那位最卓越的妇人，你的母亲，会强有力地支持给予我幸福和地位（我这样的要求已经超过能对任何妇女提出的要求）。这就是我向你提出恳求的理由，请你用格外的热情来表示你对我的尊敬，在我缺席时为我辩护。

[8]

西塞罗致占卜官盖·马凯鲁斯[①]，公元前51年9月初，于伊科纽和居比特拉之间。

你的儿子马凯鲁斯已经成了执政官，你会为你一直虔诚地祈求的事情得以实现感到快乐的颤抖，而对我来说，这是一种难以言表的快乐，不仅是由于他本人的缘故，而且也由于我认为你也完全配得上命运所能赐予的全部幸福。我有令人信服的证据证明你内心对我有着无与伦比的善意，无论是在我碰上麻烦的时候，还是在我获得胜利的时候；简言之，我发现你的整个家庭都在最热情地支持我，希望我获得官方的地位和荣誉（无论你愿意怎么叫它）。由于这个原因，请你代向你最杰出的妻子朱妮娅表示我的祝贺。我请求你继续做你始终在做的事情——关心我，并且在我缺席的时候为我辩护。

[9]

西塞罗致执政官马·马凯鲁斯[②]，公元前51年9月初，于伊科纽和居比特拉之间。

我对盖·马凯鲁斯当选执政官感到非常高兴，你已经从你对你家族的热爱，从你对国家的贡献，从你自己最成功、最令人敬佩的执政官任期中采摘

① 这封信收信人是前一封信收信人的父亲。

② 这位马·马凯鲁斯是公元前51年的执政官，他是次一年的执政官马凯鲁斯的堂兄弟。

到丰硕的成果。我不怀疑其他那些在场者的感情，我发誓，我的赞扬是真诚的，就像被赞扬者获得这些赞扬是应当的，当我在竭力赞扬你的时候，我本人却被你本人派往偏远之地，远离你们。我从童年起就对你有一种特别的情感，而你一直希望增强这种情感，你确实认为我在各方面拥有最广泛的影响，而我对你的热爱由于你的成就而得到极大的增强，或者说我可以把罗马人民的这一决定视为你的帮助，是吗？当一些和言语和行为都异常谨慎、事业和原则都非常高尚的人把这个消息告诉我的时候，我感到一阵愉悦的颤抖，我爱你，你爱我（无论你喜欢哪一种说法）。

然而，如果你在担任执政官期间，安排某人尽快接替我的职位，或者通过元老院的立法，或者根据法律，给我的任期规定一个明确的时间，那么你又做了一件大好事——好吧，这样的话，我会认为没有任何事情是你不能使我确定下来的。照顾好你自己的健康，向我表现你的关心，当我缺席时为我辩护。

我已经收到关于帕昔安人的报告，我想现在我一定不能让它们成为一份公报的主题，这就是尽管我们有着亲密的关系，但我不希望给你写信的原因，免得我要写信给执政官的时候，会显得我已经正式写过了。

[10]

西塞罗致执政官盖·马凯鲁斯，公元前 50 年 1 月，于大数。

我真诚期盼的事情发生了（你的家族对我的仁慈，还有你的名字，一直在向我显示某些令人惊讶的事情），如我所说，你们都能感受到的我的忠心在你担任执政官期间得到了充分的表现，我的成就在这一执政官任期中得到了赞扬和荣誉，由于这些原因，我请求你（这是一件最容易做的事，因为我相信元老院不会拒绝）在读了我的公报以后，尽可能以最能表示敬意的术语起草元老院的法令。

如果说你对我的情况的了解少于你们家族其他的人，那么我会请这些人把我的情况告诉你，你知道他们与我的来往。你父亲为我提供了极好的服务，无人能说他为我的幸福或职位提供了比他更加友好的支持。你兄弟对我的评价一直很高，我相信，没有哪个活着的人不知道这一点。简言之，你的整个家族对我的荣耀的帮助从来没有停止；你本人对我的热爱也超过你们家族的任何人。由于这个原因，我非同寻常地请求你，在对举行公共祷告仪式进行投票的时候以及在其他事情上，考虑我的名望，赋予我有可能最高的荣誉，我在你们的眼中不需要进一步的投荐。

[11]

西塞罗致执政官盖·马凯鲁斯，公元前 50 年 7 月，于大数。

尽管事实本身就会说话，但不管怎么说，我从我的每一个朋友的来信中充分了解到你为了赋予我荣誉做出了巨大的努力，作为一名执政官你把这些荣誉赋予我，你始终一贯的表现可以与你父亲，以及整个家族相比。由于你为我提供了巨大的服务，所以我亏欠你甚多，但我不打算放弃我对你的忠心和快乐。

这件事对亏欠我亏欠者来说是重大的，但我宁可亏欠你，也不亏欠别人，对于你，我不仅由于我们先前的嗜好相同，以及你自己和你父亲对我的服务而与你们联系在一起，而且还存在着在我看来最紧密的联系——事实上你过去和现在治理着国家（在我看来国家是世上最宝贵的东西），正因如此，我不会躲避对你的亏欠，哪怕我对你的亏欠超过所有好公民对你的全部亏欠。因此我希望事情会有好结果，对此我充满自信。

至于我本人，除非我推迟与季风完全一致的航行，否则我希望能尽早见到你。

[12]

西塞罗致当选执政官卢·艾米留斯·保卢斯，公元前51年9月，于伊科纽和居比特拉之间。

考虑到你对国家的杰出贡献以及你的家族的重大影响，尽管我从来没有怀疑罗马人民会以极大的热情和全体一致的投票选举你为执政官，然而当我得到消息的时候，我还是感到一阵快乐的颤抖；我祈求诸神保佑你的崇高职位，让你可以用一种适合你自己，也适合你祖先的地位的方式治理国家。

我多么希望能在现场看到这个我期盼的日子，用我的帮助和积极支持来回报你对我的仁慈！然而由于我的行省中的无法预见的事件，我失去了这样的机会；但无论如何我会有机会看到你作为一名执政官治理国家，我真诚地请求你尽力阻止我遭遇的不公正，或者不要延长我在行省里的一年的任期。如果你这样做了，那么在你以往为我所做的贡献之上，你又添加了浓重的一笔。

[13]

西塞罗致执政官卢·艾米留斯·保卢斯，公元前50年1月，于大数。

有许多原因使我真诚地希望和你一起待在罗马，尤其是为了在你担任执政官任期清楚地证明你对我的巨大帮助。至于你作为候选人，我心里始终认为结果是完全清楚的；但是，我毕竟希望给你最大的帮助。另外，我在你担任执政官期间希望你遇到的麻烦比我少，使我相当苦恼的是，我在担任执政官期间你清楚地证明了你的忠心，你那时还是个年轻人，而你在担任执政官期间我无法在我有生之年清楚地证明我的忠心。

但是我假定会有某种神秘的命运发生，你始终在为我提供机会，增添我的荣誉，而我除了有这样做的愿望，没有任何东西可以报答你。你为我的执政官任期增添了光彩，你对我的回归做出了贡献。而我当前担任这个职务的时间正好与你担任执政官的时间吻合。所以，尽管你最高尚、最杰出的地位是需要的，我自己的高级职务和崇高的名声也是需要的，我似乎需要真诚地用大量的话语请求你确保元老院有关我的成就的法令能以最感恩的用语起草，然而，我不敢大胆地强调我自己对你的要求，免得我要么显得忘记了你对我习惯性的、从不间断的仁慈，要么想象你已经忘了它。

因此我会按照我相信你会让我做的那样去做，对你这样配得上我这样做的人，用少量话语提出一个要求，就像世上所有民族都会明白的那样。保卢斯，要是说还有其他执政官，那么你是第一个我列举你们最温暖的友谊并对之提出要求的人。事情就是这样，由于你拥有最高的权力和影响，而我们之间的亲密联系是众所周知的，所以我十分真诚地请求你确保能以最感恩的用语撰写有关我的成就的法令，是的，处理得越快越好。在我送给你、你的同事、元老院的公报上，你会发现我的贡献配得上这种荣誉和祝贺；如果你能维护我的其他所有利益，包括我的名声，尤其是我在前一封信中提到的事，不延长我的职务的任期，那么我会非常高兴。

我非常急于见到你，希望在你担任执政官期间你能确保我希望得到的一切，不仅在这里，而且在国内。

[14]

西塞罗致叙利亚前财务官盖乌斯·卡西乌斯·朗吉努斯，公元前51年10月14—15日之间，于毗邻伊苏斯的亚历山大里亚地区。

你把马·法迪乌斯作为朋友介绍给我，但我并没有因此而多一个朋友。实际上，他有很多年完全归我调遣，我喜欢他的和蔼和对我的尊重。然而发现你对他格外喜爱，使我更加要加强和他的友谊。所以，尽管你的来信起了一定的作用，然而为他起了更大的推荐作用的是我完全理解他对你的友好感情。

在法迪乌斯这件事情上，我会真诚地按照你的要求去做；至于你本人，由于许多原因我只希望你已经能够见我，在间隔了那么长时间以后，只要一有可能就安排我们见面——第一，长期以来我对你一直有很高的评价。第二，我可以当面向你道贺，就像我写信所做的那样；还有，我们可以就我们所希望讨论的任何事情分享我们的看法，你谈你的事，我谈我的事；最后，我们之间经过长期精心培养的友谊能在长时间的中断以后得以恢复，可以更加有效地得到加强。

由于这样的时刻尚未到来，我们可以通过书信来确保实现这些目标，就像我们在一起。最令人满意的事情无疑是见到你，这是通过书信无法得到的快乐；另一件事情是向你表示祝贺，但确实无法像当面向你祝贺那么令人满意；尽管我以前这样做了，现在我还要这样做，向你表示祝贺不仅是为了彰显你的成就，而且也是一个机会，因为自从你离开你的行省以后，你就有了颂扬作为一位高尚的陪同，而对你的颂扬质量不高。

还有第三，如果见了面，我们可以就我们各自要处理的事情听取对方的意见。由于其他各种原因，我强调你应当尽快去罗马。我离开罗马的时候，整个形势对你来说是完全安宁的，而由于你最近取得的胜利（它是一场非常辉煌的胜利），我可以预见你的到达将是一件值得纪念的事情。如果你的亲戚有什么负担要承受，① 而只有你能帮助他们承担，那么你要尽快回家；这是你能做的最光荣、最辉煌的事情。如果这些负担对你来说过于沉重，那么请你不要多想，免得你的到达会在一个最不幸的时刻发生。关于这一点，整个决定权在你自己手里，因为只有你知道你的肩膀能承受多么大的压力。如果你有力气，那么这是一件值得赞扬的事情；如果你绝对缺乏力气，那么你会发现，只要你你离得远远的，就很容易制止人们的流言。

现在来谈我自己，在这封信中我向你提出同样的要求——请你尽一切努力防止延长我行省总督的任期——元老院和罗马人民的法令规定的任期只有一年。我强烈地催促你这样做，我感到我的全部前程取决于此。你已经有我

---

① 遭到迫害，被剥夺公平权等。

们的朋友鲍卢斯站在你一边，还有我热情的朋友库里奥和富尔纽斯。我请求你尽最大的努力，就好像我拥有的一切都取决于此。

我最后要说的观点以我已经摆在你面前的观点为基础，要加强我们之间的友谊，对此我们已经不需要再说什么。当你还是个儿童的时候，我们就有了来往，而我感到你始终是我荣誉的源泉。在我倒霉的日子里，你还在保护我。还有，在你离开以后，我和你的亲戚布鲁图有着密切的联系，我们的关系几乎是最亲密的。所以，我把你们俩的能力当做我本人快乐和荣誉的资本。我十分急切地要确证这样一个印象，你忠于我，你不仅要马上给我来信，而且在你到达罗马以后，也要尽可能经常地给我来信。

[15]

西塞罗致卡西乌斯，公元前 47 年 8 月下旬，于布隆狄西。

尽管我们俩都希望和平，厌恶流血的内战，与战争期间难以控制的告发没有关系，但由于我似乎在这项政策的执行中起了领导作用，所以我也许最有义务向你说明这项政策，而不是期待从你那里得到说明。然而，就像我经常提醒自己的那样，在我们之间友好的谈话中，我对你的观察和你对我的观察使我们得出这样的结论——如果不是整场争论，那么至少是我们对它的判断，应当由一场战斗来决定，而我们认为这样的结论是正确的、恰当的。没有人曾经挑剔我们的这个看法，除了那些认为这个国家最好彻底毁灭，而不是在遭受伤害、虚弱的状况下存活的人。与此相反，我当然没有对自己描绘一幅国家毁灭、满目凄凉的图景。

但是接下来发生的事情更值得惊讶，这些事只要是个人就能预见到，而我们竟然视而不见。我承认，我自己的猜测是这样的——我认为在那场大战之后，如命中注定的那样，胜利者会为了共同体的利益采取措施，克制他们自己的利益；但我认为前者和后者的实现都取决于胜利者行动的速度。要是他行动得快，阿非利加会得到宽待，如亚细亚所证明的那样，是的，阿该亚也可以为证，你本人就是前往那些地区的使者和协调人。但在那些至关重要的日子里，尤其是在内战中，有一年白白浪费了，它诱使某些人抱有胜利的希望，其他人则藐视战败本人。对所有这些罪恶进行责备都由命运来承担。因为有谁会想到这场战争的时间会延长，或者想到由于亚历山大里亚战争的爆发而拖延，或者想到法那凯斯[①]，无论他是谁，会恐吓亚细亚？

然而，你和我，尽管我们的政策相同，但我们的运气不同；你采取的路线使你能够分享他的建议，能够预见将要发生的事情（这是一种对潜在的焦虑的缓解），而我要匆忙去意大利会见凯撒(这是我假设的)，如格言所说"鞭策乐意驰骋的骏马"，在宽恕了那么多我们最优秀的人以后，他实际上返回和平之路，而我正好相反，与他完全背道而驰。还有，我在意大利的叹息和这座城市的悲伤中度日；我们也许能做一些事情缓解悲伤，我以我的方式，你以你的方式，每个人以自己的方式，只要掌权的这个人还在那里。

因此，我想要你以你对我的一贯的仁慈，写信告诉我你的印象和感觉是什么，你认为我们应当等待什么，你认为我们应当做什么。我会高度评价你的来信；我多么希望我能遵循包含在你从卢凯利亚给我送来的第一封信中的建议啊！如果是这样的话，我就能重新获得我的地位而无任何障碍。再见。

[16]

西塞罗致卡西乌斯，公元前45年1月，于罗马。

我期待你会有一点儿羞愧感，因为在你给我送来一页纸或者一行字之前，这是我给你写的第三封信。但我不想强迫你，因为我在期待，或者在坚持，一封较长的信。至于我本人，如果说我总是想让人放心的话，我甚至会在一个时辰内给你写三封信。这样的事情不知怎么就发生了，每当我给你写信的时候，你似乎总是浮现在我眼前；不过我并不是像你的新朋友那样

---

① 法那凯斯（Pharnaces），本都国王，于公元前47年被凯撒打败。

"看到你的形象"，有人甚至相信某种被卡提乌斯称做"景象"的东西产生了"心里的影像"（让我提醒你，"景象"这个名称是最近去世的伊苏伯里亚人卡提乌斯送给那位著名的伽葛特人[①]的，而在很久以前，德谟克利特称之为"影像"）。

但是，哪怕假定这些"景象"会冲击眼睛，它们能自由地进入眼睛，但是心灵的感觉怎么能够多于我看见的东西。当你安全到达这里时，向我做解释是你的义务，无论你的这些"景象"是否受我支配，我一想到你，你的"景象"就向我冲击——不仅是你的"景象"，因为你总是占据我内心深处，而且是假定我开始想到不列颠岛，那么它的"形象"会飞到我的意识中来吗？

但是有关这些我们晚些时候再说。现在我只是在探测你的精神状态。假如你是愤怒的、生气的，那么我有更多的话要说，并坚持要你恢复在那个哲学学派中的存在，你是被"暴力和武装力量"赶出这个学派的。[②]在这位执法官的禁令中，添上"在今年之内"这些词是非比寻常的；所以，即使到现在已经有两三年了，受到"快乐"所施的魔法的劝诱，你把休书送给了"美德"，但我仍旧有权自由行动。那么我是在对谁说话？对你，世上最勇敢的绅士，自从你涉足讲坛，除了用你最优秀的品质给人留下最深刻的印象，你其他什么也没做。如果只是为了得到你的批准，那么我要说你在这个学派中选择了更有生命力的东西，超过我的设想。你会说："你是怎么想起整个主题来的？"因为我没有其他事情要写了。关于政治我无话可说，我并不在乎写下我的感受。

[17]

西塞罗致卡西乌斯，公元前 45 年 1 月初，于罗马。

---

① 指伊壁鸠鲁。伽葛特（Gargettus）为伊壁鸠鲁的出生地，属于雅典的一个社区。

② 西塞罗把卡西乌斯说成被凯撒的军队赶出斯多亚学派，拥抱伊壁鸠鲁学派的教条。

你派来的送信人的行为真是有悖常理——不是因为他们对我没礼貌，而是他们在离开我的时候索要我的信，而他们来的时候却没有带信来；即使如此，只要他们允许我有合理的时间写信，他们给我带来的不便不会那么多，可是他们已经做好出发的准备，并且对我说与他们同行的旅伴在城门口等他们。因此，你要原谅我；这是你收到的我的第二短的信，但是你可以生活在最大的希望之中。然而，我为什么要请求你的原谅，你的人空着手到我这里来，返回你那里的时候却带着我的信？

现在我们手头上有的消息是老普·苏拉死了，有些人说他死于土匪之手，有些人说他死于消化不良。人们不会吝啬一捆麦秸，他无疑是被火葬了。按照你通常的哲学，你会忍受这一点。然而，我们在这座城市失去了一位头面人物。人们认为凯撒会感到恼火，因为他担心他的秤杆发生倾斜。卖食品的敏狄乌斯和卖画的阿提乌斯非常高兴，因为除掉了一个竞标对手。

关于西班牙没有什么消息，但我们在急切地等待。有一些令人沮丧的谣言，但它们未经证实。我们的朋友潘莎身着戎装于 12 月 29 日出征，甚至连住在大街上的人也能知道这一事实——“必须根据事物本身来挑选事物”——你以后会对此提出疑问。由于他解除了许多人的痛苦，由于他在这些灾难中证明了他的仁慈，他在出征时受到许多诚实者的热烈欢送。至于你到现在为止一直待在布隆狄西，我非常赞同，也很高兴；我想你会明智地采取行动，如果你“放弃空洞的追求”。我爱你，所以对我来说我一定会感到满意，至于你将来把一大捆信送回家的时候，请你记得我，我会为你祝福。而对我来说，如果我知道有人去你那里，那么我决不会允许他们不捎上我的信。

[18]

西塞罗致卡西乌斯，公元前 46 年末，于罗马。

如果不是我在信使就要出发的时候提出捎信的要求，那么我的信会写得更长一些；要是信中包含某些挖苦，它也会长一些；至于严肃地谈话，我们很难这样做而没有危险。你说："那么好吧，我们可以笑。"不，我向你保证，这样做不太容易。然而这是我们使自己从苦恼中分心的唯一办法。你会说："那么我们的哲学怎么样？"好吧，你的哲学会给你带来快乐，我的哲学会给我带来苦恼，因为我耻于当一名奴隶。所以我假装忙着别的事，免得柏拉图的告诫[①] 在我耳边响起。

到现在为止，没有关于西班牙的确定的消息，没有任何消息。由于我自己的缘故，你的缺席使我苦恼，但对你来说，我为你的缺席感到高兴。那些着急的送信人就要走了。所以，再见，请你继续爱我，就像你从小那样。

[19]

卡西乌斯致西塞罗，公元前 45 年 1 月下旬，于布隆狄西。

如果你很好，那么一切都好。我向你保证，在这趟旅行中，没有什么事情能比给你写信给我带来更多的快乐；因为我似乎在和你当面谈话和开玩笑。但这并不是因为有了你的"卡提乌斯的景象"；在我的下一封信中，我会对你提到一名斯多亚学派的粗鲁的平民，通过这种报复的方式，你可以宣布卡提乌斯是一名真正的雅典人。

我很高兴我们的朋友潘莎身着戎装出征，人们普遍的善意会使他加速前进，这不仅是我自己的解释，而且也确实是我们所有朋友的看法。我希望一般的人都能明白，这个世界痛恨残忍，热爱正直和仁慈，恶人最终也想寻找庇护，走上从善的道路。"善由于其自身的缘故而被挑选"很难让人信服；但是"快乐"和"心灵的安宁"是通过美德获得的，而正义与"善"既是真的，又是可证明的。啊，伊壁鸠鲁本人，还有世上所有出自他的卡提乌斯和阿玛菲纽，都是无能的翻译者，他们在探讨了这个词的词源以后说："没有合乎美德和正义的生活，就没有快乐的生活。"

---

① 参见柏拉图：《国家篇》387B。"那些所谓好诗不适合儿童和成年人听。"

因此，追随“快乐”的潘莎坚持美德，而那些被你称做“热爱快乐者”的人是“善的热爱者”和“正义的热爱者”，他们培育和保持所有这些美德。所以，苏拉看到哲学家们的意见分歧，认为他们不是在考虑“善”的性质，而是在摆出所有的“善”，我们一定要接受他的判断；我坦率地承认，听到他的死讯以后我并没有感到退缩。然而，凯撒不会让我们长时间地感到他遭受了损失，因为有许多被流放的人要回归，他也不会感到在他进行拍卖时少了某人帮他吆喝，他曾一度看中老苏拉。

现在回过头来说政治；请你写信告诉我在西班牙发生了什么事。如果我不是充满焦虑，那么我可以去死，我宁愿很快就有一位老的宽厚的主人，也不愿尝试一名新的、残忍的主人。你知道格奈乌斯①是一个什么样的白痴；你知道他有多么敌视美德；你知道当我们嘲笑他的时候他是怎么想的。我担心，按照他的粗鲁，他会用他的刀剑拍打我们翘起的鼻子。给我来信，因为你爱我，告诉我你在做什么。啊，我有多么想要知道，你在读到所有这些事情的时候，心里头是焦急还是平静！我知道我有义务做什么。不能再说了，再见。你要继续像原来那样爱我。如果凯撒征服了罗马，你就等着我的快速到来。

[20]

西塞罗致却波尼乌②，公元前45年1月，于罗马。

我已经把我的《论演说家》（我已经给它定了书名）交给你的仆人萨比努斯。考虑到这个人的国籍，我禁不住想我这样做是对的；当然了，除非他能使自己抓住这个有利的机会，取得这个名字；然而，他那最谦虚的脸部表

---

① 即庞培之子。

② 盖·却波尼乌（C. Trebonius），于公元前55年提出法案，赋予庞培统治西班牙五年，克拉苏统治叙利亚五年。

情和讲话时的镇定似乎都透出一种源于库瑞斯[①]的气息。不过，有关萨比努斯就说到这里。

然而关于你，我亲爱的却波尼乌，由于你的离去给我对你的热爱之火添加了不少燃料，使我对你的期待变得更加强烈，所以请你一定要定期给我频繁地来信，而明白了这一点，我也会这样做。然而由于两个原因你需要更加频繁地履行这个义务。第一，在古代，习惯上是由那些在罗马的人给他们在行省里的朋友写信，讲国家的事情，而现在应当由你来给我们写信，因为国家就在你所在的地方[②]。第二，尽管我在你缺席的时候可以为你做其他许多事情，但除了给我写信，我看不出你还能为我做什么。

关于其他所有事情，你可以以后给我写信。现在我最急于想要知道的事情是，你在进行一种什么样的旅行；你在什么地方看见我们的朋友布鲁图，和他在一起待了多久；当你继续旅行的时候，请你写信谈谈军情，事关整个局势，让我们对自己应该待在哪里能有某些主意。我会恰当地对照我对事情的了解和从你的来信中得到的消息。

照顾好你的健康，请你继续热爱我，像你所做的那样，以一种无与伦比的爱。

[21]

西塞罗致却波尼乌，公元前46年末，于罗马。

我很高兴地读了你的来信，也非常愉快地读了你的书；然而在这些快乐中，让我有点悲伤的是，当你想要进一步增强我们之间的亲密关系的时候——当然了，我们之间的感情已经不可能再增强了——你却在这样的时候离开了我，使我感到深深的懊悔，只给我留下一丝安慰——通过很长的信件

① 库瑞斯（Cures），萨宾人的一个古镇。

② 指凯撒所在的地方，凯撒此时在西班牙。

也许能够缓解我们分离时的思念之情。我能确定的不仅是我会给你写信，而且是你会给我写信。因为在我心里，你对我的热爱没有任何阴影。

整个国家都能证明的你已经做了的事情我们就省略不谈了，你和我有着共同的敌人，你用公共演讲为我辩护，当你作为我的也是公共利益的财务官时，你支持了执政官，你再次担任财务官时拒绝服从保民官，尤其是你自己的同事已经服从了保民官——你会忘记所有这些最近的事情（但我会永远记得），在这场战争中你对我非常关心，我一想起来就欣喜不已，当你知道我的焦虑和悲伤时，你有多么焦虑，多么悲伤！——最后是这样一个事实，要是你没有突然被派往西班牙，那么你会到布隆狄西我这里来——这些事情我必须给予崇高的评价，就好像评价我自己的生活和幸福，但这些我们都不谈了；你把这本书送给我，这是你对我的热爱的一个明证！首先，我对你说过的话似乎都是至理名言（对其他人也许不是这样）；其次，我的这些话，无论是好是坏，通过你讲出来都会成为美好的格言；啊，只要不说出我的名字，人们很难嘲笑它们。

如果说你编的书已经表明（它必定如此）我是你长时间唯一的思念，那么我要是不爱你，我确实是铁石心肠。然而，由于你对我的热爱从来不能在你的著作中体现，所以我无法察觉任何人对自己的爱能超过你对我的爱。我能朝着其他方向回报你的爱！无论如何，在我爱的范围之内，我会这样做；毕竟，我充满自信，你会发现爱本身就已经足够了。

现在来说说你的信，你在信中表现了你丰富的思想和魅力；但我没有理由给你详细的答复。首先，当我把上一封信交给卡尔伏的时候，我没有想到，它会和你现在读到的信一样去了国外。你瞧，我以一种方式写下我认为只能由收信人读的信，我以另一种方式写下我认为会被许多人读的信。其次，我用高尚的话语赞扬他的天才，超过你认为用真理才能写下来的话。开始的时候，这是因为我真的这么想；他是一个思维敏锐的人；他追求某种确定的风格，尽管在这样做的时候，他犯了一个判断上的错误——然而判断是他坚强的论点——但无论如何，使用这种风格是他的选择。他阅读广泛，深奥难懂，但他缺少力量。因此，这就是我迫使他获得的东西。为了激发一个人的能量，现在没有什么办法能比在敦促他的时候赞扬他更有效。所以你知道了我对卡尔伏的判断，以及我在表达这个判断时的目的——我的目的是以一种赞扬的方式鼓励他；我的判断是他的天赋能力非常强。

我剩下要做的事情就是用我的爱来加速你的离去，同时抱着希望期待你的回归，你不在时我会珍视有关你的记忆，通过互换书信来缓解我们之间的思念。对于你，我想要你永远记住，尽管你可以忘了你对我的忠诚和对我的帮助（我要是忘了就是一种罪过），但你不仅有理由把我当做一名诚实的人，而且有理由得出结论，我对你的爱是最强烈的。

第十六卷

[1]

西塞罗致提罗[①]，公元前 50 年 11 月 3 日，于帕特莱和阿吕齐亚之间。

我，图利乌斯、我的儿子西塞罗，以及我弟弟和他的儿子，最热情地问候提罗。

失去你的陪伴，我以为自己很容易忍受，而实际上我几乎无法忍受；考虑到我的胜利，尽管尽快抵达罗马对我来说极为重要，但我仍旧认为把你留下是一个错误；你似乎绝对不应当坐船，除非你已经康复，如果你的想法没变，那么我批准你的决定，我到现在也没有改变主意。然而，你认为等你康复以后能够赶上我，好吧，由你决定。我派马里奥[②] 到你那里去的目的是，让他尽快陪着你一道前来与我会合，或者，要是你还需要逗留，那么他可以

---

① 马库斯·图利乌斯·提罗（Marcus Tullius Tiro），西塞罗的一名奴隶，公元前 54 年或前 53 年被解放。

② 马里奥（Mario），西塞罗的一名奴隶。

马上返回。

然而，你必须确信，如果对你的身体健康没有损害，那么没有什么事情能比有你在我身边更令我高兴；另外，如果你感到近期待在帕特莱对你恢复健康是基本的，那么没有什么事情能比你的身体健康更令我高兴。如果你马上坐船，那么你可以在琉卡斯赶上我；但为了身体健康，你一定要十分小心地寻找旅伴，要找适合你的天气和船只。我亲爱的提罗，由于你热爱我，你务必注意，不要让你的计划受到马里奥的到来和这封信的影响。只要做了最有利于你的健康的事情，你就是最好地服从了我的愿望。想一想，用你自己的判断。对我来说，我期待着你的出现，但这是一个爱你的人的想法，爱在敦促“让我看到一个身体健康的你”；期待则是“让它尽快实现”。前一种考虑应当放在第一位。因此，首要的事情是照顾好你的健康；在你对我无数的仁慈行为中，这是令我最满意的。

11 月 3 日。

[2]

西塞罗致提罗，公元前 50 年 11 月 5 日，于阿吕齐亚。

我既没有力气也没有意愿写信把我的感觉告诉你；我只想对你说，你或我能享受到的最大快乐就是看到你尽快恢复健康。离开你以后的第三天，我们到达阿吕齐亚。这个地方距离琉卡斯 120 斯达地①。我在琉卡斯等着欢迎你的到来，或者收到由马里奥带来的你的信。让你的急切愿望像你对我的热爱一样大，或者（要是你喜欢）像你所知道的我对你的热爱一样大。

阿吕齐亚，11 月 5 日。

---

① 斯达地（stadium），古希腊长度单位，合 625 英尺，184.97 米。

[3]

西塞罗致提罗，公元前 50 年 11 月 6 日，于阿吕齐亚。

我，图利乌斯、西塞罗，以及昆图斯父子，问候我们的提罗。

我们在阿吕齐亚逗留了一天——我从这里给你送出一封信——因为昆图斯没能赶上我们。这一天是 11 月 5 日。就在我们于 11 月 6 日黎明离开这里的时候，我们送出这封信。由于你热爱我们，特别是热爱我本人，所以我要你再次强壮起来。

我极为焦虑地等待，首先当然是见到你，其次是见到马里奥，带着你的信。我们都希望尽快见到你，尤其是我，但我亲爱的提罗，只有在你身体健康的时候。所以，不要着急，如果哪一天我见到你身体健康，那就足够了。我想要你为我做事，我想要你身体健康，我亲爱的提罗，首先是为了你自身的健康，其次是为了我。再见。

[4]

西塞罗致提罗，公元前 50 年 11 月 7 日，于琉卡斯。

我，图利乌斯、西塞罗，以及我弟弟昆图斯和他的儿子，最热情地问候他们亲爱的提罗。

你的来信从各方面影响了我，它的第一页让我感到深深的不安，它的第二页也没有让我安心。因此，我现在丝毫也不怀疑，在痊愈之前你不适合水路或陆路的任何旅行。等你身体强健了，我会很快见到你。关于你的医生①，你本人说他很好，我对我自己也这样说。至于他对你的治疗，我一点儿也不满意。比如，当你的胃出了问题的时候，你绝不应当喝汤；但无论

---

① 他的名字是阿克莱波（Asclapo）。

如何，我已经给他专门写信，我还给吕索[①] 写了信。

我详细地给库里乌斯[②] 这位最有魅力、最有义务感、最有礼貌的人写了信；除了其他事情，如果你愿意的话，他会把你接到他家里去。因为我担心我们的朋友吕索有点儿马虎。首先，这是因为所有希腊人都是这样的；其次，他收到了我的来信，但没有回信。你对他评价很高，所以你最有资格判断该怎么办。我亲爱的提罗，这是我请求你做的一件事——只要对你的健康有益，不要在意任何方面的花费。我已经写信给库里乌斯把你需要的钱预支给你。我想有些东西应当给医生本人，以促进他对你的治疗。

你以往为我做的事情多得无法计算——在家里，在讲坛上，在城市里，在我的行省里，在私人事务和公共事务中，在我的文学方面的事业和表现中。但只要我能见到你身体健康，如我所希望的那样，那么比什么都好。如果一切顺利，我想你会和财务官美西纽斯一道有一次很好的旅行。他脾气很好，好像很喜欢你。等你仔细考虑了你的健康状况以后，再考虑是否能接受这一次旅行。我不会在任何方面催促你。我的一项考虑是你的安全。

我亲爱的提罗，没有一个热爱我的人是不热爱你的，请你把它当做事实来接受；你的健康对你和对我来说是最重要的事情，它也是许多人关心的事情。到现在为止，你没有在任何地方违背我的意愿，但你不可能马上恢复你的健康。但现在没有任何事情阻止你这样做。把一切都放在一边吧，做你身体的奴隶。我会按照你对自己的健康的关注来衡量你对我的尊敬。再见，我亲爱的提罗，再见，再见，祝你健康！莱普塔送上最衷心的祝愿，我们全体都这样做。再见！

琉卡斯，11 月 7 日。

---

① 帕特莱的一名旅店老板。

② 玛尼乌斯·库里乌斯（Manius Curius），帕特莱的一位钱庄老板。

[5]

西塞罗致提罗，公元前 50 年 11 月 7 日，于琉卡斯。

图利乌斯、西塞罗，以及两位昆图斯，最热情地问候他们最亲爱的提罗。

瞧，你有多么吸引人！我们在塞雷姆[①] 待了两个小时。我的房东喜欢你，就好像他是你的同伴。他答应做你需要的任何事情，我想他会这样做的。我的看法是，要是你现在强壮一些了，他会送你去琉卡斯，这样的话你在那里就可以过得很好。你会看到库里乌斯、吕索、你的医生是怎么想的。我想派马里奥到你那里去，等你稍微好一点，你再把他送回来；但是我想马里奥只能给我带来一封信，而我现在在等一份预算。

因此，要是能做到，你可以让阿卡斯图每天都去港口候着，如果你爱我，你会这样安排的。会有许多人乐意替我送信，你可以恰当地把信托付给他们。而对我来说，我不会放过任何去帕特莱的人。我把全部希望寄托在库里乌斯身上，他能恰当地照顾你。没有谁能比他对我更仁慈、更忠心。把你自己完全交到他手里吧。我宁可看到你马上就好起来，而不像现在这样糟糕。让你的健康成为你唯一关注的事情；把其他所有事情都留给我。我要再三对你说，再见了。写于从琉卡斯出发之际。

11 月 7 日。

[6]

西塞罗致提罗，公元前 50 年 11 月 7 日晚，于阿克兴。

我，图利乌斯、西塞罗，以及两位昆图斯，最热情地问候提罗。

这是同一天我写给你的第三封信，这样做更多的是为了保持我的既定做

---

① 塞雷姆（Thyrreum），古希腊阿卡那尼亚北部的一座城市。

法（喜欢一个我可以信赖的人），而不是因为我有什么事情要写信。所以我只说这一点：你要尊重你自己，就像你对我的尊重一样多。在你对我的无数仁慈之上再添加这一点，这一点对它们来说是最能接受的；当你充分考虑了你的健康以后，如我所希望你会做的那样，再去考虑你的航行。

把给我的信交给所有那些到意大利来的人；我决不会放过去帕特莱的任何人。我亲爱的提罗，照顾好你自己。你运气不佳，不能与我一道航行，但我没有理由要你匆忙，没有理由要你考虑其他事情而不考虑你的健康。我要再三对你说，再见！

写于阿克兴，11 月 7 日晚。

[7]

西塞罗致提罗，公元前 50 年 11 月 16 日，于考居拉。

这是我在考居拉逗留的第七天，但是昆图斯（父亲和儿子）在布隆狄西。你对我关注你的健康感到惊讶，但我对没有收到你的信并不感到惊讶，因为在这个时候从你所在的那个地方起航的船只必定会碰上逆风，一定会让我们在考居拉干等。所以，照顾好你自己，把身体养好，等到你的健康和季风使你能够舒服地航行了，就到我们这里来，我们是你最好的朋友。爱我的人没有不喜欢你的。你对我们所有人来说是亲密的，所以我们急切地期待你的到来。照顾好你的健康，我的提罗，我要再三说，再见。

考居拉，11 月 16 日。

[8]

西塞罗致提罗，公元前 49 年 2 月 2 日，于福米埃。

你的健康使我们极为忧虑。尽管从你那里来的人报告说你的病不危险，但是会拖一段时间，然而，这也许是一种安慰，一种压倒性的焦虑会阻碍这种安慰，和一位有用的、有魅力的人分开的时间太长，我们当然会想念他。尽管我一心想要见到你，但我从内心请求你不要接受海上或陆上的长途旅行，除非你相当强壮，在没有仔细选择机会之前，不要去航行。

一个人身体不好的时候，哪怕是在家里和城里也很难躲避寒冷；在海上或陆上旅行要躲避冬季的天气就更不容易了。如欧里庇得斯所说："寒冷是柔润的皮肤的最残酷的敌人。"[①] 我不知道你相信他几分。但无论如何，我把他的诗句，一句又一句，都当做咒语。由于你热爱我，所以你要确保你的健康与强壮，以便尽快与我们会合。继续热爱我，再见。我的儿子昆图斯送上对你的问候。

[9]

西塞罗致提罗，公元前 50 年 11 月 26 日，于布隆狄西。

我，图利乌斯、西塞罗，以及昆图斯，最热情地问候提罗。

如你所知，我们于 11 月 2 日离开。11 月 6 日我们抵达琉卡斯，7 日抵达阿克兴。由于天气的原因，我们在那里待到 8 日。9 日，我们去了考居拉。由于风暴，我们在那里一直待到 11 月 15 日。11 月 16 日，我们行进了 120 斯达地去了卡西欧佩，考居拉人的一个港口。在那里我们遇上逆风，在那里一直等到 22 日。在此期间，那些不耐烦地出海的人，许多人这样做，遇上了海难。

那天晚饭后，我们的船起航。南风轻拂，天上没有云彩，经过当天晚上和第二天的航行，我们抵达意大利海岸边的绪伦斯，我们一路嬉戏，到了第二天（11 月 24 日）10 点钟，我们到达布隆狄西，几乎就在同一时间，特伦提娅也进了这个镇子；她对你评价很高。26 日，在布隆狄西，格·普兰西乌的奴仆终于把我们急切等待的你的来信交到我手中，信的日期是11月 13 日。

---

① 这句引文出处不详。

它极大地缓解了我的苦恼，让我完全解脱了！医生阿克莱波明确地说你很快就会痊愈。

既然如此，我为什么还要催促你尽快让你的身体强壮起来呢？我知道你的理性、你的自制、你对我的热爱，我不怀疑你会尽一切力量尽快与我们会合。但我希望你在这样做的时候必须想到你自己不应当着急。我想要你拒绝参加吕索的音乐宴会，因为我担心你会第四次每周发烧。由于你宁可考虑你的义务而不是考虑你的健康，所以你今后一定要小心。我指示库里乌斯给你的医生一个灌洗器，他应当把你需要的钱给你，我会付钱给他能说名字的任何代理人。我在布隆狄西给你留下一匹马和一头骡子。我担心罗马在 1 月 1 日以后会发生严重骚乱。至于我本人，我会有条不紊地处理所有事情。

余下我还要对你提出要求，不，恳求你，不要匆匆忙忙去乘船。水手们总是为了谋利而催你上船。你要小心，我亲爱的提罗。渡海相当困难。如果有可能，你可以和美西纽斯一起走，他在航行时总是小心翼翼。要是不行，就找一些有地位的人一起走，他们能够对船主行使某些权威。如果你在这方面小心，安全而又健康地出现在我们中间，你就给了我想要的一切。我的提罗，我要对你再三说再见。我在具体地写信给你的医生，给库里乌斯，给吕索。再见，祝你健康。

[10]

西塞罗致提罗，公元前 54 年或前 53 年 4 月 17 日，于库迈。

是我，我确实急于让你与我们会合，但我担心你的旅行。你病得很重，由于节食、吃泻药，还有病魔本身的肆虐，你精疲力竭。如果治疗上有什么错误，严重的疾病以后会很麻烦。还有，如果说你去库迈要在路上花两天时间，那么你还要加上返回时需要的五天。28 日我想在福米埃。我亲爱的提罗，让我在那里看到你身体健康。

我可怜的学习（如果你喜欢，你可以说我们的）由于想念你而变得无效。

但阿卡斯图带给我的这封信又使他们提高了对我的期望。当我写下这些话的时候，庞培与我在一起；他精神饱满，过得快乐。当他希望听到我的情况时，我告诉他，没有你，我变得沉默寡言。请做好供奉我们的缪斯女神的准备。我的诺言会在指定的日子兑现（我已经给了你“信任”这个词的词源）。请你注意必须完全康复。我们在此恭候。再见！

4 月 17 日。

[11]

西塞罗致提罗，公元前 49 年 1 月 12 日，于进入罗马之前。

我图利乌斯和我儿子、特伦提娅、图利娅、昆图斯和他的儿子，最热情地问候提罗。

尽管我想念你，你在每一转折关头及时帮助我，然而更多的不是由于我，而是由于你，我对你的疾病感到悲伤。但是按照库里乌斯的来信，疾病的剧烈发作现在已经变成三天发一次烧，我希望通过适当的治疗能恢复你的体力。只是要确定，它不仅仅是你作为一个人的义务，你在这些日子里要全力关注你的身体，得到你所需要的各种照料。我非常明白，由于你期待着与我们在一起，这使你心神不宁，但若你恢复了健康，所有困难就会消失。我不会要你催促自己，免得你由于身体虚弱而晕船，免得你冬季去进行一次危险的航行。

我于 1 月 4 日接近了这座城市。没有什么事情能比一场游行更能表示敬意。但是我到达的时候正巧赶上一场内乱，或者内战的大火；尽管我渴望并相信能获得权力，找到平息它的办法，但我还是受到某些人的强烈欲望的阻挠；因为双方都有人想要打仗。总结一下，我们以前的朋友凯撒本人给元老院送去一份威胁性的公报，并且在要求重新获得军队和行省时蔑视元老院，表现得仍旧如此蛮横；我的老朋友库里奥在怂恿他。我们的朋友安东尼和昆·卡西乌斯尽管没有遭受暴力驱逐，但却在库里奥的陪伴下启程去与凯撒会合，就在元老院正式赋予执政官、执法官、保民官和我们这些前执政官以“不让共和国受到任何伤害”的义务的时候。

国家绝不会再有更大的危险了；不忠诚的公民绝不会再有一位更好的、有准备的人做他们的首领了。我们一方也做了精心准备。这要归于我们的老朋友庞培的影响和活动，他现在也开始害怕凯撒，但已经太迟了。在所有这些混乱的事件中，整个元老院还是认为应当为我举行凯旋仪式，但是执政者伦图卢斯，为了增强他自己的工作价值，说等他处理了必要的公务以后，他会提出一项有关的动议。我现在无事可做，在等待中自我提升，我的影响力得到了更多的尊重。意大利被分成了若干个地区，让我们各自管理某个部分。我选择了卡普阿。你要知道，这就是我想要的全部。我再三请求你照料好你的健康，一发现有人可以为你送信，就给我写信来。我要再三说，再见。

1月12日。

[12]

西塞罗致提罗，公元前49年1月27日，于卡普阿。

我个人的安全非常危险，全体忠诚公民的安全非常危险，我们抛弃了家庭和国家，把它们扔给抢劫与大火，由此你可以推测，整个政治机构都已经暴露。面对这样的事情，除非某些神灵或者命运来帮助我们，否则我们无法逃避毁灭。

关于我本人，自从来到这座城市，我从来没有停止用我的思想、言论和行动来帮助建设和谐的事业；但是那种神秘的疯狂使人渴望战斗，不仅是不忠诚的人疯狂，而且是那些被视为忠诚的人也疯狂，尽管我大声疾呼，内战是一切灾难中最大的灾难。后来，凯撒忘了他的名字和他拥有的荣耀，疯狂地占领了阿里米努姆、佩扎罗、安科那、阿瑞提乌，我们离开了这座城市；现在讨论这一举动是否智慧或勇敢是无用的。

不管怎么说，你看到了我们目前的处境。坦率地说，这些都是凯撒提出的条件——庞培应当去西班牙，最近征募的部队和我们的守军应当解散，然后他会把北高卢交给多米提乌，南高卢交给康西狄乌·诺尼亚努（因为这些行省过去曾经指定给他们）；他会回来参加执政官竞选，他不再希望在他缺席时接受他提名的候选人，他要在24天内成为候选人。我们可以接受这些条件，但他必须从他占领的地方撤军，这样元老院可以在罗马开会，安全地讨论这些条件。

如果他这样做了，和平还有某些希望，尽管没有荣耀可言；因为这些是他下达给我们的命令。但是任何事情都比我们现在继续逃跑要好。然而，要是他不再坚持他自己提出的条件，那就意味着要准备战争了，但只要我们切断他逼近这座城市的所有机会，这样的战争是他不可能面对的（尤其是他抛弃了自己提出的条件）；我们希望能这样做，我们正在很大范围内招募兵员；我们相信他担心，要是他开始向这座城市进军，他可能会失去两个高卢行省，他发现这两个行省对他都极端敌视，只有特拉斯巴达尼人例外。在西班牙那个方向上，还有六个军团和一支强大的辅助部队，由阿弗拉尼乌和佩特瑞乌统帅，威胁着他的后翼。要是他继续疯狂，那么他可能会垮台——只有他会这样，而罗马仍旧安全！然而，他受到的最沉重的打击来自他军中最有地位的人，提·拉庇努斯已经拒绝把他本人与他的首领的恶行联系在一起；他离开了凯撒，到我们这里来，据说还有其他许多人想这样做。

我本人仍旧掌握着福米埃南面的整个海岸；我不想承担更大的责任，所以为了和平，我的信件和抗议可以对我们的朋友[①]产生更大的影响。然而，如果还有战争，我预见到我可能要指挥一处军营或某些军团。还有一件事让我着急，我的女婿多拉贝拉在凯撒军中。我想要你知道这些事情，但请你注意，我这样做并不想影响你的痊愈。

---

① 指凯撒。

我非常急切地把你推荐给奥·瓦罗，我喜欢他，不仅因为他是我的一位真正的朋友，而且对你也很真诚，我请他照料你的健康和你的航行，由他负责保护你。我肯定他会做这些事；因为他满口答应，说得非常好听。由于在我思念你以往忠诚的工作时你不能与我在一起，请你现在也不要匆忙，或者在病中出海，或者在天气不好的时候出海。只要你安全和健康地到来，我决不会认为你来迟了。自从马·伏鲁西乌来过以后，我到现在没有见到一个和你见过面的人，没有从他们的手里收到你的信，对此我不感到奇怪，因为我不认为我自己给你的信能在冬季这样的天气里到达它们的目的地。请你尽力保持健康，如果身体好了，在安全的时候出海。我的儿子西塞罗在我福米埃的住处，特伦提娅和图利娅在罗马。照料好你的健康。

卡普阿，1 月 27 日。

[13]

西塞罗致提罗，公元前 54 年或前 53 年 4 月 10 日，于库迈。

如果我能见到你身体健康，我会认为你为我提供了最大的帮助。我极为焦急地等待米南德的到达，我派他到你那里去。由于你热爱我，请照顾好你的健康，你要记住等你完全康复以后再来与我们会合。再见。

4 月 10 日。

[14]

西塞罗致提罗，公元前 54 年或前 53 年 4 月 10 日，于库迈。

安德里库没能在我期待他到来的那一天与我会合，直到第二天；所以我一整夜充满担心和悲伤。你的来信除了你的情况以外没有给我增添什么消息，但它毕竟让我松了一口气。我没有什么事情可以消遣的，手头也没有写什么东西；我不能去碰它，直到我见到你。请告诉你的医生，无论他要什么钱都会给他。我正在给乌米乌斯写一封能起到这种作用的信。

我得知你心里很痛苦，你的医生说你的身体健康也会因此而受到影响。由于你热爱我，请你不要埋没你的文学才能，你的教养使你对我显得非常宝贵。你现在必须做到心灵健康，从而使身体健康。我请求你一定要这样做，既为了我，也为了你自己。重新得到阿卡斯图的照顾，你可以过得更加舒服。为了我请注意你的安全；我答应的日子近了——我现在确实可以确定——这就是你到达的那一天。我要再三说，再见！

4 月 10 日中午。

[15]

西塞罗致提罗，公元前 54 年或前 53 年 4 月 12 日，于库迈。

艾吉塔[①]于4月12日到这里来与我会合。尽管他报告说，你已经不再发烧，恢复得很好，但他告诉我你还不能写字，这使我有点着急；之所以如此，还因为赫尔米亚必须在同一天到达，而他没有来。你无法相信我有多么担心你的健康；如果你能使我摆脱这种焦虑，我会解除你所有的义务。如果我认为你现在能够愉快地读信，我会写一封很长的信。你要集中你的智慧，我对它做过最高的评价，为了我的利益以及你自己的利益，保证你的安全。你要十分小心地（我再三这样说）注意你的健康。再见。

附：在我写完上面这些话的时候，赫尔米亚露面了。我收到了你的信，尽管字迹颤抖；我不感到奇怪，这是在一场大病之后。我派艾吉塔去照顾你，因为他并非没有教养，我相信他喜欢你；和他一起去的还有一名厨师，供你使用。再见。

---

① 艾吉塔（Aegypta），原来是西塞罗的奴隶，现在是一名自由民。

[16]

昆·西塞罗致马·西塞罗，公元前 54 年或前 53 年，于罗马或于赴山外高卢途中。

亲爱的马库斯，我、我的儿子西塞罗、我亲爱的图利娅，还有你的儿子，确实希望能见到你，你为提罗所做的事给我极大的快乐，你宁可把他当做我们的朋友而不是当做一名奴隶。相信我，当我细读你的信以及他的来信时，我高兴得跳了起来，我不仅要感谢你，还要向你表示祝贺。

如果说斯塔提乌的忠诚工作一直是我持久的快乐，那么在你的人中间这是一种无法估量的品质，我们也会想到他的文字和谈话能力，他的优雅——这甚至是一种超越我们个人嗜好的品质。我有各种理由热爱你，每一个理由都可能是最强的，我指的是你以非常恰当的方式给我送来消息。① 你的信中已经把一切都告诉了我。我答应让诺萨比努斯的仆人满足他们的所有要求，我会这样做。

[17]

西塞罗致提罗，公元前 45 年 7 月 29 日，于阿图拉。

我明白你想要什么；你想要我把你的信也写到书里去。但是，先生，你瞧，你想要“统治”我的著作，你到哪里去找来这样一个语法错误，“忠实地治理你的健康”？在这样的时候怎么能用“比较忠实”② 呢？忠实这个词的意思是履行义务，尽管它也经常用于其他领域——例如学问、房子、技艺，甚至田野，也可以称做“忠实的”，除非如塞奥弗拉斯特所说，它的比喻性的用法并不过度。关于这一点我们见面时再谈。

---

① 指解放提罗的消息。

② 提罗在上面那个短语中用了形容词比较级，西塞罗说这是一个语法错误。

德米特利乌来看我，但是我相当能干地避开了。你过去显然没有见过他。他明天会在罗马，所以你明天会见到他。我自己的意图是不离开这里，直到后天早晨。

你的健康是我最担心的事；但是请你继续“治理”它，做你能做的一切。到时候你和我就在一起了，这就是你能让我感到最满意的事情，请你记住这一点。

我感谢你给予库斯庇乌的所有帮助，我衷心希望他成功。再见。

[18]

图利乌斯问候提罗，公元前 45 年 12 月末，于罗马。

啊，怎么了？不该这样吗？[①] 我想应该这样写，甚至可以加上“亲爱的”。但由于你希望避免那些令人恼火的不好的评价，我必须说我经常对那些评价表示蔑视。我很高兴发汗药给你带来了好处。如果说我的图斯库兰庄园也能给你带来好处，那么天哪，这个地方对我来说会有多么迷人！你热爱我——你要么确实热爱我，要么是在尽力伪装，如果是这样的话，我得承认你做得非常成功——但无论是哪种情况，你都要公平对待你的健康；因此，在忠心为我做事的时候，你对你的健康不够注意。你需要明白良好的消化，避免疲劳，适度的散步，按摩，让肠胃顺畅。你回来的时候一定要身体健康。这会使我高兴，不仅是为了你，而且也为了我的图斯库兰庄园。

让帕瑞鲁斯明白，他需要自己把花园租出去。你这样做会使现在的园丁发生动摇。呃，那个无可救药的无赖赫利科曾经付我 1,000 个小银币的租金，而那个时候还没有阳光角、水渠、水井、库房。如果这些就是我们的全部开支，那么他[②] 会笑话我们吗？让这个家伙做好准备，就像我在这里让摩索所

① 这封信也是西塞罗写给提罗的，但西塞罗省略了他的本名（马库斯），表示亲密。西塞罗预见到提罗会对他这样做提出异议。

② 指现在的园丁。

做的那样，这样做的结果是我得到了许多鲜花。

至于导水管①，尽管当前我们拥有的水源超过我们的需要，但我仍旧想要知道这件事进行得怎么样了。如果遇上干旱，我会派人给你送去日晷和书。但是你自己就没有什么轻松一点的书可读吗？或者说，你可以按照索福克勒斯的风格写点什么吗？让我们知道你做了些什么。

凯撒的朋友利古留斯死了，他是个好人，对我很友好。你一定要让我们知道什么时候可以见到你。一定要照料好你自己。再见。

[19]

西塞罗致提罗，公元前45年8月初，于图斯库兰。

我在等待你的来信，但我更想见到你。把德米特利乌给我派回来，如果能做到，给我送点好东西来。在奥菲狄乌的债务问题上，我不给你施加压力。我知道你很着急。但你要解决这个问题。如果这是你推迟到来的原因，我接受这个道歉；但若没有任何事情让你拖延，那就尽快到这里来。我希望收到你的来信。再见。

[20]

西塞罗致提罗，公元前45年末，于罗马。

亲爱的提罗，我发誓，你的健康让我担忧；但使我感到确定的是你已经注意这个问题并开始这样做，你很快就会好的。请整理我的书籍，当梅特罗多洛不反对的时候，做一个图书目录，因为你不得不接受他的命令。用你认为恰当的办法解决园丁问题。你1月1日可以去看角斗士表演，次日返回，这是我认为你必须做的事。但你可以按自己的意愿去做。照顾好你自己，因

① 从罗马延伸到图斯库兰的导水管，西塞罗为了使用它需要付税。

为你热爱我。再见。

[21]

小马库斯·西塞罗[①] 致提罗，公元前44年8月或9月初，于雅典。

尽管我每天都在急切地等待给你送信的人，但他们在离开你46天以后才到来，我非常欢迎他们的到来。我最仁慈、最敬爱的父亲的来信给我带来有可能最大的快乐，但你的令人最愉快的来信使我的快乐抵达顶点。所以我不再后悔我和你的通信中断了，反而感到很高兴；因为我的沉默给我带来了你的仁慈的丰富的回报。因此，我对你毫不犹豫地接受我的道歉极为高兴。

我最亲爱的提罗，我不怀疑你听说了那些有关我的传闻，对此你感到满意并表示欢迎；我会尽一切努力让有关我的这种传闻广泛传播，与日俱增。因此，你可以充满自信地兑现你的诺言，彰显我的名望。我年轻时犯的错误使我悲伤和恼火，我不仅不愿意思考我所做的事情，而且不愿意听到它们被议论。我非常明白你把它当成一个确定的事实，想要分担我的忧虑和悲伤，对此我并不感到惊讶。在你希望我依靠自己取得各种成功的时候，你同样也依靠自己取得了成功，由于这始终是我的希望，所以你应当成为我的事业的合作者。如果说我曾经使你悲伤，那么现在我保证我会给你双倍的快乐。

我必须告诉你，我和克拉提普的密切关系不像是学生对老师，而像是儿子对父亲。我不仅喜欢听他讲课，而且被他的人格魅力所吸引。我白天和他在一起，晚上也经常和他在一起。我确实经常请他与我共进晚餐。我们现在的关系非常亲密，他经常出人意料地来到我们中间，作为一名哲学家他生活俭朴，还用十分天真的方式和我们开玩笑。因此，你只能尽力去赢得他的青

① 西塞罗的儿子小马库斯，生于公元前65年。

睐，这样的人有多么卓越，和这样的人打交道有多么令人愉快。

至于布鲁提乌，我为什么要提到他呢？我从来不允许他在任何时候离开我。他生活艰苦，但又是一个可以与他共同生活的最令人愉快的人。我们之间共同讨论和研究学问没有什么禁令。我为他在我的隔壁租了住处，用我自己的生活费尽力减轻他的生活压力。此外，我开始跟卡西乌斯练习用希腊语发表演说；但是我喜欢跟布鲁提乌用拉丁语练习演说。我和克拉提普从密提林带来的那些人做伴，这些人知识渊博，受到他的高度尊敬。比如厄庇克拉底，他是一位最杰出的雅典人，和我在一起待了很长时间，还有莱奥尼德，以及其他一些人。关于我自己就说到这里。

关于你提到的高尔吉亚，我发现他在我练习演讲时确实是有用的；但我想他在其他方面的重要性都是第二位的，我只能服从我父亲的指示，他在信中很明确地对我说，要马上摆脱高尔吉亚。我不想拖延，因为担心我做的事情太多会引起我父亲的怀疑；另外我想，对我来说能通得过我父亲的判断是一件严重的事情。

无论如何，我欢迎和接受你的建议。我接受你的解释，你的时间受到严格限制，我非常明白你有多么忙。你购买了一处庄园，我感到非常高兴，我真诚地希望这一变化能使你幸福。你一定不要对我在信中就此向你表示祝贺感到惊讶；这样做是很自然的，因为你把这桩生意告诉了我。啊，你现在是土地所有者了！你不得不放弃你在城市里的生活。你已经成为一位罗马乡间的绅士。在这样的时刻，我眼前浮现出一幅图景——真的很迷人！我好像看到你在购买农具，在和你的仆人交谈，你们在摆放衣服的角落里吃完果子以后把果核收集在一起。[①] 至于钱的问题，我非常抱歉，我现在手头没有现钱。然而，我亲爱的提罗，你决不要怀疑我会帮助你，如果幸运降临；尤其如我所知，你的庄园是作为我们的共同投资买下的。

为了完成我的托付你不辞辛劳，我要向你表示感谢。但我请求你尽快给

① 为了可以拿来种植。

我派一位书记员来，最好是一名希腊人；这样的话，就能缓解我记课堂笔记的麻烦。尤其是，我请你照顾好自己的身体，这样我们就可以在一起谈文学。我把安特鲁斯① 推荐给你。再见。

[22]

西塞罗致提罗，公元前45年7月27日，于阿图拉。

你的来信使我希望你比以前好多了；无论如何，这是我所期望的。你要让一切事情服从一个目标，你一定要明白，你没有到我这里来是违背我的愿望的。如果你照顾好自己，你就能和我在一起；由于这个原因，我宁可你做你自己身体的奴隶，而不是做我的眼睛和耳朵的奴隶。尽管对我来说，听见和看见你是快乐的，但如果你很好，那么会更加令我快乐。我在这里无所事事，因为我没有写东西，只是在阅读，这是我的一大快乐。而我相信，你一定会向抄写员们解释他们无法辨认的我的手迹。里面确实有一段相当困难的插入语，甚至连我自己也感到难以辨认，那是关于加图四岁时的事情。那张餐桌就请你买下来，我肯定你会这样做的。忒提娅会在那里，除非普伯里乌没有要她这样做。

你的德米特里乌根本不是一名法勒隆的德米特里乌，他现在是一名绝对的彼利努斯。② 因此我指定你为我的代表。请你把要注意的事情告诉他。“然而！”“但无论如何！”“至于他们！”你知道他说话的腔调。③ 如果你和他谈过了，请你写信告诉我，这样我就可以有一个话题，写一封长信供你阅读。照顾好你的身体，我亲爱的提罗。你做任何事情都不能给我提供比这更大的快乐了。再见。

---

① 即送信的奴隶。

② 法勒隆的德米特里乌是一位十分有教养、有学问的人。德米特里乌的奴隶彼利努斯曾经勒死多米提乌。

③ 西塞罗在这里嘲笑德米特里乌的讲话方式。

[23]

西塞罗致提罗，公元前44年6月21日，于图斯库兰。

是的，确实如此；如果可能的话，把退税的事情处理完；尽管这笔钱并不属于需要退税的类别。但也许……巴尔布斯写到，他得了喉炎，不能说话。至于有关法律安东尼做的事，如我所知，随他便吧。只要让我知道你享受乡间生活。我已经写信给庇绪尼库。

关于塞维留斯，你会有自己的看法，你对老年人非常尊重。然而我们的朋友阿提库斯，由于注意到我一度非常痛苦，所以他不知道我在寻求什么样的哲学来保护自己；我发誓，使他惊恐的是他本人的胆怯。确实如你所说，我非常急于保持我和安东尼的友谊，它延续了很长时间而没有间断，我会给他写信，但不会早于我见到你——否则我会使你忘记你应尽的义务——“仁慈始于家中”。我在等莱普塔和那个小子[①]明天到来——我会用我自己与你的甜蜜谈话来缓解他的痛苦。

[24]

西塞罗致提罗，公元前44年11月中旬，于阿尔皮诺。

今天早些时候我已经打发我可靠的送信人哈帕卢斯上路，尽管没有什么新鲜事，我还是想就同一主题给你写信——不是我对你失去了信任，而是事情的重要性使我无法安宁下来。我让你离开我，“从头到尾”（如希腊谚语所说）都是为了让你能够处理我的财务。让奥费留斯和奥勒留的要求得到满足是我的吩咐。我想要你写信给弗拉玛，信中一定不要全部在说债务的事，但至少要提到；尤其是，那笔分期付款1月1日要到期了。关于收回哪些债务也要确定下来；请你让他们把钱准备好。关于我的私人事务就说这些。

① 指小昆图斯。

关于公共事务，请让我尽可能了解可靠的消息——屋大维的情况怎么样，安东尼在干什么，人们一般是怎么想的，你认为会发生什么事。我忍不住想尽快去你那里。但我最终还是忍住了；我在耐心等待你的来信；让我告诉你，巴尔布斯在你知道的那一天在阿奎努姆，希尔提乌是第二天到的。我想他们俩去那里都是为了水，但这不干我的事！你瞧，多拉贝拉的代理人的记性好像出了问题。你也要给帕庇娅送一份备忘录。再见。

[25]

小马库斯·西塞罗致提罗，公元前44年9月或10月，于雅典。

尽管你所说的没有给我来信的理由是公正的、恰当的，但我仍旧请求你不要过多地使用这个理由。各种谣传和消息使我了解了政治形势，我的父亲总是写信给我，里面充满他对你的友好感情，而你给我的来信，无论事情有多么琐碎，我总是最欢迎的。我想收到你的来信超过其他任何事情，因此请你不要找借口放弃给我来信的义务，而不是勤奋地给我写信。再见。

[26]

昆·西塞罗致提罗，公元前44年秋，于罗马。

我刚刚对你进行了鞭策（这是我能找来表达我的想法的强烈而又不恰当的用语），因为这是你第二次送来包裹而没有信件。这是一种冒犯，你不能逃避惩罚，也就是说，你可以为自己辩护。不，必须叫马库斯[①]到场；他花了这么多个白天和夜晚，在灯下修饰他的演讲，但连他也无法保证他能证明你无罪。

我明确地向你提出一项要求，我记得我母亲曾经这样做过——她曾经把

① 指西塞罗。

她的酒罐封上，哪怕酒罐已经喝空了，这样做可以防止有人说有贼把酒偷走了；以同样的原则，我要求你，哪怕你没有什么要写，你也要写，这样就可以避免被人怀疑偷懒了。我向你保证，我每每发现你在信中娓娓道来的消息是可靠的。你要继续热爱我，再见。

[27]

昆·西塞罗致提罗，公元前44年12月，于罗马。

你在信中对我的懒惰进行了令人愉快的鞭策；我哥哥在他的信中有所保留地，他显然相当有礼貌而又匆忙地告诉我，你给我写的信都是根据事实进行陈述而没有奉承；尤其涉及候任执政官①，我绝对相信他们太感情用事，心智软弱，充满女人气；除非他们辞职，否则有翻船的危险。

你不会相信我知道那些在夏季营地里的人做了些什么，高卢的军营就对着他们——这些人是一群无赖，除非采取强硬措施，否则只能与他们一道作恶。事情一定要有保民官或某些人一起商议。至于这两个家伙，一个和凯塞娜待在一起，另一个在考苏提乌的酒店里鬼混，我很难相信他们。如我所说，我想见到你。我会在30日那一天见到你们所有人，至于说见了面，哪怕在我到达时我在广场上的人群中看到你，我也会与你拥抱接吻。请你继续热爱我。再见。

---

① 指希尔提乌和潘莎。

致昆图斯的信

第一卷

[1]

西塞罗致昆图斯[①]，公元前60年末，于罗马。

(1) 尽管我不怀疑许多信使送去的信都会先于我这封信到达，传闻本身通常说来确实传得很快，别人可能已经告诉你，我对你的思念，以及你现在的工作，要进入第三个年头了，然而我想我也应把有关这一令人恼火的事实的消息转告你，这样做是对的。因为，在我先前给你的信中，不是一封，而是几封，尽管其他人在那个时候对这样一种可能性已经绝望，但我仍旧不停地向你表达我的希望，要你放弃你的行省，这样做不仅是为了让你可以有一种期待而尽可能长时间地高兴，而且因为执法官和我正在尽一切努力，我对做出这种安排的可能性从来没有丧失信心。

然而事情就这样发生了，执法官的全部影响和我的全部热情都不能起到什么好作用，因为这确实是很难表示不同意；不过，我们的心灵经受过管理最重要事务的考验，不会由于有点儿恼火就垮台或者被削弱。一般说来，人对他自己犯的错误所带来的后果感到最烦恼，所以在这件事情上有某个因素

① 西塞罗的弟弟昆图斯，此时作为前执法官担任亚细亚行省总督，开始第三年任期。

给我带来的烦恼要超过你。这全是我的错——在你离开的时候，后来又在一封信中，你恳求我——去年没有给你确定一位继任人。我急于促进同盟者的利益，反对某些钱庄老板的无耻政策，我看到你对行省的卓越治理增强了我们国家的荣耀，于是我采取了不明智的行动；尤其是由于我的过失，使你的任期进入第三年成为可能。

现在我承认这是我的错误，但它和你有关，你要用你的智慧和品性，用你对行省的精心治理来纠正我的缺乏远见。确实，如果你激励自己，真诚地赢取各方面的良好评价——不是为了与其他人对抗，而是从今以后以自己为对手——如果你把自己的全部心思、精力和思想都用于实现一种占主导地位的欲望，让各方面都能说你好，那么请你记住我的话，你一年的辛苦会给我们带来许多年的快乐，而且也确实会给我们的后来人带来快乐。

由于这个原因，我请求你，首先，也是最重要的一条，不要让你的心灵退缩或衰退，不要让你自己被征服，就好像被大浪淹没，被你庞大的任务压倒，而要与此相反，振奋你的精神，面对你的责任，甚至要急匆匆地去面对。事实上，你管理的这个国家部门不是一个运气起主要作用的部门，而是一个合理的政策与勤奋相结合在其中起最大作用的部门；而要是我看到你延长了的任期正好发生某些巨大和危险的战争，那么我会在心里感到战栗，因为在我看来，在你的任期延长的同时，命运的力量对我们起作用的时间显然也已经延长了。

然而，一个命运不起作用的，或者说一个微不足道的国家部门已经托付给你，在我看来，它的好坏完全取决于你的德性和自控。我想，我们不需要担心敌人的伏击、战斗中的刀光剑影、同盟者的造反、缺少军饷或粮食供应、军队的哗变、降临到聪明人头上的邪恶，所以，正如最优秀的舵手也不能蔑视暴风雨的肆虐，他们不能蔑视命运的攻击。假定你得到完全的和平与安宁，那么这样的平静甚至能使舵手入睡，而要是他能保持清醒，就能给他带来真正的快乐。

我要说，首先，由于你的行省坚持了这种类型的联盟，所以它的人性是最文明的；其次，这种类型的公民要么由于包税而与我们最紧密地联系在一起，要么由于做生意而获得巨额财富，所以他们会把自己交的好运归结为我担任执政官期间对他们的赐福。

（2）但我的看法也有可能遭到反对，有人会说："啊！这些人中间也会发生严重的争执和无数的错误，最后产生巨大的冲突。"尽管我现在认为你碰到的麻烦还不算太多，但我充分理解你的麻烦很大，需要最健全的判断。请你记住，在我看来，你的麻烦更多地源于判断而非命运。如果你能控制你自己，那么控制那些被你统治的人算什么麻烦？至于其他麻烦，我承认，它们也许非常困难，或者说它们确实是最困难的，但对你来说，它们却一直是世界上最容易的事情，而且必定如此，因为我认为你的本性能够做到自制而无须接受教育；但你受过这样的教育，能使最堕落的本性变得高尚。如果说你本人仍旧在抵御金钱和快乐的诱惑，那么我想你会有无法约束某些无耻的生意人或者贪婪的包税者的危险！但对那些希腊人来说，他们会注视着你，把你当做在他们自己的编年史中值得记载的人，或者甚至认为你是从天上下凡到他们行省里来的神人。

我这样讲不是为了让你采取行动，而是让你以这样一种方式为你正在采取和已经采取的行动感到高兴。这是一种光荣的想法，你在亚细亚行省担任三年最高统帅，却没有受到其雕塑、绘画、器皿、衣物、奴隶、美人的诱惑，或者受到金钱方面的诱惑——你的行省充满这种诱惑——偏离正直和清醒的行为。

但是，看到你的美德、你的节欲、你的自制表现得如此优秀时，谁会不在阴影下躲避，或者避开人们的视线，而把自己暴露在亚细亚的阳光之下，暴露在这个最优秀的行省的注视之下，让世上所有民族和部落都听到他的脚步吗？这些人能不在你的进步中被踩在脚下、被榨干，在你逼近的时候感到痛苦吗？无论你到哪里，都会有狂欢，公共的或私人的，因为城市没有了暴君，而有了一位卫士，家中没有了抢劫者，而有了一位客人，不是吗？

（3）然而在这些事情上，此时的经验本身会教育你，这绝不意味着你本人拥有这些美德就已经足够了，而是你必须保持警惕，这样的话，在你保护行省的时候，你可以对同盟者、公民和国家负责，而不是只对自己负责，对你政府中的所有官员负责。但是你会有一些幕僚想要考虑他们自己的名声；在他们中间，就等级、地位和年纪而言，图伯洛是第一个；我特别想到，他会从他自己撰写的编年史中选择许多他想要模仿，也能够模仿的人。还有，阿利努斯是我们的好朋友，从精神、友情以及他采用我们的生活规则来看。关于格拉提狄乌[1]，我不需要说什么；我非常确定他担心自己的名声，如果说他是出于一种堂兄弟的情感，那么他也在为我们担心。你的财务官不是你自己精心挑选的，而是命运指定给你的。他必定是一个天生善于自控的人，也能按照你的政策和指示办事。

这些人中间要是有人行为不端，你会在他不服从那些只约束私人活动的规矩时忍受他，但不会在他把你赋予他的，用来坚持他的公共立场的权力滥用于私人目的的时候忍受他。我并不认为（尤其是考虑到现代道德特有的偏见，喜欢放荡行为，甚至喜欢追求私利）你应当调查每一项丑恶的指控，改变每一个受到指控的人；不，但是你应该在每个案子中把你的自信分给你相信的人。在所有这些案件中，你要对国家指派给你处理公务的助手负责，至少在我上面提到过的这些人的范围之内。

（4）至于你挑选的周围的人，要么是你的家仆，要么是你的跟班，总起来说是“执法官的随行人员”，你不仅要对他们的每一项行为负责，而且要对他们的每一句话负责。不过，你的那些随从行为公正时，你很容易和他们交朋友，当他们表现得过分考虑你的好名声时，你也很容易加以制止——当你是一名新手，有一颗仁慈的心时，人们很乐意接受你（一个人越好，他就越难怀疑其他人是邪恶的），但由于这是第三年了，所以你一定要坚持与前两年同样正直的标准，甚至要更加谨慎，更加勤奋。

① 格拉提狄乌（Gratidius），西塞罗的堂兄弟，西塞罗祖母的哥哥是这位格拉提狄乌的祖父。

要让你的耳朵只能听到它们该听的事情，不要在利益驱动下对那些虚假的、涉及利害关系的谣传开放。不要让你的戒指图章成为某种用具，而要让它成为你本身的见证。不要让你的随员[①]得到我们祖先渴求的这个职位，他们不是把它当做赚钱的闲差，而是当做工作和责任，我们的祖先一般不愿把这个职位给别人，而是给他们自己的自由民，因为对这些自由民我们的祖先可以像对待奴隶一样行使同样的权威。不要让你的侍从官成为对他自己的慷慨的分配者，而要让他成为你的慷慨的分配者；要让他们携带的束棒和斧子更多地成为等级的象征，而不是权力的象征。总之，要让整个行省明白，你治下的所有人的幸福、子女、名誉和幸运对你来说都是最宝贵的。最后，要让人们有这样的印象，只要你知道，你不仅不会喜爱那些接受贿赂的人，而且不会喜欢行贿者。事实上，作为一条规则，只要任何事情都不经过那些假装对你有极大影响的人，就不会有行贿的事情发生。

然而，我这样讲并不是要你苛刻地对待或怀疑你的下属。他们中要是有人在这两年中从来没有给你提供任何理由，让你去怀疑他的贪婪（我不仅被告知这一点，而且因为我认识他们，所以我相信凯西乌斯、凯利普斯、拉贝奥），那么我认为你可以把任何事情托付给他们，或者对他们或其他同类人充满信任。但若你已经有理由怀疑他，或者已经发现了什么，那就不要相信他，不要把你的名声托付给他。

（5）在这个行省里，如果你发现某些人我们以前并不认识他们，但已经变得和你非常亲密，那么你要谨慎，要明确可以相信他的范围；这样说并不是因为许多官员不是好人，而是我们如果抱有这样的希望肯定很危险。会有许多包装或伪装，把人的本性包裹和隐藏起来；眉毛、眼睛、脸庞都会经常撒谎，而言语是最会撒谎的。因此，总是有人会受到金钱的诱惑，想要谋取快乐，而我们自己也不能与此完全隔绝，所以我要问，你怎么能够发现一个

① 随员（accensus），一种低级吏员，跟随执政官、总督或执法官，职责是召集会议，维持秩序。行政官员的随员经常是他的被释放的奴隶。西塞罗在这里警告昆图斯，指责他不恰当地提升他的自由民。

陌生人对你抱有一种真诚的情感，而不是一种为了达到他们自己目的的伪装？我想，你要发现这一点是非常困难的，尤其是这些人对不当官的人几乎从来不表示热情，而对执法官总是无比热情。如果你在这个阶层中发现有人喜欢你本身，而不是喜欢你现在的地位（这种情况已经发生），那么你可以高兴地把他添加到你的朋友的行列中去；如果你难以确定，那么就一定要提高警惕，不要过于亲密地与他们来往，因为他们这样做最简单的原因就是他们想要找到一条发财的捷径，而不是想到一个人的好名声，于是想要和他在一起。

还有，对希腊人你一定要保持高度警惕，除了极少数关系密切的人，如果说有这样的人的话，那么他们要能配得上古代希腊。然而，你的行省里有许多人擅长欺骗，变化多端，长期的仆役生活使他们过分奉承。我要说的是，你可以把他们都当做绅士，但只有他们中间最优秀的人才能与之交友；你不能过分相信与他们的密切关系，因为他们不敢反对我们的愿望，但他们不仅会妒忌我们的国人，而且甚至会妒忌他们自己的同胞。

（6）尽管在这类事情上我只是小心谨慎，但我担心自己有点过于严厉，你认为我对奴隶应该抱有什么样的感情？好吧，我们的责任是在任何地方控制他们，尤其是在这些行省中。我们可以制定一系列规定，但其中最简短、最容易记住的是，让他们随着你在亚细亚取得的进展而自己前进，就好像他们是在阿庇乌斯大道上旅行，无论他们的目的地是特腊勒斯还是福米埃，都不要让他们以为会有什么差别。当然了，如果你的某个奴隶比其他奴隶可靠，那就雇他来处理公共事务和私人事务；但对那些属于你总督职务的事情，或者属于任何国家部门的事情，就不要让他插手。有许多事情可以恰当地交给诚实的奴隶去办，但为了避免闲话和挑剔，不应当把这些事情交给他们。

但是，我的谈话变得有点像教训了，尽管我一开始并不想这样做。尤其是在这个方面，我为什么要去教训一个我非常清楚在智慧方面绝不亚于我、在经验上也比我要强的人呢？但无论如何我想，要是你的行动有了我添加的赞成和批准，你本人会在行动中更加满意。因此，让下述两方面为你的公共地位奠定基础：第一，你自己的正直和自制；第二，恭敬地处理那些与你有关的事情，在与人交往时极为小心谨慎地选择行省里的人和希腊人，对待奴仆要保持始终一贯的严厉的制度和规矩。

这样的品德是高尚的，哪怕是在国内处理私人日常事务；在一个道德如此堕落、生活如此腐败的行省里，控制是非常重要的，他们必定需要一位你这样像神一样的人。建立了这样的原则和规范，可以恰当地处理你本人的事务，这样做的后果是，我们会招致某些人的仇恨，而不会给我本人带来幸福。当然了，你会想我已经注意到某位帕科尼乌，或其他人发出的抱怨，这个家伙甚至不是希腊人，而是密西亚人或弗里吉亚人，或者我已经注意到图堪纽斯的胡言乱语，这个家伙更加卑鄙与疯狂，你从他们令人厌恶的肮脏下巴中难以置信地夺取了他的最愚蠢的猎物；你这样做完全正确。

（7）我们不太容易公正地评价你在你的行省中已经建立的这些规矩和其他所有出名的惯例。由于这个原因，你在司法管理中也要严格，只要你的严格不是因人而异的，而是始终一贯的。然而，你本人审理案件是否始终一贯和谨慎不太重要，重要的是那些与你分担这一职责人也能这样做。确实，在我看来亚细亚的政府行为没有大的变化，但整个政府依靠的主要是公正的统治；做出这样的限定，不难提出一种政府理论，尤其是在行省中；你只需要表现出这样的一致与坚定，不仅以此抵抗偏爱，而且抵抗对它的怀疑。

此外你还必须认真聆听各方面的意见，在做决定时要不偏不倚，让各种争执得到令人满意的解决。就是靠着这样的行为，后来盖·屋大维① 使自己受到人们的普遍欢迎；可以说在他主持的法庭上，侍从官第一次不慌不忙，庭吏压低了嗓门，而每个人想讲几次就讲几次，想讲多久就讲多久。这样做有可能给人留下过于温和的印象，如果不是用下述事例中的严峻用来抵消这种温和：他强迫某些“苏拉的人”归还他们用暴力和恐吓抢来的东西，这些

① 奥古斯都之父，此时在马其顿担任执法官。

官员通过了不公正的法令，而当他们自己是普通公民时，有义务服从这样的法令。可以说，要不是裹上糖衣，他的这种严峻就像要吞服的苦药。

在罗马我们看到人们喜欢的是傲慢、无限制的自由、无限的特权，这里有众多行政官员，人民有这样的权力，元老院有这样的权威，如果说这种温和在罗马是受欢迎的，那么我问你，一位身在亚细亚的执法官的谦恭该有多么受欢迎？亚细亚有众多的公民和同盟者，众多的城市和自治镇，他们会看一个人的脸色行事，这里没有人会帮助受压迫者，没有抗议，没有元老院，没有公民大会。因此，必定会有这样的伟人，他天生就能克制自己，通过学习各门学问而变得十分文雅，所有他在掌握巨大权力的时候能温文尔雅地行事，他治下的民众绝不会后悔自己缺乏其他权力。

（8）色诺芬不是按照历史真相，而是按照公正统治的典范刻画老居鲁士，在这位哲学家的描写中，居鲁士无比尊严，但又彬彬有礼；我们伟大的阿非利加努经常把这些书放在身边确实不是没有理由的，因为对一种勤奋而又公正的统治形式而言，没有什么义务可以省略。如果命中注定不是一名普通公民的居鲁士还在如此勤勉地培养这些品质，那么我要问，那些只是在特定条件下掌握最高权力、必定要遵守法律的统治者，还能不小心翼翼地保存这些品质吗？

我个人的看法是，统治者必须通过这样一项考察来评价他们的每一个行动——被统治者的最大可能的幸福；从你踏上亚细亚的土地起，在你眼中这项原则就是，并且从一开始就是极为重要的，在各种传闻和所有人的谈话中都是事实。它确实不仅是一个统治着同盟者和公民的人的职责，而且也是一个统治着奴隶和不会说话的牲畜的人的职责，而他本人则是他统治的这些人的利益和幸福的奴隶。

我看到人们普遍认为你在这些方面格外努力；我看到你没有欠下新的债务给国家带来负担，而你解除了许多人长期沉重的债务；若干个几乎要被肢解和抛弃的城市（它们中有一个是伊奥尼亚最著名的城市，其他的则在卡里亚——萨摩斯和哈利卡尔纳苏斯）通过你的帮助得以重建；城镇里没有发生暴动和内乱；你通过杰出人士组成的议会来管理市政；密西亚的土匪被剿灭；各地的凶杀被镇压，整个行省建立起和平；那些在大路和乡间的盗贼，还有那些在城镇和神庙里的盗贼，都被有效地扼制；你把富人的名声、财产、心灵的安宁从那些贪婪的执法官所使用的邪恶工具中解救出来——用虚假的指控进行迫害；附属国的各种开支和税收由居住在国界内的所有人公平承担；和你接近是世界上最容易的事情；你的耳朵对所有人的抱怨开放；那些没有办法或朋友的人也不会被拒绝在外，想见你的人都不会遭到拒绝，不仅在公共场合或在法庭上，而且甚至在你自己的家中或卧室里；简言之，你的统治在各个方面都不苛刻、不野蛮，我们所看到的任何地方都充满仁慈、和蔼与热心。

（9）你为亚细亚免除了市政官强加的沉重的、不公正的捐款，对于你在此期间为我们做的事我说什么好呢？尽管它给我们带来某些刻骨仇恨！坦率地说，假定有一名贵族不加任何掩饰地抱怨，根据你的法令“不得为赛会捐钱”，但你实际上剥夺了他 200,000 个小银币，那么我想知道，如果在罗马举办赛会，一个人要捐多少钱——这种做法实际上已经成了定规？我们的好朋友对我的决定发出大量的抱怨——这一决定传到了亚细亚，但它在罗马一点儿也不受欢迎——我指的是国家做出决议，要他们为了我们的荣耀，为神庙和纪念碑捐钱，尽管考虑到我的贡献和你的甚至更大的功劳，他们有这样做的最强烈的意愿，尽管法律中有特别的许可，“为了神庙和纪念碑接受资金”，尽管捐来的金钱不是被扔掉，而是花在神庙的修缮上，使这种捐献更多的不是为了我，而是为了罗马人民和不朽的诸神——尽管如此，我不认为应当接受这种捐献，它用于值得纪念的功绩而合理，由法律规定为合法，也有捐献者的善意。我这样做有其他理由，但主要是为了让那些既无可能得到这样的荣耀，也不能使之合法的人更加能够忍受他们的失望。

因此，把你的全部心思用于你迄今为止采取的政策，把元老院和罗马人民托付给你的荣耀和权威的人当做朋友，以各种可能的方式保护他们，希望他们能够获得最大的幸福。如果通过抽签交给你统治的人是阿非利加人、西班牙人、高卢人，是一些不开化的野蛮民族，那么你仍旧要研究他们的利益，考虑他们的幸福和安全。但若发现我们正在统治的民族不仅是真正文明的，而且还把文明传播给其他民族，那么我们无论如何有义务把他们曾经赐予我们的东西赐予他们。

在这一点上，尤其是我的生活和成就没有给懒惰和轻浮留下任何余地的时候，我毫不羞耻地断言，我为我已经掌握的技艺和学问对希腊人传给我们的哲学学说深表谢意。由于这个原因，我极为诚实地说，是的，我认为我们对这个民族有一种特别的亏欠，也就是说，在其他各民族中，是他们的教导把我们从野蛮中解救出来，使我们愿意讲解从他们那里学来的教导。

（10）确实，最有天才、最博学的柏拉图认为，只有当博学者和聪明人开始统治城邦的时候，或者当统治者把他们的所有精力用于学问和智慧的时候，城邦才能繁荣昌盛。[①] 他显然认为，权力和智慧的这种结合是城邦的救星——这种赐福在某一天也许会降临我们整个国家，就像它现在肯定已经降临于你的行省，因为你的行省已经有了一位从小全身心热情地浸润于哲学、德性、慈善原则的最高统治者。

有鉴于此，你的任期延长一年可以被视为亚细亚的幸福的延长。由于亚细亚在保留你这方面比我想把你弄回家做得更加成功，所以我个人感到的损失可以被行省的欢乐所减轻。因为在你得到其他人无法得到的这种荣耀时，我倾向于认为你是最勤奋的人，而在判断这些荣耀的时候，你应当表现得更加勤奋。

我在以往的信中告诉过你我对这种荣耀的看法，如果赐予这种荣耀是不加选择的，那么我总是认为它是廉价的；如果赐予荣耀的目的在于解决某些困难，那么它是无足轻重的。但另一方面，就像现在这种情况，这种荣耀是你应得的，所以我认为你必须明白它的合理性。你现在身处高位，你的德性受到普遍欢迎，这些城市里的人对待你就像对待神一样，那么好吧，在你所

---

① 参见柏拉图：《国家篇》473D。

有的决定、法令和官方行动中，我肯定你会考虑面对人们对你的高度评价，面对他们的赞美你亏欠什么。你亏欠的是在心里记住所有人的利益，补救人们的疾苦，为他们提供福利，你要有雄心，不仅要让人们把你称做“亚细亚之父”，而且要让他们把你敬为“亚细亚之父”。

（11）然而，包税人要理解你的善意和你对职责的忠诚有严重障碍；如果我们反对他们，那么我们就会背离我们自己和共同体应有的秩序，我们借助各种手段与共同体形成紧密联系；如果我们全然拒绝他们，我们将默认他们的安全以及我们有义务加以保护的他们的利益遭到毁灭。对于你的统治而言，这是一个最突出的困难（如果我们想要诚实地面对困难的话）。不过，对一个大公无私的人来说，抑制所有人的欲望，坚持统一的法律程序，合理地调查各种案件，聆听诉讼者的诉状，不要对他们关上大门——所有这些都有重要意义，而不是困难；它并不需要付出格外的努力，而只要把精力和意志确定在某个方向上。

我们最近从某些公民那里听到有关在意大利废除港口税的抱怨，由此推测，包税人的问题引起了同盟者什么样的情感上的痛苦，可以说他们的抱怨更多的不是税本身，而是海关人员[①]的某些不法行为。因此，从意大利公民那里听到的抱怨使我非常清楚那些遥远的同盟者会发生什么事。所以，你要让包税人在这个方面感到满意，尤其是当他们在遭受损失的情况下接手税务的时候，与此同时，不能允许他们损害同盟者，这似乎需要一种神圣的品质——换言之，一种像你一样优秀的品质。让我们先说希腊人；他们最大的悲伤就是他们要缴税；但是他们不应当过多地把缴税当做悲伤，因为道理很简单，他们自己的行动表明他们拥有自由意志而远离罗马人民的统治。还有，不能容忍他们蔑视包税人的名字，因为没有这些包税人的帮助，他们甚至无法支付由苏拉强加给他们的人头税。但是希腊的收税人在强制缴税时并不比我们的包税人更温和，这可以从苏拉野蛮地强迫考努斯和其他所有海岛

① 指包税者雇来征税的人。

居民向罗得岛人缴税这一事实中推测出来，这些居民最近向我们的元老院乞求保护，请求能够直接向我们缴税，而不是向罗得岛人缴税。因此可以推论，那些一直在缴税的人不应当害怕包税人的名字，蔑视包税人的那些人自己也不能缴税，拒绝包税人服务的人当然也不能向包税人提出申请。

与此同时要让亚细亚在心里记住，要是亚细亚不归我们统治，那么就不会有她想要逃避的外战与内乱。然而，鉴于这样的统治没有税收就不可能维持，所以她不应当怨恨为了永久和平与安宁缴税，至少奉献她的土地出产的某些部分。

（12）如果他们接受这样一个阶层的存在和包税人的名字而不抱怨，那么其他一切，由于你的意见与智慧，在他们看来是不难忍受的。他们有力量达成协议，不把监察官的法令当做处理事务和摆脱苦恼的权宜之计。你也可以用一种最令人敬佩的方式做你已经做过并且正在做的事情——提醒所有人包税人担负的高度责任，这个等级的人对我们有恩，这样一来，你可以自动放弃你的命令、权力以及你所有的权力象征，通过他们对你个人的尊敬把包税人与希腊人联合起来，请求那些你已经令人敬佩地为他们服务过的希腊人允许我们保存包税人和我们之间已经存在的亲密联系，你对希腊人在各方面有恩，而对他们又表示顺从。

你不仅可以主动去做这些事而无须任何人的指导，而且还可以在很大范围内取得成功，那么我为什么还要敦促你呢？这些最光荣、最重要的同伴[①]从来没有停止过向我谢恩；而希腊人也这样做了，所以这样做会给我带来更大的快乐。要知道，涉及利益问题确实总是难以调解，要想协调双方的善意不是一件易事。

不过我上面说的这些话都不是为了教导你——你的理智不需要任何人教训——而是因为把你的美德写下来是我的快乐，尽管我在这封信中过于啰嗦，已经超过我的愿望，甚至超过我的想象。

---

① 指包税人。

（13）我一定要你记住一个教训，（至少在我所知的范围内）我不会允许人们对你的赞扬有所保留。事实上，从你的行省里来的所有人，在谈到你的美德、你的正直、你的慷慨时，确实有所保留，这就是你的性情暴躁。这一缺点不仅在我们的私人日常生活中是心灵多变和虚弱的表现，而且比任何东西都要讨厌，因为它甚至会影响你，控制你的脾气。我不会在你面前反复对你讲述最伟大的哲学家如何论述性情暴躁，因为我不喜欢啰嗦，你自己很容易在许多作家那里找到这种论述；但我想写一封信的专门目的不应当轻视——把收信人不知道的事情告诉他。

好吧，那些有关你的说法实际上是这样的：他们发现，在能控制你的情绪时，你是世上最讨人喜欢的人；而一旦被某些家伙的无赖或错误激怒时，你会变得非常暴躁，每个人都会哀叹你的仁慈消失了。由于我们现在所处的地位是人们一直要加以议论的，我们获得这种地位更多的不是由于某种获取荣耀的愿望，而仅仅是由于环境和命运的作用，所以我们一定要小心，尽力避免给人留下口舌，说我们犯有什么大错。我现在不是在敦促你做什么凭人的本性在任何时候都难以做到的事情，尤其是在有生之年改变根深蒂固的脾气，在性格上突然变得邪恶；而是在向你提出建议，如果你无法用理性防止愤怒占据心灵，那么你应当有充分的思想准备，提防愤怒，当心灵处于愤怒状态时要管住你的舌头；有时候我确实在想，从不愤怒是一种伟大的品质。从不愤怒并不意味着排斥性格的力量，反倒是心灵的一种平静的习惯，而愤怒时能控制情绪和言语，甚至控制舌头，避免精神上的骚动和怨恨，这尽管不是完善智慧的证明，但无论如何也是拥有一种并不轻微的天然能力的标志。

哪怕在这个方面，他们对我说你现在已经比较愿意接受劝告和态度温和。我没有听说你乱发脾气，骂人，说脏话，这些事情与你的文化修养是不一致的，与你的崇高地位是不相容的。在无法平息愤怒的地方，你会看到极端的苛刻；而在愤怒得以克制的地方，脾气是完全可以改变的；所以，苛刻当然是一种邪恶的选择。

（14）在你的任期的第一年，人们对你的谈论大都涉及监察（我假定，你经手处理的那些不公正和贪婪的案子令你震惊，使你感到无法容忍），人们说你在你的任期的第二年要温和得多了，你变得比较宽容，对这些事情也慢慢地习惯了，还有，我在读信的时候确实相信，你在任期的第三年必定能摆脱各种污点，无人能在你身上挑到任何毛病。

在这里，我不再对你进行鼓励和告诫，而是以兄弟的方式恳求你，把你的全部心思、精力和思考用来赢得所有人口中的赞扬。现在，如果我们的行动范围受到限制，乃至局限于日常谈话和议论而没有什么非同寻常的事情，那么我对你也不会提出超出普通人的要求。然而我们参与了一些伟大的、辉煌的事务，如果我们不能确保高度赞扬你对行省的治理，那么我们不可能逃脱令人最痛苦的辱骂。我们处在这样的位置上，一方面，所有忠诚的人，尽管支持我们，但他们同时要求和期待我们忠于各种义务，恪守各种美德，另一方面，所有不忠诚的人，由于我们和他们一道参加了一场我们知道没有终结的战争，似乎满足于找一些最微不足道的借口来批评我们。

你现在被指定在一座美丽的剧场里表演，它宏伟壮丽，人声鼎沸，观众的评价非常细致，各种回声直抵罗马，因此，我请求你要尽一切努力，不仅证明自己圆满地完成了赋予你的任何工作，而且证明你的卓越治理在亚细亚取得了前所未有的成就。

（15）在这座城市[①]的行政官员中，命运现在已经赋予我管理公共事务的权力，而赋予你在行省里的权力，如果说我的表现不比其他人差，那么你的卓越成就职超过所有人。与此同时，你要在心中记住，我们不是在为赢得某项荣耀而努力，我们只是抱有赢得荣耀的希望，而是在为一项已经属于我们的荣耀奋斗——这项荣耀更多的不是我们在过去要赢取的目标，就像它现在不是我们要捍卫的目标一样。确实，要是除了你，我还能拥有什么，那么我想得到的不会高于我现在已经获得的地位。然而，我想事情是这样的，除非你在你的行省中的言行与我的成就相一致，像我一样辛苦，一样危险（你

① 指罗马。

已经分担了我的所有危险），否则它们对我不会有什么帮助。如果说你比其他任何人都更能帮助我赢得崇高的名望，那么你肯定会比其他任何人更能帮助我保存我的名望。你不仅要接受现在这代人的意见和判断，而且也要接受将来这代人的意见和判断；尽管后者的判断会更加准确，因为它排除了诽谤和恶意。

最后，你还应当记住，你并非独自为自己寻求荣耀——尽管哪怕是这样的话，你也不会对你的荣耀毫不在意，尤其是你一直以来的愿望就是让人们永远记住你的名字——但你必须与我分享荣耀，并把它传给我们的子女。在这种情况下你必须谨慎，免得由于不恰当的粗心给人留下这样的印象：你不仅忽视自己的利益，而且对你的那些朋友抱有恶意。

（16）我不想让我的讲话显得是在把你从睡梦中唤醒，而宁可它是对你的生涯的鞭策。因为你决不会停止行动，像你一直在做的那样，以这样的方式为你的公正、自制、严格和正直赢得所有人的赞扬。确实，这就是我对你的特殊的爱，我对你的荣耀有一种无法满足的愿望；然而我相信，由于你现在对亚细亚的了解就像你自己的家为所有人了解，由于你的长时间的经验现在又添上了成熟的智慧，所以我要说，我相信没有任何有助于获取崇高名望的东西是你没有最清晰的领悟的，也没有任何人的鼓励和帮助不会每天出现在你心中。

我阅读你的来信就像在听你说话，我给你写信就像在对你讲话，我有理由认为你的来信越长，我越高兴，而我本人给你写信则经常很啰嗦。

现在我要用对你的恳求和敦促来结束这封信——以一种好诗人或勤奋工作的演员的方式——你要竭尽全力做好你的任期最后阶段的工作；你治理行省的第三年可以像一部戏剧的第三场一样，被视为整出戏剧的高潮和最优秀的阶段。你要想到，对你的责备超过世上对你的责备的总和的我总是站在你一边，参与你所说所做的任何事情。

如果你希望我和你的所有家人都好，那么我最后要说的就是恳求你，尽一切可能照料好你自己。

[2]

西塞罗致昆图斯，公元前59年10月25日与12月10日之间，于罗马。

（1）斯塔提乌[1]于10月25日到达我家。他的到来使我不安，因为你写到，他不在的时候，你会被你的家务事弄得六神无主。但是，他阻拦了许多想要见你的人，如果他在你的陪同下离开行省，那么肯定会引来大批想要见你的人，过去从来没有人见过他——我想这一点非常幸运；毕竟所有相关的流言都消失了，现在许多人是这样讲的，“我一直以为他是一个强人”[2]，我非常高兴你不在的时候事情已经了结。

至于你派他到我这里来洗刷他自己，这完全没有必要；首先，我从来没有怀疑过他，更何况我写信告诉你的事并非我自己的判断；然而，我们所有参与公共事务的人的利益和安全并非仅仅取决于事实真相，而且还取决于所有人对我们的议论，所以我总是给你写信，详细告诉你别人在议论些什么，而不是我感到怎样。斯塔提乌到达时发现这种议论非常恶毒和普遍。实际上，他进来的时候正好有一些人在我家中抱怨这件事，我能感觉到他们在对他发泄心中的怨恨。

让我感到最恼火的事情是我得知他对你的影响超过了你的任期和你在治理行省中的智慧——你知道有多少人要求我把他们推荐给斯塔提乌？还有，你知道他和我谈话时经常使用最傲慢的表达法吗，比如“我不同意”、“我教训他”、“我和他争论”、“我警告他”？尽管所有这些只能证明他有多么诚实（我相当相信这一点，因为这也是你的想法），但一位自由民或奴隶拥有这么大的影响无论如何是完全丧失尊严的——你确实可以从我这里听到这种想法（未经掂量我不会对你说任何事情，我也不会用一种狡猾的方式对你吞吞吐吐，这是我的职责），斯塔提乌为那些想要伤害你的人所用的流言蜚语提供

① 斯塔提乌是昆图斯的自由民和书记员。

② 荷马：《奥德赛》第9卷，第513行。

了材料；从前没有什么事情可以从中推论某些人由于你的严厉而怨恨你，但是这个人获得释放给了那些人更多的议论话题。

（2）现在我来回答由卢·凯西乌斯给我送来的那些信（我决不会在任何情况下停止帮助他，因为我知道这是你的心愿），其中有一封信提到布劳都的宙克西斯，你说我专门把他推荐给你，尽管他杀害母亲的事情是相当可疑的。关于这件事，以及整个问题，请你听我做一些简短的解释，免得你对我变得如此巴结希腊人感到惊讶。我感到希腊人的抱怨是不恰当的，因为这个民族有一种天生的骗人的才能，所以我尽力用各种方法平息他们对你的怨言。首先，我抚慰了对你最敌视的狄奥尼索斯市的居民，我用恭敬的态度为他们的首领赫米普斯服务，不仅表现在我和他谈话的方式上，而且也和他成为亲密朋友。我用礼貌和伸出的双臂可以控制阿帕美亚的赫淮斯托斯、那个随风倒的安坦德洛的麦伽利图、士每拿的尼昔亚斯，是的，还有那个最卑鄙的人，科罗封的宁封。我所做的一切，不是因为这些具体的个人或整个民族对我有什么吸引力；不，我内心对他们的反复无常与讨好奉承极为厌恶，他们不是服从义务，而是服从此时的利益。

但是，回过头来说宙克西斯。在讲到喀凯留斯和他的谈话时，他用了你信中的那些词，我不让他继续往下讲，和气地接待了他。然而，我不知道你所说的特别强烈的愿望是什么——我指的是，你在信中写到，你要在你的行省中树立一个法纪严明的榜样，要把两个在士每拿的密西亚人绑进口袋[①]，为了实现这一目的，你急于使用权力，用各种办法诱使宙克西斯露面。好吧，如果要带他去审判，放走他也许不对；但应当允许他喊冤，应当用诱骗性的话（这是你自己说的）把他带上法庭，而在我看来，这些都不是必要，尤其对这样一个品德比他的社团还要高尚的人，这是我每天从他自己的同胞和其他许多人那里了解清楚的。

① 这是对弑父者或弑母者的惩罚，把他与一只狗、一只公鸡、一条蛇、一只猴一同捆在口袋里，扔进大海。昆图斯想要以这样的方式惩罚宙克西斯。

但是你会说，只有对希腊人我才显得那么宽容。你在说什么？我没有采取一切措施平息卢·凯西乌斯的愤怒吗？他是个什么样的人！那么激动，那么唐突！总之，除了图堪纽斯是个例外（一个无可救药的例子），我没有平息谁的愤怒？你瞧，我们有我们的达摩克利斯剑，那个惯耍花招、声名狼藉，然而却被称做骑士的无赖卡提努斯；但我甚至连他的愤怒也会去平息。你在对待他的父亲时有些过分严厉，但我不责备你；我相当确定的是，要是没有很好的理由你是不会采取行动的。但你需要给这个人写封信，不对吗？"这个人正在给他自己竖起十字架，而你先前曾经救过他；你会在整个行省的欢呼声中把他烧死。"还有，你在给盖·法比乌斯的信中写道（无论他是谁，因为这封信也是提·卡提努斯捎来的），"有人向你报告，那个绑架人的李锡尼在他的无赖儿子的帮助下正在征税"，你要法比乌斯把父子俩活活烧死，如果他能做到的话；如果做不到，就把他们送来给你，由法庭下令烧死他们。你以开玩笑的方式写给盖·法比乌斯的这封信（如果这封信确实是你写的）向它的读者传达了一种语言野蛮的印象，这一定会有损你的名声。

现在，如果你回想一下我任何一封信中的告诫，你会发现并不是我在挑剔，而是你的谈话方式过于严厉和暴躁，还有一两次你的信中用语缺乏恰当的谨慎。因此，如果我对你的影响能够帮你克服急躁的脾气，帮你克服发火时的快乐，或者帮你克制说话尖刻的语言天赋，那么我没有任何理由表示不满。你知道当我听到人们议论维吉留斯与你的邻居盖·屋大维[①]的崇高声望时，我感到一丝悲哀吗？如果你只想到你比你在国内的邻居强，那么你在西里西亚和叙利亚有了很好的榜样！我受到的伤害是这样的——尽管我提到的这些人在行为的纯洁方面没有超过你，但他们在赢得朋友的技艺上超过你，尽管他们不知道色诺芬的居鲁士，或者不知道色诺芬的阿革西劳，这些国王口中听不到一句尖刻的话，但他们拥有最高权力。

① 维吉留斯和盖·屋大维此时分别是西西里和马其顿行省的总督。

但是我从一开始就以这种方式教育你，我完全明白它会产生什么样的效果。

（3）不管怎么说，你现在正在离开你的行省，我恳求你要（我知道你确实在这样做）尽可能给自己留下愉快的记忆。你有了一位品格十分有魅力的人作为继任人；等他一到，人们会清楚地记起你的其他所有品德。你在发送那些公告时总是显得过于随意。如果可能的话，把那些不公正的、偏袒的，或者与其他材料不一致的文件都销毁掉。斯塔提乌告诉我，这些写好的公文经常送到你家，他会阅读这些文件，要是里面包含什么不公正的内容，他会通知你；但在他开始为你服务之前，不要再对任何信件进行筛选，而要让这些成捆的信件自己来抵抗任何批评。

在这种情形下，我现在不是在给你提建议；这样做已经太晚了，你必须明白，我已经用各种方式经常给你提建议，而且非常具体。但我仍旧要重复一下我给塞奥波普捎去的消息，在这一暗示下，他本人为我采取了行动，请你一定要明白（这相当容易），你要通过那些真正忠于你的人把这种信统统毁掉——首先是那些提到你处事不公正的信件，其次是那些与其他信件互相冲突的信件，然后是那些写得很糟糕的信，最后是那些骂人的信。与此同时，我不相信事情像我得知的那么糟；如果由于某种工作压力，你没有对这些事给予足够的关注，那么现在是筛选它们的时候了。例如，我读到过一封信，据说是你的一名奴隶写的，提到苏拉的权威，我不喜欢它；我还读过一些你发脾气的时候的来信。现在确实该谈谈你的信件了；就以我现在手中拿着的这一页来说，除了我们的当选执法官卢·弗拉维乌，还有谁会来拜访我，他和我非常熟悉。他告诉我，你给他的代理人送去一封信，攻击我是最不公平的，指示他们不要动已故的格·屋大维·那索的财产，而卢·弗拉维乌是他的财产继承人，直到他们把欠盖·芳丹纽斯的钱还清；你以同样的话语写信给阿波罗尼斯人，告诉他们不得扣除已故的格·屋大维·那索的财产，直到付清他欠芳丹纽斯的债。这在我看来根本不可能；你的要求根本不像你通常小心谨慎的行为。不让这些继承人碰这些财产！要是他否认债务，那该怎么办？如果根本就没有什么债务，那该怎么办？什么？由执法官来决定是否存在债务是常有的事吗？什么？我对芳丹纽斯不够好吗？我不是他的朋友吗？我没有真诚地同情他吗？没有人能比我更同情他了。是的，但在某些事情上，公正的道路如此狭窄，根本就没有给偏爱留下余地。还有，弗拉维乌告诉我，那封信（他说信是你写的）是这样讲的，毫无疑问，你要么把他们当做你的朋友，对他们表示感谢，要么把他们当做你的敌人，让事情变得对他们不利。

长话短说，他非常恼火；他对我深深地抱怨，恳求我尽可能写封感人的信给你；我正在这样做，我极为诚挚地再三请求你就扣除这笔财产的事对弗拉维乌的代理人让步，还有，对阿波罗尼斯人，不要进一步给他们发出不利于弗拉维乌的指示；我肯定你会为了弗拉维乌的利益做你能做的一切，当然还有庞培的利益。我以我的荣誉发誓，我不希望你认为我以你的不公正为代价来对他表示慷慨；但我确实要请求你，你本人应当留下某些正式的说法或记录，以你的法令或备忘录的形式，确保弗拉维乌在此案中的利益。这个可怜的人对我最关心，但是坚持他应有的权利和地位，他感到非常痛苦，因为他在友谊或正义方面对你都没有影响；如果我没有弄错的话，庞培和凯撒都同时，或者分别在不同时候，提请你注意弗拉维乌的利益，他已经写信给你本人，我肯定也写过。因此，如果有什么你认为你应我的要求必须做的事情，那么你就做吧。由于你热爱我，所以请你在这件事上尽心尽力，不怕麻烦，你要确定弗拉维乌有理由向你和我表达他最真诚的感谢。我已经不能提出比这更加诚挚的要求了。

（4）我向你保证，你写信对我提到赫尔米亚，我真的非常恼火。我已经给你写的那封信确实没有体现兄弟情谊，我被卢库鲁斯的自由民狄奥多图对我说的话惹恼了，我已经直接听说了这件事的细节；我是在发火的时候给你写的信，现在急于想要收回它。这样的信，尽管不能体现兄弟情谊，但你作为我的弟弟必须给予原谅。

至于山索里努斯、安东尼乌斯、卡西乌斯、斯卡沃拉，我非常高兴他们像你写信所说的那样喜欢你。同一封信的其他部分你用了比我的想象更加强硬的用语——比如你说“以船的龙骨破浪前进”，“哪怕长眠海底”。这些表达法，如你会发现的那样，无必要地过于激烈；我的责备包含着我对你的热爱；他们对你的要求只是几样丢失的东西，这些东西甚至是微不足道的、无关紧要的。要不是我们拥有众多的敌人，我决不会认为你应当受到任何方面的轻微的责备，你的行为无可指摘。但我以一种告诫和责备的方式给你写信，因为我急于要保持警惕性，这是我一直在做的，我决不会停止敦促你也要这样做。

叙培帕的阿塔路斯恳求我，要你不要阻止颁布法令用国库的钱支付昆·浦伯里修的雕像；关于这件事，我向你提出强烈的要求，并建议你，不要伤害或阻拦一个像他这样与我们关系如此密切的人获得荣誉。

还有，关于伊索普斯的奴隶李锡尼的事，他是个悲剧演员，也是我的朋友；你认识这个人，他逃跑了。他假扮成一名自由民，在雅典与一名伊壁鸠鲁主义者帕特洛待在一起，并从那里去了亚细亚。后来，有一位伊壁鸠鲁主义者、曾在雅典待了很长时间的萨尔迪斯的柏拉图，正好也到了那里，他从伊索普斯的一封来信中得知李锡尼是一名逃跑的奴隶，于是就逮捕了他，把他送到以弗所监禁；但是他被投入监狱还是被关在私人磨坊里，我从他的来信中不得而知。但无论是哪一种情况都有可能，因为他在以弗所，如果你能找到这个人的下落，你要特别小心地把他送回罗马，或者把他带回家。你不要去想这个人有什么用，他没有什么价值，不足取；但是伊索普斯对他的这个奴隶胆大妄为的罪行感到伤心，除了帮助他把这个人弄回去，你无法给他更大的帮助了。

（5）现在让我来告诉你最想知道的事情。对我们来说，共和国的体制已经完全丧失，对那位加图① 来说也是这样，他是一个缺乏判断力的年轻人，但他仍旧是罗马公民和一名加图，他几乎是从死里逃生，因为当他希望能够

① 指盖·波喜乌斯·加图（C. Porcius Cato），公元前56年的保民官。

得到许可前去起诉伽比纽斯的贿赂罪时，他有好几天无法见到执法官，由于得不到见执法官的机会，他在一次公共集会时跑上讲坛，把庞培称做独裁者。他的诽谤就是最近的事情。由此可见整个国家的一般状况。

然而人民似乎不想抛弃我们的事业。令我惊讶的是，他们宣称自己是忠诚的，要给我们提供帮助，并且许下诺言。我抱有的希望确实很大，我的勇气甚至更大——我的希望是我们将要获得胜利；我的勇敢是，形势发展到现在这个地步，我根本不怕任何事情。现在的情形就是这样，如果克劳狄采取反对我的行动，那么整个意大利会站在我一边，我们将带着十倍的荣耀离开法庭；如果他试图通过暴力来解决问题，那么不仅是朋友们的热情，还有陌生人的热情，在引导我，希望我能采取针锋相对的措施。所有人都许诺把他们自己和他们的子女、朋友、佃户、自由民、奴隶，甚至把他们的钱包交由我来支配。我以往的支持者充满了热情和对我的热爱。如果有谁变得对我不友好或不热情，那么他们对这些暴君的仇恨就体现在他们加入了忠诚者的行列。庞培许下各种诺言，凯撒也一样；但是我对他们的信任没能让我走得太远，我放弃了做任何准备。候任保民官对我是友好的，执政官对我也很好。在执法官中间，我有几位非常热情的朋友和同胞，比如尼吉底乌、美米乌斯、伦图卢斯，还有其他一些好人，他们自己站了出来。所以你不要丧失勇气，要抱着很大的希望。无论如何，我都会经常与你联系，把这些每天都在发生的事件通知你。

[3]

西塞罗致昆图斯，公元前 58 年 6 月 13 日，于帖撒罗尼迦。

我的兄弟，我的兄弟，我的兄弟，你真的担心我由于生气，因此在派人去你那里时没有给你写信吗？我不想见你吗？我对你生气了吗？我能对你生气吗？噢，是的，确实如此，你让我感到沮丧；然而，是你的敌人（你的不得人心）毁了我，而不是我（和我的痛苦）毁了你！你本人、我的子女、我的国家、我的命运——这些就是我被剥夺的最珍贵的东西；而我希望，除了我，你没有被剥夺。不管怎么说，在你身上，我总是看到各种高尚和优雅；而在我身上，你总是看到悲哀，因为我本身的沮丧，因为我在为你担忧、为你叹息、为你悲哀、为你操心。我不想见你吗？不，倒不如说我不想被你见到。因为你将要见到的不是你的兄弟，不是你认识的这个人，不是他陪伴你时，你为他流泪的这个人；不，没有一点他的印迹，而只有一个长得相似的只剩一口气的死人。在你去之前，你将看到或听到我死！我会留下你，让你不仅看到我的生命，而且看到我的威信不受伤害！

但是，我要请诸神作证，那个把我从死神那里召回的理由是人人都说你的生活的一个不小的部分被我的生活遮掩。所以，我的行为就像一个傻瓜和罪犯。要是我死了，那么我的死本身就足以证明我对你的兄弟情谊。然而我还活着，如果我错误地放弃对你的帮助，让你在我还活着的时候需要别人的帮助，那么我就有家庭中的危险，而我的声音通常是那些陌生人的救星。

至于我那些没有带我的信就去了你那里的奴仆，由于你已经看到我生气不是理由，那么理由在于我能力有限，无法全部保留他们，这真是一种难以言表的悲哀。

你会认为我写这些话的时候在流泪吗？我肯定你会这样想的，就像你在读这些话的时候会流泪一样。我能有一刻停止思念你吗，哪怕我不流泪？想念你的时候我只是在想一位兄弟吗？不，我是在想念一位在情感上与我几乎像双胞胎、在对我的尊敬上像我的儿子、在对我提供意见时像我的父亲的人。没有你的分享，会有任何东西给我带来快乐吗？或者没有我的分享，会有任何东西给你带来快乐吗？与此同时，我能不想念我的女儿吗？她对我无比热爱，她非常谦卑，她富有才能，她在语言和精神上都是我本人的一个复制品。还有，我能不想念我的儿子吗？他健康活泼，是我最钟爱的。但你知道我有多么严厉，心肠有多么硬，我把这个比我想象的还要聪明的孩子送走，因为他已经感觉到正在准备的事情。我能不想念你的儿子？他是你的形象，我的西塞罗[①]像热爱兄弟一样爱他，像崇拜哥哥一样崇拜他。实际上，我能不拒绝那个最不幸的妇女、我最忠诚的妻子跟我去流放吗？这样才能有人照料我们这场共同的灾难给我们留下的事务，照料我们的孩子。

关于这些事情我已经给你写了信，我把信交给了你的自由民斐洛高努，我相信它会在晚些时候到你手中；我在信中敦促你，求你按照我的奴仆所说的话去做，就像听到我本人讲话——你要尽快动身去罗马。首先，我希望你能提高警惕，我倒下以后那些嗜血成性的敌人甚至还没有开始喝我的血。其次，我担心我们见面会引起悲伤；我们的分手确实超过我能忍受的限度，我也担心你在信中提到的不愿与我分离。由于这些理由，我无法见你，这是一种不幸——在我看来没有什么能比亲密无间的兄弟分离更痛苦，更令人沮丧——但比起先见面再分别来，不那么痛苦，不那么令人沮丧。

现在，要是你能做我不能做的事，像我一样勇敢地采取行动，你一直认为我勇敢——那么在你不得不面对冲突的时候你要激励你自己，显示出你的力量。我希望，如果我有理由抱有这样的希望，那么你自己的正直、你对国家的热爱将证明是对你的保护，而且在某种意义上，甚至是对我的一种遗憾。如果能摆脱你自己的具体危险，你当然会为了我的利益做你认为能做的事情。为此有许多人给我写了很长的信，他们显然抱有希望；但我无法察觉自己能抱有什么希望，因为我的敌人极为强大，而我的朋友在某些情况下抛弃我，在有些情况下甚至背叛我，这也许是因为他们非常担心把我召回意味着对他们的可耻行为的批判。至于你自己的麻烦，我想要你对它们有清晰的认识并解释给我听。无论发生什么事，只要你需要我，或者察觉将会有什么危险，只要我还活着，你都可以这样做；甚至比我当前无法忍受的生命还要长。没有智慧，没有哲学，光是这样一种悲伤的分量对我来说就足够了。

我非常清楚，已经出现了一个更加高尚、更加有利的死亡时机；但这不

---

① 指作者西塞罗的儿子。

是我要解脱的唯一罪过，而是多种罪过之一；如果我为错失了的机会感到伤心，那么除了加剧你的悲伤和暴露我自己的愚蠢，没有更多作用。但我不一定会这样做，也不一定能做到——我指的是我会迟疑不决，哪怕有什么确定可靠的希望，我现在过着一种悲惨可耻的生活，但我希望在兄弟、子女、妻子、财富等方面能获得幸福，以往我在地位、影响、名声和威望等方面不亚于任何人——我要说的是，在这种支离破碎、令人绝望的生活状况下，我还能继续为我自己和家庭的命运悲伤。

所以，你为什么要写信对我提起那笔交易？尽管我没有得到你的财力上的支持。而在这件事情上我看到，啊，我犯了什么样的罪过，你要被迫用你和你儿子的生计来满足你的债权人，而我则从你的账上支取金钱来浪费。无论如何，你在信中提到的那笔钱已经付给了马·安东尼，也有同样数量的钱给了凯皮奥。[①] 对我本人来说，我手头现在有的钱足以应付近期的开支。因为，无论我能够回归，还是绝望地放弃，我都不再需要任何东西了。至于你本人，要是有什么麻烦，我想你应当向克拉苏和卡利狄乌[②] 提出申请。

我本人不知道在什么范围内可以相信霍腾修斯，他的爱和殷勤的伪装最容易误导，他也会使用最卑鄙的诡计，还有阿琉斯在他一边；通过他们的建议、诺言、指示，我无助地被留下，陷入这种境地。如果你担心他们会给你带来伤害，那么你要保守秘密。你尤其要明白——为此我想你应该让庞波纽斯来帮助你，向霍腾修斯本人表示你的热爱——当你是财务官候选人的时候，人们说有关奥勒留法案的那句名言是你写的，这不是用虚假的证言来确立的事实。当他们明白你的请求和被判无罪会激起多少人们对我的同情时，他们会更加凶恶地攻击你，没有什么事能令我更加担心了。

我想美萨拉[③] 对你是热爱的；我怀疑庞培只是受到这样的影响才热爱你。

---

① 安东尼和凯皮奥是西塞罗的债权人。

② 马·卡利狄乌（M. Calidius），公元前 57 年的执法官，支持西塞罗回归。

③ 公元前 61 年担任执政官。

但你绝不要去证明这一点！如果诸神还没有停止聆听我的祈祷，那么我会向诸神祈求。然而，我的祈求是他们能够平息我们遇到的无穷无尽的灾难——毕竟，这些灾难中不仅没有可耻的错误行为，而且积聚了所有巨大的痛苦，最优秀的人所做的事情受到最沉重的惩罚。

我的弟弟，我为什么要对你赞扬我的女儿（她也是你的女儿）和我的小西塞罗呢？我失去他们的痛苦也会引起你的痛苦，你的痛苦不会亚于我的痛苦。但只要你是安全的，我就不会失去他们。剩下要说的就是，我希望能得到补偿，我希望有机会回归祖国，所以你可以确定，我不会允许自己一边流泪一边写信。我也想要你保护特伦提娅，请你给我回信。你一定要勇敢，只要你的本性允许你这样做。

帖撒罗尼迦，6 月 13 日。

[4]

西塞罗致昆图斯，公元前 58 年 8 月初，于帖撒罗尼迦。

我亲爱的弟弟，凭着我对你的热爱，我恳求你，如果我的命运给你和我的所有家人带来毁灭，请你不要把它归结为我的罪过，就好像认为我可悲地缺乏远见。我认为我的罪过不在于其他，而在于相信那些极为卑鄙的人，我上当受骗，我当时认为他们这样做确实不是为了他们自己的利益。我所有最亲密、最亲近、最亲爱的朋友，要么惊慌失措，要么妒忌我。所以我真是可悲，我什么也不缺，只差正确对待我的朋友，对他们保持警惕。

如果人们对你的正直和怜悯的一般看法能把你从当前的迫害中解救出来，那么你肯定处在一个知道我是否还留有被召回的机会的位置。庞波纽斯、塞斯提乌和我的女婿庇索，想要把到现在为止一直待在帖撒罗尼迦的我拉回来，不让我走得更远；但引诱我等候事态发展的是他们的信件，而不是我自己的确定的希望。因为，有一个最强大的敌人，我的最高指挥权已经被剥夺，我的朋友不讲信誉，还有那么多人妒忌我，在这种情况下我还能抱有什么希望？

然而，新保民官塞斯提乌真的对我非常忠诚，所以我希望库里乌斯、米罗、法迪乌斯、法伯里修也能这样；但是克劳狄疯狂地反对我，哪怕是他的个人能力也能激发那个匪帮的欲望；还有，会有一些人妥协，投票通过议案。

在我离开罗马时，这些情况都还没有发生，但它们现在反复对我讲，说我应当在三日内带着最大的荣耀返回罗马。你会说："你为什么要去？"为什么？好吧，同时发生的许多事情打乱了我心灵的平衡——庞培突然变节、执政官对我的疏远、执法官对我的疏远、包税人的胆怯，武装暴徒组成了匪帮。我的家人流下的眼泪阻止我去死，但这肯定是保持我的荣耀和逃避我无法忍受的痛苦的最好办法。关于这一点，我在交给法厄同的信中已经讲过了。你现在陷入前所未有的可悲的困境，如果你通过激起世人的同情，能够减轻我们共同的不幸，那么你无疑会赢得无法想象的重要成功；但若我们俩都已无可救药，（我的天哪！）那么我将证明是我给所有人带来了毁灭，而以前我并没有给他们带来耻辱。

在以往的通信中，我非常仔细地了解和分析过形势，你也向我真实地报告过我们的实际处境，而不是仅仅记录你对我的热爱。只要有利于你，只要还有希望，我会继续活下去。你会发现，塞斯提乌是我们真正的朋友，我相信伦图卢斯也希望你获得成功，他将要成为执政官。然而，言易行难。我相信你明白事情到了哪一步，现在需要什么。

总之，如果没有人会算计你的未受保护的地位和我们的共同的灾难，那么通过你或者不通过你，有些事情可以完成。如果我们的敌人开始骚扰你和我，那么你一定要站起来做些什么；他们反对你的武器不是刀剑，而是诉讼。然而，我相信不会有这种事。

我恳求你给我写信，把所有事情都告诉我，你要相信我的勇敢和下决心的力量不亚于过去，我的热爱和忠诚并没有减弱。

第二卷

[1]

西塞罗致昆图斯，公元前57年12月，于罗马。

你已经读过的信是我今天早晨送出的。但是李锡尼很有礼貌，元老院会议结束以后他来看我，所以晚上我写信把元老院发生的所有事情详细告诉你。参加元老院会议的人数超过我的想象，因为时间已是12月，临近假日。出席会议的有前执政官普·塞维留斯、马·卢库鲁斯、雷必达、伏凯提乌、格拉里奥，还有两位候任执政官以及财务官。我们把大厅都挤满了，总共大约有200人。卢普斯的发言引起了我们的关注。他专门讨论了坎帕尼亚的土地问题，人们鸦雀无声，专心听讲。你非常清楚这件事会给演讲提供什么样的材料。他丝毫没有省略我采取的步骤。卢普斯的演讲有些地方会刺痛盖·凯撒，有些地方辱骂了盖留斯[①]，有些地方责备庞培的缺席。等他结束演讲时，他说他并不要求我们投票，因为他担心个人之间的争吵会给我们增添麻烦。他说，从以前的强烈抗议和元老院当前的沉默可以清楚地推论出元老院对这件事是怎么看的。马凯利努斯[②]说："卢普斯，当前时刻你一定不能按照我们的沉默来判断我们赞同或不赞同。对我来说，我不讲话的原因是，我不认为坎帕尼亚的土地问题可以在庞培缺席的情况下加以讨论。"讲完之后，他就试图散会。这时候卢普斯说他不会再跟元老院打交道。

拉西留斯[③]站了起来，提出要讨论迫害问题。马凯利努斯当然是他第一

---

① 克劳狄的支持者。

② 全名格奈乌斯·伦图卢斯·马凯利努斯（Gnaeus Lentulus Marcellinus），公元前56年的执政官。

③ 保民官，西塞罗的坚定支持者。

个要请出来发言的人[①]；在严肃地抗议了克劳狄的纵火、屠杀和骚乱以后，马凯利努斯提出一项解决办法，“城市执法官本人[②]应当为陪审团抽签，在确定了陪审员之后才能举行选举，无论谁阻止审判都应视为反对国家”。这项建议得到了人们的衷心赞同，盖·加图[③]表示反对，还有卡西乌斯[④]，他在审判前举行过选举，元老院对此表示过强烈抗议。腓力普斯同意伦图卢斯[⑤]的意见。

然后，拉西留斯请我作为非正式议员第一个发言，听取我的意见。我详细地讲述了普·克劳狄的所有疯狂行为；我抨击他，就好像他站在审判席上，整个元老院不时发出赞同的低语。我的发言得到人们长时间的赞扬；我向你保证，维图斯·安提司提乌也相当雄辩地为审判的优先性进行辩护——说他把这种优先性当做头等重要的大事。元老院议员们赞同这种看法，然后轮到克劳狄发言，他离开座位开始讲话。他愤怒地声称拉西留斯污辱了他。这时候他雇来的听众席和元老院大厅门口阶梯上的那些无赖大声叫嚷，我想，他们开始攻击昆·塞克斯提留和米罗的朋友。在这种突如其来的警告下，我们中断了会议，留下各种强烈抗议。这一天的事情就讲到这里。剩下要做的事情，我想，都会留到 1 月份了。在保民官中，我们迄今为止有了最优秀的拉西留斯。安提司提乌对我们似乎也很友好。至于普兰西乌，他和我们一条心。由于你爱我，所以你一定要小心谨慎地安排你的船只，因为现在已经是 12 月了。

① 作为候任执政官。

② 在没有财务官协助的情况下。

③ 保民官。

④ 保民官。

⑤ 即候任执政官马凯利努斯。

[2]

西塞罗致昆图斯，公元前 56 年 1 月 17 日，于罗马。

不是由于各种事务的压力（尽管我在这方面严重受阻），而是由于眼睛有点小毛病，所以这封信是我口授的，而不是像通常和你通信时所做的那样亲笔给你写信。首先，我要为我自己对你的指责找个借口。因为迄今为止无人问过我是否对撒丁岛还有什么支配权，而你，我在想，会经常有人问你是否对罗马还有支配权。你代表伦图卢斯和塞斯提乌给我写信，好吧，我已经和辛西乌斯①谈过了。然而，看起来事情并不是最容易的。但是可以肯定，在撒丁岛特别能引起对以往某些事情的回忆；正如伟大的占卜官革拉古②在到达那个行省的时候回想起他在战神广场主持执政官选举的事，认识到自己的占卜不合规矩，所以在我看来，你在撒丁岛休闲的时候可以好好想一想努米西乌③的建房计划和你欠庞波纽斯的债务。到现在为止，我什么也没买。库莱奥的拍卖已经结束了；我在图斯库兰的地产没有买主。如果贱卖，我很有可能就不会让它脱手了。

至于你的房子，我从来没有停止过催促居鲁士④。我希望他能尽他的责任；然而由于某位狂妄的市政官⑤的预期，所以现在每件事情都在推延；因为似乎马上就要举行选举了。选举时间定在 1 月 20 日。不过我不想让你着急。我会在各方面保持警惕。

关于亚历山大里亚的那位国王⑥的事，元老院已经通过了一道法令，让

---

① 阿提库斯的代理人。

② 革拉古兄弟之父，西塞罗在《论神性》第二卷第 4 章讲过这个故事。

③ 一位建筑师。

④ 另一位建筑师。

⑤ 指普·克劳狄。

⑥ 指埃及国王托勒密十二世（Ptolemy Ⅻ），绰号“吹笛者”（Auletes），被臣民放逐，于公元前 57 年请求元老院让他复位。西塞罗在《致友人的信》第一卷第 1 封和第 2 封信中讲述了整件事情。

他雇“一大批人”来帮他复位，这对国家来说似乎充满危险。在元老院剩下来要讨论的事情中——由伦图卢斯还是由庞培来帮他复位——伦图卢斯的状况似乎处于有利地位，我十分成功地把我的义务交给了伦图卢斯，也极大地满足了庞培的愿望——但是伦图卢斯的案子由于他的诋毁者故意刁难而被拖延。接下去就要召开公民大会了，在此期间元老院不能举行会议。我无法预测保民官们的无赖行为会产生什么样的结果；但无论如何，我怀疑卡尼纽斯会使用暴力通过他的议案。我真的不清楚庞培想要什么，而他的那些朋友想要些什么，没有人看不见。那些支持这位国王的人公开提供大量金钱与伦图卢斯战斗。伦图卢斯无疑已经不能掌控这件事，这在我看来是一大悲哀。然而他做过许多事情，如果这样的事情也能想象的话，我可以公正地对他表示愤怒。[①] 如果你方便，我希望你在天气晴好的时候尽快乘船前来与我会合。有许许多多的事情，我每天都在以各种方式想念你。你的人和我都很好。

1月17日。

[3]

西塞罗致昆图斯，公元前56年2月12日与15日，于罗马。

我已经在上一封信中告诉你发生了什么事；现在让我告诉你后来人们做了些什么。2月1日，有人提议要推迟接见外国代表团，直到2月13日。但这一天可以接见。米罗于2月2日出庭受审。庞培前来支持。我要求马凯鲁斯出庭，并且讲了话。我们带着胜利的荣耀取得了成功。这场审判休会，直到6日。与此同时，接见外国代表团推迟到13日，在元老院里有人提出给财务官指定行省，给执法官提供恰当职位和兵力的问题；由于中间插进来那么多抱怨，所以没有解决任何问题。盖·加图提出议案，要求撤销伦图卢

① 西塞罗指责伦图卢斯不关心给西塞罗确定赔偿的问题。

斯的职务，伦图卢斯的儿子假装悲哀。[①]

6日那天，米罗再次出庭受审。庞培讲了话，或者说这是他的意愿；因为当他站起来的时候，克劳狄雇来的那些土匪大声叫喊，这是他不得不忍受的，他的讲话不仅被呐喊声打断，而且还有侮辱和谩骂。他坚持着讲完了（在这样的环境中他表现出刚毅的精神，没有畏缩，把他必须说的话都说了出来，他坚强的人格迫使听众安静下来），但如我所说，当他结束讲话时克劳狄站了起来。我们这一方发出震耳欲聋的喊声（因为我们下定决心要给以还击），克劳狄张皇失措，他的声音和姿势都走了样。庞培在中午时分结束他的讲话，从那时起一直到下午2点，人们一直在叫骂，甚至还有针对克劳狄和克劳狄娅的最肮脏的歪诗都发泄出来。克劳狄脸色苍白，近乎疯狂，他问他的人（在一片呐喊声中仍能听到他的声音）谁想把人民饿死；他们粗野地回答："庞培。"他问谁打算卑躬屈膝去亚历山大里亚？他们答道："庞培。"他问，他们要去谁那里？他们答道："克拉苏。"（克拉苏当时在场，但他对米罗没有好感）大约3点钟，克劳狄的人好像得到一个信号，开始对我们的人吐唾沫。我们极度厌恶和愤怒。他们试图把我们赶出元老院。我们的人愤怒地指责他们，这些粗野的家伙想要逃之夭夭。克劳狄逃离了讲坛，这时候我们也离开了，因为担心混乱中发生某些不测。元老院议员们被召集去参加公民大会；庞培回了家。然而，我本人没有参加元老院会议。一方面，我对如此重大的事件并没有保持沉默，另一方面，我由于保护庞培（他受到了攻击）而伤害了其他忠诚者的感情。事情一直拖到第二天。克劳狄推迟了审判，直到罗莫洛节[②]。

2月7日，元老院在阿波罗神庙开会，为的是庞培可能会出席。他处理这件事情给人留下深刻印象，但在当天什么也没做。8日，元老院在阿波罗神庙通过一项法令："6日发生的事情是违反国家利益的。"在那一天，加图

① 建议撤销伦图卢斯西里西亚行省总督的职务。伦图卢斯假装悲哀以激起人们对他父亲的同情。

② 罗莫洛节（Quirinalia），2月17日。

猛烈抨击庞培，就好像庞培站在被告席上。加图在讲话中多次提到我，有违我的意愿，尽管他也说了大量赞扬的话。当他斥责庞培对我背信弃义时，对我抱有恶意的那些人十分安静地听着。庞培用非常激烈的言辞做了回答，显然暗指克拉苏，他公开宣布："为了保护自己的生命，他会比阿非利加努准备得更好，阿非利加努是被盖·卡波谋杀的。"

所以，在我看来这个极为重要的问题正在展开。庞培对这件事是清楚的，他对我谈起过有人在策划阴谋，想要他的命；盖·加图有克拉苏的支持，克劳狄有金钱的支持，他们俩不仅得到克拉苏的怂恿，而且得到库里奥、彼布卢斯以及其他诽谤者的鼓动；庞培不得不竭尽全力，以防止彻底垮台，因为实际上有那些自食其言的民众在纠缠他，有贵族在敌视他，元老院对他有偏见，还有那些目无法纪的年轻人。所以他在做准备，想从乡村地区召集一些人，而克劳狄则在竭力加强他雇来的那些土匪。为了庆祝罗莫洛节，他们被组织起来接受训练，有了庞培自己的力量，我们在人数上占优势；此外，我们期待着能从皮切诺和高卢派来一支部队，这样我们就可以反对加图提出的有关米罗和伦图卢斯的动议了。

2 月 10 日，普皮尼亚部落的告密者格·奈留斯指控塞斯提乌犯有收受贿赂罪，同一天还有某位普·图利乌斯指控他犯有破坏和平罪。塞斯提乌正在生病。我马上去他家探望，向他表示会毫无保留地听他差遣；我的所作所为超过了大多数人的预期，因为人们以为我正在生他的气，这样一来他本人和其他人都认为我是世上最仁慈、最感恩的人；这就是我要采取的行动。但是这位告密者奈留斯还提出格·伦图卢斯·瓦提亚和盖·高奈留的名字作为共同起诉人。同日，元老院通过一道法令："解散各种政治团体，制定相关法律，所有拒绝解散者都将以破坏和平罪受到惩罚。"

11 日，我在一次声势浩大的公民集会上，在广场中间当着执法官格·多米提乌的面为白斯提亚辩护，他受到收受贿赂罪的指控；我在演讲中顺便提到塞斯提乌在卡斯托耳神庙中受了伤，在白斯提亚的帮助下获救。我机智地抓住机会对塞斯提乌遭受的指控提前做出反驳，我向他致以他应得的问候，获得所有在场者的衷心赞同。这样做给了这个可怜的人最大的快乐。我把这一点告诉你，因为你经常在信中要我和塞斯提乌保持良好关系。

这些话我是在12日拂晓前写下的；今天我要去参加庞波纽斯的晚宴，庆祝他的新婚[①]。

在其他各方面，我的地位就像你保证的那样富有尊严和声望，尽管我很难相信；我的兄弟，通过你的耐心、勇敢、忠诚，我还必须加上，通过你迷人的品格，所有这些都将回归于我。我们已经为你买下了李锡尼的那幢房子，靠近庇索的池塘，但还要几个月，大约在7月1日以后，你可以搬入新居。你在卡里奈的房子已经租给一些温和的拉弥亚家族的人。在收到你从奥比亚发来的信以后，我没有收到你的信。我急于知道你的近况，但我最大的希望是尽快见到你。我亲爱的弟弟，照顾好你的健康，尽管现在是冬天，但你一定要记住你居住的地方是撒丁岛。[②]

[4]

西塞罗致昆图斯，公元前56年3月，于罗马。

我们的朋友塞斯提乌于3月11日被判无罪，还有（这对国家来说非常重要，对这样的案子不能显得无动于衷），这项判决是全体一致同意的。至于我经常推测的所谓焦虑的根源，我不会留下任何漏洞，如果在这个案子中我不能容忍塞斯提乌在某些事情上的固执，不能尽量迁就他，那么这些恶意挑剔者会指责我忘恩负义，我向你保证，在这场审判中我成功地确立了我的名声，我是活着的人中最感恩的。我的辩护不仅让一名固执的人感到极大的满意，而且还（这是他最大的希望）彻底击败了瓦提尼乌，他公然攻击塞斯提乌，我在想，诸神和凡人都在为我鼓掌。还有，我们的朋友鲍鲁斯作为反

---

① 与庇丽娅结婚。

② 撒丁岛被视为夏季不利于健康的地方。

对塞斯提乌的证人被传上法庭，但他声称如果玛凯尔·李锡尼推迟告发瓦提尼乌的话，那么他就要来告发；玛凯尔从塞斯提乌的朋友们坐的凳子上站起身来，宣布他会按照鲍鲁斯的希望去做。长话短说，这个爱挑衅、厚颜无耻的瓦提尼乌弄得神经崩溃，灰溜溜地离开了法庭。

你的儿子昆图斯是个优秀的孩子，他正在接受良好的教育，我注意到他的进步，因为提拉尼奥在我家给他上课。我已经付了一半钱给你的承包商。我希望在冬季到来之前，我们就能住在同一个屋檐下了。至于我们的女儿图利娅，我向你保证，她非常依恋你，我希望能够处理好她与克拉西佩订婚的事情。拉丁节后有两天被算做假日，否则就要到朱庇特节结束的时候了。

现在来说你经常对我讲起，而我也在期待，但相当有节制的“富裕”——就像我在高兴地欢迎我的猎物的到来，但若它继续受到保护，我还没有捕获它。即便如此，我正在三个不同的地方造房子，同时在修缮其他住处。我生活得比以前阔绰，我必须这样做。如果你和我在一起，我会把别墅弄得很大。但我希望很快就能在一起讨论这些事。

罗马的形势如下：伦图卢斯是一位优秀的执政官，他的同事跟他无法相比——我再重复一遍，他非常优秀，我们无法再有更优秀的执政官了。他取消了所有公民大会日。噢，他甚至重新庆祝拉丁节；然而，他的请求书却无人支持。

由于某些原因，那些毁灭性的法案保持下来，尤其是盖·加图的法案；但是我们的朋友米罗很好地戏弄了他。这名角斗和斗兽的拥护者向科司科尼乌和庞波纽斯要来一些斗兽者，要是没有他们当保镖，他就绝不会在公开场合露面。但加图付不起他们的费用，所以也很难控制他们。米罗得到风声。他联系了一个和他关系不算亲密的人，让那个人从加图那里买下整队角斗士，没有引起加图的怀疑。他们很快就去找到保民官拉西留斯，把整件事情告诉他，说那个人买下他们是为了拉西留斯（他们同意这样说），还贴出告示，“拉西留斯拥有加图出售的整队角斗士”。结果，这张告示引来人们长时间的嘲笑。所以，伦图卢斯现在阻止加图和那些散布有关凯撒的恶毒议案的人在没有保民官的干预下执行那些法律。至于卡尼纽斯有关庞培的议案，它已经完全垮台了。这项议案本身不受欢迎，我们的朋友庞培则因为破坏与伦图卢斯的友谊而受到调查，我以我的荣誉起誓，他已经不是过去的庞培了。因为他对米罗的支持与那些令人生畏的、最低级的人的支持是不完全一致的，爱国者的派别惋惜他的懈怠，但却责备他违法，两方面有大量的事例。马凯利努斯在某个方面对我相当不满——他对庞培太严厉；但他这样做并非针对元老院，这使我更加希望从元老院隐退，从所有政治活动中隐退。

我在法庭上坚持同样的立场。我家中挤满了人。在塞克斯都·克劳狄的事情上，由于米罗缺乏远见而出现了一件棘手的事，我不赞成在这个时候由一个软弱的人对他进行起诉。面对一个最腐败的陪审团，米罗无法通过投票给他定罪。因此，民众只会让这个家伙重新站起来，一定会把他叫回法庭。民众无法容忍，因为只有在一个由他自己那一派的人组成的陪审团面前抗辩，才能给他定罪，而他们认为他已经定了罪。甚至在这件事情上，对庞培的厌恶感也在挡我们的道。元老院议员的投票判他无罪，那些骑士意见分成两种，那些下层公民则反对他。但我在这种不幸中却得到安慰，因为我的敌人每天都在受到谴责，其中最令我高兴的是塞维乌斯翻了船，其他人也都死了；盖·加图在一次公共会议上宣布，在他被剥夺与人民一起处理事情的权力的日子里，他不允许举行选举。阿庇乌斯去看凯撒，但还没有返回。

我急切地等待着你的来信，然而我知道天气仍旧不适合航海；但他们告诉我，有人还是到了奥斯提亚，他们对你的赞扬超过所有人，说你在行省中受到最高的尊重。这些人还说，你打算尽快渡海。这正是我想要的；当然了，尽管我期待见到你本人超过期待其他一切，但你的来信仍是值得期待的。我亲爱的弟弟，再见。

[5]

西塞罗致昆图斯，公元前56年4月11日，于罗马。

我写信告诉你我们的女儿图利娅与克拉西佩于4月4日订婚，在此之前我曾经给你写过信，向你详细解释有关我们的公共和私人事务的一切。下面说的事是后来发生的。4月5日，元老院通过法令，交给庞培用于粮食供应的金钱总量达40,000个罗马大银币。同一天，关于坎帕尼亚的土地有一场激烈的争论，元老院就像公共集会一样喧闹。有关这个问题的讨论后来被金钱的稀缺和粮食供应的高昂价格所转移。

我甚至连这样一件事也不想省略；主持卡皮托利圣山赛会的委员会和商人协会分别把某位马·富里乌斯·福拉库斯赶了出去，他是一位罗马骑士，但却是个无赖，他当时在场，轮流趴在每个成员的脚下。

4月6日，在将要离开罗马的时候，我为克拉西佩举行了一场订婚宴会。在宴会上，好孩子昆图斯（他也是我的孩子）没有出席，因为他身体不适，但不太严重。7日那天我去看他，发现他已经完全好了，我和他谈了很久，谈到我们家中的女人的这些口角；长话短说，没有比这更高兴的事了。然而庞波尼娅对你也有抱怨；关于这一点，我们见了面再说。

离开昆图斯以后，我去看了你的新房。有许多工匠在那里工作。我敦促承包人朗吉留斯抓紧时间建造。他要我确信，一定会让我们满意的。这将是一所宏伟的房子；我们现在比看图纸更加清楚地看到了它的轮廓。我自己的房子也在快速建造。那一天我和克拉西佩一起吃了晚饭。晚饭后我乘肩舆去看庞培，乘他的方便。白天我没能跟他说话，他当时不在家；但我想见他，因为我明天就要离开罗马，而他也必须去撒丁岛。我和他谈了话，请求他让你尽快返回。他说："一刻也不会耽误。"他打算4月11日启程（这是他告诉我的），从拉罗或皮赛乘船。我亲爱的弟弟，等他一到达，你就不要错过第一个机会乘船返回，只要天气合适。我在4月11日黎明前写完这封信，正要开始上路，所以我今天可能会和提提乌斯一起待在阿纳尼亚；明天我打算去拉特里昂，然后在阿尔皮诺待五天，然后去看我在庞贝的房子，在返回的时候我再去看一眼在库迈的庄园，所以（由于米罗的审判定在5月7日）6日我可以在罗马，我希望能在那天见到你，我最亲爱的弟弟。在阿卡农建造房子的事可以等你回来再说。我亲爱的弟弟，照顾好你自己，尽快前来与我会合。

[8] ①

西塞罗致昆图斯，公元前56年5月中旬，于罗马。

啊！你的信给我带来多么强烈的快乐，这是一封长期期待的信，我的期待起初带着呻吟，而后来带着不安！你要知道，自从我收到你的水手带给我的从奥比亚发出的信以后，这是我收到的唯一的一封信。然而如你所说，其他事情都留待见面再谈。然而下面这件事我不能不说；5月15日，整个元老院光荣地采取行动，拒绝了伽比纽斯的请求。普劳西留发誓说，对其他任何人来说都不会有这种事。街上都是热烈鼓掌的声音；对我来说不仅这件事情本身是令人愉快的，而且它是在我缺席的时候发生的（是一项没有偏见的决定），我没有发表反对或赞同的意见。我当时在安齐奥。

本来定于15日和次日要解决的坎帕尼亚的土地问题没能解决。我在这件事上陷入僵持。但我说过的话已经超过我打算说的话；我们见面时还会再谈。再见，我最优秀、最称心的兄弟，一路顺风。我们的两个孩子对你提出了同样的要求；当然了，是这样一个要求，你到达以后要和我们一起吃饭。

[9]

西塞罗致昆图斯，公元前55年2月，于罗马。

我知道我的书② 会让你高兴的，它给你带来的快乐会像你在信中所说的

---

① 在重新编排西塞罗信件的过程中，本卷中的[6]和[7]已经移往他处，但从信件[8]起，编号仍沿用老的编号。

② 指西塞罗的诗歌《变幻无常的伴侣》（*De temporibus suis*）。

事情给我带来的快乐一样大。至于你提醒我乌拉尼亚①，并建议我记住这本书结尾处的朱庇特的讲话，我确实要记住，我要说的所有的话都是对我自己说的，而不是对世上其他人说的。

然而，在你出发后的那天深夜，我带上维布留斯去拜访庞培；我恳求他通过建造一些纪念碑来赋予你荣耀，他的反应非常和蔼，极大地提升了我的希望。他说他要和克拉苏谈谈，并催促我也这样做。我陪同执政官克拉苏从元老院去他家；他提起了这件事，并告诉我克劳狄急于通过他和庞培来获得某些东西；他想，即使不能挫败克劳狄的计划，我也能顺利地获得我想要的东西。我把整件事都交到他手里，并且向他保证我会听他支配。他的小儿子普伯里乌·克拉苏在我们谈话时在场，如你所知，他对我非常依恋。现在克劳狄急于想要得到的是某个荣誉性的使者职位，即使没有元老院的法令，也要通过民众投票，要么去拜占庭，要么去布洛吉塔鲁，要么两个地方都去。担任使者有很多钱。关于这件事我不会过度地自找烦恼，哪怕我不能得到我想要的。事实上庞培已经与克拉苏谈过，在我看来他们已经在考虑这件事。如果他们做出安排，那么没有什么事能比这更好了；如果他们不做安排，就让我们回过头来谈论我的“朱庇特”。

元老院于 2 月 11 日通过了一道涉及贿赂的法令，这道法令由阿弗拉尼乌提出动议，当你在这里和我在一起的时候，我曾经对你做过解释。尽管元老院里表示支持的声音很响，但执政官没有继续接受那些人的建议，他们同意阿弗拉尼乌的动议，但想要增添一条附加条款，只有当了 60 天普通公民以后才能被任命为执法官。那一天执政官们对加图的拒绝是坚定的。我为什么还要浪费口舌？他们已经掌握了一切，他们想要所有人都知道这一点。

① 乌拉尼亚（Urania），具体所指不清，可能指西塞罗这首诗的某个段落。

[10]

西塞罗致昆图斯，公元前55年4月或5月，于库迈。

你担心会打扰我吗？首先，假如我像你想象的那么忙，那么你知道“打扰”是什么意思吗？阿泰乌斯是你的消息提供者吗？在我看来，你再把一种你自己特有的礼貌教给我，但它对我来说没有任何用处。啊，我想要你吸引我，分散我的注意力，既谈到我，又对我谈。还有什么事情能给我带来更多的快乐？我庄严地向你发誓，无论你和我谈论任何问题，是公共的还是私人的，是乡村的还是城市的，都会给我带来快乐，胜过聆听富有想象力的诗人讲述最新创造的诗歌。我出发的时候没有带上你，这完全是由于我的愚蠢。你只要找一个我无法回答的借口，比如我的孩子西塞罗的健康，我就会沉默不语；你第二次还可以提到两位小西塞罗的健康，我是不会表示反对的。

我现在有了一封令人快乐的信，但它确实有一种烦人的味道——你似乎一直担心会打扰我，甚至到现在还是这样。如果这种事情也可以打官司，那么我会去法庭；但是我不再多说了，我发誓，如果我曾经怀疑你有过这样的想法，那么任何时候有你的陪伴，我都会担心你认为我很讨厌。至于我们的朋友马略，我会用我的轿子捎上他——但不是阿昔西乌从托勒密国王那里弄来的那一顶。① 因为我记得，当我带着马略坐上阿昔西乌的八抬大轿从拿波勒斯到百埃的时候，有上百名武士护卫，我无法跟你说我是怎么笑话他的，他根本不知道有那么多武士护卫，轿子突然打开，他吓得惊慌失措，而我哈哈大笑。好吧，如我所说，我肯定会去接他，这样就可以与他接触（晚做比从来不做要好），进行一场迷人的充满古代礼貌和优雅的谈话。但是邀请这样一位身体虚弱的人到庄园里来，风吹日晒，我就是有点不忍心。

有他在这里陪伴，当然也是我的一种特别享受；我会让你知道，有他做

① 阿昔西乌（Asicius）似乎是托勒密国王的好朋友，这顶轿子是国王送给他的或卖给他的，通常有百名武士护卫。

我的邻居，就好像一缕阳光照耀在我的乡间别墅上。他会被安排在阿尼基乌的房子里住下。至于我本人，一只书虫，可以与宅子里的工匠住在一起。为了哲学，我必须感谢的不是绪曼图斯，而是阿尔皮诺的高度。[①] 马略在身体和品性两方面都是软弱的。

至于我受到的打扰，只要你允许，我可以从你那里得到很多写作时间。不过我请求你不要允许，这样我就可以把自己的不工作归于你的错误，而不是我自己的懒惰。

关于政治方面的事，我感到伤心的是你在涉及你自己的时候不恰当地感到痛苦（我注意到你的叹息；啊，实在没有办法了，“只是苟活于世”——但我决不会添加这样的话，“要驱逐所有的悲伤”），你是一名比菲罗克忒忒斯更加优秀的公民，他承受着邪恶，想要看到我认为对你来说是痛苦的景象。

我恳求你设法到我这里来；我会安慰你，从你眼中抹去所有悲伤；由于你热爱我，你要把马略也带来。但你们俩要抓紧。我的房子后面有一个花园。

[11]

西塞罗致昆图斯，公元前 54 年 2 月 10 日或 11 日，于罗马。

你在涂蜡板[②] 上写的话具有的强硬急迫的语调引出了我的这封信。关于你出发的那一天和后来发生的事情，我没有什么可写的。但是正如我们在一起的时候不会无话可谈，所以我们的通信也可以随意而为。

好吧，泰奈多斯的居民的自由[③] 遭到削减，因为除了我本人、彼布卢

① 西塞罗的意思是：他不是一个软弱的老人，而是一个强壮的山里人。

② 原文为“codicilli”，意为涂蜡板，用于紧急情况。

③ 泰奈多斯（Tenedos），爱琴海的一个岛屿，靠近特洛伊。该岛居民要求罗马元老院给予某种自由，但遭到拒绝。

斯、卡利狄乌、法伏纽斯，没有人为他们辩护。

来自西庇鲁斯的玛格奈昔亚人向你表示敬意，因为你是唯一站出来反对卢·塞克提乌斯·潘莎的要求的人。在剩下的日子里，要是有什么事情发生，必须让你知道，或者哪怕没有什么事发生，我都会每天给你写信。在2月12日，我不会让你或庞波纽斯的失望。

卢克莱修的诗正如你写的那样——经常迸发出天才的光芒，然而过分艺术化。但是等你来的时候……[①] 如果你已经理解了撒路斯特的《恩培多克勒》，那么我会认为你是个好人，但不是一个普通的凡人。

[12]

西塞罗致昆图斯，公元前54年2月13日，于罗马。

我的信能让你快乐，这使我很高兴；然而，要是没有收到你的信，我在那个时候甚至无话可说。阿庇乌斯于12日召集了一次元老院会议，参加者寥寥无几，会议开得非常冷淡，那些抱怨我们的人强迫阿庇乌斯把我们赶出去。

至于那个科马根尼人[②]，由于我推翻了整件事，所以阿庇乌斯一个劲地奉承我，他直接讨好我，或者通过庞波纽斯；因为他明白，要是我在其他所有事情上都采用同样的演讲风格，那么2月对他来说是一个毫无收获的月份。我戏弄了安提奥库斯，不仅让他不要去碰那个位于幼发拉底河流域宙格玛地区的小镇，而且还嘲弄这个家伙穿的紫红边托袈袍，这是他在凯撒担任执政官时弄到的，我的讲话激起一阵阵哄堂大笑。我说："至于他希望我们更新赐予他的荣誉，我的看法是根本不需要颁布任何法令，禁止他每年更换

① 此处原文有缺失，可补足为"我们可以讨论"。

② 指科马根尼（Commagene）王国的国王安提奥库斯，他从庞培手中得到了这个小王国，位于叙利亚。

紫红边托架袍。但是高贵的朋友们，你们不能容忍波斯特拉[①]人穿紫红边托架袍，就能容忍这个科马根尼人穿紫红边托架袍吗?”你明白我采用的讲话风格和我掌握的开玩笑的时机。我讲了很多话，谴责他的卑鄙的王权，结果是他被一片嘘声轰下了台。但是我的风格使阿庇乌斯非常激动，他像一位母亲一样拥抱我。他的其他议案就像世上最轻巧的东西在风中飘落。但我不会走得太远，乃至于冒犯他，因为我担心他会请求朱庇特的保护，把所有希腊人都找来当同盟者，正是通过他们，我们变得和解。

我会让塞奥波普满意的。我忘了写信跟你提到凯撒；因为我明白你期待一封什么样的信。但是他写信给巴尔布斯，说整个一捆信都被水湿透了，其中有我的信和巴尔布斯的信，收到信的时候，他甚至不知道里面有我的信。然而，他在巴尔布斯的信中辨认出一些话来，对此他答复说：“我明白你提到一些有关西塞罗[②]的事，对此我不明白，但我能猜出这是一件我更加期待的事，而不仅仅是一种希望。”所以后来我又把信的抄件送了一份给凯撒。

你一定不要因为凯撒开的小玩笑，说他缺乏资金就推迟行动。我的回答是，他没有理由要在将来因为依赖我的钱箱而把事情搞得一团糟；我继续以这种方式跟他开玩笑，毫无拘束，但又不失尊严。然而他对我们的忠心，如各方面的消息所说的那样，是相当例外的。这封信意味着你等待的东西实际上与你的返回刚好重合。我会写信让你知道每天发生的事情，只要你能给我提供送信人。然而政治上的晴雨表已经接近冰点，阿庇乌斯处于极端危险的地步，他的房子被人烧了。

[13]

西塞罗致昆图斯，公元前 54 年 2 月 14 日，于罗马。

---

① 波斯特拉（Bostra），古罗马阿拉伯行省的首府。

② 指昆图斯。凯撒从巴尔布斯的信中推测昆图斯打算抛弃庞培，投向凯撒一边。

你说的“黑雪”把我逗乐了，我非常高兴你现在情绪不错，想要开玩笑。至于庞培，我相当同意你的看法，或者说你同意我的意见。因为，如你所知，我长期以来一直在赞颂你的朋友凯撒。相信我，他是我的亲密朋友，我从来没有试图解开“这道铁箍”。

现在让我告诉你13日的事情。这是凯留斯的第十天。[①] 多米提乌没能召集到必要数量的陪审员。我担心那个令人厌恶的无赖波拉·塞维乌斯会出来起诉。因为我们的朋友凯留斯受到克劳狄家族的恶毒攻击。到现在为止，还没有什么事情已经确定，但我提高了警惕。同一天，叙利亚人获准参加元老院全体会议。一方面，叙利亚的包税人全都出现了。伽比纽斯遭到凶恶的咒骂。但另一方面，多米提乌斥责包税人（如他所说）用一队骑兵护送伽比纽斯来荣耀他。多米提乌说：“罗马骑士们，发生这种事都是你们的错，因为你们的判决是含糊不清的。”这时候我们的朋友卢·拉弥亚也相当冲动地说：“是的，这是我们的判决，但却是你们这些元老院的议员在担保一个人的品性。”那一天什么事也没做成，夜晚的降临打断了讨论。

阿庇乌斯的看法是这样的，普皮亚法案并不禁止他在罗莫洛节以后的公民大会日主持元老院会议，而根据伽庇尼乌法案，从2月1日到3月1日他甚至必须每天接见外国使者。所以人们认为选举会延期至3月份。所有保民官宣布，他们会在公民大会日解决伽比纽斯的事情。我收集了各方面的消息，所以我可以告诉你一些新鲜事。但是，如你所见，这只是使我失望的消息。

所以我回过头来说卡利斯塞涅[②] 和腓力司图[③]，你沉迷于他们的著作。卡利斯塞涅老生常谈，陈腐不堪，几个希腊人已经指出过了。而这个西西

① 从被提审到判决。

② 卡利斯塞涅（Callisthenes），希腊奥林苏斯（Olynthus）人，公元前387年—前327年，曾陪同亚历山大大帝赴亚细亚，著有《福西斯战争史》（*the History of Phocian War*）。

③ 腓力司图（Philistus），叙拉古人，约生于公元前435年，叙拉古僭主老狄奥尼修宠信的人。

里人[1]是个一流的作家，精辟、尖锐、简洁，几乎是修昔底德的袖珍版；但是我不知道你现在手头有的是他的哪一本书（因为有两本汇编），或者说你两本都有。论狄奥尼修的那本书给我带来最大的快乐；因为狄奥尼修是一个大混蛋，腓力司图非常了解他。但是关于你的后记——你真的打算从事历史研究吗？如果我可以这样说的话，你有这种能力。如果你能给我提供送信人，你会听到今天关于牧神节取得了什么成就。和我们亲爱的西塞罗[2]在一起，你要尽可能地使自己快乐。

[14]

西塞罗致昆图斯，公元前 54 年 5 月中旬，于库迈或庞贝。

迄今为止我收到你的两封来信，一封是在我启程的时候收到的，另一封是在阿里米努姆收到的；你说的其他信件我还没有收到。我在库迈和庞贝的住处过得相当舒服，除了你没有和我在一起，我打算在这些地方一直待到 6 月 1 日。我告诉过你，我正在写《论国家》，这是一件非常辛苦的工作；如果我能取得令我满意的成功，那么我的辛苦不算白费；如果不能成功，那么我会把我写的东西扔到大海里去。我也会去做其他一些事情，否则人会越来越懒。

我会坚决按照你的指示办事，与某些人和解，不和另外一些人纠缠。然而，我最渴望的是每天都能看到你的西塞罗（他属于我们俩），我会尽可能经常性地检查他的进步，除非他不理我，我甚至还会以一名教师的身份为他服务——在这些闲暇的日子里，我在管教我自己的小西塞罗时获得了这种能力。

当然了，你说要做的事情一定会做的（即使你没有把它写在纸上，我也

---

① 指腓力司图。

② 指昆图斯之子。

确定你在这样做的时候是最认真的），我指的是你会安排、执行、完成我的指示。当我到达罗马的时候，我不会让凯撒的送信人离开时不捎上我给你的信。在最近这些日子里（请你原谅我这样说），我找不到任何人可以给你捎信，直到现在这个人出现——马·奥费乌斯，他是一位罗马骑士，是我的朋友，不仅与我关系非常密切，而且还来自阿梯拉，你知道我是这个自治镇的庇护人。因此，我极为热情地把他推荐给你，他在他自己的镇子里地位很高，在镇子以外也深受欢迎。请你很好地款待他，使他对你负有某种义务。他是你军队里的一名军法官。你会发现他是一个感恩的人，会在各方面关心你。我诚挚地恳求你成为特巴提乌的好朋友。

[15a]

西塞罗致昆图斯，公元前 54 年 6 月初，于罗马。

我于 6 月 2 日到达罗马，收到你从普拉珊提亚送出的信；第二天，我收到你的另一封从布兰德诺[①] 送出的信，还有凯撒的一封充满仁慈、关怀和个人魅力的信。这些善意的表达意义重大，或者倒不如说，意义极大；因为他对我们在元老院里取得荣誉和晋升有重大影响。但是请你相信我（你知道我的意思），当我说我已经获得当前形势最宝贵的东西时，我指的是：首先，你自己提供了有效的服务，支持了我们共同的地位；其次，凯撒对我有着非同寻常的热爱，我把这种爱看得高于他期盼我获得的所有荣誉。事实上，与你的信同时送来的他的信（他在信的开头就说非常高兴你的到来，你的到来唤醒了他有关你以往对他的热爱的记忆，他还说他会处理好这件事，让我不要为你悲伤和叹息，而要为你感到高兴，尽管你不和我在一起，但你现在有他的陪伴，而不是和其他人在一起），我要说，它给我带来的快乐超出你的想象。

① 布兰德诺（Blandeno）。山外高卢邻近普拉珊提亚（Placentia）的一个镇。

因此，你确实像兄弟一样敦促我（尽管在当前时刻你的鞭策是多余的），要我集中全副精力考虑凯撒的事。是的，确实如此，我的热情很高，我会获得成功的，就像旅行者时常发生的事情，有些人非常匆忙——我指的是，如果起身晚了，那就抓时间赶路，结果到达目的地的时间甚至比那些半夜起床的人还要快；所以在奉承你的朋友方面，我沉睡了那么长时间（天哪，尽管你不断地想要唤醒我），现在要通过加速来弥补我的迟缓，不仅是换乘马匹，而且（由于你说我的诗歌得到他的赞扬）要驾驭一辆驷马快车捷驶。只要你的人把不列颠作为主题给我，我就可以按照你的色彩绘画，但用我自己的画笔。那么我会怎么样？要是我按照他的要求留在罗马，我能有一刻空闲吗？但是我会把这件事记在心里。像通常那样，我对你的爱将会克服所有困难。

由于我把特巴提乌派到他那里去，他非常风趣而又有礼貌地向我表示感谢。他宣布，在他那一大群幕僚中，没有一个人能得到这样的认可。我代马·库提乌斯向他要求担任保民官(至于多米提乌，要是我为他这样做的话，他会认为我在跟他开玩笑，确实，他经常开的玩笑是他连一位军法官也没有任命过；他甚至在元老院里嘲笑他的同事阿庇乌斯，他为了得到一个保民官的职位而去找凯撒)，任期是下一年的；这正是库提乌斯想要的。

至于你认为我在政治上，在处理我的敌人时应当采取的行为，我想要你知道，我现在是，也一直是“比你的耳垂更软”。

罗马的形势如下：有某些希望举行选举，但不明确；有人怀疑独裁，但也没有确定的根据；讲坛上风平浪静，但那是年迈体衰的象征，而不是默认；至于国家，我在元老院里表达了这样的看法，其他人会同意他们的意见，但我本人不会同意。“这就是邪恶的战争带来的浩劫。”①

① 引自欧里庇德斯：《请愿的妇女》，第 119 行。

[15b]

西塞罗致昆图斯，公元前54年7月27日，于罗马。

写这封信，我要用一支好笔，用调制得很好的墨水，还要用象牙平整过的纸。因为你写信对我说，你几乎无法辨认我最后那封信，但是我亲爱的弟弟，这绝不是由于你怀疑的那些原因。我不忙，也没有生气，更没有对某些人表示忿恨，而是因为我通常总是拿起什么笔就写，就好像它是一支好笔。

我最优秀、最亲爱的兄弟，现在我要答复摆在我面前的这封生意式的短信，请你注意。你要我答复的那件事，我没有任何隐瞒，也没有任何保留，更没有辜负你的感情，而是坦率地说——作为兄弟我应当坦率，我指的是无论你是否按照我们已经安排过的那种方式回家，或者有任何理由，需要留下来完成你自己的责任——好吧，我亲爱的昆图斯，如果你询问的是一件小事，那么我应当允许你问，而我也应当向你表明我本人希望什么。然而在这件事情上，你的询问的真正含义是——我希望明年会是一个什么样的年？我希望明年对我们来说风平浪静，或者说，我的地位相当巩固；这一点每天在我家、在讲坛上、在剧场里，通过人们情感的显露可以得到清楚的证明；我并不担忧，我对自己的力量有清醒的认识，我获得了凯撒和庞培的青睐。另外，如果我们那个疯狂的朋友[①]发作了，那么打垮他的一切准备都已经就绪。

这就是我的感情和我深思熟虑过的意见，我非常确定地把它告诉你。我禁止你对此有任何怀疑，不是因为我逗你开心，而是因为我是你的兄弟。因此我希望你为了我的缘故在你讲的那个时间回来，这样我们就可以快乐地在一起了；另外，我也宁愿拥有另一种甚至更加丰富的过程——只要你认为这个过程对你更加有利，而我也认为其他事情更重要——解除你的义务。你可以相信，一旦我们摆脱债务，只要我们身体健康，我们就会比世上任何人都

① 指普·克劳狄。

要幸福。考虑到我们生活的方式，我们想要得到的东西是微不足道的，只要我们能保持身体健康，我们想要的东西都可以放弃。

现在贿赂和腐败成风，非常可怕。其他没有任何事情能与之相比。7 月 15 日，利息从百分之四上升到百分之八，这是美米乌斯的安排，以及执政官与多米提乌的合作带来的结果；但愿斯考鲁斯能打败他们。美萨拉没有骨气。我并不喜欢夸张，据说他们订下协议，在第一百人队[①]中分发 10,000 个大银币。这是一件丑闻。保民官候选人同意接受马·加图的仲裁，每人缴纳 500 个大银币的押金到他手里——按照他的指示进行竞选，任何人要是违反规定就由他来定罪。如果这场选举没有发生腐败，就像人们假定的那样，那么加图证明他的力量超过一切法律和陪审团。

[16]

西塞罗致昆图斯，公元前 54 年 8 月末，于罗马。

当你从我的书记员手中收到一封信的时候，你可以肯定我没有丝毫空闲；但按照我自己的说法，我空闲的时候很少。你可以认为，在一年中最不健康的季节，在天气十分炎热的时候，我被这些案子和审判搞得心烦意乱，这是过去从来没有过的。但由于这是你给我的指示，所以我必须忍受，不能犯错误，不能让你和凯撒对我失望，尤其是，无论有多少困难，我的努力绝不会使我在民心和声望方面没有任何收获。所以，就像你所要求的那样，我会小心谨慎，不伤害任何人的感情，要赢得人们的尊敬和热爱，包括那些讨厌我和凯撒关系太紧密的人，那些不公正的人，那些倾向于我们的人。

几天来，元老院就贿赂和腐败问题展开非常热烈的讨论，执政官候选人已经到了无法被人们容忍的地步，但我不在那里。我下定决心，不再朝着这个方向努力，没有强有力的支持，我不会去治疗国家的疾病。

---

① 在公民大会上最先投票的百人队。

我在写下这些话的时候，德鲁苏斯受到的两面派的指控已经被判无罪，在最后审判时投了四次票，尽管元老院议员和骑士们已经对他进行谴责。这一天下午，我去为瓦提尼乌辩护。这是件易事。公民大会延期到9月。斯考鲁斯将接受审判，我一定要支持他。我一点儿也不喜欢你的“索福克勒斯的宴饮者”，尽管我看到你成功地扮演了你的角色。

现在我要来谈也许可以最先讲的论题。啊！你写给我的关于不列颠的信多么令人高兴啊！我害怕大海，我害怕那个岛屿的海岸。我不低估你的事业的剩余部分，但它更多的是希望，而不是惊恐不安，是渴望参与，而不是由于担忧而感到不安。然而我能看到，你的笔有许多光荣的主题可写。你必须描写安营扎寨、事情、地点、人的品性和习俗、部落、战斗，最后你还要写你的统帅本身是个什么样的人！你请我帮忙，我愿意以你希望的任何形式帮助你，我会把你要的诗歌送给你——“雅典娜的猫头鹰”。

如果我能在这里见到你，那么它意味着你对我的支持。亲爱的弟弟，凯撒认为我的诗歌怎么样？前不久他写信给我，说他已经读了我的第一卷；关于第一部分他声称自己从来没有读过更好的诗歌了，哪怕是希腊文的；其他部分，有某些段落“不够精致”——这是他的用语。告诉我真话——让他不高兴的是主题还是文风？你不用害怕；我认为自己并不傻。你要像真理的热爱者一样给我写信，你要像一名兄弟一样给我写信，你以前一直都在这样做。

第三卷

[1]

西塞罗致昆图斯，公元前54年9月，部分写于阿尔皮诺，部分写于罗马。

(1) 大暑之后——确实，我记不得还有更热的天了——我在阿尔皮诺休养，罗马节[①] 的赛会还在继续，我离开了我的部落同胞，让斐洛提姆去照料他们[②]，而我自己则享受着河边的美景。9月10日，我在阿卡农[③]。我在那里见到了美昔狄乌和斐洛森努，他们从距离你的庄园不远处的水渠打来了，渠里的水流得很欢，尤其想到这是在大旱时期；他们告诉我还会去寻找更多的水源。荷鲁斯一切都好。在你的玛尼留斯庄园里，我发现狄菲卢斯是个懒汉，除了洗澡、兜风、拎鸟笼，他无事可做。[④] 我在庄园里过得很快乐，宏伟的柱廊映入我的眼帘，它给庄园带来了无比的尊严，柱子也打磨得很好。我会把它们粉饰一新。在我看来，这里的道路也铺得很好。有些拱顶不行了，我下令把它们换掉。

他们告诉我，按照你的书面指示，要在那个地方重建一个前厅，也就是在柱廊那里，我喜欢这个想法。因为现在的前厅似乎没有足够的空间，它也不像一般的前厅，除了那些带有大院子的大房子，在里面不可能造卧室或其他房间。它的屋顶上的漂亮曲线使它可以成为一间很好的夏天住的屋子。然而，要是你有其他想法，那就尽快写信来。我把洗澡间里的炉子搬到换衣间的另一个角落里，因为这样一来，它的散发热气的蒸汽管子就正好在卧室下面了。这里有一间很宽敞的卧室，还有另一间高贵的卧室可供冬季使用，我非常喜欢这些房间，因为它们不仅宽敞，而且在恰当的位置，一边是走廊，一边是洗澡间。狄菲卢斯放置的柱子既不垂直，也不是在准确的位置。当然了，他不得不把它们放倒。总有一天他会学会使用铅锤和尺子。总的说来，我希望狄菲卢斯能在几个月内完成工作，因为现在和我在一起的凯西乌斯会牢牢地盯着他。

(2) 从那里我直接坐上牛车去了你的富菲狄乌庄园，这是我们最近几周

---

① 罗马节（Ludi Romani），每年 9 月 4 日至 19 日庆祝。

② 负责保障他们赛会期间的住宿。

③ 阿卡农（Arcanum），西塞罗在阿尔皮诺山城南部的领地。

④ 荷鲁斯（Herus），阿卡农的一名仆人，狄菲卢斯（Diphilus），一名建筑师。

在阿尔皮诺花了 100,000 个小银币从富菲狄乌那里为你购买的。我从未见过夏天还有比这里还要凉快的地方，供水不成问题，许多地方有泉水涌出。长话短说，凯西乌斯认为你灌溉 50 尤格[1] 草地没有困难。这一点我可以向你保证，你会有一个极好的、迷人的庄园居住，再加上一个漂亮的养鱼池，一个练习场和一个已经安好柱子的葡萄园。我知道你想要波维拉的庄园。你本人可以决定你认为什么最好。凯西留斯经常告诉我，这个庄园即使水干了，但已经有引水的权利，庄园已经有雇工，如果我们想要卖掉它的话，出可以保持我们的价格。我有美昔狄乌和我在一起。他说他已经同意你的条件，铺一步路三个小银币，他已经铺好了练习场和三千步。我认为这个价格高了一点。但我保证这笔钱花得不冤枉。我已经把基罗从维那卢姆召来；但就在那一天，和他一道工作的工匠和学徒中有四人死于维那卢姆的一处坑道倒塌。

9 月 13 日，我在拉特里昂[2]。我彻底检查了那里的道路，我感到非常高兴，因为它看上去就像一条公共大道，除了有 150 步的路况不太好——我亲自丈量了，从富里娜神庙边上的小桥开始，朝着萨特里库[3] 那个方向走。在那里有一段路面是干土的，而不是砂石的（所以不得不更换），那段路非常陡，但我明白它无法改道，尤其是你本人反对让它穿过洛库斯塔或瓦罗的地界。瓦罗把他自己庄园前面的道路修得很好；洛库斯塔则根本没修，但我会在罗马找他谈一谈，我想我对他会有些影响，与此同时我会找马·陶鲁斯，我知道他对你许过诺言，可以通过他的地界引水，他现在人在罗马。

我对你的仆人尼凯福鲁非常满意，我问他，关于在拉特里昂修建一所小房子的事你是否对他有过指示，这是你对我说起的。他告诉我，他本人包下了这件事，酬金是 16 个大银币，但是后来你又给他添了许多工作，但没有增加报酬，到最后他只好放弃。我向你保证，你决定要添加的那些东西是我感到最满意的；然而，这所庄园给人留下深刻印象的是它具有的哲学氛围，

① 尤格（Iugera，Iugerum），罗马人的土地面积单位，一尤格约为三亩多地。

② 拉特里昂（Laterium），西塞罗在那里有庄园。

③ 萨特里库（Satricum），邻近阿尔皮诺的一个村庄。

而不是像其他庄园那样的疯狂。然而，你想要添加的东西毕竟是迷人的。你的园丁赢得我的赞扬；他种了许多常青藤，不仅爬满墙基，而且爬满柱廊之间的空地，我要说园中的希腊雕像就好像花园里的园丁，正在展示他们的常青藤。现在，你的更衣室长满苔藓，是世上最凉快的隐修地。

我几乎提到了所有乡间琐事。园丁、斐洛提姆，还有辛西乌斯，他们确实在加紧修缮你在镇上的房子，我经常去察看，把它们当成我自己的房子，我并不感到麻烦。这样做，我可以解除你对这些事的担忧。

（3）你总是询问你的儿子西塞罗；好吧，我当然原谅你的挂念，如果你也能原谅我，那么我会很高兴。我拒绝承认你对他的热爱超过我对他的热爱。我希望，只要他本人愿意，他可以和我在阿尔皮诺再待几天，不能再少了！至于庞波尼娅，如果你乐意，我想要你写信告诉她可以到我这里来，我无论什么时候离开镇上外出，都会带上你的儿子。如果我空闲的时候让他待在我身边，那么我会赢得热烈赞扬；而在罗马我没有丝毫空闲。你知道我以前曾就此对你许下过诺言；你已经给了我巨大的奖赏，你现在还在等什么呢？

现在来谈你的信，我在阿尔皮诺的时候收到很多封。事实上，它们是同一天送到我的这里来的，而你显然也是在同一时间发出的，其中有一封相当长，你在信中说你注意到的第一件事情就是我给你的那封信的日期早于我给凯撒的那封信。这是奥庇乌斯[①]有时也无法做到的事——我的意思是，收到我的信后，他已经决定要派一名送信人，但此时发生了意料之外的事情，所以最后他派遣送信人的时间不得不迟于他原来的打算；而我一旦把信交给他，我就不会去改变信的日期。

你写到凯撒非常热爱我们。这种情感不仅你要大力助长，而且我也要以各种可能的方式加以培养。至于庞培，我现在和将来都会小心谨慎地按照你的建议去办。你对我允许你延长逗留时间感到高兴，尽管我感到悲伤，我会

① 奥庇乌斯和巴尔布斯是凯撒在罗马的代理人。

想念你，但我在一定意义上还是感到高兴的。你派了希波达姆斯和其他人前来转告你的意图。没有哪个匪帮不在等着从你那里拿到与一处郊区地产相当的贿赂。但是你应当容忍我的朋友特巴提乌，那个抽签纯粹是胡说。我已经派他到凯撒那里去，凯撒已经为我做了很多事；如果他没有为特巴提乌做那么多事，我就不会向他做出任何保证，对你来说也一样，我会移交和解除对他的所有义务。你写到，凯撒对你的尊敬与日俱增，这是我永久的快乐。确实，如你所说，巴尔布斯正在帮我的忙，他对我来说至关重要。我非常高兴你热爱我的朋友却波尼乌，而他也热爱你。

你提到军法官的事；是的，我确实为库提乌斯向凯撒求情，凯撒给我回信说已经给库提乌斯找了一个职位，并且嘲笑我为库提乌斯求情时的羞怯方式。如果别人要我为他们游说（比如我让阿庇乌斯写信给凯撒），那么我几乎不会拒绝，但最后能否成功不关我的事。我尊敬库提乌斯（我对他本人说过），不仅因为你要我这样做，而且因为你的证词，你的信使我知道他热情地主张我的回归，我非常感谢他的帮助。关于不列颠的形势，你的信使我明白了我们既没有理由担忧，也没有理由狂喜。至于公共事务，你希望提罗能给你写信，从那以后我给你写信就不那么事无巨细，因为我明白，所有事情，无论大小，都被当做重要的事情报告给凯撒。

（4）我已经回答了你最长的信；现在请听我对你的那封短信会说些什么，这封信开始时提到克劳狄给凯撒的信；关于这件事情我想凯撒拒绝你的要求是正确的，尽管提出这种要求出于一种最友好的情感，但他应当对那位调皮的朋友做出答复。你的第二个要点涉及卡文提乌·马略的讲演。我惊讶地看到，你说我对他的答复给你带来快乐，尤其是如果我不答复，那么无人想要读他的演讲，而现在学校里的学生都在读我驳斥他的演讲，作为一种练习。我已经开始撰写你在急切等待的那本书[①]，但我不可能在最近几天完成。我已经完成你一直想要得到的为斯考鲁斯和普兰库斯辩护的演说词。我为凯

① 指《论国家》。

撒写的诗歌已经写完，正在做最后的调整。不过，你的诗兴已经干涸，如果我有空闲，我会撰写你要求我写的东西。

现在来谈你的第三封信。你说巴尔布斯很快会到罗马来，有不少随从，他会和我在一起，直到5月15日；这使我感到非常满意和快乐。在同一封信中你催促我要有雄心、要坚强，就像你以前经常做的那样；是的，我肯定会这样做，但我们什么时候才能开始享受生活？

你的第四封信我是在9月13日收到的，是你于8月10日从不列颠寄出的。除了你的“厄里格娜”[①]，信中没有什么新鲜事；如果我能从奥庇乌斯那里拿到这本书，那么我会写信把我的想法告诉你；但我不怀疑它一定很吸引人。我还要说到（我差点忘了）那个人的事，按照你的来信，他给凯撒写了信，为米罗叫好；好吧，我一点也不反对凯撒得到这样的印象，没有什么事能这更好了，案情无疑就是这样。然而为米罗叫好在一定意义上就是为我叫好。

我还收到你的一封很老的信，但送出时间很迟，你在信中提醒我忒路斯神庙和卡图鲁斯的柱廊。[②] 这两处建筑都很精细。我甚至在忒路斯神庙附近为你竖了一尊雕像。还有，你提醒我那些花园；是的，我从来没有过度地关注过它们，我在城里的房子给我提供了所有花园里的设施。我于9月18日到达罗马时发现你的房子的屋顶已经完工；你没有注意过的阅览室的屋顶对山墙来说太重了，现在有一点朝着下面的柱廊顶倾斜。

当我外出的时候，我们的孩子西塞罗和他的修辞学老师没有放假。你没有理由担心他的教育，因为你知道他的能力，而我明白他的想法。所有其他与他相关的事情我都承担了，我想这是我的责任，我应当负责。

（5）迄今为止伽比纽斯受到三方面的指控：福拉门之子卢·伦图卢斯，他指控伽比纽斯背弃罗马人民的利益；提·尼禄，有很多人支持他的指控；

① 厄里格娜（Erigona），伊卡里乌斯之女，雅典人，因父亲被杀而自缢，变成室女星座。

② 邻近西塞罗在罗马的住处，在他被流放期间被毁，后来由元老院下令复建。

保民官盖·美米乌斯，与卢·卡皮托联合提出指控。伽比纽斯于 9 月 19 日抵达罗马城边，一幅声名狼藉、孤影孑立的图景。但是，想到当前的法庭状况，我不敢对任何事情抱有自信。由于加图身体不佳，他还没有受到勒索罪的指控。庞培在努力与我和解，但还没有成功；如果我能有一点独立性，他就绝不会成功。我急切地等待你的来信。

你写到，你听说我参加了执政官候选人联盟；好吧，这不是真的。对这种候选人联盟的影响是这样的——根据美米乌斯后来所说的情况——并非老实人必须成为他们这一派的；与此同时，如果美萨拉被排除在这种联盟之外，我参加进去并不是错误。我对他各方面都很满意，还有，我相信，我对美米乌斯也是满意的。对多米提乌本人我提供了很多帮助，这是他希望我这样做的，是他对我的要求。由于我仁慈地为斯考鲁斯辩护，所以他对我负有很大的义务。迄今为止，什么时候举行选举，谁会成为执政官，仍然是极不确定的。

就在我要卷起这封信的时候，你的信使和凯撒的信使于 9 月 20 日到了；他们在路上一共走了 27 天。我感到非常悲伤！收到凯撒这封最有魅力的信以后我非常悲伤[①]！这封信越是有魅力，他的痛苦给我带来的悲伤越大。但是，让我来说你的信。首先，我重申，我赞同你继续待下去，尤其是如你所说，你已经与凯撒见过面。我对奥庇乌斯要和克劳狄[②]打交道感到惊讶，这不是我所建议的。

至于你在信中说的事——我将于 9 月 13 日被任命为使者，派到庞培那里去——我没有听到任何消息，我写信对凯撒说，维布留斯和奥庇乌斯都没有把凯撒的关于我待在罗马的消息带给庞培。我不知道他们有什么反对意见。然而，就奥庇乌斯来说，是我阻止了他，因为彼布卢斯先提出要求；凯撒已经和他见过面，而当时凯撒只是给奥庇乌斯写了信。至于“重新考虑”，

① 信中提及凯撒的女儿朱利娅之死。

② 即普·克劳狄。

我向你保证，我与凯撒不可能有什么亲戚关系。他与我的关系仅次于你和我的子女与我的关系，我和他的亲密程度几乎与他们相当。在我看来，这就是我深思熟虑以后的坚定信念（在这个时候必须如此），然而一种强烈的偏好对我会有影响。

（6）在我写下手头这些最后的话以后，你的儿子西塞罗走了进来，与我一起吃晚饭，庞波尼娅外出吃饭去了。他把他刚收到的你的一封信交给我看——我发誓，这封信的风格就像阿里斯托芬，把庄重与活泼结合在一起，我看了以后很高兴。他也交给我你的另外一封信，在信中你要他把我当做老师来对待。他看了信以后很高兴，我看了信以后也很高兴！他是世上最有魅力的孩子，对我最忠诚。这些话是我在吃晚饭时对提罗口授的，所以你发现这封信由不同的手写成时不要感到惊讶。

安那利斯[①] 对你的来信非常高兴，因为如他所说，你为了他的事尽心尽力，与此同时又用坦率的建议帮助他。老普·塞维留斯在收到凯撒给他的信以后向你表示衷心感谢，因为你非常有礼貌地转达了他对凯撒的热爱，给凯撒留下了深刻印象。

在我从阿尔皮诺返回罗马以后，我得知希波达姆斯已经启程去你那里。我感到非常惊讶，他从我这里离开，却不捎上一封我给你的信；我只能说我很恼火。因为我很早就决定，在你写信给我以后，我要把所有我想要特别小心地告诉你的事情写下来让他交给你；我向你保证，在我按一般方式送给你的信中，我几乎没有写什么要是落到其他人手中会引起我恼火的话。我在等米诺西乌、塞维乌斯、拉贝奥。拉贝奥启程迟了，或者还没有出发。希波达姆斯从来没有问过我有什么信要交给他。

提·庇那留斯在给我的一封友好的信中提到你，说他非常喜爱你的文学才能，非常乐意与你谈话，还有最后但不是最不重要的一点，非常喜欢与你共进晚餐。在与他的交往中，我总能找到快乐，我也经常见到他的兄弟。由

① 一位元老院议员。

于这个原因，我肯定你会继续对这个年轻人感兴趣，如你已经开始的那样。

这封信在我手里捏了好几天，在不同时间写成，因为送信人推迟到来，又有许多新的事情冒出来要写，比如提·阿尼基乌反复对我说，要是能找到一处郊区地产，他会毫不犹豫地替你买下来。在与他谈话时我对两件事情感到惊讶——你写信给他提到要购买郊区的地产，但你不仅没有写信跟我提这件事，而且还写信对我说好像有其他打算；还有，你写信给他的时候好像没有想到他是个什么样的人，没有想到你在图斯库兰拿给我看的他的那些来信，没有想到厄庇卡尔谟的格言，“要发现一个人是怎样对待他人的”，简言之，就我所知，你好像完全不知道必须根据外表和谈话中推测他的品性；但这都是你的事。

关于郊区的地产，你要让我知道你的想法，顺便说一句，不要让阿尼基乌给你带来任何麻烦。其他还有什么事？还有吗？噢，是的，伽比纽斯于9月27日夜晚进了城，也就是今天凌晨2点钟的时候，按照盖·阿菲乌斯[①]的法令，他不得不面对收受贿赂罪的指控，人们从四面八方蜂拥而来，几乎要把他踩在地上，足以证明确全体人民对他的仇恨。他是世上最可耻的人。然而，庇索仅次于他。所以我想在我的这本书的第二卷塞入这样一段惊人的话——阿波罗主持召开诸神会议，审判两位出征归来的统帅，一位丧失了他的军队，另一位出卖了他的军队。[②]

凯撒于9月1日从不列颠给我送来一封信，我是27日收到的——其中提到不列颠的形势令人相当满意，他在信中说他去海边的时候你没有和他在一起，这就解除了我的困惑，为什么没有同时收到你的信。我对凯撒这封信没有答复，甚至也没有向他表示祝贺，因为他正处在失去爱女的悲哀中。

我亲爱的弟弟，我再三恳求你，一定要照顾好你自己。

---

① 公元前59年的保民官，在审判伽比纽斯时他是刑讯官。

② 庇索在马其顿与部落作战时损失惨重，伽比纽斯接受贿赂，派他的军队帮助托勒密国王恢复王位。

[2]

西塞罗致昆图斯，公元前54年10月11日，于罗马。

10月10日晚，萨维乌斯坐船去奥斯提亚，从你家里带去你想要的东西。同一天，美米乌斯[①]当着民众的面给了伽比纽斯难堪，而克劳狄[②]甚至没有捞到说话的机会。明天（也就是后天，因为我是黎明前写的信）要由加图提审，以决定在美米乌斯、提比略·尼禄、马库斯之子盖·安东尼和卢·安东尼中间由谁来提出指控。我想美米乌斯很有可能担当此任，尽管尼禄也尽了很大努力。简言之，伽比纽斯已被逼入死角，除非我们的朋友庞培不怕引起诸神和凡人的厌恶，打破这个计划。

现在你要注意这个厚颜无耻的家伙，在共和国遭到毁坏的时候，你要找些事情来让自己高兴。伽比纽斯声称自己无论到哪里，都会请求为他举行凯旋仪式，但他突然改变计划——他是一名精通此道的统帅——夜间进了城（他知道这是他的敌人的城市），然而他不敢进入元老院。到了第十天，他有义务亲自向元老院报告杀敌的数量和自己的损失，在少量侍卫的跟随下，他爬进了元老院。当他想要离开时，执政官们把他留住，包税人被带了进来。人们群起而攻之，我对他的申斥最严厉，这个家伙再也支持不住，全身颤抖，愤怒地把我称做流放犯。此时（啊，诸神啊，我从未对你们致以更高的赞美），元老院里一片喧哗，每个人都在怒喊，包括那些包税人，甚至想走过去揍他。长话短说，他们的行动都像你本人会做的那样。没有什么事情能比元老院外面大众的说法更加准确无误。然而我克制住自己，没有去参与起诉；我发誓，要告倒他很困难；但是我对自己的克制，乃是因为我不希望与庞培发生争斗（最近发生的米罗事件是我这样做的充分原因），或是因为我们没有恰当的陪审员。我担心遭到惨败；此外，我不得不考虑到某些人的恶

---

① 盖·美米乌斯是保民官。

② 这位克劳狄是伽比纽斯的顾问。

毒想法，我担心要是由我担任起诉人反而会给他带来某些好处[①]；我并不认为这件事要是没有我就无法解决，与此同时我又能在某些方面起作用。

所有执政官候选人都被指控为行贿——美米乌斯[②] 指控多米提乌，一位优秀博学的年轻人昆·阿库提乌指控美米乌斯[③]，昆·庞培指控美萨拉，特里亚留指控斯考鲁斯。这件事使人们激动不已，因为它显然意味着某些人或某些法律的毁灭。有人在竭力阻止审判。形势似乎正在走向一个无统治者的时代。执政官们急于举行选举，但被告人不这样想，美米乌斯根本不想举行选举，而是希望随着凯撒的到来，他就能成为执政官。但他可以说是惊人地"落魄潦倒"。多米提乌有美萨拉作为共同候选人，这似乎已经确定。斯考鲁斯是一条死鱼。阿庇乌斯声称他会接替我们的朋友伦图卢斯的位置，哪怕没有这部经过民众会议通过的法律[④]；在这伟大的一天（我几乎忘了提到它），他攻击伽比纽斯，让每个人都感到震惊；他指控伽比纽斯收受贿赂，并出面作证，而伽比纽斯一句话也没说。现在你已经知道了市政广场上的所有消息。家里一切都好，你的房子正在由承包商努力建造。

[3]

西塞罗致昆图斯，公元前 54 年 10 月 21 日，于罗马。

我的书记员的手迹会向你表明我承担的义务给我带来的压力。我向你保证，我每天都在为被告辩护，这样一来，我只好把创作与思考挪到散步的时间进行。所以我现在的创作和我的事务是一致的，然而家中的事情还是和过去一样。我们的孩子很好，他们努力学习各门功课，得到精心的教育，他们孝顺我们，相互之间团结友爱。我们各自的房屋还在修缮中，但你在阿卡农

① 指西塞罗的敌人可能会支持伽比纽斯。

② 保民官。

③ 执政官候选人。

④ 指受到指控期间不能担任执政官。

与拉特利昂的工程已经接近完工。还有，我在一封信中详细而又清楚地讲了供水和道路的问题。但是令我十分焦虑的是，在这50多天中，你的或凯撒的来信中，甚至在那些传闻中，都没有提到你们在什么地方。无论在海上，还是在陆上，我都会感到担忧，只要注入情感，这种情况总是会发生的，我一直在想我至少能做何设想。由于这个原因，我现在并不要求你写信把你的情况和你关心的所有事情都告诉我（能够做到时，你从未省略），但我要你知道，当我在写下这些话的时候，我确实在期待你的来信，我几乎从未有过这样的渴望。

现在我把政治形势告诉你。由于占卜得到的征兆未能使所有优秀公民满意，所以举行选举的日子一天天宣布推迟；执政官变得声名狼藉，因为他们被人怀疑正在与候选人讨价还价，收受贿赂。四位执政官候选人都在接受审讯；他们的案子很难辩护，但我将竭尽全力确保我们的朋友美萨拉被判无罪，但这一点与其他候选人被判无罪密切相关。普·苏拉指控伽比纽斯收受贿赂，支持指控的有他的养子美米乌斯、他的堂兄弟凯西留斯和他的儿子苏拉。卢·托夸图斯表示反对，但他无法让大家满意，不能确立他的观点。

你问我伽比纽斯有什么动向。我们将在三天内知道审讯的情况；各个阶级对他的仇恨给他带来不利影响；各种证词正在摧毁他；但指控者是最无能的，陪审员良莠不齐；主持审判的执法官阿菲乌斯是一个强人，有着优秀的品质；庞培非常积极地拉拢陪审员。我不知道将会发生什么，但我看不出他在这个国家里还有什么立足之处。我在谴责他的时候控制着自己的感情，十分平静地对待这一事件。

我几乎把所有事情都告诉你了。但有一件事情我必须添上：你的西塞罗（他确实是我们的西塞罗）确实非常热爱他的修辞学老师培欧纽斯，在我看来培欧纽斯训练有素，非常优秀。但如你所明白的那样，我自己的教育更倾向于学术和论证。因此我不希望你的西塞罗接受的教育会与此抵触，演说的风格似乎更加吸引这个孩子；由于我自己曾经走过这条路，所以让我们允许他走上这条与我相同的道路；我确信他能实现与我相同的目标。然而，要是我带他去了乡下，我会引导他接受我的教育体系和实践。因为你放在我面前的奖赏[①] 是巨大的，我肯定不会由于我的过失而失去这种奖励。我想要你给我写信，尽可能准确地告诉我你可能会在哪里过冬。再见。

[4]

西塞罗致昆图斯，公元前 54 年 10 月 24 日，于罗马。

伽比纽斯被判无罪了！世上没有任何人比伽比纽斯的指控人伦图卢斯，以及其他那些共同指控人更幼稚；没有什么能比这个陪审团更腐败。要是没有庞培的巨大努力和支援，同时也由于要实行独裁的谣言流传，那么甚至连伦图卢斯也会成为他有力的对手，因为即使有这样一位指控人和这样一个陪审团，最后在总数 70 票中也有 32 票判他有罪。这场审判真是难以置信，但他似乎会在其他审判中被定罪，其中最有可能的是指控他犯勒索罪。但是由此你可以看到，共和国、元老院、法庭根本不存在了，我们中的任何人都没有权威。关于陪审团我还能告诉你什么呢？两名执法官落了座，多米提乌·卡维努斯相当公开地投了票，任何人都能看到他主张判被告无罪，加图在点完票以后马上就避开围上来的人群，第一个跑去把消息告诉庞培。

有些人说必须由我来承担起诉人的工作，他们中有撒路斯提乌斯。我能把自己托付给这样的陪审员吗？要是我接手这个案子，而他跑了，我会成为什么样子？但是我还有其他方面的考虑。庞培不会为了拯救伽比纽斯而和我为敌，他在为他自己的地位斗争；他会进入这座城市；如果是这样的话，我们就会成为敌人；我看上去有点像帕西戴努斯，可悲地攻打萨莫奈人艾塞尼努，[②] 他很有可能会把我的耳朵咬下来。他肯定会与克劳狄讲和。我会坚持我自己的决定（尤其是，如果你不反对的话)。尽管我代表他发表的演说

---

① 即得到昆图斯的感谢。

② 帕西戴努斯（Pacideianus），当时一位著名的角斗士，但是艾塞尼努（Aeserninus）比他更勇敢、更有力气。

是独一无二的，给他带来的名声，尽管我对他无所亏欠，而他在所有方面都亏欠我，但我在政治上不赞成他的地方要多于赞成他的地方（我不想使用更强烈的表达法）；他在那个时候比我的力量要小，而在我生涯的全盛期，他用了他的全部力量来反对我。就像现在这样，我并不在意有多少权力，但这个国家肯定没有力量，因为他独自掌权而显得无所不能，在这种时候我要和他个人发生冲突吗？这是肯定要发生的事情。我不相信你认为我应当在这类事情上挥舞短棒。

这位撒路斯提乌斯说："无论如何，你应当为他辩护，对庞培的要求做出让步；他非常诚挚地恳求你。"撒路斯提乌斯的好朋友认为我可能会遭遇危险的敌意，或者永远声名狼藉。我对自己采取的这条中间路线感到很满意，我非常高兴，我按照自己的荣誉和誓言提出给人深刻印象的证据以后，这个时候被告声称，如果允许他继续成为国家的成员，那么他会感谢我，并满足我的要求，他放弃了对我的盘问。

关于你希望我为你写诗，事实上我缺乏必要的精力，写诗不仅需要闲暇，而且需要一颗摆脱一切烦恼的心；神圣的灵感也是需要的；但在将要到来的新的一年里，我不可能完全摆脱忧愁，尽管我并不害怕。与此同时，还有这样一个事实（我发誓，这样说我并没有讥讽的意味），在这种风格的创作中，我给你确定的等级比我自己的还要高。

至于补充你的希腊文图书，交换书籍，收集拉丁文书籍，我很高兴看到这些工作完成，尤其是因为这也关系到我自己的利益。但是我现在没有代理人可以为我做这件事。因为我们真正想要的书不可能一次买齐，有些没有出售，只能通过一位代理人来做这件事，他既是专家又很勤奋。不过我会把书单送去给克律西波，也会找提拉尼奥谈一谈。我会发现西庇阿到底对国库做了什么。我会找到正确的办法。关于阿卡尼奥，你可以按照你的意思办，我不会多管闲事。关于郊区地产，我赞同你的意见，不着急，但我催促你要确保有一处。

这封信是 10 月 24 日写的，这一天是赛会开始的日子，我正好启程去我的图斯库兰庄园，带着我亲爱的西塞罗去上学，但这所学校不是角斗士学校，它不像我想象的那么远，这样做是因为我 11 月 3 日想要在那里支持庞普提努举行凯旋仪式的申请。这件事实际上会遇到一些小麻烦。执法官加图和塞维留斯威胁说要禁止它，然而我不知道他们能做什么。庞普提努会得到执政官阿庇乌斯、执法官和保民官的支持。不过他们确实威胁过庞普提努，尤其是昆·斯卡沃拉，有过“激烈的战斗”。我最有魅力、最亲爱的兄弟，照料好你的健康。

[5]［6］①

西塞罗致昆图斯，公元前 54 年 10 月末，于图斯库兰。

你问我这几卷书② 是怎么写的，我在库迈的庄园里开始写作，我虽然不笨，但我经常改变整个写作计划。我已经完成了两卷，场景是九天节日③ 期间的一场对话，发生在图狄塔努和阿奎留斯担任执政官期间，谈话人有阿非利加努（就在他死前不久）、莱利乌斯、菲鲁斯、玛尼留斯、普·鲁提留斯、昆·图伯洛、莱利乌斯之子芳尼乌斯和斯卡沃拉。这场对话进行了九天，由此构成这本书相应的九卷，主题是“论理想的国家体制”和“理想的公民”。书写得很好，这些地位很高的对话人的演讲非常有分量。但是当这几卷书在我的图斯库兰庄园宣读时，撒路斯提乌斯建议我，如果论国家的主要发言人是我本人，那么对这些问题的讨论会更有权威性，更何况我不是本都的赫拉克利德④，而是一名执政官，处理过国家的重大事件；如果我把这些话置于古人口中，肯定会被认为是虚构；在我那几卷论修辞学的书⑤ 中，我已经表

① 这封信在首次编辑时分为两封信。

② 指《论国家》。

③ 公元前 129 年，由于某些征兆而举行了九天节日。

④ 一位政治理论家。

⑤ 指三卷《论演说家》。

现出不把我本人纳入演说家们的讨论的倾向，而是把这些谈话置于我曾经遇到过的演说家口中；最后，亚里士多德在写《论国家》和《论优秀的人》的时候[①]用的是第一人称。

撒路斯提乌斯的建议给我留下深刻印象，但这样一来我就无法处理我们国家发生的最重要的骚乱，因为这些事情发生的时间比我的对话人生活的年代要迟。我当时采用这样的计划，不想冒犯我们这个时代的人，伤害某些人的感情。如果要由我本人对你们讲话，那么我会避免冒犯人，等我回到罗马，我会把初稿送给你；我肯定你会相信，我抛弃这几卷书的第一稿并非没有痛苦。

你详细描写了凯撒对我的热爱，给我带来格外的快乐；我在任何事情上都不会依赖他给我提供的东西；我不渴望获得公职，也不渴求荣耀；我期待更多的是他的善意能够延续，而不是他的诺言能够兑现。然而，我现在花时间费力地讨好他，就好像我在期待某些我并没有提出要求的东西。

至于你要我写诗，我亲爱的兄弟，你无法相信，写你想要的诗歌，我有多么缺乏必要的写作意愿。你现在还在寻求我本人不能成功地获得的建议吗？哪怕是想要这样做——在流利和鲜明的表达上，你已经成功地超过了每一个人。我将尽力按你的吩咐去做，但是（你是最不会健忘的人）写诗需要心灵的愉悦，而我们生活的时代已经完全剥夺了我的愉悦感。我确实已经完全从公共事务中退隐，沉浸在文学中；然而我发誓，我会向你泄露我最不想让你知道的事情的。我最亲爱的兄弟，我很恼火，想到现在没有政府和正义我就非常生气，当我对元老院的恰当影响达到顶点的时候，我被法庭诉讼弄得心烦意乱，或者由于我在家里从事的研究事业而变得僵硬，而我从童年起就热切希望“追求卓越，做其他人的领袖”，这种想法现在完全消失了；我在某些情况下不去攻击我的对手，在某些情况下甚至为他们辩护；我的意向，甚至是我的好恶，都不是自由的；我在世上只发现凯撒一个人能像我所

① 比如在他的《政治学》和《伦理学》中。

希望的那样热爱我，甚至可以说（如其他人所认为的那样），只有他一个人有这样做的愿望。没有什么事能比这更糟了，但我仍旧每天给自己寻找安慰；然而我能得到的最大安慰就是我们在一起；在我的其他悲哀之上还要添加我对你的思念，这是所有事情中最难忍受的。

如果我为伽比纽斯辩护，潘莎所认为我必须这样做，那么我会给自己带来彻底的毁灭；那些恨他的人（这意味着整个等级）会开始恨我，因为他们恨他。我想，我已经在走一条最佳路线，限制自己，让这个世界看我做的事情是我不得不做的。把整个形势总结一下，我接受你的建议，我要坚定地转向寻求安宁与和平。

关于书籍的事，提拉尼奥是个懒人。我会找克律西波谈谈，但这是一件很费力的事，他是一个需要付出极大精力来对付的人。我自己的经验告诉我，无论我多么努力，结果还是一无所获。至于拉丁书籍，我不知道到哪里去寻找；这些书抄写以后出售，里面充满讹误。然而，有能做的事情我是不会放弃的。如我以前写信告诉你的那样，克瑞布留在罗马，他发誓在各方面都亏欠你，但他拒绝报答你。我想国库的事情在我缺席的时候已经解决了。

尽管你说你在 16 天里完成了四部悲剧，但你确定没有从其他人那里借用些什么吗？在写了《厄勒克特拉》和《特洛伊妇女》以后，你还在寻找一位普列亚德[①] 吗？你一定不要倚着船桨休息，你一定不要认为那句著名的格言“认识你自己”只意味着傲慢的减少，它也意味着我们应当承认自己的天赋。我想要你把这些悲剧和《厄里格娜》一起送来给我。你现在已经有了我对你最后两封信的回答。

[7]

西塞罗致昆图斯，公元前 54 年 10 月末或 11 月初，于图斯库兰。

---

① 普列亚德（Pleiad），阿特拉斯的七位女儿。

罗马发了大水，尤其是沿着阿庇乌斯大道，一直到玛斯神庙。克拉西佩的散步场所，还有娱乐场，以及许多店铺，都被冲走了。公共鱼池变成一片汪洋。荷马说得好："晚秋季节风暴肆虐，宙斯向大地倾泻暴雨，发泄对人类的愤怒，因为人们在集会上恣意不公正地裁断，排斥公义，毫不在意诸神的声音。"[①]（它完全适用于伽比纽斯被判无罪）但我定下心来，不为这些事情烦心。

返回罗马以后我会写信把我观察的结果告诉你，也会给拉庇努斯和利古留斯去信。

借着灯台上的光线，我在黎明前写下这封信，看到这座灯台我总是很高兴，因为他们告诉我，你在萨摩斯看着制造这座灯台。

再见，我最亲爱、最优秀的兄弟。

[8]

西塞罗致昆图斯，公元前54年11月末，于罗马。

对于你较早的那封信，我没有什么可回答的，你的信好像带着怨恨和不满，你写到你在前一日还把另一封同样内容的信托交给拉庇努斯，但他还没有到达。我不答复你较早的那封信是因为你最近的这封信已经把我所有恼火的感觉从心中消除了。我只是建议你，或者说我确实是在请求你，在辛劳、焦虑、期盼之中，你要在心里想一想你离开罗马[②]时我们的目的。我们的目标绝不是那些蝇头小利。那么，我们认为甚至连我们之间的分离也是应当付出的恰当代价的目标到底是什么呢？好吧，我们的目的是通过获得一个具有完美无瑕的性格、与此同时又毫无疑问居于支配地位的人的善意，来最大可能地增强我们整个政治地位。这种投资着眼点是希望，而不是金钱；我们要

① 荷马：《伊利亚特》第16卷，第385—388行。

② 去与在高卢的凯撒会合。

做好抛弃其他一切的准备。因此，如果你不断地回想我们最初的政策目标以及我们当时的想法，那么你会发现，忍受你的军务以及其他那些使你反感的事情不那么困难了；毕竟，如果你愿意的话，你可以放弃这些义务；但这样做的时机还没有到来，尽管它已经逼近了。

我还要给你提一条建议，不要去写那些发表以后会给我们带来烦恼的文章。许多事情我宁可不知道，也不想在某些重大危急时刻知道它。等我心中无忧无虑的时候，我会给你详细写信，如我所希望的那样，这就是我的西塞罗健康状况良好的时候。请你仔细考虑，我应当把我以后给你写的信交给谁：交给凯撒的信使，这样的话他可以直接交给你；或者交给拉庇努斯的信使，因为我不知道你的那些尼维人在什么地方，离你还有多远。

你写信提到凯撒在巨大的悲伤[①]中表现出来的勇敢和尊严，这使我感到快慰。你要求我把已经开始为他撰写的诗写完；好吧，尽管繁忙的工作使我分心，我的思想无法集中，此外凯撒通过我给你写的信已经知道我在为他写诗，所以我会从头开始，在几个休息日中完成；我非常高兴在这些日子里我们的朋友美莎拉和其他人终于摆脱了烦恼；关于他和多米提乌共同担任执政官的事情，你我的想法完全一致。我会向凯撒担保美莎拉的品行。但是美米乌斯把他的希望寄托在凯撒抵达意大利这一点上，我认为他的想法是错的，他显然已经落伍。斯考鲁斯被庞培推翻已经很久了。

所有事情都在推延，长期推迟选举必定导致一个国家没有正常统治者的时期。那些对国家忠心耿耿的人并不喜欢那些关于独裁的传言，更不像是人们所说的我喜欢。但是这些传言都带有警告意味，最终形成整个背景。庞培显然否认这是他希望出现的状况，他以前和我谈话时也没有这样否认过。然而，诸神啊，他是一个什么样的傻瓜啊！他本人非常受人爱戴，在这方面没有对手！至于对我忠心耿耿的凯留斯·维尼基亚努，庞培想要通过我来吓唬他。我很难确定他是否想这样做。如果是希尔提乌提的建议，那么人们不会

---

① 凯撒失去爱女朱利娅。

相信这是他的想法。目前没有什么政治方面的话题，也没有什么事情正在进行。

塞拉努斯·多美提库之子的葬礼于11月23日举行，这是一个非常悲惨的事件。他的父亲在葬礼上发表了我为他撰写的葬礼演说。

现在来谈米罗。庞培没有支持他，而是支持了科塔，还说会设法让凯撒把精力放在那一面。米罗对此非常警觉，他确实应当这样做，如果庞培成了一名纯粹的独裁者，那么他就几乎没有什么希望了。如果米罗用他的朋友和卫士支持任何搞独裁的人，那么他会担心自己成为庞培的敌人；如果他不这样做，他又害怕会有某些措施强制执行。我向你保证，他准备在海岸边举行一些最宏伟的赛会，我向你保证，其奢侈程度史无前例。考虑到这些赛会并非他所需要的，因此他正在像傻瓜一样行事，这样说至少由于下面三方面原因：他已经举行了一次大规模的角斗士表演；他没有任何经费；也许他还记得自己只是一名起诉人，而不是市政官。这就是我要写的全部。

我最亲爱的弟弟，注意你的健康。

[9]

西塞罗致昆图斯，公元前54年12月，于罗马。

在伽比纽斯的事情上，我有义务采用你出于仁慈而建议的任何措施。不，倒不如说，“愿大地开裂把我吞没”[①]。如每个人都能感觉到的那样，在我所做的这些事情中，我的行动极为尊严，但也极为软弱。我既不想压制他，也不想扶持他。我是一名有说服力的证人，但除此之外，我什么也没做，什么也没说。审判的结果是可耻的，令人厌恶的，我非常平静地忍受着。这是一种幸福，这样的态度对我是有益的，我并不是受到国家里的这些邪恶行为和那些无耻之人肆无忌惮的行为困扰最少的人，这在过去曾让我伤心。还有

① 荷马：《伊利亚特》第4卷，第24行。

什么事情能比这样的腐败更令人难以想象。

所以，由于在政治中无法得到乐趣，我不明白为什么要让自己感到烦恼；我在文学和最喜欢的事业中，在我的乡间别墅中找到了快乐，主要在我们的孩子身上。我现在唯一的麻烦是米罗。但我希望他成为执政官以后能终结所有这一切；在这件事上，我会尽力帮助他，就像我自己竞选执政官，而你也会从你所在的地方尽力帮助他。对他来说，其他事情都还不错，只要不在绝对的暴力中丧命；但我担心的是他的私人财产。"他现在已经完全发疯了"[①]，因为他要举办的赛会将耗费一百万小银币。他在这件事上考虑欠妥，但我可以容忍，而你需要竭尽全力方能忍受。

至于明年的情况，我不指望你在家庭事务上给我忠告，但牵涉到一般的政治形势，你需要给我警告；在这一点上，尽管我没有正式指责过任何事情，但我仍旧难以完全原谅自己。我想要你写信时小心翼翼，从这一事实你必定能够推论，我在写信给你的时候，甚至避免提到那些在政治上违反规定的事情，因为我担心信件会被拦截，会伤害任何人的感情。由于这个原因，我会让你摆脱对所有家务事的担忧。我知道你总是深深地关心公共事务。我预见到，如果由临时执政的元老[②]来任命的话，我们的朋友美萨拉将会成为执政官，他也不会审判任何人，即使由一名独裁者来审判，也没有遭受谴责的危险。人们不会有对他的仇恨，霍腾修斯的热情辩护会极大地支持他。伽比纽斯被判无罪，这被人们视为一项大赦法令。我们要迈步前行——毕竟有关独裁者的议论尚未成为现实。庞培走了，阿庇乌斯成了首领，希鲁斯还在征途中，许多保民官打算投票，人民不感兴趣，而许多杰出人士反对伽比纽斯，比如我，但是我退隐了。

关于奴仆的事情，我衷心感谢你答应了；在罗马和在我的庄园里，我都缺乏人手。但是，我亲爱的弟弟，我可以肯定你会给我提供方便，只要你方

---

① 荷马：《伊利亚特》第 8 卷，第 355 行。

② 原文为"interrex"，指空位时期的最高当局或临时执政的元老。

便，并且在你力所能及的范围内。

我嘲笑瓦提尼乌的来信。但我知道他尊敬我，所以我可以咽下他对我表示的强烈憎恶而不会消化不良。

至于你敦促我结束工作，我已经完成了为凯撒所写的“史诗”，我认为写得很有魅力；但我在寻找一名可靠的送信人，这样的话就不会碰上与你的“厄里格娜”同样的不幸遭遇了；自从凯撒成为统帅以后，她是唯一从高卢来的时候遇到危险的旅行者。

你这是什么意思？如果我拥有的石料不好，我就要把整座房子扒了吗？这所房子每天都给我带来快乐，尤其是它的拱顶走廊以及与走廊相连的房间造得很好。至于阿卡农，它是一幢可供凯撒居住的大楼，我发誓，哪怕让某些非常挑剔的鉴赏家来看也是如此。你的塑像、练习场、鱼池、引水管确实是许多名斐洛提姆的杰作（而不是一些狄菲卢斯的作品）。① 但我本人会去看他们，也会派人去那里，给他们一些指示。

关于菲利克斯的遗嘱，只要你知道事实，你会更加严厉地发出抱怨。他以为自己把相关文件封上了，在遗嘱中我们肯定是继承人，可以继承他的遗产的十二分之一（他自己出了差错，和他的奴仆西库拉的差错一样大），他没有把应该封上的文件封上；而他不想封上的文件倒被封上了！但还是忘掉他吧，只要我们保持身体健康。

我热爱你的西塞罗，这也是你对我的要求，他也配得上我热爱，这是我必须做的。然而由于两个原因，我正在让他离开我；我不想让他离开他的老师，他的母亲从来没有离开波喜娅；当她不在的时候，这孩子表现出来的贪吃把我吓坏了。但无论如何，我们从相互陪伴中获益甚多。我现在已经回答了你的所有询问，我最亲爱、最优秀的兄弟。再见。

---

① 斐洛提姆是一名优秀的建筑师，而狄菲卢斯是懒鬼，所做的工作不能令人满意。

致布鲁图的信

[1]

西塞罗致布鲁图①，公元前43年3月末或4月初，于罗马。

当我写这封信的时候，人们认为这场战争已经发展到一个非常关键的阶段。通过信使带来的有关我们的朋友布鲁图②的消息令人沮丧。然而我并没有感到不安，因为我绝不能失去对现在归我们支配的军队和将领的信任，也不能赞同流行的看法。人们怀疑执政官的忠诚，但我并不怀疑，我在几件事情上发现他们缺乏良好的判断和行动的敏捷；如果他们能有这样的表现，我们的国家很久以前就能够重新获得自由。我不需要告诉你政治上的转变对完全相同的政策来说会产生什么差别，无论是提前，还是推迟，无论是无动于衷，还是具体执行。如果能在紧急时刻采取一切坚决的手段，实行我提出的动议，而不是一天天地拖延，我们现在已经结束战争了。

布鲁图，我在为国服务中已经表现出一个像我这样元老院议员等级的、得到人民尊敬的人所应当拥有的品质，而不仅仅是那些作为一个人所需要的忠诚、警惕、爱国——因为这些表现是无人能够阻挡的。我的看法是，他在领导公务时应当有精明的表现；鉴于在为国掌舵方面我已经承担了很多，如

① 马库斯·布鲁图（Marcus Brutus），生于公元前85年，死于公元前42年，公元前46年担任山南高卢行省总督。

② 狄西摩斯·布鲁图（Decimus Brutus），此时被安东尼围困在穆提纳。

果说我给元老院提的建议是不切实际的，而非不忠诚的，那么我认为自己不应当受到批判。

我知道你以往和当前的行动有了完全准确的解释；但我想要你明白，我坚持的是一条战斗的路线，我不寻求撤退，除非国家的利益使我发生改变。但是，大多数人把你和卡西乌斯视为他们的依靠。因此，布鲁图，你要明白，如果当前的战役对我们有利，那么重建国家的重任必定落在你的肩上；或者说，如果我们遭受挫折，那么将要由你来重建国家。

[2]

布鲁图致西塞罗，公元前 43 年 4 月 1 日，于狄拉基乌。

我在焦急地等待你的来信，把这场战役的情况以及却波尼乌之死的消息告诉我。我确信你在信中会有条理地为我讲解你的政策。一桩愚蠢的罪行从我们这里夺走了一位优秀的公民，我们失去了对一个行省的控制。要重新获得这种控制并不麻烦，但这确实是一种羞辱；有流言说我们应当弥补损失，而不是预防它。

安东尼[①]仍旧在我手里。但我发誓，他的恳求给我留下深刻印象，我担心要是有几个人提出强烈要求，那么我可能会释放他。对此我深为不安。如果我知道你的想法，我会摆脱焦虑，因为我确信你比我懂得多。因此，请你尽快让我知道你认为该怎么办。

我们的朋友卡西乌斯掌握着叙利亚和叙利亚军团；穆尔库斯、玛基乌斯带着他们自己的部队，实际上在卡西乌斯转移前请过他。我写信给我母亲和妹妹忒提娅，要她们在弄清你提的建议和你的想法之前，不要公开卡西乌斯这一最辉煌、最幸运的成就。

---

① 指盖乌斯·安东尼，马库斯·安东尼的兄弟，马其顿总督，被布鲁图打败俘虏。

我读了你的两篇讲演[①]，一篇发表于1月1日，另一篇是你在反对卡勒努斯的时候发表的。我向你保证，我要向你表示敬意。我无法说这些讲演证明了你的卓越精神还是证明了你富有的天才。要是你喜欢，确实可以把它们称做《反腓力辞》，这是你在来信中戏谑地给这些讲演起的标题。

西塞罗，我们确实需要两样东西：钱和新的文章。你有能力提供后者，你可以从你所在的地方给我们派一个代表团来，要么根据他们对潘莎的理解，要么依据元老院的要求；而前者可以直接来自元老院。对前者的需要，就像其他将领的军队一样，使我对亚细亚的损失感到后悔。我听说多拉贝拉正在那里抢掠，而他谋杀却波尼乌的残暴罪行在我看来已经不是最大的了。不过，维图斯·安提司提乌的奉献还是满足了我的部分需要。

你儿子西塞罗在各方面给我留下很好的印象，他精力旺盛、坚强、灵活、斗志昂扬；总之，他具有各种优秀品质，他似乎从来没有忘记他是谁的儿子。因此，由于我不能让你来管教他（因为他是你的眼珠子），所以我请求你顺从我的考虑，我向你保证，他本人不需要步你的后尘，获取你这样高的地位。

写于狄拉基乌，4 月 1 日。

[3]

西塞罗致布鲁图，公元前 43 年 4 月 11 日，于罗马。

我想你已经收到普兰库斯给我的来信的抄件，从中你可以清晰地了解他对国家的无比忠诚，他率领的军团、辅助队和武器装备。至于你的亲密朋友雷必达，他对他的姻亲的仇恨只略逊于对他兄弟的仇恨。我相信，你从你自己家人的来信中已经明白他这个人缺少原则和一贯性，对自由国家习惯性地抱有恶意。

---

① 《反腓力辞》第 5、7 篇。

我们心中萦绕着一种悬而未决的感觉，这种感觉现在完全集中到我们极为关键的地位上来；因为我们把所有希望都寄托在布鲁图[①]的接替者身上，我们为他感到焦虑。

我对那个疯子塞维留斯[②]的行径相当困惑。我对他的长期容忍已经超过我的自尊所允许的范围；然而，为了国家的缘故，我确实在容忍他，因为我担心他会与那些亡命徒结盟，你知道这个人缺乏理解力，他的坏脾气正好抵消了他的作用。即便如此，他们还是要来帮助他；而我认为自己一定不能诱使他不忠。我对他献过殷勤，因为他变得那么粗鲁，对待我们就像对待奴隶。在普兰库斯这件事情上，他确实非常凶狠，与我激烈争斗了两整天，我对他进行了猛烈的抨击，我希望他的坏脾气能够永远改掉。啊！当我们在元老院里进行争辩的时候，一封日期为 4 月 9 日的信交到我手里；这封信是我们的朋友伦图卢斯写来的，它带来了有关卡西乌斯、军团、叙利亚的消息。我还没有读完这封信，塞维留斯和其他一些人就垮台了；几个著名人物的态度相当无耻。尽管塞维留斯穷凶极恶，但在普兰库斯的事情上我还是占据了主导地位。这是政治形势给人留下的深印象。请你记住我的话，当前的这种情绪不会是最后的。

4 月 11 日。

[4]

西塞罗致布鲁图，公元前 43 年 4 月 12 日，于罗马。

4 月 11 日晨我把一封信交给斯卡提乌，同一天我收到你 4 月 1 日晚写的这份著名的公报。4 月 12 日晨，我从斯卡提乌那里得知那名信使还没有上路，马上就要出发，于是我写下这封后续的短信，而此时雄鸡尚未报晓。

---

① 即狄·布鲁图。

② 公元前 48 年的执政官，主张与安东尼谈判。

关于卡西乌斯的事情我很高兴；我向国家表示祝贺，也向我自己表示祝贺，因为是我不顾潘莎的愤怒起来反对他，而卡西乌斯应当担负起反对多拉贝拉的责任。是的，我不愿宣布未经元老院下令他已经打响了这场战役。在同一次会议上我还恰当地提到你。我会找人给你送去我的演讲，因为我观察到你对我们的《反腓力辞》感到很高兴。

我现在回答你有关安东尼[①]的询问，我的看法是必须扣留他，直到我们知道布鲁图的战役的结果。从你给我的信中我推论，多拉贝拉正在亚细亚烧杀劫掠，他的行为令人厌恶。然而，你写信给许多人说多拉贝拉已经被阻拦在罗得岛以外；如果他抵达罗得岛，那么在我看来他就好像已经离开了亚细亚。如果这是事实，我建议你就待在你所在的地方；一旦他攻克罗得岛——如果发生这种事，请你相信我，你必须马上追踪他进入亚细亚。在我看来，这是你当前能做的最好的事情。

关于你的估计，说你缺少两样必需品，新文章和金钱，对此我感到困惑，不知道向你提什么建议。我想不出有什么你能采用的权宜之计，除非元老院执行了决定，否则你应当在自由的社团中借贷。关于援兵我不知道能做什么，因为潘莎不愿意让你得到他的部队或新兵，他甚至认为参加你的军队的志愿者的人数之多是对他的冒犯。按照我的想法，他认为在意大利的军队不需要太大；但是有许多人推测的原因是，他不想让任何一支军队，甚至你的军队，站稳脚跟。我没有这种怀疑。

你说你已经写信给你母亲和妹妹，要她们在我认为时机适当之前不要公开卡西乌斯获得成功的消息。我明白你的用意，你担心会引起凯撒党人的愤怒，这是到现在为止那个派别仍旧拥有的名字。但在我们听到你的解释之前，这个故事会变成公开的秘密；你自己的信使也把消息告诉你的许多熟人。因此要对这条消息保密是不可能和不现实的；我们想如果是这种情况，那么我们应当公开它，而不是对它保密。

---

① 即盖·安东尼。

至于我的儿子西塞罗，如果他身上有你所说的那么多优点，那么我当然非常高兴；还有，如果由于你喜爱他而夸张他的优点，那么想到你成了他的好朋友，你的溢美之词还是给我带来巨大快乐。

[5]

西塞罗致布鲁图，公元前43年4月14日，于罗马。

我相信你的家人已经告诉你，你的信件于4月13日在元老院宣读，安东尼的信件也在同一时间宣读。提到对你的关心，我不亚于你们中的任何人，但我们所有人没有必要讲同一个故事。把我关于这场战争一般状况的印象告诉你，把我的深思熟虑和我个人的感觉告诉你，这是我专门的义务。布鲁图，在主要政治问题上，我的理想始终和你一样；我在某些问题上的思维方式（我不说在全部问题上）也许略微激进一些。你知道这始终是我的坚定决心，这个国家不仅应当摆脱暴君的统治，而且要彻底摆脱君主制。你采取一种比较宽厚的观点，这完全是由于你的不朽声誉；但是哪一种政策比较好，在我们的悲伤中可以感受到，在我们巨大的危险中可以体验到。不久以前你的最高目标是和平，而这是不能用演讲来赢得的；我的最高目标是自由，但没有和平自由就会成为幻影。我认为，通过武力才能确保和平与自由。现在这个派别在紧急征集军队，而我们却在扼制他们的热情，让他们的热心感到沮丧。

后来的事情就变成了现在这个样子，在神灵的激励下，凯撒·屋大维挺身而出，而我们不得不屈服于这个彻头彻尾的亡命徒马库斯·安东尼，屈服于这个愚蠢可恶的家伙，你可以看到我们在和他进行一场什么样的艰苦斗争。如果当初不饶恕安东尼的命，这种冲突根本就不会存在。但是我说的不是这件事，因为你并不健忘，你几乎是一名超人，可以瓦解一切批评，而我确实没有把这些话当做真正恰当的赞美之词。在最后的这些日子里，你有着非常坚定的表现，凭着自己的努力，你在短时间内召集了大量部队，组织了军团。苍天在上，这是一条什么样的消息，这是一份什么样的公报！元老院有多么高兴啊，公民们有多么兴奋啊！我从来没有看到过这样全体一致的赞扬。在你消灭了安东尼的大部分骑兵和军团以后，关于安东尼残部的好奇心也在盛行。在这种情况下我们听到了所希望的结果，因为你的在元老院里公开宣读的公报通报了统帅和士兵们的勇敢，你的军官们工作良好，包括我的儿子西塞罗。如果不是碰上一个执政官潘莎离开以后的极为混乱的时期，那么只要你的亲属提出一项动议，元老院一定会像通常一样恰当地做出决议，向不朽的诸神致敬。

请你做一番想象！4 月 13 日上午，凯莱尔·皮留斯惊慌失措地冲进元老院。天哪，这是个什么样的人！还有什么尊严可言！哪里还有一丝沉着冷静！这是个什么样的人，竟然打断我们的会议！这个家伙带来两份公报，一份来自你，一份来自安东尼；他把公报交给保民官塞维留斯，而塞维留斯把公报递给考努图斯。他们在元老院里宣读这两份公报："安东尼，行省总督。"我们禁不住往后退，就好像听到"多拉贝拉，胜利者"。多拉贝拉确实也派出信使，但是像皮留斯这种脾气的人不会把它拿出来，或者把它们交给执政官。你的公报宣读了——我要说你对安东尼太仁慈了。元老院极为震惊。我不知道该采用什么办法。我要斥责这封信是伪造的吗？假定它确实是你写的，那该怎么办？我要证明它是真的吗？但那样做会让你丢脸！

这一天过去了，没有什么结果。但是到了第二天，每个人都在谈论它，皮留斯恶狠狠地盯着人们看，我带头讨论这封信。我提到："行省总督安东尼。"继我之后，塞斯提乌发言，表示支持我的看法。他后来警告我，如果他的儿子和我的儿子拿起武器反对一名行省总督，那么他们会处于什么样的危险之中。你认识他，他确实在支持我。其他还有一些人也讲了话。但是我们的朋友拉贝奥指出，信中既没有你的签名，又没有日期，不像你通常写给家里的信。他把这一点作为证据，认为这封信是伪造的，如果你想知道的话，他还在坚持这个观点。

布鲁图，关于这场战争的总体状况，我想要你给我一些建议。我注意到你的仁慈给你带来的荣耀，我认为这样做会带来最丰厚的回报。无疑，这是一条卓越的原则！但是在当前的状况和时间里，实施一种宽恕的政策是不适当的。布鲁图，那些亡命徒在准备什么？他们的希望是凶恶地攻击不朽诸神的神庙，在这场战争中，最重要的问题是我们能否生存。我们应当对谁表示怜悯？或者我们为什么要这样做？如果在这场危机中得到我们宽恕的人获得胜利，他们不会报复我们吗？多拉贝拉和三位安东尼[①]之间有什么区别？如果我们对他们中的任何一位表示宽容，那么我们对多拉贝拉就过于严厉。尽管事实的逻辑迫使元老院和罗马人民采用这个观点，然而主要因为我的推动和支持，才有了现在这个结果。如果你排斥这种思维方式，那么我也可以从你的观点出发看问题，但我不会抛弃自己的观点。人们不希望你们一方的行为过于宽容或者过于苛刻。在这种情况下你比较容易保持平衡，一方面严厉处理那些将领，另一方面宽恕那些士兵。

亲爱的布鲁图，我希望我的儿子尽可能和你在一起。这样他就可以向你学习，模仿你的行为举止，不会有比这更好的锻炼了。

4 月 14 日。

[6]

西塞罗致布鲁图，公元前 43 年 4 月 17 日，于罗马。

……[②] 我非常高兴地听说你有了大批装备精良的部队。如你所说，要是有多拉贝拉的消息，你会让我知道。让我感到高兴的是，关于他的情况我已经及时做好准备，这样你就可以不必决定是否要对多拉贝拉开战了。我察觉到我的行动与国家利益紧密相连，就好像我现在下判断，但涉及你的荣誉。

你注意到我在公开攻击几位安东尼之前做了长时间的充分准备，对此你

① 指马·安东尼、盖·安东尼、卢·安东尼。

② 此处原文有缺失。

大加赞扬。好吧，我相信这确实是你的看法。但是没有任何东西能够诱使我接受你的看法。你说我们应当更加热情地阻止内战，而不是热衷于复仇和征服。布鲁图，我完全不同意你的观点，我无法理解你的这种仁慈。不，我们现在需要适当的严峻而不要空洞的仁慈！呃，如果我们选择仁慈，那就决不会缺少内战！但这是你需要弄明白的事情。而对我来说可以使用普劳图斯的《三文钱硬币》中的那位父亲说过的话："我的生命已经走向终点，但你要密切关注此事。"

布鲁图，记住我的话，如果你没有预见，就会被打倒，因为你不能保证罗马人民一成不变，也不能保证元老院及其领袖一成不变。请你把我说的话当做彼提亚的阿波罗的神谕；没有比它更真实的预言了。

4 月 17 日。

[7]

西塞罗致布鲁图，公元前 43 年，约 4 月 21 日，于罗马。

我们的事业似乎有了较好的环境，因为我确切地知道你已经公布了我们取得的成就。执政官们真实性格已经表现出来，如我经常向你描述的那样。但是那位小凯撒[①] 拥有许多惊人的才能。只要我能指导他、掌握他，现在他正在利用他的官方地位和庇护人聚集力量，就像我从今以后要掌握他一样容易！这是一项非常艰苦的任务，尽管我对所有这些并没有失去信心，因为这位年轻人已经下定决心——对他产生主要影响的是我——由于他的努力，我们获得了安全；确实，如果他没有使安东尼远离这座城市，一切都会失去。然而，在这个全体公民值得庆祝的光荣事件之前三四天，人们由于恐惧而烦恼不安，也影响到你的家人和其他所有人；然而到了 4 月 20 日他们恢复过来了，现在他们宁可你到这里来，而不是他们去你那里。如果说庄稼在一个

① 指屋大维。

良好的环境中能够自然而然地生长，那么在这一天，我夜以继日的艰苦劳动有了巨大的收获；几乎全城的人都聚集在我周围。人们簇拥着我向卡皮托利山行进，然后我在欢呼和鼓掌声中走上讲坛。我的工作并没有徒劳无益，这样说是没有理由的。各阶层的人们有了一致的意见，他们的感恩和祝贺给我留下深刻印象，由于这个原因，我明白在一项旨在人民安全的工作中获取名望是一件光荣的事。但我宁愿你很快就从别人那里听到他们对这件事的看法。

请你务必把你现在的处境和实行的政策告诉我，你要记住，你的仁慈一定不要给留下不坚定的印象。这是元老院的信念，这是人民的信念，没有什么敌人能比那些在战争中拿起武器反对自己的祖国的公民更应当受到严厉的惩罚。我在所有讲话中斥责这些人，所有忠于国家的人都赞同我这样做。你务必亲自对这件事下判断，我的感觉是这三位兄弟① 的情况是一样的。

[8]

西塞罗致布鲁图，公元前 43 年 4 月 27 日，于罗马。

我们已经失去了两位执政官，他们都是忠诚的，但除了忠诚之外他们没有什么可圈可点之处。希尔提乌肯定已经在获胜的时刻阵亡，几天以前的一场大战中他赢得另外一场胜利。这两场战役的胜利都是他的功劳，因为潘莎受了重伤以后逃走了。布鲁图和凯撒② 在追击残敌。所有马库斯·安东尼的追随者都被宣布为公敌，总的说来，元老院的这一决定也适用于你的战俘。我在申斥盖乌斯·安东尼本人的时候，并没有使用特别严厉的语言，因为我决定元老院必须向你了解事实。

4 月 27 日。

---

① 指三位安东尼。

② 狄·布鲁图和屋大维。

[9]

西塞罗致布鲁图，公元前43年5月5日，于罗马。

4月27日，在争论对那些已经被宣布为公敌的人应当使用哪些战争手段的时候，塞维留斯谈到了文提狄乌[1]，并建议由卡西乌斯率兵攻打多拉贝拉。我支持他的意见，并且说如果你认为这样做符合国家利益，应当由你率兵进攻多拉贝拉；如果你所处的位置不利，或者你认为这样做不妥，那么你应当让你的军队驻守原地。元老院应当让你本人来考虑怎样做最符合国家利益，除此之外，元老院无法向你表示更大的敬意了。我自己的看法是，如果多拉贝拉仍旧率领一个武装团伙，占据有利地形，在任何地方都能站住脚，那么你的事业和你的地位要求你追踪他。

关于我们的朋友卡西乌斯的兵力我一无所知，因为我没有收到他的来信，我手头没有确定的消息。但是你当然明白打败多拉贝拉有多么重要，一方面他可以为他犯下的罪行接受惩罚，另一方面也可以剥夺这个从穆提纳的集结点逃跑的强盗头子。你确实可以回想一下我以前的信件，那时候我喜欢这条道路，你的军营是我们避难的天堂，你的军队是我们安全的最后保障。现在，如我所希望的那样，我们摆脱了危险，但我们必须起来推翻多拉贝拉。但是我想你会仔细考虑这个问题，会用你的智慧做出决定。如果你认为恰当，请让我们知道你的决定，告诉我们你将采取什么措施。

我想要我的儿子西塞罗被选进你的祭司团。我想，在选拔祭司时考虑那些不在罗马的人是很有可能的。实际上，这种事有过先例，当盖乌斯·马略在卡帕多西亚的时候，依据多米提乌法案，他成了占卜官，后来也没有成文的法律否定这样的做法。最近的朱利乌斯法案有一项用来规范祭司选拔的条款：“任何申请人，或者被考虑的人……”这显然意味着没有提出申请的人

---

① 普·文提狄乌·帕苏斯（P. Ventidius Passus），安东尼军中的一名将领，在穆提纳战役以后给安东尼带来增援部队。

也应加以考虑。我已经给我儿子写信，让他做好准备，按你的建议办事，就像在其他所有事情上一样；但是多米提乌和我们的朋友加图的案子要由你来解决。然而，尽管考虑一个不在罗马的人是合法的，但对那些在罗马的人来说事情要容易一些；如果你决定自己必须去亚细亚，那么你就没有机会召集我们的候选人进行选举了。

如果潘莎还活着，我相信所有事情都会办得快些，因为他会不失时机地为他的新同事主持选举，祭司的选举应当先于执法官的选举。现在我明白征兆会引起长时间的延误；因为只要个别贵族仍旧担任着行政官员，征兆就不会不利于贵族。我要说，这肯定会引起纠纷！我希望你能让我知道你对整个问题的看法。

5月5日。

[10]

布鲁图致西塞罗，公元前43年5月7日，于狄拉基乌。

你比我更容易想到，当我听说我们的朋友布鲁图[①] 和执政官们的事情时，我有多么兴奋。在所有事情中，布鲁图的突围是我最满意的，对此我高度赞扬，这样做不仅确保了他自己的安全，而且为胜利做出了重大贡献。

你告诉我，三位安东尼的情况实际上一模一样，这也是我自己得出的结论。我遵守这样的规则，元老院和罗马人民才有权审判那些在战场上逃跑的公民。你会惊呼："啊，你刚才说的话是错的，你在讲话中把这些公民的名字给了那些图谋不轨的国家的敌人！"不，我说的绝对正确！因为我不会对一个元老院还没有征集意见，人民还没有表达意愿的案子发表不成熟的看法，也不会对这样的案子做出个人的决定。我在这一点上立场坚定：当环境并不迫使我有杀掉他的义务的时候，我不会以一种复仇的心理剥夺他的任何

---

① 狄·布鲁图，他从穆提纳突围。

东西，也不会粗心地给他任何东西，而会在战争期间把他控制起来。不，我考虑这样会更加体面，更加合理，处在国家的权威之下，我不必对这些处于困境的人施加压力，我也不必不加限制地给他们厚赠，乃至于点燃他们的贪婪和蛮横。

西塞罗，你是最优秀的、最勇敢的人，你对我本人和对国家来说都是最宝贵的，在这件事情上，我认为你的希望过多地增强了你的信念，一旦有人采取了正确的步骤，你会过分匆忙地赋予他一切，把所有东西都交给他支配，就好像认为一个人转向无节制的喜爱和邪恶的目的是违反自然法的。像你这样一位具有高度文化修养的人会接受和迁就我善意的警告，越是这样，它就和我们共同的安全越有关系。毕竟，你自己会谨慎地做出决定。我也是这样，当你通知我的时候……[①]

[11]

布鲁图致西塞罗，公元前 43 年 5 月 15 日，于军营。

西塞罗，我们现在必须采取行动，以证明我们打垮安东尼以后的欢乐不是空幻的，我们用来寻求消除邪恶的代理人本身并非总是产生一种更大的邪恶的手段。因为没有任何灾难可以通过我们缺乏预见或懒散降临到我们头上，给我们所有人带来耻辱，尤其是你，元老院和罗马人民允许你行使权威，这是一个自由的国家能够赋予一个人的最大的东西。你必须保护这种权威，不是只凭着你的忠诚，而是凭着你的明智。还有，分享你的睿智就是我们所要求的一切——除非由于某些限制，不能授予你高级职位。

你充分地拥有其他一切，你的功绩可以与任何古人相比；他们缺少的是慷慨，而慷慨应当用恰当比例的谨慎和敏锐的感觉来调和，使之成为一种感恩的和仁慈的品性的结果。因为除非有先例，元老院不会把这样的礼物赐予

---

① 此处原文有缺失。

任何人，或者把优势地位授予有罪恶意图的人。这就是我对执政官的职务感到警觉的原因，免得你的凯撒会以为你的法令把他提升到一个顶峰，一旦当选执政官，他就会拒绝再从顶峰上爬下来。

如果安东尼在其他人丢下的东西中找到使他自己成为一名国王的机会，你认为这会对他产生什么样的影响？他想象自己可以自由地觊觎任何一种君主的权力，而推动这一点的不是一位被杀的僭主，而是元老院本身。因此，当我开始确信凯撒想要得到这种格外的荣耀时，我会赞美你的敏捷和预见。你会说："那么你要我对其他人的失败负责吗？"是的，如果你的预见可以阻止其他人犯错误！之所以这样说，乃是因为我希望你能在我对这个人的担忧中获得对他的洞察。

写完这些话以后，我听说你已经成了执政官。如果这是真的，那么我确实将要开始看见一个真正的、名副其实的、坚强屹立的自由国家。你的儿子很好，我会派遣他率领一支骑兵部队前往马其顿。

5 月 15 日，于军营。

[12]

布鲁图致西塞罗，公元前 43 年 5 月 19 日，于伊庇鲁斯的坎达维亚山谷的军营。

不要期待我向你表示感谢。考虑到我们之间的亲密关系，那是最高程度的友谊，我们很久以前就不必拘泥于这种形式了。你的儿子已经离开我，我们会在马其顿再见面。他在其他人的率领下带领一支骑兵部队从安拉契亚沿帖撒利大道前进。我已经写信让他在赫拉克利亚与我会合。当我见到他的时候，我们会做出一项安排——由于你把事情交到我们手里——让他返回，以便提出申请或者获得推荐。

我极为真诚地向你推荐潘莎的医生格律孔，他把妹妹嫁给我们的阿喀琉斯。我听说由于潘莎之死他遭到托夸图斯的怀疑，被当做凶手关押。没有什么事情比这更难以置信，因为潘莎之死与他有什么关系呢？此外，他是一个稳重高尚的人，你会认为他绝不会为了某些利益而去犯罪。是的，我请求你设法释放他（因为我们的阿喀琉斯为此感到焦虑不安），保证他的安全。我考虑，这件事应当做为私人事务来处理。

在我写这封信的时候，一份来自萨特利乌的公报交到我手里，他是却波尼乌的副将，公报中说多拉贝拉已经被提留斯和戴奥塔鲁斯分割包围。我已经给你送去一封希腊文的信，是某位西塞莱乌写给萨特利乌的。

我们的朋友弗拉维乌选择由你来裁定一项遗产，他和狄拉基乌人为了这笔遗产发生争执。西塞罗，我和弗拉维乌请求你处理这件事。毫无疑问，那个指定弗拉维乌继承财产的人欠了弗拉维乌的钱，狄拉基乌人对此也不否认；但是他们声称凯撒已经豁免了他们的债务。请你不要伤害我的亲密朋友。

5月19日，写于坎达维亚山谷的军营。

[13]

西塞罗致布鲁图，公元前43年，约5月20日，于罗马。

候任保民官卢·克劳狄非常喜爱我，或者更加确切地说，他对我非常热爱。我对此感到满意，我不怀疑你会得出结论（你能阅人像阅书）对他的热爱我会加以回报。在我看来，对热爱你的人做出回应才像一个人。我的印象是他怀疑(他这样做确实有巨大的困惑）他的私敌已经散发或传递消息给你，想让你对他产生看法。但是亲爱的布鲁图，对一个人胡乱下判断不符合我的习惯——我想这一点不需要告诉你。人们隐藏的动机和他们复杂的本性使这样做成为一个轻率的举动；但是克劳狄的想法我已经试探和衡量过了。有许多迹象，但不需要写在纸上，因为我想要你把我的信当做正式的证词，而不是推荐信。由于安东尼的青睐，他获得了提升，而安东尼的青睐实际上在很大程度上是由你激发的。所以，只要我们不会遭受痛苦，他想要安东尼不受伤害地到来。

但是他明白（你知道他什么都好，但智力迟钝）如果走到这一步，双方都不能确定最后结果。由于这个原因，他宁愿我们能够这样做，涉及你他对你的看法和感觉确实是最友好的。因此，如果有人在给你的信中或者在谈话中把他说成别的样子，我请求你坚定地接受我的看法，因为我比他的诽谤者（无论是谁）能更好地对他下判断，我比他们对你更热爱。让克劳狄成为你尊敬的人，把他当做一个好朋友和好公民，他的情感和充裕的精力也必然使他成为你的好朋友。

[14]

西塞罗致布鲁图，公元前43年，约5月20日，于罗马。

当你的来信送到我手中，给我带来大量消息的时候，我的信已经写好封上了，最令人惊讶的是，多拉贝拉派了五个步兵队去凯索尼塞。据说他逃离亚细亚以后会向欧罗巴突进，他使用的部队过多吗？五个步兵队！你在同一地区拥有五个军团，他能得到优秀的骑兵和强大的增援部队吗？由于这帮土匪采取了疯狂的行动，我确实希望这些步兵队能为你所有。

我衷心赞扬你的战略，你没有移动你在阿波罗尼亚和狄拉基乌的驻军，直到听说安东尼逃跑、布鲁图的出击、罗马人民的胜利。因此，当你决定（如你告诉我的那样）不能容忍这些最凶恶的敌人侵犯罗马主权，派遣你的军队去凯索尼塞的时候，你的行动与你的崇高地位和国家利益相符。

至于由盖·安东尼在第十四军团中搞阴谋引发的兵变，你会妥善处理的——我想最好派部队采取强硬措施，而不是用你的仁慈和宽厚……[①]

---

① 此处原文有缺失。

[15]

西塞罗致布鲁图，公元前43年5月底或6月初，于罗马。

我要向你推荐大量的人，我必须这样做。因为所有最高尚的人和公民对你的判断都致以最崇高的敬意，所有坚强的人都衷心希望为你工作，没有人认为我对你的尊重和感恩对你不起作用。

但是，我要特别热心地向你推荐来自苏埃萨镇的盖·纳森纽斯。在克里特岛的战争[①]中，他是麦特鲁斯统帅的第八步兵队的一名百人队长。第二年，他专心处理家庭事务。而现在，受到那些忠诚的爱国者的影响，被你的杰出品质和崇高的地位所吸引，他想要通过你获得高尚的地位。布鲁图，我把他当做一名勇士和优秀人士推荐给你，还有，他有丰富的资金，如果这也有关的话。如果你能很好地对待他，让他能够为你的款待向我表示感谢，那么我会深深地感到，这是你对我的巨大帮助。

[16]

布鲁图致西塞罗，公元前43年6月，于军营。

我不怀疑维图斯·安提司提乌是一名爱国者，要是遇到紧急情况，他在面对凯撒和安东尼的时候是一名坚定的共同自由的卫士。他在阿该亚遇上了率领大量骑兵和步兵的多拉贝拉，他宁可遭受善于玩弄诡计的匪帮的无耻进攻，也不愿把金钱献给这些无赖；而出于自愿，他实际上向我们奉献了2,000,000个小银币，并且亲自和我们在一起——这样的服务我给予崇高评价。

我们想要说服他保持现状，当一名捍卫自由国家的独立的领袖。他认为这种方式不适合他，因为他已经放弃了他的军队。但是他向我们保证，如果

① 公元前69年—前67年，打击克里特海盗。

执政官不举行执法官的选举，那么他会回到我身边来担任副将。我提到这一点，因为这关系到他的政治生涯，我强烈地敦促他不要放弃他的候选人资格。他所做的事情应当得到全体人民的感谢，只要人们认识到我的军队在为国服务；但你会感到对他负有更多的义务，因为你在捍卫我们的自由方面表现出更多的热情，赢得了更大的名声，如果我们的政策能够取得我们所希望的良好后果，在你的政治生涯中，你还会取得更高的荣誉。我亲爱的西塞罗，我也特别请求你，作为一个亲密的朋友你要善待维图斯，希望他能得到所有可能的荣誉。尽管没有什么能够阻拦他的决心，然而你的鼓励和慷慨可以激励他更加坚定不移。这是对我的最大帮助。

[17]

布鲁图致阿提库斯，公元前43年6月初，于军营。

你写信对我说，由于我没有提到西塞罗的任何活动，所以他感到惊讶。考虑到你的想法是前后一贯的，所以我不得不迁就你的看法。我知道西塞罗的行动总是带着最佳意图；还有比他在政治事务中表现出来的高尚精神更好的证明吗？但我有这样的印象，这个世上最聪明的人在某些场合，或在与他个人利益有关的行动中——我该怎么说？——总是缺乏技巧，“为了国家的缘故”他从不犹豫，因此，当安东尼的力量处于顶峰时，他挑起了与安东尼的争斗。我不知道该对你怎么说，这位西塞罗已经受到激励，因为他没有约束那个毛孩子[①]的贪婪和无法无天；他周围的人对他阿谀奉承，所以他无法约束自己，总是说一些刻薄的话；他的双手沾满了鲜血，所以在逼近卡斯卡之前，他肯定会采用暗杀手段；还有，攻击卡斯卡的时候，他会以白斯提亚为榜样。就算我们在3月15日的任何时候都不吹捧自己，就像他在12月5日发言时一样，这就是西塞罗责备我们的高尚行动的理由吗？我们的方式和

① 指屋大维。

白斯提亚、克劳狄不一样，他们在他担任执政官期间习惯于找岔子。

我们的西塞罗对我吹嘘说，他穿着平民的服装，承受着安东尼的武装攻击。如果推翻安东尼的结果是恢复安东尼的地位，如果带领我们反对邪恶的他已经带头从事一项根基更深的邪恶，这对我有什么好处？有一种理论认为他当前的行为是由于恐惧独裁，害怕独裁者，或者害怕安东尼，我们要根据这种理论去嘲笑他吗？他事奉一名愤怒的独裁者，他对独裁统治不表示抗议，所以我本人认为没有什么义务要对他承担。还有，为得胜回来的军队举行凯旋仪式，让那些人疯狂地争夺地位——这是人们要期待的执政官或西塞罗吗？

由于你不让我保持沉默，所以你读到的一些话必定会让你恼火。我确实感到以这种腔调给你写信会给我带来伤害，我非常明白你对国家持有什么样的看法，你考虑到这个国家的状况，认为这个国家前景堪忧，令人沮丧，尽管不是无法恢复。阿提库斯，我发誓，我不是在责备你！你的年纪、你的习惯、你的家庭使你变得迟钝；是的，我们的朋友弗拉维乌也让我明白了这一点！

但是让我回过头来说西塞罗。萨维狄努[1]和他有什么区别？啊，前者还能要求什么更高的荣誉？你说："他现在甚至害怕内战的后果。"有谁能在这样的恐惧中获得战争的胜利，而不是把心思全部放在指挥军队上，有谁不会对那个毛孩子的冒险提出警告？这就是他采取一条特别的行动路线，把一切都交给那个人支配，按照这个人的要求为他的伟大做出奉献的理由吗？当有机会消除恐惧的时候，你却让它悬置在你顶上，这是一种多么愚蠢的恐惧！我们害怕死亡、流放和贫困已经太久。当然了，西塞罗非常不幸，但他总能找到人给他提供需要的东西，有人愿意供养他、问候他，只要痛苦是光荣的，他不会拒绝痛苦，假定忍受最可耻的污辱也是光荣的。

所以，让屋大维称西塞罗为"父亲"，问候他，向他谢恩，毕竟，他的

---

① 指盖·萨维狄努·鲁富斯（C. Salvidienus Rufus），出身不详，屋大维的死党。

行动会证明他的言语是虚假的。我为什么会有这样的感觉，他的所作所为谈不上体面，乃至于一位父亲般的人都不能算作自由人？然而，使屋大维可以对他宽容，这就是高尚的西塞罗要实现的目标。我不想再对这种技巧表示敬意，我知道西塞罗精于此道。那些大部头的著作，《捍卫我们国家的自由》、《论尊严的行为》、《论死亡》、《论流放》、《论贫困》，对他有什么用？可以确定的是，在这些事情上腓力普斯[①] 对他的养子放弃的东西要少于西塞罗对一名陌生人放弃的东西。所以让他停止吹嘘，不要来纠缠我们，引发我们的伤痛！如果打败安东尼仅仅是为了忍受另外一个人的支配，这样的胜利对我们有什么好处？

然而，你的信表明你到现在还有疑问。那么，好吧！如果西塞罗不尊重他自己的年纪、等级、成就，那就让西塞罗作为一名乞援者和下属活着，因为他在这些事情上很能干。对我来说，我确定没有什么样的痛苦会如此吸引人，我会对真正的敌人发动战争，也就是对君主专制、不合法的统治、独裁者，以及对一种认为自己高于法律的权力，无论屋大维是一个多么好的人(如你所说)，尽管我从来不这么看。不，我们的祖先甚至不会容忍自己的父亲搞独裁。

如果我对你的热爱不如西塞罗自己确信的屋大维对他的热爱，那么我就不会以这种腔调给你写信了。我很抱歉，你对自己人的无比热爱，以及对西塞罗的热爱使你烦恼；但是你可以确信我个人对你的善意是不会削弱的，尽管我对他的判断受到极大损害；因为你不能阻止一个人在阳光之下清楚地看见呈现于他的事物。

我希望你能把我们亲爱的阿提卡[②] 订婚的事情告诉我，这样我就能把我的看法告诉你。波喜娅的健康引起你的忧虑，对此我不感到惊讶。最后，我乐意满足你的要求，因为你的姐妹也提出了同样的要求。我会去了解这个

---

① 腓力普斯是公元前56年的执政官，屋大维的继父，希望安东尼与元老院之间达成妥协。

② 阿提库斯的女儿。

人，发现他的真实意图。

[18]

西塞罗致布鲁图，公元前43年6月中旬，于罗马。

迄今为止我没有收到你的信，不，甚至没有一条传言能让我明白你已经知道元老院让你率领一支军队去意大利的决定。这个自由的国家在焦急地等待你尽快这样做，因为我们国内的麻烦每天都在变得更糟糕，我们在战场上对付敌人所遇到的困难并不大于对付城墙内的敌人。这些敌人从战争一开始就出现了，但那时候镇压他们要容易些。元老院受到我们的正式声明和呼吁的鼓励，采取了更加坚定的态度。在元老院里，潘莎表现出充沛的精力和热情处理事务，尤其是和他的岳父在一起；在他担任执政官期间，他从一开始就不缺乏热情，到最后也不缺乏忠诚。

凯撒挑不出穆提纳战役的毛病，尽管对希尔提乌有一些非议。这场战争的结果“对一个繁荣时代来说是微弱的，但对一个悲伤的时代来说是件好事”。安东尼的军队被分割，安东尼本人被赶走，胜利属于自由的国家。在那以后，布鲁图犯了许多愚蠢的错误，使得胜利好像要拔腿溜走。我们的军事领导人没有追击一支遭受重创、丢盔卸甲的军队，反而给了雷必达表现他的反复无常的时机，而通常这意味着更大的灾难。布鲁图和普兰库斯的部队是勇敢的，但缺乏经验；高卢人的辅助部队非常忠诚，在数量上也很多。

迄今为止，凯撒有着卓越的本性和坚强的性格，接受我的建议，但是他被来自某处的一些非常无耻的信件、代理人、信使所欺骗和怂恿，猜想自己肯定能够担任执政官。我明白这一点以后，既没有停止在他不在罗马的时候给他发去警告信，也没有当着他的亲密朋友的面责备他，他们似乎正在鼓动他提出贪婪的要求，但在元老院里我从来没有犹豫揭露这些最可恶的建议的来源。可以确定的是，我不记得以往曾经有过更加爱国的元老院或行政官员组成的委员会；由一名强人或者最强大的人提出要求，担任一个不合常规的职位（现在可以确定权力以体力和武力为基础），他既不是保民官，也不是其他等级的行政官员，而是由一位普通公民来推动，达到这样的效果，这种事情从来没有发生过。面对这种坚决的要求，公民们无论如何会感到不安；布鲁图，这些部队的态度很难讨好，这些将领提出无耻的要求，他们都在戏弄我们。他们每个人都要求为自己取得一份权力，与他掌握的兵力成比例；理性、节制、合法、传统和忠诚根本没有任何分量；训练有素的判断、公共舆论和为后代着想一文不值。

由于很久以前我就有所预见，所以我在一个关键时刻逃离了意大利，就在你宣布要把我召回引起人们骚动的时候；布鲁图，远在维利亚的你促使我采取了行动。因为，你使这座城市获得自由，但又在逃离它，尽管我不愿意在这座城市立足——我一度有过相同的危险经历，但却由于一个更加令人苦恼的事件而发生转折——我还是按照同样的路线返回罗马，没有任何军队的保护，此举令安东尼感到震惊，我公然蔑视他的武装匪徒，在我的指导和影响下，那些自愿服从凯撒领导的防卫力量得到了增强。如果他坚定地接受我的建议，我相信我们能够获得恰当的保护；如果那些无赖对他的影响超过我，或者如果我由于年迈体衰而在重负下步履蹒跚，那么我们的所有希望就寄托在你身上。因此，赶快来吧，我恳求你，你一定要让这个国家得到自由，从今以后支配你的是一种高尚的精神，而不是事情的实际结果。可以说整个世界已经准备把自己交到你手中。

你要写信给卡西乌斯，敦促他走上同样的道路。我们自由的希望不寄托在任何地方，而寄托在你的司令部里。在西面，我们的将领和部队是非常坚定的。我感到自信的是，这位年轻人提供的保护确实是稳固的；但是我有时候会感到不安，由于有许多人插手，我担心它会落空。

你已经了解了整个政治形势，我现在就会把这封信送出。我希望形势能够得到改善。但若结局是另外一种样子（愿上苍保佑），我会为这个自由的国家感到悲哀，因为它有永生的权利。至于我本人，我给自己留下的东西太少了！

[19]

西塞罗致布鲁图，公元前43年，约6月18日，于罗马。

你在我丧失亲人时履行了朋友的义务，给我送来一封吊唁信，你的安慰反而激起了我的悲伤，所以在你丧失亲人[①]的时候我想我应当解除这种义务，我知道你并不需要这些安慰，我希望你现在能有比我更加容易的治愈悲伤的方法。一个人如果不能克服自己的悲伤，就像他希望别人克服悲伤一样，那么他的坚强性格是不真实的。你提出的这个论证以及你的道德影响使我摆脱了过度的悲伤；当时我显得非常软弱，与男人的勇敢精神不符，尤其是与一个习惯于安慰别人的人的精神不符，你当时用非常严厉的口吻写信责备我。

因此，我重视你的判断，担心遭到你的驳斥，这时候我重新振作起来，接受了我曾经用来教育别人的教训，努力学习，用心吸取，用你的道德力量来振作自己。是的，布鲁图，我当时除了需要服从社会习俗和自然律以外不需要承担任何义务；而你现在，如俗话所说，必须在公共舞台上起作用。当你的士兵用眼睛盯着你的时候，不仅是他们，而且是全体公民和整个世界，都在以你为中心；一个人以极大的勇气鼓励其他人，而在他自己遭遇不幸时却表现得软弱，这是可耻的。因此，你要对你的悲伤敞开你的心扉（因为你所失去的在这个世上再也找不到与它相同的了），在这样的沉重打击下你需要悲伤，免得你的那些完全无法止痛的止痛药会使你痛得更加厉害；节制悲哀对其他人是有帮助的，对你则是不必不可少的。

如果这封信不是已经写得太长，那么给你写信我应当写得更多。我们在等待你和你的军队；没有你的军队，我们认为自己很难得到充分的自由，甚至我们的计划也都会落空。我会给你写信，会更多地谈到总的政治形势；在我打算交给我们的朋友维图斯的信中，我也许会给你更多确定的消息。

---

① 布鲁图之妻波喜娅去世。

[20]

布鲁图致西塞罗，公元前43年，约6月22日，于军营。

你已经勇敢地捍卫了这个国家，你对卢·彼布卢斯表现出担忧，但没有人能比你更好地评价我有多么喜爱他。考虑到他自己的优点或者我与他的亲密关系，你肯定能对他产生兴趣。我想，我有更多的理由在信中不详细写了，因为我的希望对你一定会很有分量，假定我的希望是合理的，我现在想要使我的希望实现，就像对朋友必须履行的义务。他决定要求得到潘莎的地位[①]；我们请你给他提名。你不可能从一位亲密朋友那里得到比我对你更大的帮助了，你也不可能提出一个比彼布卢斯更加高尚的候选人了。

至于多米提乌和阿普留斯，他们凭着自己的人格已经得到你的高度青睐，我还有必要写吗？你知道，阿普留斯自称受到你的影响，得到你的支持。阿普留斯自己的信件可以为证。请你不要放弃对彼布卢斯的关心，请你相信我，他非常能干，在今后的发展过程中能得到和你相同的赞扬。

[21]

布鲁图致西塞罗，公元前43年7月1日，于军营。

下面所说的有关马·雷必达的情况令我警惕和担忧。西塞罗，如果他逃离我们——我宁可希望人们对他的怀疑是没有事实根据的，是对他的不公正——我请求你对我仁慈，忘掉我妹妹的孩子是雷必达的儿子，请你想象我对他们现在处在父亲的位置上。如果我的要求能够得到你的同意，那么我确定你没有什么可犹豫的。每个人管理家庭的方式都是不同的；在我妹妹的孩子们的事情上，我只能表达我对他们的善意和我应尽的义务。如果在你和元老院的眼中，这些孩子的舅舅布鲁图根本不反对他们的父亲雷必达，那么我

---

① 指在祭司团中的地位。

从忠诚的公民那里能得到什么礼物呢——假定我应当得到礼物——或者说我能为我的母亲、妹妹，以及这些孩子提供什么帮助？

我过于焦急了，我感到悔恨，详细地给你写信不是我的义务。因为，如果在这样重要的事情上我必须耗费口舌来促使你下决心，那么要你按照我的愿望去做和履行你的义务是没有希望的。因此，你不要期待我长期的求援。看着我，出于私人的考虑，我有权请求你的帮助，因为你是西塞罗，是我亲密的朋友，你是执政官等级的人，有着光荣的记录。一旦有可能给我回信，请告诉我你打算怎么办。

7 月 1 日，于军营。

[22]

西塞罗致布鲁图，公元前 43 年 7 月初，于罗马。

尽管我会把信直接交给美萨拉·考维努斯，但我不会让我们的朋友维图斯去你那里时不捎上我的信。布鲁图，国家现在处于高度危险状态，我们这些取得胜利的人有义务再一次尝试一下我们的整个命运。我们面临这样的局面纯粹是由于雷必达的邪恶和愚蠢。在这样的时候我代表国家承担的重任使我非常烦恼，但令我最烦恼的是我无法拒绝你母亲和妹妹的恳求；至于你本人，我相信满足你的希望是一件容易的事，这一点最重要。雷必达的事情只能与安东尼放在一起考虑；一般的看法是，他确实是一名更加强硬的无赖，是的，就在他给元老院送上一份令人尊敬的公报之前的几天里，元老院确实授予他很高的荣誉；然而突如其来，他不仅为残余的敌人提供避难所，而且发动了一场陆上和海上的战役；这场战役的最后结果无法预料。因此，我们可以怜悯他的孩子，但若这些孩子的父亲是胜利者（愿上天保佑这种事情决不要发生），没有有效的保证使我们可以不受最残忍的惩罚。

当然了，我非常明白为了父母所犯的罪行去惩罚子女有多么苛刻；但这是我们的法律中的一项好条款，这样一来父母就会为了子女的缘故而把国家看得更宝贵。因此，对子女残忍的是雷必达，而不是那个宣布雷必达是人民公敌的人。还有，假定放下武器以后法庭已经判处他破坏和平罪——在这种情况下他肯定不能提出辩护——他的子女也会由于财产被没收而受到伤害。如果你的母亲和妹妹赦免这些孩子的要求得到满足，雷必达、安东尼以及其他人民公敌就会宣布对我们实施更加严厉的惩罚。因此，在这场危机中，我们的主要希望在于你和你的军队。这对整个国家的未来和你的名望都是最重要的，你应当一刻也不耽搁地到意大利来，就像我以前对你说的那样，因为这个国家紧急需要你强大的军队和你的建议。

考虑到维图斯对你的善意和义务感，我热情款待了维图斯，如你在信中要求我做的那样；我认为他非常热情，他热爱你，热爱自由的国家。我希望不久就能看到我的儿子西塞罗，因为我相信他会跟着你很快回到意大利来。

[23]

西塞罗致布鲁图，公元前43年7月14日，于罗马。

这是你的一张便条，我要说的是，它很简短；不，倒不如说，它什么也没说。布鲁图给我写信能只写三行字吗？如果我是你，我宁可一行也不写。而你要求我给你写个便条！你的信使回到你那里去的时候，有哪一次没有捎上我给你的信？我的哪一封信不是沉甸甸的？如果这些信件没有交到你手里，那么我的结论是，你可能连家信都没有收到。你说你会把一封较长的信交给我的儿子西塞罗。这很好，但是这封信更加重要。对我来说，一旦你对我说西塞罗已经离开你，我会马上派出一名信使，送一张便条给西塞罗，让他立刻回到你那里去，哪怕他已经抵达意大利；没有什么能令我更加满意，或者说没有什么给他更多的信誉。然而我已经在几封信中告诉他，祭司选举已经推迟到下一年——我竭尽全力拼搏，却得到这样的结果。为了西塞罗，也为了多米提乌、加图、伦图卢斯和几位彼布卢斯，我经历了痛苦；这些事情我也告诉过你。但你在给我送出那张小小的便条的时候，显然还没有收到我的信。

因此，亲爱的布鲁图，我恳切地敦促你，不要让我的儿子西塞罗离开你，而要让他回到你那里；如果你还关心这个你曾经为之献身的自由的国家，那么你本人必须马上返回。因为战争已经重启，由于雷必达的罪恶行径，战争的规模很大。凯撒的军队虽然优秀，但它不仅没有用处，而且还在迫使我不断地请求使用你的军队。如果你在意大利登陆，没有哪位真正的公民会不去你的军营。确实，我们有我们喜爱的布鲁图与普兰库斯的联合——这是一项辉煌的成就；但你非常明白，受到党派之争和战争事务的腐蚀之后的人心有多么不稳。还有，如我所希望的那样，如果胜利是我们的，那么即使当前的形势也需要你的坚强指导和你的道德影响。所以，我以上苍的名义发誓，赶快前来营救我们，越快越好，你要确信你在 3 月 15 日为你的国家做出了巨大贡献，你粉碎了捆绑你的同胞的奴役制的锁链，如果你能及时赶到，他们就不会重新戴上锁链。

7 月 14 日。

[24]

西塞罗致布鲁图，公元前 43 年 7 月 11 日与 27 日之间，于罗马。

你有美萨拉在你那里。他会向你报告最近发生的事情和国家的状况，无论我多么认真地写信，我怎么能够写得比他的解释更好呢？他对各方面的事情都很了解，能够清楚地向你做出解释。布鲁图，你必须假定，尽管我不需要把你已经知道的事情告诉你，但我毕竟不能对他在各种高尚事业中的杰出表现保持沉默；不必说品质良好、目标坚定、自觉自愿、为自由国家献身的热情，仅仅是在演讲技艺方面，他的水平也是最高的，赞美这样的人很难限定范围。然而，在这种需要专门知识的领域中他的长处非常突出；他的判断如此严密，论证技艺如此精湛，得益于他在演讲风格上接受的健全的训练。他的实际运用能力非常强，他在夜间花费许多时间学习，他的大部分优点不是天生的，但在他那里臻于圆满！

但是，我对他的热爱使我有点儿扯远了，因为赞扬美萨拉并不是我写这封信的目的，尤其是我不能对像我一样了解他的优点，甚至比我更了解他的布鲁图赞扬他。在我伤心地与他分手时，我唯一的安慰就是把这种赞扬传递给你——就好像传给我的第二个自我——他正在履行一位朋友应尽的义务，踏上建功立业的道路。关于这一点我们就说到这里！

我现在终于要谈到某一封信了[①]，在一大堆问候和赞美之中你发现了一个错误，说我不够节制，投票时挥霍浪费，像个败家子。这是你说的，但也有别人会说我在讨论检查和惩罚时过于严厉——你也许也说过。如果情况是这样的话，那么我非常想在这两个方面向你澄清我的观点，我想索伦说过的一句名言非常适用，他是“希腊七贤”之一，是他们中间唯一的立法者。他说有两样东西维系着国家——奖赏与惩罚。而这两件事情像其他所有事情一样，必然涉及程度问题，所以无论是奖赏还是惩罚，都要遵守中庸之道。

现在不是对这样庞大主题长篇大论的时候。但说明一下我在以往正式表达意见时提出的我在这场战争中所要遵循的原则没有什么不妥。

布鲁图，你没有忘记我在凯撒去世以后说的话，没有忘记你的值得人们纪念的 3 月 15 日，不会忘记你失去的机会和正在摧残这个国家的暴风骤雨。由于你的功劳，罗马人民避免了一场大灾难，消除了一场奇耻大辱，是的，对你本人来说，你获得了不朽的名声；但是独裁统治的机器现在传到雷必达和安东尼手中；他们一个更加叛逆，另一个更加无赖，他们都恐惧和平，厌恶安宁。这些人急于把国家搞得混乱不堪，而我们没有防卫手段抗击他们；当公民们团结起来想要重新获得他们的自由时，我表现得非常热情，而你则放弃了你解放的城市，停止向意大利提供忠诚的服务——这也许是一种更加审慎的办法。

所以，当我看到这座城市处在强权统治之下，被安东尼的部队掌握，连

① 指第 11 封信。

你或卡西乌斯都不能安全地生活在那里时，我决定我也必须离开它；因为这个国家正在遭受无赖们的践踏，所有复原的可能性都已消失，这是一幅令人震惊的景象。但是我的精神深深地植根于我的国家，不能忍受在这危急时刻离开国家。就在我去阿刻亚的途中，航海贸易的南季风把我送回意大利，就好像在反对我的计划，这时我看到你在维利亚，我感到深深的困惑；因为你食言了，布鲁图，我说的是“食言”，因为我们斯多亚学派的老师宣称，圣贤决不“谈论逃跑”。

回到罗马以后，我马上站出来反对安东尼的无法无天和丧心病狂。当我把他的愤怒引到我身上的时候，我开始按照布鲁图本人的意愿思考解放国家的计划（因为这些计划是从你的家族的血脉中产生的）。后来的故事很长，不需要重新讲一遍，都是关于我的。我只需提到这位年轻的凯撒，他使我们存活（如果我们愿意承认事实），但却剥夺了我的良师。

我为布鲁图赢得了荣誉，这些荣誉没有哪一样是他不应得的，是微不足道的。当我们迈出恢复我们自由的第一步的时候，当时甚至连狄西摩斯·布鲁图的勇气都还没有激发起来，不能给我们以重获自由的保证，我们的整个防卫依靠一位年轻人，是他赶走了扼住我们脖子的安东尼，我们有什么样的荣誉不能给他呢？尽管我当时通过投票向他表示的感谢是相当有节制的，但我还授予他一项很高的指挥权；这可能在一个他这样年纪的人看来确实是一项荣誉，但不管怎么说，这项指挥权对担任一支军队的统帅的人来说是必不可少的——哪一支军队能没有一位拥有高度指挥权的统帅？腓力普斯提出动议要为他建立一尊塑像，塞维乌斯最先提议要把他接纳为一名候选人，塞维留斯追随他的动议。这些在当时都并不显得过分。

由于某些奇怪的原因，你在胜利的时刻看到感恩会比在恐惧时刻看到仁慈更快。因为在有人接替布鲁图以后，在国家最欢乐的那个日子里，非常巧，那一天也是布鲁图的周年纪念日，我提出一项动议，要把布鲁图的名字列入国家的历法，我以我们的父辈为榜样，他们曾把这样的荣誉授予拉伦提娅夫人，但在位于维拉卢姆的她的祭坛上，你的祭司不愿意向她献祭。在赞美布鲁图的时候，我想要在历法中放入他的名字，作为对一次最受欢迎的胜利的永久记录。是的，那一天在元老院里，我发现抱有恶意的人多于感恩的人。在那个特别的时刻，我把荣耀——如果你喜欢这样说——授予死者，授予希尔提乌和潘莎，甚至授予阿揆拉。除非一个人忘了他过去遇到的危险，现在不再恐惧，有谁能挑剔我的做法？

我后来的考虑进一步增强了我对他提供的服务的感恩；我希望在公众的视野中竖立一座永久的纪念碑，让人们永远痛恨最野蛮的敌人。我怀疑你并不完全赞成被你的密友否定的东西（我承认他们是杰出的人，但不懂政治），我执行了为凯撒举行凯旋仪式的决定。对我本人来说——我也许错了，但只有在我能够对我自己取得的成就感到不快乐的时候——我不认为在这场战争中我曾经有过更健全的想法；我一定不能泄露理由，免得给人留下我有预见而非感恩的印象。关于这一点我讲得太多了，所以让我来谈其他事情。我已经把荣誉授予狄・布鲁图和卢・普兰库斯。他们的高贵品质确实应当获取荣誉；但是元老院过于谨慎，无论在什么事业中给予奖励（与荣誉一致）它都认为要严格，以赢得个人对国家的服务。但是，你让我承担荣耀雷必达的任务；我们首先在讲坛上为他竖立一座雕像，然后又把它推倒了。我们努力通过荣誉来让他放弃疯狂。人们对他的迷恋表明我们的提防过于强烈；即便如此，竖立雷必达的雕像还是比推倒它带来的危害要少。

关于荣誉我就说到这里。现在我必须说一说惩罚；因为我从你的来信中经常察觉到由于仁慈你希望对那些被你在战争中征服的人守信。我确实认为你的智慧是不会有误的，然而我相信对犯罪实施惩罚（这就是宽恕的具体含义），无论在其他场合下有多么可取，但对这场战争来说是毁灭性的。在我能回想起来的我们国家的所有内战中，没有哪一场战争是这样的，无论谁取得胜利，某种形式的自由国家总会生存下来。而在当前这场战争中，如果我们是胜利者的，我不能轻易发现我们将有一个什么样的自由国家；如果我们输了，自由国家肯定会永远消失。因此我呼吁，要对安东尼和雷必达采取严厉的措施，这样做更多的不是为了报复，而是为了在当前阻止那些心灵邪恶的公民攻击他们的祖国，为未来建立一项警示，让所有人都不会想要重复如此疯狂的行为。

在我看来，这些具体措施并没有超过人们一般的意见。你看到这种事情上的不宽容，甚至将惩罚延伸到无辜的孩子。但那是一种古代的范例，如果塞米司托克勒的孩子也确实成为赤贫，那么它对所有国家都是一样的；如果法庭要对犯罪的公民实施惩罚，我们怎么能对公敌更加仁慈？如果不承认要是他取得胜利会对我实施更加严厉的惩罚，那么有谁能抱怨我？你合理地陈述了我在荣誉和惩罚的具体主题上的看法；我相信你听说过我的具体观点。

当然了，事情没有那么紧急；布鲁图，最要紧的事情是你应当率领你的军队尽快到意大利来。我们非常焦急地等待你的到来。啊，如果你在意大利登陆，人们会热烈地迎接你！假定我们赢了，一场非常完美的胜利是我们的，如果雷必达不坚持毁灭一切，不毁灭他自己和他的同伴，那么为了政治上的稳定，我们需要你的道德影响力；如果有更加艰苦的战斗摆在我们面前，那么我们的主要希望寄托于你的影响，尤其寄托于你的军队的力量。但是上苍为证，你尽快来吧！你知道事情的成败取决于时机与快捷。

我希望你从你母亲和妹妹的信中得知我接受了你的外甥的许多诚挚的帮助。在他们的案子中我的主要考虑是完成你的愿望，我视之为最宝贵的，而不是考虑与我本身利益是否一致，如某些人所想的那样。但是在任何事情上，我的表现都会与我对你的热爱一致。

[25]

布鲁图致西塞罗，公元前43年7月中旬，于军营。

我已经读了你给屋大维的短信的摘录，是阿提库斯送来的。你对我的忠诚和关心我的安全没有给我带来新的快乐，因为它们非常一般，是一些我听惯了的老生常谈，你在用一些忠诚的话语和行动捍卫我的荣誉。但是你在给屋大维的信中提到我，使我感到难以忍受的痛苦。因为你在谈论国家事务的时候向他表示感谢，用这样一种乞援和谦卑的语调！我还能写什么呢？我耻于处于这样的境地，但我必须写。你把保护我们的安全托付给他，而无论我们怎么死法，这难道不是灾难性的吗？这样做正是为了你可以美化自己，你不是为了推翻独裁统治，而是为了改变独裁者！想一想你自己的话！你敢否定这些人在他面前就像国王面前的奴仆吗？你明确要向他提出一项要求，而他应当同意保障忠诚的爱国者和精神高尚的罗马人民的安全。好吧，假定他表示拒绝，我们的存在就终结了吗？啊，我宁愿死也不想为了活着而对他有所亏欠！

我发誓，我不相信上苍对罗马人民的安全漠不关心，所以我们必须向屋大维乞求任何一位公民的安全——我就不说整个世界的解放者的安全了。你瞧，我使用这些高度夸张的语言不是为了获得快乐，在那些不知道我们会面临什么样的恐惧，不知道我们应当向什么人提要求的人，这样说是恰当的。西塞罗，你认为掌握权力的屋大维能对你表示友好吗？或者说，要是你还热爱我，想要我在罗马露面，但要先博取这个年轻人的青睐，在这样的情况下我能生存吗？如果你认为必须向他提出请求，我们的安全取决于他的同意和批准，那么你为什么还要向他表示感谢？或者说，这样也算是一种帮助，必须向他而不是向安东尼请求帮助吗？为了真正地保卫国家，反对外来的独裁统治，而不是找一位接替的独裁者，任何人都要谦卑地向他乞求，请他允许国家里的高尚人士安全地活着吗？

是你内心的虚弱和对希望的抛弃（这样的责备更多的不是针对你，而是针对其他每一个人）推动凯撒谋取王权，引诱安东尼在凯撒被杀后试图取代他的地位；现在又是你这位受到吹捧的年轻人在引导你得出结论，像我们这些有光荣记录的人必须通过乞求来获得安全，我们的安全现在应当依赖某个人的仁慈，而他甚至还不是个成年人。然而，要是我们心里还记得自己是罗马人，这些人类的渣滓就不可能进一步谋求独裁，因为有我们在反对，而凯撒的独裁统治也不会激发安东尼的野心，凯撒之死对安东尼成为一种威慑。

你曾经担任过执政官，处置过大规模的罪恶——然而我担心受到他们的压迫，你的毁灭只是稍微延迟了一些——你怎么能够一边想起你过去的成就，一边赞同你的朋友的行为，或者如此谦卑和顺从地向他们乞求批准呢？你和安东尼之间这种私人性的长期争斗意味着什么？呃，因为他提出了这些要求，我们的生命成为他的恩赐，我们拥有的地位是由于他的离去，而他在我们手中获得他的自由，他在这个国家拥有最终发言权，你认为这些就是我们反抗独裁统治要获得的结果吗？打败一位独裁者以后，我们要和另外一位独裁者讲和，让他来接替前一位独裁者的地位，让他在国家里拥有新的称号。我们只能反抗，不是针对一般的奴隶制，而是针对这种具体的对我们的奴役。然而，在安东尼的仁慈的独裁统治下，我们能够承受自己的命运吗？我们能够享有得到提升、担任公职的机会吗？在合作的基础上，我们可以提出这方面的要求；而那些消极地看着独裁统治垮台的人能否认独裁者吗？但是，要引诱我们出卖自己对国家的忠诚和自由，无论价钱多高也不可能得逞。

尤其是这个年轻人，他拥有凯撒这个名字是在怂恿人们反对刺杀凯撒的人，他能提供什么价钱（假定这是一件可以讨价还价的事情）让我们为他获取这样的权力，他有什么理由理所当然地获得权力，而我们却要依靠他的善意才能继续活着，才能保存我们的财产，才能被称做执政官！此外，我们就不能采取预防措施，让我们以前的敌人白白灭亡吗？如果他死了而我们还在受奴役，我们怎么能够对他的死表示欢欣鼓舞呢？但愿上天能够剥夺我的一切，而不要剥夺我已经下定了的决心，我决不离开，我不会对被我杀死的这个人的后代说，甚至也不会对我自己的父亲说，要是他再次活过来，我仍旧不能宽容这个被杀的人，不能默许一种高于法律和元老院的权力！而你真的相信其他人能从他那里获得自由，而我们在这个国家拥有一席之地之前必须赢得他的青睐吗？还有，你怎么可能得到将来的东西呢？你要他同意我们的安全。那么，你认为我们拥有生命的时候应当交出我们的安全吗？如果我们开始放弃我们的地位和自由，我们怎么能够接受这种安全？

在罗马拥有你的住处，这就是你的公民安全吗？我需要的保证是事实，而不是地点。凯撒活着的时候，我既不能再享有完整的公民权利，直到我下决心采取伟大的行动，也不能流放到任何地方去，只要我还生活在奴役之下，忍受着耻辱，发出痛苦的呻吟，这样的痛苦超过其他任何不幸。如果我必须向这个接受了一名暴君的名字的人乞求，让那些推翻独裁统治的人回来而不受伤害，而在希腊的国家里，僭主被推翻以后，僭主的子女也会受到同样的惩罚，这岂不是又回到我们从前的黑暗时代了吗？尽管我能看见一位独裁者在享有最大权力的时候倒在一项坚决的行动中，但我不希望看到一个国家甚至无法重新恢复被剥夺的自由，对着一名已经垮台的国王的名字感到害怕，而这个名字现在被一个孩子使用？不，如果你肯听我的话，从今以后不再向你的凯撒赞扬我，也不要赞扬你自己！如果由于这个原因你要在这个年轻人面前卑躬屈膝，那么你必须赋予你的有生之年以崇高的价值！

进一步说，你过去和当前都取得了辉煌的成就，但在安东尼的问题上，千万不要把英雄的精神源泉转变为胆怯的名声。如果你想要我向他乞求安全的屋大维能接受你的设想，人们会认为你不是在回避一位主人，而是在寻求一位更加友善的主人。我真诚地赞同你对他迄今为止所做的事情的赞扬，他的行动值得赞扬，只要他不去破坏其他人的权力，更不要说有损他自己的权力。但是你得出结论，不仅要由他来掌握那么多权力，而且要由你来奉献给他，这样的话他才会宣布不反对我们拥有安全，你定下的这个价格太高（因为你慷慨大方地把他本应向国家获取的权威送给他），然而你没有想到，如果正在与安东尼交战的屋大维可以担任高级职位，如果把统治国家的重任全部放在一个人肩上，那么罗马人民决不会完全补偿那个消除了残余祸根的人。

请你注意，人们的恐惧感与他们的记忆是不一致的；安东尼仍旧活着，仍旧拥有军队，而凯撒在完成他的使命之前能够做什么，应当做什么，是不能逆转的，但是屋大维不会和我们一起做决定，罗马人民必须等待我们，而我们必须向他诉求安全！不，回到你说过的话上来，我不仅拒绝乞求，而且会劝阻那些想要乞求的人。或者说我会远离那些愿意接受奴役的人，我会在罗马找一个仍旧自由的地方；我为你感到遗憾，既不是因为你的年纪和高位，也不是因为有其他人为你树立了榜样，你对甜蜜生活的热爱削弱了。

对我来说，只要我能坚定不移，那么我会感到幸福，我会认为自己对国家的忠诚得到了回报。我的正义行为被人牢记，我在享受自由的时候蔑视那些紧急情况，还有什么能比这更好？但我确实不会屈服，也不会被那些战败者打败；我会从容不迫地冒危险，决不停止使我们的国家摆脱奴役的行动。如果我们的努力足够幸运，那么我们都会非常高兴；如果结果是另外一个样子，那么甚至会更加高兴。因为，有什么样的行动或思想能比那些关系到我的同胞的自由的事情能更好地占据我们的生命？

西塞罗，我请求和告诫你，不要削弱或丧失信心；你在阻止当前的罪恶时也一定要预见到将来的罪恶，免得它们潜行入室，将来无法对付。一旦明白你过去作为一名执政官用勇敢自由的精神捍卫了国家，而现在作为元老院议员却没有坚定的目标，甚至没有勇敢的气质，那么一切都将付诸东流。我向你保证，经过反复试验证明有用的优点比还没有发现的优点能够承担更加艰巨的任务。我们需要有正当的表现，一旦事情逆转，我们要攻击这些人，因为他们欺骗了我们。因此，西塞罗违抗安东尼应当受到赞扬，前执政官在道德上有义务为今日的执政官树立标准，这不会令人惊讶。

如果这位西塞罗在打发了安东尼以后庄重地做出决定，确信自己必须顺从别人，那么他会发现，他不仅会失去威望，还会被抹杀过去的成就——因为自身伟大的事物没有哪一样不带有合理判断的明显标记；这是因为，没有人能比他更适合成为一名爱国者，以聪明的思想或勇敢的行动忠诚地保卫自由，紧急应召出来领导整个国家。由于这些原因，我们一定不要乞求屋大维屈尊保障我们的安全。不，决不！你一定要振作起来，你要明白，如果领导人站出来为人民反对这些堕落的政策，那么你眼中的这个最伟大的国家将享受她的自由和荣耀。

[26]

西塞罗致布鲁图，公元前43年7月27日，于罗马。

我在信中反复敦促你尽快率领你的军队返回意大利，前来拯救国家，我相信你的亲密朋友完全赞成我的意见；现在有一位伟大的妇女，你的母亲，要求于7月25日与我见面，她关心你，挂念你，完全代表你。出于必须履行的义务，我及时地见了她。在我到达的时候，我发现卡斯卡、拉贝奥、斯卡提乌在那里。她提问题，请我发表意见；我们需要召唤你回来吗，我们要确定这样做符合你的利益吗，或者说我们应当阻止你，让你不要移动更好？

我在回话时把我的想法告诉了她，我认为你这样高贵等级的人拥有的最高利益和声望有可能在最早的时刻支持一个自由的国家，她正在丧失基础，处于崩溃的边缘。因为在这场战争中获胜的军队拒绝追击逃跑的敌人，一位获得国家最高荣誉和赏赐的将军按兵不动，他的妻子和孩子与你有姻亲的关系，进而宣布向国家开战，你认为这是什么样的灾难？既然有那么多用心险恶的人在城内潜伏，我为什么要说“元老院和人民一致同意”？

然而，我写信的时候最让我伤心的是，国家让我当这位年轻人的保证人——我们几乎可以称他为一个孩子——但我似乎很难让我的诺言兑现。你瞧，这是一场更加严重、更加费力的危机，尤其是我要在一件极为重要的事情上代表另外一个人的灵魂和感情，而不是用钱做抵押；如果你保证的这个人要你来负全部责任，那么抵押出去的钱可以赎回，家庭财产可以没收，政治义务该怎么解除呢？

所以尽管有来自各地的反对，然而我希望能保持对他的掌控。他似乎有良好的天性，在他这个年纪是顺从的，而许多人打算使他变坏；他们充满自信，认为能在他不诚实地谋取高位之前改变他锋芒毕露的性格。所以这个任务首先由我来承担，我必须想出各种办法让这位年轻人就范，以免可悲地背上鲁莽的名声。然而我鲁莽在哪里呢？应当承担义务的是我担保的这个人，而不是我；国家确实无法对我担保的这个人表示后悔，他本人的性格在这场战役中比较稳重。

但是，除非我错了，当前的国家事务中最关键的问题是缺乏财政资源。善良的人每天面对征税；而富人们可耻地低估价值，百分之一的税收增长被两个军团完全吞没。还有，我们面临无限的开支，要供养这里的军队，我们靠它来防卫，还要提供你的军队的开支；我们的朋友卡西乌斯似乎会带着充足的装备来这里。但是，我想要尽快当面和你谈论这些事以及其他事情。

布鲁图，我不在等你来信谈你妹妹的孩子。总的说来，仅仅是由于时间(因为这场战争将是长期的)，他们的案子就让你无法返回。但是从一开始，当我还没有预见到战争的长期性时，我已经在元老院里为他们的案子提出有力的抗辩，我相信从你母亲的信中你可以确定我有多么努力。确实，从来没有任何事情，甚至在我生命有危险的时刻，我无法按照我判定与你的愿望和利益相一致的方式讲话和采取行动。

7月27日。

竞选手册

昆图斯致西塞罗[①]。

尽管你具备一个人所能获取的所有能力、经验或勤勉，但是我想，为了维护我们之间的感情，我要把思考你的竞选而浮现在我心中的想法详细地写信告诉你——不是因为你能从中学到什么新东西，而是通过合理的分类可以关注重点，生活中的真实情况与理论是有差距的，是很不确定的。尽管自然确实是强大的，然而对几个月前的一件事来说，人似乎能够克服自然本身。

仔细考虑一下这是一座什么城市，你在寻求什么，你是谁。你每天去市政广场时必定会反复对自己说："我是一位新人；我谋求担任执政官；这里是罗马。"

你是一名演说家，这是为你这样一名"新人"竖立雕像的主要原因。人们不可能认为能够为前执政官进行辩护的律师不配当执政官，崇高的威望就是这样建立起来的。因此，你要做好演讲的准备——你的声誉从这里开始，你应当显露本色——就好像你的理性力量要在每一个场合接受判断。请你注意雄辩的口才能提供的帮助，我知道你还有所保留；你要经常提醒自己，德米特利乌关于德谟斯提尼的努力和练习是怎么写的。所以，你要炫耀朋友的数量和类别，因为有多少"新人"能像你一样有那么多朋友？——他们包括

① 昆图斯的这封信具体写作时间不详，西塞罗于公元前 65 年和公元前 64 年参加执政官竞选，于公元前 63 年担任执政官。

全体包税人、整个骑士等级，分布在许多街区，你为所有等级的人还有几名同事进行过辩护；此外还有大量的年轻人向你学习演讲术，你每天都有许多朋友造访。你通过连续不断的告诫或请求清楚地表明，那些受到你的帮助而没有向你表示感谢的人，以及那些恶意地要你对他们承担义务的人不会再有向你表示感谢的机会。再说，一名“新人”可以得到那些善意的贵族的巨大帮助，尤其是得到前执政官的帮助；那些拥有你想要获得的地位和朋友的人会认为你应当得到这样的地位和朋友。他们必定会努力参加投票，你必须派你的朋友去说服他们，我们在政治上始终与“高尚者”站在一起；我们在政治上决不迎合民众；如果我们曾经以一种“受人喜爱的”方式讲话，这样做的目的是为了把格奈乌斯·庞培和我们联系在一起，和他的巨大权力联系在一起，让他成为我们竞选中的一个朋友，或者至少不是反对者。此外，我们要努力赢得贵族青年的支持，或者倒不如说，要保持那些你已经获得他们支持的人的热情；他们会给你带来巨大的威望。你已经获得了许多人的支持；要让他们明白你认为他们非常重要。如果你能使那些不反对你的人变得对你向往，那么他们对你是最有用的。

对你的“新人”状态的另外一项重大帮助是，你的那些出身高贵的竞争者不敢说他们从自己所属的等级中得到的东西多于你从你的卓越道德中得到的东西。谁会认为出身高贵的普伯里乌·加尔巴和卢西乌斯·卡西乌斯是执政官的候选人？所以，你看到这些出身最伟大家族的人与你并不对等，因为他们缺乏活力。或者说，安东尼和喀提林会成为你的麻烦吗？正好相反，这两个人从小就是刺客、淫棍、乞丐，他们正好是一名精力充沛、勤奋好学、生活清白、口才雄辩、在法官中有很大影响的人求之不得的竞争者。在这两个人中间，我们看到有一个通过法律程序拍卖全部家产；我们听到他发誓说，他不会在罗马的一场公正的审判中与一名希腊人对抗；我们知道根据监察官的令人敬佩的决定，他从元老院被赶出去。他曾经和我们同为执法官候选人，而萨比狄乌和潘塞拉是他仅有的朋友，当时他已经没有奴仆可供出售（但在那次执法官竞选中，他确实在奴隶市场购买了一名女奴，公然蓄养在家里)。在执政官竞选中，他没有请求罗马人民把票投给他，而是宁愿去海外从事一项邪恶的使命，去抢劫所有的旅馆老板。至于另外一个人，天哪！他想要取得什么样的荣誉？首先，他和安东尼一样出身贵族。但他会比安东尼更高贵吗？不。他比安东尼更勇敢吗？噢，这只是因为安东尼害怕他自己的影子，而喀提林甚至不怕法律。他在他父亲一贫如洗的时候诞生，在他姐姐的荒淫放荡中抚养，在内战的屠杀中成长，他第一次参与公共生活就是对罗马骑士进行大屠杀(因为我们记得苏拉让喀提林独自掌管高卢，而他连续砍去提梯纽斯、南奈乌斯、塔努昔乌，以及其他所有人的脑袋)。在他们中间，他亲手杀死他的姐夫，杰出的昆图斯·凯西留斯，他是一位罗马骑士，一位政治上的中立者，一个从不违背自然的人，在那个时候，也已经到了中年。我还需要继续往下说吗？他现在和你竞争执政官的职位——他嘲笑罗马人民最敬爱的马库斯·马略；当着罗马人民的面，他把马略从镇上赶到墓地，在那里折磨马略，最后杀害他；喀提林右手持剑，左手抓住马略的头发，活生生地砍下他的首级，鲜血飞溅，顺着他的手指直流！喀提林与演员和角斗士为伍，前者在他淫荡的时候，后者在他犯罪的时候——他不能进入任何地方而不被怀疑玷污圣地、亵渎神明，哪怕其他人是无罪的；他从元老院里找到库里乌斯和安尼乌斯，从拍卖行里找到萨帕拉和卡维留斯，从骑士等级中找到庞皮留斯和威提乌斯这样的人作为他最亲密的朋友；他如此厚颜无耻、邪恶、淫荡，甚至强奸未成年的儿童。我现在就需要向你提供证人的证词吗？所有这些都是众所周知的；你自己反复读一读吧。然而我还要说，他逃脱了那场审判，他的某些陪审员就像他一样赤贫，有些人抱着对他的刻骨仇恨每天都吵嚷着要对他再次提出控告。他的情况就是这样，如果他找麻烦，那么人们因为害怕他可以当他什么也没有做，但人们不能无视他的存在。你在竞选游说中的运气比不久以前的另一位“新人”盖·科厄留斯要好！他需要站出来反对两位地位最高的贵族，然而他们的高贵主要不在于他们的财产，而在于他们的伟大的理智、高贵的良心、深刻的感恩、伟大的判断，以及在竞选中的坚持；而科厄留斯，尽管出身不如他们高贵，其他方面也几乎不占优势，但最终还是击败了他们中的一位。所以只要你很好地把你的天赋和通过不断练习具有的才能发挥出来——这种场合对你提出的要求都是你能做的和你应当做的——你和这些既没有高贵的出身又臭名昭著的竞争者的竞选就不会是一场艰苦的斗争。因为有哪个公民会如此可耻，乃至于想要通过一次投票，让两柄隐藏着的匕首反对国家？

解释了为你竖立雕像对你作为一名“新人”所能提供的补偿以后，我想要谈论一下这场竞选的重要性。你谋求执政官的职位，没有人认为你配不上这个职位，但会有许多人妒忌你。你作为一名骑士谋求国家的最高地位——对一名勇敢的、才华横溢的、正直的人来说，这个最高职位带来的尊严远远超过其他任何职位。你不要以为那些担任这个职务的人看不到你实现目标以后会给你带来多少威望。我怀疑，那些没有上升到他们的祖先担任过的职位的执政官家族的人肯定会妒忌你，除非他们非常喜欢你；我在想那些执法官地位的“新人”，他们由于你的仁慈而依附你，但不会想要在地位上被你超越。所以我相当确定你会想到有多少人是妒忌的，按照这些年的习惯，有多少人是反对“新人”的；由于你辩护的那些案子带来的后果，肯定还会有许多人对你表示愤怒。所以你要转过来这样想，你对荣耀庞培如此热心，某些人还会对你友好吗？因此，由于你在谋求国家的最高地位，由于有些利益与你相悖，所以你必须在竞选中努力运用你的注意力和判断力。

竞选行政官员可以分为关注两个目标：一是确保获得朋友的支持，另一是确保人民的喜爱。朋友是那些对你友好，和你熟悉，对你亲热，对你遵守义务，对你有吸引力的人。但是“朋友”这个词在竞选中有更加广泛的涵义，因为任何对你表示某种善意的人，与你交往的人，定期拜访你的人，都可以算做你的“朋友”。还有，要和那些真正有基础的朋友友好相处，这样做非常有用——由于血缘、婚姻、共同参加某个团体，或者由于其他某些联系而结成友好关系。其次，必须尽一切努力让你家族圈中与你最亲近的人热爱你，希望你获得成功；所以，你要关心和你同属于一个部落的同胞、邻居、当事人、自由民，最后甚至要关心你的奴隶，因为关于某个人的公共威望的谈论一般是从他自己的家族中发散出去的。所以，你要和各种各样的人交朋友，比如那些名人（他们会给候选人带来某些声望，哪怕他们在竞选中不会得到实际利益）；你要维护行政官员的法律权利（尤其是执政官，其次是保民官）；你要注意获得格外有影响的百人队长的选票。你要努力召集那些对你有所求的人，让他们去掌握部落或百人队；在这些日子里，竞选专家们带着他们迫切的愿望和影响四处游说，想要从他们的同胞那里得到想要的东西。你可以用任何办法让这些人诚心诚意地支持你的事业。然而，如果人民有感恩之心，那么我肯定他们应当为你做出安排；在最近两年中，你已经对那些联谊会履行了义务，这些联谊会由在竞选中影响巨大的人主持，他们是盖·芳丹纽斯、昆·伽利乌斯、盖·高奈留、盖·奥基维乌。当联谊会的成员给你送来这四个人的信件时，我知道他们在做什么（因为我在场）。所以你在这种场合必须通过经常的告诫，要求、保证，从他们那里准确了解他们对你亏欠什么，让他们明白不会再有其他向你表示感谢的机会了。在你在未来担任高级职务的希望和你最近为他们提供的服务的激励下，他们会产生对你当选的兴趣。一般说来，你为他们的案子辩护过的人会支持你竞选，但你要给这些人指派具体的任务；由于你从来没有在任何事情上给他们找过麻烦，而他们对你有所亏欠，所以你要让他们明白你在这种情况下有向他们提要求的权利。人们的善意和对选举的兴趣是被三件事情激发出来的，获得实际利益，有某种期盼，对某个人的依附，所以我们必须具体考虑如何处理这些情况。非常小的利益诱惑就能使人认为自己有充足的理由支持一场竞选，你拯救过的那些人（你解除过许多人的债务）更容易这样想，要是他们不在竞选中履行对你的义务，那么没有人会尊敬他们；但即便如此，你仍旧要向他们提出要求，使那些迄今为止对我们履行应尽义务的人相信将来一定会得到回报。至于那些有某种期盼而依附于我们的人——这种人对我们更加忠心——要让他们知道你已经做好了帮助他们的准备；要让他们明白你正在仔细地观察他们，看他们各自出了多少力。第三种类型是一些志愿者，必须用感谢来加以鼓励，要考虑他们各自为什么会热衷于你的利益，要表明你将回报他们的善意，让他们认为这种一般的认识有希望变成亲密的关系。你要判断和考察这些类型的每个人的能力，知道应当如何培育和他的关系，知道你应当向他期待什么，或应当对他提出什么要求。那些有影响力的人有他们自己的邻居和所在的城镇，那些长期获得成功的人士，哪怕他们不想发挥自己的影响力，仍旧要努力让他们对你产生好感。在培育这种联系时，要让他们明白你对他们的期待，要明白你能得到什么，要记住你得到了什么。但也有其他一些人可以忽略不计，他们受到同胞的厌恶，不具备可以马上加以改进的素质。你一定要善加区别，避免对一些只能提供很少帮助的人抱太大的希望。

还有，那些成熟的友谊会支持你，加强你的力量，在竞选中也会获得许多朋友，但由于竞选中有许多肮脏的地方，如果你想在竞选中与所有人交朋友，这是你在整个余生都不可能做到的事。如果你在其他时间试图与他们缔结友谊，那么你的行动似乎是在奉承他们；而在竞选中如果你不这样做，不尽力保持与许多人的联系，那么你会被认为是一名可怜的候选人。我向你保证，你很容易吸引人（除了那些以同样方式与你的竞争者有密切联系的人），如果你这样做了，赢得了他们对你的热爱，愿意对你履行义务，使他们有了转变，也就是说让他们察觉到你对他们有很高的价值，你是真诚的，他们这样做是一种很好的投资，其结果不是临时的友谊，而是巩固的、持久的友谊。请你相信我，只要具有最基本的理智，不会错过这一为你提供帮助，与你缔结友谊的机会，尤其是当他们与你的竞争者的友谊受到蔑视或断绝的时候，他们甚至不能开始我催促你做的事，更不要说完成了。因为，如果没有人去推动他，安东尼怎么会开始吸引他叫不出名字来的人呢？在我看来，没有什么人会如此愚蠢，乃至于认为那些不认识的人会是自己的坚定支持者。在没有人要求他们这样做的情况下，需要有名望、威信和成就使这些陌生人愿意为你提供帮助。一个没有义务感、没有头脑、名声很坏、没有朋友的懒汉，除了受到轻视和指责，不可能得到大多数人的支持和所有人的赞许。因此，一定要通过不同种类的朋友努力确保所有百人队长的支持。首先——

这是明显的——要吸引元老院议员、罗马骑士，以及其他所有等级的积极的人、有影响力的人。许多精力充沛的、有影响力的、积极的自由民都在市政广场周围；一定要通过你的朋友尽可能让他们希望你成功；要跟着他们，派人去找他们，告诉他们你有多么尊敬他们的帮助。你还要考虑你在整个城市里的同事，考虑那些住在远郊和近郊的人；如果你和他们中的头面人物结成友谊，就能轻易地通过他们确保民众对你的支持。然后，你要在心里记得整个意大利的各个部分，要从城镇、殖民地、乡村或任何地方获得充分的支持；你要在各地了解和寻找朋友，认识他们，跟随他们，确保他们在竞选中支持你。如果他们看到你急于获得他们的友谊，就会视你为朋友；要通过恰当的说服让他们理解你的目标。如果我们知道小城镇的人和乡下人的名字，那么他们会认为自己是我们的朋友；如果他们确定自己能得到某些保护，那么他们不会放过这样的机会。对其他人来说，尤其是对你的竞争者来说，他们完全是陌生人，而你认识他们或很容易认识他们——不认识就不会有友谊。然而仅仅是认识他们，尽管重要，但还不够，除非继以获得利益和友谊的希望，所以你看上去要像一位好朋友，而不仅仅是一位名字的征集者。所以，等到那些自己也有竞选野心的人能对他们的部落同胞产生最大影响的时候，你在百夫长中间的影响也就增大了——等到你和这些对你有所图，对他们自己部落同胞有影响的人建立了关系，通过自己的同乡或同事——这个时候你当选的希望就大了。我想应当确保那些担任百夫长的骑士们的支持。首先，你应当认识这些骑士（因为他们的总人数不多）。其次，要努力争取他们（这个年纪的青年最容易作为朋友来吸引）。还有，你要结交这些年轻人中最有教养和最有文化的人；当整个骑士等级站在你一边的时候，他们会遵守这个等级的权威，他们会去保证自己的百人队成员，不仅凭着这个等级的一般善意，而且凭着个人间的友谊。年轻人对支持竞选、访问竞选者、传递消息抱有热情，他们会把你当做重要人物来跟随，并表达对你的信任。

我已经提到了跟随的问题，你一定要考虑这个问题，争取各个种类、等级、年纪的人，因为人数会表现你在竞选中的力量。这个问题可以分成三部分：第一，到你家里来拜访的人；第二，从你家里陪伴你外出的人；第三，一般的追随者。拜访者鱼龙混杂，他们拜访不止一位候选人。你一定要表明你非常感谢他们的来访，表示你非常注意到你家里来的人（你要经常对他们的朋友这样说，这样的话他们的朋友会转告他们）。所以，访问几位候选人的拜访者只要看到某位候选人特别注意他，就会对这位候选人表示忠心，抛弃其他候选人，逐渐表现得像是这位候选人的人，而不是其他人的人，是他坚定的支持者，而不是两面派。你要小心，如果有人向你表忠心，你听说或看到他是（如他们所说）在欺骗你，你要假装没有听见或注意；如果有人认为你在怀疑他，想要洗刷他自己，你要向他保证你从来没有怀疑过他的忠诚，也没有任何权利怀疑他；因为你认为他不合标准，那么没有人能成为你的朋友。你应当知道每个人对你抱有什么样的情感，这样你就能分别决定对他们的信任程度。至于陪伴者，由于他们的作用比拜访者的作用更重要，你要清楚地向他们表明你非常感谢他们，要尽可能在通常的时间去广场；每天有大量的人跟随会给人留下深刻印象，大大增加你的威望。第三种人是全程陪同者。对这些志愿者，你要向他们说明你会永远记得他们的贡献。对这些为你提供这种服务的人，一定要坚持他们不能太老或者太忙，那些自己不能来的人可以请他们的亲戚代劳。我急于知道你一直有一大群人陪伴，我认为这很重要。进一步说，如果那些你为他们辩护过的人都在你周围，这会给你带来很大的信誉和很高的威信，因为是你使他们幸免被定罪。你要让他们清楚，你的努力使他们重新获得财产、名声、生命、幸福，对他们来说，绝不会再有另外的机会向你表示感谢，他们应当通过提供这种服务来报答你。

现在，由于我的所有讨论与朋友们的热情帮助有关，所以我想不应当省略这种情况下需要什么告诫。所有事情都充满欺骗、陷阱和诡诈。现在不是对这个问题发表长篇大论的时候——如何区别真正的善意和伪善——只是提出一些警告。你杰出的道德品质既为你带来友谊，又给你带来妒忌。因此你瞧，厄庇卡尔谟的格言是，智慧的精髓在于决不轻信；当你在征集朋友们的热情帮助时，你也要知道你的诽谤者和对手的方法和类型。类型有三种：

第一，那些你曾经伤害过的人；第二，那些不喜欢你的人，尽管他们没有理由；第三，你的竞争者的亲密朋友。对那些你为了替朋友辩护而反对他们，因此伤害了他们的人，你要为自己做充分的辩解，提醒他们这是你个人必须履行的义务，使他们产生希望，如果成为你的朋友，你也会同样热情地为他们服务。对那些毫无理由不喜欢你的人，你应当努力通过为他们做好事、许诺或表明你自己对他们的热爱来转变他们的思想。对那些由于和你的竞争者的友谊而疏远你的人，你应当像对待其他人一样对待他们；如果你能使他们对你产生信任感，你就可以把你自己对你的竞争者的友好感情向他们表达。

关于缔结友谊我们已经说够了，现在我必须谈到竞选的其他方面，与如何对待民众的方法有关。在竞选中要保持良好的政治形象，你需要有记住人的名字的能力，需要讨好别人，你要不断地有人陪伴，你要慷慨大方，你要得到公众的注意。首先，你要夸耀一下你认人的习惯，这样一来你很明显，每天都有增长和改进；在我看来，这是最受人欢迎和满意的事。其次，你要确定自己的天性中缺少什么，要很好地模仿那些自然的行为举止。你的令人愉快的性格不缺少适当的仁慈，但你现在最需要的是学会奉承与讨好；这在其他生活中可以是一种卑劣的错误，但在竞选中是不可或缺的。因为，在用奉承来腐蚀人的时候，奉承是可耻的，但用于缔结友谊，它就不那么可恶了；候选人的面部表情和谈话必须彬彬有礼，还要幽默，必须向碰到的所有人打招呼，这对候选人来说是不可或缺的。关于有人陪伴我不需要多说了，这个词本身已经解释了它是什么意思。从来不离开镇上固然有益，但要想得到人们的陪伴，你不仅要在罗马，还要去广场，要在竞选中连续不断地吸引同样的人，尽可能不要让人认为你过去没有选过他。其次，慷慨大方有很多表现，在使用私人手段时，尽管不能普及大众，但人们喜欢听到你的朋友对你的赞扬；慷慨大方表现在举行宴会上，你和你的朋友应当经常召集部落里的人聚会；还有，慷慨大方表现在提供服务上，你要广泛宣传，让大家知道你白天和晚上都可以接近，你的宣传不仅要通过你的房门，而且要通过你的面部表情，这是心灵的门户；如果你的表情有所保留和退缩，那么很难说明你的大门是敞开的。人们不仅仅想要诺言（尤其是在他们需要一名候选人的时候），而且想要这种诺言是慷慨大方的，表示敬意的。所以——一条很方便的规则——如果你按照要求去做，就要表示你会这样做，你是自愿的和乐意的；但是下面一件事情要难一些，它比较适合你的处境而不是适合你的性格；你在任何时候都不能含蓄地拒绝，或者说，最好不拒绝。一个好人会含蓄地拒绝，一位好的候选人不会拒绝。如果对某些要求我们不能做出体面的或不受损失的许诺——比如，如果有人要你去反对一位朋友——那么你必须婉言拒绝，要向他解释你对朋友应尽的义务，说明你有多么遗憾，并让对方确信你会以其他方式弥补他。有人对我说过，他向某些人提出请求，但他对拒绝他的那个人的答复比接受他的那个人的答复感到更加满意；确实，与得到的实际好处相比，人们更容易对相貌和言语着迷。然而，这很公平，像你这样的柏拉图主义者很难推荐不拒绝的替换办法，但我还要继续提到你当前的处境。如果你对人说，由于你对某些人负有个人义务，因此你不能提供帮助，他们仍旧可以沉着安静地离去；但若你的拒绝是因为朋友的事情或其他以前的或更加重要的事情让你不能帮助他们，那么他们离开时会恨你；他们都会认为你是在撒谎。以前的竞选大师盖·科塔说过（除非他承担的义务禁止他答应某项请求），他曾经许诺对所有人提供帮助，但最后只帮助那些他认为最值得在他们身上投资的人；他没有拒绝任何人，因为由于某些原因事情经常发生变化，他许诺过的帮助对这个人来说根本没有用，或者他本人想要提供的帮助变得不需要了；如果一个人只许诺他肯定能做到的事情，那么他家里就会门庭冷落；有的时候，你没有预料到的案子开庭了，而你预料中的案子却由于某种原因没有开庭；最后，撒谎引起忿恨是一系列事件中的最后一步——因为你要是答应了，对方会不会愤怒就是不确定的，不直接的；但若你拒绝，那么你确实马上就会在更多人那里引起愤怒；提要求的人可以要求一个人的帮助，而实际上可以有更多的人为他提供帮助。所以，最好有某些人在某些时候在讲坛上对你表示愤怒，而不是所有人都在你家里对你表示愤怒——尤其是，他们更有理由对那些拒绝他们的人表示愤怒，而不是对一个有理由不兑现他的诺言的人表示愤怒，虽然在可能的时候他想要这样做。（你可能认为我已经偏离我正在分类的主题，在讨论竞选时在涉及人的这个部分添加了这个论证；我的观点是这些都和候选人在公众中的名望有关，而与朋友的热情帮助无关。朋友的帮助是需要的，你要仁慈地对他们的要求做出回答，你要在朋友的事情或危险中提供热情的帮助——我在这里谈的是掌握大众的方式——以便让你的庭院在黎明前就挤满了人，让许多希望得到你保护的人在他们离开前与你成为很好的朋友，让他们的耳朵里尽可能装满有关你的好评。）

下面需要谈论的是如何引起公众的注意，你必须讨好所有人。但其中的要点我在上面已经谈到了——你拥有演说家的名声、包税人的青睐、骑士等级的拥护、贵族的善意、年轻人的拥戴，你曾为之辩护的当事人的陪伴，还有那些显然是为了你的缘故而从意大利的城镇到这里来的人；所以，他们相信你非常熟悉公众，你有礼貌地和他们打招呼，不断地进行竞选宣传，表现出仁慈和慷慨大方；黎明前你家里就挤满各个等级的人，你要让每个人对你所说的话和你实际做的事感到满意（通过艰苦工作，运用你的技能，你能够做到这一点），他们自己会向你表忠心，而不是从你的那些熟人听到这些事的人。通过处理玛尼留斯的案子和为高奈留辩护，你已经赢得城里的民众和他们的政治代表庞培的青睐；现在我们必须获得民众的支持，这在过去没有最高尚的人格就不可能做到。你还必须让每个人都知道庞培是你的坚强支持者，你在这次竞选中的成功完全吻合他的计划。最后，你的整个竞选是一场好戏，光彩夺目、受人欢迎，你会有卓越的表现，获得最高的威望；还有，如果举行竞选，会出现一些诽谤性的言论，比如关于你的竞争者的性格、犯罪、淫欲等等。你在竞选中必须表明你的最高希望和看法都着眼于你未来在政治上的作为。然而在元老院的或民众的政治集会上演讲时，你一定不要涉及具体的政治问题。与此相反，你一定要记住元老院是尊重你的，你以往的生活记录会维护你的威信；根据你以往的生涯，罗马骑士和那些高贵的重要人物会相信你热爱和平与安宁；关于自身利益的民众也会拥护你，因为你在政治集会和法庭上的演讲“深得民心”。

我对你说，你每天去市政广场时必定会反复对自己说“我是一位新人，我谋求担任执政官”，这是我经过两个早晨的沉思想到的；还有第三句，“这里是罗马”——罗马是各民族的联合体，在其中有许多圈套、阴谋、罪恶、懒惰、傲慢、谩骂、抱怨、轻蔑、仇恨、烦恼。我看到众人的各种邪恶，所以需要有更多的判断能力和技能来避免遭到怨恨、诽谤和邪恶的攻击，要调整自己，以适应大众的行为、言语、感情方式。所以，沿着你选择的道路稳步前行吧，要表现出最高的演讲才能；这在罗马是掌握和吸引人的办法，让他们不要践踏你，伤害你。进一步说，贿赂盛行时的道德堕落是这座城市最大的恶，你要认识你自己——我的意思是，你要明白所有人都会害怕遭到你的起诉，也害怕你的竞争者有可能带来的危险。你要让人们知道你在警惕地观察他们；你作为一名演说家的威望和力量会使他们感到害怕，你获得骑士等级的青睐也会让他们感到害怕。我不想要你对他们表明自己的想法，乃至于让他们得到这样的印象，认为你已经在考虑起诉了，而只是想要你通过他们对你的害怕比较轻易地实现你的目标。你要竭尽全力，努力获得正在谋求的东西。我看到这场竞选充满贿赂，有些百夫长与候选人有特殊关系，不用归还所接受的贿赂。所以，如果我们根据形势的需要保持警惕，如果我们激发对我们抱有良好希望的人具备最大的热情，如果我们给每个有影响力的支持者指派具体的任务，如果我们当着竞争者的面。表示要起诉行贿者，对那些行贿的代理人提出警告，遏制散发贿赂的人，那么我们就能获得不发生贿赂时的结果，或者让贿赂丧失作用。

我的信就写到这里；我想，不是因为我对这些事的理解比你好，而是因为考虑到你很忙，我可以轻易地把它们归总到一起，写下来送给你。尽管以这样的方式写下来东西并不适合所有谋求职位的人，而只是特别适合你和这次竞选，但仍旧请你告诉我，你认为这里面有什么地方需要修改或完全抛弃，或者有什么重要的事情被忽略了。因为我希望这本竞选手册在各方面都被人认为是完善的。

致屋大维的信

西塞罗致屋大维[①]。

你的军团是我和罗马人民的凶恶敌人，要是你的军团允许我进入元老院，与你面对面地争论国家大事，我愿意这样做，或者说我必须这样做；除此之外，没有任何药方能够治愈我受到的伤害。由于元老院被武装士兵团团围困，所以元老院在它的法令中除了恐惧不能表达其他感情（卡皮托利圣山插上了军旗，士兵们在城外安营扎寨，在城里闲逛，整个意大利群情激愤，这些军团，还有外国人的骑兵，被召集起来本来是为了保卫我们的自由，现在却用来奴役我们）；现在，我给你让位，我退出广场、元老院、不朽诸神的最神圣的神庙，让刚刚得以复活的自由再次遭受摧残，而元老院不会再商议任何事情，它充满恐惧，对任何事情只会点头称是。然后，再稍迟一些，只要允许，我会从城中隐退，这座由我保存下来的城市是自由的，我不能看到它受奴役；我会退出公共生活；我的生命麻烦重重，它命中注定要为国服务，我得到的安慰是我可以得到后代的赞扬（如果这种希望消失了，那么我会毫不犹豫地去死）。我的退隐方式表明，使我遭受失败的是我的政策，而不是我的坚毅。但是，作为当前悲伤的标记，以往所受伤害的见证，缺少朋友这种感觉的象征，我不会放过在你不在的时候向你提抗议的机会（因为我

① 具体写作时间不详，推测约写于西塞罗被安东尼捕杀（公元前43年12月7日）之前，屋大维与安东尼结盟（约公元前43年11月）之后。

被禁止当面这样做），涉及我本人和共和国。（我说“涉及我本人”指的是我的安全对国家有用，或者至少说我与国家的安全有关。）但是，凭着不朽诸神的真诚（除非我对诸神的恳求徒劳无益，诸神已不再理睬我们），凭着罗马人民的幸福（尽管敌视我们，但我希望它能再一次光顾我们），我要问：什么人对这座城市的名字如此野蛮和敌视，竟然能够假装看不见当前的状况，不感到悲伤，或者说，如果肯定能够治愈公共的疾病，有谁会用死亡来逃避他个人的危险？

从头到尾——把最后的事件与最先的事件相比较——罗马在每个黎明都会比前一天更加痛苦，后来的每个时辰都会比前一个时辰更加灾难深重。凭着一项最勇敢的行动，尽管没有运气追随，凯撒的独裁统治被消灭，而非常勇敢的马库斯·安东尼（他的判断也非常明智吗？）对王权的觊觎超过了一个自由的国家能够容忍的程度。他用公共资金打水漂，他榨干了国库，减少了税收，他根据凯撒的私人笔记来豁免城市和民族的贡赋；他像独裁者一样行事和立法，但他禁止选举独裁官，在元老院里抗拒法律和元老院的法令。他想要把所有行省据为己有。胜利的凯撒曾经把马其顿行省据为己有，而安东尼竟然蔑视马其顿，对这样的人我们还能抱什么希望和期待？你站出来捍卫我们的自由，你当时是一位伟大的爱国者（但愿我的判断和你的背信弃义没有欺骗我！）；你召集了两个军团的老兵，让他们去摧毁他们的国家而不是拯救国家，你用你的力量刚刚使国家站起来，然后又立刻把国家打趴下。有什么东西是元老院在你提出要求之前没有加以满足的，范围更大，超过你的要求，比你希望得到的数量更多？它赐给你象征权力的束棒，确认你是国家的保护人，而不是想要用权力把你武装起来反对国家。它称你为“胜利者”来荣耀你，因为你打退了敌人的军队，而不是为了让那支逃跑的军队转过身来屠杀元老院，拥立你为“皇帝”。[①] 元老院颁布法令，为你在广场上竖立雕像，在元老院里为你安排位子，在你没有达到法定年龄前让你担任高位。

---

① 拉丁文“Imperator”既有“胜利者”之意，又有“皇帝”之意。

如果还有什么是元老院能够提供的，它也会添上；你还想要其他更大的东西吗？或者说一切都已经赐予你，超过年纪、传统，甚至超过你自己的道德本性的限定，但你为什么要如此残忍地包围元老院，就好像它是不感恩的，或者我应当说它是邪恶的，就好像它忘记了你的贡献？我们派你去的是什么地方，但你现在又从那里转回来？我们把你武装起来是为了反对谁，而现在你又想要攻击谁？你领导军队背叛谁，而你又要用军队来反对谁？你为什么要放过敌人，而把公民当做敌人？你在行军途中，为什么要把军营设在远离敌人而靠近这座城市的地方？敌人对你抱着某种希望，所以我们一定会有某些担心。我从来不是聪明的，我一度曾空洞地相信我是个人物，而我实际上并不是！啊，罗马人民，你们怎样用你们对我的看法欺骗我！啊，我已行将就木，风烛残年！我满头灰发，我的老年将在昏聩中终结！当我称你为朱诺喜爱的年轻人和你母亲的金色后代时，我在领着元老院的议员们走向这些刽子手，是我背叛了共和国，是我迫使元老院自杀——但是命运女神告诉我你是你的国家里的帕里斯，你会用战争蹂躏罗马，用战火焚烧意大利，你会把你的军营建在不朽诸神的神庙里，把元老院设在你的军营里。在如此短暂的时间里，这个国家发生了那么多令人遗憾的、快速复杂的变化！谁有这样的天才，能把它真实地记载下来而不像是在虚构？谁有足够的智慧，认为这些事情不是故事，尽管它被真实地保留在人们的记忆中？想象一下：安东尼被宣布为公敌，他包围了候任执政官、他的祖国的国父[①]；你出发去解救执政官，你打垮了敌人；敌人逃跑了，你把执政官从包围中解救出来——然而就在他逃跑以后不久，他又与你勾结起来，以共和国的死亡为代价，共同分享罗马人民的财产；那位候任执政官又反攻过来，在一个没有城墙保护他自己，只有河流和山丘的地方。谁想把这些事情联系起来，谁敢相信它们？现在让我不受惩罚地说出我第一句冒犯的话，为了让我的忏悔成为我的良药。安东尼，我要说真话。我们会一方面驱除你的独裁统治，另一方面接受屋大维的

---

① 指狄·布鲁图。

独裁统治吗！并非任何奴役都是令人向往的；但是奴隶的命运会由于主人的品质而受到较少的羞辱，在两种恶中，较大的一种被躲避了，较小的一种被选择了。安东尼通过恳求得到了他想要的东西；你通过勒索得到了你想要的东西。安东尼作为执政官想要一个行省，你作为一位普通公民想要得到一个行省。安东尼的法庭和法律为保护坏人而设；你的法庭和法律为毁灭好人而设。安东尼保护卡皮托利圣山，使它免遭奴隶的焚烧和流血；你想要在鲜血与烈火中毁灭一切。如果把行省给了卡西乌斯、布鲁图，以及罗马这个名字的其他保护者的安东尼是一名暴君，那么杀害他们的人是什么？如果把他们赶出罗马的人是僭主，那么我们应当把甚至没有给他们留下流放之地的人称做什么？所以，如果我们被埋葬在地下的祖先仍旧有理解能力——如果人的灵魂不像肉身一样在火葬堆上烧毁——我们这些将要进入永恒之家的人在遇见他们的时候该怎么回答他们的问题：罗马人民现在过得怎么样？古代的阿非利加努、马克西姆、鲍鲁斯、西庇阿会听到有关他们后代的什么样的消息？他们用各种战利品和胜利装饰他们的国家，关于他们的国家，他们会听到什么样的消息？有个 18 岁的人，他的祖父是一位兑换银钱者，他的父亲到处拉生意给人当证人，他们确实都在做不稳定的生意——但他的一位祖先做这种事直到老年，所以他无法否认，他的另一位祖先从少年起就开始做这种事，所以他只能承认；但他正在掠夺这个国家——他要求取得权力，不是凭着勇敢，不是凭着在战争中征服任何行省和兼并其他国家，不是凭着他祖先的任何高位。与此相反，通过耻辱、金钱和淫秽，他的英俊相貌给他的高贵名字带来了耻辱；他迫使凯撒的角斗士训练学校由于负伤和年迈已经无用的角斗士和他们沦为乞丐的寡妇拿起他们的木剑；受到角斗士的围困后，他趁机扩大混乱，不宽恕任何人，就好像共和国是他的遗产，是他婚姻的一项陪嫁。两位狄西米乌会听说，他们发誓要用生命去争取胜利，解放出来的公民现在又被他们的对手奴役；甚至在受到敌人的追逐时也不想假扮为普通士兵的马略会听说我们现在屈服于一位纯洁的主人；布鲁图会听到，那些首先由他，然后由他的后代，从国王手里解放出来的人民正在成为奴隶，成为卑鄙淫荡要支付的开销。所有这些消息如果不是通过其他人，很快会由我传递给他们；因为，如果我不能逃避当前的处境继续活下去，那么我决定去死，与此同时逃避当前的处境。

西汉译名对照表

一、西汉人名译名对照

A

A. Allienus 奥·阿利努斯

A. Caecina 奥·凯基纳

A. Fufius 奥·富菲乌斯

A. Plautius 奥·普劳提乌

A. Plotius 奥·普罗提乌

A. Torquatus 奥·托夸图斯

A.Terentius Varro Murena 奥·特伦提乌斯·瓦罗·穆瑞纳

A.Varro 奥·瓦罗

Acastus 阿卡斯图

Accius 阿西乌斯

Achilles 阿喀琉斯

Achilochia 阿吉洛基亚

Acidinus 阿基狄努

Acilius 阿基留斯

Acutilius 阿库提留

Adjatorix 埃亚托利克斯

Aebutius 艾布提乌

Aegypta 艾吉塔

Aelius Ligus 埃利乌斯·利古斯

Aeschylus 埃斯库罗斯

Aesculapius 埃斯库拉庇俄斯

Aeserninus 艾塞尼努

Aesopus 伊索普斯

Aesop 伊索

Afranius 阿弗拉尼乌

Agamemnon 阿伽门农

Agesilaus 阿革西劳

Agusius 阿古西乌

Ahala 阿哈拉

Ajax 埃阿斯

Albanius 阿巴纽斯

Albius Sabinus 阿比乌斯·萨比努斯

Albius 阿比乌斯

Alcibiades 阿尔西庇亚德

Aledius 阿莱狄乌

Alexio 阿莱克西奥

Alexis 阿莱克斯

Allienus 阿利努斯

Allobrogians 阿洛布罗吉（人）

Amafinius 阿玛菲纽

Amalthea 阿玛塞亚
Amianus 阿米亚努
Ammonius 阿莫尼乌
Amphiaraus 安菲阿拉俄斯
Ampia 阿庇娅
Ampius Balbus 安庇乌斯・巴尔布斯
Ampius 安庇乌斯
Amyntas 阿明塔斯
Ancius 安西乌斯
Andricus 安德里库
Andromache 安德洛玛刻
Andromenes 安德洛美尼
Andro 安德洛
Anicatus 阿尼卡图
Annianus 安尼亚努
Annius Saturninus 安尼乌斯・萨图尼努斯
Annius 安尼乌斯
Annus 阿努斯
Antaeus 安泰俄斯
Anteros 安特罗斯
Anterus 安特鲁斯
Antigonus 安提戈努
Antipater 安蒂帕特
Antipho 安提福
Antro 安特洛
Ap. Claudius 阿・克劳狄
Apella 阿佩拉
Apelles 阿培勒斯
Apollodorus 阿波罗多洛
Apollonius 阿波罗尼乌斯
Appias 阿庇亚斯
Appius Claudius Caecus 阿庇乌斯・克劳狄・凯库斯
Appius Claudius Pulcher 阿庇乌斯・克劳狄・浦尔契
Appius Claudius 阿庇乌斯・克劳狄
Appius 阿庇乌斯
Appuleia 阿普莱娅
Appuleius 阿普莱乌斯
Apropos 阿洛波斯
Apuleius 阿普留斯
Aquilius 阿奎留斯
Aquillia 阿奎利娅
Arabio 阿拉比奥
Arabs 阿拉伯人
Araus 阿劳斯
Archilochus 阿基洛库斯
Archimedes 阿基米德
Ariarathes 阿里亚拉塞斯
Ariobarzanes 阿里奥巴扎尼
Ariobarzanus 阿里奥巴扎努
Ariovistus 阿里奥维斯图
Aristarchus 阿里斯塔库
Aristippus 阿里斯提波
Aristocritus 阿里托利图
Aristodemus 阿里司托得姆
Aristophanes 阿里斯托芬
Aristoxenus 阿里司托森
Aristus 阿里斯图
Armenian 亚美尼亚人
Arrius 阿琉斯
Arsacas 阿萨卡斯

Artavasdes 阿塔瓦德斯

Artaxerxes 阿塔克塞西斯

Artemo 阿特莫

Ascanio 阿卡尼奥

Asclapo 阿克莱波

Asicius 阿昔西乌

Asinius Dento 阿昔纽斯・丹托

Asinius Pollio 阿昔纽斯・波里奥

Ateius 阿泰乌斯

Athamas 阿塔玛斯

Athenaeus 阿塞奈乌斯

Athenais 艾塞奈伊斯

Athenio 阿塞尼奥

Athenodorus 雅典诺多洛

Atilius 阿提留斯

Atius Balbus 阿提乌斯・巴尔布斯

Attalus 阿塔路斯

Attius Dionysius 阿提乌斯・狄奥尼修斯

Attius 阿提乌斯

Attus Navius 阿图斯・那维乌斯

Aufidius 奥菲狄乌

Aulus Allienus 奥鲁斯・阿利努斯

Aulus Caecina 奥鲁斯・凯基纳

Aulus Licinius Aristoteles 奥鲁斯・李锡尼・阿里斯多特勒

Aulus Manlius Torquatus 奥鲁斯・曼留斯・托夸图斯

Aulus Pompeius Bithynicus 奥鲁斯・庞培・庇绪尼库

Aulus Postumius Albinus 奥鲁斯・波斯图米乌・阿尔比努

Aulus Trebonius 奥鲁斯・却波尼乌

Aulus 奥鲁斯

Aurelianus 奥勒良

Aurelia 奥勒丽娅

Autronius 奥洛尼乌

Avianius 阿维安纽斯

Avius 阿维乌斯

Axius 埃克西乌

B

Baebius 拜庇乌斯

Bagienni 巴吉尼人

Balbinus 巴比努斯

Balbus 巴尔布斯

Baldie 巴尔迪

Baltulcius 巴图西乌

Barbius 巴庇乌斯

Barnaeus 巴奈乌斯

Basilus 巴西鲁斯

Bassus 巴苏斯

Batonius 巴托纽斯

Battara 巴塔拉

Bellienus 贝利努斯

Bestia 白斯提亚

Bibulus 彼布卢斯

Billienus 彼利努斯

Bithynicus 庇绪尼库

Blesamius 布勒珊缪

Bona Dea 波娜戴娅（罗马妇女崇拜的富饶女神）

Brinnius 布利纽斯

Bucilianus 布基良努
Bussenius 布森纽斯

C

C. Albanius 盖・阿巴纽斯
C. Albinius 盖・阿庇纽斯
C. Alfius 盖・阿菲乌斯
C. Andronicus 盖・安德罗尼柯
C. Anicius 盖・阿尼基乌
C. Anneius 盖・阿奈乌斯
C. Arrius 盖・阿琉斯
C. Asinius Pollio 盖・阿昔纽斯・波里奥
C. Ateius Capito 盖・阿泰乌斯・卡皮托
C. Attius Paelignus 盖・阿提乌斯・培里格努
C. Avianius Evander 盖・阿维安纽斯・伊凡得尔
C. Avianius Flaccus 盖・阿维安纽斯・福拉库斯
C. Avianius Philoxenus 盖・阿维安纽斯・斐洛森努
C. Caesar 盖・凯撒
C. Caesius 盖・凯西乌斯
C. Camillus 盖・卡弥鲁斯
C. Capito 盖・卡皮托
C. Carbo 盖・卡波
C. Cassius 盖・卡西乌斯
C. Cato 盖・加图
C. Claudius 盖・克劳狄
C. Coelius 盖・科厄留斯
C. Coponius 盖・科波尼乌斯
C. Cotta 盖・科塔
C. Cupiennius 盖・库皮纽斯
C. Decimius 盖・狄西米乌
C. Duronius 盖・杜洛尼乌斯
C. Fabius 盖・法比乌斯
C. Fadius 盖・法迪乌斯
C. Fannius 盖・芳尼乌斯
C. Flaccus 盖・福拉库斯
C. Flavius 盖・弗拉维乌
C. Fundanius 盖・芳丹纽斯
C. Furnius 盖・富尔纽斯
C. Herennius 盖・赫瑞纽斯
C. Hirrus 盖・希鲁斯
C. Julius 盖・朱利乌斯
C. Laelius 盖・莱利乌斯
C. Macer 盖・玛凯尔
C. Maenius Gemellus 盖・曼尼乌斯・格麦鲁斯
C. Marcellus 盖・马凯鲁斯
C. Marcius Figulus 盖・玛基乌斯・菲古卢斯
C. Marius 盖・马略
C. Matius 盖・马提乌斯
C. Memmius 盖・美米乌斯
C. Messius 盖・美西乌斯
C. Munatius 盖・穆纳提乌
C. Nasennius 盖・纳森纽斯
C. Octavius 盖・屋大维
C. Oppius 盖・奥庇乌斯
C. Peducaeus 盖・佩都凯乌
C. Philo 盖・斐洛

C. Piso 盖・庇索
C. Pomptinus 盖・庞普提努
C. Porcius Cato 盖・波喜乌斯・加图
C. Rubellius 盖・鲁贝琉斯
C. Salvidienus Rufus 盖・萨维狄努・鲁富斯
C. Sempronius Rufus 盖・塞普洛尼乌・鲁富斯
C. Septimius 盖・塞提米乌
C. Sosius 盖・索西乌斯
C. Subernius 盖・萨伯纽斯
C. Titus 盖・提多
C. Toranius 盖・托拉尼乌
C. Trebatius Testa 盖・特巴提乌・泰斯塔
C. Trebatius 盖・特巴提乌
C. Trebonius 盖・却波尼乌
C. Valgius Hippianus 盖・瓦吉乌斯・希庇亚努
C. Vennonius 盖・维诺纽斯
C. Vestorius 盖・维斯托留
C. Antonius 盖・安东尼乌斯
C. Catius Vestinus 盖・卡提乌斯・维提努斯
C. Curio 盖・库里奥
C. Curtius Mithres 盖・库提乌斯・密色瑞斯
C. Curtius 盖・库提乌斯
C. Julius Caesar 盖・朱利乌斯・凯撒
C. Scribonius Curio 盖・斯利伯纽・库里奥
C. Titius Strabo 盖・提提乌斯・斯特拉波
Caecilia Attica 凯西莉娅・阿提卡
Caecilius Bassus 凯西留斯・巴苏斯
Caecilius Statius 凯西留斯・斯塔提乌
Caecilius Trypho 凯西留斯・特里弗
Caecilius 凯西留斯
Caelius Antipater 凯留斯・安蒂帕特
Caelius Caldus 凯留斯・卡都斯
Caelius Vinicianus 凯留斯・维尼基亚努
Caelius 凯留斯
Caepio 凯皮奥
Caerellia 凯瑞利娅
Caesar Antonius 凯撒・安东尼乌斯
Caesena 凯塞娜
Caesius 凯西乌斯
Caesonius 凯索尼乌
Caldus 卡都斯
Calenius 卡莱纽斯
Callisthenes 卡利斯塞涅
Calva 卡尔瓦
Calventius Marius 卡文提乌・马略
Calvinus 卡维努斯
Calvisius 卡维昔乌
Calvus Licinius 卡尔伏・李锡尼
Camillus 卡弥鲁斯
Camirus 卡米鲁斯
Cana 卡娜
Canidiuses 卡尼狄塞斯
Caninius Gallus 卡尼纽斯・伽卢斯
Caninius Satyrus 卡尼纽斯・萨堤鲁斯
Caninius 卡尼纽斯
Cannutius 坎努提乌

Canny Marcellus 凯尼・马凯鲁斯
Canuleius 卡努莱乌
Carbones 卡波涅斯
Carfulenus 卡福莱努
Carvilius 卡维留斯
Casca 卡斯卡
Cascellius 喀凯留斯
Cassandra 卡珊德拉
Cassius Barba 卡西乌斯・巴尔巴
Cassius 卡西乌斯
Castor 卡斯托耳
Castricius 卡却西乌
Catienus 卡提努斯
Catiline 喀提林
Catilius 卡提留斯
Cato Uticensis（乌蒂卡城的）加图
Catulus 卡图鲁斯
Censorinus 山索里努斯
Cephalio 凯发里奥
Cephalus 凯发卢斯
Cestius 凯斯提乌
Chaerippus 凯利普斯
Chaeron 凯隆
Chremes 克瑞美斯
Chrestus 克瑞斯图
Chrysippus Vettius 克律西波・威提乌斯
Chrysippus 克律西波
Cicereius 西塞莱乌
Cilix 西立克斯
Cillo 基罗
Cineas 基尼亚斯
Cinna 秦纳
Cipius 昔庇乌斯
Claudianus 克劳狄安努
Claudia 克劳狄娅
Cleombrotus 克莱奥布洛图
Cleopatra 克勒俄帕特拉
Clodius Hermogenes 克劳狄・赫谟根尼
Clodius Patavinus 克劳狄・帕塔维努
Clodius Philetaeru 克劳狄・斐莱泰鲁
Cloelius 克洛艾留
Cn. Caepio 格・凯皮奥
Cn. Carbo 格・卡波
Cn. Cicero 格・西塞罗
Cn. Cornelius 格・高奈留
Cn. Domitius Ahenobarbus 格・多米提乌・阿赫诺巴布斯
Cn. Domitius 格・多米提乌
Cn. Flavius 格・弗拉维乌
Cn. Lentulus Vatia 格・伦图卢斯・瓦提亚
Cn. Lucceius 格・卢凯乌斯
Cn. Magnus 格・玛格努斯
Cn. Minucius 格・米诺西乌
Cn. Nerius 格・奈留斯
Cn. Octavius 格・屋大维
Cn. Otacilius Naso 格・奥塔基留・那索
Cn. Plancius 格・普兰西乌
Cn. Pompeius Magnus 格・庞培・玛格努斯
Cn. Pompeius 格・庞培
Cn. Pupius 格・帕庇乌斯
Cn. Sallustius 格・撒路斯提乌斯

D

Dicaearchus 狄凯亚库
Dida 狄达
Diochares 狄奥卡瑞斯
Diodorus 狄奥多洛斯
Diodotus 狄奥多图
Dion 狄翁
Dionysius 狄奥尼修斯
Dionysopolitans 狄奥尼索斯市人
Diphilus 狄菲卢斯
Dodona 多多那
Domitius Calvinus 多米提乌·卡维努斯
Domneclius 多尼克琉
Drusus 德鲁苏斯
Duris 杜里斯
Dymaeans 迪米人

E

Egnatius Maximus 厄格纳提乌·马克西姆
Egnatius Sidicinus 厄格纳提乌·西狄昔努
Egnatius 厄格纳提乌
Electra 厄勒克特拉
Epaminondas 厄帕米浓达
Ephorus 厄福鲁斯
Epicharmus 厄庇卡尔谟
Epicrates 厄庇克拉底
Epictetus 爱比克泰德
Epirote 厄庇罗特
Eppuleia 爱普莱娅
Eratosthenes 厄拉托斯塞尼
Erechtheus 厄瑞克透斯
Erigona 厄里格娜
Eros 厄洛斯
Etesians 厄特西人
Etruscan 伊拙斯康人
Eumolpus 欧谟尔普
Eupolis 欧波利斯
Euripides 欧里庇得斯
Euthydemus 欧绪德谟
Eutychides 欧提基德斯

F

Fabatus 法巴图斯
Faberius 法伯里乌
Fabius Gallus 法比乌斯·伽卢斯
Fabius Luscus 法比乌斯·卢司库斯
Fabius 法比乌斯
Fabricius 法伯里修
Fangos 芳戈斯
Fausta 福丝塔
Faustus Sulla 福斯图斯·苏拉
Faustus 福斯图斯
Favonius 法伏纽斯
Felix 菲利克斯
Flaccus Avianius 福拉库斯·阿维安纽斯
Flaccus Volumnius 福拉库斯·伏鲁纽斯
Flamen Lentulus 福拉门·伦图卢斯
Flamen 福拉门
Flaminius Flamma 弗拉米纽斯·弗拉玛
Flaminius 弗拉米纽斯
Flavius 弗拉维乌
Formiae 福米埃
Fufidius 富菲狄乌

Fufius 富菲乌斯
Fulvia 富尔维娅
Fulvius Nobilior 伏尔维乌·诺比利俄
Funisulanus 富尼苏拉努
Furfanius 福芳纽斯
Furfanus 富尔法努
Furina 富里娜
Furius Crassipes 富里乌斯·克拉西佩
Furius 富里乌斯
Furnius 富尔纽斯

G

Gabinius Antiochus 伽比纽斯·安提奥库斯
Gabinius 伽比纽斯
Gaius Antonius Teucris 盖乌斯·安东尼乌斯·透克里斯
Gaius Antonius 盖乌斯·安东尼乌斯
Gaius Aurelius 盖乌斯·奥勒留
Gaius Avianius Hammonius 盖乌斯·阿维安纽斯·哈谟纽斯
Gaius Caelius 盖乌斯·凯留斯
Gaius Caesar 盖乌斯·凯撒
Gaius Calpurnius Piso Frugi 盖乌斯·卡普纽斯·庇索·福鲁吉
Gaius Calpurnius Piso 盖乌斯·卡普纽斯·庇索
Gaius Cassius Longinus 盖乌斯·卡西乌斯·朗吉努斯
Gaius Cato 盖乌斯·加图
Gaius Cluvius 盖乌斯·克鲁维乌
Gaius Coponius 盖乌斯·科波尼乌斯
Gaius Cosconius 盖乌斯·科司科尼乌
Gaius Duilius 盖乌斯·杜依留斯
Gaius Fannius 盖乌斯·芳尼乌斯
Gaius Herennius 盖乌斯·赫瑞纽斯
Gaius Julius 盖乌斯·朱利乌斯
Gaius Licinius Calvus Macer 盖乌斯·李锡尼·卡尔伏·玛凯尔
Gaius Licinius Macer 盖乌斯·李锡尼·玛凯尔
Gaius Lucilius Hirrus 盖乌斯·鲁西留斯·希鲁斯
Gaius Marcellus 盖乌斯·马凯鲁斯
Gaius Marcius Figulus 盖乌斯·玛基乌斯·菲古卢斯
Gaius Messius 盖乌斯·美西乌斯
Gaius Piso 盖乌斯·庇索
Gaius Scribonius Curio 盖乌斯·斯利伯纽·库里奥
Gaius Septimius 盖乌斯·塞提米乌
Gaius Sextilius Rufus 盖乌斯·塞克斯提留·鲁富斯
Gaius Trebatius 盖乌斯·特巴提乌
Gaius Vergilius Balbus 盖乌斯·维吉留斯·巴尔布斯
Gaius Vibius Pansa 盖乌斯·维庇乌斯·潘莎
Galeo 伽莱奥
Gallius 伽利乌斯
Gallus Cornelius 伽卢斯·高奈留
Gallus 伽鲁斯

Gamala 伽玛拉
Gastronome 伽斯洛诺美
Gavius 伽维乌斯
Gellius 盖留斯
Getae 哥特人
Glabrio 格拉里奥
Glycon 格律孔
Gnaeus Carbo 格奈乌斯・卡波
Gnaeus Cicero 格奈乌斯・西塞罗
Gnaeus Domitius Ahenobarbus 格奈乌斯・多米提乌・阿赫诺巴布斯
Gnaeus Egnatius 格奈乌斯・厄格纳提乌
Gnaeus Plancius 格奈乌斯・普兰西乌
Gnaeus Pompeius 格奈乌斯・庞培
Gnaeus Sallustius 格奈乌斯・撒路斯提乌斯
Gorgon 戈耳工
Goths 哥特人、野蛮人
Gout 哥特
Gracchi 革拉古兄弟
Gracchus 革拉古
Graeceius 格莱凯乌
Granius 格拉纽斯
Gratidius 格拉提狄乌

H

Haedui 埃杜伊
Halimetus 哈里美图
Harpalus 哈帕卢斯
Haterius 海特里乌
Hector 赫克托耳
Hegesaretus 赫吉萨瑞图
Hegesias 赫格西亚
Helico 赫利科
Helonius 赫洛尼乌
Helvetii 赫尔维提人
Hephaestus 赫淮斯托斯
Heracles 赫拉克勒斯
Heraclides 赫拉克利德
Hercules 赫丘利
Herennius Gallus 赫瑞纽斯・伽卢斯
Hermes 赫耳墨斯
Hermias 赫尔米亚
Hermia 赫尔米亚
Hermippus 赫米普斯
Hermodorus 赫谟多洛斯
Hermogenes 赫谟根尼
Hermo 赫尔莫
Herodes 赫洛德斯
Herus 荷鲁斯
Hesiod 赫西奥德
Hetereius 赫特莱乌
Hieras 希厄拉斯
Hilarus 希拉鲁斯
Hipparchus 希帕库斯
Hippias 希庇亚
Hippocrates 希波克拉底
Hippodamuses 希波达姆斯
Hipponax 希波那克斯
Hirrus（Hillus）希鲁斯
Hirtius 希尔提乌
Horatius 霍拉提乌

Hortalus 霍塔鲁斯
Hortensius 霍腾修斯
Hydrus 叙德鲁斯
Hypsaeus 叙赛乌斯

I

Ialysus 雅律苏斯
Iamblichus 杨布里科
Inalpini 阿尔卑斯山区的居民
Insteius 英泰乌斯
Isidorus 伊西多洛
Isocrates 伊索克拉底
Istummenius Mundus 伊斯图美纽・蒙都斯

J

Juba 犹巴
Julia 朱利娅
Junia 尤尼娅
Junia 朱妮娅
Junius 朱尼乌斯

K

Kanus 卡努斯

L

L. Aemilius Paullus 卢・艾米留斯・保卢斯
L. Afranius 卢・阿弗拉尼乌
L. Allius Tubero 卢・阿留斯・图伯洛
L. Arruntius 卢・阿伦提乌
L. Bruttius 卢・布鲁提乌
L. Caesar 卢・凯撒
L. Calpurnius 卢・卡普纽斯
L. Cassius 卢・卡西乌斯
L. Castrinius Paetus 卢・卡斯特利纽・派图斯
L. Clodius 卢・克劳狄
L. Cossinius Anchialus 卢・考西纽斯・安基亚鲁
L. Cossinius 卢・考西纽斯
L. Cotta 卢・科塔
L. Crassus 卢・克拉苏
L. Domitius 卢・多米提乌
L. Egnatius Rufus 卢・厄格纳提乌・鲁富斯
L. Flaccus 卢・福拉库斯
L. Furius 卢・富里乌斯
L. Gavius 卢・伽维乌斯
L. Genucilius Curvus 卢・格努西留・库吾斯
L. Lentulus 卢・伦图卢斯
L. Libo 卢・利伯
L. Ligus 卢・利古斯
L. Livineius Trypho 卢・李维奈乌・特里弗
L. Lollius 卢・洛利乌斯
L. Lucceius 卢・卢凯乌斯
L. Lucilius 卢・鲁西留斯
L. Lucullus 卢・卢库鲁斯
L. Manlius Sosis 卢・曼留斯・索西斯
L. Masso 卢・马索
L. Mescinius Rufus 卢・美西纽斯・鲁富斯

L. Minucius Basilus 卢・米诺西乌・巴西鲁斯
L. Mummius 卢・姆米乌斯
L. Munatius Plancus 卢・穆纳提乌・普兰库斯
L. Murena 卢・穆瑞纳
L. Nostius Zoilus 卢・诺斯提乌・佐伊鲁斯
L. Octavius Naso 格・屋大维・那索
L. Oppius 卢・奥庇乌斯
L. Papirius Paetus 卢・帕皮留斯・派图斯
L. Paulus 卢・鲍鲁斯
L. Philippus 卢・腓力普斯
L. Piso 卢・庇索
L. Pontius 卢・庞提乌斯
L. Quinctius 卢・昆克修斯
L. Regulus 卢・勒古鲁斯
L. Saufeius 卢・邵费乌斯
L. Servilius Postumus 卢・塞维留斯・波图姆斯
L. Statilius 卢・斯塔提留
L. Sulla 卢・苏拉
L. Tarquinius 卢・塔奎纽斯
L. Titius Rufus 卢・提提乌斯・鲁富斯
L. Titurnius Rufus 卢・提图纽斯・鲁富斯
L. Tullius Montanus 卢・图利乌斯・蒙塔努斯
L. Volcatius Tullus 卢・伏凯提乌・图鲁斯
L. Aelius Lamia 卢・埃利乌斯・拉弥亚
L. Afranius 卢・阿弗拉尼乌
L. Antonius 卢・安东尼
L. Bibulus 卢・彼布卢斯
L. Capito 卢・卡皮托
L. Carteius 卢・卡泰乌斯
L. Cincius 卢・辛西乌斯
L. Corfidius 卢・考费迪乌
L. Cossinius 卢・考西纽斯
L. Culleolus 卢・库莱奥鲁
L. Custidius 卢・库提迪乌
L. Fabatus 卢・法巴图斯
L. Flavius 卢・弗拉维乌
L. Gellius 卢・盖留斯
L. Julius Caesar 卢・朱利乌斯・凯撒
L. Julius 卢・朱利乌斯
L. Lamia 卢・拉弥亚
L. Licinius 卢・李锡尼
L. Metellus 昆・麦特鲁斯
L. Murcus 卢・穆尔库斯
L. Racilius 卢・拉西留斯
L. Scipio 卢・西庇阿
L. Sextius Pansa 卢・塞克提乌斯・潘莎
L. Titius Strabo 卢・提提乌斯・斯特拉波
L. Torquatus 卢・托夸图斯
L. Tullius 卢・图利乌斯
L. Valerius 卢・瓦勒留
L. Volcacius 卢・伏卡西乌
Labeo Segulius 拉贝奥・塞古琉斯
Labeo 拉贝奥
Laberius 拉贝留斯
Labienus 拉庇努斯
Lacedaemonians 拉栖代蒙人
Laco 拉珂
Laelius 莱利乌斯

Laenas 莱纳斯
Laenius 莱尼乌斯
Laestrygonian 莱却戈尼人
Laevus Cispius 莱乌斯·基司皮乌
Lais 拉伊丝
Lamia 拉弥亚
Larentia 拉伦提娅
Largus 拉尔古斯
Lartidius 拉尔提丢
Laterensis 拉特伦昔
Latinus 拉丁努斯
Lentulus Crus 伦图卢斯·克鲁斯
Lentulus Spinther 伦图卢斯·斯宾塞尔
Lentulus 伦图卢斯
Leonides 莱奥尼德
Lepta 莱普塔
Libo 利伯
Licinia 李锡尼娅
Ligurian 利古利亚人
Liguria 利古里亚
Ligurius 利古留斯
Ligus 利古斯
Livia 莉维娅
Livineius 李维奈乌
Locusta 洛库斯塔
Lollia 罗莉娅
Lollius 洛利乌斯
Longilius 朗吉留斯
Lucilius Bassus 鲁西留斯·巴苏斯
Lucius Afranius 卢西乌斯·阿弗拉尼乌
Lucius Ateius Capito 卢西乌斯·阿泰乌斯·卡皮托
Lucius Aurelius 卢西乌斯·奥勒留
Lucius Caesar 卢西乌斯·凯撒
Lucius Calpurnius Piso 卢西乌斯·卡普纽斯·庇索
Lucius Calpurnius 卢西乌斯·卡普纽斯
Lucius Cassius 卢西乌斯·卡西乌斯
Lucius Domitius Ahenobarbus 卢西乌斯·多米提乌·阿赫诺巴布斯
Lucius Domitius 卢西乌斯·多米提乌
Lucius Flaccus 卢西乌斯·福拉库斯
Lucius Julius Caesar 卢西乌斯·朱利乌斯·凯撒
Lucius Lucceius 卢西乌斯·卢凯乌斯
Lucius Lucullus 卢西乌斯·卢库鲁斯
Lucius Metellus 卢西乌斯·麦特鲁斯
Lucius Minucius Basilus 卢西乌斯·米诺西乌·巴西鲁斯
Lucius Oppius 卢西乌斯·奥庇乌斯
Lucius Papirius Crassus 卢西乌斯·帕皮留斯·克拉苏
Lucius Papirius Cursor 卢西乌斯·帕皮留斯·库尔索
Lucius Papirius Mugillanus 卢西乌斯·帕皮留斯·穆吉拉努
Lucius Paullus 卢西乌斯·保卢斯
Lucius Peducaeus 卢西乌斯·佩都凯乌
Lucius Philippus 卢西乌斯·腓力普斯
Lucius Pontius 卢西乌斯·庞提乌斯
Lucius Quinctius 卢西乌斯·昆克修斯
Lucius Racilius 卢西乌斯·拉西留斯

Lucius Sempronius Atratinus 卢西乌斯·塞普洛尼乌·阿拉提努
Lucius Tarquinius 卢西乌斯·塔奎纽斯
Lucius Torquatus 卢西乌斯·托夸图斯
Lucius Valerius 卢西乌斯·瓦勒留
Lucius Villius Annalis 卢西乌斯·维利乌斯·安那利斯
Lucius Vinicius 卢西乌斯·维尼西乌
Lucius Volcatius 卢西乌斯·伏凯提乌
Lucius 卢西乌斯
Lucretius 卢克莱修
Lupercus 卢佩库斯（古意大利的牧神）
Lurco 洛尔科
Lycaonians 吕考尼亚人
Lycurgus 莱喀古斯
Lynceus 林扣斯
Lysippus 吕西普斯
Lyso 吕索

M

M. Aelius 马·埃利乌斯
M. Aemilius Avianius 马·艾米留斯·阿维安纽斯
M. Aemilius Philemon 马·艾米留斯·斐勒蒙
M. Aemilius 马·艾米留斯
M. Anneius 马·阿奈乌斯
M. Antonius 马·安东尼
M. Archagathus 马·阿卡伽苏
M. Axianus 马·阿克夏努
M. Bibulus 马·彼布卢斯
M. Bolanus 马·波拉努斯
M. Brutus 马·布鲁图
M. Caelius Rufus 马·凯留斯·鲁富斯
M. Caelius 马·凯留斯
M. Caeparius 马·凯帕里乌
M. Caesius 马·凯西乌斯
M. Calenius 马·卡莱纽斯
M. Calidius 马·卡利狄乌
M. Cato 马·加图
M. Cluvius 马·克鲁维乌
M. Coelius Vinicianus 马·科厄留斯·维尼基亚努
M. Considius 马·康西狄乌
M. Cornelius 马·高奈留
M. Eppius 马·埃庇乌斯
M. Fadius Gallus 马·法迪乌斯·伽卢斯
M. Fadius 马·法迪乌斯
M. Faucius 马·福西乌斯
M. Fulvius Nobilior 马·伏尔维乌·诺比利俄
M. Furius Flaccus 马·富里乌斯·福拉库斯
M. Gellius 马·盖留斯
M. Junius Brutus 马·朱尼乌斯·布鲁图
M. Laberius 马·拉贝留斯
M. Laenius Flaccus 马·莱尼乌斯·福拉库斯
M. Laenius 马·莱尼乌斯
M. Lepidus 马·雷必达
M. Lucullus 马·卢库鲁斯
M. Magius 马·玛吉乌斯

M. Marcellus 马·马凯鲁斯
M. Marius 马·马略
M. Messalla 马·美萨拉
M. Mindius 马·敏狄乌斯
M. Octavius 马·屋大维
M. Orfius 马·奥费乌斯
M. Pilius 马·庇留斯
M. Piso 马·庇索
M. Plaetorius 马·普赖托利乌
M. Planius Heres 马·普拉纽斯·赫瑞斯
M. Pomponius 马·庞波纽斯
M. Publius Licinius Crassus 马·李锡尼·克拉苏
M. Pupius Piso 马·帕庇乌斯·庇索
M. Rufus 马·鲁富斯
M. Scaptius 马·斯卡提乌
M. Scaurus 马·斯考鲁斯
M. Seius 马·塞乌斯
M. Servilius 马·塞维留斯
M. Servius 马·塞维乌斯
M. Taurus 马·陶鲁斯
M. Terentius 马·特伦提乌斯
M. Tullius Cicero 马·图利乌斯·西塞罗
M. Tullius 马·图利乌斯
M. Tuscilius 马·图西留斯
M. Valerius Messalla 马·瓦勒留·美萨拉
M. Varisidius 马·瓦利昔狄乌
M. Volusius 马·伏鲁西乌
M. Cicero 马·西塞罗
M. Claudius Marcellus 马·克劳狄·马凯鲁斯
M. Curtius 马·库提乌斯
M. Fonteius 马·封泰乌斯
M. Marcilius 马·马基留斯
M. Metellus 马·麦特鲁斯
M. Nonius 马·诺尼乌斯
M. Passius 马·帕西乌斯
M. Terentius Varro Gibba 马·特伦提乌斯·瓦罗·吉巴
M. Varro 马·瓦罗
M'. Acilius 玛·阿基留斯
M'. Curius 玛·库里乌斯
M'. Glabrio 玛·格拉里奥
M'. Lepidus 玛·雷必达
Macer Licinius 玛凯尔·李锡尼
Macro 马克洛
Macula 玛库拉
Magnus 玛格努斯
Mallius 玛略
Mamurra 马穆拉
Manilius 玛尼留斯
Manius Acilius Glabrio 玛尼乌斯·阿基留斯·格拉里奥
Manius Curius Dentatus 玛尼乌斯·库里乌斯·丹塔图斯
Manius Curius 玛尼乌斯·库里乌斯
Manius Lepidus 玛尼乌斯·雷必达
Manius Manilius 玛尼乌斯·玛尼留斯
Manlius 曼留斯
Marcellinus 马凯利努斯
Marcellus 马凯鲁斯
Marcianus 玛西亚努

Marcius Philippus 玛基乌斯·腓力普斯
Marcus Antonius 马库斯·安东尼
Marcus Antonius 马库斯·安东尼乌斯
Marcus Brutus 马库斯·布鲁图
Marcus Caelius Rufus 马库斯·凯留斯·鲁富斯
Marcus Caeparius 马库斯·凯帕里乌
Marcus Caesonius 马库斯·凯索尼乌
Marcus Castricius 马库斯·卡却西乌
Marcus Claudius Marcellus 马库斯·克劳狄·马凯鲁斯
Marcus Coelius Vinicianus 马库斯·科厄留斯·维尼基亚努
Marcus Cornelius 马库斯·高奈留
Marcus Eppius 马库斯·埃庇乌斯
Marcus Fadius 马库斯·法迪乌斯
Marcus Feridius 马库斯·菲里狄乌
Marcus Juventius Laterensis 马库斯·朱文提乌·拉特伦昔
Marcus Laterensis 马库斯·拉特伦昔
Marcus Lucullus 马库斯·卢库鲁斯
Marcus Marcellus 马库斯·马凯鲁斯
Marcus Marius 马库斯·马略
Marcus Messalla 马库斯·美萨拉
Marcus Octavius 马库斯·屋大维
Marcus Piso 马库斯·庇索
Marcus Plaetorius 马库斯·普赖托利乌
Marcus Publius Licinius Crassus 马库斯·李锡尼·克拉苏
Marcus Pupius Piso 马库斯·帕庇乌斯·庇索
Marcus Rutilius 马库斯·鲁提留斯
Marcus Terentius Varro 马库斯·特伦提乌斯·瓦罗
Marcus Tullius Cicero 马库斯·图利乌斯·西塞罗
Marcus 马库斯
Mario 马里奥
Marius 马略
Mars 玛斯
Maso 马叟
Massones 马索涅斯
Matinius 马提纽斯
Matius 马提乌斯
Mato 马托
Matrinius 马特利纽
Medea 美狄亚
Megabocchus 麦伽伯库斯
Megaristus 麦伽利图
Memmius 美米乌斯
Menander 米南德
Menedemus 美涅得谟斯
Menelaus 墨涅拉俄斯
Mennius 美纽斯
Menocritus 美诺克利图
Menophilus 美诺菲鲁
Mercury 墨丘利
Mescidius 美昔狄乌
Messala 梅萨拉
Messalla Corvinus 美萨拉·考维努斯
Messalla 美萨拉
Metella 梅特拉

N

O

Orpheus 奥菲斯

Osaces 奥萨刻斯

Othos 欧索斯

Otho 欧索

Ovia 欧维娅

Ovius 奥维乌斯

P

P. Africanus 普・阿非利加努

P. Attius 普・阿提乌斯

P. Caesius 普・凯西乌斯

P. Claudius 普・克劳狄

P. Cornelius 普・高奈留

P. Crassus 普・克拉苏

P. Cuspius 普・库斯庇乌

P. Flaccus 普・福拉库斯

P. Furius Crassipes 普・富里乌斯・克拉西佩

P. Galba 普・加尔巴

P. Hortensius 普・霍腾修斯

P. Lentulus 普・伦图卢斯

P. Licinius 普・李锡尼

P. Lucceius 普・卢凯乌斯

P. Lupus 普・卢普斯

P. Magius Cilo 普・玛吉乌斯・吉罗

P. Matinius 普・马提纽斯

P. Messenius 普・梅森纽斯

P. Mucius 普・穆西乌斯

P. Nigidius Figulus 普・尼吉底乌・菲古卢斯

P. Rupilius 普・卢庇留斯

P. Rutilius Lupus 普・鲁提留斯・卢普斯

P. Rutilius 普・鲁提留斯

P. Sallustius 普・撒路斯提乌斯

P. Scaevola 普・斯卡沃拉

P. Scipio 普・西庇阿

P. Servilius Casca 普・塞维留斯・卡斯卡

P. Servilius 普・塞维留斯

P. Sestius 普・塞斯提乌

P. Sextius 普・塞克提乌斯

P. Silius Nerva 普・西留斯・涅尔瓦

P. Silius 普・西留斯

P. Siser 普・昔塞尔

P. Sittius 普・昔提乌斯

P. Sulla 普・苏拉

P. Sulpicius Rufus 普・苏皮西乌・鲁富斯

P. Terentius Hispo 普・特伦提乌斯・希斯波

P. Terentius 普・特伦提乌斯

P. Titius 普・提提乌斯

P. Tullius 普・图利乌斯

P. Valerius 普・瓦勒留

P. Varius 普・瓦里乌斯

P. Vatinius 普・瓦提尼乌

P. Vedius 普・维狄乌斯

P. Ventidius Passus 普・文提狄乌・帕苏斯

P. Ventidius 普・文提狄乌

P. Volumnius Eutrapelus 普・伏鲁纽斯・欧拉佩鲁

P. Popilius 普・波皮留斯

Paciaecus 帕基埃库

Pacideianus 帕西戴努斯

Pacilius 帕昔留斯

Paconius 帕科尼乌

Pacorus 帕科鲁斯

Paeonius 培欧纽斯

Paetus 派图斯

Palatine 帕拉丁

Palicanus 帕里卡努

Pallas 帕拉斯

Pammenes 帕曼尼斯

Pamphila 潘斐拉

Pamphilus 潘菲鲁斯

Panaetius 帕奈提乌

Panem 帕奈姆

Pansa 潘莎

Panthera 潘塞拉

Paphia 帕斐娅（=Aphrodite 阿佛洛狄忒）

Papia 帕庇娅

Papirius 帕皮留斯

Papisius 帕皮西乌

Paredrus 帕瑞鲁斯

Paris 帕里斯

Parmensis 帕曼西斯

Parthian 帕昔安人

Passius 帕西乌斯

Patiscus 帕提斯库

Patro 帕特洛

Paulla Valeria 鲍拉・瓦勒利娅

Paulus 鲍鲁斯

Pausanias 鲍桑尼亚

Peducaeus 佩都凯乌

Pelops 珀罗普斯

Pescennius 佩珊纽斯

Petreius 佩特瑞乌

Phaedria 斐德莉娅

Phaedrus 斐德罗

Phaetho 费托

Phaethon 法厄同

Phamea 法美亚

Phania 法尼亚

Pharnaces 法那凯斯

Phemius 斐米乌斯

Pheres 斐瑞斯

Philadelphus 菲拉德福

Philargyrus 斐拉居鲁

Phileros 斐勒洛斯

Philiasians 弗利亚斯人

Philip 腓力

Philistus 腓力司图

Philius 费留斯

Philoctetes 菲罗克忒忒斯

Philogenes 斐洛根尼

Philogonus 斐洛高努

Philotes 斐洛忒斯

Philotimus 斐洛提姆

Philoxenus 斐洛森努

Philo 斐洛

Philus 菲鲁斯

Phocylides 福库利德

Phrygians 弗里吉亚人

Phylargyrus 斐拉居鲁

Pilia 庇丽娅

Pilius Celer 皮留斯・凯莱尔

Pinarius 庇那留斯
Pindarus 品达鲁斯
Pisistratus 庇西特拉图
Pituanius 庇图阿纽
Plaetorius 普赖托利乌
Plautus 普劳图斯
Pleiad 普列亚德
Plotius 普罗提乌
Pola Servius 波拉・塞维乌斯
Polla=Paulla 鲍拉
Pollex 波莱克斯
Polybius 波里比乌
Polycharmus 波利查姆斯
Polycles 波利克勒
Polydamas 波吕达玛
Pompeia 庞培娅
Pompeius Vindillus 庞培・文狄鲁斯
Pompilius 庞皮留斯
Pomponia 庞波尼娅
Pomptinus 庞普提努
Pontianus 庞提亚努
Pontidia 庞提狄娅
Pontius Aquila 庞提乌斯・阿揆拉
Pontius Titinianus 庞提乌斯・提提亚努
Popillius 波皮留斯
Porcia 波喜娅
Porsenna 波尔塞那
Posidonius 波西多纽
Postumia 波斯图米娅
Postumius 波斯图米乌
Postumulenus 波图姆兰努
Postumus 波图姆斯
Praecilius 普赖西留
Praeneste 普赖奈司特
Precianus 普瑞夏努
Precius 普利西乌
Procilius 普劳西留
Prometheus 普罗米修斯
Protogenes 普洛托革涅
Psecas 普塞卡斯
Ptolemy Auletes 托勒密・奥莱特(吹笛者)
Publicius 浦伯里修
Publilia 普伯莉丽娅
Publilius 普伯里留斯
Publius Autronius 普伯里乌・奥洛尼乌
Publius Claudius 普伯里乌・克劳狄
Publius Cornelius Dolabella 普伯里乌・高奈留・多拉贝拉
Publius Cornelius Lentulus Spinther 普伯里乌・高奈留・伦图卢斯・斯宾塞尔
Publius Crassus 普伯里乌・克拉苏
Publius Curtius 普伯里乌・库提乌斯
Publius Dolabella 普伯里乌・多拉贝拉
Publius Galba 普伯里乌・加尔巴
Publius Lentulus Spinther 普伯里乌・伦图卢斯・斯宾塞尔
Publius Mucius 普伯里乌・穆西乌斯
Publius Nigidius Figulus 普伯里乌・尼吉底乌・菲古卢斯
Publius Rutilius 普伯里乌・鲁提留斯
Publius Scipio 普伯里乌・西庇阿
Publius Servilius Isauricus 普伯里乌・塞

维留斯·以扫里库
Publius Servilius 普伯里乌·塞维留斯
Publius Sextius 普伯里乌·塞克提乌斯
Publius Sulla 普伯里乌·苏拉
Publius Varius 普伯里乌·瓦里乌斯
Publius Vatinius 普伯里乌·瓦提尼乌
Pyrrhus 皮洛斯

Q

Q. Acutius 昆·阿库提乌
Q. Axius 昆·埃克西乌
Q. Caecilius Bassus 昆·凯西留斯·巴苏斯
Q. Caepio 昆·凯皮奥
Q. Cassius 昆·卡西乌斯
Q. Catulus 昆·卡图鲁斯
Q. Celer 昆·凯莱尔
Q. Considius Gallus 昆·康西狄乌·伽卢斯
Q. Cornelius 昆·高奈留
Q. Cornificius 昆·考尼费昔
Q. Crispus 昆·克里斯普
Q. Fabius Vergilianus 昆·法比乌斯·维吉里亚努
Q. Fabius 昆·法比乌斯
Q. Flaccus 昆·福拉库斯
Q. Fufidius 昆·富菲狄乌
Q. Fufius 昆·富菲乌斯
Q. Hippius 昆·希庇乌斯
Q. Hortensius 昆·霍腾修斯
Q. Lepta 昆·莱普塔
Q. Lucretius 昆·卢克莱修
Q. Mamercus 昆·玛迈库斯
Q. Maximus 昆·马克西姆
Q. Metellus Celer 昆·麦特鲁斯·凯莱尔
Q. Metellus Creticus 昆·麦特鲁斯·克里提库
Q. Metellus Nepos 昆·麦特鲁斯·涅波斯
Q. Metellus 昆·麦特鲁斯
Q. Minucius Thermus 昆·米诺西乌·塞耳姆斯
Q. Mucius 昆·穆西乌斯
Q. Pedius 昆·佩狄乌斯
Q. Pilius 昆·庇留斯
Q. Pompeius Rufus 昆·庞培·鲁富斯
Q. Scaevola 昆·斯卡沃拉
Q. Selicius 昆·塞利西乌
Q. Servilius 昆·塞维留斯
Q. Sextilius 昆·塞克斯提留
Q. Staberius 昆·斯塔贝留
Q. Tubero 昆·图伯洛
Q. Turius 昆·图里乌斯
Q. Valerius Orca 昆·瓦勒留·奥尔卡
Q. Volusius 昆·伏鲁西乌
Quintilius 昆提留斯
Quintus Ancharius 昆图斯·安卡里乌
Quintus Caecilius Metellus Pius Scipio 昆图斯·凯西留斯·麦特鲁斯·庇乌斯·西庇阿
Quintus Cassius 昆图斯·卡西乌斯
Quintus Cicero 昆图斯·西塞罗
Quintus Cornelius 昆图斯·高奈留

Quintus Cornificius 昆图斯・考尼费昔
Quintus Fufius Calenus 昆图斯・富菲乌斯・卡勒努斯
Quintus Gallus 昆图斯・伽鲁斯
Quintus Granius 昆图斯・格拉纽斯
Quintus Ligarius 昆图斯・利伽里乌
Quintus Lutatius Catulus 昆图斯・鲁塔提乌・卡图鲁斯
Quintus Marcius Rex 昆图斯・玛基乌斯・瑞克斯
Quintus Metellus Celer 昆图斯・麦特鲁斯・凯莱尔
Quintus Metellus Creticus 昆图斯・麦特鲁斯・克里提库
Quintus Metellus Nepos 昆图斯・麦特鲁斯・涅波斯
Quintus Metellus Scipio 昆图斯・麦特鲁斯・西庇阿
Quintus Metellus 昆图斯・麦特鲁斯
Quintus Minucius Thermus 昆图斯・米诺西乌・塞耳姆斯
Quintus Mucius 昆图斯・穆西乌斯
Quintus Pedius 昆图斯・佩狄乌斯
Quintus Pompeius Rufus 昆图斯・庞培・鲁富斯
Quintus Roscius 昆图斯・洛司基乌斯
Quintus Salassus 昆图斯・萨拉苏斯
Quintus 昆图斯
Quirinus 奎里努斯

R

Rabirius 拉比利乌
Rantius 冉提乌斯
Rebilus 瑞比鲁斯
Regillus 瑞吉鲁斯
Reginus 瑞吉努斯
Rhinton 林顿
Rhodo 洛得
Romulus 罗莫洛
Rubria 卢伯利亚
Rubrius 鲁伯里乌
Rufio 卢费奥
Rufrenuses 卢瑞努塞斯
Rullus 鲁卢斯
Rupa 鲁帕
Rutilia 卢提丽娅

S

Sabidius 萨比狄乌
Salas 萨拉斯
Sallustius 撒路斯提乌斯
Sallust 撒路斯特
Salvius 萨维乌斯
Sampsiceramus 珊西凯拉姆
Sandon 珊冬
Sapala 萨帕拉
Sarapio 萨拉皮奥
Sara 撒拉
Sardanapalus 撒达纳帕鲁斯
Saserna 萨塞纳

Sipus 西布斯
Siro 西洛
Sittius 昔提乌斯
Solon 梭伦
Sophocles 索福克勒斯
Sopolis 索波利斯
Sositheus 索西塞乌
Sp. Maecius 斯・麦西乌斯
Sp. Mummius 斯・姆米乌斯
Spartacus 斯巴达克斯
Spintharus 斯宾撒鲁
Spongia 斯朋吉亚
Spurinna 斯普里纳
Spurius Maecius 斯普利乌・麦西乌斯
Statius 斯塔提乌
Stesichoms 斯特西科姆
Strabo Serviliu 斯特拉波・塞维留斯
Strabo 斯特拉波
Strenia 斯特瑞尼亚
Suettius 苏提乌斯
Sufenas 苏菲那斯
Sulpicius 苏皮西乌
Sura 苏腊
Syrus 叙鲁斯

T

T. Agusius 提・阿古西乌
T. Ampius Balbus 提・安庇乌斯・巴尔布斯
T. Ampius Menander 提・安庇乌斯・米南德
T. Ampius 提・安庇乌斯
T. Anicius 提・阿尼基乌
T. Annius 提・安尼乌斯
T. Antistius 提・安提司提乌
T. Caecilius 提・凯西留斯
T. Carrinas 提・卡里纳斯
T. Fadius 提・法迪乌斯
T. Furfanius Postumus 提・福芳纽斯・波图姆斯
T. Hordeonius 提・霍德尼乌
T. Labienus 提・拉庇努斯
T. Manlius 提・曼留斯
T. Marius 提・马略
T. Munatius Plancus Bursa 提・穆纳提乌・普兰库斯・博萨
T. Pinarius 提・庇那留斯
T. Pinnius 提・庇纽斯
T. Pomponius 提・庞波纽斯
T. Quintius 提・昆提乌
T. Titinius 提・提梯纽斯
T. Titius 提・提提乌斯
T. Vibius 提・维庇乌斯
T. Gavius Caepio 提・伽维乌斯・凯皮奥
Tadius 塔狄乌斯
Talna 塔尔那
Tanusius 塔努昔乌
Tarcondimotus 塔康狄莫图
Taurus 陶鲁斯
Tebani 特巴尼
Telamon 忒拉蒙
Tellus 忒路斯

Terentia 特伦提娅
Terentius 特伦提乌斯
Tereus 特瑞乌斯
Tertia 忒提娅
Tertulla 特图拉
Tettius Damio 特提乌斯·达米奥
Teucris 透克里斯
Thallumetus 萨鲁曼图
Themistocles 塞米司托克勒
Theophanes 塞奥芬尼
Theophilus 塞奥菲鲁
Theophrastus 塞奥弗拉斯特
Theopompus 塞奥波普
Thermus 塞耳姆斯
Theudas 休达斯
Thraso 斯拉索
Thrasybulus 色拉绪布卢
Thyillus 叙依鲁斯
Ti. Nero 提·尼禄
Tiberius Claudius Nero 提比略·克劳狄·尼禄
Tigellius 提格留斯
Tigranes 提格拉尼斯
Tillius Cimber 提留斯·基伯尔
Timoleon 提谟莱翁
Timotheus 提摩修
Tirannio 提拉尼奥
Tiro 提罗
Tisamenus 提萨美努
Titinius 提梯纽斯
Titius 提提乌斯
Titurnius 提图纽斯
Titus Fadius Gallus 提多·法迪乌斯·伽卢斯
Titus Furfanius Postumus 提多·福芳纽斯·波图姆斯
Titus Pomponius Atticus 提多·庞波纽斯·阿提库斯
Trabea 特拉贝亚
Transpadanes 特拉斯巴达尼人
Tratorius 特拉托留
Trebatius Testa 特巴提乌·泰斯塔
Trebatius 特巴提乌
Trebellius 切贝留斯
Trebianus 却庇亚努
Trebonius 却波尼乌
Triarius 特里亚留
Triton 特里同
Trophonius 特洛福尼乌
Tuccius 图基乌斯
Tuditanus 图狄塔努
Tullia 图利娅
Tullius 图利乌斯
Tullus 图鲁斯
Turdi 图尔狄
Turius 图里乌斯
Turpilia 图庇莉娅
Turpio 图尔皮奥
Turullius 图鲁留斯
Tuscenius 图堪纽斯
Tutia 图提娅
Tyndareus 廷达瑞俄斯

Tyndaris 廷达里斯
Tyrannio 提拉尼奥
Tyre 推罗

U

Ulysses 乌利西斯
Ummius 乌米乌斯
Urania 乌拉尼亚

V

Vacerra 瓦凯拉
Valerius 瓦勒留
Vardaei 瓦尔德人
Varro Murena 瓦罗·穆瑞纳
Veiento 维安托
Vennonius 维诺纽斯
Ventidius 文提狄乌
Venuleia 维努莱娅
Venuleius 维努莱乌
Venus 维纳斯
Vergilius 维吉留斯
Verginius 维吉纽斯
Verrius 威留斯
Vestorius 威斯托留
Vettienus 威提努斯
Vettius 威提乌斯
Vetus Antistius 维图斯·安提司提乌
Vetus 维图斯
Vibius 维庇乌斯
Vibullius 维布留斯
Victor 维克特
Vidius 维底乌斯
Visellia 维丝莉娅
Visellius 维塞留斯
Voconius 伏科尼乌
Volcacius 伏卡西乌
Volscians 沃尔西尼人
Volumnia 伏鲁妮娅
Volumnius Eutrapelus 伏鲁纽斯·欧拉佩鲁

X

Xenocrates 塞诺克拉底
Xenophon 色诺芬
Xeno 塞诺

Z

Zaleucus 扎留库斯
Zethus 泽苏斯
Zeuxis 宙克西斯

二、西汉地名译名对照

A

Acarnania 阿卡那尼亚
Achaea=Achaia 阿该亚
Actium 阿克兴
Adriatic Sea 亚得里亚海
Aeculanum 埃库拉努
Aegina 伊齐那

Aenaria 埃那里亚
Aesernia 艾森尼亚
Aetolia 埃托利亚
Alabanda 阿拉班达
Albanus 阿巴努斯（山）
Alba 阿尔巴
Aliphera 阿利斐拉
Allia 阿里亚
Alpheus 阿斐乌（河名）
Alps 阿尔卑斯
Alsium 阿尔昔乌
Alyzia 阿吕齐亚
Amanus 阿马努
Ambracia 安拉契亚
Anagnia 阿纳尼亚
Ancona 安科那
Anniana 安尼亚那
Antandros 安坦德洛
Antilibanus 安提利巴努（山）
Antioch 安提阿
Antisthenes 安提司泰尼
Antium 安齐奥
Apamea 阿帕美亚
Apennines 亚平宁
Apollonia 阿波罗尼亚
Apollonis 阿波罗尼斯
Appia 阿皮亚城
Appii Forum 阿皮亚城市中心广场
Apulia 艾普利亚
Aquinum 阿奎努姆
Aradus 阿拉都斯
Arbuscula 阿布斯库拉
Arcadia 阿卡狄亚
Arcanum 阿卡农
Arethusa 阿瑞苏萨（泉名）
Argenteus 阿根特
Argiletum 阿吉勒图
Ariminum 阿里米努姆
Armenia 亚美尼亚
Arpinum 阿尔皮诺
Arpi 阿尔庇（意大利北部城市）
Arretium=Aretium 阿瑞提乌
Astura 阿图拉
Astyanax 阿斯堤阿那克斯
Atella 阿梯拉
Aventine 阿文廷（山）

B

Baiae 百埃（海滨胜地）
Balearic Isles 百莱里克岛
Barea 巴瑞亚（西班牙北部城镇）

Bargylia 巴吉里亚
Bauli 包里
Bellovaci 贝罗瓦基
Beneventum 本尼凡都
Bithynia 庇提尼亚
Blandeno 布兰德诺
Blaudus 布劳都
Boeotia 波埃提亚
Bononia 波诺尼亚
Borne 伯尼
Bostra 波斯特拉（古罗马阿拉伯行省的首府）

Bovillae 波维莱

Britain 不列颠

Brogitarus 布洛吉塔鲁

Brundisium 布隆狄西

Bullis 布利斯

Bursa 博萨

Buthrotum 布特罗图姆

Byzantine 拜占庭

C

Caieta 卡伊塔

Calacte 卡拉特

Calatia 卡拉提亚

Cales 开来斯

Campania 坎帕尼亚

Campus Martius 战神广场（位于罗马第Ⅸ区，台伯河岸边集会的场所）

Candavia 坎达维亚

Canusium 卡努西乌姆

Cape Leucata 琉卡塔海角

Capena 卡佩那

Capitol Rise 卡皮托尔路（从广场到卡皮托利山）

Cappadocia 卡帕多西亚

Capua 卡普阿

Caria 卡里亚

Carteia 卡泰亚

Casilinum 卡西利努姆

Cassiope 卡西欧佩

Castrum 卡特隆

Castulo 卡斯图洛

Catina 卡提那

Caunus 考努斯

Ceos 开奥斯

Ceramicus 凯拉米库

Cermalus 凯玛鲁斯

Chaonia 考尼亚

Chersonese 凯索尼塞

Chios 开俄斯

Cibyra 西比腊

Cilicia 西里西亚

Cingulum 钦古伦

Circeii 西尔塞伊

Circus Flaminius 弗拉米纽斯杂技场

Cisalpine Gaul 山南高卢

Claterna 克拉特纳

Cluatius 克鲁阿提乌

Colchis 科尔喀斯

Colophon 科罗封

Commagene 科马根尼

Commoris 考莫里斯

Comum =Como 科摩（意大利北部城市）

Corcyra 考居拉

Corduba 考杜巴

Corfinium 考斐努

Corinth 科林斯

Corycus 考律库斯

Cosa 科萨

Cos 科斯

Cularo 库拉罗

Cumae 库迈

Cures 库瑞斯

Cybistra 居比特拉

Cyprus 塞浦路斯

Cyrrhestica 居瑞提卡

Cythera 西基拉（岛）

Cyzicus 西泽库

D

Dalmatia 达玛提亚

Delos 德洛斯（旧译提洛）

Derbe 德尔比

Dicaearchia 狄凯亚基亚

Dyme 迪米

Dyrrachium 都拉斯

Dyrrhachium 狄拉基乌

E

Eleusis 厄琉息斯

Eleutherocilices 厄琉塞洛基里克

Elis 埃利斯

Ephesus 以弗所

Epidaurus 埃皮道伦

Epiphanea 厄庇法奈亚

Epirus 伊庇鲁斯

Eporedia 依波莱狄亚

Equus Tuticus 伊库图提库（意大利南部的一个小城镇）

Erana 伊拉纳

Etruria 埃图利亚

Euphrates 幼发拉底（河）

Eurotas 尤洛塔（河）

F

Fabrateria 法伯拉特利亚

Falernum 法勒努姆

Fennel 费耐尔

Ficulea 费库莱亚

Firmum 费尔蒙

Flumentane Gate 鲁曼泰尼门

Fonteius 封泰乌斯

Fregellae 福莱格赖

Frusino 弗路齐诺（意大利拉丁姆中部的城市）

Fundi 芳迪

G

Gades 伽德斯

Gallia Cisalpina 阿尔卑斯山脉南的伽利亚行省

Gallia 伽利亚

Gallinarian Wood 伽里纳森林

Gallorum 伽洛隆

Gargettus 伽葛特（伊壁鸠鲁的出生地，雅典的一个德莫）

Gyaros 吉亚罗斯

Gyrae 吉莱

H

Halesa 哈勒萨（西西里北海岸中部的城镇）

Hales 哈莱斯（河）

Halicarnassus 哈利卡尔纳苏斯

Hellespont 赫勒斯旁

Heraclea 赫拉克利亚
Herculaneum 赫丘兰努
Hispalis 希帕利斯
Hydruns 绪伦斯
Hymettus 绪曼图斯
Hypaepa 叙培帕

I

Iconium 伊科纽
Ida 伊达（山名）
Ilium 伊利昂
Illyricum 伊利里亚
Insubria 伊苏伯里亚
Interamna 英特拉纳
Intimilium 英提米利
Ionia 伊奥尼亚
Isara 以萨拉
Isauria 以扫里亚
Issus 伊苏斯
Isthmus 伊斯姆斯

L

Labro 拉罗
Lacedaemon 拉栖代蒙
Laconia 拉科尼亚
Lake Nemi 奈米湖
Lanuvium 拉努维乌
Laodicea 劳迪凯亚
Larinum 拉利努姆
Larissa 拉利萨
Laterium 拉特里昂
Lavernium 拉维纽
Lepreon 莱瑞翁
Lesbos 莱斯堡（岛）
Leucas 琉卡斯
Leucopetra 留科佩拉
Leuctra 留克特拉
Liguria 利古里亚
Lilybaeum 利里拜乌（西西里岛西部海岬）
Liternum 利特努姆
Luca 鲁卡
Luceria 卢凯利亚
Lucrine Lake 卢克里尼湖
Lusitania 卢西塔尼亚（西班牙西部地区，即葡萄牙）
Lycaonia 吕考尼亚
Lyciorum（Lycia）吕西亚

M

Magnesia 玛格奈昔亚（爱琴海岸的一个地区）
Malea 玛勒亚（海岬）
Malta 马耳他
Mantinea 曼提尼亚
Massilia 玛西里亚
Megara 麦加拉
Melas 美拉斯（河）
Melita 梅利塔
Menenia 美涅尼亚
Mesopotamia 美索不达米亚
Midaeum 弥戴乌姆
Miletus 米利都

Mimas 米马斯
Minturnae 敏图尔奈
Misenum 密塞努（坎帕尼亚的海岬）
Mitylene 密提林
Mopsuhestia 摩苏赫斯提亚
Mulvian Bridge 穆尔维（桥）
Mutina 穆提纳
Mylasa 密拉萨
Myrina 密利纳
Mysia 密西亚

N

Naples 拿波勒斯
Narbo 那旁
Nares Lucanae 那瑞斯卢卡奈
Narona 纳罗那
Nar 那尔（河）
Neapolis 尼亚玻里
Nesis 奈西斯（岛）
Nicaea 尼西亚
Nola 诺拉（坎帕尼亚的城市）
Novum Comum 新科摩（凯撒新建的殖民地）
Nysa 尼萨

O

Ocella 欧凯拉
Olbia 奥比亚
Olynthus 奥林苏斯
Oropus 奥洛浦斯
Osca 奥斯卡
Ostia 奥斯提亚

P

Padus 帕都斯
Paestum 派司图
Paltus 帕耳图斯
Pamphilia 潘菲里亚
Pamphylia 潘斐利亚
Panhormus=Panormus 帕诺姆
Paphos 帕福斯
Parium 帕里乌姆
Parma 帕尔玛
Parthenon 帕德嫩
Patrae 帕特莱
Pella 培拉
Pellene 佩莱奈
Pentelicon 潘太利（山）
Perga 佩尔加
Pessinus 佩西努斯
Phaleron=Phalerum 法勒隆
Pharsalia 法塞利亚
Philomelium 斐洛美留
Phocis 福西斯
Phone 封涅
Picenum 皮切诺（意大利中部的地区）
Pieria 庇厄里亚
Pindenissum 平德尼苏
Pindenissus 平德尼苏
Piraeus 庇莱厄斯
Pirene 庇瑞涅（泉名）
Pisae 皮赛

Pisaurum 佩扎罗（意大利翁布里亚的海港）
Placentia 普拉珊提亚（意大利北部城市）
Pollentia 波伦提亚
Pompeii 庞贝
Pomptine 庞普汀
Pons Argenteus 庞阿根特
Porta Capena 卡佩那（大门）
Psyria 普修里埃（岛）
Ptolemais 托勒密亚
Pupinia 普皮尼亚
Puteoli 普特利
Pyramus 庇拉姆斯
Pyrenees 皮瑞尼

R

Ravenna 拉文纳
Reate 莱亚特
Reggio（Regium Lepidi）雷吉奥
Rhegium 瑞吉姆
Rhodes 罗得岛
Rhone 罗讷
Rhosos 罗索斯
Rosia 罗西亚

S

Sacra 萨克拉
Salamis 萨拉米
Samarobrivas 萨马洛布利瓦
Samnium 萨纽姆
Samos 萨摩斯
Sardis 萨尔迪斯
Satricum 萨特里库
Saturnalia 萨图纳利亚
Saxa Rubra 萨克萨卢拉
Seleucea 塞琉凯亚
Seleucia 塞琉西亚
Sepyra 塞皮拉
Sicca 西卡
Sicyon 昔居翁
Sida 西达
Side 昔德
Sidon 西顿
Sigaeum 昔盖乌姆
Sinuessa 西纽萨
Sipylus 西庇鲁斯
Smyrna 士每拿
Solonium 所罗纽（拉丁姆地区的一个区）
Stabiae 斯塔比埃
Statiellensium（Statiellenses）斯塔提兰昔
Suessa 苏埃萨
Sulmo 苏尔莫
Sunium 索尼昂
Sybota 绪伯塔
Synnada 叙那达
Syracuse 叙拉古
Syros 叙罗斯

T

Tarichea 塔利契亚
Tarracina 特腊契纳
Tarentum（Tarentine）塔壬同

Tarsus 大数

Tartessus 塔尔特苏

Tauromenium 陶洛美纽

Taurus 陶鲁斯山

Teanum Sidicinum 忒阿努姆·昔狄基努

Teanum 忒阿努姆

Tebara 忒巴拉

Telypylus 泰吕皮鲁

Tenea 特奈亚

Tenedos 泰奈多斯（爱琴海岛屿，在特洛伊附近）

Thebes 底比斯

Thespiae 塞司庇埃

Thessalonica 帖撒罗尼迦

Thessaly 帖撒利

Thresprotia 色瑞斯洛提亚

Thurii 图里

Thyamis 雅弥斯（河名）

Thyrreum 塞雷姆

Tibur 蒂布尔

Trachea 特拉契亚

Tralles 特腊勒斯

Transalpine Gaul 山外高卢

Trebula 特瑞布拉

Tres Tabernae 切斯塔贝奈

Treviri 车维里

Tritia 特利提亚

Truentinum 特伦提努

Tyba 提巴

U

Ulubrae 乌鲁布莱

Umbria 翁布里亚

Utica 尤提卡

V

Vada 瓦达

Veii 维伊城

Velabrum 维拉卢姆

Velia 维利亚

Velinus 维利努斯

Venafrum 维那卢姆

Venusia 维努西亚

Vercellae 维凯莱

Vescia 维西亚

Vibo 维博

Vicentia 维山提亚

Vienne 维埃纳

Voconii 伏科尼

Volaterrae 沃拉太雷

Z

Zeugma 宙格玛

Zoster 左斯特

责任编辑：张伟珍
封面设计：石笑梦
版式设计：严淑芬

图书在版编目（CIP）数据

西塞罗全集［修订版］/［古罗马］西塞罗 著；王晓朝 译．—北京：
人民出版社，2025.2
（“古希腊罗马哲学原典集成”译丛／王晓朝 主编）
ISBN 978－7－01－026438－7

Ⅰ．①西…　Ⅱ．①西…②王…　Ⅲ．①西塞罗（Cicero Marcus Tullius 前106—前43年）－全集　Ⅳ．①B502.42

中国国家版本馆 CIP 数据核字（2024）第 064835 号

西塞罗全集［修订版］
XISAILUO QUANJI

［古罗马］西塞罗　著　王晓朝　译

人民出版社 出版发行
（100706　北京市东城区隆福寺街 99 号）

北京新华印刷有限公司印刷　新华书店经销

2025 年 2 月第 1 版　2025 年 2 月北京第 1 次印刷
开本：710 毫米 ×1000 毫米 1/16　印张：280.75
字数：2420 千字　印数：0,001—4,000 册

ISBN 978－7－01－026438－7　定价：1540.00 元（全五卷）

邮购地址 100706　北京市东城区隆福寺街 99 号
人民东方图书销售中心　电话（010）65250042　65289539